大庆油田要览

大庆油田党委组织部
大庆油田档案馆 编

石油工业出版社

图书在版编目（CIP）数据

大庆油田要览 / 大庆油田党委组织部，大庆油田档案馆编 . —北京：石油工业出版社，2022.3
ISBN 978-7-5183-5354-5

Ⅰ.①大… Ⅱ.①大…②大 Ⅲ.①油田－概况－大庆 Ⅳ.① F426.2

中国版本图书馆 CIP 数据核字（2022）第 088370 号

出版发行：石油工业出版社
　　　　　（北京安定门外安华里2区1号　100011）
　　　网　　址：www.petropub.com
　　　图书营销中心：（010）64523731
　　　编　辑　部：（010）64523591
　　　电子邮箱：nianjian@cnpc.com.cn
经　销：全国新华书店
印　刷：北京中石油彩色印刷有限责任公司

2022年3月第1版　2022年3月第1次印刷
787×1092毫米　开本：1/16　印张：43
字数：900千字

定　价：128.00元

（如出现印装质量问题，我社图书营销中心负责调换）
版权所有，侵权必究

《大庆油田要览》

编委会

主　　任：陶建文　郭德洪　田　锋

副 主 任：刘　伟　张忠祥　王春江

主　　编：李　冬　马　刚　唐　姝

副 主 编：杜　鑫　崔艳红　陈娇红

编　　委：刘　艳　张瑞婷　王庆春　孙宏宇
　　　　　王　佳　王　鑫　李　琦　张文征
　　　　　徐　博　王　岩　李季时　刘作伟
　　　　　刘　庚　潘丽丽　吴党辉　王理达
　　　　　李欣怡　曹　戈

顾　　问：权哲珠

前言

20世纪中叶，石油工业部组织几万国内石油企业、院校的精兵强将以及复转军人，在松辽平原北部一个人烟稀少的荒原——萨尔图，展开声势浩大的石油大会战，从此拉开中国现代石油工业崛起的序幕。

那些来自四面八方的拓荒者，怀揣赤子之心和强国梦，汇集于松辽平原北部这片荒原沼泽，居然在没有寝食等基本生活保障的情况下，带着"宁肯少活二十年，拼命也要拿下大油田"的悲壮与豪情，展开几近挑战人类极限的艰苦卓绝的石油大会战，仅用三年半多一点的时间，建立大庆油田，一举甩掉中国贫油的帽子，使得中华民族首次实现石油产品基本自给。共和国石油工业发展史从此改写，大庆油田从此撑起中国石油半壁江山！

年轻的共和国，此时刚刚经历席卷全国的三年灾荒和萧条期，国民经济开始复苏回暖，大庆油田的成功开发，大大提振了全国人民独立自主、自力更生实现强国梦的信心。就是在这样的历史时刻，毛泽东主席发出"工业学大庆"的号召，振聋发聩，高屋建瓴，融注着一代共和国缔造者们对大庆创业历程的肯定，对大庆人空前壮举的赞赏与鼓励，以及对大庆这片热土寄予的厚望。大庆人没有辜负党和国家的希望与重托，作为工业战线上的一面旗帜，一路高歌猛进，独领风骚，连年保持国内产油量、上缴利税第一，年产原油5000万吨高产稳产27年，创造世界同类油田开发史上的奇迹。到2020年底，累计生产原油24.3亿吨，上缴税费及各种资金2.9万亿元，为维护国家石油供给安全、支持国民经济发展做出了高水平贡献。

大庆人几十年如一日，用勤劳、智慧以及常人难以想象的付出与牺牲，为祖国加油，其丰功伟绩早已铭刻在共和国历史丰碑上。没有人估算过，比起作出的牺牲与贡献，大庆人得到的是多么微乎其微！不图回报，但求奉献，这正是大庆人当之无愧地为世人所景仰的高尚情怀和价值追求。毫无疑问，这样的大庆人、如此神奇的油田发展史，无论怎样大书特书都不为过。但时至今日，对这段富有传奇色彩的历史，我们了解得还相当有限，整理工作更是任重道远，仍有一些珍奇宝藏还有待于深入发掘。

在历史的长河中，60年不过是弹指一挥间。但就是这样短暂而又漫长的60年，有过大庆人太多刻骨铭心的记忆，也成就了大庆人为之骄傲的经典传奇与辉煌。令人匪夷所思的是，这段历史居然还存在一些灰色地带，那里既有似是而非的伪"史"，也有难以厘清头绪的断头史，还原或者补续，同样困难重重，有的已然变成死结。

为了在力所能及的范围内抢救濒危史料，清理灰色地带，破解历史疑案，挖掘整理并珍存信史，趁大部分历史文献与资料还来得及搜寻，许多当事人还健在，我们启动了《大庆油田要览》编纂工作。

《大庆油田要览》内设自然状况、战略决策、创业足迹、要闻撷萃四个板块。

自然状况篇，重点记述油田所在地——大庆地区社会现状、地域特色和企业自身概况，包括地理位置、行政区划、人口状况与地质地貌、气候、土壤、资源等，以及大庆油田的发展状况、产业布局及其业绩与贡献。

战略决策篇，以时为序，记述大庆油田发展进程中的历次关键节点，党中央、国务院、中央军委，各部委、黑龙江省以及会战工委、会战指挥部乃至大庆油田作出的历史性抉择与战略决策，即各个时期决定大庆油田历史发展基本脉络的重大决定和事关全局、影响深远的重大举措。

创业足迹篇，内设勘探、钻井、油田建设、油气田开发、油气加工、生产保障与社会服务、多种经营、管理与思想政治工作、双建成果9个分目，分述油田各专业系统发展历程及其有关的大事要闻，既有对各专业系统发展历程的纵向叙述，又有其现实状况的横向展示，包括各专业领域发生的大事、特事、要闻，是了解大庆油田历史与现状的基本单元。

要闻撷萃篇，辑录党和国家领导人关怀、视察大庆纪实、油田历史上的重要会议情况概要，以及曾在某一个时期、某个阶段或一直以来对油田产生重大影响的要闻轶事。

有些条目除了正面记述之外，将相关的文件作为附件一并辑入，并附于正文后面，以增加相关事件的信息量，便于读者全方位地了解该事件。类似"大庆油田第一口水平井"这样的"之最"类条目，只记要略，未做铺张或展开性赘述。

辑入《大庆油田要览》的资料，来自大庆油田馆藏档案、《大庆油田志》《大庆油田年鉴》、有关当事人回忆录；大庆市、油田相关部门整理的文献资料；省、市、县、区馆藏档案、志书等。创业足迹篇中勘探、钻井、油田建设、油气田开发、管理与思想政治工作等类目的相关条目，则特聘时永发、方凌云、王思钧、张自坚等大庆文史领域和油田勘探、开发、建设领域资深专家撰写。

《大庆油田要览》采用语体文、记述体，兼用图、表等形式，其时间断限上起1959年，下至2020年。个别类目中的一些条目，基于确保资料完整性的考虑，时间断限有所突破。

资料性工具书的价值，体现在其真实性、准确性、完整性和系统性，这也是《大庆油田要览》自始至终遵循的基本准则。当然，既为要览，只可取其精，述其要，而非包罗万象或巨细轻重面面俱陈。

总之，编纂《大庆油田要览》的用意，除了系统挖掘和采编油田发展不同阶段的实事要闻、考证澄清疑似史料、丰富油田文史宝库之外，试图构建连接大庆过去与现在的时空隧道，让读者徜徉穿梭其间，多少能够读懂历史的、领悟发展的、评测未来的大庆油田。如能一册在手，洞晓油田60多年沧桑巨变，破解企业长盛不衰之要义，那更是编者求之不得。

目录

第一篇 自然状况

- 社会现状 2
  - （一）地理位置 2
  - （二）行政区划 2
  - （三）人口状况 3
- 地域特色 3
  - （一）地质地貌 3
  - （二）气候 5
  - （三）土壤 6
  - （四）资源 7
  - （五）自然灾害 9
- 油田概况 14
  - （一）发展历程 15
  - （二）产业格局 17
  - （三）业绩与贡献 22

第二篇 战略决策

- 石油勘探战略东移 42
- 中央批准组织大庆石油会战 46
- 石油大会战——国务院统筹安排、计经建三委督战 ... 48
- 石油工业部党组决定集全系统优势兵力决战松辽 53
- 指挥部进驻前线就近指挥大会战 55
- 甩开勘探三点定乾坤 挥师北上进军萨尔图 59
- 以"两论"指导会战实践 62
- 开展"学铁人、做铁人"活动 65
- 实行"集中兵力 打歼灭战"方针 69
- 毛泽东主席号召"工业学大庆" 70
- 中共中央关于传达石油工业部关于大庆石油会战情况的报告的通知 72
- 坚持"两分法"前进 106
- 决定对大庆油田实行军事管制 108
- 恢复"两论"起家基本功 109
- 中共中央转发国家经委党组《关于工业学大庆问题的报告》的通知 110

1

实行政企分开 …………………………… 116
开展向"新时期铁人"王启民学习活动 …… 119
实施二次创业发展战略 ………………… 121
实施"两高一发展"开发方针 …………… 123
实施"持续有效发展，创建百年油田"战略 … 124
按照现代企业运行机制实施重组改制与整合 … 127
实施原油四千万吨持续稳产战略 ………… 131
编制《大庆油田可持续发展纲要》………… 132
出台《大庆油田振兴发展纲要》…………… 137

第三篇　创业足迹

▎勘探 …………………………………… 148

（一）松辽盆地中浅层勘探 ………………… 150
（二）松辽盆地深层勘探 …………………… 157
（三）海拉尔盆地勘探 ……………………… 162
（四）塔里木盆地勘探 ……………………… 165
（五）川渝区块勘探 ………………………… 166
（六）其他盆地勘探 ………………………… 166
（七）勘探大事纪要 ………………………… 168
　松辽盆地的早期勘探 …………………… 168
　松基3井出油——发现大庆油田 ……… 170
　会战初期石油勘探成果决定会战主场 … 172
　首次计算出大庆长垣北部喇萨杏油田储量 … 175
　详探大庆长垣　迅速探明大油田 ……… 176
　松基6井取得松辽盆地深层地质新认识 … 177
　重建勘探队伍　实施二次勘探 ………… 178
　三肇勘探引发勘探思路重大转变 ……… 179
　朝阳沟地区探明大庆外围第一个亿吨级油田 … 180
　三肇凹陷陆续探明五个亿吨新油田 …… 181
　实施"解放思想、加强勘探"方针 …… 183
　方正地区发现高产油流 ………………… 184
　大庆油田发现深层天然气 ……………… 184
　大庆探明庆深气田的第一个千亿立方米深层气藏 ………………………………… 185
　大庆探明庆深气田的第二个千亿立方米深层气藏 ………………………………… 187
　大庆在海拉尔盆地找到5个油田 ……… 189
　大庆在长垣以西探明第一个亿吨油田 … 193
　古龙凹陷探明一系列新油田 …………… 195
　齐家凹陷勘探取得重要成果 …………… 198
　泰康龙西勘探实现龙虎泡油田储量翻番 … 199
　松辽西部超覆带发现浅层油田 ………… 200
　延吉盆地勘探发现油气 ………………… 201
　汤原地区勘探发现高产天然气 ………… 202
　大庆雇用的外国地震队 ………………… 203
　大庆对辽河盆地进行勘探 ……………… 204
　大庆最早入藏进疆物探电磁施工队 …… 204
　大庆外围储量丰度最高的油区 ………… 205
　大庆外围最早发现的气田 ……………… 205
　国内最早成立的地质录井专业化公司 … 206

▎钻井 …………………………………… 206

（一）钻井生产队伍 ………………………… 208
（二）钻井工程 ……………………………… 209
（三）钻井技术 ……………………………… 215
（四）钻井大事纪要 ………………………… 217
　研发"吃软克硬"刮刀钻头 …………… 217
　研发"四低一稳"优质钻井液 ………… 218
　快速钻直井 ……………………………… 218
　电驱动钻机取代柴油机驱动钻机 ……… 219
　成功进行冰上钻井 ……………………… 219
　松基6井取得松辽盆地深层地质新认识 … 220
　钻机更新换代　钻井质量优速度快 …… 221
　地震勘探技术的更新换代 ……………… 223
　探井测井技术的更新换代 ……………… 227

运用录井新技术　提高油气层判别准确率…… 228
试油仪器和试油技术更新换代…………… 229
射孔弹制造和射孔技术的更新换代……… 230
钻头制造助力钻井提速…………………… 232
大庆到二连盆地进行石油勘探…………… 234
大庆深井钻井提速助力深层勘探………… 234
大庆钻井速度屡创新纪录　钢铁队伍打出
　"大三一井"……………………………… 235
大庆油田第一口油基钻井液取心井……… 236
大庆第一口密闭取心井…………………… 237
大庆最深的探井——葡深1井和莺深2井… 237
大庆第一口定向井和最大的丛式定向井组… 238
大庆第一口水平井和最深的水平井……… 238
大庆深层第一口高产天然气井——升深2井… 239
大庆1205钻井队打的第一口油井………… 240
大庆最先赶超苏联功勋队的钻井队……… 240
大庆油田侧钻成功的第一口套损井……… 240
旋转导向系统研制取得新进展…………… 241
页岩油井取心获得新突破………………… 241
油田首口薄层水平取心井顺利完工……… 242

油田建设 …………………………… 242
（一）油田建设概况……………………… 242
（二）油田建设队伍……………………… 243
（三）油田建设大事纪要………………… 245
创建萨尔图油气集输流程　加快大庆油田投产
　进程……………………………………… 245
实现采出水循环利用　生产环保双受益… 247
建成国内最大规模全密闭油气集输处理
　流程……………………………………… 249
喇萨杏主力油田　建注水开发油气集输新工艺
　流程……………………………………… 250
大规模开发地下水　适应油田开发建设需要… 252
建设地表水水源　适应油田长远用水需求… 254
建设大庆防洪排涝工程　确保油田生产建设
　安全……………………………………… 256
创立外围低产低渗透油田　油气集输新工艺… 258

自主设计建成与产能相匹配的原油储运系统
　工程……………………………………… 259
大庆油田首创"联合站"　创建油田总体布局
　新格局…………………………………… 262
建设天然气田地面工程　实施油气并举发展
　战略……………………………………… 263
建成长距离输油管道终结车辆运油的历史… 265
大规模实施筑路工程　油区交通四通八达… 266
基建施工实现预制化、装配化、机械化… 268
建成国内最大电动离心泵注水系统……… 269
建成世界最大规模聚合物驱地面工程…… 270
接卸俄油工程创"南三速度"…………… 272
油田设计院跃居全国百强设计企业第四位… 273
地面工程确保持续高产稳产5000万吨27年… 274
承建英买力气田　为西气东输做贡献…… 275
实现大型储罐固定顶技术设计新跨越…… 276
塔中四油田地面建设工程设计　获国家优秀
　设计金奖………………………………… 276
跻身国内数字管道建设前列……………… 277
承建孟加拉国输气管线设计施工项目…… 278
哈萨克斯坦油气混输系统工程设计树起"里程碑"… 278
率先走出国门的油建队伍………………… 279
石油系统最大压力容器制造行业厂家…… 279
首获"质量与服务"美洲大奖的企业——安装公司… 279
油田第一个通过国家工程质量认证的企业… 280
全国线路管道行业经营规模最大的企业… 280
石油系统最大的化工石油工程建设企业… 280

油气田开发 ………………………… 281
（一）油田发展综述……………………… 281
（二）大庆长垣油田开发………………… 287
（三）三肇凹陷油气田开发……………… 291
（四）朝阳沟—长春岭阶地油田开发…… 297
（五）齐家—古龙地区及其西部油田开发… 301
（六）西部斜坡区油气藏开发…………… 307
（七）海塔盆地断块油田开发…………… 309
（八）油气田开发大事纪要……………… 313

取全取准第一性资料 一年三个月探明大油田…… 313
先导性试验引领注水开发…… 314
开展十大开发生产试验…… 315
油田开发技术座谈会开技术民主之先河…… 316
大庆早期主要靠油罐外运原油…… 317
科学编制首个开发方案 萨中区块年产油千万…… 318
糖葫芦封隔器研制成功…… 320
群策群力办地宫 油田管理上水平…… 321
开展"四定三稳迟见水"活动…… 323
开展六分四清 向油田地下进军…… 324
独创"萨尔图流程"…… 326
萨喇杏油田储量升级计算与复算…… 327
创立油砂体研究方法…… 329
5000万吨稳产十年规划为油田持续稳产指路…… 330
两年半建成一千万吨产能的喇嘛甸油田开发…… 331
中区西部分层注水开发试验成效显著…… 332
厚油层开发试验为挖潜增效领航…… 333
建设国内首个地下储气库…… 334
调整开采方式——油井自喷转抽…… 335
长垣南部油田投入开发…… 336
实施高台子油层开发试验…… 336
开展开发层系细分调整…… 337
开辟长垣外围油田开发试验区…… 338
朝阳沟油田年产原油突破百万吨…… 339
外围油田开发步伐加快…… 340
油层致密的榆树林油田投入开发…… 340
实施三十万吨乙烯原料工程建设…… 341
在国内首创生产数据计算机远程网络…… 342
吹响第二个十年稳产号角…… 342
油田实施二次加密调整…… 344
实施稳油控水开发方针…… 344
开发系统实施"3 6 9 10"工程…… 345
攻三难 破三关 一推进 保稳产…… 346
表外储层开发研究取得新突破…… 347
第一个合资合作开发的油田——头台…… 348
对外合资合作窗口——州13区块…… 349
实施注采系统调整…… 349

聚合物驱油技术工业化应用…… 350
提出"两高一发展"开发战略…… 351
实现持续27年5000万吨高产稳产…… 352
三次采油逾1亿吨…… 353
卓有成效的开展精细地质研究…… 353
多学科油藏研究取得丰硕成果…… 354
开发海拉尔盆地的复杂断块油田…… 355
储量上千亿立方米的徐深大气田投入开采…… 355
三元复合驱技术开始工业性推广…… 356
大庆收购蒙古塔木察格油田…… 357
大庆油田能耗总量实现负增长…… 358
油田开发"11599"工程目标顺利实现…… 359
新时期高科技会战拉开4000万吨持续稳产序幕…… 360
全国产油量最高的油井…… 361
第一口生产井和注水井…… 361
第一口见水油井…… 361
第一次油水井地下分析会…… 361
大庆长垣最早开发的油田…… 362
全国最大的采油厂…… 362
最早研制应用的取心技术…… 362
全国最大的原油流量计…… 363
油田上压裂成功的第一口斜直井…… 363
首次引进外资开发的油田…… 363
油田第一支女子采油队…… 364
首座注聚合物驱油试验站…… 364
油田最早使用的电子计算机…… 364
亚洲最大的岩心库…… 365
全国最先进的油水模拟实验装置…… 365
油田环保预防为主治理得当…… 365
三元复合驱产量突破400万吨…… 366
外围首个产量突破200万吨采油厂…… 366

油气加工…… 366

（一）油田油气加工企业…… 367
（二）非直属油田油区加工企业…… 369
（三）大庆乙烯工程…… 370

（四）大庆油田化工总厂 371
（五）油气加工大事纪要 372
建成国内最大石油化工原料基地 372
发展石油化工　实现油气综合利用 374
国内第一套10万立方米天然气加工装置 377
石油系统第一套深冷装置 377
全国最大的聚合物生产厂 377
亚洲最大最重的化工炼塔 378
油田第一批投产的聚合物生产装置 378
油田现代化甲醇厂 378

生产保障与社会服务 378

（一）供排水系统 378
（二）电力系统 379
（三）通信系统 380
（四）交通运输 380
（五）装备制造与维修 382
（六）物资供应 383
（七）矿区建设 383
（八）医疗卫生 388
（九）教育 391
（十）生产与社会服务大事纪要 396
建成国内最大企业电网 396
建成现代通信系统　提高油田信息化水平 398
建设装备制造维修系统确保油田设施高效
　　运行 401
实施引嫩工程造福全油城 404
大庆最早的职工业余学校 405
大庆历史上最早的技工学校 405
油田最早的电站与自备电厂 405
实施让乘集中供热工程 405
"干打垒"——油田创业时期基本建筑形式 406
建设住宅楼——向现代化新型矿区转变的
　　标志 407
公用设施建设——优化城市资源配置、美化
　　矿容 410
物业管理专业化分工、规范化管理 411

油田环保预防得力治理得当 413
大庆培养师资的最高学府 414
大庆第一条高等级公路 414
油田最早建成的职工医院 414
全国石油系统最大的技工学校 414
全国石油系统唯一的农业学校 415
大庆最早创建的中等专业学校 416
大庆最早实施九年义务教育的时间 416
实施油田历史上规模最大的饮用水深度处理
　　工程 417
大庆油田遭遇的两次大洪灾 417
实施引嫩工程根治水源短缺 418
最早的接待服务机构 418
全国第一套航机陆用型发电机组 418
大庆第一个修旧队和"修旧大院" 419
大庆最早的电站与自备电厂 419
油田最大的自备电厂 419
石油系统唯一的潜油电泵技术服务中心 419
全国最大的射孔器材专业厂 420
油田最早建成的职工医院 421
全国最大的企业公安消防队 421
矿区建设从贯彻"十六字"方针到建设美丽的
　　油田 421

多种经营 422

（一）农副业 423
（二）服务业 426
（三）加工制造业 427
（四）多种经营大事纪要 430
自力更生　丰衣足食 430
职工家属组织起来参加农副业生产 431
油田上第一支流动服务队 433
最早成立的家属生产队 433
油田唯一入选《中华之最》的产品 434

管理与思想政治工作 434

（一）机构沿革 436
（二）党组织沿革 444
（三）管理与思想政治工作大事纪要 446

石油工业部党组成立会战领导机关 446
石油工业部党组做一、二线业务分工全力以
　赴保会战 447
石油工业部成立会战工作委员会 448
实行政企合一管理体制 449
把油田生产确定为一切工作的中心 450
开展冬季整训　整顿队伍作风 451
坚持"三个面向、五到现场" 454
建立岗位责任制 455
总结评功树正气 458
抓生产从思想入手抓思想从生产出发 460
热心培养放手使用年轻技术干部 462
倡导"三老四严、四个一样"作风 463
思想政治工作"四个为主、三个观点" 464
实行职工代表大会制度 465
始终坚持党对企业的政治领导 466
住房制度改革与市场接轨 467
推行企业经济责任制 467
实行党委领导下的局（厂）长负责制 469
逐步实行内部资产经营责任制 469
实行党政干部"十不准"制度 470
实行"小油公司"模式开发偏远难采低效油田
　 470
实施三项制度改革 471
实行党政领导班子民主生活会制度 471
实行民主评议领导干部制度 472
实行党政领导班子联席会议制度 472
实行干部竞争上岗制 472
实行多种经营企业改制 473
实行全员劳动合同制 473
实行财务管理"一个全面、三个集中" 474
实行厂务公开制度 476

实行岗位技能工资制 477
开展"四好"领导班子创建活动 477

双建成果 477

（一）松辽会战改变石油工业布局 477
（二）大庆基本经验 479
（三）大庆精神的形成与发展创新 480
（四）铁人精神 482
（五）大庆油田艰苦创业的"六个传家宝"
　 482
（六）大庆油田优良传统和作风 485
（七）兴油报国　服务社会 490
（八）构建人企和谐 495
（九）创建绿色油田 496
（十）主要双建成果 502

企业荣誉 502
人民楷模 507
改革先锋 507
新中国最美奋斗者 507
全国劳动模范 507
全国先进工作者 507
全国创先争优优秀共产党员 508
全国五一劳动奖章 508
全国三八红旗手 510
中国青年五四奖章 510
中国十大杰出青年 511
中国质量工匠 511
全国最美青工 511
共和国重点建设青年功臣 511
全国新长征突击手标兵 511
全国新长征突击手 511
中央企业劳动模范 511
中央企业优秀党务工作者 511
中央企业青年五四奖章 511
中央企业十大杰出青年 511
全国先进基层党组织 512
全国创先争优先进基层党组织 512

全国文明单位……512
全国五一劳动奖状……512

全国模范职工之家……512
全国工人先锋号……513

第四篇　要闻撷萃

党和国家领导人关怀视察大庆纪实……516

（一）毛泽东主席接见、宴请"铁人"王进喜……516
（二）邓小平三次视察大庆油田……516
（三）江泽民两次视察大庆油田……519
（四）胡锦涛三次视察大庆油田……525
（五）习近平对大庆油田的关怀……532
（六）周恩来三次视察大庆油田……535
（七）刘少奇视察大庆油田……537
（八）朱德、董必武视察大庆油田……539
（九）陈云视察大庆油田……540
（十）李富春两次视察大庆油田……540
（十一）叶剑英视察大庆油田……541
（十二）李德生三次视察大庆油田……541
（十三）华国锋视察大庆油田……542
（十四）李先念两次视察大庆油田……542
（十五）汪东兴视察大庆油田……542
（十六）胡耀邦视察大庆油田……543
（十七）李鹏视察大庆油田……543
（十八）乔石视察大庆油田……545
（十九）胡启立视察大庆油田……545
（二十）宋平两次视察大庆油田……546
（二十一）李瑞环两次视察大庆……546
（二十二）朱镕基视察大庆油田……549
（二十三）李岚清视察大庆……549
（二十四）吴邦国视察大庆油田……550
（二十五）温家宝五次视察大庆油田……552
（二十六）贾庆林视察大庆油田……558
（二十七）曾庆红三次视察大庆油田……559
（二十八）黄菊视察大庆油田……559
（二十九）吴官正视察大庆油田……559

（三十）李长春三次视察大庆油田……560
（三十一）罗干视察大庆油田……561
（三十二）李克强视察大庆油田……561
（三十三）贺国强视察大庆油田……562
（三十四）张德江两次视察大庆油田……563
（三十五）刘云山视察大庆油田……563
（三十六）王岐山视察大庆油田……564
（三十七）栗战书多次视察大庆油田……565
（三十八）汪洋视察大庆油田……565
（三十九）王沪宁两次视察大庆油田……565
（四十）赵乐际视察大庆油田……565

重要会议……566

（一）大庆区成立大会……566
（二）华侨大厦会议……566
（三）石油大会战筹备会议……568
（四）万人誓师大会……570
（五）第一次"五级三结合"会议……573
（六）首届先进生产者代表大会……574
（七）大庆石油会战情况报告会……575
（八）战区首次政工会倡导"三要十不"作风……576
（九）石油工业部政治工作会议……578
（十）向科学技术进军誓师大会……579
（十一）职工家属代表晋京事迹报告会……579
（十二）大庆革命委员会成立祝贺大会……580
（十三）庆祝大庆石油会战10周年大会……581
（十四）"抓革命、促生产"先进单位模范人物代表大会……581
（十五）中共大庆第一次代表大会……582
（十六）中共大庆第二次代表大会……582

7

（十七）粉碎"四人帮"后的首次"先代会"……583
（十八）全国工业学大庆会议……………………583
（十九）大庆科学大会……………………………586
（二十）全国石油化学工业第二次学大庆会议………………………586
（二十一）石油战线向现代化进军大会…………587
（二十二）推行经济责任制座谈会………………587
（二十三）国际油田开发技术会议………………588
（二十四）大庆油田5000万吨稳产10年庆祝大会…………………………588
（二十五）知识分子会议…………………………591
（二十六）全国石油企业深化改革座谈会………591
（二十七）黑龙江省委常委大庆现场办公会……………………………592
（二十八）大庆石油管理局双文明表彰大会……………………………593
（二十九）首届新技术交流交易会………………593
（三十）庆祝大庆油田发现30周年大会…………594
（三十一）大庆油田"35·20"总结表彰大会……………………………597
（三十二）大庆油田发现40周年庆祝大会……………………………598
（三十三）大庆油田高科技新会战誓师大会……………………………601
（三十四）大庆油田发现50周年庆祝大会……………………………603
（三十五）大庆油田发现60周年庆祝大会……………………………604

逸闻 …………………………………………606

（一）中央、国务院各部门支援大庆会战………606
（二）支援大会战全国一盘棋……………………608
（三）黑龙江省全力以赴支援大庆………………613
（四）人民解放军支援大庆建设…………………615
（五）大庆支援新油区开发………………………616
（六）上下一心开荒种地度饥荒…………………617

（七）钢铁1205钻井队……………………………619
（八）永不卷刃的尖刀——钢铁1202钻井队………………………………623
（九）大庆油田第一列车原油外运………………634
（十）会战初期党的办事机关——石油工业部机关党委……………………636
（十一）北安农场——大庆油田的"南泥湾"……………………………639
（十二）建帐篷小学育铁人后代…………………641
（十三）大庆谓之"大庆"的由来…………………643
（十四）岗位责任制的由来………………………646
（十五）"三老四严"的由来………………………649
（十六）"四个一样"的由来………………………652
（十七）"干打垒精神"的由来……………………656
（十八）"五把铁锹闹革命"精神的由来…………660
（十九）"缝补厂精神"的由来……………………662
（二十）"五毫米见精神"的由来…………………666
（二十一）萨尔图名称的由来……………………668
（二十二）让胡路名称的由来……………………668
（二十三）龙凤区名称的由来……………………668
（二十四）卧里屯名称的由来……………………668
（二十五）创业庄——"五把铁锹闹革命"的发源地……………………668
（二十六）大庆首部进京演出剧目………………669
（二十七）第一篇公开报道大庆油田的长篇通讯……………………………669
（二十八）第一部以大庆油田为题材的彩色故事片……………………………670
（二十九）油田第一部电视连续剧………………670
（三十）最早歌颂大庆工人的歌…………………670
（三十一）第一部反映大庆业绩的纪录片………671
（三十二）大庆首届石油文化节…………………671
（三十三）大庆油田第一位中国工程院院士……………………………672
（三十四）大庆第一位设计大师…………………672

第一篇

自然状况

社会现状

（一）地理位置

大庆市位于黑龙江省西部，松辽盆地中央坳陷区北部，东经123°45′—125°47′，北纬45°23′—47°29′，辖区总面积21219平方千米。其中主城区在东经124°19′—125°12′，北纬45°46′—46°55′，南北长约138千米，东西最宽约73千米，面积5107平方千米，占黑龙江省面积的1.19%。东连安达、肇东两市，东南毗邻双城市，南与吉林松原隔江（松花江）相望，西接泰来县，西北与齐齐哈尔市接壤。市中心萨尔图东南距省会哈尔滨市159千米，西北距齐齐哈尔市139千米，市区西南边界与嫩江最近距离25千米；G10国道（绥满高速）、滨洲铁路横贯东西，大广高速、让通（让胡路—通辽）铁路纵贯南北。

主城区包括萨尔图、龙凤、让胡路、红岗、大同5个区，陆地边界总长603千米。在全市总面积5107平方千米中，萨尔图、龙凤、让胡路、红岗、大同5个区面积分别为504、416、1192、623和2372平方千米。

1992年12月1日，经国务院批准，原齐齐哈尔市的林甸县、杜尔伯特蒙古族自治县和绥化行署的肇州县、肇源县正式归大庆市管辖，实行市管县体制。肇州、肇源、林甸、杜尔伯特4县面积分别为2445平方千米、4120平方千米、3493平方千米、6054平方千米，总面积为16112平方千米。加之主城区萨尔图、龙凤、让胡路、红岗、大同5个区，全市总面积2.12万平方千米，占黑龙江省总面积的4.69%。

图1-1所示为大庆油田掠影。

（二）行政区划

1959年9月，肇州县大同镇发现大庆油田，并以大同镇为中心成立大庆区。1960年

图1-1 大庆油田掠影

4月，中共中央、国务院为加快松辽石油基地建设，决定成立地级安达市，大庆区归其管辖。1964年，撤销安达市，恢复安达县；大庆区划出成立安达（大庆）特区，为了保密，对外仍称"安达市"。1979年12月，经国务院批准，安达特区更名为大庆市。

到2020年底，大庆市下辖萨尔图、龙凤、让胡路、红岗和大同5个区，肇源、肇州、林甸和杜尔伯特（蒙古族自治县）4个县，1个国家级高新技术产业开发区，1个国家级经济技术开发区，市政府驻萨尔图区（见表1-1）。

表1-1 大庆市行政区划一览表

区划名称	政府驻地	街道	镇	乡	面积（平方千米）	行政区划代码	邮政编码
大庆市	萨尔图区	44	31	24	21643	230600	163000
萨尔图区	东风街道	11	—	—	504	230602	163001
龙凤区	三永街道	9	1	—	416	230603	163711
让胡路区	奋斗街道	11	1	—	1394	230604	163712
红岗区	红岗街道	6	1	—	625	230605	163511
大同区	大同镇	7	4	4	2372	230606	163515
肇州县	肇州镇	—	6	6	2445	230621	166400
肇源县	肇源镇	—	8	5	4120	230622	166500
林甸县	林甸镇	—	5	3	3591	230623	166300
杜尔伯特蒙古族自治县	杜尔伯特镇	—	5	6	6176	230624	166200

（三）人口状况

到2020年底，大庆市户籍人口270.8万人。其中，市辖区人口136.9万人，市辖县人口133.9万人。全市城镇人口143.1万人，户籍人口城镇化率52.8%。

在全市户籍人口中，汉族居多（约占95%），还有蒙古族、满族、朝鲜族、回族、达斡尔族等45个少数民族。大庆市的蒙古族人口占黑龙江省蒙古族总人口的50%以上，是黑龙江省蒙古族的主要聚居区。2020年底全市户籍人口及其构成如表1-2所示。

表1-2 2020年底大庆市户籍人口及其构成

序号	指标	年末数（万人）	比重（%）
	户籍总人口	270.8	100
（一）	按所在地分		
1	城镇	143.1	52.8
2	乡村	127.7	47.2
（二）	按性别分		
1	男性	134.6	49.7
2	女性	136.2	50.3
（三）	按年龄分		
1	0—17岁（含不满18周岁）	36.0	13.3
2	18—34岁（含不满35周岁）	54.4	20.1
3	35—39岁（含不满60周岁）	121.6	44.9
4	60岁以上	58.8	21.7

地域特色

（一）地质地貌

大庆地区地质构造位于松辽盆地中央坳陷区北部。地质史上，大庆地区在中生界以后的一段时期曾是内陆湖盆，湖水繁育大量介形虫、藻类、鱼类等。后经1.4亿年漫长的演变过程，积累厚达6000多米的沉积物，外加地壳升降运动，渐成平原地貌。地下地层包括中生界侏罗系、白垩系和新生界古近系—新近系、第四系，地表为厚约142米的现代冲积物所覆盖，形成可生成储集石油、天然气的陆相沉积体系。在后来的地质构造运动中，地下岩层形成一个隆起构造，即松辽盆地"凹中隆构造"，岩层中石油、天然气运移聚集于此，该构造称为大庆长垣。

大庆市区全部为第四纪地层所覆盖，地层岩性自上而下分为全新统、上更新统冲积层、中上更新统湖相沉积层、中上更新统冲积洪积砂砾石层、下更新统冲积洪积哈达山砂砾石层。与工程地质有直接关系的上更新统冲积层，广泛分布于大庆市区波状平原上，厚度一般为10—15米，东北部与西南部较厚，最厚达18米。依据工程地质条件，结合大庆实际情况，在工程建筑方面分为7个地段。

（1）建筑良好地段。一般位于泡子（北方方言，意为小型湖泊）东侧或洼地边缘，为孤立式，相对高差大于4米，坡麓明显，岗地面积较大。地层岩性分为轻亚黏土—亚黏土—轻亚黏土—亚黏土4层。地下水埋深一般大于4米，年变化幅度为1.2—1.8米。随着油田用水量增大，埋深逐年下降，对混凝土无侵蚀性，适于修建各种大型的厂、站、库，特别是地下工程或有地下室的较大建筑物。此类地段分布于市区许多地方，但面积不大，且大部分已经利用。

（2）建筑较好地段。一般位于洼地或水泡子边缘，平原上也有所分布，其坡麓不明显，岗地较开阔平缓。土层岩性分为亚黏土—轻亚黏土—亚黏土3层。地下水一般埋深约4米，适于建筑一般大中型厂、站、库等工程，亦可建筑一般性地下工程和有地下室的建筑物。此类地段多分布于市区中部。

（3）建筑一般地段。地势较平坦，稍有起伏。地层岩性分为亚黏土—轻亚黏土—细沙—亚黏土4层。地下水一般埋深大于2米，可建筑一般厂、站、库及民用工程。此类地段在大庆市区分布较广且面积较大。

（4）建筑较差地段。地势较低平，大部分为耕田，土层岩性分为亚黏土—轻亚黏土—细沙—亚黏土4层。地下水一般埋深较浅，可建筑小型建筑物及民用建筑物，道路通过此类地段易致翻浆。

（5）采取措施后可建筑地段。地势低洼，地表潮湿，局部积水呈沼泽状，盐渍化严重，生长芦苇或毛柳。地层岩性分为亚黏土—黏土—亚黏土—黏土4层。不宜建筑工程，即便采取措施，只可建筑一般工程。

（6）不宜建筑地段。位于泡沼边缘及泡沼中，地势低洼，地表潮湿积水，局部严重盐渍化。地层岩性分为亚黏土—黏土—亚黏土—黏土4层。此类地段一般狭窄，多呈环形，不宜建筑任何工程。

（7）特殊地段。位于平原与泡沼边坡过渡带，地势由较高平陡然变低，一般呈斜长条带状，与泡沼相对高差4—5米。地层岩性分为亚黏土—轻亚黏土—亚黏土3层。可建筑一般工业和民用工程。此类地段分布很少。

大庆地区地貌类型属于松花江、嫩江冲积一级阶地，地势由四周向中心倾斜，地貌呈同心圆状，大庆市基本位于其中部。境内无山岭，地势由北向南渐低，海拔高度126—165米，为波状起伏的低平原，相对高差10—35米，稍高处为平缓漫岗，植被发育较差；平地多为耕地、草原，间或分布盐碱小丘；

低洼处多为季节性水洼地、低位沼泽和数以百计的湖泡。市区无天然河流，只有人工开凿的沟渠，连接湖泡则为泄洪排涝干渠，如安肇新河；衔嫩江流入市区则为专用引水渠，如引嫩工程。土壤分布，西部以风沙土为主，东部以黑钙土、草甸土为主，形成两条土壤带。大庆地貌可细分为4种微地貌类型。

（1）孤丘式高地。大庆市区内岗地多呈椭圆形，长轴方向一般为近南北向或北北西—南南东向，多分布于湖泡东部，岗地面积一般为0.5—0.7平方千米，与湖泡相对高差4—8米。少数分布于平坦地区的孤丘式高地，从其长轴方向来看，西北坡较缓，东南坡较陡。湖泡边岗地，近水一侧坡度较陡。

（2）波状平原。大庆市区大部分为波状平原，地面海拔高度146—149米。主城区大多微弱起伏，地表径流一般。喇嘛甸与杏树岗地区地势平坦，地表径流条件差，丰水期地表积水，平原大部分为耕地。

（3）湿洼地与沼泽区。地势低洼，海拔高度130—145米，盐渍化较重，水草芦苇丛生。喇嘛甸北部与东部分布面积可观的湿地，呈不规则状；杏树岗地区中部有浅盆状洼地，常年积水，边部盐渍化较重。

（4）湖泡。大庆疆域内星罗棋布的湖泡，多达200余个，仅市区就有150多个，故称"百湖之城"。市区湖泡多为椭圆形，面积一般约1平方千米。泡西北至东南长2.5千米，东北至西南长5千米，面积约14平方千米，泡岸线长15.5千米，水深一般约1米，最深达3米，蓄水量5100万立方米。

（二）气候

大庆市地处嫩江平原北部，属北温带大陆性季风气候区，光照充足，降水偏少。受蒙古内陆冷空气和海洋暖流季风影响，冬长（11月—来年2月）寒冷干燥，夏短（6—8月）雨热同季，春（3—5月）秋（9—10月）多季风，风旱同期，气温变化急剧；温差大，土壤结冰期约210天，最大冻土深度可达2.48米；无霜期短，农作物生长期平均约150天；年日照率为50%多，适于多种温带农作物生长；降水量较少，除夏季外，多数月份比较干旱，有效积温与降水集中在夏季。由于地处北温带的西风带，多风即为重要气候特征，冬季以西北风为主，夏季多为西南风，春秋西北风与西南风交替出现。

1. 气温

气温变化急剧，绝对温差大。大庆市年平均气温4.2℃，最冷月平均气温-18.5℃，极端最低气温-39.2℃；最热月平均气温23.3℃，极端最高气温39.8℃，绝对温差达79℃。

1986年，极端高气温32.4℃，极端低气温-28.3℃，绝对温差60.7℃；1995年，极端高气温36.5℃，极端低气温-26.1℃，绝对温差62.6℃；2005年为暖冬，但绝对温差也达59.4℃。1986—2005年，大庆市年均气温为5.2℃，平均气温最低值为3.4℃（1987年），最高为6.2℃（2001年）；最冷月份（1月）平均气温为-17.2℃，最热月份（7月）平均气温23.4℃。

2. 降水

大庆地区多风少雨，年降水量427.5毫米，年蒸发量1635毫米，蒸发量大于降水量，年干燥度为1.2，大陆度为78.9。

历史上降水最低值达到233毫米/年，出现于2000年；降水最高值达到664.3毫米/年，出现于1957年；最长无降水时间出现于1966年12月20日至1967年3月2日，共计73天。

每年降水主要集中在7—8月。1988年7月，降水量高达260.9毫米，达到1957年以来月降水峰值。1998年，全年降水量达605.5毫米，接近1957年的664.3毫米降水量。

3. 日照

大庆年日照时数为2726小时，年太阳总辐射量491.4千焦/厘米^2。1986—2005年，大庆市区年平均日照2585.4小时，最长日照时数为2975小时（1976年），最短日照时数为2122小时（2000年）。

4. 风

大庆地区多风，春风从2月下旬刮起，风力逐渐加大，3—4月间多有七八级以上大风，且极具破坏力，5月上旬立夏以后大风渐停。每年4月平均风速5.5米/秒，最高曾达6.5米/秒。到10月下旬，始刮冬季季风。1997年，有36天刮起6级以上风（10.8米/秒）。2001年4月7日出现有气象记录以来最严重的沙尘暴，并相继出现扬沙天气4天、浮尘天气5天。2005年，平均风速2.9米/秒，最大风速10.7米/秒。

5. 霜

大庆地区年均无霜期143天。霜期一般始于9月下旬或10月上旬，终于翌年4月下旬或5月上旬，霜期约7个月。最早初霜出现于1958年9月16日，最晚终霜出现于1974年5月24日。最短无霜期127天，出现于1965年；最长无霜期183天，出现于1998年。

6. 冻结

大庆地区平均每年10月初出现冻结，冻土层随气候变冷逐渐加深，到翌年3月冻土层一般约为180厘米，最深可达248厘米。冻结期为230—245天，每年3月地面开始解冻，至5月末或6月初可完全解冻。

7. 蒸发

大庆地区多风少雨，年蒸发量至少大于降水量的2倍。春夏秋（4—9月）蒸发量最大，其中5—8月蒸发量逾200毫米/月，约占年蒸发量的70%。1993年，蒸发量为1259.2毫米，创年蒸发量最少纪录。2004年，蒸发量为1821.4毫米，创年蒸发量之最。

（三）土壤

大庆地区成土母质受大兴安岭、小兴安岭山地冲积物质影响，多为黄土状亚黏土，现代又受内蒙古沙漠侵蚀影响，上覆一层细沙土或粉沙土。由于气候半干旱，冻结期长，植物根系多积于表层，有机质积累缓慢。成土过程中有草甸化现象出现，加上地表起伏较大，地表水聚积，土壤淋溶过程强烈，而在稍高地区又有石灰反应，区域内成土过程复杂，土壤类型较多。大庆地区处于东亚大陆地带性土壤——黑钙土带，还发育较大面积的隐域性土壤——盐碱化草甸土和沼泽土、风沙土，土壤大致构成为黑钙土、草甸土、盐碱土、沙土（亦称风沙土）、沼泽土五类。

大庆辖区土壤总面积为167.7万公顷，其中市区43.89万公顷，占辖区总面积的26.2%。五种土类面积分别为：黑钙土28.8万公顷，占辖区总面积的17.2%，其中市区8.72万公顷；草甸土24.1万公顷，占辖区总面积的14.4%，主要分布在市区；盐碱土33万公顷，占辖区总面积的19.7%，其中市区5.79万公顷；沙土70万公顷，占辖区总面积的41.7%，其中市区5.07万公顷；沼泽土11.8万公顷，占辖区总面积的7%，其中市区0.21万公顷。

大庆地区各类土壤富含N（氮）元素、K

（钾）元素而较缺乏 P（磷）元素。由于微量元素锌的严重不足，易引发小麦白条病、大豆花叶病等，影响农作物生长。土壤有机质含量为 2.45%，属中等肥力土质。经多年耕作，土壤熟化，养分含量发生区域性变化。南部土壤有机质含量高于北部；北部土壤有机质含量呈逐年下降趋势；西部地区以风沙土、草甸土、盐碱土为主；东部地区以黑钙土、草甸土、盐碱土为主，适于兼营农牧副渔业。区域内耕地大都有 5—10 厘米犁底层，坚不透水，影响作物根系下扎，需采取相应措施加以改变。

（四）资源

1. 石油与天然气

大庆油气区包括松辽盆地和海拉尔盆地已探明开发的油气田，总面积 72 万平方千米。其中，松辽盆地面积 26 万平方千米，纵跨黑龙江、吉林、辽宁三省，仅黑龙江省境内就占 12 万平方千米。地质史上，这里曾是大型内陆湖盆，中生代侏罗纪和白垩纪时期，沉积丰富的生油物质。盆地中心沉积岩厚度为 7000—9000 米。据预测，这个地区蕴藏约 113 亿吨石油资源。松辽盆地深层（尤其是北部）蕴藏着丰富的天然气资源，总资源量约为 1.17 万亿立方米。松辽盆地北部，预测石油地质储量 86 亿吨，探明石油地质储量 58.77 亿吨，探明天然气地质储量 22.26 亿立方米。另外，松辽盆地周边众多规模不等的盆地，蕴藏约 12 亿吨石油。

大庆石油比重中等，黏度高、含蜡量高、凝固点高，含硫量极少，一般称为"三高一少"，属低硫石蜡基型，是理想的石油化工原料。天然气以甲烷为主，占 64.5%—91.3%，可直接作为生产化肥的原料；凝析油含量较高，每立方米含 70—170 克之多，工业价值极高。

2. 土地

大庆辖区土地总面积 212.19 万公顷，其中市区土地面积 51.07 万公顷，土地利用面积 46.01 万公顷，包括耕地 12.34 万公顷、园地 842.09 公顷、牧草地 15.56 万公顷、林地 4.32 万公顷、居民点及工矿用地 4.98 万公顷、交通用地 1.50 万公顷、水域 7.23 万公顷。

3. 地表水

大庆水资源总量 56.4 亿立方米。辖区江河有嫩江、松花江干流、乌裕尔河、双阳河。嫩江发源于大兴安岭伊勒呼里山中段南侧，由北向南流至肇源三岔河与第二松花江汇合后形成松花江干流，长 1370 千米，流域面积 28.27 万平方千米，其中流经大庆境内的河段长 260.96 千米，占嫩江总长的 19%，大庆市境内流域面积 1.25 万平方千米。松花江流域面积 54.56 万平方千米，大庆市境内流域面积 8717.3 平方千米，流经长度 128.6 千米，占松花江干流河长的 13.7%。乌裕尔河发源于小兴安岭西侧，流域面积 2.31 万平方千米，入大庆境内后，消失于齐齐哈尔以东、林甸县西北大片草甸湿地中。双阳河为嫩江左岸无尾河流，发源于拜泉县新生乡，经依安县流入大庆林甸县境内，消失于广袤沼泽中。该河属于季节性河流，径流主要受降水影响，年内枯丰变化和年际变化较大。大庆市地表水可利用资源量主要包括嫩江地表水径流量分配给大庆的水资源量、乌双两河入境量、松花江沿江提水量等几部分，共 22.75 亿立方米。

另外，大庆地区有常年积水的湿地 64.1 万公顷、湖泡 156 个，总容水面积 3000 多平方千米，总容量 3.59 亿立方米。其中，大庆水库面积60平方千米，容水1.3亿立方米；黑鱼湖面积101.6平方千米，容水2.05亿立方米；东风水库面积6.1平方千米，容水900万立方米。

4.地下水

大庆市位于松花江沉积盆地的北部，新生代以来地层沉积总厚度6000米左右。松辽盆地在形成过程中经历断限、断坳、坳陷、上升四个阶段，发育了一套中生代、新生代地层。其中，中新生代以来发育有多个含水层，含水层有第四系潜水、第四系砂砾石承压含水层，各层均蕴藏着较丰富的地下水资源。地下水可开采量为10.06亿米³/年，其中承压水6.24亿米³/年，潜水3.82亿米³/年。截至2005年底，全市共建成地下水水源46座，生产井651眼，综合供水能力81.44万吨/日，有人畜饮水井和农业灌溉井9741眼。

5.地热

在林甸县183平方千米范围内，有B级地热水可采量3.5吨/日，井口水温50.40℃。林甸地热埋深1400—2000米，温泉最大流量37.5吨/时，水温39—40℃，矿泉水质含有锌、硒、钙等17种微量元素，氯化物含量为1144.69毫克/升，可治疗多种疾病。在全国300多处矿泉资源中，林甸温泉排名第11位。

6.生物

（1）森林。2005年，大庆地区森林面积20.37万公顷，其中用材林4.73万公顷、防护林12.27万公顷、薪炭林4884公顷、特用林4703公顷、经济林5329公顷、灌木林1.23万公顷、四傍林6481公顷；主城区森林面积5.41万公顷，占大庆地区森林面积的26.6%，其中用材林5987公顷、防护林4.22万公顷、薪炭林99公顷、特用林4635公顷、经济林633公顷、灌木林279公顷、四傍林276公顷。

（2）植物。大庆地区有野生植物70科、509种。其中，饲料用天然牧草主要有10余种，如羊草、野古草、坡碱草、芦葭草、星星草、狼尾草、姬香茅、斜茎黄、紫苜蓿、草木樨、山黧豆、草藤等；药用植物约130种，常用的有30余种，包括防风、甘草、黄芩、艾蒿、柴胡、桔梗、知母、车前子、龙胆草、益母草、玉竹、苦参、艾叶、坤草等。

（3）动物。①昆虫类。有270多种，隶属11目65科，主要有蜜蜂、蟋蟀、蜻蜓、蚯蚓、蚰蜒、蛇蛉、蚊、蚂蚁、水蛭、蝴蝶、蝇、蜂蛛、蝼蛄、螳螂、蟑螂、蠓、蚱蜢、飞蝗、绿豆象、金龟子、地鳖、叩头虫、蚜虫、黏虫、草蛉等。②鸟类。有272种，隶属17目48科。其中，国家一级重点保护鸟类有丹顶鹤、白鹤、白头鹤、黑鹤、东方白鹳、金雕和大鸨7种；国家二级保护鸟类有白鹮、白琵鹭、大天鹅、小天鹅、灰鹤、蓑羽鹤、鸳鸯等44种。③兽类。哺乳类23种，隶属5目11科，包括刺猬、小麝鼠、水鼠耳蝠、赤狐、貂、狼、艾鼬、香鼬、黄鼬、豹猫、草兔、草原黄鼠、五趾跳鼠、黑线仓鼠、麝鼠、草原鼢鼠、巢鼠、黑线姬鼠、褐家鼠等；有两栖、爬行动物3目5科7种，以墨斑蛙、黑龙江林蛙和中华蟾蜍以及爬行类中的丽斑麻蜥为本区的常见种。④鱼类。有45种，隶属5目10科，主要有鲤鱼、鲇鱼、鲫鱼、武昌鱼、白鲢鱼、白条、黑鱼、草鱼、麦穗鱼、泥鳅、花鲢、狗鱼、青鱼、塘鲤、马口鱼、三角鲂、团头鲂等。在肇源还曾有过名贵鱼种"三花五罗"，即鳌花、鳊花、鲒花、哲罗、法罗、雅罗、铜罗、胡罗。除"三花"中的鳊花、鲒花还时有发现外，鳌花及"五罗"20世纪70年代江中就已绝迹。

7. 其他资源

大庆有草原68.9万公顷，居黑龙江省首位。草原以羊草为主，还有野古草、坡碱草、星星草等10余种天然牧草。羊草质优，富含营养，价值高，每千克干草含可消化蛋白质32—75克，营养价值堪比豆科的野苜蓿。平均每公顷草原产优质干草700多千克。草原生长的防风、黄芩、甘草、桔梗、龙胆草等约130种药用植物，年总储量逾1亿千克，部分远销日本和东南亚等地。草原上还分布着10.5万公顷苇塘，居黑龙江省首位，所产的芦苇，是优质造纸原料。

（五）自然灾害

1. 水灾

大庆油田地处平原，多数水灾属内涝。

1961年7、8两月，降水量达322毫米，并多集中于20天之内，致使10多万亩农田受灾，其中7万多亩绝产。

1962年7月下旬，几天之内连续降水200毫米，雨后有的地块积水30毫米，农田受灾1万亩，其中80%绝产。

1971年9月15日，降水107毫米，部分农田被淹、企业停产。

1986年7月14日，大雨倾盆，降水量达47.5毫米。后于7月21日至27日，连续7天下雨，降水量达51.8毫米。7月总计降水量182.1毫米，加上8月份又降水68.2毫米，致使全市受灾农田达1.2万公顷，其中绝产0.27万公顷；受淹房屋2673户、6534间，其中倒塌460户、1059间。

1987年，降水总量536.2毫米，比历年多93.4毫米，比1986年多165.6毫米。其中，8月15日到21日降水71.1毫米，而8月20日一天就达43.3毫米，达到30年来的第五次降水峰值。到9月3日14时，王花泡西副坝四处决口，洪水四溢。700名驻军官兵和油田职工昼夜奋战，9月4日5时40分，决口全部合拢，险情缓解。接着，数千军民继续日夜奋战在王花坝西副坝、王花泡西副坝第二道防线、北二十里泡疏通工程现场、北二十里泡出口处四大防汛主战场，加固堤坝，排除险情。洪灾造成全市2.64万公顷农田被淹，占总播种面积的30.2%；成灾面积2.45万公顷，占播种面积的28.1%，其中减产九成、绝产0.37万公顷。洪灾给工业生产也带来了损失。

1988年，大庆地区入夏以来连降大雨，全年降水582.9毫米，达到32年来的第四位，比一般年份多132.8毫米，比1987年多46.7毫米。其中，5月份降水109.5毫米，创历史之最，达到历年平均值的3.4倍；7月份降水260.9毫米，高出历年平均值118.8毫米；其中一日暴雨，降水61.8毫米。全年由于高温多雨，滞洪区、水库和其他自然湖泡水位普遍上升，黑鱼泡滞洪区水位达149.8米；大庆水库水位达149.45米（9月28日达149.58米）；王花泡水位达146.97米；中内泡水位达141.52米（9月5日达143.98米）；库里泡水位达130.95米（9月28日达131.04米）；红旗泡水位达147.40米；北二十里泡水位达143.36米（9月28日达143.55米）；104洼地水位达144.69米。洪水导致农田涝灾36.5万亩，水灾7.7万亩；市区受灾面积达2.95万公顷；内涝导致采油六厂、采油三厂300多口油井停产，影响原油产量15.6万吨。

1991年7月，市区降水量达207.8毫米，低洼地积水达2米，采油四厂55口油井、33口水井被淹。

1994年6月下旬起，地处松嫩两江汇合点的肇源县受特大暴雨侵袭，至7月14日，累计降水332.8毫米，几近往年全年总降水量，导致1.8万公顷农田被淹，其中绝产0.97万公顷，0.87万公顷高粱、玉米等大田作物五成以上遭侵袭，洼地民房倒塌209间。同年7月22日至24日，林甸县连续降水131毫米，截至7月22日，累计降水278.4毫米。林甸县地势低洼，外加降水集中，再遭双阳河上游客水侵入，致使全县87个村、181个自然屯遭到水淹，30975户、12.8万人受灾，68户的169间房屋倒塌，4.64万间房屋成为危房；农田被淹5.93万公顷，成灾4.11万公顷，占耕地面积的49.3%，绝产1.63万公顷，3720户农户几乎颗粒无收。另外，3座桥梁、1座闸门和53处道涵、13处堤坝被冲毁，毁堤4550米。灾害共计造成经济损失9600万元。

1998年夏秋之交，大庆遭受史无前例的松花江、嫩江特大洪水袭击。进入6月，位于嫩江发源地的大兴安岭及上游的内蒙古东北部地区连降大到暴雨，致使嫩江水位暴涨，向下游环绕大庆西南方向长达282千米的国堤袭来。与此同时，大庆市境内及北部的双阳河上游暴雨频繁，市区六七月间的降水总量高达448.3毫米，较常年增加124.6毫米；双阳河及乌裕尔河肆意泛滥，经林甸向杜尔伯特连环湖和黑鱼泡滞洪区袭来。而此时，东部毗邻大庆主力油田的红旗水库、王花泡、北二十里泡、中内泡、库里泡等也早已水满为患，不堪重负。大庆地处松嫩平原腹地，既少丘陵且无高地。防洪标准仅为20年一遇的松、嫩两江大堤，在百年不遇的特大洪水面前危机四伏。据史料记载，嫩江流域曾有水患记载是在1783年，距今最近洪灾发生在1957年，当时洪峰流量为每秒6300立方米；最大的一次洪灾则发生在1969年，洪峰流量为每秒1.06万立方米，当时测得拉海段水位是137.55米，立陡山段水位是133.31米。1998年嫩江一号洪峰实测流量为7440米^3/秒，流经杜尔伯特拉海段时最高水位为137.60米，超警戒水位1.1米；流经肇源立陡山的最高洪水位为132.43米，超警戒水位0.93米。嫩江二号洪峰实测流量为9480米^3/秒，杜尔伯特拉海段最高水位达到137.88米，超警戒水位1.38米；肇源立陡山段的最高洪水位为113.13米，超警戒水位1.62米。8月11日至12日，嫩江上游形成三号洪峰，在向下游推进的过程中，嫩江中下游右岸支流又降大到暴雨，与三号洪峰汇流后，叠加成四号洪峰，实测流量超过17000米^3/秒，为300年一遇特大洪水。杜尔伯特拉海段最高水位达138.92米，超警戒水位2.42米；肇源立陡山段最高洪水位达134.66米，超警戒水位3.15米。受嫩江洪峰的影响，松花江水位也暴涨，达到历史最高水平。另外，加上明青坡水侵袭，区域内连降暴雨，形成外洪内涝，使全市受灾人口达96.6万人，被迫转移50.2万人；倒塌房屋32万间，造成危房20.9万间。受灾农田29.1万公顷，绝产20.1万公顷，粮食减产122万吨；林业受灾面积3.34万公顷，草原受灾面积13.8万公顷。全市共损坏邮电线路362千米，损坏道路380千米，损坏电力线路2606千米；油田受淹关井1504口，减产原油25万吨。水利设施毁损严重，松嫩两江堤坝损坏251千米，占国堤总长的89%，其中溃堤决口5处，长1.7千米；破堤放水22处，总长3.8千米；3座大中型水库遭到洪水破坏，其中南引水库垮坝6处，长7.52千米；破堤放水1处，约1千米；有51处泵站、近900个桥闸建筑物、1229眼机电井不同程度地被洪水毁坏，水利设施损失总计6.6亿元。洪涝灾害造成全市经济损失80多亿元。

2003年夏季，全市降水量342.6毫米，比气候值多46.5毫米，造成部分农田受到水涝影响。其中，林甸县农田受灾3.93万公顷。

2005年6月4日，肇源县古龙镇遭受暴雨灾害，一次性降水64毫米，314户村民房屋受灾，其中127户不能居住。6月9日，杜尔伯特县江湾乡江湾村拉海屯突发暴雨袭击，3小时降水48毫米，形成洪灾。受灾房屋115户、248间，倒塌房屋31户、63间，受灾人口395人，106人置身临时安置点；受灾农田266.67公顷，直接经济损失达200多万元。

2. 旱灾

大庆地区的旱情，多发生在春夏两季，据1956年以来的气象资料统计，最长连续无降水日数为73天，发生在1966年12月20日至1967年3月2日。

1956年，大庆地区春播后，连续60天无雨，出苗期拖至6月中旬，出苗率仅为60%—80%。

1961年4—6月，大庆地区仅降水73毫米，10万亩农田受灾，其中8万余亩绝产。

1968年春夏，大庆地区严重干旱，粮豆作物4014亩绝产。

1982年5月1日至7月14日，连续70多天无雨，造成农业严重欠收。

1986年3月20日到4月19日，全市连续31天无降水，两个月仅降水3.6毫米，给小麦播种带来严重影响，0.77万公顷农田受灾。

1995年，大庆地区进入6月份以后连续90多天未下过透雨。全年降水268.1毫米，直逼1983年创下的历史上最少降水纪录——267.3毫米，致使38.7万公顷耕地不同程度受灾，占总播种面积的87.3%。

2000年4月23日起，大庆地区连续50多天无降水，播种的47.5万公顷农作物有41.07万公顷旱田遭遇干旱，其中28.45万公顷严重干旱；6.4万公顷水田渴水面积达2.27公顷。

2001年5月，大庆市持续多风少雨，致使农作物受旱面积达580万亩，其中较重受害面积达355万亩。

2001年4—6月，大庆地区持续多风少雨。其中6月仅降水21毫米，比历年平均值少48毫米，使全市农作物受旱面积达580万亩，其中重灾面积达355万亩。

2002年春季（3—5月）平均气温为8.4℃，比气候值高2.5℃，达到特高值。其中，3月平均气温3℃，比气候值高4.2℃，达到历史同期罕见的极值，故导致春旱。

2003年，春季平均气温8.6℃，比气候值高2.7℃。其中，4月平均气温为9.3℃，比气候值高2.5℃。全市春旱，林甸最重，受灾农田达11万公顷。

2004年，大庆市区年降水233毫米，比气候值少204毫米。其中，夏季降水为124.3毫米，比气候值少182.9毫米。所属四县降水也偏少，肇州县和大同区列入全省旱情最重的6个县份中。全年粮食产量下降10亿千克以上，超过洪水泛滥的1988年；种植业损失约15亿元，人均减收1200元。

3. 风灾

春秋两季多风，是大庆地区显著地气候特征，故风灾时有发生。

1969年7月4日17时30分到18时许，让胡路区四新公社四新大队刮起8—9级龙卷风，使红旗五队14棵直径14—55厘米的杨树被刮倒，库房盖被刮掉一半，居民房角屋檐多数被吹掉。风后下起直径1—6厘米的冰雹，持续约10分钟，受灾的2800亩农田全部绝产。

1976年5月，全月刮6级以上大风16次，而24日最大风力达12级，导致油田35千伏电力系统出现故障16次，关停变电所3座、水电机泵41台，损失电量4.75万千瓦·时。红色草原牧场3.22万亩农田受灾，占粮豆田总面积的30%，其中毁种1.01万亩，占受灾面积的30%。

1977年4月19日，风灾导致油田供电线路发生故障，中一、中三、东一、东二、北二、北五等变电所瞬间失电，影响负荷35兆瓦，其中停注水电机16台，损失电量2万千瓦·时。

1979年6月16日16时许，让胡路车站附近出现一次超12级的龙卷风，并带来大暴雨。龙卷风形成于月亮泡地区，到让胡路车站东部岔路口开始接地，后折向当时的铁路商店，后转向方晓二村，又折向工程兵医院，跨过铁路，至高家大院消失。影响的范围，宽50—100米，长度弯弯曲曲约300米，所经之处拔树倒屋，砖瓦结构房屋全部揭顶，有一栋平房共7间屋子后墙全部倒塌。工程兵医院活动木板房全部被掀倒刮跑，砸死1人，砸伤1人。有一骑自行车的青年男子，被风刮到半空中，越过几栋房屋后被摔在地上。还有一台三轮摩托车被风卷走100多米远，落地后右轮被摔掉。

1983年7月17日17时30分许，采油五厂至采油四厂三矿作业队和四厂三矿作业队到红岗区杏树岗公社先锋大队区间，刮起一场罕见的龙卷风。据目击者称，17时许北方天空出现奇异的光亮云彩，西北角上空云层乌黑，约10分钟后风起云涌，20分钟后乌云满天，伴随电闪雷鸣，风雨交加，垂直状闪电令人心惊肉跳。人们纷纷躲避到屋里。17时30分许，龙卷风在该地骤然旋起，顿时尘土飞扬，天昏地暗约两分钟，风向由东南转向西北，随之暴雨倾盆，在长500米、宽100米的区域内，有59户受灾，倒塌房屋32间，毁坏民房113间、仓库36间；有34人受伤，其中重伤9人；3头种牛死亡；35根电柱被挂断。龙卷风过后，连续4个小时暴雨倾盆，降水80—100毫米，杏树岗乡2.4万亩农田被淹，其中1.5万亩绝产。

1996年8月2日17时20分，一股巨大的龙卷风裹挟着暴雨袭击肇源县肇源镇、三站和裕民等乡，致使县城供电、通信中断，种猪场、皮毛厂、米粉厂、粮库以及党校等12家机关、企事业单位遭受重大损失，520户城乡居民的105间房屋受到不同程度的损坏，18人受伤，其中重伤1人。受灾最严重的县粮食局有18个圆仓和6座面粉库房顶盖被龙卷风卷走，208万吨粮食被雨水浸泡，造成直接经济损失800多万元。据统计，这次龙卷风袭击共计造成直接经济损失1000多万元。

2005年3月27日傍晚到28日凌晨，一场20年不遇的暴风席卷大庆,并带来降雪,市内积雪最厚逾0.5米,平均降水量达8.3毫米,油田113座变电站受到影响,116条6千伏线路跳闸停电、41座联合站、219座转油站停运,2万多口油井短暂停产。

同年6月15日晚,石油管理局农场风雨雷电交加,至21时许,狂风大作,随即形成一股强大的风雨旋流,使大面积原本齐腰的小麦全部倒伏,且多数中部折断。狂风裹挟着暴雨和泥沙,还毁掉66.67公顷黄豆秧苗,农田近处的一些直径20多厘米的松树或被拦腰折断,或被连根拔起。龙卷风过后,暴雨持续两天,被刮倒的庄稼几近绝收。据统计,400万公顷农田遭到不同程度的损害,其中366.67万公顷受损严重,造成直接经济损失200多万元。

4. 雪灾

1969年11月7日,大庆地区先雨后雪,雪花伴着狂风越下越大,持续一昼夜。有一名下乡知青晚饭后回宿舍途中走失冻死。11月29日,暴风雪袭击油田,造成停电停水、原油凝固、管线冻裂,油田生产遭受重大损失。

1983年4月26至30日,大庆地区遭受特大暴风雨雪袭击,降水量达102.6毫米,平均风力7—8级,最大风力达9级。其中,29日最大风速28米/秒,最低气温降至零下3.7℃。暴风雨雪造成供电中断、交通受阻,油田生产受到严重影响。在暴风雪中,牧工商公司三牧场中学初一4名学生走失遇难,另有部分牲畜冻伤冻死。

2005年3月27日傍晚至28日凌晨,一场20年不遇的暴风雪席卷大庆,积雪最厚逾0.5米,大庆市区平均降雪8.3毫米。油田113座变电站受到影响,616条6千伏线路跳闸停电、41座联合站、219座转油站停运,20045口油井停产。经过积极抢修,到30日6时,油田恢复正常生产。

5. 雹灾

1962年7月7日,红色草原春雷和工农团结2个牧场及农业试验站,遭遇连续40分钟的冰雹袭击,雹粒大如鸡蛋,最大的重达185克。

1988年6月16日,大同区的大同镇、高台子镇、八井子乡、庆阳山乡等地遭受长达25分钟的冰雹袭击,最大冰雹鸡蛋般大小,农田受灾0.33万公顷,造成直接经济损失250万元。

1991年7月5日,大同区祝三乡的平桥、民主、万隆泡3个村的13个自然屯遭遇冰雹和暴雨袭击,造成0.18万公顷农田受灾。全市共有3.06万公顷农田受灾,其中绝产0.28万公顷。

1993年6月13日17时许,一场罕见的大风冰雹袭击肇州县永乐镇、双发乡和乐园良种场,农田受灾0.67万公顷,其中0.27万公顷绝产,直接经济损失200多万元。

7月3日16时50分,大同区葡萄花乡、老山头乡、八井子乡的米太营子、九间房、葡萄花、马营子、委什吐、永太、永和7个村,遭遇持续40分钟的冰雹袭击(最大雹粒大如鸡蛋),0.35万公顷农田受灾,其中绝产446.67公顷,经济损失220万元。

1994年7月1日和5日,林甸县的花园乡、隆山乡等地发生两次历史上罕见的特大雹灾,加之当月连降大雨,双阳河上游客水侵入,使全县农村房屋、农田,以及公共设施、工厂遭到重大损失。

6. 其他灾害

（1）雷灾。1977年6月10日16时8分，雷电造成中四、一号地下站、一号地上站、油建、红岗压气站、南一库、萨西、南水源8座变电站所失电；南水源、西水源、红卫水源3座泵停水和注水、输油电机20台停止运行，共影响负荷32.5兆瓦，损失电量3.2万度。

1979年6月14日13时55分至23时55分，因雷击引起断电，损失电量6.75万度。

（2）低温冷害与冻灾。1987年5月，正值农作物生长发育期，气温比正常年份低1.5℃，比1986年5月低2.1℃，而5月中旬气温较历年同期低4.0℃，加上4—5月间持续21天无降水，低温冷害与干旱导致0.2万公顷农田受灾。

1994年5月15日晚，一场历史同期罕见的冻害侵袭大同区八井子、高台子、庆阳山、老山头、达榆树、葡萄花等地，7个乡镇、51个村、260个自然屯农田受灾1.11万公顷，其中玉米受灾0.32万公顷，经济损失974万元。

（3）虫灾。2006年，大庆地区发生严重蝗灾，截至6月13日，受灾农田达260万亩（占全市耕地总面积的50%以上）、草原140万亩，其中重灾面积100万亩。重灾区每平方米蝗蝻密度达200多只。

（4）沙尘暴。2001年4月7日凌晨4时许，大庆地区遭遇自1957年有气象资料记载以来最严重的一次"沙尘暴"袭击。市区天空一片昏暗，车辆外行需开灯照明。沙尘暴一直持续到深夜。紧接着出现扬沙天4天、扬尘天5天。

（5）地震。2005年7月25日23时43分，大庆地区发生里氏5.1级地震，震源深度15千米，震中位于林甸县花园乡（东经124°53'、北纬46°51'），距大庆市33千米、齐齐哈尔市90千米、哈尔滨市180千米。截至26日4时，共记录30余次余震，其中可定位余震10次。地震给大庆市区和林甸县造成不同程度破坏，受灾人口467户、1557人，其中花园乡齐心村死亡1人，受伤11人，房屋损坏1340间；采油六厂喇14座变电所失电，造成11条线路停电，45口电泵井、157口抽油机停运，影响原油产量406吨，厂部办公楼严重损坏，18栋居民楼成为危楼。地震造成直接经济损失2744.68万元。

油田概况

大庆油田有限责任公司（大庆石油管理局有限公司），是中国石油天然气集团有限公司的重要骨干企业。大庆油田是我国最大的油田，也是世界上为数不多的特大型陆相砂岩油田之一。油田位于黑龙江省中西部，松嫩平原北部，由萨尔图、杏树岗、喇嘛甸、朝阳沟、海拉尔等油气田组成。国内勘探范围包括松辽盆地北部、依舒等外围盆地、内蒙古海拉尔盆地、新疆塔东区块、四川重庆矿权流转区块等领域，海外业务覆盖中东、中亚、亚太、非洲和美洲等区域。业务有上市、未上市两大部分，包括勘探开发、工程技术、工程建设、装备制造、油田化工、生产保障、矿区服务等。

1959年，松基三井喷出工业油流，由此发现大庆油田。1960年，大庆油田投入开发。大庆油田的开发建设始终得到了党和国家的高度重视和亲切关怀。1964年，毛泽东主席发出"工业学大庆"的号召；1977年，中央组织召开了全国工业学大庆会议；1978年，邓小平同志第三次视察大庆时，做出了"要把大庆油田建设成美丽的大油田"的指示；1981年，中央47号文件充分肯定了大庆的经验；1990年，江泽民同志高度概括了"爱国、创业、求实、奉献"的大庆精神；1996年，胡锦涛同志指示大庆油田要"珍惜大庆光荣史，再创大庆新辉煌"；2009年9月22日，习近平同志亲自出席大庆油田发现50周年庆祝大会并发表重要讲话，指出"大庆的成绩和贡献，已经镌刻在伟大祖国的历史丰碑上，党和人民永远不会忘记"。2016年3月7日，习近平总书记参加十二届全国人大四次会议黑龙江代表团审议时又强调指出："大庆就是全国的标杆和旗帜，大庆精神激励着工业战线广大干部群众奋发有为。未来国际油气领域的困难局面还会延续相当时间，大庆要承受相当压力。只要精神不滑坡，办法总比困难多。我们从来都是在压力和挑战中前进的，也一定能继续在压力和挑战中不断前进！"2019年9月26日，大庆油田发现60周年之际，习近平总书记专门发来贺信，对大庆油田60年来取得的重大成就、做出的卓越贡献给予高度评价，对未来发展提出重要要求。

进入新时代，大庆油田以习近平新时代中国特色社会主义思想为指导，贯彻落实习近平总书记贺信重要指示精神，在集团公司党组的坚强领导下，推进实施《大庆油田振兴发展纲要》，按照"当好标杆旗帜、建设百年油田"的总体目标，分固本强基、转型升级、持续提升三个阶段，就本土油气业务持续有效发展、海外油气业务规模跨越发展、服务保障业务优化升级发展、新兴接替业务稳步有序发展，进行系统研究与科学谋划，努力把大庆油田建设成为以能源开发为主、相关业务协同高效发展的中国特色社会主义现代化强企，成为党和国家最可信赖的骨干力量。

（一）发展历程

60多年来，大庆油田大致经历了五个发展阶段。

1. 石油会战阶段（1960—1963年）

1959年9月26日，以松基三井喜喷工业油流为标志，勘探发现了大庆油田。以铁人王进喜为代表的老一辈石油人，在极其困难的条件下，自力更生、艰苦奋斗，仅用三年半多一点的时间，探明面积达860多平方千米的特大油田，建成年产原油600万吨的生产能力，累计生产原油1166.2万吨，占同期全国原油产量的51.3%，改变了我国石油工业的落后面貌，结束了主要依赖"洋油"的时代，促成国内石油产品基本自给。

2. 快速上产阶段（1964—1975年）

1963年底，大庆油田结束试验性开发，进入全面开发建设。从1964年到1966年秋，萨尔图油田主体全面投产。在这三年内，大庆油田职工坚持"两分法"，继续大踏步前进，巩固和发展了石油会战成果。"文化大革命"期间，大庆油田的开发和建设遭到严重破坏。在油田地下环境日趋恶化的1970年，周恩来总理提出大庆油田"要恢复两论起家的基本功"。油田职工按照这一指示，排除干扰，克服困难，以平均每年增产300万吨的速度快速上产，并勘探准备了一批可开发的新油田，为1976年原油产量跨上5000万吨台阶奠定了坚实基础。

3. 高产稳产阶段（1976—2002年）

"文化大革命"结束后，我国进入新的历史发展时期，大庆油田认真贯彻执行党的十一届三中全会以来的路线、方针和政策，解放思想，实事求是，编制油田长期稳产规划，持续搞好老油区调整，增强稳产后劲；坚持用高科技打好新时期的新会战，实现原油4000万吨持续稳产，力争到21世纪中叶，油田开发建设100周年之际，继续保持我国重要能源生产基地地位，努力打造行业一流的工程技术基地、装备制造基地、石油化工基地和科技创新基地，为维护国家石油供给安全、支持中国石油综合性国际能源公司建设、实现龙江经济社会的繁荣发展，努力寻找优质高效储量；加快新区建设，增强产量接替能力；依靠科学技术进步，实施大庆油田长期高产稳产注水开发技术、"稳油控水"系统工程和聚合物三次采油技术，使油田的开发建设进入了"高产上五千（万吨）"的持续稳产阶段。从1976年到2002年，大庆油田实现5000万吨以上连续27年高产稳产。

4. 持续稳产阶段（2003—2014年）

2003年以来，面对油田可持续发展出现的诸多矛盾，大庆油田坚持"有质量有效益可持续"的发展方针，从维护国家石油战略安全，谋求企业可持续发展，承担国有企业经济、政治、社会责任出发，确保持续为国家做出高水平贡献，确立了创建百年油田发展战略，积极谋求分阶段持续稳产。按照"产量最优化、技术系列化、管理规范化、运行有序化"的总体要求，坚持"老区有序调整、外围加快上产、海塔规模开发、天然气快速发展"，攻坚克难、挑战极限，以精细开发保稳产，以管理提升增效益，油气勘探始终保持良好发展态势，油田开发在"双特高"开采阶段，创出了一系列新的更高指标。到2014年，原油产量4000万吨以上持续稳产12年。

5. 振兴发展阶段（2015年—　）

2015年以来，面对国家对石油工业的高质量发展、油气的高质量供给提出新的更高的要求，大庆油田全面落实习近平总书记贺信重要指示精神，以当好标杆旗帜为根本遵循，进一步提高政治站位，高举大庆红旗，以经济效益为中心，以转变观念为先导，以改革创新为动力，坚持集约化、市场化、国际化方向，加快推进业务结构、发展动力和管理能力的转型升级，有效解决制约发展的突出矛盾和问题，统筹布局、有序推进各项工作高质量发展。

2016年12月，集团公司党组出台了《关于大庆油田当好标杆旗帜建设百年油田的意见》，为油田振兴发展勾画出宏伟蓝图，注入了强大动力。2017年4月，《大庆油田振兴发展纲要》正式发布。《大庆油田振兴发展纲要》深刻总结大庆油田的辉煌历史，客观分析面临的矛盾挑战和拥有的优势潜力，按照"当好标杆旗帜、建设百年油田"的总体目标，分固本强基、转型升级、持续提升三个阶段，就本土油气业务持续有效发展、海外油气业务规模跨越发展、服务保障业务优化升级发展、新兴接替业务稳步有序发展进行系统研究与科学谋划。

2018年10月，经大庆油田党委和大庆油田公司研究，对《大庆油田振兴发展纲要》进行修订，形成《大庆油田振兴发展纲要》（2018版）。

2020年7月，为全面落实习近平总书记贺信重要指示精神，切实肩负起"当好标杆旗帜、建设百年油田"的重大政治责任，指导推动新时代油田高质量振兴发展，经大庆油田党委和大庆油田公司研究决定，对《大庆油田振兴发展纲要》（2018版）进行修订，发布《大庆油田振兴发展纲要》（2020版），明确2025年努力实现本土原油3000万吨规模的发展目标，进一步细化2020—2025年的发展思路和业务部署。

2020年，大庆油田完成国内原油产量3001万吨、天然气产量46.6亿立方米，天然气产量连续十年稳步增长；完成油气产量当量4303万吨。截至2020年底，大庆油田累计产油24.3亿吨，累计产气1182.43亿立方米。

（二）产业格局

经过60多年发展历程，大庆油田形成以石油天然气勘探开发及其工程技术服务为主，装备制造、化工生产、生产保障、矿区服务、多种经营协调发展的产业格局。

1. 油气勘探开发

油气勘探开发是大庆油田的主营业务，包括原油、天然气勘探开发，以及油页岩、地热资源、煤层气等新能源勘探开发。国内勘探范围包括松辽盆地北部、依舒等外围盆地、内蒙古海拉尔盆地、新疆塔东区块、四川重庆矿权流转区块等领域，海外业务覆盖中东、中亚、亚太、非洲和美洲等区域。生产主体机构包括采油一至十厂、榆树林油田、头台油田、方兴油田、呼伦贝尔油田、庆新油田、采气分公司、天然气分公司、重庆分公司、储气库分公司、储运销售分公司、井下作业分公司、试油试采分公司、测试服务分公司、勘探开发研究院、采油工程研究院、国际勘探开发公司等单位。

近年来，大庆油田解放思想，挑战储量极限。通过加强精细勘探，向老区要储量；通过加强甩开勘探，向外围要储量；通过加强综合勘探，向新能源要储量；通过加强战略勘探，向海外要储量，不断寻找更多的油气资源。2005年，在集团公司的大力支持下，大庆油田成功收购了蒙古塔木察格19、21、22三个区块，向海外勘探开发迈出关键一步，为大庆油田走出去寻找资源接替开辟了新的空间。进一步把握规律，深化认识，发展大型凹陷湖盆岩性油藏、深层火山岩气藏、复杂断陷盆地三大优势勘探理论技术，相继在松辽盆地北部中浅层、海拉尔盆地以及松辽盆地北部深层的天然气勘探中取得重大发现，迎来储量增长新高峰。同时，开拓创新，勇于实践，开发水平不断提高。通过大力发展水、聚两驱综合调整技术、推广应用水平井开发技术等，使老油田含水上升和产量递减得到有效控制，外围低效难采储量动用步伐不断加快，油田采收率持续攀升。坚持走具有自主知识产权的核心技术发展道路，形成一整套陆相石油地质理论和非均质大型砂岩油田地质开发理论及工程技术系列。陆相多层非均质砂岩油田注水开发技术、聚合物驱油技术、三元复合驱油技术处于世界领先。在建成世界上最大的三次采油基地的同时，战略储备技术攻关也取得了重大进展。室内研究和小型现场试验表明，泡沫复合驱油技术可比水驱提高采收率25—30个百分点，是当今世界最前沿的驱油技术；微生物采油技术已开发出系列试验菌种，有望成为油田开发后期四次采油的主要接替技术。

2. 工程技术服务

大庆油田工程技术服务主要包括钻井、测井、录井、试井、固井、试油、射孔、井下作业等业务，由钻探工程公司、井下作业分公司、试油试采分公司、测试技术服务分公司、国际工程公司等单位承担。

大庆油田拥有中国陆上最大的石油工程技术服务能力，能够提供平原、沼泽、沙漠、山地等陆上各种地表条件及恶劣自然环境下的地球物理勘探资料采集服务，具备年试油450层、射孔4700口、年压裂4200口、修井1200口的施工能力。多年来，形成一批技术特点突出、能较好满足当前油田勘探开发和适应国内外市场需要的核心技术系列。钻井技术形成10项核心技术系列，其中调整井、薄层水平井及气体钻井等特殊工艺井、深井等多项钻井完井技术具有大庆特色，整体达到国内先进水平。测井技术形成以高分辨率测井、深层火成岩测井解释、薄层水淹层测井等5项特色技术，高分辨率测井技术、电磁波测井技术达到国内领先水平，伴随粒子碳氧比能谱测井技术达到国际先进水平。录井技术已形成有效识别油气水的配套技术系列，其中综合录井技术达到了国内先进水平，录井资料综合处理技术实现综合录井资料的系统且全井连续处理，为油气水层综合解释评价提供准确的录井参数，填补了空白。射孔测试联作工艺技术、不动管柱压裂排液求产、密闭试油试采技术和自动采集无线传输等技术已达到国内先进水平。模块化电缆射孔技术解决油管输送式定方位射孔所不能实现的大斜度井定方位射孔施工问题，达到国际先进水平。井下作业形成适应不同地质条件的多套压裂工艺技术、修井工艺技术、酸化技术和堵水技术。多裂缝压裂、限流法压裂、二氧化碳压裂、特殊井压裂、油水井大修等工艺技术在国内外处于领先地位。在确保大庆原油持续稳产的同时，大力开拓国内外市场，先后有300多支工程技术服务队伍进入国内29个省（自治区、直辖市）、境外28个国家和地区，在市场规模、收入等方面都得到了跨越式发展。

3. 工程建设

工程建设主要包括工程设计、化工石油工程施工（油田地面建设、管道储罐、炼油化工）、市政公用工程施工、路桥工程施工、房屋建筑工程施工、工程监理等业务，由大庆油田工程建设有限公司、大庆油田工程项目管理有限公司等单位承担。

以大庆油田工程建设有限公司为龙头的工程建设板块具有企业资质等级高、业务面广、建设项目精的优势，具体表现在以下方面：工程设计综合甲级资质、工程勘察甲级资质等12项，可承接石油天然气、化工、市政、电力、公路、建筑等全部21个行业各等级、规模不受限制的工程设计、工程咨询、工程总承包以及技术服务等业务；化工石油工程施工总承包特级资质，是国内同行业仅有的四家之一；公路工程、市政公用工程、房屋建筑工程等3项一级施工总承包资质；管道安装、钢结构工程、电力工程、无损检测等12项一级专业承包资质；房地产开发一级资质；AR1、AR3级压力容器制造等多项专业许可证；工程监理综合资质，为中石油、中海油、中石化系统内唯一获得此资质的企业。资质覆盖了油气田地面建设、炼油化工、市政建设、电力工程等多个业务领域，完全具备国内外整装油气田施工总承包的建设能力。

通过多年来的自主研发创新，拥有上百项专利技术，掌握数十套成套技术和专有技术。在陆上油田油气集输工程、大型整装油田地面建设、油气长输管道、大型原油储罐、三次采油地面工艺、低产低渗透油田简化建设、天然气气田开发地面工程、油田气深冷处理、燃气电站、热能等工程设计和施工方面，具有核心竞争优势。

通过参加西气东输、大连国家石油储备库、英买力气田群、沈大高速、土库曼斯坦阿姆河天然气工程、中俄原油管道漠大段等一系列国内外重点工程的建设，树立企业良好的外部形象，"大庆建设""大庆院"品牌享誉油田内外，品牌价值不断提升。大庆油田工程建设有限公司2008年获得由国家科技部、财政部、税务总局联合颁发的高新技术企业称号，连续多年入选"ENR全球承包商225强"和"中国承包商60强"。

4. 装备制造

装备制造业务包括抽油机、潜油电泵、螺杆泵、射孔器材、压力容器、油套管加工、抽油杆制造等业务，由重组后的大庆油田装备制造集团承担。可生产抽油机、潜油电泵、螺杆泵、射孔器材、油田特种专用汽车、成套钻机、真空加热炉、采油（气）井口、抽油泵、油管、三采注聚装备、井下作业工具、起重机械、橡胶制品等15大系列300多个品种的石油机械产品，是国内规模较大、实力较强的三抽设备、潜油电泵、射孔器材生产基地。在油田外部还建有江苏太仓潜油电泵研发制造基地、西安射孔弹研发制造销售基地。20余种主导产品远销国内17个省、市、自治区和国外26个国家。其中，在抽油机生产方面，拥有5000台抽油机的生产能力，是全国第一、亚洲第一、世界第三的抽油机制造厂家，产品形成11大类145个品种，并通过美国石油学会的API认证。抽油机的核心部件减速器年产量达2500台以上，是中石油系统唯一具有大型减速器设计、制造能力的企业，是国内唯一能够自主设计生产1280型以上大型减速器的厂家。抽油机产品已先后进入美国、英国、法国、加拿大等14个国家。在潜油电泵、螺杆泵产品方面，具备年制造潜油电泵4000套、螺杆泵1000台的生产能力，拥有目前世界同行业企业最全的产品系列，永磁系列电泵机组、防腐、防砂及结垢井的适应性技术、高低高变频驱动技术以及电缆头制作技术等都处于国际先进水平，产品各项综合性能指标和技术服务在国内领先，在苏丹等海外市场已达到国际先进水平。在射孔器材方面，瞄准国际先进水平，不断推出深穿透、大孔径、高孔密、耐高温的新品种，实现了弹、枪、索全配套服务。"kingspear"（王者之剑）商标完成马德里国际商标注册，注册范围包括俄罗斯、乌兹别克斯坦、哈萨克斯坦、土库曼斯坦、阿塞拜疆、朝鲜、苏丹等7个国家。在特种汽车产品方面，拥有专用车国家公告并通过"3C"认证车型59个，其中"野驼"牌商标已被国家批准并公告。主要产品有固井水泥车系列、测井车系列、试井车系列、洗井车、清蜡车、下灰车、采油车等系列油田专用车，以及各种油水罐车、工程车、单机单泵水泥车、双机双泵水泥车等产品。产品销往胜利、辽河、吉林、云南、贵州、广西和中油测井公司等国内13个油田和企业。此外，在钻井装备产品、压力容器产品以及采油（气）井口装置等方面，也都具备稳健的生产能力，产业优势已基本形成，发展后劲十足，产品除覆盖国内各大油田外，还远销哈萨克斯坦、巴基斯坦等国际市场。

5. 油气化工

油气化工业务包括与上游勘探开发业务密切相关的油田三采表面活性剂、化学试剂和助剂制造业务，以及与下游化工业务密切相关的轻烃精深加工、天然气化工、精细化工、聚烯烃深加工等项业务，主要由大庆油田化工有限公司承担。油气化工业务拥有年产甲醇20万吨、醋酸20万吨、轻烃分馏20万吨、重烷基苯磺酸盐5万吨、液氨5万吨、双向拉伸聚丙烯薄膜（BOPP）3.1万吨等大型化工装置31套。20万吨/年轻烃分馏装置采用顺序连续精馏工艺，可生产民用液化气、车用液化气、丁烷、戊烷、正己烷、混合己烷、工业庚烷、工业辛烷、工业混合烷等10余种产品。其中，碳四馏分中的正丁烷可达3.6万吨/年，是生产1.4-丁二醇的最好原料；5万吨/年混合戊烷精细分离装置可生产正戊烷、异戊烷、环戊烷及其复配发泡剂系列产品。大庆油田是三元复合驱用表面活性剂是唯一供货方。三元复合技术事关"百年油田"问题，多年来，大庆油田一直跟踪配合各采油厂进行三元复合驱矿场试验，积累丰富的三采表面活性剂生产经验，基本形成了表面活性剂研制和工业化生产的配套技术，已生产出系列产品，为油田三次采油提供表面活性剂的总产能达到5万吨/年以上，重烷基苯磺酸盐被公司确定为主表面活性剂。油田化学试剂和助剂，包括絮凝剂、破乳剂、清蜡剂、降黏剂、除垢剂等采油用助剂，泥浆助剂、完井液等钻井助剂，支撑剂、胍尔胶等压裂助剂以及驱油用微生物等，广泛用于勘探、开发、集输、储运等领域。双向拉伸聚丙烯薄膜、流延聚丙烯薄膜（CPP）等系列产品，享有多项专利，广泛应用于食品、医药、烟草、轻工等行业产品的包装，畅销全国十几个省、直辖市，"金拓"牌商标是我国聚烯烃深加工领域的知名品牌。目前，公司产品需求量年平均增长10%以上，具有广阔的发展前景。

6. 生产保障

生产保障业务主要包括发供电、供排水、物资供应、消防等业务，由中油电能、水务公司、信息技术公司、物资公司、消防支队、技术监督中心等单位承担。

发供电业务主要承担着大庆地区石油石化生产建设、地方工业及城市居民的发电、供电任务。有3座热电联产燃煤发电厂和1座燃气发电厂，拥有发电机组9台，总装机容量89.7万千瓦，年发电能力54亿千瓦时，供热能力1885万吉焦。管辖110千伏变电所30座、35千伏变电所11座，年供电能力188亿千瓦时，供电网络覆盖大庆油田、大庆市区及周边地区约5000平方千米。

供排水业务具有城市供水资质，主要承担油田生产、企事业单位和居民用水，生活污水处理任务。管理水源（厂）12座，供水干线104条，总长864千米。运行污水处理厂1座，处理能力8万米^3/日，在建污水处理厂2座。引水和排水干渠6条，总长280千米。排涝泵站3座，排水能力88.32万米^3/日。

物资供应主要从事油田生产建设所需各类物资的采购、仓储及供应，同时开展物流、加工制造、废旧钢材回收、报废汽车拆解、资产设备的租赁服务等业务。被国家人事部、物流与采购联合会评为全国物流行业先进集体、国家5A级物流企业。采购能力120亿元以上，拥有仓储总面积170万平方米、铁路专用线27.9千米，年物资吞吐能力1600万吨；年可处置报废汽车4000台、报废设备1万台（套）、报废管线1万吨。

消防支队是企业专职消防队，担负着大庆油田、炼化公司、润滑油公司、东北销售分公司和中油管道大庆分公司等中油企业内部的消防安全管理、火灾扑救及社会抢险救援任务。责任区面积1.7万平方千米，消防重点保卫单位978个，重点部位1309个，居全国油田之首。

技术监督中心主要承担油田计量检定测试、质量检验、节能监测、工程招投标代理、安全评价等业务。下属的计量检定测试所和油气水计量检定站是油田最高计量检定机构；节能监测中心是集团公司指定的油田节能监测机构；产品质量监督检验所是集团公司唯一劳动保护用品质量检验机构；工程招投标代理公司是集团公司和大庆市唯一一家国家甲级招投标代理机构。

7. 矿区服务

2019年，油田"三供一业"及企业办社会职能剥离移交任务基本完成。企业办社会职能剥离移交以后，油田矿区服务主要包括工业物业与公用事业、社会公益性事业（道路养护、公共交通、教育、托幼服务、油田企业新闻宣传、文化服务、社会保险等）等，由庆南工矿服务公司、庆北工矿服务公司、通勤服务公司、热源服务公司、生态环境管护公司、文化集团、铁人学院、离退休管理中心、保险中心等单位承担。

庆南工矿服务公司、庆北工矿服务公司、通勤服务公司、热源服务公司、生态环境管护公司是油田矿区服务单位，拥有一级物业管理资质、二级城市园林绿化资质等各项资质6大类40个。矿区服务业务拥有电梯抱闸失电保护装置等国家专利技术22项，拥有物业服务专有技术20余项。工业物业及公用事业服务，主要为油田单位提供物业服务、供热服务、园林绿化、公共事业管理等项服务。社会公益性事业服务，担负着油城公共交通及部分企事业单位职工通勤服务，有营运线路58条，营运车辆2035台，日运行28万千米，日运送乘客42万人次，全市人口出行分担率达到24.1%。维护矿区公共区域硬铺装面积89公顷、绿地面积2088公顷、水域面积330公顷，管理5个大型广场、2个生态园、2座公园；管理矿区道路总长度162千米，维修养护干路路灯30902盏、雨排检查井23017个；管理液化气充装站1座、液化气发放站点45个，年液化气充装量165万瓶；管理垃圾处理厂5座；管理托幼园所88座。

8. 综合经济

综合经济业务包括为油田主业生产提供配套产品或服务的机电制造、设备修理、劳保用品等业务；为油田职工生活提供配套产品或服务的农牧、商饮服务、驻外接待、商务差旅服务等；为社会市场提供产品或服务的建材、房地产开发等。主要由创业集团、昆仑集团承担。

大庆油田高低压电气、仪器仪表、油管防腐及修复、高级野营房制造、电缆、非金属管材、水泥等业务拥有一定的技术优势，产品竞争力较强。油田多种经营系统拥有耕地16.1万亩、草原15.5万亩、水面5.2万亩、大棚和温室405亩，圈舍25.7万平方米，发展特色农业和养殖业潜力巨大。

经过多年的发展，综合经济业务在服务油田主业、拓展社会市场、建设绿色油区、维护油田稳定方面发挥了重要的支持和保障作用。以机动灵活的施工组织，快速及时的抢修、维修，有力支持主业生产。坚持"稳固内部市场，做优油田市场，扩大外部市场"的市场开发原则，不断增强市场竞争能力，大力开拓油田内部及外部市场，努力扩大市场生存和发展空间。在污油泥处理、净化水面、恢复草原及湿地植被、美化油区环境等方面采取有效措施，有效改善油田生态环境。通过多方拓宽就业渠道、采取灵活用工等方式，安置大量油田职工、待业青年、职工家属和有偿解除劳动合同人员就业，确保油田各类群体的稳定，为油田和谐稳定发展做出突出贡献。

（三）业绩与贡献

历经半个世纪的开发建设，大庆油田油气勘探迎来三次储量增长高峰，原油持续高产稳产，技术创新硕果累累，外部市场开发不断取得突破，矿区建设日新月异，党建思想政治工作保障有力，企地共建和谐发展。大庆油田的发展始终同党和国家的命运紧紧联系在一起，始终伴随着共和国的发展建设一路成长，取得举世瞩目的成就。

到2020年底，大庆油田累计生产原油24.3亿吨，向国家上缴税费及各种资金2.9万亿元，为维护国家石油供给安全、支持国民经济发展，做出了高水平贡献。自主创新居于世界领先水平的大型陆相非均质砂岩油田开发技术系列，主力油田采收率突破50%，比国内外同类油田高出10—15个百分点；三元复合驱年产量突破400万吨，使我国成为世界唯一大规模工业化应用的国家；原油年产量5000万吨以上连续27年高产稳产，4000万吨以上连续12年持续稳产，创造世界同类油田开发史上的奇迹。先后荣获国家自然科学奖一等奖和首批中国工业大奖，三次荣获国家科技进步特等奖，油田勘探开发与"两弹一星"等，共同载入我国科技发展的史册。在创造巨大物质财富的同时，孕育形成"爱国、创业、求实、奉献"的大庆精神、铁人精神，以及"三老四严""四个一样"等优良作风。大庆精神、铁人精神已经成为中国共产党和中华民族伟大精神的重要组成部分。锤炼了一支"三老四严"、永创一流的英雄队伍，涌现出以"三代铁人"为代表的一大批先进模范人物。大庆"新时期铁人"王启民被党中央授予"改革先锋""人民楷模"国家荣誉称号，是全国石油系统和黑龙江省唯一一人。发挥国有大企业的辐射拉动作用，有力带动地方经济社会的发展，催生一座现代化石油之都。大庆油田的开发建设，探索一条具有中国特色的新型工业化道路，成为党领导建设社会主义工业企业的成功典范。

1. 油气勘探

大庆油田不断强化勘探理论创新，大力发展勘探技术，从20世纪50年代起，大庆油田先后形成三次储量增长高峰期。60年代，打破海相生油理论的认识局限，在大庆长垣地区探明石油储量40多亿吨，开创第一次储量增长高峰，为高水平、高速度拿下大油田提供了资源保证。90年代，通过深入研究非构造油藏的成藏模式，发展、完善向斜区岩性油气藏勘探理论，在原来认为不可能储集油气的层位寻找含油砂岩和岩性油气藏，实现外围油田含油区连成一片，连续5年探明储量超过8000万吨，形成第二次储量增长高峰，有力地支持年产原油5000万吨以上连续稳产27年。进入新世纪，大打油气勘探进攻仗，向低、深、难领域进军，在长垣外围、海拉尔盆地、松北深层天然气勘探等都获得大突破、大发现，累计提交三级石油储量10亿吨。2002年，攻克"火山岩储层预测技术研究及应用"世界级技术难题，发现中国东部第一大气田——庆深气田，迎来储量增长的第三次高峰。

近年来，坚持油气并举、常非并重、海陆相并进，解放思想、突破禁区，重点领域勘探取得丰硕成果，页岩油颠覆传统找油理论，实现从陆相页岩生油到陆相页岩产油的创新突破；致密油持续攻关完善压裂工艺技术，不断扩大效益建产示范区规模，成为外围油田稳产上产的重要支撑；川渝流转区块成为近期探明千亿立方米高效储量主战场。

2. 油气田开发

20世纪60年代，自力更生，成功地开发建设一个特大型砂岩油田。1976年，原油年产量首次跃上5000万吨，持续27年5000万吨/年以上高产稳产；推广聚驱技术，比水驱提高采收率10%，增加3亿多吨可采储量，聚驱产量连续7年逾1000万吨，累计产油1亿多吨，大庆成为世界上最大的三次基地。创造中国石油工业"三个第一"：原油产量第一，累计产油19.91亿吨，占全国同期陆上原油总产量的40%以上；上缴利税第一，上缴各种资金并承担原油差价1.6万亿元，2000年以来连年位居中国纳税百强企业榜首；原油采收率第一，主力油田采收率已突破50%，比国内外同类油田高出10—15个百分点；从1976年到2002年，实现年产原油5000万吨以上持续27年高产稳产，创造了世界同类油田开发史上的奇迹。从2003年到2014年，实现原油产量4000万吨以上连续12年持续稳产。

到2020年，大庆油田继续保持油气当量4000万吨以上持续稳产。

3. 科技创新

大庆油田的发展史就是一部自主创新、持续创新的科技进步史。油田始终把科技进步放在企业发展的主导地位，坚持"应用一代、研发一代、储备一代"，形成一套具有自主知识产权、世界领先的非均质多油层大型陆相砂岩油田勘探开发地质理论及配套技术系列，确保了油田5000万吨以上持续高产稳产27年。进入新时期，建立完善科技创新体系，大力推行勘探开发一体化、地面地下一体化，让科技始终成为油田发展的推动力。60多年来，大庆油田累计取得科技成果10000余项，其中国家级120多项、省部级890多项，获国家专利2500多项（见图1-2）；在大型陆相非均质砂岩油田勘探开发方面，形成具有自主知识产权的核心主导技术，在国际上处于领先水平，油田勘探开发成果与"两弹一星"共同载入我国科技发展史册。大

图1-2 大庆油田取得的部分科技成果

庆油田的勘探，发展完善陆相生油理论，打破"中国贫油论"，指导全国陆相石油勘探，为胜利、辽河、吉林、大港、华北等油田的相继发现提供理论和实践基础，推动中国石油工业的快速发展。

（1）大庆油田科技自主创新体系。为进一步加快油田科技进步，大力推进科技管理创新，逐步构建起一套有利于催生成果、催生人才的科技创新体系。①超前的战略规划。科技发展规划坚持"应用一代、研发一代、储备一代"。对公司重大技术发展，坚持超前15年研究，超前10年试验，超前5年配套，切实搞好主营业务发展的技术接替。科研课题立项坚持"冷热结合、内外结合、远近结合"，既搞好实用技术攻关，又注重基础理论研究；既考虑本土勘探开发的需要，又面向市场发展"走出去"的技术；既大力开展制约企业发展的"瓶颈"技术攻关，又超前搞好战略储备技术研究。坚持"科技管理走市场化、开放化之路，科研攻关走特色化、国际化之路，技术发展走产权化、产业化之路"。从大庆油田实际出发，瞄准国际一流水平，加快技术创新步伐，形成具有自主知识产权的特色优势技术系列。②实施项目课题制管理。优化资源配置，激活创新潜能，加快攻关进程。③开放的科研环境。坚持利益共享、风险同担，重大课题面向国内外招标，引智借智，联合攻坚。与中国科学院、清华大学、石油大学、大庆石油学院、美国科罗拉多矿业学院、新墨西哥大学和加拿大滑铁卢大学等近百所国内外著名高校和科研机构展开合作，既有助于人才培养，又提高了科技创新效率。④建立知识共享平台。将技术、理论、认识、经验、教训、信息、情报等其他对技术发展具有影响作用的资源，全部纳入知识管理的范畴。坚持隐性知识显性化，情报信息网络化，技术成果专利化。⑤构建全员创新氛围。广泛开展以群众性科技创新活动为主要内容的全员创新实践，营造一种人人都有创新责任，人人都有创新压力、人人都成为创新主体、人人都积极主动为科技创新做贡献的良好氛围。

（2）建立长效动力保障。建立以提升研发层次为宗旨的科技投入机制，以全过程控制为目标的风险防范机制，以业绩贡献为导向的重奖激励机制，以提高科技贡献率为目的的成果转化机制，以促进人才成长为根本的人力资源开发机制。

（3）组建科技创新队伍。坚持营造环境聚人才、加大投入育人才、创新机制用人才，谋求建立以人才培养引进、选拔使用、激励约束为重点的新机制。通过举办高层次学术报告、送出去培训深造、承担重大科研项目以及技术专家师带徒等方式，加快科技人才培养锻炼；通过对专业技术人才实行动态管理，开辟从专业技术骨干、学术带头人到资深专家的六级成长通道，搭建有利于人才成长的平台，促进人才队伍的发展壮大，形成一支学科齐全、专业配套的技术人才队伍。

（4）大庆油田科研基地。建立比较完善的研究试验平台。拥有岩性油藏及深层火山岩勘探开发技术研发基地、高含水油田水驱技术研发基地、三次采油技术研发和试验基地、生产测井及试井技术研发基地、地面工程设计研发基地、薄互层储层识别与预测试验基地、调整井钻完井试验基地、薄互层/水淹层测井试验基地、油田装备制造试验基地9大研发（试验）基地。拥有勘探地质实验室、钻井液综合实验室、固井综合实验室、三元驱表面活性剂实验室、微生物采油实验室、机械采油实验室、分层开采实验室、注产剖面测试实验室等25个重点实验室，研发主要仪器设备2800台（套）。2019年9月26日，"国家能源陆相砂岩老油田持续开采研发中心"在油田勘探开发研究院揭牌，油田首个国家级能源研发中心正式启动。

4. 钻探工程

随着油田的发展壮大，大庆油田钻探系统由会战之初的40支钻井队发展成为集物探、钻井、测井、钻井工程技术服务于一体的钻探工程公司。2011年12月，集团公司将吉林油田井下、试油测试、修井三项业务划归大庆钻探，规模日益壮大。随着油田的深入开发和复杂地质环境的出现，钻井工艺设备不断进步，高水平钻井科研成果和技术的引进吸收，使得勘探、钻井工艺技术水平进入一个崭新的阶段。具有年钻井进尺900万米，录井1600口（井壁取心500口）、岩心扫描8000米以上、年压裂4500层、年试油350层以上、年综合修井340口井以上的生产施工能力。可提供陆上各种地表条件及恶劣自然环境下的地球物理勘探资料采集、处理、解释服务。可承担井深达1000—7000米的直井、定向丛式井、斜直井、水平井、侧钻水平井等多种井型的钻井、固井和测井施工。物探形成21项以高分辨率地震勘探技术、复杂隐蔽油气藏地震勘探技术为特色的地震资料采集、处理、解释，以及综合物探技术系列，整体上处于国内先进水平；钻井形成调整井、水平井、深井和特殊工艺井钻井完井等技术系列，整体水平达到国内先进水平；测井形成5项具有自主知识产权的测井资料采集、处理、解释技术系列，伴随粒子碳氧比能谱测井技术达到国际先进水平。

5. 基本建设

60多年来，大庆油田基本建设日新月异，已建成萨尔图、喇嘛甸、杏树岗、葡萄花等一系列油田，高水平、高速度、高质量地建起原油集输、储运、注水、供排水、供电、通信、机修、公路等八大系统。油田基建系统拥有中国石油系统最大的化工石油工程建设企业，具有化工石油工程施工总承包特级资质，市政公用工程、公路工程和房屋建筑工程等3项总承包一级资质，管道工程、钢结构工程、消防设施工程等12项专业承包一级资质，以及国际经济技术合作经营权。先后建成大庆油田规模最大的中十四联合站、北十五联合站、南三油库接卸俄油工程等一大批油田和国家重点工程，完成大庆油田化工总厂350万吨/年常减压、60万吨/年气体分馏等40多套大型炼化装置施工任务，具有世界先进水平的沙漠集输油工程——新疆塔中四联合站、库尔勒-善鄯输气管道等大型沙漠油田建设项目，参与西气东输工程、陕京输气管道工程等20多项国家级重点工程建设。先后荣获国家最高工程质量奖——鲁班奖5项、国家优质工程金奖10项、全国用户满意工程6项、全国优秀焊接工程10项、省部级优质工程231项，有力保障油田生产建设需要。

6. 节能环保

大庆油田《大型油气田立体化节能减排管理》成果，获得中国石油企业协会管理现代化成果一等奖。"十五"期间，大庆油田累计投入资金8亿多元，完成废水、废气、固体废弃物、噪声等污染控制环保工程260余项。实施化工污水治理改造和污水深度处理回用工程，对医疗污水、养殖污水和机加废水处理设施进行改造。实施绿色无污染施工，石油工程技术服务单位加大污染防治设施配备，钻井作业按标准配全泥浆循环系统，钻井废弃液全部实现无害化处理。井下作业队伍因地制宜配齐配全污水处理设施，作业现场全部取消土油池。建成国内最大的工业污水处理系统和世界最大的污水处理示范区（见图1-3），大庆油田工业废物无害化处理达到100%。实施城市集中供热工程，油田大气环境得到改善，油田绿化覆盖率达到19.80%，荣获黑龙江省绿色企业标兵称号，2009年获得黑龙江省"环境友好企业"称号。

图1-3 全国处理能力最大的含油污水生化处理站

7. 市场开发

大庆油田依托"两种资源、两个市场"，积极开拓外部市场，不断增强市场竞争力，坚定不移地走可持续发展之路。钻井、压裂、修井、测试、三次采油等技术服务进入长庆、胜利、中海油天津分公司等国内20多个油气田和伊朗、苏丹、委内瑞拉等国家钻探工程技术服务市场。先后承揽和参与国家西气东输工程、沪宁高速公路、大连石油战略储备基地等20多项国家级重点工程建设项目，燃机、燃煤电厂技术服务业务成功进入苏丹、越南等国家市场，水井业务相继进入阿联酋、阿曼等中东市场；"铁人"牌抽油机、"力神"牌潜油电泵、"庆矛"牌射孔弹等石油装备制造产品远销美国、加拿大等10多个世界发达国家，有300多支队伍进入28个国家（地区）和国内29个省区，形成了"大庆钻探""大庆建设"等工程技术品牌。2005年4月，大庆油田成功收购英国SOCO国际股份公司在蒙古塔木察格盆地的3个区块，大庆油田海外油气田勘探开发迈出关键一步，海外技术服务市场和勘探开发市场共同发展，为大庆油田的资源接替开辟新的空间。

8. 矿区建设

按照"要把大庆油田建设成美丽的油田"的指示，大庆油田逐步摆脱分散村镇型的矿区建设布局，向集中城市化建设转变。先后在龙南地区集中新建景园、悦园等住宅小区，建设住宅面积360万平方米，建设生产办公、商业服务、文化娱乐等配套设施150万平方米。龙南地区已经成为环境优美、功能完备的新的城市中心区，职工生产生活条件得到极大改善。在基础建设方面，承担和参与萨尔图区铁西平房区拆迁改造工程、大庆路二期工程、四医院转盘道拆建工程、机场高速等几十项城市基础设施建设、生态绿化和文化建设工程。加大矿区环境综合整治力度，相继新建改建铁人广场、油田广场、石油广场等30多处文化广场（绿地）和社区休闲场地，270多个图书馆和基层文化站、1200多个体育场所，每个住宅小区都建有娱乐健身设施。进一步改善城区生态环境，对汇集生活和工业污水的纳污泡碧绿湖、乘风湖等进行环境综合整治，打造绿色和谐的生态湖，使大庆成为名副其实的绿色油化之都、天然百湖之城，城市形象和品位不断提升。

9. 企地合作

大庆油田始终认真履行国有企业承担的社会责任，注重发挥大企业的辐射和拉动作用，积极支持地方经济发展，每年给社会提供的市场容量都在300亿元以上，年均上缴税费约占大庆市税收的85%以上，年均GDP占大庆市的76%左右，不仅带动地方劳动力资源的开发、地方GDP及税收的增长，而且带动城乡交通、通信、电力等基础设施建设，为周边市县加快工业化、城市化、现代化进程创造有利条件。

大庆油田承担和参与100多项城市基础设施建设项目，投入资金106万元在克山县发展乡民胜村完成桥涵建设、公共卫生建设、学校设施配套建设以及组建农机合作社等4个帮建项目；投入资金283.5万元在大庆市四区四县启动道路建设、水质改造、抗旱工程等8个帮建项目。与地方政府合资合作开发21个外围小油田，注册成立9个属地纳税的分公司，累计向地方上缴税金127.83亿元，极大地推动周边市县财政收入的快速增长，为肇东、双城、安达、肇源、肇州、杜蒙等成为"财政强县"提供了强力支撑。大庆油田坚持以人为本，谋求企业与员工的和谐，开展"帮扶再就业"工程，先后帮助4.4万多名有偿解除劳动合同人员实现再就业，占有就业愿望和就业能力人员总数的95%以上；积极开展"送温暖工程"，最大限度地为职工群众做好事、办实事、解难事。

10. 党建与思想政治工作

大庆油田的思想政治工作形成于石油会战初期，是油田不断发展的政治优势和根本保证。在新时期，大庆油田坚持党在企业的政治核心地位，弘扬大庆精神、铁人精神，不断加强改进思想政治工作，创新企业文化建设，使大庆油田历史形成的政治优势有了新的发展。围绕"爱国、创业、求实、奉献"的企业核心价值观，大庆油田立足生产经营实践，着力在队伍中培育竞争、开放、创新、诚信、和谐的"五种文化"，让大庆精神、铁人精神始终绽放时代的光芒，形成完善的企业文化理念体系。同时，坚持面向基层、植根基层，让大庆精神、铁人精神落地生根，形成各具特色、一脉相传的基层文化。2005年，大庆油田被授予"全国企业文化建设先进单位"和"全国企业文化建设工作贡献奖"；2006年12月4日，大庆油田党委被中组部、国资委党委授予"全国国有企业创建'四好'领导班子先进集体"；2012年，大庆油田党委荣获"全国先进基层党组织"称号。

2016年，全国国有企业党的建设工作会议召开，为加强国有企业党的建设指明了方向。2017年10月，《中国共产党章程（修正案）》进一步明确国有企业党组织的功能定位，为国有企业党组织开展工作、发挥作用提供根本遵循。2019年12月，中共中央印发《中国共产党国有企业基层组织工作条例（试行）》，对国有企业党组织工作做出全面规范。贯彻落实新时代党的建设总要求，大庆油田各级党组织牢固树立标杆旗帜意识，坚持围绕中心、服务大局，努力把党的政治优势转化为企业竞争优势、发展优势。从扎实开展党的群众路线教育实践活动、"三严三实"专题教育、"两学一做"学习教育，到深入推进"不忘初心、牢记使命"主题教育，大庆油田始终把学习贯彻习近平新时代中国特色社主义思想作为首要政治任务，坚持用习近平新时代中国特色社会主义思想武装头脑、指导实践、推动工作。2016年，井下作业分公司修井一大队修井107队党支部被中共中央授予"全国先进基层党组织"称号；2018年6月，铁人学院被中组部确定为17家全国党员教育培训示范基地之一，成为国企培训机构中的唯一一家；2018年11月，中油电能供电公司变电运行部星火一次变电所党支部被国务院国资委党委命名为"中央企业基层示范党支部"，成为集团公司唯一获此殊荣的党支部；2019年5月，大庆油田首个党建协作区——南I-1项目党建协作区"落地"。

站在历史的交汇点上，大庆油田信念坚定，以高质量党建引领高质量发展，努力"把大庆建设成新时代工业战线的标杆、国有企业的标杆"，切实肩负起当好标杆旗帜、建设百年油田的重大责任。

11. 历年来获得的重大科技成果

（1）成果名称：微井径仪（或磁性定位仪）定位射孔法
完成单位：松辽石油勘探局钻井指挥部测井大队
　　　　　大庆采油指挥部井下作业处地球物理站
获奖情况：1966年获国家发明奖

（2）成果名称：萨尔图油气集输流程
完成单位：松辽石油勘探局石油第五设计院
　　　　　大庆采油指挥部集输保温攻关队
　　　　　北京石油学院机械系
　　　　　松辽石油勘探局油建工程安装指挥部
获奖情况：1966年获国家发明奖

（3）成果名称：水力式封隔器
完成单位：松辽石油勘探局采油技术研究室
　　　　　大庆井下作业处
　　　　　总机械厂
获奖情况：1966年获国家发明奖

（4）成果名称：不压井不放喷井下作业控制器
完成单位：松辽石油勘探局采油技术研究室
　　　　　总机械厂
　　　　　井下作业分公司
获奖情况：1966年获国家发明奖

（5）成果名称：碎屑沉积油层油砂体的研究
完成单位：大庆油田勘探开发科学研究设计院
获奖情况：1978年获国家科学大会奖

（6）成果名称：陆相沉积盆地油气田勘探方法
完成单位：大庆科学研究设计院
获奖情况：1978年获国家科学大会奖

（7）成果名称：早期内部注水保持油层压力的油田开发
完成单位：大庆科学研究设计院
获奖情况：1978年获国家科学大会奖

（8）成果名称：油田开发中油层细分沉积相的研究与应用
完成单位：大庆科学研究设计院
获奖情况：1978年获国家科学大会奖

（9）成果名称：中国沉积盆地分布图（1∶200万；1∶400万）
完成单位：大庆科学研究设计院

获奖情况：1978 获年国家科学大会奖
（10）成果名称：原油自动计量装置
完成单位：大庆科学研究设计院
获奖情况：1978 年获国家科学大会奖
（11）成果名称：松辽盆地晚白垩世孢粉组合
完成单位：大庆科学研究设计院
获奖情况：1978 年获国家科学大会奖
（12）成果名称：松辽盆地白垩纪介形类化石
完成单位：大庆科学研究设计院
获奖情况：1978 年获国家科学大会奖
（13）成果名称：注水开发及提高采收率矿场中间试验
完成单位：大庆科学研究设计院
获奖情况：1978 年获国家科学大会奖
（14）成果名称：中区西部综合措施接替稳产开发
完成单位：大庆科学研究设计院
　　　　　大庆井下作业指挥部
　　　　　采油一厂
获奖情况：1978 年获国家科学大会奖
（15）成果名称：油田开发试验新仪器
完成单位：大庆科学研究设计院
获奖情况：1978 年获国家科学大会奖
（16）成果名称：水驱油开发室内试验全自动化流程
完成单位：大庆科学研究设计院
获奖情况：1978 年获国家科学大会奖
（17）成果名称：百道能谱测井仪
完成单位：大庆科学研究设计院
获奖情况：1978 年获国家科学大会奖
（18）成果名称：井下声波电视仪
完成单位：大庆井下地球物理站

获奖情况：1978 年获国家科学大会奖
（19）成果名称：油井四参数综合测井仪和找水仪
完成单位：大庆井下地球物理站
获奖情况：1978 年获国家科学大会奖
（20）成果名称：原油脱水工艺技术
完成单位：大庆科学研究设计院
获奖情况：1978 年获国家科学大会奖
（21）成果名称：油田含油污水处理及应用
完成单位：大庆科学研究设计院
　　　　　采油一厂
获奖情况：1978 年获国家科学大会奖
（22）成果名称：油井防蜡清蜡新技术
完成单位：大庆科学研究设计院
　　　　　大庆井下采油工艺研究所
获奖情况：1978 年获国家科学大会奖
（23）成果名称：大容量非金属地下油罐施工技术
完成单位：大庆科学研究设计院
获奖情况：1978 年获国家科学大会奖
（24）成果名称：破乳剂 P227
完成单位：大庆科学研究设计院
获奖情况：1978 年获国家科学大会奖
（25）成果名称：破乳剂 SP169
完成单位：大庆科学研究设计院
　　　　　采油一厂
获奖情况：1978 年获国家科学大会奖
（26）成果名称：多年冻桩基季节性冻土浅基
完成单位：大庆科学研究设计院
获奖情况：1978 年获国家科学大会奖
（27）成果名称：高压高精度大口径原油成套计量仪表
完成单位：大庆科学研究设计院

获奖情况：1978年获国家科学大会奖

（28）成果名称：二氧化碳气体保护全位置自动焊接机

完成单位：大庆油建一公司

获奖情况：1978年获国家科学大会奖

（29）成果名称：油井长筒取芯及密闭取芯工艺、固井机械化作业线

完成单位：钻井指挥部

获奖情况：1978年获国家科学大会奖

（30）成果名称：大庆1202、1205钻井队创中深井优质快速钻井工艺

完成单位：钻井工艺研究所
　　　　　大庆钻井1202队、1205队

获奖情况：1978年获国家科学大会奖

（31）成果名称：中深井无枪身聚能射孔弹、雷管和导爆索

完成单位：大庆钻井射孔弹厂

获奖情况：1978年获国家科学大会奖

（32）成果名称：中深井大型压裂施工机械化

完成单位：大庆井下作业指挥部

获奖情况：1978年获国家科学大会奖

（33）成果名称：油井战备护喷器

完成单位：大庆井下采油工艺研究所

获奖情况：1978年获国家科学大会奖

（34）成果名称：分层注水技术偏心配水器、防腐油管、仪表测试工艺

完成单位：大庆井下采油工艺研究所

获奖情况：1978年获国家科学大会奖

（35）成果名称：分层采油工艺——单双管合采、机械堵水、油水井测试工艺

完成单位：大庆井下采油工艺研究所

获奖情况：1978年获国家科学大会奖

（36）成果名称：新型冻胶水基压裂液

完成单位：大庆井下采油工艺研究所

获奖情况：1978年获国家科学大会奖

（37）成果名称：不压井不放喷分层逐级释放多裂缝压裂工艺

完成单位：大庆井下采油工艺研究所

获奖情况：1978年获国家科学大会奖

（38）成果名称：聚氨酯工业涂料——7109油管防蜡涂料

完成单位：大庆井下采油工艺研究所

获奖情况：1978年获国家科学大会奖

（39）成果名称：石油钻井密封件及石油封隔器胶筒–庆沈–1型压缩式油井封隔器胶筒

完成单位：大庆井下采油工艺研究所

获奖情况：1978年获国家科学大会奖

（40）成果名称：油井防腐防蜡新技术

完成单位：大庆防腐管厂

获奖情况：1978年获国家科学大会奖

（41）成果名称：油井多用途偏心配产堵水控制系统

完成单位：大庆井下采油工艺研究所
　　　　　采油二厂

完成人员：王德民　徐文卓　谌锡才

获奖情况：1980年获国家发明奖二等奖

（42）成果名称：DQ125原油破乳剂

完成单位：大庆科学研究设计院

完成人员：张岳山　高惟宝　王乐天　何庆奎

获奖情况：1980年获国家发明奖三等奖

（43）成果名称：YTD–79型电脱水器电压自动调节器

完成单位：大庆科学研究设计院
完成人员：祁季和　刘万城　杜学峰
　　　　　何　祯
获奖情况：1980年获国家发明奖三等奖

（44）成果名称：YTJ-79石油电脱水界面调节器
完成单位：大庆科学研究设计院
完成人员：祁季和　杜学峰
获奖情况：1980年获国家发明奖四等奖

（45）成果名称：低能源含水率—密度计
完成单位：大庆井下生产测井研究所
　　　　　吉林大学
完成人员：张宝群　刘洪笃　倪昌新
获奖情况：1981年获国家发明奖四等奖

（46）成果名称：大庆油田发现过程中的地球科学工作
完成单位：大庆油田
完成人员：张文昭　杨继良　钟其权
获奖情况：1982年获国家自然科学奖一等奖

（47）成果名称：锗（锂）探测器——脉冲中子源伽马能谱测井
完成单位：原子能研究所
　　　　　大庆科学研究设计院
完成人员：温书贤　林荣祥　李长春
　　　　　朱达智　张儒信　夏意诚
　　　　　赵景岐　王连生　夏正清
　　　　　蔡日锡
获奖情况：1984年获国家发明奖三等奖

（48）成果名称：大庆油田长期高产稳产的注水开发技术
完成单位：大庆石油管理局
完成人员：李虞庚　闵　豫　李德生
　　　　　王志武　唐曾熊　王德民
　　　　　童宪章　金毓荪　吴崇筠
　　　　　秦同洛　潭文彬　张　英
　　　　　刘文章　万仁甫　裘亦楠
　　　　　王乃举　朱兆明　李道品
　　　　　李淑贞　唐开宁　钟金生
　　　　　韩用光　林志芳　潘兴国
　　　　　赵光明　阮延年　杨万里
　　　　　钟其权　杨育之　严世才
　　　　　刘丁曾　王思钧　王启民
　　　　　李伯虎　袁庆峰　常明澈
　　　　　谢平安　乔贺堂　李安章
　　　　　万年福　赵世远　王家宏
　　　　　王法轩　何思孝　张炳奎
　　　　　陈大方　李忠荣　巢华庆
　　　　　冯家潮　彭鹏商　杨玉哲
　　　　　胡月波　马志远　王传禹
　　　　　陈永生　胡博仲　王允良
获奖情况：1985年获国家科技进步奖特等奖

（49）成果名称：压裂改造低渗透油层提高生产能力的技术
完成单位：大庆石油管理局
　　　　　石油勘探开发科学研究院
　　　　　大港石油管理局
　　　　　长庆石油管理局
　　　　　新疆石油管理局
完成人员：尹立柱　李国才　朱兆明
　　　　　唐瑞林　郭胜华
获奖情况：1985年获国家科技进步奖二等奖

（50）成果名称：油田地面建设装配化技术
完成单位：大庆石油管理局
完成人员：金培孚　高淑兰　张晓钟

何瑞泉　李洪贵

获奖情况：1985年获国家科技进步奖二等奖

（51）成果名称：油田气低压涡轮膨胀制冷轻烃回收脱水装置

完成单位：航天工业部609所
　　　　　中原石油勘探局
　　　　　大庆石油管理局

完成人员：杨燕生　徐长发　贾友祥
　　　　　张东华　李实伟

获奖情况：1985年获国家科技进步奖三等奖

（52）成果名称：大庆油田北三区产能建设一期工程设计

完成单位：大庆石油管理局

完成人员：张惠玲　孙科元　曾武毛
　　　　　梁洪印　常　银

获奖情况：1985年获国家科技进步奖三等奖

（53）成果名称：电动潜油泵采油技术

完成单位：大庆石油管理局
　　　　　胜利石油管理局
　　　　　辽河石油勘探局
　　　　　华北石油管理局

完成人员：黄正秋　张文炎　张　强
　　　　　刘作德　金启昌

获奖情况：1985年获国家科技进步奖三等奖

（54）成果名称：油田高含水期开采方式的研究

完成单位：大庆石油管理局
　　　　　胜利石油管理局

获奖情况：1986年获国家"六五"科技攻关先进项目奖

（55）成果名称：微型计算机在油田生产管理和油藏工程分析中的应用

完成单位：大庆石油管理局
　　　　　胜利石油管理局
　　　　　石油勘探开发科学研究院
　　　　　华北石油管理局
　　　　　辽河石油勘探局
　　　　　中原石油勘探局

完成人员：王家宏　沈建生　乐进明
　　　　　黄祖群　杜宏勋　冀宝发
　　　　　张乃龙　郑庆飞　许道海

获奖情况：1987年获国家科技进步奖二等奖

（56）成果名称：防止油（气）层损害的射孔新技术及其推广应用

完成单位：华北石油管理局
　　　　　大港石油管理局
　　　　　大庆石油管理局
　　　　　胜利石油管理局
　　　　　中原石油勘探局
　　　　　四川石油管理局

完成人员：廖周急　侯世俊　刘永湖
　　　　　王志信　陈国章　杨锡江
　　　　　佟以臣　曲焕春　蔡景瑞

获奖情况：1987年获国家科技进步奖二等奖

（57）成果名称：大庆油田开发与地面工程规划方案优选的研究

完成单位：中国科学院科技政策与管理科学所
　　　　　大庆石油管理局

完成人员：华罗庚　李虞庚　陈德良

　　　　　黄秀祯　籍维杨　蔡　晨
　　　　　康文荣　任玉林　计　雷
获奖情况：1987年获国家科技进步奖二
　　　　　等奖

（58）成果名称：放射性同位素示踪技术
　　　　　　　 在油田开发中的应用
完成单位：大庆石油管理局
　　　　　胜利石油管理局
　　　　　大港石油管理局
　　　　　辽河石油勘探局
　　　　　中国原子能科学研究院
　　　　　江汉石油管理局
　　　　　河南石油勘探局
完成人员：乔贺堂　马明月　施　锷
　　　　　陶润琛　滕征森　刘有信
　　　　　薛　忠　朱建英　徐　恩
获奖情况：1987年获国家科技进步奖二
　　　　　等奖

（59）成果名称：矿场原油采油集输添加
　　　　　　　 剂的研制和应用
完成单位：大庆石油管理局
　　　　　胜利石油管理局
　　　　　北京大学
完成人员：高惟宝　张岳山　宋乃忍
　　　　　范玉发　李克顺
获奖情况：1987年获国家科技进步奖三
　　　　　等奖

（60）成果名称：油田机械堵水和化学堵
　　　　　　　 水技术
完成单位：胜利石油管理局
　　　　　大庆石油管理局
　　　　　华北石油管理局
　　　　　石油勘探开发科学研究院
　　　　　江汉石油管理局

完成人员：李　志　解通成　郝效国
　　　　　罗玉儒　徐大书
获奖情况：1987年获国家科技进步奖三
　　　　　等奖

（61）成果名称：大庆地区春融期间残留
　　　　　　　 冻土层及基础施工技术
　　　　　　　 研究
完成单位：大庆石油管理局
完成人员：金培孚　唐树春　程恩远
　　　　　姜洪举　徐培钰
获奖情况：1987年获国家科技进步奖三
　　　　　等奖

（62）成果名称：油田油气集输设计规范
　　　　　　　 SYJ4-84
完成单位：大庆石油管理局
　　　　　石油规划设计总院
完成人员：云成生　杨重辉　程祖亮　龙怀祖
　　　　　王树椿
获奖情况：1987年获国家科技进步奖三
　　　　　等奖

（63）成果名称：气体标准体积管
完成单位：大庆石油管理局
完成人员：周　明　李光福　李秀荣
　　　　　罗　超　吴德生
获奖情况：1987年获国家科技进步奖三
　　　　　等奖

（64）成果名称：限流法压裂在薄油层开
　　　　　　　 发中的应用
完成单位：大庆石油管理局
　　　　　长庆石油勘探局
完成人员：王德民　潘时景　周　望
　　　　　谢朝阳　陆仁桓　周春虎
　　　　　任立涛　周荣成　邵元良
　　　　　王继成　李　志　孟祥杰

　　　　　　祝介勋　王家齐　陈士铎
获奖情况：1988年获国家科技进步奖一
　　　　　等奖

（65）成果名称：复杂隐蔽油气藏勘探方
　　　　　　　法研究与应用
完成单位：胜利石油管理局
　　　　　石油勘探开发科学研究院
　　　　　石油地球物理勘探局
　　　　　四川石油管理局
　　　　　大港石油管理局
　　　　　大庆石油管理局
　　　　　华东石油学院北京研究生部
完成人员：杨云岭　裘亦楠　刘前志
　　　　　徐和笙　边国柱　陈道宏
　　　　　张万选　王玉岭　熊翥
获奖情况：1988年获国家科技进步奖二
　　　　　等奖

（66）成果名称：复合碟簧钻具减震器
完成单位：大庆石油学院
　　　　　大庆石油管理局
　　　　　牡丹江石油机械厂
完成人员：金国梁　桂景廉　王述德
　　　　　李士敏　陈景奎
获奖情况：1988年获国家科技进步奖三
　　　　　等奖

（67）成果名称：油气集输高效加热炉
完成单位：大庆石油管理局
　　　　　江汉石油管理局
完成人员：尹钟万　陈积德　阚连胜
　　　　　王　林　裴树桐
获奖情况：1988年获国家科技进步奖三
　　　　　等奖

（68）成果名称：中国石油天然气资源评
　　　　　　　价研究

完成单位：石油勘探开发科学研究院
　　　　　胜利石油管理局
　　　　　四川石油管理局
　　　　　辽河石油勘探局
　　　　　大庆石油管理局
　　　　　中原石油勘探局
　　　　　新疆石油管理局
　　　　　大港石油管理局
　　　　　海洋石油勘探开发研究中心
　　　　　华北石油管理局
完成人员：阎敦实　史训知　田在艺
　　　　　胡见义　查全衡　王捷
　　　　　张仲武　杨继良　吴铁生
　　　　　罗毓晖　田克勤　郭忠铭
　　　　　杨文孝　王善书　赵春元
获奖情况：1989年获国家科技进步奖一
　　　　　等奖

（69）成果名称：钻具双向减震器
完成单位：钻井研究所
完成人员：王述德　周英操　方振全
　　　　　贾仲宣　何新民　苏春雨
获奖情况：1990年获国家发明奖三等奖

（70）成果名称：大庆乙烯原料工程工艺
　　　　　　　技术研究
完成单位：大庆石油管理局
完成人员：杨育之　金培孚　冯家潮
　　　　　张建杰　何树源
获奖情况：1990年获国家科技进步奖三
　　　　　等奖

（71）成果名称：大庆高寒地区杏北612
　　　　　　　型单管不加热集油技术
完成单位：大庆石油管理局
完成人员：黄建坤　张荣权　周清华
　　　　　谢文俊　杜良正

获奖情况：1990年获国家科技进步奖三等奖

（72）成果名称：高分辨率地震勘探技术
完成单位：石油地球物理勘探局
　　　　　大庆石油管理局
　　　　　胜利石油管理局
　　　　　石油勘探开发科学研究院
完成人员：俞寿朋　陈道宏　赖正乐
　　　　　钱绍新　周兴元　管叶君
　　　　　王玉岭　刘雯林　何振香
获奖情况：1991年获国家科技进步奖二等奖

（73）成果名称：油田油井三相计量和天然气、轻烃流量标准装置及检定系统
完成单位：油田建设设计研究院
完成人员：郭福民　李　俊　韦焕相
　　　　　徐颜泽　凤云飞　贺江林
　　　　　郑　琦　唐宝吉　陈　立
获奖情况：1991年获国家科技进步奖二等奖

（74）成果名称：有杆泵及电潜泵机械采油系统管理方法
完成单位：大庆石油管理局
完成人员：胡博仲　韩修庭　岳广胜
　　　　　高国寅　孟宪臣
获奖情况：1991年获国家科技进步奖三等奖

（75）成果名称：油藏数值模拟技术
完成单位：石油勘探开发科学研究院
　　　　　大庆石油管理局
　　　　　华北石油管理局
　　　　　四川石油管理局
　　　　　西南石油学院
　　　　　中国科学院软件研究所
　　　　　中原石油勘探局
完成人员：韩大匡　桓冠仁　尹　定
　　　　　李保树　周维泗　张厚清
　　　　　李士伦　刘明新　王荷美
获奖情况：1992年获国家科技进步奖二等奖

（76）成果名称：《沉积实验方法》行业标准
完成单位：石油勘探开发科学研究院
　　　　　四川石油管理局
　　　　　大庆石油管理局
　　　　　长庆石油勘探局
　　　　　华北石油管理局
完成人员：陈丽华　王聘珍　张荫本
　　　　　邢顺全　黄月明　郭舜玲
　　　　　李海令　赵杏媛　胡迁永
获奖情况：1992年获国家科技进步奖二等奖

（77）成果名称：大庆油田复杂区块多压力层系找漏、防漏、堵漏技术研究
完成单位：大庆石油管理局
完成人员：攀庆隆　郑祥玉　代明午
　　　　　蔡永茂　殷文著
获奖情况：1992年获国家科技进步奖三等奖

（78）成果名称：抽油机—深井泵装置系统效率研究
完成单位：大庆石油管理局
　　　　　大庆石油学院
完成人员：王德民　胡博仲　崔振华
　　　　　杨敏嘉　王玉山　陈家琅
　　　　　郭世杰　侯华业　蔡　利

获奖情况：1993年获国家科技进步奖二等奖

（79）成果名称：计算机辅助设计在油田建设设计中的应用
完成单位：大庆石油管理局
完成人员：邢英明　李景宝　张良杰
　　　　　陈毓柱　郭殿杰　卜繁志
　　　　　彭　满　张悦英　王鸿榍
获奖情况：1993年获国家科技进步奖二等奖

（80）成果名称：水流量标准装置
完成单位：油田建设设计研究院
完成人员：周　明　李光福　方永杰
　　　　　李秀荣　吴德生
获奖情况：1993年获国家科技进步奖三等奖

（81）成果名称：射频石油含水分析仪和含水仪检定装置
完成单位：中国计量科学研究院
　　　　　北京市计量科学研究所
　　　　　大庆石油管理局
完成人员：陆国强　富乃成　徐文恬
　　　　　杨川涛　杜　娟　郑志受
　　　　　会志臣　张　昕　武俊青
获奖情况：1995年获国家科技进步奖二等奖

（82）成果名称：油田掺水高频防垢应用技术研究
完成单位：采油六厂
　　　　　长春市鲲鹏应用技术研究所
　　　　　大庆石油学院
完成人员：刘富润　于井龙　李昌连
　　　　　鲁瑞鹏　段玉波
获奖情况：1995年获国家科技进步奖三等奖

（83）成果名称：大庆油田高含水期"稳油控水"系统工程
完成单位：大庆石油管理局
完成人员：王志武　钱棣华　胡博仲
　　　　　巢华庆　严世才　牛超群
　　　　　白执松　董福州　赵世远
　　　　　万年福　曹存义　李麒鑫
　　　　　张广成　岳广胜　蒋德珍
　　　　　周清华　刘春发　李凤林
　　　　　柴连善　孟　庆　熊玉华
　　　　　刘富润　冀宝发　瞿国忠
　　　　　袁庆峰　王启民
获奖情况：1996年获国家科技进步奖特等奖

（84）成果名称：松辽盆地三肇地区低渗透薄互层油藏勘探研究
完成单位：大庆石油管理局
完成人员：丁贵明　张兆琦　高瑞祺
　　　　　杨继良　薛维志　刘金发
　　　　　邓子汶　吴永刚　戴平生
获奖情况：1996年获国家科技进步奖二等奖

（85）成果名称：盆地、圈闭、油藏评价技术规范研制
完成单位：大庆石油管理局
完成人员：丁贵明　张自竖　高　富
　　　　　杨继良　周志祥　来永润
　　　　　高瑞祺　薛维志　牛克智
获奖情况：1996年获国家科技进步奖二等奖

（86）成果名称：磁处理技术在油田的应用
完成单位：中国科学院金属研究所

中国科学院化学研究所
中国科学院物理研究所
大庆石油管理局
完成人员：胡博仲　李德新　闫海科
　　　　　耿殿雨　宫　柯
获奖情况：1996年获国家科技进步奖三等奖

（87）成果名称：石油水平井钻井成套技术
完成单位：胜利石油管理局
　　　　　新疆石油管理局
　　　　　大庆石油管理局
　　　　　大港油田集团有限责任公司
　　　　　辽河石油勘探局
　　　　　华北石油管理局
　　　　　西南石油学院
　　　　　大庆石油学院
　　　　　石油大学（北京）
　　　　　石油勘探开发科学研究院
完成人员：孙建成　杨万胜　张世忠
　　　　　张树明　周全兴　刘　铖
　　　　　廖润康　刘希圣　苏义脑
　　　　　施太和　李宏伟　王宝新
　　　　　刘汝山　陈　平　陈祖锡
获奖情况：1997年获国家科技进步奖一等奖

（88）成果名称：大庆原油总外输计量站计量仪表与计算机配套技术研究
完成单位：油田建设设计研究院
　　　　　输油管理处
完成人员：王殿安　潘兆柏　高　军
　　　　　王晓鲁　邱培棣
获奖情况：1997年获国家科技进步奖三等奖

（89）成果名称：聚合物驱油技术
完成单位：大庆石油管理局
　　　　　河南石油勘探局
　　　　　大港石油管理局
　　　　　江汉机械研究所
　　　　　石油勘探开发科学研究院
完成人员：王德民　张景存　张振华
　　　　　刘　恒　程杰成　李瑞章
　　　　　李　林　孟繁儒　郝悦兴
　　　　　孙东方　宋振宇　何劲松
　　　　　宋家泽　于新哉　梁乐恺
获奖情况：1998年获国家科技进步奖一等奖

（90）成果名称：油层套管射孔开裂及其预防措施的试验研究
完成单位：石油天然气总公司石油管材所
　　　　　大庆石油管理局
完成人员：张　毅　王洪利　宋　治
　　　　　李鹤林　金时懋　吉玲康
　　　　　姜立伟　周志华　程一飞
获奖情况：1998年获国家科技进步奖二等奖

（91）成果名称：测井解释工作站系统
完成单位：大庆石油管理局
获奖情况：2000年获国家科技进步奖二等奖

（92）成果名称：桥式偏心分层开采及挖潜配套技术研究
完成单位：大庆油田有限责任公司
完成人员：王德民　王玉普　韩修廷
　　　　　王广昀　程杰成　刘　合
获奖情况：2003年获国家技术发明奖二

（93）成果名称：阵列阻抗相关产液剖面测井技术研究与应用
完成单位：大庆油田有限责任公司
完成人员：谢荣华　王玉普　刘兴斌
　　　　　齐振林　胡金海　计秉玉
　　　　　张玉辉　程杰成　吴世旗
　　　　　王金钟
获奖情况：2004年获国家科技进步奖二等奖

（94）成果名称：高含水后期钻井工程配套技术研究
完成单位：钻探集团
完成人员：于洪金　周英操　李文斌
　　　　　弓玉杰　陈晓楼　肖志兴
　　　　　程　艳　季海军　邹　野
　　　　　慕万军
获奖情况：2004年获国家科技进步奖二等奖

（95）成果名称：泡沫复合驱油技术
完成单位：大庆油田有限责任公司
完成人员：王德民　程杰成　吴军政
　　　　　廖广志　杨振宇　吴文祥
获奖情况：2005年获国家技术发明奖二等奖

（96）成果名称：螺杆泵采油配套技术
完成单位：大庆油田有限责任公司
完成人员：王玉普　程杰成　王　林
　　　　　韩修廷　师国臣　徐国民
　　　　　魏纪德　明　延　李淑红
　　　　　孙延安
获奖情况：2005年获国家科技进步奖二等奖

（97）成果名称：大庆外围油田年产500万吨原油有效开发技术研究与应用
完成单位：大庆油田有限责任公司
完成人员：王玉普　计秉玉　郭万奎
　　　　　隋　军　牛彦良　李　莉
　　　　　周锡生　韩德金　周永炳
　　　　　庞彦明
获奖情况：2006年获国家科技进步奖二等奖

（98）成果名称：化学驱提高石油采收率的研究与应用
完成单位：大庆油田有限责任公司
获奖情况：2006年获国家科技进步奖二等奖

（99）成果名称：中低丰度岩性地层油气藏大面积成藏地质理论、勘探技术及重大发现
完成单位：大庆石油管理局
完成人员：贾承造　赵文智　王玉华
　　　　　邹才能　吴河勇　杨文静
　　　　　付锁堂　张以明　袁选俊
　　　　　谢继容　赵占银　吕焕通
　　　　　金成志　李　明　杨智光
获奖情况：2007年获国家科技进步奖一等奖

（100）成果名称：酸性火山岩测井解释理论、方法与应用
完成单位：大庆石油管理局
　　　　　中国石油勘探开发研究院
　　　　　大庆油田有限责任公司
完成人员：李　宁　陶宏根　卢怀宝
　　　　　王宏建　李庆峰　赵　杰
　　　　　乔德新　周灿灿　刘传平

董丽欣

获奖情况：2008年获国家科技进步奖二等奖

（101）成果名称：聚合物驱油工业化应用技术

完成单位：大庆油田有限责任公司

完成人员：程杰成　徐正顺　刘　合
　　　　　隋新光　李彦兴　王　研
　　　　　邵振波　李学军　刘兴斌
　　　　　黄伏生

获奖情况：2008年获国家科技进步奖二等奖

（102）成果名称：高含水期油田整体优化工艺、关键技术与工业应用

主要完成单位：大庆油田有限责任公司

获奖情况：2009年获国家科技进步奖二等奖

（103）成果名称：大庆油田高含水后期4000万吨以上持续稳产高效勘探开发技术

完成单位：大庆油田有限责任公司

获奖情况：2010年获国家科技进步奖特等奖

（104）成果名称：水平井钻完井多段压裂增产关键技术及规模化工业应用

完成单位：中石油勘探开发研究院
　　　　　中石油长城钻探工程有限公司
　　　　　大庆油田有限责任公司
　　　　　中石油钻井工程技术研究院
　　　　　中石油西部钻井工程有限公司
　　　　　中石油吉林油田分公司
　　　　　中石油川庆钻探工程有限公司
　　　　　中石油辽河油田分公司
　　　　　中石油新疆油田分公司
　　　　　油气钻井技术国家工程实验室

完成人员：刘乃震　刘玉章　兰中孝
　　　　　汪海阁　王　峰　王金云
　　　　　张守良　丁云宏　余　雷
　　　　　王文军　王　辉　王志明
　　　　　向瑜章　安文华　宋朝晖

获奖情况：2012年国家科技进步奖一等奖

（105）成果名称：超高温钻井流体技术及工业化应用

完成单位：中石油钻井工程技术研究院
　　　　　中石油长城钻探工程有限公司
　　　　　大庆油田有限责任公司
　　　　　西南石油大学
　　　　　中国石油大学（北京）
　　　　　中石油吉林油田分公司钻井工艺研究院
　　　　　新疆塔里木油田建设工程有限责任公司

完成人员：孙金声　刘绪全　杨智光
　　　　　蒲晓林　张振华　杨泽星
　　　　　蒋官澄　白相双　于兴东
　　　　　张　斌

获奖情况：2012年获国家科技进步奖二等奖

（106）成果名称：大型复杂储层高精度测井处理解释系统CIFLOG及其工业化应用

完成单位：中石油勘探开发研究院
　　　　　长城钻探工程公司
　　　　　西南油气田分公司

　　　　　大庆石油管理局
　　　　　大庆油田公司
　　　　　东北石油大学
　　　　　西南石油大学
完成人员：李　宁　王才志　刘乃震
　　　　　赵路子　王宏建　杨景海
　　　　　伍　东　武宏亮　石玉江
　　　　　伍丽红
获奖情况：2014年获国家科技进步奖二
　　　　　等奖

（107）成果名称：三元复合驱大幅度提
　　　　　　　　高原油采收率技术及
　　　　　　　　工业化应用
完成单位：大庆油田有限责任公司
　　　　　中油集团勘探开发研究院
　　　　　东北石油大学
　　　　　中国石油大学（北京）

完成人员：程杰成　伍晓林　吴军政
　　　　　王德民　王玉普　周万富
　　　　　李学军　李杰训　隋新光
　　　　　宋吉水
获奖情况：2017年获国家科技进步奖二
　　　　　等奖

（108）成果名称：新型聚驱大幅度提高
　　　　　　　　原油采收率关键技术
完成单位：东北石油大学
　　　　　大庆油田有限责任公司
　　　　　中海油研究总院有限责任公司
　　　　　中国石油大学（北京）
完成人员：宋考平　王渝明　张　健
　　　　　皮彦夫　侯吉瑞　王加滢
获奖情况：2020年获国家技术发明奖二
　　　　　等奖

第二篇

战略决策

石油勘探战略东移

我国大部分沉积盆地属陆相沉积。

20世纪初，一些国外地质学家以海相生油理论为依据，对我国的石油资源做出了片面估计。1913—1915年，美国纽约美孚石油公司组织石油调查团，到我国进行为期一年半的调查后，于1926年11月在《美国石油地质学家协会报》上以《中国东北部含油远景》为题发表调查报告称："从岩层类型及其年代来看，中国东北部的绝大部分是不可能有石油的。"[1] 美国地质学家、斯坦福大学教授勃拉克韦尔德也曾到我国做石油资源调查，并在其1922年发表的《中国和西伯利亚的石油资源》一文中说："中国东北地区，也和华北一样，不会含有大量石油。"[2] 其理由是，目前已知油田绝大多数是在海相沉积岩中，而中国大部分岩层是陆相沉积，不具备储藏工业价值石油的可能。1937年，日本人也曾在东北阜新一带进行石油勘探，随后内野敏夫、桐谷文雄等著文认为："东北地区找油希望不大。"[3] 总之，外国人一致肯定中国东北地区陆相地层贫油。

1941年，我国地质学家潘忠祥教授首先提出陆相生油学说："石油不仅来自海相地层，也能够来自淡水沉积物。"1953年，同样作为我国最早提出陆相生油理论的学者之一的著名地质学、矿床学家谢家荣进一步指出，从我国大地构造角度来预测将来探矿方向，华北、松辽两个大平原下面，都可能有石油蕴藏。至此，华北、松辽平原首次作为找油远景区进入人们的视野。杰出的地质学家李四光以陆相生油学说为基础，全面系统地论证新华夏体系沉降带有良好的生油、储油条件，指出了我国找寻天然气、石油的广阔远景，并提出在松辽平原、华北平原等地开展石油普查的意见。[4] 许多专家和学者也从分析我国的地质状况出发，认为陆相地层可以生油，并对东北、华北等地区陆相沉积的含油远景进行科学的论证，推断广阔的松辽陆相沉积盆地是含油的有利远景地区。陆相生油学说的诞生，以及地质学界正确的导向作用和科学预测，为"石油勘探战略东移"做了充分的舆论准备。

1953年10月至1954年2月，以苏联科学院通讯院士特拉菲穆克为首的专家组，在我国进行考察后提交的报告中称："松辽平原这个地区无疑值得予以极大的重视，并开展区域普查，对最有远景的构造进行详查。"

地质部于1955年8月派出踏勘组，沿松辽盆地东缘对中新生代地层进行了调查。1956年，地质部开始在松辽平原展开重磁力普查和电法、地震大剖面概查。1957年3月，石油工业部又派出116地质队，对松辽平原及周边地质、物探资料进行综合研究，踏勘盆地边缘地质情况，编制出松辽盆地及其周边地区的含油远景图，得出松辽平原是一个含油远景极有希望的地区的结论。

1958年2月27日和28日，中央主管石

---

[1] 美孚石油公司.中国东北部含油远景[J].美国石油地质学家协会报，1926（10）：1073.
[2] 勃拉克韦尔德.中国和西伯利亚的石油资源[J].美国矿冶工程师学会论丛，1923（61）：1105—1109.
[3] 《东北矿业杂志》转载，东北科研所，1950年7月.
[4] 李四光：《从大地构造看我国石油勘探的远景》，1954年。

油工业的邓小平同志在听取石油工业部长李聚奎等人的汇报后指出："石油勘探工作应当从战略方面来考虑问题，在第二个五年计划期间，能够在东北地区找出油来就很好……总的来说，第一个问题是选准突击方向，不要十个指头一般齐。"

遵照邓小平的指示，石油工业部、地质部地质勘探队伍由我国西北向东部地区转移，勘探重点直指经济较发达的华北、东北地区。

石油工业部、地质部互相协作，勘探重点从我国西北向华北、东北地区转移，开始在松辽盆地展开大规模石油勘探。1958年，石油工业部组织各类勘探队32个开展地质、物探和基准井钻井。地质部也向东北地区调遣19个地质队、18个物探队，与石油工业部分头展开盆地普查，并于4月17日在吉林扶余县前郭旗南17井首次发现油气显示。6月17日，在吉林公主岭西北杨大成子南14井发现厚度达3米以上的含油砂岩层，取出的岩心还渗出了原油。据此，新华社于6月25日发布消息称："松辽平原不久将成为我国重要的油区之一。"

通过一个阶段的区域地质研究，勘探方向更加明确，逐步逼近松辽盆地中央凹陷区。1958年9月，石油工业部所属松辽石油勘探局将松辽盆地石油勘探第三口基准井井位定在大同镇高台子隆起上。11月，石油工业部正式批准松基三井设计方案，并责成32118钻井队负责施工。1959年4月11日，松基三井开钻。钻至井深1050米处开始取岩心，发现良好的油气显示。时任石油工业部副部长的康世恩在广泛听取有关专家的意见后，决定在井深1461米处提前完钻，转入试油，以便尽快找到工业油流。9月26日上午，松基三井喷出工业油流，一个即将改写中国石油工业历史的油田由此诞生。由于松基三井喷出工业油流是在共和国成立10周年大庆前夕，故新发现的油田被命名为大庆油田。①

松基三井出油后，石油工业部党组立即组织地质人员进一步分析勘探形势，依据地震勘探资料，调整勘探部署，先后在南起敖包塔、北至喇嘛甸的800余平方千米范围内均发现工业油流，从而确认大庆长垣为完整的大型二级构造带。

大庆油田的发现，甩掉了我国贫油的帽子，证明我国科学家提出的陆相生油理论及其对含油远景的预测是正确的，从而大长中国人民的志气。

附：

邓小平同志一九五八年在听取石油工业部汇报时的指示

（根据记录整理）

时间：1958年2月27日、28日
地点：中南海居仁堂
参加听取汇报人员：余秋里、孙志远、贾步彬
石油工业部汇报人员：李聚奎、唐克、翟光明、王纲道

2月27日上午，在汇报过程中，小平同志作了如下指示：

---

① 1959年10月7—8日，中共黑龙江省委第一书记欧阳钦亲临现场祝贺时，曾提议将松基三井所在地肇州县大同镇改为大庆镇，以此纪念该地区于中华人民共和国成立10周年大庆前夕发现油田。11月8日，大庆区成立大会在大同镇召开，根据到会讲话的欧阳钦意见，大同镇改称为大庆镇，新发现的油田被命名为大庆油田。

根据化工部汇报，全国 16 个城市要用煤 2800 万吨，搞煤的综合利用，可以得到煤焦油 180 万吨。化工部和石油工业部两家搞，行不行？

石油工业怎样发展，我看人造油是要搞的，并且要下决心搞，但中国这样大的国家，当然要靠天然油。第二个五年计划期间，你们打钻子（记录整理时注：指石油钻井进尺）加一番行不行？四川钻机月速度低，跟硬石头有点关系，但主要是技术水平低。现在你们的地质队和地球物理队，可不可以加一番？轻便钻只有 95 个队太少了，轻便钻机只有 140 多部也太少了。石油钻机要自己做，可以和机械部商量一下，你们也要促进一下。要做 1200 米的钻机，也要做 3200 米的钻机。套管、钻杆应当努力设法在国内解决。总之一个是勘探队的问题，一个是钻机问题，应该促进一下。

现在的情况是：哪里有油就要把它搞出来，只要打出油来，都可以搞起来。我说，江苏要是有一吨油，就可以说江苏有石油工业了。搞小的可以增加民用，可以增加利润，可以做基础来培养干部。现在搞百货公司的人，有许多过去是搞小铺子的。搞人民银行的人，有许多过去是在山沟里印土票子的。这次我在四川的石油探区，就看到有很多人是从延长去的。四川黄反山油田，一口井每天出 3 吨油，就可以把它搞起来。像青海民和盆地虎头崖那样的油田，有一百个就搞一百个，有一万个就搞一万个。你们回去搞个规划，用延长油矿的经验（注：延长油矿当时每年产油 9300 吨，1983 年已产油 9 万多吨），你们不搞就交给地方搞。

新疆克拉玛依可以搞个一年 300 万吨的油田。你们规划 1959 年只出 40 万吨油太少了。克拉玛依这个地方，缺点是在国家西北边疆的最边上，离用油的地方远，怕运不来，现在要和兰州炼油厂、玉门炼油厂共同来考虑。兰州炼油厂搞 100 万吨划不来，将来可以扩大到 200 万吨，或者 300 万吨（注：当时兰州炼厂已扩建到 300 万吨）。把油在新疆炼也划不来，因为铁路上要用各种不同的油槽车来拉。

我在兰州听说，柴达木工资太高，划不来。我主张，柴达木的工资减不下来的话，就把大多数人员撤出来，你们知道吗？（唐克同志答：去年 5 月李聚奎部长已向我们传达过。）现在柴达木的工资，才降低 30%，是否太少？那里人越多，就越难搞。

柴达木这个地方，应该以现有的人力，将工作量加大一倍。一些消费群体，还不如拉到内地来养活。柴达木是一个综合性问题，应该从石油方面提出问题，其他的矿产如钢铁工业，是不会搞到那里的。现在还有一个问题没有澄清，这地方究竟应该怎样走法？看来第二个五年计划期间还利用不上，那么到 1960 年应该交出多少储量，需要计算一下。

石油勘探工作，应当从战略方面来考虑问题，战略、战役、战术总是要三者相结合的。例如四川龙女寺构造，可以三年搞清楚，也可以一年就搞清楚，那为什么不一年就了解它呢？有些地方那么多的构造，为什么不先解剖它一个呢？苏北要增加工作量，这个地方如果搞出油来，那对沿海一带很有好处（注：1983 年苏北油田已产油 35 万吨）。苏北交通很方便，多么美的地方，应该加速。以此类推，东北如何促进？四川如何促进？都应该考虑。把真正有希望的地方，如东北、苏北和四川这三块搞出来，就很好。对这些地方应该积极创造条件，在地质上创造一个打井的基础，可以三年搞成，也可以五年搞成，应该提出一个方案来。如果龙女寺钻出油来，四川石油工业就会跳到前面。东北搞出来了，也会跳到前面。就是苏北、四川等地的储量不大，也要先搞。对于松辽、苏北等地的勘探，都可以热心一些，搞出一个初步结果。

2月28日上午，在汇报过程中和汇报结束时，小平同志又作如下指示：

鄂尔多斯这个名字，起得不大恰当。对一个地区起名字，应该让全国6亿人民一看就懂才好。例如，你们在青海柴达木盆地中，起了油砂山、油泉子一类名字，就很好嘛。这个鄂尔多斯，就可以起个陕北地名，或者是陕甘蒙地名（注：当时已通称为陕甘宁地区。），不也很好嘛？我们应该用人民熟悉的名字。

在第二个五年计划期间，东北地区能够找出来，就很好。把钱花在什么地方，是一个很重要的问题。总的来说，第一个问题是选择突击方向，不要十个指头一般平。全国是如此之大，二十、三十个地方总是有的，应该选择重要的地方先突击。选择突击方向是石油勘探的第一个问题，不然的话，可能会浪费一些时间。华北地区还需要研究一下，钱究竟该如何花。苏北如果找到油，年产100万吨，就值得大搞。不要尽抓大鱼，小鱼也可以抓，抓一个泥鳅不也好吗？现在有人说，泥鳅含蛋白质是最高的，你们吃过泥鳅吗？

就经济价值来说，华北和松辽都是一样的，主要看哪个地方先搞出来。应该由石油工业部组织一下，请地质部和大量的地质专家来辩论一下，确定个方案。石油勘探的战略方针，不能这里那里都搞一下，总要有个轻重缓急。哪个地方先找出油来，哪个地方后找出油来，排出个先后次序。对松辽、华北、华东、四川、鄂尔多斯五个地区，要好好花一些精力，研究考虑一番。

我们不能够学苏联第二巴库15年的办法。苏联如果没有第一巴库，他们也不那样搞法。如果我们有第一巴库，也可以那样搞法。

第二个五年计划末期，新疆至少搞200万吨油（注：1983年新疆克拉玛依油田已产油430多万吨）。苏北就是搞一个玉门油田，一年30万吨油，那也很好嘛。吐鲁番就在铁路线上，搞出油来就很好。柴达木地区第二个五年计划期间还用不上。塔里木可以不必忙。找油就和打仗一样，过分分散就不利。

至于四川石油勘探，也有个布局问题。川中要搞起来，可以有两种搞法：一种是五年才搞出A+B级储量和面积，另一种是一年就搞出A+B级储量和面积。从我们的力量来看，是可以集中在那里钻探的。民和盆地虎头崖构造的油，可以找地方办，一年搞个3000吨，这样可以得到利润，也可以解决民用，你们应该帮助地方搞设计。

关于天然气利用方面，过去都不知道，石油工业部和化工部要搞一个大、中、小用途的说明。例如红薯，过去大家都不愿意吃，但搞出一套吃红薯的办法后，大家都愿意吃了。现在四川的城市，连红薯也买不到了。如利用四川的天然气，搞一个年产5000吨到10000吨的氮肥厂，或者搞一个年产1000吨的塑料试验厂。不这样，天天叫也搞不起来，事情要做，才做得出来。

现在，有些事情应该走在前面：一个是打钻子，还有一个是科学研究。钻了一口井，资料就不能浪费掉,要好好地研究。反对浪费,不经过群众,不发动群众,是不行的。四川的钻井成本,能不能拉到和玉门一样?请你们考虑一下。

最后,问题还是昨天提的那些,请你们回去研究。

中央批准组织大庆石油会战

1959年,松基三井喷油后,经过在其南部扩大勘探,基本探明葡萄花油田含油面积,人们无不欣喜若狂。面对新发现的大油田、好油田,如何把它拿下来,成为石油工业部各级领导和职工议论的焦点。当时的国际环境是,西方资本主义对中国实行经济封锁,中苏关系日趋恶化,在石油工业部任顾问对我国石油勘探给予很大帮助的苏联专家都已撤离,依靠外援这条路显然走不通。唯一的出路是自力更生,闯出一条具有中国特色的石油工业发展道路。但适逢国民经济困难时期,国家一时拿不出足够的资金。松辽石油勘探局只有20部钻机,不足5000名职工,力量远远不够。而整个石油行业有17万职工、10多亿元投资和100多台钻机,如能集中优势用于一翼,其实力也不可小觑。

1960年1月,石油工业部党组召开扩大会议,经反复研讨,决定用集中优势兵力打歼灭战的办法,组织石油会战,加快大庆油田的勘探与开发。2月1日至5日,石油工业部党组在春节期间再次召开扩大会议,研究分析松辽盆地的石油勘探情况和组织石油会战的问题。参加会议的有余秋里、李人俊、周文龙、孙敬文、康世恩、刘放等石油工业部党组成员和石油工业部机关相关部门的局长,赴松辽专家工作组列席会议。会议首先听取了赴松辽专家工作组李德生、童宪章、翁文波、李人俊等关于大同镇长垣地质情况和勘探形势的回报,其总的结论是:(1)那里的地质构造、生油和储油条件都十分有利,也已找到一定的储量资源;(2)油田远景看好、希望大,有可能找到大油田。随后,党组成员就此进行讨论。听完大家的发言,余秋里在讲话中强调:"我们搞石油会战,要勇于解放思想,敢于在情况基本搞清的情况下作出决断。有充分的根据而不敢做决断,就会贻误时机,就会一辈子落后。现在国家迫切需要石油,松辽的资源比较可靠,地质情况也搞得比较清楚,应该下决心从全国石油系统调集力量,组织石油大会战。改变石油工业落后面貌在此一举。我们必须下决心,背水一战,全力以赴,尽快拿下这个大油田。"经讨论,大家一致同意采取集中优势兵力打歼灭战的办法,组织松辽石油会战。

2月6日,余秋里部长给当时主管工业的李富春和薄一波两位副总理写信,汇报松辽石油勘探情况,提出组织大庆石油会战的设想,请求国家增加部分投资、设备和劳动力。李富春看到信以后,告诉余秋里,各部门都在下马,而你却要上马,这是个大行动,要给中央书记处写报告。于是,2月6日至10日,余秋里和李人俊又去找邓小平总书记,当面汇报有关情况与下一步工作设想。总书记当即表示同意,并让石油工业部正式给党中央提出报告。2月13日,石油工业部党组向中共中央呈报《关于东北松辽地区石油勘探情况和今后工作部署问题的报告》。

1960年2月20日,中共中央向有关省、市以及国家各部委批转了石油工业部党组的这个报告，并要求对石油工业部组织的松辽石油会战给予支持与协助。4月29日，松辽石油会战誓师大会在萨尔图广场隆重举行，一场波澜壮阔的石油大会战正式打响。

附：

关于东北松辽地区石油勘探情况和今后工作部署问题的报告

总理、李、薄副总理并中央：

最近，我们对东北松辽地区的石油勘探情况和今后工作部署问题，作了反复的研究和讨论。从现在已经掌握的资料来看，可以说形势很好，来头很大。目前，已经在黑龙江省肇州县大庆（原名大同镇）地区，探明了一块二百平方千米储油面积的大油田。初步估算，可采储量在一亿吨以上，大体上相当于新疆克拉玛依油田。产油情况很好，现在已经打出来的探井，经过一个多月的采油试验，平均每口井日产量在十二吨左右。油层多、油层厚，现在已经发现的就有六组油层，光第一、二两组就有十多米厚。油层产油性能良好，出油稳定，油层埋藏不算很深，第一、二两组油层深度在一千米左右，而且地层松软，打井容易。总起来看，开发和建设这里的油田，有很多便利条件。

整个大庆地区，从地质资料上看，是一个很大的适于储油的构造带，面积达两千余平方千米。现在拿到手的这块油田，仅是其中的一小部分，边界尚未摸到。看来，储油面积还会有大的扩展，远景非常乐观。

这个地区的石油勘探工作进展迅速，收效特大……我们和地质部一起，在黑龙江省委的大力支持下，进行了大量的系统的地质调查。一九五九年九月二十六日我们打的第一口探井出了油。此后，我们就迅速地抽调一批较大的力量，加强了勘探的科学研究工作，打了二十二口探井，并取得了大量的地质和试油试采资料。从开始较大规模的钻探，到找到这块二百平方千米的大油田，仅仅用了四个多月的时间。这是一个很大的胜利。像这样大的油田，全世界也只有二十多个，它又处在工业发达、交通便利的东北地区，这对于加速我国石油工业的发展，是具有极其重大的意义的。

大庆地区的石油勘探工作，虽然经过了很大的努力，取得了很大的效果，但总的来看还是一个开始，要想把油田全部探明，并投入开采，还需要作更大的更艰巨的工作。根据这个地区的情况，我们认为应该下一个狠心，用最大的干劲，用最高的速度，迅速探明更大的油田面积和更多的新油田。为此，我们的部署是：

第一，甩开钻探，在现已探明的二百多平方千米储油面积的四周，向外扩展。在两千平方千米的构造范围内部署钻探，以求迅速探明油田的面积和储量究竟有多大。

第二，在已经探明的储量面积内，选择一两块地区，打出一批生产试验井。进行油田开采试验。拟在今年生产原油二十万吨以上，到年底达到年产原油一百万吨的生产能力，为明年大规模的开发准备条件。

第三，在大庆构造带以外的附近地区，还发现有许多好的构造，储油的可能性很大。准备用一部分勘探力量，有选择地进行钻探，以期找出新的油田。

按照这个部署，预计今年需要打探井和生产试验井四百多口，钻井进尺大约五十万米；同时进行相应的油田建设，其中包括采油、集油、输油、供水、供电、保温、运输和机修等项基本建设工程。所需的投资、设备器材及劳动力等，已向经委、计委做了专门报告。

为了实现上述任务，我们打算集中石油系统一切可以集中的力量，用打歼灭战的办法，来一个声势浩大的大会战。从玉门、新疆、青海、四川等石油管理局和其他有关石油厂、矿、院、校，抽调几十个优秀的钻井队和必需的采油、地质及其他工种队伍，加上两千多名科学技术人员，参加这个大会战。抽调的人员都要精兵强将，在现场大搞比武竞赛，掀起一个大规模的群众运动，一鼓作气地拿下这个地区。

这样的做法好处很大。第一，可以用最快的速度，力争在夏秋两季，拿下大庆油田，减少冬季野外作业的困难，同时又可以用最高的工作水平，精确地解决油田中主要技术问题，研究出合理的开采方法，做到边勘探、边设计、边采油，从而闯出一套我国自己的石油勘探和开发的方法。第二，便于集中使用石油工业各方面的先进经验，在大会战中，进一步发动群众，破除迷信，解放思想，从而大大提高石油工业群众运动的水平。第三，便于现场比武，大搞各工种联合表演赛，掀起"学、赶、超、帮"热潮，从而有力地推进石油工业群众性的技术革命和技术革新运动。我们考虑，这样的做法虽然有些单位抽出了一些力量，但对当前生产和工作不会有多大的影响；反过来，通过这种大会战，还可以提高各厂矿的各个方面工作水平，给完成今年的任务创造更有利的条件。

以上报告当否，请指示。如认为可行，望批转有关省、市、自治区和部门。

石油工业部党组
一九六〇年二月十三日

附：中发〔1960〕129号文件

中央批转石油工业部党组关于东北松辽地区石油勘探情况和今后工作部署问题的报告

上海局、黑龙江、吉林、辽宁、甘肃、青海、四川省委、新疆维吾尔自治区党委；国家计委、经委、建委党组，地质、冶金、一机、农机、铁道、交通、建工、劳动、外贸、水电、邮电、石油工业部党组：

中央同意石油工业部党组关于东北松辽地区石油勘探情况和今后工作部署问题的报告，现发给你们，望予支持和协助。石油工业部为了加快松辽地区石油勘探和开发工作，准备抽调各方面的部分力量，进行一次"大会战"。这一办法是好的，请各地在不太妨碍本地的勘探任务的条件下，予以支援。我国的石油工业特别是石油地质勘探工作，在两年中有了较快的发展，但目前仍然是一个薄弱的方面。积极地、加快地进行松辽地区的石油勘探和开发工作，对于迅速改变我国石油工业的落后状况，有着重大的作用。

中央
一九六〇年二月二十日

石油大会战——国务院统筹安排、计经建三委督战

中共中央批转石油工业部党组《关于东北松辽地区石油勘探情况和今后工作部署问

题的报告》后，国务院副总理薄一波于3月9日下午在中南海2楼72号会议室，亲自主持召开国务院有关部门，黑龙江、吉林、辽宁三省和东北协作区负责同志参加的会议。参加会议的人员有：黑龙江省陈雷，吉林省肖靖、贺文涛，辽宁省孙洪志、余迈，东北协作区办公厅倪伟，石油工业部余秋里、李人俊、康世恩，地质部何长工、燕登甲，中央工业部于江震，计委安志文、童铣，建委柴树藩、李东方，铁道部郭鲁，水电部程明升，化工部李苏，建工部刘裕民，商业部阎顾行、宋克仁，冶金部王能伟、王铁云，一机部李克，交通部伍坤山，邮电部赵步云，劳动部李正亭，中央办公厅贾步彬，国家经委孙志远、王新三、李哲人、谢北一、周建平、董晨、史湛等。

这次会议，首先由石油工业部余秋里、康世恩汇报了关于松辽地区大庆油田的勘探情况、大会战的工作部署和需要解决的问题。接着，黑龙江省陈雷汇报了关于支援松辽油田开发和油区建设工作情况以及要求中央有关部门解决的问题。吉林省肖靖和东北协作区办公厅倪伟也就支援松辽油田开发工作和今后工作安排问题提出了意见。最后，薄一波副总理作了长篇讲话，对各单位的任务和职责进行了细致的分工。

一、同意石油工业部的估计，东北松辽地区大庆油田的前途大有希望，它对改变我国石油落后面貌和促进工农业的迅速发展都具有重大意义。党中央和毛主席都很关心这个问题。因此，我们应当勉励全体石油职工积极工作，努力争取在较短的时间内解决我国的石油问题。我们能够在较短的时间内，搞出了这块大油田，成绩很大。中央对于开发这块油田很重视，决心用很大的力量、最快的速度拿下这块大油田的做法，是必要的。因此，同意石油工业部党组提出的对松辽油田今后勘探工作的规划和部署。目前的问题是如何大力支持和支援大会战所确定任务和目标的胜利实现。毫无疑问，中央各有关部门是会积极支援的。在这次大会战中，同意余秋里的意见，既要向全体职工指出有利条件，同时也要多讲一讲可能遇到的某些困难。这样，可以使每个人都有努力克服一切困难的精神准备，有利于大家鼓足更大的干劲，把这次大会战打得更好。

二、根据目前的情况看来，松辽油田的建设规划，可以先按照年产2000万吨石油的规划来部署，宁可大一点，也不可小了。输油管的建设，除建设一条由萨尔图到葫芦岛的输油管以外，还必须考虑有一条通到华北（北京以西）的输油管。

三、关于支援松辽油区会战的工作，在中央书记处领导下，做具体督促、检查工作的是计委、经委和建委。凡是应当解决的问题，三个委一定积极帮助解决。这方面的工作，今后都由孙志远、安志文、柴树藩等三位同志具体负责。前一阶段支援松辽油田的工作，黑龙江省委搞得很好，做了许多工作，今后仍然以黑龙江省为主，继续进行。在目前开发松辽油田大会战期间的组织领导，仍由石油工业部党组挂帅，亲临前线，统一指挥。不再组织二级领导机构，这样更有利于工作的开展和大会战任务的迅速完成。

四、关于石油工业部提出要求解决的具体问题，原则上同意一律解决。

五、黑龙江省提出要求解决的问题，有一部分同石油工业部的要求是相同的。属于基本建设项目方面的问题，由安志文同志统一考虑。公路的建设必须进行，因此在基本建设方案未定前仍然可以继续修筑。同意在哈尔滨建设石油学院一所，归黑龙江省领导，希速向中央写一个报告。有关干部问题，除由中央负责解决一部分外，也要请地方调配一部分。为了不影响大会战的进行，有一些急需解决的问题，请黑龙江省继续负责先行帮助解决。同时，东北协作区办公厅也可以召开会议，研究支援松辽油田大会战的问题，有什么困难，可以及时向中央反映。

六、请各部到会人员回去向党组汇报一下松辽油田的情况和大力支援松辽油田大会战的问题。

七、今后，关于松辽油田大会战的进展情况，石油工业部每隔10天、半月要向中央和有关部委写一个报告。对于以上意见，各部到会人员均表示同意照办。

会议于3月11日形成国家经委第31号会议纪要，并抄报中央书记处、总理办公室、中央办公厅以及石油工业部、地质部、铁道部、水电部、化工部、一机部、建工部、冶金部、交通部、邮电部、劳动部、商业部、卫生部、中央工业部、中央交通部、计委、建委、黑龙江省委、工业生产委员会、吉林省委、工业生产委员会、辽宁省委、工业生产委员会、东北协作区办公厅。

3月11日下午，国家经济委员会再次召开讨论解决支援松辽油田急需的钢材、设备等问题会议。会议由孙志远主持，石油工业部康世恩、东北协作区倪伟、黑龙江陈雷、国家计委范慕韩、国家建委李东方、国家经委谢北一、徐良图等参加会议。会上，康世恩汇报松辽油田勘探工作急需钢材、设备的解决情况、黑龙江省陈雷汇报油区修建公路、房屋工程中急需解决的问题以及省内安排的情况。通过讨论，决定为大会战解决钢材、设备、筑路、房屋和各种配件等。

会议结束后，国家经委于3月13日向石油工业部、计委、建委，黑龙江省委、工业生产委员会，发了国家经委第32号会议纪要。

1960年3月17日，国家计委、经委、建委以加急密别计机安617号电报，通知辽宁、吉林、黑龙江省委，省计委、机械厅并东北协作区办公厅、石油工业部，为了尽快满足松辽石油会战的需要，所需8000吨石油专用设备的材料已拨给石油工业部，由石油工业部转给各制造厂制造。除由省属企业安排外，可以就地组织各中央直属企业及军工厂，在保证原定国家计划任务的条件下，鼓足干劲，千方百计，为石油制造设备，打好这一仗，请省委就近组织安排。

同年10月，薄一波副总理听取康世恩汇报时作了多方面的指示，他说：据我看，今年石油工业部和省委决定搞大会战是很成功的。这是第一次，经验要好好总结一下。同时，他还指出：要夹紧尾巴，不要骄傲。

周总理对大庆石油会战一直非常重视，认为集中力量搞会战是个好办法，工业战线应该推广。在1960年底的一次会议上，周总理讲到工业战线集中力量搞会战，像军队集中兵力打歼灭战时，提了八条：一是书记挂帅，亲临前线指挥；二是一定要综合计算；三是缩短战线，面面照顾打不好仗；四是集中兵力打歼灭战，搞成一个是一个；五是搞工业要全面安排，政治、组织工作要配合上（讲到这里，总理对余秋里说："你做过司令员的，人少了不行嘛！"）；六是统一调度，统一指挥；七是要实事求是，抓具体措施；八是要有一个政治上的保证。

在周总理等国务院领导的关切关怀下，由国家计委、经委、建委督战，全国各地特别是黑龙江省的大力支援，1960年的石油大会战取得了高速度、高水平的胜利。

附：国家经济委员会会议纪要第31号

讨论关于大力支援东北松辽油田的勘探与开发问题

时间：1960年3月9日下午
地点：2楼72号会议室
主持人：薄一波
参加人：黑龙江省陈雷，吉林省肖靖、贺文涛，辽宁省孙洪志、余迈，东北协作区办公厅倪伟，石油工业部余秋里、李人俊、康世恩，地质部何长工、燕登甲，中央工业部于江震，计委安志文、董铣，建委柴树藩、李东方，铁道部郭鲁，水电部程明升，化工部李苏，建工部刘裕民，商业部阎顾行、宋克仁，冶金部王能伟、王铁云，一机部李克，交通部伍坤山，邮电部赵步云，劳动部李正亭，中央办公厅贾步彬，本委孙志远、王新三、李哲人、谢北一、周建平、董晨、史谌、周权康、刘镜清、张文、胡春清、周力、张鲁泉、王化东
会议内容：讨论关于大力支持东北松辽油田的勘探与开发问题

同意石油工业部提出的松辽油田勘探工作规划和部署。松辽油田的建设规模可以按照年产二千万吨石油的规划部署。

松辽油田"大会战"期间的组织领导由石油工业部党组挂帅。石油工业部提出的具体问题原则上同意一律解决。希望各部门大力支援松辽油田"大会战"任务的胜利实现。

这次会议，首先由石油工业部余秋里、康世恩同志汇报了关于目前松辽地区大庆油田的勘探情况、"大会战"的工作部署和需要解决的问题。接着，黑龙江省陈雷同志汇报了关于支援松辽油田开发和油区建设工作情况以及要求中央有关部门解决的问题。吉林省肖靖同志和东北协作区办公厅倪伟同志也就支援松辽油田开发工作和今后工作安排问题提出了意见。最后，薄一波同志讲了以下意见：

（一）同意石油工业部的估计，东北松辽地区大庆油田的前途大有希望，它对改变我国石油落后面貌和促进工农业的迅速发展都具有重大意义。党中央和毛主席都很关心这个问题。因此，我们应当勉励全体石油职工积极工作，努力争取在较短的时间内解决我国的石油问题。我们能够在较短的时间内，搞出了这块大油田，成绩很大……中央对于开发这块油田很重视，决心很大，决定大力支援，石油工业部党组用"大会战"的办法，决心以最大力量、最快的速度拿下这块大油田的做法，是必要的。因此，同意石油工业部党组提出的对松辽油田今后勘探工作的规划和部署。目前的问题是如何大力支持和支援"大会战"所定任务和目标的胜利实现。毫无疑问，中央各有关部门是会积极支援的。在这次"大会战"中，同意余秋里同志的意见，既要向全体职工指出有利条件，同时也要多讲一讲可能遇到的某些困难，这样，可

以使每人都有努力克服一切困难的精神准备，有利于大家鼓足更大的干劲，把这次"大会战"打得更好。

（二）根据目前的情况来看，松辽油田的建设规模，可以先按照年产2000万吨石油的规划来部署，宁可以大一点，也不可小了，输油管线的建设，除铺设一条由萨尔图到葫芦岛的输油管以外，还必须考虑有一条通到华北（北京以西）的输油管。

（三）关于支援松辽地区大会战的工作，在中央书记处领导下做具体督促、检查工作的是计委、经委和建委。凡是应当解决的问题，三个委一定积极帮助解决。这方面的工作，今后即由孙志远、安志文、柴树藩等三位同志具体负责。前一阶段支援松辽油田的工作，黑龙江省委搞得好，做了许多工作，今后仍然以黑龙江省为主，继续进行。在目前开发松辽油田"大会战"期间的组织领导，仍由石油工业部党组挂帅，亲临前线，统一指挥，不再组织二级领导机构，这样更有利于工作的开展和"大会战"任务的迅速完成。

（四）关于石油工业部提出要求解决的具体问题，原则上同意一律解决。但是有些问题还需要做具体研究，因而在解决的时间和数量上可能会有某些出入。在第一部分提出需要解决的问题中，要求增加投资两亿元的问题，由安志文同志请示富春同志考虑；要求增加钢材3.8万吨、重型设备1.4万吨、载重汽车580辆、拖拉机90台、机床280台、木材2.85万立方米、水泥2.63万吨，经委、计委、建委已经帮助解决一部分，其余部分由孙志远同志负责主持，继续会同有关部门尽快研究解决。已经解决的一部分钢材和设备，三委在3月3日已向各有关部门和省、市发了电报，请各部检查一下执行情况，迅速按照电报提出的要求大力支援。第二部分提出需要解决的基本建设项目方面的问题，如请铁道部修建由萨尔图经大庆到大赉的150千米铁路线，请电力部建立20万瓦电站以及建设300万吨和100万吨规模的炼油厂各一座，修建由萨尔图到葫芦岛的输油管线770千米等问题，今天不可能定下来，请安志文和柴树藩同志会同有关各部进一步具体研究后，提出一个方案。第三部分目前需解决的问题：（1）关于今年国外订货的7万吨钢材还有4万吨没有订到货的问题，由安志文同志负责催促外贸部迅速帮助解决；（2）所需4000—6000瓦列车发电站一套，由程明升同志负责调给；（3）所需柴油发电机组20台，同意从储备仓库的现货中拨给；（4）扩建安达和萨尔图火车站需要铺设的十千米道岔，由郭鲁同志负责解决；（5）要求分配运输60余万吨木材、砖瓦、沙石等的车皮问题，由郭洪涛和郭鲁同志研究后答复；（6）修理配件所需的生橡胶50吨，由李苏同志负责调给；（7）所需150万元的汽车、内燃机、拖拉机配件及600万元的工具、量具等物资，由阎顾行同志负责解决；（8）所需钢丝绳300吨，由冶金部王大伟同志负责解决；（9）当前临时供电、供水、机修、搬运、安装、土建施工等急需的设备，由本委谢北一同志负责筹集解决；（10）要求调配1000名大专学生解决技术力量的问题，由安志文同志负责在今年毕业的大专学生中尽量调配；（11）有关生活供应和医疗卫生方面的问题，请商业部和卫生部分别负责解决。

（五）黑龙江省提出要求解决的问题，有一部分同石油工业部的要求是相同的，属于基本建设项目方面的问题,由安志文同志统一考虑。公路的建设必须进行,因此在基本建设方案未定前仍然可以继续修筑。同意在哈尔滨建设石油学院一所,归黑龙江省领导,希速向中央写一个报告。有关干部问题,除由中央负责解决一部分外,也要请地方调配一部分。为了不影响"大会战"的进行,有一些急需解决的问题,请黑龙江省继续负责先行帮助解决。同时,东北协作区办公厅也可以召开会议,研究支援松辽油田大会战的问题。有什么困难,可以及时向中央反映。

(六)请各部到会的同志回去向党组汇报一下松辽油田的情况和大力支援松辽油田大会战的问题。

(七)今后,关于松辽油田大会战的进展情况,石油工业部每隔十天、半月要向中央和有关部委写一个报告。

对于以上意见,各部到会同志均表示同意照办。

国家经济委员会办公厅
1960 年 3 月 11 日

石油工业部党组决定集全系统优势兵力决战松辽

在党中央批转石油工业部党组《关于东北松辽地区石油勘探情况和今后工作部署问题的报告》的第二天,也就是 2 月 21 日,石油工业部副部长康世恩在哈尔滨市主持召开松辽石油大会战第一次筹备会议。部长余秋里因出席中央会议,未能参加这次会议。

召开这次筹备会议之前,已于 2 月 13 日在哈尔滨召开石油系统电话会议,向各石油局、厂、院、校通报松辽石油勘探的大好形势,宣传大战松辽的重大意义,表达石油工业部党组进行松辽石油大会战的决心,对广大石油职工进行参加会战的思想动员。电话会上通知 2 月下旬,在哈尔滨市召开松辽石油大会战的筹备会议,指定各主要单位参加会议的负责同志。康世恩特别指出:新疆张文彬、玉门焦力人去参加,如真走不开,请你们党委研究来一个管理局负责同志。

2 月 21 日,石油工业部在哈尔滨国际饭店召开松辽石油大会战第一次筹备会议。全国石油系统 37 个厂矿、院校的主要领导干部全部准时到会。会议由石油工业部副部长康世恩主持。石油工业部各司、局领导唐克、吴星峰、张文彬、焦力人、李荆和、张俊、阎子元、张仁、宗世鉴、陈李中、李镇靖等出席会议。

这次会议首先传达党中央批准松辽石油大会战的指示,康世恩在会上宣布大会战的指导思想、工作方针和主要任务。宣布 37 个石油系统的厂矿、院校由其主要领导干部带队,组织精兵强将,并自带设备,按规定时间到达大庆,参加松辽石油大会战的决定。这次会议对大庆石油会战进行具体的组织和部署。

会议决定,石油会战期间的组织领导工作,由石油工业部部长余秋里到一线主持,不再组织二级领导机构。会议宣布成立松辽石油会战领导小组,由康世恩担任组长,石油工业部地质勘探司司长唐克、部机关党委副书记吴星峰任副组长。领导小组的成员有科学研究院院长张俊、北京石油学院院长阎子元、石油工业部基建司司长张仁、石油工业部供应局副局长焦力人、松辽石油勘探局局长李荆和、第一工程局局长陈李中、川中矿务局副局长李镇靖等。这样，由部党组成员牵头，吸收各主要单位的负责人参加，组成石油会战领导班子，形成集中指挥，保证会战各项工作的协调统一。

在3月21日的开幕式上，康世恩向与会人员介绍松辽平原大庆地区的勘探情况，部署会战任务，确定了组织机构，明确指导思想。康世恩指出：从1959年4月到现在不过10个月的时间，就找到了400平方千米的储油面积，从去年9月第一口井出油算起，现在仅仅4个月时间，这样的发展速度在世界上也是最快的；处处革命，人人革命，事事革命，技术革命，是这次会战的灵魂，没有这条红线，这个会战就会冷冷清清，凄凄惨惨；要树雄心、立大志，做到用最快的速度，达到最高的水平；在速度上要搞几个世界第一，而且创出一套高水平。

根据石油工业部党组给中央的报告中提出的工作部署，会议确定了会战的三项任务：一是在26万平方千米的面积上甩开勘探，争取打200口左右的探井，迅速探明油田面积，找到10亿吨的可采储量；二是选择已经探明的有利地区，打出200口左右的生产试验井，进行油田开采试验，实行先注水、后采油，采收率要达到60%，全部油井要求前3年不递减，后5年递减率不超过5%—6%，当年生产原油50万吨，年底达到日产4000吨的水平和年产150万吨的生产能力；三是在大庆长垣以外的附近地区，进一步开展地震勘探，完成地震测线4万千米，选择有利构造进行钻探，争取再找到一些新的油田。

为了完成高速度、高水平探明大庆长垣地下情况，早日拿下大庆油田，会议决定划分四个战区：葡萄花地区，由松辽石油管理局包打，石油一厂配合；太平屯地区，由玉门石油管理局包打，兰州炼油厂配合；萨尔图地区，由新疆石油管理局包打，石油六厂配合；高台子地区，由青海石油管理局包打，石油三厂配合。

按照当时的安排，会战的重点地区在长垣南部的大同镇地区，在葡萄花、高台子、太平屯构造上都部署比较多的探井，油田的开发试验也准备放在葡萄花一带。

经过大会小会，现场参观，务虚务实，大家了解了情况，明确了大会战的意义，落实了设备、人员。3月3日会议结束时，康世恩就没有落实的7个方面的问题提出看法，他号召大家掀起一个声势浩大的技术革新和技术革命运动，迎接大会战的到来！

黑龙江省委、省政府领导陈剑飞和陈雷参加这次会议。会议结束后，他们向省委作了汇报。为了支援大庆石油会战，加快全省石油开发工作，省委立即作出关于加强开发石油资源，发展石油工业的决议，确立"全力以赴，全力支援"的方针。要求全省各地区、各部门都要以积极的态度，主动从各个方面大力支援大庆开发工作。黑龙江省委专门成立支援石油开发工作的领导小组，具体领导支援开发大庆的工作。黑龙江省委常务书记强晓初担任这个小组的组长，陈雷为副组长。当时，国家处在经济困难时期，财力和物资极度紧张，但是黑龙江全省上下千方百计地克服一切困难，从各个方面积极地支援大庆油田的勘探和开发。

松辽石油大会战第二次筹备会议于3月25日至27日在哈尔滨市召开，石油工业部党组书记、部长余秋里，副部长康世恩以及唐克等领导出席了这次筹备会。会议决定在石油工业部党组的领导下，由部机关党委组成会战期间党的办事机构，由余秋里兼任党委书记，吴星峰、雷震任副书记。在会战领导小组领导下，由部机关各司、局参加会战的干部和原松辽石油勘探局机关干部，组成大会战的工作机构，立即迁往前线办公。

3月27日，唐克进行会议总结。唐克指出：3月份的工作情况是很好的，大会战的准备工作也进行得十分迅速，各探区的队伍，无论是松辽局原来在此处工作的，还是从各地来参加会战的职工，干劲都很大，一下火车就要求马上分配工作。领导小组决定4月份的工作方针是：全面完成准备工作集中力量拿下萨尔图油田，打响第一炮，迎接大会战。这就是说，不但要在组织机构、人员安置、设备配套、器材设备的供应和运输工作等各个方面的准备工作全面做好以外，还要查清萨尔图油田的情况，因此决定集中新疆、玉门、四川的队伍，至少有12个标杆队，猛攻萨尔图，把它拿下来，这一炮一定要打响。

唐克谈到抓组织时指出：一是迅速成立总指挥部，4月1日开始正式办公，指挥中心迁移安达，总指挥部首先抓情况反映，各战区必须在次日上午8点以前，把前一天的生产情况详细而准确地向总指挥部调度室汇报，重大的技术革新和技术革命成就，也作为汇报中的重要内容之一。二是重新划分战区。由于在萨尔图地区得到了高产油流，为了迅速拿下这个油田，因此对战区的划分调整如下：北萨尔图战区，铁路以北包括林甸构造由新疆负责；中萨尔图战区，铁路以南萨66井一线以北，由玉门负责；南萨尔图战区，萨66井一线以南，杏66井以北，由四川负责；高台子战区，杏66井一线以南包括高台子构

造，由青海负责。

唐克还就防火、运输管理、采油力量的组织，车辆管理、新生力量培养、标杆队演习、基建工程、保密、人事工作、建立资产登记、作风等11个问题提出了要求。

最后，康世恩在会议结束时讲话指出："对这个油田，党中央和毛主席都很重视，希望我们用最短的时间、最快的速度把它拿下来。生产大量的石油，满足国家的需要。搞大会战，就是要集中精兵强将，在几个月的时间内，探明这块油田。毛主席很关心我们这次大会战，所以全国都支援我们，现在已经成了一件国家大事。我们每个同志都是建设社会主义的积极分子；都是听党和毛主席话的，对党的号召，是不遗余力、全力以赴的。现在我们肩负着党和毛主席亲手交给的重大任务，这是多么光荣、多么高兴！每个同志要鼓足冲天干劲，完成这个庄严的、伟大的光荣任务。把这个仗打漂亮，用我们的实际成绩，来回答毛主席对我们的关怀。"

康世恩勉励大家："这一仗打胜了，石油工业的落后帽子就丢到松花江，远远地流到太平洋里去了。这将是石油工业的一个大翻身。余部长指示我们这个仗只准上，不准下，只准前进，不准后退。所以大家要咬紧牙关，就是天大的困难也要挺上去！"

指挥部进驻前线就近指挥大会战

1960年2月20日，中央批准石油工业部开展松辽石油会战，2月21日至3月3日，石油工业部在黑龙江省哈尔滨市召开松辽会战第一次筹备会议，会议对松辽会战的任务

进行部署。同时宣布成立松辽会战领导小组（对外称石油工业部松辽石油勘探局），由石油工业部副部长康世恩任组长，石油工业部地质勘探司司长唐克、石油工业部机关党委副书记吴星峰任副组长，成员来自全国各石油系统的企业、院校、科研等部门的领导。在关于石油工业部松辽石油大会战领导成员分工通知中指出：为了适应松辽石油大会战形势的发展，进一步加强大会战的领导，便于各单位请示工作，目前除组织机构、干部配备等方面已做相应调整，以康副部长为首的大会战领导成员也已做了分工。组长：康世恩。副组长：唐克，在康副部长、吴副书记回部开会期间代组长和书记工作。副组长：吴星峰，负责部机关工委工作；张文彬，负责总部常务工作，并兼管总调度室、工程技术室、规划室、钻井指挥部、运输指挥部、水电指挥部等部门工作。成员：焦力人，负责地质室、采油指挥部、运销处、研究站等部门工作；陈李中、王新坡、只金耀、刘少男四人，以陈李中为主，负责基建处、油建公司、工程指挥部、建筑指挥部、设计院等部门工作；只金耀负责建筑指挥部工作；刘少男负责工程指挥部工作；李荆和在吴星峰回部开会期间负责党委全面工作，并管人事处、石油学院等部门工作；宗世鉴负责供应指挥部工作；杨继清负责保卫处、技术安全处等部门工作；宋世宽负责计划处、财务处、卫生处、行政处、办公室等部门工作；李镇靖负责党务日常工作和群众运动；陈国润负责安达办公室工作。其他领导成员暂不动。

会战领导小组工作机构与干部配备，经过相应调整后，办公室副主任：孙静韬；副业生产处处长：刘金炼。副处长：王跃斋。行政处处长：刘文明。副处长：张文焕、才志中。卫生处副处长：李经武、徐学海。保卫处副处长：郭庆枫。人事处处长：陈烈民（兼）。人事处副处长：马振华。财务处副处长：李祥林、崔越阿。计划处副处长：徐震、曹国光、陈俊。地质室主任：范元绶。地质室副主任：李德生、吴崇云、闵豫。工程技术室主任：彭佐猷。工程技术室副主任：刘文章、王彦达。总调度室主任：郑浩。总调度室副主任：侯国珍、孙伯诚、刘介人。

3月25日至27日，石油工业部在哈尔滨召开第二次筹备会议，在这次会议上，宣布了石油工业部的决定：在部党组的领导下，由部机关党委组成会战期间党的临时办事机构，即会战临时工委，石油工业部部长、党组书记余秋里兼任书记，吴星峰、雷震任副书记，后又增补宋惠为副书记。在会战领导小组的领导下，由石油工业部机关参加会战的干部和原松辽石油勘探局机关干部，组成石油大会战的领导机关，办公地点在安达。3月底，为便于工作，余秋里、康世恩等领导先行抵达安达，在安达财政局一栋二层小楼办公。4月1日，会战机关和松辽石油勘探局机关由吉林省长春市搬到黑龙江省安达县。4月8日，石油工业部机关党委开始在安达办公。石油工业部机关党委组织机构及其负责人有：工委书记余秋里、副书记吴星峰、雷震、宋惠，组织部长雷震，宣传部副部长薛仁宗，机关团委负责人卢振刚，机关工会主席张兆美、工作人员徐洛德。

工委驻扎安达后，为及时了解和掌握各战区工作情况，出台汇报制度：（一）从4月9日起，各探区党委每3天通过电话汇报一次，每周书面简要汇报一次；（二）汇报内容包括有关工作部署、群众思想动态、大搞技术革新与技术革命情况以及好人好事、坏人坏事方面的典型事例；（三）各战区有关群众运动方面的资料、文件和简报，每次要报送10份，以便分送领导参考；（四）各部门、各战区党委的党组织和党员统计表，在4月份每旬填报一次，于旬后3天内报送机关党委1份，以后每月填报一次，于下月3日前报送。

4月10日晚，石油工业部机关党委召开总指挥部机关党员大会。会上，党委副书记吴星峰就当前石油工业的大好形势、大会战的重要意义、目前的工作情况以及4月份生产任务和当前思想政治工作等问题作了报告。吴星峰指出，当前思想政治工作的任务应该是：（一）彻底整顿组织，建立党、团支部，健全和加强党的领导；（二）搞大宣传、大动员，开展一个声势浩大的大会战宣传运动；（三）在整顿和健全组织、大搞宣传的基础上，发动群众进行民主大检查，即检查思想、检查工作、检查制度，随之进行三定（定任务、定人员、定专责），建立制度，制定会战规划，掀起群众性的竞赛高潮；（四）以找油、采油为中心，围绕当前生产关键，放手发动群众，大搞以机械化与半机械化、自动化与半自动化为内容的技术革新和技术革命运动；（五）加强保卫和保密工作，提高革命警惕性，严防反革命的破坏活动，确保生产安全；（六）抓好生活；（七）提倡克服困难、雷厉风行、严肃认真、深入实际、艰苦朴素的工作作风。最后，吴星峰强调："确保大会战的胜利，最根本的问题是坚持党的绝对领导，大搞群众运动。只要大家一条心，一股劲，团结在党的周围，听从党的指示，我们的大会战就可以获得全胜。"

石油工业部党组和会战领导小组经过分析会战的任务、面临的困难和矛盾，认为高速度、高水平开发建设好眼下的大油田，中国没有经验，国外的经验不可能照搬。要掌握马列主义的理论武器，认真总结以往在油田勘探和开发中的经验教训，反对浮夸，反对脱离实际的瞎指挥，要尊重科学，实事求是，调查研究，闯出自己的经验。石油工业部机关党委根据领导的讨论意见，做出关于大会战的第一个决定——《关于学习毛泽东同志所著＜实践论＞和＜矛盾论＞的决定》。决定要求立即组织全体共产党员、共青团员并号召全体职工都来学习这两个文件，用两个文件的立场、观点、方法来组织会战的全部工作。学习目的是：掌握武器，勇于实践，认识油田规律。在石油会战职工中，很快就掀起了一个学习"两论"的热潮。

石油工业部机关党委从会战一开始就注意围绕党组和会战领导小组的中心工作，紧密结合会战的生产建设和各项工作任务，加强思想政治工作，加强对会战队伍的宣传教育。几乎是在没有什么条件的情况下，抽出三名同志，住在一个活动的木板房里，筹办大庆石油会战的机关报，并于1960年4月13日创刊，在创刊号上登载会战工委做出的《关于学习毛泽东同志所著实践论和矛盾论的决定》。

4月17日，会战指挥部以（60）松秘字第4号文件发出《关于调整探区管辖范围及各探区领导人名单的通知》，通知指出：为适应当前形势的发展，加强探区的组织领导工作，现将各探区管辖范围的调整和各探区的领导人员公布如下：一、以敖包塔、葡萄花、太平屯、高台子、升平杏96井以南一线的南部地区组成为第一探区；以杏树岗、龙虎泡杏96井以南一线到北杏16井以北一线之南地区组成第二探区；以萨尔图、喇嘛甸、林甸杏13井以北一线的北部地区组成为第三探区。二、第一探区由松辽勘探局负责，对外名义为松辽石油勘探局大庆办事处，领导人：局长兼书记李荆和，副局长宋世宽、只金耀，副书记陈国润（吉林大队仍归第一探区领导）。第二探区：由四川、青海负责，对外名义为松辽石油勘探局第二探区。其领导人员是：指挥兼党委书记李镇靖，副指挥李敬、杜志福，党委副书记郭庆春，主任工程师朱玄，副主任工程师杨禄，主任地质师王殿玉，副主任地质师赵光明。第三探区由新疆、玉门负责，对外名义为松辽石油勘探局第三探区。其领导人员是：指挥宋振明，党委书记李云，副指挥孙燕文、刘文明，总工程师王炳诚，副总工程师李虞庚，主任地质师闵豫，副主任地质师叶大信。

4月18日，为了迅速做好大会战的准备工作，石油工业部机关党委提出要求人人做政治思想工作，事事从政治出发，围绕当前生产关键，迅速掀起一个以技术革新与技术革命为中心的"六大"运动，要求各级党政领导做好三项工作：（一）必须坚持政治挂帅，大力加强政治思想领导；（二）大搞以机械化、半机械化、自动化、半自动化为中心的技术革新和技术革命的群众运动；（三）加强会战期间党的领导，提高领导水平，改进工作方法，坚持"两参一改三结合"。为了深入抓好会战的形势任务教育，石油工业部机关党委除留一人在安达负责日常联系工作外，其余同志均分头深入三个探区基层井队，蹲点调查研究，通过宣传、组织学习，在职工中树立正确的指导思想。石油工业部机关党委通过调查研究，总结正反两个方面典型，特别是调查总结铁人王进喜的崇高思想和英雄事迹，组织开展"学铁人，做铁人"的活动。接着又总结马德仁、段兴枝、薛国邦、朱洪昌等先进事迹。石油工业部机关党委做出决定在全油田开展学习王、马、段、薛、朱五面红旗和百名标兵的比学赶帮超活动，从而激励石油会战职工奋发向上。

同年10月21日，会战机关迁至萨尔图二号院（见图2-1，现为大庆油田历史陈列馆）内办公。

图2-1 会战指挥部驻地——萨尔图二号院

为了加强松辽地区的油田开发和勘探工作，进一步组织石油系统参加会战各有关单位的工作，石油工业部于1961年6月30日向薄一波副总理提交成立中共石油工业部松辽会战工作委员会（简称会战工委）的报告。1961年11月7日，会战工委召开第一次会议，传达黑龙江省委和石油工业部党组关于成立会战工委的决定。在成立会战工委的同时，撤销石油会战领导小组。会战工委下设会战指挥部和会战政治部。与此同时，撤销中共松辽石油勘探局委员会，但仍然保留松辽石油勘探局名称，以便保密和对外联系。会战工委成立后，受黑龙江省委和石油工业部党委双重领导，以石油工业部党组领导为主，办公地址在萨尔图。新组建的会战工委，由余秋里任书记，康世恩、吴星峰、张文彬任副书记。会战工委的工作机构为政治部。主任李荆和，副主任先后由许士杰、陈烈民、季铁中、李欣吾担任。1964年9月1日，石油工业部党组将中共石油工业部松辽会战工作委员会更名为中共石油工业部大庆会战工作委员会（仍简称会战工委）。1965年5月14日，石油工业部党组批准由17人组成中共大庆石油会战工委，书记徐今强，副书记李荆和、季铁中、宋振明，并由徐今强、李荆和、季铁中、宋振明、王新坡、王云午、宋世宽、只金耀、陈烈民9人组成常委会。会战工委工作机构仍为大庆政治部，陈烈民兼主任，下设办公室、组织部、干部部、宣传部、监察委员会。

松辽会战指挥部指挥由石油工业部副部长康世恩担任，吴星峰、唐克、张文彬、焦力人、陈李中、杨文彬、王新坡、范元绶、刘少男、宋世宽、只金耀、宋振明为副指挥。1962年1月任命王云午为副指挥。1963年底，徐今强任指挥。领导机关下设生产办公室、行政办公室、接待处、行政处和生活办公室等机构。1964年9月1日，石油工业部党组将松辽会战指挥部更名为大庆会战指挥部，徐今强任指挥。同时，石油工业部新任命邢子陶、李敬、欧阳义、李虞庚为副指挥。

文化大革命开始后，大庆会战工委和会战指挥部基本处于瘫痪状态，油田生产受到影响。为解决当时大庆油田的混乱局面，1967年3月23日，中共中央、国务院、中央军委决定，大庆油田实行军事管制，行使党政权利。

甩开勘探三点定乾坤　挥师北上进军萨尔图

石油勘探重点战略东移，打破"中国贫油论"，发现大庆油田。在大庆石油会战中，会战领导又一次打破国外以十字井、1至2千米短距离向四周推进的常规。部党组根据青年技术员王毓俊1959年底在大同召开的座谈会上提出的重点勘探南葡萄花的同时，建议把勘探的步子甩得更大一些，到50千米以外的萨尔图寻找油气高产区。经过专家论证，立即甩开勘探，决定在萨尔图、杏树岗、喇嘛甸这三个北部构造上布置3口探井（见图2-2）。指定由李德生负责到现场拟定井位，由邓礼让负责调运钻机，组织搬迁，尽快开钻。

图2-2　挥师北上进军萨尔图

萨尔图构造上的第一口探井位于萨尔图镇以南，大架子屯以北1千米的草原上，原定井号萨1井。后来为了便于统筹规划井位，按照间距2.5千米的正方格网对大庆长垣的探井统一编号，改为萨 66 井。萨 66 井于 1960 年 2 月 20 日开钻，采取不取岩心、快速钻井、加强岩屑录井的方法，以便尽快了解地层情况。

萨 66 井在深 680 米处钻进遇到油页岩的标准层。根据长垣南部葡萄花地区的经验，在标准层以下 200 多米处才会遇到油层。可是萨 66 井在标准层以下 80 多米就开始见到油砂，其粒度比南部明显变粗，含油饱满，具有浓烈的油香味。钻过这段油层以后，钻速较快的松软油层不断出现，相应的岩屑中一次又一次地出现油砂含量增多，先后在延续 300 多米的井段中反复见到多层油砂，泥浆中也多次返出油花。

喜讯传到正在哈尔滨召开的筹备会议，到会的同志都非常兴奋，认为萨尔图地区很可能是一个高产油区。如果得到证实的话，那么会战的重点从大同镇转移到萨尔图是更有利的。康世恩副部长立即派李德生、余伯良两位总地质师赶到萨 66 井现场，对这口井的钻井地质资料进行复查。李德生、余伯良等人对含油岩屑和含油井段进行鉴定，确定这口井的电测工作系列并在现场进行解释，对油层做出评价，制订射孔试油方案，取得这口井出油的各项参数。

3 月 10 日，在泥浆压井条件下射孔，共分 9 段射开萨尔图油层和葡萄花油层的 38 个小油层，射开油层总厚度 56.9 米，获得高产油流。以 9—14 毫米的油嘴试油，日产达 148 吨；用 6.5 毫米的油嘴日产油量稳定在 55 吨左右。在萨 66 井钻探以前，研究人员已经判断油层可能加厚、产量可能增高，但是好到这种程度，却是始料未及的。

继萨 66 井之后，杏树岗构造上的杏 66 井于 1960 年 3 月 17 日开钻。也是采取不取岩心快速钻进的方法，在井深 915 米萨尔图油层的岩屑中开始见到油砂，同样是连续见到多层油砂。这口井坚持把大段含油层段钻穿以后，于 3 月 30 日完钻，完钻井深 1150 米。电测解释油层总厚度 25.6 米，萨尔图油层和葡萄花油层都含油。4 月 8 日试压合格完井，射开葡萄花油层的 3 段油层，总厚度为 10.6 米。经过试油，9 毫米油嘴日产原油 90 吨，4 毫米油嘴日产 27 吨。

大庆长垣最北部的喇嘛甸构造上喇 72 井，于 1960 年 3 月 28 日开钻，同样不取岩心快速钻进。岩屑中从井深 882 米开始见到油砂，坚持将油层钻穿遇到含水层后于 4 月 18 日完钻，井深 1225 米。

对比这两口井和萨 66 井的地质资料，可以看出，杏 66、喇 72 井与萨 66 井的油层特点与发育情况都很相似。紧靠南部的杏 66 井油层较萨 66 井浅一些，但比高台子、葡萄花构造上的油层明显增厚，试油结果也表明杏 66 井的产量低于萨 66 井，但明显高于南部打出的油井，说明自杏树岗以北进入大庆长垣的富集高产区。喇 72 井的油层比萨 66 井更厚、更好，产油量也略高于萨 66 井，说明长垣上油层厚度最大、产能最高的部分是喇嘛甸构造。

萨尔图、杏树岗、喇嘛甸是大庆长垣北部 3 个面积达 100—300 平方千米的大构造。在这 3 个构造高点上打出的萨 66 号、杏 66 号、喇 72 井，"三点定乾坤"，展示大庆长垣北部大面积富集高产的宏观远景，从而决定了大庆石油会战的主攻方向。

萨 66 井出油以后，石油工业部党组听取康世恩的汇报。大家审时度势，考虑到萨尔图地区油层厚、产量高，又正好处在哈尔滨至齐齐哈尔之间的铁路线上，调运队伍、设备都十分方便，是更为有利的地区，就当机立断，决定在石油会战的战略部署上，选准突击方向，把会战的重点从大同镇附近移往萨尔图地区。

3月16日，会战领导小组决定，命令玉门管理局参加松辽石油大会战临时筹备小组，立即由太平屯迁往萨尔图，并要求玉门局正在调运搬迁的队伍、设备一律摆到萨尔图地区。当年会战的目标是：拿下萨尔图，北进喇嘛甸，开辟生产试验区，拿下200口生产井，争取全年给国家生产原油70万吨。

玉门石油管理局参加松辽石油大会战临时指挥部筹备小组于3月11日在太平屯正式组成。由原玉门鸭儿峡采油厂党委书记宋振明任组长，共有成员11人，其中有处级干部2人，科级干部3人。政治情况：党员6人，团员1人。技术情况：工程师3人，技师1人，一般技术干部1人。筹备小组成员先后在2月下旬、3月中旬，由玉门乘飞机、火车、汽车抵达到哈尔滨，转乘至太平屯。

根据会战领导小组的指示，他们立即从太平屯迁往萨尔图，并在萨尔图火车站以北3千米的地宫门（群英村）安营扎寨，指挥调度由玉门局开来的各路会战队伍。挥师北上队伍的到来，使萨尔图小站一夜间沸腾起来。每天都有数趟专列运来参战人员和大批物资。无论白天黑夜，小镇到处都是涌动的人流。

3月17日，石油工业部党组召开松辽电话会议，会上正式传达党组对会战重点移向萨尔图的决定，并要求大会战的任务必须提前完成。这次电话会议，石油工业部党组传达从中央到省委对松辽会战十分重视，给与会同志无比振奋。

到3月28日前，玉门石油管理局已有1000多名职工（其中包括以王进喜为队长的1205钻井队），先后分四批陆续抵达萨尔图。

3月29日，新组建的萨中指挥部书记兼指挥宋振明，在萨尔图的一栋牛棚里召开玉门局参加会战的全体党员机关干部第一次会议，传达石油工业部一、二次哈尔滨筹备会议精神，动员全体党员、团员做好思想和物质准备，拿出最大干劲，打响第一炮，迎接大会战，为玉门4万名职工争光，把玉门关上的红旗插到松辽平原上。

次日，萨中、萨北两个指挥部分别在驻地召开迎接松辽大会战誓师大会，会上开展了热烈的比武竞赛。玉门标杆队王进喜井队在会上向党宣誓："有信心、有决心创造中型钻机全国快速钻井新纪录，争取3天半打一口井，并向孙德福、景春海、张云清等兄弟井队提出友谊竞赛。"

4月7日，萨中指挥部临时党委召开会议，并组成党委，由宋振明任书记，李光明任副书记，党委委员王进喜、薛国邦等出席会议。会议肯定当前形势很好，前途光明，条件有利，上下重视，虽有困难，胜利无疑。

4月15日，为适应"快摆、硬上、集中绝对优势兵力全歼、速决，及时拿下萨尔图油田"，部党委决定：自今日起将原萨中、萨北指挥部机构撤销，合并成立第三探区。当晚召开第一次探区全体职工大会。探区党委由总部领导小组成员张文彬兼任第一书记，宋振明、李云任书记。成立两部（组织、宣传）、二室（办公室、双革办公室）。宋振明任指挥，孙燕文、刘文明任副指挥，王炳诚任总工程师，李虞庚任副总工程师。指挥部下设八科、二室及九个生产厂、队，共有钻井队33个、钻机29部。

4月24日，会战领导小组决定，在萨尔图构造上开辟一个100平方千米的生产试验区。同时，规定布井方式、井距、排距、油井数量。

4月29日，松辽石油会战誓师大会在萨尔图车站北侧（现第一采油厂南侧）隆重召开。后来的事实证明，会战领导小组挥师北上的决策是正确的。直至4月30日，全战区从全国10多个省市、石油工业部门及转业官兵陆续抵达萨尔图的会战队伍已达32500人、钻机129台、汽车307辆，从安达站到喇嘛甸站，百里铁路沿线到处堆满各种器材、物资，总计近2000车皮40多万吨。

以"两论"指导会战实践

1959年12月，也就是在松辽石油大会战前夕，周恩来总理亲临黑龙江省哈尔滨市主持东北经济协作会议。会议期间，余秋里向周总理汇报石油工业部打算在松辽开展石油大会战，要以最快的速度、最高的水平，通过集中优势兵力打歼灭战的办法拿下大油田、开发大油田，尽快扭转我国石油工业的落后局面。

周总理对组织松辽石油大会战表示同意，并对余秋里说："这场会战是一场大仗、硬仗，将会遇到种种风浪、重重困难。大会战的指导思想就是要用毛泽东思想指导大会战，用辩证唯物主义的立场、观点、方法，分析和解决石油大会战中可能遇到的各种问题。"

1960年初，全国石油系统37个厂、矿、院校等单位的参加会战的职工，以及从南京、沈阳、济南军区的3万名退伍兵陆续赶到萨尔图。当时的萨尔图地区，青天一顶，荒原一片，人烟稀少，方圆几十里看不到一户人家。同年2月、3月还是天寒地冻季节，几万人的石油队伍一下子拥到这片荒原，吃、穿、用、住都很困难。尤其是面对方圆几百平方千米的大油田，从何下手才能高速度、高水平地开发和建设起来？过去，中国没有开发建设过这样大的油田，国外经验又不可能拿来照抄照搬，重重的困难和矛盾摆在石油会战队伍的面前。余秋里部长深有感触地说："没到现场，已估计到有各种困难和矛盾；到了现场，才知道困难和矛盾比预料的多得多。"

面对种种困难和矛盾，余秋里根据周总理的指示，组织康世恩、唐克、吴星峰等会战工委领导成员，认真学习毛泽东主席的《实践论》和《矛盾论》等著作，并运用辩证唯物主义思想分析会战形势、任务和矛盾，认识到：在困难的时候、困难的地点、困难的条件下，进行这场史无前例的石油大会战，必然会面临许多矛盾，其中既有主观因素，又有物质、技术层面的客观因素。一般来说，石油的开采包括勘探、钻井、油田开发和油气的储运等多个环节，而每个环节都有矛盾，都将遇到困难。在这些矛盾和困难中，生产、生活上的矛盾和困难，相对来说是暂时的，是可以得到逐步解决的。但从长远的角度来看，影响油田命运并起决定作用的主要矛盾和最大困难，则是如何搞清油田地下形势，掌握油田规律，科学地开发大油田。如果这个问题不解决，仅凭一腔热情盲目上马，势必给国家造成巨大经济损失，而且有可能无功而返。况且，以往有过这方面的经验教训，避免重蹈覆辙最有效的办法就是，用正确的认识论和方法论来指导会战实践，把高昂的创业热情同科学的态度结合起来，既要有勇于探索、挑战技术瓶颈的勇气，更需做好严密的规划部署，以便少走弯路，少交学费。

1960年4月9日至11日，石油工业部党组在安达县铁路俱乐部召开首次油田开发技术座谈会。会上，余秋里根据会议准备和油田开发技术存在的一些问题，组织大家学习《实践论》和《矛盾论》，要求大家用"两论"的立场、观点、方法，总结以往油田勘探开发建设中的经验教训，解决石油会战中的各种问题。大家边学习、边讨论，得出"石油工作者的岗位在地下，斗争对象是油层"的结论，并制定油田开发的调查纲要，也就是会战职工必须掌握的关于油田勘探开发取全取准20项资料72项数据的规定。同时，石油工业部党组认为，学习"两论"不能仅仅停留在一般性号召上，而是要做出正式决定，明确要求党员、团员和干部、群众学习《实践论》和《矛盾论》，以辩证唯物主义的立场、观点、方法指导会战，分析和解决实践中遇到的各种矛盾和困难。4月10日，石油工业部党组经过讨论，以部机关党委的名义，正式做出《关于学习毛泽东同志所著〈实践论〉〈矛盾论〉的决定》。4月13日，该决定全文刊登在《大庆战报》创刊号上。

《决定》指出："我们正面临着会战——大规模的生产实践。在会战中，把别人的经验都学到手，但又不迷信别人的经验，不迷信书本，我们要勇于实践，发扬敢想、敢说、敢干的风格，闯出自己的经验。同时，我们在实践中要不迷失方向，就要掌握马列主义的理论武器，把实践经验上升到理论，包括正确认识油田规律，使我们的实践具有更大的自觉性。为此，机关党委决定立即组织全体共产党员、共青团员和干部学习毛泽东同志的《实践论》和《矛盾论》，并号召非党职工都来学习这两个文件，用这两个文件的立场、观点、方法来组织我们大会战的全部工作。"

"学习根据理论结合实际的原则，采取边说、边论、边做的方法。每周学习时间不少于6小时，要求在5月10日前学习完。各级党委要订出学习计划，并列入向上级党委汇报内容。"

"掌握武器，勇于实践，认识油田规律，这是我们学习的目的。我们号召参加大会战职工，立即掀起一个学习毛泽东著作的高潮，为开展技术革命、生产革命，做好思想革命。"

学习"两论"的决定，得到广大职工的拥护，全战区很快掀起学习"两论"的热潮（见图2-3）。一开始没有那么多的书，就到安达县新华书店去买，县里的书店也卖没了，又派人到哈尔滨、北京去买《实践论》《矛盾论》单行本。石油工业部机关还从北京买了几万册单行本，派专人乘飞机送到哈尔滨，再转运到战区，发到职工手中。会战职工边学边议，梳理当下面临的种种困难和矛盾，寻求相应对策。首先在生活上，几万人

图2-3 会战职工学习"两论"

的队伍没房住,连油盐酱醋、锅碗瓢盆都难以买到;在生产上,器材不足,设备不配套,汽车、吊车不够用,荒原上又没有现成的路,堆积到铁路沿线的几十万吨器材和成套的钻井设备,有些要靠人拉肩扛的办法装卸拖运。面对种种挑战,大家认为,眼前的各种困难和矛盾都是暂时的、局部的,而国家缺石油才是全局性的困难,国家需要石油才是主要矛盾,为了国家和人民的根本利益,只能迎着困难上。1205钻井队队长王进喜发出了"宁肯少活20年,拼命也要拿下大油田"的豪迈誓言。就这样,会战职工以"两论"为指导,统一思想认识,组织各项工作,解决各种问题,使石油大会战在学习"两论"的热潮中全面推进,并逐步形成一套行之有效的工作思路:调查研究是一切工作的第一步,没有调查就没有发言权;认识只有回到实践中去,才能得到检验,才能纠正其错误或片面性;矛盾贯穿于事物发展过程的始终,正是矛盾推动着事物的运动和发展;办事情和解决问题要抓住矛盾和矛盾的主要方面;正确处理主要矛盾和非主要矛盾的关系;诚心诚意地、卓有成效地依靠并调动群众的智慧和力量;主观和客观、理论和实践的统一,不是一次完成的;等等。

在"两论"指导下,人们面对油田开发建设任务重、时间紧,人财物不足的情况,采用集中优势兵力打歼灭战的办法,力保重点,做到每仗必胜;企业管理千头万绪,一经抓主要矛盾——建立岗位责任制,生产建设立马出现井然有序的局面;当职工生活遇到困难的时候,人们不是被动地等靠要,而是学会从治本入手标本兼治,"自己动手,丰衣足食",组织一批人远赴五大连池开辟生活基地,并调动职工家属参加集体生产劳动,既减轻企业负担,又安置家属工,增加职工收入,从根本上解决战区副食紧张的局面,实现一举多得。另外,善于利用矛盾转化理论,"抓生产从思想入手,抓思想从生产出发",做到虚实结合,有的放矢,取得事半功倍之效。

1964年,周恩来总理在三届人大一次会议《政府工作报告》中指出:大庆油田的建设是学习运用毛泽东思想的典范。用他们自己的话说,是"两论起家",就是通过大学《实践论》和《矛盾论》,用辩证唯物主义的观点,去分析、研究、解决建设工作中的一系列问题。从此,大庆的"两论起家"传为佳话。

附:

石油工业部机关党委关于学习毛泽东同志所著《实践论》和《矛盾论》的决定

我们正面临着会战——大规模的生产实践。在会战中,把别人的经验都学到手,但又不迷信别人的经验,不迷信书本,我们要勇于实践,发扬敢想、敢说、敢干风格,闯出自己的经验。同时,我们在实践中要不迷失方向,就要掌握马列主义的理论武器,把实践经验上升到理论,包括正确认识油田规律,使我们的实践具有更大的自觉性。

为此,部机关党委决定立即组织全体共产党员、共青团员和干部学习毛泽东同志的《实践论》和《矛盾论》,并号召非党职工都来学习这两个文件,用这两个文件的立场、观点、方法来组织我们大会战的全部工作。

学习是根据理论结合实际的原则,采取

边读边议、边议边做的方法。每周学习时间不少于六个小时，要求在五月十日前学习完。各级党委要订出学习计划，并列入向上级党委汇报内容。

掌握武器，勇于实践，认识油田规律，这是我们的学习目的。我们号召参加大会战的职工，立即掀起一个学习毛泽东著作的高潮，为开展技术革命、生产革命，做好思想革命。

一九六〇年四月十日

开展"学铁人、做铁人"活动

1960年，石油会战职工学习"两论"，自觉地把多找石油、多生产石油与国家的命运联系起来，在极其困难的条件下，奋发图强，艰苦创业，涌现出一大批先进模范人物，其中最突出的代表是"铁人"王进喜。

王进喜，1923年10月8日出生于甘肃省玉门县赤金村一个贫苦农民家里，5岁时随父亲乞讨要饭，9岁时便开始给地主放牛、放羊，以顶租还债，16岁到玉门油矿做苦工。中华人民共和国成立后，他迅速成长，1956年4月19日，王进喜加入中国共产党，担任钻井队长。后来，又成为全国著名劳动模范。1959年，王进喜出席全国群英会。他在北京看到公共汽车上背着个庞大的煤气包，感到作为一个石油工人不能为国家提供更多的石油很难过，心里憋足了一股气，要拼命为国家多找石油，多生产石油。

1960年3月25日，王进喜带领1205钻井队，从玉门到大庆参加石油会战。火车一到萨尔图，他看到这样一望无际的大油田后，欣喜若狂，便急忙找到调度室，一不问吃，二不问住，只问："我们托运的钻机到了没有？我们的井位在哪里？这里的钻井最高进尺是多少？"当知道井位在马家窑时，王进喜就带领全队人员步行到井场附近，找了一个破马棚安家落户。第二天，他带领部分队员到火车站等钻机，有的同志主张在钻机来到前休整一下。王进喜说："我们是前来会战的，不能一到战场先休息。"于是，他带领大家帮助车站卸货，当了几天义务装卸工。钻机运到后，因大型起吊设备不够，轮到他们井队还要等几天，王进喜说："要早日拿下大油田，不能等，我们要有也上，无也上。"他们就以撬杠、大绳、木头、钢管为工具，采用人拉肩扛的办法（见图2-4），经过三天三夜的苦干，终于把60多吨重的钻机部件化整为零，搬到井场，用土办法就位并安装起来。开钻配泥浆没有水，王进喜就带领大家到附近一千米外的水泡子，破冰取水，用脸盆端，用水桶提，保证及时开钻。开钻后，王进喜吃在井场，住在井场，日夜不离，连续苦干，只用了5天零4个小时，就打完了他们到大庆后的第一口井，创造当时的最高纪录。附近的老乡，看到石油工人这么不要命地干，深受感动。有一个老大娘拎了一筐鸡蛋到井场慰问，见到工人就说："你们的王队长，真

图2-4 人拉肩扛

是个铁人啊!"

当时,三探区机关工作人员李玉生,在1205钻井队蹲点时,发现王进喜这个典型,向探区指挥宋振明作了汇报。随后,宋振明又向余秋里作了汇报。余秋里让人进行核对后,便对宋振明说:"好!这是一个好典型,会战就需要这样的精神状态。我们就借用老乡形象生动的语言,叫他王铁人吧!"经过会战领导小组讨论,觉得王进喜讲的"有也上,无也上"精神是好的,但不全面。经反复推敲,孙敬文提议完善为"有条件要上,没有条件创造条件也要上"。这个口号在会战中成为鼓励广大职工克服困难、千方百计化解矛盾的重要精神动力。

王进喜这种心甘情愿吃大苦、耐大芳、临危不惧,不惜牺牲个人的一切,为国家和人民多找石油、多生产石油的崇高精神,是中国工人阶级优秀品质的鲜明体现。为把"铁人"这个典型叫得响响的,造成浓烈的比学赶帮气氛,1960年4月29日,会战领导小组在萨尔图草原上召开大庆石油会战誓师大会。余秋里作动员报告,他强调要高速度、高水平拿下大油田,为祖国争光,为民族争气。康世恩代表会战领导小组下达第一战役战斗命令,总的任务是:"拿下大油田;探明几个构造的情况;开辟一块油田开发试验区。"接着,各单位领导上台领取战斗令,进行打擂比武。当打擂比武进入高潮时,"铁人"王进喜作为会战涌现出来的第一个标兵,披红戴花,骑着领导干部牵着的高头大马,被职工们敲锣打鼓送进会场,拥上主席台。余秋里部长在大会上带头高呼:"向铁人学习,人人争做铁人。"

"学铁人,做铁人"活动的开展,推动着石油会战职工艰苦奋斗、迎难而上。来自新疆克拉玛依油田的1202钻井队,在队长马德仁带领下,发扬解放军敢于攻坚啃硬和善于做思想政治工作的光荣传统,研究出一套一个月"五开五完"的新纪录,成为会战中与铁人王进喜领导的1205钻井队并肩齐驱的标杆队;来自川中油田的1206钻井队,在队长段兴枝领导下,以苦干巧干相结合,创造"钻机自走",解决钻机搬家中时间过长的问题,争取到宝贵的钻井时间,几次夺得钻井进度和质量的冠军。来自玉门油田的采油队长薛国邦,带领20多名采油工,荒原安家,自制木绞车,管理方圆一百多平方千米的油井。为保证"六一"首车原油外运,他手拖滚烫的蒸汽管,跳进原油池融化凝结的油块,烫得满手大泡,也不下火线,直到任务完成。来自炼建三公司的施工小队长朱洪昌,为抢建输水管线,保证会战前线及时用水,忍着焊花焊口灼伤手指的疼痛,让焊工在他的手指间带压点焊。盖在他手上的铝质饭盒被刺成蜂窝麻面,每一颗火花落到他手上都是一个血泡,他还是坚持把焊口补好。

王进喜和马德仁、段兴枝、薛国邦、朱洪昌,都是在艰苦创业的大庆石油会战初期涌现出来的先进标兵。1960年7月1日,在总结第一战役、宣布第二战役任务的万人大会上,会战指挥部指挥康世恩代表会战领导小组,表扬会战中做出卓越贡献的"王、马、段、薛、朱"5位英雄,号召会战职工学习他们在艰苦会战中体现的、经会战领导小组肯定的"十不、三要"精神:不怕苦,不怕死,不为名,不为利,不讲工作条件好坏,不讲工作时间长短,不讲报酬多少,不讲职务高低,不分分内分外,不分前方后方;一心要甩掉石油工业落后帽子，要高速度、高水平拿下大油田，要赶超世界先进水平。在这次大会上，这五位英雄，骑马戴花，由领导牵马扶蹬，当时被誉为大庆石油会战中的"五面红旗"（见图2-5）。

图2-5 会战五面红旗，右起王进喜、马德仁、段兴枝、薛国邦、朱洪昌

附：

石油工业部机关党委关于开展学习王、马、段、薛、朱运动的决定

大会战集中体现了群众运动的无比威力，是石油工业战线上以毛主席的思想作指导，贯彻党的建设社会主义总路线和大搞群众运动的好形式。经过大会战的第一战役，我们不仅在勘探、生产、建设方面取得了空前的伟大胜利，而且打出了一套崭新的符合高速度、高水平要求的领导作风和工作方法，生产一跃再跃，先进事迹层出不穷，英雄人物和先进单位大量涌现。王进喜、孙永臣领导的1262钻井队，马德仁、韩荣华领导的1202钻井队，段兴枝、陈茂汉领导的1247钻井队，薛国邦领导的采油队和朱洪昌领导的管线工段，他们就是其中最好的典范。为了全面贯彻高速度、高水平，继续发展大会战，党委认为在全战区立即开展一个学习"王、马、段、薛、朱"的群众运动，是十分必要的。

"王、马、段、薛、朱"和他们领导的队（工段）是1958年以来，我国石油工业战线上的突击手，是具有光荣战斗历史的英雄和老标杆队，他们南征北战，英勇顽强，不断为石油史上写下了豪迈壮丽的诗篇。马德仁井队在1958年就以"月上千，年上万"的行动口号，带动了钻井大跃进；王进喜井队创造了月进五千公尺的高纪录实现了钻井大跃进。薛国邦采油队一向对油井摸得深、摸得细、管得好，是全国采油战线上的一面久经考验的红旗标兵。大会战以来，老标兵率队领先，新标兵大量涌现。段兴枝、陈茂汉领导的1247钻井队和朱洪昌领导的工段，就是其中最突出的两个红旗单位。

由于他们政治挂帅，思想领先，勤学苦练，赤胆忠心，不怕困难，表现了高度的共产主义事业心和集体荣誉感。他们打井快，质量好，成本低，事故少，一个月开钻完钻四口生产井，钻机月速度达到了五万三百五十九公尺，连续多次突破日进尺的纪录；在油井管理方面做到了管得好，产量多，资料求得全、求得准；在基建工程施工方面，做到进度快、质量高，他们是石油队伍中的钢人、铁军，是全战区的五面红旗，是我们全体职工学习的榜样。

这五面红旗单位各有独特风格和特点，但是他们的基本经验是具有共同性的：

（一）党支部领导坚强，充分发挥了基层党组织的战斗堡垒作用和工会、共青团的助手作用。在这些单位，党支部领导了一切工作，他们按照上级党委的指示、决议，结合具体情况，一贯到底，既深又透。支部经常抓职工思想，大讲好人好事；遇到问题，就立即商议，马上解决，不使问题成堆。在生产方面，支部抓得紧，经常讨论研究生产中的关键问题，使指标、措施落实到每个人。另外，支部还经常抓生活，创造条件叫职工吃好睡好娱乐好，始终保持了职工饱满的战斗热情。

（二）政治思想工作抓得紧，做得细，摸得深，搞得透。他们善于抓时机，借东风，大鼓干劲，集中一切力量战胜困难，在生产、工作的重要环节上，大讲形势，大搞辩论；同时，又能通过全体党员和积极分子，及时了解群众的意见和要求，发现普遍性的问题，就用群众自己教育自己的办法，组织大辩论；发现个别性的问题，就通过座谈会、个别谈心的办法解决。他们真正做到了事事讲政治，人人做思想工作，个个受教育。因此他们的工作有了灵魂，就有了强大的动力。

（三）坚持大搞群众运动，事事大搞群众运动，不断推进生产的新高潮。在贯彻群众路线的工作方法中，他们成功地运用干部、工人、技术人员两参一改三结合的有效经验。他们在布置任何工作之前，首先认真地向群众交形势、交任务，并深入发动群众讨论计划，制定措施。在开钻前发动群众进行检查，人人提建议，个个提措施，取得了良好的效果。在生产管理上，他们充分地依靠了群众，建立了宣传教育、安全生产、技术革新修配、生产计划、成本材料、生活卫生等六个大组的制度；大力推广了生产运动会或一条龙大竞赛的先进经验；有组织、有领导地进行大评比、大表扬、大总结、大提高。因而他们的群众运动有声势，有效果，形式生动活泼，内容丰富多彩，成绩优异动人。

（四）大搞技术革新和技术革命，提高工作效率，改善劳动条件，迅速促进了生产大发展。根据他们的体验，越是条件差、困难多，越要发动群众搞革命。为了实现高速度、高水平，更需要大搞以技术革新和技术革命为中心的群众运动。钻机自走、双吊卡鼠洞接单根和井口保温、清蜡、降凝等重大项目的成功或试验，都有力地证明了它的伟大作用和实际意义。

（五）干部以身作则，带头苦干，团结一致，密切协作，互相支援，亲临前线，参加生产，指导生产。哪里最困难，哪里是关键，领导就在哪里。王进喜同志打井遇到水层时，盯在井上，亲自扶刹把，几天不离井场；薛国邦为了管好油井，5月中旬四天四夜没睡觉，忍着关节炎的疼痛，风里来，雨里去，和工人一起向井上抬绞车，送刮蜡片，腿跑肿了，脚跑烂了，眼熬红了，嗓子哑了，都毫不在乎；朱洪昌同志，为了补焊水管焊缝，用手堵水，焊火花烧到了能够烧穿薄铁皮的程度，但他仍然忍受痛苦，坚持到底。他们这种和工人打成一片、同甘共苦的领导作风，高度的自我牺牲和忘我劳动的共产主义精神，深受群众的钦佩和爱戴。

（六）认真学习毛主席著作，提高思想，改进工作。在大学毛主席著作中，他们表现了干部群众齐动员，工作学习同跃进，做到了"书本不离身，有空就讨论"。经过学习，很多同志主动地检查和批判了怕苦怕累怕困难的思想，自觉地用毛主席的思想指导工作，有些同志运用毛主席关于不断革命论的道理，进一步树立了长期会战的思想。

全战区所属各单位和个人，都应当毫无

例外地结合自己的工作特点，认真地向他们学习，望各级党委立即制订计划，组织全体学习，务使这个运动有组织、有领导、有计划、有目的、有声势、有成效地迅速开展起来，争取会战的更大胜利。

一九六〇年七月二十八日

实行"集中兵力 打歼灭战"方针

1960年，在油田生产试验区建设中，如果把原油集输、储运、供水、注水、供电、机修、通信、公路等系统工程建设完备，按当时的定额计算，器材设备、施工力量和资金的数额都很大。就拿资金来说，国家给石油工业部的投资是3亿元。算下来，这些钱还不够给会战队伍发工资的。当时国家经济困难，财政紧缩，基建折旧，专款专用，条条框框和规矩定得特别严，基建经费难以筹措。石油工业部副部长李人俊是个当家理财的专家，他认为萨66井出了油就有了数。开辟生产试验区，生产的原油是国家计划外的勘探副产品。每吨原油提成130元，1960年生产的97万吨原油，就可提成1亿多元。康世恩回忆说：李人俊出主意，余秋里决策，财务司司长王风来建议，把所有的钱捆在一起花，除保证每月发出工资外，剩下的钱搞工程建设。这样搞，基本建设才有了一些资金。

但是，开发建设油田，方方面面的大小项目有几百个，按定额计算，施工力量和资金缺额仍然很多。为了解决这个矛盾，康世恩决定按照"集中兵力，打歼灭战"的方针，首先在工程建设项目的总体部署上，按照轻重缓急严格排队，然后分期分批一个项目一个项目地建设。排队的原则是：以原油生产为中心，先上对全局有决定意义的工程，后上对局部有影响的工程；先上当前生产急需的工程，后上今后生产准备的工程；先上完善的收尾和系统配套工程，后上新开工程；做到先油后水，系统配套，有取有舍，分批突击，开工一项，竣工一项，投产一项，务必尽快见到生产效益和投资效益。会战一上手，就首先集中8000多人和大部分设备，猛攻水电路和临时集输工程，仅用30天时间，就确保6月1日原油开始外运。随后立即投入30平方千米的生产试验区建设，又确保1960年原油生产和开发试验。10月，寒冬临近，又重点组织冬季施工扫荡战，实现人进屋、菜进窖、车进库、油进罐，会战队伍站住脚跟，战胜第一个严冬。1961年以后，每年都划分二至三个战役，每个战役都有不同的重点项目。如1963年，第一个战役是集中力量建设和完善中区146平方千米开发区的配套工程，确保当年原油生产达到500万吨的生产规模。第二、三个战役，兵分两路，转战北区、南区的水电工程，为来年的扩大开发区做好准备。这种集中兵力打歼灭战的办法，目标明确，重点突出，力量集中，容易奏效，保证了会战的节节胜利。

实施集中兵力打歼灭战的决策，必须建立健全一套适应打歼灭战的施工组织形式。石油工业部副部长康世恩和孙敬文研究确定，其主要内容是：把设计、施工、生产、供应、生活等各方力量拧成一股绳，建立工地主任责任制，实行统一领导，集中指挥。凡重点工程由会战指挥部组成前线指挥所，实行严格的"五个集中"和"五到现场"。"五个集中"

是：领导干部、技术骨干、施工队伍、器材设备、运输车辆集中。"五到现场"是：生产指挥到现场、政治工作到现场、材料供应到现场、科研设计到现场、生活服务到现场。生产指挥到现场，就是指挥调度人员实行现场调度，计划人员到现场落实计划，进行综合平衡。凡是有两个以上施工单位协同作战的施工地区，组织前线指挥机构，实行面对面的领导。政治工作到现场，就是政治工作部门的干部除有三分之一的人在机关办公，三分之一的人坚持常年蹲点外，还有三分之一的人深入现场了解情况，发现典型，并做好现场的宣传鼓励工作。材料供应到现场，就是物资供应部门按照设计和施工的预算去组织材料供应，实行"大配套""小配套""货郎担"，送货到现场，设备维修人员也"身背三袋"到现场服务。科研设计到现场，就是设计科研工作紧密结合生产实际，有效地解决生产中的问题。由设计研究人员组成工作组，深入生产实践，进行现场调查；组成试验队，到现场边参加生产，边进行试验。研究与生产部门联合组成攻关队，攻克关键技术。进行技术交底，交意义、交目的、交原理、交方法、交技术要求，放手发动群众参加科研设计工作。生活服务到现场，就是后勤和商业等部门组织理发、缝补、日用百货到现场，更好地为前线服务。大庆企业这种在会战中形成的"五个集中"和"五到现场"的优良传统，对确保各个工程建设项目的顺利竣工起到很大作用。

实施集中兵力打歼灭战的指挥艺术，在于"不打无准备之仗，不打无把握之仗"。康世恩对此提出了要求，在施工前，除对施工人员进行任务动员，技术、质量交底外，还要把图纸、设备器材等在施工之前备足。1962年秋天，为了确保原油生产规模达到350万吨，确保146平方千米的开发区工程系统配套，队伍集中开始猛上。当时运输车辆依然严重不足。如果按常规运输力量，势必会造成停工待料，贻误工期。康世恩决定，调集各路百余台卡车，组织了一次声势浩大的"百车会战"，只用了18天时间，出动18000台次，一举把7万多吨建筑材料运到各个施工现场，做到砖瓦点数、沙石成方、设备配套、器材齐全。虽然有的局部因车辆运输中断造成小的损失，但确保全局的重大胜利，使秋季施工会战抢在封冻之前，速战速决。

毛泽东主席号召"工业学大庆"

毛泽东主席十分重视石油工业的发展，尤其关怀大庆油田的开发建设。他号召"工业学大庆"，在工业战线亲手树起一面旗帜，对大庆乃至整个社会主义工业企业的发展产生极为深远的影响。

1960年1月7日，中央政治局扩大会议在上海召开。当天的会议结束时，毛主席点名问余秋里："你那里有没有一点好消息呀？"

"从目前勘探情况来看，松辽有大油田！"余秋里回答。

"啊？有大油田？"主席饶有兴趣地问。

"是的，主席！我刚从黑龙江回来，留有余地地说，有可能找到大油田；如果不留余地，大胆地说，大油田已经找到了。我们正在加紧勘探，半年左右就有眉目了。"余秋里的话活跃了会场气氛。

毛主席高兴地说："好啊，有可能的。能

在本年内找到也好啊!"

1960年2月中旬,余秋里就请求派几万转业军人赴大庆参加石油会战事宜,专程乘飞机去广州向出席军委扩大会议的毛主席回报松辽勘探情况。毛主席专心地听着,还不时地点头说:"好嘛……好嘛……这很好嘛!"并风趣地说:"听说你们有个报告,要搞会战,好啊! 准备上阵喽!"显然,他赞同石油工业部组织开展松辽石油会战。由于毛主席等军委领导人的关切与支持,1960年2月22日,中央下达动员3万名退伍军人给石油工业部的指示。之后,中央军委又决定调派3000名转业军官赴大庆参加会战。后来,这些复转军人成为石油大会战的主力军。

1960年5月至1963年底,大庆石油工人在极端困苦的条件下,以"两论"为指导展开石油大会战,自力更生,艰苦奋斗,发愤图强,仅用三年半多一点的时间高速度、高水平地拿下大油田,一举甩掉中国"贫油"帽子,促成国内石油产品基本自给,为国争光,为民族争气,而且闯出独立自主创建社会主义工业企业的成功之路。大庆的成就与经验,引起了党和国家的高度重视。1963年,北京市在首都体育馆召开干部大会,请石油工业部副部长、大庆石油会战指挥部指挥康世恩作关于大庆石油会战情况的报告,引起强烈反响。12月28日,中共中央政治局委员、中央书记处书记彭真主持召开中央机关17级以上干部大会,听取石油工业部部长、大庆会战工委书记余秋里关于大庆石油会战情况的报告(见图2-6),结果同样好评如潮,再次引起轰动。

1964年1月下旬的一天,毛主席在中南海丰泽园会客厅找余秋里谈话,当时在座的

图2-6 余秋里作关于大庆石油会战情况的报告

还有周恩来、陈云、邓小平、李富春、李先念等党和国家领导人。毛主席笑着说:"余秋里同志,你给我们讲讲石油大会战吧!"其实,早在1963年11月19日,余秋里在全国人大二届四次会议上,曾汇报了石油工业发展情况,毛主席当时坐在主席台上,听过汇报。但没有想到,毛主席还是要听他讲大庆石油会战的情况。

"主席,我有一个想法,"余秋里开始讲道,"我们在松辽搞的这个石油大会战,能这么快地取得胜利,关键是靠'两论'起家,靠学习主席的《实践论》和《矛盾论》这两本书!"。

毛主席听后开怀大笑,说:"余秋里呀,我那两本小书有这么大的作用?"

"主席,我觉得这两本书的作用是很大很大的!"余秋里认真地回答。

毛主席收起笑容说道:"这个《实践论》比较好看,《矛盾论》比较难读。"

余秋里接过主席的话说:"我们主要学基本观点,掌握认识论和方法论。"接下来,余秋里就开始向毛主席和在座的各位领导系统地汇报大庆石油会战的基本情况和基本经验。他虽然对这样的汇报事先并无准备,但对他亲身经历的那场大会战是如数珍宝,讲得有

声有色。他原来计划讲半个小时,却不知不觉中讲了两个半小时。

听过余秋里的汇报,毛主席感到很满意,他笑着说:"我看这个工业,就要这个搞法,向你们学习嘛!要学大庆嘛!"

1964年2月5日,中共中央决定,在全国工交、财贸、文教系统和各级机关、团体、部队中普遍传达石油工业部给中央的报告,要求一直传达到基层单位。中央在有关通知中指出:大庆油田的经验虽然有其特殊性,但是具有普遍意义。他们贯彻执行了党的社会主义建设总路线,坚持政治挂帅,坚持群众路线,系统地学习和运用了解放军的政治工作经验,把政治思想、革命干劲和科学管理紧密结合起来,把工作做活了,把事情做活了,它是一个多快好省的典型。它的一些主要经验,不仅在工业部门中适用,在交通、财贸、文教各部门,在党、政、军、群众团体的各级机关中也都适用,或者可做参考。

从此,全国各行各业迅速掀起学大庆的高潮,大庆经验和大庆精神极大地鼓舞全国人民奋发图强,建设社会主义的干劲。

1964年2月23日,在人民大会堂召开的春节座谈会上,毛主席再次指出:要学解放军、学大庆。大庆油田三年建成年产600万吨原油(产能)、100万吨炼油厂,投资少,时间短,成效高。

1964年12月26日,正在北京参加三届人大一次会议的王进喜同董加耕、邢燕子、陈永贵、钱学森等部分劳模代表,有幸参加毛主席的私人生日宴。席间,当谈到大庆时,主席说,余秋里和石油工人们一起搞出个大庆来,很不错嘛!石油工人干得很凶,打得好,要工业学大庆。

毛主席在不同场合有关"工业学大庆"的谈话,大大提升大庆在全国人民心目中的地位,使"工业学大庆"运动轰轰烈烈地开展起来,以至几十年经久不衰,对社会主义工业企业的发展壮大产生极为深远的影响。

中共中央关于传达石油工业部关于大庆石油会战情况的报告的通知

中共中央关于传达石油工业部关于大庆石油会战情况的报告的通知

中发〔64〕78号文件

中央各局,各省、市、自治区党委,中央各部、委,国家机关和人民团体各党组,解放军总政治部:

石油工业部关于大庆石油会战情况的报告很好。中央一级机关和北京市的干部以及一些工厂企业的职工同志们听了这个报告以后,反映很好、很强烈,极大地推动了各方面的工作。现在,中央决定在全国工交、财贸、文教系统和各级机关、团体、部队中,普遍传达这个报告,一直传达到基层单位。

大庆油田的经验虽然有其特殊性,但是具有普遍意义。他们贯彻执行了党的社会主义建设总路线……把政治思想、革命干劲和科学管理紧密结合起来,把工作做活了,把事情做活了。它是一个多快好省的典型。它的一些主要经验,不仅在工业部门中适用,在交通、财贸、文教各部门,在党、政、军、群众团体的各级机关中也都适用,或者可做参考。

为了便于组织传达,除了发给你们若干份文件以外,并且把这个报告制成了录音。你们可以组织党内外干部先听录音,然后进行讨论。也可以同时向一般工作人员和全体职工放录音。具体办法,请你们规定。

讨论中各方面的反映,特别是工厂企业基层单位的反映,请你们最近即选一些送中央。

中央
一九六四年二月五日

附:

石油工业部关于大庆石油会战情况的报告

同志们:

现在把大庆石油会战的情况,向同志们作一个报告。报告分两个部分。第一部分,简单介绍一下大庆石油大会战的情况和几年来的成果。第二部分,介绍大庆石油会战的基本经验。重点是第二部分。现在先讲第一部分。

第一部分,大庆石油会战做了一些什么事情,取得了一些什么成果。

一九六三年十一月召开的全国人民代表大会第二届第四次会议,宣布了我国石油产品已经做到基本自给。这个新闻轰动了全世界,这是一件振奋人心的大事情。这样一来,我们就结束了我国依靠洋油过活的日子,开辟了我国石油产品自给自足的新时期。这是我国社会主义建设中的大胜利,是鼓足干劲、力争上游、多快好省地建设社会主义的总路线的胜利,是毛泽东思想的伟大胜利。

帝国主义从经济上封锁我们,修正主义想在石油问题上卡我们的脖子。但是,全国人民在党中央的领导下,艰苦奋斗,勤俭建国,自力更生,奋发图强,使帝国主义、修正主义的这些企图遭到了可耻的失败。石油工业的全体职工,在全国人民革命精神的鼓舞下,在石油战线上取得了很大的成就,给了帝国主义、修正主义以有力的回击。

大庆石油会战的胜利,对我国石油产品做到基本自给起了决定性的作用。一九六〇年以来,我们遵循毛主席关于集中优势兵力打歼灭战的原则,从全国三十几个石油厂矿、院校抽调几万名职工,调集几万吨器材设备,在大庆这个地区,展开了石油会战。目的是高速度、高水平地拿到大油田,开发大油田。

大庆石油会战,已经进行三年多了。这一仗,确实打得很艰苦。那时候,几万人一下子拥到一个大草原上,各方面遇到的困难,确实很多。上面青天一顶,下面草原一片。当时,几万人,包括几千名工程技术人员,其中有大学教授、博士,都到了那个地方,天寒地冻。一无房屋,二无床铺,连锅灶、用具也很不够。而且还是沼泽地,蚊子多得吓人,脚上、头上到处咬你。一九六〇年那一年,雨水特别多,从四月二十六号起一直到国庆节,三天两头下,更增加了困难。不但生活方面这样艰苦,在生产方面条件也是很困难的。几十台大钻机,在草原上一下子摆开了,设备不齐全、不配套,汽车、吊车很不足,没有公路,道路泥泞,供水、供电设备更不够。当时,工作条件很差,任务很重。特别是,转眼冬季就要到来,不说别的,就是几万人在草原上能否站住脚,也是个大问题。

在这种困难情况下,到底是打上去,还

是退下来；到底是坚持下去，硬啃下来，还是被困难吓住，躺下来？

大庆油田的同志们，硬是鼓足干劲，苦干、硬干，团结一致，千方百计打上去。

那时，生产上的运输条件很困难，需要大型卡车和工程车辆几千台，起重吊车几十台。可是现场只有大型卡车几百辆，吊车十来台。怎么办呢？硬是靠几万人的革命干劲，采用人拉、肩扛加滚杠的办法，把几万吨设备器材，从火车上卸下来，连五六十吨重的大钻机，也是用这种方法，拖到几千米外的井场上安装起来。

工业用水也是个很大的问题。打油井一定要用水，没有水，井就打不下去。钻机安装起来以后，运水的车辆很少，水供不上来。怎么办？大家就排成一个长队，用水桶、脸盆，从几百米以外的水泡子打水，一打就是几十吨，保证了钻井需要。当时，脸盆真成了"万能工具"，洗脸用它，洗脚用它，烧开水用它，煮饭用它，盛菜用它，搞工业水用它，搞文化娱乐活动，没有锣鼓也敲它。

几千台设备运转起来，而修理设备连个房子也没有，更谈不上有什么机修厂。没有办法，就把机床放在露天搞备品配件，组织机修人员到现场去维修。

房子问题大得很。大部分职工都是露营。在那个寒冷地区，冬天来得早，国庆节前后就下雪，没有房子，的的确确站不住脚。当时，要先把房子盖好，是不可能的，要准备好房子再上，就得晚几年。怎么办？出路只有一条，就是发动群众，在搞勘探、搞建设、搞生产的同时，挤出时间，自己动手修土房子。领导干部也好，局长、总工程师也好，博士、教授也好，一般干部也好，工人也好，不分地位高低、职务大小，男女老少齐上阵。从七月份开始，用了三个多月的时间，就搞成了三十多万平方米的土房子，就这样度过了第一个冬天。

吃的也很困难。在最困难的时候，粮食、蔬菜供应不上，就打草籽，挖野菜，渡过了这一关。从一九六一年起，我们又发动职工集体开荒种地。几年来农副业生产规模逐年扩大，现在粮菜供应不足的困难已经解决了。还养了很多猪，肉食也有所增加。

经过三年多的艰苦战斗，到底做了一些什么事情，取得了一些什么成果呢？

第一，拿下了一个大油田。

这个油田是目前世界上特大油田之一。现在已经探明的储量，大体上可以适应我国石油工业近期发展的需要。

大庆油田，从一九五九年九月第一口井见油，到一九六〇年底，我们就探明了石油面积并且大体上算出了储量，只用了一年多一点的时间。而苏联最大的油田——罗马什金油田，是他们勘探速度最快的一个大油田，从一九四八年头一口井见油，到一九五一年，用了三年多时间，才大致了解了油田面积。

会战三年多，打了一千多口油井，都是一千多米深的井。每台钻机平均每月打井的速度，同一九五八年和一九五九年两年相比，要快一倍多；同一九五七年相比，要快三倍多。也就是说，现在一台钻机顶一九五七年的四台使用，一套人马做了那时四套人马的工作，这反映了我们的打井速度，也反映了我们打井技术水平的提高。

苏联部长会议正式命名的格林尼亚功勋钻井队，一九六〇年用十一个半月时间，打井三万一千三百米。而大庆油田1202钻井队，一九六一年只用九个半月时间，就打井三万一千七百四十五米，超过了苏联的这个功勋队。

第二，建成了年产原油几百万吨的生产规模和大型炼油厂第一期工程，质量良好。

可以看出，大庆油田的勘探速度和打井速度，同国外水平比较，也是比较高的。

三年多来，在大庆油田开发区，建成了集油、储运、供水、注水、供电、机修、通信、道路等八大系统工程。

苏联第二个油田——杜依玛兹油田，从一九四五年到一九五五年，用了十年多的时间，建成年产原油九百九十五万吨的生产规模；大庆油田达到它同样的生产规模，大约共有五年的时间就行了，速度将要比他们快一倍。

大庆油田打井的质量是好的。油井合格率达到百分之九十九点六。岩心收获率达到百分之九十五点六。苏联教科书上讲，岩心收获率达到百分之四十五就是好的，而他们实际上比这低得多，比如杜依玛兹油田的岩心收获率，一九六〇年只有百分之三十点五。

油田建设工程质量也是好的。已经建成验收的输油、输气、输水管线几百千米，有十几万个焊口，一次试压的结果，不漏油、不漏气、不漏水的达到百分之九十九点九二。今年建成的一百多项工程，由于在建设过程中严格保证质量，全部达到试车、投产一次成功。

在大庆油田上建设的大型炼油厂，完全是我国自己设计、自己施工的。从一九六二年四月开始，只用了一年半的时间，建成了第一期工程，一九六三年十月份已投入了生产。这个工程，同苏联设计、苏联供应设备、苏联帮助施工的兰州炼油厂同类工程比较，建设速度加快了一年多时间，装置布局比较合理，用材料少，工程质量更为良好，做到了"四个一次成功"。就是：工程质量最后总验收一次合格；一次投产成功；产品质量一次合格；油品收率一次达到设计要求。这是我国炼油厂建设的新水平。

第三，三年多累计生产原油一千多万吨，油田生产管理水平不断提高。

在大庆油田，目前已开发区域内，所有生产井，全部做到了井场无油污，井下无落物，也就是井上没有一点油污，井下没有掉一件东西。这是苏联油田生产管理上没有做到的事情，这表明我国油田生产管理，上升到了一个新的水平。在勘探、钻井、采油、运输、供水、仓库和生活管理等各个方面，都建立了基层岗位责任制，油田生产建立起严格的正常的秩序。

会战开始，大庆的同志们提出了个口号：要"高速度、高水平地拿下这个大油田"。我们是不是做到了这一点呢？最近，我们组织了国内五六百个专家，到那里去鉴定，还专门组织了到苏联、罗马尼亚、美国、意大利留过学的人来检查，要大家挑毛病，看到底是不是高水平。他们到大庆看到地质资料那么多、那么好，看到井场没有油污、不漏油、不漏气，就连声说了不起，说这是没有看到过的，一再问我们到底是怎么做到的。过去我们井上也有油污，似乎井场无油污，就不叫作油田。可是大庆油田上恰恰是没有油污，这绝不是件小事，是很不容易办到的。因为地底下的压力很大，管道上稍微有一点漏孔，油就会冒出来的。过去，我们没有做到的，现在做到了，这反映了我们的油田建设水平和生产管理水平，也反映了我们掌握地下油层动态的水平，不然就不可能做到。

第四，进行了大量的科学研究工作，解决了世界油田开发上的几个重大技术难题。

在制定油田开发方案的科学依据方面，大庆油田的开发方案，资料依据比较充分，比较符合油田实际情况，执行得比较顺利。比如苏联杜依玛兹油田，开始制订开发方案时，只有16口探井的资料，只有1270多块岩心样品的分析数据。而大庆油田制订开发方案时，就有85口探井的资料，有28000多块岩心样品的分析数据。

开采多油层的油田，需要有个封隔器，才能分层开采，分层注水。国外一般是采用钢的封隔器，很不安全。我们根据大庆油田多油层的特点，自己创造了水力皮球式多级封隔器，使用起来很安全，可封隔五六个油层。有了这个工具，在井下，就可以做到要封隔哪一层就封隔哪一层，注水要注哪一层就注哪一层。

大庆原油的特点，是含蜡多，凝固点高，黏度大，在地面零上28度就不流动了，如何集中和输送这种原油，是个大难题。印度尼西亚有这种原油，但它位于赤道附近，是采用两根管子输送，一根管子送油，一根管子用热水加温伴送。这样就需要大量锅炉、管线，建设慢，投资大，费用多，我们用不起。我们发动了很多人来攻这个关。结果创造了一个又科学、又简单、又经济、又安全的办法。过去在油田上锅炉成群，这个办法把锅炉都打倒了，经受了几年的考验，效果很好。不仅解决了输送这种原油的大难题，而且比普通输送方法还节省。比如，与苏联设计的克拉玛依油田输送方法比较，节省钢材33%，节省投资33.5%。

第五，经济效果好，国家投资已经全部收回，并开始为国家积累资金。

一九六〇年到一九六三年，四年共用国家投资7.1亿元；上缴利润9.44亿元，折旧1.16亿元，合计10.6亿元，投资回收率达到149%。除全部投资回收外，还为国家积累了资金3.5亿元。所以我们建设大庆油田，真正做到了又多、又快、又好、又省。

第六，更重要的是锻炼培养出了一支有阶级觉悟，有一定技术素养，干劲大，作风好，有组织，有纪律，能吃苦耐劳，能打硬仗的石油工业队伍，并且取得了比较丰富的经验。

大庆油田的勘探和开发，完全是中国人自己搞起来的，没有半个洋人插手。事实证明，我们国家完全能够依靠自己，自力更生，高速度、高水平地勘探大油田，开发大油田。而且比过去照抄别人搞得更快、更好。

大庆石油会战，能够取得这样大的胜利，是有数不尽的因素的。最重要的是：中央的亲切关怀和直接领导，解放军、中央各部和各省、市、自治区的支援，特别是油田所在地区的中央局和省委的大力支持。还应当指出，大庆油田的发现，是在地质部做了大量的普查勘探工作的基础上进行的，地质战线上的工作人员的辛勤劳动做出了宝贵的贡献。

大庆石油会战，是打了一个政治仗，打了一个志气仗，打了一个科学技术仗。会战的三年，是艰苦奋斗、紧张战斗的三年；是锻炼成长的三年；是大学毛主席著作的三年。

归根结底，大庆油田的成就，是由于总路线的指引，毛泽东思想的指引。大庆石油会战的胜利，是总路线的胜利，是毛泽东思想的胜利。

第二部分，大庆石油会战的基本经验。

下面，我来讲讲大庆会战的基本经验。

一、社会主义的现代化企业，必须革命化

我们认为，大庆这个油田，是总路线的产物，是毛泽东思想的产物。大庆会战的胜利，主要不是决定于几个重大技术问题的解决，这不是灵魂；灵魂是党的总路线，是毛泽东思想。如果不是坚定不移地坚持按照总路线的精神办事，不是按照毛泽东思想办事，在那样艰苦的条件下，要想拿下这个大油田，速度又这样快，质量又这样好，水平又这样高，是不可能的。

大庆会战的胜利，就是由于坚定不移地坚持了正确的政治方向，坚决按照总路线的精神办事，始终是鼓足干劲，力争上游，毫不犹豫，毫不动摇，坚决顽强，战斗到底；同时，认真地吸取了过去实际工作中的教训，总结了经验，以高度的革命精神，把工作做得更细致、更扎实，实事求是，调查研究，步子走得更正、更好。

大庆会战，是在比较困难的时候、比较困难的地方、比较困难的条件下打上去的，是采取革命的办法打上去的。在这种艰苦的斗争中，出现了很多艰苦奋斗、克服困难的英雄模范，"王铁人"就是一个典型。"王铁人"就是钻井队队长王进喜，出身很穷苦，小时候放过羊。在玉门油矿起先当小杂工，后来当了钻井工，解放以后当了钻井队长，一直是个模范。这次调他参加大庆会战的时候，一出马就不一样，自己拿工资买了一部摩托车，为的是到草原上打井可以运材料、当交通。下了火车，一不问住在哪里，二不问吃什么饭，开头第一句话就是问要打哪口井，井位在哪里？马上就去看工地，侦察路线。钻机一到，就组织大家人拉肩扛，把钻机从火车上卸下来，卸得快，拉得快，安装也快。钻机安装起来以后，开钻没有供水设备，他们就拿洗脸盆子，从五百米远的水泡子端水，很快就开了钻，从钻机安装开始，王进喜同志就带领全队职工，睡在井场，吃在井场，一连几天几夜不离井场，连续苦战，高速优质地打完第一口井，成了艰苦奋斗的典型，会战职工的旗帜。附近牛场里面，有个老大娘看到他们辛苦，提了一篮子鸡蛋慰问他们，她很感动地说："你们石油这个王队长呀，真是个'铁人'，快劝他回来，休息休息呀！""铁人"这个名字，就是这位老大娘给他起的。这个王进喜，在玉门是模范，会战是"铁人"。现在我们已提升他做了大队长，一直保持英雄本色。（图2-7所示为会战职工住过的牛棚。）

图 2-7 会战职工住过的牛棚

当时，整个会战队伍就是这样奋不顾身、英勇顽强、艰苦奋斗的。他们喊出了"三要""十不"的豪言壮语。"三要"是：一要甩掉石油工业落后的帽子；二要高速度、高水平拿下大油田；三要在会战中夺世界冠军，争取集体荣誉。"十不"是：第一，不讲条件，就是说有条件上，没有条件创造条件也要上；第二，不讲时间，特别是工作紧张时，大家都不分白天黑夜地干；第三，不讲报酬，他们说是为革命，而不是为个人物质报酬而劳动；第四，不分级别，有工作大家一起干；第五，不讲职务高低，不管是局长、队长都一齐来；第六，不分你我，互相支援；第七，不分南北东西，就是不分玉门来的、四川来的、新疆来的，为了会战，大家一齐上；第八，不管有无命令，只要是该干的活就抢着干；第九，不分部门，大家同心协力干；第十，不分男女老少，能干就干，什么需要就干什么。就像打仗一样，到了时候，不管卫生队、担架队、伙夫都要上。这十条，没有革命精神办不到，没有觉悟办不到，没有总路线的指引办不到，没有毛泽东思想指引办不到。

人就是要有一股气。对一个国家来讲，就要有民气，对一个队伍来讲，就要有士气，对一个人来讲，就要有志气。这三股气结合起来，就会形成强大的物质力量。我们搞革命，就要干劲冲天，不怕困难，不怕牺牲，有信心完成党和国家交给我们的伟大任务。毛主席教导我们气可鼓而不可泄。大庆油田的同志们，最宝贵的就是有这么一股气。

那时大家的认识也许并不是完全一致的，如果说没有人讲点怪话，也不合乎实际情况。例如，有的人说："这个搞法不行，这叫作胡闹，乱得不得了！""这样苦还行啊！""搞个什么名堂，哪像个搞工业的样子！"在这些问题面前，如果那时候有一点动摇，一九六〇年就可能垮下来。一九六〇年上不去，整个油田的勘探、建设速度，就要推迟几年时间。

我们一开始就看出了这是一场恶战，但是打下去的决心是下死了的。在会战过程中，我们一方面组织苦战，一方面也认真注意人们的生产安全、生活安排和劳动保护条件。结果怎样呢？不但拿下了大油田，把生产搞上去了，当年就生产原油近百万吨，而且在生活上也克服了困难。

现在的情况同那时大不一样了。第一，人都住进房子了，也住得暖和。生活改善了，大家的体质都很好。第二，正常的生产秩序已经建立起来了，各种工作制度健全了，更注意劳逸结合了。

三年多来，会战队伍，一个战斗接一个战斗，三年如一日，干了大量的工作，质量比较好，速度又快，会战队伍受到了严格的锻炼，越战越坚强，各方面都能过得硬。

这到底是股什么力量支持着人们？归根结底，就是毛泽东思想深入人心的结果，就是总路线指引着人们的方向，就是几万人的革命精神、革命思想、革命干劲和高度的革命英雄气概。

人们有了这种革命精神，在阶级斗争中就能掌握正确方向，在生产斗争中就会坚强有力，在科学实验中就能勇往直前。

人们有了这种革命精神，就会斗志昂扬、精神焕发、干劲冲天。就能在困难面前看清主流，敢于同前进道路上的一切困难做斗争，越是困难，干劲越足，越是困难，越要胜利。

人们有了这种革命精神，就会有气吞山河、翻天覆地、压倒一切的革命气概，就会有天不怕、地不怕的大无畏精神，就会不怕鬼，不信邪，任何艰巨任务都能完成。

人们有了这种革命精神，就会团结一致，

亲密无间，勇于实践，敢于创造，企业的生命力就强，生产、建设事业就会蓬勃发展。

如果没有这种革命精神，会战队伍在大庆就很难站住脚；即使站住脚，要想在三年多时间里，把大庆油田建成现在的规模，也是不可能的。如果不讲革命精神，大庆油田做的许多事情，都是难以理解的。

正是由于革命精神大发扬，会战队伍的精神面貌起了大变化，形成高涨的革命风气。这就是：热爱毛主席，热爱党，热爱国家，热爱社会主义，热爱石油事业成风；艰苦奋斗，不怕困难，抢挑重担子成风；珍惜国家财产，勤俭节约成风；团结互助，阶级友爱成风；争当"五好"，不甘落后成风；人人坚守岗位，埋头苦干，严肃认真成风。下面分别讲一下：

第一，热爱毛主席，热爱党，热爱国家，热爱社会主义，热爱石油事业成风。广大工人经常说：我们要读毛主席的书，听毛主席的话，按照毛主席的指示办事，做毛主席的好工人。采油工人们说："党是我的妈，油田是我家；我听妈的话，管好我的家。"这次人大发表了公报，六级起重工黄孝仁读了后，说："我听到石油基本自给了，心里有说不出的高兴。今后，我们要搞得更多更好，不但要够我们国家自己用，还要支援兄弟国家；不但要把自己献给石油工业，还要把自己的孩子也献给石油工业。"混凝土工人袁锡忠，读了公报后说："这是一件大喜事，这是对帝国主义和现代修正主义的有力回击。我们有毛主席的领导，有革命精神，天大的困难都克服了，换来了石油基本自给。今后，我们要搞更多的石油。"

第二，艰苦奋斗，不怕困难，奋不顾身，抢挑重担子成风。每年冬天，大庆要派一个汽车队到深山里去搞些木材，这个任务是很艰巨的。因为只能利用冬天大雪封山的时候去搞。每年分配这个任务时，大家总是抢。去年是运输二大队二中队进山的，今年要二中队休整，让三中队去。二中队不答应，说他们去年完成了任务，为啥今年不让他们去，非要去不行。三中队听到了就说："领导已经批准我们三中队去，你二中队为啥抢我们的任务？"两个队就争先恐后地抢了起来，三中队全体一百零七名工人都写了决心书，三番五次请战，非要把任务抢到手不行。

奋不顾身，舍己为公的例子也很多。例如，一九六二年十月打的一口井，发生了井喷，油、气喷到几十米高，四十米来高的井架已经倾斜，眼看就要倒下来。在这最危险的时刻，井架安装工人姜发金、彭志德、李顺田、赵福兴、陈伯生等五同志，抱着牺牲的决心，硬是冒着冲天的油、气，爬上井架，把钢丝绳拴在井架上，用拖拉机把井架拉直，抢救了钻机和油井。又如，一九六〇年冬天，一座5000吨混凝土油池里面着了火，如果爆炸，那就是个不得了的大炸弹。油库维修队长奚华亭同志，一下子蹿到油池顶上，把皮大衣脱下来，堵在通气孔上，自己坐在上面，把火扑灭了。

第三，珍惜国家财产，勤俭节约成风。一九六三年贯彻中央关于增产节约和"五反"运动的指示，开展了反浪费、找差距活动，进一步激发了职工的主人翁责任感，爱护国家财产，勤俭办企业的好人好事越来越多。

大庆有一个家属缝补厂，有二百多人，厂房是个牛棚子，又没有什么设备，可是干了大量的活，缝补了三万多套棉工服，既节省了国家的东西,又及时解决了问题。

工人们随时随地注意爱护国家财产,泥瓦工人牛广俊同志,在一天夜里下雨时,被大雨惊醒,想起有一袋水泥放在工地上,没有保护好,硬是半夜里冒雨跑了两千米,把水泥抱回来。钻井工人葛明京同志一天下班回来,在路上看到一个油井闸门漏水,他觉得冬天漏水,很可能把这个闸门冻坏了。怎么办呢?他就把自己的棉衣脱下来,包在闸门上,自己只穿一件单衣,跑了很远到队部,报告了情况,带上修理工人到井上,把闸门修好,才拿回他的棉衣。

第四,团结互助,阶级友爱成风。就是干部爱护工人,工人尊重干部,形成了一个亲密无间的革命大家庭。采油三矿四队队长辛玉和同志,队上补充了新工人,房子不够住,床铺也不够用,他和指导员,就把床铺让出来给工人,自己睡地铺,这样住了一个多月,把工人感动得不得了。钻井指挥部党委副书记王英炯同志,一九六三年雨季,带着几十个机关干部,帮助家属修补了八十多间房子。家属感动地说:"在旧社会,从来是工人伺候当官的,现在是干部帮我们修房子,心里实在过意不去。"家属有这种心情,工人的干劲也越来越大。工人之间,也是相互帮助,团结友爱。女电焊工张桂荣同志,生产上是能手,生活上一直关心别人。三年多来,利用休息时间,给本队职工拆洗缝补了780多件衣服。大家亲切地叫她"张大姐"。

第五,争当"五好",不甘落后成风。人人想上进,人人都要好,打井好,采油好,基建好,连养猪、看牛的都要搞个"五好"。有一次,我们到一个农场去看,他们说:部长,你看我这牛养得好不好。我们一看,牛养得壮壮的。他的牛也争"五好"。问他养牛的"五好"标准是什么?他说:第一是膘肥,第二是不生病,第三是要听指挥,要它耕地就耕地……一下子讲了多少条。有一个单位,把钟一敲,猪都跑过来了,养得实在不错。不论搞什么东西,都是不甘落后,力求上进,这股气概就了不得。尽管领导上有时计划不周,尽管有很多想不到的东西,一搞"五好",你提两三条,他给你想十几条,总是好上加好,没有觉悟,没有不甘落后、力争上游的精神,这是办不到的。

第六,人人坚守岗位,埋头苦干,严肃认真成风。自从建立岗位责任制以来,从干部到工人,大家都有了这么个习惯,就是人人坚守自己的岗位,埋头苦干,做事不马虎,不凑合,严肃认真。比如,李天照井组管的三口油井,安全生产1100多天,没有发生过一次大小事故。在三口油井上记录的21334个数据,经过47次反复检查,没有一个差错;三口油井上的862个焊口,170个闸门,没有一处漏油、漏气;1851套螺丝,全部完整无缺;83件工具、仪表,件件完好,从未损坏过一支玻璃管、一支温度计。经过16次大检查,他们管的井一直保持着"五好"油井称号。他们执行岗位责任制,经过小队、矿场等三千多次明察暗访和16次大检查,真正做到了"四个一样",就是:黑夜和白天干工作一个样;坏天气和好天气干工作一个样;领导不在场和领导在场干工作一个样;没有人检查和有人检查干工作一个样。我们觉得这种精神很了不起,就在全战区普遍推广,提倡养成这种风气。

这个井组的采油工人胡玉双同志,有一天他正在清蜡,暴风雨来了,本来可以到值班房内躲避一下，但是，他硬是守在岗位上，在倾盆大雨下，一连干了两个钟头，一直到把蜡清完了才下来。又如，九排39井，瓦斯管道被堵，修好后，火没有点好，从炉膛里喷了出来。旁边有两个工人搞清蜡，一个女采油工叫邢学兰，一个男采油工叫刘培标，正在从井里向上起刮蜡片，一团火扑到他们身上，衣服烧了起来。这两个工人，不是先扑自己身上的火，而是先把刮蜡片从井里起出来，硬是坚持了有一分钟的样子，然后跑出去把身上的火扑灭。

3249钻井队方永华班，从井下取岩心时，6米岩心有一米半没有取出来，岩心收获率没有达到要求，班长一看任务没有完成，就落了泪。工人们说："没有完成任务，就不离开岗位，非把岩心全部拿上来不可。"他们第二次、第三次起下钻，一气干了26个小时。队长劝他们休息，他们也不休息；指导员送馒头、送饺子来，请他们吃。他们也不吃，说："岩心取不上来，吃什么也不香。"一直坚持到把六米岩心全部取出来。

现在那里，广大职工就是这样不怕困难，以艰苦为荣，以贪图安逸为耻，说干就干，干就干好，干就干到底，事情做不好，就吃不下饭，睡不着觉。埋头做"笨"事、做"傻"事，革命风气，普遍发扬。

看来，一个队伍好事成风，就了不得。大庆这个队伍能信得过，敢交给他办事情，办出的事也靠得住，就是由于好事成了风。

革命精神来自毛泽东思想。会战一上手，我们就强调大学毛主席著作。在工作顺利的时候学，工作中遇到困难的时候更要学，自始至终不间断地学。尽最大的努力领会毛泽东思想，运用到我们的实际工作中来。

我们这几年深深地体会到，一个队伍要发扬革命精神，就是要学毛主席的著作，遵循毛主席的教导，按照总路线的精神，坚定不移地去干。这样，队伍就会朝气勃勃，方向就明确。

会战一上手，困难多，矛盾百出。我们就大学毛主席的《矛盾论》和《实践论》，一次就买了几万本，人手一册，干部读，工程师读，工人也读。所以，现在大家都讲："我们的会战是靠'两论'起家的。"以后读《毛泽东选集》就更广泛了，成效越来越显著。比如：技术干部搞不清油田情况，过去总是光问洋人，死抄洋书，结果还是糊里糊涂；现在他们就学主席著作，大搞调查研究，大抓第一性资料，做到又全又准，把油田情况搞得比较清楚，比光依靠洋人搞得更好，对外国的经验也能批判地接受了。在科学技术上遇到难题，人们不是望而生畏，半途而废，而是遵照主席的教导，破除迷信，解放思想，反复试验，大胆创造，敢于和国际水平较量，攀登世界科学技术高峰，大庆油田技术上的不少创造，就是这样搞出来的。油田建设上任务重，时间紧，人力、物力、财力不足的时候，人们就不像过去那样分兵把口，分散力量，而是学习毛主席关于集中优势兵力打歼灭战的教导，集中力量，确保重点，一个仗一个仗地打，取得一个又一个的胜利。当生产管理上千头万绪、矛盾百出的时候，人们就不是像过去那样，头痛医头，脚痛医脚，抓了这个，丢了那个，而是本着毛主席在《矛盾论》中的教导，分析矛盾，抓住主要矛盾，找出关键，狠抓岗位责任制，把生产上千千万万件具体工作落实在成千上万人的身上，建立了正常的生产秩序。在生活上遇到困难的时候，人们就不是愁眉苦脸，向外伸手，而是按照毛主席关于"自己动手，丰衣足食"的指示，学习南泥湾的精神，大搞农副业生产，克服困难，改善生活，促进生产。在政治思想工作中，去分析和解决人们的思想问题，其结果是，政治工作越做越活，越来越有效果。

通过大庆会战的实践，我们深刻体会到，要办好一个社会主义的现代化企业，必须首先讲革命化。革命化，就是讲人的作用，讲阶级觉悟，讲工人阶级的革命精神、革命干劲和革命风格，就是要永远前进，永远革命，勇于斗争，敢于胜利。

我们办企业就在于我们是用革命精神来办企业，使现代化的企业革命化。这就是说，他们是打井，我们也是打井，他们是采油，我们也是采油，都是现代化企业，都是机械化操作，根本区别就是我们有革命精神，有革命理想，我们干的是革命工作，是伟大的社会主义建设事业。

有了广大职工群众的革命化，企业才有最旺盛的生命力。生产、建设就会蓬勃发展。即使是比较落后的技术装备，也能够生产出好的产品、先进的技术装备，就可以发挥出更大的威力。

因此，对一个企业的领导来讲，最重要的问题，就是要坚定不移地坚持正确的政治方向，就是要高举毛泽东思想的红旗，高举总路线的红旗，用毛泽东思想武装广大职工的头脑，不断提高人们的觉悟，引导人们走革命化道路，发扬无产阶级的革命精神。

二、高度的革命精神与严格的科学精神相结合

大庆会战职工的革命精神和革命干劲，是三年如一日的。有了这个精神，才人人争上游，事事争上游，才敢于提出在大庆油田的勘探和开发上要争夺世界冠军。

搞工业是和自然界做斗争，就要靠人们的革命干劲，革命干劲可以出技术。因此，就要把人们的革命干劲鼓到搞科学研究上去，鼓到搞第一性资料上去，鼓到掌握自然界的客观规律上去，鼓到扎扎实实的工作上去，鼓到生产上去。

高度的革命精神，冲天的革命干劲，与严格的科学精神相结合在一起，才能发挥巨大的威力，才能使主观与客观一致，在生产上和科学技术上达到预期的效果，做出很好的成绩。

搞好一个现代化企业不知要做多少艰苦、细致、扎实的工作；如果违反客观规律，蛮干乱干，搞坏一个企业，那就很容易。这一点，我们曾经有过教训。

比如一九五八年，在川中三个构造上，同时打出了油，我们以为大油田拿到了手，其实当时做的工作还很少，对地下情况还很不清楚，又缺乏经验，就做出了错误的判断，这个教训实在不小。

又如新疆克拉玛依油田的开发设计，是苏联帮助搞的，当时根据的资料很少，对油层情况了解得很不清楚。后来我们重新打井，取出岩心一看，完全不是原来的那个设想样子，他们搞的一套开发设计就根本不对头。现在要回过头来做根本性的调整，费事很大。

所以，光有干劲，不讲科学，不做扎扎实实的工作，那就是一股子虚劲，不是实劲，就会好心办坏事，产生严重的后果。

大庆油田，从一开始，我们就再三强调要狠抓第一性资料，把弄清油层情况作为勘

探时期压倒一切的任务。从打井到开发的整个过程中，一定要取全、取准20项资料、72种数据，一个不能少，一点不准错。开始时，五十五号井的地质员，在打井过程中，漏取了岩样，没有发现标准层，硬是开了一个礼拜的会，几千个技术人员参加，严肃地进行了教育，让大家把这个教训记得死死的。地下的东西，你是看不到的，如果不这样严格起来，做出来的事情怎么能信得过呢？到目前止，共钻井取岩心13047米，井壁取岩心14500颗，每口井都电测15—18条曲线，共测曲线两万多条，共长两万多千米；测压力四万多次。对这些原始资料做过五十五万个岩样分析，160万次分析化验，1744万次地层对比。搞了这么多资料，经过分析研究，就好像在油层地下周游了一遍，把地下油层的种种情况，都搞得比较清楚。这样，领导上就心中有底，说话有把握，就不会讲瞎话。制定出的开发方案就比较接近实际，给油田生产提供了比较可靠的科学依据。

我们认为，重视还是不重视第一手资料，是尊重与不尊重科学的分界线；工作有没有把握，首先取决于是不是认识了客观事物的本来面貌，是不是掌握了客观事物的规律。毛主席教导我们："人们必须在自己的实践中，精心地去寻找客观事物的固有的而不是自己主观的臆造出来的规律，并利用这种由客观反映到主观的规律，亦即客观真理转化为主观真理，就可以改造世界，实现人们的理想，否则是不可能的。"

大庆油田的同志们，革命精神和科学精神结合得好的事例很多。比如，为了解决严寒地区高含蜡、高凝固点原油的集输方法的重大技术问题，北京石油学院教授张英、工程师宁玉川等技术干部和广大群众相结合，深入现场，调查了232口井的情况，取得了9700多个数据，经过两年多的时间，坚持现场三结合的多次反复试验，终于解决了这个难题。为了弄清油田的土壤传热情况，解决保温的合理温度问题，大庆设计院工程师谭学陵、技术员陈大昌等5人，从一九六〇年到一九六一年连续10个月，在夜里最冷的时候，卧冰爬雪，到现场测温，共计步行6000千米，观测了1600个点，取得五万多个数据，进行了1100多次分析对比，终于找到了科学数据，并且校正了苏联沿用的集油管线设计的计算公式。为了弄清冬季铁路油槽车在运输途中原油温度变化情况，确定油库合理的加热温度，技术员蔡升等三个技术干部，在严寒的冬季，怀抱温度计，身揣窝窝头，跟随油槽车，行程一万千米，每小时测一次风速，每停车一次测一次油温，共测大气温度800次，风速600次，取得油温数据1400多个，认真地解决了这个问题。

再说一下大庆新建的炼油厂的例子。这个厂完全是我国自己设计、自己施工的。从开始设计，从每一张图纸，一直到施工的每一个工序上，都搞得十分严格，一丝不苟。从基础到安装，不管一个螺丝，一个闸门，一条管线，焊接、绝缘、防腐、保温都要件件合格，步步落实。工程建成投产以前，又组织了大练兵、大演习。第一步就搞单机练兵，一直练到每个人的动作都符合操作规程。单机运转以后，先后进行过四次联合运转大演习。使人们的动作在投产以前都合乎标准，协同动作很熟练了，设备运转都正常了，才开始进油，正式投产。这虽然是个全新的炼油厂，但就和老厂一个样，一下子就生产出了合格的产品。这充分说明,革命干劲和科学精神结合起来,会产生多么伟大的结果。

大庆的事实告诉我们,遵循毛主席的教导,把革命精神和科学精神结合起来,在充分占有第一性资料的基础上,加强综合分析研究,反复试验,透过现象看到问题的本质,才能掌握事物的客观规律,才能有自由。在这种情况下,就能够大胆革命,勇于实践,敢于创造,采取措施,改造自然;科学研究工作就能树立新风气,就能开花结果,生产、技术就能不断发展,不断前进。

三、现代化企业要认真搞群众运动

现代化企业,要不要搞群众运动？大庆石油会战,做了肯定的回答。搞社会主义企业,要依靠广大职工的革命行动。大庆石油会战本身就是一个大规模的群众运动,问题不是要不要搞群众运动,而是要认真搞,扎实搞;不然的话,就可能搞乱,就可能光是疲劳群众,妨碍生产。

会战一开始,就发现了"王铁人"的奋不顾身的模范事迹。在当时那种情况下,很需要这样的模范人物,来带动人们、引导人们不怕苦,不怕困难,不爱钱,不怕牺牲。所以,我们就抓住了这个典型,开了一个上万人的群众大会。把周围三十里的吹鼓手请来了,给"王铁人"披红戴花,骑上高头大马,书记牵马,吹吹打打送到会场,拥上主席台,领导同志作报告,许多人介绍他的英雄事迹。大家比,大家学,大家挑战,鼓得人们的劲头足足的,心都要跳出来了。在职工中树立了鲜明的旗帜,开展"王铁人"运动。以后,逐步发展为红旗手、红旗单位运动,到一九六二年,又开展了"五好"运动。三年来,群众运动一直持续不断,广大职工始终保持旺盛的士气。如果没有这一系列的声势浩大、扎扎实实的群众运动,大庆会战的胜利是不可能的。

搞运动要有明确的目标,要有个规格。运动应当从党的政策和国家任务出发,充分调动群众积极因素,以搞好生产为目的。运动声势大些、气势壮些、锣鼓打得响点,是没有什么坏处的。只要工作扎实可靠,成绩是真的,锣鼓打到点子上,就越打越有劲;如果是闹形式主义,只是轰一阵,成绩是假的,那锣鼓就越打越心虚,越打越脱离群众。表扬一个人,树立典型,硬是要实实在在的,不然你就是虚的,虚的就不能动员群众。

现在看来,企业里群众运动的主要形式,应以"五好"为目标,以先进为榜样,开展轰轰烈烈的比、学、赶、帮。这样的群众运动,与生产紧密结合,有充实的内容,有鲜明的旗帜,越比越有劲,越比越进步。

由于"五好"运动广泛深入开展,整个会战地区出现了你追我赶、热气腾腾、好人好事不断涌现的局面。

例如,1202钻井队和1203钻井队,是两个竞赛硬对手。经过三年半的工作,到一九六三年十月,1202钻井队已打井10万米,1203钻井队只有九万四千米。1203钻井队全队工人和干部个个坐卧不安,不甘心当"老二",决心也要在一九六三年打到10万米,一再上书要求在冬季继续打井(本来钻井队冬季应停钻整训)。这个队的工人说:"我们非要赶上1202队不可!"领导上批准后,他们硬是在滴水成冰、寒风刺骨的条件下,坚持奋战,终于在12月28日打到了10万米。

由于"五好"运动的广泛深入开展,到目前,全战区涌现出以1202钻井队为代表的

"五好"单位212个，以王进喜为代表的"五好"红旗手一万多名。

大庆油田，每年年底都要进行一次总结评功，现在已经开始搞第四次。

总结评功，就是总结经验，提高认识，发扬成绩，鼓舞干劲，表扬先进，帮助后进，实质上是一场生动的总路线教育，是一场具体的社会主义教育和阶级教育。

总结评功，是从大多数群众的需要出发，从积极方面入手，挖掘和调动一切积极因素，树立革命风气，变消极因素为积极因素的最有效的方法。

这个运动包括三个阶段：第一个阶段，大讲大摆，就是摆形势，认清主流；摆成绩，人人有份；摆经验，提高水平；摆进步，增强信心；摆前途，无限光明。第二个阶段，在讲摆的基础上，启发人们饮水思源，回忆对比，搞清楚成绩、经验是从哪里来的，进行阶级教育，把思想提高一步。第三个阶段，针对评功中暴露出的弱点，开展技术练兵，订"五好"规划。总结评功的核心是大讲大摆。这个阶段，职工自己摆，互相摆，群众摆，领导摆，家属也摆。摆得细，摆得具体，摆得热火，每个人都摆出了十几条，甚至几十条成绩，摆得人心里发热，头上冒汗，坐卧不安，越摆越有味道，越摆越有劲。不仅先进人物的成绩漏不掉，而且把后进人物的点滴成绩和微小进步也都挖掘出来了。

大庆的总结评功会，开得非常热闹，大家都非常喜欢。有的工人的老婆，因为丈夫夜晚在队上摆，她就到矿上来找，跑进去也摆上几条。为什么这么热烈呢？就是说，他们辛辛苦苦工作了一年，需要党知道他自己干了些什么，需要领导干部和周围同志知道他自己干了些什么。摆了以后，他觉得很舒畅，同时又觉得能学到很多东西。

讲摆的结果，成千上万人摆出来的无数活人活事，使大家看到了成绩，感到了进步，认清了形势，明确了方向，增强了信心，鼓舞了干劲。使先进的更加先进，后进的不甘落后。摆出了一个人人心情舒畅，个个力争上游，积极因素大调动，革命精神大发扬的局面。

老工人李子正，是个制作汽车轴瓦的能手，大家都叫他"瓦片李"。人们给他摆功，说他：第一，三年做了五万多块轴瓦；第二，轴瓦质量优良，汽车司机都喜欢用；第三，在技术上有九项革新；第四，这几年培养了十个徒弟，现在还带着几个新徒弟；第五，政治上进步，最近加入了共产党。评得他十分感动。他说："一年一度的评功实在好。如果说你是个泥人，是个木头人，也能够被感动。我的成绩，是党培养的结果，就是我把骨头埋在大庆，也报答不了党的恩情。我决心要为人民做一辈子老黄牛，宁愿死在为人民服务的岗位上，不愿死在小家庭的病床上。"

工人老高，爱讲怪话，人家叫他"怪话大王"。评功评到他了，他说："年年评功，我老高年年落后，领导上把那些好的捧得像个洋柿子一样红，把咱老高总是抛在一边。你们都讲我落后，说我是怪话大王，我也有一条成绩。"他说："我老高这几年在这里参加会战，没有功劳，还有苦劳，起码没有开小差。"这样一来，另一个群众接着讲："你老高不错，你在会战中坚持下来了，这是一条成绩。还有一天，你在挖管沟的时候，一句怪话都没有讲，这是第二条成绩。"另一个群众又站起来讲:"你老高还有一条,你有一点关节炎,挖管沟一天也没有旷工,也跟着我们去了。"还有一个人又讲了一条说:"你老高去年请了25天假回家找对象,准时回来了,这也是一条。"这样你一言他一语,讲了他四条,他就高兴极了。他说:"我老高还有那么几条,好家伙!"在这个会上,他问指导员还有什么意见,指导员说:"我送你一本书,就是毛主席的《反对自由主义》。"并且告诉他,你好好地学习这一本书。他就讲:"我这个老高,这几年忘了本啦,没有好好地为国家工作,丢了工人阶级的脸,今后我坚决按照《反对自由主义》这一本书,重新做人,请大家监督。"他还说要争取做个红旗手。第二天早上五点就起床挖管沟去了,一直干得很好。

工程技术干部评功,从技术成就评起,评得劲头越来越大,摆得人人心情振奋,摆出了雄心壮志,摆出了革命思想。

大庆油田地质研究室的地质技术干部,在总结评功会议上,摆出了他们研究室在会战中起了参谋部、尖刀连、研究室、情报网、"气象站"、资料队、宣传队、研究中心、小熔炉、大学校等十大作用,特别是,把一些重大成就和国外对比,比出了自己的水平。他们边摆成绩、边总结经验,拿毛主席的《实践论》和自己的实际体验对照,越谈越感到这几年完全是在毛泽东思想引导下走过来的,决心继续突破油田勘探开发上还存在的科学技术关键。

不仅在职工中评得热火朝天,在家属中也评得十分热烈,许多家属通过评功变了样子。油库职工家属高素花,一向比较落后,三年来一直不参加集体劳动。这次家属评功,大家给她评了四条功:一是家务处理很好,关心爱人;二是花钱有计划;三是吃粮有算计;四是能把自己的饼干票让给别人。高素花想不到大家会给她评出四条功来,越听越坐不住,站起来就说:"人家也是人,我也是个人,一九六四年一定要好好干一场,争取当个模范家属。"从此以后,她积极得很,家属夜晚开会,撵她也不走,还主动教家属唱歌、编快板。为了准备一九六四年参加集体生产,从评功那天起,一连五天就积了七百多斤肥。

这样大讲大摆,不仅给先进的人物评了功,而且对比较落后的人物的成绩和优点也评了功,不仅摆出了事实,而且还提高到阶级觉悟、思想作风上进行评价总结;对技术干部还要把他们的技术成果和国内外先进的水平进行比较,提高到科学理论上进行评价。使大家看到了成绩,感到了进步,认清了形势,明确了方向,增强了信心,鼓舞了干劲。使先进的更加先进,后进的不甘落后,摆出了一个人人心情舒畅、个个力争上游、生气勃勃、积极因素大调动,革命精神大发扬的局面。

四、认真做好基础工作,狠抓基层建设

要办好一个企业,必须把根基打得扎扎实实、牢牢靠靠,生产秩序就会井井有条,生产就会稳定上升,队伍就能打硬仗,就可以有效地贯彻执行党的方针政策。因此,在一个企业内部,不能光搞轰轰烈烈,光图热闹,更重要的,还必须把力气使在打基础上。

会战中,我们接受了以往的经验教训,下决心把基础工作做好,强调把工作做到井口,做到工地,做到基层,把基础打牢靠。这样做的结果,生产一直很稳当,队伍越打越坚强。

那么，要抓几个什么基础工作呢？大庆的经验是：

第一，要时时刻刻注意掌握生产动态。

对我们开发油矿的人来说，就要首先知道油层在生产过程中起什么变化，时时要掌握它的变化情况。不把油层情况搞准，就没有决定生产的依据，计划也好，措施也好，都会搞不到点子上。那么怎样掌握地下情况呢？更重要的是，在日常生产中对生产的原始材料，要抓得准，抓得全，这是综合分析生产情况，掌握生产规律的根本依据。每口井每天每班都要观察、记录产油量、井口压力、油和气的比例；每隔三五天还要测试油井流动压力和取样分析化验，每月要进行一次综合分析，按井组分小层研究产油量、注水量油层压力的变化和相互关系，每个数据都要做到准确无误。这样，一口油井原油产量每增减一吨，含水量每增减百分之一，井口压力每升降一个大气压，都能及时掌握，查出原因，采取措施。

第二，必须保证优等的工程质量。

这对油田和炼油厂来说，十分重要。一口油井，一个装置不是使用一天两天，它是要用几十年。所以每打一口油井，每建设一套装置，必须严格要求质量。如果工程质量不好，不但要给国家财产造成直接损失，而且会给以后的生产带来无穷的后患。我们在这方面是有过教训的。如克拉玛依油田过去打的井，质量不好，到现在还有好些井不能用。

质量不好，不是一个普通问题。对质量不负责任，就是对党、对人民不负责任，对社会主义事业不负责任，不符合总路线的多快好省的要求。对一个共产党员来说，是党性不强的表现。

质量不好，有的并不完全是技术问题，也不完全是原材料问题，关键常常决定于人们的态度，决定于人们的工作。只要人们遵照毛主席的教导，树立起质量第一的思想，有严肃认真的态度，千方百计地想办法搞好，就一定会搞好。

在大庆会战中，我们吸取了以往的教训，对工程质量始终采取了一丝不苟的严肃态度。我们处处讲质量，在大会上讲，小会上讲，每会必讲，经常强调，经常和那些不重视质量的现象做坚决的斗争。有些工程质量不好，就坚决推倒重来，有的混凝土基础搞得不好，就挖了重搞，开成千成万人的大会，狠反质量事故。硬是要通过群众讨论，通过群众批评，使当事的单位和工程负责人记一辈子，使所有的群众都认识到它的害处。如会战刚开始，有一口井在打井过程中，因为工程师没有注意，资料没有搞全搞准，我们就抓住了这个事情不放，开了半个多月会。讲道理，批判这种现象，这个工程师经过了教育，后来工作搞得很好。经过这样的整顿，同样的材料，同样的设备，同样的人，过去质量不好的，现在质量也搞好了。油井、炼油厂的生产，也就一直正常稳定。

在保证质量上，还采取了以下五个措施：

（一）严格要求搞好设计。工程质量的好坏首先决定于设计的好坏。我们在会战中，设计院就驻在工地，并且在设计前做周密的调查研究。对设计出来的东西，采取两个三结合来审查。一个是设计、施工和生产的三结合；再一个是领导干部、技术干部和工人的三结合。在施工中，特别抓了设计人员向施工人员交底，要求设计人员必须跟着工人走，设计人员要住在工地上，一张图纸一张图纸地向工人讲解，指出技术关键所在。讲解时，政治指导员也必须参加。一旦发现有不恰当的地方，就要立即研究改正。工人知道了图纸的全部意图之后，在施工中即使发现设计有缺点，也会想出办法来弥补，可以发挥主动性。这是我们保证质量最过硬的一手。

（二）根据设计要求，狠抓施工材料的质量。施工所用的原材料，必须经过分析化验。水泥也好，钢材也好，都必须经过分析化验，不合格的不准使用。如果要用代用品的话，必须事先经过反复试验，证明性质良好，合乎设计要求，不会影响质量的时候，经过领导批准，才准代用。不能稀里糊涂地乱代用。这个必须卡死，松不得口。一松口，就会有人强调困难，随便代用，就会出麻烦。

（三）在施工工地上，实行以质量为中心的岗位责任制。其中有一条规定，叫作"五不准施工"。就是说，在以下五种情况下，工人有权拒绝施工。"五不准施工"就是：第一，任务不清，情况不明，施工图纸不清楚，不施工；第二，质量规格标准和技术措施规定得不清楚，不施工；第三，备料不合要求，施工必需的基本条件没有准备好，不施工；第四，施工的设备、仪表不齐全，不完好，不施工；第五，上一道工序质量不合格，下一道工序不施工。在岗位责任制中还规定。由下一道工序的工人验收上一道工序。例如，砌墙的工人来验收基础的质量，如果认为基础的质量不合格，砌墙的工人就拒绝砌墙，必须由搞基础的工人返工。这样，对质量上有很大的帮助。

（四）万一工程质量不合格时，必须坚决推倒重来，决不马虎凑合。会战开头两年，确实推倒了一些东西。我们打的油井一千多米深，有的已经把钢管都下进去了，不合格，硬是命令把钢管拔出来。有的时候拔不出来，这个井宁肯报废，也不迁就。这样的井，我们曾经报废了两口。当然，报废一口井不是随随便便就算了，报废一口井，推倒了一个工程，起码开它几天会，狠狠地进行教育。而且还把这种犯错误出事故的日子定为纪念日，每年纪念，提醒大家汲取教训，永志不忘。群众和各级干部看你领导是什么态度，他们看你态度坚决，非报废不行，非推倒不行，你再开上几天大会，他们就会觉得这可不能含糊，凑合不过去，人们的风气就转过来了。推倒重来，我们是干过，可是以后，推倒重来的事就少了。逐渐地发展到一九六二年、一九六三年的一次成功，不返工。事实说明，没有当初推倒重来的决心，就没有今天的一次成功。

（五）在基本建设施工过程中，实行"五到现场"。就是：设计工作要到现场；供应工作要到现场；施工指挥要到现场；政治工作要到现场；生活管理要到现场。这是保证质量，也是保证施工速度的一个根本措施。光是在家里吹吹打打、指手画脚怎么行？我们有许多基本建设出毛病就出在这里，就是不到现场，只坐在家里乱吹，结果吃了大亏。后方机关，脱离实际，与前线断绝来往，就会成为官僚主义的制造公司，使前线无所适从。一切工作到了下边就好办，需要解决的问题，就知道及时解决，办过的事就硬邦邦的，就知道是不是实事求是。领导上有个五到现场，工人有个五不施工，卡得死死的，工程质量没有个不好的。

第三，搞好技术练兵，练好真本领、硬

功夫。

技术练兵，必须以岗位练兵为主，坚持做什么、学什么，缺什么、练什么，最后达到"四过硬"，就是:(一)在机器上过得硬，熟悉机器性能，更像战士熟悉大炮、机关枪一样，会维护、保养，会排除故障。(二)操作上过得硬，动作熟练、精确，协同动作好。在现代化企业中，练兵最重要的一个内容是练协同动作，因为我们任何一个生产过程，都是许多机器联合作业，操作必须是协同动作好。(三)在质量上过得硬，干活要正正规规，合乎质量规格标准，练正规化。(四)在复杂情况面前过得硬，有安全知识，能判断、预防和处理事故。

要练成"四过硬"，必须坚持天天练，在岗位上随时随地练。比方，我们采油工人练兵，主要是操作井口、闸门。怎样练呢？就是要和解放军一样，晚上也能摸着把武器拆开，也能摸着把武器装起来，我们的工人也要练到把眼睛蒙住也能拆装闸门。还有，我们仓库里的管料工人，不仅把他管的几百种、几万件材料配件有多少，能记熟，放在什么地方能记清，还在夜间把仓库灯关了，说我要什么料，提出单子来，几分钟内，靠摸黑就能把料拿出来。有些钻井队长、司钻的确练就了一套"绝招"，一套独到的本领。"王铁人"打钻到一千多米的地下，一听钻机声音就可以判断现在是正常，还是出了什么问题，以至于问题出在什么地方。这在书本上学不到的。但是，在实际生产中最需要的就是这种硬功夫。

只要天天这样练，人人这样练，就会熟能生巧，使硬功夫、真本领传下去，生产技术水平就能不断提高。

第四，要狠抓设备。

设备是现代化企业的物质技术基础，必须精心管理，做到台台完好。设备好，生产力就能得到充分的发挥；设备搞坏了，生产必然被动。只顾生产，不管设备，那肯定是搞不好生产的。在会战中，因为生产紧张，设备出力比较大，但是，由于这几年我们狠抓了设备，设备情况还是比较好的。现在，会战地区常用设备有几千台，完好率达87%。油矿固定的设备少，多数是移动的设备，达到87%的完好率，不算很低。当然，还需要继续提高。

大庆抓设备主要抓了以下几方面的工作：

一、首先是和不爱护设备的现象做坚决斗争。大庆职工对不爱护设备的现象，列举了"八条罪状"：就是不注意"小节"，丢了、坏了小零件不在乎，这是一；操作蛮干，不遵守操作规程，这是二；不按规定维护保养，这是三；光用不修，带病运转，这是四；不注意油和水的清洁，这是五；修理不讲究质量，这是六；不擦洗，不除锈，不注意整洁，这是七；干部只问生产任务，不问设备好坏，这是八。接着就狠反这些老毛病。曾经采用过贴封条的办法，就是把机械工程师、技术员、老技师、老工人组织起来，戴上警察一样的红袖章，到处查机器，机器上缺了螺丝，就贴上封条，不准你动。特别是卡车，沿路检查，油料不合格，水不合格，干脆就贴上封条，蹲在那儿，不准动。其实，有些问题很容易解决，只要人们注意起来，举手之劳，就可以解决。和习惯势力做斗争，是我们管好设备的一个大问题。

二、以岗位责任制为中心，实行定人、定机、定岗位，谁用谁管谁保养。操作工必须学会保养，使职工人人爱护设备。单人操作的，一班操作的，就实行专人专机制；三班操作的，几个人共同操作的设备，就设一个"机长"，非经批准，不准随便乱更换。这样，就有人操心机器了，机长负责督促，大家来管好设备。

三、实行定期强制保养制。机器必须保养，而且必须强制保养。比如，决定机器运转两千小时，不管好用不好用，满了两千小时就一定停下来保养。保养时应该打开机器进行内部检查，如果零件、部件都很好，就擦洗一下，也会延长使用时间。这是我们从飞机场学来的。他们不管机器好坏，只要飞机一落地，地勤人员就给你保养。我们学了之后，就用在我们管理钻机、采油设备以及炼油厂设备上，很有效果。

四、定期进行检修，确保检修的质量。检修时，对机器、设备必须拆开机体进行检查。特别要重视把机器的内脏搞得合乎规格、完完整整。

五、要狠抓操作。操作要十分严格，必须按照操作规程办事，这样才可以保持设备经常完好，生产上就主动。

第五，基层生产岗位责任制是生产管理的根本制度。

几年来，我们反复研究了这个问题。大庆油田，在一九六一年，主要是勘探和生产试验，到了一九六二年，进行了大规模的生产建设。这个时候，生产规模发展得很快。大规模建设一开始，差不多每天有油井投产，隔几天又有泵站投产，生产管理上千头万绪，相当复杂。这时，生产管理没有跟上，于是问题就多了，出了一些事故。那时候基层干部有个反映，叫作："天天抓问题，问题越抓越多""抓大问题、关键问题，可是问题越抓越大"。为此我们就把一些领导干部放下去，跟班调查。从调查回来的大量事实来看，工人的积极性很高，都想把生产管好，基层干部也累得要死，东跑西抓，但是问题解决不了。这是什么道理？经过反复研究，大家一致认为，我们生产管不好的根本原因是：一方面，日常生产中大量的、常见的千千万万的具体事情需要人来管；另一方面，我们也有成千上万的工人，积极性很高，想把事情管好，但这两个方面没有结合起来，工人想管好生产，而没有门路。就是这么一个矛盾。根据这种分析，得出一条结论，要想搞好生产，必须把成千上万的事情和工人的关系固定起来。用什么办法呢？我们学习解放军的三大纪律、八项注意和哨兵守则的办法，用较少的条数和简明的文字，规定了每个基层生产岗位的岗位责任制。简单明了，人人都懂，人人都得遵守。经过一段试行，效果很好，生产秩序很快变了样子。

我们以往搞过很多制度，搞过计划管理、定额管理、奖励制度、经济核算制度等等。这些制度都很重要，都要有。但是，岗位责任制是更根本的东西。有了过硬的岗位责任制，在这个基础上，计划管理、定额管理、经济核算，就容易做得实在，就能过硬。我们有些厂子里的制度有几十种、几十万字，其实这大都是一些操作规程，反而没有把人人都应当遵守的岗位责任制度建立起来。

岗位责任制到底应当有哪几个内容呢？我们认为，最主要的应当包括有六个内容：第一，岗位专责制。即每个岗位有哪些工作，必须做好。有哪些设备、零件，必须管好。第二，巡回检查制。即根据一个岗位所管的东西、工作范围，把必须检查的点连成一条线，按照规定的时间巡回检查。第三，交接班制。第四，设备维护保养制。第五，质量检验负责制。第六，班组经济核算制。这六个制度捆在一起，就成了完整的基层岗位责任制。

在这六个制度中，专责制是核心，交接班制是关键。大庆职工对交接班制执行得很认真，实行了"七不交接"：一是任务不清，不交不接；二是质量要求和措施不明，不交不接；三是设备保养不好，不交不接；四是工具、设备、配件缺少、损失，不交不接；五是安全设备不正常，工作场所不整洁，有漏油、漏气、漏水、漏电等现象，不交不接；六是原始资料不全不准，不交不接；七是上班为下班的准备工作不好，不交不接。

过去，我们企业里的交接班情况是不好的，有马路交接的，有宿舍交接的，有打个招呼就完了的，也有干脆不交的。什么样的都有，很不严肃！我们狠狠地整顿了一下，必须严格交接，而且首先卡住上一班未做好，下一班不准接班这一关。你接了班，不管发生任何问题，你就得负全部责任。我们以往的交接班不严，失了火，出了事，追来追去追不出道理来，推来推去都成了"无头命案"。现在不行了，上班未搞好，下班不接，交接得严格极了，而且下一班要给上一班评分，有的实行百分制，只要有一点缺点，就要扣分，工人和工人就是这么严格。

例如，西六排二井工人周树义接李林高的班，发现李林高填报表时，将套管压力23.2气压，填成23个气压，周树义要扣分，李林高不同意，直到队长来了，把李林高批评了一顿，扣了一分才了事。

三矿四队井长杨德福，一九六三年十月份一次交班时，发现扳手上掉了一个很小的螺丝钉，就从早八点一直找到十点，还未找到，接班工人张大发说："老杨同志，我帮你找。"杨德福不干，直到上午11点半才从土里翻出来。

现在生产岗位上的工人，都能按时进行巡回检查。例如，一口油井一般都划为182个检查点，交接班之前要全面检查一次，接班的时候还要检查一次。班长每天检查一次。其中有50个重要点，岗位工人每小时要检查一次。这样就等于全油田一天检查了几万人次。这是依靠少数干部办不到的。大庆油田井场没有油污，井下没有落物，就是这样做到的。

归根结底，岗位责任制要执行得好，决定于广大职工的政治责任心和高度的主人翁责任感，这是岗位责任制的灵魂。要是没有政治责任心，制度就成了一个没有生命力的东西。政治责任心则来自阶级教育，来自一整套的政治思想工作。只有这样，制度才能发挥威力，光靠命令是办不到的。为了培养职工的政治责任心和执行制度的自觉性，充分地发扬民主是很重要的。所以，我们在岗位责任制中，规定了岗位上的工人有五大职权：

一、岗位上的工人，如无胜任的人代替，有权拒绝执行离开岗位的命令。就是说，不管你局长也好，书记也好，到了生产场所，在生产岗位上的工人只给你点个头就是了，如果你要工人去谈话，去开会，工人有权拒绝。

二、岗位工人必须搞好设备维护保养工作，并严格执行定期检修制，如果上级命令设备越期运转,岗位工人有权拒绝接受。工人就是按运转周期进行生产,越过周期他就拒绝运转。

三、岗位工人有权阻止非本岗位人员,动用本单位各种物品,并拒绝没有操作合格证或实习证的人操作自己所管的设备。过去大庆有个泵站,就是由于有一个没有合格证的新工人操作而烧掉了的。

四、岗位工人发现生产上有隐患时,要立即报告所属上级,请求紧急处理,如果上级既不指示,又不处理,发现到危险的程度时,可以自行停止操作。

五、岗位工人在没有操作规程,没有质量标准,没有安全技术措施的情况下,可以拒绝生产或施工。

我们感到,规定这些职权,体现了社会主义制度的特点,体现了工人当家作主、依靠工人管好企业的精神,增强了他们的主人翁责任感,充分调动了他们的积极性。实行"两参一改三结合",我们深深体会,"两参"里面的工人参加管理,不是光表现在搞个三结合,也不光表现在参加个职工代表大会,提几个提案。我们觉得,工人在生产岗位上真正成为主人,有了权力,是体现工人参加管理的很重要方面。因为你真正发挥了民主,他们也就能坚持原则,打破情面,严肃认真,一丝不苟,在工作上真正负起责任来。工人在岗位上就能把工作越做越好,好上加好。而且由于给了工人职权,就能加强自下而上的群众监督,提高了工人对领导干部的要求,有效地从根子上限制了领导上的官僚主义和瞎指挥。

第六,狠抓基层建设。

基层单位,就好像解放军的连队一样,是最基本的前线作战单位,不仅是直接实现生产计量的单位,而且也是群众生产、生活和团结的基本单位。它的强弱,直接影响生产。企业的一切工作都要面向基层,扎根基层,落实到基层,都要靠基层来实现。做好基层工作,要注意以下几点:

一、基层建设必须以"五好"为纲,带动全面工作。

加强基层建设的核心问题,是加强基层党支部的建设。支部最根本的是要发扬高度的革命精神,发扬党委的模范作用,团结职工,超额完成生产任务,成为这个单位的战斗堡垒。支部最重要的是要善于鼓励人们勇敢顽强地去战斗,支持每个干部放手地工作,努力完成生产任务。这样,支部就会在群众中形成很高的威信,成为团结的核心。有了好人好事,就大家表扬,有了缺点毛病,不管是谁的,也能直率地批评。如果支部不讲革命精神,领导上光讲究谁大谁小,谁领导谁,你说了算,我说了算,陷入个人主义的泥坑,争权夺利,扯不完的皮,说不完的是非,就什么事也办不好,不论保证作用也好,领导作用也好,都根本谈不到。

要加强支部的战斗堡垒作用,发挥支部的集体领导作用很重要。在一个基层单位,主要工作都要在支委会上讨论。支部对上级布置的任务和命令,必须全力保证执行,不能变动。在支委会集体领导下,干部必须分工负责,协同一致。首先要强调各有专责,队长指挥生产,负生产管理上的全部责任;指导员负责思想政治工作;技术人员负责生产技术。明确分工,又要强调协同一致,共同负责。例如,基层干部轮流跟班劳动的时候,不管是谁,既要对生产负责,又要对思想政治工作负责。总之有了成绩归大家，有了缺点，抢着挑重任，互相帮助，互相支持，一切为了搞好生产。

二、要有一个好的干部班子。如一个钻井队、采油队要有一个好的队长，好的指导员，好的技术员。他们是领导核心。

队长要能吃苦耐劳，干劲很大，既是劳动模范，又是生产能手。这样的队长，就能以身作则；遇到复杂情况，也能随机应变；在紧要关头，能带领大家冲锋陷阵；冲锋在前，退却在后，什么任务都能想尽办法去努力完成。

指导员必须工作干劲大，原则性强，能团结人，能联系群众，并且要熟悉生产。在工作中要支持队长。有的队长到了生产紧要关头，有时就发起火来，可能态度不好，指导员就得做些解释工作，搞好团结。1206钻井队的队长是个青年，叫段兴枝，这人火气很大，哪怕是冬天，打钻的时候，他也是衣服一脱就上去了，就是方式方法有些粗鲁。有一次，这个队和别的队比赛，他三天三夜没下井场，眼睛都红了，最后还是输了四个钟头，浑身不得劲，见了钻头钻杆踏一脚，见了工人也发脾气，反正是不对劲。当时，他队里的指导员就不错，这个人叫陈茂汉，看到这个味道不对，就先想法叫队长回去睡觉。他转回来开工人大会，向工人分析队长是个什么心情，三天三夜恶战，吃了多少辛苦，取得了什么成绩；再分析一下为什么输了四个钟头，下次能不能赢回来！因为这个指导员会做工作，队长威信还提高了，工人反而更加喜欢这个队长。如果不是这样，这个队就会闹不团结。我们抓住这个例子在指导员中加以提倡，对搞好团结，起了很大

作用。

技术人员要经过实际的生产锻炼，最好是当过工人，顶过生产岗位，能说能做，熟悉技术，能实际地解决生产中的技术问题，能够协助队长指挥生产。要明确规定技术人员是队领导成员之一，这样，就可以充分发挥他的作用。

三、基层单位要树立团结的风气。对一个基层单位来说，团结很重要，一定要在基层干部之间养成团结互助、阶级友爱的风气。干部爱护工人，工人尊重干部，尊师爱徒，人人以团结互助为重。教育每个成员做到有碍团结的话不说，有碍团结的事不做。队伍里头逐步养成团结的风气，那就好办了。

四、企业领导机关要扎根在基层，为基层服务，不要给下级干部找麻烦，要取消那些"苛捐杂税"，不要向基层要报告，如果需要什么材料，机关的人自己下去收集。各级领导干部对基层实行面对面的领导，帮助基层干部，做好工作。

大庆油田现在生产秩序很好，生产稳步前进，这是狠抓基层工作的结果，它反映了企业的整个管理水平。

五、领导干部亲临前线，一切为了生产。

企业是搞生产的，衡量企业办得好不好，最终要以生产搞得好不好为标准。因此，企业的领导干部和一切部门、一切工作，都必须从生产出发，以搞好生产为共同目标。离开生产这个主题，就会失去工作内容，就会脱离群众，脱离实际，就没有共同目标、共同语言。其结果，必然分散力量，搞不好生产。

要搞好生产，领导干部必须亲临前线。我们这几年深刻体会到，领导干部亲临前线，

好处很多。

第一，亲临前线能及时了解情况，发现问题，同群众、同下级干部共同研究问题，解决问题。比守在家里，光听汇报，光给下面交任务，提问题，要实际得多，有效得多。

大庆会战，因为部里领导亲临前线，直接指挥，战场上工作怎样布置，需要解决什么问题，就地都解决了。所以，来回报告、请示、批准这些事就少得多，工作效率就比较高。

在大庆会战中，有许多重大问题，如果不是领导亲临前线，是不大好解决的。会战初期，由于井打得少，当时只知道这个油田很大，但究竟哪里产量高，哪里产量低，还不那么清楚，重点应放在哪里，也拿不准。会战一上手，根据当时出油情况，把会战队伍部署在油田南部，以后发现北部地质情况比南部更好，油层比南部厚，产量比南部高，就立即调整部署，由南往北转移了一百多千米，集中力量先搞北部，很快拿下了大油田。如果领导远离现场，不直接掌握情况，稍有犹豫，就有可能延误时机，搞错部署。

第二，亲临前线就能亲自组织队伍，配备力量，选择重点，突破难关，就能正确地使用队伍，使用器材，这比坐在机关发号施令要好得多。解放军打仗，指挥员到前线，了解情况，配置队伍，组织火力，是保证战斗胜利的重要因素。搞工业也是这个道理。

第三，领导亲临前线，能够认真进行调查研究，及时发现、总结、推广先进经验，帮助后进单位，加强薄弱环节。这样，就能做到点面结合，指导全面，更好地起到领导作用。特别是领导干部，在前线遇到困难，就挺身而出，与群众共同战斗，一起解决困难，鼓舞力量就更大。我们有个副局长王云午同志，只有一个胳膊，开荒种地时，他就和群众一起拉犁，工人感动地讲："一个胳膊的局长，还和我们一起拉犁开荒，那我算老几，非干不行！"

第四，领导亲临前线，和群众同甘共苦，直接倾听群众的意见，就能够更好地了解群众在干什么、想什么、担心什么、要求什么。就能直接地向群众学习，吸取群众的智慧，变为领导的意图，又把领导的意图变为群众的行动，做到从群众中来，到群众中去。这样，就能具体地解决实际问题，有效地避免官僚主义。

领导干部亲临前线，最重要的是能带动所有干部和工人一起参加劳动。干部参加生产劳动，正如毛主席教导的，有着伟大的革命意义。在大庆会战中，机关干部、基层干部参加劳动是经常的，已经形成风气。今年经常参加劳动的干部达到百分之九十一点五。大庆干部参加劳动的方式，主要有七种：（一）跟班劳动，进行调查研究；（二）带上问题跟班劳动，找解决问题的办法；（三）住在落后班组，跟班劳动，改造落后；（四）在最困难最艰苦的时候，跟班劳动；（五）在最紧要最关键的地方，跟班劳动；（六）生产上遇到复杂情况的时候，跟班劳动；（七）人少打突击的时候，跟班劳动。干部跟班劳动，都要做到参加劳动与组织生产、做政治思想工作相结合。

大庆各级机关干部，绝大多数都做到每月平均参加劳动六天以上，有的劳动十多天。他们多半是为了做调查研究而跟班劳动的。机关人员的劳动热情是很高的，在每年施工紧要关头，后勤劳动基本上是机关干部全包下来的。如突击修公路、运砂石、挤出时间播种、铲趟、秋收等，啥紧要就干啥。一九六三年九、十月份，三千多机关干部，在泥水里突击挖土方17万立方米，干了两个月。

干部越是经常参加劳动，以身作则，冲锋在前，退却在后，工人的自觉性就越高，工作就越容易推动。工人的反映很好，他们说："有这样的好干部，天大的困难也不怕。"

为了搞好现代化的企业生产，还必须有严密的组织，把企业组织得十分严密，十分周到，不能有空子。这就要有强有力的生产指挥系统，把日常工作组织起来，指挥生产，监督检查生产。生产指挥系统必须高度集中，统一发号施令，不能分散，不能有多头命令。在领导干部中，要有一些人根据整个工作部署，着重负责处理日常的生产、政治思想、生活方面的具体工作，24小时，时刻有人管生产；另一部分人则主要是抓关键性的问题，深入基层，抓典型，搞调查研究，总结经验，出主意，想办法。

要搞好企业的生产指挥，还必须重视机关建设，实行机关革命化，就是要机关为基层服务，管理工作为生产服务。切实做到面向基层，面向生产，面向群众，积极为基层创造方便条件，为生产的需要服务，有效地克服官僚主义，充分发挥机关的作用，保证前线打胜仗。

怎样实现机关的革命化？大庆的办法是，建立以生产调度为中心的整套机关工作制度，机关的一切工作，都围绕生产动态来行动，生产前线干什么，需要什么，他们就干什么。不论计划部门、财务部门、劳动部门、物资供应部门、生活管理部门等，都必须和广大职工一起艰苦奋斗，积极地为基层提供方便条件，为生产服务，送人到现场，送工资到手，送饭到工地，送料上门。供应部门还组织了"货郎担子"，搞几个卡车，一天到晚在工地上到处转悠，又送货上门，又回收废旧材料；他们还根据需要，给基层生产单位设上一个"针线笸箩"，里面放些零星工具，扳手、钳子，随用随取，基层感到很方便。各个部门不准各自强调业务的特殊性，在生产的紧要关头，去找基层干部的麻烦。不准向下面乱要报告，乱发报表，乱召集开会。要经常深入基层调查研究，检查生产，监督生产，亲自整理材料，帮助基层总结经验，解决问题。机关各个部门，都必须参加生产调度会，甚至生活管理员和炊事班长，也要参加基层生产调度会，主要了解生产情况。改进伙食，遇到突击的时候，就做好饭、好菜送上工地，鼓舞职工士气。这样，就能使基层职工一心一意地去搞好生产。

六、积极培养和大胆提拔年轻干部。

队伍建设中的一个重要问题是干部队伍的建设。对现代化企业来说，重要的是要建设一支又红又专的技术干部队伍，因为现代化企业没有一支好的技术队伍，技术水平就不能提高，不能发展。

大庆会战中，打破了"唯资格论""唯学历论"的框框，大胆地提拔了一批政治思想好、革命意志旺盛、有能力的年轻干部，发挥了很大的作用。三年半时间，共提拔了1000多名。其中提拔为总工程师的有8名；提拔为主任工程师的有63名；提拔为工程师和地质师的有307名。这些同志，大多数在30岁左右。这些年轻干部提拔起来以后，在会战当中出了大力，做出了很多的贡献。

在培养干部的问题上，首先是领导对这个问题要重视起来，要从整个革命事业出发。干部是革命的最大本钱。培养干部，这是带有长远意义的一件大事，不仅关系到现在，而且还关系到将来。因此，培养和提拔下一代年轻干部，是非常重要的。

我们培养干部，无论在什么时候，都要坚持党的德才兼备的政策。提拔干部必须打破"唯资格论"和"唯学历论"的框框，这样才能大量地发现人才。在实际工作当中，看干部要看主流，培养干部要有方向。就是说，我们了解干部，必须从一个干部的全部历史和全部工作出发，如果只看一个干部的一时表现，那是靠不住的。每个干部身上的优点、缺点各有不同。我们对一个干部的看法，必须看他根本的一面，看主流。

培养技术干部的问题，在企业里已经成为一件大事情。因为每年毕业的学生越来越多，企业里的技术干部年年增加，如果不重视这件事，是要吃大亏的。

培养技术干部，我们这几年是怎样搞的呢？总的来说，就是要坚持中央的团结、教育、改造的方针，培养他们走又红又专的道路。我们的具体做法是：

第一，重视解放后学校培养出来的年轻知识分子。石油这个行业，解放前毕业的技术干部很少，绝大多数都是解放后学校培养出来的。拿大庆油田来说，现在共有好几千技术干部，其中解放以前的只有一百零几个，可以说几乎全部是解放后培养起来的。这些年轻的知识分子是我们的主要技术力量，无论从数量上或质量上看，他们都是培养与提拔技术干部的主要来源，他们现在已经成为或将要成为我们技术干部中的骨干。他们当中有不少优秀的人才，一心向着党，一心向着革命事业，精力充沛，责任心强，再苦再累，满不在乎。大庆油田这几年，大量地培养提拔了年轻的技术干部，如采油总工程师李虞庚、钻井总工程师王炳诚、总地质师闵豫，都是新提起来的30岁左右的年轻干部，他们干得很好。他们学的东西，并不比老知识分子少。解放前一共才打过几口井？那时，技术人员有本领也没有地方练。我们有一位比较老的钻井工程师，在国民党时代总共只打过四口井；而现在一个大学毕业生，工作一年起码打十几口井。因此，在注意发挥老的工程技术人员的作用的同时，把培养技术干部的重点，放在培养年轻一代身上，我们认为是正确的。

第二，最根本的办法，是用毛泽东思想武装技术干部，组织他们坚持不懈地学习毛主席著作。知识分子不仅在政治上要革命化、政治上要红，要有坚定的无产阶级立场，拥护共产党，拥护社会主义，听毛主席的话；而且是思想上要红，要解决认识论和方法论的问题，要善于用辩证唯物主义观点去观察问题、分析问题和处理问题。这个问题不解决，理论脱离实际，谈工作就谈不到一起，作风就合不来，工作就靠不拢。学习毛主席著作，就可以不仅从政治上提高他们的觉悟，而且还可以从认识、方法论上来改造人。这个问题解决了，知识分子发挥的作用就大了。

这几年大庆油田，每年都要召开几次大规模的技术座谈会，不仅有技术干部参加，也有领导干部参加，还吸收工人参加，以技术干部为主，总结技术工作中的经验。在技术座谈会上，不光是讲技术问题，而且常常变成了学习毛主席著作的座谈会，运用毛泽东思想解决工程技术上的问题。

第三，在工作上，对技术干部要做到：充分信任，放手使用，严格要求，热情帮助。

放手使用，就是给他们担子挑，让他们投入到实际斗争中去，锻炼他们。大庆油田的做法是，各级负责的技术干部，也是同级领导成员之一，并教育基层干部，尊重技术干部的领导。这样，把实际责任交给他们，支持他们，让他们有职有权地去进行工作。

在放手使用的同时，要严格要求，热情帮助。就是说，有成绩的时候，就要进行表扬；应该办到的事情没有办到，应该办好的事情没有办好，就要严肃对待；是领导上的错，领导上就要挑起来，不能推到他们身上，是他们的错就直率地批评，指出方向，帮助他们提高。在批评当中，要帮助他们总结经验，接受教训。

在工作中要给他们创造学习和研究科学技术的方便条件，给他们解决一些困难。我们在大庆油田办了有四万多册书的技术书籍图书馆，特别是，还收集上一套从创刊到现在的美国石油杂志，对技术干部在技术上的提高帮助很大。

第四，对于大学、中技校毕业的学生，刚分配来，就让他们当工人，顶岗位，劳动锻炼，规定大学毕业生和中技校毕业生都当一个时期工人，然后再提起来担任技术工作。这样，他们就能理论联系实际，根据培养的方向，按照所学专业，学会有关的生产操作技术，做到既能动嘴，又能动手。同时，通过与工人同吃、同住、同劳动，培养他们的阶级感情。这个办法，从一九六二年开始实行以来，已有近两千个大专学生，在生产岗位上当工人，其中90%的人学习很好，只有百分之十的人不大安心。

这是我们在实际工作中，培养技术干部，贯彻执行又红又专方针的一些具体办法。

七、培养一个好作风。

工作作风很重要。一个队伍，没有好作风，松松垮垮，马马虎虎，稀稀拉拉，是办不好事的，一个好作风的实质，就是把革命精神和扎扎实实的工作态度具体化，成为人们日常行动的准则。

这几年，我们遵循毛主席关于实事求是、理论联系实际、密切联系群众、批评与自我批评等的教导和中央的历次指示、以解放军的"三八"作风为榜样，针对我们石油工业的具体情况，强调树立"三老""四严""四个一样"的作风。"三老"就是中央领导同志经常指示的，当老实人，说老实话，做老实事。"四严"是：严格的要求、严密的组织、严肃的态度、严明的纪律。"四个一样"是：黑夜和白天干工作一个样；坏天气和好天气干工作一个样；领导不在场和领导在场干工作一个样；没有人检查和有人检查干工作一个样。

"三老""四严""四个一样"，来自实践，来自群众，是逐步形成起来的。开始，我们狠反了队伍中以往存在的"一粗、二松、三不狠"的老毛病，这就是工作粗，不扎实，松松垮垮，抓不起来，特别是领导干部抓问题抓得不紧，抓得不狠，搞工作搞不彻底。这对我们搞石油来说，害处非常大。因为搞石油是地下作业，隐蔽工程特别多，间接获得的资料多，同时大会战又是几万人上战场，又有一百五十多个工种协同动作，客观上要求有高度的集中统一和各方面的严格要求，任何环节上的疏忽，都会影响整个生产活动的正常进行。而且当时队伍来自四面八方，虽然有革命的干劲，同时也带来了一些旧习惯和老毛病，这与大规模的会战有矛盾。不能解决这个矛盾，不反掉老毛病，不树立起好作风，就不能搞好会战，就不能做到多快好省，也就是达不到总路线要求。因此，在一九六〇年就提出了严格要求，逐步发展成"四严"的作风。以后在执行岗位责任制的时候，发现李天照井组能够做到"四个一样"，我们就抓住这个典型，普遍地加以推广。

"三老""四严""四个一样"，一旦成为风气，就会产生巨大的物质力量，队伍就会变样子。

有了好作风，就能够起到我们领导上或生产管理制度上不能完全起到的作用。职工有了高度的自觉性和充分的主动精神，就能够弥补领导上或生产管理上的不足。

有了好作风，队伍就会一呼百应，指向哪里，打到哪里。不管做什么事，就能做好，事事都有个样子。

有了好作风，就是一个队、一个班组甚至一个人单独出去执行任务，都能信得过，干出来的事情靠得住，遇到困难，也能顶得住。

有了好作风，搞工作就扎扎实实，就不会搞形式主义，各项制度就能切实贯彻执行，各种任务就能很好地完成。

有了好作风，人人都不甘落后，争先恐后，你追我赶，不服输。各种好作风占了优势，即使队伍里有些落后的，也能带起来。

有了好作风，队伍的组织性、纪律性就强，工作上就能过得硬。

好作风，是革命精神的具体反映，是党的艰苦奋斗的革命传统的具体化，是每个职工的高度阶级觉悟的表现。

怎样培养一个好作风呢？

第一，关键是干部带头。好的作风是领导干部带起来的；靠命令是命令不出来的，靠制度是定不出来的。干部以身作则，严格要求自己，身教重于言教，遇到困难，干部挺身而出，毫不动摇，始终如一，好的作风就容易形成。

例如，井长李天照，两年来，不管是自己值班还是休班，每天夜间都坚持上井检查一次工作，每班的报表都要亲自审查签字，从来没有间断过。在他的影响下，全井组工人养成了严肃认真、一丝不苟、"四个一样"的好作风。又如，一九六三年有一天夜晚，刮大风下大雨，三矿四队一个值班工人想：这样大的雨，风又刮得挺大，查夜班的干部不会来了吧！他正想躺下睡一会儿觉，没想到正在害病的队长辛玉和却上井查夜班来了。这个工人很受感动，主动检查了自己的思想，从此，真正做到了"四个一样"。

第二，通过工作中最常见的、大量的具体事情，进行教育，做到家喻户晓，人人皆知。在平时工作中，要事事讲作风，时时讲作风，人人讲作风，处处讲作风，看到作风有一点不好，就及时教育纠正，使好作风在人们心里扎下根。

例如，有一个施工队施工的一条管线，有一个接头质量不好，领导组织验收时，发现这个问题，不但当场拒绝验收，命令返工重来，而且接着在工地上召开千人大会进行教育，并举办展览会，组织职工去参观。又如，1501钻井队，副队长胡免带领职工固井，在大雨当中连续苦干了十一个小时，出色地完成了任务。可是，当任务完成后，他忘记进行交接班了。领导在场看到这个情况，当即把他叫回来，重新交接班，并且在当晚开干部会，对他进行批评帮助，以后又在干部中大讲特讲。这些，对树立好作风都起了很大作用。

第三，严字当头，思想领先，要做到说服教育和严格要求相结合。严格要求必须具备三个条件：一是要有正确的指挥，指挥不正确，就严格不起来；二是要通过无数的正面和反面的事实来进行教育，领导干部要有个"婆婆嘴"；三是要启发每个人的自觉。

例如，1284钻井队，他们打的一口井，因为搞坏了丝扣，套管没有下好，我们就坚决拔起来重下，并且组织各井队干部、工人轮流到这口井参观，接受教训。对于工作中的这些问题，必须追查责任，严肃处理，不能马虎，不能原谅；马虎了，原谅了，就会把作风搞坏。但是，必须反复地耐心地进行教育，提高大家的思想认识。

第四，通过实际工作中的磨炼，使队伍养成一个好的风气。实际工作的磨炼，是最实际、最具体、最深刻、最有力的。磨炼是一方面磨掉坏的，一方面炼出好的，天天磨炼，逐渐磨炼成搞不好工作就吃不下饭，睡不好觉，一有任务就摩拳擦掌，抢着完成任务，说干就干，干就要干好的好风气。

第五，凡是好作风，就要大发扬、大提倡。这几年，我们表扬了许多好人好事，对培养好作风起了带头作用。好人好事表扬多了，榜样多了，人多势众，"三老""四严""四个一样"就会逐渐形成风气。

八、全面关心职工生活。

三年多来，大庆油田的职工工作是很紧张的，劳动的强度也是很大的。但是，职工的精力一直很充沛，情绪始终很饱满，这是什么缘故呢？这除了职工有高度的政治觉悟外，也由于会战中领导上比较全面地关心了职工生活，适当地注意了劳逸结合，适当地注意了按劳付酬，贯彻执行了党的政治鼓励与物质鼓励相结合的方针。

第一，企业领导必须全面关心职工生活。从职工的吃、穿、住、用、休息、看病、文化生活以及职工家属的生活都要关心，都要管好，就是说，我们企业领导对职工的生活要负全部的责任。

这几年，我们一直是一手抓生产，一手抓生活。可以说，如果这几年不狠抓职工生活，不解决职工生活上的实际困难，要取得会战这样的胜利，也是不可设想的，具体做法是：

一、组织职工大搞农副业生产，集体开荒种地。一九六〇年以来，在粮食供应方面，遇到了困难。当时，职工面临的问题：到底是苦战还是苦熬？我们组织职工进行了讨论，学习了毛主席有关自己动手克服困难的文章，大家一致认为要苦战，要大搞农副业生产，不要苦熬。因此，从一九六一年起，就利用了当地的条件，在附近的荒地上进行了大规模的农副业生产。三年来共收粮食4000多万斤，菜6000万斤。其中，一九六三年种地十多万亩，收粮食和蔬菜各2000多万斤。现在，职工每人每月可得到自己生产补助的粮食5斤、油0.5斤、豆腐6斤、肉1斤半、蔬菜45斤左右，对于工程技术干部，补助得更多一点。这就克服了职工粮食供应困难，改善了职工生活，增强了职工体质，减轻了国家负担，有力地保证了工业生产。

我们组织农副业生产的原则是：土地来

源依靠自己开荒,不许与民争地;劳动力主要依靠少数专业人员(每一百亩地一个人)和家属,只在农忙时动员广大职工挤出时间打突击来解决,不许雇工生产;资金用企业奖励基金和福利基金,独立核算,自负盈亏,不许挪用生产建设资金;经营管理是采取社会主义的大集体生产方式,不许搞自留地;产品分配,除交公粮、留种子、饲料、专业人员口粮、储备粮外,其余产品采取平均分配略有差别的原则,分配给职工,不许领导多分多占。所有这些,都是经过职工广泛反复讨论才决定的。

由于广大职工自己动手、辛勤劳动的结果,目前大庆油田的农副业生产已具有一定的基础。

二、加强食堂和集体宿舍的管理。我们强调保证职工吃到热饭热菜,吃得干净卫生,喝上开水,能够很好休息。实行领导进食堂、进宿舍,干部查铺盖被,问寒问暖。这些地方管不好,非无产阶级思想就容易泛滥。这几年,我们坚持了干部到集体食堂吃饭,轮流住集体宿舍的制度,效果很好。现在,工人集体宿舍像军队宿舍一样,都搞得整齐清洁,鞋子、毛巾、牙缸、箱子、铺盖等摆得很整齐。

三、把职工家属组织起来,走生产自给的道路。关心职工生活,不光是要解决职工本人的问题,还必须注意切实解决职工家属的问题。我们的办法,主要是一方面组织家属集体开荒种地,一方面参加服务行业,很受家属的欢迎。一九六三年已有好几千户参加集体农业生产,组成了300多个生产队,集体种地一万多亩,收粮食和蔬菜各200多万斤。家属自动提出少领国家粮食定量的20%,还有几千户家属参加作坊、拆洗缝补等服务行业。事实证明,组织家属参加集体劳动,既可增强家属的劳动观念、集体观念,提高家属的思想觉悟,又增加了职工收入,减轻了职工生活负担,解决了职工生活困难,对职工家属、职工本人、企业和国家都有很大好处。

在职工家属生活遇到困难的时候,组织上还要及时进行帮助。一九六三年对家住灾区的四千多户职工家属,1.3万余人,进行了慰问和救济,发出了九万多块钱,几万斤粮票,解决很大问题。领导这样关心他们,又补助他们粮食,他们很受感动。有1183名职工,写了保证书或决心书,有766户家属从灾区寄来了感谢信。

四、通过组织家属生产,我们对于矿区建设,初步摸到了一些经验。目前矿区里没有集中的生活福利区,初步形成了几十个居民点。这些居民点,既是职工生活基地,又是组织家属集体搞农副业生产的基本单位。因为这儿有很多荒地,即使以后油田发展,家属增加,也不打算搞集中的生活福利区,只是再多些居民点就行了。这样,既可以不搞那么多城市建设,节约国家的建设投资,又可以使职工家属由消费者变为生产者。过去的规矩,办工厂,就得搞集中的生活福利区,职工家属住在城市里,就脱离生产,变成了消费者,这给国家造成了一个很大的负担。将来油田的农副业生产基地全部移交给国家集体耕种后,不但可以减少国家的城市负担,而且还可以由家属们生产蔬菜食品等,供应油田职工。今后,随着居民点的建设日趋完整,家属农副业生产的日益发展,就可能出现一个城乡结合、工农结合、有利生产、方便生活的新型矿区。

总的看来，领导上对职工越是关心，职工越是感到党对他们的关怀和温暖，就越是集中精力搞好生产。领导关心职工生活一分，职工就会关心生产十分。特别是在生活困难的时候，更是如此。有的工人说："在困难的时候，领导挺身而出，这样的领导我们信得过；说老实话，你领导上摊开手，傻了眼，拿不出办法来，我们就不会跟你走。"这等于群众对领导上做了鉴定。

从这里又可以看出一个重要问题，就是领导上全面关心职工生活，不仅能解决职工生活上的一些具体问题，而且能培养职工集体主义的思想，使他们感到组织上的关怀和集体力量的伟大。这对克服自己散漫的习气，抵制歪风邪气的侵袭，有重要的作用。如果我们组织上不管职工生活，不用集体的力量去解决他们的问题，那么职工就会自己想办法，自己找出路，天长日久，与组织的关系就会疏远，集体主义的观念就会淡薄下来。这些地方，就会成为非无产阶级思想、歪风邪气滋长的场所，人们的思想就会混乱，队伍也就巩固不了。

第二，认真贯彻执行劳逸结合。

大庆会战像野战一样，要在短期内拿出大油田，任务很重，同时，由于当地气候条件，施工期间短，只有5—11月这一段时间可以勘探、钻井，因此，劳动是很紧张的。为了保证职工的体力能支持下来，我们对职工劳动时间做了合理安排，尽可能使他们有足够的休息时间。我们是这样做的：

一、根据当地气候特点，除平日尽可能使职工有必要的休息时间外，并特别注意安排季节性的劳逸结合。勘探、钻井、施工队伍每年5—11月，是施工、种地的黄金季节，战斗最紧张。时间上大体为：工作10—11小时，睡觉、吃饭、休息、自由活动11—12小时（其中夜晚睡觉保证8小时），开会（包括学习、生产碰头会）2小时。12月到第二年4月，因气候所限，进行冬季整训和冬季施工，时间上大体是：工作5—6小时，睡觉、吃饭、休息、自由活动12—13小时，整训（着重政治技术学习）6小时。由于有这样两种时间表，一年内形成了两大季节的劳逸结合，油田采油和辅助的生产工人，一般是每日工作8小时，特别紧张时要干到10小时。

二、冬季整训时，没有带家属的职工，放一个月左右的探亲假。

三、在日常生活中，为了切实搞好劳逸结合，做到"七不准"的规定。一不准降低规定的生活标准和提高规定的伙食费，目前规定每月伙食费不超过12元，因为他们自己种菜、养猪、养牛，又有粮食，是能够做到的；二不准吃冷饭，喝不上开水；三不准穿不上棉衣；四不准睡不够八小时觉；五不准住冷房子；六不准开没有准备的会；七不准不关心病号。职工一有了病，大家都关心照顾，及时予以治疗。

第三，正确地实行物质鼓励。

大庆会战是打了一场政治仗，主要靠职工觉悟和革命干劲打胜的。在职工中提倡不计时间、不计报酬、不分级别、需要什么干什么的风气，但是领导上又必须认真地注意职工的物质待遇，坚持按劳分配的原则。会战中实行的是计时工资加奖励的工资制度，不是实行计件工资。奖励的办法主要是：

一、每月发一次综合奖金。奖金数为月工资总额的百分之九，得奖面占职工的百分之七十到百分之七十五。

二、每年发一次年终奖金。会战中生产搞得比较好，每年都有超额利润上交国家，根据国家规定，在给企业的奖金中，拿出一部分发给工人。一九六二年得奖面占职工的90%多。

三、在每年生产紧张季节，工人多做几小时的工作，不发加点费。星期天和节日加班时，发给加班费。而冬季受气候所限进行整训时，做不到八小时工作，也不扣钱，而且不带家属的职工，还有一个月的探亲假照发工资。

大庆油田对于分配问题的基本经验是，必须根据政治挂帅与物质鼓励相结合的原则，必须根据"各尽所能，按劳分配"的社会主义分配原则。要做到各尽所能，就要有阶级觉悟、革命精神，否则，人们就不会很好地尽自己所能。因此，必须首先教育职工为革命、为国家、为集体而尽自己的所能，不是为个人得奖金而劳动。在职工做好了工作之后，根据个人的成绩，给予一定的物质鼓励，也是十分必要的，是必须遵循的，这种鼓励反过来又鼓舞人们的工作积极性。如果只讲物质鼓励，不是首先讲革命，即使有更多的物质鼓励，也不能完全解决问题，并且会助长不良倾向。当然，如果只讲共产主义风格，而不遵行按劳分配的原则，也不可能保持职工的生产积极性，因而也是错误的。

根据这个原则，大庆评发奖金的办法是，在搞好集体生产的基础上，个人才能得奖，也就是说物质奖励不能单讲个人利益，应该首先讲集体利益，个人利益服从集体利益，不能损人利己，不能为了自己得奖，只顾自己超额完成任务，搞乱了生产条件，把方便留给自己，把困难留给别人。而是要上下班之间，上下工序之间，互相创造条件，严密协同配合，共同把集体生产搞好。否则，就不能得奖。这样做就可避免过去发奖金中职工闹不团结，闹个人主义、平均主义，影响生产等缺点，又可不断培养职工的集体主义思想，使政治挂帅与物质鼓励正确地结合起来。

九、认真地学习人民解放军的政治工作。

这几年，我们的政治思想工作，就是高举毛泽东思想红旗，发扬革命精神，结合石油工业的特点，认真地学习人民解放军的政治工作经验。

第一，必须做好人的工作，做人的工作，必须抓人的思想。

刘主席曾经指示我们：搞油的人要处理好人、机器和石头三者的关系。这就是告诉我们，机器是工具，是物质技术基础，石头是地层，是斗争的对象，人是掌握机器和地层做斗争。这三者之中，人是决定性的因素。搞石油不把人的工作做好，再有好的机器设备，也不可能发挥高度的威力，获得好的生产成果。人的工作做好了，人的思想觉悟提高了，就可以最大限度地发挥人的积极性，充分发挥机器的作用，去和自然做斗争，把生产、工作搞好。

第二，狠抓六个方面的工作。

一、组织职工大学毛主席著作，用毛主席思想武装职工的头脑。这是思想政治工作和队伍建设的一个根本问题。

一九六〇年会战一上手，我们就组织职工大学《实践论》和《矛盾论》。正如会战职工所说的，我们是从"两论"起家的。目前，会战职工中，有学习毛主席著作的小组三千多个，参加学习的有几万人，其中学习比较好的有五千多人；我们发了毛主席著作单行本八万二千多册，印了毛主席语录二十八万多册。例如，"王铁人"，过去是个放羊娃，认字很少。会战以来，坚持学习毛主席著作，现在已经学完了《毛泽东选集》四卷。仅《关心群众生活，注意工作方法》这篇文章，就反复学了三十九遍。大庆的一些技术干部，学了毛主席著作，思想觉悟大有提高，开始懂得用辩证唯物主义的观点，去分析、研究、解决油田工程技术问题。他们学了毛主席著作，思想就开窍了，做起工作来，也变得聪明了，对外国的东西，也能批判地接受了。

二、狠抓阶级教育，提高职工的阶级觉悟，这是思想工作的基础。

三、狠抓大表扬，大树标兵，开展总结评功运动。

队伍里各种各样标兵树得越多，正气就越高。关于这个问题，在群众运动一节里已经讲过，这里只讲一个问题，就是我们在总结评功运动中，在从正面教育入手，从积极方面入手，进行大表扬、大鼓励的同时，还用阶级分析的方法去分析职工成绩和缺点的根源，抓住活生生的、最现实的东西，对职工进行最根本的、最深刻的阶级教育。这种阶级教育最现实，可以在阶级忆苦教育的基础上，进一步提高人的觉悟，调动人们的积极性。

四、在日常生产和生活中，抓紧进行一人一事的活的思想工作。这种一人一事的思想工作，可以随时随地进行，非常管用。它最能触到人们的思想深处，一把钥匙开一把锁。这是我们做思想政治工作的一个重要方式，也是指导员的一个重要工作方法。因为职工中的思想问题不仅大量存在，而且随时会出现，光靠运动来解决还不够，必须在生产、工作中随时随地来解决。

会战队伍中，干部与工人经常谈心，工人互相之间谈心的活动是比较普遍的。正因为依靠群众随时随地做思想政治工作，群众中大量的思想问题，就不会成堆，就能及时得到帮助，及时得到解决。

五、狠抓"五好"评比竞赛。

大庆的"五好"运动，是以"五好"单位为中心，通过"五好"单位，落实到"五好"个人，落实到油井、设备、生产、工程和执行岗位责任制上。油井、设备、生产、工程搞不好，执行岗位责任制做不到"四个一样"，就评不上"五好"个人或"五好"单位。

搞"五好"竞赛，坚持定期的检查评比很重要。大庆的做法是：以"五好"单位为中心，基层每月一检查，指挥部每季重点检查，全战区每年七月试评，年底进行总评。

基层单位每日的评比，是在每天每班讲评的基础上进行的。基层班组，每天都要在三次的交接班中进行工作讲评，首先下一工序为上一工序评，下一班要给上一班的工作评分数。班后会上又对本班和每个人的工作相互讲评，记到工作日记上。这就是说，每人每天的生产成绩，首先要由别人来评定，前后左右工序之间互相评。例如，钻井队柴油机司机的工作首先由司钻来评，司钻的工作首先由钻工来评，烧锅炉的工作首先由用蒸汽的人来评，然后才是本工序讲评。下一班为上一班评，不仅评上一班任务完成好坏，特别要评上一班是否给下一班创造了条件，有没有本位主义，是不是只管自己超额完成任务，搞乱了生产条件，把方便留给自己，把困难留给别人。这样，所有职工在日常生产和执行制度中，时时刻刻以"五好"条件要求自己。

每月的评比检查，都是先评集体，从岗位责任制开始，结合检查油井、设备、生产的情况，先弄清这个月你这个单位生产、管理上究竟做到了什么程度，然后才在这个基础上评比"五好"个人。评"五好"个人，是以对集体"五好"做出的努力为前提。这样，每个职工首先关心的是把集体"五好"搞好，首先为别人服务，在实现集体"五好"的过程中争当"五好"个人。每月的评比，不仅本队、本矿自己评，而且有兄弟单位之间相互评，上一级的检查团重点抽查，因此评得细、评得扎实，评出的先进单位和个人就过得硬，经得起检查。

会战指挥部的初评和总评，就评得更加细致、更加全面，总是反复多次，上下左右核实。最后经过反复讨论，才评选出年度的"五好"单位、"五好"个人，正式命名，隆重授奖，大表扬，大庆功，树立鲜明旗帜，鼓舞士气，促进生产。

大庆油田的这一整套评比检查，实际上是动员、引导群众大找差距，大比先进，大帮后进，大争集体荣誉的有效方法。

六、充分发扬政治、生产技术和经济民主。

政治民主主要是保证每个职工有向一切违反党和国家的政策、法令的现象做斗争的权利；保证每个职工在一定的会议上有批评干部的权利。大庆在各种会议上或生活会上，工人都可以插话，对干部进行面对面的批评，正确的意见，干部就立即接受，保证职工有充分的政治权利。

生产技术民主，主要是广泛地吸取工人参加生产技术管理，把群众管理和专业管理结合起来，我们经常发动群众讨论生产上的作业计划，讨论规章制度，讨论生产技术上的重大问题，大搞技术革新。

经济民主，主要是工人参加经济核算的活动，搞班组核算。还要管理食堂，就是要求食堂日清月结，要分伙食尾子。每年还讨论生活规划，讨论农副业生产分配方案。

充分发扬政治、生产技术和经济民主，就能调动企业职工的积极性，使企业指挥高度集中，增强职工队伍的组织性、纪律性。

第三，坚持做到"四个为主"。

政治思想工作要吃透"两头"，即一头吃透党的各个时期的方针政策和上级指示，一头吃透职工的思想，坚持"四个为主"。

一、职工的思想问题，往往与存在实际困难有关系。解决职工的思想问题，要一手提高职工思想，一手解决应当解决而又可能解决的实际困难问题，但必须以提高思想为主。

二、在对职工的思想教育中，有表扬和批评两手，批评是必要的，但要以表扬为主。不但要表扬先进的，对于落后的，只要有好的一面，也要表扬；不但领导和积极分子出来表扬，还要发动群众相互表扬；不但要拿具体事例来表扬，而且要提到政治思想高度来表扬。这样，就能激励人们的上进心、荣誉感，充分调动人们的积极性。

三、对职工中的缺点、错误，要进行正面说服教育，在一定情况下可以执行必要的纪律，但必须坚持以正面说服教育为主。对绝大多数职工的缺点和错误，通过摆事实、讲道理，从正面来耐心说服教育，提高认识，就能得到解决。如果动不动就采取批判、斗争，粗鲁简单的办法，必然会挫伤群众的积极性，影响内部团结，解决不了思想问题。

四、在对职工的思想教育中，有自上而下地进行教育与群众性的相互教育两个方面，而应以群众性的相互自我教育为主。职工中日常大量的思想问题，应当主要是依靠党团员、积极分子，通过班组座谈和个别谈心的方法去解决。这样就能最及时、最实际地解决群众中的思想问题。

第四，明确树立三个观点。

一是生产观点。政治工作必须从生产实际出发，为生产服务。因此，政治工作必须做到生产过程中去，做到科学实验中去，做到日常生活中去，了解人们在干什么、想什么。透过这些来分析人们的思想活动，用正确思想把人们武装起来，指出正确的方向。这样，政治工作就会有的放矢、生动活泼，就能把政治和经济、政治和技术统一起来，精神力量就会变成物质力量，在生产上发挥巨大的威力。

二是群众观点。政治工作还必须从大多数人出发，从积极方面出发。一支队伍中，有积极方面，也有消极方面，有先进的部分，也有落后的部分。我们做工作，什么时候也必须从大多数出发，调动积极因素，克服消极因素，推动先进，改变落后。这样，我们企业里的好人好事，就会层出不穷，整个队伍就会共同提高，不断前进。反之，如果工作不是从积极方面出发，而是从消极方面入手，不但消极的东西得不到克服，落后的部分得不到改造，而且正气不能上升，革命精神得不到发扬，队伍就会没有生气，没有战斗力。

三是革命化观点。政治思想工作是做人的革命化工作。通过长期艰苦细致的思想教育工作，发扬革命精神，培养革命风气，使人人革命化，使人们明确意识到自己是在干革命，自己所做的平凡的工作，都是革命工作的一部分，做好本岗位的工作，就是对革命尽了力量，做出了贡献。这样，人们就会勇气十足，浑身是劲，奋不顾身地来进行工作。

总机厂班长何作年说："我一九六二年来大庆以前，是在一个电机厂当车工，立过六次功，可到这里怎么也跟不上，连工时都撑不上。通过评功、阶级教育、评补助粮，我的思想通了，我也忆了苦，这一下懂得了革命。石油工人干什么都是革命，捡个螺丝是革命，擦机器是革命，扫个地也是革命，反正我不论干啥，总觉得自己是在革命，因此，劲很足。"

总之，一切工作都必须以毛泽东思想为指针。只要遵循毛泽东思想办事，不论那里环境多么艰苦、紧张，条件多么困难，任务多么艰巨，职工士气总是旺盛，团结总是亲密无间，工作总是活跃有力。离开毛泽东思想，就一定做不好工作。大庆石油会战的胜利，就是毛泽东思想的胜利。

同志们，我在上面汇报了大庆石油会战的工作情况和一些基本经验。总的来看，大庆油田的工作，有成绩的一面，也有缺点、错误的一面。就是从成绩方面来说也不是一下就做得很好的，而且现在也不是各方面工作都做得一样好，实际上还是有好的有差的，是不平衡的。从缺点错误方面来讲，主要有以下几个问题：

第一，在会战中，由于职工的觉悟比较高，干劲大，一个胜利接着一个胜利，掩盖了我们在组织领导方面的许多缺点、错误。例如，劳动力组织上有不尽合理的地方，劳动力的使用，精打细算不够，有些任务考虑不周，工作多变，因而造成工作上有时紧，有时松，有时劳动时间过长，有时调动频繁。这就无形中浪费了劳动力，而且很不利于劳逸结合、珍惜职工的劳动热情。群众反映："不怕你任务重，就怕变动多。"这在我们今后实际工作中，必须严肃对待，切实地加以改正。

第二，会战中，从勘探到油田开发，发展很快，企业管理上出过很多问题，曾经发生过一些严重事故。例如一九六○年有两部钻机，由于井喷事故，井场下沉，被埋掉，共损失一百多万元；一九六二年初，由于管理不善，一座注水泵站发生火灾，全部被烧毁，损失六十三万元。这些都说明我们的企业管理制度很不完备。至今有些制度还没有建立起来，有些制度建立不久，还不健全。班组的经济核算制度，还在试点阶段，职工中的成本观念，还不是很强烈；原材料消耗上，还有许多漏洞，浪费现象还不少。在技术管理上，还不严密，工程技术干部的工作，还不够条理化，还不够正规。基层岗位责任制度，虽已普遍建立，但有些单位执行得还时好时差，有百分之四十的单位还没有做到"四个一样"。大队以上干部的岗位责任制，还不具体。

第三，会战中，虽然我们也解决了一些重大技术难题，但至今还有一些重大技术问题，尚未解决。

第四，由于生产发展得很快，新投产的油井和装置都很多，人员培训工作没有跟上，安排得不及时；有些生产人员，技术水平低，操作不熟练，增加了老工人的劳动强度。今后油田生产规模进一步扩大，这个矛盾将会更加尖锐，这就迫使我们必须抓紧解决。

第五，职工生活上，还有一些重要问题，应该解决而没有得到解决。主要是房子问题，现在都是凑合在一起住。由于房子不够，有不少应该来矿的职工家属，不能来。特别是一批转业战士，在部队四年，转业来矿也快四年，至今还解决不了他们的带家问题。已经到矿家属的子弟，上学问题，也没有完全得到解决。矿区的文化娱乐条件较差。这些问题都需要我们今后逐步解决。

今后大庆油田的任务，还是很艰巨的，我们必须兢兢业业，戒骄戒躁，谦虚谨慎，努力学习大家的先进经验，认真地克服缺点，把工作做得更好。

我们的报告有什么不对的地方，欢迎同志们批评。

※ 以上根据石油工业部部长余秋里同志、副部长康世恩同志在中央直属机关和北京市干部大会上的报告记录整理。

坚持"两分法"前进

大庆石油会战取得的成就，得到党中央、国务院的高度重视和赞扬。1963年11月17日到12月3日，全国人大二届四次会议召开，周恩来总理正式向与会代表宣布："由于大庆油田的发现和建成，我国经济建设、国防建设和人民需用的石油，过去大部分依靠进口，现在不管是在数量上或者在品种上，都已经基本自给了。"

11月19日，人大会议特别安排半小时，让余秋里向与会代表汇报大庆石油会战情况。

12月26日，《人民日报》称："中国人民使用洋油的时期，即将一去不复返了。"

12月28日和29日，党中央书记处又让余秋里和康世恩代表石油工业部党组分别向中央机关17级以上干部和北京的工矿企业领导，介绍大庆石油会战的经验。

1964年1月初，毛主席号召"工业学大庆"。

2月5日，中共中央传达《石油工业部关于大庆石油会战情况的通报》，认为大庆经验"虽然有其特殊性，但具有普遍意义"，要求将报告全文和录音传达到基层。在这期间，《人民日报》连续发表关于大庆会战的长篇通讯、社论，由此掀起工业学大庆热潮。

在全国人民学大庆的情况下，大庆职工受到很大的鼓舞，人人感到无尚光荣，都憋足一股劲，一心想再接再厉，做出更大贡献。有些领导干部让喜悦冲昏了头脑，讲成绩多，讲缺点少，看有利条件多，看不利条件少，盲目地率领群众打冲锋，生产质量出现下滑的苗头。会战工委敏锐地觉察到："摆在我们面前一个突出的问题，就是在胜利的时候，在受到表扬的时候，能不能谦虚谨慎，继续前进，这是个很大的考验。在这种情况下，如何引导职工走上正确的方向，是一个迫切需要解决的问题。"正在这时，毛泽东主席发表了关于《加强相互学习，克服固步自封、骄傲自满》的文章。这篇文章，并非针对石油工业和大庆油田，但石油工业部党组抓住时机，及时向全体干部和职工进行"两分法"的教育。1964年2月19日到21日，石油工业部党组连续召开扩大会议，学习"两分法"，讨论怎样对待成绩和荣誉。余秋里强调："面对党中央的表扬，有几种可能：一种前进，一种踏步，一种后退。"康世恩强调："实际上只有一种选择，就是靠两分法前进。"石油工业部党组决定，在全石油系统开展学习毛主席的"两分法"，使"两分法"成为每个职工应有的思想武器，成为领导方法。大庆油田于3月12日，召开3000人参加的"五级三结合"会议，动员各级领导干部，认真学习"两分法"，联系实际，检查工作，提高认识。主要内容是：（1）在任何时候，对任何事情，都要用"两分法"。成绩越大，形势越好，越要一分为二。只看成绩，只看好的一面，思想上骄傲自满，成绩就会变成包袱，大好形势也会向反面转化。（2）对待干劲也要用"两分法"。干劲一来，引导不好，就会只图速度，不顾质量，结果好心肠出不来好效果，反而会挫伤职工的积极性。（3）领导要及时提出新的、新鲜的、经过努力能够达到的高标准，引导职工始终向前看。（4）以"两分法"为武器，坚持抓好工作总结。走上步看下步，走一步总结一步，步步有提高，方向始终明确。这时，会战工委领导还分别到35个钻井队、采油队、施工队，包括1205、1202钻井队这样先进的单位去蹲点，用"两分法"总结成绩和缺点，主要是发现存在的问题，并以《要学会用两分法看问题》为专栏，连续在《战报》上刊登文章，教育广大干部和职工。与此同时，会战主要领导还按照毛主席关于要把"别部、别省、别市、别区、别单位好经验、好作风、好方法学过来"的指示，派出三个学习团到外地学习取经。其中，有到沈阳军区和解放军政治学院学习的；有到哈尔滨、齐齐哈尔、沈阳等先进单位学习的；还专门请著名的全国劳动模范和技术能手钻头大王倪志福、刀具大王金长福、革新能手苏广铭等来油田，向职工表演献技。油田领导干部还对照解放军和先进单位的经验，找出 18 条主要差距，印发给职工讨论，以身作则带动油田上下从高标准着眼，从大量的、常见的低标准、老毛病入手，开展群众性的找差距活动。两个月的时间，全油田从人到物，从工作到思想作风，从施工质量到执行规章制度，共找出存在的问题 120 多万个。

在大找差距，狠反低水平、低标准的基础上，会战工委领导深入基层，调查研究，总结基层工作经验，提出新的工作目标和工作方针，推动油田开发建设的全面发展。在队伍建设方面，按照石油工业部党组提出的"三老四严"要求，培养队伍作风，树立"严细成风"的采油三矿四队；在会战工委领导干部的自身建设方面，根据中共中央颁发的《党政干部三大纪律、八项注意》，根据石油会战以来的经验，制定大庆油田领导干部《约法三章》。它的主要内容是：一要坚持发扬党的艰苦奋斗的优良传统，保持艰苦朴素的工作作风，永不特殊化；二是克服官僚主义作风，永不做官当老爷；三要坚持"三老四严"作风，保持谦虚谨慎，永不骄傲，永不说假话。在油田管理工作方面，提出了新的高标准、严要求；在生产建设上要实现项项工程质量全优，事事做到规格化，人人做出事情过得硬。一切措施都要有利于质量全优，有利于提高工作效率，有利于安全生产，有利于增产节约，有利于文明生产和文明施工。同时，号召职工"向高度机械化、高度自动化进军，发展新技术新工艺"。

"两分法前进"体现了大庆人永不知足的进取精神。坚持"两分法"看问题，使得大庆人在成绩面前不骄傲，在大好形势下不迷失方向，在赞扬声中冷静地找出自己的缺点和不足，不断超越自我，赢得各种挑战，终于成就其后来连续 27 年 5000 万吨稳产的奇迹，并使其登上主力油田采收率 50% 以上的世界之巅。

决定对大庆油田实行军事管制

1966 年 5 月开始的十年"文化大革命"，使大庆油田遭到新中国成立以来最严重的挫折和损失。

1967 年 3 月 23 日，针对大庆油田日趋混乱的情况，为维持各项生产工作正常进行，保证各种生产设施不受损害。中共中央、国务院、中央军委发出《关于大庆油田实行军事管制的决定》。决定中规定，自 1967 年 3 月 27 日起，由中国人民解放军沈阳军区派驻大庆地区的部队，组织大庆油田军事管制委员会，并向油田所属各生产指挥部、各重点单位、各重要的居民区派出军事代表，实行军事管制。大庆油田军事管制委员会，受石油工业部和沈阳军区共同领导，接管大庆油田的党政权力，保卫油田的生产和基本建设。并根据"抓革命、促生产"的原则，组织广大职工坚守生产岗位，遵守劳动纪律，完成各项生产任务。决定要求，尚在外地串连的职工，要迅速回到生产岗位；健全和改造各级生产业务领导班子，积极恢复各级生产指挥系统的正常活动；各级生产业务领导班子，要依靠群众，勇于负责，保证生产、建设、科研、设计工作的正常进行。决定要求，当时驻大庆油田的外地学生和外单位职工，要迅速返回本校、本单位。3月27日，大庆油田军事管制委员会成立。先后任军管会主任的有：沈阳军区六十三军副军长安怀、十六军副军长褚传禹和黑龙江省军区原司令员丁继先。

大庆油田军事管制委员会成立后，于当年就组织由油田各界群众、人民解放军指战员1.5万人参加的、声势浩大的集会和示威游行，愤怒声讨诬蔑和否定大庆的无耻谰言，捍卫毛主席树立的大庆红旗。大庆《战报》发表评论员文章《坚决贯彻六.六通知，立即停止武斗》；组织东北石油学院召开复课闹革命誓师大会等，企业逐步落实"抓革命，促生产"，对稳定局势起到了积极作用。

后来，随着形势的好转，各级党政组织的建立和健全，大庆与1973年2月23日撤销军事管制。

恢复"两论"起家基本功

从1964年底到1966年，大庆油田坚持"两论"起家基本功，坚持"两分法"前进，原油产量逐年递增，各项事业全面发展。到1966年底，建成产能1300万吨，原产量达1060万吨，财政上缴15.38亿元，成为全国上缴最多的企业。

大好局面为大庆的跨越式发展，提供了前所未有的有利契机。

然而，就在这时，"文化大革命"殃及大庆。原本就在风口浪尖上的大庆，迅速成为一个重灾区。

消息很快传到北京，周恩来总理向毛泽东主席作了汇报。为了维护油田正常开发建设程序和工作秩序，中共中央、国务院和中央军委发出《关于大庆油田实行军事管制的决定》，决定重申"大庆油田是在伟大的毛泽东思想哺育下成长起来的我国工业战线的典范"。1967年3月27日，中国人民解放军沈阳军区某部进驻大庆，开始实施军事管制。

当时的形势，严重影响油田生产，工程质量下降，事故频发，原油生产出现被动局面。新投入开发的杏树岗油田，由于没有贯彻执行早期注水、保持压力的开发方针，造成油田压力下降，15个投产排块，全部是低产排块，低压井占油井总数的77.4%。这种情况不单发生在杏树岗油田。1970年一季度，整个大庆油田有测压资料的65个排块中低压排块有38个，占测压排块数的58.5%；测压的875口井中，低压井有464口，占测压井数的53%。随着油层压力下降，油井平均单井日产量下降6.23%，含水上升率则高达6.78%。这种"两降一升"状况的出现，使油田地下形势开始恶化。1970年，第一次出现欠产18万吨的情况。那几年，各类生产事故不断发生。1967年9月9日，炼油厂加氢车间爆炸，死45人，伤85人，厂房被毁，设备损失严重，停产两年；1970年2月，供应橡胶库百万元物资付之一炬；大庆缝补厂主要车间被一把火烧光。

面对严峻的局面，为了捍卫大庆红旗，保卫大庆油田，"铁人"王进喜于1970年3月11日到北京向国务院和石油工业部汇报大庆的情况。石油工业部军管会根据王进喜反映的情况迅速整理一份《关于大庆油田生产情况的报告》，上报国务院。周恩来总理对大庆的情况一直非常关切，曾多次忧心忡忡地说："大庆是毛主席树起的红旗，大庆出了问题就是大问题，不好向毛主席交代。"见到这份报告后,迅速作了"大庆要恢复两论起家基本功"的批示,同时指示石油工业部要派人到大庆去,帮助解决问题,并接见了王进喜。根据周总理的指示,余秋里直接点名石油工业部副部长孙晓风带领一个工作组,其中包括张文彬,赶赴大庆扭转混乱局面。工作组到大庆后,首先层层召开会议,传达总理批示。从玉门请来老工人报告团,讲传统、讲革命、生产的关系,到现场亲手示范。原大庆会战领导宋振明、陈烈民陆续恢复工作,排除干扰,组织油田职工深入开展学"两论"、忆传统活动,以恢复大庆优良传统和革命作风;几万工人、干部对油田地下进行空前规模的大调查,重新核实,补取大量的资料、数据,摸清地下情况;组织一次"八四三"会战,即抢建、抢修843口油水井。这次会战是一次大规模的生产建设活动,一万多名油建工人连夜奔赴前线施工。采油工人在修井中,由于设备多用在战备上,就用人力提拉油管,使上百口被损油井迅速恢复生产,到1970年底,累计抢修、抢建油井682口,注水井190口,到10月杏树岗油田3个新区块投产,从而基本扭转油田产量下降的局面。为了从根本上扭转杏树岗油田开发的被动局面,在调查研究的基础上,从1972年起,宋振明等人刻不容缓地抓科研工作的恢复,组织技术干部进行专题科研攻关,从开发方案到工艺技术都进行调整。首先精心组织投产700余口油井;其次,调整注水井网,由行列注水改为面积注水,抢投注水井200口,逐步提高注水量。经过三年调整,杏树岗油田日注水量增加76%,原油日产量增加34%,低压排块全部转变,出现一批高产油井。同时,恢复中断四年之久的第五十一

次岗位责任制大检查。1972年6月,开展岗位责任制建立十周年总结活动,重申岗位责任制是管好油田的根本制度。并在《大庆战报》头版头条刊登调查报告《毛主席咋说咱咋办,坚持大庆精神不动摇》,有理有节地指出:"要自觉从严,落实在各项工作中";"坚持科学态度,开发油田,管好油田";"要健全各项规章制度,使管理工作有章可循";"抓基层,打基础,苦练基本功";"狠抓队伍建设,发挥党支部战斗堡垒作用"。1973年,大庆油田职工再接再厉,展开开发喇嘛甸油田的会战。4月上钻机,6月上基建,98天产出原油。于1974年底,建成年产800万吨的生产能力。1975年,喇嘛甸油田全面投入开发,使全油田当年生产能力达到4443万吨,为大庆油田高产上5000万吨创造条件。

中共中央转发国家经委党组《关于工业学大庆问题的报告》的通知

中共中央转发国家经委党组《关于工业学大庆问题的报告》的通知

中发〔1981〕47号文件

各省、市、自治区党委,各大军区、省军区、野战军党委,中央各部委,国家机关各部委党组,军委各总部、各军兵种党委,各人民团体党组:

国家经委党组《关于工业学大庆问题的报告》,对大庆的基本经验、工业学大庆运动、大庆式企业的分析和看法,是符合党的十一届六中全会精神的;对工交战线今后宣

传和学习先进典型的意见，是切实可行的。中央同意这个报告，现转发给你们。

在我们党的领导下，以毛泽东思想武装的大庆石油职工，在六十年代初，面对苏联霸权主义的封锁，在极其困难的条件下，下定为祖国争光、为人民争气的决心，发愤图强，"两论"起家，建成了具有世界先进水平的大油田，结束了中国使用"洋油"的时代；七十年代初，在林彪、江青反革命集团严重破坏期间，他们坚强勇敢，排除干扰，大幅度提高原油产量，对国民经济在大动乱中仍能取得进展起了重要作用；粉碎"四人帮"以来，在老油区产量连年递减的情况下，他们千方百计，苦干巧干，实现了稳产高产，保持了年产原油五千万吨的水平，继续为国家做出了很大贡献。大庆石油职工自力更生、艰苦创业的实践，大庆油田不断前进和发展的历史，大庆广大干部和群众创造的一套我国自己建设和管理现代化企业的经验，表明大庆不愧为我国工交战线的先进典型，大庆职工不愧为我国工人阶级的先进部分。

应该指出，过去在长期"左"的思想影响下，把大庆的一切经验几乎都和阶级斗争、路线斗争联系起来，去总结、去拔高，总结一次，拔高一次，直至把有些经验绝对化、模式化，在宣传和推广中出现了这样或那样的问题，这是在特定的历史条件下造成的，主要责任在当时的党中央，在有关的上级领导。在指出这些问题的同时，必须肯定大庆的许多宝贵经验，仍然有着重要的现实意义。中央希望，全国工交战线的领导干部和广大职工，都要从自己的实际情况出发，学习和发展包括大庆在内的一切先进典型的好经验，以改进领导作风，建设职工队伍，加强企业管理，推进四化建设。中央希望，大庆和整个石油战线的领导干部和广大职工，要继承优良传统，发扬革命精神，务必谦虚谨慎，坚持"两分法"前进。

毛泽东同志曾经指出，我国工人阶级是中国新的生产力的代表者，是近代中国最进步的阶级，做了革命运动的领导力量，他们最有远见，大公无私，最富于组织纪律性，最富于革命的彻底性，特别能战斗。毛泽东同志还说过："人是要有点精神的。"战争年代是这样，建设时期也是这样。大庆石油职工之所以能够创造出那样的英雄业绩，为国家做出那样大的贡献，最重要的就在于他们继承和发扬了我国工人阶级的革命传统和优良品德，就在于他们有强烈的爱国主义精神和民族自豪感，有不怕困难、勇挑重担的革命英雄主义气概，有高度的国家主人翁责任感。他们的这种革命精神，充分体现了我国工人阶级的本色，在社会主义现代化建设的新时期，应该进一步发扬光大。

精神和物质在一定条件下可以互相转化，这是马克思主义的一条基本原理。在肃清"左"的思想影响中，批判"精神万能"的错误观点，是完全必要的，但决不能因此否定革命精神对改造客观世界的能动作用。在改造客观世界的过程中，在大体相同的物质条件下，由于人们精神面貌的不同，必然会产生不同的结果。目前，在调整国民经济中，有些领导干部消极畏难，怨天尤人，这也不可能，那也办不到，这种精神状态，必须坚决地、迅速地加以改变。气可鼓不可泄。我们反对无视客观条件，制定超越实际可能的"高指标"，勉强去办那些经过努力还办不到的事情；但是，我们一定要把科学态度和革命精神结合起来，鼓足干劲，知难而进，积极去办好那些经过努力可以办到的事情，使国民经济在调整中保持一定的发展速度，使各项经济建设事业取得更好的经济效益。

建设一支为四化英勇奋斗的，思想先进、技术熟练、纪律严明、团结协作的职工队伍，是新形势和新任务的迫切要求。在向现代化进军中，我国广大职工肩负着历史重任，当前正在努力克服困难，积极发展生产，为国家多做贡献。但也必须看到，由于职工队伍的不断扩大，大量新的人员把小生产、小市民的思想意识和生活习气带到了工人阶级内部；由于十年内乱期间林彪、江青反革命集团的干扰破坏；由于剥削阶级特别是资产阶级腐朽思想和生活方式的侵蚀；加上我们放松了对职工队伍的思想政治教育和培养训练工作，以致在各个地方和工交企业的一些干部、党团员和职工中，都不同程度地存在着思想涣散、纪律松弛、工作马虎、损公利己等消极现象。一些领导干部的官僚主义和脱离群众等不正之风，又助长了这种消极现象的蔓延，影响了广大职工的社会主义积极性。

对于上述问题，各级党政领导机关和工交企业中的党组织，必须高度重视，认真解决。在今后的工作中，一定要坚持思想领先的原则，加强思想政治工作，特别要加强对青年职工的教育和帮助。要教育职工坚持四项基本原则，坚决执行党的方针政策，正确认识和对待国家、集体和个人三方面的利益关系，引导职工自觉做到个人利益服从集体利益，局部利益服从整体利益，眼前利益服从长远利益。要坚决批判和纠正有些企业和单位的领导干部迁就少数人的落后意识，迎合他们的不正当的要求，用各种办法损害国家和集体利益的错误倾向。要充分发挥共产党员、共青团员的先锋模范作用，充分发挥工程技术人员的重要作用，充分发挥老工人、老模范的骨干作用，坚持开展社会主义劳动竞赛，坚持开展比学赶帮超的群众活动，坚持做好职工教育培训工作，不断提高职工的思想政治觉悟和文化技术水平。要坚决克服思想政治工作涣散无力的状态，积极支持和帮助企业行政加强企业管理，做到敢抓敢管，赏罚分明，对好人好事要及时表扬，对各种不良倾向要敢于批评，对一切违法乱纪行为要严肃处理。

目前，全国的政治、经济形势是好的，农村的形势更好。农业生产的迅速发展，给工业生产和交通运输提出了许多新的要求。工交战线的广大职工一定要努力生产更多更好的农业生产资料、日用消费品，办好交通运输事业，以适应广大农民发展生产和改善生活的需要，进一步密切城乡关系，巩固工农联盟。工交战线的各级领导同志，一定要继续解放思想，坚持群众路线，深入实际抓问题，破除框框走新路，要善于发现先进典型，总结先进经验，实事求是地加以宣传和推广。

各地党委、各工交部门和企业中的党组织收到这个文件后，都要认真学习讨论，并向全体干部、党团员和职工进行传达。要结合企业的整顿工作，充分发动群众，联系本单位的实际，正确运用批评与自我批评的武器，认真检查一下本单位领导干部和广大职工的精神状态，是不是适应当前的形势？是不是鼓起了革命干劲，是鼓了十分还是只鼓了几分？每个领导同志是不是做到了密切联系群众，与群众同甘共苦？职工同志是不是都能以国家和企业主人翁的态度进行工作和生产？是不是认识了工人阶级只有解放全人类才能最后地解放自己的真理？要在此基础上召开职工代表大会，制定有力措施，动员广大职工进一步振奋革命精神，进一步增强主人翁责任感，把工业生产和交通运输提高到一个新的水平。

中共中央
一九八一年十二月十八日

附：

关于工业学大庆问题的报告（节选）

中央书记处：

　　根据党的十一届三中全会的思想路线，实事求是地评价大庆经验，认真总结学大庆中的经验教训，正确对待工业学大庆运动，这对于调动工业交通战线广大企业和职工的积极性，坚持和发展我国自己的管理企业的好经验、好传统，继续正确地开展学先进的活动，有着积极的现实意义。现将我们经过调查研究后的一些想法和意见报告如下：

　　（一）对大庆基本经验应该肯定。大庆油田一直是工业战线的一个先进典型。六十年代前期，大庆油田为独立自主、自力更生发展我国石油工业做出了卓越贡献。在十年动乱中，大庆油田针对林彪、江青反革命集团的疯狂破坏，提出"大干社会主义"的豪迈口号，团结广大职工，鼓足干劲，坚持生产，原油产量稳步上升，一九七六年达到年产五千万吨水平。在当时极其困难的情况下，大庆油田对国家经济建设仍能有所进展起了重要的作用。一九七六年以来，大庆油田老油区产量连年递减、注水量大量增加，他们发动群众，积极采取措施，做了大量工作，继续保持稳产高产。到一九八〇年底累计为国家生产原油五亿二千七百万吨，累计财政上缴等于国家投资的十七倍，现在每年给国家上缴利润和税金四十亿元左右，为社会主义建设积累了大量资金，做出了重大贡献。

　　大庆油田在生产建设实践中，创造了许多好的经验，其中最可贵的，是他们从油田的实际出发，认真学习和运用毛泽东思想，在实际斗争中培育出来的大庆精神。大庆职工面对苏联霸权主义的封锁，那种发愤图强、自力更生、以实际行动为中国人民争气的爱国主义精神和民族自豪感；在严重困难面前，那种无所畏惧、勇挑重担、靠自己双手艰苦创业的革命精神；在生产建设中，那种一丝不苟、认真负责、讲究科学、"三老四严"、踏踏实实做好本职工作的求实精神；在处理国家和个人关系上，那种胸怀全局、忘我劳动、为国家分担困难、不计较个人得失的献身精神，等等。这些都是中国工人阶级优秀品质的表现，是需要大大提倡和发扬的。过去我们靠这种精神，甩掉了石油工业的落后帽子；今后还要靠这种精神，推进社会主义现代化建设。

　　大庆油田还在其他许多方面，为我国工业生产建设提供了丰富的经验。他们坚持思想领先的原则，深入细致地做思想政治工作，不断加强领导班子和职工队伍建设的经验；他们坚持学习铁人王进喜，年年进行总结评比，选模范，树标兵，以一批先进个人和先进集体带动整个队伍革命化的经验；他们坚持科学态度，掌握第一性资料，加强基层建设、基础工作、基本功训练，建立以岗位责任制为中心的各项管理制度的经验；他们依靠职工管理企业，重视发挥工程技术人员的作用，发扬政治民主、技术民主、经济民主、坚持"两参一改三结合"的经验；他们提倡领导机关和后勤部门面向基层，为生产第一线服务的经验；他们在发展生产的基础上逐步改善职工生活，组织职工家属因地制宜地发展农副业生产和创办集体福利事业的经验，都是十分可贵的。这是大庆油田广大干部、工人和职工家属在毛泽东思想指引下艰苦奋斗、辛勤劳动的结晶，应该加以肯定。还应该指出，在大庆企业的经营管理上，中央和地方的上级领导机关一向注意给他们以相当的自主权，调动了大庆不断改善经营管理的积极性，使他们能够在生产、基建、资金等方面，根据实际情况，统筹兼顾、合理安排、多快好省地促进生产的发展。大庆这方面的实践经验，也应该加以肯定。所有这些经验，不仅在过去起了好的作用，而且对于我们当前加强政治思想领导，振奋革命精神，搞好现有企业的整顿，提高企业管理水平，推进社会主义现代化建设，仍然具有重要意义。

当然，大庆经验是在大庆油田这个具体环境中产生的，是在一定的历史条件下形成的。在十年动乱中，大庆也受到"左"的错误的影响。大庆油田应本着六中全会决议的精神，认真总结经验教训。既要敢于坚持经过实践证明是正确的经验，又要不断修正不再适用的东西，坚决纠正那些不大科学甚至违背客观规律的错误的东西，更要在新的形势下，在实践中探索、总结出符合现代化建设要求的新的经验。做到有所创造，有所发展，有所前进。这就要求大庆油田的同志更加自觉地坚持"两分法"前进的原则，虚心学习其他先进单位和国外的先进经验，发扬成绩、克服缺点、谦虚谨慎、戒骄戒躁，为四化建设做出更大贡献。

（二）工业学大庆运动主流是好的，对其历史作用应该加以肯定。十几年来，工业学大庆运动经历了一个曲折发展的过程。一九六四年，毛泽东同志号召"工业学大庆"，周恩来同志总结了大庆油田"两论"起家的基本经验，总结了大庆建设"工农结合、城乡结合、有利生产、方便生活"的新型工业矿区的经验，这对当时振奋全国人民自力更生、奋发图强的精神，推进社会主义建设事业，起了很大作用。十年动乱中，林彪、江青反革命集团极力歪曲和否定大庆的基本经验，攻击、污蔑大庆的革命精神，使学大庆运动受到很大的干扰和破坏。一大批先进企业被说成是"黑样板""黑典型"，学先进不能讲了，企业里问题成堆，不少单位生产上处于瘫痪状态。粉碎"四人帮"以后，为了迅速恢复濒于崩溃的国民经济，切实解决企业中存在的问题，迅速恢复和发展生产，工业交通战线广泛地开展了工业学大庆运动，学习和推广大庆经验，创建和命名了一批大庆式企业。所有这些是起了积极作用的，效果是好的。

在工业学大庆、普及大庆式企业的运动中，我们着重抓了二十七个关系国民经济全局的大型骨干企业和三百二十个地方重点企业。各行各业都树立了一批先进典型，各地在整顿企业中，加强了领导班子的建设，恢复和建立了正常的生产秩序、工作秩序。狠抓了以提高产品质量为中心的各项基础工作，在部分企业中推行了全面质量管理、全面经济核算和全员培训，使很多企业管理工作逐步走上了正轨。到一九七九年底，全国大中型企业恢复性的整顿工作取得很大成绩，县属以上企业建成大庆式企业的有一万多个。这些单位，大多数至今还保持先进水平，在发展生产、改善经营管理、提高经济效益方面，做出了显著成绩。对于他们做出的贡献和获得的荣誉称号应该给以充分的肯定，以进一步调动广大职工的积极性，促使这些企业巩固提高，继续前进。当前，全国工业交通战线正在开展一个全面整顿企业、为国家多做贡献的活动，各地方和各单位在这一活动中都要结合学习大庆和其他先进典型的经验，做出更大的努力，使工业生产和交通运输工作能取得更好的经济效益。

在工业学大庆、普及大庆式企业的运动中，在指导思想和具体组织工作上，确也存在一些缺点和问题。主要表现在：（1）对大庆的经验缺乏一分为二，说了一些过头的话。任何先进典型都不可能十全十美，他们的经验是在一定的具体条件下产生的，有的具有普遍意义，有的就不可能适用于一切地区、部门和企业。因此，对大庆的经验，绝不能照抄照搬，更不能把学大庆说成是革命不革命的问题。而在过去一段时间内，往往把大庆的一些经验模式化、绝对化，用一个模式去指导各行各业的工作，提出一些不切实际的要求。（2）在普及大庆式企业中，存在着某些要求过急、降低标准的情况和一些形式主义的毛病。比如组织大检查、大评比、大参观，规模越来越大，时间越拉越长，甚至出现了"千人百日检查团"，铺张浪费，效果不好。（3）学习大庆经验，有些单位不从实际出发，生搬硬套，有的甚至提出"大庆怎么干，我们就怎么干""大庆怎么迈步，我们就怎么走路"的口号。出现这些情况，问题不在大庆，主要责任在我们国家经委党组。这方面的经验教训应当认真吸取。

（三）对今后学习和宣传先进典型的一些意见。为了搞好经济调整和体制改革，逐步实现经济结构、管理体制和企业组织的合理化，走出一条发展我国经济的新路子，开展学先进的活动仍然是一个十分重要的方法。榜样的力量是无穷的，先进单位、先进人物代表着事物发展的方向。在建设社会主义物质文明和精神文明的过程中，要进一步发挥先进典型的作用。要通过学习先进，推广国内的好经验，同时吸收国外的好经验，以期逐步形成一套具有我国特点的社会主义企业的管理制度和办法。为了继续发展已经形成的好形势，大庆的基本经验仍然应该继续宣传和推广，大庆自力更生、艰苦创业的革命精神仍然应该继续提倡和发扬，以铁人王进喜同志为代表的大庆职工的好思想、好作风仍然应该学习和表彰。

总结前几年工业学大庆运动的经验和教训，对今后工交战线继续开展学先进活动提出以下建议：

（1）要把选模范，树标兵，定期进行总结评比，表彰先进单位和先进人物，作为一项经常性的活动开展起来。要以学先进、赶先进为内容，广泛开展比学赶帮超的劳动竞赛和群众性合理化建议活动，充分发挥劳动模范、先进人物在竞赛中的骨干作用，要在企业里形成争当先进光荣、多做贡献光荣的风气，扶植和发扬正气，压倒歪风邪气，彻底改变先进人物受孤立、受打击的不正常状况。

（2）要提倡辩证法，反对形而上学。对先进典型任何时候都要一分为二，讲成绩不能夸大，有了缺点也不能护短。对树立和宣传先进典型要持慎重态度，不能搞一阵风，说好就一切皆好，出了一些问题就一无是处，先进典型是不断发展的，不会一成不变。对于先进典型，要从政治上、思想上、工作上给予正确的指导，严格要求，使他们能够不断前进。对于经过实践检验、长期起作用的先进经验，应该实事求是地坚持宣传和推广。

（3）学习先进典型一定要从自己的实际情况出发。我国工交企业单位近四十万个，情况千差万别，学习先进绝不能搞一个模式，"一刀切"，绝不能生搬硬套，强迫命令，应该提倡学习有选择的自由。比如学习上海和其他地区先进经验时，学什么、不学什么，先学什么、后学什么，都要具体分析，根据自己的情况来决定。

（4）学先进要注重实效，反对形式主义。做经济工作，学习先进典型，一般不宜采取搞运动的形式，也不能简单化为一句口号。不要大轰大嗡、一阵风；不能讲排场，图形式。

（5）先进典型对自己要一分为二，要谦虚谨慎，警惕骄傲自满、固步自封；要善于向别人学习，取长补短，不断取得新的进步。大庆也应当这样，建议石油工业部和黑龙江省委加强对大庆油田的领导，帮助他们进一步实践和总结在现代化建设中的新经验。

以上意见当否，请批示。

中共国家经委党组
一九八一年九月二十四日

实行政企分开

大庆政企合一的领导体制，是在石油会战的特殊环境和特殊历史条件下形成的。20多年来，这种体制为大庆油田的开发建设和地区经济的发展发挥重要作用。但是由于政企不分，一方面因企业办社会，沉重的负担制约油田的建设和发展；另一方面因大庆市政府职能不完整，物权与财权不统一，难以对区域经济和社会发展进行统筹规划和客观调控，又制约地方经济的发展。因此，随着改革的不断深入，按照建立社会主义市场经济体制的要求，改革管理体制，政企分开，已成必然趋势。1983年9月30日，大庆市（局）党委提出实行政企分开和市局机构改革方案。该方案经石油工业部、黑龙江省委多次协商，于12月20日正式批准实施。随即，大庆市人民政府和大庆石油管理局，中共大庆市委员会和中共大庆石油管理局委员会分设机构。市政府负责市政工作，隶属黑龙江省政府领导；石油管理局负责石油天然气的生产建设和经营管理，隶属石油工业部（后改为中国石油天然气总公司）领导；大庆石油化工总厂已于1983年9月14日划归中国石油化工总公司。

这次改革，主要遵循四条原则：一是发挥大庆政企合一时期实行集中统一领导，以石油和石油化工为中心，同时兼顾市政建设的优点，发挥市委、市政府对石油、石油化工企业的领导、帮助、服务、协调的作用。二是改革要有利于加强专业化管理，有利于锻炼培养干部，有利于石油化工和市政建设的统一规划，有利于减轻"企业办社会"的负担，有利于搞活经济和提高经济效益，有利于把大庆建设成为现代化的石油和石油化工基地。三是按照政企分开及经济改革的趋势，政企能分开的尽可能分开；不可能分开的，暂时挂两个牌子，合署办公，有的变为经济实体，有的变为事业单位。四是精减机构，减少层次，克服官僚主义，提高工作效率。

1984年1月，政企分开、机构分设、职责分担后，为确保大庆油田持续高产稳产，促进大庆市经济和社会发展，维护职工队伍和社会稳定，经黑龙江省委、石油工业部党组、石化总公司党组等协商，确定大庆实行"三位一体"的领导体制，即大庆市、石油管理局、石油化工总厂视为一个有机的整体，在领导班子配备上，主要领导成员实行必要的交叉任职。这种市、局、总厂主要领导交叉任职的情况，一直延续到1996年3月。

大庆实行政企分开后，全局职工总数15.4万多人，分为钻探、采油、基建、供水、机修、电力、运输、供应、通信、卫生、教育、科研、机关等不同专业。石油管理局机构设置，本着改革、精简、效能的原则，党委机构设办公室、组织部（含老干部管理处）、宣传部、纪检委、机关党委及总工会、团委，临时机构设整党办和经打办。局行政机构设置9部1室，即勘探部、钻井部、开发部、基建工程部、科技发展部、生产协调部、计划规划部、财务经营部、劳动人事培训部和局办公室。

为了充分发挥局机关的职能作用，强化经营决策和生产指挥两种职能，实行专业化管理，由主管财务经营、劳动人事培训的副局长、总会计师和综合管理部门组成经营决策系统。主要负责全局长远发展目标、经营方向、体制改革等重大问题的决策，以及年度及季度各项生产、经济、技术指标的综合平衡、部署、指导、检查、信息反馈等项任务，当好局领导参谋，并为专业部门服务，以保证全局经济效益的提高。

由主管勘探、开发等专业的副局长、总地质师、总工程师和专业主管部门，包括勘探部、开发部、钻井部、基建工程部和生产协调部组成生产指挥系统，主要任务是负责本路决策的执行和实现。为提高专业主管部门独立指挥打开局面，创造性地开展工作的能力，大庆石油管理局充实和加强专业主管部门的力量，给予一些必要的权力，包括参与全局重大生产经营问题的决策，对本系统短期运行计划的制订、调整，生产建设资金的分配使用，对科研课题和新技术推广项目的组织安排等。通过建立和完善局机关的经济责任制，解决职责不清、责权分离等问题，逐步提高机关的决策水平和工作效率。

大庆石油管理局所属二级单位机构也随着油田范围的扩大，勘探开发任务的增长和专业化生产的发展，有了较大的调整。调整后的42个单位，也都按专业化组织生产管理。

这次政企分开，虽然取得很大进展，但仍然存在着一些问题。如大庆仍然实行"三位一体"的领导体制，市、局、石化总厂主要领导实行交叉任职；石油管理局和大庆市还有一些职能部门、事业单位和群众团体相互交叉，没有分开等。这些都有待于在以后深化企业改革中予以解决。

随着国有大中型企业改革的不断深化，到了20世纪90年代中期，大庆石油管理局的改革已经由实行原油产量包干、经济责任制到内部承包经营责任制，进而到逐步建立现代企业经济运行机制的历史时期。1983年政企分开时期所遗留下来的问题已经到非解决不可的时候了。

1996年6月26日，国务院副总理吴邦国、国务委员李贵鲜主持会议，进一步研究大庆政企体制彻底分开问题。国务院副秘书长张左己、中组部、中编办、国家计委、国家经贸委、财政部、民政部、人事部、税务总局、土地局、国有资产管理局和石油天然气总公司的有关负责人出席会议。石油天然气总公司、中编办、国家计委、财政部分别作了汇报。汇报说，党中央、国务院对改革大庆政企合一体制，实行分开非常重视。今年年初，党中央、国务院决定按照政企分开的原则，对大庆市和大庆石油管理局的领导班子做了调整，领导干部交叉任职问题已经解决，从而为解决大庆政企体制分开创造重要条件。下步需要重点解决的主要问题是：（一）分设机构及其人员安排。目前，大庆石油管理局和大庆市相互交叉的职能部门、事业单位和群众团体共有31个，应按政企职责分开和精干高效的原则，根据需要进行调整分设。（二）理顺产权关系。（三）确立财税体制。实行政企分开后，大庆市应按国家有关规定，建立市级财政。（四）油田用地。

会议经过讨论，提出以下意见：实行政企分开后，大庆市政府机构要按照"小政府、大社会""小机构、大服务"的原则设立，走"精干、高效"的路子。根据有关法律规定，大庆市应建立市级财政，实行相对独立的预算体制。考虑到历史原因和大庆市的实际情况，作为过渡，大庆石油管理局可在一定时期内对大庆市给予适当经费支持。国务院有关部门应按照责任分开，对财税体制、机构设置、资产划分和土地使用等一系列问题研究提出具体意见。在充分听取有关方面意见的基础上，于9月底以前提出大庆政企分开方案报国务院。

这次会议后，在党中央、国务院和省委、省政府的关怀和指导下，大庆政企分开的相关问题陆续得到彻底解决。1996年4月，黑龙江省财政厅下达《关于进一步完善大庆市财政管理体制的通知》，同意大庆市从1996年1月1日正式执行视同地市级财政管理体制，以后平稳过渡，不断得到完善；1997年12月，根据《大庆石油管理局深化改革总体方案》，31个市局相互交叉的职能部门、事业单位和群众团体陆续实行分开；其他如资产划分、土地使用等一系列问题也逐步得到解决。

1996年，大庆石油管理局也进一步理顺机构设置，设9部1室，即计划规划部、财务部、人力资源部、经营管理部、法律事务公共关系部、对外经济开发部、技术监督与安全部、油田保卫部、监督部、局办公室。还设有科学技术委员会办公室。局下属单位也进行较大调整：有3个事业部、两院（研究院、设计院）、大庆油田化工总厂和8个专业总公司。以后，又做了局部调整。当年还初步划定油田建设用地，石油管理局共办理各种用地手续358件，办理用地210050亩，其中永久用地21300亩，临时用地188750亩，结算各种土地费税1.91亿元，并修订完善了油田用地管理规章制度。另外，还逐步完成理顺产权关系，进一步加强国有资产管理等工作。

大庆政企的完全分开，为大庆按"油公

司"模式进行管理体制改革，逐步建立现代企业经济运行机制铺平道路。

开展向"新时期铁人"王启民学习活动

20世纪90年代后期，大庆市委、大庆石油管理局党委在广大党员和职工中开展向"新时期铁人"王启民学习活动，有力地推动新时期党的建设和职工队伍建设，为二次创业提供强大的精神动力。

王启民是继"铁人"王进喜之后又一个平凡而杰出的大庆人的代表。1960年4月末，他从北京石油学院来到大庆参加石油会战，后被分配到油田勘探开发研究院工作。他始终以铁人王进喜为榜样，兢兢业业，刻苦钻研，脚踏实地，埋头苦干，在油田开发技术上做出杰出的贡献。

1970—1980年，他和王乃举等技术人员在油田中区西部主持"分层开采，接替稳产"试验。头5年，他们突破了对不同油层"均衡注水，均衡开采"的思路，充分利用油层的非均质性特点，采取对主力油层加强注水，强化开采的技术政策，使中区西部试验区的产量由1500吨提升到2000吨，稳产了5年。1975年制订油田稳产规划时，采用了中区西部的开发经验，确定在1976年到1980年的5年间，主要技术政策"立足原有井网，立足主力油田，立足自喷开采，立足现有采油技术"，通过加强注水，强化开采，实现稳产5000万吨。在全油田推广中区西部经验时，他们又开始中低渗透率差油层接替主力层实现继续稳产的试验。此时，试验区已经进入中高含水期，主力油层产量开始下降。他们把注意力投向中低渗透层，单独对这些油层强化注水，并采取压裂、转抽、双管采油等措施，同时对出水多的主力层进行堵水、控制注水。通过这些综合措施，油田继续保持稳产。1981年起，全油田进入高含水期后，又采用中区西部创立的中低渗透率差油层接替高渗透率主力油层实现继续稳产的试验成果，并吸收了其他区块加密井网，发挥中低渗透率差油层作用的经验，在整个油田进行强化中低渗透率油层注水和压裂、自喷井转抽、全面加密井网等措施，实现了1981—1990年的继续稳产。1978年，王启民加入中国共产党。他们的试验项目获得全国科学大会奖，王启民被选为第五届全国人大代表。

与此同时，在认识表外储层方面，经过大量、反复的试验，肯定表外储层的作用，为油田持续稳产开拓新的领域。1984年初，王启民已经担任大庆油田勘探开发研究院副总地质师，承担油田第二个十年稳产规划的研究编制工作。他感觉到，仅凭现有的储量资源，要实现5000万吨再稳产十年是不够的。而老油田还有不少油层因为品位过低，按照标准不能计算储量，不能纳入油田储量表内，这些油层就是"表外储层"。"表外储层"看起来每层只有0.2—0.4米，但每个油层的边边沿沿都是这样的油层，加起来的数量就很可观。由此，他们决心研究这些油层，挖掘它们的潜力。1986年，在杏树岗油田开辟小型试验区，并得出结论：表外储层具备一定厚度时，经过压裂，每口井日产油可以达到6—8吨，经济效益大于外围油田。1987年，正式在采油三厂北二区、采油二厂南二区、采油四厂杏五区，开辟了3个试验区，每口井都实现正常生产。1989年，又增加采油五厂杏十一区试验区。1990年，4个试验区全部取得成功，经过计算，总储量达到7亿吨，其中可采储量2亿吨。像这样的规模，如果在大庆外围通过勘探工作探明，所花费的投资为90亿—100亿元。这一成果，为大庆油田持续高产稳产奠定坚实的物质基础。

1991—1995年，在油田"稳油控水"开发工程实践中，王启民又做出了新的贡献。1990年，大庆油田已经全面进入高含水期，中国石油天然气总公司要求大庆油田在年产5500万吨水平上继续稳产。而油田调整井效果明显下降，各项增产措施效果也越来越差，外围油田又都是新油田，开发成本偏高；"三次采油"还处于试验阶段，如果按照常规开发，5年后产液量将增加一倍，地面设施也必须增加一倍。为了改变油田的开发状况，1991年初召开的开发技术座谈会上，局长王志武集中大家智慧，确定实施"稳油控水"工程，决心闯出一条新路子。这个系统工程就是在精细地质研究、搞清剩余油分布基础上，全面进行注水结构调整、产液结构调整、储采结构调整。如何进行这三个调整，作为主管开发技术的研究院副总地质师王启民，集中群众智慧，提出"三分一优"的具体做法和调整原则：就是对全油田进行分地区结构调整，各区块进行分类井结构调整，各类井按照分层含水状况进行分级结构调整，全方位优化综合调整措施。三年调整下来，实现三年含水上升不超过1%，5年少产液2.47亿吨，多出油610万吨。减少注水、脱水、节电、基建等工作量，累计增收节支150亿元。1995年，"稳油控水"项目获得国家"九五"期间十大科技成果第二名，王启民获得孙越崎科技教育基金奖的能源大奖。

鉴于王启民在油田开发中以强烈的爱国主义精神，艰苦奋斗，顽强拼搏，刻苦攻关，无私奉献取得突出贡献，1996年8月27日，大庆石油管理局党委做出向"新时期铁人"王启民学习的决定。《大庆油田报》发表长篇通讯报道了时任油田勘探开发研究院院长王启民的先进事迹；组织6名记者进行为期一个月的采访，整理和撰写王启民故事26篇，在《中国石油报》上连续发表，在全国石油系统引起强烈反响。仅9月份，油田内外各新闻媒体就刊载播发有关通讯、消息、言论等72篇。

1997年1月，中国石油天然气总公司授予王启民"新时期铁人"光荣称号。1月27日，江泽民总书记接见了他，亲切地称他为"第二代铁人"。从此，在大庆乃至全国掀起更大规模的向王启民学习的热潮。

1997年4月1日，中共黑龙江省委在哈尔滨和平礼堂举办"王启民先进事迹报告会"，并做出《关于进一步开展向优秀共产党员王启民同志学习的决定》。《决定》指出，向王启民学习，最重要的是学习他坚定的共产主义信念，坚持贯彻执行党的基本路线的政治立场，矢志不渝地为建设有中国特色社会主义伟大事业奋斗不息的高尚品德；学习他胸怀大局、为国分忧的爱国精神；艰苦奋斗、顽强拼搏的创业精神；锲而不舍、敢于攻关的开拓精神；兢兢业业、克己奉公的奉献精神；尊重群众、顾全大局的协作精神。黑龙江省委书记岳岐峰等亲切接见了他；4月2日，中共大庆市委做出《关于进一步开展向优秀共产党员王启民学习的决定》；4月9日，大庆石油管理局举办"新时期铁人王启民事迹报告会"；4月17日，中共中央宣传部、中国石油天然气总公司、国家经贸委、全国总工会、国家科委、黑龙江省委联合在北京举行王启民事迹报告会。新华社记者刘荒、刘思扬以《科技战线的"铁人"王启民》为题，于4月14日至16日连续三天宣传王启民的事迹。以王启民为原型的话剧《地质师》也在大庆、上海、北京、哈尔滨等地演出了百余场。

开展向"新时期铁人"、优秀共产党员王启民学习的活动，进一步增强党组织的凝聚力和共产党员先锋模范作用的带动力，在大庆很快形成铁人精神大发扬的局面。1998年，涌现出一批新的英雄模范人物。采油二厂井下作业公司工程师焦集群、油建公司化建工程公司一中队电焊工苏龙、石化总厂化工一厂裂解车间值班长左成玉、油建二公司安装工程处工人技师王彪、石化总厂运输处特车三队装载机手韩学忠等人荣获"五一劳动奖章"。

这些英雄模范人物的先进思想、模范事迹和突出贡献，激发广大石油职工的积极性和创造性，在整个大庆掀起学先进、赶先进、争当先进的热潮，有力地促进大庆经济社会的发展。

实施二次创业发展战略

1987年，党的十三大号召全国各族人民，自力更生，艰苦创业，为把我国建设成为富强、民主、文明的社会主义现代化国家而奋斗。局党委和石油管理局贯彻十三大精神，进一步提出了"稳油控水"的方针，以及实现第二个十年稳产的新时期奋斗目标。1990年2月，中共中央总书记江泽民视察大庆时提出，大庆油田要"未雨绸缪，考虑未来的发展问题"。江总书记的指示，给大庆油田二次创业，实现高水平、高效益、可持续发展指明了前进方向。贯彻落实江总书记指示，大庆油田党委着重讨论进一步发展和建设的问题，开始酝酿如何进行二次创业。1991年底，市（局）党委领导讨论发展多种经营，并决定建设高新技术产业开发区时，明确提出二次创业的口号。1992年，局党委、石油管理局在传达贯彻党的十四大精神过程中，组织职工开展"解放思想换脑筋，经济建设上台阶"的大讨论。发动群众广泛探讨在30多年发展建设的基础上如何进行二次创业。1993年初，时任市（局）党委书记李智廉到北京看望石油工业部老领导康世恩时，康世恩提出大庆二次创业应包括进一步发展勘探、开发、石化、多种经营四个方面内容。后来，市（局）党委领导经过多次反复讨论，把康世恩讲的内容补充为五个方面：一是加强石油勘探、多找后备储量；二是搞好油田开发，保证高产稳产；三是加快发展石油化工；四是全面加快发展多种经营；五是加强思想政治工作，培养二次创业队伍。

1995年初，中国石油天然气总公司召开工作会议，认真贯彻党的十四届四中全会和中央经济工作会议精神，提出"以经济效益为中心，加快发展"的总体方针和今后一个时期陆上石油工业发展的思路。按照这一方针和思路，大庆石油管理局既面临着加快发展的良好机遇，更面临着在储采不平衡、稳产难度加大等诸多矛盾情况下，如何在日益激烈的市场竞争中，不断提高经济效益，为国家做出更大贡献的挑战。在大庆油田发展的关键时期，1995年9月16日，江泽民总书记为大庆油田开发建设35周年暨油田高产稳产20周年作了"发扬大庆精神，搞好二次创业"的题词。局党委和管理局按照这一题词精神，1996年4月，带领油田广大职工深入学习贯彻中央领导题词、批示，在调查研究、集思广益和前两年讨论研究油田"九五"（1996—2000年）规划的基础上，于1996年在四届四次职代会上提出并通过未来15年（二次创业时期）总的工作思路，即"发扬大庆精神，搞好二次创业，实现三个目标，再创大庆辉煌"。在这次会议上，石油管理局局长丁贵明具体提出要"做好三篇文章，实现三个目标"的内容。一是做好稳产篇。紧紧依靠科技进步，大幅度提高可采储量，年产原油5000万吨以上稳产到2010年。二是做好发展篇。主要是搞好以三次采油助剂为主的大下游，发展多种经营和农业。同时，积极参加国内外的油气开发，努力保持全国500强企业的前列地位。三是做好改革篇。适应社会主义市场经济的要求，按照"油公司"的模式加大改革力度，实现"两个根本转变"，逐步建立起比较完善的现代企业制度。

至此，以原油5000万吨以上稳产20年为标志，油田全面进入二次创业时期。一次创业，主要是在计划经济条件下，高速度、高水平地发现并开发大油田，走出一条办社会主义企业的路子。二次创业，将在社会主义市场经济条件下，以经济效益为中心，加快以油田勘探开发为主的多元经济全面可持续发展，建立现代企业制度，创出建设一条现代化企业的路子，任务艰巨而繁重。

大庆油田在实现二次创业过程中，依据二次创业总体工作思路，在不同阶段，根据中油集团公司的安排部署，结合油田实际，适时制定新的奋斗目标，确保油田的持续发展。1999年1月初，在中共大庆石油管理局第五次代表大会上，提出今后四年的主要任务。这就是：坚持以经济效益为中心，实现"一个确保"，取得"一个重点突破"，做到两个"大力推进"，实施"四大战略"。"一个确保"，即必须确保原油5000万吨以上高效益持续稳产。"一个重点突破"，即必须取得多种经营的重点突破，主要在思想观念、经营机制、资金投入和发展战略等方面都要有新的突破。"两个大力推进"，一是大力推进企业改革，逐步建立以油公司为核心的现代企业制度，主要是理顺管理体制，转换经营机制，突出抓好扭亏解困、下岗分流和结构调整三项重点工作；二是大力推进科技进步，要加大领导重视、资金投入、超前科研、组织攻关和消化引进五个方面力度。实施"四大战略"，主要是实施人力资源开发战略，实施成本控制战略，实施市场营销战略和实施企业文化战略。

实施人力资源开发战略。一要进一步提高对"科学技术是第一生产力"的认识，大力营造尊重知识、尊重人才的良好氛围；二是制定完善政治上关心、工作上支持、待遇上从优等一系列配套政策，以利吸引人才、留住人才，为各类人才脱颖而出创造良好的条件和环境；三要建立创新奖励机制，鼓励科研人员快出成果、多出成果，鼓励全体员工创造性劳动；四要根据产业发展的方向、科技发展的趋势，制订人力资源开发的战略规划。

实施成本控制战略。一要继续推行目标成本管理和"成本一票否决制"；二要加强成本费用的精细管理；三要大力压缩非生产性支出；四要进一步强化各项管理基础工作。

实施市场营销战略。一要有强烈的市场意识做保证；二要有精干的队伍做保证；三要有健全的网络做保证。

实施企业文化战略。一要抓大庆精神的发扬；二要抓企业价值观的培育；三要抓职工行为规范的养成；四要抓队伍素质的提高；五要抓矿区环境的美化；六要抓企业形象的树立。

紧紧围绕大庆石油管理局五次党代会提出的主要任务，大庆油田广大职工继续发扬和创新以"爱国、创业、求实、奉献"为主要内涵的大庆精神和铁人精神，紧紧依靠科技进步，努力搞好"四大战略"落实，实现原油年产5000万吨以上连续27年高产稳产，创出国内外同类油田开发的领先水平，在创建百年油田的伟大征程中，连续12年实现原油4000万吨的持续稳产；同时，经过反复探索，逐步建立起以油公司体制为核心的权责明晰、流转顺畅、运行高效、行为规范的现代企业制度，二次创业以及综合性国际能源公司建设迈出实质性步伐，进而提升对国家能源安全的保障能力。

实施"两高一发展"开发方针

1998年，亚洲发生金融危机，国内外石油市场环境发生重大变化，国际油价大幅度下滑，影响国产原油的销售，大庆油田被迫压产，原油产量由1997年的5600万吨下降到1998年的5570万吨。加上夏秋发生百年不遇的严重水灾，影响松花江北岸2291口油井正常生产，使油田蒙受50多亿元的经济损失。这是大庆油田进入高产稳产期以来的第一次产量下降。针对国内外石油环境发生的重大变化，1999年1月，中共大庆石油管理局第五次代表大会提出今后四年的工作指导思想：高举邓小平理论伟大旗帜，落实党的十五大提出的各项任务，发扬大庆精神，搞好二次创业，突出经济效益，深化企业改革，加强企业管理，推进科技进步，保持原油稳产，发展多种经营，建设文明、繁荣、美丽的新型矿区，把一个持续稳定发展的大庆油田带入21世纪。

1999年初，大庆石油管理局根据朱镕基总理"要坚定不移地采用新技术，也要密切关注国际石油市场情况，降低采油成本，提高经济效益"的指示精神，对大庆油田的发展战略进行坚定不移的调整，在思想观念上，特别是在对国家贡献的理解上有了新的转变。一是为国家生产原油是贡献，为国家储备资源也是贡献。二是向国家多交油是贡献，多创效益、多缴税也是贡献。三是保国家急需是贡献，保持油田可持续发展也是贡献。同时，大庆石油管理局于年初贯彻中央经济工作会议精神和中国石油天然气集团公司工作会议精神，结合油田地下形势变化，提出"高水平、高效益、可持续发展"的油田开发新方针。所谓高水平就是高起点，是在油田5000万吨持续稳产23年的前提下提出的。实施这一方针所要求的科学技术是高水平的，实施这一方针所要达到的油田开发最终目的也是高水平的。所谓高效益，主要是指在确保可持续发展的前提下，追求效益最大化。这不仅要求近期油田开发效益最大化，更要求整个含水后期总体效益最大化。同时，确立了"谋求资源采掘型企业可持续发展"和在新形势下继承和发展大庆精神、铁人精神两条工作主线，并围绕这一方针和两条主线，全面实施可持续发展战略，首次将全年的原油产量下调了120万吨。到年末，油田产油5450万吨。接着，以后每年逐步下调。到2002年，原油产量下调到5013万吨。实现原油年产量5000万吨持续高产稳产27年的目标。原油产量虽然连续几年下调，但效益却不断提高。1999年下调产量后，上缴利税与1998年持平；2000年产量比1999年下调150万吨，上缴利税则比1999年增加532亿元；2001年下调产量150万吨，上缴利税超过600亿元；2002年下调产量137.16万吨，上缴利税561.03亿元。2003年，又下调产量173.07万吨，原油年产量首次下调至5000万吨以下的4840万吨，而上缴利税达688.31亿元。这充分说明，大庆油田所确定的新的发展战略是正确的。

一是实现指导思想由以产量为中心向以效益为中心，谋求可持续发展的转变。"九五"初期，针对高含水后期出现的稳产难度增大、开发成本升高、经济效益变差等一系列新的矛盾和问题，从企业客观实际出发，尊重油田的自然规律，坚持效益第一的原则，对油田开发实施重大调整。从以原油生产为中心转到以经济效益为中心上来；从以持续高产稳产为目标逐步转到可持续发展上来。为实现油田经济和持续稳定发展赢得了主动，创造了条件。

二是实现管理体制由传统模式向现代企业制度的转变。按照中油集团公司的改革部署，完成企业重组改制、分开分立，注册成立大庆油田有限责任公司，并按照国际油公司模式进行规范的内部重组与改造，围绕同国际接轨推行现代科学管理方法，在建立现代企业制度方面迈出坚实的一步。

三是实现运作方式由计划向市场的转变。"九五"期间一个显著变化，就是油田作为一个真正意义上的企业，逐步摆脱计划经济条件下形成的传统思维定式和习惯做法，开始适应市场、进入市场，在市场经济中搏击成长。与此相适应，从上到下，从机关到基层，人们的市场经济观念明显增强，企业的各项经济活动更加符合市场规则，更加注重和体现经济效益。

四是实现油田开发方式由单一"水驱"向"水驱""聚驱"并存的转变。"九五"期间，针对油田高含水后期开发急需，通过加快聚合物驱工业化推广速度，对油田开发驱替方式进行重大调整，把"聚驱"的年产量发展到930万吨，占全油田年产量的15%以上。油田开发驱替方式的重大调整，为进一步提高油田采收率、延长油田经济开采寿命，提供有力的保证。

五是实现对人力资源的认识由重视配置向重视开发的转变。站在事关企业可持续发展的高度，重新审视人类社会赖以生存发展的自然资源、资本资源、信息资源、技术资源、管理资源、人力资源六大资源，实现对人力资源认识上的飞跃，坚持把人力资源作为资源采掘型企业可持续发展的不竭资源。通过重视人力资源的开发，来更好地利用自然、资本、信息、技术、管理资源，开辟企业可持续发展的新天地。

实施"持续有效发展，创建百年油田"战略

1999年，大庆石油管理局贯彻中央经济工作会议精神和中石油集团公司工作会议精

神，确立"两高一发展"油田开发方针，开始逐年战略性下调原油产量。到2002年底，大庆油田5000万吨以上高产稳产持续27年后戛然而止，2003年起首次降至5000万吨以下。至此，油田含水已达87.9%，储采失衡矛盾加剧，产量递减已成为必然之势。但大庆油田仍具有巨大潜力，党和政府对大庆油田的可持续发展仍寄予厚望。

2003年6月，中油股份公司总裁陈耕来大庆油田调研时称："大庆油田是个100年以后可能仍然存在的油田，100年以后可能是个1000万吨级油田。"同年12月19日，大庆油田公司领导班子做出重大调整，陈耕在宣布相关事宜的油田公司干部大会上再次强调，大庆油田要创建"百年油田"。由此，创建"百年油田"成为大庆油田一项重要战略任务和目标。

于是，大庆油田从维护国家石油安全、中石油构建综合性国际能源公司和油田整体协调发展以及区域经济繁荣与社会和谐稳定的战略需要出发，经过对几十年来油田开发建设历程、企业发展前景以及国内外同类油田的开发状况，进行科学的综合分析，于2004年2月召开的一届四次职代会暨2004年工作会议上，正式提出"持续有效发展，创建百年油田"的战略构想。

大庆油田提出的创建百年油田，是一个以本土开发为基础，以海外业务为补充，以优势技术、一流人才、先进文化为支撑，具有强劲竞争力、生长力、生命力的百年企业。它有时间的概念，又不仅仅是时间上的概念；指的是油田开发，又不局限于油田开发。它强调开采时间的延续，更强调业务空间的拓展；强调开发水平的提升，更强调经营业绩的提升；强调油田的百年生产，更强调企业的百年成长。总之，就是要通过创建"百年油田"来打造"百年企业"，实现"资源探明率最大、油田采收率最高、整体经济效益最优、员工队伍素质最好"的目标，到21世纪中叶，使大庆油田继续保持生机勃勃、安居乐业、繁荣稳定的局面，把企业建设成为高科技、综合性、现代化的一流企业。

大庆油田在全面推进"创建百年油田"战略中，提出"三步走"的发展构想。一是，2005—2010年，为基础发展阶段。主要是固本强基，夯实主营业务，进一步提高资源探明率、主力油田采收率、难采储量动用率，并形成天然气的发展强势。二是，2011—2020年，为战略调整阶段。主要是拓展领域，优化业务构成，构建起以油气开发为龙头，本土、海外、多元协调发展的产业格局。三是，2021年以后，为持续发展阶段。主要是依靠公司的技术、管理、人才和文化优势，实现由资源型企业向具有强劲竞争力、成长力、生命力的综合性公司的根本性跨越。据此，油田公司提出阶段性目标和"十一五"及中长期可持续发展规划。阶段性目标为：实现油、气当量4200万吨以上稳产到2010年；实现油、气当量4000万吨以上稳产到2020年。"十一五"及中长期可持续发展规划为：2006—2010年，油、气当量保持在4200万吨，其中原油3800万吨，天然气50亿立方米；2011—2020年，油、气当量保持在4000万吨，其中原油3100万吨，天然气115亿立方米；2021—2060年，油、气当量保持在2000万—2500万吨，仍然是国家重要的油气生产基地。

"创建百年油田"战略构想的提出，既是实现企业持续有效发展的需要，更是新时期大庆人神圣的历史责任。为了使油田持续有效发展，创建百年油田，油田公司提出，创建百年油田，不是一个虚无缥缈、遥不可及的梦想，它完全可以通过努力变成现实。油田广大职工要胸怀这样的理想，树立这样的目标，坚定这样的信心。要围绕推进落实面向"两个市场"（国内市场、国际市场），整合"四种资源"（自然资源、社会资源、智力资源和文化资源），发展"三大经济"（资源经济、合作经济、服务经济），完成"一个跨越"（按照"把集团公司建成跨国企业集团"的战略部署，在21世纪头20年内，完成油田公司由区域发展向国际经营的历史性跨越）的可持续发展战略，超前谋划，扎实推进。

第一，按照精细本土、发展海外、以气补油、多元开发的思路，做强做大公司业务。具体要围绕四个方面组织实施，即加大勘探开发力度，切实在本土资源上"增加一块"；由技术服务向勘探开发延伸，力争在海外业务上"做大一块"；加快产业化进程，尽快在天然气利用上"做强一块"；争取相关的政策支持，努力在多元开发上"拓展一块"。

第二，按照实用为主、发展前沿、注重集成、形成产权的思想，大力发展核心技术。一是科研攻关要走特色化、国际化之路，着力解决好技术集成问题；二是科学管理要走市场化、开放化之路，着力解决好机制创新问题；三是技术发展要走产权化、产业化之路，着力解决好经营创效问题。为此，必须建立一套适应市场经济、切合企业实际的技术创新体系，营造一种有利于多出成果、快出成果的良好环境和浓厚氛围。

第三，按照规定有序、核心突出、加强培养、大胆引进的思路，加快培养优秀人才。企业的发展在于创新，创新的关键在于人才。适应创建百年油田的需要，必须加快人力资源开发，努力打造一流团队，为可持续发展提供支撑，主要是建设好五支队伍，即知识化、年轻化、国际化的经营管理人才队伍；具备国内领先、国际一流水平的专家和学术技术带头人队伍；精通市场经济知识，熟悉国际运作规则的外向型复合型人才队伍；汇集监督监理、法律法规、资本运营、电子商务等各类人才的专门人才队伍；以技师和高级技师为代表的生产操作人才队伍。

第四，按照理念更新、典型引领、广博吸纳、总结提升的思路，创新发展企业文化。宏伟的事业，需要先进的文化来引领。在创建百年油田过程中，要继承发扬大庆精神、铁人精神和大庆优良传统作风，并结合客观形势的变化，不断创新发展企业文化，使之成为推动事业发展的强大动力。在新时期新阶段，要着重大力倡导开放的文化、敢于竞争的文化、挑战极限的文化、创新创业的文化和艰苦奋斗的文化。

"创建百年油田"的关键，在于着力形成一个持续发展的能力。这个能力，应该是油田发展的当前与长远、内部与外部、宏观与微观、有形与无形等各种能力的总和。在创建百年油田过程中，应注重加强对各方面发展能力的培育。通过对各种能力的分析与把握，及时培植新生能力，始终保持总体发展能力稳中有升的态势。为此，在思想上必须切实转变"三种理念"，树立"三种意识"：转变资源型企业难以可持续发展的理念，树立只要具备创新能力就能可持续的意识；转变受条件束缚难以有所作为的观念，树立创造条件也要上的意识；转变只在一地一隅求发展的观念，树立面向市场求发展的意识。从而真正以知难而进、迎难而上、奋发有为的精神状态，促进企业可持续发展能力的提升，推进创建百年油田的实践。

"创建百年油田"目标的提出，标志着大庆油田公司步入新的战略调整期。2006年8月10日，温家宝总理在大庆专门召开办公会，就大庆可持续发展的重大意义、基本思路发表重要讲话，并明确一些政策措施。党和国家领导人的关怀和支持，增强了大庆石油人战胜困难、赢得各种挑战的信心，进而在不断挖掘油田勘探开发潜力的同时，大力推进天然气产业化，加快发展石油化工和第三产业，拓展工程技术服务市场，促成功在当下、利在后世、惠及子孙的"创建百年油田"发展战略稳步推进。

按照现代企业运行机制实施重组改制与整合

大庆作为国家重要的石油、石油化工基地，长期以来为国家的建设和发展做出巨大贡献，但由于是在计划经济体制下运行，经营机制不活，忽视市场作用的弊端也相当突出，改革的任务十分艰巨和繁重。为此，1995年，大庆石油管理局按照党和国家确立的社会主义经济体制改革目标的要求，开始转换经营机制，向实现公司制建立现代企业制度的目标迈进和探索。

首先，按"油公司"模式进行管理体制改革试点。1995年9月14日，大庆石油管理局制定下发《关于在采油八厂、九厂进行"油公司"管理体制改革试点的实施意见》(以下简称《实施意见》)。按照《实施意见》，取消大队机制，按油田地质单位设立作业区，作业区只设少数管理人员。采油八厂、九厂按照《实施意见》要求，组织人员对本厂后三年的生产能力、成本预算、应上措施及内部管理体制进行反复研究论证，分别制定"油公司"试点实施细则，并开始试运行。采油八厂从合理调整劳动组织，提高办事效率出发，研究制定与"油公司"改革相配套的计划规划管理、财务管理、劳动工资管理、资产设备管理和机械加工管理等管理制度。合并机关科室，压缩办事人员。生产单位单井综合用人由1994年的4.6人减为1995年的3.8人；全员劳动生产率由1994年的45887元/人提高到1995年的51878元/人。采油九厂进行"油公司"管理体制启动前的各项准备。在深入调查研究的基础上，制订改革总体方案和20个具体实施细则，修订完善采油、作业10个系统共5328项消耗定额及8项结算价格和99项开支标准。重点推行油区块、分队和单井等核算，并在高西油田试行"作业区"新体制，为开发外围油田和进行"油公司"体制改革探索出新路子。1995年后，大庆油田逐步建立起以"油公司"为核心层，以勘探、钻井、采油、井下作业、油田精细化工为紧密层，以工程施工、生产保障、多种经营等为半紧密层和松散层的石油集团公司基本框架。

其次，进行股份制改造试点。大庆石油管理局继组建全国第一家用股份制形式合资开发的头台油田开发有限公司后，1995年又与肇东市石油开发总公司共同出资3亿元，组建黑龙江榆树林油田树2开发有限责任公司。大庆石油管理局出资1.53亿元，为控股公司，控股比例为51%；肇东市石油开发总公司出资 1.67 亿元，控股比例为 49%。合营期限 20 年。油田运用新机制，当年形成生产规模，到年底共生产原油 12025 吨，商品量 11522 吨，吨油年回报率突破 18%，创大庆外围油田开发最高水平。吨油直接操作成本 278 元，是外围油田开发建设成本最低的一个，充分显示新体制的威力。1998 年 9 月，黑龙江榆树林油田树 2 开发有限责任公司和采油十一厂合并，组建大庆榆树林油田开发有限责任公司。总股本金 12.8 亿元，其中大庆石油管理局 11.3 亿元，占股份的 88.3%（控股），肇东市开发总公司 1.5 亿元，占股份的 11.7%。公司按照国家公布的《中华人民共和国公司法》规范各项管理。坚持"精简机构、高效率、高效益"的原则，搞好公司内部的一系列改革，进一步探索提高外围特低渗透油田开发效果和现代企业制度改革的路子。

最后，分开分立，实行油公司体制。在进行试点工作的同时，大庆石油管理局按照石油集团公司的模式，对从事油气生产经营的 14 个二级单位，按"油公司"体制实行以"四包、两定、一挂"（包原油、天然气商品量，包新增产能建设，包油田开发水平，包经营盈余额；定基建总投资和原油结算价格；实行职工收入与承包指标完成情况挂钩）为主要内容的投入产出包干政策，并加强成本管理，实行成本一票否决制，进一步增强二级单位的自我约束机制。对钻井、基建等 18 个非油气生产单位，按子公司体制实行法人委托经营，逐步推向市场，自主经营，自负盈亏，自我发展，自我约束。对管理局及二级单位所属的多元经济企业，在实行"两分离"（全民与集体、主体行业与多元经济单位经济渠道分离）、七划开（从资金、资产、结算、核算、工资、福利、住房七个方面划清关系）的基础上，明确界定与主体的生产关系，赋予 14 项自主权，完全推向市场，使其成为具有"四自"机制的经济实体。随着国企改革的逐步深入，1999 年 6 月 6 日至 7 日，中国石油集团公司召开企事业单位领导干部会议，决定在全行业全面实行重组改制。大庆石油管理局认真贯彻会议精神，组织起草了改革实施意见。7 月 22 日，集团公司予以批复，同意大庆石油管理局按子公司重组设立中国石油大庆油田有限责任公司。管理局经过反复讨论形成《重组改制分开分立的实施意见》。8 月 18 日，召开局五届职代会第一次代表团组长联席（扩大）会议。党委书记张树平作了题为《统一思想，坚定信心，把工作做深做细，确保企业重组改制顺利进行》的报告。1999 年底，按照上级批准的方案，大庆石油管理局分开重组，油气生产单位组合成大庆油田有限责任公司，成为以原油生产为主业的专业、精干、独立的"油公司"；其余单位继续隶属于大庆石油管理局，成为工程施工服务型企业。大庆油田有限责任公司作为中国石油天然气股份有限公司的全资子公司，于 2000 年 1 月 1 日正式注册成立。

大庆油田有限责任公司和大庆石油管理局实行分开分立，它是实现企业由计划经济体制向市场经济体制的转变；是实现从生产经营向资本经营的转变，是实现从经济管理向现代企业制度的转变，也是实现从旧的经营方式向符合国际规范经营机制的转变的一次有益尝试。它对于加快上市和未上市企业主营业务的发展，实现专业化生产和协作，促进企业经营机制的转变，都发挥了重要作用，对这一改革所取得的成果应充分肯定。

但随着中油集团公司贯彻落实党的十七大精神，建设综合性国际能源公司奋斗目标的确立，企业内外部环境的变化，在中油集团公司系统运行中又出现了一些新情况、新问题。中油集团公司认为，这与全面落实科学发展观的要求，与实现集团公司安全发展、清洁发展、和谐发展的要求，与建设综合性国际能源公司的要求，还存在许多不适应的地方。主要是：上市、未上市业务关系未能完全理顺，资源得不到有效配置，低水平重复建设比较严重，力量分散、竞争力不强，可持续发展能力和后劲不足，区域市场的控制力不占绝对优势，没有形成对核心业务的有效支撑等。为此，中油集团公司站在长远发展的战略高度考虑，在不断总结经验、借鉴国内外好的做法和模式的基础上，采取有效措施，持续进行内部体制机制的改革，着力解决影响企业长远发展的重大问题，打破体制性障碍，形成专业优势，打造中油集团公司可持续发展的体制平台，推进集约化、专业化、一体化整体协调发展。之后，中油集团公司对炼化企业和部分油田的业务进行整合和专业化重组，效果比较理想。因此，中油集团公司党组认为，在已取得经验的基础上，应适时启动以国有企业一面旗帜——大庆油田为代表的一批重要骨干企业的重组整合，尽快理顺油田上市、未上市业务管理体制，推进工程技术服务业务专业化重组，优化配置资源，以发挥整体优势，实现业务的整体协调发展和整体利益最大化，以利于企业发展、稳定职工队伍、建设和谐企业，进一步推动中油集团公司又好又快发展。

2008年2月28日，大庆油田召开干部大会。会上，宣布中国石油天然气集团公司党组关于大庆油田有限责任公司、大庆石油管理局实施重组整合的决定及重组整合后大庆油田领导班子成员任免的决定。重组整合方案明确：

一、重组油田上市与未上市业务。按照"一个领导班子、一套机关机构、一体化管理、分开核算、两本账运行"的原则，对大庆油田上市与未上市企业进行重新整合。自2008年2月28日起，将未上市企业大庆石油管理局整体委托股份公司授权大庆油田有限责任公司对其业务、资产、人员实行全面管理，从而实现油田上市与未上市业务的统一规范和一体化管理。重组后，保留"大庆石油管理局"企业名称。

二、组建大庆钻探工程公司。大庆钻探工程公司（副局级），是以钻井、测井、地质录井、物探等石油工程技术服务为主要业务，钻井相关业务、国内外一体化的专业化技术服务公司，主要以大庆油田、吉林油田钻探力量为基础，在大庆油田一个整体内组建，行政上由重组后的大庆油田有限责任公司全面管理，党政主要领导由油田领导班子副职兼任。在大庆市注册。

三、经与黑龙江省委协商，大庆油田重组整合后，党组织隶属关系保持不变，党委名称由原"中共大庆石油管理局委员会"变更为"中共大庆油田有限责任公司委员会"；干部协管关系由原大庆石油管理局班子成员变更为大庆油田有限责任公司新班子成员，由黑龙江省委协管。

四、中国石油集团公司党组、股份公司决定，王玉普任大庆油田有限责任公司总经理、大庆石油管理局局长。

五、重组整合后，曾玉康不再担任大

庆石油管理局局长、党委书记职务，继续负责大庆和龙江地区石油石化企业的组织协调工作。

这次大会的召开，标志着大庆油田再次重组整合工作的正式启动。油田公司党委和油田公司确定"择机整合"的指导原则，适时推进此项改革，多次召开有关会议，研究了机关机构设置等问题。

2008年7月5日，大庆油田有限责任公司召开干部大会，宣布油田公司机关重组整合方案和油田公司机关及直属、附属单位正副职任免文件，并对有关工作进行安排部署。油田公司机关机构重组整合工作进入实质性操作阶段。

这次油田公司机关的整合工作，事关企业重组整合大局，事关油田和谐稳定发展，油田公司党委和油田公司在机关机构整合上，始终本着慎重、平衡、和谐、有序的指导思想，开展各项准备工作，使各部室职能有利于开展工作，有利于提高效率，有利于发挥作用。本着规范设置、统筹考虑、务实高效、公平择优、平稳整合的原则。在重组方式上，一是采取"保持不变"，即业务较独立的专业部室机构建制保持不变。二是有机整合，对管理范围相对独立的部室根据油田公司章程规定和上级要求"分开核算，两本账运行"的原则，按一部、二部分别运行，一部负责上市部分业务，二部负责未上市部分业务。业务相近的两个部门合并成一个，明确新的部门负责人，根据业务职能，对相关部门进行适当拆分合并。

这次重组整合，根据中国石油集团公司党组的总体要求和新形势新任务的需要，经大庆油田有限责任公司领导班子讨论研究决定，分三步进行。第一步，大庆钻探工程公司的组建工作，于2009年3月底前完成，正式投入运行。第二步，整合工作机构。第三步，整合相关业务。本着维护稳定、促进发展的原则，坚定不移、积极稳妥地推进相关业务的专业化重组，以适应建设综合性国际能源公司体制的需要。

为了搞好这次重组整合工作，油田各级党政组织和广大干部坚决贯彻落实中国石油集团公司各项部署，按照"讲党性、顾大局、重实干、守纪律"的要求，进一步强化政治意识、大局意识和责任意识，真正把思想和行动统一到中国石油集团公司党组的决策部署上来；按照"思考不乱、生产不停、资产不流失"的要求，整体考虑，统筹兼顾，稳步推进，把机构整合好，把干部安排好，把各种复杂的矛盾解决好，把大局和队伍稳定好。从而保证在重组整合过程中做到思想统一、认识统一、行动统一，保证重组整合工作于2008年圆满完成。重组整合后，大庆油田有限责任公司共有下属二级单位53个，其中上市部分25个，主要从事石油天然气勘探、开发业务；未上市部分28个，主要从事工程技术服务、生产保障、装备制造、化工生产、矿区服务、多种经营等业务。资产总额2071.88亿元，固定资产原值2644.44亿元，净值1196.18亿元，用工总量326917人。还负责管理离退休人员64275人、退养家属36570人。

重组整合后，大庆油田各项业务整体协调发展：勘探开发稳步推进，原油4000万吨持续稳产；各项业务平稳运行，综合一体化优势促成油田科学发展、和谐发展的新局面。

1. 实施原油四千万吨持续稳产战略

2008年，中国石油天然气集团公司党组提出"大庆原油4000万吨硬稳定十年"的要求。虽然大庆油田历经近50年的高速高效开发，实现原油4000万吨稳产目标难度和压力很大，但油田广大干部员工自觉高举红旗，勇挑重担，把确保原油持续稳产，维护国家石油安全，作为义不容辞的责任和使命，在全油田广泛开展"解放思想、谋划发展"的主题实践活动。油田主要领导带领班子成员和机关部门负责人，深入上市与未上市单位进行广泛深入调研，认真分析油田的资源状况和技术潜力，组织1000多名专家和科技骨干，历时三个多月编制形成《大庆油田原油4000万吨持续稳产规划》。按照规划部署，到2017年，大庆长垣水驱总产量达到1400万吨，三次采油总产量达到1370万吨，长垣外围总产量达到730万吨，海塔盆地总产量达到500万吨。

集团公司党组在听取审议油田公司稳产规划时，提出要举集团公司之力，实现大庆原油4000万吨持续稳产，并同意在大庆设立老油田二次开发技术中心、4000万吨稳产重大科技专项资金和节能减排专项基金，加大外围难采储量动用的体制机制支持，成立大三江盆地风险勘探项目组，以及利用大庆的技术、管理和品牌优势，参与集团公司国际化战略等。

《大庆油田原油4000万吨持续稳产规划》，统筹兼顾各项业务的整体协调发展，研究形成"集中发展油气勘探开发业务，重点发展工程技术服务业务，积极发展工程建设业务，大力发展装备制造业务，专业化发展化工业务，配套发展生产保障业务，协调发展矿区服务业务，有效发展多种经营及其他业务"的工作思路，组织各二级单位编制完成相应的发展规划；配套完善"十一五"后三年和"十二五""十三五"期间的科技发展规划，研究确定26个重大科技工程专项。

油田公司于2008年7月16日召开高科技新会战誓师大会（见图2-8）。会上，油田

图2-8 大庆油田召开高科技石油会战誓师大会

公司总经理、石油管理局局长王玉普作了题为《继承发扬大庆精神，打好高科技新会战，向原油4000万吨持续稳产目标进军》的讲话；大庆油田公司党委发布《高科技新会战动员令》。大会提出，要突出高科技在4000万吨稳产中的主导地位，努力走出一条技术驱动型的发展道路。大会公布油田公司确定的26项重大科研攻关项目，其中包括松辽盆地北部中浅层精细勘探配套技术等9项重大配套研究项目，松辽盆地北部扶杨油层突破关键技术等11项重大专题攻关项目，大庆外围盆地优选区油气资源战略评价及研究等6项重大储备探索项目，还明确了项目长及项目成员名单。

2009年3月4日，油田公司在三届一次职代会暨2009年工作会议上，又明确提出今后一段时期"原油持续稳产，整体协调发展，构建和谐矿区，创建百年油田"的战略任务。原油持续稳产，是今后一个时期的政治纲领，油田公司各项业务都要立足确保原油4000万吨持续稳产来展开，各项部署都要落实到原油4000万吨持续稳产上来；整体协调发展，是重组整合后新的任务要求，要加强一体化管理，构筑整体发展优势；构建和谐矿区，是和谐社会建设的重要组成部分。要学习借鉴发达地区、文明城市在环境工程、设备配套、物业管理、小区服务、文化建设等方面的经验，结合油田矿区的实际，制订和谐示范矿区建设的标准及实施规划，指导和推进矿区建设。创建百年油田是油田公司发展战略的总目标，这一阶段重点是推进国家重要的能源生产、工程技术、装备制造、石油化工、科技创新"五大基地"建设。

从此，大庆油田踏上以原油4000万吨持续稳产为统领，各项业务整体协调发展的新征程。

▌ 编制《大庆油田可持续发展纲要》

2008年2月，按照中央领导同志和中国石油天然气集团公司党组要求，大庆油田确立原油4000万吨持续稳产目标，实施上市与未上市业务的重组整合，大庆油田改革发展步入新的历史阶段。

新阶段赋予新时期大庆人以神圣使命。油田党委和油田公司先后组织开展"解放思想，谋划发展"主题实践活动，深入学习实践科学发展观活动和"珍惜荣誉、高举旗帜、开创未来"主题教育活动。在此过程中，油田各级领导及广大职工认识到，企业正处在连接着50年辉煌历史与百年油田长远未来的承前启后、继往开来的重要节点，用历史的眼光看待过去，用辩证的思维审视现在，用发展的视角思考未来，油田发展困难与希望同在，机遇与挑战并存。但同时具备"六大优势"：一是有完整的业务体系，二是有一定的资源储备，三是有系统配套的领先技术，四是有享誉中外的大庆品牌，五是有独特的政治优势，六是有良好的发展环境。

在以上客观分析的基础上，大庆油田传承历史、立足现在、面向未来，沿着国家利益的主航道，代表着国有企业的方向，编制出科学发展的纲领与宣言《大庆油田可持续发展纲要》，并在2010年7月2日的《大庆油田报》上全文发表。它提出永续辉煌的奋斗目标、各项业务的发展定位、油田战略发展的关键期和可持续发展的重要保障四个部分。

（一）永续辉煌的奋斗目标

"珍惜荣誉、高举旗帜、开创未来、永续辉煌"，是大庆油田科学发展的战略定位，是当代大庆人面向未来的使命与宣言。其基本内涵是搞好"三个建设"，做到"四个保持"，打造"八个大庆"。

三个建设：一是建设一个资源探明率最大、油田采收率最高、分阶段持续稳产，在国家能源布局中始终保持重要地位的百年油田。实现原油4000万吨持续稳产，2020年油气当量保持在4000万吨以上，全面建成国家重要的能源生产、工程技术、装备制造、油田化工和科技创新"五大基地"。本世纪中叶、油田开发100周年之际，本土油气当量保持在2000万—2500万吨，让大庆油田基业长青。二是建设一个面向全球、面向未来，技术水平和综合实力赶超国际一流，在中国石油综合性国际能源公司战略中发挥重要作用，在海外油气资源勘探开发领域具有强劲竞争力的能源企业。2020年，油田经营总收入达到3200亿元以上，其中，油气业务收入2000亿元，非油气业务收入1200亿元以上，海外市场收入达到非油业务的50%以上，让大庆油田走向世界。三是建设一个发展和谐、环境和谐、人企和谐，始终走在全面建设小康社会前列的现代企业。油田开发技术走在世界石油工业的前列，经营管理水平走在国内同行业的前列，党的建设、队伍建设、精神文明建设走在全国工业企业的前列，员工群众的生活质量、幸福指数走在全国工矿企业的前列，让大庆油田更加美好。

四个保持：保持油田开发的领先水平，保持经济贡献的稳定增长，保持精神品牌的历久弥新，保持大庆红旗的政治地位。

八个大庆是：

政治大庆。坚持党的领导、听从党的召唤，在政治上、思想上、行动上同党中央保持高度一致；全面落实科学发展观，积极探索新型工业化道路，让大庆红旗高高飘扬。

经济大庆。以保障国家石油战略安全为己任，实现原油分阶段持续稳产，努力为国家多产油气、多缴利税，巩固和保持国家重要能源生产基地的地位，为国民经济发展持续做出高水平贡献。

社会大庆。充分发挥国有大企业的支柱、骨干作用，辐射拉动区域经济社会发展，全面履行"三大责任"，树立负责任的大企业形象。

精神大庆。继承发扬大庆精神、铁人精神，不断赋予新的时代内涵，让大庆精神、铁人精神及大庆优良传统作风薪火相传、发扬光大。

科技大庆。立足全面建成国家重要的科技创新基地，打好新时期高科技的新会战，抢占世界石油科技的制高点，保持油田科技的领先水平。

开放大庆。全面推进开放型企业建设，融入经济全球化的大背景，融入集团公司国际化的大舞台，融入区域经济发展合作化的大格局，融入市场竞争差异化的大趋势，增强企业发展的活力。

和谐大庆。坚持"奉献能源、创造和谐"的企业宗旨，努力构建油田与地方、企业与员工、资源与环境的和谐，让企业发展成果惠及各方，把油城建设得更加美好。

发展大庆。立足"两种资源、两个市场"谋发展，解放思想、与时俱进，自主创新、持续创新，始终保持强劲的发展势头。

（二）各项业务的发展定位

集中发展油气勘探开发业务。巩固松辽、加快新区，稳油增气、发展海外，确保原油4000万吨持续稳产，并以原油稳产带动相关业务的发展。2020年，油气当量保持在4000万吨以上，天然气产量达到80亿—100亿立方米；累计新增石油可采储量4亿吨以上、天然气探明储量4000亿立方米，基本实现储采平衡，继续保持我国第一大油田的地位。

油气勘探围绕"优质储量更多一些，勘探进度更快一些，总量规模更大一些，发现成本再低一些"，立足长垣、加快海塔、加强深层、拓展三肇、准备西坡、发展海外、探索外围、研究非常规，力争5年内，松辽盆地石油勘探每年至少提交探明可动用储量5000万吨，准备可动用地质储量8000万吨，海塔盆地石油勘探累计提交探明储量8亿吨以上、动用5亿吨。

油田开发立足长垣、稳定外围、加快海塔、依靠技术、夯实基础、突出效益，大力实施"4331"工程（四控，即控投资、控成本、控含水、控递减；三提，即提高注水质量、提高油井利用率、提高单井日产量；三增，即增加可采储量、增加海塔产量、增加天然气产量；一稳，即稳定油田开发形势），努力实现高效益、可持续、有保障"的4000万吨原油产量。力争通过3—5年的努力，长垣老区水驱自然递减率控制到7%以内，综合递减率控制到3%以内。

天然气开发立足深层气，加快浅层气，近期尽快建成8亿—10亿立方米深层气、2亿立方米浅层气的生产能力，同时搞好煤层气、致密砂岩气等非常规资源的勘探开发，力争5年内，年产气量达到60亿立方米左右。

重点发展工程技术服务业务。做优做强物探、钻井、测井、固井、录井等主要业务，稳步发展钻井服务、运输等配套业务，切实增强一体化服务能力和企业创效能力。2020年，经营收入达到300亿元，建成行业领先的工程技术服务基地，实现"国内第一、国际一流"的目标。

积极发展工程建设业务。做大油建、做强管建、做专化建、做优路建，全面提升EPC（工程总承包）能力，着力打造具有较强市场竞争力的大型工程建设企业。2020年，经营收入达到300亿元，进入ENR（《工程新闻纪录》）全球承包商150强。大力发展装备制造业务。做强做专人工举升、工程技术服务、地面工程油气处理集输及节能环保配套装备，稳妥发展石化成套装备，适度发展锻铸及其他业务，逐步向高端制造、数字制造、绿色制造方向发展。2020年，经营收入达到100亿元以上，建成石油行业的高科技装备制造基地。

专业化发展石油化工业务。做精现有装置、做特三采表活剂、做专油田化学品，不断提高产品的技术含量和附加值。2020年，经营收入达到100亿元，建成国内具有较强竞争力的油田专用化学品生产基地。

配套发展生产保障业务。积极做好发供电、供热、供排水、污水处理和通信等业务，做到安全平稳、保障需求，提高效率、节能降耗，切实增强保障生产、促进发展的能力。2020年，经营收入达到300亿元。

协调发展矿区服务业务。坚持以人为本、改善民生，积极推进物业、医疗、公共交通、园林绿化、托幼、保险、高等教育等业务，逐步实现专业化、规范化、产业化发展。大力推进矿区环境建设，着力改善生产生活条件，持续提高员工群众生活质量，5年内，油田居住区全部达到省级示范小区标准，国家级示范小区达到50%以上，全面建成中国石油和谐示范矿区。2020年，经营收入达到80亿元。

有效发展多种经营及其他业务。巩固发展与主业关联度高、市场化程度高的业务，扶持发展前景好、竞争能力强的业务，坚决退出长期亏损、扭亏无望、资不抵债的业务，不断提高服务油田、保障生产、安置人员的综合效益。2020年，经营收入达到80亿元。

（三）油田战略发展的关键期

坚持科学发展、永续大庆辉煌，今后8—10年是油田战略发展的关键期。这个关键期，既是一个持续稳产期，也是一个结构调整期，更是一个战略机遇期。

当前，原油4000万吨持续稳产的扎实推进，为油田的结构优化调整、重大技术攻关、体制机制创新、"走出去"，以及"五大基地"建设，提供必要的物质保证和时间支持。将来，随着原油产量的逐步下调，企业盈利能力将明显下降，生产成本将刚性增长，效益空间将随之缩小，必将难以承载庞大的资产和队伍规模，影响生存发展。抓住这8—10年的有利时机，深化结构的优化调整，加快转变经济的发展方式，提升发展的质量和效益，才能把握未来发展的主动权。

处在战略发展的关键期，原油持续稳产、整体协调发展、构建和谐矿区是油田的"三大战略任务"。推进实施这"三大战略任务"，总体思路是"四稳一传承"，实施途径是"稳油增气、开拓市场、优化结构、协调发展"。

四稳一传承：确保原油持续稳产，推进相关产业稳步发展，保持矿区环境持续稳定，稳步推进体制机制创新，传承发扬大庆精神、铁人精神。

稳油增气、开拓市场、优化结构、协调发展：稳油增气，就是在确保原油4000万吨持续稳产的同时，加快推进天然气上产，努力实现油气当量分阶段持续稳产；开拓市场，就是加大力度、加快步伐"走出去"，实现由低端向高端，由工程技术、产品销售向项目整体运作转变，拓展企业生存发展的空间；优化结构，就是按照集约化、专业化、规范化、精细化管理的方向，切实搞好"九个结构"的优化调整，促进产业结构的优化升级；协调发展，就是按照各项业务的发展定位，统筹推进"八大业务板块"的发展，构筑综合一体化发展的新优势。这其中，结构的优化调整是当务之急、重中之重。

优化产量结构。突出长垣、突出水驱，加大低成本产量在4000万吨稳产中的比重，控制高成本化学驱和外围产量规模，着力实现新区有效上产，处理好原油稳产与开发效益的关系。

优化业务结构。大力发展与油气主业密切相关的业务，重点发展科技含量高、市场前景好的业务，加快发展"走出去"的业务，适度发展经营状况相对稳定、有利于人员安置的业务，不断提高产业集中度。

优化投资结构。集中有限资金，保勘探开发、保重点项目、保创效资产，千方百计降低百万吨产能建设投资，同时加大对具备优势和发展前景企业的扶持力度，促进相关业务的协调发展。

优化成本结构。大力压缩非生产性成本，严格控制人工成本，进一步加大水驱成本比重，以成本结构的优化，保证产量结构的优化，努力实现低成本发展。

优化资产结构。充分发挥优良资产的作用，提高一般资产的创效能力，盘活利用低效无效资产，确保优良资产向重点业务、重点企业流动，解决好资源不集中、规范实力不强的问题。

优化市场结构。加快勘探开发、工程技术、工程建设、装备制造等业务"走出去"的步伐，大力拓展国内外市场，扩大外部市场份额，实现由依赖油田向面向市场、由低端占有向高端服务发展，进一步拓展生存发展空间。

优化组织结构。深化业务整合与持续重组，减少管理层级，缩短管理链条，形成主业突出、技术领先、管理高效的专业公司，进一步提高市场竞争力。

优化队伍结构。强化人力资源优化配置，促进人员由后线向前线、退出业务向做大做强业务合理有序流动，在化解整体性冗员、结构性缺员的矛盾中，实现精干高效的目标。

优化分配结构。坚持业绩、贡献导向，加大薪酬分配向关键岗位、艰苦岗位和海外高风险地区岗位的倾斜力度，合理拉开分配差距，充分调动和保护干部员工的工作积极性。

（四）可持续发展的重要保障

可持续发展的理论指导。坚持用马克思主义科学理论的最新成果武装头脑、指导实践，把学习实践科学发展观作为推进可持续发展的首要任务，贯穿推进可持续发展的全过程，同研究解决企业发展的实际问题相结合，真正落实到正确把握发展的规模与效益、速度与质量、当前与长远的关系上，落实到推进自主创新、持续创新上，落实到加快转变经济发展的方式、探索新型工业化道路上，实现油田的科学发展、和谐发展。

可持续发展的环境基础。坚持"发展共谋、责任共担、稳定共抓、环境共建"，巩固发展和谐融洽的企地关系；坚持"干部责任要落实，重大隐患要根除，关键环节要受控，要害岗位要专责，企业管理要规范，安全意识要提高"，切实加强安全环保工作；坚持"照顾离退休老同志，关爱下岗人员，关心弱势群体，关注低收入家庭，消除绝对贫困"，努力维护企业稳定。同时，大力推进节能减排，积极发展低碳经济，不断夯实企业发展的基础。

可持续发展的技术支撑。立足最大限度地发现规模优质储量，进一步提高油田采收率和储量动用率，持续提升相关业务服务油田、拓展市场的能力，坚持"五个集中"——集中方向、集中队伍、集中投入、集中精力、集中攻关，实施大项目管理，加快自主创新步伐，努力实现"常规技术常用常新、成熟技术完善配套、储备技术加快攻关"，充分发挥第一生产力的作用。

可持续发展的体制保证。按照相关产业的发展定位，健全完善适应业务发展需要的管理体系，探索建立一体化的管理体制，打造油田整体协调发展的新优势；探索建立专业化的管理体制，提升自我发展和服务保障的能力；探索建立市场化的管理体制，增强市场竞争和抗御风险的能力；探索建立国际化的管理体制，加快同国际接轨的步伐。通过推进传统管理与现代管理的有机融合，不断提升企业素质，增强管理活力。

可持续发展的人才支持。坚持把人才作

为企业发展的不竭资源,适应"两种资源、两个市场"谋发展的需要,按照外向型、复合型、实用型的人才培养方向,着力建设同国际接轨的、具有国际一流水平的"三支核心人才队伍"。到2020年,打造3000—4000人的技术专家队伍,800—1000人的高级管理人才队伍,12000—15000人的高级技能操作人才队伍。

可持续发展的精神动力。坚持全心全意依靠工人阶级的根本指导方针,加强和改进党建、思想政治工作,大力弘扬大庆精神、铁人精神,以领导干部为重点,强化整体意识、推进意识、责任意识"三种意识",达到讲觉悟、强能力、有胸怀、宽眼界、重自律"五种境界",树立讲大局重事业、讲责任重落实、讲发展重实干、讲学习重创新、讲廉洁重自律"五讲五重"的良好风气,团结和凝聚推进企业发展的强大力量。

大庆油田的发展,始终得到党和国家的亲切关怀,始终同国家和民族的前途命运紧密联系在一起。站在新起点、面向新征程,油田上下要高举中国特色社会主义伟大旗帜,全面落实科学发展观,继承发扬大庆精神、铁人精神,珍惜荣誉、高举旗帜、开创未来、永续辉煌,为国家石油战略安全、中国石油整体发展、区域经济持久繁荣做出新的更大贡献!

出台《大庆油田振兴发展纲要》

半个多世纪以来以来,在党和国家的亲切关怀下,大庆油田取得辉煌的历史成就。在做出巨大贡献的同时,经过长期的高强度开发,油田发展也面临许多现实矛盾和挑战。因此,在大庆油田进入矛盾叠加凸显期和转型发展关键期,研究解决好大庆油田可持续发展问题十分必要而紧迫。

2016年3月,习近平总书记在参加十二届全国人大四次会议黑龙江代表团审议时指出,大庆就是全国的标杆和旗帜,大庆精神激励着工业战线广大干部群众奋发有为。习近平总书记等中央领导同志还作出重要批示,强调要大力弘扬以"苦干实干""三老四严"为核心的石油精神,深挖其蕴含的时代内涵,凝聚新时期干事创业的精神力量。

2016年4月,在大庆油田干部大会上,集团公司党组书记、董事长王宜林代表党组提出,大庆油田要在促进经济社会发展和集团公司提质增效中走在前列,在推进转型升级和建设国际知名创新型企业中走在前列,在深化国企改革和增强发展活力中走在前列,在充分发挥政治优势、文化优势和建设高素质干部员工队伍中走在前列的要求。

2016年11月3日至4日,为深入贯彻习近平总书记重要指示精神,落实国家新一轮东北振兴战略,加快推进大庆油田及其地区可持续发展,集团公司党组在北京召开扩大会议,专题研究大庆油田及其地区可持续发展问题,出台《关于大庆油田当好标杆旗帜建设百年油田的意见》。

2017年4月,《大庆油田振兴发展纲要》正式发布。作为大庆油田在新的历史时期的重要战略部署,指导大庆油田实现振兴发展的纲领性文件。《大庆油田振兴发展纲要》的出台,标志着大庆石油人开始振兴发展的新创业、新征程。

《大庆油田振兴发展纲要》深刻总结大庆油田的辉煌历史,客观分析面临的矛盾挑战和拥有的优势潜力，确立了"当好标杆旗帜、建设百年油田"的总体目标，进一步提出固本强基、转型升级、持续提升三个阶段目标，系统做出高质量振兴发展总体部署。

《大庆油田振兴发展纲要》指出，油田振兴发展必须立足当前、着眼长远，统筹谋划、协调推进，要做好"四篇文章"，做精做实本土油气业务；重点实施"三步走"，做大做强海外油气业务；重点推进"四个一批"，做专做优服务保障业务；重点培育三个新的增长极，积极发展新兴接替业务，努力推进百年油田建设。

2018年10月，经油田党委和油田公司研究，对《大庆油田振兴发展纲要》进行修订，形成了《大庆油田振兴发展纲要》（2018版）。

2020年7月，为全面落实习近平总书记贺信重要指示精神，切实肩负起当好标杆旗帜、建设百年油田的重大责任，指导推动油田高质量振兴发展，《大庆油田振兴发展纲要》（2020版）正式发布。

《大庆油田振兴发展纲要》（2018版）围绕振兴发展的主要目标、振兴发展的基础条件、振兴发展的总体部署、振兴发展的保障措施四个方面，详细阐述油田面临的发展形势、任务和目标、发展阶段及各项业务领域未来发展的主要目标与工作思路。相比《大庆油田振兴发展纲要》,《大庆油田振兴发展纲要》（2018版）调整完善各阶段发展目标、工作部署和全面加强党的建设等内容，及时修订相关指标和数据，总结2017至2019年固本强基阶段油田所取得的丰硕成果，明确2025年本土原油生产目标，细化2020至2025年的发展思路。《大庆油田振兴发展纲要》（2018版）中指出，油田振兴发展已进入转型升级新阶段，要进一步

提高政治站位，高举大庆红旗，以经济效益为中心，以转变观念为先导，以改革创新为动力，坚持集约化、市场化、国际化方向，加快推进业务结构、发展动力和管理能力的转型升级，有效解决制约发展的突出矛盾和问题，统筹布局、有序推进各项工作高质量发展。

附：

大庆油田振兴发展纲要（2020版）

深入贯彻习近平新时代中国特色社会主义思想和党的十九大精神，全面落实习近平总书记致大庆油田发现60周年贺信重要指示精神，践行新时代赋予大庆石油人的神圣使命与责任，弘扬大庆精神铁人精神，深化改革创新，推动油田高质量振兴发展，为保障国家能源安全、中国石油创建世界一流示范企业、龙江全面振兴全方位振兴做出新的更大的贡献。

一、振兴发展的主要目标

重大责任：当好标杆旗帜、建设百年油田。

实现油田高质量振兴发展，按照三个阶段稳步推进：

（一）固本强基阶段：2017—2019年（油田发现60周年）。立足当好稳健发展高质量发展的标杆旗帜，夯实基础，练好内功，着力固资源之本、强发展之基，固开发之本、强效益之基，固质量之本、强素质之基，固业务之本、强竞争之基，进一步把业务基础打牢、把发展根基夯实，构建形成稳油增气、内外并举、创新驱动、协调共享的发展格局，"当好标杆旗帜、建设百年油田"的基础更为坚实。本土原油产量保持在3000万吨以上，

油气产量当量保持在4000万吨以上。

（二）转型升级阶段：2020—2030年（油田开发70周年）。立足当好转型发展的标杆旗帜，深化改革，持续创新，通过加大"走出去"力度，加强核心技术创新创效，加快同国际接轨步伐，加速拓展新的领域，实现业务结构的优化完善。油气业务持续发展，智慧油田建设基本实现，服务保障业务市场化现代化改造基本完成，形成一批具有知名品牌和市场竞争力的专业公司，新兴接替业务蓬勃发展，各项业务协调共享发展。

到2030年，松辽盆地北部石油探明率达到65%以上，主力油田采收率达到60%以上；规模效益稳步增长，勘探开发成本控制在16美元/桶以下，投资回报率保持在7%—14%；核心技术创新突破，油气勘探开发关键技术达到世界领先水平，科技贡献率达到65%以上；国际化程度大幅提升，海外业务比重持续增加。提交石油探明储量18亿吨，本土原油产量保持在2000万吨以上，天然气产量占比达到15%以上，海外权益产量占比达到45%以上，油气产量当量保持在4500万吨以上。油田矿区和谐稳定，员工生活更加富裕，企业改革发展成果惠及方方面面。

（三）持续提升阶段：2031—2060年（油田开发100周年）。立足当好百年发展的标杆旗帜，全面优化公司的价值结构、业务结构和人力资源结构，实现向国际化资源创新型企业的跨越。打造百年能源企业，实现同类型资源经济探明效率领先、油田经济采收率最高、分阶段持续高效开发，始终在国家能源布局中保持重要地位；打造百年骨干企业，实现经济、政治、社会"三大责任"高度协同，始终成为最可信赖的依靠力量；打造百年国际化企业，勘探开发整体技术达到世界领先水平，实现创新水平、综合实力赶超国际一流，全面建成世界一流现代化能源企业。

到2060年，本土原油产量保持在1000万吨以上，海外权益产量保持在2000万吨以上，天然气产量保持在130亿立方米以上，油气产量当量保持在4000万吨以上，标杆更加突出，旗帜更加鲜艳，员工群众生活更加幸福。

二、振兴发展的基础条件

辉煌历史：

大庆油田60年的开发建设，为振兴发展奠定了坚实基础。

建成了我国最大的石油生产基地。累计探明石油地质储量65.2亿吨，生产原油24亿吨，上缴税费及各种资金2.9万亿元，有力地支持了国民经济发展。

孕育形成了大庆精神铁人精神。"爱国、创业、求实、奉献"的大庆精神，同井冈山精神、长征精神、延安精神、"两弹一星"精神、雷锋精神、改革开放精神等，构成了中国共产党的伟大精神，也是中华民族伟大精神的重要组成部分。

创造了领先世界的陆相油田开发水平。主力油田采收率达到50%以上，比国内外同类油田高出10—15个百分点，先后荣获一次国家自然科学一等奖和三次国家科技进步特等奖，大庆油田的发现与开发和"两弹一星"等共同载入我国科技发展的史册。

打造了过硬的"铁人式"职工队伍。涌现出以"三代铁人"为代表的一大批先进模范人物，锤炼了一支"三老四严"、永创一流的英雄队伍。王启民同志被党中央授予"人民楷模"和"改革先锋"荣誉称号，是全国石油系统和黑龙江省唯一一人。

促进了区域经济社会的繁荣发展。大庆油田的开发建设，发挥了国有大企业的辐射拉动作用，有力地促进了地方经济社会发展，推动了和谐矿区建设，建成了一座美丽繁荣的现代化油城。

矛盾挑战：

一是后备资源接替不足。油田经过长期高速高效开发，已探明剩余可采储量相对不足，储采比低的问题依然比较突出。

二是开发难度日益增大。主力油田即将进入后油藏阶段，控递减难度越来越大，外围增储上产区块效益逐步变差。

三是基础设施改造滞后。油田设施、设备超期服役，新度系数低。虽经持续更新改造，仍有部分井站、管道腐蚀老化严重。

四是总体经济效益下行压力大。疫情常态化影响，国际油价长周期大幅震荡，以及作为化石能源替代的新能源发展迅猛，使企业经营风险加剧，中长期盈利水平承受压力增大。

五是老企业问题矛盾多。主要是体制机制不够灵活、组织结构不尽合理、发展空间严重受限，有些业务产业集中度不高、自我发展能力不强等等。

优势潜力：

一是资源潜力。大庆探区从松辽北部、海拉尔等外围盆地，到川渝、新疆塔东区块，勘探领域内油气资源丰富，石油资源量210亿吨，天然气资源量7.48万亿立方米；还有海外的丰富油气资源，是建设百年油田的重要物质基础。

二是技术实力。培育了超越权威、超越前人、超越自我的"三超"精神，构建了应用一代、研发一代、储备一代的科技研发体系，培养了一大批攻大难关、克大难题的科技领军人才，形成了水驱、聚驱、复合驱和致密油开发等一整套油田开发技术系列。

三是管理基础。以岗位责任心为灵魂的大庆油田岗位责任制，为奠定新中国工业管理体系基础做出了重要贡献。近年来，已与专业化、标准化、信息化和QHSE等现代管理体系深度融合，在建立现代企业制度上迈出重要步伐。

四是海外开发。已进入蒙古、苏丹、伊拉克、哈萨克斯坦、沙特等多个国家和地区，在油气勘探、开发、工程技术、工程建设等项目运作上积累了宝贵经验，成功收购伊拉克哈法亚项目，迈出海外业务重大跨越新步伐。以"新时期铁人"李新民团队为代表的油田海外队伍，享誉国际市场。

五是政治文化。大庆精神铁人精神历久弥新，"三老四严""四个一样"等优良传统成为中国石油企业文化的显著特征，具备油田特色的党建、思想政治工作体系健全完善、保障有力，这些都是振兴发展的核心竞争优势。

2017—2019年是油田振兴发展的固本强基阶段。三年来，油田上下共同努力，深入贯彻习近平新时代中国特色社会主义思想，扎实推进油田改革发展各项事业，圆满完成固本强基各项任务目标，开启了振兴发展的新篇章。重点领域勘探取得一批重大标志性发现，油田储采平衡系数由0.65提升到0.67，原油产量递减大幅度趋缓，天然气产量连续9年稳定增长，海外权益产量再创新高，油气产量当量在4000万吨以上企稳回升。重点领域改革全面推进，开源增收成效显著，成本得到有效控制，经营业绩持续提升。全面加强基础管理，健全完善管理体系，安全环保形势稳定向好。深入开展大庆精神铁人精神再学习再教育再实践，队伍的执行力战斗力凝聚力不断增强，"当好标杆旗帜、建设百年油田"的基础更加坚实。

中国特色社会主义进入新时代，我国经济运行稳中向好，国内石油需求刚性增长，低碳、绿色、高效成为能源发展主基调，石油企业肩负的责任使命更加重大。习近平总书记等中央领导同志对确保我国能源安全作出一系列重要批示和指示，国家大力推进能源革命、深化改革和东北振兴，集团公司紧紧围绕保障国家能源安全和推动高质量发展、创建世界一流示范企业目标，坚持稳健发展方针，大力推动高质量发展、创新驱动发展，给油田发展带来宝贵机遇。只要坚持把听党话、跟党走作为振兴发展的政治担当，坚持把当好标杆旗帜作为重大责任和根本遵循，把立足本土开拓海外作为必由之路，把创新驱动转型升级作为重中之重，把练好内功提质增效作为固本之举，把构筑政治文化优势作为有力保证，顺势而为、乘势而上，新时代油田高质量振兴发展一定会开创辉煌灿烂的未来。

三、振兴发展的总体部署

高举习近平新时代中国特色社会主义思想伟大旗帜，全面落实习近平总书记贺信重要指示精神，深入推进集团公司党组和黑龙江省委《实施意见》，坚定落实"四个革命、一个合作"的国家能源安全新战略，以新发展理念为统领，以党的建设为根基，以实现高质量发展为目标，以稳油增气、内外并举为中心任务，以深化改革创新为动力，大力弘扬大庆精神铁人精神，统筹各项业务发展，加快转型升级步伐，切实肩负起"当好标杆旗帜、建设百年油田"的重大责任。

本土油气业务——持续有效发展。重点做好"四篇文章"：

一是加强勘探增资源的文章。本土勘探尤其是页岩油气、致密油气勘探是支撑油田振兴发展的基石。近期突出古龙页岩油有效资源落实和开发示范工程建设，强化富油凹陷常规油、致密油一体化精细勘探，加快川渝等流转区块天然气领域突破；中期突出页岩油规模增储与效益建产，加快川渝等流转区块天然气领域接替，加强新区新领域风险勘探；远期突出非常规油气、新能源的资源接替，为振兴发展提供新的资源保障。

二是长垣提高采收率的文章。持续推进精准开发理念与实践，做到精准地质研究、精准方案设计、精准工艺措施、精准管理手段，强化长关井及套损井治理，进一步改善老油田开发效果。特别是加快聚驱后新一代提高采收率技术攻关，努力实现一、二类油层再提高采收率6%以上；加快三类油层三次采油技术攻关，再提高采收率10%以上，努力实现化学驱开发工业化应用。

三是难采储量有效动用的文章。瞄准致密油和已探明未动用储量两大块资源，扭住降低单井投资、提高单井产量、控制递减水平三大关键指标，坚持技术提产、管理增效、一体化降本，进一步提高难采储量动用率，实现规模有效开发。

四是天然气产业加快发展的文章。稳固松辽，效益开发致密气，高效利用俄气，保持松辽本土天然气总体稳定；加快四站储气库群、升平储气库等建设，尽快形成规模储采能力；全面建成我国东北地区最大的天然气生产基地、储备基地和协调枢纽。突出川渝，加快合川—潼南等流转区块勘探开发；抓好塔东，实现天然气规模开发，为百年油田建设做出标志性贡献。

海外油气业务——规模跨越发展。重点实施"三步走"：

第一步，扎实推进划转项目开发。按照集团公司总体部署，全力做好塔木察格和哈法亚等项目合作经营，实现项目平稳过渡，权益产量稳步提升。

第二步，积极开展新项目规模合作开发。理顺海外勘探开发体制机制，全方位加速参与国际市场竞争，以中东、中亚、俄罗斯等国家或地区相关项目为切入点，积极融入中石油海外开发体系，在"一带一路"沿线国家、已有项目周边及资源丰富地区，努力拓展新项目、争取大区块。

第三步，依靠一流技术实现跨越发展。发展完善水驱、聚驱、复合驱等提高采收率技术，推进油田核心技术标准化、有形化、产业化，以技术引领市场，以技术创造需求，以技术打造品牌，为海外业务拓展更大的发展空间。

服务保障业务——优化升级发展。重点推进"四个一批"：

一是巩固提升一批。对规模较大、基础完备、市场前景好的业务，坚持做强做优不动摇，通过加快技术进步和管理创新，进一步增强核心竞争力，巩固市场优势地位，努力打造一批大庆钻探、大庆建设、大庆电能、大庆水务等市场品牌。

二是专业重组一批。对产业相近、行业相关、关联程度高的业务，持续加大内部整合力度，提高产业集中度，实施市场化、规模化经营，积极探索混合所有制改革的有效途径，进一步增强发展实力，实现高质量发展。

三是产业升级一批。对具备资源、队伍、品牌优势和发展潜力大的业务，加强区域或行业资源整合，发挥资源、规模与效率优势，走产业化、特色化道路，打造成为辐射中石油乃至全国的产业平台。

四是坚决退出一批。坚持精干主业不动摇，对低端低效、没有前景的业务，依据各业务板块发展定位，坚决有序退出或完全市场化经营，构建形成市场性更好、支撑性更强、成长性更优的产业格局。

新兴接替业务——稳步有序发展。重点培育"三个新的增长极"：

一是非常规资源规模开发的增长极。强化攻关研究，加大投入力度，力争早日使大庆东北探区丰富的页岩油气、致密油气等非常规油气资源，成为振兴发展的重要潜力接替领域。

二是新能源高效利用的增长极。大力实施油气资源战略接替和生产用能清洁替代，优先发展风光与多能互补发电、地热替代等业务，稳妥推动土地价值提升、氢能综合利用等业务，重点储备煤炭地下气化等技术，探索发电、化工、二氧化碳驱油与埋藏等下游业务，开辟多能融合、循环经济的创新发展之路。

三是新领域新业态有序拓展的增长极。充分利用地缘优势、气源优势和储气库优势，用好昆仑气电平台，积极融入"气化龙江"战略，发展天然气产供储销业务。发挥化学、生物、新材料等试验基地作用，做优三次、四次采油所需的化学助剂，发展提高采收率业务。依托油田先进技术、管理经验，以及物联网、云计算等智慧油田建设成果，发展信息咨询业务。不断创新"大庆精神+"模式，拓展新媒体、文化产品、教育培训、工业旅游等服务经济，努力打造工业特色文旅品牌。

百年大业，发展为本。展望大庆油田开发建设100周年的美好未来，通过中长期的振兴发展，到本世纪中叶，公司的价值结构更加合理，科技的核心地位日益凸显，全面实现由资源采掘型企业向技术创新型企业的转变。

队伍结构更加精干，以三类核心员工为特征的人力资源结构构建形成，社会化水平和劳动生产率大幅提升，全面实现由企业合同用工为主向社会化用工为主的转变，企业实力大幅提升，矿区环境持续改善，员工生活更加幸福、美满、和谐。

业务结构更加优化，以油气资源为主，时代特色鲜明，全面实现由地域性企业向国际化公司的转变。

从2020年开始，油田振兴发展进入转型升级新阶段。要紧紧围绕贯彻落实习近平总书记贺信重要指示精神，提高政治站位，高举大庆红旗，以经济效益为中心，以转变观念为先导，以改革创新为动力，坚持集约化、市场化、国际化方向，加快推进业务结构、发展动力和管理能力的转型升级，有效解决制约发展的突出矛盾和问题，争取主动、赢得优势，奋力谱写油田"十四五"发展、改革、科技和党建"四个新篇章"。

发展篇：资源勘探。聚焦"1+4"领域，组织页岩油领域新会战，打好富油凹陷常规油、致密油气、新区新领域、矿权流转区块"四大领域"勘探进攻战，推动形成储量增长新高峰，力争到2025年，基本探明页岩油储量30亿吨，累计增加石油探明储量8亿吨、天然气探明储量3500亿立方米。

油气开发。本土原油开发持续深化精准开发理念与实践，大力实施水驱控递减、三次采油提质提效、新区效益建产"三大工程"，突出页岩油加快发展，力争到2025年，本土原油产量实现3000万吨规模，保持全国第一大油田地位。本土天然气开发筑牢松辽稳产、川渝上产、塔东评价、储气调峰"四大支撑"，坐实集团公司五大生产基地，力争到2025年，天然气产量达到70亿立方米以上。储气库年工作气量达到30亿立方米以上。深化海外塔木察格、哈法亚等已有项目合作，加快研究推进艾哈代布、西古尔纳等股权划转项目，积极参与海外新项目开发，到2025年，海外权益产量达到1600万吨以上。

积极拓展培育新能源新业务新业态领域，扎实推进风光与多能互补发电、地热资源开发利用项目的先导示范区建设和推广工作，力争到2025年，构建形成产业协同、多能融合发展的新格局。

改革篇：坚持市场化方向，以供给侧结构性改革为主线，以治理体系和管控能力现代化为目标，加大改革攻坚力度，深化产业结构调整；探索"油公司"模式、股份合作制、混合所有制体制改革；推进简政放权、市场化运行和人事劳动分配制度机制改革；深化岗位责任制、效益建产规模增产管理创新；按照数字油田、智能油田、智慧油田"三步走"战略，全面推进油气生产物联网建设，以信息化推动管理变革。力争到2025年，

"油公司"体制全面建立，全员劳动生产率提高30%—50%，服务业务优化升级，产业集中度提高30%，服务业务经营收入规模达到800亿元以上，创效能力达到行业先进水平。

科技篇：聚焦油田发展，以增储提采、增效提质为核心，坚持科技先行，强化技术支撑，加快建设创新型企业，以技术创新驱动油田高质量发展。挖潜增效，发展常规油和致密油精细勘探、长垣特高含水后期水驱精准挖潜、二类油层化学驱提质提效、致密油有效开发、火山岩气藏高效开发"五项"配套技术。锁定难点，攻关古龙页岩油规模建产、碳酸盐岩储层高效勘探、四次采油堵调驱、三类油层高效驱油体系、天然气重力驱、优质高效钻完井配套"六项"卡脖子技术。瞄准前沿，探索低熟未熟页岩油原位改质、纳米智能驱油、微生物降解原油产甲烷气、氢能综合利用"四项"储备技术。注重特色，完善发展"一体两翼"科技创新体系，全面提升管理水平、研发效率和支撑能力。

党建篇：抓党建把方向，让大庆红旗更加鲜艳。以党的政治建设为统领，用党的创新理论武装头脑，始终做听党话、跟党走的坚强柱石。抓党建筑根基，打造坚强战斗堡垒。大力实施"补钙壮骨"、固本强基、凝心聚力、培根铸魂工程，推动基层党组织全面进步、全面过硬。抓党建育人才，加快推进人才强企。坚持党管人才原则，完善人才开发、成长和评价激励体系，全面加强管理、技术和技能"三支人才队伍"建设。抓党建严守纪，推进全面从严治党。落实全面从严治党主体责任，推动党风廉政建设和反腐败工作取得新成效。抓党建强队伍，大力弘扬大庆精神铁人精神。打造有理想守信念、懂技术会创新、敢担当讲奉献的"铁人式"职工队伍。

四、振兴发展的保障措施

思想理论保障。深入学习贯彻习近平新时代中国特色社会主义思想和总书记重要指示批示精神，贯彻落实中央"五位一体"总体布局和"四个全面"战略布局，认真践行五大发展理念，积极推进社会主义核心价值体系建设，不断筑牢全体干部员工接力奋斗、锐意进取的思想理论基础。引导油田上下进一步解放思想、转变观念，强化机遇意识、改革意识、创新意识，通过思想观念的解放，引领和推动新时代油田振兴发展新实践。

技术支撑保障。坚持把创新摆在发展全局的核心位置，按照"应用一代、攻关一代、储备一代"的思路，推进油田核心技术发展路线图，创立"百年油田"——国际提高采收率论坛，加强国家重点实验室等基础平台建设，加快推动关键核心"卡脖子"技术、智慧油田建设、科技体制机制"三个创新"，全力实现优势主导技术保持领先、赶超技术跨越发展、储备技术占领制高点，始终保持陆相砂岩油田开发技术的领跑地位。

体制机制保障。认真落实国家和集团公司关于深化国企改革的总体部署，立足重点领域，积极探索实践，大力加强管理创新和体制机制创新，推进重点领域改革步伐，加快市场化、开放化、国际化进程，切实抓好管理体系融合、新时代岗位责任制检查和开源节流降本增效等重大举措，靠创新驱动发展，靠改革释放红利，靠管理提质增效，推动企业提质提档、转型升级，有效应对经营风险，不断增强发展活力。

人才队伍保障。实施重点人才工程，树

立"重素质、重品行、重实干、重业绩"的用人导向，抓好年轻干部队伍建设，加强科技领军人才引进与培养，加大干部交流培训力度，着力打造堪当重任的干部和技能人才队伍，培育一批大国工匠、石油名匠。2025年，核心管理人才保持在1300人，核心技术人才达到4000人，核心技能人才达到10000人。2035年，核心管理人才保持在1000人，核心技术人才达到5000人，核心技能人才稳定在10000人。2060年，三支人才队伍建设达到国际水平，产业规模可为社会提供用工30万人以上。

基础环境保障。加强质量安全环保工作，杜绝重大及以上安全生产事故和环境污染事件。强化节能减排，废水、废气达标排放率达到100%，吨液能耗降到6.9千克标煤以下。推进依法治企，落实"三重一大"，着力打造阳光央企和法治央企。畅通信访渠道，强化舆情监控，做好教育疏导，保障员工权益，维护改革发展稳定大局。

文化精神保障。大力弘扬大庆精神铁人精神，以及"三老四严""四个一样"等优良传统作风，持续深入推进大庆精神铁人精神再学习再教育再实践，创建大庆精神铁人精神——标杆旗帜论坛，弘扬劳模精神、劳动精神、工匠精神，深度挖掘新时代新内涵，增强企业文化软实力，为"当好标杆旗帜、建设百年油田"提供精神动力和文化支撑。

企地协作保障。认真履行国有企业的经济、政治和社会责任，坚持"发展共谋、责任共担、稳定共抓、环境共建"，主动融入地区经济共建共享大格局，加快发展"油头化尾"，扎实推进"气化龙江"，充分发挥大企业的支柱骨干和辐射拉动作用，当好全国资源型城市转型发展排头兵，助力龙江全面振兴全方位振兴。

全面加强党的建设。坚持党对国有企业领导的重大政治原则，在推进党的建设伟大工程中担起标杆旗帜的政治责任。全面加强党的领导，坚决落实两个"一以贯之"，把方向、管大局、保落实，持续强化党建"一岗双责"，纵深推进全面从严治党，加强党风廉政建设和反腐败工作，持之以恒正风肃纪，加大监督执纪问责力度，健全不敢腐、不能腐、不想腐机制。严明政治纪律政治规矩，增强"四个意识"、坚定"四个自信"、做到"两个维护"，建设忠诚干净担当的领导班子和干部队伍。创新基层党建工作，总结推广党建协作区新模式，打造"干部无违纪、员工无违规、安全无事故、荣誉无水分"的基层组织和战斗堡垒，以高质量党建推动高质量发展。

第三篇

创业足迹

勘探

松辽盆地是一个大型中—新生代沉积盆地，地跨黑龙江、吉林省和内蒙古自治区，面积26万平方千米，沉积地层厚度5000—6000米。

大庆长垣是松辽盆地中央坳陷区北部的一个大型二级背斜构造带，南北长145千米，东西宽10—30千米，闭合面积约2800万平千米。东翼倾角2—7度，西翼倾角3—23度，自北向南由喇嘛甸、萨尔图、杏树岗、太平屯、高台子、葡萄花和敖包塔7个三级背斜构造组成。

位于大庆长垣东部的三肇凹陷，从中部到东部分布有徐家围子、升西和永乐三个向斜构造；从西北到东南分布有宋方屯、模范屯和升平三个鼻状构造。

位于大庆长垣西部的齐家—古龙凹陷，周边分布有萨西、杏西、葡西、新站等一系列鼻状构造，呈现出"一凹多鼻"的构造特征。

海拉尔—塔木察格盆地横跨中蒙两国，总面积79600平方千米。海塔盆地中国区域面积44210平方千米，位于内蒙呼伦贝尔西南部，属于复杂断陷沉积盆地。

在地质历史上，松辽盆地是一个大型内陆湖盆，自白垩系泉头组沉积以后，经多次构造变动，导致湖盆水位呈现大—小—大的交替变化，依次沉积形成生油层—储层—盖层的良好组合。

大庆油田储层属白垩系泉头组、青山口组、姚家组和嫩江组，埋藏深度800—1900米，自上而下分为黑帝庙、萨尔图、葡萄花、高台子、扶余和杨大城子油层。其中萨尔图油层属中、高渗透砂岩油层，分布于喇嘛甸、萨尔图、杏树岗油田和长垣外围西部的部分油田；葡萄花油层以中、高渗透砂岩油层为主，遍布于大庆长垣及其外围的绝大多数油田；高台子油层属中、低渗透粉—细砂岩油层，分布于喇嘛甸、萨尔图油田和长垣外围西部的部分油田；扶扬油层为低和特低渗透砂岩油层，分布于大庆长垣杏树岗以南和长垣外围东部的各油田，在长垣外围西部也有零星分布。此外，在大庆长垣南部和长垣外围西部还零星分布有黑帝庙油层。

大庆长垣上的7个油田属多油层砂岩油藏，长垣外围各油田属低渗透砂岩油藏。萨尔图、葡萄花和高台子油层是大庆长垣北部喇嘛甸、萨尔图、杏树岗主力油田的主要储油层，属早白垩世中期松辽湖盆北部的大型叶状三角洲及部分下游河流沉积，总厚度300—500米，埋藏深度700—1200米，渗透率20—2000毫达西，由130多个小砂岩与泥质岩交互组成。其中，萨尔图油层分为3个油层组、9个砂岩组、20—30个小层；葡萄花油层分为2个油层组、6个砂岩组、10—23个小层；高台子油层分为4个油层组、26个砂岩组、66—92个小层。这套储层非均质性较严重，层间、平面和层内差异较大，使大庆长垣北部油田成为典型的特大型陆相多油层砂岩油田。大庆油气区20个中浅层气藏，其储层自上而下分别为黑帝庙、萨尔图、葡萄花、高台子、扶余和杨大城子砂岩气层，气藏主要类型为碎屑岩类的构造气藏和岩性构造气藏。3个深层气藏储层自上而下分别为登娄库、营城组的砂砾岩与火山岩气层，气藏类型主要为砂砾岩气藏和火山岩气藏。

自20世纪50年代中期起，大庆油气勘探大体经历了六个发展阶段。

大庆油田发现阶段（1955—1959年）

1955年8月，地质部首先派出地质队，在松辽盆地进行地面踏勘。1956年，地质部开始组织大规模综合物探工作。1957年，石油工业部也派出地质队，开始进行松辽盆地资料收集和分析。1958年成立松辽石油勘探局。通过石油工业部、地质部携手工作，基本查清盆地结构、地层层序、生油储油条件，并开始部署基准井。1959年9月26日，松基3井喷油，发现大庆油田。

初步探明大庆长垣并完成盆地普查阶段（1959—1963年）

这一阶段，在探明大庆油田的同时，对大庆东西两侧地区继续勘探。5年内开展了两次地震会战、五次勘探会战，基本完成松辽盆地石油地质普查工作。

勘探间歇阶段（1964—1972年）

这一阶段，大庆勘探队伍进关，转战华北，参加了胜利、大港油田的勘探工作。松辽盆地勘探则相对处于低潮，工作量较少。油田基本力量全部投入大规模开发大庆长垣。

二次勘探阶段（1973—1983年）

1973年3月，大庆重新组建勘探指挥部，并着手更新技术装备，大庆地区开启二次勘探序幕。1975年后，陆续发现并探明宋芳屯、模范屯、榆树林、徐家围子、朝阳沟等油田。大庆地区勘探摆脱构造油藏勘探的传统思路束缚，开创岩性油藏勘探的新局面。

全面加强勘探阶段（1984—2000年）

1984年初，大庆党委提出新的勘探工作目标，即"解放思想，加强勘探，再找一个大庆油田，为中国石油工业发展再做新贡献"。从四个方面着手，加大勘探工作力度：一是加大投资，11年间钻探井1217口，平均每年110口，比上阶段年均探井37口多2倍；二是勘探队伍全面实现专业化；三是在局机关设立勘探部，强化系统管理；四是扩大勘探领域，启动海拉尔等外围盆地勘探以及松辽深层勘探。同时，这一阶段大力倡导和推行科学勘探的新理念，根据勘探对象的变化，改变勘探思路，逐步探索出一套非背斜复杂油田勘探理论和方法；大幅度推进技术进步，研制和引进数字化新仪器，发展油层保护、致密油层改造、复杂油气层识别评价等多套新技术；规范勘探程序，编制完成盆地评价、圈闭评价、油气藏评价3个技术标准；实现现代化管理，包括理顺经济关系，推行标准化、信息化等，为勘探大发展奠定基础。经过10年努力，松辽盆地中浅层发现并探明肇州、永乐等储量超亿吨油田；"三肇"地区深层探明升平、昌德深层气田；海拉尔盆地发现乌尔逊、呼和诺仁、巴彦塔拉、或多磨尔4个含油构造带。

"三个并举"发展阶段（2001年以后）

勘探进入深浅层并举、内外并举、油气并举的战略发展期，充分运用新技术，松辽盆地深层、中浅层以及海拉尔盆地勘探取得突破性成果。

2003年，着手实施为期十年的油气勘探"5671工程"，2004年起连续5年实现年增探明储量超亿吨；2005年在松辽深层探明国内陆上东部最大的火山岩气田，其储量逾2000亿立方米，使大庆成为继四川、南疆、长庆、青海之后的国内第五大产气区；松辽盆地中浅层发现并探明古龙、敖南、卫星、太东等新油田（区块）；海塔探区历经3年会战累计探明石油地质储量3.3185亿吨；松辽中浅层、深层和海塔等外围盆地三个领域中，8年共探明石油地质储量8.3亿吨，探明深层天然气地质储量2308.98亿立方米，提前实现"5671目标"。到2010年，提交探明石油地质储量11.34亿吨，探明天然气地质储量2317.53亿立方米，年均探明石油（气当量）地质储量13184.16万吨，迎来大庆勘探史上第三次储量增长高峰期。

2010年，大庆油田将煤层气、致密砂岩气勘探纳入议事日程，分别设立项目组，健全组织，落实责任，实施目标管理，要求到2015年分别落实探明致密气与煤层气地质储量1000亿立方米与建成10亿立方米产能的工作目标。2011—2015年，松辽盆地北部中浅层致密油勘探展现出长垣、齐家—古龙、三肇地区4个亿吨级储量规模，杏树岗、葡萄花油田新增探明石油地质储量5260万吨，安达地区首次提交致密气预测储量533亿立方米。外围盆地勘探在方正断陷首次提交探明石油地质储量309.86万吨，实现外围盆地石油勘探的重大跨越。

进入"十三五"，松辽盆地从中浅层常规油、致密油到深层页岩油、天然气勘探，迎来成果丰硕期。

一是富油气凹陷作为效益增储的主战场持续高产。龙西地区实现"北上、南下、西进、东扩"，新增探明石油地质储量9325.2万吨；海拉尔盆地中部带实施一体化探索，发现高产富集区，新增探明石油地质储量1254.4万吨，新增控制储量1055万吨；松辽盆地北部深层勘探应用火山岩气藏精细描述技术，整体新增探明天然气地质储量502.03亿立方米。

二是松北致密油增储上产成效显著。按照"预探准备资源、探索配套技术，评价试验跟进、一体化开发建产"的工作模式稳步推进，并形成松北致密油勘探开发理论技术体系，致密油累计新增探明储量成为支撑外围油田稳产上产的重要力量。

三是古龙页岩油勘探获重大突破，据初步估算，青山口组中高成熟页岩油资源量和页岩气资源量总计与大庆油田常规油资源量相当。其中，2326平方千米轻质油带石油、天然气储量已基本落实。此项成果获石油天然气集团公司2020年度勘探重大发现特等奖。

四是徐家围子致密气多井多区带获工业油流，呈现满凹含气态势。按照"主攻安达、拓展徐西、探索徐南"的思路，安达地区2018年首次提交致密气探明储量189.24亿立方米；徐西徐深6-308井获10.8万米^3/日工业气流，证实沙河子组致密气可有效动用；徐南部署肇深32井获8.1万米^3/日工业气流，标志着新区带勘探取得新突破。

大庆油田历经60多年的勘探，取得探明石油地质储量60多亿吨的骄人战绩。随着勘探技术的不断创新发展，剩余资源的日趋减少，松北常规油勘探已不再独领风骚，大庆地区在继续精勘细探常规油资源的同时，致密油、深层气、页岩油陆续成为勘探主攻目标，而且所展示的前景十分广阔。一个以常规油为"压舱石"，致密油、深层气、页岩油勘探并驾齐驱的崭新局面业已开启，为大庆人实现"再找一个大庆油田"的夙愿提供新的契机。

（一）松辽盆地中浅层勘探

松辽盆地中浅层是指白垩系地层中上部的黑帝庙油层，中部的萨尔图油层、葡萄花油层、高台子油层（合称萨葡高油层），下部的扶余油层、杨大城子油层（简称扶杨油层）。中浅层是上述上、中、下三套油层的总称。

1. 常规油勘探

20世纪50年代中期至60年代初，松辽盆地中浅层勘探在陆相生油和二级构造带整体控油理论指导下，主攻大型坳陷湖盆构造，发现大庆长垣特大型背斜油田，形成大庆勘探史上第一次储量增长高峰期。1962—1969年，松辽盆地勘探工作历经短暂休整期。1973年，松辽盆地二次勘探全面启动，岩性油藏勘探取得突破，陆续在大庆长垣外围发现一批构造或构造背景下的岩性油气藏。

1986—2000年，根据陆相湖盆岩性油气成藏机理的认识，全面展开葡萄花油层、扶杨油层勘探，在大庆长垣及东侧实现含油连片，在齐家—古龙地区实现"由点到片"的突破，在松辽盆地北部发现肇州等油田，年均探明石油（气当量）储量6400万吨，迎来大庆油田第二个储量增长高峰期。

2001年以后，松辽盆地北部中浅层实施精细勘探，葡萄花油层实现"满凹含油"；扶杨油层在三肇凹陷实现含油连片。2002年，按照整体评价、优化部署、择优探明、分批实施的原则，在卫星地区勘探—开发一体化推进，部署探井14口、开发井44口，提交探明石油地质储量4095万吨。2003年，油藏评价在肇源、他拉哈、新站、宋芳屯等7个区块新增探明石油地质储量6726万吨；石油预探勘探在敖南、肇源、宋芳屯地区提交石油控制储量9289万吨。

2004年，太东地区在葡萄花油层提交预测石油地质储量5915万吨。2005年，他拉哈—常家围子预测评价发现，古龙油田葡萄花油层整装提交预测储量超亿吨；通过整体评价，徐家围子地区葡萄花油层提交石油地质储量5033万吨。甩开勘探，古龙—茂兴地区葡萄花油层形成5000万吨级储量目标。

2006年，在太东、龙虎泡、齐家地区开展精细勘探、一体化评价，提交控制石油地质储量10056.68万吨；在朝阳沟、永乐、他拉哈—常家围子地区精细挖潜，提交预测石油地质储量10070.72万吨。松辽盆地北部石油勘探首次实现三级储量均超亿吨，实现"十一五"勘探的开门红。同时，形成古龙北、大庆长垣、三肇等3个超亿吨级和古龙南、齐家、朝阳沟—长春岭、西斜坡等4个5000万—10000万吨级储量目标区。2007年，古龙北地区部署探井19口，提交控制石油地质储量1.003亿吨。

2008年，古龙南地区新获工业油流井7口，工业油流井累计达到60口，井均日产量保持在1.08—40.26吨，其中日产大于10吨12口。该区含油面积661.2平方千米。同年，朝阳沟北坡、太平川地区甩开勘探，有14口井获工业油流，该区含油面积367.6平方千米，提交控制石油地质储量1.0063亿吨。

2009年，实施朝—长背斜带和大庆长垣两个构造带扶杨油层评价优选，全面完成8000万吨控制石油地质储量和1亿吨预测石油地质储量任务；加快齐家地区亿吨级目标区多层位立体勘探，为油藏评价优选提供后备区；准备安达—太平川和西部斜坡两个5000万吨级目标区，为实现储量接替率大于1准备接替区。朝—长地区扶杨油层和三肇凹陷徐家围子地区葡萄花油层新增石油地质储量1.0248亿吨；长垣地区扶杨油层新增预测石油地质储量1.541亿吨。

2010年，杏树岗地区利用开发井加深、加快评价步伐，落实控制储量规模，通过预探、评价、一体化运作，杏69区块扶余油层新增控制石油地质储量6575万吨，高台子地区葡61区块扶余油层新增预测石油地质储量10089万吨，整体规模达到2.6亿吨。齐家地区实施多层位立体勘探，南部以葡萄花油层为主，北部主探高台子油层，兼探扶余油层，以三维地震精细刻画储层为手段进行整体评价，估算高台子油层具有5000万吨探明潜力，扶杨油层具5000万吨探明潜力，葡萄花油层具有探明1000万吨潜力，整体达到亿吨级探明潜力规模。

2012年，在松北江桥油田新增控制石油地质储量6328万吨，含油面积130.9平方千米；在高台子油田古56区块新增控制石油地质储量1741万吨，含油面积50.3平方千米；葡萄花—敖包塔油田葡318区块新增预测石油地质储量1927万吨，长垣南敖7区块、长垣北杏浅11区块新增探明天然气地质储量308.38亿立方米。

2013年，在松北龙虎泡油田塔28区块扶余油层新增控制石油地质储量6055万吨、技术可采储量1019.9万吨，含油面积175.4平方千米；榆树林油田树3等区块扶杨油层新增控制石油地质储量1244万吨，含油面积52.3平方千米；在朝阳沟油田长81-6、民73区块扶余油层新增控制石油地质储量723万吨，含油面积22.8平方千米；葡萄花—敖包塔油田茂2区块扶余油层新增预测石油地质储量10671万吨，含油面积473.0平方千米。

2014年，松辽盆地北部中浅层提交预测、控制两级石油地质储量4176万吨，其中，在英台黑帝庙油层将致密油技术运用到常规油勘探，英平1井获66.54吨/日的高产，提交控制石油地质储量2342万吨；杏西葡萄花油层提交预测石油地质储量1834万吨。中浅层甩开预探，葡萄花油层2口井获高产；敖X80压后自喷，日产油13.2吨；龙X46压后抽汲，日产油20.5吨。

2017年，松辽中浅层齐家古龙凹陷的常规油勘探，发现龙西地区连片含油，提交三级地质储量5802万吨。龙西地区石油勘探成果获得中国石油天然气股份有限公司2017年油气勘探重大发现成果奖一等奖。

"十三五"期间，松辽盆地中浅层勘探取得突破性成果：（1）辽松北中浅层精准施探，龙西地区实现"北上、南下、西进、东扩"，新增探明石油地质储量9325.2万吨；（2）双城南洼槽登娄库组部署的探评井13口，评价9口井，试油5口井均获工业油流，内含3口高产井，新增探明石油地质储量1105.7万吨；（3）海拉尔盆地中部带实施一体化探索，获工业油流井22口（含8口日产10吨以上高产井），发现高产富集区，新增石油探明储量1254.4万吨，新增控制石油地质储量1055万吨。

2. 致密油勘探

2010年，大庆油田将煤层气、致密砂岩气勘探纳入议事日程，分别设立项目组，健全组织，落实责任，实施目标管理，要求到2015年分别落实探明致密气与煤层气石油地质储量1000亿立方米与建成10亿立方米产能的工作目标。2012年，在杏树岗、葡萄花油田扶余油层新增探明致密油地质储量5260万吨，齐家地区高台子油层整体展现3亿吨潜力，并初步形成致密油水平井体积压裂配套技术，建立起致密油勘探新的工作模式。2015

年，松北中浅层致密油勘探展现出长垣、齐家—古龙、三肇地区4个亿吨级储量规模，安达地区首次提交预测致密气地质储量533亿立方米。

2016年，致密油勘探开发一体化动用试验初见成效，芳38区块初期平均日产油8.2吨。2018年，持续推进致密油勘探与开发一体化，利用细分层井震结合，在三肇地区优选甜点，部署实施水平井5口，其中肇平25、肇平21井分获18立方米、49立方米高产油流；实施直井8口，7口井获工业油流，新增致密油探明地质储量2215万吨、控制地质储量3028万吨、预测地质储量1367万吨。致密油17个试验区累计建产36万吨，累计产油62.43万吨，2018年产油13.47万吨。

到2019年，历经8年持续攻关，地质、工程技术从甜点评价预测、水平井优快钻井、大规模体积压裂、二氧化碳吞吐提产技术，到"平台化、工厂化、个性化"开发建产，形成致密油勘探开发配套技术系列。同时成立项目部，实施扁平化管理，从预探先行、评价开发跟进，到一体化组织实施，再到推行市场化运作，建立起致密油效益开发新模式。在致密油由无效资源到优势资源的转变过程中，不断打破常规，其效益指标不断刷新，成为油田增储上产的重要领域。2019年，提交致密油三级储量1.05亿吨，产油44.3万吨，累计产油129万吨，支撑起外围油田持续稳产上产。

2020年，松北致密油勘探主攻有效储层4—6米分布区，在三肇地区"直—平同步"探索增储潜力，肇平23、肇平27井压后日产分获54吨和15吨，落实3000万吨的增储潜力。进一步落实致密油效益开发模式，优化相关工艺技术，单井投资下降31.9%，年产油60万吨，致密油区块稳产水平稳步提高。

大庆油田将致密油油藏作为非常规勘探开发的试验田，经多年实践探索，业已形成"预探准备资源、探索配套技术，评价试验跟进、一体化开发建产"的运作管理模式，以及相关理论与技术体系，逐步摸索出具有大庆特色的致密油油藏高质量、高效益一体化探采新路子。

3. 页岩油勘探

2019年，页岩油气勘探开发取得重大突破。经分类分井型开展攻关试验，Ⅰ类页岩油实施水平井提产技术，初期日产油26.8吨，实现有效开发，累计产油24.8万吨。Ⅱ、Ⅲ类页岩油开展提产试验，Ⅱ类页岩油相继9口井获油流，6口直井日产1.7—5.3吨，3口水平井日产在4.6—14.3吨；松页油1HF、松页油2HF在Ⅲ类页岩油获10立方米以上油流，松页油1HF井自喷试采43天，井口压力7.3兆帕，3.4毫米油嘴自喷产油3.53立方米，产气350立方米。

2020年，古页油平1、英页1H、古页2HC相继获日产油气当量40.9、31.4、19.4吨的高产，古龙页岩油显示出"三好三高一有利"且能长期稳产的特点。为巩固扩大战果，迅速组织页岩油会战，通过实验分析研究、大格架新井部署、老井增产改造同步高效运作，基本控制富集区：从西部齐家—古龙到东部三肇凹陷整体含油；纵向上评价出9套主力油层已有6套证实产油。估算青山口组中高成熟页岩油资源量与大庆油田常规油资源量相当。这一成果获得中国石油天然气集团有限公司2020年度勘探重大发现特等奖。

大庆地区页岩油气分布面积广、资源总

量大、开采条件好，是建设百年油田的资源接替首选领域，已落实含油面积1413平方千米，新增预测石油地质储量12.68亿吨。

（1）大庆长垣已探明油气田。

位于松辽盆地中央坳陷的大庆长垣，是个二级构造带，轴向北东20°，南北长145千米，东西宽10-33-30千米，北窄南宽，葡一组顶面闭合面积约为2800平方千米，最大闭合高度524米。内部由7个次级构造组成，自北向南依次为喇嘛甸、萨尔图、杏树岗、太平屯、高台子、葡萄花、敖包塔构造，其中以萨尔图构造海拔最高，其余依次为葡萄花、杏树岗、喇嘛甸、敖包塔、太平屯和高台子。大庆长垣各油田探明石油地质储量统计情况如表3-1所示。

（2）三肇凹陷已探明油气田。

三肇凹陷的地理位置横跨肇东、肇州、肇源、安达4个市县区域，西接大庆油田，东临朝阳沟油田，北抵滨洲铁路，南至松花江边，凹陷面积6000平方千米。地面为大平原，地质构造则由四周逐渐向中心下凹。三肇地区中浅层，已发现并探明宋芳屯-模范屯、榆树林、肇州、永乐、卫星、升平、徐家围子、肇源8个油田和汪家屯、宋站、羊草3个气田，其中宋芳屯—模范屯、榆树林、肇州、永乐等4个油田储量超亿吨。三肇地区油田、天然气田探明情况如表3-2、表3-3所示。

（3）朝阳沟阶地已探明油气田。

朝阳沟阶地横跨肇东、肇州、肇源3个市县区，东北起自对青山一带，西南至肇源县城以西，是自三肇凹陷向东南方向逐渐抬起的过渡地带，也是沿松花江北岸形成的狭长地带，延伸长度150余千米，南北宽20千米左右，面积约3000平方千米。朝阳沟阶地与长春岭背斜带松花江以北部分，已探明朝阳沟、头台、双城3个油田和三站、四站、五站涝州、太平庄等5个气田以及长春岭油气田。朝阳沟阶地探明油气情况如表3-4所示。

（4）西部斜坡区已探明油气田。

西部斜坡区是松辽盆地从中央坳陷区向西逐渐抬高的过渡斜坡地带，其东部称泰康隆起，西部称超覆带。泰康隆起已探明白音诺勒、阿拉新、二站3个小气田；根据多年

表3-1 大庆长垣各油田探明石油地质储量统计表

油田	发现时间	发现井	油层	含油面积（平方千米）	石油地质储量（万吨）	含气面积（平方千米）	天然气地质储量（万吨）
喇嘛甸	1960年	喇72	萨葡高	100	81472	32	99.59
萨尔图	1960年	萨66	萨葡高	462.9	258941.47	26.8	5.55
杏树岗	1960年	杏66	萨葡高	357.4	79016	0	—
太平屯	1960年	太2	萨葡	156.6	7182.82	0	—
高台子	1959年	松基3	葡	47.8	2808	0	—
葡萄花	1960年	葡7	葡黑扶	346.7	20919	0	—
敖包塔	1960年	敖26	葡	306.4	5678.8	0	—
合计	—	—	—	1777.8	456018.09	58.8	105.14

注：以上数据来自2009年出版的《大庆油田志》。

表 3-2 三肇地区油田探明情况统计表

油田	面积（平方千米）	探明石油地质储量（万吨）	油层
升平	96.3	4806.83	葡萄花、扶扬
宋芳屯—模范屯	371.3	15793.56	葡萄花、扶扬
徐家围子	82.16	1884.32	葡萄花
肇州	381.16	18230.09	葡萄花、扶扬
永乐	598.44	17802.68	葡萄花、扶扬
榆树林	260.84	11642.07	葡萄花、扶扬
卫星	139.76	5946.56	葡萄花
新肇	157.9	4128	葡萄花
合计	2088.85	80234.11	

注：以上数据来自2009年出版的《大庆油田志》。

表 3-3 三肇地区中浅层天然气田统计表

序号	气田名称	发现时间	发现井	产气层	探明时间	产气面积（平方千米）	探明天然气地质储量（亿立方米）
1	汪家屯	1985年	升61	扶扬	1988年	47.2	40.33
2	宋站	1985年	宋2	扶扬	1987年	5.6	8.06
3	太平庄	1988年	庄深1	扶扬	1990年	9.10	4.65
4	羊草	1985年	升81	扶扬	1987年	12.1	19.85
5	合计	—	—	—	—	74	72.89

注：以上数据来自2009年出版的《大庆油田志》。

表 3-4 朝阳沟阶地探明油气情况统计表

序号	油田	探明油田面积（平方千米）	探明石油地质储量（万吨）	探明含气面积（平方千米）	探明天然气地质储量（亿立方米）
1	朝阳沟	231,1	16208.62	5.8	2.51
2	头台	188.8	10373.32	0	0
3	双城	53.9	1547,26	0	0
4	三站	0	0	55.1	33.47
5	四站	0	0	14.6	4.8
6	五站	0	0	46	15.45
7	涝州	0	0	44.3	33.82
8	长春岭	3,5	275	7.86	3.72
9	太平庄	0	0	10.26	2.33
	合计	477.3	28404.2	183,92	96.1

注：以上数据来自2009年出版的《大庆油田志》。

勘探取得的资料出步估算，西部超覆带远景资源量为1.3亿吨，比起已探明的有限储量，剩余储量勘探空间仍很可观。2018年，在宏观油气地质规律的指导下，西部斜坡区勘探精细刻画河道砂体，建立成藏模式，3口井获日产10—30吨的高产油流，整体展现千万吨级储量规模。泰康隆起油气储量探明情况如表3-5所示。

（5）龙虎泡—大安阶地已探明油气田。

龙虎泡—大安是从凹陷到隆起的过渡地带，地层埋藏深度形成台阶状。该区是盆地从中央坳陷向西部斜坡地层抬高的过渡带，南北长150千米，东西宽10—20千米，是个狭长地带。地质上是个独立二级构造带，而在勘探工作中，是与泰康隆起、齐家凹陷、古龙凹陷的勘探工作同时进行的。截至2008年底，龙虎泡—大安阶地探明新店、敖古拉、龙虎泡、龙南、他拉哈、新站等6个油田（见表3-6）。

（6）齐家凹陷已探明油气田。

齐家凹陷在大庆萨喇杏油田以西、泰康以东，面积2300平方千米。推算凹陷内沉积岩最厚达到7000米以上，迄今没有一口探井钻探到盆地基底。中浅层埋藏深度最深在2400米。由于油层深，岩性致密，油藏类型复杂，所以齐家凹陷成为勘探难度最大的新区。齐家凹陷已探明齐家、金腾、萨西等3个油田（见表3-7）。

（7）古龙凹陷勘探。

古龙凹陷位于大庆葡萄花油田西部，泰康地区东部，面积为3000平方千米。古龙凹

表3-5　泰康隆起油气地质储量探明情况统计表

序号	油气田	探明年份	含油面积（平方千米）	探明石油地质储量（万吨）	探明含气面积（平方千米）	探明天然气地质储量（亿立方米）
1	白音诺勒	1990年	1.5	44	1.5	4.12
2	阿拉新	1991年	—	—	34.9	23.57
3	二站	1991年	18.8	139	22.5	22.26
4	合计	—	20.3	183	58.9	49.95

注：以上数据来自2009年出版的《大庆油田志》。

表3-6　龙虎泡—大安阶地油气探明情况统计表

序号	油气田	探明年份	含油面积（平方千米）	探明石油地质储量（万吨）	探明含气面积（平方千米）	探明天然气地质储量（亿立方米）
1	新店	1982年	2.82	260.23	4.7	2.78
2	敖古拉	1983年	11.61	515.94	3.9	1.44
3	龙虎泡	1998年	403.5	9356.01	0	0
4	龙南	1984年	19.7	536	5.4	2.16
5	他拉哈	2003年	42.25	1809.12	0	0
6	新站	2003年	122.7	2889.3	—	6.20
7	合计	—	602.58	15366.6	14	12.58

注：以上数据来自2009年出版的《大庆油田志》。

表 3-7 齐家凹陷探明储量统计表

序号	油田名称	探明年份	油层	油田面积（平方千米）	探明石油地质储量（万吨）
1	萨西	1984 年	葡萄花	2.6	132
2	齐家	1984 年	高台子	57.77	1494.09
3	金腾	1985 年	萨葡	0.8	22
4	合计	—	—	61.17	1648.09

注：以上数据来自 2009 年出版的《大庆油田志》。

表 3-8 古龙凹陷各油田探明储量统计表

序号	油田名称	发现时间	发现井	探明时间	油层	油田面积（平方千米）	探明石油地质储量（亿立方米）
1	葡西	1963 年	古 1	2000 年	葡黑	284.4	6614.7
2	新肇	1990 年	古 62	2001 年	葡黑	157.9	4128
3	古龙	1983 年	古 46	2007 年	葡萄花	486.17	10528.87
4	杏西	1969 年	古 4	1981 年	葡萄花	9.0	248
5	高西	1968 年	古 5	1982 年	葡萄花	26.8	398
6	哈尔温	1980 年	古 17	1985 年	葡萄花	55.3	961
7	合计	—	—	—	—	1019.57	22878.57

注：以上数据来自 2009 年出版的《大庆油田志》。

陷是松辽盆地北部最深的凹陷，据各项物探资料推测，沉积岩最大厚度大于 8000 米。古龙探区包括葡西构造、新肇构造、大安背斜构造、英台—巴彦查干、他拉哈—常家围子向斜和敖南等 6 个区块。古龙凹陷勘探始于 1963 年，但成效甚微。2000 年以后，经过三维高分辨地震和精细地质研究，先后探明葡西、新肇、古龙、高西、杏西、哈尔温等 6 个油田（见表 3-8）。

（二）松辽盆地深层勘探

松辽盆地深层是指自白垩系泉头组二段起，向下到侏罗系和盆地基底的一大套地层。这套地层埋藏深度各断陷区差别较大，盆地周边较浅，地层不完整；盆地中部大多在 3000 米以下，底界深达 4000—7000 米，迄今尚无一口探井钻透全部地层。深层凹陷一般以较大断层为边界，通常称为断陷。根据 2003 年第三次资源评价结果，预估深层天然气资源总量为 11740 亿立方米（见表 3-9）。

表 3-9 松辽盆地深层构造及其天然气资源分布情况统计表

区域	断陷名称	短线面积（平方千米）	天然气资源量（亿立方米）
东部断陷区	徐家围子	6000	6772
东南断陷区	双城	4000	2429
西部断陷区	古龙	9000	2270
其他断陷	—	—	269
石炭—二迭系	—	—	3565
合计	—	—	11740

注：以上数据来自 2009 年出版的《大庆油田志》。

大庆的深层勘探开始于1963年。当年开钻松基6井,完井深度4777米,是当时全国最深的探井,虽然没有发现油气,但查清了地层情况,包括生油能力、储油能力、深层环境参数,以及对设备、仪器的技术要求等,明确了科研方向,为后来工作打下基础。1974年起大力增加勘探工作量,通过物探、深井完成深层普查,明确主攻方向是徐家围子断陷。

1976年夏,大庆油田将深层勘探纳入勘探工作重点。在完成三肇—双城,大庆长垣—古龙地区的地震多次覆盖普查后,对盆地北部"一隆""两凹"的深层构造格局取得初步了解。1977年,深层勘探再次启动,先后钻探肇深1、同深1、阳深1、卫深3等深井。1982年肇深1井日产气量达到1.36万立方米,成为大庆首口深层工业气流井。1986年以后,松辽深层勘探主要集中在三肇地区展开。1988年,芳深1井在登娄库组地层日产气4.08万立方米,发现昌德气田。深层普查结果表明,大庆长垣以东的徐家围子断陷和长垣以西的古龙断陷最具有勘探价值。

1. 徐家围子凹陷勘探

1994—1997年,通过对以往地震资料重新处理、解释,发现升平构造由北向南延伸,逐步向下倾没,兴城区块成为徐家围子断陷中的"凹中之隆",是深层勘探的有利构造。2002年,徐深1井在火石岭组压裂后日产气1.48万立方米,在4233米处所测的压力值为64.71兆帕,温度为157.6摄氏度,地层压力系数1.53,成为松辽盆地北部埋藏最深、压力最大、温度最高的气层。同年12月,对上部营城组火山岩压裂后日产气53万立方米,创松辽盆地北部气井日产气量新纪录,发现徐深气田。之后,进一步证实:徐深1井存在下部火山岩、上部砂砾岩两套气层;徐深1井所在的中部火山岩带面积约50平方千米,东部火山岩带面积约33平方千米,西部火山岩带面积约34平方千米,勘探区域非常广阔。2005年,通过组织深层天然气勘探攻坚战,徐探气田徐深1、徐深8井、徐深9井和升探2-1等4个区块以及营四段砾岩气藏、营一段火山岩气藏和营三段火山岩气藏3个计算单元,核定探明天然气地质储量1018.68亿立方米,可采储量490.10亿立方米,含气面积110.97平方千米。

2007年末,徐东地区探明天然气地质储量472.25亿立方米,气田面积49平方千米;安达断陷(徐家围子断陷最北部一个次级断陷)探明深层天然气地质储量565亿立方米,气田面积78.4平方千米;徐中南部丰乐地区探明含气面积46.66平方千米,天然气地质储量160.8亿立方米。以上3个地区合计探明天然气地质储量1198.91亿立方米,含气面积174.14平方千米。至此,徐家围子凹陷勘探完成第二个1000亿立方米探明天然气地质储量目标。徐深气田探明天然气地质储量情况如表3-10所示。

2008年,在安达凹陷新区带甩开勘探,于营城组火山岩新增预测储量507.94亿立方米、含气面积9.1平方千米。2010年,达深10—宋深6井区新增天然气预测地质储量603.24亿立方米,加上已探明天然气地质储量565.86亿立方米,剩余天然气控制地质储量125.79亿立方米,整体实现千亿立方米天然气储量规模。2011年,徐东地区徐深213井区新增天然气控制储量421.52亿立方米。

表 3-10　徐深气田探明天然气地质储量情况统计表

区块	探明天然气地质储量（亿立方米）	重点探井
徐深 1	459.84	徐深 1、徐深 5、徐深 6、徐深 601
徐深 8	145.6	徐深 8
徐深 9	284.92	徐深 9、徐深 901、徐深 902
升深 2-1	128.32	升深 2-1
安达断陷	565.86	达深 3、达深 401、达深斜 5、达深斜 7、汪深 1
徐东斜坡	472.25	徐深 21、徐深 23、徐深 27、徐深 28
丰乐断陷	160.8	徐深 12、徐深 13、徐深 903
合计	2217.59	—

注：以上数据来自 2009 年出版的《大庆油田志》。

2014 年，徐家围子断陷宋站地区针对近火口中性岩和隐蔽火山口实施勘探，宋深 103H 井压后日产气 11.7 万立方米，宋深 11 井压后日产气 7.3 万立方米，近火口中性岩实现勘探储层类型新突破，火山岩提交天然气预测储量 218 亿立方米；安达沙河子组展开东带，宋深 12H 井压后日产气 15.1 万立方米；徐东沙河子组开展风险勘探，徐探 1 井压后日产气 9.1 万立方米，沙河子组致密气勘探在新区带取得突破。

2015 年，部署在安达断陷的达深 20HC、达深 21HC 分获日产 7.9 万立方米和 4.2 万立方米的工业气流，进一步扩大该断陷含气区域面积，并首次提交致密气预测储量 533 亿立方米。

2016 年，松辽盆地深层气勘探主攻沙河子致密气藏，结合直井、水平井分相带探索，

安达断陷南部宋深 10 井压后获日产 5.7 万立方米的工业气流；北部达深 22H 井见好的气测显示，两年提交预测储量 868 亿立方米。精细勘探营城组火山岩气藏，隐蔽火口和近火口分类落实资源，达深 X23 井钻遇 91 米厚气层。

2017 年，深层气勘探继续主攻沙河子组致密气。部署的 5 口探井均见厚气层，达深 22H 压后获 8.2 万立方米工业气流，安达地区整体展现千亿立方米储量规模。精探火山岩，通过"纵向细分期次、平面细划相带、精细气藏描述"，达深 X23 井压后日产 16 万立方米和 13 万立方米高产气流，结合徐深 1 区块扩边提交天然气探明储量 125 亿立方米，进一步拓展火山岩增储空间。

2018 年，深层致密气勘探详查安达，达深 32、达深 24 井日产气均获 10 万立方米以上，致密气首次提交探明储量 189.46 亿立方米。拓展徐西，一体化部署徐深 6-308 井，获 11.1 万立方米高产气流并转入开发。

2020 年，徐家围子断陷致密气井芳深 12HC 井探索 Ⅱ 类储层，压后获日产 11 万立方米高产工业气流。

2. 徐北地区勘探

（1）汪家屯构造勘探。1992 年，通过地震勘探，发现徐家围子北部和南部深层也有与中浅层相似的背斜构造，推断其聚存天然气。1992 年冬，在开采中浅层天然气时，决定在汪家屯构造中央新设计的采气井中选取汪 9-12 井，加深钻到深层侏罗系，以探明升平—汪家屯深层背斜构造虚实。1994 年 3 月，汪 9-12 井未经压裂日产气 15.13 万立方米，一举创下大庆深层气产量之最，并由此发现汪家屯深层高产气田，为在徐家围子断陷深

层寻找大型气田开辟道路。

（2）升平构造勘探。1993年，在徐家围子断陷北部的升平构造上部署首批探井。1995年4月5日，升深1井在登三四段地层自喷日产气4.8万—10万立方米，从而证实升平深层构造存在气藏。1995年8月25日，升深2井在营城组火山岩层自喷日产气32.69万立方米，刷新深层天然气日产纪录。2000年底，升平深层气田业已局部探明，在升深1、2两口探井有3套出气层，叠合面积17.6平方千米，探明天然气储量57.6亿立方米。2004年，对升平、汪家屯汪深1井区进行了气藏评价工作，提交预测储量217.65亿立方米。2016年，升深8井应用纤维转向技术进行二次压裂，产量由1.4万立方米提高到7.3万立方米工业气流，提产5.2倍。这项成果可望盘活一批老井，带动低效资源升级。2017年，升深9井压裂后日产气16万立方米。

3. 徐西地区勘探

（1）昌德地区勘探。位于徐家围子断陷西部断超带，再往西则与古中央隆起相接，勘探面积上千平方千米。1988年8月，区域内第一口深层探井芳深1井在登娄库组气层压后自喷日产4.08万立方米的工业气流，发现昌德气田。1998年，昌德气田芳深1、芳深2和芳深6区块，申报新增加Ⅲ类天然气探明储量117.08亿立方米，最大叠合含气面积73.8平方千米，油藏中部埋藏深度3060米。同年，芳深8井压后自喷日产气7.7359万立方米。这一成果使昌德东气田面积进一步扩大，同时使产气层深度向下推进至3700米。

2003年，昌德气田芳深9区块新增天然气Ⅱ类探明地质储量65.18亿立方米、含气面积13.6平方千米，该区块系大庆在深层探明的首个以二氧化碳为主的气藏，二氧化碳储量为58.01亿立方米，占总储量的89%，其余为烃类气。截至2004年底，昌德气田探明含气面积87.4平方千米，探明天然气地质储量182.26亿立方米。

（2）卫星构造勘探。卫星地区属于徐家围子断陷西部断超带。2002年7月，深层探气井卫深5井在登娄库组95号、97号气层射开12.6米，进行大型压裂后求产，日产气46.14万立方米，创大庆油田深层勘探砂泥岩储层产气量最高纪录。随后卫深501井在登娄库组也钻遇8个气层，厚40.8米。经初步估算，卫深5区块天然气储量为56.56亿立方米。

2016年，徐西地区提交天然气探明储量401亿立方米。2017年，预探徐西，通过长关井气液置换，徐深46H二次开井，压力由18.9兆帕上升到30.2兆帕，日产气量由8.7万立方米上升到20.1万立方米。

4. 徐南肇州构造勘探

1975年，采用多次覆盖地震技术，开始对三肇深层进行地质普查和概查。1977年，肇深1井见到较好的气测显示。1982年，肇深1井日产1.36万立方米的工业气流。当年冬季计算出控制储量23.1亿立方米，划定含气面积21.6平方千米，肇州气田诞生。1990年，部署在含气面积内的肇深3井，产出微量天然气。

2000年，肇深8井在营城组火山岩气层日产气1.1221万立方米、产水120立方米。2001年，肇深8井区提交预测储量120.29亿立方米，含气面积35.3平方千米。2002年，部署在肇8井西侧的肇深10井在火山岩试气，在91号、92号两个气层分别射孔、压裂、测试。92号气层日产气13.89万立方米,创区域内最高纪录;91号气层日产气6.4369万立方米。

2007年,针对肇州凹陷中部的岩性圈闭甩开勘探,徐深19、肇深12区块新增天然气预测地质储量376.41亿立方米,含气面积94.7平方千米。

2018年,甩探徐南,肇深32井获8.1万立方米工业气流,发现新的含气区带,展现徐家围子致密气整体含气态势。2019年,位于肇州区块的隆平1井压后获日产气11.5万立方米,定产3万立方米试采6个月,压力稳定在18.7兆帕,古中央隆起带基岩风化壳获重大突破,开启松北天然气勘探的新领域。

5. 古龙断陷勘探

1975—2006年,通过一系列地质勘察,大体发现断陷规模较大,预计烃源岩和火山岩发育,且见到较好的含气显示,是天然气勘探突破的最有利区带。

2019年,风险勘探古中央隆起带,地质工程一体化攻关,隆平1井压后获日产气11.5万立方米,定产3万立方米试采6个月,压力稳定在18.7兆帕,古中央隆起带基岩风化壳获重大突破,开启松北天然气勘探的新领域。

2020年,古页油平1、英页1H、古页2HC相继获油气当量40.9吨/日、31.4吨/日、19.4吨/日高产,古龙页岩油显示出"三好三高一有利"且能长期稳产的特点。为巩固扩大战果,迅速组织页岩油会战,基本控制了富集区,从西部齐家—古龙到东部三肇凹陷整体含油;纵向上评价出9套主力油层已有6套证实产油,估算总油气当量与大庆油田常规油资源量相当。

6. 莺山—双城断陷勘探

1975年,通过多次覆盖地震技术,开始对双城断陷进行地质普查和概查。1999年,针对深层实施2千米×4千米测网地震3576平方千米,以及松深Ⅱ、Ⅲ剖面;完成深浅层兼顾三维地震548平方千米。2005—2006年,完成高精度重磁5664平方千米。截至2008年,共完成深探井11口,其中见显示探井5口。区域内中浅层扶杨油层发现长春岭、三站、五站、涝州及太平庄气田,提交天然气探明地质储量93.79亿立方米,已证实为深层气源。三深1、四深1、五深1、庄深1、双深10等深探井,在登娄库组、营城组、沙河子组、火石岭组的砂岩、砂砾岩、火山岩储层中见到不同程度的含气显示。松辽盆地北部深层天然气探明储量情况如表3-11所示。

表3-11 松辽盆地北部深层天然气探明储量情况统计表

气田名称	发现井	面积（平方千米）	储量（亿立方米）	储量级别	探明时间	备注
徐深气田	徐深1	348.09	2587.68	探明	2005—2007年	徐家围子断陷
昌德气田	芳深1	72.8	117.08	探明	1998年	位于徐家围子断陷西部超覆带
升平气田	升深1	17.6	57.6	探明	2000年	与浅层升平油田重叠;位于徐家围子北部
芳深9区块	—	65.18	13.6	探明	2003年	位于昌德地区;含芳深9、芳深9-1、芳深7、芳深701

续表

气田名称	发现井	面积（平方千米）	储量（亿立方米）	储量级别	探明时间	备注
芳深8区块	芳深8	57.87	44.1	预测	1999年	位于昌德地区；含芳深8、芳深10、芳深801
肇州	—	21.6	23.1	控制	1985年	徐家围子南部肇州地区
肇深8井区	—	35.3	120.29	预测	2001年	徐家围子南部肇州地区
肇深12井区	—	94.7	376.41	预测	2007年	徐家围子南部肇州地区
卫深5井区	卫深5	—	—	—	—	徐家围子西部卫星地区
古龙气藏	隆平1	待查	待查	待查	—	位于葡萄花西部、泰康地区东部

注：以上数据来自2009年出版的《大庆油田志》。

（三）海拉尔盆地勘探

海拉尔—塔木察格盆地横跨中蒙两国，总面积79600平方千米。其在中国境内的面积为44210平方千米。

1982年，大庆拥有先进设备可控震源和48道数字地震仪的2284地震队，赴海拉尔进行地震施工实验。1983年，海拉尔上4个地震队，正式启动地震勘探。1984年，钻井队上马，部署在乌尔逊凹陷的海参4井，在南屯组首获日产3.7吨的工业油流。随后，大规模三维地震跟进。1986年，乌尔逊凹陷钻探新乌1井，在南屯组一段产出1.05吨原油；在其上部的南屯组二段日产气2300立方米，至此海拉尔地区首次发现天然气。

1987年，贝中凹陷南部贝中次凹钻探海参5井，于布达特群地层压裂后日产油1.02吨，证实该区域存在油藏。

1988年，部署在乌尔逊凹陷南部巴彦塔拉构造带上的乌4井压裂后气举日产油3.8吨，发现巴彦塔拉油藏。

1993年，部署在苏仁诺尔构造带上的苏1井在南屯组经测试，日产油1.093吨，产气2321立方米（其中二氧化碳气占96%，这在海拉尔地区尚属首次），并发现油层23个，厚度达37.6米，为当时所掌握的海拉尔地区最厚的油层。到1993年底，海拉尔地区共钻探39口探井，完成地震测线2.2万千米，只有4口探井获低产油流。同年，石油天然气总公司决定就海拉尔盆地勘探项目面向国际市场公开招标，后因未见应标而搁置。对此，大庆的勘探技术人员心有不甘，认为十年勘探已经为成功打下基础，外国人不敢接的项目，可以自己干。后经中国石油天然气总公司批准，大庆人于1995年重新启动海拉尔盆地勘探。

海拉尔勘探重新启动当年，部署在贝西洼槽的贝3井（钻探于1990年，1991年产出微量原油）压裂后日产油9.59吨，发现呼和诺仁油田；苏仁诺尔构造带上的苏1井压裂后日产油20.7吨，一举突破产量关，发现苏仁诺尔油田。

1996年，在海拉尔盆地东南角的呼和胡凹陷将军庙构造上钻探的和2井于南屯组上部解释油层4个（厚10.4米），经试油日产油0.06吨，后经压裂试油，日产油0.22吨，证实呼伦湖凹陷为含油凹陷。

1997年，在贝西次凹霍多莫尔构造带钻探的霍1井经地层测试器检测，日产油25.44吨，创当时海拉尔地区自然产能新纪录，由此发现霍多莫尔油田。后来，霍12井于南屯组地层发现油层13个，厚度达48米。经测试求产，自喷日产油8.4吨。这是来自2740米以下自然产能，是海拉尔盆地当时发现的最深油层。

1998年，呼和诺仁油田贝301井（1996年始钻，1997年完钻）自喷日产油8.28吨，海拉尔盆地由此产生第一口自然产能自喷井，并实现南屯组地层产油的新突破。1999年，该井向上扩大一层射孔，压裂后抽吸日产油30.07吨。

2001年，部署在苏德尔特构造带的贝10井（钻探于1996年，1997年初次石油日产24千克）采用改进的压裂技术重新压裂后，获日产39.77吨的高产工业油流，发现苏德尔特田。同年，部署在呼伦贝尔西北呼伦湖凹陷小河口构造的海参3井（钻探于1989年），日产气2.49万立方米、产油（凝析油）0.067吨。经气样分析，海参3井所产天然气中甲烷占72.89%、乙烷占11.25%、丙烷占7.26%，证明属于石油气型。海参3井证实呼伦湖凹陷是继乌尔逊凹陷、贝尔凹陷后第三个含油气凹陷。

2002年，在贝西洼槽西部斜坡带中间台阶钻探的贝17井日产油2.53吨，发现苏乃诺尔含油构造带。同年，苏德尔特油田贝16井于铜钵庙组地层解释油层53个108米，创海拉尔地区油层厚度之最。贝16井在大磨拐组和南屯组油层压裂后日产油125.82吨，证实贝16井区为高产区块。同年，乌尔逊—贝尔凹陷勘探成果如图3-1所示。

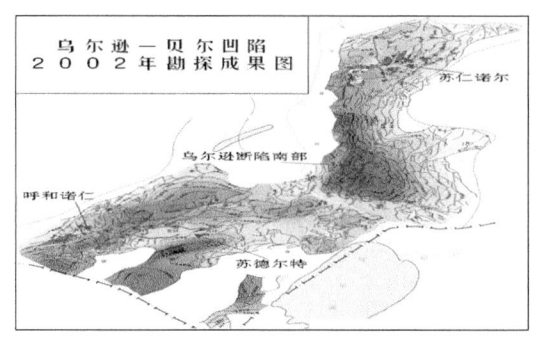

图3-1 乌尔逊凹陷2002年勘探成果图

2003年，在巴彦塔拉构造带西部钻探的巴斜2井发现有四套油层61个单层，有效厚度达148.9米，创当时海拉尔地区油层厚度之最。该井经测试，在铜钵体苗组与南屯组油层分别日产油34.16吨和44.22吨，由此发现巴彦塔拉油田。同年，苏德尔特油田贝10井区贝28井在兴安岭群地层发现油层19个31.2米。2004年，贝28井压后抽吸日产油46.588吨，首次在兴安岭群地层获高产；贝16井区评价井112-227井除兴安岭群地层见油外，在基底潜山布达特群发现105米特厚油层，未经压裂自喷日产油204立方米（合170.2吨），创海拉尔盆地单井日产油量之最；贝38等4口探井于布达特群均见到较好含油显示，含油面积进一步扩大；预探与评价相结合，乌北地区铜钵庙组含油层系勘探取得新进展。由此苏德尔特构造带发现规模储量已成定局。

2005年，部署在贝尔凹陷中部贝中次凹的希3井在南屯组发现5个油层，厚度为35.6米，压后日产油31.48吨；希7井在南屯组和布达特群发现14个油层，厚度为37.6米。由此证实贝中为富含油次级凹陷。随后，进一步部署5口探井，其中希4井发现油层厚度59.75米，压裂后日产油15.26吨；希13

井发现油层厚度34.6米，压裂后日产油33.24吨；希10井、希2井、希8井油层厚度分别为24.6米、67.2米、23米，展示出贝中次凹整体含油特点。

2006年，在乌尔逊凹陷东部斜坡带优选铜八-4号圈闭钻探乌27井，发现油层14个，厚度达59.2米，经测试日产油50.466吨。随后在其南部钻探乌29、乌30、乌31、乌33井，分别日产油2.09吨、24.16吨、8.81吨、11.28吨，由此证实乌尔逊凹陷东部斜坡带连片含油，展现出5000万吨级储量规模。

2012年，海拉尔乌尔逊—贝尔富油凹陷新增石油预测储量7565万吨；乌北次凹部署苏46井多层位均获工业油流，展现勘探潜力。

2014年，海拉尔直井缝网压裂提产效果明显，贝X69井解释油层4.6米/1层、差油层14.6米/2层，压后求产日产油6.78吨，希39-61井解释差油层48.4米/4层，对10号层重复压裂，产量由1.2吨增加到3.63吨，展现海拉尔盆地中部带低产区良好的勘探前景。

2016年，鉴于海拉尔呼和湖凹陷煤系源岩广泛分布，地震资料多次波发育，无法准确落实构造和储层，优化地震多次波处理技术，部署和17井，日产气3.7万立方米，海拉尔盆地新区勘探取得重要进展。

2017年，海拉尔盆地乌—贝凹陷，采用水平井、直井缝网压裂新工艺、新技术，贝西斜坡、贝中次凹复合、岩性油藏勘探取得重要成果。贝X80井、希38-平1井分别获得日产43.584吨、46.62吨的高产油流，5口老井二次压裂提产5倍以上，有望带动一批低产、低效资源有效升级动用。

2018年，海拉尔盆地红旗凹陷红7井铜钵庙组试油获3.42吨工业油流，红旗凹陷首获工业突破；红6井发现塔木兰沟组新的烃源岩和储集层，分布面积达8203平方千米，海拉尔盆地展现出新的勘探前景。2019年，海拉尔盆地中部主力探区乌尔逊-贝尔凹陷提交石油探明地质储量1.51亿吨。通过发展复合圈闭目标识别评价技术，贝X4105井获日产24.01吨的高产工业油流，发现洼槽区高产富集区。贝中次凹预探评价一体化取得成效，希X7001、希18-72井分获日产45.624吨和47.232吨的高产工业油流。乌尔逊凹陷铜钵庙组老井复查及一体化部署7口井，均获得工业油流，其中苏41-44井老井复查获日产74.98吨的高产工业油流。海拉尔中部带"十三五"期间，部署探评井52口，22口井获工业油流，新增石油探明储量1254.4万吨，动用储量1005.7万吨，建成产能10.8万吨，新增控制储量1055万吨。

2020年，海拉尔盆地主攻中部断陷带，一体化勘探评价，贝X62、苏41-44、希7001、希18-72等多井压后获日产油45-75吨；贝东、贝中两洼槽、苏仁诺尔油田相继发现高产区块，海拉尔中部带整体展现4000万吨储量规模。海拉尔盆地塔木兰沟组首获工业突破，赫1井揭示塔木兰沟组暗色泥岩285米，钻遇油层6.2米，压后日产油5.3吨。塔木兰沟组成为海拉尔盆地勘探重要接替领域，估算中部断陷带塔木兰沟组具有2亿吨勘探潜力。

截至2020年底，海拉尔地区已探明苏仁诺尔、巴彦塔拉、乌尔逊、苏德尔特、呼和诺仁、贝尔、霍多莫尔等7个油田，探明含油面积158.05平方千米、石油地质储量1.52亿吨（见表3-12）。

表3-12 海拉尔盆地探明储量、含油面积统计表

序号	油田名称	发现井	发现时间	探明时间	含油面积（平方千米）	探明储量（万吨）
1	苏仁诺尔	苏1	1993年	2002年	44.75	1883.78
2	呼和诺仁	贝3	1995年	2001年	9.52	1725.33
3	苏德尔特	贝10	2001年	2005年	29.96	4900.89
4	巴彦塔拉	乌4	2005年	2005年	9.45	1272.36
5	霍多莫尔	霍1	1997年	2005年	10.92	1771.30
6	贝尔	希3	2005年	2008年	33.92	2517.59
7	乌尔逊	海参4	1996年	2008年	19.53	1084.36

（四）塔里木盆地勘探

2012年，大庆油田接手塔东12.6万平方千米矿权后，确立"一年展开、三年突破、五年成规模"的工作目标，明确"展开古城，探索塔东隆起带、满加尔—英吉苏凹陷"的勘探思路。

2013年，塔东新探区按照"三个层次、四个领域"开展研究部署，第一层次加快古城地区奥陶—寒武系碳酸盐岩预探，整体部署，控制规模；第二层次加强塔东隆起碳酸盐岩原生油气藏勘探，探索满加尔—英吉苏碎屑岩次生油气藏；第三层次研究准备若羌。立足古城低凸起，部署古城8井，获47.8万立方米高产工业气流，无阻流量超百万立方米，呈现整体含气态势。在深化地质认识基础上，对多领域、多类型目标展开探索，同步展开钻探。针对古城台缘带寒武系丘滩体、塔东隆起带震旦系白云岩和满加尔—英吉苏志留系碎屑岩3个层系、3种类型目标优选部署了城探1井、东探1井和群克2井。2014年，塔东地区共部署三维地震1503平方千米，二维地震270千米，探井7口。2014年，古城9井获百万立方米产能重大突破，鹰山组白云岩展现规模含气态势；城探1井寒武系丘滩体获好显示，古城新层系勘探见到重要新苗头，古城地区整体展现规模含气态势。2018年，塔东探区展开油藏评价，钻探古城601、古城17、古城18井，进一步深化成藏认识，首次提交天然气预测储量262.69亿立方米。

"十三五"以来，通过加大塔东地区科技攻关和勘探力度，确定古城台缘带奥陶系白云岩和寒武系丘滩体储层成因、气藏富集规律，古城地区为两期成藏，鹰三段白云岩气藏为构造背景控制的岩性气藏；厘清罗西斜坡—塔东低凸起油气藏形成与保存的主控因素，奥陶系斜坡重力流岩性圈闭是勘探有利目标；落实满加尔—英吉苏凹陷海相碎屑岩油气成藏条件，建立塔东致密砂泥岩盖层评价标准，明确有效储盖组合分布区。按照"打类型、定规模、快速展开"的思路，重点针对古城—肖塘台缘带奥陶系鹰三段白云岩云化滩展开部署，多口井获高产，成为增储重点。其中古城6井日产26.65万立方米、古城8井日产47.8万立方米、古城9井日产107.8万立方米、古城17井获得日产22.73万立方米，古城—肖塘台缘带提交天然气预测储量261.19亿立方米。塔东甩开勘探，鹰三段多口井获高产，成为未来增储的重要领域。

同时，积极探索寒武系丘滩体、奥陶系灰岩断溶体等领域，实施风险勘探。寒武系丘滩体城探3井钻遇气层76.8米，差气层70.6米，物性好，有望获突破，奥陶系灰岩断溶体肖探1井见17.05米/6层气测异常，节流循环点火共11次，火焰最高达15米，气测全烃最高100%。2020年，塔东区块城探3井探索寒武系丘滩体，发现52.4米气层；肖探1井探索奥陶系断溶体，综合解释气层13.9米，酸压后日产气16.2万立方米，进一步拓展该区块勘探领域。

塔东甩开勘探鹰三段多口井获高产，是未来增储的重要领域。塔东区块油气地质资源量20000亿立方米，勘探领域广，资源潜力巨大，是大庆油田近期增储的重要接替领域。

（五）川渝区块勘探

2017年，川渝流转区块探矿权交接后，按照"立体勘探、效益开发、市场化运作"的原则，经整体研判，明确主攻层系，制订五年勘探规划，项目按照市场化运作模式得以高效有序推进。合川—潼南区块新完钻南充7井二叠系热液白云岩酸化测试，日产气3.87万立方米，进一步证实区块北部的勘探潜力；西昌—喜德区块新完钻的普格1井，在三叠系白果湾组及二叠系多层见气测显示，在奥陶系大箐组钻遇较厚白云岩储层，综合解释差气层5层28米。

2018年，川渝流转区块潼探1井，在雷口坡、茅口、栖霞组见多层气浸，先后两次点火成功，长达8小时。2019年，川渝流转区块潼探1井在茅口组获31.1万立方米工业气流，初步评价资源量7000亿立方米。2020年，迅速调整勘探重点，整体部署探井10口，

合深4井在茅二段酸压获日产气113.3万立方米，稳定油压53.5兆帕，创川渝地区产量新高。随后，合深4井在栖霞组酸压也获日产气45.6万立方米，稳定油压52兆帕，表明栖霞组发育高产、高压白云岩气藏。同时，合深2井在栖霞组酸压获日产气51.6万立方米，进一步证实下二叠统良好的勘探前景。潼探1、合深4、合深2井的突破性成果，证实栖霞—茅口组多套生储盖纵向叠置，在下二叠统发育大面积高压岩性气藏。截至2020年底，初步估算资源量为4284亿立方米，成为近期探明千亿方高效储量的主战场。

另外，2020年11月12日完钻的川东北低缓构造区平昌构造带平安1井，在侏罗系凉高山组页岩获高产油气流，该井于2019年12月27日开钻，完钻井深3980米，水平段长817米，是四川盆地中国油矿权内侏罗系凉高山组获高产油气流的首口井。2021年5月，平安1井测试获高产油气流，进一步证实凉高山组页岩储层具备获得高产油气的能力，揭示四川盆地侏罗系广泛发育的湖相页岩的巨大油气勘探潜力。平安1井取得的重大成果，不仅有力印证大庆油田页岩油气勘探开发技术的科学性、可行性、实用性，更坚定了大庆油田全力推进页岩油气领域勘探开发的决心和信心。

（六）其他盆地勘探

大庆探区还有很多中小型盆地，其中面积大于200平方千米的盆地有28个，总面积18.5万平方千米。经多年勘探与研究，在其中的依兰—舒兰地堑、延吉盆地已经发现油气，其他盆地尚处于早期评价阶段。

1. 黑龙江省内盆地

依—舒地堑。1980年启动收集地质资

料。1981年进行现场调查和资源评价，将方正断陷和汤原断陷列为有利的含油气远景区。1991年，在汤原断陷的吉祥屯构造部署参数井——汤参2井，经当年试油，日产气7.27万立方米。依—舒地堑首次产出高产气。2001年，探明汤原含气面积6.9平方千米、天然气储量26.21亿立方米。

1995年，钻探方3井，日产气5.43万立方米。方正地区首次发现工业气流。2005年，汤原、方正地区完成二维地震8421平方千米、三维地震754平方千米，完钻探井32口，其中5口获工业气流，探井探明天然气地质储量26.2亿立方米，预测天然气地质储量389亿立方米。

2006年，该地区勘探变找气为找油，由找构造油藏变为找岩性油藏，在方正断陷钻探方6井，并进行试油，于白垩系59Ⅱ、59Ⅲ号层TCP+MFE-I层获低产油流；对59Ⅱ、59Ⅲ、59Ⅳ、60层进行压后求产，获得工业油流；对59号、60号层压后MFE-I获低产油流。2007年，为扩大含油面积，在柞树岗向斜深部部署方4井，压后求产获日产96立方米的高产工业油流。至此，依—舒地堑方正断陷石油勘探取得重大突破。

2009年，方正断陷通过地震三维资料解释攻关，搞清构造特征，发现柞树岗、大林子、德善屯三个总面积为330平方千米的含油次凹。

2010年，方正断陷有利勘探面积1460平方千米，完钻探井21口，获工业油流4口、工业气流2口井，提交预测天然气地质储量38.86亿立方米。制约勘探突破的主要问题是：构造演化复杂，结构难以确定；主力烃源岩分布不落实；有利相带展布规律不清。通过加大地质研究力度，深化成藏规律认识，三维及二维地震资料重新解释落实，围绕3个主要生烃凹陷，综合评价优选5个勘探有利区，整体部署7口井，多层位勘探见到好效果：柞树岗地区评价勘探，方402井新安村+乌云组砂岩获日产油69.69吨、日产气38000立方米的高产工业油气流，估算含油面积10.9平方千米，石油地质储量1214万吨。大林子次凹甩开预探，多层位见到油气显示，方12井在新安村组和白垩系潜山见多层油气显示，已完成的白垩系潜山压后获日产油2.064立方米、日产水6.6立方米的含水工业油流（其他层位未试）；方X14井宝泉岭组发现新的含油层系，含油显示段665—1238米，压后获日产油0.96立方米的工业油流。

2011年，在方正工区完成重磁勘探2356千米，完钻探井13口（方15、方17、方18、方19、方21、方22、方404、方D7、方X14、滨2、和煤1、和煤2、鲁D2），其中方15井试油获得工业油流。在方正断陷首次提交石油探明储量309.86万吨，外围盆地石油勘探取得具有里程碑意义的重大成果。2012年，方正油田方15区块新增预测储量988万吨，含油面积7平方千米。

2018年，汤原断陷石油勘探首获突破，通过深化成藏再认识，围斜带找油，汤4井在达连河组获3.8吨工业油流，成为继方正断陷后又一个新的含油断陷。

2009年，大三江盆地油藏评价勘探取得成效，在虎林地区虎1井第三系油层压裂后获日产0.511吨低产油流。

大庆探区煤层气资源丰富，主要含煤盆地有13个，其中已经开展过煤层气资源远景评价的海拉尔、鹤岗、鸡西、三江、勃利等5个盆地，2000米以下浅煤层气总资源量15634亿立方米。西部海拉尔盆地以低煤阶褐煤为主，东部鹤岗、鸡西、三江、勃利盆地中煤阶气煤至贫煤均有发育。在各煤种中，以气煤为主，约占煤炭储量的48%；其次为焦煤，占煤炭储量的22%。煤层主要发育在下白垩系。在资源评价和潜力分析基础上，在鹤岗、海拉尔、鸡西等3个盆地，针对不同类型，先后部署钻探7口煤层气井，对鹤煤1、鹤煤2、鸡气1共3口井开展了压裂排采试验。2012年，借鉴国内煤层气开发经验，经优化鸡气1井压裂设计方案，精细排采控制，最高日产气2470立方米，获得工业突破。鸡气2井钻遇3段高含气显示煤层，最高含气量近14米^3/吨。鸡气2井主力煤层含气量高，含气饱和度高，远好于鸡气1井，预计压后也可获得工业产能。

2. 大杨树盆地

大杨树盆地位于呼伦贝尔盟境内，该盆地为火山岩覆盖盆地。2018年，大杨树盆地杨3井、杨X4井分获日产2.4吨、8.4吨工业油流，打开火山岩盆地石油勘探新局面。大杨树盆地为火山岩覆盖盆地，研究表明，沉积岩及储层是油气成藏的重要控制因素。受火山岩影响，沉积岩预测精度低，构造及储层识别难度大。先后开展三维电法、束线三维、三维地震，并对老二维地震资料重新处理，对大杨树盆地持续开展沉积岩预测攻关，通过电法落实岩性、地震落实层位。电法落实岩性，开展电性剖面去噪、移动平均法增强处理等技术措施，突出火山岩中沉积岩信息，明确沉积岩空间展布和有效烃源岩范围。地震落实层位，井震标定开展沉积岩层解释，明确电法识别的沉积岩在层系内的分布，落实沉积岩主要分布在六合屯、玉林屯、太平川三个次凹，部署钻探的两口探井杨3、杨X4相继获得工业油流。2020年向北甩开的杨6井获得好效果，综合解释差油层6米/2层，油水同层20.8米/6层，展现良好的勘探前景。下一步将加快节奏，加大甩开力度，扩大成果，落实储量规模。

3. 延吉盆地

延吉盆地位于吉林省东部延边朝鲜族自治州境内，面积为1670平方千米。1986年，大庆油田开始进行航空磁测、地面重力磁力综合勘探、大地电磁测深勘探和地球化学勘探。1993年，完成第一轮地震勘探，另外钻各类探井23口。1994年钻探延4井，发现大量油气显示，经测试，日产气11563立方米，延吉盆地首次发现工业气流。1997年，在清茶馆凹陷的兴安南断块构造上的延10井，压裂后试油，日产油1.11吨。延吉盆地首次获工业油流。2006年，延14井压裂后，获得日产油8.61吨的较好成果。2007年，对延4井压裂后，日产气量达到3.5万立方米。2008年底，计算出探明天然气储量为3.0亿立方米，定名为龙井气田。

（七）勘探大事纪要

松辽盆地的早期勘探

松辽盆地的早期勘探从1955年开始，到1959年松基三井开始钻探为止，大约4年的勘探工作，为发现大庆油田打下坚实的基础。

1954年以前，在康世恩任燃料工业部石油管理总局局长期间，多次派人到东北地区进行调查，发现了石油、沥青、油页岩等矿苗。1955年6月，地质部普查委员会决定组织松辽平原石油地质踏勘组，对东北地区进行石油地质调查。当年8月，由地质部东北地质局派出以韩景行为首的踏勘组，正式开始地质调查工作。他们沿松花江和哈沈铁路进行地质路线踏勘和剖面测量。经过几个月的工作，对本区地层有了初步认识，发现了可能的生油层，首次对松辽盆地的含油远景提出肯定的评价。1956年1月下旬，地质部在北京召开第二次石油普查工作会议。听取松辽石油调查踏勘组报告后，决定组成松辽石油普查大队和112物探队，开展全盆地的石油普查工作。1956年2月，地质部松辽石油普查大队继续进行地质概查，并钻了一批地质浅井。地质部物探局904队和112队开展重力、磁力、电测深等地球物理测量普查。截至1957年底，初步圈定盆地轮廓和构造格局。

1956年1月24日—2月4日，石油工业部会同地质部、中科院，召开第一届全国石油勘探会议。正在苏联考察的石油工业部部长助理康世恩提出书面发言，建议对东北松辽平原地区应及早着手进行地质普查工作，配以必要的地球物理和地质浅钻。会议最后确定，将松辽盆地列为石油工业部石油普查重点地区之一。石油工业部指定由西安地质调查处组织一个专门调查松辽盆地的地质专题研究队。规定这个队的任务是："提出该盆地的初步含油评价与下一步进行工作的意见。"直接向石油工业部勘探司汇报工作。以邱钟建为首的116松辽平原地质专题研究队于1957年3月22日到达北京，开始收集资料；6月15日完成地质调查设计书；6月22日出发来松辽现场。系统观察研究白垩系地层，采集岩石标本，并到地质部物探部门了解、收集物探成果。10月底结束野外调研工作。1958年2月编写出总结报告，提出6点结论和建议：（1）白垩系松花江群地层生储油条件良好，尤其是其中上部最好，是今后第一目的层；（2）盆地内可分为三个部分，即中北部地台主体、开鲁凹陷、双辽基底延伸带，其中地台主体前景最好；（3）松辽石油地质基本条件优越，是含油远景极有希望的地区，应当积极开展工作；（4）1958年的任务应是利用多工种手段，积极寻找局部构造，了解沉积厚度变化规律和含油气情况，开展区域勘探，积极准备并及早开展基准井钻探工作；（5）在盆地东部、北部有露头地区，利用浅钻了解地层，全面开展全盆地重磁电面积测量及大剖面测量，在有利地区进行地震面积测量；（6）在1958年钻探2—3口基准井，建议在凹陷内地质条件优越的5号、6号重力高上选择井位（5号重力高即后来的葡萄花构造）。

1958年2月27—28日，国务院副总理邓小平在听取石油工业部工作汇报时，要求对东北、华北等地区多做工作，从此加快了石油勘探重点东移的步伐。1958年4月，石油工业部在吉林省公主岭成立松辽石油勘探大队；5月16日扩建为勘探处；7月10日又升格为松辽石油勘探局。当年7月9日，在黑龙江安达县任民镇，由32118钻井队开钻第一口基准井——松基1井，8月6日又在吉林前郭旗，由32115钻井队开钻松基2井。

地质部在1958年2月发出"三年攻下松辽"的战斗口号，迅速抽调队伍，把四川的303电法队、青海的205物探队、鄂尔多斯的116物探队（中匈技术合作队）集中到松辽，同已在松辽工作的物探112队一起，组成吉林物探大队（1959年后，改名东北石油物探大队和第二物探大队）。下设4个地震队，3

个重磁队，3个电法队，共15个小队。人员由130人增加到1000人。当年完成重力测量2.8万千米，大地电流测量2864千米，电测深剖面9条5064千米，地震测线3444千米。利用物探资料编制出盆地基底深度图、沉积岩厚度图、大地构造分区图等，先后发现大同镇等17个局部构造，为地质研究打下基础。4月17日，地质部石油普查大队501钻井队首次在吉林省前郭旗南17孔取心中发现油砂，证实松辽盆地含油。5月23日又在吉林怀德县开钻南14孔，从井深300米到完钻的1027米，陆续见到油层二十多个，厚达60米。可惜试油时只见油花随水漂流，说明石油在构造变迁中运移到别处了，证明这里有过石油生成、运移的过程。

1958年12月，石油工业部开会，听取苏联专家布罗德教授关于松辽盆地地质情况和勘探方向的意见。布罗德教授认为，松辽盆地面积大，是自流盆地，生储盖层组合好，勘探前景乐观，大有希望。建议以整个盆地为对象，制定区域综合勘探总体设计。参加会议的部领导认为布罗德的建议很有远见，要以此为基础，制订出1959年总体勘探规划。1959年春节期间，石油工业部党组召集会议，张文昭代表松辽石油勘探局汇报1959年松辽勘探总体部署，包括4条区域综合大剖面、详查10个构造、钻松基三井等。会议进行3天，反复论证，下决心要在1959年大干一场，取得成果。

1959年2月11日（农历正月初四），石油工业部部长余秋里、副部长康世恩和地质部副部长何长工、旷伏兆等，在何长工家里，联合召开两部协作会议，明确两部分工。地质部继续进行盆地普查，石油工业部的任务是在地质部的普查基础上，选择有利地带进行详查细测，开展区域地质综合研究，准备可供钻探的构造，筛选出突破口，打基准井。会后，石油工业部松辽局在盆地西北地区通过手摇钻进行地质构造详查；在盆地东南部地区进行重磁力详查；在黑龙江省安达县任民镇地区部署的松基1井，于1959年3月22日完成，试油后，没有油气；在吉林省前郭尔罗斯蒙古族自治旗登楼库地区部署的松基2井，到9月15日完成，泥浆和岩屑都有油气显示，但试油后没有出油。1958年底，虽没有正式见油，却为松基三井确定井位打下地质基础。松辽盆地的早期勘探改变了以局部构造为重点、忽视全局的做法，是国内第一次以盆地为对象，整体部署，在大面积覆盖区开展综合勘探，重磁电、地震、浅井、基准井、地质研究等多工种、多部门联合工作取得成果的成功范例。

松基3井出油——发现大庆油田

松基三井之前已经钻探2口基准井（松基1井和松基2井）见到油气显示，但最终没有出油。两口井失利，使松基三井的井位确定必须十分慎重。松基三井的井位经过三次反复才最终确定下来。松辽石油勘探局在1958年7月编制的1959年勘探部署中，提出要在松辽盆地钻8口较深的参数井，第一口就是在"大同镇电法隆起"。但另外有人主张定在泰康，有的主张定在南部开通，众说不一，意见存在分歧。1958年9月3日，石油工业部松辽石油勘探局张文昭、杨继良、钟其权会同地质部普查大队韩景行、物探大队朱大绶，坐在一起，对资料进行细致研究讨论，终于统一看法，确定把松基三井定在高台子构造。1958年9月15日，松辽石油勘探局以松油勘地（58）第0127号文件，首次向石油工业部呈报《松基三井井位意见书》。康世恩组织专家几次审查这个方案，觉得从大的方向上看是对的，但要定下井位，证据还不充分，资料也不够齐全。松辽石油勘探局进一步搜集资料，以最新的地震剖面和电法资料一致证实这个"电法隆起"的存在，并在1958年9月24日，以松油勘地（58）第0152号文件，第二次向石油工业部呈报这些补充资料和证据。康世恩和众专家做了进一步审查，提出为了慎重稳妥，还要继续搜集新的勘探成果，来完善和修正原来的论证。10月上旬，松辽石油勘探局基准井研究队队长钟其权等人，来到地质部长春物探大队在黑龙江明水县的地震队驻地，看到最新的地震构造图，证明高台子构造是盆地中央一个大型构造带上的一个局部圈闭。他依据新的地震图对原井位做了小的移动，随后又到高台子进行现场踏勘，立桩定下井位。1958年11月14日，以松油勘地（58）第0345号文件，第三次上报石油工业部。经过石油工业部勘探司专家反复论证，康世恩和众专家认为新定的井位资料可靠，论证充分。11月29日，石油工业部以油地第333号文件批复，同意松基三井的井位设计，要求松辽勘探局尽快组织钻井工作。

松基三井的钻探，体现一切为了快速发现油田的灵活战术。松基三井的钻井施工由松辽石油勘探局32118钻井队负责。队长是包世忠，副队长是乔汝平，地质技术员是朱自成。1959年3月，钻机和队伍从松基1井搬迁到松基三井新址，1959年4月11日正式开钻。设计井深3200米。按照当时苏联的勘探规范，基准井应当全井取心。而松基三井为了及早发现油田，决定上部1000米不取心，钻入姚家组地层后开始钻取岩心。从井深1050米到1461.76米，取心井段411.76米，共取出岩心202.51米，收获率为49.2%。在姚家组地层岩心中见到油砂层3.15米，棕黄色，含油饱满，气味浓烈。钻井划眼过程中，泥浆常带出油花和气泡。气泡收集起来后可以点燃，发出兰色火苗，证明是石油气，也证明地下确有油层。见到油砂的消息传到北京，正在陪同苏联专家来中国访问的康世恩带领苏联专家来到松辽石油勘探局所在的长春，听取松辽石油勘探局的汇报，然后立即来到哈尔滨，看现场人员带来的录井资料和砂样，并了解了钻井工程情况。指示抓紧进行电测和井壁取心。两天之后，电测和井壁取心资料送到哈尔滨，康世恩和苏联专家进行了认真研究分析。康世恩果断决定，松基三井马上完钻，固井试油。在场的苏联专家米尔钦科极力反对。米尔钦科是苏联石油工业部总地质师，有经验，有权威。他认为基准井就要按照规范坚持钻到设计深度3200米，然后由下而上逐层试油。康世恩解释说，提前结束钻井有三条理由，一是打井就是为了找油，现在既然见了油气显示，就要马上弄个明白；二是这口井钻了1460米，井斜已经5.7度，井身不直，再打下去，钻井速度会受影响；三是达到设计深度还要一年多时间，油层被泥浆浸泡久了，有油也出不来了。会后，康世恩立即打电话给余秋里部长，汇报不同意见。余秋里坚决支持康世恩的果断决定。

考虑到松辽石油勘探局成立不久，固井人才缺乏，康世恩立即发电报给玉门石油局局长焦力人，要求玉门钻井总工程师彭佐猷带上有固井经验的全套人马,星夜兼程,赶来协助。另外,决定从部机关、石油研究院和北京石油学院抽调专家,组成以赵声振为组长的试油工作组,到现场指导试油工作。

1959年8月28日,下入8吋6分直径套管到1458.84米,8月29日固井,水泥上返到井深826米,经测井检查,固井质量合格。9月6日,完成清水替换泥浆后射孔。射开1357.01—1382.44米的高台子油层3个小层,射开砂岩厚度1.7米。7日开始下捞筒进行提捞,8日开始见到油花,以后油花越来越多,现场打算改为在浅部直接捞油,求得产能。康世恩当日知道后,立即发来电报,要求"只准捞水,不准捞油",要把捞筒下探到油水界面之下,"一定要捞个水落油出"。大家按照上级指示,一筒一筒,一直捞到井底。井筒捞净后,停止提捞,静候原油液面上升。9月26日上午,液面恢复到井口,开始外溢原油。康世恩立即指示,抢下油管,准备放喷。下完油管已是下午4点。装上8毫米直径油嘴开井放喷,黑褐色原油呼啸而出,经测算,折日产油13吨。这一结果,标志松辽石油勘探取得重大突破,发现了油田。现场全体职工和围观的老乡一起,欢呼跳跃,互相庆祝。10月16日,又射开葡萄花油层,井深1144.06—1172.00米井段,共6层9.8米。经过抽吸诱喷,10月26日开始自喷,用5.15—9.2毫米油嘴测试,日产油13.7—33.8吨。

1959年10月到1960年2月,连续进行试采,先后采用不同油嘴、不同工作制度测试,证实松基三井的产油是稳定的,能够较长期保持稳产。

1959年10月8日,中共黑龙江省委第一书记欧阳钦在肇州县大同镇召开的庆祝大会上,建议把大同镇改名为大庆镇,以纪念在建国10周年大庆前夕发现的大油田。随后于10月20日,黑龙江省人民委员会以黑办秘王字1868号文件,做出"关于成立大庆区和将大同镇改为大庆镇的决定"。12月31日,石油工业部办公厅发布简便公函(59)办秘办字第162号,确定此后对"大同镇"的图幅名称和构造命名,统一用"大庆"。大庆油田由此诞生。

会战初期石油勘探成果决定会战主场

松基三井出油后,石油工业部党组利用国庆节放假的期间,于1959年9月30日到10月2日,连续三天听取松辽石油勘探局的汇报,重点研究如何扩大松辽盆地的勘探成果。在汇报会上,康世恩认为,国庆前夕地质部现场地震队送来的地震资料进一步反映出高台子、葡萄花、太平屯这些局部构造在整体上为一个更大的二级构造带所控制。这个大构造带就是大同长垣(1959年12月以后改称大庆长垣),是最理想的找油地带。只有甩开钻探,才能迅速找到大油田。他认为:"为了迅速扩大战果,应该立足于这个构造带,坚持甩开勘探的原则,撒大网、捞大鱼;同时重点围歼葡(葡萄花)、太(太平屯)、高(高台子)。"

康世恩的建议得到与会者的一致赞同,最后决定先部署63口探井,其中大同长垣56口(其中,葡萄花19口,高台子16口,太平屯11口,萨尔图、杏树岗各5口),外围7口。第一步以葡萄花、高台子两个构造为重点,年底前拿下第一批探井。在大同长垣上的56口井,形成一纵四横的5条大剖面,合计长达200千米。康世恩说:"就这样,不管油在东翼也好,在西翼也好,我们来它个四平八稳，多大的油田都能抓住。"为了保证这一部署的实现，会上决定从四川抽调一批钻井队支援松辽，使松辽盆地的钻井队一下子增加到23个。

1959年11月，余秋里在石油工业部召开的全国石油局、厂领导干部会议上指出：集中力量，保证重点，是发展石油工业的指导方针。要求全国各石油局为大庆石油会战做好思想准备。

1959年12月，葡7井钻到油层后，松辽石油勘探局地质室张文昭、杨继良、钟其权等地质技术人员经过油层对比，发现松基三井向南，即向葡7井方向油层减少，由11层减到8层；油层变薄，由18米减少到13米。按此趋势分析，高台子向北，应当是油层变厚变多。建议趁冬季天寒地冻运输便利，积极向北部甩开，探寻高产区。12月26日，余秋里部长从北京来到松辽会战前线，他接受了这个建议，决定立即由李德生总地质师牵头，到现场确定、落实萨尔图、杏树岗、喇嘛甸三个构造顶部的首钻井，即萨66、杏66和喇72井，并迅速组织钻井队开钻。

1960年1月7日，葡7井开始喷油，到1月底，又有葡4、葡10、葡11、葡14、葡29等5口探油井相继喷出工业油流，试采产量稳定；另外还有7口井已经钻进油层，从取得的岩心、电测和录井资料分析，油层和已出油的探井相似。这13口井控制的油田面积达200平方千米，石油储量在1亿吨以上，大体上相当于克拉玛依油田初期的规模，一个大的油田已初露端倪。

1960年2月1日，余秋里主持召开石油工业部党组扩大会议，首先听取和讨论了康世恩组织专家们拟定的意见方案。大家一致感到：松辽盆地的石油勘探形势很好。虽然有些情况还没有完全搞清楚，比如整个长垣是否连片含油？整个油田面积到底有多大？地质储量到底有多少？但毕竟已经掌握了近200平方千米的含油面积，有了进一步开展勘探的基础。大家认为：主要依靠石油系统的力量，进行一场石油大会战，改变我国石油工业落后局面，不仅是必要的、势在必行的，也是有可能的。当然，大家都认识到，会战一旦开始以后，在财力、物力、人力上可能会遇到新的困难，油田地下情况也可能有新的不测和变化，许多油田开发建设上的技术难题也可能一时难以解决，职工生活也会出现难以预料的严峻局面。大会战要冒一定的风险。但搞石油本身就是风险事业。又想搞到石油，又想不冒一点儿风险，那是不可能的。在连续八天的党组会议快结束时，余秋里挥动独臂，慷慨激昂地说："组织石油大会战，改变石油工业的落后面貌在此一举。我们必须下定决心，背水一战，全力以赴，尽快拿下这个大油田。松辽石油会战，只有上，不能下；只能前进，不准后退。就是有天大的困难，也要硬着头皮顶住。争取以最快的速度、最好的水平，把这个大油田勘探开发建设好，把石油工业落后帽子甩到太平洋里去！"

1960年2月13日，石油工业部党组正式向中央呈送关于准备开展松辽石油会战的报告。1960年2月20日，中央批准了这个报告。2月22日，中央又下达"中央决定动员三万名退伍兵给石油工业部"的指示。随后，中央军委又决定给石油会战分配3000名转业军官。

按照中央要求，国家有关部委立即行动。

2月26日，国家计委、经委、建委会同石油工业部，共同研究有关工作，决定迅速调拨一批钢材、设备支援会战。3月9日，国务院副总理薄一波又亲自主持召开支援松辽石油会战的国家有关部门及东北协作区省、市长会议。具体落实支援会战的一批问题。

1960年2月21日，即党中央批准组织大庆石油大会战的次日，部党组责成康世恩到哈尔滨主持召开大庆石油会战首次筹备会议。会上宣布，将大庆长垣划分为五个探区：葡萄花地区为第一探区，由松辽局负责；太平屯地区为第二探区，由青海局负责；萨尔图地区为第三探区，由新疆局负责；杏树岗地区为第四探区，由四川局负责；高台子地区为第五探区，由玉门局负责。会战的重点是南部葡萄花地区，油田开发试验也放在这个探区。石油工业部党组要求全国石油系统37个厂、矿、院、校，主要领导带队，组织精兵强将，自带设备，到大庆参加会战。会后，各路大军，包括石油工业部机关干部的半数，于3月、4月陆续抵达大庆，集结在大同镇地区。

在会战队伍集结过程中，松辽石油勘探局正在钻探的探井出现新情况。

1960年3月11日，在萨尔图石油构造中央的萨66井在泥浆压井的条件下射孔试油求产。分9段射开上部的萨尔图油层和中部的葡萄花油层，共38个小层，总厚度为56.9米，用直径6.5毫米的油嘴试油，日产稳定在55吨左右。随后，石油工业部党组于1960年3月14日、3月20日、3月21日连续召开会议，分析萨66井出油后的大庆会战面临的形势，研究调整会战部署。一致认为萨66井出油，意义非比一般，它说明两个非常关键的问题：一是长垣北部的油层比南部葡萄花、高台子构造的油层要厚，产量比南部的高；二是整个长200多千米的长垣，很可能是连片含油。大家都十分兴奋，情绪高昂。

余秋里在综合石油工业部党组成员在会议中提出的看法和意见后提出：为了迅速改变石油落后局面，尽快拿下大油田，大会战需要调整部署、转移战场。他说："萨66井出油，说明形势发生了变化，出现了更加有利的形势。形势变了，我们就要当机立断，调整部署。否则，当断不断，就会贻误战机。就会像刘伯承元帅说的那样，五心不定，输得干干净净。我们要采取点面结合、先肥后瘦的方针，在对整个长垣进行勘探的同时，把勘探重点从南部转移到北部，先控制萨尔图、喇嘛甸子构造的含油面积，并着手搞生产试验区。为此，要调整各单位、各战区的任务。先把玉门局的队伍从南部调到北部，同新疆局的队伍一起，集中上萨尔图。"

把主战场从南部转移到北部，当时要承担的主要风险是：北部只有萨66井出油，还不能说明就一定是大面积含油。但康世恩等熟悉地质情况的同志对此还是有把握的，因为对构造、地质、地层含油情况，掌握得比较清楚，是完全可以承担这份风险的。为了调整部署，3月11日，会战领导小组下令，把玉门石油局参加松辽石油会战的临时筹备组由太平屯迁往萨尔图。3月17日，石油工业部党组召开全国石油企事业单位电话会议，通报萨尔图地区勘探的最新发现以及部党组关于调整部署，转移主战场的决定。

余秋里在电话会议上强调："对这次调整部署所带来的困难，一定要有充分的思想准备。盲目乐观，看不到困难是要吃亏的。但是，我们要看到，干，有困难；不干，国家的困难更大。我们一定要按照毛主席的教导，发扬中国人民吃苦耐劳的光荣传统，发挥革命战争时期的英勇战斗精神，艰苦奋斗，勇往直前，顽强克服各种困难。"

根据部党组"挥师北上"的重要决策，在余秋里亲自指挥下，已在南部集结的会战主力队伍，浩浩荡荡向北转移。"迎面刮风沙，暴雨响哗哗，北上闹会战，艰苦算个啥！"这首当年留下来的快板诗，真实地反映了当年石油职工挥师北上的豪迈情怀。在半个多月时间里，4万多参战职工，50多部钻机，5万多吨钢材、设备迅速在萨尔图地区滨州铁路线两侧广阔的草原上集结。1960年3月17日，位于杏树岗构造上的杏66井开钻，3月30日完钻，4月9日，9毫米油嘴日产油90吨。1960年3月28日，位于最北端的喇嘛甸构造上的喇72井开钻，4月18日完钻，4月25日，5毫米油嘴日产油48吨。萨66、杏66、喇72，这三口井决定了大势，被群众称为"三点定乾坤"。证明长垣北部是高产区，会战重点由葡萄花转到萨尔图是完全正确的。

首次计算出大庆长垣北部喇萨杏油田储量

1960年4月，会战队伍北上到萨尔图，大庆长垣的勘探也同时把主攻方向转到北部。经过3年努力，大体探明喇萨杏三个含油构造的石油储量。

1960年，对喇萨杏三个油田进行全面勘探，重点进行四项工作：一是探鞍，即钻探喇、萨之间和萨、杏之间的构造鞍部。如果这些构造低部位仍可以出油，就证明两个构造之间是连片含油。在喇嘛甸和萨尔图两个构造间，钻探喇75井和喇95井，在萨尔图、杏树岗之间钻探萨94、萨96和杏16井。这5口井钻完后，经试油证明，都是产油的。证明喇萨杏三个油田之间，不但构造高点出油，之间的鞍部低点也出油，说明三个构造连片含油，是个超大型油田。二是探边，重点在萨尔图油田进行。在构造西侧部署萨12、萨43、萨64、萨93井，在构造东侧部署萨49、萨68井。再加上东、西区过渡带的试验区生产井，比较正确地掌握油田边界；从而可以算准油田面积。三是以萨杏为重点，成排钻探，形成东西向9条大剖面，全面解剖油田，细致了解油田范围内的油层变化规律。四是大面积试采。在油田不同部位，选出33口探井，每口井试采一个月以上，其中在三个油田各选一口作为重点，试采一年以上。证明大庆油田可以在一定时间内稳定生产。1960年在喇萨杏地区共完成探井56口，并全部进行试油，为储量计算提供丰富资料。根据这些资料，计算出油田面积、油层有效厚度、油层孔隙度、孔隙内的含油饱和度、原油体积系数、原油密度、预期采收率等7个储量计算的基本参数，用容积法计算石油储量。1961年1月1日，大庆油田第一次向国家呈报喇萨杏油田储量：油田面积887平方千米，地质储量23.36亿吨，可采储量5.26亿吨。储量数据的可靠性主要取决于资料密度。此次计算储量使用56口探井资料，平均每16平方千米有一口探井。可以认为算出的储量基本可靠，但随着资料的增加，储量还会有所调整。

1961年继续在喇萨杏地区勘探，全年完成探井和资料井42口，较多地增加了取心。1961年底，根据新增资料，对储量重新进行计算。结果是面积不变，地质储量略有减少，为22.74亿吨。减少原因是油层有效厚度标准提高，使厚度略减。

1962年继续勘探，新增加探边井，更重要的是钻探油田第一口密闭取心井北1-6-37井，取得实际的油层含油饱和度数据，使储量更加可靠。1963年5月，根据新增加的资料，再次计算储量，结果面积不变，储量修改为22.68亿吨。这个数据一直使用到1973年喇嘛甸开发会战之后。

1963年，喇嘛甸、萨尔图、杏树岗油田的地质储量计算结果分别为4.64亿吨、14.28亿吨、3.76亿吨，合计22.68亿吨。

在这三个油田中，萨尔图油田进行的勘探工作最多，获得的资料最全面，因而储量数据的可靠性最高。而喇嘛甸、杏树岗油田资料相对较少。以后在进一步勘探后，储量数据有部分变化。

详探大庆长垣　迅速探明大油田

1960年，广大石油会战职工通过学习"两论"，开展"学铁人，做铁人"活动，把高度的革命精神和严格的科学态度结合起来，认真解决各种难点，迅速探明大庆油田。

1960年头几个月，在证实大庆长垣各构造高点均含油后，会战领导小组在广泛调查研究的基础上，做出了详探大庆长垣的部署。这一部署包括四个方面的内容：一是探鞍，就是在各构造相连的部分，通过钻探以探明是否连片含油；二是探边，就是在各构造边部布一批深探井，以确定油田范围；三是钻剖面探井，全面解剖萨尔图和杏树岗油田，为计算储量提供依据；四是对33口出油探井进行较长时间的试采，其中5口重点试采井试采一年以上，以取得稳定可靠的各种生产数据。

为实施这个部署，会战领导小组调整勘探队伍，三个探区按照总体部署，同时开展大规模的勘探。在勘探工作中，石油会战职工以"两论"为指导，始终把认识油田地下情况，立足于掌握大量的、充分的第一性地质资料的基础上。石油会战一开始，会战领导小组就在1960年4月中旬召开的油田技术座谈会上，明确提出在勘探和开发大庆油田过程中，每钻一口井都必须取全取准20项资料和72个数据，做到一个不能少，一点不准错，以避免由于地质资料不足，因而做出错误判断，使油田勘探开发受到损失。为实现这一目标，还配套制定"四全四准"的要求，即每口探井要做到录井资料全、测井资料全、岩心资料全、分析化验资料全，同时做到各种仪表校准、压力测准、油气量准、各种资料准。这一探井录取地质资料的技术规范，变成广大石油会战职工的自觉行动。3249钻井队方永华班，从井下取岩心时，6米岩心有1.5米没有取出来，岩心收获率没有达到要求，班长一看任务没有完成，就落了泪。工人们说："没有完成任务，就不离开岗位，非把岩心全部拿上来不可。"他们第二次、第三次起下钻，一气干了26个小时。队长劝他们休息，他们也不休息；指导员送馒头、送饺子来，请他们吃，他们说："岩心取不上来，吃什么也不香。"一直坚持到把6米岩心全部取了出来。

经过半年多的勘探，到1960年底，各探区共完成探井91口，试油63口73层，证实大庆长垣各含油构造连片，大庆油田是一个面积大、油层多、原油性质好、产量高的特大油田。

在搞清油田面积和特性的同时，从1961年开始进行油田地质储量计算工作。这是中国第一次自行计算油田地质储量。他们总共运用了11400米岩心资料、160万个化验数据、1708万次地层对比资料，合理地圈定含油面积，实事求是地确定油层有效厚度、孔隙度、原始含油饱和度等一系列计算参数，最后正式上报党中央、国务院的地质储量为22.68亿吨。吸取以往的经验教训，在上报储量时留有余地，半米以下的油层没有报，过渡带的面积没有算，渗透率不到50个千分达西的没有算。

在重点勘探大庆长垣的同时，从1960年到1963年，一探区的职工在杨文彬、关跃家等人的领导下，对大庆长垣外围进行普查和钻探。1960年春，在大庆长垣以西、齐齐哈尔以东，约2.8万平方千米范围内，进行地震细测工作，发现富拉尔基、阿拉新、他拉红、一心4个工业油流区。1960年5月，先后在林甸、龙虎泡、升平3个构造上进行钻探和试油，发现了龙虎泡和升平两个外围油田。1962年又重点勘探了大庆长垣东部的"三肇"（肇东、肇州、肇源）地区，在肇1井见到油气显示。1963年又重点勘探古龙黑帝庙油层和东南隆起区，在古1井见到工业油流。三年多时间，完成大量勘探任务，除解剖大庆长垣，重点详查萨喇杏3油田的高产区外，还在长垣外围发现新油区，其中包括松花江以南的吉林扶余油田。

在1963年9月召开的大庆油田勘探技术座谈会上，正式宣布松辽盆地的普查工作全面结束。与国外同类油田相比，美国拿下东德克萨斯油田用了9年，苏联拿下罗马什金油田用了3年，而大庆油田从第一口井喷油到探明长垣面积只用了一年零三个月。

松基6井取得松辽盆地深层地质新认识

1963年3月31日，大庆第一口深层探井——松基6井开钻。该井1966年12月3日交井，井深4718.77米，成为当时国内最深的探井。

松基6井位置在萨尔图构造顶部偏东，起初设计井深4000米，目的是了解深部地层和含油气的可能性。承担松基6井工程的钻井队是32139队。这个钻井队成立于1952年，属于玉门油矿队伍，原队名是3219队。1960年3月来大庆会战，是个老标杆队。1962年12月，接到钻探松基6井任务，大家既高兴又担心。高兴的是上级的信任，担心的是钻机能力只有3200米，能不能坚持打下来；深部地层有多硬，温度有多高，钻杆能不能承受，都不知道该队过去没有钻过这样深的井，技术行不行，心里没底。队长赵建荣和指导员许凤智组织大家学习毛主席的"两论"，冷静分析，一致认为，钻4000米深井是对他们的严峻考验，要在战略上藐视4000米，战术上重视每一公分，做到敢打善打，对问题一个一个解决，在实践中学习，在实践中提高。上级领导给予极大支持，派来一批工程师组成四个攻关组，分别进行设备改造、泥浆研制、钻头选用、工艺配套等工作，驻井攻关。大庆会战指挥部副指挥兼总工程师王炳诚、钻井指挥部总工程师杨录、探井大队工程师蒋希文等都来队上指导帮助。

在动力改造上，把柴油机驱动改为电驱动，功率提高55%；加固井架和底座；对绞车、传动系统和提升系统进行改造，经检测和校正，使钻机总体承载能力由130吨提高到200吨；在钻井液方面，研制出国内第一份耐温150摄氏度的水解聚丙烯腈钻井液；对下井的钻铤、钻杆及其他工具，都做了合理选配。经过大量深入的准备，开钻后，顺利到达1265米，下入第一层技术套管，到2516米又下入第二层技术套管，并完成固井。

在钻井过程中，职工严格执行以岗位责任制为主的各项规章制度。对钻杆、钻铤等下井工具坚持严格检查，每次起出地面都要检查丝扣，每200小时做一次探伤，每300小时做一次试压，先后更换了628根受损钻杆，减少井下事故。司钻魏光荣经常强调，司钻手握三条命：人命、井命、设备命。不能有丝毫马虎。队里经常组织推广好的操作经验，从司钻到钻工，人人炼出一手过硬本领。1964年3月20日，松辽会战工委做出《关于向三二一三九钻井队学习的决定》，推动全油田的基层建设。

1964年9月10日，松基6井钻到设计井深4000米后，大庆会战指挥部组织现场庆功会。大庆会战工委授予32139钻井队"硬骨头钻井队"荣誉称号。石油工业部副部长、大庆会战总指挥、会战工委书记徐今强主持庆功会，并授予32139队"硬骨头钻井队"锦旗。石油工业部副部长康世恩也赞扬32139钻井队是一支"思想过硬、作风过硬、技术过硬"的钻井队，松基6井在中国石油工业史上揭开一个新纪元。同时号召继续钻进，向5000米进军。

深度越大，难度越高。钻井液攻关组又进行改进，研制出铁铬木质素磺酸盐作为高温稀释剂，使钻井液耐温达到160摄氏度。钻头组发动群众提建议，设计出多种"西瓜皮"钻头，在每只钻头进尺只有2.32米、平均机械钻速每小时0.29米的艰难情况下，坚持钻井。在钻到4718.77米时，终因地层过硬，温度过高，钻杆不能承受高温和疲劳而折断，结束钻进。下入油层套管完井。井内留有落井钻杆，不能试油。

松基6井钻穿泉头组二段以下的登娄库组和530米侏罗系地层，在各个层段都适量取出岩心；全井取心进尺100.2米，收获率85.8%。取全取准8类35项资料，几十万个宝贵数据。勘探科研人员利用这些资料，对松辽深层有了新的认识。一是发现登二段地层有383米暗色泥岩，取出样品化验结果，发现其有机碳含量0.33%，萤光沥青含量0.017%。这些地球化学指标表明，这段地层具有生油生气能力；二是了解深层温度、压力变化规律。在井深4400米时，地层温度已经达到150摄氏度，石油只能是气态存在，所以深层勘探的目的不是找油，而是找气；井下的高温高压使目前使用的测井仪器、射孔器材都不能很好发挥作用，今后要开展研究，研制出能够适应的仪器。三是发现登娄库地层有很厚的砂岩和砂砾岩，可以成为深层气的储集层。但在上覆巨厚地层压力下，地层很致密，地层中颗粒间孔隙变得很小。而且地层越深，孔隙越小。泉二段砂层孔隙度为10%—17%，下面的登三四段孔隙度降低到8%—10%，再往下甚至不到6%。这样的孔隙度储存液态石油已不可能，但可以储存天然气。

重建勘探队伍　实施二次勘探

1964年，大庆结束松辽盆地石油普查勘探之后，勘探队伍奉命进关，参加641厂（现大港油田）和923厂（现胜利油田）石油勘探工作。大庆勘探指挥部撤销。由此，大庆勘探工作大幅度减少。从1964年到1972年间，9年钻探井只有53口，是大庆历史上勘探工作量最少的一段时期。主要勘探工作只是对大庆长垣西侧的萨西、杏西、高西、葡西、新肇等鼻状构造进行预探或初步解剖，另外对龙虎泡、朝阳沟两个构造做了初步预探。全油田的主要精力用于快速开发上产，使萨尔图、杏树岗两油田全面投入开发，油田年产油量由1963年的439万吨，迅速攀升到1972年的3051万吨，实现油田生产的飞跃发展。

在这种形势下，大庆油田领导清醒地知道，要想油田长期稳产，必须不断通过勘探增加油气资源。1973年2月19日，勘探指挥部宣布成立，标志着大庆油田二次勘探从此开始了。新任命的指挥是李忠民，党委书记是孙希廉，总地质师是王点玉。他们都是有着多年勘探工作经验的"老大庆"。勘探队伍包括地质室、7个地震队、8个钻井队、4个试油队等基本队伍。石油工业部支持大庆重建勘探队伍，开展二次勘探的做法，在大庆勘探指挥部刚刚成立，就从长庆油田抽调5个地震队给大庆，使大庆的地震队达到12个。同时为了迅速提高地震队实力，给地震队加强设备配套，由过去每个队"五大件"（仪器车、钻机车、水罐车、爆炸车、测量车）改为"七大件"（各增一台钻机车和水罐车）。此外，油田还决定，把运输指挥部红岗大队调给勘探指挥部，加强勘探运输能力。

勘探指挥部从1973年2月成立，到1978年10月与钻井指挥部合并为钻探指挥部，仅仅五年多时间，大庆的勘探形势就发生了重大变化。1975年，由于召3井和芳1井出油，发现模范屯和宋芳屯油田，1979年探明两个油田储量6580万吨；1978年还探明朝阳沟油田储量5363万吨。这些成果成为大庆长垣以外首次探明的新储量，形成大庆油田发现后又一个储量增长的小高峰。另外，1976年由于徐1井出油，发现徐家围子油田。除了储量增长外，更为重要的是引发勘探思路的重大转变，即由构造油藏勘探转变为岩性油藏勘探，为后来几十年的勘探工作奠定新的基础。

三肇勘探引发勘探思路重大转变

1975年，三肇地区投入勘探，仅用4年时间，不但发现宋芳屯、模范屯、徐家围子、榆树林等油田，探明6000多万吨储量，而且引发勘探思路从构造勘探向岩性油藏勘探的重大转变。

1975年，根据地震勘探成果，发现三肇地下有个盆地基底的古隆起，适合找深层气，于是部署召3井（当时规定井号字头使用同音简单字，如萨、喇、葡、肇分别以沙、拉、卜、召代替）。召3井设计井深3200米，主要目的层是登楼库组地层，以求发现深层天然气，顺便兼探中浅层油气。而在钻到葡萄花油层时，意外发现有油。经钻井取心证实，有6.6米厚的含油层。按照松基三井发现大庆油田的经验，只要发现好油层，就值得提前完钻。于是决定完井试油。对井深1444.8—1470.6米井段7层11.8米厚度射孔，排除井内泥浆，又用轻质油洗井，经气举日产油7.3吨。于是宣告发现模范屯油田。同年，在一个构造闭合面积不足10平方千米的宋芳屯构造上，部署并钻探芳1井，也在葡萄花油层出油，发现宋芳屯油田。为了扩大油田面积，1976年部署芳2、4、5、6井，1977年部署了芳3、7、8、9、10井。这些探井大都陆续出油。含油范围远远超过构造圈闭范围。1978年继续勘探，宋芳屯油田和模范屯油田连成一体。这种情况说明，含油范围不受构造闭合面积控制，形成大面积油藏的主控因素不是构造,而是岩性。

为了证明这个认识,1976年在三肇凹陷最深的徐家围子地区,同时也是没有任何构造隆起的地方,部署并钻探徐1井,当年完井试油,也在葡萄花油层日产油2.32吨。经过地质家们的认真研究认识到,这里的油田不受构造控制,是因为这里是生油区,原油可以在近距离运移并储存在封闭的砂体中,不受构造限制,形成岩性圈闭。众多封闭含油的小砂体集合起来,就形成油田。所以,在生油区内找油,在砂体小而封闭的状况下,能够形成大面积岩性油藏。宋芳屯、模范屯油田的探明和徐家围子油田的发现,给出重要启示,就是找油目光要开阔,在三肇地区,如果只盯住构造油藏,松辽盆地已经找到的115个构造已经钻完,今后将无路可走。要把眼光跳出构造,放在大面积的岩性油藏上,勘探前景将会一片光明。在这一认识基础上,1979年按照岩性油藏规律,加快三肇勘探,又发现榆树林油田。而且是上下两套油层,上边是葡萄花油层,下边是扶余—杨大城子油层,上下相隔500米。

1984年,大庆党委提出"解放思想,加强勘探"的要求。勘探战线经过充分讨论,确定勘探思路要实现三个转变:一是勘探对象,由构造油藏为主转向岩性油藏为主;二是勘探地区,由松辽盆地为主,转向更广阔领域;三是勘探层位,由中浅层为主,转向更多层位。

由于勘探思路的大转变,加强岩性油层的研究,松辽盆地中浅层勘探取得一系列重大成果:在三肇凹陷范围内,先后发现并探明榆树林、头台、肇州、永乐等储量亿吨以上油田,在大庆长垣以西,发现并探明古龙亿吨级油田。松辽深层勘探、海拉尔盆地勘探也逐步开展起来,并一步步取得突破。

朝阳沟地区探明大庆外围第一个亿吨级油田

朝阳沟地区在地质上称为朝阳沟—长春岭阶地,是由三肇凹陷向东南方向逐渐抬起的过渡地带,位于三肇南部,是沿松花江北岸展开的狭长地带。东西长150千米,南北宽20千米,面积约3000平方千米。1978年首次实现探明储量5363万吨,含油面积141平方千米。经过继续工作,到1985年底,累计探明储量达到15601万吨,含油面积从141平方千米扩大到359平方千米。成为大庆长垣主体以外第一个亿吨级储量新油田。

朝阳沟地区的勘探工作40年来经历了几上几下的努力才取得今天的成果。

第一次上朝阳沟是1961年。在地质部地震普查发现的朝阳沟背斜上,首先钻探朝1井。没有进行钻井取心,靠井壁取心发现葡萄花油层和扶余油层都有油气显示。经过试油,葡萄花油层日产油0.9吨。因为油层深度只有500米,按照技术标准,属于工业油流。而扶余油层产量只有0.13吨,而且油层致密,渗透率很低,看来不具备工业价值。1963年又钻探朝2井,情况相似。于是结束此次勘探。结论是:葡萄花油层面积不会很大,扶余油层物性太差,产量太低,因而前景不会很好。

第二次上朝阳沟是1970年。当时,作为上级的燃料化学工业部指示大庆,为发展地方工业,要重新勘探朝阳沟,葡萄花和扶余两套油层都要做目的层。当年完成朝31、33、35井,三口井都进行试油,又都没有工业油流,但却发现产出天然气,朝33井扶余油层日产气 4000 立方米，朝 35 井扶余油层日产气 1.16 万立方米，上部的葡萄花油层日产气 5.9 万立方米。1971 年又钻探 6 口井，按常规方法试油，仍然没有工业油流。为了探索朝阳沟地区低渗透油层的勘探开发前景，油田决定由大庆井下作业指挥部到朝阳沟进行油层压裂改造现场试验。针对致密的扶余油层压裂 4 口井，其中 3 口井明显见效。

这个效果使人看到朝阳沟大有希望，前景美好。为了了解压裂效果的稳定性，对朝 64 井进行半年的试采，在不保温、不清蜡、不注水的情况下，日产量仍保持在 5 吨以上。这个试验改变了朝阳沟油田的命运，证明扶余油层大有价值，确定扶余油层是该地区的主要目的层。在这一大好形势下，1973—1975 年，对朝阳沟—长春岭阶地开展全面的整体解剖：通过地震详查细测，搞清全区构造面貌，发现头台、肇源两个鼻状构造；经过钻探证实，朝阳沟构造向西南延伸，还有大榆树、薄荷台、翻身屯三个构造也是含油的；另外还发现长春岭、扶余二号构造产气。1975 年结束此轮勘探。1978 年底，首次计算出朝阳沟油田地质储量 5363 万吨，含油面积 141 平方千米。

第三次上朝阳沟是在 1983 年。年初，局领导提出，要在近几年中，把朝阳沟油田储量增加到 2 亿吨，为新建产能提供资源。根据这一要求，当年开始以评价大榆树、薄荷台、翻身屯为重点的勘探工作。在 1983—1985 年的三年中，完成探井 79 口，大部分进行试油，部分探井进行压裂。使油田面积扩大到 359 平方千米，探明地质储量达到 15601 万吨。1986 年开始，勘探主力转移到三肇地区。

1986 年以后，工作量虽有减少，但从未间断，勘探目标更加开阔，成果更广泛。特别是在朝阳沟油田加深勘探，在扶余油层以下，查明杨大城子油层也有潜力。经过几批探井落实，上下油层合计的有效厚度由 4.2 米增加到 13 米（部分井区），在面积不变的情况下，1992 年储量扩大到 20808 万吨，2002 年达到 21563 万吨。朝阳沟油田成为大庆长垣以外储量最多的油田。以后在开发过程中对少量低效益储量做了核减。

三肇凹陷陆续探明五个亿吨新油田

1975 年到 1996 年的 22 年间，三肇地区先后发现并探明宋芳屯、榆树林、头台、肇州和永乐 5 个储量超亿吨的外围油田。

宋芳屯油田。1975 年发现，以后逐步扩大并探明。1975 年，由于芳 1 井和肇 3 井出油，发现宋芳屯和模范屯油田。经过 4 年勘探，到 1978 年末，在宋芳屯油田完成预探井和资料井 45 口，经测试证实含油后，首次计算探明储量 3561 万吨；1979 年完成地震细测，并开辟生产试验区。在此基础上，对储量进行复算，修改为 3230 万吨。对宋芳屯以南的模范屯油田，经过 4 年勘探，到 1978 年末，已经完成探井、资料井 22 口，在这些资料基础上，计算出探明储量 3350 万吨；1981 年又完成地震细测，探井、资料井增加到 34 口，于是复算了储量，修改为 3016 万吨。1988 年，新钻探的芳 36 井在扶余油层产出工业油流，使该地区的出油层由葡萄花一套变成葡、扶两套。又经过 10 年针对扶余、杨大城子油层的勘探，到 1998 年末，在宋芳屯、模范屯油田完成新探井 16 口，新增扶杨油层储量 2241 万吨。由于宋芳屯和模范屯两个油田是连在一起的，中间没有具体界线，油田在 1998 年决定，合并为一个油田，名称为宋芳屯—模范屯油田，简称宋芳屯油田。此时合计的探明储量已经达到8487万吨。从2002年开始，宋芳屯油田所在的采油八厂在开发中进行滚动勘探扩边，经过三维地震，在精细掌握构造变化基础上，钻勘探开发控制井45口，到2003年末，在油田西北部新增探明储量1486万吨。使累计储量达到10973万吨，终于跃升为亿吨级油田。2004年以后，滚动探边一直继续进行。

榆树林油田。1983年发现，1992年探明。油田发现井是徐家围子向斜东部，靠近榆树林构造的徐2井，1978年完成，经试油，葡萄花油层日产油14.5吨。而在榆树林鼻状构造上，最先出油的探井是1979年完钻试油的树1井和树2井。其中树1井在葡萄花油层出油，气举日产油15.2吨；树2井在扶余、杨大城子油层出油，压裂后气举日产油3.6吨。上述三口井位置都在肇东市昌五镇附近，当年给油田取名为昌五油田。经过1979年和1980年勘探，完成探井22口，做完了地震细测，首次计算葡萄花油层探明储量1618万吨，并把油田名称改为榆树林油田。此后勘探工作一直进行，以葡、扶杨两套油层同时为勘探目标。到1985年，完成主体部位树103、树106两个井区6口探井的钻探试油，葡扶两套油层新增探明储量1298万吨，使累计储量达到2916万吨。此后几乎每年新增部分面积和储量：1986年在主体以北的升46井区，新增6口探井，增加葡萄花油层探明储量545万吨；1988年，在主体以北的树32井区，新钻探17口井，其中树131井在扶杨油层进行油基泥浆取心。年底计算新增扶杨油层探明储量4590万吨；1990年，在树32井

以西的树8井区，完成探井33口，开展局部地震细测和三维地震，新增扶杨油层探明储量4732万吨，使累计探明储量达到12783万吨，首次跨进亿吨级油田。1991年，在主体东北部的东14井区，新增探井15口，并做了三维地震48平方千米，新增扶杨油层探明储量4586万吨。累计探明储量达到17369万吨。1992年，在树206井区，新增探井10口，探明扶杨油层储量1379万吨，累计储量达到18748万吨，含油面积达到314.1平方千米。其中，扶杨油层储量占总储量的84%。在油田开发过程中，开发部门对其中少量低效低产储量做了部分核减，同时也在滚动勘探开发中有局部增加。

头台油田。1983年发现，1994年探明。油田发现井是台1井，1981年完成，对油气显示较好的扶余油层试油，日产量只有20升。1982年进行压裂，压后提捞求产，日产量0.9吨，仍不能达到工业油流标准。1983年补射杨大城子油层，经地层测试器求产，日产量达到1.7吨，从而发现油田。1984年开始进行评价钻探，1990年在主要井区74.6平方千米面积内进行三维地震，其余部分完成密测网地震细测。1993年在茂505井区开辟生产试验区。到1994年末，共完成探井、资料井41口，同时结合生产试验成果，计算探明储量，含油面积188.8平方千米，储量10865万吨。1995年后，继续在开发基础上，不断扩边勘探，同时删减部分低效储量。

肇州油田。1988年发现，1995年探明。油田发现井是州1井，1988年完井试油，使用地层测试器求产，扶余油层日产油3.44吨。1989年开始进行油藏评价，当年完成探井21口，其中的州251井进行了密闭取心；同时

开展地震详查。当年计算州1、2、205井区扶余油层的探明储量，达到2922万吨。以后几年继续按照葡、扶两套油层进行评价钻探，到1993年末，以34口探井完成州13、州131、州161、肇22井四个井区评价工作，实现探明储量5856万吨。到1995年，又完成肇40井区评价勘探工作，全区完成密测网地震细测，累计完成探井、资料井64口。经计算，在肇40井区探明储量8897万吨。全油田葡萄花、扶杨两套油层累计探明储量17675万吨。1996年以后，在全面进行开发的同时，继续进行扩边勘探。

永乐油田。1988年发现，1996年探明。首钻井是1976年钻探的肇8井，但当年没有出油。1978年对扶杨油层试油，压裂后气举，日产油2.5吨，成为油田发现井。1990年又钻探芳463井，葡萄花油层日产油8.71吨，使芳463井成为永乐油田葡萄花油层发现井。1988—1998年间，进行详探和油藏评价工作，全面完成密测网地震细测，分东西两块各自钻密闭取心井。1996年首先计算西块储量。西块完成探井、资料井44口，探明储量8220万吨；1997年又计算东块储量。东块累计完成探井、资料井48口，探明储量5739万吨。1999年，又对永乐南部的源13井区进行储量计算，新增探明储量1878万吨。以上三次合计，探明储量15837万吨，含油面积有511.2平方千米。2000年以来，实行边开发，边勘探，陆续增加部分储量。

实施"解放思想、加强勘探"方针

1984年5月，在全国石油工业局厂长会议上，大庆油田提出新的工作目标："解放思想，加强勘探，再找一个大庆油田，使原油产量在5000万吨基础上逐年增长，为全国石油工业的发展做出新贡献。"从此，油田上下为落实这一目标努力奋斗，使勘探工作快速发展。

解放思想，就是按照三肇地区的勘探经验，全面转变思路，开扩眼界。

三肇勘探的过程，就是解放思想的过程。解放思想就是要在勘探思路上来一个较大转变：一是勘探对象，以构造油藏为主转向以岩性油藏为主；二是勘探地区，由松辽盆地为主，转向更广阔领域；三是勘探层位，以中浅层为主，转向更多层位。

加强勘探，就是从勘探力度、技术装备、科学研究、工作管理等多方面全面加强。经过努力，这些方针和要求得到全面落实。

（1）勘探工作量大幅度增加。1976—1985年，年均钻井58.1口；1986—1995年，年均钻井98.6口，净增69.7%。

（2）加强了勘探研究工作，分批从各单位抽调有实践经验的勘探技术人员，充实到研究院，新建松辽、外围、勘探规划、勘探方法等多个研究室，使勘探研究人员大幅度增加，科研实力加强。

（3）技术装备全面更新。1986年，20个地震队全面换装，由过去的模拟型换为数字仪器，资料采集复盖次数由6次增加到12次、24次、60次；同年在研究院配备赛伯180-830计算机，用于地震资料处理；1987年首次在榆树林地区开展三维地震勘探。测井从1987年配备斯伦贝谢数控测井仪和专用的测井解释计算机，可以采集和处理电性、物性、岩性、放射性、工程等大量新资料。地质录井从1987年开始使用综合录井仪，可进行地质、气测、钻井工程等多方面录井。

（4）逐步建立起针对不同勘探对象的技

术系列，包括低渗透油藏勘探系列、薄互层岩性油藏勘探系列、天然气藏勘探系列、深部致密气藏勘探系列、泥岩裂缝油藏勘探系列、稠油油藏勘探系列等。

（5）建立科学勘探理念，严格执行"三个评价"标准（指《盆地评价技术规范》《圈闭评价技术规范》和《油气藏评价技术规范》三项技术标准），按照科学勘探程序完善各类规范、标准。

（6）实现严格的项目管理和质量监督，完善管理机构和管理人员，1986年设立勘探部，设立专职副局长，加强领导和管理。

解放思想，转变思路，加强勘探，初见成效。1986—1995年，共探明储量5.26亿吨。在三肇主战场，发现并探明榆树林、头台、肇州三个亿吨油田；在海拉尔盆地突破单井产量关，苏1井大型压裂后，日产油20.7吨；深层勘探打开局面，在昌德、升平、汪家屯发现高产深层天然气。

方正地区发现高产油流

方正断陷在汤原断陷以南，面积1460平方千米，是个南北方向延伸的狭长地带，南北长120千米，东西宽10—20千米。沉积岩最厚8000米。1961年，该地区就完成重磁力普查，大庆自1981年开始进行地震勘探。然后在1984年和1985年分别完成方参1井和方参2井，未见重要发现。1994年又进行地震精查，在重新研究构造及地层基础上，选定柞树岗向斜内的小兰屯构造，部署方3井。除构造因素外，小兰屯构造区内还有地震烃检测（利用地震资料直接检测地下是否存在油气的技术）发现的异常和地面化学勘探异常，使井位确定更有依据。方3井在井深2085米到2850米是大厚泥岩为主的层段，经地球化学指标化验看出，属于中到极好烃源岩。井深2850—2950米，发现气层16个，累计厚度42.4米。对其中80—91号的12个气层测试，日产气5.434万立方米，首次在方正地区取得工业气流。天然气成分以甲烷为主，其次为乙烷、丙烷等重烃气。产气地层是第三系达连河组一段。是受构造控制的层状构造气藏。2001年经过详细评价后，计算了预测地质储量：含气面积7.5平方千米，气层有效厚度30.8米，储量38.86亿立方米，定性为中深层中丰度低产小型天然气藏。

2006年，在综合地质研究基础上，大庆油田公司把勘探重点由构造高部位转向深凹陷，在方正断陷柞树岗向斜北坡完成方6井，见到油层34.2米，压裂后进行测试，日产油10.8立方米。是低比重、低黏度、低凝固点的优质原油。这是大庆勘探历史上首次在3000米以下深度发现工业油流，为该区域勘探提供新的方向。2007年，又针对砂岩发育区部署方4井。完井后，进行压裂，获得日产原油96立方米的高产量。初步预测，该区域含油面积可达24平方千米，储量可达1000万吨。

方正断陷以南，属于吉林省的岔路河断陷。在地质条件上与汤原、方正断陷大有相似之处。岔路河断陷已经探明石油储量3000万吨。因而推断汤原、方正断陷的勘探仍是大有可为的。

大庆油田发现深层天然气

大庆第一口深层探井松基6井在1966年钻完以后，由于没有直接发现油气，深层勘探就此暂停。

1977年，深层勘探重新展开。特别是进入20世纪80年代，深层勘探步伐加快，实施对全盆地的战略侦察。北起林甸、黑鱼泡，钻探林深1井、鱼深1井；南到莺山断陷，钻探庄深1井、双深4井；东起绥棱，钻探绥深1井；西到英台英深1井；还有中间的大庆长垣南北，钻探同深1井、阳深1井、杏4井、萨5井；在三肇地区钻探肇深1、2、3、5井和芳深1、2、3井；在朝阳沟—长春岭地区钻探朝深1、2、4井和二深1、三深1、四深1、五深1等井。到1989年底，新钻深层探井26口，其中有7口探井（肇深1、三深1、五深1、朝深2、庄深1、芳深1、芳深2）发现工业气流。产量都不算高，而对深层认识有了重大变化。经过对各个地区地质条件的比较来看，滨洲铁路线以北面积大，而暗色泥岩少，生成油气条件不好；东南一带虽有三深1、五深1、庄深1、朝深2井出气，但出气层位并非深层，当时提出的"深层浅找"的思路无法实现。在整个松辽盆地的深层断陷中，最具有勘探价值的地区是大庆长垣以东的徐家围子断陷和长垣以西的古龙断陷。古龙断陷东侧钻探的阳深1井、同深1井都有明显的气测显示，当时没有试出气来，可能有多种因素。以后随着技术提高，完全可能找到天然气。徐家围子地理位置相当中浅层的三肇凹陷。这个深层断陷的面积，在松辽盆地里是比较大的，达到6000平方千米；有比较广泛分布的深部登娄库组和侏罗系地层，深部地层厚度达到2000—4000米；其中存在多套暗色泥岩，地化指标足以证明可以成为好的烃源岩，这是深层勘探的物质基础；气层埋藏深度比古龙要浅。因此这里应该是深层勘探的主攻方向。1978年，肇深1井产出深层天然气，发现大庆第一个深层气田——肇州西气田。

肇深1井1977年开钻，在深层见到较好的气测显示。1978年交井后，在井深2860—2870米井段基岩风化壳地层试气，气量很少。于是对地层进行压裂、酸化改造。1980年8月经过两次改造后再测，日产气5871立方米。以后接着工作，到1982年，日产气量增加到1.36万立方米，终于达到工业气流标准。1982年冬计算控制储量23.1亿立方米，含气面积21.6平方千米，定名肇州西气田。1990年在含气面积内又部署肇深3井，只产出微量天然气。看来肇州西气田面积和储量都有限，以后没有进行探明。但肇深1井的钻探证明，三肇地区深层肯定存在天然气。今后只要能找到构造有利、储层发育的部位，研究采用更可靠认识气层、更有利保护气层、改造气层的新技术，深层天然气勘探一定能取得好的成果。

大庆探明庆深气田的第一个千亿立方米深层气藏

从1990年起，深层勘探集中对徐家围子断陷进行全面解剖，实现重点突破。解剖徐家围子断陷首先是通过地震勘探，搞清深层构造及断陷内的地层。以前这里已经做过地震，对认识中浅层发挥重要作用；而对于深层来说，资料质量远不能满足需要。地震技术人员做了大量探索，最终研究出一套提高深层信噪比、提高保真度的新方法，使深层地震资料质量有了较大提高。从当时新取得的资料看出，徐家围子断陷内部有三个次级断陷：北部是杏山—兴城断陷，中部是丰乐断陷，南部是二站断陷；三个断陷之间有两个近于东西方向的隆起。为了全面解剖徐家围子断陷，在断陷各个方位部署地震和探井。北部是汪家屯—升平和宋站地区，中部在昌德、卫星和尚家地区，南部在肇州、朝阳沟和双城地区，普遍部署了勘探工作。其中工作多，成果大的是北部汪家屯—升平一带和中部昌德一带，分别发现汪家屯—升平深层高产气田和昌德深层气田。地质认识上发现深层大面积火山岩储气地层，为进一步寻找大规模气田铺开道路。

2000年后，在徐家围子断陷中部地区开展深层决战，发现徐家围子大型高产气田，使大庆深层勘探进入一个新时期。

在深层勘探过程中，大庆新一代决策人员思想解放，高瞻远瞩，带领勘探科研工作者不断加深研究，科研水平不断提高。2004年初被油田公司授予功勋员工称号的研究院总地质师冯志强在深层地质研究中发挥重要作用。冯志强是个"海归派"，2000年8月自英国攻读博士后，学成归来，到大庆研究院工作，带领科研人员攻关勘探难题。在深层火山岩储层研究上卓有成效，使火山岩储层预测和评价技术得到突破性进展，对深层地质结构、地层分布、岩性和天然气运移储集规律都逐步清晰，使深层勘探更具有科学性和可靠性。由钻井、测井、录井、试油、压裂等专业技术人员共同攻关的现场勘探技术也有长足进步，如深井气层保护技术、大型压裂改造技术、火山岩储层的地震识别解释技术及测井、录井气层识别解释技术等，都对深层突破发挥重要作用。为把井位定准，他们对过去地震资料重新处理，重新解释，看到升平构造由北向南延伸，逐步向下倾没，兴城区块成为徐家围子断陷中的凹中之隆，是深层勘探的有利构造；为使井位设计可靠，1998年，在徐家围子断陷，部署专门针对深层的数字地震和重、磁、电法综合勘探大剖面，进一步证实凹中隆的存在；2000年为使构造更精确更细致地成像，进行兴城北区块三维地震勘探。根据新资料作储层性质、分布和含气性的解释研究。在此基础上优选出徐深1井设计井位。又经过专家组多次研究审核，徐深1井终于在2001年6月26日开钻。

2002年，徐深1井下入表层套管、技术套管后，第三次开钻，使用油、水混合型（油包水基）低密度泥浆进行近平衡钻进。在下白垩系登楼库组、营城组和侏罗系火石岭组地层见到大量天然气显示，甚至出现井涌、井喷。钻到井深3710米（营城组）时，通过放喷管线测试，日产气68354立方米，证明已获得具有工业价值的气流。

2002年5月7日，徐深1井下入油层套管后完井，开始正规试气。先对下部的火石岭组试气，压裂后日产天然气1.48万立方米，在4233米测压为64.26兆帕，温度为157摄氏度，地层压力系数1.52。这是松辽盆地发现的埋藏最深、压力最高、温度最高的气层。接着于2002年12月，对上部营城组火山岩试气，其中150号层厚度126米，射开其中2段12米，进行大型压裂，然后使用14.29毫米油嘴求产，日产气53万立方米，创造出产气量新的高产纪录，实现大庆深层勘探的又一次重大突破。

2003年4月继续对上部地层试气。选择更上部的营城组四段砾岩层11米，进行常规测试，只产气9立方米，5月初压裂后再测，日产气54758立方米。证明徐深1井有两套气层出气：下部是火山岩，上部是砂砾岩。说明深层有广阔的勘探领域。

为了扩大气田面积，2003年开展更大规模的三维地震，并用新资料研究火山岩分布。

从新资料来看，火山岩有东、中、西三个带，各自南北延伸。徐深 1 井所在的中部火山岩带面积约 50 平方千米，东部火山岩带面积 33 平方千米，西部火山岩带面积 34 平方千米，勘探区域非常广阔。于是在徐深 1 井南部部署徐深 2 井和徐深 5 井，在西部火山岩带部署徐深 6 井和徐深 4 井。2003 年下半年陆续开钻。徐深 1 井发现高产气田的消息引起各级领导的高度重视。2004 年 4 月，中国石油天然气股份公司组织一批国内知名专家来大庆，举行天然气勘探开发研讨会；6 月，大庆油田成立加快深层勘探领导小组，油田公司总经理王玉普为组长；下设设计组、运行组、技术组，分头负责开展工作；确定目标是三条：一是在 2005 年底，在兴城构造带拿下 1000 亿立方米天然气探明地质储量；二是在 2010 年前，在徐家围子断陷内，徐深气田周边再探明 1000 亿立方米天然气地质储量；三是 2010 年前，在探明 2000 亿立方米天然气储量的同时，在松辽盆地再拿下控制、预测储量 1000 亿—2000 亿立方米。按照加快精神，在原来部署之外，确定再增加 9 口加快深井。经过一个月的紧张工作，完成勘探目标优选、井位设计、钻机搬迁就位，2004 年 7 月底，9 口加快探井全部开钻。2004 年完成的徐深 6 井进一步证实，除下部火山岩层出气外，上部砂砾岩也出高产气，徐深 6 井营城组四段砂砾岩日产气 52 万立方米以上，是大庆勘探历史上砂岩层产气的最高纪录。

到 2004 年底，一批新井陆续完钻试气，并取得成果。徐深 2、徐深 4、徐深 5、徐深 6 和开发控制井徐深 1-1 都取得工业气流。

通过 2004 年加快钻探，认识到原定的火山岩目标普遍含气，接近火山口的地方效果最好。于是在反复研究基础上，于 2005 年初部署第二轮加快钻探井 10 口。到年底，两次部署的探井共有 16 口井完成钻探。其中 12 口井完成试气，并获得工业气流，其中又有 9 口井日产气量在 20 万立方米以上（徐深 601、603、徐深 7、8、9、徐深 901、902、升深 202、汪深 101 井）。气田面积和储量又有扩大。经过 2003—2005 年的三年勘探，累计完成三维地震 2171.8 平方千米，钻探深井 61 口。经系统评价，落实以徐深 1 区块为中心的四个区块的气田面积 110.97 平方千米，探明储量 1018.68 亿立方米，定名为徐深气田。2005 年 12 月经国家储量委员会审核批准。中油股份公司领导对徐深气田探明储量评价为：储量规模大（超 1000 亿立方米），气层厚度大（超过 100 米），储量丰度高（每平方千米面积含气 9 亿立方米），储层物性好（孔隙度 6%—10%），产量高（日产超 20 万立方米的气井有 12 口），试采效果好，产量、压力稳定。徐深气田投入开发后，将使大庆成为中国陆上继四川、陕甘宁、塔里木、青海之后的第五个天然气生产基地。

大庆探明庆深气田的第二个千亿立方米深层气藏

2005 年探明第一个深层天然气千亿立方米储量后，立即开始第二个千亿立方米深层天然气储量的勘探工作。重点在安达、徐东和丰乐三个地区同时进行。

安达地区深层构造是徐家围子断陷最北部的一个次级断陷。勘探面积有 1000 平方千米。为了解这里的生气能力和含气状况，1999 年对原有 2×4 测网地震资料做了重新处理和解释，在此基础上部署该区域第一口深层探井—达深 1 井。从钻井地质资料和测井资料来看，地层和沉积条件与徐中相近，沙河子组暗色泥岩厚337米，从泥岩的有机碳和其他地化指标看，属于较好烃源岩。达到成熟阶段，并已有生烃历史。在钻井过程中，见到31处气测显示，测井后综合解释有5个气层，厚度51.8米。2000年5月27日交井后，开始进行地层测试。当年先测营城组火山岩186、187、188三个气层，气量较少，只有500立方米；2001年压裂后再试，日产气8382立方米。可以证明安达断陷有天然气，但没有达到工业气流标准。

2003年有所突破。在安达断陷东南部，邻近汪家屯的地方，部署的汪深1井试出工业气流。汪深1井是2002年选择火山岩圈闭部署的。在2002年10月13日开钻，2003年4月10日井深3528米完钻。9月初试气，射开营城组最好的火山岩42号气层测试，自然产能62866立方米；压裂后于9月12日求产，日产气20.2190万立方米，获得高产气。

2004年又有达深2井产出工业气流。达深2井是接受达深1井教训部署的。达深1井不能获得工业气流，主要原因是当时使用的地震老资料质量不能准确预测火山岩，井位所在地火山岩不够发育。为此，2003年部署一块三维地震，用新资料寻找火山岩体和断层，落实钻井目标。2003年10月15日，达深2井钻井三开不久，在3098米发现气层显示，气测全烃值由0.0859%增至29.8733%，在排气管出口点火成功。12月28日初步试气结果，营三段火山岩87号层射孔9米，日产气1444立方米；2004年继续工作，同一层段压裂后日产气4.2065万立方米，同时产水134.4立方米。2005年，在安达断陷新部署的探井又见成效。汪深101井在营城组火山岩地层测试，于3094—3114米井段，射开厚度9米，压裂后日产天然气22.2538万立方米。从火山岩预测结果来看，安达断陷有大面积的营城组三段火山岩储层，尤其是中部和西部条件较优，是下部勘探的重点。2006年，达深4井压裂后试气，日产天然气41044立方米。这些工作已经证实安达断陷有条件成为新的深层产气区。在此基础上，2007年投入更大力量。当年完成5口深井都见到好的显示。已经完成试气的达深斜7井日产气43024立方米，达深401井获得10.24万立方米高产气流。2007年末，经国家储委审定，安达断陷探明深层天然气储量565亿立方米，气田面积78.4平方千米。

第二重点探区是徐东地区。在徐家围子东部，地质上是个向西斜倾的斜坡。北起宋站，南到朝阳沟，南北长50千米，东西宽15千米，勘探面积1040平方千米。2005年以前，钻探过6口深层探井，其中肇深5、尚深1、宋3井出过少量天然气，另外3口尚深2、尚深3、朝深5井都没有重要成果。主要原因是对地下情况掌握资料不足。为此，2005年开展84次覆盖的三维地震439平方千米，经过高技术的资料处理和解释，落实火山岩分布状况，发现10个火山岩圈闭，三个有利区带，确定其中的中带为最有利地区，优选部署一批新井。2006年取得重大突破。如徐深21井压裂后日产气41.42万立方米，徐深23井压裂后日产气24.55万立方米。2007年继续勘探，徐深27井压后日产气10.26万立方米，徐深28井压后日产气10.58万立方米，其他深井也有不同产量天然气，或有较厚气层，等待试气。根据这些成果，2007年末，经国家储委审定，徐东地区探明天然气储量472.25亿立方米，气田面积49平方千米。

第三重点地区是在徐中南部的丰乐地区。该区域属于东西方向延伸的低隆起，勘探面积450平方千米。南北都是良好的生烃凹陷，多条断层形成良好的天然气运移通道，使夹在中间的丰乐突起成为非常有利的天然气聚集区。该区域火山岩厚度达到500—1000米，普遍含气。但渗透性和连通性不好，使气水分布规律比较复杂。2005年部署徐深12、徐深13、徐深14井，都取得较好效果，产出工业气流。其中徐深13井营城组气层是粗砂岩和砂砾岩，有效厚度28米，2006年10月试气，自喷日产气15.15万立方米。2007年实现探明。同其北部的徐深903井区，探明天然气160.8亿立方米，面积46.66平方千米。

以上三个地区合计探明天然气1198.91亿立方米，含气面积174.14平方千米。完成大庆深层第二个千亿立方米天然气勘探工作。

大庆在海拉尔盆地找到5个油田

海拉尔盆地勘探在1995年取得苏1井高产后，历经10年努力，到2005年末，已经发现并基本探明5个油田，合计探明储量10488万吨，含油面积119.51平方千米，标志着海拉尔勘探取得新的突破。这5个油田勘探情况简述如下。

苏仁诺尔油田

苏仁诺尔油田位于乌尔逊断陷北部。1990年和1991年做了乌尔逊北部三维地震，处理解释后发现了面积120平方千米的苏仁诺尔构造带。1993年依据新资料在构造带上部部署苏1井和苏2井。苏1井在南屯组见到24层38.6米气测、岩心、岩屑、井壁取心等油气显示；岩心在试验室化验后，发现孔隙度较好，通常在10%—12%，最好的达到17.3%。因此在1495—1502米井段进行中途测试，结果日产油1.093吨。测井后综合解释有油层23个，合计厚37.6米，是在海拉尔发现的最厚的油层。苏2井也钻遇油气层，并在中途测试时，南屯组出气，日产天然气2321立方米，其中二氧化碳占96%，这是在海拉尔首次见到二氧化碳气体。

1995年苏1井压裂成功，获得日产油20吨的好成绩后，苏仁诺尔构造带的勘探进一步加快。1995—2000年，新部署探井22口，扩大含油面积。又找到一些高产井：1998年钻探并试油的苏301井，压裂后日产油21.33吨；1999年试油的苏131井，没有压裂的自然产能达到33.45吨；2000年试油的苏21井自然产能达到日产41.59吨；2000年在苏601井进行油基泥浆取心，取得可靠的油层含油饱和度数据。这些工作初步具备计算和提交储量的条件。

2000年底，苏仁诺尔构造带共有30口探井，在含油范围内探井试油26口，其中工业油流井13口，平均单井日产量13.4吨。按照精细构造图，含油区划分为11个小断块，提交苏仁诺尔油田的预测储量：含油面积合计59.7平方千米，地质储量2936万吨。

2001年为扩大含油面积，又增加探井4口。在预测储量11个断块中，优选出7个区块，合计面积22.3平方千米。经过工作后，把预测储量提升为控制储量，共1278万吨。

2002年按照勘探开发一体化原则，新部署探井2口，另钻开发首钻井10口。进一步搞清油田情况后，提交探明地质储量：在控制储量7个断块中，优选出苏1、苏13、苏21、苏301等四个区块，另外新增苏31、海参4两个区块，一共6个区块，合计面积

16.7平方千米，平均有效厚度6.4米，地质储量673万吨。原油性质良好，黏度、含蜡量、凝固点特性均优于大庆老区。2004年投入滚动勘探开发后，发现海参4井以北存在新的含油层位，产量也较高，如苏20-1井，压裂后日产油47吨；苏45-41井，压裂后日产油17.7吨。经进一步落实，于2005年新增探明储量927.26万吨，使苏仁诺尔油田探明储量达到1600万吨，油田面积44.51平方千米。

除石油外，苏仁诺尔油田也有天然气。最早在1986年，新乌1井就产出天然气2300米^3/日。以后在苏2、苏3、苏6、苏8井都出气。其中苏6井日产气5.766万立方米。产气层位是南屯组一段。天然气中以二氧化碳为主。2000年提交天然气预测储量208.25亿立方米，面积13.6平方千米；2001年新增苏12、苏16井，提交天然气控制储量113.3亿立方米，面积13.3平方千米。天然气中富含二氧化碳，比例占91%—96%。

巴彦塔拉油田

巴彦塔拉油田位于乌尔逊凹陷之南，与贝尔凹陷之间的接壤地区，构造带面积400平方千米。第一口探井乌4井，于1985年在大二组地层，气举出油3.8吨，证实本区是含油带。

1991年在新乌4井区做完三维地震后，解释出铜钵庙组地层的小构造11个，大磨拐河组小构造19个，合计面积33平方千米。选择其中有利构造部署乌10、乌11井和乌13井。当年乌10井试油，只出微量油气；乌13井的风化壳1732—1741米井段，气测显示较好，1992年对风化壳地层进行测试，日产气2233立方米。有资料显示，地层污染严重，这个产量不能代表真实生产能力。

1995年老井复查时，提出对乌11和乌13井应重新认识，1996年首先对乌11井重新试油。在铜钵庙组地层的3个差油层7.4米，及其上下射开6层16米，压裂后气举求产，日产油1.38吨。这是海拉尔盆地首次在铜钵庙组地层出油。

1997年对乌13井二次试油，在基岩风化壳1732.5—1747.0米井段，经压裂后自喷测试，日产油3.23吨，同时日产气32487立方米，水2.75立方米。天然气中，二氧化碳占80.2%，甲烷占15.1%。这是海拉尔盆地首次在基岩风化壳产气，也是当时盆地内二氧化碳产量最高的探井。由于巴彦塔拉地区是位于乌尔逊和贝尔两大凹陷的构造接转带，受多向应力作用，构造破碎，断裂复杂。而地震资料品质不好，影响对构造、沉积的研究。

2003年4月，中油股份公司领导陈耕和总地质师贾承造来海拉尔调研时，了解这一情况后，当即决定增加该区域三维地震工作，加快勘探节奏。新成果出来后，确定该区域西部为突破重点，在巴-3号圈闭部署巴斜2井，以探查互不重叠的多个目的层。探井完成后，发现上部的南屯组和下部的铜钵庙组共有四套油层61个单层，有效厚度148.9米，是海拉尔盆地中油层厚度最大的探井。经过试油，铜钵庙组油层日产油量达到34.16吨；南屯组油层日产油44.22吨。在此基础上，整体评价巴彦塔拉，又有巴12、巴13、巴16井见到好油层。加上2004年对老井巴1井重新测试出油，扩大巴彦塔拉地区的含油范围。

2005年经过评价，实现探明含油面积9.45平方千米，地质储量1272.36万吨。今后继续工作，以岩性勘探为主的多层位（基岩风化壳、铜钵庙组、南屯组、大磨拐河组）、多种圈闭类型（断块、古潜山、不整合面）的勘探工作会有好的前景。

呼和诺仁油田

呼和诺仁油田位于贝尔凹陷西部，贝西洼槽当中，是个凹中之隆，地质位置非常优越，故而成为贝尔凹陷最先发现的含油带。构造圈闭面积40平方千米。发现含油的第一口探井是贝3井。到2001年已经完成探明，投入开发。

贝3井钻探于1990年，在1188.5—1225.6米和1296.0—1327.0米井段，见到气测显示，而其他录井未见油气显示，综合解释为干层。1991年对这两段分别测试，日产油分别为0.11吨和0.012吨。1994年老井复查时，把这两层改判为油层，并决定重新试油。1995年海拉尔组织第二次压裂会战，进行多裂缝投球法压裂，合试日产油9.59吨。贝3井成为贝尔凹陷第一口工业油流探井，发现贝尔凹陷第一个油田——呼和诺仁油田。

为扩大含油面积，在对地震资料重新处理解释后，在油层预测较好的构造低部位部署了评价井贝301井，1997年钻完，发现南屯组1261.8—1266.0米井段的17号层油气显示较好，1998年对17号层试油，使用江斯顿测试仪测试，自喷日产油8.28吨。这是海拉尔盆地第一口自然产能自喷井，也是南屯组地层产油的新突破。1999年向上扩大一层射孔后，进行压裂，压后抽吸日产油30.07吨，进一步提高油田价值。

针对以前地震资料质量较差的问题，2000年对呼和诺仁油田开展三维地震，重新认识构造状况。从新构造图来看，高部位的贝3井钻遇断层，断失部分油层；贝301井位于构造低部位，搞清油水边界，确定该区域是断块油田，但没有找到油层最厚的地方。为此，又新部署一批新井，包括甩开预探井贝302井和5口开发控制井。2001年完成的贝302井证实预测的准确性，发现南屯组有70米厚油层，最厚单层11.6米。2001年6月射开贝302井中的5层21.3米，压裂后求产，自喷日产油135.84吨，成为海拉尔盆地第一口日产超百吨的高产井。

根据这一大好形势，大庆油田公司决定成立呼伦贝尔分公司。2001年7月6日，呼伦贝尔分公司成立，立即在贝尔和苏仁诺尔建立起两个生产试采区。贝302井自2001年9月15日试采，定产40吨，产量一直稳定。5口开发控制井也陆续完成，其中贝3-1和贝3-2井的自然产量分别为101.34吨和40.31吨。

2001年底，勘探技术人员对呼和诺仁油田地质资料进行综合评价，认为该区域资料齐全，试验成果可靠，可以不经过计算预测储量和控制储量，而直接计算探明储量。圈定含油面积5.2平方千米，探明地质储量1336万吨。含油范围内5口井，平均油层有效厚度9.8米，单井平均日产量69.5吨；原油质量较好，具有低密度（0.824克/厘米^3）、低黏度（4.3毫帕·秒）、低凝固点（10摄氏度）有利特点；油层埋藏浅，平均中部深度只有1220米。属于高产中型油田。2001年10月中旬，在国土资源部组织的储量评审中获得批准。这是海拉尔盆地第一个探明的油田。

2005年，在滚动勘探开发中，含油面积有所扩大，而且向下部加深，新增含油面积2.33平方千米，地质储量120.25万吨。使呼和诺仁油田面积达到7.53平方千米，探明储量增加到1456.25万吨。

苏德尔特油田

苏德尔特油田地处贝西洼槽和贝中洼槽之间。这两个洼槽都是良好的生油洼槽，其中贝西洼槽面积280平方千米，生油岩最大厚度500米；贝中洼槽面积220平方千米，生油岩最大厚度400米。夹在这样两个洼槽之间的苏德尔特构造带自然是极易形成油田的有利地带。构造带面积270平方千米。2001年由贝10井首先出油，证实苏德尔特构造是个含油构造。

贝10井钻探于1996年，钻井中从1758米到1958米基底风化壳的200米井段里，岩屑和气测见到大量油气显示，综合解释有6个油层，共26.4米。初次试油在1997年，日产量只有24千克的少量原油；当年进行压裂，压后日产量上升为0.33吨，仍未达到工业油流标准。直到2001年再次压裂，吸取过去经验，改进压裂技术，压裂一举成功：压后日产量39.77吨。这是苏德尔特构造带首次出油，也是海拉尔盆地首次在基岩风化壳的布达特群出油，取得地区和层位的双突破。

为了扩大战果，对本区地震资料重新进行精细目标处理和二次解释，重新编制构造图。在此基础上，于2002年在构造不同部位部署一批新井：在第一断阶带部署贝15井，在第二断阶带部署贝12井，第三断阶带部署贝14井，第四断阶带部署贝16井。这些探井都见到好的油气显示，贝12井布达特群压裂后试油，日产12.16吨；贝15井布达特群裂隙含油，压裂后日产3.00吨；贝16井取得重大发现，在钻井取心中见油气显示40.93米，于铜钵庙组解释油层53个，合计厚度108米，是当时海拉尔盆地勘探中发现的最厚的油层。2002年11月对大磨拐组和南屯组油层1393.4—1677.6米井段23层57米试油，压裂后求产，日产油125.82吨，证实发现一个高产区块。

由于在贝16井发现高产区块，2003年4月，中油股份公司总裁陈耕、总地质师贾承造到海拉尔前线调研时，要求大庆近期以贝尔为重点，加快海拉尔勘探工作。为落实上级指示，采取一系列措施：加大贝尔地区三维地震工作量，由原定164平方千米增加到600平方千米；增加探井，由16口调整到20口，勘探地区集中到贝尔和乌尔逊；对地震老资料作叠前深度偏移处理，请多家单位并行解释，以提高解释准确度；请华北、二连油田专家来大庆，借鉴华北地区复杂断块、岩性油藏勘探经验，解决海拉尔的复杂地质问题，加大基础地质研究力度。在这些工作基础上，开始新的部署。以贝10井和贝16井为中心，按不同层位油层研究预测结果，分批安排探井和评价井，在2003—2004年陆续见到好成果。

贝10井区的新井贝28井，在兴安岭群地层，发现有油层19个110.5米。压裂时，针对储层中有凝灰物质，常会造成油层孔道堵塞的问题，研制出乳化压裂液，于2004年9月对兴安岭群69、76、79层13米厚度进行压裂，压后抽吸日产油46.58吨，首次在兴安岭群获得高产。这种乳化压裂液又在其他25口井中使用均获成功。

贝16井区的新评价井德112-227井，除在兴安岭群地层见油外，在基底潜山布达特群见105米特厚油层，试油时未经压裂，自喷日产油204立方米，折合170.2吨，创出海拉尔盆地单井日产量的最高纪录。

2003年底，根据成批探井出油情况，计

算含油面积38.6平方千米，预测地质储量5600万吨。2004年继续评价和预探，到8月份实现储量升级，计算控制储量：面积31.9平方千米，储量6140万吨。2004年11月，经国家储委审定，进一步升级为探明面积20.5平方千米，储量5135万吨。苏德尔特油田从2001年6月贝10井发现油田，到2004年11月完成探明，一共用了3年零5个月，实现勘探工作的高速度和高质量。

2005年在滚动勘探开发中，向南北两个方向扩展。北部的贝38区块一批新井又见成果。当年提交探明面积35.49平方千米，探明储量931.98万吨。使苏德尔特油田储量达到6066.98万吨，含油面积达到55.99平方千米。

霍多莫尔油田

霍多莫尔构造带位于贝尔凹陷的贝西次洼中。1997年根据三维地震资料来看，霍多莫尔构造是长期发育的背斜，被大断层切割成南北二块，又被一些小断层分割成一系列小断块。圈闭面积约40平方千米。1986年曾经钻探海参2井，因断层影响，地层缺失较多，未能发现工业油流。1997年按照三维地震构造图部署新井时，注意避开大断层，选择霍北-4号和霍南-7号两个断块部署霍1井和霍2井。

1997年4月，霍1井开钻。在大磨拐河组地层见到含油岩屑、岩心，测井解释油层3层7.2米；当年6月完井，8月试油，射开大磨拐河组1017.8—1036.0米井段3层5.8米，使用地层测试器检测，日产油25.44吨。证实发现一个新油田，同时又是当时自然产能的最高纪录。油层埋藏浅、物性好，易于形成高产，是这个含油带的有利之处，但从地层水资料来看，矿化度低等因素说明油田面积不会很大。在相邻断块钻探的霍2井没有发现油气，也从另一角度说明这个油藏非常复杂。

1998年根据三维地震资料预测，认为下部铜钵庙组会有较好砂层，优选霍北-7号断块部署霍3井，在铜钵庙组地层，取心钻遇7.66米富含油砂层。1999年3月试油，射开铜钵庙组2010—2029米井段2层15米油层，压裂后求产，日产油7.413吨。霍3井不仅扩大霍多莫尔构造带的含油面积，同时打破过去认为该区域井深大于2000米难于形成工业油流的看法；霍3井的原油属于特轻质油，密度只有0.7971克/厘米^3，黏度只有0.8毫帕·秒，明显不同于霍1井，说明这是两个不同的含油系统，进一步加大油田的复杂性。

2000年为扩大含油面积，在霍南-2号断块部署霍4井；在霍3井区部署霍301井，但效果均不理想。看来由于霍多莫尔含油带的地质复杂性，要取得新成果，需要开展更深入的研究工作。2005年在滚动勘探开发中，进一步落实霍1、霍3断块含油面积为2.03平方千米，正式探明地质储量92.56万吨。同时转变思路，决定下凹找油，新钻探了霍12井。霍12井在钻井过程中，于南屯组地层，三次发生气浸；综合解释有13个油层，共厚48米。经测试求产，自喷日产油8.4吨。这是在深度2740米的自然产能，是海拉尔盆地目前发现的最深油层，产油深度的突破，预示勘探地区会进一步扩大。

大庆在长垣以西探明第一个亿吨油田

大庆长垣以东探明6个亿吨油田后，勘探力量逐步由东向西转移，经过多年努力，2007年又在大庆长垣以西的古龙凹陷北部探明一个新的亿吨油田，即古龙油田。这是大庆外围第七个亿吨级新油田。古龙油田位于古龙凹陷北部的他拉哈—常家围子地区。这是两个次一级向斜，他拉哈在西，常家围子在东，中间是龙虎泡构造向南倾没的龙南鼻状构造。整个地区面积700平方千米。最早的探井是1981年在西部最深地区钻探的古11井，只出少量油。1983年，古46井高台子油层出油，成为该区域第一口工业油流探井。1981—1985年和1990—1992年，分两批部署探井34口，但效果不好。为此暂停野外勘探工作，而加强地质综合研究，重点对高含钙、高含泥的薄油层如何识别，取得新认识。在此基础上，1996年对以往不出油的探井重新认识，重新试油。当年有5口老井出油。尤其是最早最深的古11井，葡萄花油层日产油5.2吨，使人坚定在凹陷地区找油的信心。以后勘探效果明显提高，出油井越来越多，到2004年底，已有27口探井出油，而且产量较高，平均日产油7.2吨。最高要算2003年钻探的古88井，葡萄花油层5.1米厚度，压裂后自喷，日产油92.3吨，成为凹陷区岩性油藏产能的新突破。2005年除一批新井出油外，对过去不出油的8口老井再一次进行复查，经重新测试，有6口井出工业油流。如古12井为1981年钻探，1982年测试时只出油花；2005年反复研究确定重新压裂试油，结果在葡萄花油层日产油14.4吨。全区出油层位较多，除主要在葡萄花油层之外，还有萨尔图、黑帝庙油层。这个含油区已经同龙南油田连成一体。经几年整体分析和深入研究，逐步认识到，在低—特低渗透砂岩条件下，凹陷中可能出现上水下油的反重力成藏现象。为证实这一新观点，2003—2005年，开展高分辨率层序地层学基础上的精细地质研究，2005年圈定含油面积653.2平方千米，整装提交葡萄花油层预测储量10431万吨，成为大庆长垣以外葡萄花油层勘探的重大发现。2006年又提交黑帝庙、萨尔图油层预测储量2649万吨。2007年全力进行储量升级，年末实现探明，并正式定名为古龙油田，探明储量10529万吨，含油面积471.99平方千米。

古龙油田探明过程中，充分体现联合作战、科技领先的特点，是实现勘探开发一体化后快速高效勘探油田的良好典范。具体表现在以下几点。

（1）勘探、采油联合工作。对风险较大、还没有预测储量的边部地区，由勘探部门进行工作；对靠近已有油田的井区，由采油厂进行滚动扩边；其余已提交预测储量的大部分地区，由油田评价部门组织，研究院重点负责完成。勘探部门首先在哈17、哈19井取得成果，分别获得葡萄花油层日产油9吨和4.5吨，扩大了油田面积。经进一步详探，当年取得探明储量1521.5万吨；采油五厂在高台子油田西侧的高17、高172区块，采油七厂在葡萄花油田西侧的葡56、葡10-1区块，合计新探明储量1020.86万吨；其余地区由研究院提出评价方案，分步骤进行，最终探明7754.73万吨储量。

（2）评价勘探中，针对技术难题，发展创新两大技术。一是对广泛分布又难以预测的薄层席状砂，研究地震多属性、多信息融合技术，较好地预测油层分布状况和含油状况，提供井位设计的可靠性；二是针对油水分布混杂，测井资料辨识油层、水层符合率低的问题，研究出优选参数、分区域分步骤解释方法，使解释精度达到91%。还应用相渗分析技术，创新油水同层含油饱和度解释方法，提供饱和度可靠性，提供储量计算准确性。

（3）提前进行开发试验，为有效开发做好准备。根据葡萄花油层中有较多的油水同层，可能对今后开发带来不利影响，在勘探评价过程中，提前进行开发试验。优选出古11、古12、高20等区块，进行滚动开发，设计102口开发井，可建成年产油能力4.9万吨。到2007年末，已经有少数开发井投产。另外选出6口井进行试采，重点落实油水同层油藏含水变化趋势。从动态曲线来看，含水稳定，说明油水同层油藏可以正常开发。此外，为了探索小片席状砂油水复杂油藏的有效开发途经，还在油田西部开辟水平井开发试验区，为全面开发储备技术。

（4）精心管理，做好协调使勘探评价过程高效有序。设立以油田公司主管领导为组长的评价领导小组和油田公司油藏评价部牵头的联合项目组，负责全面协调，组织专题科研、方案编制、生产运行等工作。对地面条件困难地区，及时组织钻井、采油、研究院等单位做现场勘察，必要时移动井位或直井改斜井，对大面积低洼地组织冬季钻井会战。这些工作确保勘探、评价工作正点运行。

古龙油田的开发经验有效指导大庆长垣以西各油田以后的开发工作。

古龙凹陷探明一系列新油田

古龙凹陷在大庆葡萄花油田以西，面积3000平方千米，是松辽盆地最深的凹陷，目前还没有探井钻探到盆地基底。推测沉积岩最大厚度大于8000米。古龙勘探区域包括葡西、新肇、新站、英台—巴彦查干、他拉哈—常家围子和敖南等六个地区。2007年在古龙北部的他拉哈—常家围子向斜探明大庆西部第一个亿吨级油田—古龙油田。在此前的1999—2004年，还先后探明新站、葡西、新肇、他拉哈、敖南等五个油田。

新站油田

新站油田所在的构造原名叫大安背斜构造。嫩江从构造中间横穿而过，江南归吉林省，成为大安油田；江北归黑龙江，由大庆负责勘探。1964年钻探英4井，油气显示好，而因固井不成功不能试油。1971年钻探第二口探井大111井，只出少量油流，此后暂停下来。进入20世纪90年代，地质人员重新研究本区地质特点，认为大安构造比较完整；地处凹陷之中，供油条件好；葡萄花油层有砂岩分布，可以成为储油层。如果在这里找不到油田，简直是不可思议。况且现在勘探技术已是今非昔比，薄互层油水识别技术、低产油流测试技术的进步，足以使过去认不得、拿不出的石油变为认得准、拿得出。因此应当进行重新勘探。为了区别于吉林境内的大安半个构造，黑龙江境内的半个大安构造改名为新站构造。

1993年部署第一批探井，当年大401井日产油14.3吨；英41井同年出气，日产气9万立方米。由此正式宣布发现新站油田，入冬又开始地震勘探。该区域地处嫩江北岸，地势低洼，施工难度大。过去的地震数据不够完整，质量也需提高。各项工程大都要在冬季进行。勘探前线职工为了抢时间，往往坚持工作，不能回家过元旦和春节。经过苦战四年，完成探井34口，初步完成勘探任务。1996年在大401井区建立起开采试验区。1999年宣布局部探明含油面积85.5平方千米，葡萄花和黑帝庙二套油层，储量2404万吨。开采试验区单井平均日产油5.1吨。2003年又扩边新增探明储量1228万吨，使新站油田探明储量达到3632万吨。开发过程中又核减掉少量低效益储量，最终探明储量为3003万吨。

葡西油田

葡西油田位于古龙凹陷东部，葡萄花油田以西。1963年钻探第一口探井古1井，葡萄花油层日产油3.39吨，高台子和扶余油层也有油。为此当年勘探技术座谈会确定，把大庆长垣西侧系列鼻状构造勘探作为十大勘探有利地区，进行整体解剖。

1970年在葡西钻探的古102井，发现黑帝庙油层也出油，增加含油层位。葡西油田勘探坚持37年，到2000年宣告探明，拿下储量6559万吨。含油面积284.4平方千米。对于一个中等规模油田，花费这样长时间，投入巨大力量（做过三维地震、高分辨地震，探井62口，进尺12.77万米，其中有三口探井密闭取心），在大庆勘探历史上是没有的。说明葡西油田的特殊复杂性：一是含油范围超出构造圈闭范围，说明含油不完全受构造限制，具有岩性油藏特点，油水控制因素在每个断块都不相同；二是各区块储层差别大，古1区块岩性好，产量高，如黑帝庙油层在葡104、葡114、葡117井日产量达到10—16吨；葡萄花油层在葡104井日产量达到99吨，这在大庆外围勘探历史上是没有过的；而古128区块岩性特差，产量很低；三是每口探井要实现高产，除油层条件好的以外，都需要在技术措施方面下大功夫。如葡104井，经过16年四次试油才取得高产：1980年提捞试油，日产量只有0.1吨；1990年使用高能射孔弹补孔测试，产量提高到0.21吨；1992年经高能气体压裂后，日产量达到0.37吨；1996年再次进行水力压裂，实现自喷产油，日产量达99.1吨。

新肇油田

新肇油田位于葡西南部，也是比较复杂的鼻状构造。1972年首次在构造有利部位钻探古6井，因为油层不好，探井地质报废。此后一直到1984年，没有钻探新井。但参照葡西经验，对新肇抱有信心。1977年二次进行地震，使用模拟磁带地震仪，构造和断层的清晰度和可靠性好于20世纪60年代地震普查成果；1984年又使用数字地震仪进行地震详查，更细致地认识了新肇的构造面貌，在此基础上进行钻探古601井，仍未见油气。1988—1989年加密测网，进行地震精查，使构造、断层更加准确可靠。在此基础上，于1990年钻探第三口探井古62井，1991年压裂、试油，古62井日出油3.66吨，成为新肇油田的发现井。鉴于新肇构造的复杂和岩性油藏特点，在地震勘探上下了力气，1992年起，做了大量高分辨地震、三维地震，精确掌握构造变化的细节，在此基础上，于1993—1996年分批部署24口探井，其中有19口见到工业油流。

1997年起，实现勘探开发一体化，在油层较好的区块，提前进行开发钻井，重点解剖。2000年拿下葡萄花油层预测储量5081万吨，2001年直接超越控制储量阶段，实现探明。证实新肇油田是构造、断块、岩性综合控制的油田；油层压力高，压力系数达1.318，远大于其他地区的1.05—1.10；产量高，单井试油日产量平均11.2吨，最高的古63井达51.12吨。油层中部深度1354米。分三个断块计算探明储量为4128万吨，含油面积157.9平方千米。

他拉哈油田

他拉哈油田位于古龙凹陷西部巴彦查干地区，勘探面积400平方千米。地质上有许多有利含油条件：有三组大断裂南北延伸，利于油气运移和圈闭；东西方向延伸的砂层与断层配合，易于形成断层封闭油藏。最早的探井是英5井，钻探于1963年。英5井在黑帝庙、萨尔图、高台子等油层都见到岩屑中的油气显示，但没有引起重视，最终未下套管试油。直到1981年再次进行勘探。当年在他拉哈附近新钻的英12井在青一段出油，气举日产油3.8吨，成为该区域油田的发现井。勘探工作进行到1990年，累计完成探井34口，其中16口在黑帝庙、萨尔图、葡萄花、高台子等油层取得工业油流，有的探井产量比较高，如哈10井葡萄花油层日产油77.2吨，哈12井萨尔图油层日产油14.4吨，英191井高台子油层日产油6.76吨。根据这些成果，1990年计算出萨、葡、高油层预测储量1260万吨。

1990年以后，勘探工作继续进行。1996年参照该区域以北的龙西地区扶杨油层出油情况，决定对过去探井扶杨油层情况进行复查，发现一批可能被遗漏的好油层，进行重新试油。同时部署少量新探井。结果证实该区域扶杨油层同样可以成为工业油流井。为此在2001年计算扶杨油层的预测储量7621万吨。油田开发部门从中优选哈5、7、10、12、英42等井进行试验采油生产。2002年增加部分工作，把两次完成的预测储量合并升级为控制储量6543万吨，含油面积170平方千米。控制储量面积内，共有工业油流井27口，平均每井日产12.5吨。开发部门进一步扩大开发试验区。采用滚动勘探开发的办法，边开采，边扩大面积。2003年从众多井点中，以萨葡高油层出油井为重点，优选出15个小区块，实现择优探明。完成探明储量1580万吨，探明面积34.5平方千米。2006年在开采试验中，又在英19井区滚动探明229万吨储量，使他拉哈油田储量达到1809万吨。除葡萄花油层单井产量较高外，高台子油层最高产量26.5吨（英51井）；英51井在葡萄花油层产出凝析油7.1吨和天然气8.85万立方米。

敖南油田

敖南油田位于古龙凹陷的东南部分，也是敖包塔构造向南倾没的地区，可勘探面积约300平方千米，是近年着力开拓的新区。最早发现敖南出油的是1986年钻探、1987年试油的敖4井，在萨尔图油层日产油2.39吨。但萨尔图油层分布极少，难成大器；以后以扶杨油层为对象开展工作，1989年在靠南的茂兴地区钻探茂5、茂8井，茂8井杨大城子油层射开13.8米，压裂后日产油6.92吨。1990年钻探敖9井，在葡萄花油层出油14.7吨，说明葡萄花油层比扶杨油层更有勘探开发价值。由此，把勘探对象转向葡萄花油层，并加快勘探步伐。逐年部署，分批实施，到2002年拿下一块葡萄花油层预测储量；2003年进一步提升为控制储量7573万吨，含油面积397.2平方千米。研究后认识到该区域砂层不厚，一般不超过10米；但原油性质好，基本上没有夹带水层，油层压力高、产量高。含油范围内已试油的39口探井全部出油，有15口探井日产量在10吨以上，最高的茂72井达到53.1吨。2004年已由开发部门择优探明，获得探明储量5071万吨，含油面积282.7平方千米，范围内有探井和评价井66口，其中65口出油，平均单井日产油7.6吨，具有较好的开发价值。

从整个古龙凹陷含油情况来看，东西南北中满凹有油。古龙勘探起步晚，而勘探水平较高；探明储量少，而潜在储量较多。到2008年，古龙凹陷探明油田（葡西、新肇、新站、他拉哈、敖南、古龙）面积1354.1平方千米，探明储量31099万吨。

齐家凹陷勘探取得重要成果

齐家凹陷在大庆萨拉杏油田以西，泰康以东，面积2600平方千米。推算凹陷内沉积岩最厚达到7000米以上。迄今没有一口探井钻探到盆地基底。中浅层埋藏深度最深在2400米。由于油层深、岩性致密、油藏类型复杂，所以齐家凹陷成为勘探难度最大的新区。

1966年开始勘探，主要针对大庆长垣西侧、齐家凹陷东侧的萨西、喇西、杏西等几个鼻状构造，但效果不够理想。直到1969年古4井萨葡油层出油，发现杏西油田；1980年古17井葡萄花油层出油，发现哈尔温油田；1984年古302井、金6井和金2井出油，发现萨西油田、齐家油田和金腾油田。这些油田都是小油田，但齐家油田的发现对齐家凹陷的勘探有重要意义。1983年，对齐家物探资料解释时，发现一个介于萨葡层和扶余油层地震反射层之间的小凸起，经分析认为是火山喷发碎屑堆积而成，而且上下被生油泥岩包围，有利于形成含油体。根据大庆物探公司地震解释人员的建议，在小凸起上部署设计金6井，当年开钻当年完成。1984年1月6日，金6井出油，日产量高达44立方米，创下外围探井产量之最，由此发现齐家油田。随后，齐家凹陷成为近期勘探的重点地区。

1985年，调集大批队伍，在齐家凹陷展开数字地震详查，并对过去的模拟地震数据重新处理解释；部署探井40口，进行整体地质解剖。同时，在研究院成立齐家勘探项目研究组，开展地震相—沉积相研究。齐家凹陷勘探工程于1985年底全面完成，但其效果并不理想，只有11口探井获得工业油流。至此，齐家凹陷勘探暂告结束。

自1990年起，齐家凹陷勘探工作再度展开。通过对生油、运移聚集、储层分布及物性、油藏形成因素等方面进行综合研究，把勘探目标锁定在齐家南部的高台子油层，部署一批探井。1995年，金12、25、39、392等井在高台子油层获工业油流。1997年，对金腾地区金1、28等老井重新试油，在高台子油层均获工业油流，展示出该地区良好的勘探前景。到1999年，齐家凹陷共钻探井52口，试油27口，获得工业油流9口，经压裂改造，单井日产量达到7吨。进而在齐家南部拿下一块高台子油层的预测储量10576万吨，含油面积639.1平方千米。

2000年以后，齐家凹陷勘探重点由南部转向北部。2002年，在拉西鼻状构造下倾南端，预测砂岩较厚的地方，以扶杨和高台子油层为目的层，钻探古708井。该井扶杨油层试油时自然产能达19.24吨，创下了大庆长垣以西扶杨油层的最高产量。2003年钻探的古72井，在扶余油层试油，压裂后日产量达14.9吨；2004年又在高台子油层取得日产量16.33吨的较高产量。根据这些资料，2004年齐家北部圈定高台子、扶杨油层含油面积113平方千米，石油预测储量3406万吨。2005年油藏评价跟踪而上，采用滚动勘探开发方式，部署评价井22口，取得较好成果，于2006

年末，探明扶杨油层储量2678万吨，含油面积87.4平方千米。2007年和2008年，齐家北部扶余油层和高台子油层继续勘探。到2008年末，齐家凹陷探明油田（杏西、萨西、齐家、哈尔温、金腾、齐家北）面积156.6平方千米，探明储量4233万吨。

泰康龙西勘探实现龙虎泡油田储量翻番

泰康隆起在齐家凹陷以西，是向盆地西部逐渐抬高的过渡斜坡地带。东西宽70千米，南北长80千米，面积近3000平方千米。区内地势低平，湖泊、沼泽众多，草场连片。

1960年4月，石油工业部党组提出"以西部斜坡为中心，泰康隆起为重点"，争取实现"油田成对，储量翻番"的勘探目标，摆开队伍，进行大面积的预探井钻探。1960年7月，由于龙1井出油，发现了大庆外围一个新油田——龙虎泡油田。同年再钻龙2井，却未见油气显示，因而判断龙虎泡油田不会大，就暂停龙虎泡地区的勘探。但同年所钻的杜1、杜4两口井获工业油流，发现一心和他拉红两个出油点，并通过杜6井还发现阿拉新油气田。经进一步探测，考虑到这里虽然有油有气，但构造面积小，也不值得下功夫，便于1963年暂停对泰康地区的勘探。

1970年，泰康地区的石油勘探再次启动。首先钻探了塔1井，在萨尔图、高台子、扶余和杨大城子油层都见到油气显示。随即展开地震详查。1970年至1972年春，完成地震测线3073.22千米，重新复查敖古拉、一心、他拉红、二站构造，新发现白普诺勒和波贺岗子构造以及小林克—新店—敖古拉断裂带。在此基础上，部署3条东西向区域探井大剖面。每条剖面上都根据地质条件选择合适的井位，总计钻井14口，在塔2、塔5、杜202、杜402、杜404共5口井获工业油气流，发现新店、敖古拉、白音诺勒和阿尔什代4个工业油气流点。然而，这些油气藏面积较小，都不足10平方千米。其中白音诺勒油气田的发现井杜402井，在高台子层日产气24.7万立方米，理应具有一定规模。为此，1977—1978年，在其周围先后钻6口探井。虽然都见到油气显示，但高台子油层并未找到工业性油气层，只有杜410井获工业油气流。

进入20世纪80年代，地震技术取得重大进步，用多次覆盖方法提高勘探精度。在这种情况下，石油勘探三上泰康。

1980年以后，在泰康东部断裂带着手预探新油田，共完成7口探井，其中杜206、207井和塔3、9、10、11井共6口探井获工业油气流，从而扩大敖古拉油气藏的含油面积。

1980—1981年，根据对新老资料的分析和认识，部署小林克—敖古拉断裂带的地震精查和泰康南部的地震详查，总计完成测线1440千米，新发现圈闭90个，面积205.9平方千米。按这一新成果钻探杜209井，于1982年8月发现小林克油藏。

1982年由古31井出气，发现龙南油气田，经过两年工作，探明含油气面积19.7平方千米，石油储量536万吨，天然气储量2.16亿立方米。1984年，同样利用通过新的地震技术获取的资料，又重新钻探多年来被认为没有希望的新发构造，于当年8月发现新发油藏。

1985年，泰康地区的勘探规模进一步扩大，共钻探井32口，探明新店、敖古拉两个油气田。

截至1985年，泰康地区共钻探井61口，总进尺10.37万米，取岩心8600.29米，收获率达92.3%；试油43口184层，有16口井获工业油气流，10口获少量油气流，发现油气藏8个，其中2个探明为油田。

综观1985年以前泰康勘探历程及其相关资料数据，由于受其地质条件所限，这里没有大型构造。因此，油气勘探仅仅围绕一些小构造展开，结果只找到几个小油田。

1990年起，大庆油田应用地震地层学、层序地层学的新理论，重新分析泰康地区石油地质特点，认为有些地区有可能找到不受构造控制的岩性油藏，并将目标区定在龙虎泡油田以西、敖古拉断裂带以东平缓宽阔地带，即龙西地区。1991—1995年，应用精细地震数据，采取地震—地质综合方法预测砂岩分布，陆续钻探井40多口，取得非常好的效果：一是探井成功率较高，在87口新老探井中，有56口探井取得工业油流，成功率为64.4%。二是发现多层含油，包括萨尔图油层、葡萄花油层、高台子油层和扶杨油层。三是不少探井产油量较高，如龙26井，高台子油层日产油10.24吨；龙201井，葡萄花油层钻井中途测试，日产油45吨；龙29井，萨尔图油层日产油13.15吨。1997年末，对龙19井区块的萨葡油层实现探明，新增探明储量2466万吨；1998年又实现高台子油层的探明，新增探明储量5795万吨。由于龙西与龙虎泡油田相连，龙西地区按惯例被并入龙虎泡油田。龙虎泡油田经过滚动勘探开发，到2005年底累计探明含油面积420.9平方千米，石油储量9319万吨。

松辽西部超覆带发现浅层油田

松辽西部超覆带在松辽盆地西部，北起齐齐哈尔市附近，南至通榆一带，东自阿拉新、红岗子西侧，西到盆地边界。南北长330千米，东西宽50—120千米，呈狭长条带状，勘探面积近18000平方千米。其中黑龙江省辖区占6000平方千米，其北部隶属齐齐哈尔，东部隶属泰康县，中部和南部隶属泰来县。

会战初期，该区先后完成重力普查、重磁力详查、航磁、电测深、电法和东部地区的地震连片普查。1960—1963年完成探井17口，3口井获工业油气流，由此发现阿拉新和富拉尔基油气藏。其中富7井在萨二三组油层试油，日产油0.46吨。因为井深不足500米，可以作为有价值的工业油流。富拉尔基油气藏的发现证明，石油可以从生油区经过远距离运移，在岩性或地层条件可以封闭时聚集形成油田。由于富拉尔基油田原油黏度大、产量低，估算面积也不大，没有对其继续勘探。

超覆带的第二次大规模勘探始于1983年9月。当年动用小钻机2台，在富7井的北部钻探井富701、702，在西部钻探井富703，取得一些成果。

1984—1987年，西部超覆带作为一个勘探项目，在齐齐哈尔以南至泰来一线进行地震剖面概查和浅井钻探，完成地震概查剖面22845千米，发现圈闭2个；完成探井154口，试油53口110层，有19口井获工业油流。发现泰来、江桥、平洋3个工业油气藏。对以往发现的富拉尔基油进行储量估算，可控制石油储量2861万吨，含油面积32.9平方千米。

西部超覆带探井油层深度一般在500—600米。这些说明该地区有一定含油气前景。后来由于齐齐哈尔市接管富拉尔基油田，大庆油田退出对该地区的勘探。

1994年，大庆油田三上西部超覆带勘探。按照多做研究、慎重布井的原则，在泰来县平洋地区钻探井5口，其中来27井萨尔图油层日产油5.89吨，同时产气4.04万立方米；来36井日产气5.9万立方米。两口井深度均为600多米。

2001年，东吐莫构造群发现气藏，且产量较高。东10号构造上的杜53井，在萨0—萨1组油层日产气14.83万立方米；东6号构造上的杜54井，也在同层位产气8.72万立方米。该区采用高密度地震测网进行高分辨地震后，发现微幅度、小面积的四级构造132个，合计构造面积140平方千米，为该区域下步找气打下基础。

鉴于西部超覆带地质情况较复杂，2003年在该地区开展高分辨地震勘察，在此基础上部署地质浅井。对油层较好的井，针对稠油难采的问题，开展热力采油试验，其中江37和江372井在热采中，分别日产油3吨和4吨。以后经过改进技术，降低成本，稠油开采展现良好前景。

据初步测算，西部超覆带远景资源量为1.3亿吨。目前已在平洋地区拿下萨尔图层预测含油面积76.2平方千米，提交预测储量2298万吨。所产原油粘度为760毫帕·秒，属于高黏度原油。

延吉盆地勘探发现油气

延吉盆地在吉林省东部延边朝鲜族自治州境内，面积1670平方千米。大庆自1986年开始进行地球物理勘探，陆续完成高精度航空磁测、地面重力磁力综合勘探、大地电磁测深勘探、地球化学勘探。1989—1993年完成第一轮地震勘探，大部分地区达到详查和精查程度，另外钻各类探井29口。通过对这些资料的综合研究认识到：盆地内部的主要凹陷有西部的朝阳川凹陷，东部的德新凹陷和清茶馆凹陷；地层方面有两套组合，上部是大砬子组生储盖组合，下部是铜佛寺组生储盖组合；可能含油的构造都比较小，已经发现局部构造129个，合计面积只有301平方千米，平均每个构造面积只有2平方千米多，难以形成较大油气藏；从构造运动史来看，后期地壳活动频繁而强烈，地层剥蚀严重，对油气保存的破坏作用大。

1991年钻探第一口探井—延参1井，位于朝阳川凹陷中部，到2495米深度，钻遇盆地基底花岗岩。在1620—2138米井段，见到较好生油岩。在大砬子组见到较多油气显示，取心见到9.8米含油砂岩。解释油气层8个，厚度43米，可疑油气层3个，厚度27.4米。1992年对其中88—92号5个油层试油，日产油0.02吨。1992—1993年又钻探延参2、延1、延2及多口地质浅井，均未见好效果。

分析勘探失利原因：一是构造、断层不准；二是油层致密，渗透性不好。为此，1994年在部署新井之前，对老资料做了重新解释，力求提高构造图可靠性；选择井位时有意安排在埋藏较浅的地区。新井延4井位于盆地东部德新凹陷南阳东构造上，钻进过程中，发现大量油气显示，在下入套管前进行裸眼测试，在井深497—522.3米井段日产气11563立方米。这是延吉盆地首次取得工业气流。为扩大含气面积，1995年在其周边部署延401、402井，只有微弱油气显示，没有达到预计目的。说明气藏面积较小，情况比较复杂。2005年以来，通过地震资料重新处理解释，对地质特征有了更可靠的认识。

2007年11月，对延4井进行压裂，使日产气量由1.15万方增加到3.5万立方米，接着进行10个月试采，累计采气39.36万立方米。同时，陆续钻采气井8口，均见到较好的天然气显示。已经完成试气的4口井都在大砬子组地层获得工业气流。2008年12月，计算探明天然气储量3.0亿立方米，定名龙井气田。

1997年在东部清茶馆凹陷的西断阶带兴安南断块构造上部署延10井。在大砬子组取心，见到含油砂岩7.39米。对其中57号3.2米油层试油，日产油0.232吨。分析其低产原因，是埋藏浅，温度低，造成原油黏度加大。于是改用自生热化学压裂法，加温压裂后提捞试油，日产油1.11吨。这是延吉盆地第一次获得工业油流。

在延10井出油后，又部署延5、延6、延7、延12、延13、延14、延15等探井，多有良好油气显示。其中，2000年钻探的延14井，当时未见工业油流，2006年，经重新研究和测试，对67、74号油层（共厚4.6米）采用投球分压、尾追陶粒的压裂工艺，实现压裂后日产油量8.61吨，展示该区域的含油前景。到2007年末，延吉盆地已经完成二维地震2280千米，三维地震76平方千米，完成探井29口。但该区域地下情况非常复杂。为进一步取得勘探成果，又开始新一轮三维地震勘探，争取在精心研究、精心设计的基础上取得新的结果。

汤原地区勘探发现高产天然气

汤原地区在地质上是个断陷，在依兰—舒兰地堑的北部，面积3230平方千米。1986年钻探第一口探井汤参1井，没有发现油气，同时钻遇地层不全。探究原因是，地震勘探资料质量不过关，解释出来的构造图不准确，汤参1井没有打在断陷深部位，因此要首先解决好地震勘探如何取好资料问题，于是决定暂停钻井。通过对地震施工方法的不断改进和地震资料的反复处理解释研究，逐步有了地质上的新认识，选择在吉祥屯构造重新部署参数井——汤参2井。根据比较充分：因为井位就近的4条地震剖面上有"平点"显示，预计是地下气水界面的反映；地层齐全，预测有砂岩分布；构造条件较好，评价为一类圈闭。

1991年，汤参2井在钻探过程中，气测、取心、岩屑都见到较多油气显示，完井后综合解释第三系气层2个，厚4.2米；可疑气层5个，厚17.6米。当年立即试油，对2个解释气层10号、11号分别测试，都产出工业气流，其中11号层在1168—1170.4米井段射开2.4米气层，日产气7.27万立方米，同时产水132立方米。天然气中甲烷占95%。这是依—舒地堑首次产出高产气，是该区域勘探的重大突破。汤参2井也搞清地层层序，证实地震"亮点"的实际意义，证实断陷内有丰厚的烃源岩，起到参数井的作用。

为进一步扩大勘探成果，1993年又部署吉1井和互1井，也产出工业气流。吉1井同汤参2井同在吉祥屯构造，而处于不同断块。吉1井断块高于汤参2井断块108米。吉1井完钻后立即试油，在1021.2—1028米井段，射开20、21号2层5.6米气层，自喷日产气10.09万立方米，其下部的22、24、25号气层单试，分别日产气7.16万立方米、9.41万立方米、8.36万立方米。从吉1井和汤参2井关系来看，是各自独立的断块，有不同的气水界面。预测吉祥屯构造含气面积

44平方千米，天然气地质储量74.3亿立方米。另外在互助村构造上部署的互1井也见到良好显示，井深510米以下有18层气测异常，完井后综合解释在1475.2—1611.0米井段有气层1个3.4米，气水同层7个，28.6米，当时因固井事故，未能将气层全部封固，也就没有及时测试。1995年对已封固的2层（16、17号层，厚5米）进行测试，日产气1.77万立方米。

2001年在完成三维地震工作，并开展精细构造研究和储层预测基础上，确认出气层为下第三系始新统达连河组二段，烃源岩为达连河组一段，盖层是宝泉岭组一段；计算汤原气田的探明储量，按吉1井块和互1井块分别计算。吉1井块含气面积4.9平方千米，地质储量24.73亿立方米；互1井块面积2.0平方千米，储量1.48亿立方米。两块合计面积6.9平方千米，储量26.21亿立方米。

此后几年的汤原勘探又有新情况：一是在汤原断陷南部，望江构造望2井产出高产气。1998年在重新解释地震资料基础上，分析望江构造状况，优选部署井位望2井。根据气测和测井资料综合解释出气层、气水同层各一个。试气后两层都得到高产：其中840.5—844.5米井段，厚度4.0米，日产气9.59万立方米；847.4—849.8米井段，厚2.4米，日产气7.77万立方米。体现在汤原断陷南部又发现新的含气区块。二是在新民屯构造的新2井发现二氧化碳气。在达连河组一段115、116号层7.4米试气，日产气7100立方米，其中二氧化碳占93.5%，甲烷占4.94%。从构造所在的东兴向斜地质条件来分析，该区域有可能发现较大的二氧化碳气田。三是首次在汤原断陷发现原油显示。汤原县政府为开发地热资源，2001年在县城内钻探汤热1井，井深1920米。试水时随水带出原油和天然气，说明本区中生代地层具有生烃能力，为今后勘探打开新思路。

大庆雇用的外国地震队

1985年以前，大庆地震勘探队伍由于装备、技术、管理等多方面原因，野外采集能力比较低，一个队年工作量一般在200—400千米。地貌复杂的地方甚至不能进入施工。为解决这个问题，大庆油田决定从西方引进地震队到大庆施工，大庆的地震职工参加其中，学习有用的经验。1985—1986年，大庆引进美国西方地球物理公司两个地震队，在大庆外围的泰康、古龙一带，开展野外施工采集工作。这个地区的地貌情况复杂，水域沼泽和低洼地多，普通施工设备无法正常工作；地下构造小，不易发现。多年来不能解决问题，影响了勘探进展。引进的这两个外国队，实际上是由外国公司出设备，出技术人员，负责技术和质量；大部分操作人员是大庆地震队人员。大庆物探公司于1984年9月抽调出2105队和2287队，改称370队和371队，队干部由中西双方共同组成。经过两年工作，较好地完成这个困难工区的野外地震采集任务。工作结束后，大家总结出值得借鉴学习的几点体会：

（1）采集设计不是凭借经验，而是先制作地质模型。地质模型的资料来自实际，然后利用模型设计出合理的施工参数。

（2）每个炮点和采集点都采用实测高程，而不是在地形图上按照内插法取得数据。从而提高了精度，使地震反射层深度接近可靠。

（3）全面做小折射，使表层、浅层速度准确。

（4）试验高效成形炸药，而不是使用散装炸药，压缩炸药体积，节省炸药量，提高爆炸深度的准确性。

（5）及时检修设备，防止拼设备、拼时间、拼人力。每天收工后，车辆、仪器等交给专职机械、仪表工程师，连夜进行检查、调试，直到设备完全完好。次日早晨出工时，交给使用人员。避免因设备问题影响出工，做到施工不间断，均衡生产。

（6）施工中，各工序的联络不靠喊叫，而是使用无线电话。指挥灵便，节省人力。

（7）重视生活管理。队长亲自抓生活，改善伙食，按时休息，保障职工体力。

外国人撤退后，大庆地震队开始全面推广这些做法和经验，使地震工作效率迅速提高。1984年，大庆勘探队伍平均每年完成二维测线388千米，1988年提高到662千米，部分队达到上千千米。

大庆对辽河盆地进行勘探

1966年底，国务院紧急决定，要求石油工业部开展辽河盆地勘探，争取找到天然气，以气代煤，解决鞍钢急需。为此，石油工业部安排大庆油田，把辽河盆地作为大庆外围的一个新探区，立即组织勘探工作。按照上级指示，大庆油田于1967年3月组成"大庆673厂"，以成套勘探队伍进入辽河盆地。

辽河盆地石油勘探是在地质部勘探工作基础上进行的。早在1955年，地质部第一普查大队就开始进行物探普查和地质普查。1963年，做出了辽河盆地石油远景评价。确定辽河盆地边界，认识到盆地内分布东部、西部、大民屯3个凹陷，并认为东部凹陷含油远景最好。1964年7月，在东部凹陷黄金带构造上，部署第一口探井——辽1井，次年完成后，见到了油气显示。到1966年，地质部第一普查大队在东部凹陷完成探井13口，其中有5口探井出了工业油流。这些成果，为大庆进一步勘探打下良好基础。

大庆油田派出的勘探队伍，包括5个地震队、3个钻井队、2个试油队，还有运输、安装、物资供应等队伍，共710人。首战目标是距离鞍山较近，并且曾经出过天然气的欧利坨子—热河台构造。从1967年到1969年的三年中，在15个构造上，完成探井36口，钻井进尺9万米。其中19口探井经测试发现工业油气流，初步控制黄金带、于楼和热河台3个油田的含油面积。兴隆台构造的兴1井日产油152吨，黄金带构造的黄5井高压天然气造成井喷，经过一个月的治理方才制止。由于勘探成果显著，石油工业部于1970年2月决定，成立辽河石油勘探指挥部，由石油工业部直接领导，大庆派到辽河的勘探队伍划归辽河石油勘探局管理，不再返回大庆。

1975年，辽河西部凹陷勘探获得重大进展，发现曙光油田。石油工业部决定由大庆油田再次派出队伍，到辽河进行曙光油田开发大会战。大庆派出以王苏民、崔海天为首的万人大军，于1976年初到达辽河。队伍中包括1202钻井队、1205钻井队、油建十一中队等最好的队伍。当年经过勘探，完成探明储量1.3亿吨，然后立即研究编制开发方案。1977年开始油田基建和投产，当年产油51万吨。胜利完成开发会战任务后，1977年底队伍返回大庆。

大庆最早入藏进疆物探电磁施工队

物勘公司710大地电磁队是大庆第一支进军青藏高原的勘探队。他们所到的探区藏北羌塘盆地，平均海拔 5000 米，是孔繁森生前战斗过的地方。探区位于北纬 34°—36°，为无人区，找油人的足迹从未到过这个地方。1995 年 4 月，710 队开进这个地区后，队员克服不适应高原气候，头脑发涨、耳鸣、恶心等高山反应，与大风雪搏斗，与厚冰砂石拼搏。在坚硬地层施工，严格按操作规程和质量标准，从不半点马虎、凑合，直到合格为止。在近 5 个月的施工中，他们行程 12650 千米，全队 13 名队员平均体重减少了 10 多千克。到 1995 年 6 月 28 日终于圆满地完成施工任务，用大庆精神谱写一曲猛士壮歌。市领导把他们的创举誉为"大庆精神的颂歌"。

1996 年 5 月进入新疆开展勘探工作的 2288、298 地震队，是大庆第一次进入新疆进行石油勘探的队伍。中国石油天然气总公司为了加快我国西部地区的勘探步伐，对新疆塔里木盆地的 4 个勘探难度较大的区块实行国内风险招标。大庆石油管理局积极响应总公司"稳定东部、发展西部"的战略决策，主动承担风险大、投入多、条件差的第二区块的勘探任务。随后，大庆石油管理局作为施工甲方，把这个区块划分成两个地震工区，分别招标。管理局勘探处通过和总公司物探局一处、新疆石油管理局勘探处等多家强手竞争，一举赢得这次在国内大市场锻炼队伍、提高水平的机会。1996 年 5 月下旬，被管理局选中进疆的 2288、298 地震队，携带着最精良的技术装备，向沙漠进军，作为总公司的乙级队在盆地开展勘探工作。

大庆外围储量丰度最高的油区

位于肇东市西南方向约 40 千米的昌五镇附近的榆树林油区，是大庆外围储量丰度最高的油区。1996 年，探明和控制的含油面积为 308 平方千米，地质储量为 1.8 亿吨。主要含油层是扶余、杨大城子油层。每平方千米面积内，探明地质储量平均为 58.4 万吨。朝阳沟油区面积 359 平方千米，每平方千米面积内，探明地质储量平均为 50.1 万吨；宋芳屯油区面积 367 平方千米，探明和控制地质储量平均为 30 万吨。

榆树林油区的发现和探明过程，是个不断解放思想的过程。1979 年钻树 1 井时，在葡萄花油层获得工业油流。1980 年钻树 2 井时，发现在葡萄花油层以下数百米深处的扶余、杨大城子油层也具有工业油流，但仍根据以往的理论推算，认为扶、杨油层出油属偶然现象，没有尽快勘探，直到 1985 年树 103 井再次出油后，才进行新的分析研究，认识到扶、杨油层具有较大潜力，厚度在 8—10 米，渗透率好于过去遇到的扶余油层，这时把勘探重点从浅部的葡萄花油层，转移到较深的扶、杨油层。榆树林油区是多断块组成的断块，它的发现和探明，标志着大庆油田又打开一个新的深的层位，扩大勘探领域，也标志着大庆外围勘探从背斜找油、坳陷找油阶段进入断块找油的阶段。

大庆外围最早发现的气田

汪家屯气田位于大庆市东南，距市区约 40 千米，在安达市升平镇境内，是大庆最早发现的气田。1996 年，已探明面积 48 平方千米，天然气储量 116 亿立方米。如果包括附近的宋站、羊草等气田在内，探明和控制的含气面积已达到 88 平方千米，储量 164 亿立方米。这些气田是 1985 年发现的。当时钻的升 61 井、升 81 井和宋 2 井，都在扶余油层或杨大城子油层测试出工业气流，单井日产气量在 2 万—8 万立方米。1986—1988 年开展大规模勘探，到 1989 年仍未结束。气层埋藏深度在 1700—1900 米。汪家屯气田的发现，标志着大庆的勘探工作真正进入了油气并举的新阶段。气田所生产的天然气中甲烷含量占 95%，是生产化肥的好原料。

国内最早成立的地质录井专业化公司

1985 年 9 月 16 日，地质录井公司正式成立。2000 年 2 月更名为地质录井分公司。主要负责油田探井、资料井钻井地质设计和监督，地质资料的录取、处理、解释、评价，进行录井技术开发，录井设备的研究、制造和销售。至 2007 年，有员工 1247 人，下设 10 个机关部室及 7 个大队级单位，拥有 SDL-9000 型、SK-2000 型、SQC882 型高、中、低档综合录井仪 40 多台（套），还有法国 VI 型岩石热解仪、美国气相色谱分析仪、国产油气显示评价仪、P-K 分析仪等国内外分析测试设备等各种高中低档录井仪器 414 台套，独立从事野外施工作业的录井队伍 80 支，分布在油田内部、海拉尔地区，国内的新疆、冀东，国外的蒙古、印度尼西亚、哈萨克斯坦、利比亚等国家。

地质录井分公司坚持立足大庆市场，优化国内市场，发展海外市场。以"把油田勘探做精，把服务开发做好，把外部市场做强"为目标，全力打造"大庆录井"品牌。在大打油气勘探进攻战的过程中，相继获得大庆海拉尔贝 302 井、贝 16 井等的重大勘探突破以及深层天然气勘探徐深 1 井、卫深 5 井的重大发现；在服务油田开发领域中，通过复杂油水层综合识别评价技术攻关，解决许多疑难井地质问题，扩大生存发展空间；本着创新发展技术为中国石油提供优质服务的思路，坚持"只有甲方有效益，乙方才能有利益"的服务理念，大力实施"走出去"的市场发展战略，相继在塔里木、冀东、长庆等市场提供录井技术服务，并在塔里木轮古 17 井、冀东高 145-1 井、长庆正 3 井等取得一系列重大发现。这个分公司于 2000 年打入国际市场，现已有 4 支录井队进入伊朗、印度尼西亚市场，依靠出色的服务，在国际市场书写中国石油新篇章。

钻井

钻井是油田建设生产的首道工序，被誉为油田开发建设的火车头。大庆油田石油钻井始于 20 世纪 50 年代末，主要担负油田勘探开发所需的各类探井、资料井、开发井、调整井和特殊工艺井钻井任务。钻井是高技术含量、高投入的系统工程，油田开发建设投资的 50% 以上用于钻井；钻井又是艰苦和有风险的野外作业工种，是磨炼队伍意志品质的大熔炉。享誉油田内外的"五面红旗"中，三位是钻井人（王进喜、马德仁、段兴枝）。在"铁人"精神感召下，几代钻井人为国分忧，艰苦奋斗，勇创一流，为油田勘探开发做出突出贡献。

大庆油田钻井在 60 多年的发展中，主要经历了六个阶段。

发现大庆油田阶段（1958.6—1960.3）

1958 年 6 月，石油工业部成立松辽石油勘探局，有 4 支钻井队，其中 32118 钻井队当年 7 月开始钻探松基 1 井。1959 年 4 月 11 日开钻松基三井，当年 9 月 26 日喷油，一举发现大庆油田。32118 钻井队被石油工业部命名为全国先进标杆钻井队。同年，32115 钻队钻探松基 2 井，1251 钻井队钻探杨 101 井。另一支 1000 米钻井队在辽宁进行浅井钻探。

1959 年 11 月，石油工业部决定在葡萄花、高台子、太平屯、宝山（太平屯北部）、萨尔图等 5 个构造上钻探井 56 口。并决定从四川、玉门、青海等油田抽调钻井队、固井队、测井队、射孔队等配套队伍。到 1959 年底，来大庆参加勘探的钻井队达到 23 个。1960 年 2 月，党中央批准松辽石油大会战，从全国调集钻井队伍。来自各油田的 32 支队伍陆续到达，其中，新疆局 1202 队等 7 个钻井队，玉门石油管理局 1205 队等 5 个钻井队，四川石油管理局 12 个钻井队，青海石油管理局 8 个钻井队，分别在五个探区开始钻探施工。1960 年 3 月，"铁人"王进喜带领 1205 钻井队来到大庆，创出 5 天 4 小时钻完 1200 米深的第一口井（萨 55 井），王进喜成为大庆会战第一位英雄。

开发萨尔图油田阶段（1960.4—1966.12）

全油田掀起"学铁人，做铁人"劳动竞赛热潮。钻井职工不断改进技术，改进装备，奋发大干，使各项钻井指标大幅度提高。1966 年同 1960 年相比，平均队年进尺由 6681 米提高到 26335 米，机械钻速由 7.7 米/时提高到 16.31 米/时，使萨尔图油田迅速投入开发。1202 钻井队和 1205 钻井队双双实现年钻井进尺 10 万米。

全面开发萨喇杏，快速上产阶段（1967—1975）

1967—1972 年，钻井战线重点在杏树岗油田钻开发井，同时在萨尔图油田钻部分过渡带油水井，在中区东部、北二区东部等 7 个区块钻试验性加密调整井。1971 年，1205 钻井队交井 103 口，进尺 12.72 万米，再次创出单队单机年进尺全国最高纪录。1972 年，又打出大庆第一口"大三一井"。大三一井就是一个钻井队、1 天时间内、用 1 个钻头、完钻 1200 米以上井深的 1 口井。1972 年，国家决定提前开发喇嘛甸油田。1973 年，31 个钻井队开到喇嘛甸前线。面对地面翻浆、多雨泥泞、高压气层风险等一系列困难，大庆油田钻井队伍科学组织，严格管理，研究推广新技术，两年任务提前半年完成，同时刷新钻机月速度、队年进尺、建井周期、井身质量、固井质量等 30 多项纪录。1975 年，喇嘛甸油田全面投产。1976 年，原油产量达到 1326 万吨，使全油田首次实现年产上 5000 万吨。

确保五千万吨稳产阶段（1976—1990）

1976 年开始，钻井战线对老区调整井、长垣南部开发井、外围探井和开发井、深层探井等多种井型，进行精心研究，逐个攻关。钻井职工面对调整井钻井中出现的井喷和固井质量下降问题，深入研究，采取准确预报高压层、推广优质高密度钻井液、改进固井工艺等一系列技术措施，使固井合格率大幅度提高。1985 年，在外围新区勘探开发中，开展高压喷射钻井、优选参数钻井，提高钻井速度；攻克长封固井技术，提高探井固井质量。1986 年，为减少占地，发展定向井、丛式井技术。1988 年，在多断层、大倾角的南二三区钻调整井时，摸索出一套防斜、纠斜、防漏、堵漏的有效经验。通过这些工作，确保了年产 5000 万吨稳产规划顺利实现。

形成优势，综合能力全面提升阶段（1991—1999）

从 1991 年开始，老区进入钻二次加密调整井时期。调整对象以薄层、表外储层为主，对固井质量要求更高。钻井职工研究新技术，从固井一二界面和水泥环胶结强度的机理研究入手，改进钻井液，采取"设计优化，施工监测，自动调控，跟踪分析"等措施进行固井施工，在使用声波变密度测井检查固井质量的高要求下，调整井固井合格率达到99%以上。1991年，通过联合攻关，成功钻出薄层水平井。到1999年，新技术大力推广，新设备大量使用，钻井效率随之大幅提高。平均建井周期提高到9天11小时，比1990年的16天2小时缩短6天15小时。

立足大庆，开拓国内外市场阶段（2000年至今）

2000年，企业重组改制后，大庆钻探系统按照"立足油田，一流服务，面向市场，二次创业"的指导方针，力求把大庆钻探系统建设成为技术先进、装备优良、国内第一、国际一流，具有较强市场竞争能力的大型石油工程技术服务系统。之后，除继续在老区钻三次加密调整井和外围新区钻勘探开发井外，在深层钻井方面取得跨越性进步。2000年，开展深井技术攻关，成功完成大庆最深探井葡深1井的钻探。同年开始加快国内外市场开发，先后进入冀东、南阳、陕北、长庆、吉林等油田，承担钻井、修井等工程；国外方面，2001年开始，相继在委内瑞拉、苏丹、印度尼西亚、埃及、阿尔及利亚、美国等国外市场，打出中国大庆钻井品牌。近年来，钻井外部市场不断拓展，实现由工程作业向特色技术服务、由低端市场向高端市场、由内部保障型向全球拓展型的转变，钻井、固井、录井、井下工程等10个专业174支队伍进入国内外市场。其中，国内市场有71支队伍，主要分布在西南油气田、浙江油田、塔里木、塔东、山西煤层气等市场。国际市场有103支队伍，主要分布在伊拉克、苏丹、南苏丹、蒙古、沙特等国家。

（一）钻井生产队伍

1958年7月，松辽石油勘探局在下属黑龙江、吉林、辽宁三个大队中有4个钻井队。1959年末，松基三井出油后，从其他石油管理局调入大庆油田23个钻井队。

1960年3月，成立钻井指挥部，负责大庆油田开发油水井、油田探井和资料井钻井。

1978年10月，钻井指挥部和勘探指挥部合并为钻探指挥部，负责全部钻井生产工作。

1981年12月，钻探指挥部解体，分别成立钻井一公司，负责探井钻井；钻井二公司，负责生产井钻井；钻井技术服务公司，负责固井、测井、钻修、技术研究工作。

1986年3月，适应外围油田开发建设需要，成立钻井三公司，负责外围油田生产井钻井。

1987年12月，钻井研究所从钻井技术服务公司中分离出来，成为局属二级单位。2002年2月，钻井研究所更名为大庆钻井工程技术研究院。

1999年11月，大庆油田分立重组，钻井三公司划归油田公司井下作业分公司，更名为井下作业分公司钻井大队；其余所有钻井单位全部划归大庆石油管理局，包括钻井一公司、钻井二公司、钻井技术服务公司、钻井研究所。

2004年10月，大庆石油管理局所属钻井单位组合为大庆油田钻探集团。

2006年9月，大庆钻探集团成立钻井三公司，负责外围开发井钻井。同时成立钻井四公司，负责老区调整井钻井以及国内钻市场开发。原有的钻井一公司继续负责探井钻井,以及国外市场开发;二公司继续负责老区调整井钻井。

2008年2月,大庆油田公司和石油管理局重组合并,原井下分公司的钻井大队划归钻探工程公司,更名为钻井五公司。同年3月,按照集团公司提出的集约化、专业化、一体化整体协调发展思路,整合大庆石油管理局钻探集团、技术培训中心4支钻井队伍、大庆油田公司井下作业分公司钻井相关单位、地质录井分公司和吉林油田8个钻探专业公司,在大庆油田体制内组建大庆钻探工程公司。

2011年12月,集团公司将吉林油田井下、试油测试、修井三项业务划归大庆钻探。

到2020年,大庆钻探工程公司拥有主要专业队伍458支,在编钻修井机268台。主要从事直井、丛式定向井、水平井、小井眼井、欠平衡井、煤层气井、地热井等多种井型的钻井施工,具有年钻井900万米、年固井7000口、年录井1600口(井壁取心500口)、岩心扫描8000米以上、年压裂4500层、年试油350层以上、年综合修井340口以上的施工能力。

(二)钻井工程

1. 探井钻井

为寻找油气资源而进行的勘探钻井,由于地区分散、井型多样、技术环境差异大,探井难度显著加大。大庆钻井战线职工不怕艰苦,不怕困难,大胆实践,勇于创新,在石油、天然气勘探中付出巨大努力,发现大量油气资源,为油田稳产提供储量保证。

1984年,大庆油田提出加强勘探,探井钻井工作量大幅度增加。年钻井进尺达到20万米以上。1995年后,集中力量发现新油田,适当减少已发现油田的详探工作,探井进尺略有减少。2002年以后,实行勘探开发一体化的勘探体制,油田探明任务由勘探部门转移给开发部门,勘探工作量相应减少,但勘探钻井深度加大,难度加大,要求在更新的领域里去找更难找的油气资源。

(1)大庆长垣探井钻井。

1959年9月,大庆长垣通过松基三井发现油田后,在长垣南北7个构造上部署以了解油田面积、油层厚度及产量为目的探井。1960年,大体探明油田边界。1961年起,在继续部署探井的同时,又部署较多的以取得储量计算资料为目的的资料井。探井和资料井目的有所不同,但从钻井施工上并无差别,只是资料井需要取得更多的岩心资料、测井资料和试油资料,以便了解油层孔隙度、渗透率、含油饱和度及油气性质资料,确保储量计算结果可靠。1982年,大庆长垣的勘探工作结束。

(2)大庆长垣外围中浅层探井钻井。

1984年以前,大庆油田探井钻井使用贝乌型、乌德型和大庆-130型钻机。1985年开始,大庆油田探井钻井推广使用ZJ15、ZJ20、ZJ30型钻机,贝乌型、乌德型和大庆-130型钻技逐步被淘汰。大庆长垣外围探井同大庆长垣内部探井比较,难度明显增大。一是外围有萨尔图、葡萄花油层和扶余、杨大城子油层两套目的层,上下相隔500米,使固井的井段大为增加。二是目的层低孔低渗,遭到污染后使产量大减。三是穿过青一段泥岩裂缝地层时易发生复杂情况,如泥岩膨胀卡钻、井漏等。面对这些新课题,钻井职工通过推广高压喷射钻井、优选钻井参数、改进固井技术、改进钻井液等技术措施，陆续解决技术难题，使钻井速度和质量大幅度提高。长垣外围探井平均机械钻速在20世纪70年代初期只有4米/时，到1985年提高到8.56米/时。长封固井质量合格率1986年只有65.2%，到1990年达到100%。

（3）松辽盆地深层探井钻井。

1963年3月31日，大庆最深的探井松基6井开钻。1966年9月4日，钻到4718.77米完钻。在井深4400米井段测斜，最大井斜只有2.9度；在1860—3500米井段取心，收获率达到86%；使用了497个钻头，起下钻788次，没发生过人为因素造成的井下事故；井下温度超过150摄氏度，钻井液性能稳定。依靠自己的技术，创出当时中国钻井历史上的最深纪录。

1977年，大庆开始进行深层普查。1982年，在肇深1井首次发现深层工业气流。1995年，首次在升深2井获得高产气流。2002年，在徐家围子发现大型深层气田。到2007年探明2000多亿立方米深层天然气储量。在这一发展过程中，深井钻井技术突飞猛进。采取更新钻井设备，优化使用钻头，优化钻井参数，采用钻井工具防失效措施，改善工具结构，改进钻井液，采用近平衡和欠平衡钻井技术等，使深层钻井水平逐步提高。

（4）海拉尔盆地探井钻井。

1984年，大庆开始在海拉尔盆地勘探钻井。因远离大庆、交通不便、天气寒冷等给生产组织带来困难，尤其是盆地地下特点带来的难题很多。井深在2000—3000米，其中有多套油层，固井封固井段达到1000米。大庆钻井一公司和钻探系统进行多年探索，从固井水泥的选择、水质的处理、固井工艺、固井设备功率、现场操作等多方面不断改进，使固井质量逐步好转。1996年，开始有了优质井。2000年和2002年实现质量合格率100%。并针对区内地层坚硬，夹有砾石层，造成钻井速度慢、钻具失效、易出机械事故等问题，经过试验攻关，找到对策。通过优选钻头、改进井身结构、改进钻具组合、强化钻具检测管理等技术措施，使机械钻速达到15米/时，比以前提高三分之一。同时，针对地层倾斜角度高，一般达到10—15度，部分地区达到40—60度，研究出多种防斜技术，根据不同地质条件，选用钟摆钻具、柔性钟摆钻具、偏重钻具、偏轴偏重钻具、单弯螺杆钻具等不同钻具组合，控制井斜。为减少油层污染和保护井壁，防止坍塌，保持井眼规则，研究出优质适用钻井液。2005年，海拉尔探井整体质量和速度稳定上升。当年交井30口，平均深度2416米，钻井周期只有44天，井身质量、固井质量均达100%。

（5）其他盆地探井钻井。

1978年开始，大庆在三江盆地进行勘探钻井。以后陆续进入依兰—舒兰地堑、延吉盆地和其他盆地。

2. 开发井钻井

1960年，大庆油田开始开发井钻井。大庆钻井职工在钻井实践中，逐步总结出一套优质高速钻井经验，为油田建设和原油生产打下坚实基础。

（1）大庆长垣开发井钻井。

1960年会战初期，首先开发萨尔图油田。在开发钻井中，涌现出一批英雄钻井队伍。来自玉门油田，由"铁人"王进喜带领1205钻井队，用5天4小时钻完第一口井，创造全国钻井的最高纪录。来自新疆石油管理局的1202钻井队，在队长马德仁的领导下，创造了月打井5口的高指标。四川石油管理局1247钻井队队长段兴枝开动脑筋做试验，把大钻机小鼠洞接单根的工艺移植到贝乌-40钻机上，提高钻井速度。同时还首创"冲鼠洞"的新工艺，之后在全油田推广。在拉运车辆不足的情况下，他和技术人员一道反复试验，试制成功钻机自走的新工艺，提高搬迁速度。

1966年，1202、1205两支钢铁钻井队在萨东过渡带地区，双双打井82口，进尺超过10万米，超过当时美国钻井队保持的90325米的世界纪录。

1973年，在喇嘛甸油田会战中，有三分之一的钻井队跨进先进行列。1274钻井队小泵赶大泵（泥浆泵），创造月钻井六开六完的水平。1266钻井队1973年钻井45口，实现一人一年钻一口井的目标，是小泵电动化钻机交井最多的井队。大庆党委命名一批在会战中涌现出来的先进人物。他们是："学习铁人的带头人"屈清华、"钢铁钻工"吴全清、"继承铁人精神的好队长"高金颖、"为会战连轴转，刹把顶胃拼命干"的司钻栾荣富、"树雄心，立壮志，小泵赶大泵，带头打冲锋"的指导员赵行忠等。

1976年，基本完成喇萨杏地区开发井钻井。在钻井过程中，形成一套中深井优质快速钻井技术，其中包括钻机电驱动技术、可钻千米刮刀钻头制造和使用技术、优质稳定泥浆处理技术、防斜技术、优质固井技术等，同时形成一套科学调度、管理方法，对以后调整井钻井打下良好基础。

（2）大庆长垣外围开发井钻井。

1980年以后，大庆长垣以外发现的新油田陆续投入开发，以增加油田生产能力。外围油田开发钻井的工作量每十年翻一番。钻井地区越来越远，越来越分散；钻井生产的技术条件越来越复杂。这使生产组织、技术支持、物资供应、职工生活等一系列问题随之而来。也正是这些问题引发钻井技术、钻井装备、组织管理等各方面的重大变革，使大庆钻井水平和能力迅速得到提高。

管理做法改进。外围开发初期，因油层薄、层数少和分布不稳定的特点，出现钻井后没有油层的现象，造成钻井地质报废。1985年，在宋芳屯油田开辟祝三试验区，当年钻井101口，其中有21口报废，空井率高达20%。经紧急修改井位方案，被迫撤销24口井位。以后又有其他外围油田出现因没有油层而地质报废的钻井。1987年后，采油厂地质人员采用跟井对比、跟踪分析做法使钻井成功率逐步提高到95%以上。1998年，组织技术人员采用勘探与开发相结合的办法，在发现并基本控制含油面积的新油田，采取滚动勘探开发方法，经过比较周密的详探，最后确定探明储量；开发方案按区块认识程度区别对待，先安排一批首钻井，钻完后根据新资料再确定其他井位。在钻井过程中，地质技术人员紧跟现场，发现新情况立即研究改变钻井部署。

钻井设备更新。外围新油田的油层深度都大于大庆长垣，在1600—2200米上下。过去只能钻1200米深度的钻机不再适用，若使用3200米大型钻机又很浪费，这就迫使钻井设备进行更新。1983年，从国外引进一批车载钻机。同年与钻机制造厂家一起研制了适合1500米、2000米ZJ系列钻机，1985年开始推广使用。从此，外围地区钻井能力大大提高。

钻井技术创新。新区有很多地方是低洼地或水面、江边，给钻井带来困难。1983年，针对这种情况，开始钻斜井、定向井、丛式井。这虽然提高钻井成本，但节约铺路、垫井场费用，也减少土地占用。1991年，针对油层少而薄的特点，研发水平井技术，使钻遇油层厚度加大，提高产量。1986年，针对新区油层分散，固井井段超过1000米的情况，发展大井段长封固井技术。

外围开发钻井水平的提高，带动外围油田产量年年增长。1985年，只有宋芳屯、朝阳沟、龙虎泡三个开发试验区，年底日产油510吨，年产油14.1万吨；1990年底的日产油达到3830吨，年产量上到145万吨；到2000年底，外围日产量达到1.1万吨，当年产量是438万吨；2005年，钻井一公司的30502、30509钻井队在外围开发钻井中，科学组织生产，依靠优选钻井参数，合理匹配钻头和钻具，使钻井速度明显提高，提前25天实现年进尺6万米，平均钻井周期只有8天，创出大庆外围开发钻井最快纪录。

（3）海拉尔盆地开发井钻井。

2001年，海拉尔盆地进入油田开发阶段。当年，钻井施工5口井，平均钻井周期19天，固井合格率25%。这是由于海拉尔地区地下情况复杂，设计井位不能一次定死，需要分批进行。第一批生产井需要像探井一样对待，称为生产探井。生产探井需要取心，有时还需要增加测井项目，钻井完成后需要进行测试产油能力。这就加大了工作量。生产探井完成后，由地质研究人员进行系统研究，根据油层变化规律，决定后边的井位是否需要调整。这就使钻井时间加长。在贝301井区钻井中，因为地层倾角大，钻井易发生井斜；上部地层胶结疏松，钻井中易发生井壁坍塌和井漏，同时影响固井质量。承担海拉尔钻井工程的大庆钻井一公司和钻井技术服务公司在施工中不断探索新技术，经过多次试验攻关，研制出一套新方案，包括改变钻井液性能和密度、改进固井工艺等，提高钻井固井质量和速度。2002年新钻井9口，钻井周期缩短到15天，固井全部合格。2004年在苏德尔特油田钻井遇到溶洞、裂缝油层时，通过改进技术，确保钻井、固井质量。

3. 调整井钻井

1972年，大庆在萨中、萨北开发区的中区东部、东区、北二区东部等7个开发区块进行加密调整井试验，取得初步经验。1979年开始，在大庆长垣北部全面钻加密调整井。调整井是油田经过长期开发后，为发挥低渗透薄油层作用，在原有井网的基础上，为提高油层利用率而新加密的钻井。以弥补油田开采进入高含水期后主力油层的减产。1987年，开始在大庆长垣南部钻加密调整井。1997年，开始在大庆外围宋芳屯、升平钻调整井。

（1）大庆长垣调整井钻井。

1979年，开始按规划逐块进行加密调整。1985年前，调整重点在萨中的高台子油层、萨北和喇嘛甸油田。在调整井钻井中，遇到许多难题。钻井地区是已经注水开发区，油层压力高，油层之间差异大，影响固井质量；为防止高压造成井喷，注水井要暂时停止注水，这就会影响产油量，所以要求钻井速度快；为防喷要用高密度钻井液，但会严重污染油层，也会增大设备磨损。面对这些技术难题，钻井职工通过准确预测地层压力，合理协调测井、固井、安装、搬迁各工种安排，科学掌握停注水时间，研究使用新型钻井液，推广使用新型钻头，优选钻井参数等一系列技术措施，逐步解决各种技术难题。

1986—1990年，调整井钻井重点转向萨中、萨南、杏树岗和葡北。1988年，钻井二公司开始在南二、南三区西块钻调整井。当年，平均一个半月完井一口，主要原因是这个区块有许多特殊技术难题。一是地处构造顶部，浅层气多，易引发井喷；二是断层多，造成钻井液和固井液大量漏失，常造成卡钻和固井事故；三是接近西部油水过渡带，地层倾角大，易发生井斜。为解决这些问题，公司组织技术人员同测井、固井及钻井研究所技术人员一起，逐步研究出成套的防漏、堵漏、防斜、防喷、保证固井质量的方案，使钻井速度越来越快，质量越来越好。到1992年只要12.2天钻完一口，固井合格率达到98.77%。

1989年，要钻的调整井有半数处于水泡子（湖泊）或低洼地，必须在冬季完成钻井，才能使后续的基建、投产工作按时完成。钻井职工在风雪严寒中坚持钻井，不少职工放弃年节，推迟婚期，推迟探亲，坚守岗位；各级领导住在前线，随时随地服务基层。经过112个钻井队冬季四个月奋战，完成萨中陈家大院泡、萨北四条带、杏北、杏南等地区516口低洼地和冰上钻井，创出大庆会战以来冬季钻井最高纪录，赢得油田全年的生产主动。

1991—2000年，由于地下油层的复杂性，一次加密不能解决所有问题，仍有部分差油层不能发挥作用，于是进行二次加密，到2000年基本完成。从2001年起，开始在老区第三次加密调整。

一直以来，大庆长垣调整井钻井主要由钻井二公司承担，为此所付出的也最多，贡献最大，其调整井钻井水平也得到大幅度提高。特别是难度最大的萨南二、南三区块调整井钻井，钻井二公司不断攻关，不断创新，提前一年于2002年完成区域内1221口调整井任务。

（2）长垣外围调整井钻井。

1997—2000年，主要在宋芳屯、朝阳沟、升平、龙虎泡等油田少数区块进行加密调整，每年钻井30—60口。2001—2008年，在头台、榆树林油田部分区块进行，每年钻井50—100口。由于外围地区都是低渗透、低产量油田，地层压力不高，调整井钻井与开发初期的生产井钻井并无明显差别，技术上没有新的难题。

4. 特殊工艺钻井

（1）定向井。

1983年，正式钻定向井。它是为避开重要建筑物、居民区、河湖、铁路公路，尽量减少农田土地占用而采取的特殊工艺钻井。1984年1月，钻井二公司2005钻井队完成大庆第一口定向井——高131-斜43井。1986年，钻井二公司确定三大队为定向井专职钻井队伍。实际在定向井任务较多时，其他钻井队也承担定向井钻井任务。定向井已经成为常规钻井，技术达到成熟。一般井身斜度为30—50度，井底水平位移在300—700米。钻井中，为减少井场数量，降低成本，多数定向井组成丛式井，即数口井集中在一起，最多的一组有10多口井。1989—1993年，集中力量在85个井场钻定向井315口，彻底解决萨中开发区的陈家大院泡水面较大、钻井和井站建设不能顺利进行、多年来严重影响正常开发的难题。在陈家大院泡的2号平台上，共钻定向调整井16口，是大庆油田井数最多的丛式井组。

2005年5月，在海拉尔盆地巴彦塔拉地区完成的定向井巴斜2井，钻遇油层148.9米，成为海拉尔盆地钻遇油层最厚的探井。经初步测试，压裂后日产油80立方米，是巴彦塔拉地区产油最多的探井。

2008年8月投产的齐家北油田以定向丛式井为主，基本取代直井。全油田450口油水井中，只有8口直井。其余442口分别部署在72个钻井平台，节省土地、道路、集油管线和管井人力。由于定向井的大量应用，齐家北油田建设工程节约投资近20%，减少征地1856亩，平均单井用人比定员标准低62%。

近年来，定向井钻井越来越多，在保证钻井质量的前提下，其速度也越来越快。

（2）水平井。

1991年，大庆油田在榆树林油田钻了第一口水平井——树平1井。水平井是定向井中的一种特殊形式，特点是井眼在油层内为水平穿行，有利于提高产油量。因为井斜度已经达到最大90度，钻井技术难度远大于一般定向井。1994年，在头台油田钻第二口水平井——茂平1井。这两口井是列入国家"八五"期间重点科技攻关项目"水平井钻井技术"的科学实验井。实验中解决油层深度预测、钻头轨迹控制、特殊性能钻井液、测井仪器下井和居中、固井套管居中和替净密封、射孔器正常起爆发射等系列技术难题，成功完成任务：井眼准确进入油层；树平1井水平段长度309.99米，上下波动最大2.4米；水平位移669.64米；最大井斜角90.43度。全面达到设计指标。茂平1井也全面达标。

2002年，大庆完成第一口单阶梯式水平井——肇55-平46井。第一水平段长334.3米，第二水平段长220.5米，中间降斜段长74.5米。因为要钻过两个不同深度的水平油层，在两个油层之间形成阶梯，所以钻井技术难度更大。大庆钻井二公司认真研究把水平井技术推向一个新水平。当年，在肇州油田州19区块钻井时，有5口井处在村庄内。因动迁费用太高，决定改用一口水平井肇55-平56井代替原设计的5口直井。投产初期日产油80立方米，15天后稳定在45立方米，是当地一般直井产量的8—10倍。

2002—2005年，共完成水平井86口。其中在大庆完成31口，在国内其他油田由大庆钻井队完成52口，在国外完成3口。最大水平位移1118米，位于委内瑞拉镜内。钻井周期也在变短，在大庆肇州油田井数最多，达到25口，井深2000—2200米，单井钻井时间由20天减少到15天。2006—2008年，三年完成283口，单井产量是周围直井的5—8倍，使低产薄油层开发迈上新台阶。

（3）斜直井。

1992年初，大庆针对一些地区要求浅层（800—1000米）、大位移（水平位移400—700米）钻井的特殊需求，首次从加拿大引进了DQ-7500型中深井斜直井钻机，由钻井二公司三大队2201钻井队使用。当年5月28日开钻第一口斜直井——杏八区2-斜137井，到年底共完成斜直井5口，平均斜深1193.6米，垂深1065.6米，目的层平均位移466米，最大井斜角45.5度，平均机械钻速18.71米/时，平均建井周期18天15小时。各项指标达到科研实验要求。以后形成常规生产项目，每年都要钻斜直井数十口，并到其他油田进行钻斜直井服务。

打造调开井高效钻完井、中浅层水平井钻完井、深层气井高效钻完井、高渗低压层固井界面封固、水平井录井地质导向、水平井大规模压裂等十大特色技术，研发液动旋冲工具、DQW-178型涡轮钻具、Q-LWD随钻测井仪器、DQL新型综合录井仪等十大技术产品。近3年来，获得国家级科技奖励成果1项，省部级科技奖励成果10项，市局级科技奖励成果52项，国家授权专利198件。"保护低渗透油气储层、提高固井质量的化学剂与工作液"项目获得集团公司技术发明一等奖，地层压力温度测试工具、DQW-178型涡轮钻具、DQ-178型液动旋冲工具、二氧化碳无水蓄能压裂技术先后被评为集团公司新技术新产品。

（三）钻井技术

"十三五"期间，大庆钻探工程公司坚持走技术创新发展道路，大打科技创新进攻仗，重点领域和关键技术取得可喜成绩，为老区精细挖潜、外围增储上产、深层气动用提速提效、古龙页岩油勘探开发等领域提供有效技术手段。

特高含水后期调整井钻完井配套技术。大庆长垣老区进入特高含水后期，地层压力进一步复杂化，浅气层、套损层、气顶层、低渗高压层、高压低深层和易漏层并存。针对技术难题，通过攻关完成了弱界面基础理论、孔隙压力解释、低渗透钻井液、界面增强剂、预防管外冒集成技术、预防标准层套损集成技术和系列水泥浆等技术，形成以提高固井质量为核心的大庆油田特高含水后期调整井钻完井配套技术。2016年以来，累计推广应用12414口，15天延时测井固井优质率达到75.35%，平均机械钻速达38.15米/时，平均钻完井周期降低6.12%，为油田开发层系井网调整、化学驱提高采收率等技术的有效实施提供保障。

超薄层水平井钻完井技术。大庆外围油田葡萄花储层薄（0.5—1米）、发育不连续，钻进中易出层、钻速慢。通过攻关形成以随钻地质导向、井眼轨迹控制等技术为核心的大庆油田超薄层水平井钻完井技术，配合水平井穿层压裂工艺，形成直井水平井联合开发模式，解决葡萄花油层6000万吨以上储量直井无法有效动用的难题。2016年以来，累计钻井379口，平均机械钻速达到8.93米/时，平均砂岩钻遇率达71.15%，为大庆油田难采储量经济有效开发动用提供重要技术手段。

中浅层水平井钻完井技术。针对松辽盆地中浅层水平井的地质特点及施工难点，以提质增效为目标集成推广应用七大关键技术，形成大庆油田中浅层水平井钻完井配套技术。（1）研制推广应用以DQ-LWD随钻测量仪器、EM-MWD电磁波随钻测量仪，完全替代国外仪器；（2）优化井身剖面，通过适当上移造斜点定向，降低造斜率，合理增加复合钻进比例提高钻井速度；（3）应用井眼轨迹控制技术，采用早扭方位、早走偏移距、预留着陆稳斜段等方式，保持轨迹控制主动性；（4）应用"一趟钻"技术，优化钻具组合，实现造斜段和水平段分别一趟钻；（5）应用钻井液优选技术，研制应用高性能钻井液体系，增强钻井液润滑性，减少托压现象；（6）研制水平井套管中液力扶正器等套管居中技术，确保套管居中度；（7）研制应用水平井漂浮下套管系列工具,增强水平段套管下入能力,提升完井施工效率,提高井身质量。2019年以来,累计应用77口井,平均水平段长699米,平均砂岩钻遇率76.1%。

松辽盆地深层天然气钻完井技术。针对松辽盆地火山岩地层地温梯度高、研磨性强、可钻性差、裂缝发育、易井漏井塌等难题,从钻井提速、钻井液体系改进、防漏堵漏、固井质量提升等方面进行持续攻关,形成欠平衡钻井、气体钻井、雾化/泡沫钻井等技术系列,研制以高效破岩钻头、液动旋冲工具、涡轮钻具为代表的关键系列关键提速工具,研究应用油包水钻井液、水包油钻井液和高性能水基钻井等系列钻井液体系,集成应用自主合成生产抗高温外加剂、抗高温双效前置液体系、高温防窜防腐水泥浆体系、遇油气自愈合水泥体系和套管气密封检测技术应用等固井技术。2019年以来,累计完成天然气深井23口,其中深层水平井16口,平均井深4465米,平均机械钻速5.11米/时,平均钻井周期104.7天。

工厂化致密油水平井钻完井技术。针对致密油水平井水平段长、三维井作业效率低等问题,通过配套平移装置,以钻井液体系转换为界面,分批施工、流水作业,并集成配套应用"三优一简"设计优化技术(优化井深结构、井眼轨道、井下工具,简化完井工序)、"三大两高"激进式钻井、"一趟钻"技术、三维转二维优化技术、录井地质导向技术以及相关工具、钻井液和固井等提速提效提质关键技术,形成一整套工厂化致密油水平井钻完井技术。2019年以来,累计完成41口,平均井深2246.2米,平均水平段长1074米,平均砂岩钻遇率84.5%,平均机械钻速9.07米/时,平均周期46.7天。

"大平台、密井网、五段制"定向井技术。针对大庆油田松辽盆地北部地面条件受限、井网密度大、井眼防碰要求高等难题,开展技术攻关,形成轨道控制优化技术、井身结构优化技术、大平台密井网防碰绕障技术、定向井防卡技术、套管安全下入技术5项关键配套技术。2019年以来,累计完成"大平台、密井网、五段制"定向井技术、定向井680口,平均机械钻速38.8米/时,平均建井周期5.55天,与非平台井相比,建井周期缩短0.39天。

旋流振动导向一体化固井技术。旋流振动导向一体化固井技术主要由旋流剪切振动固井技术和液动旋转导向技术组成,可净化井筒、强化界面胶结质量,在一定程度上代替常规钻井的通井作业,实现下套管和划眼作业一体化。旋流剪切振动固井技术:通过装有偏心质量块的振动转子旋转,使套管柱和固井液产生振动波。小颗粒水泥填充部分空隙,消除水泥浆中的气泡,密度变得均匀,提高水泥浆凝固的密实性。水泥浆中未活化好的颗粒得到充分活化,提高水泥石强度。套管和水泥环,水泥环和井壁岩层很好地胶结在一起,形成高强度的密封。破坏水泥浆的胶凝结构和静切力,减小水泥浆失重,保持水泥浆液柱压力,压稳地层流体,防止环空气窜的发生,提高水泥封固质量。液动旋转导向技术:通过导流器上倾斜的孔眼改变钻井液运动方向,使钻井液以一定角度冲击动力总成上的螺旋叶片,提供底部钻头旋特的动力源。动力总成上的螺旋叶片在钻井液的冲击作用下,通过连动轴带动随动叶轮和钻头旋转。钻井液通过随动叶轮的旋转形成环空旋流场，对井底岩屑产生横向水平推移作用，同时旋流场提高岩屑启动的动力和井壁滤饼的冲刷效果。合金钢钻头破碎水力能量无法携带的大块岩屑，激活压持作用下的静态岩屑，修正不规则井壁，进一步刮削井壁滤饼。2016年以来，该项技术在大庆油田应用726口井，优质率83.03%，合格率100%，与对比井相比优质率提高5.80个百分点。平均单井节约生产时间8小时，单井节省钻井费用2.67万元，完井事故发生率降低0.57%。优质井段提高5.2%，优质井段比例达到90.3%，相应减少舍层扣款和修井费用，与上年相比修井率降低2.07%。其中，在水平井中应用7口，优质率100%，合格率100%，平均优质段比例为82.42%，与大庆油田水平井平均优质段相比提高30%。

PDC钻头三维激光检测与逆向工程技术。通过现场检测关键工序的半成品，实现实时的质量控制，快速判断出超出容差的情况，在制造过程中立即更正，保证PDC钻头（聚晶金刚石复合片钻头）的质量稳定性。PDC钻头逆向工程技术，实现精确分析PDC钻头切削齿的磨损量，优化PDC钻头切削齿参数设计，提高PDC钻头质量；初步建立一个PDC钻头设计参数与钻井情况关联数据库，以便作为设计参考，使PDC钻头的设计效率提高。（1）应用三维激光扫描仪扫描PDC钻头冠部特征，通过Geomagic Control X对比分析软件，检测实物模型与设计模型的偏差；（2）通过犀牛逆向工程软件将PDC钻头实物模型还原为数据模型，提取设计参数，应用Visual Basic软件创建PDC钻头设计参数管理系统数据库。应用三维激光检测的方法，检测PDC钻头半成品的冠部外形，共检测201

件半成品，并不断改进钻头冠部的加工工艺，PDC钻头冠部外形的抽检合格率从90%上升到99.3%。应用三维逆向工程技术，成功还原3只PDC钻头的数据模型，并初步建立一个PDC钻头设计参数与钻井情况关联数据库，为PDC钻头的设计提供有益的参考。

PDC钻头修复工艺技术。研究钻头磨损情况，制定《PDC钻头可修复性规范》，奠定挑选可修复钻头依据；采用激光熔覆技术对钻头冠部进行修复（包括钻头胎体表面修复、切削齿窝修复、刀翼磨损修复等），解决钻头胎体修复难题；优选并确定修复材料，修复工装设备，修复工艺参数；解决旧复合片重新利用及钎焊技术；解决接头螺纹修复及其他修复工艺技术研究等。PDC钻头胎体修复后的形状基本达到钻头原设计造型，吻合度达到90%以上。熔覆层与钻头基体结合牢固，耐冲蚀、耐磨损，以保证钻头使用性能，修复钻头各项检验指标达到钻头出厂使用标准。到目前为止，在大庆油田调开井作业中，应用200只以上的修复钻头（主要规格是215PDC钻头），修复后的单只钻头平均进尺达到完钻三口调开井（1200米左右）以上的目标，平均进尺达到3680米，平均机械钻速达到35.2米/时。修复PDC钻头不仅能够节省钻头制造成本，而且可以进一步降低钻井作业中钻头使用成本。

（四）钻井大事纪要

研发"吃软克硬"刮刀钻头

大庆喇、萨、杏油田上部地层以泥岩、泥质粉砂岩和粉砂岩为主，较松软（岩石硬度4—56千克/毫米^2）易水化，造浆性能很强。1960年，使用的仿苏刮刀钻头平均单只钻头进尺只有173米。

1962年，成立钻井技术研究室后，在室主任陈理中的主持下，与管子站组成"三结合"千米刮刀钻头攻关队（1963年，钻井技术研究室刮刀钻头攻关人员大部分调入大庆矿机研究所），在结构、材质、制造工艺三个方面着手研究。在结构上，将搭接板一体式改为分流头式，为选择刀片切削角和水眼喷射角创造条件；在材质上，采用耐磨材料，提高耐磨性；在制造工艺上，将刀片与硬质合金用钢丝堆焊焊接。1963年，单只钻头平均进尺提高到578米。1964年，根据萨尔图油田岩石机械物理性能测定成果提供的数据，进一步调整刀片切削角设计，并将刀片与硬质合金的焊接改为钨钢粉压底黄铜敷焊工艺，增强刀片强度。1964年10月12日，1206钻井队在北1-1-33井进行现场试验。三结合攻关队优选钻压等钻井参数，精心操作，单只钻头进尺1006米，首次突破千米关。从1965年以后，采用粉末冶金无压浸渍氢气保护烧结工艺，提高刀片耐磨性与韧性；使用铜镍合金为合金块内部以及合金块与刀片的黏接剂，增强刀片强度；通过调质处理，提高钻头的机械性能。1966年，在管子站建成粉末冶金生产线。当年制造出高效率千米刮刀钻头400只，平均进尺达到877.64米，上千率达32%，一部分钻头钻成小"三一"井。

1971年，钻井攻关队安圣究等人，与管子站共同进行双切削角斜拉筋千米刮刀攻关，改进钻头刀片设计，使此类钻头机械钻速达到17米/时，比单切削角钻头机械钻速提高5米/时。1974年，在喇嘛甸油田会战中推广使用，单只钻头平均进尺1083.48米，上千率73.70%，有85只钻头钻完一口1200米左右的中深井。

研发"四低一稳"优质钻井液

1961年，通过对大庆地层黏土矿物和水质的分析，用淡水代替泡子水来调配钻井液，用细水长流的办法来改善和维护钻井液性能。在此基础上，又在室内进行1500余次实验，取得10500个数据，确定用水泥对钻井液实行钙化处理，使钻井液体系从细分散变为粗分散，改善钻井液性能和滤饼质量。1962年，在工程师杨崇智和孙万能的组织下，开展低黏度、低失水钻井液攻关，以丹宁酸钠为胶体保护剂和稀释剂，改善钻井液流动性和控制失水。

1964年，钻井技术研究室研究出适用于大庆油田的低黏度羧基甲基纤维素（CMC）。之后，钻井技术研究室与泥浆站组成攻关队，研究出用富含Ca^{2+}的石灰澄清液来代替水泥对钻井液进行处理和维护，提高钙化处理的能力，抑制黏土颗粒水化，使钻井液性能保持稳定；用羧基甲基纤维素来降低钻井液的失水量，使滤饼薄而坚韧；用丹宁酸钠为稀释剂，使钻井液性能达到"四低一稳"（低黏度、低切力、低失水、低含砂，性能稳定）。在现场应用时，规定出对钻井液进行二次处理的井段、用药量和加入方法，并要求将钻井液池和沉砂池容积扩大到80立方米，同时强调钻井液重在管理，要做到"四勤"（勤观察、勤测量、勤维护、勤清砂）。在187口井上进行现场试验，满足快速钻井和固井的要求。至1980年油田大面积钻调整井前，采用该钻井液钻井5000余口。

快速钻直井

1963年，钻井技术研究室主任工程师陈元顿等人，根据鲁宾斯基防斜理论，改进钻具下部结构，设计和制造出直径195毫米方接头和直径184毫米扶正钻铤（找中器），计算出方接头和扶正钻铤的加放位置，并把这种钻具定名为"标准"钻具（后统称"钟摆"钻具），1963年下半年全面推广使用。与此同时，还大量使用各种尺寸的扶正器（方接头），之后又大量使用螺旋扶正器。扶正器的外径比井径小7—8毫米，比较适合小排量钻井泵。

1964年初，电驱动钻机改造成功，开始设计"大填满"和"小填满"钻具（后统称"满眼"钻具）组合，使下部钻具刚度增大，间隙减小，分别在大泵和小泵电驱动钻机试验成功，1965年开始推广使用。填满钻具在地层倾角小、无断层地区钻井，可以放心钻直井。在配合措施上，设计和规定各种钻具组合的钻压范围，做到高转数、大排量、适当钻压。操作上由五划眼制度发展为软硬交错处实行两界面、两减压、两划眼措施，严格执行定点测斜。采用以上技术措施后，1963年，井斜合格率从1960年的17.7%提高到90.5%，1965年达到99.8%；平均钻机月速度由1960年的1867米，1963年提高到2109米，1965年达到2939米。

1973年，钻井攻关队仿制出偏重钻铤，在喇嘛甸油田地层倾角32度以上地区的10个钻井队使用，井斜均控制在3度以内。

电驱动钻机取代柴油机驱动钻机

БУ-40型钻机用两台苏制B2-300柴油机作为动力，功率小，带负荷后效率低、修理时间长、事故多，不适应大庆高寒季节施工，经常引起井下复杂情况，严重影响钻井速度。1962年，会战指挥部组织机动处、钻井指挥部、设计院、总机厂、水电指挥部、油建指挥部等单位，开展电驱动钻机替代柴油机驱动钻机的联合攻关。先后在1261和1207钻井队进行生产试验，1963年推广，到1965年共有21台钻机改为电驱动。定型后分两种类型：Ⅰ型为低压（380伏）电驱动。用三台各为155千瓦的交流电动机，其中一台驱动绞车和转盘，两台分别驱动两台HГ-150钻井泵；Ⅱ型为高压（6000伏）电驱动。用一台200千瓦的交流电机驱动绞车和转盘，两台570千瓦交流电机驱动两台3PN-465钻井泵；用R560-58或MR-20$^1/_2$英寸转盘替换P-450转盘；用CH-200水龙头替换БУ-40水龙头。改造后，总功率由352.8千瓦（柴油机转数为1200转/分）提高到465—1340千瓦；转盘最高转数由230.5转/分提高到295转/分；钻井泵排量由27升/秒提高到43升/秒；最高泵压由9兆帕提高到15兆帕。推广电驱动钻机后，单井纯钻进时间和钻机月速度比柴油机驱动分别提高一倍和近两倍。

1965年，利用上述配套工艺，钻成六口小"三一"井。1966年，1205钻井队和1202钻井队，利用电驱动钻机双双年钻井进尺10万米，创造队年进尺新纪录。钻井指挥部全年钻井609口，比1963年多336口；平均钻机月速度3909米，比1963年提高229%；井身质量合格率99%，比1962年提高7%。1972年，1205钻井队在萨北3-2丙68井上，用一只钻头钻完一口1236米深的井，钻成大"三一"井。1974年，1202钻井队也用一只钻头，一天时间，钻完一口1230.36米深的井，又钻成大"三一"井。

成功进行冰上钻井

1962年，钻井技术研究室成立冰上钻井攻关队，走遍大庆长垣内的主要水泡子，做了2700多次冰层厚度测量，摸清冰层厚度与气温的关系，确定了冰上钻井施工时间应为

12月底至次年3月上旬。此时水泡子上的冰层厚度达0.5—0.9米，冰层强度达10—37千克/厘米^2。根据冰层不同的厚度，可以允许不同载重量的车辆通行。

1963年1月16日，组成R-1205钻井队联队，在中9-31井实施第一口冰上井钻井。用打桩机将隔水管砸入亚砂土内2米，用水井钻机钻孔，下入钢管；在钢管内外注满水泥构成基桩；为保持受力均匀，每组基桩用角钢互相连接；在冰层表面添加废旧钢丝绳，防止冰层碎裂；钻井液循环系统用支架架高；完钻后在隔水管上加焊防腐管，以防泡子水中的碳酸钠对井口的腐蚀和水泡子解冻后水流对井口的冲击。

1965年以后，改用打桩机打入预制的钢筋混凝土摩擦桩做基桩，提高了工效，节省了费用。冰上钻井有一整套安全措施，包括安全起放井架、保护基桩、保护冰面等。采用以上措施，钻成百余口冰上井。

松基6井取得松辽盆地深层地质新认识

1963年3月31日，大庆第一口深层探井-松基6井开钻。该井1966年12月3日交井，井深4718.77米，是当时国内最深的探井。

松基6井位置在萨尔图构造顶部偏东，由32139队负责施工。该井起初设计井深4000米，钻井目的是了解深部地层和含油气的可能性。

32139钻井队成立于1952年，原属于玉门油矿队伍，时称3219队。1960年3月赴大庆参加会战，1962年12月接到钻探松基6井任务，大家既高兴又担心。高兴的是上级的信任，担心的是钻机能力只有3200米，能不能坚持打下来；深部地层有多硬，温度有多高，钻杆能不能承受，都不知道。该队过去没有钻过这样深的井，技术行不行，心里没底。队长赵建荣和指导员许凤智组织大家学习毛主席的"两论"，冷静分析，一致认为，钻4000米深井是对他们的严峻考验，要在战略上藐视4000米，战术上重视每一公分，做到敢打善打，对问题一个一个解决，在实践中学习，在实践中提高。上级领导给予极大支持，派来一批工程师组成四个攻关组，分别进行设备改造、钻井液研制、钻头选用、工艺配套等工作，驻井攻关。大庆会战指挥部副指挥兼总工程师王炳诚、钻井指挥部总工程师杨录、探井大队工程师蒋希文等都来队上指导帮助。

在动力改造方面，把柴油机驱动改为电驱动，功率提高55%；加固井架和底座；对绞车、传动系统和提升系统进行改造，经检测和校正，使钻机总体承载能力由130吨提高到200吨；在钻井液方面，研制出国内第一份耐温150摄氏度的水解聚丙烯腈钻井液；对下井的钻铤、钻杆及其他工具，都做了合理选配。经过大量深入的准备，开钻后，顺利到达1265米，下入第一层技术套管，到2516米又下入第二层技术套管，并完成固井。

在钻井过程中，职工严格执行以岗位责任制为主的各项规章制度。对钻杆、钻铤等下井工具坚持严格检查，每次起出地面都要检查螺纹，每200小时做一次探伤，每300小时做一次试压，先后更换628根受损钻杆，减少井下事故。司钻魏光荣经常强调，司钻手握三条命——人命、井命、设备命，不能有丝毫马虎。队里经常组织推广好的操作经验，从司钻到钻工，人人练出一手过硬本领。1964年3月20日，松辽会战工委作出《关于向三二一三九钻井队学习的决定》，推动全油田的基层建设。

1964年9月10日，松基6井钻到设计井深4000米后，大庆会战指挥部组织现场庆功会。大庆会战工委授予32139钻井队"硬骨头钻井队"荣誉称号。石油工业部副部长、大庆会战总指挥、会战工委书记徐今强主持庆功会，并授予32139队"硬骨头钻井队"锦旗。石油工业部副部长康世恩也赞扬32139钻井队是一支"思想过硬、作风过硬、技术过硬"的钻井队，松基6井在中国石油工业史上揭开一个新纪元，同时号召继续钻进，向5000米进军。

深度越大，难度越高。钻井液攻关组又进行改进，研制出铁铬木质素磺酸盐作为高温稀释剂，使钻井液耐温达到160摄氏度。钻头组发动群众提建议，设计出多种"西瓜皮"钻头，在每只钻头进尺只有2.32米、平均机械钻速每小时0.29米的艰难情况下，坚持钻井。在钻到4718.77米时，终因地层过硬，温度过高，钻杆不能承受高温和疲劳而折断，结束钻进。下入油层套管完井，井内留有落井钻杆，不能试油。

松基6井钻穿泉头组二段以下的登娄库组和530米侏罗系地层，在各个层段都适量取出岩心；全井取心进尺100.2米，收获率85.8%。取全取准8类35项资料几十万个宝贵数据。勘探科研人员利用这些资料，对松辽深层有了新的认识。一是发现登二段地层有383米暗色泥岩，取出样品化验结果，发现其有机碳含量为0.33%，萤光沥青含量为0.017%。这些地球化学指标表明，这段地层具有生油生气能力；二是了解深层温度、压力变化规律。在井深4400米时，地层温度已经达到150摄氏度，石油只能是气态存在，所以深层勘探的目的不是找油，而是找气；井下的高温高压使测井仪器、射孔器材都不能很好发挥作用，今后要开展研究，研制出能够适应的仪器。三是发现登娄库地层有很厚的砂岩和砂砾岩，可以成为深层气的储集层。但在上覆巨厚地层压力下，地层很致密，地层中颗粒间孔隙变得很小。而且地层越深，孔隙越小。泉二段砂层孔隙度为10%—17%，下面的登三四段孔隙度降低到8%—10%，再往下甚至不到6%。这样的孔隙度储存液态石油已不可能，但可以储存天然气。

钻机更新换代　钻井质量优速度快

会战初年，大庆油田钻机的主要机型有两种，一是可钻3200米的大型钻机，包括大庆会战前期使用的苏制乌德型钻机和1977年以后使用的中国兰州机械厂制造的大庆130型钻机。这两者机型在性能和设计结构上比较接近，但大庆130型的动力是济南柴油机厂生产的大马力机型，使功率由1500马力（1马力≈735瓦）增加到3600马力，负荷能力加大，提高钻井效能。第二种机型是可钻1200米的贝乌型中型钻机，有苏制、罗马尼亚制及国产钻机。这类钻机以柴油机为动力，功率小、事故多、效率低。大庆油田领导于1962年决定将其改造为电驱动。1963年，科技人员开始联合攻关，经过一年努力，获得成功。从3种试验机型中优选出两种，一种是电驱动小泵，另一种是电驱动大泵。由于钻机总功率、转盘转数、钻井泵排量和泵压都有较大提高，使钻井效果得到改进。1973年在喇嘛甸油田开发会战中，发挥重大作用。

1205和1202钻井队就是用这种电驱动带大泵钻机在1966年创出年进尺10万米的全

国最高纪录。1205队又在1971年创造出年钻井进尺12.7万米的新纪录，并在1972年用一天时间、一只钻头、钻完一口"大三一井"。1980年以后，大庆老区大批量钻调整井，主要是靠这种钻井设备。以后随着设备逐年老化，陆续被更新为新机型——ZJ系列钻机。到1994年8月，为大庆油田开发中做出重大贡献的最后12套电驱动贝乌钻机全部退役。

1980年以后，随着油田开发调整的特殊需要和勘探领域的扩大，不同深度和不同要求的钻井井型逐渐增多。原来的两种钻机远不能满足需要，于是逐步增加多种新型钻机。

一是中型ZJ-15JD型钻机。1982年，大庆与宝鸡石油机械厂联合设计，由宝鸡石油机械厂制造，用来替代贝乌-40钻机。1983年7月制造出第一台钻机，试用时发现井架质量不好，而且不耐寒。于是接着进行改造。经多次改进，1985年达到成功，开始在大庆油田推广使用。特点是：加强井架、游车系统，承载能力提高20%，钻井深度由1200米增加到1500米；钻机底座净空高度由1.76米提高到3米，以便于安装井控和固控装置；司钻操作由手板脚踏变为气动操作，即可靠又省力；钻井泵功率加大为1000—1300马力，满足调整井重钻井液高压喷射的需要，机械钻速提高了30%—50%。1988年推广使用，到1990年大庆已有40多台，在老区调整井钻井中起主要作用。

在使用中，根据发现的不足，大庆与宝鸡厂家合作对钻机又进行改进，于1998年推出一种新型产品——ZJ15/DB-1型数控交流变频驱动钻机。改进之处在于：无级调速；伸缩式井架；配备液压盘式刹车和司机操作房；使用钻井八参数仪，自动显示。钻机提高机械化和自动化程度，也提高了安全性。现场使用效果较好。钻井二公司15142钻井队就是使用这种型号钻机，在2005年实现老区调整井队年进尺突破7万米新纪录的。

二是中型ZJ25型和ZJ32型钻机。1985年后，大庆长垣以外陆续开发，井深在1600—2000米区间内。已有的中型机型不能满足钻井深度需要，而大型钻机均为3200米钻机，用来钻2000米油井必然造成浪费。为此，1986年起，大庆又与宝鸡石油机械厂、吉化公司重型机械厂联合研制适用于2500米以内井深的新型钻机ZJ25钻机。主要优点是：底座高，达到3.69米，便于安装井控装置；具有柴油机驱动和电驱动两种方式，可根据现场情况选择采用；在地形合适时，可以进行钻机整拖搬迁。

1991年10月，中油总公司在成都召开钻井装备更新改造会议，提出研制ZJ32型钻机的要求，用来替代大庆130型钻机。大庆油田与兰州石油机械研究所、吉化公司重型机械厂共同设计，1992年3月完成设计，在吉化公司投入制造。当年11月造出样机。经过现场试用，受到认可。鉴定后认为，这种新型钻机采用许多成熟的新技术，具有井架不用绷绳、井口机械化代替锚头、液压阀手柄代替刹把等许多优点。鉴定会后，经过进一步改进，ZJ32型钻机于1995年投入使用，取得较好效果。

三是大型ZJ系列钻机，包括钻井深度4000米、5000米、7000米等多种型号，由宝鸡石油机械厂制造，全部为电驱动。2005年进入大庆的是7000米DB型交流变频电驱动钻机。这些新型钻机在操作机械化、仪表自动化、安全性能等方面远优于大庆130钻机，是大庆深层钻井的主要机型,也是大庆130型钻机淘汰后的替代产品。大庆派往美国施工的大庆钻井一公司的GW85钻井队就是使用这类4000米钻机,设备经过紧张安装和精心调试,一次通过甲方检查验收,于2006年1月12日开钻。

四是引进的车载钻机。1983—1986年,引进美国Wilson-65、65B、IDECO8085、加拿大K650型,使用后证实其特点是:钻井深度达1600—2200米,适合大庆外围开发钻井;钻机车载自走,井架液压可伸缩,搬迁便利;操作机械化、自动化程度高,安全性能好;配备大泵,可实现高压喷射;主要传动部件自动润滑,有利于提高设备寿命。1986年成立以外围开发钻井为主要任务的钻井三公司时,大部分装备此类钻机,减少搬家收尾的时间,提高整体施工效率。

地震勘探技术的更新换代

在石油勘探中,为了解地下储油构造、地层发育等基本地质情况,最直接可靠的办法是钻井,但钻井花钱太多。因此通常在钻井之前,应用地球物理勘探方法掌握地下情况,找到可能有油有气的圈闭后,再上钻井,以降低投资风险。在各种物探技术中,最好的是地震勘探。地震勘探的原理是在地面埋下炸药,引爆后地震波向地下传播,遇到各地层界面便反射回来;在地面使用地震仪接受这些反射波,根据波传播时间、强度等信息,计算出地下不同地层界面的深度,据此掌握地下油气圈闭的基本状况。地震勘探过程包括三个主要环节:野外采集、计算机数据处理、地质解释。大庆在这三方面都有重要发展。特别是近十多年形成的高分辨率地震勘探和三维地震勘探,对发现隐蔽难找的薄油层、深部气层、海拉尔盆地复杂油层,发挥重大作用。

(1)野外采集技术。

资料采集一靠良好的地震仪器,二靠适合地形地貌和地下地质的施工工艺。

大庆油田使用的地震仪历经两次更新换代。

第一代地震仪是"五一型"光点记录仪。每爆炸一次,取得一张记录;靠人工计算出地下各地层深度,然后编制构造图。这种仪器结构简单,当年正是靠它发现大庆长垣构造带,并设计出松基三井井位,找到大庆油田。1961—1963年,集中新疆、四川、青海、玉门、大庆等单位31个地震队,开展松辽盆地地震大会战,也是靠"五一型"地震仪,基本查清盆地面貌;1964—1971年使用"五一型"地震仪对大庆长垣做地震细测,为油田开发设计提供依据。但在开展深层勘探中,取得的记录模糊不清。这类仪器于1974年宣告退役。

第二代地震仪是模拟磁带记录仪。大庆于1973年重新建立勘探指挥部后,就开始换装,到1975年全面推广使用模拟磁带地震仪。虽然仍是记录地震波形,但不必显示在照相纸上,而是记录在磁带上。可以对地下同一个点多次放炮,多次记录,然后叠加起来,使有用信号加强,无用信号抵消或减弱,提高信噪比。另外在室内回放时,可以把单炮记录沿测线方向连成一张剖面,使地下岩层起伏一目了然。1974年,大庆首次在三肇至葡萄花的P6测线作出六次覆盖地震剖面,以后又在三肇—双城及古龙等工区开展多次覆盖地震施工,落实三肇地区古隆起及其两侧深凹陷的具体状况,为三肇地区深层勘探打下基础。

第三代地震仪是数字仪。它所记录的信息不再是波形，而是数字，而且信息量及信息内容大幅度增加。使用计算机可以处理出更多地质资料。1978年4月，石油工业部给大庆调进西安地球物理仪器厂组装的数字仪5台，大庆于1981年引进国外生产的地震数字仪5台，使10个地震队实现数字化，到1986年实现20个地震队全面换装，使大庆地震勘探进入数字化新阶段。这使三维地震和高分辨率地震具备硬件条件，为深层勘探和复杂断陷盆地勘探提供有力武器。

随着仪器进步，配套的测量、震源、野外适用机具、施工方法和管理都上了一个新台阶。首先是野外施工机具，1973年8月开始把每队五大件（仪器车、钻机车、水罐车、爆炸车、测量车）增加为七大件（各增加一台钻机车、水罐车）；1975年，20个野外队完成配套，大大提高工作效率。1976年7月开始配备野营房，包括办公室、解释室、仪器室、电视游艺室、宿舍、伙房、浴室、炸药库、雷管库、野外送餐车等，大幅度改善野外工作和生活条件，到1983年配套完。部分地震队配备宽轮胎大轮车，使低洼地、疏松沙地施工畅通无阻；测量方面，开始使用地球卫星定位系统（GPS），实现高精度快速定位和联测；震源方面有了高密度成型炸药，使其体积缩小而威力加大；1981年10月，大庆引进4套机械可控震源，配备给2284队，使城镇人口稠密地区不用炸药也可以开展地震勘探，1991年冬至1992年春顺利完成哈尔滨市区地震勘探工作；1992年7月，还研制试验成功电火花震源，解决江河湖泊水面地震对环境造成破坏的问题。

为提高野外施工质量，大庆于1985—1986年雇用美国西方地球物理公司的两个地震队来大庆工作。外国地震队的施工经验对大庆有较大启发，以后在大庆地震队全面推广这些经验，使大庆地震施工质量和速度大幅度提高。1984年平均队年施工测线388千米，1988年提高到662千米。以后一直保持下来，并有所提高，部分地震队实现年度施工测线上千千米。

（2）地震资料的处理解释。

野外地震资料的处理解释就是把地球物理信息（地震波传播速度、震动强度、波动组合特点等）转化为地质信息，如地层埋藏深度、地层厚度、岩石性质、岩石中含有物等。在使用光点记录地震仪时，要靠人工解释，所能提取得到的信息很少，一般只是解释各地层界面的深度；使用数字地震仪后，取得的数据量非常大，在计算机的配合下实现资料处理的高速度和高质量，而计算机自身也在实践中不断改进提高。大庆用于地震资料处理的计算机最早是1976年5月购进的国产TQ-6型，由上海无线电十三厂生产，经一年调试，于1977年6月投产。当时处理方法较少，主要是做水平叠加。但随着勘探工作量加大，计算机不能满足需要了。1980年以后，地震队由12支增加到20支，年工作量由2000—3000千米测线增加到1982年的6000千米，TQ-6计算机无论如何也不能完成处理任务。为此，1981年2月大庆物探公司引进美国Timep计算机，当年安装、调试、验收，于1982年1月底投产，除常规的水平叠加外，还能做偏移归位、三瞬、频率分析等特殊处理。

Timep计算机原本是现场处理机，速度

和功能不能满足更大规模处理资料的需要。为此，石油工业部同意为大庆引进更适用的Syber1724计算机，安置在北京石油工业部规划研究院，安排部分机时给大庆使用。1982年1月2日，大庆研究院组成地震资料处理攻关队，在北京开展工作，负责大庆地震资料常规处理，而大庆物探公司的Timep计算机从1983年2月起，改作现场处理、质量监督和地震仪的年月检。

1984年以后，地震工作量进一步增加，1985年达到10717千米，而且准备进行三维地震，数据量大增，处理内容也增多。大量记录磁带和人员往返北京极不安全。石油工业部同意大庆自己引进更大的计算机。1986年大庆为研究院引进赛伯180-830机，当年5月8日完成调试验收投产；同时引进专门用于资料解释的PE3210机，当年6月17日投产；为物探公司引进PE3284机，也于1988年9月25日投产，有效地解决地震资料处理解释的难题。为此，大庆石油管理局决定，自此时开始，当年野外采集的地震资料的常规处理和解释，全部由物探公司负责，而大庆研究院不再承担常规地震处理解释工作，集中力量进行科研性的处理解释研究工作。

进入20世纪90年代以后，勘探工作继续加强，使用地震资料预测地层岩性、物性和分析沉积相等方法普遍应用，对计算机提出更高要求，为此又开始新一轮更新换代。1990年大庆油田为物探公司引进VAX6420机，1991年10月28日投产；1993年引进VAX9420机，1994年1月24日投产；1995年引进PARAGON大规模并行处理计算机，当年10月15日投产，当时是国内第一家实现并行三维叠前深度偏移处理，使大庆地震资料处理达到一个新水平——成果剖面信噪比高，断层清晰，深层基底反射连续性好，可直接显示地层深度。2001年11月8日，物探公司新引进IBM.GSI大型并行计算机投产，使大庆物探公司资料处理能力和解释水平进一步提高，对解决一系列勘探地质难题发挥重大作用，如对深层基底深度确定、深层断陷边界的划定、各类圈闭的可靠性、薄互层预测等地质技术难题的解决，有了长足进步。特别是在深层找气过程中使用地震资料预测火山岩取得成功，加快天然气勘探步伐。

大庆研究院的处理解释设备也在不断提高。1995年10月，从美国引进CRAY CS-6400超级服务器和IBM RS6000/990计算机；1999年3月又引进IBM SP2并行机，并从SGI公司引进ORI-GIN2000并行机；2003年引进联想公司的深腾1800微机集群计算系统，用于三维叠前深度偏移处理，从而形成复杂构造地震成像技术等系列技术，在深层研究中发挥重要作用。

2002年，在徐家围子徐深1井发现深层高产天然气后，要扩大含气面积，拿下规模储量，关键问题是要搞清储存天然气的火山岩的分布。大庆研究院成立地震预测攻关队，经过两年努力，实现火山岩的有效识别。针对火山岩与围岩和火山岩内部不同岩性之间波阻抗差异小、火山岩对地震波有较强的屏蔽作用、火山岩横向变化大、难以对比追踪等问题，反复探索，终于找到解决办法：以频谱成像技术预测火山岩的空间分布；以宽带约束波阻抗反演方法预测火山岩中天然气储层分布；利用能量梯度变化预测火山岩储层厚度。见到明显效果：预测火山岩的钻遇率达到100%，预测火山岩储层厚度误差率小于20%。通过地震资料预测部署的深层火山岩探井普遍取得良好效果。

（3）采用三维地震和高分辨率地震新技术。

不断出现的地质难题促进地震勘探技术的迅速发展。大庆在1985年以后出现的三维地震和高分辨地震就是最重要的新技术。三维地震与前面提到的常规地震不同之处在于：一般地震施工采集资料时，沿着测线方向进行，也可称为二维地震；而三维地震则是在一块面积内立体采集，形成三维空间的数据体。各方向的数据密度都比较大，可以在任意方向上切取剖面。因而对了解地下有更大的自由度。大庆自1987年11月起在三肇地区榆树林区块做第一块三维地震，以后每年都要选取几个重点区块，进行三维地震，每年工作量在200—300平方千米；2001年后加大到1000平方千米以上。摸索出一套适应不同地质情况的野外采集技术和计算机处理方法，使用人机联作办法进行地质解释，取得良好效果，特别是在深层勘探和复杂断陷盆地勘探中，提高信噪比，减少多解性，使构造解释更加精确细致，能发现以往常规地震发现不了的小构造、小断层，并能较好地预测岩性和油气储层分布，使探井部署减少风险，更加可靠。在油田开发中也使用三维地震技术预测储层，使开发设计实施中减少空井。在近十年地震仪发展到无线遥测，采集由24道增加到240道、480道，甚至更多道的情况下，三维地震有了更大使用空间。1996年大庆物探公司引进三维地震专用的1440道数字地震仪，当年11月18日投产，在升平—汪家屯工区开展深层三维地震，取得良好的地质效果和经济效益。大庆在进入新世纪后，三维地震技术有了更快发展。根据地质模型优化采集方案，形成超千道（最多2496道）、高覆盖（96次）、大炮检距（4500米）、3口井组合激发的野外采集技术，资料质量大为提高，信噪比由1.1提高到2.3；使用叠前时间偏移处理技术，提高了剖面质量。解释中形成一套三维可视化解释技术，实现地震数据的深化分析，从概念描述发展到实体雕刻，地质人员和地震解释人员共同在三维空间分析和发现地质目标，对松辽深层和海拉尔勘探中，在复杂构造分析和地质体识别方面，表现出明显优势。看来今后三维地震有可能逐步取代常规二维地震。

与三维地震同时发展起来的高分辨地震是具有大庆特色的地震新技术。因为大庆探区遇到的油气层普遍是薄油层，常规地震难以分辨出来，因而不能进行油层预测。大庆物探公司在多年研究试验的基础上，自1994年起，在三肇、齐家等地区进行高分辨地震采集施工，逐步掌握一套比较合理、完整技术方法，概括起来是"五高、二小、二措施"：时间采样率由2毫秒提高到1毫秒，空间采样率高达15—20米，高覆盖率达30—60次，高仪器低截频，高自然频率检波器；小偏移距，小组合距；深埋检波器，风力大于二级不施工。室内资料处理采用多种技术措施，使处理后的剖面提高分辨率，3000米深度的反射波视频率达到40—60赫兹。解释后，在3000米以内深度地层中，能分辨出8—10米薄油层，能识别断距5—10米的小断层，能发现隆起幅度5—10米的小构造。这些成果达到国内领先水平。这套技术引进到油田开发中，把高分辨地震与三维地震结合起来，进行高分辨三维地震，对预测油层分布具有很好效果，提高生产井钻井的油层钻遇率。

探井测井技术的更新换代

在探井中，使用测井仪器测量井筒内各个地层段的电、磁、光、放射性等地球物理参数，经过处理和解释，转变为地层岩性、物性（渗透率、孔隙度、含水饱和度等）、含油性等地质参数，从而发现和认识油气层，这就是探井测井技术。可以说，测井是地质家的眼睛，在石油勘探和开发中发挥着重要作用。

大庆会战初期，在钻井指挥部内设置测井大队；1981年实行专业化分工，为钻井工程服务的队伍组合成钻井技术服务公司，其中包括测井队伍；1984年进一步细化分工，测井队伍独立出来，成立测井公司。此后测井技术加快发展，设备不断更新，技术水平和能力迅速提高。

测井的第一环节是探井井筒内原始资料的采集。采集资料质量如何在很大程度上取决于下井仪器及其地面配套设备。大庆会战初期的测井仪器是苏联制造的AKC-51型光点记录仪。测量内容是不同电极距的油层电阻率，俗称"老横向测井"，此外是反映钻井工程状况的测井项目，如井径、井斜、井温等。这套仪器虽然简单，在大庆长垣和三肇地区地质情况相对简单的情况下，取得比较好的结果。

1965年7月，开始使用西安地球物理仪器厂制造的JD-581测井仪，以模拟磁带记录代替光点照相记录，在技术上是个重大进步，提高工作效率，方便下步的资料处理和解释。在储层不太复杂的情况下，使用效果比较好，所以能在开发生产井中长期使用，直到1997年才全面退役。而对勘探来说，随着勘探领域的扩大，勘探对象越来越复杂，这些模拟磁带仪器就力不从心了。1974年7月起，对探井测井系列进行改革，简化老横向测井，加测三侧向、声速测井项目；1979年又开始推广人工电位测井，以适应大庆外围薄油层需要。即使如此，对松辽深层和松辽以外盆地来说，仍不能得心应手。

1979年5月，石油工业部从胜利油田给大庆调来一台从国外引进的德莱赛—阿特拉斯3600数字测井仪。但因为只有一套，而且并不是世界一流设备，所以不能满足大庆勘探需要。从1983年起，大庆准备引进世界最先进的斯伦贝谢数控测井成套设备。1984年首先雇请斯伦贝谢测井服务队，来大庆进行为期一年的测井技术服务，一年中测井29口，经计算机处理解释后，对解释的145层做试油验证，解释成功率达到76.5%。明显高于以往的解释水平，证明其设备质量优良，效果可靠。经与斯伦贝谢公司艰苦谈判，签订引进斯伦贝谢测井仪器的正式合同。1985年底，经过在厂家验收，质量未能全部达标，大庆专家拒绝验收；1986年底，经整改后两次验收获得通过；1987年春，经大庆施工工地验收合格，于当年10月16日投产使用。这套设备包括四套地面接收和现场处理车装仪器，有16种76只下井测量仪器，包括电阻系列的双感应、双侧向、微球聚焦、地层倾角仪；放射性系列的自然伽马、自然伽马能谱、补偿中子、岩性密度测井仪；工程系列的井壁取心仪、XY井径仪、井温仪、套管接箍定位仪等。探井普遍使用这套仪器，见到较好效果。经多年使用后，大部分仪器超负荷劳动开始老化，到了退役年龄，大庆测井公司技术人员采取很多技术措施，使仪器继续工作。同时着手研究自制数字仪器和引进少量新仪器。1990年5月引进一套阿特拉斯公司的3700数控测井系统；1993年，自行研制成功DLS-1型小数控测井仪，1994年开始批量生产，主要应用于开发生产井。为解决在探井中使用的问题，1997年与中国船舶总公司第七研究院合作，研究配套成功DLS-2型小数控测井仪，1998年起在探井中使用，暂时解决引进测井仪数量少、不能满足需要的问题。为进一步解决探井测井难题，1997年引进2套哈里伯顿公司的EXCELL-2000成像测井系统，1999年又引进2套阿特拉斯公司的ECLIPS-5700型成像测井系统，使大庆测井进入新时期。

探井资料处理水平也随着采集仪器的进步而不断提高水平。1982年7月，为配合数字仪器采集，首先引进了PE3220计算机，不久又引进PE3230计算机，专门用于野外采集资料的处理；1987年，又引进VAX计算机测井曲线数字化扫描系统，当年9月25日投产。着手对以往的模拟曲线资料数字化，以利于探井资料综合使用和研究。1995年又从SGI和SUN公司引进新的计算机，代替原有的PE机。随机的处理软件也在使用中升级，达到完善提高。

在测井资料解释中通过不断总结分析，各探区测井资料解释逐步走向标准化和规范化，形成适用于不同地区、不同地层的油气水层解释图版，特别是松辽盆地中浅层，对各区测井内容、处理软件、解释方法、程序等达到配套，解释准确率从过去的50%—60%上升到80%—90%。多年来的测井解释难题如松辽西部含钙薄互层和高阻水层、大庆长垣两侧低电阻油层、大庆外围油水同层等，都取得较好的解释效果。在各新地区勘探中，不断出现新的技术难题，如深部火山岩天然气层、海拉尔盆地油气层，也在不断探索中提高测井解释水平。大庆自身因没有测井仪器，存在诸多不能解决的难题，请来外援帮助解决。1995年在汪903井深层勘探中，请来斯伦贝谢公司MAXIS-500测井队进行阵列感应、微电阻率成像测井；1996年在宋深3井钻探中，请来中油测井公司5700测井队进行核磁共振测井。这些对了解国内外先进技术，提高自身水平，起了重要作用。通过借鉴和研究，大庆测井技术大幅度提高。在松辽深层勘探中建立火山岩岩性测井识别技术和储层识别技术，实现定性识别裂缝、定量求取裂缝参数，对准确发现火山岩气层发挥重要作用。

运用录井新技术　提高油气层判别准确率

大庆会战初期，地质录井基本没有仪器，主要靠技术人员直接观察和描述、记录岩屑、岩心、钻井液和钻井速度变化，从中分析和发现油气层。当时的地质录井队被戏称为"徒手队"；20世纪60年代中期有了气测仪，在录井中可以反映和记录钻井液中携带的天然气的成分和出气强度，作为判断油气层的依据；1985年，地质录井公司成立后，分两次引进6台国外TDC综合录井仪。第一批2台在1987年5月7日投产。这种仪器不仅可以记录钻井液性能变化，还能记录一系列钻井工程参数，对钻井提出预告和警示。以后又陆续增加国产SLZ综合录井仪；1995年，又从美国哈利伯顿公司引进2台国外最先进的SDL-9000综合录井仪，能更及时准确地发现油气层，并可预告钻井工程事故，在保证安全上发挥作用。大庆录井公司使用这种仪器在国内其他油田进行地质录井技术服务，获得一致好评。

为了提高地质录井技术水平，大庆录井公司与美国哈里伯顿能源服务公司联合进行研究，对 SDL-9000 综合录井仪进行优化改进，使硬件配置和软件系统的设计都更加适合环境，性能有所提高。1997 年研制成功，命名为 DAQING-SDL9000 型综合录井仪，为大庆录井打进国际市场铺平道路。大庆录井公司还根据需要研制其他必要设备，如钻井液黏度检测仪，实现连续、自动记录钻井液黏度变化，告别人工测量记录，做到实时监测；研制钻井液氯离子连续检测仪。钻井液中氯离子含量是地层水识别的有效指示剂。以往靠人工取样和分析，时间周期长，数据不连续。新仪器研制成功后，实现自动、连续、定量检测，为及时判别油水层提供可靠依据。另外，还研制岩屑定量评价仪，其原理是岩屑在系统光源照射下，发出自然光，经光电扫描装置转换为计算机数据和图像，经处理后实现定量评价。仪器评价实现规范化、标准化，不会漏失油气显示。这项研制成果于 1997 年通过中油总公司的技术鉴定，填补国内一项空白并达到国际先进水平。

在地质录井工作中，使用地球化学分析技术，提高录井技术水平。应用气相色谱辨别油气显示的真伪，确定地层含油性。储层中油气水流体具有自己独特的色谱特征，因而可以用来区分油层、水层、油水同层，为录井中正确解释地层含有物提供根据。通过多种方法综合解释结果，油气层判别准确率达到 90% 以上。1990 年以后，在录井工作中充分利用计算机实现资料处理，编制各种录井图件，实现信息资料远程传输等，使地质录井工作走上现代化道路。

试油仪器和试油技术更新换代

大庆油田的试油技术发展可以划分为三个阶段，即水泥塞试油阶段、封隔器试油阶段和地层测试阶段。

大庆会战初期，是水泥塞试油阶段，即试油时要自下而上逐层进行。每试完一层后，要在已试层位之上灌注水泥塞，把下部地层封死，然后上返到新层位，进行射孔试油。试油方法较多：在产量较高可以达到自喷或间歇自喷时，在井口计量产量；如果不能自喷，则需进行提捞、气举、抽吸、测量液面变化等措施，然后在地面容器中计量产量。试油方法缺点很多：一是只能由下而上逐层进行，不能选择重点层位提前进行，拖长工作时间；二是对低产、低压油层，很难取得系统的压力资料（地层静压力、压力恢复曲线），也不能取得地层条件下的油气样品，影响对地质情况的认识；三是试油完成后，如想利用这口探井进行油气开采或重新试油，必须使用钻机把水泥塞钻开，费时费事，成本太高。

1965 年，大庆在油田开发中利用油井封隔器实现分层开采。封隔器技术很快引入勘探领域，形成第二代试油技术，即封隔器试油技术。以封隔器代替水泥塞，提高试油效率，也可以任选试油层位，试油完成后的探井利用也很方便，但在录取资料方面并无重大改善。

第三代试油技术是地层测试器试油技术，这项现代技术在大庆出现较晚。石油工业部在 1976 年就从国外引进地层测试器，用于胜利、大港、江汉等油田。1982 年，大庆油田请江汉油田测试队来做技术服务，最早在古20井和塔18井进行钻井中途裸眼测试。1983年，大庆油田和江汉油田合作，在完成的探井中使用引进的江斯顿测试器进行试油。1984年，大庆油田开始独立进行测试，当年完成65层，占全年试油工作量的五分之一；同时着手自己引进仪器。1985年正式推广使用地层测试器，目前地层测试器已经成为试油的主要工具，每年试油层位的70%以上是由地层测试器完成的。

地层测试器主要由井底测压阀、压力计、封隔器组成。井底测压阀的作用是实现井底开关井，开井时可以记录流入测压阀的液体数量，并由压力计记录流动压力曲线，关井后记录压力恢复曲线。测试时还能记录井下温度，取得油层压力状态下的油气样品。自1985年以来，产量达到0.5吨的油气层都能测得合格的压力恢复曲线和地层静压力。这些资料是制订油气田开发方案时研究储层和油气藏的必要资料。大庆外围探区的大部分探井具有三低特点，即储层渗透率低、地层压力低、油气产量低。地层压力恢复很慢，使测试工作增加难度。通过多年实践，测试技术人员已经研究出适合大庆特点的跨隔测试技术，使用上下两个封隔器，减少测试层段的井筒容量，使压力恢复大大加快，同时摸索出一套合理的开关井制度和开关井时间分配，提高资料质量。

1990年以后，大庆试油试采公司又引进高精度电子压力计和地面直读装置，更使地层测试技术如虎添翼，对解决疑难井试油发挥重要作用。大庆地层测试队经常到大港、吉林、塔里木、吐哈等油田从事技术服务，普遍受到好评。

为了了解油层生产的稳定状况，对重点探井要进行较长时间的连续测试，称为试采。一般要持续数月至一年以上。大庆会战初期，对各构造重点探井都进行试采。大庆外围探井中情况比较复杂，不少探井因为低压、低产、结蜡，使试采不能连续，影响资料质量。在不断探索中陆续解决这些问题。1984年以来，研究成功分层试采技术，可以在全井射孔情况下，任选其中单层进行试采，取得连续可靠的产量、压力资料，并可使用压力恢复曲线解释储层参数；对稠油和易凝固探井，1989年研究成功电热机械抽油试油技术，可以在半年之内无须检泵和清蜡，取得连续的产量、压力资料和压力恢复曲线。这些资料对确定开发技术政策具有重要作用。

测试资料解释方面也有较大发展。1986年以前，靠人力手工计算，取得的成果较少，完成工作量也有限。1986年引进了美国ICT公司试井软件和自动读卡仪，1987年又引进华北测试公司试井软件，到1991年开始自主开发更适合大庆特点的试井软件，不断取得成果：可以用于构造油藏确定油水界面；用表皮系数判断储层污染程度，以指导压裂设计；用以解释储油层有效渗透率和裂缝状态，确定油层产能、压力、温度和水性，以提供开发设计依据。

射孔弹制造和射孔技术的更新换代

无论是油气生产井、注水井、勘探井，钻井完成后都要下入钢制套管，然后用水泥充填套管与井壁之间的空隙，使油层得以封固，避免各层段之间油气水的串流。射孔则是把封闭的油气层打开，使油气从地层中流出到井筒，以进一步采出到地面。射孔的主要工具是射孔弹。射孔时，用电缆或油管把射孔弹下入到井内油层位置引爆，使一股高温高能射流穿透套管和固井水泥,进入油气层,形成直径8—20毫米的孔道,使油气通过孔道流出。射孔质量取决于射孔弹质量和射孔工艺水平。

1968年以前,大庆射孔使用的射孔弹是军工部门生产的仿制苏联产品,有两种型号,其中58-65型射孔弹对套管损害较大,使套管变形和产生裂缝,造成油井缩短寿命。所以在1964年后停止使用。改用57-103型射孔弹,但57-103型弹需要在射孔枪内使用,而射孔枪需使用军用高射炮筒专用钢材,价格昂贵,每支枪身为当时人民币6700元,每支枪身平均使用3.5次就报废。使射孔成本太高,无法承受,况且钢材来源不能保证。为此,1965年9月25日,根据石油工业部通知要求,大庆油田决定在大庆钻井指挥部深井研究所内,成立专门研究单位,设法解决这个问题。这个单位先叫射孔技术研究室,1966年10月,从深井研究所分出,改名为大庆钻井指挥部射孔弹厂。射孔弹研究室一成立,首先研究如何延长57-103射孔枪使用寿命问题。经过反复试验分析,查明原因,确定把弹壳材质由塑料改为纸制,得到成功,枪身寿命增加到35次,比过去提高10倍,但钢材来源不足,仍不能保证生产。于是下决心自己研制既不要枪身,又不伤害套管的新型射孔弹。当时组成科研攻关队,在五机部763厂大力帮助下,于1968年7月制造出自己的第一种无枪身射孔弹,取名叫"文革一号",以后改名为WD67-1型射孔弹。这种弹炸药量是58-65弹的一半,穿透能力比57-103弹提高20%,对套管损害较轻,使用效果较好。1968年8月正式投产,立即广泛使用于全油田和各兄弟油田,解决了大问题。

"文革一号"射孔弹的缺点是耐温能力只有65摄氏度。在井深超过1500米时,井下温度高了,射孔弹性能受到影响。为此科研人员又进行新的探索,于1976年研制成功WD73-40无枪身射孔弹,使用耐高温炸药,弹壳材料改为特制高频陶瓷,可以经受120摄氏度高温和40兆帕高压,适应大庆外围和兄弟油田的需要。

1980年以后,重点研制小型的可以穿过油管的射孔弹WD48-200无枪身过油管射孔弹。此前射孔时,井内有钻井液作压井液,以防止油气在刚射开时因压力大而井喷;在射孔结束后下入油管再用清水逐步替出钻井液,降低井下压力,使油气缓缓喷出,由井口装置控制产量。这种技术工艺的缺点是,容易使钻井液浸入油气层,造成污染,降低产量,对于低压低产油气层造成伤害更大。此时国外已有办法,叫过油管射孔,即射孔前先下油管,安装好井口控制装置,然后以清水替出钻井液再射孔。其中的关键技术是射孔弹要从油管内穿过,弹的体形要小,而射孔性能不能降低。1981年石油工业部在大港油田开会,要求大庆研制这种小型过油管射孔弹。大庆经过两年努力研制成功,起名为WD48-200无枪身过油管射孔弹。其装药量比"文革一号"减少24%,而穿透能力提高7%;一次下井可达360发,使射孔作业效率提高5倍。1982年投产使用后,十年间生产500万发,在大庆全部生产井中得到推广。

为提高射孔弹研制水平,1986年引进了美国API技术标准,引进吉尔哈特公司贝利砂岩射孔流动实验室装置;1988年建立起高速摄影、脉冲X光测试、电子学测试三大装置,可以把射孔弹起爆、聚能射流穿孔的全过程用摄像和参数记录下来，使科研有了直观依据。

1990年，中国石油天然气总公司在大庆组建射孔器材质量检测中心，完善检测手段和质量标准，负责对全国各地厂家生产的射孔弹进行质量监督，保证产品质量。

在科研、生产条件逐步改善的基础上，大庆射孔弹厂陆续研制出系列化的大孔径射孔弹、深穿透射孔弹、小井眼射孔弹、高孔密射孔弹、耐高温射孔弹、多种工程弹（切割弹、冲孔弹、封串弹等），满足多种生产需要。产品质量也节节提高。1993年10月15日，中油总公司在大庆组织国内几个射孔弹生产厂家产品质量检测，大庆生产的YD127弹穿孔深度达到885毫米，实现国内领先。

1996年，大庆从美国哈里伯顿公司引进射孔弹自动生产线，从美国欧布朗公司引进导爆索自动生产线，当年12月26日经中油总公司和国家兵器总公司专家验收，确认合格后投入生产，进一步保证产品质量的稳定和生产效率的提高。大庆射孔弹已经销售到国际市场，受到好评。为进一步开拓市场，大庆继续加强研究，不断推出新产品。2000年11月，大庆射孔弹厂开发出特深穿透射孔弹，经检测平均穿深1053毫米，孔径14.4毫米，装药量45克，缩短同国外最高水平的差距。此时，斯伦贝谢公司同类产品穿深1370米，装药量39克。为赶超国外最高水平，2000年7月，中油集团公司批准大庆科研立项，攻关研制性能更好的产品，请北京理工大学、西安204研究所等研究单位同大庆射孔弹厂合作，经过三年努力，使射孔弹穿透能力超过1300毫米。2004年3月，经正规严格检测，平均穿深达到1385毫米。从此，大庆射孔弹生产迈进国际先进行列。在射孔弹生产不断进步的同时，射孔工艺也在同步发展。在生产需要的推动下，陆续研究并推广适用于各种情况的射孔新技术，如适合低压低产油层的负压射孔技术、适合高压油层的油管输送式射孔技术、提高工作效率的射孔测试联作技术、改善射孔效果的射孔与高压气体压裂一次完成的复合射孔技术等，取得很好效果。1995年在升深2井射孔试气时，使用油管输送式射孔技术，一次起爆射孔弹1456发，射开天然气层91米，获得日产天然气32万立方米的特高产量；1996年在水平井朝平2井，一次下井射孔弹2385发，射开油层241米，发射率达到100%。在射孔工程中，已经实现优化设计、自动定位校深、数控射孔等的技术配套，形成适合深层气井、斜井、水平井等多种井型的新技术，并做到打得准、射得深、速度快、污染低，使射孔技术在大庆油田勘探开发中发挥重大作用。

钻头制造助力钻井提速

大庆钻井常用的钻头主要有刮刀钻头、PDC钻头、牙轮钻头、取心钻头四种类型，其中使用率最高、使用量最大的是刮刀钻头和PDC钻头。

（1）刮刀钻头。大庆从会战开始，就在采油井和注水井钻井中普遍使用刮刀钻头。经过不断改进使用材料、制造工艺、钻头形态结构，钻头性能、质量不断提高。先后出现过的类型有：会战初期的生铁堆焊刮刀钻头，1963年起用的钢丝堆焊刮刀钻头，1966年起用的粉末冶金烧结硬质合金刮刀钻头，1974年起用的双切削角斜拉筋刮刀钻头，1982年起用的金刚石刮刀钻头，1993年起用的台阶式刮刀钻头。实现一只钻头可以钻完一口1200米深的调整井。这对提高钻井速度，降低钻井成本，发挥重大作用。这种钻头由大庆钻井技术服务公司制造，年产量由数百只陆续增加，1995年最高达到3230只。以后逐渐下降，2000年只生产1377只，2002年进一步降到316只。产量下降的原因除因质量提高，造成用量减少外，最主要的是这种钻头在大庆长垣以外地区用于1500—2000米井深时，不能适应下部的硬地层，要换一次牙轮钻头；即使在老区，进行快速高压喷射钻井，刮刀钻头要配合以高钻压、大扭矩钻进，使钻机和钻杆承受重负，缩短寿命，易发事故。在这种新形势下，出现了一种新型钻头——聚晶金刚石复合片钻头，俗称PDC钻头，成为刮刀钻头的替代品。

（2）PDC钻头。大庆在1987—1989年钻南二、南三区西部调整井时，首次使用PDC钻头，发现这种钻头在低钻压、高钻速的条件下，不但能适用坚硬地层，钻速和每只钻头的进尺也较高，同时有利于防斜纠斜，使用效果较好。1993年开始在外围探井和外围开发井推广，主要用于井深1200—2000米井段；而在浅部较软地层中，PDC钻头容易形成泥包，影响正常钻井。为了加快钻井，迫切需要研究制造能一个钻头打到底的高效钻头。大庆钻井战线自1995年开始联合攻关，经过数年共同努力，1999年研制出新型刮刀式PDC钻头，这种钻头巧妙地把刮刀钻头和PDC钻头优点结合起来，形成具有软硬兼适、吃软克硬特点的新型刮刀式PDC钻头。在1999年3月到2000年底，使用907只，钻井1897口。其中在老区调整井中每只钻头进尺达到2688米，也就是一只钻头可以完成2口调整井，机械钻速可达29.54米/时；2000年钻井一公司在松辽盆地中深探井和外围盆地开发井中大量使用，一只钻头平均进尺1817米，即一个钻头可以完成一口井，机械钻速达到32.36米/时。这就大大加快钻井速度，降低成本。这种钻头要求低钻压、低泵压钻进，降低设备和工具的磨损，有利于延长钻机和钻具的寿命，减少修理费用。目前，钻头生产由大庆钻井技术服务公司钻头厂承担，2000年产量为2050只，2005年产量1205只。产量下降原因是钻头进尺提高，使用量减少。2005年经过技术改进后，平均每只钻头进尺增加到3504米，一只钻头可以钻完3口老区调整井，机械钻速达到35.8米/时。使用最好的一只钻头钻完调整井12口，合计进尺12175米，创出大庆油田单只钻头进尺的历史最高纪录。但对付深层钻井，大庆生产的钻头还不能满足需要，在徐家围子深层钻探中，仍需使用自美国瑞德公司引进的PDC钻头，在2500—3000米井段的泉二到登三段地层使用，有利于提高速度；对登三段以下的更坚硬地层，还要牙轮钻头。2005年还研制成功特大型PDC钻头——直径444.5毫米钻头，机械钻速达39.18米/时，标志着大庆钻头设计和制造登上一个新台阶。

（3）牙轮钻头。牙轮钻头靠重压下碾压地层，使地层破碎取得进尺。一般有三组带齿牙轮，在井下作圆周滚动。大庆在深层钻井和外围盆地钻井中在继续使用。对于硬度和研磨性极高的松辽深层营城组砂砾岩和火山岩，大庆使用的是江汉钻头厂制造的牙轮钻头，其质量优于外国引进钻头。

（4）取心钻头。大庆钻井技术服务公司钻头制造厂开发三种类型取心钻头，分别是PDC取心钻头、聚晶取心钻头、孕镶取心钻头，均在现场广泛使用。

大庆到二连盆地进行石油勘探

二连盆地位于内蒙古自治区。1955年开始由地质部进行石油地质普查，1958年，内蒙古自治区地质局也参加普查工作。1977年石油工业部物探局进入盆地，陆续开展电法、重力、地震等勘探。按照石油工业部指示，1978年由大庆勘探开发研究院派出综合地质研究队，前去进行地质调查。1978年地质部钻探的锡1井见到油气显示，提高盆地评价等级。1979年4月根据石油工业部指示，大庆油田组成二连盆地勘探指挥部，指挥王汉民，党委书记王福印，主任地质师王长安。当年5月，大庆派出10个地震队开赴二连盆地，连续2年分别在马尼特坳陷西部和东部进行地震勘探。1981年3月完成地震工作报告，并在报告中指出有利勘探目标。大庆研究院的二连盆地综合地质研究队经过三年研究，对盆地构造格局、生油储油特征等基本地质问题，提出研究结果，为下步勘探打下基础。1981年4月，按照石油工业部指示，大庆油田二连盆地勘探指挥部结束工作，单位撤销。

大庆深井钻井提速助力深层勘探

大庆在深层钻井方面在国内外一度处于落后状态。

大庆钻深井速度慢的原因有地质因素、钻井液因素和设备因素。最主要的地质因素是大庆深层火山岩层和砾石层特别坚硬，同时伴有高温高压，对钻头的要求特别高，有时一个钻头只钻进几米就严重磨损了。天然气层又特别娇贵，对钻井液的要求很严格。钻井液密度稍大就会污染，影响出气；而钻井液密度小了又容易发生井喷，造成重大事故。原有钻机设备很不适应，极易发生钻杆断裂、工具失效等问题。

从1991年开始，大庆石油管理局进行深井钻井配套技术攻关，钻井技术人员学习四川等外油田先进的石油钻井经验，不断改进技术指标，在提高钻井速度、保护气层等方面下大功夫。为提高深层钻井速度，采取更新钻井设备、优化使用钻头、优化钻井参数、防钻井工具失效、改善工具结构、改进钻井液等多种措施，使深层钻井水平逐步提高。1998年钻成井深5500米的葡深1井，成为当时大庆最深的探井。徐家围子发现大气田后，进一步掀起学习四川经验，大力提高深井速度的高潮。2004年完成深井12口，平均井深4227米，钻井周期158.9天，比以往加快25天。2005年在徐家围子深层会战中，钻井职工克服多雨、高温等一系列困难，深井钻井速度又有大幅度提高。当年完成的23口深井平均井深3725米，平均钻井周期126.1天，同2004年相同深度比较，缩短10天。井身质量和固井质量均达到100%，取心收获率达到97.41%。按照2005年7月制定的新指标（3000—3500米深井，80—100天钻完；3500—4000米深井，100—120天钻完；4000—4500米深井，120—150天钻完）对比，大部分钻井队已经实现。

通过两年努力，大庆的深井钻井水平实现历史性突破。到2005年，对于3500米左右深井，已实现队年钻3口；4000米左右深井，已实现队年钻井2口。钻井一公司40103钻井队在2005年徐家围子深层会战中，相继钻完3口深探井，平均每口探井70天钻完，平均井深3390米，当年累计进尺10094米，最先创造出大庆深井队年进尺最高纪录。

2006年，50239钻井队实现79天完成一口4170米深井的新纪录；2008年，50256钻井队又实现73天完成一口4306米的深井——徐深14-1井，使大庆深井速度又获重大突破。

不断提高的深井钻井速度，对保证深层天然气勘探取得重大突破起到重要作用。2005年，在松辽深层找到徐家围子1000亿立方米探明储量大气田；2007年又探明第二个1000亿立方米深层天然气储量，为大庆油田实行油气并举战略，实现"百年油田"奠定物质基础。

大庆钻井速度屡创新纪录　钢铁队伍打出"大三一井"

会战中，钻井系统职工发扬铁人精神，提高技术水平，不断创出钻井速度新纪录。早在1958年，王进喜率领的1205钻井队（当时队号为1262钻井队）在玉门油田开发白杨河大战中创造出月进尺5009米、年进尺21464米的高纪录，实现"月上千，年上万，祁连山下立标杆"的誓言，被石油工业部命名为"卫星钻井队"。但这个纪录在大庆油田开发会战中，不断被刷新。1963年，1202钻井队在"创奇迹，超功勋，争夺世界冠军"的劳动竞赛中，以九个半月时间，钻进31746米，超过苏联格林尼亚功勋钻井队。

1965年1月19日，大庆会战工委召开"向科学技术进军"大会，号召油田职工瞄准世界先进水平，开展科研攻关，实现"两高两发展"，即高度机械化、高度自动化、发展新技术，发展新工艺。1202、1205钻井队经过冬季整训和练兵，士气高涨，提出请战要求，决心创出年钻5万米的钻井新纪录。大庆会战工委大力支持两个队的革命精神，批准他们创纪录的请求，并有意为他们创造有利条件，选出地势平坦、建筑物少的萨南开发区东部过渡带作为战场，设计井距也只有350米，便于井架整体搬迁；同时派出以会战工委副书记季铁中为首的工作组，蹲点指导工作。钻井指挥部给两个队配备大泵电驱动钻机，采用防斜的大填满钻具结构、千米刮刀钻头；优选安装、测井、固井、搬迁等小队，专门配合两个队施工。

1965年5月3日，周恩来总理陪同外宾到两个队视察参观，了解两个队生产情况后，高兴地说："年末你们打出5万米后，给我发电报，我要向你们祝贺。"受到周总理接见后，大家干劲倍增，进一步改进技术，开展班与班、队与队之间的劳动竞赛。生产上互不相让，技术上互相帮助。1205队在学习1202队使用钻头的经验后，首先在5月18日钻出第一口"小三一井"，即用一天时间，一个钻头，钻完1000米进尺。1202队又学习1205队经验，也很快打出"小三一井"。到8月17日和18日，1205和1202队分别完成进尺5万米（钻井41口），实现原定目标。两个队都给周总理报了捷。大庆会战工委在钻井前线召开庆功大会，并发布"向年钻井10万米进军，再攀新高峰"的战斗动员令，号召两个队超过美国王牌钻井队年进尺90325米的纪录。

两个队接受新任务后，认真总结经验，研究新措施，充满必胜信心。经过精心准备，于1966年1月底鸣炮开钻。两个钻井队的队长张石林、王作福在除夕夜直到年初三，坚守在井场，严密组织工作，保证安全生产；每口井坚持钻前交底，完井后总结评比。经过多方面努力，钻井技术有了提高，三四月份实现五开五完。新的战斗中,严格执行岗位责任制和各项技术措施,严格按照三天一口井的建井周期组织施工,争分夺秒,到12月3日,双双超过美国王牌队指标;12月26日,两个队同时完成82口井,进尺超过10万米。井斜全部在3度以内,固井质量全部合格,在中国油田钻井历史上书写光辉一页。

1970年4月,铁人王进喜在全国石油系统工作会上,提出要多钻井,钻好井,要日上千,月上万,一年钻它十几万(米)。但在当年11月15日,王进喜不幸去世。1205钻井队职工决心实现老队长的遗愿,提出在年钻井10万米基础上,再攀新高峰,达到日上千,月上万,一年钻井12万米的新目标。各级领导支持1205队的要求。1971年元旦零点起,新的战斗打响。各级部门积极为1205队创造条件:地质部门提供地势平坦、井距较小的萨北开发区北部过渡带为战场;机动部门为钻井队配备高压大排量泥浆泵;技术部门为钻井队准备高效千米刮刀钻头和"四低一稳"优质钻井液,提供一套快速打直井的技术,做到钻井中途无须划眼、测斜;完井电测采用综合下井仪。在生产过程中,实行一套各项作业正点运行的统筹管理办法,使工作快速有序进行。在队长王作福、指导员马继瑞领导下,经过近一年的拼搏,终于在1971年12月27日完成钻井103口,进尺达到12.7201万米,再次创造出单队单机年进尺全国最高纪录。

1972年,1205队再攀新高峰,向"大三一井"冲击,即实现一天时间,一个钻头,完成一口井。队长张秀志和指导员马继瑞带领全队职工经过分析认识到,要实现"大三一",机械钻速必须达到每小时70米以上;对上部流砂层、中部硬夹层、下部硬地层都要有一套科学打法和技术措施;设备要完好,不能中途停工换设备;每个操作人员都要出手过硬,互相配合默契。经过练兵,大家增强了信心,进行了认真准备:检修设备,配好钻具,制定出上部地层猛打、中部硬夹层巧打、下部硬地层稳打的技术措施,选出双切削角斜拉筋刮刀钻头。准备就绪,于1972年7月19日4点35分开始,到次日清晨2时45分,在萨北三区2丙-68井上,不到一天时间,使用一只钻头,完成一口1236米深的生产井。平均机械钻速为70.53米/时,胜利实现打出"大三一井"的夙愿。

大庆油田第一口油基钻井液取心井

1962年10月,为了取得储量计算中油层含油饱和度的可靠数据,在萨中开发区的北1区6排28井(后改为6排37井)进行油基钻井液取心(见图3-2),获得成功。

图3-2 钻井工人正在进行油基钻井液取心

这项工作在全国也属首次。使用油基钻井液代替普通水基钻井液,目的是防止钻井液中的水分进入岩心，造成含水饱和度增大，而使含油饱和度失真并变小，进而造成储量计算结果不准。在油基钻井液取心之前，开展大量试验研究，确定油基钻井液的最佳合理配方，即柴油71.8%、沥青26%、硬脂酸0.6%，另加少量烧碱溶液，并用重晶石提高钻井液密度。油田组成以张家茂为首的技术攻关队，在现场开展工作。在萨、葡油层取心，收获率达到92.45%。在钻井现场对取出的192块岩心样本立即密封，然后送实验室进行饱和度检测。根据检测结果，油层含油饱和度与油层孔隙度、渗透率有直接关系，孔、渗越高的岩心样本，含油饱和度也越高。该井萨二组油层含油饱和度为82.8%，葡一组油层含油饱和度为81.2%。这组数据高于1961年大庆第一次储量计算时使用的数值（70%），说明原来计算的储量是可靠和留有余地的。此后，各个新油田都在勘探期间钻探油基钻井液取心井或密闭取心井，以取得含油饱和度的可靠数据。到1985年复算喇萨杏油田储量时，含油饱和度采用值根据各油田油基钻井液取心资料做了适度调整，使部分地区或层位的含油饱和度数据有所提高，整体储量从1978年的25.7030亿吨增加到41.7426亿吨。其中，由于含油饱和度提高而增加的储量有11843万吨，占储量增加值的4.6%。

大庆第一口密闭取心井

1964年，在萨中开发区完成的中检3-22井是大庆油田第一口密闭取心井。当时是为了探索油田注水开发数年后，油层的含油饱和度有多大变化，在距离注水井排不同距离钻探检查井，取出油层岩心，在实验室化验含油、含水饱和度，从而了解油层的驱油效率。为了数据可靠，要求岩心保持在地下的原始状态。中检3-22井的做法是使用双筒取心钻具，减少钻井液对岩心的浸泡。对取出的550块样本进行检测后，证明钻井液浸入岩心的程度比较轻微；分析化验资料证明，主力层萨二组8号层和葡一组2号层已经水淹，水淹层的剩余含油饱和度为40%—55%，水驱油效率为27%—45%。

第一口密闭取心井的缺陷是靠取心工具实现密闭并不完全可靠。1965年，钻井指挥部技术研究室史家理等技术人员研制成功密闭液。岩心一进入取心筒，立即使用这种特制的密闭液把岩心密封起来。检测结果证明，密闭效果有所提高。密闭液由过氯乙烯树脂和蓖麻油组成，是具有较高黏度的半流体，接触岩心后，能立即黏附在岩心表面，保护岩心不受钻井液污染。试验证明，效果较好。1979年后，又增加了保压密闭，避免岩心从地下到地面因压力降低而使岩心里的油气逸出。具体做法是，在取心筒内增加了压力补偿器。通过这些技术措施，取得了可靠的饱和度数据。

大庆最深的探井——葡深1井和莺深2井

1966年，大庆油田钻探成功大庆乃至全国最深井——松基6井后，于2000年5月25日钻探成功新的大庆最深井——葡深1井。这口井由大庆钻井一公司6063队承担，使用经过改造的F-320型钻机，配备2台F-1600型钻井泵、五级固控、相应的井控装置、八参数钻井仪表、综合录井仪等设备。为了保证钻探成功，钻井一公司、钻技公司、钻井研究所、大庆石油学院共同进行技术攻关，研制抗高温油包水乳化钻井液、大倾角防斜工具、取心工具，优选抗高温钻头和井下工具。钻井队严格按照设计施工，从 1998 年 7 月 18 日开钻，经过 1 年 10 个月的精心施工，胜利完成任务。完钻井深 5500 米，井底温度 219.7 摄氏度，是我国井下温度最高的一口井。

在葡深 1 井之后，2008 年 7 月 8 日又完成一口新井——莺深 2 井，井深 5520 米，超过葡深 1 井。莺深 2 井由钻井一公司 7006 钻井队施工，用了 209 天完钻，比葡深 1 井钻井周期加快 430 天。说明大庆深井施工技术水平又有新的提高。创出大庆超深井钻井速度最快的新纪录。该井在 5000 米以下地层取心 1.26 米，创出大庆油田取心井段最深的新纪录。

2008 年 2 月 25 日开钻的古龙 1 井，设计深度为 6320 米，由钻井一公司 70163 钻井队施工，创造了新的井深纪录。

大庆第一口定向井和最大的丛式定向井组

在油田钻井施工中，有很多水泡子和不能轻易拆除的重要建筑物，如楼房、厂房、铁路、公路，使开发设计的钻井井位不能按要求位置就位。1983 年，萨中开发区须钻井 171 口，其中可以正常就位（含拆除障碍物后可就位的）只有 64 口。在水泡子上的井要等到冬季结冰后才能施工，费时费力。根据这一情况，大庆石油管理局决定，自 1983 年 11 月起，开展定向井钻井试验。

1984 年 1 月 24 日，由大庆钻井二公司 2005 队完成油田第一口定向调整井——萨中高 131-斜 43 井。井深 1283 米，最大井斜角 18 度，水平位移 218 米。为了尽量减少农田土地占用并减少井场，降低成本，多数定向井组成丛式井，即数口井集中在一个井场上，最多的一组有十多口井。萨中开发区的陈家大院泡水面较大，使钻井和井站建设不能顺利安排，多年来严重影响正常开发。1989—1993 年，集中力量在 85 个井场钻定向井 315 口，彻底解决这个难题。陈家大院泡的 2 号平台上，共钻定向调整井 16 口，是大庆油田井数最多的丛式井组。2008 年 8 月投产的齐家北油田更是以定向丛式井为主，基本取代直井。

实施定向钻井，节省土地、道路、集油管线，也节省管井人力。由于定向井的大量应用，齐家北油田建设工程节约投资近 20%，减少征地 1856 亩（约 123.7 公顷），平均单井用人比定员标准低 62%。

1986 年，钻井二公司确定三大队为定向井钻井专业队，但在具体实践中，定向井任务较多时，其他钻井队也承担定向井钻井。定向井成为常规钻井，技术已经成熟。一般井身斜度为 30—50 度，井底水平位移在 300—700 米。多年来完成井数不断增加，在保证钻井质量前提下，速度也越来越快。

在油气勘探中，定向井也发挥重要作用。2005 年 5 月，海拉尔盆地巴彦塔拉地区完成巴斜 2 井，钻遇比直井更厚的油层，共遇油层 148.9 米，成为海拉尔盆地钻遇油层最厚的探井。经初步测试，压裂后日产油 80 立方米，是巴彦塔拉地区产油最多的探井。

大庆第一口水平井和最深的水平井

水平井是定向井中的一种特殊形式，特点是井眼在油层内为水平穿行，有利于提高产油量。因为井斜度已经达到最大 90 度，所以钻井技术难度远大于一般定向井。大庆钻的第一口水平井是 1991 年在榆树林油田的树平 1 井，第二口是 1994 年在头台油田完成的茂平 1 井。这两口井是列入国家"八五"期间重点科技攻关项目"水平井钻井技术"的科学实验井。实验中解决油层深度预测、钻头轨迹控制、特殊性能钻井液、测井仪器下井和居中、固井套管居中和替净、密封、射孔器正常起爆发射等系列技术难题，成功完成任务：井眼准确进入油层；树平1井水平段长度309.99米，上下波动最大2.4米；水平位移669.64米；最大井斜角90.43度。全面达到设计指标。从投产到2008年6月，17年来已累计生产原油33414吨，是周围其他直井产量的4.1倍，至今保持着生产活力。

2002年，大庆进一步完成单阶梯式水平井。在肇州油田成功钻成肇55-平46和州62-平61井。因为要钻过两个不同深度的水平油层，在两个油层之间形成阶梯，所以钻井技术难度更大。大庆钻井二公司在认真研究、严格实验中把水平井技术推向一个新水平。在厚度1米左右的油层中，用一套钻具，两次探油顶着陆。肇55-平46井第一水平段钻进260米，第二水平段334米，总砂岩钻遇率达到68.4%，投产初期日产油80吨，15天后稳定在45吨，是同地区直井产量的8—10倍。

水平井在减少占地、降低成本、提高产量上发挥良好作用。2002年，在肇州油田州19区块钻井时，有5口井处在村庄内。因动迁费用太高，决定改用一口水平井肇55-平56井代替原设计的5口直井，取得良好效果：投产初期日产油80立方米，15天后稳定在45立方米，是当地一般直井产量的8—10倍。

2002年后，水平井数量增加。到2005年底的4年中，共完成水平井86口。其中在大庆完成31口，在国内其他油田由大庆钻井队完成52口，大庆在国外完成3口。最大水平位移是在委内瑞拉钻井的1118米；钻井周期也在变短，在大庆肇州油田井数最多，达到25口，井深2000—2200米，单井钻井时间已由20天减少到15天。

2008年1月28日，大庆油田完成最深的一口水平井——徐深1-平1井。由大庆钻井一公司70150钻井队施工，钻井进尺4580米，垂深3573米，水平段852米。只用201天就顺利完成，创出大庆油田火山岩地层水平段最深、最长的新纪录。

大庆深层第一口高产天然气井——升深2井

升深2井位于三肇北部的升平—汪家屯构造带上，该地区本来是扶余—杨大城子油层的中浅层产气带。在升深2井出气前，先有汪9-12井做了前导。1992年冬，在开采中浅层天然气时，为了搞清中浅层天然气的构造细节，开展线距500米的密测网、高分辨率精细地震勘探。资料处理解释后，发现在深层也有与中浅层相似的背斜构造，推断也应该聚存天然气。构造状况是南北两个构造高点，北部是汪家屯构造，面积22.6平方千米；南部是升平构造，面积62.4平方千米。构造比较完整，极有利含气。当时正在钻中浅层采气井。开发部主任陈永生建议在汪家屯构造中央新设计的采气井中，选取一口采气井，加深钻到深层侏罗系，又快捷又省钱。主管勘探的副总地质师张兆奇赞赏这一建议，于是共同确定，在汪9-12井实现加深计划。加深井于1993年5月开钻，1994年3月完井试气。根据气显示和气层解释结果，在井深2638.6—2764.8米井段，登楼库三段射开16层69.4米气层，未经压裂，测试日产气15.13万立方米。这个结果不但创出大庆深层气产量的新纪录，而且标志着发现一个新的高产的深层气田。使深层找气进入新阶段。

在汪9-12井钻井的同时，勘探部门在南部的升平构造上部署另一批探井，其中第一口井——升深1井，到1994年9月完井并立即投入试气工作。到1995年4月5日试出成果：在登三、四段地层，自喷产气，使用4—10毫米不同口径油嘴测试，日产气4.8万—10万立方米，证实升平深层构造也是含气构造。这是继肇州西、昌德、汪家屯气田之后发现的第四个深层气田。事隔四个月，又传来更好消息，1995年8月25日，升平地区另一口深层探井——升深2井，获得空前高产。在营城组火山岩层，自喷日产气32.69万立方米，刷新了汪9-12井的纪录，创出大庆勘探以来深层天然气产量的新高。

随后，对升深2井进行长期试采。1996年1月试采投产，初期用6毫米油嘴控制生产，日产气17.7万立方米；后来改用11毫米油嘴，日产气33.3万立方米。到2003年底，已经产气7年10个月，累计采气3.3亿立方米。2003年底保持油压20.82兆帕，套压21.49兆帕，同7年前比较，油管压力和套管压力分别只降低3.68兆帕和3.31兆帕。不但证明深层气田可以实现高产，有较高的经济效益，同时还证明深层气田可以稳产。2003年底，升深2井因套管腐蚀严重，无法修复而报废。

大庆1205钻井队打的第一口油井

该井位于萨尔图区解放南村，井号为萨55井，是一口详探井。1960年4月14日，王进喜带领1205钻井队（时称1206队）在极其困难的情况下，以"有条件要上，没有条件创造条件也要上"的大无畏革命精神，争分夺秒保开钻。没有吊车，就靠挖土卸车坑的办法，人拉肩扛卸钻机；开钻没有水，就用铝盔、脸盆到附近的水泡子破冰取水。克服重重困难，经过9昼夜奋战，于23日正式完钻，当天16时32分喷出原油。5月26日开井生产。该井附近现在仍保留着当年的卸车坑、泥浆池、土油池、值班房和工人住过的地窨子等遗址与实物，成为对广大石油工人进行会战传统教育、光大"铁人"精神的生动课堂，现为国家二级文物保护单位。

大庆最先赶超苏联功勋队的钻井队

钢铁1202钻井队于1961年赶上并超过当时苏联的功勋钻井队，创造那时国内年钻井进尺最高纪录。

1961年初，《人民日报》报道苏联格林尼亚钻井队用11个半月完成钻井进尺31341米的消息。胸怀为国分忧、为民争气，雄心壮志的1202钻井队职工，决心超功勋、创奇迹，大庆石油会战中争夺世界冠军。他们斗严寒、战雨季，在生活条件极差、吃不饱肚子的情况下，拼命苦干，9个半月的时间打井31746米，创造当时快速打井的最新纪录，超过苏联功勋钻井队。

大庆油田侧钻成功的第一口套损井

1995年10月，油田井下作业公司在一口套管错断井实行侧钻工艺试验获得成功，使这口停产6年的老井"死"而复生。这是大庆油田修井技术的又一重大突破，为老油区持续稳产提供新的进攻性措施。油田开发30多年来，在新井不断增加的同时，部分老井相继套管损坏。当时全油田套管损坏井已近4000口，其中套管错断井400多口，直接关系到油田长期稳产。井下作业公司把修复这些"患病"井作为科技攻关的重大课题，先后完善解卡打捞、套管补贴、爆炸焊接等七大修井工艺技术，使一大批老井恢复青春，但是修复套管错断井一直是道难题。为了攻克这个难题，他们组织科研和现场施工力量开展套管错断井侧钻攻关。先后选派几批科技人员到国内外油田参观考察，举办专项技术培训班，全面提高技术素质。从1994年开始，专门组成工程项目组在油田上调查研究，反复论证，选定南Ⅰ-J4-25井进行现场试验，制订出周密的现场试验设计方案。担任现场试验任务的修井七队职工发扬大庆精神、铁人精神，从6月下旬进入现场后，人员倒班，设备不停，经过两个多月的精心施工，侧钻试验一次成功。这口井停产前最高日产液量不到100吨，产油26吨，侧钻后重新投产日产液量达到146吨，产油50吨。

旋转导向系统研制取得新进展

2020年8月28日，钻井一公司30922钻井队在采油八厂地区承钻的"肇17-平2"井传来捷报，大庆钻探钻井工程技术研究院自主研制的DQXZ旋转导向钻井系统在该井成功钻至设计井深2461米，创造仪器水平段施工最长纪录727米。

旋转导向钻井技术自产生以来一直被国外石油技术服务公司垄断。因此，研发具有我国自主知识产权的高效旋转导向钻井系统，对于打破国外大公司的技术垄断、提高我国的钻井技术水平、降低石油开采成本，均具有重大意义。通过12年的技术攻关，大庆钻探钻井工程技术研究院解决非接触供电、三维导向控制等关键技术，成功研制出DQXZ型旋转导向钻井系统，实现钻井液发电、工程及地质参数测量、闭环井眼轨道导向控制、井下与井上无线双向通信功能。与常规LWD配合螺杆钻具施工相比，大幅提高机械钻速。

页岩油井取心获得新突破

2020年9月29日，由钻井一公司70163钻井队施工的页岩油重点井古页6HC井顺利完成连续取心作业。该井设计取心111米，实际取心148.08米，平均收获率99.46%，其中常规取心9筒，心长138.21米，收获率99.53%，密闭取心2筒，心长9.87米，收获率98.4%。该井比古页1井取心收获率提高5.63%，为大庆油田页岩油的开采利用建立标准井铁柱子，为深化齐家凹陷中部页岩油优质储层认识提供完整的岩心资料。

该井是位于松辽盆地中央坳陷区齐家凹陷的一口预探直井，主要是为深化齐家凹陷中部青山口组页岩油储集性、含油性、流动性、可压性认识，明确页岩油富集规律，设计要求青二、青三段下部至青一段底连续取心111米。针对青山口组页岩储层具有薄页状、薄片层状的节理，性脆易碎，井壁稳定性差，易塌、易漏、易卡钻的难点，该队在施工中严格落实技术措施，严盯现场施工作业，确保取心顺利。一是密切监控钻井液维护性能，加入防卡润滑剂，及时补充钻井液药品，保持钻井液具有良好的抑制性，确保井壁稳定。二是严格控制裸眼段的起下钻速度，降低激动压力、抽汲压力对井壁的影响，减少因钻具撞击造成的井壁剥落，保持井身质量。三是在中途通井过程中，通过稠浆举砂、大排量洗井等措施，充分净化井眼，确保取心筒在井眼中起下自如。四是在取心钻进时，钻压控制在50—60千牛、顶驱转速70转/分钟，保持均匀送钻，同时记录好悬重、泵压、扭矩变化，尤其是在割心前确定岩性，增加10—20千牛钻压，钻进0.5米割心，有效提高取心收获率。

油田首口薄层水平取心井顺利完工

2020年12月15日，钻井二公司30151钻井队施工的杏6-20-检平647井顺利完钻，实现取心53筒，取心总长328.67米，其中连续取心38筒，创出取心收获率99.77%的高指标，创出国内首口以0.5—1米薄层为目标的水平取心井、窄靶窗连续不间断315米不出层、单层连续取心236米、全直径岩心取样单根最长4.1米的4项全国新纪录，标志着大庆油田水平井密闭取心技术服务已经达到国内领先水平。

设计阶段，勘探开发研究院开发研究一室地质团队通过区块对比遴拔、层位精描优选，从近1500平方千米范围内的数十个油层中，选定杏六区东部三类油层典型代表单元萨Ⅲ11为目的层，同时为避免对地面生态环境造成破坏，不惜增加实施难度，设计水平段由构造低部位入靶。在入靶阶段的关键时刻，技术专家连夜现场会诊、科学决策、精准调整，施工单位精准实施，成功在有效厚度仅为0.6米的入靶点精准中靶。为实现高质量完井，技术人员24小时盯井指导作业，在三开施工中突然遭遇盐侵，影响钻井液黏度、失水等性能，现场人员快速反应立即采用专用剪切配药池，加入抗盐处理剂，及时解决因氯离子浓度高、泥浆温度低对钻井液性能的影响，有力地保证取心根根精准，筒筒成功。

油田建设

（一）油田建设概况

大庆油田的开发生产体系由地面工程与油藏工程、采油工程组成。地面生产系统生产合格的净化原油、油田气、轻烃产品及可回注的净化含油污水，并为水驱、聚合物驱提供有效的驱动手段。喇嘛甸、萨尔图、杏树岗油田建成水驱及聚合物驱地面工程。在建成油气集输处理、注水主体工程的同时，配套建成油气储运、供水、供电、通信、道路、机修、仓储、辅助企业及民用设施。长垣南部及外围油田，建成为油气生产服务必需的配套设施。大庆油气区还建成为原油外输、外运及天然气外输服务的供油、供气工程。

为快速上产、持续稳产，创立和发展大庆油气集输处理技术。20世纪60年代，为在困难的经济环境及高寒地区快速建成大庆油田，创立萨尔图油气集输流程，采用自行研制的水套加热炉—计量分离器联合装置，仅用不到5年时间，即建成1000万吨/年的原油生产能力；20世纪70年代后，通过油气集输流程全面技术改造，充分适应大庆油田注水开发及"简化前头，完善后头，中间不开口，三脱三回收，出四种合格产品"的油气集输处理工艺总要求，创立单井进站、集中计量、双管掺水保温、油气密闭集输处理的计量站流程。发展从加热集油到不加热集油；从适应低含水的一段电化学脱水工艺到适应特高含水的游离水脱除—交直流复合电化学脱水工艺；从手动机械清蜡到高压热水洗井清蜡及化学清防蜡；从只进行气液分离、原油脱水到实施原油稳定、油田气制冷回收轻烃；从只进行单井油气计量到建成队、矿、厂、油田四级计量及检定系统；从单一原油装车外运到原油、油田气、轻烃储存及管道外输。这一流程的运行，全面适应从低含水采油到特高含水采油，从自喷采油到机械采油，从基础井网到二、三次加密调整井，从水驱到聚驱，从持续高产稳产到油气产量下调的全过程。通过流程密闭、油气处理，大庆油田由生产单一产品原油，到生产原油、干气、轻烃及净化含油污水，大幅度提高油田开发效益和环境效益，实现油气集输流程低损耗、低能耗、低污染、低投入、高效益的总体目标。

独创外围低渗透油田单管掺水环状集油流程及多功能合一容器油气处理设施；采用以小水源、小注水站为主的注水工艺，全面简化低渗透油田地面系统。油田非标准化专用设备，伴随油、气、水处理技术的发展，不仅成为优化、简化工艺流程的核心手段，并逐步系列化、标准化、通用化，为实施预制化、装配化、机械化施工，加快油田建设速度，降低工程投资，创造了条件。

围绕注水开发，建成适应早期注水、分层注水要求的注水系统。从最初采用柴油机—钻井泵注水机组开始，为实现长期、平稳、连续、高效注水，研制、改进逐步形成大、中、小排量齐全，高、低扬程配套，高泵效、系列化的注水泵机组。为不同开发区、不同类别油层注水及1985年后实施分压注水及分质注水，提供设备条件。注水系统从注水开发初期只注地下水源清水到全面回注含油污水，充分适应高、低、特低渗透率油层注水要求。全面发展含油污水处理技术，建成世界最大的含油污水处理回注工程，成为有效保护油田环境的决定性因素。

1996年起，聚合物配制注入技术快速发展，引进装备实现国产化；配制工艺由长流程发展为短流程；注入工艺由单泵单井发展为单泵多井；配制用水由低矿化度清水发展为一般含油污水，形成大庆独创的聚合物驱地面技术。

建成为注水开发、高产稳产及矿区生活服务的地面系统工程。建成以10万立方米、15万立方米大型储罐为主的原油储运系统，为长距离管输及铁路外运供油，并可接卸俄罗斯原油；建有轻烃储库及计量设施的轻烃储运系统，为大庆石化管输油田轻烃；除向大庆石化提供原料气外，还建成向哈尔滨、齐齐哈尔管输天然气系统，并逐步扩大供气规模；油田供水系统除早期建成的地下水供水系统外，还建成北部、中部引嫩及大庆水库、龙虎泡水库水源工程，充分满足油田早期注水开发及大庆市长远用水需要；建成以地区电源为主，油田自备电源为辅的供电系统，确保油田及市区长期平稳供电；油田通信系统从会战初期的磁石总机发展为综合数字网，实现全网数字化，建成大庆油田企业网、数字数据网及信息港。油田道路系统建成纵贯南北、横穿东西城的路网骨架。油田井站设施通过井排路、进站路及通井路与路网相通，实现油田交通四通八达。

为适应整装特大油田建设及管理需要，地面建设总体布局始终严格贯彻以油气集输、注水系统为核心，合理规划安排站库、系统工程，兼顾工业与民用设施、油田建设与市政建设的原则，使大庆油田地面生产系统与城建公用系统和谐布局、相辅相成、错落有致，形成有序运行的整体。

（二）油田建设队伍

1960年6月，松辽会战领导小组下设基建处，主管油田基本建设。同时组建基建指挥部，由玉门、四川石油管理局和石油工业部第一工程局所属基建单位构成，职工3860

人。同年9月,松辽会战领导小组撤销基建指挥部,成立油建、工程、建筑3个指挥部。1962年12月,撤销建筑指挥部,在其基础上组建炼建指挥部。1964年11月,大庆会战指挥部(原松辽会战领导小组)将油建、工程、安装、炼建4个单位合并为油田建设指挥部。1968年,大庆革命委员会下设基建局。同年,黑龙江省第三建筑工程公司划归大庆,更名为大庆建筑工程公司。1973年3月,大庆油气工程建设指挥部成立。1975年12月,油建指挥部机关率主要施工队伍赴辽河参加曙光油田石油会战,余下队伍与大庆油气工程建设指挥部合并成立新的油建指挥部。1977年7月,第二油田建设指挥部成立,主要从事农田基本建设施工;11月,建设材料指挥部成立。

1980年,大庆石油管理局成立基建委员会,下设矿区基本建设处、基本建设处、房产管理处。1981年,大庆石油管理局成立公路工程公司,撤销第二油田建设公司。1983年11月,大庆石油管理局成立基建工程部,统管油田基本建设和矿区建设。1989年10月,矿区建设处成立,基建与矿建职能分离。1990年,建筑公司更名为油田安装公司。1993年,房屋建设开发公司成立。1997年1月,基建工程处划入经营管理部,改称基建管理处。1997年3月,油田建设二公司成立;5月,在原公路工程处的基础上成立道路管理公司。

2000年4月,石油管理局成立基建事业部,对外称基建工程(集团)总公司,既是行业管理部门,又是法人实体企业。

2001年9月,大庆石油管理局成立基建管理中心,行使行业管理职能;组建大庆油田建设集团,成员单位包括油建公司、道路管理公司、安装公司、工程公司、建材公司、路桥公司、油建二公司、房屋建设开发公司,主要从事油气田地面建设、化工建设、长输管道施工、路桥施工、房地产开发、建筑施工、工程设计、工程检测、建材产品预制等业务,拥有化工石油工程施工总承包特级资质、一级施工总承包资质3项、一级专业承包资质12项、专业许可证以及对外经济合作经营资格多项。

油田建设总体规划设计,由油田建设设计研究院(对外称大庆油田工程设计技术开发有限公司)负责。该院成立于1960年4月1日,具有石油天然气等6个行业16个设计类型的甲级资质和化工、医药等10个行业15个设计类型的乙级资质,以及一、二、三类压力容器与压力管道设计资格,兼有国家原油大流量计量站、集团公司计量测试研究所、环境科学研究所、油田油气评价中心和流量计量仪表质量检验中心等职能。2002年,该院跻身中国工程咨询和勘察设计效益百佳企业第15位。

2010年3月,为进一步推进专业化重组,促进油田工程建设业务的整体协调和可持续发展,提升工程建设业务EPC总承包能力,实现集约化、专业化、一体化管理,打造具有国际竞争力,符合国际标准和运作模式的国内一流工程建设公司,大庆油田建设集团与大庆油田工程有限公司(油田建设设计研究院)进行专业化重组,组建大庆油田工程建设有限公司。

大庆油田工程建设有限公司。具有化工石油工程施工总承包特级资质的综合性工程建设企业,注册资本18.08亿元,集团下属

14个成员单位。业务范围包括化工石油建设、建筑施工、路桥建设、产品预制、房地产开发、工程设计等六大主营业务和道路养护管理、工程检测、专业技术培训、多种经营等四大辅营业务，具备并掌握七大配套主营业务施工技术、35项技术专长。施工领域遍布国内23个省、自治区、直辖市，并先后进入巴基斯坦、孟加拉、哈萨克斯坦、蒙古等国家和地区。先后荣获国家质量管理奖、中国质量信誉保证企业、中国工程建设社会信用AAA级企业、全国优秀施工企业、全国工程建设质量管理优秀企业、全国实施用户满意工程先进单位、全国建筑业企业工程总承包先进企业、中国最具影响力企业、黑龙江省"五一"劳动奖状和全国"五一"劳动奖状等荣誉称号。连续两年入选"ENR全球承包商225强"，连续三年入选"中国承包商60强"，跻身"全国建筑业100强"。

大庆油田工程项目管理有限公司。始建于1990年8月，2004年重组改制，是一家集工程监理与工程技术咨询于一体的技术服务型企业，由大庆油田独资成立，注册资本880万元，2008年取得工程监理综合资质，成为中石油、中石化、中海油、黑龙江省首家具有工程监理综合资质的监理企业，跻身全国一流监理企业行列。可承担所有专业工程类别（包括化工石油、房屋建筑、电力、公路、市政公用、机电等14个类别）建设工程项目的监理业务，可以开展相应类别建设工程项目的项目管理、技术咨询等业务，在油气田地面建设工程管理、工程造价审核、长输管道管理等领域处于行业领先水平。为中国建设监理协会理事单位、中国建设监理协会石油天然气分会副会长单位、中国石油工程建设协会项目管理专业委员会委员，中国石油石化全国理事会理事单位、黑龙江省监理协会理事会常务理事单位、大庆市工程建设监理协会会长单位及中国对外承包工程商会会员单位。

（三）油田建设大事纪要

创建萨尔图油气集输流程　加快大庆油田投产进程

萨尔图流程是大庆油田开发初期针对原油"三高"（含蜡高、凝固点高、黏度高）特点，本着科学、节俭、实用的原则自主研发的油气集输流程。

1960年4月，油田设计院承担起油田生产试验区油气集输流程设计任务。油田设计院与北京石油科学研究院合作，首先着手对大庆原油热处理与原油凝固点变化、原油结构恢复性及与原油运动黏度的关系，以及原油流动状态、冷却速度对石蜡结晶的影响等问题，进行全面测试研究，搞清大庆原油"三高"特性，及其集输所必须解决的问题。同时，广泛搜集大庆地区气象、水文、工程地质资料，为设计油气集输流程方案做了必要的基础性工作。

此时，适逢国民经济困难时期，设备、建材极度匮乏，油田建设资金短缺。1960—1962年，油田年均基本建设投资仅1.8亿元。面对窘迫的局面，冯家潮、宁玉川、徐达人、吴增才等技术人员，集思广益，群策群力，既要在设计技术上寻求突破，又要精打细算，充分考虑基建投资与物资供应上的实际承受能力。当时，苏联专家维舍夫曾建议采用巴洛宁—维济洛夫流程方案，该流程全部采用蒸汽伴热方式集油，适用于大庆原油"三高"特性，但需采用大量锅炉及伴热管道，建设周期也相对较长。照搬现成的苏式流程，省心省力且可规避风险，但有悖于油田建设资金、物资十分紧缺，国家又急需原油，油田上产任务十分紧迫的现实要求。会战领导小组决定：甩掉"洋拐棍"，自力更生，走自主创新之路。

广大技术人员经过对232口油井的科学计算、测试和现场试验，取得80000多个数据，在反复论证的基础上，结合生产试验区行列注水开发井网特点，提出单管密闭油气混输流程（后称萨尔图流程）方案，并在会战总指挥康世恩主持下，先后6次对原始方案进行讨论修改和完善。该流程沿生产井排铺设集油管线，井排油井直接挂入集油管线，油井产液在井场进行单井油、气计量，并利用油井所产伴生气作为燃料，在井场直接加热保温，避免大量使用锅炉及供热管道。较之苏联的巴洛宁—维济洛夫流程，可节约投资13.5%，节约钢材33%。

1960年5月下旬，冯家潮向余秋里、康世恩、张文彬、焦立人等领导人参加的油田技术座谈会汇报萨尔图流程方案。会议讨论流程方案时，提出不同产油能力油井串连进同一条集油管线，是否会影响油井产油等疑问。夜里，石油工业部副部长康世恩与张文彬、焦立人等，又把冯家潮叫到办公室，就萨尔图流程的关键技术及方案的可行性进行更深入讨论。凌晨3点多，康世恩决定：采用萨尔图流程方案，并在生产试验区行列注水井排开展生产试验，强调要通过生产实践，总结经验，创新提高。

1961年6月开始，在开展萨尔图流程油气集输工程设计的同时，萨尔图流程关键技术的测试、攻关取得重大突破。

由吴增才等三人组成的回压测试小组在两个萨尔图流程集油井排15口油井上进行6个月回压测试，对不同油井的产量、油压、回压关系进行系统测试研究，得出两个重要结论：当回压与油压之比不大于0.5时，萨尔图流程不影响油井产量；油井回压不大于4千克/厘米^{2}时，萨尔图流程也不影响油井产量。以上两项油气集输技术界限，成为建设和改造萨尔图流程油气集输工程的重要技术依据，并被纳入《油田油气集输设计规范》。

由谭学陵领导，王伯绵、郑幼曼、王宝兰等参加的总传热系数K值测量小组，于1960年冬至1961年春，对萨尔图流程集输工程地区0.5—2.0米深地下土壤温度、集油系统运行温度、大气温度对土壤温度的影响，以及集、输油管道土壤导热系数，进行实地测量。爬冰卧雪，录取数据，观测1600多个点，取得数据5万多个，不仅表明萨尔图流程热力条件保证油气集输的正常运行，而且获得设计高寒地区油气集输热力系统的基础数据及技术界限，确保萨尔图流程的成功实施。

为确定大庆高含蜡、高含胶及高凝固点原油火车外运前的加热温度，确保原油槽车到达终点能安全卸油，1961年12月至1962年3月，设计人员蔡升与张孔发随外运原油列车往返于大庆—锦州等外运地，测取影响油罐车原油温度的大气温度、风速及油罐内原油温度变化数据。在最严寒的东北冬季，行车1万多千米，测量大气温度800多次，测量风速600多次，测得油温数据1400多个，掌握外运原油温度变化规律，确保大庆原油外运规模迅速增大。

萨尔图流程的主要特点之一是，就地利

用油井产气为燃料，就地使用简易加热保温设备，避免大量使用当时无法满足的大型锅炉及大量供热管道，极大地加快产能工程建设速度。但初期油井井场采用长烟道、热风吹及土法加热炉，加热效率低，用火点多，不安全，也不利于施工预制化，不能进一步加快建设速度。1961年油田设计院与北京石油学院张英教授合作，研制井场水套炉。1961年8月，第一台水套炉在中4-16井投入使用。此后，扩大到中3-13井。1964年，经鉴定验收，水套炉投入使用。水套炉用热水间接加热原油，用热水密闭循环为井口房保温，用炉体散热及炉内热风管为清蜡房供热采暖。油井井场加热保温由三把火合为一把火。随后，水套炉又与井场计量分离器合为一体，成为橇装化、预制化的油井井场联合装置。至此，我国独创的萨尔图流程集油技术及装备全部研制试验成功，全面投入产能建设。

从1960年7月，萨尔图流程第一座转油站——中一转油站，第一批萨尔图流程集油井排——中三排、中七排及第一口产油井——中7-11井投产。到1976年，从北四区十排到杏十二区五排，萨尔图、杏树岗油田采用萨尔图流程的井排达110个，油井达2339口，占两油田油井总数的60%。成为萨尔图、杏树岗油田主要油气集输流程，也成为大庆油田建成5000万吨/年原油生产能力的主要工艺技术。

实现采出水循环利用　生产环保双受益

大庆油田开发初期，就确定"早期内部注水，保持压力开采"的油田开发方针。1960年10月18日，大庆油田第一口注水井——中7排11井开始试验注水。1961年3月24日，第一口见水排液井——中7排17井出水。同年9月20日，第一口见水生产井——中6排13井出水。生产试验区投入开发的1961年，油田年注水168万立方米，年产水1.5万立方米；到年产油上1000万吨的1966年，油田年注水1751万立方米，年产水122万立方米；年产油上5000万吨的1976年，油田年注水10043万立方米，年产水3136万立方米。大规模的注水带来大规模的采出含油污水。为适应大庆油田大规模注水开发特点及长期高产、稳产、高效开发要求，1963年起，持续开展含油污水处理试验。

1962年6月2日，松辽石油会战指挥部作出关于进行矿场含油污水处理试验研究的决定，10月29日又发出相应通知。矿场含油污水处理试验成为1963年大庆油田12项重点科研项目之一。

1963年5月3日开始在东油库安装试验装置，9月开始采用叶轮浮选法进行13种不同工况小规模处理试验及加混凝剂处理试验，取得初步试验成果。

1964—1968年，在东油库开展大规模含油污水处理试验。在进行叶轮浮选、玻璃毛毡除油及混凝剂除油试验基础上，试验成功立式除油罐除油及石英砂过滤技术，将含油量5000毫克/升含油污水处理到含油量小于40毫克/升，悬浮物小于5毫克/升，含铁量小于0.5毫克/升，达到油田注水水质标准，形成完整的"自然沉降除油—混凝沉降除油—石英砂过滤"三段处理工艺。1969年10月，在东油库配套建成大庆油田第一座含油污水处理回注站，向油层回注处理合格的含油污水。同时开展污水回注生产性试验，观测回注含油污水的注入采出效果。从中区七排到南一区一排，选择高、中、低渗透率油层的16口观测井。观测结果表明，注水井吸水指数没有下降，油井原油含水率没有升高，产油量还有所增加。含油污水回注取得成功。

随着东油库含油污水处理回注站建成及顺利投产运行，到1974年，先后建成北二、西一、南四、中三、喇一、喇二、喇三等含油污水处理站，并采用东油库试验成功的三段处理流程。此后，由于原油脱水工艺发展及破乳剂改进，脱除污水含油量明显降到5000毫克/升以下，含油污水处理采用一段除油即可将污水含油量降到100毫克/升以下，直接进入过滤罐处理。为此，1974年后建设的含油污水处理站改用"混凝沉降—过滤"两段处理流程。

20世纪70年代，油田综合含水率处于低含水到中含水阶段。1976年油田平均日注水量为27万立方米，其中回注含油污水量仅为9万立方米，多数注水站处于污水与清水混注阶段。污水与清水混注滋生细菌，造成注入水结膜，堵塞滤网，注水泵无法正常运行。为此，开展混注试验，采用加杀菌剂、防垢剂及注水泵双吸流程，站内清、污水分注等综合措施，度过了清、污水混注阶段。

20世纪80年代后期，油田加密调整井增多，压裂、酸化等增产、增注措施增加，采出液泥沙含量随之增多并进入含油污水处理系统，使无防泥沙、排泥沙设施的混凝除油罐被泥沙沉积堵塞，过滤罐滤料被细密泥沙层复盖，沉降、过滤系统无法正常运行。为此，1988年后新建含油污水处理站恢复三段处理流程：在一、二段除油罐底部留出集泥区，增设排泥设施；过滤罐滤料支撑结构增设不锈钢筛网，进出口增设不锈钢筛板防沙器。老站也按上述要求改造除油罐及过滤罐。并就此提出含油污水处理系统要定期检查、更换滤料，按时反冲洗，定期排泥、清泥，油、水系统均应按要求投加破乳剂、混凝剂，确保含油污水处理质量合格的管理要求。

20世纪90年代，油田实施井网二次加密调整，开始层系接替稳产。属于中低渗透层的二次加密井网对注入水水质提出比高渗透层井网更高要求，含油量由30毫克/升提高到10毫克/升，固体悬浮物由5毫克/升提高到3毫克/升。为了建立水质深度处理工艺，1990年在南Ⅲ-1开展"粗粒化除油—混凝除油——次过滤—二次过滤"的四段处理工艺试验。试验结果表明，经过两次除油后，再经两次过滤，水质即能达到低渗透层注入水质要求。随后又在北十一、杏十六建成慢速（一次8米/时，二次4米/时）两级石英砂过滤工艺含油污水深度处理站。为了提高处理能力，随后建成的20座深度处理站采用多层滤料中速过滤（一次16米/时，二次8米/时）工艺。为了进一步改善工艺，提高滤速，1990年11月在北Ⅲ-1，1991年在杏十五建成双向多层滤料过滤深度处理站，一次滤速达31.4米/时，二次滤速达17米/时。采用计算机控制滤速比变化。后因无烟煤滤料漏失，仪表及计算机控制经常失灵，改为双层滤料单向二级过滤工艺。此后，井网二、三次加密调整井回注含油污水全部采用此工艺进行深度处理。

1996年开始聚合物驱采油，由于含聚合物的采出水黏度较高，水中原油及固体悬浮物较难分离。根据1992年后开展的含聚合物含油污水处理试验，采取延长沉降时间办法改善分离效果的试验成果。聚驱含油污水处理站采用"二级沉降——级过滤"工艺,可以满足回注高渗透油层水质要求,总沉降时间为12小时,一级沉降为8小时,二级沉降为4小时。由于聚合物配制及注入均为龙虎泡水源低矿化度清水,大量含聚合物含油污水不能回注,造成油田外排污水量大增,不得不建设外排污水处理站,使污水达标外排。2000年后,通过试验,采用抗盐聚合物及用含油污水配制注入取得成功,使含聚合物含油污水恢复全部回注。

2008年统计数据显示,大庆油田平均日处理含油污水130.87万立方米,平均日回注含油污水130.32万立方米,含油污水回注率达99.58%;统计数据还显示,大庆油田平均日注水152.73万立方米,平均日回注含油污水130.32万立方米,含油污水回注量为总注水量的85.33%,日平均注入清水量为22.41万立方米,为当年水源日总供水能力99.4万立方米的22.55%,清水(包括地下水及地表水)已不再是油田注水的主要水源。大庆油田全面处理回注采出水,实现工业污水的全部循环利用,提高油田注水开发效益,也为大庆地区经济发展留出更大的水资源利用空间。

建成国内最大规模全密闭油气集输处理流程

1960年,生产试验区首次采用萨尔图油气集输流程建成油气集输处理工程。到1976年,主要采用这一流程的萨尔图、杏树岗油田,从北四区一排至杏十二区五排,共有110个井排、2339口油井纳入萨尔图流程进行油气生产,该流程成为大庆油田建成5000万吨原油生产能力时的主要油气生产工艺流程。但这一工艺流程突出的缺陷之一就是油气损耗率高。高损耗率产生于萨尔图流程油井井场直接使用带液量很大的湿气作燃料;萨尔图流程转油站、脱水站全部使用开式油罐作缓冲罐、沉降罐、储油罐,造成大面积蒸发损耗。1972年进行的第一次油气损耗调查表明,测得的集输流程油气损耗率为2.2186%,其中转油站、脱水站、油库所用开式储油罐油气蒸发损耗高达1.6050%。如年产原油5000万吨以上,年损耗原油量将达到110万吨以上,其中蒸发损耗、油气分离中气中带油损耗均为可用作化工原料的轻烃。油田站、库开式储油罐的蒸发损耗产生的烃蒸气既污染大气环境,又带来安全生产隐患。

1977年9月,国家决定在大庆建设30万吨乙烯装置及其原料工程,并要求原料工程要与油田集输处理流程改密闭,降低油气损耗统一规划。油气集输处理流程改密闭,成为大庆油田建设石油化工原料基地,提高油田开发效益的前提条件和紧迫课题。

1979年从杏树岗油田开始展开油气集输处理流程全面技术改造,集油流程改造和转油、脱水站密闭改造同时进行。

萨尔图、杏树岗油田进行萨尔图流程改造。全面采用单井进站、集中计量、双管掺热水保温、热水洗井清蜡、"计量站—转油站—脱水站"三级布站流程。将原在井场进行的油井计量、加热、清蜡改为在计量站集中进行计量、掺水保温、热水洗井操作,在转油站集中为掺水保温、洗井清蜡供热水,显著提高工艺水平及管理水平。随后,喇嘛甸油田也将其单井进站、集中计量、井场加热、掺热油保温、热油洗井清蜡、"计量转油站—脱水站"两级布站流程调整为双管掺水保温、热水洗井清蜡的三级布站流程。

转油站、脱水站全部按密闭流程要求新建或改造。除脱水站保留开式事故罐作为短时处理事故油罐外，转油站、脱水站所有流程罐，全部采用密闭压力容器。为实现气液分离、脱水、输液、输水、输油密闭运行，采用压力、液面、油水界面自动检测、调控技术，确保密闭系统压力、液面、油水界面按给定值平稳运行。为确保密闭系统投产及运行成功，以脱水站为中心，系统地组织油井—计量站—转油站—脱水站配套设计、配套施工、配套投产。为最大限度地降低油气损耗，保证出矿原油质量，原油储库全部采用浮顶油罐储油。

转油站采用分离缓冲罐，取消事故油罐，成为采油厂管理人员在密闭改造中最为关注的环节。为确保油井及转油站连续生产、连续输油，避免供电事故干扰，转油站采用来自两座35千伏变电所6千伏线路的双电源保护，保证自密闭系统运行以来，原油生产系统的长期连续平稳运行，杜绝停电、停输油事故的发生。

从1979年开始的喇萨杏油田油气集输处理流程技术改造，到1990年全面完成，共改造萨尔图流程井场3200多套，喇萨杏油田14000多口油井全部进入密闭集输处理系统。共改建、新建密闭流程转油站240座，新建密闭流程脱水站49座，新建浮顶油罐94万立方米。1979年确定的流程改造目标全部实现：油气损耗率由2.2186%降到1990年的1%，到2000年前降到0.5%以下；集输自耗气由30米^3/吨降到15.5米^3/吨；对原油含水率的适应由30%提高到60%以上；采用高压热水洗井清蜡，适应油井自喷转抽需要。

20世纪80年代完成的喇萨杏油田油气集输处理流程的全面技术改造，为大庆油田长期高产稳产奠定稳固的地面工程基础。它适应包括特高含水在内的注水开发全过程，也适应三次采油聚合物驱油气集输工艺要求；它适应层系接替稳产，井网加密调整，避免集输工程重复改扩建要求，也适应自喷井全部转为抽油开采的要求。特别要指出的是，流程改密闭为实施油气处理，最大限度地回收轻烃，为建成石油化工原料基地创造前提条件。

喇萨杏主力油田　建注水开发油气集输新工艺流程

1976年，大庆油田原油年产达到5000万吨，进入高产稳产新阶段。同时，油田进入中含水采油期（综合含水37.6%），而且含水上升速度呈逐年加快趋势。到1979年，油田综合含水上升到54.5%，即将进入高含水采油阶段。含水大幅上升，产液量大幅增加，油田开发形势的发展给萨尔图、杏树岗油田大范围采用萨尔图流程的地面油气集输工艺提出了重大课题。由于萨尔图流程采用多井并联接入集油干线再进入转油站进行油气分离的集油方式，集油半径达5—8千米。按照确定的设计参数设计的集油系统，很难适应因油田含水上升，产液量大幅提升，管道流量的大幅增加，从而引起自喷井油井回压的普遍上升，过高的回压开始影响油井产量。1977年8月调查统计显示，在2653口油井中，回压高于0.4兆帕的有1940口，占统计井数的73%；回压高于0.6兆帕的有870口，占统计井数的32.8%；回压/油压比值大于0.5的有1705口，占统计井数的64.2%。1960年创立萨尔图流程时的测试研究显示，自喷井油井回压应不大于0.4兆帕，油井回压/油油压比值应不大于0.5，否则油井产量将受影响。1977年8月的油井回压调查统计表明，当年已有64.2%的油井产量受到回压过高的影响。也表明萨尔图流程对注水开发水驱采油的特点不适应。

1977年9月，大庆30万吨/年乙烯及原料工程的启动，又给萨尔图流程提出更大的难题。原料工程要求通过流程密闭，降低油气损耗，回收轻烃。但萨尔图流程井井烧湿气，转油脱水站流程不密闭，1972年油气损耗调查结果显示，油气集输流程油气损耗率达2.2186%。即按当年产油3051万吨计算，其损耗油量已相当于乙烯原料需求量；由于萨尔图流程井井烧湿气，集输自耗气量达到30米^3/吨，按原始油气比计算，油井产气的67%被集输系统烧掉了。

为解决萨尔图流程油井回压过高影响油井产量难题，1975年后，曾在油井回压过高地区采用截短萨尔图流程办法，降低油井回压。有346口萨尔图流程油井的集油半径由5—7.5截短到2.5千米以下，回压均下降到0.4兆帕范围内，但萨尔图流程高损耗、高能耗难题仍未解决。

为适应注水开发水驱采油及长期高产稳产特点，满足为石油化工提供原料的要求，全面提高大庆油田开发建设总体效益，1979年大庆石油管理局决定全面开展油气集输流程技术改造。

油气集输流程技术改造目标：适应注水开发高含水（综合含水率大于60%）采油要求；油气损耗率降到1%以下；集输自耗气降到10—15米^3/吨；适应机械采油要求，提供洗井清蜡措施；油井计量、供热、洗井清蜡管理要集中。

油气集输流程技术改造措施：

（1）采用单井进站、集中计量、双管掺热水保温、热水洗井清蜡流程取代萨尔图流程及其他掺热、伴热保温集油流程。

（2）采用"计量站—转油站—脱水站"三级布站，油井油气计量、掺水保温、洗井清蜡全部在计量站集中操作；转油站除进行气液分离、气液分输外，要为油井掺热保温、洗井清蜡集中供热。

（3）转油站—脱水站—原油稳定装置—油库，全流程密闭运行。转油站取消开式事故油罐，采用压力容器分离缓冲密闭输液；脱水站只保留事故油罐，沉降脱水、缓冲输油全部采用压力容器密闭运行；油库逐步用浮顶油罐取代开式储油罐。由压力容器及泵输系统构成的密闭系统在压力、液面、界面控制仪表及规定的技术界限严格控制下平稳运行。

（4）转油站外输油田气采用油气管道同沟敷设保温、通球清管防冻堵措施，收集油田气进入设于原油脱水站具有油田气脱水功能的集气站，依据压力条件，依靠分离压力或建增压站进入油田气处理站回收轻烃。转油站供热所需燃料气，全部由烧湿气改为烧油田气处理站返输的干气。

（5）脱水后原油密闭输至原油稳定装置回收易损耗轻馏分，其中轻组分不凝气通过油田气处理站以回收全部轻烃。

（6）在改造油气集输流程的同时，通过建设乙烯原料工程，建成完整的原油稳定、油田气制冷回收轻烃系统，油气密闭集输减少的油气损耗，全部得到回收。

1990年，历时12年的喇萨杏油田油气集输流程技术改造全部完成。"计量站—转油站—脱水站"三级布站的单井进站、集中计量、双管掺热水保温、热水洗井清蜡流程（简称计量站流程），全面实现技术改造目标，不仅适应高含水采油，也适应含水 90% 以上特高含水采油需求；在年产 5000 万吨稳产期间，油气损耗率降到 0.5% 以下；集输自耗气降到 15 米^3/吨以下；流程具有的热水洗井清蜡功能，确保了自喷井顺利地全面转为机械采油。20 世纪 70 年代，大庆喇萨杏油田选用的三级布站计量站流程，由于具有极其广泛的适应能力，不仅适应中含水到特高含水全过程，也适应层系调整，井网多次加密的全过程及聚合物驱采油的独特需要。低损耗、低能耗、低投入的调整工程，适应产油、含水、井网、驱动方式、采油方式的大变化，为大庆油田数十年高产稳产、持续发展做出巨大的贡献。

大规模开发地下水　适应油田开发建设需要

1960 年 4 月，石油会战领导小组决定在萨尔图油田开辟生产试验区，开展油田注水开发生产试验，拉开全面开发建设大庆油田的序幕。

油田注水、工程施工、会战职工生活，都离不开水，系统工程建设供水系统先行，这是常识。而位于大庆长垣中部的萨尔图油田开发生产试验区，就近无江河湖泊等天然水源可供利用，上百千米外的松花江、嫩江，却远水解不了近渴。于是，寻找并开发利用地下水，成为当时不二选择。真可谓车到山前必有路，萨尔图油田西部的水文地质勘察随即传来捷报，特别是在喇嘛甸镇附近发现第四系下部及古近—新近系泰康组含水层，水质良好，水量充足，可为油田注水开发及生产生活用水提供所需水资源。

1960 年 5 月，大庆油田首座地下水源——西水源开工建设。与其配套的输水管线工程，西起喇嘛甸，东至萨尔图东油库，全长 17.2 千米，管沟深 2 米，需动土方 8 万多立方米。原计划 10 天挖完管线沟，用 1 个月敷设大口径输水管线。承担工程施工任务的沈阳部队某部 3900 名官兵，在连绵阴雨天，发扬一往无前的英雄主义精神，日以继夜，赶抢进度，使整个工程提前 25 天竣工。会战总指挥部为表彰参战官兵，将这个大庆油田第一条输水管线命名为"八一管线"。1960 年 6 月，西水源及其西水源至萨尔图油田的配套输水管道正式投产，开始向油田第一座注水站——中二注水站及油田其他用户供水，日供水能力达到 1.2 万立方米。

1960 年 9 月，在萨尔图油田东部发现白垩系明水组含水层。为适应油田开发试验区规模日趋扩大的需要，同年 11 月始建东水源，1961 年 3 月建成投产，形成日供水能力 11000 立方米。配套建成 4.5 千米的先锋输水干线（管径 426×7），与八一输水干线连通，向萨尔图地区供水。东水源开采明水组含水层，水质含铁小于 0.1 毫克/升，无须除铁处理就可直接供油田中东部注水与民用。

1961 年 9 月，位于萨尔图油田东北部过渡带的北水源建成，形成日供水能力 10000 立方米，配套建成 11.13 千米星火输水干线（管径 426×7），向萨中油田北部地区供水。

水源及其外输干线作为油田系统工程的重要一环，是根据油田总体规划布局并付诸实施的，是同油田开发进程协调并进的。1960 年 10 月至 1963 年 12 月间，为了将已建水源及外输干线相互连通，最大限度地发挥其整体功能，陆续建成群英干线（管径 426×7，长 5.5 千米）、奋勇干线（管径 426×7，长 3.3 千米）、北一排干线南一干线（管径 426×7，长 3.19 千米）、萨龙干线（管径 426×7，长 3.19 千米）、红旗干线（管径 426×7，长 10.04 千米），使西水源与东、北水源输水干线联网的同时，进一步扩大其辐射面，成为整个萨尔图油田系统工程的基础性供水工程，形成总供水能力 12.1 万米^3/日。

在已建水源中，东、北水源所采明水组含水层，水质含铁小于 0.1 毫克/升，无须除铁处理就可直接供萨中油田北部、中东部注水与民用。而西水源水质早在 1962 年含铁量就达到 0.3 毫克/升，部分水源井的铁含量甚至高于 0.5 毫克/升，超过注水及饮用水标准。为此，1963 年 7 月在南一注水站进行锰砂过滤除铁工艺试验，试验取得成功后，西水源于 1964 年扩建并配套建成投产水处理为 70000 立方米的锰砂过滤除铁装置，同时配套扩建红旗输水干线 16.6 千米（DN700 铸铁管道）。此后，开采古近—新近系泰康组含水层的西部地下水源，均配套建有锰砂过滤除铁装置。

1965 年 9 月，根据萨尔图油田南部地区开发需要，在马鞍山建成南水源，投产 6 口深井，起初采用单井输水方式供水。1968 年，南水源投入扩建，建起泵房、除铁间，配置加压泵，深井由 6 口猛增至 24 口，增设 12 座过滤罐、3 座 1000 立方米清水罐，日水处理能力达到 63936 吨。

此后，随着杏北油田投入开发，位于创业庄西部的红岗水源建成投产，并与南水源联网；随着喇嘛甸油田投入开发，位于喇嘛甸镇红卫村的红卫水源建成投产，并与西水源联网。油田开发建设规模不断扩大，水源及其输水管网辐射面也与日俱增。由南水源、南二水源、红岗水源、杏二水源构成辐射萨南与杏树岗油田的供水系统，形成总供水能力 28.5 万米^3/日；由红卫星、喇嘛甸水源，构成辐射喇嘛甸、萨北油田供水系统，形成总供水能力 12 万米^3/日。

20 世纪六七十年代，为解决一些距供水干线较远，但尚有可采地下水资源的注水站，散建开采白垩系明水组含水层的小型地下水源，如北二、东二、北三、北五、南九、南十、杏六水源等，形成总供水能力 3.9 万米^3/日。起初，这些独立运行的小水源，统归油田水电系统管理，后来为便于使用与维护，这部分未与供水大循环系统联网的水源改由各采油厂自行管理。随着供水大循环系统管网遍及油田，外加小水源产水量下降等原因，小水源逐步关闭，余下的部分小水源仅作为局部补充水源维持运行。

1976 年以后，油田进入年产 5000 万吨稳产期，注水量渐显高峰，矿区（市政）建设以空前规模突飞猛进，多种经营企业如雨后春笋般不断涌现，农副业灌溉面积大幅增加，导致生产、生活用水需求激增。

20 世纪 80 年代，让胡路地区工业及居民用水量逐年递增，供需矛盾骤然加剧。为此，又陆续建成前进、让胡路、独立屯水源，形成总供水能力 10.6 万米^3/日。直至 1990 年建成最后一座地下水源——齐家水源，大庆油田共建成规模较大的地下水源 13 座，总供水规模达 73.2 万米^3/日，综合供水能力为 55 万米^3/日。

早在 1976—1977 年，北部引嫩工程、大庆水库水厂陆续建成投产，标志着大庆地区生产、生活用水完全依赖地下水源的历史终结。特别是1984年，大庆水库水厂二期工程建成投产，供水能力增至17万米^3/日，大庆地区供水格局得以彻底扭转，地表水始占主导地位。

1990年以后，鉴于大量开采地下水，地下水位大幅下降，大庆油田开始停建地下水源，关闭部分水源，限产再用地下水源。

建设地表水水源　适应油田长远用水需求

大庆油田的地表水水源建设，是从治理泡沼和建设水泡子污水处理利用系统开始的。

大庆地区位于松辽平原东部，境内没有天然河流，成为安达闭流区的一部分。低洼的地形地貌，形成星罗棋布的天然泡沼，其中有编号的泡泊有156个，仅喇萨杏油田范围内水泡沼就达62个。降雨自然径流及油田开发初期的生产、生活污水均被水泡子蓄纳。水泡子蓄水量不断增加，水位不断上升，给位于泡沼中及其周边的油水井生产造成威胁。1961年，油田地面工程规划就提出变"水害"为"水利"，综合利用泡沼水的办法。泡沼水硬度大，矿化度高，不宜做生活饮用水，但经处理，可成为油田注水水源。

1962年，结合室内试验，在北二注水站建成油田地面污水处理试验站。根据试验结果，采用加药混凝、沉降、过滤工艺，1965年建成油田第一座1万米^3/日规模的北一地面污水处理站，抽取、处理月亮泡污水。1971年建成1.5万米^3/日规模的南一地面污水处理站，处理陈家大院泡污水。南一地面污水处理站革新工艺，采用露天土沉降池及压力滤罐过滤（在北方严寒地区采用露天土沉降池是一大创举）。此后，该工艺曾在东一等地面污水处理站推广采用。1971年后水泡子地面污水处理工程在萨尔图、喇嘛甸油田展开；到1993年，建成水泡子地面污水处理站15座，建成处理规模29万米^3/日。其中处理规模最大的八百垧水厂处理能力为10万米^3/日，为萨南及杏北油田补充注水用水；处理水质中既有油田污水，又有化工污水及生活污水的乘风庄污水处理厂，成为油田建设的第一座城市型污水处理厂，实现城市及油田污水综合利用。

1986—1995年，油田进入产油、产液、注水高峰期，为强化注水，调整注采比，加大注水规模，充分发挥水泡子地面污水处理利用的作用。地面污水供水量达到26万米^3/日以上。之后，随着油田含油污水处理规模及引嫩水源规模的增大，也随着油田内外排水系统的逐步形成，水泡子汇水量逐年减少，水泡子地面污水处理设施逐步老化，不再成为注水用水水源。部分污水处理设施改造为以处理生活污水达标外排为主的环保设施。

进入20世纪70年代，大庆油田建设地表水源转入引江河水，建设大型地表水源工程时期。

1970年，油田原油生产能力已达2600万吨。随后的1971—1975年，喇萨杏油田全部投入注水开发，原油年产向5000万吨迈进。与此同时，大庆石化总厂前身——大庆炼油厂炼油及化工装置陆续建成投产。使现有地下水资源无法满足油田大规模注水开发及大规模石油化工生产的用水需求。

1970年经黑龙江省安排，开展北部引嫩工程前期工作。1970年11月20日，大庆革委会常务会议通过北部引嫩工程设计方案。开工建设从嫩江取水口至大庆的245千米引水渠、位于黑鱼泡的大庆水库及位于油田以东的红旗泡水库。1973年，北部引嫩工程通水，嫩江水以30米³/秒流量进入大庆地区，分别进入大庆水库及红旗泡水库。红旗泡水库建成30万米³/日水源工程，向大庆石化总厂地区供水。大庆水库建成27万米³/日水源工程，除向大庆水库净水厂供水17万米³/日外，向大庆热电厂净水厂供水5万米³/日，向东风净水厂供水5万米³/日。大庆水库净水厂1977年投产，首期建成5万米³/日处理能力，后经1982年、1985年两次扩建，形成17万米³/日处理能力。

大庆水库水质属低温、低浊、高色度、高有机质水，处理难度大。经过对国内11座水厂调研及设计改进，采用变速搅拌机及塑料斜管反应沉淀池、双阀双层滤料滤池、大阻力配水系统及水塔反冲洗等技术措施，克服水质处理难题，大幅提高处理能力。

1977年，与大庆水库净水厂工程配套建成水库至南七联的管径720×8萨东输水干线，向萨中、萨南油田输水；1980—1982年，建成水库至喇二联、喇四联的管径720×8萨喇输水干线，向喇嘛甸油田输水；1982年后又相继建成水库至北五联、北四联的输水干线，向萨北油田输水。大庆水库水源成为萨尔图、喇嘛甸油田注水、工业及生活用水的重要水源。

进入20世纪90年代，大庆油田年产原油达到5500万吨以上，日注水量达到100万立方米以上。油田用水、综合经济、市政及楼区生活用水大幅增加，日供水量90万—100万立方米仍不能满足需要，日缺水量达10万立方米以上。楼区较大范围出现供水"低压区"。与此同时，地下水源主要开采地区，西部地下水含水层，由于长期过量开采，压降漏斗扩大至4500平方千米，最大降深达46米。大庆市政府与大庆石油管理局提出限量开采地下水的原则要求。为了有效保护地下水资源，并长远解决大庆地区用水问题，也为了给即将大规模工业化的聚合物驱采油所需16万米³/日低矿化度水提供水源，经石油天然气总公司及黑龙江省政府批准，1993年开始实施中部引嫩扩建及龙虎泡水库水源工程建设。

中部引嫩工程是黑龙江省西部早期建成的引嫩江水农田灌溉系统，在嫩江上游建有取水口及引水总干渠。中部引嫩扩建工程利用并扩建嫩江取水工程及引水总干渠，新建97.6千米引水干渠至杜尔伯特县境内的龙虎泡，建成库容4.68亿立方米的龙虎泡水库。中引扩建工程总引水规模77万米³/日。规划供水总规模可达70万米³/日，可分三期建设。一期工程建成龙虎泡水库岸边取水泵房、至净水厂输水管道、处理规模25万米³/日中引净水厂。1995年10月15日，一期工程建成投产，及时地确保1995年11月30日首批聚合物驱配制注入工程按时投产。一期工程处理工艺采用竖流网格反应、侧向流斜板沉淀气浮、变频调速恒压送水、自动气水反冲洗和自动排渣排泥等新技术，并从英国引进关键设备及自控系统。1999年7月1日，中引净水厂处理规模25万米³/日二期工程建成投产。进一步改进处理工艺，采用微涡旋混凝、网格反应、小间距斜板沉淀等新工艺，并相应改造一期工程处理工艺，使净水厂建设达到国内一流水平。

在建设中引净水厂同时，建成净水厂至北一注的油田最大的管径1620×14龙聚干线输水管道，低矿化度水进入萨中聚合物配制注入系统；1996—1997年建成从北一注至中央干线管径1000铸铁输水管道，与大庆水库水源输水管道联网，向萨中、萨北油田聚驱系统供水；建成从龙聚干线向北经喇一联、喇二联到喇三联的管径1000—500铸铁输水管道。在喇二联处与大庆水库水源输水管道联网，构成两个低矿化度地表水源联网，向喇嘛甸油田聚驱系统供水；1997—1998年，建成中引净水厂至乘风干线（南水源—南三干线）的管径1200—700铸铁输水管道及从乘风干线向东至南二十一注水站的管径1000—600铸铁输水管线，为萨南油田聚驱系统供水。从而建成龙虎泡水库水源向萨尔图、喇嘛甸油田供水的输水管网。通过与地下水水源供水系统构通，龙虎泡水库水源也与炼化及西城区市政、居民用水系统实现联网。

中引扩建及龙虎泡水库水源一、二期工程共新增供水能力50万米^3/日，使油田总供水能力由1994年的93万米^3/日提高到2000年的133万米^3/日，不仅彻底解除20世纪90年代初的"水荒"局面，而且及时满足聚驱注低矿化度水的需求。以后，由于聚驱改用抗盐聚合物，用含油污水代替低矿化度清水，解决含油污水外排问题，从而也降低龙虎泡水库水源的供水负荷，使油田实际用水量及供水量明显下降，近期建设中引净水厂三期工程已无必要。但中引扩建及龙虎泡水库水源建成，为解决大庆地区长远用水需求提供充足的余地。

在解决喇萨杏油田长远用水需求的同时，外围最大油田——朝阳沟油田充分利用紧临松花江的有利条件，建设松花江水源，解决油田地区地下水源产水量不足，难以满足油田注水需求的问题。

1991年规划的松花江水源，既为朝阳沟油田供水，也为向榆树林油田供水留有余地。松花江水源建在朝阳沟油田以南松花江畔，1993年建成投产。取水泵房建在松花江岸边，泵房规模为10万米^3/日，初期装泵能力为5万米^3/日；净水厂建在油田南部，规模为5万米^3/日，采用斜板沉降、普通石英砂快滤池过滤、氯气杀菌等处理工艺。

自净水厂至朝一联敷设管径820×8钢管及管径800铸铁管输水管道；至朝四注敷设管径500—400铸铁管输水支线。

大庆地区建成依托江河水源的地表水供水系统，从根本上解决油田生产、地方经济建设以及市区居民生活用水问题；先后停运喇嘛甸、齐家、独立屯水源，将地下水开采量降到大庆市政府及大庆石油管理局限定的最高开采量53万米^3/日以下，地下水过度开采的局面得以有效控制。

建设大庆防洪排涝工程　确保油田生产建设安全

大庆油田位于松辽平原中部，境内没有天然河流，成为安达闭流区的一部分。油田外部经常受北部双阳河洪水、明水、青岗地区坡水的洪水侵害；油田内部由于处于闭流区，降雨径流积聚于低洼地，形成大小不一的泡沼及湿地，给油田工程建设及油水井生产带来困难。对外构筑防洪体系，对内建设排涝系统，成为保障油田生产建设安全的重大措施。

1963年，双阳河洪水、明水、青岗坡水及降雨径流形成的洪涝灾害，造成喇嘛甸、萨北油田内30平方千米积水区；洪水南下经四平泡转向西，淹没杏三区大部分地区。为防止外部洪水进入油田，1964年冬，曾在油田附近修建三道防洪堤：黑鱼泡防洪堤，防止双阳河水经黑鱼泡滞洪区流入油田；萨北油田过渡带董地房子防洪堤，是防止双阳河水进入的第二道防线；杏北油田四平泡东防洪堤，防止外部洪水从杏北油田东侧进入油田。由于仅设防洪堤，缺少对洪水疏导，后又年久失修，这三道防洪堤未充分发挥作用而于20世纪70年代后自然消失。

鉴于大庆地区防洪工程是黑龙江省区域性防洪工程，1966年，在黑龙江省水利部门部署下，进行安达闭流区治理，修建明青截流沟及安肇新河、王花泡、库里泡等滞洪区。但由于工程是以为农业服务为主，标准低、河道断面小，滞洪区工程不完善，虽起到对洪水疏导，减轻洪涝灾害作用，但经受不了较大洪水考验。1983年、1986年、1988年，连续发生较大洪涝灾害，给油田造成损失。

1987年，黑龙江省水利水电勘察设计研究院提出"大庆地区近期防洪规划报告"。报告对主要威胁大庆油田的双阳河洪水提出治理方案，并对安肇新河及沿途的滞洪区提出扩建方案。报告由水利部松辽水利委员会批准，由黑龙江省人民政府组织实施。

防洪工程分三期实施。1989年，实施一、二期工程，修建滞洪区和开挖扩宽安肇新河，增大调蓄和排泄洪水能力。工程于1992年全线竣工。安肇新河从王花泡滞洪区至肇源县古恰入松花江，全长108千米，扩建后的河道设计流量达60—120米^3/秒，达到20—50年一遇标准。滞洪区工程共包括王花泡、北二十里泡、中内泡、七才泡和库里泡等五个滞洪区，其中王花泡为上游双阳河洪水与明青坡水的总控制；库里泡为下游的总控制。同时完成明青截流沟至王花泡引水渠道工程。滞洪区设计总库容达7.02亿立方米，达

到50—100年一遇标准。1992年开始实施第三期工程，治理双阳河洪水。双阳河发源于拜泉县境内，是条无尾河流。在自然状况下，双阳河洪水有30%经西支流入九道沟与乌裕尔河汇合；70%洪水经南支流入大庆地区，直接威胁大庆地区安全。治理双阳河洪水主体工程是双阳河水库。1996年6月建成双阳河水库，封闭南支，彻底封堵侵袭大庆地区的主要洪水源头。大庆防洪工程总体上达到百年一遇标准。

处于闭流区的喇萨杏油田，外来洪水及降雨径流全部汇集于低洼地区的泡沼中。油田内分布面积大小不一的62个水泡子，在自然状态下，水泡子水除自然蒸发外无外排途径。油田投入开发后，为保证水泡子中油水井正常生产，在开展水泡子水处理回注利用，降低水泡子水位的同时，还采取泡与泡相连，将较高水位水泡水流入或泵入低水位水泡；将无水处理站的水泡水集中到设有地面污水处理站的水泡子集中处理。喇嘛甸油田及萨北油田北部排水向培利滨泡集中，萨中油田排水向陈家大院泡、东风泡、月亮泡集中。部分内涝严重地区采取区域性外排措施。1979—1981年，杏南油田修建从66号泡到杏南排涝站的杏南排水西干渠，将排水提升至从杏四联至72号泡的东干渠，再将排水排入72号泡至民荣泡南出口的杏南排水干渠，由民荣泡南出口进入地方修建的民荣支渠，最后进入安肇新河外排；1980—1981年，杏北油田修建杏三区三排排水干渠及杏北排水西干渠，水排至66号泡进入杏南油田排水系统，最终经由安肇新河外排。1978年，为给葡北油田开发建设创造条件，建设面积为10平方千米的康家围子泡排水系统，将水泡水提升

经10千米排水渠排至库里泡。

为了彻底解决喇萨杏主力油田排水出路，特别是强降雨及洪水侵袭年份的排水问题，从1982年开始修建骨干排水工程，1983年建成中央排水干渠。渠道起点陈家大院泡，终点安肇新河，全长31.8千米，途经萨中油田南一区、萨南油田南二—南八区大部分地区，使该地区排入水泡子的水经排涝站提升进入中央排水干渠排入安肇新河；1984—1985年修建西干渠。起点大庆水库，终点安肇新河，全长113千米，途经喇嘛甸油田北部、西部、萨中、萨南油田西部，穿越杏树岗油田，接入安肇新河，使喇嘛甸、萨尔图油田西部及杏树岗油田排水有了出路；1986年修建了东干渠，起点萨中油田东水源泡，经萨中、萨南油田东部地区，汇入中央干渠，全长17.6千米。

进入20世纪80年代丰水期，三条排水干渠发挥作用，但也暴露出工程标准较低问题。1989年后对三条排水干渠进行扩建，并按分区排水要求，修建东二排水干渠。起点萨北油田北部春雷提升站，终点北二十里泡，全长36.9千米。经过萨北油田北部和东部、萨中油田东部、东风新村，绕过万宝屯泡，进入北二十里泡，纳入安肇新河排水系统，使萨北油田排捞问题得到全面解决。

为使油田排水干渠充分发挥排除油田内涝作用，配套建设大量支渠、斗渠及排涝泵站。到2008年，共建成排水干渠199.3千米，建成支渠、斗渠286.76千米，建成各种排涝泵站69座，排水总规模748.89万米^3/日。

创立外围低产低渗透油田 油气集输新工艺

20世纪80年代，为实现油田接替稳产，外围油田逐步投入开发。1985年，西部外围龙虎泡油田投入开发，建成原油生产能力22.4万吨/年，单井产油量3.5吨/日。产油规模小、单井产能低的外围油田如继续采用单井进站、集中计量、双管掺水保温、三级布站的计量站流程，其单井产能建设投资在160万元以上，是喇萨杏油田采用相同流程投资费用的5倍多，开发效益明显下降。为此，在规划龙虎泡油田产能工程方案时，油田设计院总结萨尔图流程及计量站流程的设计运行经验，提出单管掺水、环状集油流程方案。油井接入集油环，多个集油环接入阀组间，阀组间产液直接进入联合站进行气液分离、原油脱水、原油稳定及油田气处理回收轻烃，取消转油站，简化流程，单井产能建设投资降低20%。由于采用运行、操作复杂的计量车计量油井产量，采用集油环停产洗井，影响油井产油以及单环挂井过多，井间干扰严重。使这一新流程在此后投入开发的朝阳沟等油田未迅速推广。1987年后，东部外围油田采油厂与设计院开展油井计量、油井清防蜡及改进集油环设计攻关试验，采油八厂的液面恢复法油井产液计量方法，设计院的功图法油井产液计量方法均试验成功。经现场标定，计量误差均在10%以内，满足油井计量精度要求。两种计量方法均不需专用油气水分离计量设施，取消计量站，也不需专用计量车，大幅简化集油流程。同时，采油厂又试验成功油井化学清防蜡代替热洗清蜡。1991年，在榆树林油田试验成功单环挂4—5口油井，阀组间挂4个以上集油环的小环集油流程。并采用小管径同径集油环，保持集油管对高黏原油的剪切效应，确保环状集油系统安全平稳运行。上述技术措施，成功解决龙虎泡油田早期单管掺水环状集油流程存在的工程技术难题,全面完善大庆油田首创的低产、低渗透油田单管掺水环状集油油气集输流程,1993年开始在外围油田全面推广,以后在长垣南部油田集输流程改造及老油田三次加密调整井集输工程中也大范围采用。

大庆外围油田不仅单井产油量低,油气比也不到喇萨杏油田的一半,仅为20米³/吨左右,与单井产油量低引起的集输耗气量高形成明显的矛盾。解决集输保温方式及热源,成为外围油田突出问题。

有气源可利用的东部外围朝阳沟、宋芳屯、升平、永乐等油田,利用朝51、朝57、长春岭、三站、汪家屯、宋站等气田气补充集输用气,普遍采用掺热水加热保温;西部外围高西、新店及英51区块则采用电加热器、电热管或电热带为集油系统加热保温;东部的榆树林、徐家围子油田曾采用单管电加热环状集油流程。采用电加热保温与掺热水保温相比可节能20%左右。

产能特低的外围油田区块及单井日产油量降至1吨及以下区块,均采用或改用单井拉油、集中处理措施。收油站建有收油计量、输油及加热保温设施。采用多种集油方式及多种加热保温方式明显改善、提高外围低产及低渗透油田的开发效益。

自主设计建成与产能相匹配的原油储运系统工程

20世纪60年代初,油田开发伊始,就始建与原油生产能力相配套的原油储运系统。1960年6月1日,首列满载大庆原油的火车驶离东油库,意味着原油储运系统启动运行成功。原油储运系统包括从原油稳定装置或原油脱水站至油库的输油管道、原油库及库内管输或火车装车供油设施、各油库至油田总外输计量站输油管道以及总外输计量站至长距离输油管道输油首站输油管道。油区内炼油厂(大庆石化总厂及炼化公司)则由相关油库经计量后直接供油。

1960年4月,在建设油田开发生产试验区的同时,即利用横穿萨尔图油田的滨州铁路可外运原油的有利条件,建设大庆油田第一座原油库——东油库。由于缺少钢材,采用5000立方米砖砌油罐,建有小鹤管装车木栈桥及蒸汽往复输油泵。1960年5月下旬,薛国邦采油队收集油井土油池原油,装入位于东油库装车线上的火车槽车。6月1日首列原油列车剪彩外运(见图3-3)。同年建成3.2

图3-3 首列原油列车剪彩外运

万立方米原油储备能力及1万吨/日装车能力。1963年10月，在火车外运的同时，东油库—龙凤炼油厂输油管道建成，直接向龙凤炼油厂管输原油。

1961年7月，位于萨尔图油田西部，滨州铁路线上的西油库建成。当年建成3.7万立方米原油储备能力及2万吨/日装车能力，并首次在国内采用无梯小鹤管原油装车栈桥。降低了投资，提高装车效率。

至1962年，东、西油库首期工程分别建成10万立方米储备能力。

大庆油田开发初期，火车运油成为原油外运的主要方式。由于运输距离远，尤其在冬季高寒气温下远距离运输，槽车内原油温降较快，高黏、高凝的大庆原油如何确定装车时的加热温度，保证到达目的地能顺利卸油，成为大庆原油储运的一大难题。为了摸清原油在长距离铁路运输过程中的散热规律，合理确定原油装车温度，1961年12月至1963年初，储运专业设计人员蔡升、张孔法等搭上开往大连的油槽车，沿途定时测量槽车内原油温度、车外风速和大气温度等参数。为使测量数据全面、准确，他们5次跟随"油龙"长途行驶11050千米。测得大气温度数据800多个，测量风速600余次，测得油温数据1400多个。经过反复计算、对比、分析，找到油槽车散热规律：装车温度为45摄氏度或60摄氏度，经过50—60小时运输后，终点温度均为25摄氏度左右，表明盲目提高装车温度对保持终点卸油温度的作用不大。在这一结论指导下，油库装车温度有所下降。1963年后，油库装车温度降至38—40摄氏度。一座500万吨/年规模装车油库，装车温度降低15℃，即可少建、少用一台10吨/时蒸汽锅炉及其所产蒸汽，节省大量投资及运行费用。蔡升、张孔法的"万里测温"流传至今。

1965年，按照"油田建设必须适当考虑分散隐蔽"的布局原则，油田大型站、库全部按地下、半地下方式建设。为适应油田年产油量上1000万吨，1965年11月建设第一座地下油库——南一油库，采用5000立方米地下非金属油罐储油。随着原油年产油量向2000万吨以上提升，萨尔图、杏树岗油田全面投入开发，1967—1970年，南二、南三、西二及北油库地下油库相继建成。地下油库均采用非金属油罐储油。1973年10月，北二地下联合站发生爆炸着火重大事故，此后，即停止建设地下站库。1970年、1972年在萨中、萨南东部过渡带建设的东二、东三地下油库，在随后工程改造中淘汰。1974年后，北油库、南一库、南三库相继易地建成地面油库。随着地下非金属油罐报废，西二、南二地下油库也相继停运。

东油库接受采油一厂中、东部脱水站来油，除向龙凤炼厂供油外，还向南一库供油。东油库建有2万立方米储罐4座，输油设施及来油、外输油计量标定装置及配套系统。1974年后，随"八三"管道投运，东油库停止火车外运。

西油库历经4次改扩建，建成600万吨/年装车能力。1992年12月，西油库仅保留装车外运功能，其余功能纳入新建西部供输油站，接受采油一厂西部5座脱水站来油，外输油至南一库及西油库装车系统。西部供输油站建有1万立方米储罐2座，2万立方米储罐1座，输油设施以及来油、外输油计量标定装置及配套系统。

1974年，北油库迁至地面后历经3次扩

改建，接受采油三厂及采油六厂来油，外输油至总外输计量站。建有 2 万立方米储罐 8 座，5 万立方米储罐 2 座，输油设施以及来油、外输油计量标定装置及配套系统。

1976 年，南一油库迁至地面后历经 4 次扩改建，接受采油一厂东油库、西部供输油站来油采油二厂南Ⅲ–1 来油。外输油至总外输计量站，并直接向大庆炼化公司供油。早期具有火车装车外运功能，迁至地面时即取消火车外运。现建有 10 万立方米储罐 6 座，输油设施以及来油、外输油计量标定装置及配套系统。

1968 年 12 月，南三油库建成地下油库，杏树岗油田原油由初期杏一联进入南二地下油库，改为全部进入南三油库，火车装车外运。1971 年 9 月，大庆至抚顺长距离输油管道（"八三"管道）建成，作为 3 个集油点（北油库、南二库、南三库）之一的南三油库，开始向"八三"管道供油，南三油库改为以管输为主。1989 年，南三油库移至地面重建。南三油库地区成为大庆油田原油总外输枢纽，由三部分组成：油库部分，接受采油四厂、五厂、九厂来油，外输至总外输计量站；总外输计量部分，设于油库地区的总外输计量站接受北油库（采油三厂、六厂）、南一油库（采油一厂、二厂）、南三油库（采油四厂、五厂、九厂）来油，经原油成套计量仪表计量总外输油量后输往林源泵站进入"八三"管道；接卸俄罗斯原油部分，2005 年建成接卸俄罗斯原油专用铁路线、装车栈桥、零位油罐及配套设施。南三油库建有 5 万立方米储罐 12 座，10 万立方米储罐 2 座，15 万立方米储罐 4 座，向林源泵站输油设施及油库配套系统。

葡北油库是长垣南部及外围油田唯一储备油库。接受采油七厂、八厂、十厂、榆树林、头台来油，同时向"八三"管道太阳升首站及哈尔滨炼油厂输油。建有 2 万立方米储罐 5 座、1 万立方米储罐 1 座，外输油设施以及来油、外输油计量标定装置及配套系统。

大庆油田油库所用储油罐发生显著变化，由 20 世纪 60 年代初采用砖砌油罐，20 世纪 70 年代采用非金属油罐，此后全部改用金属油罐。但由于采用固定顶或无力矩金属油罐，无法密闭储油，原油蒸发损耗大。1995 年后，从油田新增原油储备能力工程开始，油库储罐全部采用大型浮顶油罐。在北油库、南一库、南三库、葡北油库全面采用 2 万立方米、5 万立方米、10 万立方米及 15 万立方米大型浮顶钢质油罐储油，可降低原油蒸发损耗 80% 左右。

原油库工艺流程依据油库功能要求，可采用分散操作流程或集中操作流程。一般与原油脱水站合建的采用分散操作流程，单独原油库采用集中操作流程。大庆油田油库装车系统曾采用过大鹤管装油，其优点是集中操作，易于实现机械操作、自动控制。后由于易损件多，维修量大、大鹤管故障，影响装车效率而停用。

为确保油田大型油库的安全，20 世纪 90 年代，通过技术引进、创新，对油库消防安全系统进行全面技术改造，建立全天候工业电视监视系统，采用氮气自动报警或温感电缆自动报警，实现全自动程序控制灭火及冷却。

截至 2010 年，大庆油田建成原油库 6 座，其中原油储备油库 5 座，总库容 255 万立方米，原油储存能力 239 万立方米，储存天数

13天。

大庆油田首创"联合站" 创建油田总体布局新格局

按照注水开发的要求，地面工程建设以油气集输、注水为主体，以供水、供电、通信、道路、机修及矿区建设为配套系统的地面八大系统工程。1963年，在萨尔图油田中部160平方千米范围内开始大规模产能建设，鉴于油田地面工程点多、面广、线长、站点、线路配套关系复杂，管理维护工作量大的特点，必须严格总体布局，理顺系统关系，有序地建设和管理好地面生产系统。为此，提出以集输、注为核心，合理布置八大系统的原则，按照主体工程工艺要求，分区集中布置"三站"（转油站、注水站、变电站）的原则及沿井排或分区集中布置"六线"（油、气、水管路及电、路、信线路）的原则，形成油田总体布局、主体工程布局及系统工程布局的油田总图设计原则，长期指导大庆油田地面建设及生产管理。

按照油气集输、注水工程工艺要求，分区集中布置"三站"的原则，1963年11月，在萨北油田建成国内油田第一批"联合站"——北Ⅱ-1、北Ⅱ-2站。首期工程包括转油、脱水、含油污水处理、注水、变电等设施。1985年后，两站均增建负压脱气原油稳定装置。1963年后，大庆油田均以原油脱水站为核心建设油、气、水、电联合站，以注水站为核心建设注水变电联合站。1972年后，随喇嘛甸油田开发，在喇二联建成国内首座油气集中处理厂，在具有原油脱水、含油污水处理、注水、变电等功能的同时，增加原油稳定、油田气处理、轻烃回收功能。随乙烯原料工程建设，在全油田建成一批具有油气处理功能的油气处理厂型的大型联合站。

大庆油田基于特大型油田特点，首创"联合站"建设方式，随后在国内油田普遍推行，使油田油气生产实现短流程、低能耗、集中控制、集中管理，极大地提高油田地面工程建设及生产管理水平。

按照沿井排或分区集中布置油、气、水管路及电、路、信线路的原则，1963年后，随着萨尔图、杏树岗油田投入开发，除了沿行列注水井排布置萨尔图流程集油干线、注水管线管路走廊及供电线路走廊外，沿位于油田中轴线的萨大主干线公路两侧，逐步建成输油、输气、输含油污水、供水、注水管路走廊及输电、通信线路走廊。1964年后，随着油田西侧让通铁路通车，沿铁路线建成拥有装车外运设施的南一、南二及南三油库；建成银浪、八百垧仓库，形成大庆原油铁路外运走廊及油田物资储运走廊。1965年后，随着萨尔图、杏树岗油田全面开发，东西过渡带投产，为统筹兼顾纯油区、过渡带油水井生产，降低纯油区集油系统端点井回压，提高纯油区注水系统端点井注入压力，沿东西过渡带建成转油脱水站、注水站等油气集输、注水工程，满足改善纯油区集油、注水状况及过渡带油水井油气集输、注水需求。为此，同时建成东西过渡带管路走廊及线路走廊。至此，喇萨杏油田最终形成中、东、西三条管路走廊带及线路走廊带。

在大型、特大型油田依据油田特点，建设地面工程"走廊带"，有利于集中建设、集中管理、集中维护，显著降低建设投入及管理维护费用。

大庆油田早期按照"工农结合，城乡结

合，有利生产，方便生活"方针布置工业点和居民点，初步形成适应油田发展、满足油区人民生活的新型矿区。为了避免将城市建在油田上影响油田开发建设，1962年起，在油田以外让胡路地区建设油田开发建设生产指挥中心、科研设计基地及工程施工基地，以后逐步发展成为西城区。1984年，《大庆市城镇建设总体规划》遵循"地上服从地下""让开油田，建设两厢"的原则，避开喇萨杏主力油田，在油田东西两侧建设东城区、西城区，有效控制市政建设对油田开发建设的影响，成功地解决油田总体布局中油田建设与城市建设的矛盾，形成大庆油田持续稳产与大庆市持续发展比翼齐飞的新局面。

建设天然气田地面工程　实施油气并举发展战略

大庆油田在建设伴生气集输处理利用工程的同时，20世纪60年代就开始气层气开发利用，以此作为民用燃料气的补充，并利用气顶气作为集输用气及外供气的冬夏季节平衡用气。外围朝阳沟、汪家屯等气田开发，及时解决外围油田因油气比过低，急需集输燃料的矛盾。80年代后，白音诺勒、阿拉新、二站、长春岭、三站、四站、五站、太平庄等气田开发，大庆油田开始向齐齐哈尔、哈尔滨周边大城市外输天然气的进程。90年代以来，随着气田开发由中浅层向深层气藏发展，芳深1井及升深1井深层获得工业气流，昌德、升平气田投入开发，大庆油田开始实施油气并举发展战略，在东部外围开展大规模的深层气藏勘探开发及建设，并逐步扩大向齐齐哈尔、哈尔滨供气规模。

20世纪60年代初，在开发建设萨尔图油田生产试验区的同时，发现大庆长垣北部分布的萨零组及嫩二段以上浅气层，甲烷含量在90%以上，单井日产气0.5万—1.5万立方米。萨尔图地区浅层气的开采，解决石油会战初期生产和生活急需燃料的难题。1960年7月以后，先后有5口气井投产采气。至1965年6月，累计采气2358万立方米，气层压力也由8.45兆帕下降到2.18兆帕。

萨中地区萨零组浅气层压力大幅下降后，利用接近采空的浅气层建成国内第一座地下储气库。夏季向气层回注油田富余的油田气湿气，冬季缺气时回采气层气。夏注冬采，平衡油田集输及民用气。中区注气站1964年建成投产，屡经厂房改造、机组更新，到1982年因环境安全问题停运，累计注气量为7350万立方米。萨中地下气库的成功建成及运行，为随后建设更大型地下储气库提供经验。

1975年利用喇嘛甸油田气顶萨一组上部及萨零组下部气层建成喇嘛甸油田地下储气库。喇二注气站注气规模初期为40万米^3/日。1976年开始回采气。由于油田气集输系统夏季放空，冬季缺气矛盾突出，喇二注气站经两次改扩建，新增注气能力60万米^3/日，到1999年建成100万米^3/日注气规模。共有注采气井12口，注采气管线初期采用加甲醇防冻，后改为电伴热。喇二注气站夏注冬采，调节冬夏供气量的不平衡，有效地保证油田向大庆石化的平稳供气。

20世纪80年代，中浅层天然气勘探取得显著进展，1985年后外围西部中浅层气田陆续投入开发。其中北块白音诺勒气田的杜402井、龙南气田的古31井及敖古拉的塔301井相继采气，集气至龙一联，并经杏西联输至杏九联，进入老油田油田气集输系统。

1987年12月,《黑龙江省计划经济委员会和大庆石油管理局关于利用阿拉新油气田天然气的协议》签订,外围西部阿拉新油气田天然气集输处理工程及大庆—齐齐哈尔天然气供气工程开工建设。1991年3月,阿拉新集气站及供气工程建成投产。集气站规模15万米^3/日,气井7口。处理工艺采用一级分离—加药—气波制冷—二级分离—预热、调压、计量、外输齐齐哈尔。为了稳定供气,2005年阿拉新2号集气站投产,气井2口,站内采用二级分离,站外向阿拉新集气站输气采用热水伴随保温。

1991年建成二站集气站。辖气井2口,先期采用热水伴随保温集气,后改为碳纤维电热管单管集气。站内采用三甘醇脱水。处理后的油气输送至杜402,进入龙一联—杏九联输气系统。2000年后,建成二站至阿拉新输气管道,使西部外围至齐齐哈尔供气系统与老油田联通,夏季老油田多余油田气可向齐齐哈尔方向输送,冬季也可向老油田补气。

2001年建成新店油田新一联集气站,规模5万米^3/日,气井1口。采用电伴热集气,加甲醇防冻处理工艺,气输往葡四联做集输用气。

20世纪80年代后期,外围东部探明汪家屯、宋站、羊草、朝阳沟、长春岭等一大批天然气田。

1986年,三肇地区宋站气田的宋2井、羊草气田的升81井、汪家屯气田的升61井和升63井进行试气。采用单井集气、加热节流分离流程。连接4口气井的集输气管道,直接将气输至油田轻烃总库配气站,供龙凤热电厂及东风地区锅炉房用气。

随投产气井增多,开始建设多井集气站。最先建设的升61井多井集气站,集气管线采用加甲醇防冻工艺,由于中浅层气井采气均含水、带油,对多井集气保温防冻提出新要求。自1989年开始,气井至集气站集气管线采用热水伴随保温,无热水伴随条件的采用电热带保温。

三肇地区相继建成1号—4号多井集气站及宋18井多井集气站、升58井多井集气站。集气站采用常温分离加药防冻工艺,即单井来气经高压分离、单井计量、换热、节流、汇合再经二级分离、总计量、加药、外输。三肇地区中浅层气输气系统除经轻烃总库配气站与老油田连通外,还进入升一联配气间,为外围油田集输系统供燃料气。

20世纪80年代后期及90年代,朝阳沟—长春岭地区气田为保朝阳沟油田原油生产用气及向哈尔滨供气,相继投入开发。

伴随朝阳沟油田建成投产,1987年11月,朝51、朝57气井先后开井供气,采用常温分离、加药防冻、定期通球外输工艺。1990年11月,四站气田四101井投产,采用常温分离、甘醇脱水工艺。朝51、朝57、四101井集气系统向朝一联集输系统及油田开发初期自备电站供气。1994年投产的长春岭气田采用氯化钙脱水工艺,向朝阳沟油田供气。1996年投产的三站气田,建有2座集气站。三-1集气站采用单管加药及热水伴随集气,甘醇脱水加甲醇外输;三-2集气站采用单管加药集气,常温分离、加甲醇外输。三站气田全部向朝阳沟油田供气。

1991年1月,太平庄气田庄深1集气站投产,采用单井加药防冻、集气站氯化钙脱水工艺。大庆油田通过庄深1集气站开始向哈尔滨供气。1993年投产的五站气田集气站、

1999年投产的万家气田万11井均采用氯化钙脱水工艺，向哈尔滨供气。2004年投产的涝州气田集气站，采用一级分离、加甲醇、节流、二级分离、计量、外输工艺。涝州集气站既向哈尔滨供气，也进入四101集输气系统，向朝一联供气。

朝阳沟—长春岭地区，向朝阳沟油田及向哈尔滨供气，实现供气管道联网，确保输气灵活调配。

1993年，大庆油田开始深层天然气田的勘探开发建设，油气并举发展战略进入新阶段。

大庆深层天然气田包括昌德、升平及徐深气田。除了埋藏深、储层物性差及产气量高低不均外，另一特征是天然气中含有较多二氧化碳，芳深9井、芳深701井，二氧化碳含量高达93%—84.9%。

2004年，徐深1井、徐深1-1井、徐深5井、徐深6井、汪深1井建成单井集气站，陆续投入试采。徐深1井、徐深1-1井、徐深5井、徐深6井试采工艺采用节流、加热、再两次节流至6.4兆帕，经分离、计量后汇合进入徐深1井100万米^3/日甘醇脱水装置，处理合格后进入集气干线。汪深1井采用加热、节流、分离、计量工艺并与其他井汇合进入30万米^3/日甘醇脱水装置，处理合格后进入集气干线。

昌德二氧化碳气井采用甲基二乙胺脱碳工艺脱除二氧化碳，至2008年，已生产液态二氧化碳14533吨。

深层天然气田及供气系统建设，逐步形成规模。至2008年，徐深气田的升深2-1区块、徐深1区块、徐深9区块和汪深1区块，合计建成气井63口，集气站9座，天然气生产能力13.6亿米^3/年。

伴随气田建设，天然气生产能力的增大，大庆油田外供天然气能力也逐步扩大。建成徐深气田经双合至哈尔滨输气管道，供气能力由早期的1.65亿米^3/年增大到50亿米^3/年；建成徐深气田至红压输气管道，供气能力25亿米^3/年，极大地增加外围气田向老区、向齐齐哈尔补气能力。向齐齐哈尔供气能力由1亿米^3/年增加至6亿米^3/年。同时，徐深气田高压供气系统与已建成的中浅层气田外围及老区供气系统联通，进一步提高外围及老区生产及生活用气的可靠性。

建成长距离输油管道终结车辆运油的历史

1970年，大庆油田"四五"规划出台。根据规划设计，1975年建成3972万吨/年原油生产年能力。当时铁路外运量达到1500万吨/年以上，日开出运油列车30—40列。铁路运油不仅损耗大，也影响铁路系统其他客货运输，继续增加铁路运油能力已显困难。为了解决大庆油田快速上产的原油外运问题，1970年，燃料化学工业部决定建设大庆至抚顺长距离输油管道。1970年8月26日，国家经委决定延伸大庆—抚顺输油管道，建设大庆至秦皇岛输油管道。从此，为提高大庆原油运销水平，大规模的长距离输油管道建设工程提上日程。

1970年7月，大庆—抚顺段完成线路初选及燃料化学工业部、沈阳军区领导汇审。1970年8月3日，管道工程领导小组成立，并命名为"八三"工程，大庆—抚顺段管道工程开工建设。

大庆至抚顺输油管道管径720毫米，总长667千米，一期工程输油能力2000万吨/年，是国内首次设计建设的最大管径、最长距离、最大输油量的长距离原油输送管道。设计建设过程成为我国大型输油管道工程探索设计建设技术、积累设计建设经验的过程。

1970—1971年，短短的一年时间里，开展原油加热输送对原油物性及流变性影响研究，完成原油加热输送工艺设计；开展大口径管道焊接工艺研究及管道质量检测；开展等管壁厚度弯头、三通承压强度及稳定性试验，研究设计成功补强的弯头、三通，确保管道安全稳定运行；与国内厂家协作，研制成功大型输油管道配套装备，大型输油泵、加热炉、阀门及清管通球设备按期配套投入运行；开展大型输油管道穿越江河试验研究，完成"八三"工程先后两次三条管道穿江工艺及固岸护坡设计，在黑龙江、吉林两省交界处"八三"管道顺利穿越410米宽嫩江；开展大型输油管道预热投产试验研究，确定预热方式、预热温度技术界限，确保管道顺利投产。

大庆油田承担为"八三"输油管道供油的全部配套工程以及"八三"工程输油首站——太阳升首站的建设任务。

1971年10月31日，太阳升首站接受油田来油开泵输油。11月8日，抚顺一、二、三炼油厂收到"八三"管道合格来油，"八三"一期工程建成投入运行。

"八三"管道供油系统随油田储运系统的发展而逐步完善。初期由二号集油点南一、南二库（现南六联）及三号集油点林源泵站供油系统为太阳升首站供油；1972年6月1日，一号集油点北油库至三号集油点林源泵站输油系统建成供油，"八三"一期工程配套投产；1973年，"八三"管道复线工程开工建设，一号集油点至三号集油点敷设管径529×8复线，"八三"管道全线敷设管径720×8复线。1974年9月，三个集油点供油系统及"八三"管道复线工程配套建成，二期工程投产，"八三"管道工程全面竣工。一、二期工程合计建成输油能力4000万吨/年。大庆油田原油外输转为以管道输送为主。

1974年12月27日，大庆至秦皇岛输油管道建成输油。1975年6月23日，秦皇岛至北京的355千米输油管道建成。至此，大庆至北京全长1507千米长距离输油管道全线建成，大庆原油直接管输至北京燕山石化总厂。

1987年，大庆东部外围油田大规模建成投产。长垣南部及东部外围油田原油储运系统建成，葡北油库成为大庆油田第二个原油外输口。1987年，随葡北油库及外输原油计量标定系统建成，即向"八三"管道太阳升首站外输原油。1999年11月，原向哈尔滨炼油厂车运原油改为管输，建成大庆—哈尔滨输油管道。从葡北油库首站到哈尔滨炼油厂末站全长182.8千米，输油能力300万吨/年。管道穿越安肇新河及松花江，采用定向钻穿越技术，避免对航运影响，有利施工、维护及环境保护。

大规模实施筑路工程　油区交通四通八达

1959年9月，松基三井喷油，发现大庆油田。黑龙江省委、省政府责成肇州县全力以赴，组织5000民工，抢建大同至安达公路。当年11月，建成大庆油区第一条公路。

由于油井及油气生产设施遍布油田，油田道路成为必须先行建设、必不可少的系统工程。大庆油田自1960年投入开发建设以来，油田道路从无到有，从乡间大车道发展成国家一级公路和城市型主干路，从晴天能通车的土路、简易沙石路发展成沥青与水泥混凝土高级路,从木箱涵发展成大型钢筋混凝土立交桥,全面适应油田持续高产稳产、油田及市政建设的需要。

1960—1963年,大庆油田开发建设初期,为解决急需道路的矛盾,按照"先求其通,后求其精"原则,抢建标准较低的土路及沙石路。1960年,当年就建成萨尔图至安达、萨尔图至高台子、萨尔图至汤家围子土路116千米。1961年3月,油田第一条沙石路面公路在萨尔图至解放村路段建成。油田有了晴雨天均可通车的道路。至1963年底,萨尔图油田160平方千米范围内建成沙石路222千米,修建土路基163千米。1961年开始采用石灰土作路面基层的试验,随后在全油田推广,解决油田缺乏筑路材料、冰冻期长路面易开裂等难题。截至1963年底,修建石灰土基层道路103千米。

1964年,随着大规模产能建设,油田交通量猛增,干线道路行车密度达到300辆/日。道路质量已不适应大量重型车辆行驶需要。在1964年开展室内及现场试验基础上,1965年开始推广渣油路面,当年修建渣油路面283千米。渣油路面比沙石路面提高运输效率38%,延长道路使用寿命2倍以上。为改善渣油路面初期成型慢、热稳性稍差的不足,1966年,首先在中七路采用沥青贯入式路面技术。与渣油路面相比,沥青贯入路面强度高、热稳性好、使用寿命更长。至1971年,共修建沥青贯入式路面91千米。大量采用沥青(渣油)路面,实现油田道路"黑色化",提高道路质量,大庆油田公路建设水平进入国内公路建设先进行列。

进入20世纪70年代,大庆油田开始5000万吨稳产阶段,交通量持续增大,重型车运输量增加。60年代修建的道路,虽几经改造、提高,仍有不少道路路基翻浆、路面鼓包,严重影响行车及运输效率。为适应大型重车行驶,对原有道路,特别是干线道路的路线及路面等级进行改造。采用厂拌沥青碎石路面改造中七路、萨大路、南二路;采用现浇水泥混凝土路面改造中三路。至1977年,共修建二级道路88千米,铺厂拌沥青碎石及水泥混凝土高级路面141千米。

进入20世纪八九十年代,老油田大规模实施井网加密调整,外围油田相继投入开发,城市建设进一步发展,道路交通量成倍甚至成几倍增长。特别是西干路、中七路、萨大路等主干路的交通量由原设计的几千辆增长到1万—3万辆,出现交通阻塞、路面损毁、行车困难局面。1978年,开始对不适应交通需求的道路采取调整、改造、完善、提高措施,进一步发展、提高道路技术,高标准的一级公路、城市型主干路,高级的水泥混凝土和沥青混凝土路面及大型立交桥相继建成通车。1978—1985年,全长25.1千米的黑龙江省第一条高等级一级路——东风路及卧龙桥建成通车;1983—1984年,让胡路区中心主干路中央大街建成配套齐全的城市型主干路及大型铁路、公路立交桥——庆虹桥;1999年,全长6.98千米的大庆路及铁人立交桥通车,建成功能齐全、辅助设施配套、集城市交通与沿线环境景观为一体的城市型主干路;2006年,改造西干线为双向6车道沥青混凝土路面的铁人大道;2007年,改造创业大道为双向8车道的沥青混凝土路面。经过多年对油田道路的新建和改扩建,逐步形成以横贯东西主城区的世纪大道、中三路、南一路、南二路、南三路、南四路、南六路为经线，以纵穿南北的东干线、西干线、萨大路、铁人大道、创业大道、为纬线的城区高等级道路交通网，以及通往外围油田的道路交通网，基本满足大庆油田的交通运输需求。

大庆油田地处高寒地区及闭流区，地下水位较高，冬季道路冰冻开裂，春季路面翻浆。为解决这一难题，20世纪六七十年代，通过试验改进，采用石灰土作路面基层、底基层或垫层，不仅为大庆地区解决筑路材料短缺的难题，也破解冬春季道路开裂及翻浆的难题。20世纪八九十年代，在修筑水泡子道路护坡时采用土工布做反滤层，在处理道路翻浆时做隔离层，均取得良好效果。大庆油田筑路技术进入国内先进行列。

基建施工实现预制化、装配化、机械化

大庆石油会战初期，油田建设所需原材料主要靠国家配给和外地支援，没有预制加工基地，全部在工地现场作业。1963年，大庆油田开始大规模产能建设，实现油田建设施工预制化、装配化、机械化，加快油田建设速度成为紧迫课题。1964年，大庆石油会战指挥部决定建设施工基地后四厂：混凝土预制构件厂、金属结构厂、防腐管道厂及施工机具修保厂。20世纪70年代，为推行装配化施工，组建计量站、转油站预制厂，开始装配化计量站、转油站、联合站的预制，从整体上提高油田建设预制化、装配化及机械化水平。

预制化：分为专业预制厂和施工单位预制厂。

1962年始建，1964年扩建土木预制厂。同年组建金属结构厂及管道预制厂。上述预制厂后统归建设材料公司管辖。1970年为"八三"工程预制大口径管道组建的金属结构二厂，1982年改建为计量站预制厂，年预制计量站120座，并可预制转油站。1978年，在大庆油田设计院协助下，油建指挥部建成转油站预制厂及计量站预制厂，预制掺水流程及热水伴随流程装配式转油站及列车式计量站。管道预制厂建有防腐绝缘管及泡沫保温管生产线，年生产能力达2200千米。建筑公司土木构件厂预制工业及民用建筑混凝土构件，年预制能力达18000立方米。

参与油田建设的施工单位都有自己的预制厂，可利用施工淡季，为第二年工程做准备，也有长年生产线，利用剩余劳动力在后方预制产品。

装配化：随着预制化程度提高，装配化水平也不断提升。

油田开发初期，砖砌计量站，建筑安装工程都在现场进行，一座计量站用工达6000工日。后采用钢筋混凝土大板结构，用工为2000—2500工日。1978年开始采用列车式计量站，变大量野外施工为工厂化作业，整体预制，整体运输，整体吊装，不仅建筑面积、三材用量减少，用工又减少549工日。

早期转油站泵房以红砖、毛石为材料现场砌筑，设备及管道均在现场焊接安装。1965年后，泵房采用钢筋混凝土大板、珍珠岩大板等大板结构，设备及阀组均安装于钢结构底座上。1978年试制成功列车式转油站，由泵房、配电值班室及工艺设备（二合一、三合一容器）三个单元组成，分别安装在钢管爬犁上。上述单元组合体整体运输到施工现场，用一部吊车、一部焊机即可在现场就位。

1979年，联合站也开始装配化，油、水

泵房，配电间采用墩式基础、轻板结构，工艺设备、变电所户外开关场等采用组合式装配，按单元组合整体运到现场。1979年4月15日，葡一联合站开工，仅用75天即建成主体工程，3个月全部竣工，工期缩短150天。

机械化：工程预制化加机械化，促成装配化程度的提高，带动机械化的发展。

除了油田井、站、库实施装配化、机械化施工外，油田工程量最大的管道工程从20世纪60年代开始，逐步提高机械化施工水平。1964年，油建施工技术研究所研制成功挖沟犁（俗称乌龟背长虫），每小时挖沟1000—1300米，相当于1400人挖的土方量。同年创出日挖沟10.5千米的纪录。1971年后，相继研制成功管线水平穿越机、多用吊管焊接机及多种二氧化碳气体保护自动焊接设备，极大地提高管道工程施工效率。2000年后，随着承担大型长输管道施工任务增多，掌握大型管道机械化施工技术，特别是管道穿越施工技术，包括水平定向钻进技术、气动夯管锤（矛）技术、盾构施工技术。随着大庆油田原油储备能力的增长，5万立方米、10万立方米、15万立方米大型浮顶原油储罐增多，储罐施工技术（包括储罐组装技术及罐板现场成型、计算机优化套裁等施工配套技术）均有了长足发展。

建成国内最大电动离心泵注水系统

大庆石油会战初期，确定的大庆油田开发原则及开发方针是"早期内部注水，保持油层压力""在一个较长时间内实现高产稳产，争取达到较高最终采收率"。为贯彻这一方针原则，从萨尔图油田生产试验区即开始选择油田注水设备，建立油田注水系统的进程。

1960年10月，大庆油田第一座注水站——中二注水站建成投产。该注水站继续沿用玉门油田采用的柴油机——往复泵注水泵机组。由于工期紧迫，采用从钻井装备中拆下的柴油机——泥浆泵机组当注水泵机组使用。由于柴油机不适应油田注水长期连续运转特点，易损件多，维修更换频繁，运行及操作环境差。1961年9月，在新建的北一注水站采用电动机——往复泵机组，运行状况及运行环境大为改善，但往复泵仍然存在断轴等易损件更换频繁问题。高压往复泵泵压不平稳及排量过小，也不适应大规模注水需要。1962年后，油田设计院给排水室以贾身乾为首的注水组，探索采用高压电动离心泵作注水泵。在国内尚无油田注水用高压离心泵情况下，该注水组选用电站高压锅炉给水用高压离心泵作试用泵。1963年8月，新中二注水站DG270/150电动高压离心泵投入运行。运行结果表明，电动高压离心泵用于油田注水，不仅维修周期长，实现长期连续平稳运行，而且高压、大排量，能满足油田大规模注水要求。

在试用高压锅炉给水用电动离心泵作油田注水泵的同时，1963年开始试制油田专用电动离心注水泵。1964年1月，第一个型号的油田注水用6GY7×12电动离心注水泵在中三注水站投入运行，性能完全满足油田注水要求。

大庆油田不同开发区、不同注入层系，注水参数不同，各个开发区选用注水泵的参数要求也不同。为适应全油区注水泵选用要求，1964年后，大庆油田与水泵制造厂合作，注水泵逐步形成6GY7、150D、D155、6D100等系列。1992年后，为适应油田对大型注水泵需求，在沈阳水泵厂研制的D300-150基础上，由油田总机厂自行研制出2000千瓦功率的D400-150大型注水泵，在喇萨杏油田多座注水站运行。

1965年，油田注水全面实现电动离心泵化，逐步建成国内油田最大的电动离心泵注水系统。到1976年，建成5000万吨原油生产能力时，全油田日注水量为27万立方米，2000年，全油田日注水量达到135万立方米，2008年达到153万立方米。电动离心注水泵保持大庆油田注水系统长期平稳连续运行，确保大庆油田注水开发顺利实施。

油田注水用电量占油田总用电量比例，20世纪70年代达到50%—60%。为提高注水效率，降低注水用电单耗，结合注水泵的研制及维修，实施技术改造，提高注水泵效率。20世纪80年代初，全油田平均泵效为65%，到90年代，平均泵效提高到77%以上。注水单位耗电由80年代初的8千瓦时/立方米，降到90年代的6千瓦时/立方米。注水节电取得显著效益。

建成世界最大规模聚合物驱地面工程

20世纪70年代，大庆油田开始提高采收率的室内研究及现场试验。1972年在小井距首次进行聚合物驱先导试验，取得初步效果。聚合物驱是利用聚合物水溶液具有良好的增黏性，来增加注入水的黏度，改善水油流度比，达到扩大注入水波及体积，提高原油采收率的目的。20世纪80年代开始，喇萨杏油田油层对聚合物驱适应性研究，并通过现场试验证实，聚合物驱可大幅提高采收率。1987—1990年聚合物驱潜力评价预测结果显示，采收率平均比水驱提高9.02%，萨中以北地区提高10%以上。杏树岗地区提高8%左右。实施聚合物驱采油成为大庆油田稳产及提高最终采收率的有效手段。

进入20世纪90年代，开始大规模开展包括地面技术在内的聚合物驱矿场先导试验及工业性试验。地面技术主要通过引进国外设备及技术来开展聚合物溶液配制及注入工艺试验。

大庆油田第一座注聚合物先导性试验站——中1023站，全站委托法国TPG公司进行初步设计，成套引进美国、英国公司的聚合物分散、熟化、过滤装置、注入装置及配套的计量、自控系统。小井距聚合物驱注采试验，不仅证明大庆油田实施聚合物驱，油井增油效果明显，而且采用的聚合物溶液配制、注入工艺及装备技术可行。

为了进一步评价在大井距、多井组工业化生产条件下聚合物驱效果及注采工艺可行性，1991年北一区断西聚合物驱工业试验区开展空白试验及聚合物驱试验，1993年喇嘛甸油田南块工业试验区也开展空白试验及聚合物驱试验。两座工业性试验站采取自行设计工艺流程，引进主要设备，辅助设备国产化方式建成投产。

通过矿场试验技术引进，以及和掌握聚合物驱相关技术的美国、英国、法国、德国、日本、澳大利亚、加拿大等国专家接触，全面了解国外聚合物驱地面技术，加快对引进技术的学习、消化、理解。结合大庆油田实施聚合物驱实际，对引进工艺及设备进行改进与完善，解决美国PFIZER公司水粉混合器聚合物干粉结块难题、搅拌器电机配置功率过小、烧坏电机问题，以及过滤器过滤面积过小、压降过大问题；改进英国A.C公司分散装置水粉混合器与熟化罐系统不能连续运行问题，使分散装置处理能力提高4倍，形成适应大规模聚合物配制注入的大庆新工艺；改进法国SNF公司短流程分散装置因泵与流量计运行参数不匹配，不能稳定运行问题。上述措施不仅提高引进装备运行水平，而且为实现聚合物配制注入技术及装备国产化打好基础并创造条件。

在进行聚合物驱矿场试验的同时，地面工程开展了工业化前的大量前期工作：在进行聚合物溶液管输流变特性研究基础上，开展聚合物溶液管道输送防降解试验，通过泵型选择、管道材质选择、管输流速控制，把管输过程聚合物溶液黏度降解控制到最低程度；开展聚合物溶液注入泵供液方式试验，选用静压上供液方式，既确保为注入泵连续供液，又最大限度控制黏度降解；在进行采出液流动特性、气液分离特性、油水分离特性及乳状液导电特性研究基础上，开展采出液游离水脱除及含聚合物含水油电脱水试验。针对聚合物驱采出液水相黏度增大、油水乳状液破乳难度增加，采用新型破乳剂及改进后的游离水脱除器，使脱除后油中含水及水中含油均达到要求。由于破乳难度增大，采用专为含聚合物浓度较高的含水原油研制的竖挂电极电脱水器，脱后油含水指标达到要求。为了充分利用现有水驱原油脱水设施，新建和扩建放水转油站，将含聚合物采出液脱除游离水至含水30%以下，进入水驱脱水站，与水驱含水油混合后进水驱脱水器脱水。由于混合后含水油含聚合物浓度不大于100毫克/升，脱后原油含水指标均能达标。聚合物采出液中含油污水处理难度最大。1992年开展含聚含油污水处理试验，虽然处理工艺仍为自然沉降—混凝沉降—压力过滤，但两级沉降时间需15.5小时。后经改进混凝剂，1998年后沉降时间缩短到12小时。其处理水质：水中含油率≤30毫克/升，悬浮物含量≤30毫克/升，可以满足高渗透率油层注水水质要求。

1995年，"大庆油田聚合物驱油总体规划方案"编制完成。方案充分利用室内研究、先导试验技术成果、工业性试验中自主创新的工艺技术及引进消化吸收的相关技术，依据聚合物驱开发部署，编制国内首个具有世界规模的实施聚合物驱工业化的地面工程总体方案。方案提出两个总流程：集中配制、分散注入的聚合物溶液配制注入总流程；聚合物驱与水驱采出液、采出水集输处理利用总流程。该方案综合、协调、完备聚合物驱与水驱地面系统的全部工艺过程，确保在两种驱动方式同时运行下，地面原油生产系统连续平稳运行。方案总体安排萨中、萨北及喇嘛甸油田注入、采出主体工程及系统配套工程的建设规模及布局，充分利用了已建水驱转油、脱水、注水设施，全部利用已建供水、供电公用系统工程，从而使聚合物驱地面工程的投资水平接近加密调整井产能工程。提升了聚合物驱采油开发效益。

1996年3月，大庆油田第一座聚合物配制站——聚北一配制站及北一区西部聚合物驱地面系统建成投产。1996—2000年，喇嘛甸油田7个区块、萨北油田6个区块、萨中油田9个区块投入聚合物驱开发。聚合物驱油水井总数3036口；建成聚合物配制站12座，配制能力7.42万吨/日；建成聚合物驱原油生产能力691.31万吨/年，2000年聚合物驱原油产量961.38万吨。聚合物驱采油充分发挥接替稳产作用。

在聚合物驱采油扩大范围及规模的同时，

聚合物配制注入工艺也在长足发展：采用取消储罐、转输泵的短流程配制工艺；发展抗盐聚合物及含油污水配制工艺，取消低矿化度水供水；采用"一泵两站"母液输送工艺及"一泵多井"可搬迁注入站；采用横向流聚结除油，缩短采出水处理沉降时间。聚合物驱地面技术日趋完善。

截至2008年，喇萨杏油田聚合物驱油水井总数达12977口；建成配制站24座，配制能力15.36万吨/日。建成聚合物驱原油生产能力1109.98万吨/年，当年原油产量1068.08万吨。

为了提高驱油效率，进一步提高原油采收率，在进行聚合物驱试验及工业化的同时，从20世纪80年代后期开始，开展三元复合驱研究试验。三元驱油体系由碱、表面活性剂及聚合物组成。碱、表面活性剂产生协同效应，降低与原油间表面张力，从而大幅度降低含油饱和度，提高驱油效率，加上聚合物扩大波及体积的作用，即可大幅度提高水驱采收率。在20世纪90年代开展中区西部先导试验，北一区断西、杏二区西部扩大性试验基础上，2000年后，相继在杏二中、北二西开展工业性试验。试验结束提高采收率达17%—18%，取得显著效果。

三元复合驱提高地面技术的复杂程度和难度。为此首先进行三元复合体系化学性质、配伍特性、流变特性、管输特性的研究，随后开展三元复合体系配制工艺及三元复合驱采出液、采出水处理现场试验，选择两种配制工艺。目的液配制工艺：将碱、表面活性剂、聚合物及水按比例要求送入调配罐，经搅拌合格后进入注入系统。点滴配制工艺：将碱、表面活性剂按浓度要求配制成水溶液（也可将其集中加入注水系统），随后加入熟化的聚合物溶液，形成三元复合溶液注入系统。逐步形成"碱、表面活性剂集中配制，聚合物分散注入"的三元复合体系配制工艺及"比例调节，一泵多井"的注入工艺。

由于碱、表面活性剂极大地提高采出液乳化程度，增大油水分离难度，有针对性地研制采出液、采出水处理新工艺、新设备。采用突破破乳难题的填料可再生的游离水脱除器，组合电极电脱水器及高效三元复合驱破乳剂，研制破解复合驱采出水不能达标回注的清水剂及三元复合驱地面配制注入系统防腐、除垢技术。

随着化学驱油方式及驱油剂多元化，地面技术为提高油田采收率不断破解技术难题，取得更大发展。2000年以来，紧跟油田开发技术发展，不仅建立发展聚合物驱、三元复合驱地面注采技术及装备体系，还攻关研制高浓度聚合物驱，聚合物、表面活性剂驱等多种驱替方式的地面技术及装备，为实现更多驱替方式的工业化做好技术准备。

接卸俄油工程创"南三速度"

该工程是中国石油天然气股份公司和大庆油田公司2005年重中之重的工程之一，也是我国进口俄罗斯原油的保障性工程和进一步加强两国间能源领域合作的标志性工程。

该工程采用原油下卸为主、上卸为辅的卸油工艺。工程投资3亿多元，其设计规模为接卸俄油量1200万吨/年，建有4条铁路卸油专用线，每条长1050米。同时，建有2条双侧卸油曲线形栈桥，每条长844米，可同时满足4列、每列72节俄油罐车的下部卸油作业及转油、外输任务。另外，新建冬季油罐车蒸汽化油用蒸汽锅炉房1座，内设35

吨/时的蒸汽锅炉5台。

该工程类型属国内首次设计，没有可供借鉴的工程模式。改造项目于2005年2月10日开始设计，仅用短短4个月时间，于6月15日建成投产。

该工程解决冬季一列油罐车到站后至空车出站卸油时间的确定、化油蒸汽用量、离壁式钢混结构4000立方米地下零位罐的消防参数、油罐车化油蒸汽冷凝水的回收与油罐车化油所需蒸汽及其冷凝水接口大小、型式和数量的确定，以及栈桥下污水、雨水回收等大量关键技术问题，创造"南三油库接卸俄罗斯原油改造工程"设计规模国内第一、设计方案国内首创、设计周期最短（施工图设计仅用30天）等多项纪录，被称为"南三速度"的接卸俄罗斯原油工程。

油田设计院跃居全国百强设计企业第四位

2000年5月，国家建设部从全国10000多家勘察设计机构中按综合指标排出前100家单位，其中大庆油田建设设计研究院居第4位。该院8年前的排名为第37位，1999年上升到第13位。

大庆油田建设设计院是以工程咨询、工程设计、工程勘察、工程总承包、工程开发研究、科技产品开发为主营业务的国际型工程公司，全国石油行业指导性设计单位。1960年4月成立。2002年，该院实施公司制改造，实行"一个单位、两块牌子"：对外是大庆油田公司控股的大庆油田工程有限公司，具有独立法人资格；对内作为油田公司二级单位，仍称油田建设设计研究院。在册员工1664人，其中工程技术人员1179人，含国家级工程设计大师、中石油集团公司级优秀设计师、中石油集团公司级勘察大师32人，获国家级和省级有突出贡献的技术专家称号13人，注册建筑师、结构师、造价师、监理工程师、城市规划师、土木工程师、咨询工程师和企业法律顾问等共122人。院机关设有7个部室，下设4个事业部、8个工程部、4个直属单位；国家原油大流量计量站、中石油集团公司计量测试研究所、环境科学研究所、油气评价中心和流量计量仪表产品质检中心以及黑龙江省工程质量第三检测中心第三检测站等机构也设在该院。

该院持有15个行业、26个专业的甲级和乙级设计证书及一、二、三类压力容器设计证书；持有工程勘察综合甲级证书、工程总承包资格证书、甲级建设项目环境影响评价资格证书、A类建设项目（工程）劳动安全卫生评价单位资格证书；持有甲级工程监理企业资格证书、ISO9001质量认证证书和对外经济技术合作业务权，根据国家授权，具有对全国各油气轻烃交接口岸及站点进行量值传递、检定仲裁和对各油田的油气进行评价资格，以及对流量计量仪表产品质量、建筑材料理化性能、化学药剂及处理滤料的检验（测）和评价资格。拥有各种设备5670台；固定资产2.45亿元。自1992年起，该院连续14年跻身中国勘察设计百强之列。2005年全年总收入5.69亿元，创历史新高。

该院建院以来始终坚持从油田实际出发，既搞设计，又搞科研，形成设计与科研并重的格局和一体化体制，实现设计与科研的良性循环。在科研中，抓住影响油田开发效益的主要矛盾开展攻关；在设计上，努力追求新技术、宽领域、低成本。通过设计与科研的紧密结合，形成和发展包括符合大庆油田实际的油气集输和供水、注水、脱水、污水处理及小区规划及矿区、城市公共设施建设配套等10个方面的新技术、新工艺，使油田地面系统配套技术水平不断登上新台阶，一些主要工艺技术达到世界先进水平。

地面工程确保持续高产稳产5000万吨27年

大庆油田稳产5000万吨工程，是一项大庆油田发展史上持续高产稳产期实施的重点地面建设工程。

从1976年原油年产量突破5000万吨达到5030万吨，油田产量进入高产期。如何保持长期持续高产稳产，成为这一时期的中心课题。这个时期分为两个阶段：第一阶段（1976—1985年）实现"高产5000万吨，稳产10年"的奋斗目标；第二阶段（1986—1995年）向着第二个稳产10年的目标登攀，实现"年产5000万吨，再稳产10年"，努力延长稳产期的奋斗目标。到1993年原油产量达5590万吨，天然气产量达23亿立方米，轻烃产量达40多万吨，其中原油产量占全国产油量的40%。自实施油田5000万吨工程，从1976年大庆油田年产量上到5000万吨至1995年，已持续稳产20年，并且稳中有升，后10年一直稳在5500万吨。

大庆油田之所以能持续高产稳产20年，除具有较先进的油田综合开发技术外，重要因素还包括：在已投入开发的总面积达1670平方千米的油田内，研究、开发和采用一整套比较先进的地面工艺技术，即针对不同区块特点，采用符合油田实际的油气集输工艺技术；围绕注水开发特点，采用供水、注水、脱水、污水处理成套技术；为实现油气资源综合利用，采用高效低耗节能技术；为提高油田地面建设水平，采用计量、防腐、保温配套技术；为提高规划方案总体水平，采用计算机优化技术；等等。这一整套技术，适应注水开发全过程，为油田持续高产稳产提供可靠的保证。

地面工程设计范围主要包括已投入开发的喇嘛甸、萨尔图、杏树岗等大庆长垣主力油田，葡萄花、太平屯、高台子长垣南部油田和朝阳沟、宋芳屯、榆树林、头台等外围油田，共计16个油田和汪家屯与阿拉新2个气田。完成的主要工程包括油气田产能建设工程、老油田改扩建工程、系统工程、油气资源综合利用工程、节能降耗技术改造工程等。主要设计内容包括以油、气、水、轻烃产品的收集、处理、储存和输送为主体，以油田注水、污水处理、电力、电信、供排水等为配套的多系统工程。

地面工程设计项目主要完成大庆油田高产5000万吨、稳产十年和再稳产十年的总体规划及勘察设计、大庆30万吨乙烯原料工程和萨南油田低耗节能科研攻关等一系列专题项目；完成5291.3万吨产能建设工程、老油田改扩建工程、油田节能挖潜、技术改造等地面工程设计7653项。到1993年底，建成原油集输处理、油田气集输处理、油田注水、污水处理、供电、通信、道路、供排水等配套系统，形成年产5510万吨原油的综合生产能力，满足稳产需要。完成主要实物工程量：建成油水井24850套，各种站（库）2704座，各种管道41812千米，各种用电线路14048千米，道路3691千米。新增加原油游离水脱水能力136万吨，电脱水能力22.3万吨，日注水能力123.8吨，供电能力298千伏安（35千伏以上），原油长输管道年外运能力5088万吨，铁路年外运能力600万吨，油田气日集气能力580万立方米，油田气日处理能力660万立方米，含油污水日处理能力136.1万吨，原油储油能力55万立方米，原油稳定能力4925万吨，日供水能力46.2万吨。同时结合油田不同开发阶段，针对设计前期和设计过程中存在的技术难点，大力进行新技术、新工艺、新设备和新材料的试验研究及开发应用。通过精心设计、刻苦攻关，大庆油田产品由稳产前生产单一的原油产品，发展为生产原油、天然气、轻烃3种合格产品，创出一套适合严寒地区注水开发油田的配套地面工艺技术，其中原油密闭集输、原油脱水、油气处理、污水处理回注、油田计量等工艺技术均达到世界先进水平，使油田设计主要技术指标达到较高水平，共取得设计科研成果185项，其中获国家级奖励44项，获省（部）级奖励141项。

大庆油田稳产5000万吨地面工程经过实施后，取得显著的经济效益。世界6个累计产油10亿吨的砂岩油田统计数据显示，大庆油田的稳产时间为世界大型油田之首。世界其他国家如委内瑞拉的拉古尼亚斯油田稳产12年，科威特的布尔干油田稳产10年，原苏联罗马什舍油田稳产6年。其他油田稳产时间均很短。大庆油田的20年稳产期，有15年在高含水采油阶段，这在世界大油田中实属罕见。截止到1993年底，大庆油田累计为国家生产原油12.4亿吨，其中稳产18年中累计产油量达9.633亿吨，产天然气623.25亿立方米，产轻烃412.3万吨，上缴国家财政887.3亿元。降低油气损耗每年增加原油75万吨，回收轻烃41万吨，减少集输自耗气每年增加外输气量3.6亿立方米，降低注水单耗每年节电9.63亿千瓦时。

大庆油田稳产5000万吨地面工程的设计与实施，在确保油田高产稳产的同时，实现油气水系统全密闭、油气水产物全处理、油气水质量全达标的新水平，其中主要工艺技术达到世界先进水平。通过中国石油天然气总公司情报研究所检索分析对比，由大庆油田建设设计研究院承担的这项设计，主要技术指标达到国外20世纪80年代中期的先进水平。

1995年，大庆油田稳产5000万吨工程荣获全国最佳工程设计特等奖。

承建英买力气田　为西气东输做贡献

新疆英买力气田群地面建设工程是西气东输气源工程的重要组成部分。该工程由大庆油田承担，于2004年经过技术经济论证，并通过国家和中国石油天然气股份公司的审批。

该工程位于新疆维吾尔自治区新和县境内，其主要工程内容有气田集输（生产区块包括英买7、羊塔克、玉东2）、油气处理厂，天然气、凝析油和液化气外输干线，110千伏电力线（英买力—东河塘），牙哈火车装车站改造，轮南集气总站改造。

该项目为高压气田，规模庞大，非同一般；设计技术复杂，难度很大。生产规模为生产天然气23.2亿米^3/年、凝析油48万吨/年、轻烃2.9万吨/年、液化气4.8万吨/年，工程总投资47亿元。主要技术特点是，气田集输采用先进的油气混输工艺进行多井集输，装置处理工艺采用节流、膨胀制冷的天然气加工工艺，凝析油采用分级闪蒸，气田集输和外输干线采用SCADA系统，处理装置采用DCS控制系统，整个工程实现数字化网络传输。西气东输气源工程设计的油气混输系统工程已成为大庆油田进入世界前列的标志。

实现大型储罐固定顶技术设计新跨跃

中油湛江燃料油库隶属中油燃料油有限公司。2002年9月，大庆油田设计院与总公司规划总院联合承担该工程施工图设计，并于2004年5月4日竣工投产。

该油库总库容为94.5万立方米，库区围墙占地约274亩。年周转奥里乳化油380万吨，年周转燃料油（包括重质油）100万吨，可实现奥里乳化油和燃料油的接收、储存、发送、调合作业，是一级燃料油中转库，对于适应国内外市场需求具有重要意义。工程总投资约5亿元，主要专业技术特点如下：

（1）储运专业解决了奥里乳化油接收、储运、调和、发送等储运工艺技术难题。该工程在设计中选择合适的工艺设备以满足输送奥里乳化油的低剪切要求，保持乳化的稳定性；实现多油品在线调和，调和采用主流量跟踪调和控制方式；奥里乳化油的储运工艺是一个较新的领域，湛江燃料油库工程对将来奥里乳化油的储运工程具有指导作用。

（2）土建专业设计首次在沿海滩涂地基上建设如此规模的大型储罐工程。该工程首次应用成品管桩（PHC）技术进行大型储罐的基础设计，很好地满足大罐基础的各项技术要求。在沿海软土地基上建造大型储罐基础，计算理论较为成熟，具有安全可靠的优点，尤其对于广东等沿海发达地区，尚具有施工工艺成熟、管桩价廉且施工速度快之优势。

机械专业设计的10万立方米，双盘式浮顶油罐，首次采用美国API650—1998《钢制焊接油罐》标准进行设计，首次在紧急排水管上安装丝堵，以防止储液倒流；2万立方米拱顶储罐首次采用双向子午线网壳技术，它是在架、实体壳技术基础上发展起来的，是大型储罐固定顶技术领域的一个飞跃。

塔中四油田地面建设工程设计 获国家优秀设计金奖

新疆塔中四油田位于塔克拉玛干沙漠腹地东南，北至轮南油田300千米，南至且末县190千米。该地区属温带大陆性干燥气候，地表无植被，为复合型移动沙丘所覆盖。

大庆油田于1993—1996年承担了塔中四油田地面建设工程设计任务。经过对地面工程各系统的设计进行反复的技术论证和多方案比选，立足于创出具有国际先进水平、适应沙漠油田特点的一流工程设计，该油田规划建成产能250万吨/年，工程竣工决算15.66亿元。1977年7月，一期工程（油、水、电等系统）建成投产；1998年6月，二期工程（天然气、注水系统）建成投产。该油田主要工程内容包括：油水井49口，水源井19口（二期16口），选井阀组间、气举配气间、计量站共11座及配套系统；塔中四联合站、燃气发电站各1座及供配电系统；轮南原油稳定装置及塔中四油田生产作业区配套的8000平方米职工公寓1座。

该工程主要技术特点：油气集输系统采用一级半布站、单管集油常温输送流程；油田气处理及气举装置采用分子筛脱水、丙烷压缩制冷工艺；生活水淡化采用反渗透膜处理技术，含油污水处理采用水力旋流除油、压力沉降及高效深床过滤的压力密闭处理流程；燃气发电站为自主发电的独立电源，发电机组进气系统适应沙漠环境，电站系统实现数据信息传输，自动化系统达到国际先进水平；联合站内的消防系统采用计算机程序控制，全自动运行；油田专用通信网为全数字网，传输形式为大容量的PDH光纤系统，传输通道以无线通信为主、有线通信为辅；全油田包括联合站、站外油气集输系统及公寓等自控系统，均实现整体自动化管理；油田内部建成四通八达的公路交通网，并将塔中四油田与外部及其他油田互相连接；场区建筑均为轻钢架承重体系，采用先进的沙漠基础及基础处理技术，抗震设防按7度地区考虑；塔中四联合站内部全面采用电伴热技术，取消锅炉伴热和取暖系统；油气水处理工艺最大限度地利用油井剩余能量和原油物性好的有利条件，实现密闭操作的目标；联合站采用多功能合一高效设备；站内管线采用电伴热技术，分子筛再生和脱乙烷塔采用导油供热，对苦咸水输送采用抗紫外线交叉缠绕式玻璃管道；站内低压供电系统实现就地控制并集中监测；沙漠油田地基处理采用油田设计院先导性试验研究成果和国内最新研发的煤焦油瓷漆等新技术、新工艺、新设备、新材料。实现在联合站控制中心对全油田生产运行过程进行监视和控制，站内外各工艺装置区无人定岗值守、无人操作的目标。总体布局本着"简化前头、完善后头"的规划设计原则，只在沙漠腹地建设一座联合站，创造沙漠油田地面建设的新型密闭生产工艺模式，节省占地30%以上。在沙漠油田实现对工程设计的预制化、组装化、撬装化、单元组合、整体撬装和现场拼装。在油气集输、油气水处理及外输全过程实现密闭生产，对燃气机、压缩机等设备均设有消声或隔音措施，在生产生活区进行防沙固沙及绿化，使沙漠地下水资源和当地大气环境免受污染，为沙漠腹地创造一个优美的工作和休息环境。

该项工程整体上达到和超过国内先进水平，有些方面已接近和达到世界先进水平。2000年荣获国家优秀设计金奖。

跻身国内数字管道建设前列

应用相关的空间技术和地面技术等多种高科技数字测绘手段，高速优质地获取多功能的信息和各种线划图的技术，运用数字管道技术实施的管道施工、运营等各阶段的数字化管理的工程被称为数字管道工程。

数字管道技术是当今长输管道工程勘察测绘领域中的前沿技术，也是现代测绘科技发展的必然趋势。它为长输管道设计提供技术保障，为进行数字管道工程奠定可靠的基础。

发展数字管道技术，在大庆油田已具有一套设备完善、技术精良的数字测绘装备，如航测成图系统（AC解析测图仪、ACT精密立体测图仪）、GPS全球定位接收系统、三维设计系统、自动成图系统等勘察测绘装备。

在10年前，大庆油田承揽过东北长距离输油管道、大庆和新疆油田1：2000—1：3000地形图航测成图等跨省区、大区域的勘察测绘工程有近百项，还承揽过大庆油田基础地理信息系统与地面建设信息系统工程。

近10年来，在数字管道建设中，开展深入的探索和实践，并取得显著的成果。油田设计院在与管道院合作完成的西气东输长输管道干线工程、冀宁联络线工程的勘察测绘中，首先提出引进卫星与遥感影像技术、数字摄影测量技术、三维景观漫游技术等先进的数字技术，将单一的线划图变成"4D"产品，为初步设计和施工图设计提供包括线路走向等线路信息、沿线正射影像图、沿线带状地形图、相应的线路纵断面图、地质描述等多项信息，从而做到合理避让较多的建筑、经济水塘、经济作物，有效地减少由于线路走向不合理，造成索赔费用高昂或重新修改线路设计走向等问题。同时，还独立承担淮武线工程、西部原油与成品油管道工程、中俄输油管道工程，以及兰郑长输管道工程、抚郑管道工程等20余项。其中，冀宁联络线数字管道建设获2004年黑龙江省测绘科技进步一等奖。

目前，大庆油田在管道的选线、施工运营管理等方面的数字化技术已日臻完善，并已跻身于中国数字管道建设的第一集团军之列。

承建孟加拉国输气管线设计施工项目

孟加拉国输气管道工程是大庆油田第一次完全按照国际标准参与设计和施工的对外国际工程。

该工程设计内容主要包括：线路全长55千米、管径DN750、设计压力7.8兆帕，全线设有输气首站、末站、中间进气站和3座截断阀站，工程总投资0.23亿美元。工程现场位于南亚亚热带地区，气候常年温热多雨，地面水系发达，近70%管段常年位于沼泽或低洼地带。其中，TITAS河穿越管段采用水平定向钻技术；大部分管段在管道抗浮的设计中，采用先进的连续喷涂混凝土包覆层的稳管措施。

自2000年8月，大庆油田管道工程项目组进驻孟加拉国，执行孟加拉国输气管道工程项目的设计任务，经过6个月的通力合作，完成功能设计及施工图设计的所有文件和图纸，并获得业主的最后批复。2001年2月底，施工图设计全部完成并获得业主批准。

哈萨克斯坦油气混输系统工程设计树起"里程碑"

大庆人为肯基亚克盐下油田设计的油气混输系统工程，是哈萨克斯坦共和国CNPC-阿克纠宾油气股份公司2004年的重点工程。2004年1—6月由大庆油田设计院完成设计，2005年4月6日竣工投产一次成功。这个工程的设计被中石油高级专家誉为"对中国石油工程有里程碑意义"的工程。

该工程主要包括盐下油田内部油井与计量站混输管网工程、盐下水混输干线首站、让纳诺尔混输干线末站、盐下首站至末站混输干线（全长为43.1千米，规格为直径530毫米×12毫米，设计压力4.0兆帕）。整个混输系统设计输油量220万吨/年，输气量6.6亿米^3/年，工程总投资7020.69万美元。

该工程从井口到集中处理站采用全混输方式，是目前中国石油行业设计和建设的规模最大的油田气混输系统工程，与油气分输工艺相比，油气集输大幅度简化，各项技术经济指标均达到先进水平。其中，最大集油半径达到56千米，为中国石油行业之最，其输量规模达到国际领先水平；原油产量百万吨投资仅为3191.2万美元，投资效益达到中石油行业领先水平。同时，该工程采用对含有硫化氢气体的油井采出物实行密闭输送和充分利用地层压力提供管输压能的设计方案，达到环保、安全、节能和抗震等要求，符合哈萨克斯坦共和国各级法律、法规及相关标准。由于该工程从井口到末端采用密闭输送和处理，提高原油的收率，投产后中油阿克纠宾油气股份公司每天提高产量300—400吨，相当于每年提高原油产量10万—15万吨，每年增加原油生产收益3500万—5250万美元。同时，肯基亚克盐下油田每天燃烧230万立方米天然气的放空火炬熄灭，实现能源开发与环境的和谐，产生良好的国际影响，整体技术达到国际先进水平。

该工程主要设计特点是，总体方案经济合理，混输管道建设节省投资800万美元；采用大规模油气混输方式，降低工程投资760万美元；采用不加热、不保温的管输方式，降低集输系统能耗，可节省投资约350万美元；应用国际先进的计算方法，自行设计出段塞流捕集器，创新运行控制方法，保证大输量、长距离混输系统的安全平稳运行；应用国际先进的多相流动态计算软件 OLGA 和稳态计算软件 PIPEPHASE，解决混输管道压降计算和管径优化的难题；根据混输管道的特点，采用压降速率法和高低压结合的控制方法自动控制切断阀的紧急关断，填补技术空白。在管道沿程设置管道事故放空（火炬）阀站，最大限度地减轻含硫天然气放空对环境的污染；采用抗硫材质和注入缓蚀剂措施，解决管道、设备的硫化氢和二氧化碳腐蚀问题；采用先进的 SCADA 系统，实现混输首站集中控制、计量站无人值守的控制模式。

该油气混输系统工程，目前在国内尚无成功的经验，国际上也少有类似的工程。2005年度被评为中国石油天然气集团公司"十大科技成果奖"，代表大庆油田在油气混输系统领域的设计水平，同时，也标志着中国石油行业在油气混输技术领域进入世界前列。

率先走出国门的油建队伍

由油田建设公司36名职工组成的施工队伍，于1989年5月初首赴巴基斯坦贾姆肖罗电站工地，这是大庆最早到国外施工的油建队伍。所承担的3台3万立方米大型储油罐施工任务，在无水试压的情况下，一次装油成功，不渗不漏。

贾姆肖罗电站工地位于风化石灰岩沙滩，当地气候干燥酷暑，最高气温在55℃。油建施工队伍为抢时间争主动，采取人拉肩扛的办法搬运1吨多重的罐底板100多米，3天时间就铺好100多块罐底板。自动焊小队人停机不停，一个月组对焊接完8圈罐壁，提高工效3倍多，经过81天的紧张施工，提前12天建成2号储油罐。8月12日，巴基斯坦火电总署主任专门赶到工地，祝贺中国施工队取得的成绩。在现场的日本专家和西德专家也都折服地说："你们的施工速度令人吃惊，你们的干劲令人佩服。"3万立方米大罐建成后，投产前要进行水压试验。当时巴方一时解决不了水源问题，就提出，不做水压试验直接进油。施工队体谅到对方困难，为弘扬民族精神和为国争光，接受巴方建议。10月6日，大罐开始进油，投产一次成功。巴方官员称赞油建施工队是世界一流水平的施工队。

石油系统最大压力容器制造行业厂家

1996年5月9日，机械工业部和国家核安全局通过许可大庆石油管理局建材公司金属结构厂从事二、三级低温核供热容器设备制造。这个厂成为全国石油系统压力容器制造行业的第一大厂家。此次申请制造核容器设备，主要是为大庆低温核供热工程服务。在评审过程中，由机械工业部和国家核安全局组成的专家组，实地考察金属结构厂的主要车间及质量保证、理化、探伤等有关部门，认为该厂的技术能力和质量保证能力与其申请的核设备制造要求相适应，可以从事核承压设备制造。这在石油系统是第一家。

首获"质量与服务"美洲大奖的企业——安装公司

1996年10月8日《大庆日报》报道：墨西哥合众国国家市场营销学会董事长发来消

息，大庆油田安装公司被该学会授予第七届（1996年度）"质量与服务"美洲大奖。这项大奖具有国际权威性和公证性。评奖在不需要提供参评资料和办理任何手续的情况下进行。该学会主要从国际代表团、全球性市场研究、各种会议国际论坛，以及国际展销会和出版物等渠道获得的信息。此奖是以产品和服务消费为对象，基于全球的民意测验和市场营销研究而授予的，主要授予那些在各个工业部门提供产品和服务的以高度技术、高质量而著称的杰出企业。

油田第一个通过国家工程质量认证的企业

1995年7月，油田建设公司经中国质量管理协会技术委员会研究批准成为质量体系认证企业，成为油田首家通过中质协质量保证中心认证的企业，掌握尽快与国际标准接轨的"金钥匙"。

油建公司是一个拥有近万名职工的油田产能和化工建设单位，曾获全国先进施工企业称号。1990年以来，在基建市场竞争日趋激烈、优胜劣汰的严峻考验面前，该公司决心进一步深化全面质量管理，走质量效益型道路，全面贯彻GB/TI9000和ISO900标准，尽快与国际标准接轨，实现"立足大庆，面向全国，走向世界"的企业经营目标。为此，从1991年起，在推行全面质量管理的基础上，油建公司逐步开展质量体系认证工作，在全公司开展《质量管理和质量保证》系列标准的宣传工作；结合企业特点编写《质量保证手册》和程序文件。对照GB/TJ9002标准，确定公司"质量第一、用户第一、信誉第一"的质量方针，以及"工程质量合格率100%，产品出厂合格率100%，工程交付率100%，用户满意率95%"的质量目标。抓运转，公司各职能部门按体系要素分工责任到位，行使协调、监督、检查、指导的管理职能。在施工过程中，严格按程序文件要求，做到环环相扣，见证资料齐全，并有可跟踪性，使工程质量处于受控状态。

全国线路管道行业经营规模最大的企业

大庆石油管理局油田建设公司继1993年名列中国石油工业系统最大规模建筑企业第二位、最佳经济效益建筑企业第五位、中国最大经营规模建筑业企业第二十三位、最佳经济效益建筑业一级企业第二十七位后，1994年，在国务院发展研究中心、管理世界中国企业评价中心、建设部联合评价中名列全国线路、管道行业100家最大经营规模企业第一位、最佳经济效益企业第二位、中国500家最大经营规模建筑企业第二十六位、最佳经济效益建筑业企业资质一级第二十一位。油建公司在基建市场竞争激烈的严峻考验面前，凭借雄厚的实力、良好的信誉，不仅在油田内部站稳脚跟，还在海南、新疆塔里木开辟新市场，并进入化工建设新领域，初试锋芒，企业整体实力不断壮大。1994年共完成建安工作量6.2亿元，比1993年提高15.8%，承担的100项工程合格率100%，并首次实现"三个没有"的奋斗目标，即没有一项尾巴工程，没有一项用户不满意工程，没有一件不合格的设备、材料、产品用于工程施工。

石油系统最大的化工石油工程建设企业

大庆石油管理局建设集团是中国石油系统最大的综合性化工石油工程建设企业，资质等级高、项目全、业务范围广、施工能力强。具有化工石油工程施工总揽包特级资质，是全国仅有的3家企业之一；具有市政公用工程、公路工程、房屋建筑工程、房地产开发4项总承包一级资质，化工石油设备、管道安装、防腐保温、无损检测、土石方等12项一级专业承包资质；具有国际经济技术合作经营权。业务包括"六大主营业务"（化工石油工程施工、建筑施工、路桥建设、产品预制加工、工程设计、房地产开发）和"四大辅营业务"（道路养护管理、工程检测、技术培训和多种经营）。已经具备的年生产建设和加工预制能力分别是：500万吨的油田产能建设施工能力；直径660毫米以上长输管道800千米的施工能力；高速公路路基工程60千米、路面工程120千米、桥梁1200米的路桥工程施工能力；100万平方米的房屋开发建设能力；5万吨的容器和金属构件预制加工能力；25万立方米的混凝土预制能力；5000千米的防腐保温管预制能力；1500万立方米土石方工程以及各种油气、非油气产品生产制造能力。

油气田开发

（一）油田发展综述

大庆油气区是松辽盆地和海拉尔盆地已探明开发油气田的总称，统属大庆油田有限责任公司管辖。大庆油田是大庆油气区的主体，地处黑龙江省西部的松嫩平原中部，南以松花江为界，北连林甸县，东临哈尔滨，西邻齐齐哈尔。

1960—2020年，大庆油田经历了试验开发、快速上产、高产稳产、持续稳产和振兴发展五个阶段。

1. 试验开发阶段（1960—1964年）

早在大庆石油会战正式打响之前，石油工业部党组就提出"边勘探、边开发、边建设"方针，要求开发工作提前介入，并与勘探工作紧密结合，以加快落实油田资源，搞好与开发试验的衔接。大庆会战伊始，面对重重困难和诸多矛盾，石油工业部机关党委于1960年4月10日做出《关于学习毛泽东同志所著〈实践论〉和〈矛盾论〉的决定》，明确提出"掌握武器，勇于实践，认识油田规律，这是我们的学习目的"。此后，大庆会战在"两论"科学思想指导下，高速度、高水平地拿下大油田，被广大职工自豪地称为"两论"起家。

1960年4月24日，通过总结分析国内油田开发工作教训，针对大庆油田要不要进行注水开发和怎样进行注水开发等一系列重大问题，松辽会战领导小组坚持一切经过试验，决定在萨尔图油田中部开辟30平方千米试验区，解剖"麻雀"，暴露矛盾，探索规律，指导全局。5月，油田地质组和开发组联合编制出试验区开发方案，当年完成钻井202口，生产原油97万吨。1961年4月14日，在油田第一次技术座谈会上，正式将此方案充实归纳为11项矿场试验和14项技术攻关，标志着大庆油田开始进入试验开发。

针对松辽盆地的地质和陆相沉积特点，油田地质专家摸索出"旋回对比，分级控制"的小层对比方法，提出"油砂体""连通体"等新概念，为认识非均质多油层特点、创立具有中国特色的陆相油田开发地质理论奠定基础。钻井工程专业破解取心技术难题，为试验开发录取大量可靠的第一性资料。采油工程专业攻克试注技术难关，为实现早期注水开发创造了条件。地面工程专业攻克高寒地区"三高"原油集输难题，设计出具有大庆特色的"萨尔图油气集输流程"。

经过三年多试验开发,不仅解决对注水开发的认识问题,而且对油田注水开发难点有了基本认识,对层系划分、井网部署、注水方式和注水时机等重大问题确立原则以及实施标准,为编制和实施大庆油田第一个开发方案——萨尔图油田中部146平方千米开发方案,制定"长期稳定高产,提高油田采收率"基本开发方针,确立"早期内部注水,保持压力开采"的基本技术规范,提供了科学依据。1964年,大庆油田生产原油625.06万吨,占全国总产油量的73.7%,促成中国石油基本自给,成为中国最大的石油生产基地。

2. 快速上产阶段(1965—1975年)

针对试验开发笼统注水暴露出的注入水单层突进的问题,摸索出"六分四清"("六分"即分层注水、分层采油、分层测试、分层改造、分层管理和分层研究;"四清"即分层的注水量清、采油量清、压力清和含水率清)分层开采基本规范。通过开展两次分层配水会战,使已开发的萨尔图油田基本实现分层注水,早期注水开发效果日益显著。1965年,按照大庆会战指挥部关于"以采油和油田地下为中心,带动各项工作继续前进"的工作方针,进一步加快萨尔图油田全面开发,并根据石油工业部党组要求,于1966年将杏树岗油田分区投入开发。

"文化大革命"前期,科研机构被解散,科技人员被下放,油田生产、工作秩序被打乱,致使油田开发出现"两降一升"(地层压力和原油产量下降、含水过快上升)的被动局面。1970年,遵照周恩来总理关于大庆要"恢复'两论'起家基本功"的指示精神,广大职工发扬会战传统,坚持"大干社会主义有理,大干社会主义有功,大干社会主义光荣,大干了还要大干",用两年时间集中力量搞好分区开发调整,使萨尔图和杏树岗油田老区含水上升速度得到有效控制,年产油量变稳中有降为稳中有升,油田开发形势逐步好转。

1973年3月,国务院根据国民经济建设发展需要,同意燃料化学工业部的报告,做出"全面开发大庆油田,两年建成喇嘛甸油田"的决定。1975年,作为战略储备的喇嘛甸油田产量达到1099万吨,成为当时中国上产速度最快的大型整装油田。随着萨尔图、杏树岗和喇嘛甸三大主力油田相继投入开发,大庆油田年产油量从1965年的834.23万吨,快速递增到1975年的4625.96万吨。在此期间,通过地下大调查,认识到均匀开采不符合非均质、多油层注水开发实际,开始在优先开发主力油层的基础上,对差油层和主力油层变差部位进行层间和平面调整,实现分区产油"接替稳产",为大庆油田长期高产稳产探索出有效途径。

3. 高产稳产阶段(1976—2002年)

1975年,石油化学工业部党组遵照周恩来总理在四届人大所作的《政府工作报告》精神,要求大庆油田在1976年提前达到"五五"期间年产原油5000万吨的生产水平。大庆油田按照长期稳定高产的基本开发方针,把国家需要与油田实际结合起来,提出"高产五千万吨,稳产十年"的开发战略构想,组织广大科技人员开展油田地下形势、采油工艺技术、地面工程和国外油田开发等4个方面的大调查大讨论。经过反复论证,于1976年编制完成《高产五千万吨十年稳产规划》,大庆油田驶入持续高产稳产阶段。此后

27年间，以实现年产原油五千万吨稳产为中心，按照分期分层调整、实现接替稳产的总体思路，深化开发地质研究，依托工程技术创新，喇嘛甸、萨尔图、杏树岗主力油田先后进行5次重大开发调整。

一是层系细分调整。由于基础井网的层系划分较粗，以致射开油层厚度只有三分之一动用较好，其余动用较差或没有动用。为此，开展以层系细分为主的一次加密调整，提高中、低渗透率油层的储量动用程度。1981—1990年，喇嘛甸、萨尔图、杏树岗油田共钻萨尔图、葡萄花非主力油层和高台子油层开发井10480口，建成产能3189.88万吨/年，年均新增产能319万吨，提高喇嘛甸、萨尔图、杏树岗油田水驱采收率9.89个百分点。

二是开采方式调整。随着油田含水上升，自喷开采实现稳产的难度日益增大。通过将自喷采油转为机械采油，使放大生产压差的主要方法，从提高注水压力转为降低油井流压，以适应高含水初、中期提液增油的需要。1981—1990年，全油田共转抽自喷井4020口。1991年，机采井占油井总数的96.1%，累计增油3307.6万吨。

三是井网加密调整。层系细分调整后，薄差层和表外层仍然动用很差。为了改善这两类储层的动用状况，1991—2002年，部署新钻以井网加密为主的二次加密调整井17000多口，累计产油7095.3万吨，提高喇嘛甸、萨尔图、杏树岗油田水驱采收率3.21个百分点。每平方千米井网密度，由一次加密后的18.4口上升到30.4口。

四是实施稳油控水工程。针对非均质多油层油田注水开发过程中，不同区块、井网和井点的含水存在较大差异，通过分区分层进行注水、产液和储采结构调整，在确保5000万吨以上稳产的同时，有效控制含水和总产液量的上升速度，以改善高含水后期总体开发效益，增强油田持续稳产后劲。1991—1995年，全面实施稳油控水系统工程，累计产油27919万吨，不仅实现年产原油5000万吨稳中有升，而且累计减少注采水量3.34亿吨，增效150亿元。

五是驱替方式调整。为了在高含水后期继续保持高产稳产，进一步改善油田开发总体效果，经大量室内和矿场试验研究证实，聚合物驱油可比水驱油提高采收率10个百分点左右。从1996年开始聚合物驱工业化推广应用，到2002年底，已有25个区块、237.9平方千米开发面积、4.05亿吨地质储量转为聚合物驱，年产油达1056.7万吨，喇嘛甸、萨尔图、杏树岗油田从单一水驱调整为水驱和聚驱共存的新格局。

在大力搞好喇嘛甸、萨尔图、杏树岗主力油田开发调整的同时，长垣南部及外围油田开发步伐进一步加快。继1979年长垣南部葡萄花油田投入开发后，太平屯、高台子、敖包塔、宋芳屯、龙虎泡、朝阳沟、榆树林、头台油田陆续投入开发，到2002年，长垣外围共有24个油田投入开发，合计动用含油面积832.8平方千米，动用地质储量4.22亿吨，投产油水井11891口，年产油422.91万吨，累计产油4415.2万吨。截至2002年底，大庆油田连续27年5000万吨以上高产稳产，铸就中国油田开发史上的一座丰碑。

4. 持续稳产阶段（2003—2014年）

经过43年高速高效开发，大庆油田进入产量递减的特高含水期，开发难度越来越大。

1998年，油田开始实行"高效益、高水平、可持续发展"开发方针，首次着手科学调产，油田开发总目标从"长期高产稳产"调整为"持续有效发展"。2003年，原油产量28年来首次下调到5000万吨以下（4840.03万吨）。同年，着手实施"11599"工程，3年增加可采储量1.08亿吨，综合含水率少上升1.2个百分点，外围油田年产油量达510万吨，聚驱年产油量达988万吨，老区自然递减率控制在9%，5项主要指标均好于预期目标。同时，海拉尔盆地苏仁诺尔、呼和诺仁和苏德尔特3个油田相继投入开发，并开始实施"油气并重，内外并举"的开发战略，以本土开发为基础，以海外业务为补充，探寻跨国经营的发展道路。2005年，收购蒙古塔木察格盆地3个区块94.443%的股份，跨出境外自主勘探开发的第一步。东北地区最大气田徐深气田完成年产能25亿立方米的初步开发方案。

2007年，全油田产油量降至4169.83万吨，生产天然气25.5亿立方米。2008年，大庆油田正式将原油4000万吨持续稳产作为今后一个时期的工作目标。

这一阶段，油田开发大体按照"立足长垣水驱，优化三次采油，稳定长垣外围，加快海塔盆地"的思路展开。

一是长垣水驱开发持续向好。围绕控含水、降递减、挖潜增效，以示范区为引领，精细油藏描述，精细注采系统调整，精细注采结构调整，精细长关低效井治理，强化高效井和高效区块建设，继续保持支撑4000万吨/年稳产的主力地位。

二是外围油田开发水平提升。完善开发技术，老区精细挖潜控递减；新区优化建产模式，坚持有效开发，富油凹陷（区块）滚动扩边上产，海塔盆地产油量凸显持续上升态势；致密油开发不断扩大效益建产示范区规模。海拉尔油田投入开发，塔木察格油田加大开采力度，海塔盆地原油产量稳步增长，2014年产油131万吨，成为外围油田增储上产的重要支撑。

三是三次采油产量稳步增长。以聚驱为主导，深化对标管理，优化跟踪调整，强化技术攻关，加强黏损治理，聚驱产油量稳中有升；三元复合驱规模化推广，不断提升注入体系运行质量，完善配套工艺技术，规范开发过程管理，复合驱产油量稳步提升。2014年，三采产量首破1400万吨/年（实产1405万吨），连续13年保持1000万吨以上。

四是天然气产量逐年增长。加快气田评价，特别是通过火山岩气藏描述、储层增产改造等技术的配套完善，优选区块扩边调整及其高效建产开发，强化产销协调，天然气工业产量连续4年保持增长态势，2014年达到35亿立方米。其中，徐深气田的开发引领，促成深层气产量增幅较大，2014年达到12亿立方米。

2003—2014年，大庆油田继原油5000万吨以上连续27年高产稳产后，又连续12年实现原油4000万吨以上持续稳产。12年间，大庆油田累计生产原油5.05亿吨。

5. 振兴发展阶段（2015年至今）

历经半个多世纪的高速开发，大庆油田进入双特高开发阶段（综合含水特高、剩余可采储量采油速度特高），储采失衡态势愈发凸显，剩余储采比由2005年的11.04降至2015年的8.70；外加油价持续走低，新区效益建产难度日趋增大。为处理好上产规模与质量提升的关系，实现确保质量与效益前提下的可持续发展，经中国石油天然气集团有限公司同意，大庆油田再度下调产量指标。

这一阶段，以科技创新为引领，水驱深化精细挖潜，三采技术应用领域不断拓展，致密油实现规模开采，气藏研究与开采水平同步提升，开发外部市场实现"以外补内"，油气当量继续保持4000万吨以上。

一是深化水驱精细挖潜，夯实水驱"压舱石"地位。水驱开发是大庆油田稳产的基础。为此，油田坚持"四个精细"，优化"控递减、控含水"工作。依据各个开发区块评价效果，及时开展注采系统调整，使水驱控制程度提高到91%以上，多向连通比例提高到三分之一左右。每年在地下大调查的基础上，广泛开展注水方案调整，进行层段细分作业，分注率达到91%以上，单井的层段数逐步增加，使低成本未措施产量比例保持95%以上。精细措施挖潜，力求优中选优，使每年进行的压裂措施日增油均保持4吨以上；进行堵水、深度调剖和调驱措施，控制含水上升；开展长关井分类研究与开井挖潜工作，实施套管防护，开展套损井治理与大修，使长垣老井的产量递减速度明显减缓，老井自然递减率控制在8%左右，综合递减率控制在6%上下。在长垣进行6个控水提效试验区，通过综合调整与分类治理，在非规模化钻井的情况下，基本实现产量不降、含水不升的目标。

二是聚驱优化提效，加快复合驱推广应用。聚驱对象由一类油层转为二类油层，为此完善"开发区、区块、井组"分层次对标管理体系，根据效果评价，采取有针对性的注采调整、增产增注措施，分注率提高到

70%以上，浓度匹配率保持在93%以上；实施"冲、洗、分、修"等措施，使黏损率得以下降。研发并推广应用新型抗盐聚合物，聚驱采收率不断提高，吨聚增油45吨左右，每年可节约数千吨干粉。同时，三类油层提高采收率的攻关研究和现场试验取得阶段性成果。三元复合驱自2014年实施规模化工业推广以来，取得显著效果。2015年后，系统性加大质检力度，严控原料指标，优化配方和生产参数，并把控污水细菌含量，使注入体系质量合格率在98%以上，黏损率控制在20%左右；开展综合调整，措施有效率达90%，油层动用程度显著提高。2015年，复合驱产油量突破300万吨，2016年超400万吨，至2020年，连续5年超过400万吨。复合驱产油量已达三采年产量的四成。2020年，三采年产油1044.6万吨，三次采油已连续19年稳产在1000万吨以上。

三是外围油田加强调整，致密油实现规模开采。进一步深化各类油藏的地质研究，重点开展葡萄花油层沉积体系的总体和细分沉积相研究，外扩寻找优质储量，并对已开发区块进行开发效果评价，有针对性地进行开发调整或采取组合措施挖潜。加强致密油开发技术攻关，先后投产16个致密油试验区，形成地质、油藏、工艺一体化开发设计方法，水平井及其体积网状压裂广泛应用，使难采储量得以规模建产开采，到2020年累计建致密油产能超百万吨。同时，有效开展提高采收率试验，其中榆树林等油田开展的二氧化碳驱油试验，已获良好成效。海塔油田复杂断块油藏有效开发技术攻关取得显著进展，从2013年起，连续7年产油量保持在100万吨以上。2020年，外围油田年产油531.65万

吨（连续14年产量保持500万吨以上），动用地质储量11.2亿吨，采出程度11.7%，综合含水达74.55%，为大庆油田3000万吨以上持续稳产提供有力支持。

四是加强气藏地质研究，推进天然气快发展。按照"油气并举、以气补油"的方针，大力加强深层火山岩气田的开发。精细地质研究，形成"三级"火山体描述方法，落实主产层火山岩相以爆发相为主，发育的火山通道相和溢流相为辅。结合开发动态分析研究，落实可挖潜的措施层段和剩余含气富集区，实施补孔、压裂、井间加密、老井侧钻等综合调整措施。使储量动用程度显著提高，气田递减率控制在4%左右。积极开展排水采气措施，提高气井排液能力，科学制定整体治水对策，以确保气井稳产。同时，强化对低产气井的管理，有效治理出砂、腐蚀等问题；开展滚动扩边，钻调整井，通过对徐深1-平4井等一批扩边与调整井的开采，既获产能与储量新突破，又开阔了视野。推进难采储量技术攻关，运用"平—直"联合加以大规模压裂方式，在汪深1区块取得新突破。自2015年以来，松辽盆地天然气产量每年增长1亿—2亿立方米。合川流转区自2018年接手以来，实施勘探开发一体化，综合施策，开展气举、解堵、泡排等措施，在老井挖潜的同时，完钻13口井，试气9口，新建开发合川1区块。在三年内产量止跌回升，年产气从2018年的2.34亿立方米上升到2020年的2.72亿立方米。2020年，松辽本土年产气达43.9亿立方米，加上合川流转区块产气量，大庆油田年产气46.6亿立方米，再创历史新高。

五是坚持创新驱动，接替技术攻关见成效。经过50多年的开发，长垣水驱含水接近95%，即将进入特高含水后期开发阶段。为持续提升水驱开发水平，研究精准挖潜技术，开展无效循环识别及治理技术攻关，研究各个开发区层系井网优化调整模式；加快推进聚驱后提高采收率技术，完善适应驱油体系配方与注入方式，加大高浓度聚合物驱推广应用，以及三类油层大幅度提高采收率技术的试验与攻关，研究低分抗盐聚合物，开展压驱补液工艺研究，完善压驱技术体系，逐步形成系列配套技术；加快推进外围难采储量经济有效动用技术，完善致密储层甜点评价、水平井钻完井及重复压裂技术，开展二氧化碳驱油、氮气驱油等机理研究，并展开相关矿场试验。经过长期研究攻关，关键核心技术攻关取得突破，重点领域攻关进展显著。建立大庆油田实验中心为代表的国家级和省部级实验室16个，为油田技术创新提供基础性、指导性研究的基地。全力推进油田数字化建设，龙虎泡油田、海拉尔油田已基本完成数字油田建设，全油田完成1.37万口井、1842座站的数字化工作。

六是开拓外部市场，加快"走出去"步伐。落实大庆油田振兴发展规划，推进"走出去"战略。把握国家实施"一带一路"的战略机遇，融入中石油海外开发体系，争取新项目，实现以外补内。2016年12月，大庆油田成功收购伊拉克哈法亚油田项目股权，当年就获取权益产量465万吨。由于和中油国际的密切合作，实现优势互补，共享共赢，哈法亚项目2020年作业产量2068万吨，权益产量931万吨，再获新突破。目前，大庆油田已进入俄罗斯、苏丹、伊拉克、蒙古、印度尼西亚、哈萨克斯坦及委内瑞拉、沙特等多个国家和地区，在油气探采、技术服务、工程建设等领域连创佳绩。

截至2020年底，大庆油田已开发油气田44个，动用含油面积4945.05平方千米、石油地质储量57.04亿吨、可采储量26.47亿吨；投产各类井126427口，其中油井74598口，油井开井63330口；注水井46806口，注水井开井37062口；年产液58575.1万吨，累计产液159.7亿吨；年产油3001.03万吨，累计产油24.25亿吨；三采产油1044.56万吨，其中聚驱采油581.83万吨，三元复合驱采油462.73万吨；年产气46.55亿立方米，累计产气1463.7241亿立方米；年注水7.15亿立方米，累计注水199.88亿立方米。2020年，全油田实现年产油3000万吨（实际年产油3001.03万吨）、油气当量4000万吨以上（实际完成油气当量4302.92万吨）持续稳产。

（二）大庆长垣油田开发

大庆长垣油田位于松辽盆地中央坳陷区中部，即大庆境内，内含萨尔图、杏树岗、喇嘛甸、葡萄花、太平屯、高台子、敖包塔等7个油田，是迄今松辽盆地发现并开发最早、石油地质储量最丰厚、产油量最多的主力油田。

1. 萨尔图油田

位于大庆市境内，分为萨中、萨南、萨北三个开发区块，分属第一、第二、第三采油厂。萨尔图油田属于不对称短轴背斜构造砂岩油藏，储油层自上而下分别为萨尔图、葡萄花、高台子油层，含油面积462.9平方千米，石油地质储量25.7亿吨。

1960年3月11日，萨66井喷出高产油流，发现萨尔图油田。1960年5月，萨中开辟30平方千米的生产试验区，当年投产采油井155口，产油86.94万吨。1963—1964年实施《萨尔图油田"146"平方千米面积开发方案》，1964年，萨尔图油田开始分层注水。同年底，产油量达624.6万吨。

1965年起，油田基础井网陆续投入开发，产油量迅速上升。1966年，产油量突破1000万吨。1975年，萨尔图油田基础井网全面投入投产，年产量达2500万吨。1976—1995年，油田实施井网加密，自喷转抽，稳油控水，开发高台子油层，使原油产量稳步上升。1985年，产量突破3000万吨；1993年，产量达到峰值3167.29万吨，随后几年3100万吨/年持续稳产。

1996—2020年，油田进入高含水后期和特高含水期采油，水驱区块实施三次加密调整，继续稳油控水，不断提升表外储层动用程度，加大老区挖潜增效力度；三采以聚驱效益开发为引领，加快三元复合驱工业化有效应用步伐，油田开发总体呈现水驱与三采此消彼长的态势，产量自然递减有所减缓。

截至2020年底，萨尔图油田动用含油面积483.63平方千米，动用石油地质储量25.70亿吨；建井44353口，其中油井24955口，油井开井22784口；年产油1480.11万吨，其中聚驱产油344.4万吨，三元复合驱产油386.49万吨；累计产油13.93亿吨，其中水驱累计产油10.81亿吨，聚驱累计产油2.8654亿吨，三元复合驱累计产油2582.29万吨；年产气14.841亿立方米，累计产气703.649亿立方米。

2. 杏树岗油田

杏树岗油田位于大庆市红岗区，杏北、杏南两个区块分属第四、第五采油厂。地质构造构位于大庆长垣中，油藏类型属受构造控制的块状油气藏，含油面积 357.4 平方千米，石油地质储量 7.9 亿吨。

1960 年 4 月 8 日，杏 66 井喷出 90 吨/日的高产工业油流，发现杏树岗油田。1966 年 11 月，杏 1-3 区三排井投产，拉开杏树岗油田开发序幕。1969—1971 年，杏 7-9 区三排井投产。而后，杏 1-9 区纯油区二排、杏 1-9 区纯油区四排生产井、杏 4-6 区面积、杏 10-12 区面积及杏 1-2 区东部过渡带全面投入注水开发。1975 年，该油田产油量达到 965.73 万吨。

1976—1979 年，杏 1-6 区中间井排及杏树岗油田过渡带相继投入开发。1976 年，原油产量首次突破 1000 万吨。1977 年，杏 13 区投产，标志着该油田全面投入开发。通过加强注水，提升油层压力，控制含水上升速度，原油产量于 1982 年达到峰值 1129.72 万吨/年，采油速度达到 1.41%。1983 年，油田全面自喷转抽。1984 年，油田实施一次加密井网调整。1994—2000 年，油田实施二次加密调整。到 2000 年，油田保持 1000 万吨/年以上高产稳产 25 年。

2001 年，年产量降至 970.598 万吨，降幅达 40 余万吨。2002 年 1 月，油田开始聚驱工业化生产，聚合物驱增油成为产量接替的主要措施之一。2007 年，杏树岗油田还开了大庆地区实施工业化三元复合驱的先例。此后，该油田实施三次加密调整，继续稳油控水，不断提升表外储层动用程度，加大老区挖潜增效力度，减缓了产量自然递减过快趋势。

截至 2020 年，杏树岗油田动用含油面积 373.37 平方千米、地质储量 8.06 亿吨，建井 24690 口，其中油井 14409 口，油井开井 11674 口；年产油 473.89 万吨，其中水驱产油 298.24 万吨，聚驱采油 105.36 万吨，三元复合驱采油 70.3 万吨；累计产油 4.55 亿吨，其中水驱累计产油 3.547 亿吨，聚驱累计产油 0.688 亿吨，三元复合驱累计产油 0.315 亿吨；年产气 3.555 亿立方米，累计产气 221.439 亿立方米。

3. 喇嘛甸油田

喇嘛甸油田位于大庆市西北部，隶属第六采油厂。该油田处于大庆长垣北端，是受构造控制的层状砂岩气顶油田。含油面积 100 平方千米、地质储量 8.15 亿吨；气顶最大含气面积 32.3 平方千米，地质储量 99.59 亿立方米。

1960 年 4 月 25 日，喇 72 井喷出日产 174 吨的高产工业油流，发现喇嘛甸油田。该油田根据国家战略需要，暂未投入开发。

1973 年 3 月，该油田投入开发；同年 7 月，第一口生产井喇 2-丙 352 井投产出油；8 月，第一口注水井喇 7-342 井转注。当年动用面积 33.7 平方千米，建成产能 250 万吨/年，产油 125.4 万吨。1974 年钻完开发方案设计的全部油水井 1044 口。1975 年，原油年产量达到 1000 万吨。

1976—1980 年，在加强注水，恢复地层压力的基础上，油井放大压差生产，产量进入高峰期。1976 年，产油量达到峰值 1326 万吨/年。1978—1980 年，喇嘛甸油田实施分层注水，进一步挖掘主力油层潜力，低产停喷井压裂增产等措施，油田保持 1200 万吨/年以上高产稳产。1981—1985 年，喇嘛甸油田实施细分层系调整，含水上升速度得以有效控制。1986—1988 年，油田全面完成自喷转抽，实现 1000 万吨以上持续稳产 14 年，综合含水已达 84.36%。

1991—1995 年，油田实施二次加密调整，提高采收率 2.3 个百分点。1995 年底，综合含水 88.68%。1996 年起，油田开始聚合物驱工业化推广，聚驱增油逐步成为接替稳产的主要措施。通过优化驱替方式和注入参数以及发展相关配套技术，一类油层采收率稳步提高，二类油层工业化聚驱也逐步展开，采收率指标不断刷新。水驱方面，应用油层压裂增油配套技术，精细注采调整，控制无效注采，增油降水，治理低效长关井，油田开发水平不断提高，产量自然递减趋势总体有所缓解。油田产量自 1989 年跌破 1000 万吨，历时 28 年，于 2017 年驶入 300 万吨以上稳产期。

截至 2020 年，喇嘛甸油田动用含油面积 100 平方千米，动用石油地质储量 8.16 亿吨，建井 10597 口，其中油井 5819 口，油井开井 5506 口；年采油 306.23 万吨，其中水驱年产油 170.59 万吨，聚驱年产油 129.69 万吨，三元复合驱年采油 5.94 万吨；累积采油 3.49 亿吨，其中水驱累计产油 2.33 亿吨，聚驱累计产油 1.15 亿吨，三元复合驱累计产油 54.34 万吨；年产气 3.2766 亿立方米，累计产气 185.7393 亿立方米。

4. 葡萄花油田

葡萄花油田位于大庆市大同区与肇源县交界，隶属第七采油厂。葡萄花构造是位于大庆长垣南部的一个隆起幅度高、构造面积大，倾角平缓的穹隆状背斜，17 条断层把油田切割成 18 个相对独立的开发区块，并就葡 168 井、葡 179 井以南大断层为界，分成葡南、葡北两个开发区，开发目的层为葡萄花、扶余、黑帝庙油层，含油面积 346.7 平方千米，石油地质储量 2.09 亿吨。

1960 年 1 月，葡 7 井喷油，发现葡萄花油田。紧接葡 20 等 4 口井相继喷油，并据 13 口探井控制的油田面积，粗略计算区域面积约 200 平方千米，地质储量约 1 亿吨以上，为松辽石油会战提供重要依据。

1979 年，葡北开发区投入开发。1981 年，葡北开发区自喷与机采并举，投产油水井 469 口，年产油 161.29 万吨。1982 年起，葡北开发区步入稳产阶段。1984 年，葡南开发区靠天然能量投入开发，1985 年 12 月转入注水开发。1986 年起，葡南开发区连续 7 年保持 50 万吨以上稳产。1993 年起，葡南开发区产能逐步走低。

1987—1994 年，葡北油田重点对一、二、三、四断块的纯油区实施大规模一次加密调整，投产一次加密井 743 口，老油井转注 72 口。1995 年起，葡北油田启动二次加密调整试验。

1997—1998 年，葡北油田二断块及一、三、七断块二次加密 195 口井，平均每口加密井增加可采储量 9337 吨。同时，对 12 个相对独立的加密区进行注采系统调整，使其水驱控制程度提高 11%。1998 年，在上半年限产、三季度遭受洪涝灾害的情况下，葡北开发区年产油量仍达 120.2 万吨。

1999—2000 年，葡南开发区实施过渡带扩边和局部加密 62 口井，并转注部分老井，进一步完善注采关系。2000 年，为进一步挖潜剩余油，葡北开发区太 190 地区和葡南开发区局部地区进行加密调整，共投产油水井 47 口。

2001 年以后，进入高含水后期的葡北开发区实施一系列扩边、加密、聚合物驱油及二氧化碳吞吐采油试验等措施,但仍未能有效控制产量递减,从1996年的175.57万吨降到2005年的106.91万吨。此后,葡南开发区转注一批老井,实施扩边挖潜和局部加密,并进行注采系统调整,缓解产量自然递减与油田含水上升态势。

到2008年,葡南开发区产油量降至28.22万吨;葡北开发区产油量降至56.38万吨。

2010—2020年,葡萄花油田实施注采系统与注采结构调整,提升水驱开发效果;老区挖潜,增产增效;应用三采技术提高采收率,应用致密油开发技术增储上产,并在葡浅12—16井区的黑帝庙油层应用蒸汽驱配套技术改善稠油开采效果。

截至2020年底,葡萄花油田动用含油面积406.77平方千米,动用石油地质储量2.007亿吨;建井3762口,其中油井2330口,油井开井2011口;年产油81.88万吨;累计产油5588.13万吨;年产气3082.4万立方米;累计产气25.449亿立方米。

5. 太平屯油田

太平屯油田位于大庆市大同区,该油田太北、太南两区块分属第五、第七采油厂。地质构造位于杏树岗背斜构造向南延伸的倾没部分,油层呈零星或局部连片分布状,主要储层为葡萄花油层的葡一组,含油面积145.6平方千米,石油地质储量6376.6万吨,溶解气地质储量26.61万立方米。

1960年6月,太平屯构造第一口探井——太2井在葡萄花油层获工业油流,发现太平屯油田。1980年10月,太北开发区投入开发。1981年,太南开发区投入开发。1982年,产量达到峰值71.1万吨,平均单井日产油8.46吨。1986年,基础井网全部投产,水驱控制程度67.5%。1994—1998年,油田实施一次加密调整。通过一次加密调整,太北开发区水驱控制程度由67.5%提高到77.2%,太南开发区水驱控制程度由59.4%提高到78.8%。1998年,全区年产油53.7万吨。之后,由于含水上升和未加密区块水驱控制程度低,产量开始下降,2000年产油量降到40.1万吨,综合含水82.7%。2001年,太19区块投入开发。2002年起,太北开发区继续实施加密调整与滚动扩边。2003年,全区年产油达到58.2万吨。随后油田含水上升,产油量持续下滑。到2005年,产油量降至46.9万吨。

2006—2007年,该油田注水综合调整、注采系统调整、局部加密和扩边,使油田开发效果有所改善,但产量递减与含水上升未能得到有效控制。2008年,太平屯油田产油量降至36.36万吨。此后,油田实施一系列综合调整,老井挖潜增效,以及扩边加密,加快三采技术工业化应用步伐,减缓了产量递减、含水上升过快的态势。

截至2020年底,太平屯油田动用含油面积148.92平方千米,动用石油地质储量6882.42万吨,建井1681口,其中油井1121口,油井开井786口;年产油25.63万吨,其中三采产油0.52万吨;累计产油1773.77万吨,其中三采累计产油1.73万吨。

6. 高台子油田

高台子油田位于大庆市大同区,隶属第五采油厂。高台子构造是大庆长垣二级构造带西南部的一个独立的三级构造,油藏类型为被断层复杂化的构造型油藏,主要储层是葡萄花油层的葡一组,含油面积47.8平方千米,石油地质储量2808万吨,溶解气地质储量 12.07 亿立方米。

1959 年 9 月 26 日，松基三井在试油过程中喷出高产工业油流，发现高台子油田。该井也是大庆油田的发现井。

1983 年 8 月，油田投入开发，靠天然能量采油，单井日产油 9 吨，当年产油 11.17 万吨。1984 年 1 月开始注水开发，年产量达到 46.05 万吨以上的设计产能，并连续稳产 7 年。1991—1997 年，由于高台子油田砂体分布连续性差，水驱控制程度低，产量递减幅度比较大。1995—1996 年，油田进行断层区补充与扩边，未能扭转产量下降局面。1997 年产油 24.41 万吨。1998—1999 年，油田通过内部补充井和局部加密调整，年产油量得以连续 5 年保持 20 万吨以上。

2004—2005 年，油田开展局部聚驱试验和补充加密调整。2007 年，通过开展边部葡一组油藏评价，新增含油面积 24.73 平方千米、石油探明储量 1001.55 万吨。2008 年，油田北部外扩完钻 122 口直井。此后，油田实施一系列综合调整，老井挖潜增效，以及扩边加密，加快三采技术工业化应用步伐，油田产量递减、含水上升态势有所减缓。

截至 2020 年底，高台子油田动用含油面积 75.6 平方千米，动用地质储量 4045.87 万吨，建井 1185 口，其中油井 566 口，油井开井 489 口；年产油 17.07 万吨，其中三采产油 1.86 万吨；累计产油 1062.39 万吨其中三采累计产油 66.1 万吨。

7. 敖包塔油田

敖包塔油田位于大庆市肇源县，隶属第七采油厂。地质构造位大庆长垣、古龙凹陷和三肇凹陷接合部，开发目的层为葡一组，石油含油面积 306.4 平方千米，地质储量 5678.8 万吨。

1960 年 4 月 10 日，敖 26 井喷出工业油流，发现敖包塔油田。

1995 年，敖北地区投入开发，采用机械采油的方式开采，初期井均日产油 2.7 吨。1996 年产油 8.99 万吨，达到方案设计要求。1998 年，敖北地区在遭受严重洪灾的情况下，全年产油 6.63 万吨。1999 年 7 月，敖北地区油水井全面复产，产油量回升至 7 万吨以上，至 2001 年达到 7.95 万吨。

2004 年，敖九区块投入开发，投产油水井 67 口，当年产油 6.38 万吨。2005 年，敖包塔油田产油量达到 18.83 万吨。2006 年，敖南区块全面投入开发。2006—2008 年，敖九区块陆续投产 714 口井，产量增至 30.08 万吨。敖南区块实施注采结构调整，含水上升与产量递减得到有效控制，年产量达到 17.41 万吨。敖北地区虽经局部调整，仍未能扭转产量下降趋势，年产量降到 5.72 万吨。此后，敖包塔油田产量持续走低。

截至 2020 年底，敖包塔油田动用含油面积 316.88 平方千米，动用石油地质储量 5816.25 万吨；建井 2306 口，其中油井 1377 口，油井开井 1145 口；年产油 24.64 万吨，累计产油 668.61 万吨。

（三）三肇凹陷油气田开发

三肇凹陷的地理位置横跨肇东、肇州、肇源、安达 4 个市县区域，西接大庆油田，东临朝阳沟油田，北抵滨洲铁路，南濒松花江，凹陷面积 6000 平方千米。地质构造则由四周逐渐向中心下凹。三肇地区中浅层先后发现并探明宋芳屯—模范屯、榆树林、肇州、永乐、卫星、升平、徐家围子、肇源 8 个油田（其中宋芳屯—模范屯、榆树林、肇州、永乐4个油田储量超亿吨）和汪家屯、宋站、羊草3个气田。

1. 宋芳屯油田

宋芳屯油田位于肇州县和安达市境内，隶属第八采油厂。东西宽17千米，南北长38千米，主要油藏类型属于被断层复杂化的构造油藏和岩性油藏，储层为葡萄花、扶余油层，葡萄花油层石油地质储量为9805.07万吨，含油面积335.82平方千米；扶余油层石油地质储量为2241万吨，含油面积70.5平方千米。

1979年，宋芳屯油田芳2和芳506地区作为开发试验区投入开发。

1984年5月，宋芳屯试验区投产采油井12口，年产油1.43万吨。1985年，在芳1和芳805井区开辟祝三试验区。1986年10月，祝三试验区投产油井36口，年产油2.62万吨。到1992年，宋芳屯油田投产采油井158口，注水井37口，年产油达到9.7万吨。此后继续部署开发井，到1995年，共投产采油井561口，注水井213口，年产油量达到44.12万吨。1996—2005年，油田稳定老井产能，建投新井，稳油控水，综合挖潜，持续60万吨/年以上稳产10年。2006年以后，面对油田含水上升、产量递减加快等问题，实施注水结构调整、产液结构调整、井网加密以及注采系统调整，实现增产增效。2020年，产油达到92.24万吨。

截至2020年底，宋芳屯油田动用含油面积540.16平方千米，动用地质储量16052.14万吨；建井5691口，其中油井3641口，油井开井3018口；累计产油2045.83万吨。

2. 榆树林油田

榆树林油田位于肇东市昌五镇，隶属榆树林油田有限责任公司。地质构造位于三肇凹陷东部斜坡。其油藏类型主要有岩性油藏、断层—岩层油藏、断层遮挡油藏，储油层为葡萄花、扶杨油层，含油面积260.94平方千米，石油地质储量11642.07万吨。

1978年，榆树林地区钻探树1井。1979年5月，树1井在葡萄花油层获日产17.6吨的工业油流，发现榆树林油田。1990年，油田东区树32开发试验区投入注水开发。1992年，树34井区开展同步注采试验。1992—1999年，按照"先好后差，先易后难"的原则投入滚动开发，年均钻井100口以上，先后投产12个区块，年产油量从1992年的3.8万吨增至1999年的50万吨。2000—2005年，油田通过分层注水，井网加密调整，注采系统调整等一系列开发调整措施，以及投产新区，年产量保持40万吨左右。此后由于综合含水、综合递减加快等原因，产量短暂下滑。2009年以后，通过精细挖掘剩余资源潜力，区块加密调整，精细注采结构调整，水气两驱调整挖潜，长关井、低效井治理，产量稳中有升。到2019年，40万吨以上持续稳产11年。2020年，产油量达到40.72万吨。

截至2020年底，榆树林油田动用面积183.88平方千米，动用石油地质储量10199.7万吨；建井2267口，其中油井1559口，油井开井1155口；累计产油1011.76万吨。

3. 肇州油田

肇州油田位于肇州县境内，该油田分区块隶属第八采油厂、榆树林油田开发有限责任公司、州13区块项目管理部和中国华油集团大庆分公司。地质构造位于三肇凹陷南端的肇州鼻状构造，其储油层为葡萄花、扶扬油层，含油面积384.78平方千米，石油探明地质储量1.8亿吨。

1987年8月，肇40井在扶杨油层和葡萄花油层分别日产油2.5吨和3.8吨，发现肇40区块葡、扶杨油层均具有工业价值。

肇州油田第八采油厂辖区　八厂辖区包括芳483井区、州2—州211区块、州5区块、州19区块等。1999年11—12月，芳483井区首批100口油水井投产；州2—州211区块葡扶油层合采试验区20口井投产。2001年10—12月，州5区块50口油水井投产；州2—州211区块在扶余油层加密2口注水试验井。2002年10—11月，州19区块48口油水井投产。同年，八厂辖区年产油10.27万吨。2003年，八厂辖区完成水平井6口。2004年，肇405、州603及州11等区块投产水平井10口，井均日产油8.9吨，为直井产量的3—4倍。2005—2006年，州201区块扶余油层投入试验开发，并取得成效。到2008年，八厂辖区共建井1164口，年产油20.84万吨。截至2020年底，八厂辖区动用含油面积197.08平方千米，动用石油地质储量4933.36万吨；建井1852口，其中油井1051口，开井845口；年产油28.83万吨，累计产油449.98万吨。

州13区块和肇413区块（隶属州13合作区块管理部）。区块含油面积167.3平方千米，石油地质储量7153.18万吨。2000年2月，州13（1-2）区块启动钻井与基建。2004年，州13（1-2）和州13（3-6）区块全面投入开发。2005年，州13（1-2）区块进入生产期，年产油20.3万吨；州13（3-6）区块投产151口井，年产油9.57万吨。2007年1月，州13（3-6）区块进入生产期。2008年9月，肇413区块投入开发。同年，州13区块和肇413区块年产油达到峰值31万吨，并连续10年产量保持26万吨以上。到2015年，产量开始下降，2016年起产量降至20万吨以下。截至2020年底，该区块动用含油面积92.18平方千米，动用石油地质储量1993.33万吨；建井1289口，其中油井886口，油井开井743口；年产油16万吨，累计产油418.53万吨。

肇25区块（隶属榆树林油田开发有限公司）。2006年12月投入开发，初期井均日产油2.2吨。但仅经一年时间，井均日产量降至0.8吨。2008年，该区块建油水井89口，年产油1.53万吨，并在此后大致保持这样的产能。截至2020年底，肇25区块动用面积13.28平方千米，动用石油地质储量467.89万吨；建井152口，其中油井105口，油井开井73口；年产油1.55万吨，累计产油22.11万吨。

州401区块（隶属中国华油集团大庆分公司）。该区块2004年投入开发。截至2020年底，该区块动用含油面积40.35平方千米，动用石油地质储量636.51万吨，建井604口，其中油井409口，油井开井278口；年产油6.72万吨，累计产油156.03万吨。

4. 徐家围子油田

徐家围子油田位于肇州县和安达市境内，隶属第八采油厂。油田区域构造位置属于松辽盆地北部中央坳陷区三肇凹陷徐家围子向斜中心部位，为三肇凹陷内几个大型鼻状构造倾没的交汇处，开发目的层为葡萄花油层，含油面积82.16平方千米，石油地质储量1884.32万吨。

1977年5月，徐1井在葡萄花油层试油，获日产2.3吨的工业油流，发现徐家围子油田。1996年11月，徐家围子油田投产油水井

40口，并同步注水。注水10个月后，油井全面受效。1998年，通过采取压裂改造等措施，产油量达到4万吨，注水量达到10.31万立方米。经开发3年时间，采出程度达到10.01%，年采油速度均在2.82%以上。但由于油水同层发育，含水上升、产量自然递减有所加快。2001年产油量降至2.39万吨。此后，伴随开发面积陆续扩大，产油量和注水量同步增加，2003年产油量增至9.05万吨，2008年产油量增至28.42万吨。此后，该油田产能相对稳定。

截至2020年底，该油田动用含油面积145.19平方千米，动用石油地质储量3182.74万吨；建井1530口，其中油井990口，开井834口；年产油32.31万吨，累计产油454.23万吨。

5. 升平油田

升平油田位于安达市升平镇东南部，地质构造处于三肇凹陷东北部，是被断层构造复杂化的鼻状构造，由多种复合式油藏组成。升平油田葡萄花油层石油地质储量为3320.83万吨、含油面积77平方千米；扶余、杨大城子油层石油地质储量1486万吨、含油面积27.2平方千米。

1960年8月，升1井在葡萄花油层获日产20吨的工业油流，发现升平油田。1987年10月，升平油田投产。1989年4月，油田开始注水，1990年产油36.55万吨，并持续稳产3年。随后因油井含水上升快，产量开始递减，1993年产油30.65万吨。1997年，扩边加密并投产转注106口井。1998年，油井全面受效，产量回升至27.57万吨。2000—2004年，升132、升541井区扩边加密171口井，并实施分层注水调整，仍未能控制产量递减。2005年，升平油田产油11.75万吨。2006年，升30-26井区开展提液试验；2007年，开展聚合物调剖试验，使递减速度得以减缓。

升南扶扬油层开发试验区。1989年10月，试验区投产14口井，初期单井产油5.1吨。但很快降压减产。2001年，单井日均产液3.5吨以下。2002年，试验区日产量降至7—10吨。2006年，试验区为提升开发效果，钻建水平井。

升22区块（隶属榆树林油田开发有限公司）。2007年底，在葡扶两个油层投产84口油水井，初期为避免层系间干扰，注水未射开葡萄花油层，扶扬油层渗透率又太低，油井靠弹性能量开采，产量递减幅度较大。2008年，通过在部分井组射开葡萄花油层，完善注采系统，提高水驱控制程度，使递减速度得以减缓。此后，油田产能持续稳中有降。到2020年底，动用面积100.25平方千米，动用石油地质储量4345.21万吨；建井1305口，其中油井790口，油井开井665口；年产油20.43万吨，累计产油718.07万吨。

6. 永乐油田

永乐油田位于大庆市大同区和肇州县境内，分区块隶属第七采油厂、第八采油厂、头台油田开发有限责任公司及大庆方兴油田开发有限责任公司。区域构造处于三肇凹陷西南部宋芳屯鼻状构造斜坡上，开发以葡萄花油层为主要目的层，扶余油层次之，石油地质储量15837.41万吨，含油面积501.35千米。

1988年，肇30井在扶余油层获日产2.44吨的工业油流，发现永乐油田。1997—1998年，肇291区块投入开发，陆续投产油水井

462口。1999年，州182井区投产45口油水井。2000年，台105、肇212地区投产油水井312口。2001年，台5区块投产油水井47口，源13区块投入滚动开发。2002年，肇261区块投入注水开发，投产油井64口。到2002年底，永乐油田共有油水井1217口，年产量达到峰值63.24万吨。2003—2005年，台7—台601井区、葡361区块、源141井区投入开发。同时，针对产量递减与含水上升速度快的问题，实施注采系统调整和分层注水调整，油田开发效果得以改善。2005年产油量达到55.2168万吨。2007年，葡47区块和肇15区块投入开发。2008年，永乐油田总井数2597口，产油量52.42万吨。此后，产量持续稳定在50万吨以上。2020年底，永乐油田动用含油面积386.66平方千米，动用石油地质储量10349.24万吨；建井4631口，其中油井2937口，油井开井2380口；年产油55.98万吨，累计产油1219.79万吨。

7. 卫星油田

卫星油田地跨大庆、安达两市区，隶属第八采油厂（卫11区块）、第五采油厂（太17区块）和庆新油田开发有限责任公司。区域构造位于三肇凹陷西北部，总体构造形态为由三肇凹陷向大庆长垣逐渐抬升的斜坡，主要储层为葡萄花油层，含油面积73.8平方千米，石油地质储量4008.58万吨，溶解气储量1.74亿立方米。

1981年8月，卫1井获日产31.45吨的工业油流，发现卫星油田。1999年9月，卫1区边勘探、边打井、边生产，主要开采葡萄花油层。2000年，卫2区投产。随后卫251区块投入开发。2002年，卫星油田产油量达18万吨。2004年起，又一批新井相继投产。同期卫11区块也投入开发。到2005年底，卫星油田共建成产能58.3万吨，年产油41.27万吨。2006年，为稳定老井产能，促进新井上产，卫星油田进行注水调整。2007—2008年，投产新井75口，同时开展压裂潜力与方法研究，以及二氧化碳驱油试验，并建成投产注气站。同期，油田含水上升与产量递减速度加快。2008年，产油量降至29.96万吨。此后，依托科技创新发展，油田开发水平不断提高，油田产能保持平稳态势。到2020年底，油田动用含油面积94.23平方千米，动用石油地质储量4324.55万吨；建井1683口，其中油井1095口，油井开井918口；年产油32.43万吨，累计产油387.08万吨。

8. 汪家屯气田

汪家屯气田位于安达市升平镇与畜牧场附近，曾隶属采油八厂，2005年5月归属采气分公司。区域构造处于松辽盆地北部中央坳陷区三肇凹陷安达—肇州断裂带，储气层为扶余油层和杨大城子油层，天然气地质储量40.33亿立方米，含气面积47.2平方千米。

1985年7月11日，升61井在扶扬储层获工业气流，发现汪家屯气田。

1987年10月，汪家屯气田升58井投入试采。1989年，为保证第八采油厂祝三试验区生产用气，气田投产步伐加快，累计投产气井12口，开井8口，日产气23.14万立方米。到1991年底，计划部署的44口生产井全部完钻，并投产气井15口、集气站2座。1992年，气田转入全面开发。1990—1997年，气田年产气量保持0.45亿立方米以上，日产气量保持20万立方米左右。随后汪家屯气田产量下降，1998—2000年，气田日产气10万立方米左右。通过投产新井，实施补孔、压裂以及复合排水等措施，气田日产气量于2002年恢复到20万立方米。此后，产量再度下滑，2005年日产气9.37万立方米，2008年日产气10.1万立方米，年产气2280.3万立方米。到2020年底，共投产气井55口，其中报废5口井，开井26口，年产气0.18亿立方米，累计产气11.71亿立方米。

9. 羊草气田

羊草气田位于安达市羊草镇，隶属采气分公司。区域构造位于三肇凹陷明水阶地与东北隆起区衔接的宋站鼻状构造，属于中深层低产、低丰度小型气田，含气面积12.1平方千米，天然气地质储量19.85亿立方米。

1985年，升81井在扶扬储层获工业气流，发现羊草气田。1987年11月，升81井投产，气田地面集气采用三管伴热流程，初期日产气4.1万立方米。到1990年产气量降至2.31万立方米，累计产气3308万立方米。1990—1993年，地层压力保持9.46—9.4兆帕，1995年降至8.67兆帕，日产气2.31万—1.65万立方米。1996—1999年，日产气量保持1.56万—2.69万立方米，地层压力由8.67兆帕降至8.26兆帕。2000年，地层压力缓慢上升，仍表现出水驱气藏特征。2001年1月，宋18井投产，初期日产气1.12万立方米。同年10月，宋183井投产，初期日产气2.25万立方米。2005年12月，3口井合计日产气1.95万立方米。到2020年底，羊草气田共投产气井3口，年产气0.035亿立方米，累计产气1.89亿立方米。

10. 宋站气田

宋站气田位于安达市羊草镇与肇东市宋站镇交界，隶属采气分公司。区域地质构造位于三肇凹陷明水阶地与东北隆起区衔接的宋站鼻状构造，气田主要产气层为扶余气层，含气面积14.7平方千米，天然气地质储量12.71亿立方米。

1985年11月，宋2井在扶扬储层获工业气流，发现宋站气田。

1988年，宋2井投入试采，初期日产气5万立方米。该井生产2个月后，因水淹而关井。1990年6月，宋3井投产，初期日产气2.03万立方米。到1991年8月，宋3井日产气量降至0.32万立方米。1991年9月，宋3井下泵排水采气，日产气0.81万立方米。1992年以后，宋3井产气量持续下滑，1994年5月终因产水多于产气而关井。2000年8月，东4井和新东2井投产，东4井初期日产气1.23万立方米，新东2井初期日产气1.28万立方米。2001年8月，宋11井投产，初期日产气2.61万立方米。该井因水淹于2005年关井。到2020年底，宋站气田共投产气井5口，开井2口，年产气0.01亿立方米，累计产气0.77亿立方米。

11. 昌德气田

昌德区块构造位于宋芳屯构造和徐家围子断陷带中部西翼斜坡带上。气藏类型属断层—岩性气藏和岩性气藏。开采主要目的层为登娄库组砂砾岩和营城组火山岩储层。其平均孔隙度5.7%—4.2%，平均渗透率0.45—0.56毫达西，为特低渗透及致密气层。含气面积73.8平方千米，探明天然气地质储量117.08亿立方米。

1988年8月，在深层探井芳深1井的登娄库组气层压裂后自喷求产，获日产4.08万立方米的工业气流，从而发现昌德气田。1991年5月，芳深1井、芳深2井投产，初期日产气分别为1.09、0.57万立方米。芳深2

井仅生产3个月，便因产水多和蜡堵而关井。芳深1井靠放喷排水维持生产约半年，后间歇生产到1992年11月关井。1997年8月，对芳深1井进行气举排水，开井后实施套管点滴加药泡排，取得较好效果。

2000—2001年，芳8井（开采登娄库层）及芳深6井、芳深5井（均开采营城组火山岩储层）先后投产，压裂改造后日产气2万—13万立方米。2002年10月，芳深9井及二氧化碳液化站正式投产。到2005年12月，开烃类试采井4口，日产气3.56万立方米，年产气235.7万立方米；开二氧化碳气井3口，日产气0.84万立方米，年产气87.2万立方米。

2016年，在芳深6区块开展致密砂砾岩储层"长井段加大规模压裂"水平井试验。钻芳深6-平1双分支水平井，其上、下分支水平段分别进行压裂，采用交错式布缝方法，成功实现大规模立体式改造，无阻流量突破百万立方米，取得砂砾岩储层单井产量的历史性突破。2019年钻水平井4口，钻直井3口，建成产能2亿立方米。同年，投产5口井，其中3口水平井日产气为6万—14.4万立方米。2020年，该气田投产气井13口，开井9口（其中连续生产6口，因节流冻堵间歇开井3口），年产气1.44亿立方米，累计产气3.35亿立方米。

（四）朝阳沟—长春岭阶地油田开发

朝阳沟阶地横跨肇东、肇州、肇源3个市县区，东北起自对青山一带，西南至肇源县城以西，是自三肇凹陷向东南方向逐渐抬起的过渡地带，也是沿松花江北岸形成的狭长地带，延伸长度150余千米，南北宽20千米左右，面积约3000平方千米。朝阳沟阶地与长春岭背斜带松花江以北部分，共探明3个油田、1个油气田、5个气田。

1. 朝阳沟油田

朝阳沟油田地跨肇东、肇州、肇源3个市县区域，隶属第十采油厂。地质构造位于松辽盆地中央坳陷区东部朝阳沟阶地及长春岭背斜带，以扶扬油层为主要开发目的层，葡萄花油层次之，含油面积231.10平方千米，石油地质储量1.62亿吨；含气面积5.8平方千米，天然气储量2.51亿立方米。

1963年10—11月，朝1井在扶余油层与葡萄花层合并试油，获工业油流，发现朝阳沟油田。1986—1987年，该油田开辟3.3平方千米开发试验区，开展注水开发试验。1988年起，该油田正式投入注水开发，并迅速上产。到1992年，年产量突破100万吨。1993—1998年，实施注采系统调整，提高油层动用程度，改善开发效果，产量持续增长，于1997年达到峰值141.09万吨，并且1998年产油量仍达141.01万吨。随后油井含水上升，产量递减，套损井增多，开发调整空间收窄。1999—2002年，产油量从131.01万吨降至90.03万吨，年均递减13.66万吨。2003年以后，通过深化油藏精细描述，突破技术瓶颈，优化注水结构，油田自然递减率和含水上升速度得以有效控制，年产油量持续稳定在80万吨以上，油田开发进入良性循环阶段。2006年起，对二、三类区块实施加密调整，水驱控制程度提高10.18个百分点，增加可采储量597.41万吨。2008年，该油田产油77.81万吨。此后，虽经深化油藏研究，老区滚动增储，水驱精细挖潜，控含水，缓递减，油田产能持续走低。

到2020年底，朝阳沟油田动用含油面积308.11平方千米，动用石油地质储量19839.06

万吨;建井5002口,其中油井3178口,油井开井2766口;年产油54.41万吨,累计产油2869.82万吨。

2. 头台油田

头台油田位于大庆市肇源县境内,地质构造处于松辽盆地中央坳陷区朝阳沟阶地西端头台鼻状构造,油藏类型为构造—岩性油藏,主要储层为扶余油层,石油地质储量1.04亿吨、含油面积188.8平方千米,溶解气储量17.62亿立方米。

1983年6月,头台地区第一口探井台1井在扶余油层试油,压后日产油1.76吨,发现头台油田。1993年11月,茂505试验区第一口生产井茂3-5井投产,初期日产油6.1吨。当年试验区完成钻井47口,基建投产50口(含区域内探资井3口),产油0.57万吨。1994年,油田东部茂8—茂111主力区块投入开发。同年4月10日百日大会战打响,直至6月30日,头台联合站试运行一次成功,会战圆满收关。当年生产原油10.56万吨。1995年底,油田投产油水井311口,实现年产原油20万吨的目标。1996年起,针对采油井出现水淹、产量大幅度下降的问题,实施注采系统调整。但油田年产油量仍由1996年的13.22万吨降至2000年的10.92万吨。2001年起,老区实施加密注采调整,新区块滚动开发,陆续将江心岛区块、台1-茂506区块投入开发,油田产油量止降反升,2005年达到22.54万吨。此后产油量持续下降,2008年降至12.71万吨。近年,经科技创新,精细调整挖潜,油田产能保持稳定态势。到2020年底,头台油田动用含油面积89.39平方千米,动用石油地质储量5459.25万吨;建井1718口,其中油井1215口,油井开井849口;年产油12.93万吨,累计产油460.74万吨。

3. 肇源油田

肇源油田位于肇源县境内,隶属第十采油厂。地质构造位于朝阳沟阶地西部肇源鼻状构造。开采目的层为扶余油层,含油面积22.77平方千米,石油地质储量1199.29万吨。

2004年8月,源121-3、源35-1北、源35-1南、源151等4个井区投入开发试验,投产油水井72口,动用含油面积4.27平方千米,地质储量218万吨。同年10月进行注水开发,并钻一口密闭取心井。试验结果表明,油层具有一定的吸水能力,但注水压力提升快,产量初期递减快,油井出油差异大。一年后,首批投产的油井中有10口停止出油。2007年,试验区油水井增至104口,其中采油井72口,年产油0.82万吨,注水井32口,年注水11.29万立方米;试验区采油速度仅为0.38%。至2008年,试验区注水受效不畅,平均单井日产量稳定在0.4吨的低水平,年产原油1.07万吨。此后,加大开发调整力度,产量增加。到2020年底,该油田动用含油面积10.7平方千米,动用石油地质储量454.4万吨;建井238口,其中油井158口,油井开井133口;年产原油2.36万吨,累计产油22.68万吨。

4. 双城油田

双城油田位于双城、肇东、肇州3市(县)交界,隶属第十采油厂。区域构造位于松辽盆地北部深层构造单元东南断陷区,开采目的层为扶余油层,含油面积53.9平方千米,石油地质储量1547.26万吨。

2003年10月,双30区块投入开发,投产油水井51口,同步注水开发,初期平均单井日产油3.4吨,采油速度2.78%。2005年,三501、双301区块相继投入开发,共计投产油水井270口，建成产能17.1万吨。2006年，该油田首口水平井双92-平48井投产，初期日产油9.4吨，后稳定在5.3吨左右。2007年，五213区块投入开发，使双城油田年产油量突破17万吨。2008年，产油量达到17.95万吨，采油速度1.74%。随后，油田产量递减加快。到2020年底，油田动用含油面积29.3平方千米，动用石油地质储量1341.94万吨；建各类井564口，年产原油11.54万吨，累计产油87.85万吨。

5. 三站气田

三站气田位于肇东市西八里乡与肇源县三站之间，隶属第十采油厂。区域构造位于松辽盆地东南隆起区长春岭背斜带中南部，主要储层为扶余、杨大城子油层，扶余油层顶面埋藏深度600米左右，平均气层中部深度835米，含气面积55.1平方千米，天然气地质储量33.47亿立方米。

1990年底，三站地区共完钻8口探井、评价井，其中7口井在扶余、杨大城子油层试气，6口井获工业气流，发现三站气田。1991年，又在三4井以东新钻7口评价井，5口井获工业气流，并在三102井、三4井发现泉头组上部的含气层位。1996年，三站气田试采3口井，初期井均日产气1.182万立方米，其中三201井未达预定产能。1997年投入试采4口井，初期井均日产气1.051万立方米，均高出预定产能，后来产气量与地层压力同步下降。1999年和2002年分两批部署开发控制井和开发评价井20口，2002年底投产开发控制井7口，日产气7.45万立方米。2005年2月，13口开发评价井投产，日产气13.13万立方米。到2005年，三站气田共完钻各类井35口，其中探井8口（2口报废井）、评价井7口、开发控制井7口、开发井13口；全气田投产气井27口，开井18口，日产气量16.03万立方米，井均日产气0.59万立方米。到2020年底，三站气田共有井36口，开井21口，日均产气9.06万立方米，月产气280.85万立方米，年产气2042.81万立方米，累计产气6.61亿立方米。

6. 四站气田

四站气田位于肇东市五里明乡靠山屯东部，隶属第十采油厂。地质构造位于松辽盆地中央凹陷区东南部朝阳沟阶地，主要储层为葡萄花层，埋深625.5—570米，地层厚度8—10米，含气面积14.6平方千米，地质储量4.8亿立方米。

1989年10月，四101井获得工业气流，发现四站气田。1990年11月，四101井投入试采，靠天然能量开采，初期日产气5.82万立方米。四101井于试采的第2个月开始少量产水。1992—1993年，日产气量达到7万立方米以上，月产水量增加到1立方米，地层压力由初期的5.68兆帕降至3.25兆帕。1994年1月，生产控制井四气1井投产，初期日产气1.2万立方米。1994年5月，油田需气量减少，四气1井限产，油压、套压有所恢复。同年7月四气1井关井，到1994年底油压、套压分别恢复到2.44兆帕和2.76兆帕。到1996年底，气田日产气量保持5万立方米以上。1997年，产气量开始下降，年底日产气量降至3.72万立方米，2000年日产气量降至3万立方米以下，到2001年日产量仅为0.8万—0.9万立方米。至2005年，该气田共完钻各类井6口（探井2口，评价井3口，生产控制井1口），投产气井2口，日产气7.02万立方米。到2020年底，四站气田累计产气1.4848亿立方米。

7. 五站气田

五站气田位于肇东市阿托布勒乡，隶属第十采油厂。其地质构造位于松辽盆地东南隆起区长春岭背斜带北部，开发目的层为扶余油层与杨大城子油层，含气面积46平方千米，天然气地质储量15.45亿立方米。

1989年2月，五深1井获工业气流，发现五站气田。1993年1月，该气田投入试采5口井（五深1、五101、五102、五106、109井），开采扶余油层，初期日产气3.1587万立方米，井均日产气0.6317万立方米，地层压力为5.56兆帕。1995年，地层压力降至4.65兆帕。2003年12月—2004年3月，该气田投产生产控制井3口（五9-8、五4-6、五3-12），初期地层压力5.45兆帕，日产气3.3843万立方米，井均日产气1.1281万立方米。2005年12月，3口井日产气2.9371万立方米，平均单井日产气为0.979万立方米。到2020年底，该气田共有气井14口，开井12口，日均产气4.57万立方米，年产气1087.52万立方米，累计产气2.195亿立方米。

8. 长春岭油气田

长春岭油气田位于肇源县三站镇地界，隶属第十采油厂。其地质构造处于松辽盆地东南隆起区长春岭背斜带的西南端，属于断层-背斜气藏，主要储层为扶余油层（扶一、扶二组），含气面积7.86平方千米，天然气地质储量3.72亿立方米；含油面积3.5平方千米，石油地质储量275万吨。

1973年，长3井在扶余油层获工业油、气流，发现长春岭油气田。1987年1月，该气田开始钻井，到1988年底完成采气井12口，获工业气流井2口（长气2-4、长气4-10），获低产气流井1口（长气6-6），获工业油流井2口（长气2-6、长气2-8井）。1994年，长3井投入试采，靠天然能量开采。1995年1月，长气2-4井投入试采，初期日产气0.27万立方米，未达配产指标（2002年6月因不产气而关井）。2000年，长50、长501和长54又相继试采，初期日产气2.16万立方米，井均日产气0.72万立方米。2003年初放大生产，日产气量达到1.56万立方米，年产量增至198.2万立方米。从2003年下半年起，该油气田产气能力明显减弱，到2005年12月，5口井日产气能力降至0.4118万立方米。到2020年底，长春岭油气田共有气井6口，开井2口，日均产气0.27万立方米，年产气81.98万立方米，累计产气3317万立方米；共有油水井45口，年产油0.14万吨，累计产油8.45万吨。

9. 涝州气田

涝州气田位于肇东市境内，构造上属于东南隆起区长春岭背斜带，为岩性—构造气藏，开采的主要目的层为扶杨气层，含气面积44.3平方千米，天然气地质储量33.82亿立方米。含气区内有10口获工业气流井。2004年，选择产能旺盛、地势优越的2口井投入试采。因受到严重破坏，2口井产量远低于试气产能。2005年，该气田开井2口，年产气419.9万立方米。2007年，根据压降曲线分析，该气田驱动类型为气驱气藏，井控地质储量为1.37亿立方米。到2020年底，该气田总井数23口，开井1口，日均产气0.18万立方米，年产气37.15万立方米，累计产气5090万立方米。

10. 太平庄气田

太平庄气田位于哈尔滨市郊，隶属第十

采油厂。气田构造位于松辽盆地北部东南隆起区宾县—王府凹陷内的太平庄背斜，主要发育扶余油层，系构造控制下的岩性断块气藏，含气面积9.7平方千米，地质储量2.49亿立方米。

1989年9—10月，庄深1井在扶余油层获日产5.4520万立方米的工业气流，发现太平庄气田。2004年，该气田部署6口开发控制井，完井4口。其中3口于2005年10月投产，初期日产气3.39万米^3/日，平均单井日产气0.85万立方米。1991年1月，庄深1井投入试采。1992年1月，双17井试采扶余油层。2口井初期靠天然能量开采，日产气1.71万立方米，地层压力5.11兆帕（到1994年底降至2.91兆帕）。2005年，该气田投产3口开发控制井，日产气2.34万立方米，平均单井日产气0.78万立方米。同年12月，该气田开气井5口，日产气能力达2.89万立方米，年产气89.4万平方米。到2020年底，该气田共有气井7口，开井4口，日均产气0.37万立方米，年产气56.46万立方米，累计产气1570万立方米。

（五）齐家—古龙地区及其西部油田开发

齐家—古龙地区位于松辽盆地大庆长垣以西，开发范围包括齐家—古龙凹陷、龙虎泡—大安阶地、泰康隆起带和西部超覆带4个二级构造单元。主要开发目的层为黑帝庙、萨尔图、葡萄花、高台子和扶杨油层。已投入开发龙虎泡、杏西、敖古拉、齐家、新肇、新站、新店、齐家北、古龙等油气田。该区域油气田具有面积小且分散、油气藏类型复杂、储层物性差、储量丰度低、自然产能低等特点。

1. 龙虎泡油田

龙虎泡油田位于杜尔伯特蒙古族自治县境内，隶属第九采油厂。地质构造位于松辽盆地中央坳陷区齐家—古龙凹陷西侧，跨龙虎泡—大安阶地和齐家—古龙凹陷两个二级构造带，主要储层为萨尔图油层和葡一组油层，含油面积403.5平方千米，石油地质储量9356.01万吨。

1960年7月，该构造上钻探的龙1井在萨尔图、葡萄花油层获工业油流，发现龙虎泡油田。

1983年，龙虎泡油田投入试采。1985年，首批开发井投产。到1986年底，建成产能21.9万吨，产油量达19.36万吨。该油田开发过程中还首创单管环状流程，利用油田气进行燃气发电，热电联供，开外围中小油田能源综合利用之先例。1987年6月，金17井区投入开发，是年底共投产油井286口，注水井12口，年产油26.11万吨。1990年8月，该油田开始全面注水。1991年，根据不同类型砂体采取不同的做法，适时进行结构调整，使主力层合理开发，接替层和非主力层出油状况得以改善。

1997年以后，加大细分层注水和综合调整力度，年产油量一直稳定在20万吨以上。1998年，龙虎泡油田高台子油层大规模投入开发，是年底，布木格区块也投入开采。1999年区块中部的萨尔图油层补孔，形成萨尔图层和高台子层两套层系的合采井区。从而使油田再次上产。到2000年底，年产油升至55.23万吨。

2001年起，针对产量递减和含水上升快的问题，采取一系列调整措施，包括井网加密、外扩布井、分油层实施注水调整和周期注水；对油井进行压裂、堵水、补孔等，并推广应用聚合物深度调剖，使产量递减和含水上升速度有所缓解。2005年，该油田产油降至30.40万吨，油田综合含水72.8%。2007年，龙26区块加密调整，投产86口油水井，建成产能3.71万吨。2008年，选择4个井组开展聚合物纳微米球逐级深度调驱试验，初步取得增油降水效果，同年油田产油量达到20.37万吨，采油速度0.60%，综合含水85.53%。此后，依托技术创新，精细调整挖潜，油田产能保持稳中有升。到2020年底，龙虎泡油田动用含油面积184.36平方千米，动用石油地质储量5156万吨；建井1725口，其中油井1065口，开井834口；年产油24.24万吨，累计产油955.95万吨。

2. 杏西油田

杏西油田位于大庆市大同区，是大庆外围最早开发的油田，隶属第九采油厂。地质构造属于大庆长垣西侧的一个鼻状构造，开发目的层为葡萄花、萨尔图油层，含油面积9平方千米，地质储量248万吨。

1969年，杏1井获工业油流，发现杏西油田。1982年10月，该油田投入开发。初期采用弹性及溶解气驱动方式开采。1983年9月开始注水。1991年底，综合含水达63.15%，进入高含水期。1995年，年产油量3.26万吨。1996年以后，实施增压注水，南部进行注采系统调整。2001年，油井多层多方向见谁，井均日产油1.4吨。2002—2003年，油田进行注水综合调整，并外扩布井21口，其中已实施的9口井中，6口井平均日产油2.6吨。到2008年，建井80口，年产油1.19万吨，采油速度0.48%，采出程度28.86%；油田综合含水89.09%。此后，该油田产能保持稳中有升。到2020年底，该油田动用含油面积15.86平方千米，动用石油地质储量441.77万吨；建井142口，其中油井95口，油井开井73口；年产油2.28万吨，累计产油81.9万吨。

3. 齐家油田

齐家油田位于大庆市让胡路区，隶属第九采油厂。地质构造位于中央坳陷区齐家—古龙凹陷北端，开发目的层为高台子油层，其中高二组油层以边水层状构造油藏为主，高三组以底水块状油藏为主。含油面积0.9平方千米，地质储量155万吨。

1984年1月6日，金6井获日产37吨的工业油流，创当时外围探井产量之最，并发现齐家油田。1985年，以齐1-1井为中心钻建8口丛式井组。1986年投产5口井。1987年，该油田依靠天然能量全面投入开发，年产油4.56万吨，年底综合含水52.80%。

1988年，遵循"强采边部，控制中部，强采高二组，控制高三组"的开发调整方案，实施堵水、补孔、调参及间抽等措施，开发效果有所改善。但因地层压力下降，总产量于1990年降至2.69万吨，1991—1994年，针对底水锥进问题，优化注水方案，转注9口边部高含水井，完善环状注水系统，对中部油层治理底水，采取堵水或补堵等措施，致使底水锥进速度明显降低，综合含水下降3.4个百分点。此后，进一步控制油井生产压差，控制底水锥进。1999年，实施周期注水，自然递减率、含水上升率得到明显控制。2002年，钻2口加密井，单井日产油6.6吨。但油田产量仍逐步减少。2005年降至0.88万吨。到2020年底，齐家油田动用含油面积65.49平方千米，动用储量1408.83万吨；年产油6.32万吨，累计产油156.75万吨。

4. 齐家北油田

齐家北构造位于齐家—古龙凹陷北部，

主体为北西向延伸、向凹陷内倾伏的鼻状构造。目的层为扶余油层扶一组。

2006年，齐家北油田投入开发，按"百井工程"方式完钻开发井29口。2007年，在古708区块完钻190口，平均钻遇砂岩厚度15.2米/9.1层，有效厚度4.0米/2.7层，属特低渗透层。这些井于2008年8月正式投产投注。因有43%的井处于国家生态公益林和湿地中，该油田实施优化、简化开发建设方案，采用以"丛、树、简、智"为主要特点的齐家北建设模式：丛式井占98.2%，形成丛式井平台72座，仅有8口直井；采用树状电加热集油流程；降低布站级数，简化站内工艺；采用伺服电机，实现机采井管理智能化。到2020年，该油田动用面积64.59平方千米，动用储量1253.83万吨；年产油5.61万吨，累计产油108.09万吨；年产气206.05万立方米，累计产气4681.22万立方米。

5. 金腾油田

金腾油田位于杜尔伯特蒙古族自治县境内，隶属第九采油厂。齐家—古龙凹陷中部的金腾鼻状构造系被断层切割成的断鼻构造，含油面积0.8平方千米，石油地质储量22万吨。

1984年2月，部署在齐家凹陷南部齐中4号断鼻构造上的金2井，在葡萄花油层获日产4.07吨的工业油流，发现金腾油田。1994年，金2井区4口油井投产，使年产油达到1.08万吨。2002年，产量降至0.36万吨。到2020年底，该油田动用面积0.8平方千米，动用储量22万吨，累计采油4.01万吨。

6. 敖古拉油气田

敖古拉油气田位于杜尔伯特蒙古族自治县境内，隶属第九采油厂；地质上是盆地西部斜坡区泰康隆起之上的一个三级鼻状构造。整个构造被敖古拉大断裂切割成东西两部分。储层为萨、花、高层。探明石油地质储量990万吨，含油面积26.2平方千米。

1986年4—7月，在塔301井试采，获工业气流，发现这一含气区块，基本探明地质储量3.1亿立方米，含气面积3.9平方千米。

1988年8月，塔2井区开始滚动开发。至1990年先后投产30口油井，日产油92吨。1991年，投产29口井，完善塔2、塔5井区的井网，年产原油4.4万吨，并开始注水。1993年开井80口，产油量达到7万吨以上，随后采取综合增产措施，一直稳产到2000年。2001年，在塔2和塔3井区进行外扩钻井。至2002年，油水井开井数达127口。2003年，产量递减率升至10%以上。2004年，综合含水达80.07%，进入高含水后期开采阶段。至2008年，敖古拉油田年产原油2.57万吨，采油速度0.50%，累计采油110.29万吨，采出程度21.37%；综合含水87.39%。此后，该油气田产量基本稳定。到2020年底，该油（气）田动用含油面积11.61平方千米、石油地质储量515.94万吨、可采储量152.74万吨，可采储量采油速度1.87%、采出程度87.07%；有各类井115口，其中采油井62口，开井44口；注水井33口，开井24口；年产油2.85万吨，累计产油132.99万吨。

7. 龙南油气田

龙南油气田位于位于大庆市大同区和平牧场，龙虎泡油田南部，隶属第九采油厂。地质构造位于龙虎泡—大安阶地龙虎泡构造向南延伸、倾伏的鼻状构造上，主要目的层为葡萄花油层和黑帝庙油层。含油面积19.7平方千米，地质储量536万吨，天然气地质储量2.16亿立方米。

1982年4月，古13井在葡萄花油层获工业油流，发现龙南油田。同年，古31井在黑帝庙层获工业气流。1987年7月，古31井投入试采，日产气2.43万立方米。1998年8月，在古41区块开辟3.2平方千米的开发试验区，投产油井26口，初期单井日产油4吨，投产注水井8口，日注水200立方米。2000年，该油（气）田产油2.38万吨，年注采比1.31。2001年11月，古36、古38区块投产油水井33口。2002年，龙南27-11井区进行外扩，年产油量增至3.51万吨。2004年和2005年，该油（气）田两次外扩。2007年，产油量达3.71万吨，2008年原油产量提升到3.95万吨，采油速度2.09%，采出程度14.88%，油田综合含水61.37%。此后，该油（气）田产能持续走低。到2020年底，龙南油气田动用含油面积7.3平方千米，动用石油地质储量189万吨；建井64口，其中油井29口，油井开井22口；年产油0.36万吨，累计产油32.46万吨；年产气21.56万立方米，累计产气32.46万立方米。

8. 高西油田

高西油田位于大庆市大同区，隶属第九采油厂。地质构造属于高台子油田背斜构造向西南方向倾没的鼻状构造，开发目的层是葡一组。含油面积26.8平方千米，石油地质储量398万吨。

1968年10月，古5井葡萄花油层出油，发现高西油田。1995年5月，古508井区43口油水井投入开发。1996年，油井受效，产油量达到2.73万吨。此后，陆续投产新井，实施分层注水调整，少数油井实施压裂改造或堵水，但油井含水上升与产量递减同步加快。2000年，年产油1.71万吨，综合含水50.2%，油田自然递减率、综合递减率、含水上升率分别为18.33%、15.25%、8.81%。2001年，在南部外扩钻井6口，单井日产量仅1.5吨。因注采关系不完善，开发效果差，年产油量降至1.32万吨。2006年，产量再创最低值0.77万吨，含水率60%以上。2007年，投产油井31口，油田产油量开始回升，综合含水逐步回落。2008年底，产油量增至1.83万吨，采油速度为0.90%，综合含水率为18.86%。此后，产油量持续走低。到2020年底，该油田动用含油面积7.86平方千米，动用石油地质储量249.36万吨；建井58口，其中油井53口，年产油0.87万吨，累计产油37.15万吨。

9. 新店油气田

新店油气田位于位于杜尔伯特蒙古族自治县新店林场境内，隶属第九采油厂。地质构造位于龙虎泡阶地小林克—敖古拉断裂带，其储集层为萨尔图、葡萄花、高台子油层，叠合含油面积2.82平方千米，石油地质储量260.23万吨，叠合含气面积1.53平方千米，天然气地质储量2.87亿立方米。

1972年，杜202井在高台子油层日产油7.7吨，在葡萄花油层日产油3.75吨，在萨一组日产油4.8吨、产气3.36万立方米，发现新店油气田。1996年7月，该油气田靠天然能量投入开发，当年产油0.69万吨。1998年产量达到2.04万吨。1998年12月，投产2口气井，初期日产气5万立方米。1999年，产油量开始递减。2002—2003年，外扩和加密钻井33口，形成完整的开发井网。2004年，转入注水开发，并通过油井压裂，年产油量达到4.39万吨。2006年，油田含水率突破

60%，进入高含水期，产量递减加快。2008年，产油量降至1.96万吨。到2020年底，该油气田动用含油面积2.82平方千米，动用石油地质储量260.23万吨；建井52口，其中油井32口，油井开井26口；年产油0.67万吨，累计产油40.19万吨；年产气20.99万立方米，累计产气123.43万立方米。

10. 新站油气田

新站油气田位于肇源县境内，隶属第九采油厂。地质构造位于龙虎泡—大安阶地内，为大安鼻状构造向东北延伸及倾没部分。开发目的层为葡萄花、黑帝庙油层，含油面积122.7平方千米，探明地质储量2889.3万吨；含气面积2平方千米，天然气探明地质储量6.2亿立方米。

1993年6月，大401井在葡萄花油层获工业油流；同年完钻的英41井，在黑帝庙油层获得工业气流，发现新站油气田。英41井是新站油气田唯一一口采气井。1996年，北部大401—大424断块开辟为开发试验区，投产油水井16口。1997年投产油井42口，单井日产油4.8吨，投转注水井6口。1998年，年产油5.01万吨。1999年下半年，该油气田全面投入开发，初期靠天然能量开发，10个月后单井日产油量由3吨下降到1.9吨，地层压力由16.44兆帕降到13.22兆帕。2000年，开始大面积注水开发，日注水1920立方米。2001年，已投产油水井342口（油井261口，水井81口），年产油量22.02万吨，年注水68.71万立方米。新站油田天然裂缝发育，油井见水快且含水上升快，见水时间为5—45个月。2002年见水井数达52口，日产量由124吨降至62吨，综合含水由10.3%升至70.9%。2002—2003年，投产油水井39口，

同期实施以"定压注水"和"整体调剖"为主的综合调整和注采系统调整，在有限时间内实现增产增效。2004年2月，英41井（开采黑帝庙油层）投入试采，初期油压9.5兆帕，套压9.5兆帕，日产气2万立方米。2005年7—12月，在大415区块因水淹关井109口的情况下，该油气田年产油12.95万吨。2008年，产油量降至7.13万吨，采油速度为0.45%，油田综合含水率为54.32%。此后，产能持续走低。到2020年底，新站油气田动用含油面积71.85平方千米，动用石油地质储量1807.3万吨；建井518口，其中油井346口，油井开井143口；年产油2.41万吨，累计产油214.07万吨；年产气202.29万立方米，累计产气1.56亿立方米。

11. 新肇油田

新肇油田位于肇源县新肇镇北部，隶属第九采油厂。地质构造位于古龙凹陷西侧新肇鼻状构造，主要由古634、古63、古611、古601四个区块组成，主要储层为葡萄花油层，含油面积157.9平方千米，石油地质储量4128万吨。

1991年3月，古62井在葡萄花油层获工业油流，发现新肇油田。2000年11月，古634区块投入滚动开发，同步注水，初期单井日产油3吨。到2002年底，油水井数达到272口，年产油16.55万吨，年注水35.64万立方米，年注采比1.31。由于油田发育以东西向为主的天然裂缝，到2003年底有52口井见水，且治理效果差。同时，相继投入开发的古68和古628区块单井产能低，未能接替持续下降的老井产能。2003—2005年，该油田实施注采系统调整，以及"以定压注水为基础，线型注水井网调整和整体调剖为

主"的综合调整,老井自然递减率由高峰时的25.81%降至2005年的23.67%;含水上升率由2004年的5.61%下降到2005年的1.90%。尽管如此,2005年产油量仍降至10.62万吨。此后,该油田产能持续走低。到2020年底,新肇油田动用含油面积43.24平方千米,动用石油地质储量1244.23万吨;建各类井501口,其中油井346口,开井249口;年产油10.4万吨,累计产油154.85万吨;年产气677.02万立方米,累计产气1.059亿立方米。

12. 葡西油田

葡西油田位于肇源县和杜尔伯特蒙古族自治县境内,隶属第九采油厂。地质构造属于齐家—古龙凹陷南部被断层复杂化的扭曲鼻状构造,开发目的层为葡萄花油层和黑帝庙油层黑二组,含油面积284.40平方千米,石油地质储量6559万吨。

1963年,古1井在葡萄花油层日产油3.39吨,发现葡西油田。1970年,在古102井黑帝庙油层发现工业油流。2001年7月,开辟古109区块油水同层开发试验区,陆续投产25口油井,初期依靠天然能量开采,单井日均产油2吨,综合含水31.6%。到2003年底,单井日产油量降到0.6吨,自然递减率达25%。2004年,该油田扩大投产规模,古137区块钻开发井112口,年产油量达2.25万吨。2005年,古1区块投产油水井126口,年油6.54万吨。2006年,达到产量峰值9.74万吨。但因油层压力低,总压差-12.61兆帕,以致自然递减率达到10%以上,年产油量逐步降低。到2020年底,葡西油田动用含油面积38.67平方千米,动用石油地质储量764.6万吨;建井321口(油井245口、注水井76口),油井开井135口;年产油2.73万吨,累计产油68.09万吨;年产气248.45万立方米,累计产气6200.62万立方米。

13. 他拉哈油田

他拉哈油田位于杜尔伯特蒙古族自治县巴彦查干乡和泰康县他拉哈乡境内,隶属第九采油厂。地质构造位于齐家—古龙凹陷和龙虎泡—大安阶地两个二级构造单元交汇处,为黑帝庙、萨尔图、葡萄花、高台子和扶余等多套油层分布或叠加,油藏类型为逆牵引构造油藏、断鼻油藏和岩性油藏,含油面积34.5平方千米,探明石油地质储量1580万吨。

1983年9月,英12井萨尔图油层气举日产油3.8吨;1984年8月,英16井黑帝庙油层抽汲,获日产油5.5吨,从而发现他拉哈油田。2001年,哈5井区滚动开发6口井,发现萨尔图油层以萨Ⅱ8、萨Ⅲ5层为主的砂体连片较好,同时发现英12井区发育黑帝庙、萨尔图、葡萄花油层,砂体规模大且错叠连片,哈10井区油层比较发育。2002年,哈7、英42、哈12、英28区块投产14口井,年产油1.43万吨。2003年,英51区块投入开发,并对油井实施压裂改造和堵水措施。由于依靠天然能量开采,产量递减快,而且含水较高,单井日产油由2003年的2.5吨下降到2004年的1.3吨。2004年在英51区块北部、东部、南部和开发区块以东边部滚动外扩压裂投产19口井,初期井均日产油3.7—2.4吨。2005年,英51区块继续投产新井49口,区块全面投入注水开发。由于油井自然产能低,大部分油井采取压裂投产,投产后,初期单井日产油2.3吨,3个月后递减到1.8吨。至2005年底,已投产油井93口,投注水井8口,年产油增至4.45万吨,年注采比0.56。

2006年以后,提高注采比,并对油井

实施压裂改造和堵水措施，使油井产能回升。到2020年底，他拉哈油田动用含油面积13.43平方千米，动用石油地质储量420.6万吨；建井314口，其中油井191口，油井开井87口；年产油2.87万吨，累计产油68.15万吨；年产气127.38万立方米，累计产气1976.19万立方米。

14. 古龙油田

古龙油田位于大庆长垣以西古龙凹陷北部的他拉哈－常家围子地区，隶属第九采油厂，主要开采目的层为葡萄花油层，含油面积486.17平方千米，石油地质储量10528万吨。

1983年，古46井在高台子油层喷出工业油流，发现古龙油田。1996年，古11井在葡萄花油层日产油5.2吨。2003年，古88井在葡萄花油层压后自喷日产油92.3吨。到2004年，该油田已有27口探井出油，且平均日产油7.2吨。该油田出油层以葡萄花油层为主，还有高台子、萨尔图、黑帝庙油层，含油区同龙南油田连成一体，含油面积486.17平方千米，石油地质储量10528.87万吨。

2008年，古龙油田投入开发，建各类井441口，年产原油0.36万吨。此后，产油量稳步提升。到2020年底，动用含油面积75.29平方千米、石油地质储量2785.06万吨，可采储量采油速度1.48%、采出程度26.76%；建井689口，其中油井290口、开井238口，注水井129口、开井49口；年产油5.09万吨，累计产油91.23万吨；年产气247.04万立方米，累计产气4461.52万立方米。

15. 哈尔温油田

哈尔温油田隶属第九采油厂。

1980年7月，齐家凹陷南部古17井在葡萄花油层获日产5.78吨的工业油流，在萨尔图油层获1.16吨的油流，发现哈尔温油田。该油田属于岩性油藏，含油面积55.3平方千米，石油地质储量961万吨。到2020年底，该油田动用含油面积23.99平方千米，动用石油地质储量726.02万吨；建井91口，其中油井62口，油井开井59口，年产油1.71万吨，累计产油21.16万吨。

（六）西部斜坡区油气藏开发

松辽盆地从中央凹陷向西渐高斜坡地带，其东部为泰康隆起，西部为超覆带。太康隆起区地跨林甸、泰康、泰来三县，面积近3000平方千米，区域内发现并投入开发白音诺勒、阿拉新、二站3个气田。泰康隆起以西的超覆带，北起齐齐哈尔附近，南至泰来县，东至阿拉新，西临盆地边界，呈狭长条带状，面积为6000平方千米的区域内，分布着"浅、薄、松、散"的稠油油藏，已发现并投入开发富拉尔基、江桥、平洋等油田。

1. 二站气田

二站气田位于黑龙江省泰来县大兴乡境内，隶属第九采油厂。区域构造位于西部斜坡区泰康隆起带的二站鼻状构造，主要发育萨尔图油层，为层状构造及岩性油气藏，含气面积22.5平方千米，天然气地质储量22.26亿立方米；含油面积18.8平方千米，石油地质储量139万吨。

1987年，在二站鼻状构造高点所钻的杜Ⅱ-3井，于萨尔图油层取心后发生井喷，经对井喷情况及邻区地质情况对比分析，确认出气层位为萨零组、萨一组，由此发现二站气田。

1992年1月，该气田投产3口气井，井控动态储量为1.8951亿立方米，投产初期日产气 6.86 万立方米。

杜Ⅱ-2 井原始地层压力 8.24 兆帕，动态储量 1.65 亿立方米，1992 年 1 月投产，到 2005 年，日产气量由 3.19 万立方米缓降至 1.83 万立方米，井口压力由 7.6 兆帕降到 5.3 兆帕。

杜Ⅱ-4 井位于含气边界，原始地层压力 7.92 兆帕，动态储量 520 万立方米，1992 年 4 月投产，41 天后见水，日产水 5 立方米，日产气由 1.11 万立方米降至 0.36 万立方米，于是关井停产。1993 年 11 月，该井复产。1997 年 11 月，该井因产水上升而关井，累计产气 401 万立方米，动态储量采出程度 77.12%。

杜Ⅴ-3 井开采油气同层，原始地层压力 8.43 兆帕，动态储量 1931 万立方米，1992 年 1 月投产，到 1993 年 4 月，日产气由 2.56 万立方米下降至 1.5 万立方米，日产油由 0.06 吨上升到 0.1 吨，累积产气 980 万立方米，动态储量采出程度 50.75%。1993 年 5 月，因油管蜡堵关井。2003 年，该井转采稠油，初期日产油 7.3 吨，含水 0.6%。

截至 2020 年底，该气田有气井 6 口，开井 3 口，日均产气 3.98 万立方米，年产气 480.35 万立方米，累计产气 1.34 亿立方米。

2. 阿拉新气田

阿拉新气田位于泰来县境内，隶属第九采油厂。构造位于松辽盆地西部斜坡区富拉尔基—大兴阶地，气藏类型为层状构造气藏，油气水分布复杂，萨零、萨一及萨二加萨三组油层夹持在厚泥岩中，形成以油层组为单元的三套油气水组合。含气面积 34.90 平方千米，天然气储量 23.57 亿立方米。

1961 年 4 月，杜 6 井于萨尔图油层获日产气 45.5 万立方米的工业气流，发现阿拉新气田。1982—1985 年，该气田钻探井 3 口、评价井 16 口，又有 10 口井获工业气流。为满足齐齐哈尔市 10 万米^3/日的用气需求，1997—1998 年投产 2 口探井；2000—2001 年投产 3 口探井。按初步开发方案要求，投产前封堵 5 口井水层，5 口气井投产后未产水。杜 621 井投产前补孔萨一层，无阻流量由试气时的 10.86 万米^3/日增加到 20.38 万米^3/日，补堵效果好。为优选有利含气区块布井，增加天然气可采储量，该气田于 2003 年完钻 3 口井。2004 年，3 口井中的杜 6-1 井因射孔后无气量，且溢流出水而关井；杜 6-2 井因气少水多而封井。只有杜 6-3 井于 2005 年 2 月投产，射开萨一和萨二加萨三组两套气层，日产气 1.9 万立方米，无阻流量 9.4 万米^3/日，地层压力 5.85 兆帕。

2005 年 12 月，该气田分 7 个井控单元计算动态储量为 10.73 亿立方米，共基建气井 9 口，基建后无气量未投产 1 口井（新杜 615），投产气井 8 口，平均日产气 8.2 万立方米。

截至 2020 年底，该气田有气井 15 口，开井 6 口，日产气 6.01 万立方米，年产气 999 万立方米，累计产气 5.8264 亿立方米。

3. 白音诺勒气田

白音诺勒气田位于泰康县白音诺勒乡西南，隶属第九采油厂。白音诺勒鼻状构造位于泰康隆起带的单斜上。

1985 年 3 月，杜 402 井分两次试气，第一次日产气 23.5 万立方米，第二次日产气 24.7 万立方米、产油 1.29 吨，发现白音诺勒气田。

杜 402 区块高台子层为主要油气储集层，含气面积 1.5 平方千米，天然气储量 4.12 亿立方米；含油面积 1.5 平方千米，石油地质储量44万吨。鉴于该气田面积小，除了已有1口产气探井外，不需再建其他开发井，1986年4月，建单井集输站便直接投产，初期最高日产气10万立方米。1991年9月，为防止洗井污染气层，杜402井下入双层油管采气管柱。1992年9月，杜402井见水。2003年12月，杜402井核定井控动态储量为2.94亿立方米。2005年12月，依据最新资料核定杜402井控动态储量为3.24亿立方米，年产气623万立方米。

截至2020年底，该气田有气井1口，开井1口，日产气2.26万立方米，年产气405.1万立方米，累计产气2.39亿立方米。

4. 富拉尔基油田

富拉尔基油田位于齐齐哈尔市南部，是平缓单斜构造，为萨二、三组油层上倾尖灭油藏，油层埋藏浅，仅几百米。含油面积32.9平方千米，地质储量2961万吨。原油比重0.926，在温度18摄氏度下原油黏度为1000—4000毫帕，属稠油油藏。

1961年10月，富7井在萨二、萨三组油层提捞求产，日产油0.47吨，从而发现富拉尔基油田。该井由于出砂严重，中止试油。1983—1985年钻评价井30口，1984年9—11月，在富701、富718井用热洗锅炉车进行蒸汽吞吐试验。

1988年，经国家计委、中国石油天然气总公司批准，富拉尔基油田由齐齐哈尔市接管。1993年，富718井区作为先导试验区，钻开发定向井21口，投入蒸汽吞吐试验，平均单井日产油3.2吨，取得较好的开采效果。1994年在A区开展蒸汽吞吐开采，投产20口井，日产油12.8吨，年产油4655吨。1996年补钻8口井。1997年B区进入蒸汽吞吐开采。当年共投产油井43口，开井21口，日产油13.7吨，年产油0.5万吨。到1999年底，动用含油面积0.82平方千米、地质储量81.94万吨，投产开发井86口，形成产能2.59万吨。其中A区累计采油2.71万吨，采出程度12%；B区累计采油3.67万吨，采出程度6.7%。2001年后，由于资金及技术原因，富拉尔基油田处于停产状态。

5. 江桥油田

2003—2004年，在江37、江372井分别进行两个周期的蒸汽吞吐试验。平均日产油1.8—1.2吨，油汽比0.43—0.31。2006年，在江37区块开展热采现场试验。2007年12月，试验区采取蒸汽吞吐方式投产。2008年，完成21口井25井次注入，初期单井日产油3.6吨，后降至1.2吨。2013年，试验区转入蒸汽驱开发。到2020年底，江桥油田有井86口，其中油井23口，油井开井13口；年产油0.17万吨，累计产油3.43万吨；年产气0.829万立方米，累计产气4.67万立方米。

（七）海塔盆地断块油田开发

海拉尔—塔木察格盆地横跨中蒙两国，总面积79600平方千米。2001年，成立呼伦贝尔分公司，着手海拉尔盆地的勘探开发工作，随后苏仁诺尔等3个油田相继投入开发。2005年，大庆油田收购英国SOCO公司在蒙古塔木察格的3个含油区块勘探开发和经营权。2006年，成立海拉尔—塔木察格石油勘探开发指挥部，对海塔勘探开发进行统一经营管理。2019年4月，因业务工作需要，塔木察格公司划归大庆油田国际勘探开发公司管辖，国内的海拉尔盆地勘探开发由呼伦贝尔分公司负责。

呼伦贝尔分公司自2001年投入开发，

2005年产油达41万吨，并于2007—2011年产量稳定在50万吨以上水平线。截至2020年底，海拉尔油田已动用含油面积89.82平方千米、石油地质储量1.12亿吨，建成6个作业区，建井1463口；年产油39.51万吨，累计产油778.6万吨；年产气741.49万立方米，累计产气1393.63万立方米。

海拉尔盆地位于内蒙呼伦贝尔西南部，区域面积44210平方千米，属于复杂断陷沉积盆地，可分为三坳（陷）两隆（起）5个一级构造单元。具有构造破碎、断层发育、油藏类型较多、储层变相快、岩性复杂多样、含油层系多且不集中等地质特征，沉积厚度最大为6000米。主要含油层系分布在白垩系南屯组和铜钵庙组、侏罗系兴安岭油层，三叠系布达特群。油藏类型复杂，包括断鼻、断块油藏、裂缝性潜山油藏和岩性油藏等。

海拉尔盆地现已发现苏仁诺尔、呼和诺仁、苏德尔特、乌尔逊、贝尔、霍多莫尔、巴彦塔拉等7个油田，提交探明石油地质储量1.52万吨。

1984年，海参4井在9个油层试油，获日产4.36吨的工业油流，证实乌尔逊凹陷为有利含油气区，发现苏仁诺尔含油构造带。1985年，乌4井在大二段油层压裂后气举，获日产3.8吨的工业油流，发现巴彦塔拉含油构造带。1995年，部署在贝尔凹陷的贝3井对南屯组进行压裂，获日产6.96吨工业油流，发现呼和诺仁含油构造带。2001年，部署在苏德尔特构造带的贝10井，对其布达特群压裂，获日产39.76吨的高产油流；2002年，贝16井在兴安岭油层获日产125.82吨高产油流，且14口探井中有11口获工业油流，发现苏德尔特含油富集带。

1. 苏仁诺尔油田

苏仁诺尔油田位于乌尔逊凹陷背部的苏仁诺尔构造带，探明含油面积44.75平方千米，地质储量1883.78万吨。2001年末，苏131区块投入开发试验，开发目的层为南屯组油层。2002年7月，苏1试验站30口油井全部投产，同年8月，12口注水井转注。2003年，着手治理低产、低注井，年产油2.41万吨，达到设计产能。同年9月，苏102区块投入开发，单井日产油1吨，当年产油0.45万吨。苏131区块钻井时发现区域内油层极差，且油水关系复杂，故仅钻井5口；海参4区块由于油层跨度大且油水关系复杂，也只钻井31口。鉴于这两个区块的实际情况，对其中13口井实施提捞采油。2005年，苏131区块钻建内部补充井和外扩井17口。2007年进行注采系统调整，长关井恢复注水，主力井组周期注水并区块外扩，使产油量上升，含水上升速度减缓。2016年，在苏31等4个区块16口井实施超前注水，油井初期日产量达4吨，7个月后日产量仍保持3.5吨。2013年，开始油藏精细描述、滚动开发，钻井141口，使油田产量逐年上升，至2018年达到5.5万吨。截至2020年，苏仁诺尔油田建油水井324口，年产油6.0万吨，累计产油54.71万吨。

2. 呼和诺仁油田

呼和诺仁油田位于贝尔凹陷的呼和诺仁构造带的呼和2号构造，探明含油面积9.52平方千米，地质储量1725.33万吨。2002年，贝301区块投入开发试验，开发目的层为南屯组油层。鉴于该油层水敏性极强（水敏指数达0.79），便选定贝3-7井组和贝58-60井组，于2002年11月—2003年5月开展防膨剂优选试验；2003年6月—2004年2月进行降低防膨剂浓度注入试验。同时，2003年4月正式投入开发钻井，当年10月投产。至2004年6月，22口注水井的投注及分层配注工作全面完成，转注3个月后油井见效，单井日产油11吨。2007后，加大注水调整工作量，并对低产、低注和高含水井实施综合治理，使自然递减率和含水上升率得以控制。2006年，贝301区块兴安岭油层和贝13区块南二段油层投入开发。贝301区块投产6口井，单井日产油1.2吨。而贝13区块因首钻井油层极差，暂停钻井。2014年贝301区块，在单卡水淹程度高的砂砾岩层开展注聚合物深度调剖试验，增油降水效果显著，连续3年稳产，增油4.14万吨。截至2020年，呼和诺仁油田动用含油面积6.04平方千米，动用地质储量1596.89万吨；建油水井123口，年产油6.0万吨，累计产油220.31万吨。

3. 苏德尔特油田

苏德尔特油田位于贝尔凹陷东部断阶带，构造形态呈南北分带、东西分块的构造格局，开采主要油层为布达特群和兴安岭群，探明含油叠合面积29.96平方千米，探明地质储量4900.89万吨。2004年，贝16、贝2、贝8、贝15-30、贝38五个区块先后投入开发，分兴安岭群和布达特群两套层系开采，当年产油4.1万吨，第二年升至18.4万吨；2006年、2007年产油量创高峰，达31万吨以上；2008年、2009年，年产油降到24.8万吨和21.3万吨。此后，产量逐步递减。截至2020年，苏德尔特油田已动用全部探明储量，建成油水井324口，年产油10.1万吨，累计产油272.49万吨。

4. 乌尔逊油田

乌尔逊油田位于乌尔逊凹陷南部乌东斜坡带。2002年，乌16井获日产10.58吨的工业油流。2005年，乌27井获日产21.46吨的工业油流。2006年，部署评价井6口，均有良好的油气显示，试油5口，获工业油流井2口。主要开发层系为南屯组一段、二段，已探明含油面积19.53平方千米，探明地质储量1158.46万吨。2007年投入开发，当年产油0.1万吨，后逐步上升，2009年与2010年上产5万吨以上。2012年，开展油藏精细描述研究与加密补充调整，在产量递减较快及有外扩潜力等井区钻井69口（油井56口、注水井13口），并实施增产增注措施106口，注水井细分和调整189口。乌南地区进行滩坝相沉积的优质储层预测和富油规律研究，在乌138-100断块外扩钻井11口，对老井实行补孔，收效显著。乌135-100井日产达4.3吨。截至2020年，已动用含油面积19.17平方千米，动用地质储量1084.36万吨；基建油水井260口，年产油5.2万吨，累计产油50.34万吨。

5. 贝尔油田

贝尔油田位于贝尔凹陷的贝中次洼，主要开发层系为南屯组油层，发育扇三角洲—辫状河三角洲—半深湖、深湖相沉积体系，属特低渗透储层。油藏为构造—岩性和岩性油藏，全区无统一的油水界面，探明含油面积33.92平方千米、地质储量2517.59万吨。2007年，贝14、贝55、贝51等10个区块先后投入开发，采用350米×250米矩形井网，局部狭小地带采用200米×230米的顶密边疏三角形井网，当年产油1.5万吨，2008年产油6.7万吨。2009年7月，注水井投注，年产油13.9万吨，油田进入注水开发阶段。2012年，开展沉积体系与沉积微相的研究以及油藏精细描述，深化对油水分布规律的认识。在此基础上，实施井网加密、钻小断阶补充井，并进行分层系开发，取得较好的调整效果。2015年，在贝55-51区块实施注采系统调整38口井，使水驱控制程度从63.2%提高到87.6%，开发效果得以改善。其间，在贝14区块兴安岭油层还开展二氧化碳驱油试验，试验成效显著。截至2020年，贝尔油田动用含油面积23.29平方千米，动用地质储量1777.24万吨，共建油水井493口9（油井360口、注水井133口），年产油8.7万吨，累计产油135.74万吨。

6. 霍多莫尔油田

霍多莫尔油田位于贝尔凹陷霍多莫尔构造带，开发主要目的层为南屯组二段和一段，南二段储层主要岩性为砂砾岩、砾质砂岩、粉砂岩；南一段储层主要岩性为砂质砾岩、不等粒砂岩、泥质粉砂岩等。两者均为中孔中渗透储层。油藏类型为构造—岩性油藏，油水界面不统一，已探明含油面积10.92平方千米、地质储量1771.30万吨。2012年9月，霍3-6、霍50-50和霍53-55三个主力区块投入滚动开发，先后分5批投产，至2014年全部投入开发。油田年产油量由2012年的2.0万吨，上升到2015年的6.4万吨。由于N1和N2单采区储层发育差别大，N1储层厚度薄且差，注水难受效，而N2储层厚度大，受效好但含水上升较快，在N1、N2储层叠合区则层间矛盾突出，油水关系复杂。针对上述状况，逐步摸索出"分区治理、分类施策"的综合调整技术，分别采取多途径的措施改造、周期注水及深度调剖，或提控结合、注水精细调整，使油田产量递减、含水上升速度得以有效的控制，2017年保持5.0万吨产量。2018年后，西部霍20、霍21两个井区也陆续投入开发。截至2020年，动用含油面积5平方千米，动用地质储量1130.52万吨；投产油水井110口，年产油3.6万吨，累计产油45.05万吨，综合含水61.77%，累计注水163.39万立方米。

7. 塔木察格油田

塔木察格油田位于蒙古国塔木察格盆地。中方（大庆油田）收购的19、21、22三个区块，含油叠合面积为75.48平方千米，其中铜钵庙组含油面积64.88平方千米，南屯组含油面积15.38平方千米；石油地质储量1.20亿吨，其中铜钵庙组石油地质储量1.05亿吨，南屯组石油地质储量0.15亿吨。该油田主要开发目的层铜钵庙组油层，属于复杂断块特低渗透油藏，其特点是构造复杂，断层发育，储层物性差。2006年，投产油井15口，产油2.5万吨。2007年投产油井21口，产油7.7万吨。2008年，该油田初步开发方案编制完成，进一步布井329口，当年投产油井29口，初期单井日产油18.5吨，年产油13万吨。2011年，面对电力系统能力不足、注水系统不配套、供水量不足以及商务环境复杂多变等问题，"将有限的电力、水量和物资集中保障高产断块"，在完成配注的高产断块，进行精细开发调整，欠注断块采用撬装设备注水，对低产断块实施间抽和提捞，并加强组织运行，抢钻、抢建新井，及时投产，使得年产量达到26.5万吨。之后逐年增产，2015年达到105万吨；2016年实施滚动外扩，产量仍达到103.5万吨；2017年起，由于原油外输限运、关井停产及停电等因素，钻井、基建工作量减少，自然递减率高，年产油量下降；2018年，在塔19-38断块3口注水井的低渗透油层进行压驱技术试验，油井见效明显，年产油79.4万吨；2020年，从1月底限运，直到8月中旬才全面复产，对生产造成严重影响。截至2020年底，塔木察格油田动用含油面积75.48平方千米，动用石油地质储量1.26亿吨，建井1185口（其中油井801口），年产油50.5万吨，累计产油784.29万吨。

（八）油气田开发大事纪要

取全取准第一性资料　一年三个月探明大油田

1960年4月9—11日，松辽会战领导小组组织召开第一次五级三结合技术座谈会，提出"狠抓第一性地质资料"，把取全取准"20项资料、72项数据"和做到"四全四准"，作为认识油田的基础。会议在安达铁路工人俱乐部召开，由石油工业部部长余秋里、副部长康世恩主持，与会人员有石油工业部、松辽会战领导小组成员、专家、教授、各探区指挥及各级地质、工程技术人员和工人代表等180多人。这次会议是在当时各路石油队伍和解放军退伍官兵开赴松辽地区进行紧张艰苦的石油会战，而且已经初步证实大庆长垣各个构造含油，会战领导小组做出大庆长垣详探部署的情况下召开的。会议主要内容是讨论如何做好钻井、试油、试采工作，如何取全取准地质资料、搞清地下情况等问题。首先余秋里就会议的中心内容以及怎样做好地质工作作了简要讲话，然后由一、二、三探区的主要领导汇报各探区的工作和地下情况；在讨论中，学习毛泽东主席的《实践论》和《矛盾论》，实事求是地总结过去油田勘探开发的经验教训，明确提出油田的勘探开发一定要尊重科学、重视实践，大兴调查研究之风，立足于大量充分的第一性资料。

有些专家、教授作了发言，会议发扬民主，集中群众智慧，归纳出认识油田必须解决20个根本性问题。会战领导小组依据大家讨论的结果，提出每钻一口探井必须取全取准20项资料72项数据，做到一个不能少，一点不准错。要以此作为油田勘探和开发的"调查研究提纲"，并规定资料录取要做到"四全四准"，即录井资料要全、测井资料要全、岩心资料要全、分析化验资料要全；各种仪表要校正准确、压力测试要准确、油气计量要准确、各种资料数据要准确。

石油工业部副部长康世恩就广泛深入地开展技术革新和技术革命运动，高速度、高水平搞好钻井和地质资料"四全四准"作了重要讲话。石油工业部部长余秋里在会议总结中提出，会战广大职工要认真学习《实践论》和《矛盾论》，在"两论"的指导下进行大量的实践，取得可靠的第一性资料，掌握大量的事实，进行反复的观察试验和分析研究，做到去粗取精、去伪存真、由此及彼、由表及里，达到搞清油田地下情况、掌握油田开发的客观规律的目的，强调要树立地质工作的科学态度，重视调查研究，遵循党中央、毛主席的教导，解放思想，破除迷信，大胆实践，敢想、敢说、敢干，争取石油大会战达到"高速度、高水平"，迅速拿下大油田。会议还树立大会战的第一个标兵——铁人王进喜，并号召全体职工要向铁人王进喜同志学习，人人做铁人，人人学铁人，为会战立功。

依据这次会议提出的"四全四准""20项资料72项数据"，会战领导及时提出"全党办地质、人人办地质"的号召，广大会战职工以及地质专家、教授在内的800多名技术干部,以"两论"为指导,深入基层、井场,与地震、钻井、试油、采油工人一起认真录取第一性地质资料,为认识油田地下提供可靠的科学依据。1960年4月29日,大庆石油会战总指挥部召开会战万人誓师大会,大会由石油工业部部长余秋里主持并作了大会战的动员报告。余秋里在报告中说,5、6月份是大会站的第一个战役,对会战取得全胜有决定意义。慎重初战,才能打开局面,扩大战果。拿下一定面积的大油田,同时打出一块生产试验区,为大规模开发和建设油田创造条件,摸索经验。截至1961年底,全油田3个探区完成探井91口,试油63口73层,证实大庆长垣是一个面积大、油层多、原油性质好、产能高的特大油田。在搞清油田地质特征的基础上,地质技术人员总共运用11400米岩心的50万次分析资料、160万个化验数据,进行1708万次地层资料对比,第一次科学地计算出大庆喇萨杏油田的地质储量和含油面积。从第一口探井喷油到圈定含油面积和概算地质储量的时间,大庆油田只用了1年零3个月,而前苏联的罗马什金油田用了3年,美国的东得克萨斯油田用了9年。大庆油田的迅速探明,为全面进行开发建设工作,奠定坚实的基础。

先导性试验引领注水开发

大庆油田地下油层多,层间差异大,原油粘度高,含油面积大,给油田开发提出很多新的课题。石油工业部党组号召大家学习毛泽东主席的"实践论"和"矛盾论"著作,强调要借鉴国内外的经验,但更主要是以"两论"为指导,一切从实际出发,一切经过试验,通过"实践、认识、再实践、再认识",探索油田开发规律,学会合理开发油田,大胆地闯出符合油田实际的开发道路。部党组明确提出,在甩开勘探、探明油田的同时,开辟一块生产试验区,像种试验田那样,先进行各种开发试验,暴露矛盾,研究问题,摸索规律,总结经验,用以指导整个油田的开发。当年在安达召开的五级三结合会议上,部领导和大家一起研究了大庆油田的地质特点,并讨论了生产试验区提出选用的6种开发方案。1960年5月,会战领导小组在萨尔图油田中部、滨洲线的两侧,划定一块30平方千米的面积,作为生产试验区。基础井网为两个注水井排之间布置三排采油井,井距500米,排距600米,萨尔图油层和葡萄花油层各自单独组成一套开发层系进行开采,两套层系井网交叉错开。开辟生产试验区主要实现以下几个目的:(1)深刻认识油田的地质特点;(2)落实油田开发的物质基础——储量;(3)研究油层对比方法和各种油层参数的解释图版;(4)研究不同类型油层的生产能力、吸水能力及注水开发过程中的变化规律,为编制开发方案提供实践依据。

1961年4月,在油田技术座谈会上,进一步明确开展注水开发的十大试验(原定11项试验,其中的二氧化碳提高采收率试验条件不具备被取消)。这10项开发试验,都是以注水为中心,包括合注分采、分注分采、分注合采和大井距的注水试验;强化注水,把油层压力提高到原始压力以上的采油试验;强化排液,强化注水,使注入水在地下拉水线试验;不同渗透层分别注水,观察其不同推进速度试验;不注水,依靠天然能量采油试验;油层不同射孔密度的配产配注试验等。凡是油田开发方案所涉猎的开发方式、层系划分、层系和井网的组合、注采井距、投产方式等都进行了试验。为了研究层系的划分与组合，开展了合注合采、分注合采、分注分采的试验；为了对比早期注水和晚期注水的效果，专门开辟一个利用天然能量的溶解气驱开采试验；为了观察不同注采井距的注水受效程度，开辟了600米和1200米注采井距的试验；为了观察不同的投产方式，开辟了注水井排液拉水线时生产井排开井与不开井的试验等。这些试验的开展，为油田的全面投入开发提供了比较丰富的实践依据，也验证了适合油田的一套开发指标预测方法。随着试验内容的扩展，试验区也扩至西区和东区，面积扩大到60平方千米。西区采用与中区不同的注采方案：两排注水井之间，布置5排生产井，排距500米；生产井排上的井距400米；在注水井排上，按渗透率不同钻两套注水井，高渗透率油层的井距400米，每口高渗透率层注水井两侧100米处，各钻一口中低渗透率油层注水井，实行分注合采。东区又采取另一种注采方案：分两套井网开采，第一套开采葡一组油层，在两个注水井排间只布一排油井，油井间距离600米，排间距离1200米；第二套井网开采葡二组和萨尔图油层，在两个注水井排间布三排油井，井距500米，排距600米；在注水井排上，每500米钻一口合注井，实行合注分采；但在每个合注井之间，加钻一口中低渗透率油层注水井，以提高差油层的开采速度。同时对东区过渡带也投入开采试验，井距550米，采用四点法面积注水井网合注合采。

与此同时，开展了相应的采油工艺、地面工程等科研攻关项目。其中属于采油工艺的6项：选择性注水技术，选择性堵水技术，选择性压裂技术，改进清蜡工艺技术，不压井修井作业技术，改进量油测气技术；属于油田地面工程的5项：输油减阻降凝技术，改善集输流程，集输加热保温技术，泵站、计量站自动化控制技术，管道防腐技术；属于油田建设的3项：管道施工焊接技术，土建预制化、装配化施工技术。测井技术1项：矿场地球物理测井技术。

在先导性中区开发试验区的过程中，油田广大科技工作者以"两论"为指导，不畏艰险，大胆创造，以"初生牛犊不怕虎"的精神，一切从实际出发，认真进行各种试验，经过两三年的艰苦探索，取得丰硕成果，并走出一条以早期分层注水保持压力开采的有中国特色的油田开发道路。

开展十大开发生产试验

大庆油田地下油层多、层间差异大、原油黏度高、含油面积大，给油田开发提出很多新的课题。石油工业部党组号召石油战线上的广大干部员工学习毛泽东主席的《实践论》和《矛盾论》著作，用辩证唯物主义的思想方法，来分析和解决会战中的各种问题。这不是凭空提出来的，它是对违背客观规律做法的反思，也是对有的油田忽视科学、盲目开采错误做法的纠正。生产试验区第一口井——中7-16井于当年5月16日投入开采，10月18日转为注水井。到1960年底，生产试验区共完钻油水井190口，投产油井147口，投入注水井4口，日产油5800多吨。技术人员用中、俄、英、罗四种文字查阅数百篇文献资料，整理出近20个油田开发的有关资料，确定以注水开发的东得克萨斯油田、罗马什金油田和杜玛什金油田，作为学习和赶超的目标。当时国内注水开发的油田只有玉门的老君庙油田和克拉玛依油田，前者为边外注水，对于大庆这个大油田显然不合适，而克拉玛依油田刚刚开始注水，还谈不上多少经验。因此在总结国内外油田开发经验的基础上，大庆油田提出一定要"大井距、小油嘴、先注水、后采油"，要以"两论"为指导，一切从实际出发。一切经过试验。5月，会战领导小组扩大会议决定在萨尔图油田中部、滨洲线的两侧，划定一块30平方千米的区域，作为生产试验区。生产试验区采用小切割距的早期内部横切割注水保持地层能量的开发方案。7月，特将有关事项向苏联专家工作组咨询，听取苏联专家的意见。

1961年4月油田开发技术座谈会上，进一步明确开展注水开发的十大试验（原定11项试验，其中的二氧化碳提高采收率试验条件不具备被取消）。1961年底，80%的注水井吸水能力高且比较稳定，结束拉水线转入全面注水的中区7排两侧有88%油井见到注水效果，产量、压力上升，生产主动。但注入水单层突进与平面舌进现象日趋明显，除排液井外生产井排的中6-13井已见注入水。为此，会战领导小组多次召开油田技术座谈会组织技术人员和工人揭矛盾、论利弊、找原因、提措施、摆方案，广泛开展群众性油水井动态分析活动，深入观察试验区的油水井变化，并加强采油工艺技术的攻关、分层选择性注水现场试验大规模开展。1962年，"萨尔图油田中部146平方千米开发方案"编制完成并被审批通过。1963年，石油工业部党组做出关于大庆油田开发的五项决定，要以提高油田的最终采收率为根本目的，合理严格地划分开采层系，分别用不同井网开采，以注水为纲，要有较高的技术水平，分阶段进行开发。1963年底，大庆油田建成600万吨原油生产能力。

油田开发技术座谈会开技术民主之先河

第一次油田开发技术座谈会于1961年4月14日至5月9日召开。会议由石油工业部副部长康世恩主持，石油工业部部长余秋里、副部长周文龙、参加会战的教授、专家以及各单位各级领导干部、技术人员、生产一线工人等600多人出席会议。会议重点讨论萨尔图油田中部开发区的开发试验问题。会议的主要宗旨是要高水平开发油田。

会议分三个阶段先后进行。第一阶段，在焦力人局长[①]致开幕词后，分别由闵豫、谭文彬、李德生三个地质开发专家作了关于"大庆长垣油田地质特点""油田开发问题""目前的勘探情况"等3个报告。会议第二阶段长达21天，针对松辽会战工作中出现的一些问题整顿工作作风。由地质指挥所技术人员代表汇报调查的情况，以康世恩的插话为主线，结合油田开发遇到的问题，就如何改掉老毛病、高速度、高水平地开发好大庆油田，开展从领导到与会人员的鸣放讨论，提高思想认识，制定改进措施。第三阶段由李道品、谭文彬、彭仿熙、万吉业、候国珍、刘文章就油田动态、资料"四全四准"、工艺试验、配产计划及生产安排等作了6个专题发言；最后康世恩作大会总结，指出油田开发要坚持贯彻"四全四准"，大搞11大试验[②]，大搞采油工艺和地面建设的14个技术攻关，大搞

---

① 由于松辽石油会战是从全国各地石油系统抽调的整建制的队伍，会战初期各单位领导仍保持原来的职务。焦力人是玉门石油管理局局长。
② 11大开发试验中，由于二氧化碳提高采收率试验条件不具备，而后改为以注水方式和层系井网为重点的10大试验。

油田开发方案的调查研究，提出1961年全年原油产量必须完成300万吨等。

这次会议为大庆油田开展初期开发试验和技术攻关确定具体明确的任务，为高速度、高水平开发好大庆油田指出方向，而且从此把技术座谈会变成为一种大庆油田特有的企业管理制度。每年都要召开油田开发座谈会，由主要领导带队，组织各部门负责人、技术干部及生产一线人员参加。贯彻上级会议精神，总结经验教训，讨论油田开发的主要矛盾和问题，研究重大技术政策和措施，提出目标任务，整顿队伍作风。1966—1970年技术座谈会曾一度中断。1970年3月，根据周恩来总理提出大庆要"恢复'两论'起家基本功"的指示后，恢复一年一度的油田开发技术座谈会。

大庆早期主要靠油罐外运原油

1960年5月，大庆会战的第一个月，雨季比往年来得早，草原上遍地积水，处处泥泞，常常暴雨如注、雷电交加。广大钻井工人顶着瓢泼大雨日夜钻井，油建工人踏着没膝深的泥水坚持施工，而由薛国邦带领的十多个人的一支采油队承担着第一列21节油罐车的原油装车任务。

他们接受任务后，不分白天黑夜地奋战在油井上，饿了啃口干馒头，困了就打个盹。由于当时油井仅有采油树的光屁股井，生产设施不配套，只好将各个油井喷在土油池里的落地原油集中到东油库。大庆的原油由于含蜡高、黏度高、凝固点高，原油喷出井口就凝结了，他们用铁锹装上汽车，运到东油库的两个大土油池里，再用热蒸汽刺化原油。原油化成液体状态再经过加热打入大油罐里，然后通过油库输油管道装入油罐车。由于有时蒸汽的气压很大，刺得采油队工人满身满脸都是原油，个个像个油猴。为了不影响外运，在装车的最后时刻，薛国邦毅然脱掉棉袄，带领第一采油队的工人跳进没胸深的大土油池里，双手抱着蒸汽管刺原油。蒸汽把他们的手烫坏了，他们也全然不顾。他们仅用了7天时间，把原油从油库的油池里装进21节油罐车，及时完成装油任务。

1960年6月1日，会战仅一个月时间，大庆第一列挂有21节原油油罐车，经石油工业部副部长康世恩剪彩后从萨尔图车站（现大庆站）发出。这一天，是大庆油田开始为全国社会主义建设事业做贡献的起点。该日清晨，在东油库—萨尔图火车站的站点上，翠柏扎起彩门，红旗招展，锣鼓喧天，机车正面中央悬挂着彩色的毛泽东主席像，在"社会主义好"的军乐声和会战职工的欢呼声、口号声中，第一列车原油冒着蒙蒙细雨徐徐驶出，驶向祖国的四面八方。在剪彩前，石油会战领导小组副组长唐克代表会战领导小组致辞，他说："第一列车原油外运，是广大会战职工'两论'起家、艰苦创业的光辉成果。这仅仅是胜利的开始……"。

到1960年6月底，大庆铁路外输原油57.73万吨。1964年铁路外输原油超过500万吨，铁路成为当时原油外输的主渠道。1969年铁路输油超过1000万吨，1971年达到1952万吨。这期间，大庆油田的原油输往东北及内地的各炼油厂。1962年，大庆原油开始向朝鲜民主主义人民共和国出口，这也是有史以来我国开采原油第一次出口国外。此后，大庆生产的原油陆续输往日本、美国、罗马尼亚、泰国、新加坡、法国等。原油的出口扩大我国对外经济交流和出口贸易，为我国换取大量的外汇，有力地支援了全国的社会主义建设事业。

科学编制首个开发方案　萨中区块年产油千万

1960年3月11日，萨66井喷油，从而发现萨尔图油田。当年4月9—11日，在安达的铁路工人俱乐部召开五级三结合会议，石油工业部部长余秋里在会议总结中提出，要学习《实践论》和《矛盾论》，进行大量的实践，重视调查研究，反复观察试验和分析，解放思想，破除迷信。明确要求每一口探井必须取全取准20项资料72项数据，并确定在油田中部开辟开发生产试验区。5月初，会战总指挥部召开油田技术座谈会，讨论和研究中区试验区的试验井网方案。

1960年6月、7月，以祖包夫为首的苏联专家工作组7人到大庆考察、咨询。7月20日，苏联专家又和中国的专家与技术人员进行座谈，对萨尔图油田的合理开发问题进行分析、讨论。

1960年8月，石油工业部党组召开会议，研究制订萨尔图油田开发方案的有关事项。石油工业部部长余秋里部长、副部长康世恩等领导指出，要认真总结玉门、四川、克拉玛依等油田的经验教训，调查研究美国、苏联等国家油田开发的情报资料，认真做好萨尔图油田第一阶段开发方案的编制工作，这是关系到油田长远发展、决定油田寿命的大事。会议还提出放宽眼界，学习和借鉴别人在油田开发上的成功经验和教训，走出自己的一条路子来；要瞄准世界油田开发的先进水平，发展自己的开发技术和石油地质理论，争创世界冠军。

为此，在石油工业部领导的亲切关注下，油田开发研究人员查阅俄、英、罗（马尼亚）、中等文字有关文献100多种，整理出20个油田的开发资料，并就美国的东得克萨斯油田与苏联的罗马什金油田进行认真分析。这两个油田都是注水开发的，一个是中期注水，一个是早期边缘注水，他们在开发初期曾出现压力下降、自喷能力减弱、产量递减的情况，在高峰期无法保持较长时间的稳产。从而得出教训：一定要突出注水工作，以注水为纲，确定一套科学合理的开发方案。

1960年10月，生产试验区4口注水井试注成功，随后排液井陆续转注。11月，编制《萨尔图油田初步开发方案》。

1961年4月14日至5月9日，石油工业部副部长康世恩主持召开的技术座谈会，主要精神是研究如何高水平地开发大庆油田，讨论萨尔图油田146平方千米开发方案，并研究决定研究工作在一线和二线分别进行。

一线在萨尔图地区进行大量的开发研究工作，对中、东、西生产试验区进行开采动态的观察研究。1962年1月1日完成该萨尔图油田地质储量的计算工作，钻成28口开发资料井，对油层有效厚度和地球物理定量解释图版进一步研究和核实，进行160万次地层对比，应用68000多个数据绘制了萨尔图油田146平方千米地区的45个油层小层平面图。二线在北京由石油科学研究院、北京石油学院、科学院兰州地质研究所等8个单位抽调和聘请85人，成立松辽油田开发研究组，进行油田开发理论和开发方案的研究工作，完成14个专题研究报告；并首次利用中国科学研究院的电子计算机，计算北一区、南一区2485个不同井网的开发方案，得到335000多个数据，进行方案的综合对比；又利用北京石油学院的电网模型，进行26个层次的模拟试验。

1962年5月11日至7月8日，在萨尔图油田先后召开有700多人参加的油田技术座谈会。会战领导小组、北京"二线"和萨尔图"一线"的开发方案研究人员会聚一起，集中讨论《萨尔图油田146平方千米开发方案》，结合中区注水动态分析对如何注水问题进行认真详细讨论，充分地发表各自看法，取得比较一致的认识，完成萨尔图油田146平方千米开发方案第一阶段的研究工作。

1962年7月24日，中共松辽石油会战工委向石油工业部部长余秋里、李聚奎及党组汇报编制完成的萨尔图油田146平方千米开发方案。是年8月1日，松辽石油会战指挥部在康世恩主持下，对萨尔图油田146平方千米开发方案进行认真审查，并向石油工业部党组提出方案报告的审查意见。认定这个方案，它占有充分和准确的地质资料，对开发区的认识比较清楚，对其地质构造特点、油层分布规律、储油层和油层内流体性质、油田压力系统等的分析评价也比较准确，同时对开发区的地质储量和可采储量的计算及综合采收率的估计，也是实事求是的，注水开发及相关的技术措施是可行的。

1963年2月，中共松辽石油会战工委在北京向石油工业部党组汇报萨尔图油田146平方千米开发方案。事后按照余秋里、康世恩的指示，更深入地进行方案的研究和讨论。4月，石油工业部党组正式批准146地区开发方案。4—6月，根据批准的方案，又进一步完善南、北一区面积注水井网的布井方案。是年8月，地质师李德生、工程师童宪章带领地质指挥所有关人员完成《萨尔图油田146平方千米开发方案》的编写工作。

该开发方案制定"早期内部注水、保持较高的地层压力，力争实现较长时期的稳产和提高油田最终采收率"的开发原则，确定"争取在一个较长的时期内稳定、高产"的开发方针，并制定一些重要的基本准则：以注水为纲、保持地层压力；以提高最终采收率为目标，采用先进的技术，达到先进的技术经济指标；取全取准第一性资料，努力把地下情况搞清楚；先对主要油层钻基础井网，取得详细资料后再钻其他井网；等等。这些经典条文对大庆油田的全面开发，至今都具有重要的深远的指导意义。

该方案是中国石油工业第一个完全由自己技术人员编制的大型油田开发方案，根据我国国民经济发展情况和萨尔图油田中部的具体地质特点，解决油田开发中有关确定油田合理的开采方式、合理划分与组合开发层系、确定不同层系经济合理的井网、确定注水井及生产井合理的工作制度、掌握并运用一套先进而有效的采油工艺技术等5个基本问题；提出了大庆油田"分阶段、分时期、分地区逐次投入开发"的合理开发程序。同时指出在油田开发设计付之实施之后，必须本着"逐步认识、逐步调整"的指导思想，对油田开发设计进行不断调整，使油田开发设计不断完善，确保油田开发取得良好效果。

是年底，萨尔图油田中部开发方案实施完成，生产能力达到开发方案设计500万吨的水平，当年采油439万多吨，并成为大庆油田首个获得国家科学技术委员会的奖励项目。1965年，萨中开发区的萨尔图和葡萄花油层的基础井网全面投入开发，投产油水井总数达836口，实现注采平衡，年产原油

611.43万吨，超过开发方案设计的550万吨的指标。

20世纪60年代末，全面推广应用分层注采工艺技术，并逐步实施一些区块层系细分加密调整试验。1974年，萨中开发区年产油量突破1000万吨。1981年，位于萨、葡油层下面的高台子油层重新认识，合理划分2—3套开发层系逐步投入开采。1985年，又开始对萨、葡油层进行以细分开发层系为重点的井网加密调整，并实施油井开采方式的转变，使原油产量水平不断提高。1991年，处于二次井网加密调整、全面开展"稳油控水"工程的第一年，萨中开发区年产原油又攀升到1500万吨的新台阶。1996年，开始推广聚合物驱油的提高采收率新技术，到1998年，实现年产1500万吨以上长达8年的高峰稳产期。1999年，进一步实施三次加密调整，并以控水挖潜为核心，加强两驱（水驱、聚合物驱）开发规律研究，进行注采系统调整和区块综合治理，控制含水上升速度和自然递减率，不断提高油田开发水平。截至2010年，萨中开发区年产原油一直保持在1100万吨以上，累计产油量达到5.48亿吨，而且油田采收率突破50%的高峰，成为大庆油田开发时间最长、原油年产量最高、总体开发效益最好的地区。

糖葫芦封隔器研制成功

1961年7—8月，大庆油田开展注水开发试验半年后，油田生产形势很好，生产能力旺盛，但也出现个别油层水窜的问题。会战领导在油田技术座谈会上指出：我们要高水平高速度开发好大庆油田，就不能见事迟、抓得慢，更不能在困难面前无所作为，任其自然发展。我们要发挥主观能动性，既要注水，又要治水；既兴水利，又避水害，要创出一种能指挥油层里注水的技术。经过讨论，归纳为攻关研制"选择性注水、选择性堵水、选择性压裂"的新技术。这"三选"技术的核心是，在同一口注水井中，采用分层新技术，对吸水过多的油层限制注入量，对吸水少或不吸水的油层进行改造，提高进水量；在生产井中，将出水层堵住。当年8月，在中区试验区成立"三选技术试验指挥部"，并开始研制和现场试验。

1962年2月，石油工业部副部长康世恩听取"三选"技术攻关情况的汇报后指出：油田开发的主要矛盾是如何注好水，"三选"技术应以选择性注水为主，而主要手段应该是有一套得心应手的封隔器。要集中力量攻封隔器，尽快创造出新的封隔器来。几天后，康世恩又说："搞一个像北京大街上卖的糖葫芦串那样的封隔器，每个封隔器做成皮球一样，连接在油管上，形成一串，从油管中注水，它们就涨大，把油套管环形空间封隔住，停止注水就缩回去，就叫作糖葫芦封隔器吧。"1962年3月，"三选"指挥部试验队伍并入井下作业处，组建采油技术攻关大队。1962年5月，扩充力量，正式成立由刘文章、万仁溥为正副所长的采油工艺研究室。他们按照康世恩多级水力式封隔器的构想思路，收集分析国外当时所有的48种封隔器，打破老框框，充分发扬技术民主，在上百个技术方案中反复筛选，最后确定以475-8型水力压差式封隔器为主攻目标，以"既争时间、又争水平"和"一丝不苟、严格认真"的态度，试制皮球式封隔器。当时，全国正处于"三年困难时期"，广大会战职工和科技人员吃糠咽菜，忍饥挨饿搞会战。他们开始试验的条件很差，住在几栋四面漏风的活动木板房里，没有办公桌，就在床铺上架起一块图板画图搞设计。试验装置很简陋，只有一台手压泵和两把管钳，没有试验井，就用人推磨的办法打出一口13米深的模拟试验井。

第一代设计产品进行的第一次试压，仅耐压15个大气压，远远达不到要求的技术指标。经过多次改进、多次试验，仍然失败。他们远赴哈尔滨北方橡胶厂，研究改进并试制橡胶密封件，为了争取时间加快攻关进度，科研人员就从哈尔滨外协单位背回封隔器胶筒搞试验。为了检验封隔器的技术性能，又组织人员将一口报废的注水井改为试验井，模拟正常的生产条件以及特殊条件，考核封隔器的各种性能。在试验过程中，他们不放过任何一个偶然出现的问题，解决了不少技术难题。为了解决定量配水的准确度，试验1276个水嘴，摸清注入压差、水嘴结构尺寸与水量之间的关系。他们废寝忘餐，风里来雨里去，身揣"窝窝头"，徒步几十里。就凭着这股劲头，奋战400多个日日夜夜，经过1018次地面试验和133次试验井的井下试验，在1963年7月，终于研制成功我国第一代水力压差式封隔器（475-8型，也称为水力皮球式封隔器）。这种封隔器可以做到"下得去、封得住、起得出、效果好"，达到原定的150大气压（现15兆帕）下注水的设计目标，为分层注水创造条件。为了进一步提高封隔器的技术质量指标，经过无数次耐久性试验和破坏性试验，以及多次改进，从单级发展到多级，在下半年又完成耐压250大气压（25兆帕）封隔器的研制任务，进一步满足油田开发的需要。

在多级水力式皮球封隔器（糖葫芦拍克）在10口井试验成功以后，随后又进行同一口注水井分2—5层段的分层注水工艺的配套研究，以及研究试验在多级封隔器中装置配水嘴子（分层定量配水器）进行分层段配注。1963年10月，经过一个多月努力完成173次试验井试验和27口井51井次工业性试验。在中区开辟最早的一个分层注水试验区，全面实现注水井多级水力式封隔器的分层定量注水，有效地控制单层突进，降低油井的含水率。采油工艺研究所也因此被命名为"三敢（敢想、敢说、敢干）三严（严肃、严格、严密）采油研究所"。

1964年11月到1965年7月，大庆油田开展"攻克101、拿下444"的冬季分层配水井下作业大会战和攻克"115、426"第二次分层配水作业大会战，大规模推广应用水力式皮球封隔器，在萨中146平方千米开发区全面实施分层注水，控制高渗透层的注水量，加强中低渗透层的注水量，提高注水效率，降低油田含水上升速度，明显改善开发效果。

1965年"水力皮球式封隔器"荣获国家重大革新奖，"固定式分层配水工艺"获石油工业部革新项目奖和省科学大会奖。

群策群力办地宫　油田管理上水平

"地宫"，即地下迷宫之意，形象地比喻大庆油田地下复杂的构造以及其中富含石油的储层。

1960年7月，在油田开发生产试验区成立大会上，石油工业部副部长康世恩提出："为了高速度、高水平，要全体动员起来，人人搞地质，我们的工作要做到地层以下去……"随后的战区五级三结合技术座谈会上，他再次提出："要把地下搞得清清楚楚，大游地宫，全党办地质，人人办地质。"

在全党办地质，人人办地质、大办地宫、大游地宫的活动中，会战指挥部组织800多名地质师、技术员、大学生组成专业科学研究队伍，与4000多名职工一起收集资料，对地下情况进行研究。为了使深埋在1000米以下的油层更直观、更形象地展现在人们面前，基层采油矿、采油队相继办起了有井史、有图表、有实物的地质资料陈列室，这就是地宫。

后来，进一步发展到用图表、曲线、模型、实物等方式，把地下油层分布的情况、石油生成和运移的规律，以及复杂的地貌、构造及油砂体展布直观形象展现出来，使人们一目了然，从而在管理油田、分析油田动态及采取措施上，如身临其境，更加主动。

1962年8月2日，三探区在萨尔图油田中部生产试验区办起第一座"地宫"。这座地宫内陈放生产试验区的模型、巨幅油层对比图、大量的岩心、油样、砂样等图表与实物，丰富多彩，琳琅满目，把地下油层情况活生生地呈现在人们面前。生产试验区的主体模型，长2米、宽1.8米，地面上井架林立、油井星罗棋布，底下还清楚地显示油层分布情况。一幅总长54米的巨幅油层对比图，是在经过万千次分析，用大量数据绘成的。可以明显地看出，油层在地下的纵向及平面上的厚薄变化，1∶50比例的岩心柱与油层录井资料、电测剖面对比准确，直观地、真实地反映油层的情况，使人看了犹如身临其境。地宫内还展列着从地下取出的4排油层岩心，直径粗约11厘米，总长度达10米，它真实地刻画油层的厚薄粗细的面貌。地宫不仅反映钻井、地质工作的成果，也为会战职工认识油田、开发油田提供科学依据。

康世恩到"地宫"看了两个多小时，详细地观看并询问每一件图幅和实物，对"地宫"的内容和布置给予很高的评价，热情赞扬广大职工的劳动成果。试验区"地宫"开放的当天，就有几百名石油工人参观这座科学圣殿。随后，"地宫"向广大会战职工开放。成群结队的采油工人和技术人员踊跃前来参观"地宫"，学习经验，很快在全战区掀起大办地质、大办"地宫"的热潮。

采油工在油井值班房办起小"地宫"，把所管井的井史的10项资料（井身结构图、电测曲线、地质柱状剖面图、油层物理参数表、试井曲线、采油曲线、地面管网流程图以及油水井综合记录本、油井分析记录本）等贴在墙上、放在值班桌上，这种小"地宫"成为采油工了解地下、认识油田、进行日常分析油井动态的场所。采油队、矿场（区队）办起较大的"地宫"，以所属井排为研究对象，收集全套地质图件及分井的井史卡片，注采井排开采动态模型，有些还增加有关原油物理性质的资料和工艺技术工具，成为培训骨干的课堂、研究油层动态的作战室。油田办起更大的"地宫"，这里反映全油田地质轮廓和概貌；有活动的地质模型，可以揭开地下各个油层的构造形态和油层厚度、物性变化；制作展示油田开采动态、注水、驱油和自喷井的模型；有重点取心井的综合岩心剖面、油水井排的构造横剖面图、油层对比图、各个油层的等厚（度）图和等渗透率图等油田的各种地质图件，以及相应的测井曲线，还有油田开采现状图、压力分布图等。后来，全油田和采油指挥部的"地宫"放置油田的沙盘模型，地面上展现着成百上千的油水井及注水、集油管网，侧面显示油层的分布变化，非常醒目，可用电动操作，显示注水驱动原油的简易过程。"地宫"里还摆放着糖葫芦封隔器、配水器、配产器等井下作业工具，展示大庆油田注采工艺技术的创造和发展。大庆会战领导每天早上在作战室开碰头会，听取生产部门和地下参谋部的简要情况汇报，了解会战勘探、开发工作的进度，及时对工作进行安排部署。

通过办"地宫"，发动广大工人群众、技术人员认真管理油田，成为油水井的真正主人。前线指挥部举办数百次规模大、形式广的技术交底会，一个月内，各路专业队伍交底1237次，共有9192人次参加。通过大游"地宫"这种生动活泼的形式，许多工人熟悉地下情况，很快掌握技术；群众性的大办"地宫"，打破地质工作和油田开发的不可知论与神秘观点；各种图表、资料、模型直观地显示出来，促使石油地质科学水平的大普及、大提高。而且在"地宫"中开展群众性的讨论，提措施、摆方案，通过大会与小会相结合，共提出几百个开发措施方案，使地宫成为学习油田知识的大学校，成为油田开采技术的展览馆，成为分析油田动态的大舞台，成为指挥油田地下夺油搏水的作战室。

通过大办"地宫"，涌现许多油水井分析能手和先进的采油队、修井队，为油田的发展培养无数的骨干，并输送到其他油田和全国各地，油田"地宫"，更成为介绍了解大庆油田的参观点。上级领导来油田视察工作，一般都亲临"地宫"参观，许多外来参观团体都必看"地宫"展览，通过看展览，了解大庆会战的爱国、奉献、艰苦、科学的精神，通过展览也看到石油工业发展的大好形势。20世纪80年代以来，油田"地宫"逐步发展成油田科学技术的博物馆，内容更加充实丰富，形式更加形象多样，成为展现大庆油田勘探开发的历史、技术发展历程和自主创新的精品。2009年，大庆油田会战60周年之际，内容丰富多彩、建筑宏伟的大庆科技博物馆的开放，更将昔日的"地宫"提高到一个更高、更富有科技含量的境界。

开展"四定三稳迟见水"活动

1964年8月28日至9月25日，大庆油田召开油田开发技术座谈会。会议由石油工业部副部长康世恩和焦力人局长主持，共有各级领导干部、技术人员和工人700多人参加。会议从学习"两论"入手，发动群众总结中区试验注水开发的经验教训，分析地下矛盾；会议充分揭露"注水三年，采收率5%，水淹一半"及其造成的油田产量不稳的突出矛盾。在研究如何有效防止油井水淹过快的问题的过程中，康世恩在听取南一区动态汇报时，对中10排23井的地层压力稳、流动压力稳、产量稳还不见水的开采效果，提出每个油矿都要选拔"三稳迟见水"的样板井。并指出：地面实行岗位责任制，地下开展"三稳迟见水"活动，这两个结合起来才能真正叫管理油井。我们就是要搞"三稳迟见水"，加上四定——定产、定注、定压、定年限，确保油田稳产。

焦力人在"认真管好油田地质工作，提高油田开发水平"的技术座谈会总结报告中，对"四定三稳迟见水"的内容进一步作了确定和概括。"四定"就是从地下的实际情况出发，对每口油井定出四项指标——总产量和日产量、无水采油量和见水时间（已见水井定含水上升率）、油层压力、流动压力；"三稳迟见水"就是从每口油井入手，在管理上做到"三稳"：产量稳、地层压力稳、流动压力稳，以达到油井见水时间晚，提高无水采收率，并在油井见水后合理控制含水上升速度。"四定三稳迟见水"就是立足地下，与油层做斗争，为确保油田长期、稳定、高产的重要措施。

为贯彻落实这次技术座谈会精神，油田会战指挥部组建"四定三稳迟见水"工作指挥部，由宋振明同志任指挥。会战工委责成有关部门编写"四定三稳迟见水"活动宣讲提纲，由各矿（处）长书记、工程师、地质师和油水井分析能手组成宣讲工作组，深入基层和生产一线，大力进行宣传。树立中6-23井为样板井并评选出29口一类"三稳迟见水"油井，油田上下开展群众性的以"四定三稳迟见水"为中心的油水井分析和管理活动。当时采油指挥部所辖的6个油矿，仅9月份就召开21次党委会或党委扩大会议，专门研究"四定三稳迟见水"工作，并开展711个井次、12927人次参加的"三稳迟见水"活动。1964年10月，发表会战指挥部"关于授予中6排23井'稳定高产迟见水标杆井'光荣称号的决定"，并在大庆《战报》发表社论"向四定三稳迟见水进军"及长篇通讯报道《立足于地下向油层做斗争》。大庆战报这篇社论中，明确提出"四定三稳迟见水"工作，是油田中心工作，是件具有战略意义的大事情。向油井"四定三稳迟见水"进军，为实现油田的长期、稳定、高产和充分利用天然资源，为国家多采石油而斗争，并确定"四定三稳迟见水"的四条基本任务以及采取的六项措施，要求采油系统做到"四个不可耽误"和"一个坚决执行"（坚决对主要油层进行分层配产配注）。

为了加强地下管理，开展"四定三稳迟见水"活动，对有关组织机构做了调整：采油指挥部的地质室扩大改建为采油地质大队，井下作业处的采油工艺室扩建为采油工艺研究所，并明确要求采油指挥部和各油矿必须由主要领导干部分工负责管理采油地质工作。为实现"四定三稳迟见水"要求，由大庆油田开发研究院和采油指挥部组成50多人的四定方案攻关队，于1964年10—11月编制完成中区、东区、西区、北一区和南一区等5个区块的四定方案。紧接着在油田开展了"101、444"分层作业冬季会战；1965年春又开展"115、426"的分层配注作业会战，使146平方千米开发区在不到半年时间内全面实现分层配注。控制高渗透率层的注水量，在一定程度上加强中低渗透率层的注水量，降低油田的含水上升率，油田稳产形势明显好转。

在"四定三稳迟见水"的活动过程中，大庆会战工委于1964年11月16—17日召开会议，会议决定今后生产工作的方针是以采油和油田地下工作为中心，带动各项工作继续前进。"四定三稳迟见水"经过发展逐步形成为以"六分四清"分层注采为中心的油田开发管理方针，从而使大庆油田的分层开采走上全新的阶段，大庆油田的开发也从此走向一个更高的水平。

开展六分四清　向油田地下进军

"六分四清"是大庆油田在采油系统推广普及分层注水开发技术而开展的群众性油水井管理活动的主题内容。"六分"，即分层注水、分层采油、分层改造、分层测试、分层研究、分层管理；"四清"，则指通过"六分"，要清楚地掌握油水井四项指标，即做到分层压力清、分层产量清、分层注水量清、分层出水情况清。

早在1961年6月开始的大庆油田开发生产试验区，曾进行十大开发试验，随后又在中区西部开展"分层配水、控制压差采油"试验，在中区东部开展"加强注水、放大压差采油、油井堵水"试验。试验和地质研究的结果表明，大庆油田的特点是多油层发育、非均质严重。在1964年11月，油田采油系统开展旨在解决油田开发中单层突进和单层突进导致含水增长过快、影响采收率等问题的"四定三稳迟见水"（对油井和开发区块定产量、定见水期和无水采收率、定含水上升速度、定地层压力和流动压力；力求产量稳、地层压力稳、流压稳，以达到迟见水和提升无水采收率）活动，并组织分层注水作业大会战，在当时开发的146平方千米区域内，1965年注水井全面实现分层注水。是年冬季又开展分层配产作业大会战，从而步入分层注水、分层开采的新阶段。

1966年初，新华社发表通讯《大庆人登上世界油田开发技术高峰》，文中写道："大庆油田采取早期注水、分层研究、分层注水、分层采油的一整套办法，使我国开采石油的技术达到一个崭新的水平。他们的这一成就，不仅对大庆油田有深远的意义，也是对油田开发科学技术的一大贡献。"1966年3月30日，在石油工业部局、厂领导干部会议上，时任大庆石油会战指挥部副指挥的宋振明在谈到第三个五年计划生产建设设想时，提出："要发展一整套分层开采的新技术和新工艺。全油田要实现分层开采，做到'六分四清'，创油田开发新水平。"这是第一次将油田分层开采的科学技术总结概括为"六分四清"。1966年6月16日，大庆油田召开"向油田地下进军"誓师大会，有万余名职工参加，从此开展群众性的猛攻地下、大搞"六分四清"活动。

在"六分四清"活动中，研究院和采油战线的技术人员组建"乌兰牧骑"式小分队，走遍油田每个采油、注水小队，宣讲"六分四清"，宣讲"石油工作者的岗位在地下，斗争对象是油层"，宣传采油战线的油井分析能手和管理标兵，帮助其建立反映所辖油水井地质及开发状态的"地宫"（地质资料室），推动油田开发知识的普及工作。群众性分层注水开采实践，对多油层油田的地质情况、特点、规律的认识进一步深化，油水井管理水平得以全面提高。到1966年底，全油田注水井的分层注水率达89%，采油井分层采油率达34%，注水井酸化改造率20%，低渗透油层的注水得到提高；油井含水上升率由1964年的6.37%下降到2.8%。后来，"六分四清"逐步演化成大庆油田开发管理的基本模式。

在周恩来总理"大庆油田要恢复两论起家的基本功"的批示鼓舞下，油田"六分四清"工作逐渐得到恢复和发展。1970年6月，研究院与第一采油厂中区西部试验组共同组织"中含水期六分四清提高采油速度"攻关队，在中区西部开展提高采油速度、分层开采接替稳产试验。1970年9月，大庆油田召开开发工作会议，会议就油田开采形势、"六分四清"工作以及大庆油田第四个五年计划开发规划设想进行深入的研讨。石油部工作组谭文彬作了《对大庆油田保持压力和"六分四清"问题的认识和意见》的技术报告。报告中说："六分四清"是大庆人在同油层做斗争中产生的，是大庆人坚决地、不断地闯分层开采道路的实践经验和总结。"六分四清"是一个有机的整体，它包括认识油田和改造油田的基本内容。"六分"概括目前认识油田和改造油田的主要手段和做法，"四清"为认识油田在开发过程中的变化提供基础，"六分四清"统起来形成分层开采。"六分四清"可以实现分层段注采平衡，使各类油层都能在一定的开采界限之内开采；可以调整层间矛盾、平面矛盾，有利于提高油田的采收率；可以使油田高产稳产的时间更长，做到有效注水，获得较好的经济效益。"六分四清"分层开采是开发多油层不均匀油层的有效方法，是符合油田开发规律的，因而成为石油开发中的一个方向、道路，而不是权宜之计。它在油田开发上，改变笼统注水、笼统采油的许多规律，它是油田开发上一个大飞跃，是一个崭新的道路。此次开发工作会议拟订"油田分层开采条例草案"（油水井"六分四清""五定"条例）。经讨论完善，第二年大庆油田正式颁发《油田分层开采条例》。

1970年冬至1971年春，大庆油田开展大规模的"六分四清"地下会战，进一步实施油井的分层配产、注水井的全面分层配水工作。该年底，累计分层注水井达到933口，累计下入分层配产管柱576口，已分层配产的油井302口，注水井年酸化225口268层次，油井分层压裂76口井213层次；并完善中区西部分层开采样板区，在保持分层注采平衡的前提下，增大注采强度，使地层压力得以回升，含水保持稳定，各类油层开采状况得以改善，低渗透层段生产能力持续提高，主力油层保持高产稳产，试验区采油速度提高三分之一，含水上升率控制在2%左右。1971年11月至12月，在燃料化学工业部审议大庆油田"四五"规划的会议上，石油工业部副部长唐克代表部领导作的总结中指出，大庆油田按照《实践论》《矛盾论》认识油田，"一切经过试验"，油田开发取得很好的开发效果。"早期内部注水、保持压力开采"为长期稳定高产打好基础，"六分四清"分层开采是开发多油层油田实现高产稳产有效的科学方法。

"六分四清"不仅成为大庆油田分层开采的科学技术的广义代名词，还是大庆油田在油田开发科学管理的一个重要里程碑。

独创"萨尔图流程"

1960年4月，油田开辟30平方千米的生产试验区，但产出的原油是含蜡高、黏度高、凝固点高的"三高"原油。原油的凝固点比大庆地区历年的平均气温高20多摄氏度，比夏天最热的7月份平均气温还高6—7摄氏度。这样的高寒地带的气候条件，给原油集输、储运带来困难。当时国家正处于困难时期，油田建设所需器材、设备紧缺，没有足够的锅炉，没有适用的管材，只有油井用的套管和油管。苏联专家也只是建议采用蒸汽管伴随保温技术，双管并行，原油加热同样用蒸汽锅炉。按这种流程，需要安装大量的锅炉，铺设双倍的管道。按这种流程进行概算，仅萨尔图油田的中区试验区就需要上百台锅炉和上千吨小口径管材。

石油工业部领导余秋里和康世恩等明确指示："甩掉洋拐棍，发动群众，自力更生，走我们独创的路。"在会战领导的亲切关注下，召开"三结合"技术座谈会，动员群众，人人献计献策，成立攻关队，全力以赴，因陋就简，利用旧材搞设计，因地制宜，现场做试验。于是"干打垒、热风吹"、井口热油循环保温，各种型式的盘管炉、U形炉等应运而生。为保证单井出油的加热保温方式，初步选定为"井场三把火"——井口保温房"热风吹"、盘管炉加热原油外输、值班房采暖炉。这个方案比原来有了很大进步，但仍然有多处明火。为安全起见，减少井场火源，通过与院校结合，共同设计研制成功水套加热炉，用于井场的加热保温，由"三把火"减为"一把火"，把明火变成暗火，创造性地解决油井生产的加热保温问题。

紧接着设计人员为创造新的集油流程进行刻苦的攻关，开展调查研究，提出多个集油流程方案。经过群策群力和领导亲自把关，以宁玉川、冯家潮等设计人员提出的"与行列井网紧密结合的单管以及将油井'挂灯笼式'串联起来的集油流程"，得到基本肯定。石油工业部、指挥部领导与专家认真听取技术原理和方案，分析研究流程的特点、可能出现的问题及准备采取的措施，并肯定了这种流程的技术可行性和创新精神。最后，康世恩决定在中3排和中7排开展试验，并要求召集有经验的老工人同设计人员就具体问题再一次进行研究磋商。从夏天到冬季长达6个多月，反复在2个井排15口油井上对不同产量、不同油压、不同回压下的生产情况，进行观察、测试；经过试验，摸索出合理的回压与油压比值。在短短6个月的时间里，先后设计、施工中区11个井排和12个转油站，以及5条输油干线和萨尔图油库工程，集油管线128千米，油库储油能力达到3.7万立方米。接着，从1960年冬季到1961年夏季，松辽石油勘探局安达设计院（现油田建设设计研究院）技术人员又进行管输总传热系数"K"值的测试，在不同条件、不同敷设方式、不同管径的集油管道取得大量的资料数据，为进一步搞好这种设计提供准确的数据。

与原油集输相配套最重要的技术是原油计量。计量攻关组的科技人员与现场采油工人、技术人员一道，集思广益，研究用简单的玻璃管方法计量原油产量。经过反复试验，采用盐水做隔离液，既可防冻，又花钱较少。经过10多次试验和调试，这种被称为"水垫式玻璃管重量法量油"计量试验获得成功。

萨尔图集油流程的特点是，沿井排敷设一条集油管线将油井串联起来，油井所生产的原油和天然气在井场分别加热计量后，再次混合起来进入集油管线输至转油站。它不仅合理地利用油井的剩余能量集油，而且集油热力条件比其他集油流程都好，属国内独创。比当时苏联现场的巴洛宁集输流程（蒸汽管伴随保温）节约钢材33%，节约投资13.5%，取名为"单管密闭油气混输流程"，被大家称为"萨尔图流程"。按达到年产原油800万吨的规模概算，采用这种流程，节约钢材达4690吨，节约投资667万元。1965年荣获国家发明证书，1985年获得国家科委一等发明奖。这种油气混输流程在萨尔图、杏树岗油田行列井网的110多个井排2300多口油井（约400多平方千米范围）推广应用。目前有些条件特殊的外围油田也在采用类似的油气混输流程。

萨喇杏油田储量升级计算与复算

油田储量是资源的重要表征，是开发油田的物质基础。从1960年4月，会战队伍北上，经过仅仅3年的时间，就大体探明喇萨杏油田的储量。

1960年，经过对长垣进行探鞍、探边、成排钻探、大面积试采等四项重点勘探工作，初步进行储量计算。1962年，油田确认萨尔图、喇嘛甸、杏树岗油田储量：油田面积887平方千米，地质储量22.68亿吨，可采储量5.26亿吨。

随着油田不断地扩大开发面积，萨尔图油田的萨北、萨南开发区先后于1964年及1966年开始投入开采；杏树岗油田于20世纪60年代后期逐步投入开发，到1977年杏13区投入开采，达到全面动用；而喇嘛甸油田主要集中在1973—1974年钻完了开发基础井网（实际到1977年底，萨尔图、喇嘛甸、杏树岗油田钻完开发基础井网）。于1975年，进行了地质储量升级计算，这是萨尔图、喇嘛甸、杏树岗油田的第二次储量计算。

在这段时间内，做了大量有效的工作。采用"五一"型地震仪和0.24千米×0.48千米的测网进行地震详查，编制出较精确的油层顶面构造图；并在萨尔图、喇嘛甸、杏树岗油田钻成4口油基泥浆取心井及一批密闭取心井，得到较真实的油层束缚水饱和度数值，从而获得准确的原始含油饱和度的数值；储层的有效厚度标准进一步根据油田原油性质的变化得以完善，其中喇嘛甸油田依据12口探井、27口资料井、3口气探井的4980米岩心，以及41口试油试气井277层的资料，确定有效厚度的物性下限为120毫达西，并搞清油气界面的深度和气顶的面积、储量；杏树岗油田依据39口探井、46口资料井的6984米岩心，以及85口试油井283层的资料，以其原油性质变好的条件，将有效厚度的物性下限值下调到50毫达西；萨尔图油田的南部有效厚度的物性下限也相应地下降为100毫达西；同时在钻井取心收获率显著提高的情况下，对较疏松的高渗透率油层的有效孔隙度数值重新进行核实，其统计值提高1%，个别地区甚至提高2%。在1978年1月，完成萨尔图、喇嘛甸、杏树岗油田的原油、天然气地质储量的升级计算工作，并发表大庆油田的储量公报。这次储量计算的结果为石油地质储量25.7030亿吨，含油面积917平方千米，喇嘛甸气顶面积32.3平方千米，其天然气地质储量为54.67亿立方米。比1962年的地质储量数值增加了3.02亿吨，含油面积增加52平方千米。由于资料更丰富，人们对大庆油田的物质基础充满信心，为进入年产原油5000万吨高峰的大庆油田注入无限的活力。

第三次，则是萨尔图、喇嘛甸、杏树岗油田地质储量的复算。从1981年开始，针对有效厚度下限值以及含油饱和度、有效孔隙度的合理取值等开展了分析研究工作。经过3年6个月的时间，采用以试油法和低渗透层产能相对贡献值法为主的8种方法，综合研究确定分区、分层的有效厚度下限值，分别确定厚层（大于或等于0.5米）与薄层（0.2—0.4米）的物性下限。其中薄层的有效渗透率下限下降至25—35毫平方微米。为落实原始含油饱和度，综合研究4口油基泥浆取心井、3口密闭取心井和3口大直径水基取心井，分析影响原始含油饱和度的地质因素、油层物性及孔隙结构特征等要素。并有针对性补取大量资料：一是选取20个差油层进行试油，二是取400块差油层岩样测定毛管压力曲线2290条；三是在过渡带补钻2口密闭取心井；四是用不同泥浆比重钻6口取心井，解决高比重泥浆钻井条件下对测井曲线解释的影响；

五是取了8块岩样做高压孔隙度测定。这次复算在计算储量的概念和方法上都有了突破，进一步明确有效厚度概念与条件，它必须具备原油在储层内可以流动且在机械采油的工艺技术条件下能够采出油流或提供产量。所用的基础资料丰富翔实，有探井、资料井269口，岩心总长度37510米，其中油基泥浆取心井4口、密闭取心井27口，取得含油、水饱和度11113个，测定空气渗透率、有效孔隙度、粒度等油层性质参数的岩样102953块；进行试油的探井、资料井、开发试验井、水淹状况检查井等261口805层；高压物性取样966井层，测定压汞毛管压力曲线1685条，离心机毛管压力曲线605条；而且油田生产井和注水井多达9710口，有大量的生产动态及分层找水及吸水剖面资料，为储量复算提供丰富可靠的资料基础。1985年萨尔图、喇嘛甸、杏树岗油田复算地质储量为41.7426亿吨，比1978年的计算值增加62.4%，可采储量增加59.2%；含油面积920.3平方千米，比1978年增加3.3平方千米。地质储量主要是0.5米以上的厚油层增加，以及新计算的0.2—0.4米的薄油层和油水同层的储量。萨尔图、喇嘛甸、杏树岗油田油田储量复算的结果，以及外围油田的丰富资源，为大庆油田的第二个年产5000万吨以上稳产十年奠定物质基础。

现在大庆油田每年都对油田的地质储量和可采储量进行核实。随着科学技术的进步、生产力的发展，可采储量也在逐步增加。大庆油田在普遍实施分层注水的基础上，多次加密调整，推广应用聚合物驱、三元复合驱等先进的三次采油技术，使油田采收率逐步提高，油田可采储量不断增加，为大庆油田的可持续发展奠定扎实的资源基础。

创立油砂体研究方法

大庆油田是一个多油层、非均质比较严重的陆相沉积砂岩油田，为了开发利用好这重要的能源，首要的是正确地认识油田地下。1960年7月，石油工业部副部长康世恩提出"不能用大平均的笼统的概念来认识油田，要真实地反映油层本来面貌"，并提出"对于地质研究，要一粒砂子、一粒砂子地分析，要进行百万次地层对比"。

油田的广大地质工作者，包括从石油院校来参加会战的教授、老师，认真地观看从井下取出的大量岩心及岩屑资料，分辨岩石的岩性、结构构造以及含油特征，找寻少有的古生物化石，并利用大量的电测资料，将电测曲线的地球物理和电性特征与岩石的岩性、物性、含油性对照起来，综合地进行分析比较。大家以"莫看毛头小伙子，敢笑天下第一流"的敢想敢干精神，发扬认真踏实的科学求实精神，观察研究每一块岩样，分析研究每一个小层。1960年，首先提出"旋回对比、分析控制"的原则划分单油层，并采用"标准层控制大段、旋回组控制小段、依据旋回组内部岩性组成规律对比小层"的方法；1961年，进一步完善运用四性（岩性、物性、含油性、电性）关系，进行小层对比研究，作小层平面图，计算小层储量，进行油层分类。1962年，依据陆相沉积的特点，砂岩成层的稳定性较差，油层不像海相沉积那样稳定地成片分布，提出油层由多个连通体即油砂体所组成的理念，油砂体可以是单个油层，也可以上下有两三个油层相连而成，油砂体是油水运动的基本单元；并总结出"分小层对比是基础、以油砂体为核心研究油水分布是关键"的地质研究工作主要观点。

从 1960 年 5 月到 1963 年 12 月,大庆油田共进行 2016 万次的地层对比,绘制出各种地质图幅 1736 张,并先后完成 87 份研究报告。钟其权、裘亦南、陈子琪等人撰写的《碎屑岩沉积内部油砂体研究》,系统总结大庆油田分层对比研究方法。这种研究方法彻底摆脱"大层段、大平均、笼而统之"的认识油层的老路,自主创新地建立单油层对比的研究方法,在理论上和实际可操作性上都取得重大的突破。油砂体研究方法是大庆地质工作者对碎屑岩油层认识研究上迈出的第一步,也是油田开发重要的一步,它为正确划分开发层系、编制油田开发方案和分析油田动态提供良好的工具,同时也为 20 世纪 70 年代以后开展的细分沉积相研究,和九十年代开始进行的精细地质研究打下坚实的基础。

5000 万吨稳产十年规划为油田持续稳产指路

1975 年初,石油工业部党组遵照周恩来总理《政府工作报告》的精神和国家对石油的急需,修订全国石油发展规划。大庆油田党委根据上级要求多次组织广大职工讨论大庆油田应如何发展。在萨尔图、杏树岗、喇嘛甸三个油田全面投入开发的基础上,1975 年 8 月,大庆党委提出"高产上五千(万吨)、稳产再十年"的奋斗目标。从 8 月至 12 月用 5 个月时间,进行"高产上五千(万吨)、稳产再十年"的群众性大讨论、大调查和规划的研究编制工作。彼时,喇嘛甸油田快速建成 1000 万吨年产油量的生产规模,大庆油田的主力油田——萨尔图、杏树岗、喇嘛甸油田基本投入全面开发,年产油能力达到 4500 万吨以上,油田进入低含水采油阶段,最早投入开发的中区综合含水已达 54%。为此,首先对油田地下形势开展了调查分析,大庆油田发动广大工人、技术人员取全、取准注水井分层注水资料、油井的地层压力和各层的产油、出水剖面资料。仅 1975 年下半年,全油田就找水 944 口井,分析油井的出油层位仅有 1/3—2/3,还有一部分油层没出油;在产油的油层中也还有一部分采油强度比较低,出油状况不好。在对不同开发区和不同油层的油井生产能力、注水井吸水能力的分析研究中,都有着很多的潜力。同时,对油田采油工艺和地面集输流程的现状进行分析,并研究下一步工艺发展和地面改造的方向与潜力。另外,在对全油田状况的分析研究基础上,对典型试验区和几个加密调整试验区进行典型解剖、总结分析。特别是对中区西部试验区在中含水期接替稳产的做法和经验认真地进行讨论与总结。试验结果表明,在分层注水开采的条件下,通过加强注水和开展分层改造,可以发挥中低渗透层的能力,实现稳产。再者,对美国、苏联、加拿大、罗马尼亚等 35 个注水开发历史较长的油田进行系统的调查研究,其中采油速度达 2% 的油田有 16 个,而稳产 10 年以上的油田有 7 个。如苏联的杜玛兹、罗马什金、什卡波夫、谢菲莫夫等油田,在采油速度达 2% 以上可以保持到采出地质储量 35%—40%,这些实例具有很好的启示作用,提供有效的依据。

为编制大庆油田"高产上五千(万吨)、稳产再十年"开发规划,开展 6 个方面 18 个专题研究。大庆油田勘探开发研究院组成 22 个攻关队、400 多人深入现场,在进行《大庆油田高产五千万、稳产十年规划可行性研究》的基础上,在大庆油田党委领导下,进一步编制大庆油田十年稳产规划。规划确定的主要思路是十年稳产分两步实行：第一步前五年，即"五五"规划期间，主要是在强化注水的基础上，提高注水量，提高地层压力，以"四个立足"（现有的基础井网、自喷开采、发挥主力油层作用、现有的工艺技术）来实现稳产，这一阶段末将可采出地质储量的20%左右；第二步后五年，即国家"六五"规划期间，主要思路是采取发挥中低渗透油层的潜力接替主力油层，通过在大力加强中低渗透油层注水的基础上，实施分层改造及加密调整等措施来实现后五年稳产，这个阶段将再采出10%的地质储量，从而使喇嘛甸、萨尔图、杏树岗油田累计采出地质储量达30%左右。1976年1月5—26日，这一规划在召开的1975年度大庆油田开发技术座谈会上，经过23个指挥部、厂、院、校600多人进一步开展讨论，石油化学工业部及北京勘探开发研究院和其他油田的129名代表也参加了会议。会议由大庆党委书记、大庆革委会主任宋振明主持，会议以"两论"为指导，总结交流了大庆油田开发16年的基本经验，特别是1972年以后调整挖潜夺取高产稳产的经验，分析了高产上五千（万吨）、稳产再十年的可行性，集中进行论证，得到落实。会议最后由大庆革委会副主任兼总地质师闵豫向大会作了题为"坚持两论起家的基本功，夺取高产稳产再十年"总结报告，动员广大职工发扬革命加拼命的精神，为实现这一奋斗目标齐心协力，打一场前所未有的大仗。从此，在大庆油田吹响"高产五千万、稳产再十年"战役的号角。

1976年5—6月和9—11月，大庆油田又组织采油、井下作业战线广大工人、技术人员及干部，针对如何实现"高产上五千（万吨）、稳产再十年"的问题，开展两次油田地下大调查，各采油指挥部分别召开了三结合的技术座谈会，总结经验，制定稳产措施，进一步夯实了实现规划的基础。大庆油田的年产油量由1975年的4626万吨上升到1976年的5030万吨，拉开了大庆油田5000万吨以上高产稳产的序幕，成为大庆油田开发史上的一个重要的里程碑。

两年半建成一千万吨产能的喇嘛甸油田开发

喇嘛甸油田于1964年被探明，油层总厚度比萨尔图油田还要厚，具有较大的气顶，原油黏度较高，饱和压力较高，是一个整装的地质储量丰度高的大油田。在大庆油田会战初期，石油工业部党组决定喇嘛甸油田作为战备油田，暂不开发。

1972年，为提振国民经济，国家计委要求大庆油田在两年时间内尽快开发建设喇嘛甸油田。是年10月，大庆油田组成以生产办公室主任杨万里为首的、以大庆油田勘探开发研究院技术人员组成的喇嘛甸油田开发方案攻关队。1973年初，正式完成喇嘛甸油田开发方案的编制工作，并经正在大庆检查工作的燃油化工部工作组焦力人、邓礼让等领导汇报审批，决定采用两套层系一套半井网，立即实施。3月，组建成立由张鸿飞、李玉生分别为总指挥和政委的喇嘛甸油田会战指挥部。当年4月11日，第一口生产井喇2-丙352井开钻，7月第一批油井基建完成、投产出油；8月开始注水，11月实施分层注水。油田广大职工坚持"四个大干"，经过两年的艰苦会战，1974年钻完开发方案设计的1044口油水井，喇嘛甸油田开发建设初具规模。喇嘛甸油田的井网部署，在大庆油区中首次采用正方形（反九点面积注水）开发井网，它与行列注水井网、四点法面积注水井网相比，开发后期具有较大调整余地；同时在油气集输流程上，也率先采用小站流程，在每14—17口井的中心井建设计量站，然后进联合站进行处理脱水，再外输。这些都为大庆地区其他油田的开发建设积累经验。到1975年底，共建成投产64座计量转油站、3座联合站和1座注水站的主体工程，年产原油1000万吨，超过计划的800万吨要求。从开发设计、钻井基建到投产开发仅用了两年多的时间，速度之快是历史上少有的。1976年，喇嘛甸油田年产原油进一步上升到1326万吨的高峰。喇嘛甸油田的油层厚度大，储量年度高，但4米以上的厚油层比例大。原油层的沉积特点是多量正韵律、多段多韵律，致使注水后，厚油层底部水淹快，含水上升快。1980年，即进入高含水采油期。针对初期开发层厚划分较粗的情况，1981—1985年实施开发层系细分调整。1988年，喇嘛甸油田年产原油1001万吨，在1000万吨以上稳产了14年。以后通过注采系统调整和二次加密调整，喇嘛甸油田在800万吨以上又延续3年时间。

喇嘛甸油田是一个面积达100平方千米的气顶油田，气顶的天然气储量达99.59亿立方米，原油地质储量达8亿多吨。开发这样一个复杂的大油气田，在我国油田开发史也是首次遇到的难题。如何在开发过程中，防止油、气互窜，减少油气储量的损失，高效地开发好油田，是油田开发方案编制的关键。为此，油田技术人员广泛调查研究国内外气顶油田开发的经验教训，设计多种方案。经研究比较，采用在油气边界附近设置一个油气缓冲带，并对油井和注水井射孔方案进行严格控制。方案还部署40多口井的油气界面监测系统，定期观察油气界面的动态变化。1975年，为保持油气界面稳定，合理利用天然气资源，在喇嘛甸油田北块的气顶建成国内第一个天然气储气库，实施夏注冬采的做法。1983年正式向地下注气，并经过多次油区和气区的注采调整，油气界面基本稳定，油、气区的压力始终保持平衡。使喇嘛甸油田在长达30多年的高效开发过程中，天然气资源得到有效的保护。在气顶油田开发中，成功地防止油气相互窜流，是有别于国内外同类型油气田的独特的做法，取得令人瞩目的成绩。

中区西部分层注水开发试验成效显著

中区西部于1960年6月投入开发，是油田上最早投入开发的生产试验区。面积有9.04平方千米，81口油水井。为了指导全油田的开发，在中区西部试验区进行一系列开发试验。从1960—1980年，该试验区经历三个开采阶段的探索，为大庆油田分层注水开发、实现稳产提供了丰富的经验。采油厂的技术人员、大庆油田开发研究院的王乃举、王启民等技术人员长期在中区西部试验区蹲点，与采油工人一起，进行调查研究，采取多种措施，分析总结注水开发、接替稳产的原则和做法，取得很多科研成果。其中"中区西部综合措施接替稳产开发"获得1978—1979年全国科学大会奖。

中区西部试验区第一阶段，于1964年以前，实施早期内部注水开发，油层压力保持在原始压力附近，油井见效后，生产能力旺盛，自喷能力很强，充分肯定"早期内部注水、保持压力采油"的开发原则是必要和正确的。但由于对不同性质油层按自然能力笼统注水，注入水主要进入一两个高渗透率油层，造成单层突进严重，油井见水过快，见水后含水上升速度很快，说明在非均质严重的多油层的油田笼统注水开采的效果不高，需要注水井实行分层配注。

从1965年1月至1970年5月为第二阶段，这个阶段实施分层段注水。但由于人们受认识所限，期望各类油层均衡开采，对高渗透率油层严格控制注水，甚至有的层暂时停注，油井仍然笼统生产。这种做法虽然在一定程度上缩小了各类油层开采速度的差异，控制含水上升过快的局面，可是高渗透率油层严格控制，注得少，采得多，注采不平衡，使油井压力下降，产量递减，生产被动。一些本来能高产的油井，不能达到应有的水平，原油产量减少，而注入水依然沿着这些井区突进，改变不了非均质油层的油水运动规律。相关试验结果表明，开发多油层的油田，既要考虑不同油层性质的差异，又要合理发挥高渗透率油层的生产能力，遵循油水运动的客观规律，因势利导，实现油田高产稳产。

第三阶段正是试验区处于中含水采油阶段，充分吸取前一阶段的经验教训，采取因势利导，发挥各类油层的作用。从1970年6月起，先是通过分层加强注水，提高中高渗透率油层的压力水平，发挥中高渗透率油层应有的能力，同时调整油井分层开采的工作制度，单卡高含水的产水层，或进行分层堵水，控制含水上升速度，为更多油层出油创造条件，提高全区采油速度。这些做法使中区西部试验区采油速度从1.51%提高到2.14%，并连续保持5年的稳产。1976年下半年开始，进一步采取一分层注水为基础的综合措施，实施分层堵水、压裂改造、平面调整和层系补孔等，改善油层剖面上的中低渗透率油层、平面上的中低渗透率部位以及厚油层内中低渗透率层段的动用状况，充分发挥中低渗透率油层的接替稳产作用。通过分层挖潜，实现中低渗透率油层的产量接替，延长高产稳产期，使试验区采油速度一直保持2%，阶段末期试验区采出地质储量达30%，含水上升速度不快，单井产量稳定。

中区西部试验区接替稳产试验，为大庆油田在中高含水期实现高产稳产，编制大庆油田制订"高产5000万吨、稳产10年"的开发规划，提供宝贵的经验，增强了信心。中区西部试验区作为大庆油田的一个试验基地，在20世纪80年代后期以及九十年代，根据油田开发的需要，进一步开展聚合物驱油、密井网开发、三元复合驱油等试验，为推广三次采油技术及开展三次加密调整提供有效的经验。中区西部试验区对大庆油田的开发做出了突出的贡献，将永载史册。

厚油层开发试验为挖潜增效领航

大庆油田的储油层是内陆河流—三角洲环境下沉积的，其中渗透率高、厚度大、分布广的河道砂岩比较发育，是开发中的主力油层之一，其开发状况如何，对油田高产稳产及开发效果影响很大。但依据一些检查井资料得知，厚油层储量比例大，水淹厚度小，开发效果差。从1972年开始，对厚油层内部非均质性和结构特征进行研究。1973年，在萨尔图油田的北三区开辟厚油层开发试验区，对新钻的11口井葡一组全部取心，南北向剖面的试验井还加取萨二组7—8层的岩心，解剖厚油层内部的非均质特征。1974年11月，试验井进行射孔、投产。1975年，建成厚油层试验站，组建试验队伍。

1975年5—10月，进行不同注采强度的开发试验。从1976年开始，陆续开展高含水期层内挖潜试验。1978—1980年，先后注石灰悬浮液、黏土悬浮液和沙土悬浮液，调整吸水和出油剖面。注悬浮物后，堵塞了层内主要吸水部位，调整层内吸水剖面，扩大水淹体积，但随着注水冲刷，堵塞作用减弱。1979—1980年，利用厚油层内的岩性或物性夹层，进行厚油层细分注水和双管分采试验，取得含水下降、产油量上升的效果。1980—1982年，又进行特高含水层潜油电泵强采试验。1984年9月，中国和英国签订为期3年的技术合同，选定在厚油层试验区葡Ⅰ1—3层进行注聚合物试验，先进行调剖，然后进行驱油试验。经过一系列准备工作，试验从1985年10月开始，到1990年10月，先后在4口井注聚合物。试验表明，注聚合物可以调整注入井的吸水剖面，而且使中心井增油降水，提高采收率，吨聚合物增油81.8吨。在葡Ⅰ1—3油层试验完成后，从1991年7月至1996年底，对中低渗透厚油层萨Ⅱ10—16层进行注聚合物驱油试验，使中心井实现吨聚合物增油153吨的良好效果。这是大庆油田较早开展的二类油层的聚合物驱油试验之一。

厚油层开发试验，不仅对全大庆油田厚油层的地质研究、开发及挖潜起到指导和示范作用，而且对二类油层的三次采油、提高采收率也有很好的指导作用。

建设国内首个地下储气库

20世纪70年代，大庆油田在原油开采过程中生产大量的伴生气，然而到了夏季因消耗气量减少，过剩的天然气不得不白白放空烧掉；进入冬季，由于油田生产与生活保暖的需要，天然气量又满足不了需求。为解决这一矛盾，于1974—1975年开始分别在萨尔图油田中部浅气层和喇嘛甸油田的北块气顶首次建成并投入使用两座天然气地下储气库。

首先建成的是萨尔图油田中区地下储气库。1974年，当时的大庆油田输气管理处利用已枯竭的气井（中3-气24、中5-气23、中7-气21井）作为地下储气库，自行设计、自己施工建成日注气能力为7万立方米的中区注气站，实行夏注冬采。注气站利用分子筛脱水装置对天然气进行脱水，使用国产L3.3压缩主机将天然气压缩冷却，提高到70—120大气压，注入地下，注气后，待气库压力平衡后可进行采气。该气库先用两年时间进行注采气试验，试验表明注采气井具有一定的注采能力，且气库密封性良好。随后于1975年开始正式注气，利用原5口生产井，注入压力6.9—11兆帕，设计规模60万立方米，因实际气量不足，日注气量仅5万立方米左右。截止到1985年连续运行11年，累计注气9246万立方米，采出9649万立方米，平均年注气169天，年注气841万立方米，年采气154天，年采出天然气877万立方米，运行状况良好。这一注气站及地下储气库的建成，缓和冬夏用气量不均衡的矛盾，解决工业与民用争气的问题，为大庆化肥厂原料用气提供保证。

1975年，当喇嘛甸气顶油田建成投产后，由于油田开发和保护气顶天然气资源的需要，在气顶北块又建成一个较大的储气库，部署10口注、采气井，采用国产22型压缩机作为主机，并开始采气，确保油气界面的稳定和腾出库容，为储存天然气做前期准备。1983年，开始实施冬采夏注的做法，正式向地下注气。

调整开采方式——油井自喷转抽

1980年，大庆油田进入高含水采油期，综合含水达到60%以上，这是油田开发的一个转折点。彼时，油井的开采方式基本为自喷开采，但随着油井含水的逐步升高，自喷开采也带来负面的影响。由于井筒内液柱比重不断增加，自喷条件下井底流动压力升高，为保持较大的采油压差，要求的油井的地层压力也不断提高，造成部分油井的地层压力高于原始地层压力5—15个大气压以上，并需要不断强化注水，提高注水压力。有些注水井的注水压力已接近或超过油层破裂压力，致使注入水窜进泥岩部位，以致造成套管损坏，油水井生产条件受到影响，如南一区所钻的更新试验井，在用了2年后就全部套管损坏，中区东部二次加密调整试验区，也因部分油水井套管损坏，而被迫中途停止。同时，由于地层压力高，钻调整井遇到困难与威胁：泥浆相对密度过高，测井资料质量差、曲线解释不准，固井质量不好。这样既不利于经济有效地开发，更不利于长期高产稳产。

为此，在20世纪80年代初，根据高含水期合理举升方式的研究，在一些高含水油井进行转抽试验。这些零散的转抽井可以较好地提高产液量，保持或增加产油量。但与邻近的自喷油井对注水井的要求，产生突出的平面矛盾。于是将零星的转抽改进为成片转抽试验，先后在西二断块、南2区及南3区中块、萨北东部过渡带、杏一区东部等开展成片转抽及降压开采试验区。并确定先在杏树岗搞成片转抽，把采油速度提上去，然后在萨尔图、喇嘛甸等油田全面展开。1983年，大庆石油管理局成立机械采油领导小组，组织"三抽会战"，加强对转抽工作的领导。是年，下潜油电泵井123口、下泵转抽油井225口，总数超过前2年（1981—1982年）转抽井之和。1984年下电泵和转抽油井694口，年增油量110万吨；1985年更上一层楼，全年转为机械采油井达906口，增产油量226万吨。在转抽工作过程中，边实践、边总结，提出改变开采方式必须以降低油井流动压力、提高油井产量为目的，研究提出有关油井转抽及油田开发的合理注水压力、井底流压等重要政策界限，并形成大庆油田开采方式转变工作的特点：转抽和控制套管损坏相结合，转抽和分层堵水等工艺措施相结合，以及"先成片转抽、后钻调整井"的做法。截至1988年底，喇嘛甸、萨尔图、杏树岗油田已有4076口井转抽，包括调整井的抽油井，共有8550口机械采油井，占喇嘛甸、萨尔图、杏树岗油田总井数的89.5%，老油田的油井开采方式转变工作基本完成。

随着油井转抽工作的进行，机械采油工艺技术也不断地配套完善。改变油井开采方式，降低井底流压，增大油井采油压差，明显提高产液量；而且改变开采方式，也实现注水压力的降低，为钻调整井和井下作业创造较好的环境条件，同时有效地保护油水井的套管。从1980年开始转抽，到1988年，年产液量由1.20亿吨上升到2.47亿吨，平均每年以1600万吨的幅度增长，平均年增长率9.5%；随着产液量的增加，转抽增产油量幅度也很大，每年转抽增产油量介于几十万和二百万吨之间，平均每年增产116.7万吨，与压裂改造措施的增产油量相接近。自喷井转抽，使油田压力系统得到合理调整，地层压力由 1981 年的 11.41 兆帕（高于原始地层压力 0.38 兆帕），逐步调整到 1988 年的 9.73 兆帕，流动压力由 9.12 兆帕调整到 5.56 兆帕，采油压差放大 1.92 兆帕。同时，注水井的注水压力也基本调整到油层破裂压力以下，有效地减缓油水井套管损坏速度，为油田高产稳产提供良好的条件。

长垣南部油田投入开发

1975 年，正当大庆长垣最北部的喇嘛甸油田快速建成 1000 万吨生产规模之际，在长垣南部的葡萄花油田，也已基本完成详探工作。该年底，葡萄花油田共钻资料井 58 口，探井 26 口，基本查清葡萄花油田的构造及储层地质情况；而且钻了 21 口生产试验井，开展试采和注水试验。1976 年，试验区扩大到 86 口井，生产试验区面积 26.3 平方千米。1977 年，编制葡萄花油田北部地区开发方案。1978 年钻开发井，并建立第七采油厂。1979 年 7 月葡萄花油田正式投入开采。葡萄花油田油层较薄、渗透率较低，象征着一批中低渗透油田将作为产能接替的对象，它们的开发是大庆油田年产原油 5000 万吨以上高产稳产的重大举措。葡萄花油田在开发上遵循"早期内部注水、保持较高压力采油"原则，井网部署上依据"稀井高产"的做法，采用 600 米井距的正方形井网。由于葡萄花油田三分之一的地面处于低洼地，在建设油气集输流程的同时，修建必要的公路、排涝站和排水渠。葡萄花油田在投产当年就生产 25.5 万吨原油。

1980 年 10 月和 1981 年 11 月，太平屯油田的北部开发区和南部开发区先后投入开发，分别由采油五厂和七厂负责生产管理。1983 年 8 月，有大庆油田发现井——松基三井所在的高台子油田也投入开采，划归采油五厂管辖。由于油层渗透性变差，油水井井距缩小到 350 米。由于大庆油田组织得力，钻井、油建、采油等各方面队伍协同努力，高台子油田的开发实现当年施工、当年投产、当年产油 10.47 万吨的好成绩。1984—1985 年，葡萄花油田南部地区实施滚动开发建设，两年内投产 343 口油水井，并开始注水。到 1985 年底，大庆长垣南部除敖包塔油田之外的三个油田全部投入开发，建成投产的油水井 1478 口，年产原油达 287.8 万吨，成为大庆油田高产稳产的一支有力的接替能力。

实施高台子油层开发试验

高台子油层具有中低渗透特性。萨尔图油田的高台子油层在原基础井网中的钻穿程度低，而且由于渗透率较低，动用情况差，但它油层层数多、储量可观，且具有一定自喷能力。为此，1979 年初，油田开发技术座谈会决定，喇嘛甸、萨尔图、杏树岗油田将要开展以细分层系为主的加密调整，并开发高台子油层。当年，确定在中区西部高台子油层发育的地区开辟生产试验区，编制完成试验方案，实施钻井。

高台子油层试验区分南、北两块。北块为加快开发试验区，采用井距 150 米的正方形井网，先射开油层发育较好的高三组油层及高四组的油层部份，有效厚度层和砂层全部射孔投入试验；南块则采用井距 250 米 × 300 米的正方形井网，同样射开油层发育较好的高三组油层以及高四组的油层部分（高四组其余部分为油水同层），一起投入试验进行对比。另有 2 口井搞大合采试验、1 口井单射高二组进行开采试验。高台子油层分布稳定广泛，但薄油层发育，在长达 250 米的井段中发育88个小层；岩石物性较细，多以粉砂岩、泥质粉砂岩为主；含油产状也较差，多为油浸、油斑，且含钙质层增多。1980年，试验区北块、南块先后投入试验。由于油层孔隙结构特征参数比萨尔图、葡萄花油层差，初期自然产能较低（尤其是试验区南块），自喷生产困难。1981—1982年，先后压裂28口试验区油井，增产效果明显。自然投产井平均单井日产油量可达15-20吨，每米有效厚度的采油强度为2.7—5吨，压裂后单井日产油量可达30吨以上。油井具有较好的生产能力，仅射开纯砂岩厚度的中丁30-09井，日产油也可达8—11吨，每米砂岩厚度的采油强度仍在0.5吨。这些未计算储量的砂岩层同样具有一定的生产能力。根据北块密井网试验区的开采资料分析，生产能力超过试验方案的设计指标，单独开采高三组油层就具有这么高的采油速度，不仅是因为井网密度大，主要是大量未计算储量的砂岩层出油的结果。通过试验，对高台子油层的油层特征、井网部署及注采井距、生产能力及吸水能力、压裂改造效果和储量潜力等方面均取得重要的认识。

1984年后，试验区进入高含水采油后期。在试验区北块钻了1口密闭取心井，对水淹状况进行分析检查，发现所取心的油层均已不同程度地水洗。1984年8月，试验区开始进入转抽加速开采试验阶段。通过油井转抽调整注采压力系统，提高油层吸水能力，增大采油压差，油层出油状况得到进一步改善。1988年后，试验区北块又进入第三阶段——特高含水期开采阶段。考虑高台子油层中区开发井投产、转注后，试验区受到较大的干扰，对不封闭的东西两侧和南侧，安排3口油井转注，同时补钻3口密闭注水井，封闭试验区的边界，完善试验系统。试验区面积和地质储量进一步落实，试验区北块面积计算为0.527平方千米，地质储量减少到142万吨。1989年，进行大幅度提高产液量试验和数值模拟研究工作。在试验区彻底封边后，注水井点增加、加强注水和水驱方向的调整，开发效果得以改善，水驱特征曲线斜率明显减缓。通过数值模拟计算，高台子试验区综合含水达98%时，最终采收率为39.7%（考虑窜流）-44.8%（不考虑窜流）。1992年5月，试验区中心井组综合含水达98.2%，水驱开发试验结束，实际中心井组采出程度为43%。随后又钻了1口密闭取心井检查油层水洗状况，水洗层数和水洗厚度达到73%—89%，水洗段平均驱油效率45%。

高台子油层密井网开发试验，进一步展示中低渗透的高台子油层的开发潜力，也明示开发的条件和挖潜的途径。仅在萨中纯油区高台子油层，完成开发井1537口，年产油量最高达到700万吨以上；截至1999年底，其累计产油量达到9514万吨。高台子油层开发试验为大庆油田开发层系细分调整、提高水驱开发效果提供充分的依据和物质基础，并为指导高台子油层开发、实现长期高产稳产做出重要贡献。

开展开发层系细分调整

大庆油田开发初期层系划分比较粗，最早投入开发的萨尔图油田，其萨尔图、葡萄花油层的45个小层划分2—3套层系；杏树岗油田只有1套开发层系，喇嘛甸油田萨、葡、高油层也只划分2套开发层系。

在大庆油田进入高含水期采油后，层间矛盾加剧，油井产量递减加快。随着分层测试技术发，同位素吸水剖面和油井涡轮测试技术推广应用，喇嘛甸、萨尔图、杏树岗油田取得大量的分层测试资料。从基础井网的油井分层资料反映出一个重要的情况：由于层间矛盾比较突出，大约有三分之一的油层出油状况较好，三分之一的油层出油状况差，三分之一的油层不出油。

1969—1972年，在萨尔图油田中区东部、东区等几个区块进行加密调整试验，把原井网动用不好的油层作为调整对象，井排距缩小到250—300米，开发效果明显改善。1980年，在对储层深入研究和对各类油层细分沉积相的基础上，喇嘛甸、萨尔图、杏树岗油田开始全面进行层系细分调整。依据一套开发层系内储层的沉积条件和油层物性相近、原油性质差异不大，一套层系内小层层数与厚度不宜太多太大，井段不宜太长，每套层系具有一定的生产能力和控制储量，不同层系之间有比较稳定的泥岩隔层，隔层厚度要大于3米，每套层系组成独立的注采系统。编制不同区块的层系细分调整方案，并根据剩余油分布情况，确定射孔方案。萨尔图油田对萨尔图、葡萄花油层原不同开发层系中动用差的小层另组成一套调整层系，高台子油层单独划分为1-2套开发层系；喇嘛甸油田由原来的2套开发层系细分为3—5套开发层系；杏树岗油田在原基础井网上，对萨尔图、葡萄花油层再细分1—2套开发层系。从1980年至1990年，大庆油田共钻层系细分调整井10480口，使油层水驱控制程度由60%提高到85%—90%，储量动用系数达到0.75—0.85，并使喇嘛甸、萨尔图、杏树岗油田的井网密度由1976年的6.29口/千米^{2}增加到17.14口/千米^2。由于加密调整井的

投产，每年平均增产原油760万—785万吨，10年内层系细分调整井累计增产7725万吨，有效地弥补老井产量的递减；通过层系细分调整，喇萨杏油田的可采储量增加5.69亿吨，有力地确保大庆油田年产5000万吨以上的高产稳产。

开辟长垣外围油田开发试验区

1982年8月，胡耀邦总书记来大庆油田视察时，向大庆提出三大任务。大庆市委和管理局党委发出"解放思想，加强勘探，再找一个大庆油田，使原油产量在5000万吨的基础上逐年增长，为全国石油工业的发展做出新贡献"的号召，决定在大庆长垣外围的宋芳屯、龙虎泡和朝阳沟等低渗透油田开辟开发试验区，进行开发试验。这三个油田分别位于长垣东部三肇凹陷、朝阳沟—长春岭阶地和齐家—古龙凹陷西侧，从所处构造位置、油藏类型和储油层性质等都有一定的代表性。

宋芳屯油田是一个构造—岩性油藏，受岩性因素控制较大，地质储量丰度低，产能低。1983年，先在芳2井区开辟了宋芳屯油田开发试验区，面积5.1平方千米，地质储量151万吨，36口油水井，1984年初投产，是年8月注水，多数油井在半年时间均见到注水效果。1985年又开辟祝三开发试验区，面积12.74平方千米，地质储量586.9万吨，共钻有118口油水井。1986年投产110口油井、投注8口注水井。由于储油层分布不稳定，钻开发井成功率较低，仅80%左右，而且油层天然能量小，地层压力下降快，产量递减快。

龙虎泡油田属于以构造因素控制为主的油藏，油层厚度小，但原油物性好、黏度低，

天然能量较高。1984年，在北块开辟50口井的开发试验区，1985年全部投入开采，依靠天然能量开采，油井压力和产量下降都比较快，平均单井日产油4吨。而弹性产能比方案设计指标高，截至1986年低，采出程度高出方案指标2.5%。1987年4月，试验区开始注水；半年后注水见效，部分油井产量已达投产初期日产水平，但有少数注水井因水质不合格，吸水能力下降。这充分说明，对低渗透油层注水开发必须要求注入水有较好的水质。

朝阳沟油田是一个较大的整装油田，含油面积和地质储量都比较大，其中朝阳沟构造轴部属于以构造因素控制为主的油藏。主要储油层为扶余、杨大城子油层，厚度虽然较大，但属特低渗透率油层，原油性质差，自然产能低，局部裂缝较发育。在朝45区块开辟50口井的注水开发试验区，面积3.3平方千米，地质储量256万吨。1985年钻井，1986年试验区投入开采。1987年4—5月，13口注水井全部转注，吸水能力较高，油井见效明显，但也出现1口井暴性水淹。也就是说，注水开发低渗透油藏，裂缝发育既有有利的一面，也可产生不利的影响。1987年在生产试验区开展脉冲试井、地层倾角测井、注指示剂、大地电位法测裂缝方位等试验，对储层裂缝进行综合研究。

这4个外围油田开发试验区，集中反映大庆外围低渗透油田复杂的地质情况，繁多的油藏类型，油气水分布的多样性，多数井自然产能低，揭示开发的难度，同时也积累了一些经验，摸索了有效的工艺技术和方法，从而为外围油田加快开发提供有益的启迪。

朝阳沟油田年产原油突破百万吨

朝阳沟油田经过7年的开发建设，于1992年胜利完成105万吨的原油产量，成为大庆油田外围第一个上百万吨的采油厂，跨入当时国内大油田的行列。

朝阳沟油田位于大庆市肇州县境内，是一个整装的大油田，探明含油面积325.2平方千米，探明地质储量达2.1亿吨，包括朝阳沟、翻身岭背斜和薄荷台、大榆树鼻状构造等4个部分，属于受构造、断层、岩性等多种因素控制的复合型油藏。油层平均渗透率15毫平方微米，为低—特低渗透油层，油层厚度不大，裂缝比较发育，原油物性差，地质情况复杂。自1986年朝45区块开辟试验区以来，加强裂缝系统研究，精心编制开发方案，井排方向避开主裂缝发育方向，采用较密的300米井排距的正方形井网，并采取油井压裂完井、早期强化注水、轴部实施线性注水、受效后二次改造等措施，油井产量、油层压力保持较高水平。朝阳沟油田以每年250口井的速度不断扩大开发规模，油田产量逐年上升。1990年底，投产油水井近千口，其中有130多口约占六分之一的油井日产量达10吨以上，年产原油68万吨。时值中国石油天然气总公司在大庆召开全国油气田开发技术座谈会，会议代表集体赴朝阳沟油田参观学习，认真总结朝阳沟油田早期强化注水的开发经验。会后，朝阳沟油田继续保持较高注采比，原油产量持续增长，在1992年累计投产投注油水井1552口，年产原油突破百万吨，采油速度达1.13%，为全国低渗透油田注水开发开创先例，为大庆加快外围低渗透油田开发鼓舞了士气，增强了信心。

朝阳沟油田在原油年产突破百万吨后，继续开拓奋进，按照"达标稳定区、近期达标区、稳定提高区、研究攻关区"的不同类型，调整完善注采系统，应用先进技术，进行分类管理，进一步提高油田开发水平，于1997年年产油量达到141万吨的高峰，并通过各种综合措施使年产百万吨持续稳产到2000年。

外围油田开发步伐加快

在中国石油天然气总公司召开加快两江地区油田开发会议后，大庆油田于1993年开展加快两江油田开发的会战。经过刻苦攻关，地震—地质方法预测砂体的综合技术取得突破，宋芳屯油田的钻井成功率从1985年的79.2%提高到96.1%，增布井位的成功率达100%，榆树林油田和头台油田的钻井成功率均在98%以上，从而增强加快开发低渗透岩性及复合油藏的信心和手段。

1993年6—12月，宋芳屯油田根据密井网地震预测结果及对油水分布规律的新认识，一次部署井位653口，超过前7年部署开发井595口（实际钻井421口）的总和；并在头台和榆树林油田部署816口井位。宋芳屯油田实施滚动开发的速度从每年30—46口提高到206-251口，年产原油从1992年的9.7万吨增加到1995年的44.13万吨。前6年产油量仅增加2万多吨，后三年增加34.4万吨。截至1995年底，采油八厂的宋芳屯、升平油田共投产油水井1068口，形成产能84万吨。

经中国石油天然气总公司批准作为大庆地区第一个与地方合资开发的油田——头台油田于1994年正式投入开发，当年共投产油水井278口。1995年，全面投入开发，开发面积26.4平方千米，动用地质储量1918万吨，年产原油20万吨。

榆树林油田也加快开发步伐，东16、东14树162等井区先后投入开发。到1995年底，共投产油水井385口，建成产能44.3万吨。1995年5月，大庆石油管理局与肇东市合资合作成立榆树林油田树2开发有限公司，开发榆树林油田南区。组建当年投产油水井78口，建成产能5.67万吨。

按照中国石油天然气总公司加快"两江"地区油田开发的总体战略部署，大庆外围地区平均每年钻井505口，最多的一年钻井数达840口；产油量平均每年增长30万吨，1995年达到292万吨，5年时间产量翻了一翻，比原规划1995年的产油量多43万吨，实际生产水平可达337万吨；5年外围地区累计产油1118万吨，比原规划多产油66万吨，为大庆油田的持续稳产做出了贡献。在此同时，外围地区建成拥有22座联合站、260.5千米的原油集输干线、392千米的集气干线和年集输能力420万吨的骨架工程。

在外围油田产量快速增长的过程中，认真总结外围低渗透油田开发的经验，发展一套相应的开发技术。总结出以早期强化注水和提高水驱控制程度为主线的"两早（注水、分注）、三高（水驱控制程度、注采比、水质）、一适时（调整注采系统）"的开发原则，以及按油砂体"三分（分层研究、分类管理、分批动用）五清（储量、注水、产油、含水、压力）"的油藏管理方法，为外围油田进一步上产、提高开发水平及经济效益奠定基础。

油层致密的榆树林油田投入开发

榆树林油田位于三肇凹陷东部斜坡。1985—1992年分五次上缴Ⅲ类石油探明储量15751万吨，含油面积235.6平方千米。油水分布较复杂，主要有岩性、断层—岩性、断层遮挡等三种油藏类型。榆树林油田的扶余、杨大城子油层可分为6个油层组、51个小层。

其物性差，渗透率为 2—4 毫平方微米，属致密油层，砂体宽度小，平面连续性差。

1991年10月，榆树林油田开辟树32井试验区，分别按300米及212米井排距的反九点法井网进行开发试验，因油层渗透率特低，均采取压裂完井；3个月后进行注水开发。当年还试验完钻大庆油田第一口水平井——树平1井，并进行试采。1992年，大庆石油管理局成立第十一采油厂，采用新体制管辖榆树林油田，大庆外围又一个整装的油田正式投入开发。

随后，投入开发的树34井试验区和东16井区及其他区块，都采用同步注水和早期分层注水。1994年投入开发的树2井区南部和以后开发的东18井区，按250米井距布井，并采取灵活的注水方式，使榆树林油田扶杨油层的水驱控制程度达到60%—70%以上。

1995年5月，南部树2井区（含油面积.5.6平方千米，地质储量530万吨）被确定为合资合作开发区块，组建榆树林油田树2开发有限责任公司。同年底树13区块投产，建成生产能力5.67万吨。当年生产原油1.2万吨。1996—1997年，树2区块钻扩边井，树8、树113和树106区块先后钻井、基建，投入开发。截至1997年底，树2开发公司动用含油面积40.5平方千米，石油地质储量3852万吨。1998年9月，黑龙江榆树林油田树2有限责任公司与大庆油田第十一采油合并重组，成立大庆榆树林油田开发有限责任公司。大庆油田占总股本的88.16%，为控股方和操作方；合同期20年（至2015年5月终止），合同区面积为314.1平方千米，地质储量11289万吨。1998年，率先应用二氧化碳泡沫压裂工艺技术进行二次改造，油井产能明显提高。

1999年，榆树林油田原油产量达到高峰——突破50万吨。2000年以后，面对后备储量品位变差、已开发区含水上升速度加快、老井产量递减加大等问题，积极探索，加强地质研究，加快难采储量动用和产能建设，进行综合挖潜及多种开发试验。截至2005年底，榆树林油田动用含油面积116.44平方千米、地质储量7417.62万吨，建成油水井1533口，年产原油40.01万吨，累计采油487.01万吨，为大庆油田的发展和地方经济的繁荣做出重大的贡献。

实施三十万吨乙烯原料工程建设

1966年，大庆油田的天然气开始作为化工原料，向大庆石油化工总厂的合成氨装置（5万吨/年）供气。1977年10月，为充分利用大庆油田丰富的油气资源，生产国家急需的有机化工原料和合成原料，党中央、国务院正式批准大庆30万吨乙烯工程立项。1981年曾停建，1982年4月，经专家论证和国务院批准又恢复重建。大庆油田负责的乙烯原料工程，包括16套引进的原油稳定装置和天然气集输工程，全面对原有的原油集输系统进行密闭改造，对原油进行稳定处理，建设油气初加工装置及相应的天然气干、湿气集输系统，建设轻烃回收、储运系统等。

乙烯原料工程从1978年10月动工，首先进行杏树岗地区的集输流程改造工程，改建39座计量站、11座中转站及相应的管网。1979年7月，组织6个施工单位1000多人队伍，分别在11座站上进行16套引进装置的基础和配套的公用工程施工，2000多平方米的基础全面打造完成。杏三联、杏九联、杏五–1等3个联合站国内配套工程的电控室、压缩机泵房、变电所达到封闭。1981年开始集中改造"A区"的天然气集输系统，同时从美国和意大利引进的设备按合同规定全部到货。1982年底，8套引进装置试运投产。1983年12月，进一步完成对萨中、萨北地区的天然气集输系统进行改造；分别安装在杏树岗、萨尔图、喇嘛甸地区的14套引进装置全部试运投产。至此，乙烯原料工程全部完工，新建计量站、转油站、天然气增压站、注气站等100多座，以及供电、供水、通信、道路、生活设施等大量工程，并生产轻烃58000吨，加工处理天然气2.2亿立方米，为国家创汇3000多万元。

1985年8月，国家计委组织验收团，对大庆油田14套乙烯原料工程引进装置检查验收、考核评定，同意进入正式生产。1986年6月，胜利完成乙烯总厂投产对原料的要求，并实现原料工程八站两线投产一次成功。配合乙烯原料工程建设，大庆的喇萨杏油田全面实现油气密闭集输流程的改造，原油损耗率降至0.8%左右，主要工艺技术指标接近和达到国际先进水平。

在国内首创生产数据计算机远程网络

1985年3月11日，据新华社报道，大庆油田在全国第一个运用计算机远程网络传输生产数据。

从1983年开始，大庆油田和浙江大学合作研究远程计算机网络。经过两年的工作，大庆石油管理局和所属喇萨杏油田的6个大采油厂的多用户微型机实现远程网络。1985年3月起，大庆石油管理局开始使用这个网络，每天可以及时准确地收集10000多口油水井的生产数据，形成各种生产报表，使油田开发部以及上级领导、有关部门能够及时掌握当天的生产情况和动向。这是我国第一个用于企业生产管理的计算机远程网络在大庆油田使用，标志着我国计算机在生产管理上的实际应用技术又向前跨进一步。

1986年，大庆油田利用世界银行贷款，从美国和日本引进CYBER180-855、CYBER180-830、M220-D及PE-3210等6套计算机系统。1986年底，6套系统全部投入运行，为大庆油田勘探开发处理有关图幅数据、计算方案设计，使大庆油田开发走上数据快速处理、传输的途径，加强油田生产的快捷有效管理。

吹响第二个十年稳产号角

1986年初，石油工业部在大庆召开"庆祝大庆油田年产五千万吨稳产十年祝捷大会"。会上，石油工业部领导提出，大庆油田要不断巩固油田稳产基础，把现有5000多万吨年产水平至少要持续到1995年，并力争稳产至20世纪末。根据国家的需求，大庆市场党委认真研究和确定了"原油五千万吨稳产再十年"的奋斗目标，明确坚持改革，坚持依靠科学进步的开展以提高水驱采收率和提高经济效益为重点的八大系统工程科学技术研究，进行了再十年的稳产部署，认真编制大庆油田"七五"开发规划。

1976—1985年，大庆油田在年产5000万吨以上稳产10年。在这10年中，大庆油田的主力油田——喇萨杏油田综合含水从30.65%上升到74.17%，年产液量从7346万吨增加到21273万吨。随着油田进入高含水期，实现稳产所需要的措施工作量大幅度增加。本着继续保持原油稳产5000万吨以上再十年的奋斗目标，初步拟定稳产再十年划分为"七五"和"八五"两个阶段部署。实践一步，认识一步。首先组织发动广大地质、工程技术人员和工人编制"七五"油田开发规划。

预计"七五"期间，综合含水将上升到80%以上，年产液量也将超过3亿立方米。随着含水越来越高，油井的生产能力不断下降，主力油层的产油量递减幅度明显增大；同时采出程度提高，剩余油储量多分布在动用较差和尚未动用的差油层中，以及大面积水淹的主力油层内的一些低渗透部位，这些都是低产、较难动用的原油储量；而且油井增产措施的效果变差，为实现稳产所需的措施工作量越来越大，将比"六五"期间增加更多。油田开发的调整和改造工作的重点将由主力油层转向中低渗透油层，采用钻层系细分调整井、增大改造措施工作量等途径。"六五"期间，由于在外围油田也开展多个开发试验，给大庆油田开发开辟新战场。

根据研究讨论，确定大庆油田在"七五"期间的主要目标：全大庆油田按年产5500万吨稳产组织生产运行；喇嘛甸、萨尔图、杏树岗油田按年产原油5000万吨以上稳产，长垣南部和长垣外围新油田投入开发建设，形成新的生产能力，接替老油田生产能力递减，实现年产5500万吨的稳产；加强油气勘探，扩大后备资源，新增石油储量7亿—9亿吨，天然气储量300亿立方米；全油田的油气损耗率降到0.5%以下，轻烃生产1987年达到32万吨的能力。

在油田开发上，继续贯彻稳产方针，实施"三个调整"的技术政策，实现大庆长垣油田长期稳产。搞好"三个调整"：一是进行层系细分调整，钻调整井5500口，基建5751口，新增原油生产能力1670万吨，钻套损更新井100—200口，改善套管损坏严重地区的开发效果；二是进行压力系统调整，力争1988年完成喇嘛甸、萨尔图、杏树岗油田的老井转抽，计划下电泵1060口，转装抽油井1600口，并安排抽油井换泵换型500口，增产原油498万吨；三是对分区分块采油速度进行调整，将采油速度高、含水上升快的喇嘛甸油田和萨北地区的采油速度逐步控制下来，把储量潜力大的萨中地区的采油速度逐步提高，其他开发区适当做些调整，使各大开发区尽量做到合理开发，从而控制整个油田的含水上升和产液量增长速度，实现接替稳产。坚持滚动勘探、滚动开发的方针，加快外围油田开发建设步伐，计划外围油田每年钻井500—600口，五年钻井2400口，基建油水井2083口，建成生产能力250万—300万吨。继续推进油田地面工程技术改造，实现低损耗、低能耗，扩大注水、供电、污水等系统工程的能力，进一步搞好天然气综合利用，完善配套乙烯原料工程建设。坚持"科学技术是第一生产力"的原则，搞好科学研究，攻克低渗透薄油层及表外储层的开发、二次开发调整、外围油田滚动开发、提高水驱采收率、套管损坏的防护及修复等技术难点，开展现场试验，做好技术储备。规划还确定坚持搞好改革，增强企业活力，改革投资管理，控制投资规模，利用国内外贷款进行外围油田开发，缩短建设周期，讲究经济效益等原则和措施。

在规划具体安排中，采用不同途径，提出三种类型的规划对比方案，运用线性规划方法，建立油田规划优化模型，进行优化决策，从而制订的"七五"规划方案，综合应用各种增产措施，科学协调安排，有利于"三个调整"，总投资费用少，原油生产成本低，社会经济效益显著。

油田实施二次加密调整

喇萨杏油田在一次加密调整后，仍有部分油层动用不好或未动用。经分析尚未水淹动用的储量潜力，大致可分为两部分：一部分是在加密井网条件下尚未动用的低渗透薄层储量；二是目前尚未划分为有效厚度的表外层储量。根据对表外储层隔层条件研究结果，未动用或动用差的储量约占1/3（隔层大于2米）到3/5（隔层大于1米）。

1991年经过7个井网加密试验和5个表外储层试验取得一定效果后，按照"均匀布井、减小层间矛盾、强化注水系统、协调新老井关系"的原则，从北二区东部开始二次加密调整措施，随后逐步在喇嘛甸、萨尔图、杏树岗油田及葡萄花油田北部全面展开。二次加密调整井在部署上与基础井网、一次加密井网错开布置，并完善注采系统，而且二次加密的油井与一次加密的老注水井井距在100—150米以上。针对二次加密井调整对象是渗透率很低的薄差层和表外储层，改善完井工艺技术，采用多裂缝、限流法压裂或优质射孔弹完井方法，增强薄差层的出油能力。1991—2000年，共钻二次加密井17000多口，增加可采储量1.34亿吨。2002年，二次加密井的年产油量达977万吨，占大庆油田产量的19.89%，在水驱各套井网中年产量最高。二次加密井对大庆油田年产原油5000万吨以上持续稳产起到重要作用。

实施稳油控水开发方针

1990年，大庆油田在年产5000万吨以上持续稳产15年，油田综合含水达到78.96%，可采储量的采出程度也达59.3%，储采比开始下降，液油比快速上升。1991年初，在大庆油田开发技术座谈会上，大庆石油管理局局长王志武认真听取大庆油田勘探开发研究院和各采油厂实施"七五"规划、实现持续稳产的经验和做法后，针对"笼统提液稳产"将导致油田产液量快速增长的矛盾，提出"稳油控水"开发方针，并要求每个采油厂搞好1—2个"稳油控水"示范区。依据对油田开发状况的分析，充分利用大庆油田非均质、多油层注水开采过程中，不同区块、井网和井点存在不均衡的特点，坚持"储采平衡、精细注水、提液控水"的原则，进行"储采、注水、采液"三个结构调整。一是通过二次井网加密调整、老区综合调整挖潜和加快外围油田开发，增加可采储量，搞好储采结构调整；二是通过油井转注、新注水井投注、提高分层注水率，完善注采系统，搞好分层注水结构调整，提高中低渗透率油层的储量动用程度；三是搞好产液结构调整，控制特高含水油井的产液量，提高中、低含水油井的产液量，使不同井网的产液量比例得到有效控制，在总体上实现稳油控水。并在认真分析油田动态、精心选井选层的基础上，推行"3、6、9、10"工程，大力提高各种增产措施的效果。经过"八五"前两年的实践，有效地控制油田产液量的增长，2年才增加303万吨，平均年产液量增长率仅为0.66%，并实现综合含水两年基本不升。后三年，进一步调整"八五"规划的目标和部署，以年产原油5500万吨作为计划目标，按年产5600万吨组织生产运行，并提出含水上升"巧干三年不过一（1%）"的指标。通过三个结构调整，大力搞好加密调整井的产能建设，精细挖潜，寻找聪明高效井，加快外围油田的上产步伐，改善分层注水状况，提高老井综合措施的增产堵水效果及工作量,使大庆油田1994—1995年的年产油突破5600万吨,实现稳中有升,而且1995年综合含水仅比1992年上升1.04%,低于原规划81%的指标。五年新增可采储量1.83亿吨,累计压裂、堵水、换泵等措施10438井次,增油1179万吨,而增水仅1236万吨,确保"稳油控水"各项指标的实现。

大庆油田在注水开发油田的高含水后期,实施"稳油控水"的新模式,突破国内外油田历来传统的做法,提出新的理念,开启新的途径。此后不久,中国石油天然气集团公司总结推广大庆油田的成功经验,在其他油田广泛开展大规模的"控水稳油"活动,有效地改善了全国油田开发的效果。大庆油田高含水期"稳油控水"系统工程,荣获1996年度全国科技进步唯一一个特等奖。

开发系统实施"3 6 9 10"工程

1990年度油田开发技术座谈会提出"注够水、注好水、提液要控制水"及"实现两不超"要求,在完善注采关系以及提高分层注水质量的基础上,制定油井主要增产措施(堵水、转抽或换泵、压裂)和加密调整井单井产量分别达到"3、6、9、10"吨的工作目标,以充分发挥各项措施的作用,提高措施"增油降水"的效果,从而确保"稳油控水"目标的实现。上述增产、降水的指标,需要从钻井、完井开始,包括地质研究、动态分析、方案编制、采油工艺设计,一直到井下作业施工和日常生产管理等多方面的协作努力,是一个系统工程,故称之为"3、6、9、10"工程。

为确保工作目标的实现,坚持依靠科技进步,发展完善相关工艺技术。在油井堵水措施方面,各采油厂、生产测井研究所和采油工艺研究所成立堵水领导小组和技术攻关队,形成以直接测试、模拟测试和综合判断为主的大排量机采井找水技术,配套完善4大类32种机械堵水管柱,和以水玻璃加氯化钙及氰凝为主的单液法化学堵水技术,运用水淹层测井解释资料与动静态资料结合的综合分析方法,准确判断特高含水层位,精心制订堵水方案。5年进行堵水措施2316口井,降水1560万吨,增油55.2万吨,平均单井日降水65.2吨,日增油1.8吨。

在机械采油方面,积极开展研究攻关,发展完善有杆泵10项配套技术、电潜泵10项配套技术和螺杆泵10项配套技术,5年自喷井转抽、下电泵及换机泵措施2911口井,增油266.91万吨,平均单井增油6.8吨。

在压裂改造方面,面对压裂井含水增高,重复压裂井层增多的不利条件,井下作业公司和各采油厂认真分析油水井资料,精心选井选层,并针对各类油层改造的需要,推广应用选择性压裂、投球法多裂缝压裂、平衡限流法压裂、定位平衡压裂和新型压裂液等技术,运用计算机软件程序优选压裂施工参数,强化施工管理,提高施工质量,进行压后质量检测和跟踪分析,及时采取换泵、调整抽油参数及相应注水方案等综合措施,大大提高压裂改造的效果。喇嘛甸、萨尔图、杏树岗油田5年压裂老井3556口,增油605.37万吨,平均单井增油9.9吨。

在新井产量指标方面,由于喇嘛甸、萨尔图、杏树岗油田进入高含水后期(含水80%以上)开采,而且经过层系细分调整,注采井距已缩小到250—300米,面临剩余油分布比较零散的局面。主要调整对象为薄差油层和表外储层，也存在较大的难度。为此，进行储层精细研究，认真编制二次加密调整方案设计；搞好二次加密井方案的实施和治理，寻找聪明高效井，完善注采关系，提高水驱控制程度和增加连通及受效方向，加大二次加密井压裂改造力度；进一步发展工艺技术，提高固井质量，发展完善限流压裂完井和深穿透、无杵堵、负压射孔技术，改进完善薄层水淹层测井解释技术，提高薄层水淹程度解释符合率，确保二次加密井产量达到设计指标。1991—1995年，共完钻二次加密井4917口，建成生产能力1274万吨，通过二次加密获得可采储量5830万吨，平均每口井增加可采储量1.39万吨。已投产二次加密油井2828口，转注水井1357口，累计生产原油1068.26万吨，包括聚合物驱油区块的新井在内，平均单井日产油达10.2吨。"3、6、9、10"工程的实施，促进各项工艺技术的发展完善，加强各专业工种的协作配合，强化施工质量监督和生产管理，确保"稳油控水"总体目标的实现，进一步保证大庆油田年产5000万吨以上的持续高产稳产。

攻三难　破三关　一推进　保稳产

为适应大庆油田高产稳产的需要，大庆石油管理局领导在1991年度技术座谈会上，针对"八五"期间10项配套攻关技术的主要课题，抓主要矛盾，明确提出"攻三难、破三关、一推进、保稳产"的战略部署——攻克水淹层测井解释技术、薄层固井的防窜封窜技术、高产液量有杆泵抽油井和电泵井的找水堵水技术等三个方面难题，推进地质研究，确保油田长期高产稳产。按照油田领导的部署，成立4个攻关队，开展科技攻关。

20世纪90年代，大庆喇嘛甸、萨尔图、杏树岗油田进入二次加密调整阶段，以"薄、差、互、杂"为特点的薄差油层和表外储层成为挖潜主要对象，其电性、物性均不够下限标准，这些水淹层解释很困难；另一难题是厚油层内不同层段的水淹等级进行细分定量解释。经过攻关，薄油层水淹层测井解释发展了"由单一到综合、由定性到定量"的综合解释技术，非均质严重的高台子油层水淹层解释符合率达75%以上，通过喇嘛甸油田二次加密井生产验证，平均单井可多增油2吨以上；同时建立厚油层细分水淹层解释方法，突破厚油层多韵律多段水淹的解释难题，解释符合率可达85%；还研制成功薄层三侧向测井仪和高分辨率三侧向测井仪，既有较高的纵向分层能力，又有较深的径向探测深度，仪器测井成功率达到90%。

二次加密井的调整对象是与泥质层呈薄互层的薄差油层，由于自然产能低，必须承受压裂施工的高压，因此对固井质量的要求较高。围绕提高薄层固井优质率，开展薄层固井、防窜、封窜等7个方面22个课题的研究攻关，总结出"压稳、居中、替净、密封"四个环节，推广应用弹性限位套管扶正器、黏砂套管、套管外封隔器、低密度水泥浆、控制水泥面高度施工技术和氰凝堵窜等技术，制定严格抓施工、抓管理、抓质量等一套措施，使固井优质率提高5个百分点。

高含水机采井找水堵水技术攻关取得重大突破。大排量100米^3/日、250米^3/日的环空找水仪研制成功并推广应用；还研制成功两种可调层堵水管柱——多层滑套式和双层液压式可调层堵水管柱，既能找水，又能堵水，还能调整的多种技术功能，适用于多层高含水或含水状况不清的油井；并完善配套4

大类32种机械堵水管柱，可使用于各种不同条件下的油井堵水作业；化学堵水技术取得突破并广泛应用，高聚物单液法和水玻璃加固化剂单液法堵水施工成功率分别达到83.3%和73.3%，"八五"期间共完成272口井305层，平均单井实现增油3.3吨和降水50.6吨的较好效果。

通过主要技术的攻关，有力地促进地质工作。不仅对表外储层地质特征、分布模式和开采条件有深入的认识，而且使表外储层的挖潜得以实现，为高产稳产发挥重要的作用。同时，开发数据库的建库工作进展迅速，油藏数值模拟技术有了较大的发展，1.9万口老井数据全部进库，6个典型开发区块完成历史拟合及预测，黑油模型进一步运用于调整方案的优选；静态研究地质绘图软件和测井曲线矢量化技术在采油一厂到六厂推广应用，测井横向曲线图幅全部数字化，可用计算机解释各项地质参数；油田开发动态管理评价软件在全油田范围内普遍推广，使分区块的开发动态管理水平有很大提高。

表外储层开发研究取得新突破

新时期铁人王启民同志在介绍大庆油田开发时，手中曾拿着一块致密油层的岩心。这块致密油层岩心就是人们所说的表外储层。表外储层是目前地质储量新标准以外的储油层。

其油层薄而分散，含油不饱和，产状主要是油浸、油斑，岩性以泥质粉砂岩为主，大都为特低渗透油层。在储量复算时没有考虑压裂改造的条件，所以这些储油层仍在标准之外。1984年起，开始对喇嘛甸、萨尔图、杏树岗油田表外储层进行研究。1985年，对杏1区东部和中区东部二次加密试验区对表外储层进行解剖，并对喇嘛甸、萨尔图、杏树岗油田91口岩心资料独立型萨、葡表外储层厚度统计调查，估算表外储层资源潜力。1986年，开辟杏北地区的杏五区表外储层工业开采试验区，对表外储层钻取心井，进行岩心分析研究，确定表外储层的物性下限；并选有代表性的小层进行试油、试采，求得表外储层的自然产能和压裂后生产能力。

1987年，对比较发育的萨南开发区和杏北开发区的表外储层进行研究，研究其岩性、物性、空间分布类型和模式。萨南和杏北地区的表外储层均属同一河流—三角洲体系中低能沉积环境的产物。这两个地区全部独立型表外储层在各小层的钻遇率较高，平均为36.2%和34.0%，其萨、葡油层中独立型未划储层单井平均厚度为19.77米和18.05米；其砂体空间分布类型有零散砂席型、连片型、整体砂席型，并估算这两个地区表外储层可供挖潜的储量潜力。是年，又开辟南3区掺混型表外储层、北2区分流间表外储层试验区。1989年，进一步开展杏11区萨三组特低渗透表外储层开发试验和葡北低渗透层产能试验，进一步了解其注水开发的条件、产能变化特点和开采经济效益等。通过试验，表外储层虽然渗透率低、物性差，但经压裂改造后可具备工业开采价值，平均单井日产油达6吨左右，一口井可累计采油1万—1.5万吨。

在试验同时，开展全大庆油田表外储层工业开采评价研究。认识到表外储层是表内主体层向泥质岩演化的过渡性储层，表内与表外储层是相互连通的整体。对表外储层的开采，不仅可采出自身的部分储量，而且还可以进一步完善油砂体的注采关系，改善油田整体开发效果，开拓油田挖潜的新途径。表外储层与未动用的低渗透薄油层结合，可在喇嘛甸、萨尔图、杏树岗油田均匀布井，进行二次加密调整。根据对表外储层的地质特征、产能与潜力分析，估算评价表外储层可增加油田可采储量1.5亿吨，进一步延长油田的高产稳产期。《大庆油田表外储层工业开采评价研究》的科技成果，获得1992年度中国石油天然气总公司的科学技术进步一等奖。这一研究成果在喇嘛甸、萨尔图、杏树岗油田的二次加密调整以及三次加密调整中得到广泛的应用，表外储层作为重要的调整挖潜对象，使大庆油田实施二次加密井17000多口，并钻三次加密井2050口，为大庆油田年产5000万吨以上持续到2002年，做出了重要贡献。

第一个合资合作开发的油田——头台

为加快外围新油田的开发建设，提高难采储量的动用程度，经国家计委和中国石油天然气总公司批准，位于松花江边的头台油田成为第一个大庆油田外围地区合资开发项目，也是中国陆上油田开发的第一家股份制公司。1993年12月，大庆石油管理局（占总股本的50%）与肇源县人民政府（占总股本的30%）、黑龙江投资公司（占总股本的10%）、黑龙江东方资产管理公司（占总股本的10%）共同组建黑龙江头台开发有限责任公司，着手开发头台油田。合同区面积60平方千米，地质储量3667万吨，开采目的层为扶余油层。合作期限为20年，自1993年12月起，到2013年12月止。后来，黑龙江头台开发有限责任公司改称大庆头台油田开发有限责任公司，股东及其股本占有量均发生变化：大庆油田公司占总股本的78.22%，为控股方和操作方；黑龙江省油田开发股份有限公司占总股本的8.22%，北京道乐投资有限公司占总股本的7.98%，肇源县石油开发公司占总股本的3.85%。大庆头台油田开发有限责任公司注册资本51371万元。大庆石油管理局副局长梅江、大庆油田公司副总经理巢华庆先后兼任头台开发公司董事长。

1981年因台1井获工业油流而发现头台油田，至1993年上缴控制储量9111万吨，控制含油面积192平方千米。双方合作后，于1993年开辟生产试验区；1994年正式投入开发，年产油10.56万吨；到1995年，投产油水井311口，年产油量首次突破20.03万吨。

头台油田开发公司经过多年的开发经营，确立正确的理念，加强对油田地质特征的研究，发展油田核心技术，精细生产经营管理，自2001年油田开发及经营指标明显好转，原油年产量由降转而上升，经营扭亏转盈。2004年，年产原油重上20万吨以上，达25.38万吨。

2004年底，大庆油田公司与大庆头台油田开发有限责任公司进一步扩大合作开发范围：一是位于肇源县境内的源13-261区块；二是合作开发茂16-茂401区块。这两块均属于未开发边际效益储量，合同区地质储量分别为1667万吨（面积147.1平方千米）和1224万吨（面积22.93平方千米）。合同约定实行产品分成，合作期限为25年，自2005年1月1日起，至2029年12月31日止。

大庆头台油田开发有限责任公司在探索中创新，在创新中发展，实现油田产量逐年上升，公司利润逐年增长。截至2005年底，大庆头台油田开发有限责任公司开发动用含油面积71平方千米，动用地质储量3378万吨；

建成油水井 939 口，年产油 34.09 万吨，采油速度 0.95%，累计采油 197.59 万吨；2005 年销售收入 94025 万元，上缴税费 36964 万元，实现利润 44100 万元，取得巨大的经济效益和社会效益。

对外合资合作窗口——州 13 区块

为加快外围难采储量的动用开发，经国家计委和石油天然气总公司批准，大庆油田肇州油田州 13 区块作为对外合作开发的区块之一。肇州油田州 13 区块位于肇州县西部，内含 6 个小区块，合作区面积 167.3 平方千米，地质储量 7153.18 万吨，其中主要目的层——葡萄花油层，地质储量 2562.62 万吨，扶杨油层地质储量 4590.56 万吨。1996 年 8 月，中国石油天然气总公司与加拿大皇朝能源有限公司签订《中华人民共和国大庆肇州油田州 13 区块开发和生产石油合同》，合同区面积 32.8 平方千米（其中葡萄花油层地质储量 830 万吨、扶杨油层地质储量 931 万吨），合作期限为 30 年。合同约定，投资回收前的中方与外方分成比例为 15%：85%；投资回收后，按 51%：49% 的比例分成。中方由大庆油田组成项目经理部，参与共同管理。1996 年 12 月，该项目经中国对外经济贸易合作部批准正式生效实施，加拿大皇朝能源有限公司投资 9511 万元，在先导试验区钻井 5 口，并进行总体开发方案设计。2001 年 1 月 22 日，该方案经国家外经贸委批准实施。2002 年 1 月，加拿大皇朝能源有限公司将合同中的作业者权力转让给香港中汇石油有限公司，皇朝能源有限公司仍保留其中 4% 的作业者权益。此前的 2001 年 12 月，大庆油田公司又与香港中汇石油有限公司签订《中华人民共和国大庆肇州油田州 13 的（3—6）区块开发和生产石油合同》。合同区面积 74.6 平方千米，合同区内葡萄花油层地质储量 930.5 万吨，扶余、杨大城子油层地质储量 1778.3 万吨。合同约定，投资回收期大庆油田公司与香港中江石油有限公司的分成比例为 30：70，投资回收后双方的分成比例为 55：45；合作期限为 30 年。合同自 2002 年 2 月起正式生效。香港中汇石油有限公司（2003 年更名为中亚石油有限公司）作为州 13 区块开发和生产合同的作业者，当年钻井 15 口。自 2003 年 2 月起，州 13 区块 1—2 小区进行开发井钻井和基建，到 2004 年建成油水井 167 口，总体开发方案实施完成，累计投资 5.2 亿元。州 13 区块 3—6 小区于 2003 年编制完成总体开发方案，2004 年全面投入开发。2005 年 1 月，州 13 区块 1—2 小区进入生产期，开始滚动扩边开发；同年 4 月，作业者收回全部投资，大庆油田公司分成比例由 15% 增至 51%。截至 2005 年底，州 13（1—6）区块动用含油面积 49.73 平方千米、地质储量 1247.81 万吨，可采储量 296.74 万吨。累计钻井 489 口，投产油水井 437 口，建成联合站 1 座、转油注水站 1 座、计量间 20 座；年产油量达 29.87 万吨，实现原油商品量 29.51 万吨，累计生产原油 57.34 万吨；外方累计投资 11.8 亿元。

通过双方合作开发，大庆油田不仅得到分成比例的原油，而且获得钻井、射孔等有关施工的反承包工程，锻炼油田的施工队伍；同时这也是一个窗口，使大庆油田了解到在开发及生产管理中的一些好的做法，获益匪浅，得到不少的启发。

实施注采系统调整

大庆喇萨杏油田进入高含水期开采后，进行油井开采方式的转变，但油井成片转抽以后，部分区块注采系统无法满足提高产液量的需要，出现油田压力下降幅度大、产量递减加快的问题。于是1987年开始在喇嘛甸、萨北的北三区西部、萨中的西二断块、北一区断西等6个试验区进行注采系统试验，分别将原反九点法面积注水改造为五点法或局部五点法面积注水、行列井网注水等，增加注水井点，提高注采井数比，增多受效方向，提高水驱控制程度，使产液能力增强，含水上升速度减缓，压力系统得到调整，可采储量增加，从而改善开发效果。

在试验取得效果的基础上，对喇萨杏油田进行注采系统调整，整个"七五"期间全油田共转注油井和新井投注2684口井，其中后三年（1988—1990年）每年注水量增加达492万—958万立方米，大大改善注水开发效果，产液量稳步增长，老井产量递减速度进一步减缓。同时压力系统得以调整，全油田地层压力从1989年走出低谷开始回升，1990年有70%的油井压力稳定或上升，各大开发区地层压力均呈现回升趋势，喇嘛甸、萨尔图、杏树岗油田回升0.17兆帕，长垣南部油田回升0.10兆帕。

"八五"期间，喇嘛甸、萨尔图、杏树岗油田在进行二次加密调整过程中，针对高含水后期多套层系井网开发所形成的不同类型的注采系统（如反九点面积注水井网、四点法面积注水井网、注水井网不完善地区等），提出相应的14种调整方案，做出部分调整，不断完善注采系统。喇嘛甸油田在加快注采系统完善的过程中，搞好注水结构调整，对油田注水量实行"两个转移"：一是由老注水井向新转注井的转移，二是由高渗透层向低渗透层的转移，既调整平面矛盾，也调整层间矛盾，使油田开发形势进一步好转。

1995年，长垣南部的葡萄花、太平屯、高台子油田开始针对水下窄小砂体的沉积特点，建立注采系统调整原则和分砂体量化评价模型，对注采系统进一步加以完善。长垣外围的大多数油田根据油田根据不同时期开采状况，适时进行注采系统调整，将反九点法面积注水变为灵活的不规则面积注水，部分裂缝比较发育、主裂缝方向性明显的地区，则改为线状注水。2000年以后，进入特高含水期开采的喇萨杏油田部分地区，将水驱开采精细挖潜重点放在完善单砂体注采关系、提高水驱控制程度上。2003年，大庆油田初步建立起单砂体注采关系完善程度自动评价系统，从而规范评价的主要指标及标准，得以快速、客观、准确评价各区块单砂体注采关系情况，为各井点完善单砂体注采系统提供具体的依据。

聚合物驱油技术工业化应用

聚合物驱是三次采油技术中一种重要的方法，在注水开发的高含水后期和特高含水期，采用注聚合物溶液替代注水，以提高排驱黏度，改进流度比，扩大波及体积，提高油田采收率。

大庆油田早在20世纪70年代，即在萨北开发区的小井距试验区和喇嘛甸油田35号计量站地区，开展注稠化水（利用部分水解聚丙烯酰胺配制）提高采收率试验。1985年，与英国胶体公司合作在厚油层试验区高含水层注聚合物，进行层内调剖挖潜试验。1988年后又继续进行聚合物驱油试验。1989年，在中区西部开展单层（葡I 1—4）和双层（萨II 1—3、葡I 1—4）聚合物驱油先导性试验，分别在井距为104米的两个四注九采试验井组，注入地下孔隙体积0.667PV及0.576PV聚合物溶液，取得较好效果。1993—1994年，先后在北一区断西和喇嘛甸油田南块开展大井距、多井组的聚合物驱油工业性矿场试验，试验连续进行了5年，分别注入聚合物溶液812.28万—365.7万立方米，折算聚合物用量为592—644毫克/升，孔隙体积，比水驱提高采收率9.8%—13%，吨聚合物增油91—129吨，效果显著。

在经过室内研究、先导性矿场试验、工业化矿场试验取得显著效果的基础上，1996年聚合物驱油进入工业化应用阶段。首先在萨中、萨北开发区及喇嘛甸油田6个区块推广应用，总井数1002口（注入井472口、采出井530口），聚合物驱油面积59.07平方千米，地质储量1.23亿吨。此后，工业化应用区块不断扩大，聚合物驱油技术进一步完善配套。截至2002年，工业化应用已扩展到喇嘛甸、萨北、萨中、萨南及杏北等5大开发区的25个区块，总面积237.93平方千米，地质储量4.053亿吨，总井数4206口。其中注入井1922口，采出井228口，年注聚合物干粉7.6吨，年产油1056.7万吨，突破1000万吨的规模，并形成一套包括油藏工程、采油工程、地面工程等聚合物驱油系统完善的配套技术。

至2008年底，大庆油田三次采油年产量连续7年保持1000万吨以上稳产，年注聚合物干粉10万吨以上，工业化应用已扩展至二类油层6个区块，开展3个三类油层现场试验也取得一定的效果；并正深入研究聚合物驱后的剩余油分布规律。大庆油田三次采油技术以其规模大、技术含量高、经济效益好，创造世界油田开发史上的奇迹。

提出"两高一发展"开发战略

1998年是大庆油田开发工作取得重大胜利的一年，也是油田开发历史上遭受亚洲金融风暴冲击和百年不遇特大洪水袭击的多重困难的一年。

从油田开发形势分析，大庆油田经过38年的注水开发，已进入高含水后期开采，综合含水高达80%以上，采出可采储量70%以上。随着含水上升和开采难度的增大，原油生产成本不断上升，油田开发的总体效益逐步变差；而且由于长期高产5000万吨以上，储采失衡所造成的后备资源不足，稳产的难度越来越大，并将对油田的发展产生重大的影响，油田已出现含水上升速度、产量递减速度、油水井套管损坏速度"三个加快"的趋势。

从外部环境来分析，由于当时亚洲金融风暴的影响，世界经济增长速度放慢，国际市场供大于求，迫使油田限产4.8万多个井日；接着出现少有的国际原油大幅度降价，石油价格走势处于低靡状态；进入雨季后，大庆油田遭受百年不遇的特大洪水灾害，有2291口井受到影响或被迫关井。全年三次大冲击，使大庆油田减产原油近75万吨，油田经济蒙受50多亿元损失。

面临这样的风浪，大庆油田领导带领广大职工发扬大庆精神、铁人精神，顽强拼搏，精心调整，科学组织运行，尽最大努力克服困难，挽回损失，全年生产原油5570万吨，超额完成国家计划任务，而且实现利润86.19亿元，胜利完成石油天然气集团公司的计划指标。同时，大庆油田领导召开油田各级领导干部、开发技术人员和部分离退休专家座谈讨论，研讨开发战略和发展策略。通过讨论，大家一致认识到大庆油田已经到了进行战略重大调整的时机，油田开发工作必须进一步提高开发水平，也必须从过去的以原油生产为中心，转移到以经济效益为中心的轨道上来，从以油田稳产为总目标，转移到以油田可持续发展为总目标上来。于是在1998年度大庆油田开发座谈会上，大庆油田领导向开发系统发出"高水平、高效益、可持续发展"的开发方针，并提出"发展稳油控水技术，加快三采研究步伐，深化油藏地质研究，优化规划方案设计，加强油田科学管理，提高开发总体效益"的总体要求，牢固树立经济效益观念、可持续发展观念和科学技术是第一生产力的观念，针对出现的新情况、新问题，重点抓好"含水上升速度、产量递减速度、油水井套管损坏速度"三个控制，努力实现"薄差层固井质量、薄差层水淹层解释精度、低排量找水测试准确程度"三个提高，认真搞好"三次加密调整、三元复合驱、外围三低油藏经济有效开发"三个攻关，把开发工作做实做细。在征得上级部门同意后，对1999年及2000年的生产原油计划进行战略性的科学调整。

这一方针是在大庆油田领导班子新老交替的时刻提出的，是认真分析并针对油田开发所面临的新形势下决策的，具有承上启下、继往开来的作用，而且对大庆油田21世纪开发工作也具有重要的指导意义。

实现持续27年5000万吨高产稳产

1976—2002年，大庆油田实现年产原油5000万吨以上高产稳产持续27年，创造油田开发稳产期最长、稳产期末含水率最高、采出程度最高的世界先进水平，铸就世界同类型油田开发史上的奇迹。

1976年，在"早期内部注水、保持较高能量开采"的原则下，全面开发喇萨杏油田，大庆油田年产原油达到5030万吨。通过基础井网加强注水、放大生产压差、依靠自喷开采的方式实现五年稳产。1981年开始实施以开采中低渗透油层为主的层系井网加密调整和油井开采方式转变，实现年产原油5000万吨以上高产稳产第一个十年。通过1979—1983年长垣南部三个主要油田先后投入开采，1984年后，宋芳屯、龙虎泡、朝阳沟等外围油田逐步投入开发，大庆油田将年产原油提高到5500万吨的水平。1986年，石油工业实施"稳定东部，发展西部"战略，要求大庆年产5000万吨稳产再十年。1987年，大庆油田经过缜密调研、科学论证，提出"解放思想，深化改革，加强勘探，确保5000万吨稳产再十年，力争延长到21世纪"的奋斗目标。1991年起开始实施"稳油控水"开发方针，在注水开发上坚持"储采平衡、精细注水、提液控水"的原则，进行"储采、注水、采液"三个结构的调整，并以薄差油层和表外储层为挖潜对象全面开始二次加密调整。1996年，进一步开始在喇嘛甸、萨尔图、杏树岗油田进行驱替方式的调整，工业性推广应用聚合物驱油技术。聚合物驱油工业化推广应用区块从初期的6个逐渐增至2002年的25个，年产油量从250多万吨上升到1056万吨，成为大庆油田年产5000万吨以上稳产的重要组成部分，应用面积达238平方千米，形成世界最大的三次采油基地。

20多年来，大庆油田始终重视科技创新，围绕制约油田发展的瓶颈问题组织多学科联合攻关，实施"分层注水，多次布井、先肥后瘦，先疏后密"，逐步扩大开发区域，不断挖潜改造，大庆长垣老油田完成层系细分加密、二次加密以及三次加密调整措施，坚持稳油控水，发展三次采油技术，不断改善注水开发效果，逐步提高采收率，测算喇嘛甸、萨尔图、杏树岗油田最终采收率可达50%以上。与此同时，加快外围油田开发步伐，使大庆外围地区开发建设22个油田，动用4亿多吨储量，投产11891口油水井，通过新技术攻关，加大综合治理力度，采取新的管理体制和合作方式，新区储量不断动用，外围油田的年产油量保持在400万吨以上。在27年中，大庆油田发扬大庆精神、铁人精神，克服多种困难。1998年，在党中央、国务院的领导下，依靠全国人民的支援，战胜百年不遇的特大洪水灾害，并克服当时国际金融危机和石油市场低靡需求的影响，年产原油仍然达到5570万吨。此后，大庆油田实施"高水平、高效益、可持续发展"的开发方针，经集团公司的批准同意，对产量主动进行战略调整，到2002年生产原油5013万吨，使大庆油田在5000万吨以上高产稳产27年，27年累计生产原油14.52万吨，满足国民经济发展的需要，创造油田开发的高水平。

新华社报道说，大庆油田连续20多年年产原油突破5000万吨，续写了世界同类油田开发史上的奇迹，为我国石油工业和国民经济的健康稳定快速发展做出巨大贡献；大庆油田形成先进的油田开发地质理论和配套技术系列，其勘探开发成果与"两弹一星"等科技成果一同载入中国科技发展史册。

三次采油逾1亿吨

大庆油田从20世纪60年代开始研究三次采油技术，到1972年进入矿场试验。聚合物驱油技术经过室内研究、先导性矿场试验、工业性矿场性试验，不断取得成功。于1996年开始工业性推广应用；2002年，聚驱区块年产量突破1000万吨；到2008年底，已投入工业化应用区块46个，面积413.29平方千米，动用地质储量6.57亿吨，共有油水井9677口，当年注入聚合物干粉10.72万吨，聚合物驱油工业化区块全年产油1049.5万吨，加上三元复合驱等三次采油的年产油量达到1100.6万吨，三次采油年产量已经占到全油田总产量的27.38%。三次采油产量连续七年保持1000万吨以上稳产，聚合物驱油的技术经济效果明显。2008年12月，其中聚驱的累计油量达到1.10亿吨。聚合物驱油使原油采收率比水驱提高原始地质储量的10%以上，在整体技术水平上达到世界领先水平。2006年9月，大庆油田应用三次采油技术累计产油突破1亿吨。

2002—2008年，大庆三次采油的年产油量始终保持在1000万吨以上，产量占大庆油田总产量的比例提高到25%。大庆油田三次采油的规模范畴、技术含量以及经济效益，均创造世界油田开发史上的奇迹。

卓有成效的开展精细地质研究

经过开发层系细分调整和二次加密调整，喇嘛甸、萨尔图、杏树岗油田的井网密度达到每平方千米布井30口以上，井距缩小到100—200米。为弄清剩余油分布状况，以便有针对性地实施油田开发调整，1993年开始对沉积微相特征进行精细鉴别，细分沉积单元，由大到小、由粗到细，逐级解剖砂体的几何形态及其内部结构，精细构建储层地质模型，系统描述储层非均质体系。到20世纪90年代中后期，采用层次分析和模式预测描述法，形成一套"系统描述非均质体系、建立精细地质模型"的储层精细描述方法，纵向上可将油层细分到单砂体或沉积单元，平面上可细分出沉积微相，详细辨认单砂体的内部建筑结构。

20世纪90年代后期，在喇萨杏油田和长垣南部油田全面进行典型区块解剖，建立三维相控地质模型，指导油田调整挖潜。系统地建立大庆长垣11类储层的精细地质模型，形成陆相大型河流—三角洲储层精细描述技术，绘制38000口井萨葡高油层单砂层相带图7542幅，为油田加密调整、三次采油、综合措施挖潜等工作奠定基础。

2002年后，大庆油田通过厚油层层内非均质研究，形成油层内部夹层描述方法，为特高含水期厚油层内剩余油挖潜提供地质基础；并探索层内高渗透大孔道的识别描述方法，建立起相应的判别标准，形成注入水低效或无效循环层系列描述方法，对控制注水量的增长及提高油田开发效益提供保证。在储层精细描述的基础上，开展基于大面积推广应用的沉积微相图矢量化工作，研制基于平面沉积微相控制下的油藏地质属性模型建立方法，实现由地质模型向数学模型转化，形成一套完善的喇萨杏油田密井网条件下的三维精细地质相控建模技术及其规范，实现对储层参数空间分布的精细和定量化描述，从而为大庆油田研究剩余油分布规律、进行精细挖潜提供良好的基础。

多学科油藏研究取得丰硕成果

2001年，为实现对油藏的定量认识与精细挖潜，大庆油田着手实施现代多学科油藏研究项目。该项目以数字化和应用软件集成化为主要工作形式，综合应用多种资料，实现精细地质研究、油藏模拟和油水井生产测试等应用技术的有机结合，从而取得对油藏定量、全面的认识。

经过5年的研究应用，初步形成一套以油田开发数据库为基础，以相控地质建模、并行油藏数值模拟、生产测试和常规动态分析为技术手段，独具特色的多学科油藏研究技术系列。初步铸就多学科综合集成、基于精细地质研究的模拟和沉积相控建模等3个理论，发展4项技术：沉积相控地质建模，沉积相控相对渗透率曲线优选，微机机群并行数值模拟和以局域网为通道、以开发数据库为数据来源、以中文Windows为图形用户界面的多学科一体化油藏研究平台。一般按制定油藏研究策略、建立油藏数值模型、油藏动态历史拟合、分析油藏开采现状、实施调整方案编制与方案优选、调整方案的矿场实施等6套工作程序运行。5年来，大庆油田所属勘探开发研究院和各采油厂配备包括所有油藏和开采类型模拟功能的Eclipse油藏模拟软件。在实际应用中见到明显效果，实现油藏地质再认识，实现对高含水期的剩余油分布认识的细化和量化，实现多种开发调整方案的可视化和优化，并为油藏监测系统优化提供重要依据，还可实现原始地质储量更为准确的计算。

截至2005年底，多学科油藏研究配套技术应用于全油田28个区块，地质储量达13.5亿吨。先期进行的7个试验区块经过调整实施后，油田开发效果大为改善，产量递减和含水上升率均得到明显控制。采油五厂的杏十区、杏十一区开采层系交叉严重，剩余油认识及结构调整难度大，在多学科研究应用过程中，采取边研究、边应用、边推进的工作思路，建立一套针对性极强的挖潜措施方式。2002年开始沉积相控建模和精细历史拟合，自2003年开始应用多学科油藏研究成果进行综合治理，并一直坚持跟踪拟合、跟踪研究、跟踪调整，取得较好的开发治理效果。截至2006年底，该区的年含水上升值由1.42%降到0.63%，自然递减率由15.03%降至10.77%，综合递减率由10.42%降低到7.89%，通过措施累计增油6.04万吨，通过减缓自然递减率增油2.73万吨，阶段采出程度提高0.21个百分点，预计最终采收率可提高0.50个百分点。

开发海拉尔盆地的复杂断块油田

海拉尔盆地横跨中蒙两国，总面积70480平方千米，其中在我国境内的面积为44210平方千米，位于内蒙古自治区呼伦贝尔盟西南部，属于断陷沉积盆地。具有构造破碎、储层类型多、非均质严重、含油层系多且不集中等地质特征。油藏类型复杂，包括断鼻、断块油藏、裂缝性潜山型油藏和岩性油藏等。经过近20年的勘探，在海拉尔盆地完钻110口探井，试油88口井303层，压裂39口井72层，获工业油流井28口，发现苏仁诺尔、巴彦塔拉、霍多莫尔和呼和诺仁等4个工业油气流区带。2001年，在苏仁诺尔地区提交22.3平方千米，控制石油地质储量1278万吨，并在呼和诺仁地区贝301区块提交含油面积5.2平方千米，探明Ⅱ类石油地质储量1336万吨。是年7月，在内蒙古自治区呼伦贝尔盟正式注册大庆油田呼伦贝尔分公司。当年在苏仁诺尔地区的苏131区块开辟开发试验区，在呼和诺仁地区贝301区块部署开发控制井。从此，海拉尔盆地复杂断块油田投入开发，为大庆油田开辟一个松辽盆地以外的开发新领域。

针对海拉尔盆地兴安岭群火山岩储层和布达特群古潜山变质岩的压裂技术攻关，使压裂增产效果和施工一次成功率得以明显提高，促使海拉尔油田逐步上产；并经过对强水敏储层的注水开发试验，进一步扩大开发面积，加快实现全面注水开发。截至2005年底，海拉尔油田在4个油田共提交1.06亿吨探明石油地质储量，含油面积108.32平方千米。并对苏仁诺尔油田、呼和诺仁油田和苏德尔特油田先后投入开发试验或正式开采，动用含油面积16.5平方千米、地质储量4302.1万吨，建成油水井359口、年产能达53万吨，年产油41万吨，累计产油90.8万吨，年注水47.5万立方米，累计注水86.7万立方米。2005年12月日产水平达到1380吨，踏上年产50万吨的步伐。2006年产油51万吨，2008年进一步上升到64万吨。初步形成砂砾岩强水敏储层、凝灰质低渗透储层、裂疑性潜山油藏等三类油藏的开发技术，并通过注水开发试验，不断深化地质认识，探索油田开发规律，实现部分油田有效注水开发。

储量上千亿立方米的徐深大气田投入开采

2002年5月，在徐家围子断陷中部的深层火山岩压裂后获得高产天然气流，展示深层天然气藏的丰厚资源。随后，大庆油田针对火山岩特殊储层，组织多学科联合攻关，加强深层致密气藏特殊岩性识别和综合描述，从岩性识别、岩相模式、裂缝识别与预测、气水系统和气藏类型、产能评价等，进行系统、深入的气藏地质与气藏工程研究。2003年1月，大庆油田公司编制天然气开发中长期新规划，安排2005年和"十一五"期间加快天然气开发方案和措施。是年，采油工艺方面加强深部复杂岩性天然气储层压裂技术、试气技术攻关研究，形成大庆深层火山岩复杂岩性储气层压裂改造的物理和数学建模方法，建立"千层饼"

和"仙人掌"两种模型,形成压裂施工风险预测、测试压裂快速解释和压裂主裂缝延伸控制等三项核心技术,攻关配套相应的高温抗剪切压裂液和压裂管柱;先后实施大型压裂试验9井次,工艺成功率100%,其中卫深5井和徐深1井压裂后无阻流量达到日产气100万立方米以上。2004年,进一步实施2口火山岩储层的大型压裂;对升平区块三维地震资料重新进行精细处理,开展火山岩储层相带描述和预测,部署并开钻首批开发井;同时完成升平区块3口井的试采评价工作,在兴城区块和汪深1区块建成并试采3口气井。是年底,在升平、兴城两个区块部署开发井28口,又有4口井试气获得工业气流,在升平、兴城两个区块新提交探明储量1018.16亿立方米(其中火山岩储层902.99亿立方米、砂砾岩储层115.69亿立方米),成为我国东部陆上第一大气田。至2005年底,徐深气田共完钻各类气井97口,正钻井9口,在34口井58个层成功地进行大型的压裂施工,获工业气流井37口。累计探明天然气(烃类气)储量1193.36亿立方米,二氧化碳气65.18亿立方米,含气面积215.68平方千米。已投入试采18口井,其中二氧化碳气井3口,累计生产液态二氧化碳气4218.66吨(232.03万立方米);烃类气井15口(5口井开采火山岩储层、10口开采砂砾岩储层),累计生产天然气6.16亿立方米。

徐深大气田的发现,使天然气开发成为大庆油田的新兴产业。大庆油田的天然气开发,按照夯实基础、谋求突破、全力推进、持续稳产、力求跨越式发展的思路稳步推进。2007年,深层天然气开发迈出坚实步伐,全年生产天然气25.5亿立方米,其中伴生气21亿立方米,气层气4.5亿立方米;初步形成适合于含二氧化碳天然气开发的井筒防腐和采出水处理工艺。同时,已全面完成徐深气田第一个1000亿立方米探明储量区块的初步开发方案设计。到2008年,徐深气田第二个1000亿立方米通过评价,累计探明天然气地质储量2457.45亿立方米,控制储量291.11亿立方米,对徐深气田火山岩气藏的复性有了整体认识,并相继在升深2-1、徐深1井区2个开发区块及徐深9、汪深2个试采区块建成63口气井累计建成产能13.6亿米^3/年。并建成投产大庆—哈尔滨天然气管道,为实现天然气大发展奠定坚实的基础。

三元复合驱技术开始工业性推广

三元复合驱体系是由聚合物、表面活性剂和碱组成,它是利用碱、表面活性剂和聚合物之间的协同效应,降低油水界面张力,提高驱油效率,启动非连续油流而采油的一项技术。大庆油田三元复合驱技术研究开始于20世纪80年代,1994年进入先导性矿场试验,先后在中区西部、杏五区中块、北一区断西、小井距试验区等进行不同井网井距、不同性质的油层试验。2001年,在杏北、萨北开发区开展强碱三元体系的工业性矿场试验,在小井距试验区进行弱碱三元体系的先导性试验;2002年,在杏二区中块进一步开展弱碱三元体系的工业化驱油试验。在"十五"期间,烷基苯磺酸盐表面活性剂的研发成功,使主表面活性剂的生产实现国产化和弱碱化,并从根本上改善表面活性剂的性能,为三元复合驱成为油田开发主导技术奠定坚实基础。三元复合驱矿场试验取得较好的效果,表明三元复合驱比聚合物驱油技术提高采收率幅度更大、效果更好,可比水驱提高采收率20%左右。通过十几年的现场试验，在总结成功经验和分析存在问题的基础上，2007年在杏1-2区东部Ⅱ块开始强碱三元复合驱工业化推广。2008年进一步在萨南五区北一区断东推广，面积达5.68平方千米，地质储量673.73万吨，油水井总数224口（注入井95口，油井129口），标志着三元复合驱技术将为进一步提高主力油层采收率、提高油田开发水平提供强大的技术支撑。这是大庆油田继聚合物驱工业化后的又一次技术跨越，不仅关系到创建百年油田目标的实现，而且对提高国际竞争力也将起到积极的推动作用。

大庆收购蒙古塔木察格油田

2000年后，大庆油田提出总体发展思路：大力发展主营业务，积极开拓外部市场，努力提高经济效益，实现企业持续发展。走出去开拓海内外市场是企业可持续发展的需要。2005年，大庆油田公司外部市场开发实现产值近6.5亿元，创出历史新高。值得一提的是，海外勘探开发市场取得历史性突破，大庆油田成功收购英国SOCO国际股份公司在蒙古塔木察格盆地19号、21号及22号区块99.443%的股份（见图3-4），标志着大庆油田公司海外油气勘探开发迈出关键的一步。

图3-4　2005年，大庆油田收购英国SOCO公司在蒙古塔木察格的三个含油区块勘探、开发、经营权

塔木察格盆地与海拉尔盆地具有相同的石油地质条件，其有4个主力生油凹陷，规模大，埋藏深，面积达9900平方千米，资源量很大，具有有利的资源基础。其中19#区块的下宗巴音组和查干组资源量为1360亿吨；同时位于塔南凹陷的19#区块已发现4个含油气构造，计算地质储量3512万吨，预测塔木察格盆地具有亿吨级储量规模。这次所收购的三个区块总面积25609平方千米，地理位置紧邻海拉尔盆地，在地下统属一个地质单元，已发现的油田距我国边界不到90千米，勘探有效期分别截止到2010年和2012年的1月30日，开发有效期20年。塔木察格盆地3个区块的成功收购，不仅为我国增加海外石油资源，同时这一油田的勘探开发，将培养和锻炼国际化的施工队伍，积累海外项目的工作经验，其社会经济效益是很可观的。

2007年初，海拉尔前线指挥部挺进呼伦贝尔草原，揭开海拉尔—塔木察格盆地石油会战的序幕。塔木察格与海拉尔同属一个盆地，总面积79610平方千米，其中我国境内面积44210平方千米，蒙古国境内面积35400平方千米，区域上划分为三坳（陷）两隆（起）五个一级构造单元。已发现和开发的油田主要分布在中部断陷带的乌尔逊、贝尔和塔南凹陷。参战队员遵照"概念设计—分批评价—分块滚动（开发）"的一体化模式，在尚无任何级别储量的情况下，预测储量与产能建设同步进行，仅用一年时间完成按常规程序需要三年才能完成的工作量，大大加快增储上产的步伐。2007年，在乌南地区下洼、贝中次凹和塔南凹陷等3个地区共提交预测储量23563万吨，含油面积207.8平方千米，并从中优选13个有利的富油区块部署320口开发井。2008年，坚持总体部署、分类实施、全面深化、地质认识、加速关键开发技术突破"国内有效上产、国外高效开采"原则，在塔南地区提交探明石油地质储量1.2亿吨，含油面积75.48平方千米。该地区断层多，断块小且分布零散，岩性复杂，储层物性层总体属于低、特低渗透油藏，水敏性呈弱到中等偏强，至2008年底已建成152口开发井，48口井投入开采，年产量13.0万吨，并开展塔19-14井区注水开发试验，初步见到效果，为进一步扩大开发规模，提供了经验，增强了信心。

大庆油田能耗总量实现负增长

大庆油田以科学发展观为统领，以建设资源节约型企业为目标，把节能工作纳入企业总体发展战略，强化节能管理，确立"为国家生产原油是贡献，为国家节约能源也是贡献"的新型贡献观，积极探索节能管理的新思路、新方法，构建符合大型油气田特点的立体化节能管理模式。"十五"以来，大庆油田已累计投入节能资金60亿元、减排资金35.6亿元，开展了节能重点科研攻关项目35个，以解决一系列节能减排的瓶颈问题。先后形成油藏工程、采油工程、地面工程等3个系列的节能减排优势技术和技术集成。并把节能指标化解到各单位，下达至基层班组，一直到岗位，发动广大员工算细账、找潜力，从而把节能工作扩展为10万个岗位、近7万口井的责任。

在油藏工程方面，以精细地质研究为基础，优化油田综合调整方案，加大细分层注水、周期注水、化学调剖等措施的力度，精细实施油田开发结构调整。"十五"期间，对21000多口注水井的23122个高压、高含水层段严格控水，对3000多口注水井细分调整，单卡高含水层段采取停注措施，关掉特高含水井近1000口，在8300多口注水井进行周期注水，并在采油井中实施堵水作业1253口，采取增产措施11800井次，从而累计控制无效注水6796万立方米，控制无效产液3200多吨，使"十五"期间含水率少上升1.11个百分点。在采油工程方面，加大节能设备应用力度，规模应用螺杆泵和提捞采油技术，采用堵水新工艺以及新型细分注水工艺，有效地控制无效注水和无效产液，使大庆油田吨液耗电由2001年的9.21千瓦时减少到2005年的8.57千瓦时，机采效率提高2.5%。在地面工程方面，针对老油田含水高、地面设施多、液量控制、负荷过剩的情况，实施"关、停、并、转、换、优、管"的措施，使整个地面生产系统优化有效，适当调整管理方式和制度，站、间规模缩减近10%，系统负荷率提高12%，并积极推广应用11项节能、节电、节气新技术新工艺。"十五"期间实施完成7个油田或区块的系统优化调整，撤并转油站30座，减少计量站101座，减少脱水站8座，减少各种机泵345台，并实施全年不加热集油、季节性停掺热水、降温掺水等措施，将双管掺水流程改为环状流程，以及新钻三次加密井使用"两就近"简化集油工艺。这7个油田5年累计节电1.78亿千瓦时，累计节气1.35亿立方米，节省运行费用2.32亿元。同时，大庆油田建立14个各具特色的节能减排示范区，把新技术、技术集成和管理创新措施首先应用到示范区进行试验，然后大力推广。

由于采取一系列措施，使大庆油田在2000—2007年间总井数增加19049口，在生产规模明显扩大的情况下，能耗总量实现负增长，较之2000年6年累计少耗能169万吨标煤。这一结果使大庆油田的能源利用率达到国际平均水平。

油田开发"11599"工程目标顺利实现

在大庆油田胜利完成年产5000万吨以上27年高产稳产后，油田储采失衡矛盾进一步加剧，储采平衡系数只有0.5左右，喇萨杏等主力油田自然递减率高达12%。剩余油分布零散，开发挖潜难度加大，措施增产量明显减少；套管损坏现象日益严重；外围油田产量业已达到较大规模，剩余储量动用起来比较困难。面对严峻形势，在2003年1月油田技术座谈会上，提出并启动实施油田开发"11599"工程。"11599"工程总体目标是：从2003年至2005年新增可采储量1亿吨，综合含水比规划指标少上升1个百分点；2005年，外围油田年产油量达到500万吨，聚合物驱年产油量保持在900万吨以上，老区水驱自然递减率控制在9%以下，依托科技进步寻求采收率和效益最大化，依托管理创新寻求可持续发展。

2003年，通过深化多学科油藏研究，储层剩余油描述逐步由定性向定量转变，老区水驱开发突出目标控制和方案优化，油田开发指标继续保持较高水平，年底综合含水88.72%，含水上升速度明显减缓，油田自然递减率控制在9.45%；优化聚驱方案调整，改善聚驱效果，聚驱年产油量上升到1044万吨；外围油田进行加密调整和注采系统调整，超薄油层水平井开发技术研发取得重大进展，难采储量得以规模化开采，并进一步开发肇州、葡西、他拉哈、肇源、临江等油田（区块），外围油田年产油433万吨。全油田年产原油4840万吨，采集处理天然气19.58亿立方米，仍保持5000万吨油气当量。2004年，针对高含水后期油田开发的主要矛盾，以及动用外围难采储量所面临的问题，老区启动10项重大现场试验，旨在精细控水挖潜，提高油田采收率，攻克三元复合驱、探索聚驱后进一步提高采收率以及外围油田特低渗透复杂油藏的开发。同时，优化水驱及聚驱综合调整，油田综合含水控制在89.14%，油田自然递减率控制在7.69%，其中喇萨杏油田水驱区块自然递减率为8.85%。聚驱开发由一类油层向二类油层转移，年产油量继续保持1000万吨以上。外围油田通过实施勘探开发一体化、地面地下一体化，年产油量达481万吨，比上年增加48万吨。徐深1井成功投产，深层天然气田开发取得新突破。是年，全油田生产原油4640万吨，采集处理天然气19.72亿立方米。2005年，根据"精细挖潜，综合调整"的工作思路，进行水驱开发调整，应用精细油藏描述、相控数值模拟等先进的工程技术，注水量和产液量增幅得以控制，油田综合含水控制在89.78%，水驱产量自然递减率及套管损坏率均得以控制。一类油层聚驱工业化推广工作继续推进，二类油层聚驱试验研究进一步加快，三类油层提高采收率现场试验初见成效，三次采油向多元化方向发展，连续4年保持1000万吨以上。外围油田发展以井网加密和注采系统调整为代表的低渗透油田开发调整技术，发展特低丰度、超薄油层水平井开发技术，储量丰度10万—20万吨/千米^{2}的葡萄花油层得以经济有效开发。海拉尔油田复杂断块油藏强水敏储层注水开发技术、凝灰质储层增产工艺技术研究取得突破性进展，适合外围油田新区开发和老区调整的两套技术系列、七大配套技术初步形成，增储上产步伐加快。2005年,全油田生产原油4495.1万吨,其中外围油田产油510万吨,采集处理天然气19.48亿立方米。

纵览2003—2005年,新增石油可采储量1.08亿吨,长垣水驱综合含水少上升1.3个百分点,外围油田年产量突破500万吨,水驱自然递减率控制在9%以下,聚合物驱年产量连续4年保持在1000万吨以上,为"11599"工程画上圆满的句号,进一步实现高效益、高水平的开发。

新时期高科技会战拉开4000万吨持续稳产序幕

2007年底,大庆油田已累计生产原油19.5亿吨,走过了不平凡的近半个世纪,创造中国工业史和世界石油工业史的奇迹。2008年初,党中央向大庆油田提出:在年产4000万吨的台阶上多稳产一段时间。进行重组整合后的油田新领导班子站在新的历史起点上,以科学发展观为指导,在全油田深入推进"解放思想、谋划发展"主题实践活动,自觉为维护国家能源战略安全,确定原油4000万吨持续稳产目标,推进油田整体协调发展,推进创建百年油田的伟大事业。在国际石油市场原油价格不断高涨的形势下,原油4000万吨持续稳产,是谋划长期科学有效发展的高难度目标。6月中旬,油田领导集体带着对油田发展的深入思考,分别深入到油田各基层单位进行专题调研,与广大干部员工共谋发展思路,共商稳产对策。

勘探开发研究院作为"大庆油田地下参谋部",是科技创新的主力军,是确保原油4000万吨持续稳产目标实现的技术研发后盾。他们解放思想,以院领导为核心、开发规划编制人员为主体,成立稳产规划编制攻关组,树立高度的紧迫感和机遇观,深入到10个采油厂及头台、榆树林油田公司进行三轮调研论证,收集最新的上百万字的油田基础资料和有关数据图表,仅用一个多月时间,就编制完成"大庆油田原油4000万吨持续稳产规划部署框架"。

采油各厂和有关的油田开发公司,是保障4000万吨持续稳产的中坚力量。他们知难而进,迎难而上,以新的工作目标统一思想,凝聚力量,以全新的思维冲破思想"瓶颈"束缚,解决发展中的矛盾,破解工作中的困难,以做好老油田二次开发的大文章,针对储采失衡、剩余油高度分散等难题,把提高水驱和聚驱采收率作为主攻方向,最大限度地增加可采储量,积极推进精细油藏描述工作,继续深化两驱结构调整,不断强化生产运行管理,实现转变发展模式的新突破,以高科技实现持续稳产。采油一厂通过对地下储量、现有技术和攻关潜力等讨论分析,提出原油1100万吨稳产到2012年、1000万吨稳产到2017年的阶段性发展目标。

7月上旬,中国石油天然气集团公司召开党组(扩大)会议,专题讨论研究大庆油田原油4000万吨持续稳产规划,会议原则同意《大庆油田原油4000万吨持续稳产规划研究》。要求大庆油田高举大庆红旗,将科学发展观贯彻到大庆油田持续稳产全过程,确保4000万吨稳产10年以上,实现储采基本平衡;技术上形成集成、配套、工业化的领先技术系列;实现经济上的有效性,创造出整体优势得以发挥的体制和机制,为保障国家能源安全和促进集团公司建设综合性国际能源公司做出积极贡献。

7月16日,大庆油田召开高科技新会战

誓师大会，油田领导向全体员工宣布《高科技新会战总动员令》，发布26项重大攻关项目及项目成员名单，并作了题为《继承发扬大庆精神，打好高科技新会战，向原油4000万吨持续稳产目标进军》的重要讲话。勘探开发研究院、大庆钻探工程公司、海拉尔石油勘探开发指挥部、采油一厂、采油八厂5家单位作表态发言，青年突击队立下铮铮誓言。从此，吹响向原油4000万吨持续稳产目标进军的号角。

当前大庆油田正坚持高科技的主导地位，解放思想，开拓创新，坚持科学发展观，努力实现储采基本平衡，以搞好长垣水驱开发的基础，实施"三个加快（加快海拉尔—塔木察格盆地勘探开发、加快外围难动用储量开采、加快长垣油田三次采油进度）、一个减缓（老油田水驱递减率）"的战略，科学配置资源，做到产量、效益、安全、环保有机统一。

全国产油量最高的油井

大庆采油一厂所管的南一区3-27井，1963年10月13日投产采油，到1982年9月26日累计生产原油100万吨，年均产油10多万吨，创大庆乃至全国单井产油量之最，为大庆油田长期高产、稳产做出巨大贡献。

该井位于油田富油区，井下射开萨尔图、葡萄花、高台子油层等共22个小层，油层有效厚度37.2米。1964年5月，该井日产量达到达到峰值——328吨。按照原定的开发方案，该井应为注水井，投产排液期间，因产量特别高，经研究决定不再转注，就成为生产井。该井累计产量达到百万吨后，依然保持旺盛的生产能力，日产量30吨左右。1993年12月，该井因套管变形而关井，累计生产原油量在116.33万吨止步。

第一口生产井和注水井

大庆油田第一口按开发方案设计投产的油井是萨中开发区中7-11井，于1960年5月16日开井出油。按照方案要求，中3和中7两个井排全部为注水井，在注水前为把井底压力降低到有利注水，所有注水井应先作为采油井进行排液，然后分两批转注，中7-11井在当年10月18日转为注水试验井，又成为全油田第一口注水井。而同井排的其他井到1961年4月以后才陆续转为注水井。中7-11井试注，在注水压力、油层吸水能力、水质要求及注水工艺等方面都取得重要资料，为以后注水工作积累经验。

第一口见水油井

萨中开发区的中6-13采油井，是大庆的第一口见水油井。该井于1961年9月20日见水，无水采油期只有1年零7天，累计产油1.12万吨。判断水来自最早注水的中7-11井，注水在地下的推进速度为每天2.8米。到当年年底，中6-13井原油中的含水比已上升为60%，含水上升速度非常快，如不在注水井上采取分层注水措施，将对油井稳产造成重大威胁。

第一次油水井地下分析会

油水井地下分析会，是油田采油战线工人、技术人员和干部共同进行的研讨油田地下变化的生产分析活动。分析内容是以水为中心，通过所管油井的产油量、压力、含水比等技术指标的变化情况，研究判断油井出水层位、来水方向和含水变化的原因，在此基础上提出改善油井生产状况的调整措施。油田第一次分析会是1960年9月18日由大庆石油会战领导小组在萨尔图试验中区召开的。二矿三队新工人姜岱冬以具体数据分析所管油井产量波动与周围井的连通关系，提出合理的管井措施，得到在场专家和技术人员的赞扬，获得大庆第一个"油井分析冠军"的称号。以后数年中，油田涌现出一大批油井分析能手。群众性的油水井地下分析活动，有效地提高采油工人的技术素质和生产管理水平。

大庆长垣最早开发的油田

在大庆长垣的7个油田中，开发最早的是萨尔图油田。

萨尔图油田地处大庆长垣中部，北接喇嘛甸，南连杏树岗，面积462.9平方千米，地质储量25.6亿吨。1960年，油田建设队伍完成萨尔图中部试验区建设任务，安装油井187口，注水井7口，建成中四转油站、中一注水站和东油库，建成产能100万吨的生产规模，当年生产原油97万吨；1961—1962年，继续进行开发建设实验，形成产能400万吨，为大庆油田正式开发建设提供实验数据和物质准备；1963年在《大庆油田第一阶段建设规划》中，提出开发建设萨尔图油田，面积330平方千米，分三期实施。第一期开发萨尔图中部146平方千米，形成产能550万吨。第二期开发萨尔图北部136平方千米，形成产能450万吨，两期共计建成1000万吨生产规模。第三期开发萨尔图南二区48平方千米，作为接替产能，弥补油田产量递减；当年完成第一期工程，实现预定目标。第二期工程于1964年开始，油田建设由中部开发区向南北两个方向发展，当年完成北二区、南二区、南三区的开发建设。1965年完成北三区、南四区开发建设，两期共形成产能1000万吨；1966年开发建设萨尔图油田南五区至南八区，累计形成产能1300万吨。至此，萨尔图油田除部分过渡带外，纯油区全部动用。

全国最大的采油厂

大庆油田有限责任公司第一采油厂位于萨尔图区中部，是大庆油田最早建立的一个综合性采油厂。这个厂建于1960年10月9日，前身是大庆油田三探区油田处。到2008年底，经过40年的开发建设，累计生产原油5.27亿吨，实现1000万吨以上高效开发35年，是名副其实的全国最大的采油厂。

该厂南与第二采油厂相接，北与第三采油厂相连，东到东风宾馆，西到让胡路区。辖区南北长9.7千米，东西宽18.9千米，面积为161.25平方千米。全厂管理油水井12488口，其中采油井7627口，注水井4580口。有联合站9座、油库2座、中转站82座、计量间612座、注水站39座、污水处理站43座、变电所42座、配电所10座。拥有主要生产设备17781套，固定资产原值353.21亿元，净值152.95亿元。厂下设个矿（大队）级单位21，小队级单位268个，员工13894人。该厂不但在大庆油田持续高产稳产中独领风骚，其企业文化建设也独树一帜，源自该厂的"岗位责任制"以及"三老四严""四个一样"精神闻名遐迩，在各行各业产生深远影响。该厂曾荣获全国精神文明建设工作先进单位、全国模范职工之家、中国石油天然气总公司管理先进单位、黑龙江省先进党组标兵、"六好"先进党组织、思想政治工作先进集体、厂务公开先进单位等荣誉称号，周恩来、刘少奇、朱德、邓小平、江泽民等党和国家领导人曾莅临该厂视察并指导工作。

最早研制应用的取心技术

单筒大直径取心技术，是大庆油田最早

研制成功的取心技术。20世纪60年代初期，大庆油田多数钻井队钻井取心使用的是外国的老式取心工具，岩心收获率低，一般只能达到30%—50%，岩心直径小，只有40—80毫米。为解决这些问题，会战领导部组织技术人员、领导干部和工人组成的攻关小组，选定单筒取心为目标的科学研究。到1963年，研究成功单筒大直径取心技术，使取心收获率提高到95%以上，岩心直径达到130毫米左右。以后又相继研制出长筒取心钻具、701-1型双筒取心工具、701-Ⅱ型取心工具。到1985年，已形成适应不同地层、不同井深的9种结构、11种规格的取心工具和23种取心钻头系列。

全国最大的原油流量计

安装在大庆油田原油总外输计量站，用于大庆通过长输管道输出的原油数量计量的Dg300Pg64型腰轮流量计，是我国目前最大的原油流量计。口径为300毫米，最高工作压力为6.4MPa，流量范围每小时300—1000立方米，计量准确度为±0.2%。这套计量装置是大庆油田建设设计研究院与上海自动化仪表九厂共同研制的，1976年5月7日投入试运。经国家计量局和石油工业部组织中国计量科学研究院及各省市计量局、国内各油田等83个单位进行鉴定，确认流量计精度达到设计要求。这种流量计已在全国各油田推广应用。在此基础上，还形成不同型号规格的流量计系列，适用于大庆各采油厂、站、库，对提高大庆原油计量水平起到重要作用。此项成果1978年获全国科学大会奖。

油田上压裂成功的第一口斜直井

由大庆采油工艺研究所科研一室负责研究的国家级科研攻关项目"斜直井压裂技术"，于1995年3月顺利通过现场试验，从而使大庆油田第一口斜直井压裂获得成功。

地处朝阳沟油田牛毛沟区的翻128-斜60井是大庆油田第一口压裂的斜直井，属低渗透油田。这口井最大井斜24度，水平位移441.8米，全井预压开7个小层。从1994年1月立题以来，广大科技人员集思广益，动脑筋，想办法，制订出"可反洗逐层上提法压裂管柱"的设计方案。经过多次地面原理性的试验，证明这套方案先进可靠。4月初，在油田最大的朝阳沟油田牛毛沟地区斜直井采油区，首座斜直井平台完钻6口丛式斜直采油井，为油田探索低洼水沼泽区面积采油提供广阔前景。

首次引进外资开发的油田

朝阳沟、宋芳屯及龙虎泡这3个油田地层薄，渗透率低，单井产量低，日产量只有4—8吨，要投入开发，所需资金量很大，经概算每建成100万吨年产油能力需投资6亿—10亿元，数倍于大庆长垣各开发区。但为了确保大庆长期高产稳产，仍然需要开发好这些油田。对这类低产油田的开发，国家给予优惠政策，国家计委批准大庆"以勘探开发基金性质借款，不列入固定资产投资计划指标之内"。允许大庆引进国外资金，自借自还，专款专用，同时生产出的原油按市场浮动价格出售。这一政策为大庆开发外围油田创造条件，也成为大庆最早引进外资开发的油田。从1982年起，大庆通过中国银行大量引进国外资金，陆续对宋芳屯、龙虎泡、朝阳沟3个外围油田开始开发建设，到1988年底已形成142万吨年产能力，并已生产原油209万吨。出售后，扣除生产成本、利税和归还贷款外，仍有盈利，取得较好的经济效益和社会效益。引进外资加快外围油田的开发速度,同时通过滚动开发,加快资金周转,提高了油田管理水平,促进了技术进步,也为其他外围油田开发积累了经验。

油田第一支女子采油队

1970年9月,采油四部女子采油队成立,全队有100名女采油工,平均年龄20岁。刚建队时,条件很差,人员来自8个单位,管理着57口油水井、2座中转站和6座计量间。她们发扬大庆会战传统,全队人员步行几十里路,到铁人王进喜当年打的第一口油井参观,请老工人作会战传统报告,坚定艰苦创业的信念。经过艰苦奋斗,在国庆节前夕的深夜11时30分,投产一口新井,向国庆21周年献了礼。1971年冬季,她们打破油田会战史上没有女子修井的先例,头戴狗皮帽,身穿棉工服,用扁担将一台15米长、重750千克的自制简易液压修井机,抬到井场进行第一次井下作业。建队10年,累计为国家生产原油405万多吨,相当于旧中国42年原油总产量的8倍。发展党员31名,团员77名,涌现出以"采油铁姑娘"徐淑英(见图3-5)为代表的先进模范人物270多名,为石油工业部和其他部门输送200多名技术工人和30多名干部,有的在重要岗位工作。这个队年年被评为大庆标杆单位,1973年、1977年两次被评为黑龙江省社会主义先进集体,1978年、1979年又被石油工业部评为全国石油战线上高产稳产采油队。

首座注聚合物驱油试验站

大庆油田中区西部注聚合物驱油提高采收率试验站,是大庆石油管理局承担的国家"七五"重点科技攻关项目。它包括单层、双层两个试验区,每个试验区各有15口试验井,面积0.09平方千米。试验区建有注采试验站和单层、双层两个计量间。试验站由注入、采出和辅助生产三部分组成。一些装置和控制仪表是从国外引进的。从1987年开始,在国外有关专家帮助下,经过4年的艰苦努力,试验站于1990年8月6日建成投产。这是大庆首座注聚合物试验站。大庆石油管理局局长王志武和美国辉瑞公司油田部经理贝厚德先生为投产仪式剪彩并讲话。中区西部注聚合物试验是大庆油田采用先进技术和先进方法进行提高采收率的一次重要试验,它是油田"八五"期间稳产的重要措施,也成为"九五"期间稳产的主要措施。

油田最早使用的电子计算机

1963年底,大庆油田首次购买第一台国产103电子计算机。研究院计算机组组长甘瑜光带领13名组员,大胆实践,边干边学,仅用50天时间就把这台计算机安装调试成功,投入使用。这是一台电子管式计算机,运转速度30次/秒,容量较小,不能适应油田需要。他们决心发扬"蚂蚁啃骨头"的精神,改进机器,扩大容量,提高计算速度。经过8天努力,把计算机容量扩大一倍。接着又调

图3-5 采油铁姑娘——徐淑英(右)

试成功磁心箱、光电输入机，自己动手干钳工活，打了上千个孔，赶制出快速打印机的制机柜，使整个计算机的效率提高50倍，适应油田开发和建设的需要。

亚洲最大的岩心库

岩心库是油田钻井所取岩心实物资料的存放、管理、观察和取样的场所。大庆油田自1982年12月建起第一个岩心库并交付使用以来，先后共建设岩心库房4座，总建筑面积11500平方米。其中1995年投资1000多万元兴建的高架立体岩心库，采用高架密集型设计，具有占地面积小、库存量大的特点，实现岩心存取机械化。该库共有8190个货位，每个货位可以存放岩心24米，总计可以存岩心196560米。按每年有9800米岩心入库计算，可以存放20年的钻井取心。设有岩心观察室3个，总面积1160平方米。大庆探区自会战以来的所有钻井取心实物资料都在此集中管理，为科技人员从事勘探开发技术研究提供第一手资料。截止到2007年12月底，共入库岩心3886口井385344盒，其中岩屑22096盒，岩心的库存量居亚洲第一。

全国最先进的油水模拟实验装置

由大庆油田生产测井研究所设计的第一座油水模拟实验装置，1982年10月建成投入使用。3年间，先后完成8项科研课题的机理研究，为发展中国生产动态测井的科学研究起重要作用。该装置能对新研制出的测井仪性能、指标进行鉴定和刻度标定，能对国外引进的测井仪进行检验，能把千米地层下油和水在井筒里流动的情况，清楚地展现在人们面前，从而揭示一些鲜为人知的井下奥秘，成为油田生产测井科学研究的重要手段。1986年，该装置获石油工业部科学进步二等奖，成为中国第一座具有世界水准的油水模拟实验装置。

油田环保预防为主治理得当

1974年2月，大庆油田在市建设局内设环境保护办公室和环境监测站。1977年底，环保办公室划归油田规划室，环境监测站划归油田设计院。1983年底，大庆政企分开，环保办公室划归大庆市建设局，仍实行政企合一体制。1990年1月，大庆环保局正式成立（油田环保处），实行政企合一体制，各二级单位安全科内设立环保岗。为加强环保管理，油田还成立以主管副局长挂帅的环保委员会。1999年底，油田分立重组，油田公司和石油管理局各自设置安全环保部，环保工作不断得以强化。

2000年，油田公司出台《环境保护管理暂行办法》《环境保护考核办法》《井下作业无污染验收标准》《废弃钻井液处理验收管理办法》，当年投入资金2.8亿元，2001年又投入1.8亿元，进行6类环保工程建设，包括含油污水站改造扩建、污水管网调整、含油污泥治理、排污口规范化、改造油井作业污水进站装置、污油回收装置等。落实新区产能建设、老区改造项目与环保建设"三同时"的要求，把环保项目建设纳入计划，列出资金，"三同时"率达100%。

制订并组织落实环境污染事故应急预案，按照施工工序风险分析结果，确定重点风险因素，制订出输油注水联合站、污水处理站、天然气站库、钻井、试油、井下作业、环境敏感区域等7类污染事故应急预案，组织职工进行演练和改进；在采油六厂和天然气分公司进行清洁生产审计试点，取得效果后全面推广。油田环境监测评价中心每月对150

座污水站和75个废水固定排污口进行取样，发现问题，及时责成相关单位限期治理，并个跟踪复查，直至达标。

严防野外施工对环境造成污染，钻井完工后必须对废弃钻井液进行处理，根据情况外运清理、深埋回填或做无害化处理，恢复原来地貌。环监部门还要进行取样分析，以保证处理合格。地震施工后，必须把爆炸坑回填，清理垃圾；井下作业队在施工中，现场铺垫防油垫布，设置污油污水回收罐，把产生的污油污水清理回收；钻井队、地震队、井下作业队如达不到环保要求，甲方有权拒绝签字付款。2003年，大庆试油试采分公司获得黑龙江省首批"绿色企业标兵"称号。

三元复合驱产量突破400万吨

大庆油田经过近30年攻关，创新三元复合驱油理论，自主研发并生产出性能稳定、适用于三元复合体系的表活剂工业产品，创建完整的工程技术体系。三元复合驱技术是一种大幅度提高原油采收率的方法，通过在注入水中加入碱、表面活性剂和聚合物，形成三元复合体系来驱替常规水驱、聚驱无法开采的原油。20世纪80年代末，油田首次接触三元复合驱技术，先后研发三元复合驱采油井复杂垢质清防垢举升工艺技术、大容量三元复合体系配注和复杂采出液处理技术等多项技术，攻克油井因垢无法长期连续生产、采出液无法有效分离等一系列世界级难题。作为大庆油田的战略性接替技术，三元复合驱于2014年正式实施规模化工业推广，并取得显著效果：规模化工业推广当年实现产量首次跃上200万吨台阶；2015年生产原油350.6万吨，首次突破300万吨，超产26.6万吨。2016年，三元复合驱产油达到407万吨，占油田全年总产量的十分之一，成为油田新的产量增长点，使我国成为世界上唯一大规模工业化应用三元复合驱技术的国家，践行中国创造。截至2018年，油田应用三元复合驱技术累计产油超3000万吨。

外围首个产量突破200万吨采油厂

2019年，大庆油田有限责任公司第八采油厂年产原油突破200万吨，成为大庆外围首个年产原油突破200万吨的采油厂。该厂筹建于1983年3月，1986年9月正式建厂，管辖宋芳屯、升平、徐家围子、肇州、永乐五个油田和卫11、方4两个区块，油区分布在大庆市大同区、肇州县、肇源县和安达市、通河县境内，矿权面积2953平方千米。油田区域构造位于长垣东部三肇凹陷和依舒地堑方正断陷内，主要开发层位为低丰度葡萄花油层、特低渗透扶余油层和特低渗透乌一段，探明储量4.35亿吨，动用储量3.78亿吨。截至2020年12月底，共有油水井11120口，联合站、中转站37座；矿（大队）级单位19个，机关部室13个，员工4865人；固定资产原值414.80亿元，净值13224亿元；累计生产原油4268万吨。1997年，采油八厂原油产量突破百万吨大关，2000年跃上153万吨高峰后，产量逐年递减。2008年以来，按照大庆油田"外围加快上产"的部署要求，原油产量逐年跨越攀升，2019年产量突破200万吨大关。

油气加工

大庆油田的油气加工业，是随着油田的开发同步发展起来的。在不断深化改革过程中，大庆一部分石油加工企业逐步分离出去，形成油田直属与非油田直属两个板块。

1999年11月，大庆油田上市与非上市业务分立重组，大庆油田化工总厂、天然气分公司作为油气生产主体单位归属油田公司，甲醇厂、精细化工厂和东昊投资有限公司、南垣股份公司归属石油管理局。2000年10月，随着集团公司对炼化企业实施专业化重组，大庆油田化工总厂与大庆油田分离分立。

2000年以后，大庆油田公司实施"以气补油"战略，实施天然气产业化管理，加强天然气处理和初加工的技术改造工作。2004年6月，大庆石油管理局对所属甲醇厂、精细化工厂、东昊公司、化工技术研究院等进行整合改制，注册成立大庆油田化工有限公司，发展高附加值的天然气化工、轻烃化工和表面活性剂生产，向油田提供三次采油用的表面活性剂等工业原料及产品。

（一）油田油气加工企业

1. 葡萄花炼油厂

黑龙江省最早的炼油厂是大庆油田的葡萄花炼油厂。1960年3月，大庆石油会战开始上马，因严重的自然灾害和国际上的经济封锁，没有燃料油，钻机和各种机动车辆开不起来。为此，石油工业部决定以最快的速度先建起一座小炼油厂。厂址定在大庆的葡萄花油田，葡萄花炼油厂因而得名。由石油工业部北京设计院设计，抚顺基建三公司一大队建设安装，兰州炼油厂组织力量承担小炼油厂的生产管理任务。1960年3月27日，47名干部、技术人员和工人从兰州出发奔赴大庆油田，经过4个月的紧张建设，于当年7月27日，年加工原油能力3.6万吨的蒸馏裂化装置建成投产，炼出成品汽油、柴油，解决大会战的急需。1965年此厂拆除，设备调往青海冷湖炼油厂，人员大部分留在大庆炼油厂（现中国石油化工总公司大庆石油化工总厂前身）。2007年，葡萄花炼油厂遗址被列为大庆市首批工业遗产市级文物保护单位。

2. 天然气分公司

1973年，大庆油田成立输气管理处。1980年，改称天然气公司，位于大庆让胡路地区，主营油气初加工以及轻烃与干气生产业务，为大庆石化总厂、林源炼油厂、油田甲醇厂等几十个单位提供生产原料和燃料。

1985年，天然气公司管理4座压气站、2座注气站和14套引进的油气处理装置，年外输干气6亿多立方米，具有年集湿气6.5亿立方米和生产轻烃19万吨的生产能力。1997年，油田化工系统实行专业化管理，天然气公司划归大庆油田化工总厂。1998年，天然气公司脱离大庆油田化工总厂，恢复独立运行。同年，湿气处理量首次突破16亿立方米大关，原油处理量完成4003万吨，生产轻烃75.79万吨，外输商品气11.59亿立方米。1999年，大庆石油管理局重组，天然气公司划归大庆油田公司，并于次年改称天然气分公司（见图3-6）。

图3-6 天然气分公司

天然气分公司是集天然气加工净化、原油稳定、长输管道管理及储运销售于一体的专业化公司，是全国规模最大的油田伴生气加工处理基地，主要以原油、伴生气和气井气为原料，通过原油稳定、伴生气处理、天然气净化等，生产轻烃、天然气和二氧化碳，具有年处理伴生气 26 亿立方米、稳定原油 3000 万吨、生产轻烃 100 万吨的能力。

3. 大庆油田化工有限公司

2003 年 12 月，大庆石油管理局实施集团化改组，组建化工集团，参与组建的主要化工企业有大庆油田甲醇厂、大庆油田精细化工厂、大庆东昊投资有限公司和化工技术开发研究院，主营业务包括天然气化工、轻烃化工和三采助剂生产。2004 年 6 月，化工集团在大庆市高新技术产业开发区正式注册成立大庆油田化工有限公司（见图 3-7），注册资金 8 亿元，其中大庆石油管理局出资 7.74 亿元，占 96.75%，大庆油田建设集团出资 0.26 亿元，占 3.25%。承担三采表活剂、天然气化工、轻烃深加工、新能源开发 4 项主营业务。下辖 7 个成员单位，分别是甲醇分公司、轻烃分馏分公司、东昊分公司、牡丹江新能源有限责任公司、技术开发研究院、综合服务分公司、销售分公司。拥有 10 万吨/年甲醇装置、5 万吨/年合成氨装置、20 万吨/年轻烃分馏装置、5 万吨/年戊烷精细分离装置、180 万吨/年原油稳定装置、2 万吨/年重烷基苯磺酸盐装置、3 万吨/年重烷基苯磺酸盐装置、20 万吨/年醋酸装置、3 万吨/年页岩油中试装置等主要生产装置 10 套，主要产品包括甲醇、液氨、氢气、轻烃分馏系列产品、戊烷精分系列产品、重烷基苯磺酸盐表面活性剂、冰醋酸等，产品 90% 销往油田外部市场。

图 3-7 大庆油田化工有限公司

甲醇分公司。1988 年建厂，位于大庆高新技术产业开发区宏伟工业园区，占地 57 万平方米，原隶属大庆石油管理局技术开发实业公司，1989 年对外称为"大庆油田甲醇厂"。同年 10 月，日产 200 吨的甲醇装置建成。1991 年 2 月，甲醇厂采用改良高压法试生产首批甲醇产品。到 1993 年，甲醇厂建成 6 万吨/年甲醇装置、2 万吨/年甲醛装置、1000 吨/年乌洛托品装置和 1000 吨/年树脂装置。1997 年，甲醇厂划归油田化工总厂，更名为"天然气化工厂"。1999 年 3 月，甲醇厂从油田化工总厂分离出来，改称"大庆油田甲醇厂"。2003 年底，甲醇厂划归油田化工集团，改称甲醇分公司。

轻烃分馏分公司。1992 年 9 月，大庆能源技术开发公司精细化工筹建领导小组组建。1993 年 8 月，精分馏装置投产。1994 年 5 月，精细化工筹建领导小组改称精细化工工程筹建领导小组。同年 8 月，下属实体企业开工生产，玻璃钢厂建成并投入试生产。9 月，白油厂建成并投入试生产。1995 年 7 月，白油装置停运。1997 年 3 月，精细化工工程划归油田化工总厂管理。同年 5 月，精细化工工程筹备组、供水公司氯碱厂（1993 年筹建，1995 年试投产）、昆仑公司氯化石蜡厂合并重组为精细化工厂，厂址位于大庆高新技术产业开发区宏伟工业园区，占地 31.89 公顷。

1999年，精细化工厂从油田化工总厂分离出来，改称大庆油田精细化工厂。2003年底，精细化工厂归属于油田化工集团，改称轻烃分馏分公司。

东昊分公司。1988年12月，大庆技术实业公司污油处理厂成立，厂址位于让胡路区龙南。2003年，改称东昊投资有限公司油气处理分公司。2004年，迁至萨尔图区中三路。拥有经改造后的一套230万吨/年原油稳定装置、一套2万吨/年重烷基苯磺酸盐装置和一套6万吨/年重烷基苯磺酸盐装置（一期3万吨/年），资产原值2.83亿元。目前主要生产重烷基苯磺酸盐表面活性剂、组分可控烷基苯磺酸盐表面活性剂、轻烃等产品。

醋酸分公司。2007年，醋酸分公司成立，厂址位于宏伟化工园区。同年5月，主体装置工艺、设备安装结束，进入吹扫、打压、单机试运阶段。8月21日，正式开工投产。该公司系专为延长天然气化工产业链所建，总投资15.02亿元，拥有一套20万吨/年醋酸装置，包括12000米^3/时一氧化碳焦炭造气装置、醋酸合成装置、8000米^3/时氧气空分装置及辅助设施。该装置作为甲醇的下游项目，以甲醇、二氧化碳、氧气和焦碳为原料，所生产的醋酸广泛用于制取醋酸乙烯、醋酸脂和醋酸盐等产品，是合成纤维的重要化工原料。2013年4月，醋酸分公司与牡丹江新能源有限责任公司整合为牡丹江新能源有限责任公司

4. 南垣股份有限公司化工企业

南垣公司是1993年根据黑龙江省经济体制改革委员会第465号文件批准设立的定向募集股份公司，由大庆南垣多种经营实业总公司、大庆石油管理局第七采油厂机修厂、南垣贸易有限公司、交通银行劳动服务公司4家发起人共同发起成立，主营业务为原油稳定、天然气回收、轻烃加工。南垣公司所属石油化工企业有油气处理厂、南天化工厂和稠油公司（系与外单位联营企业）3家，主要从事油气初加工、稠油开发和精细化工业务，资产总值4.04亿元。

南垣公司油气处理厂。1989年，葡北油气处理厂成立，隶属第七采油厂。1993年南垣公司自筹资金，建成南天原稳厂和精分馏厂。1996年底，葡北油气处理厂划归南垣公司管理，主要负责处理大庆油田采油七厂、八厂、十厂以及榆树林油田、头台油田来油。1998年，葡北油气处理厂更名为南垣公司油气处理厂。

南垣公司南天化工厂。20世纪80年代末，葡北化工厂成立。1992年，改称南天化工厂，厂址位于大同区庆葡村。1994年，南天化工厂建成第三套精馏塔，新增年处理轻烃能力5000吨以上。2004年，南天化工厂建成第四套精馏塔，年处理轻烃能力1万吨。该厂根据市场需要间歇性组织生产，主要产品有6号、120号、190号溶剂油（工业辛烷）、200号溶剂油及戊烷、液化石油气。

2004年，南垣公司划归创业集团。同年，南垣公司（化工企业）跻身中国化工企业500强之列。

2021年3月，原创业集团与原昆仑集团重组整合为昆仑集团，南垣公司及其下属企业归入昆仑集团。

（二）非直属油田油区加工企业

1. 黑龙江石油化工试验厂

1960年3月，黑龙江省石油工业管理局筹建黑龙江石油一厂，厂址选在萨尔图区杨

山屯。5月,黑龙江石油一厂改称松江炼油厂;6月,厂址由杨山屯迁到喇嘛甸。厂区占地面积54.55万平方米。1962年8月15日,在建的安达化工试验厂与松江炼油厂合并,更名为黑龙江石油化工试验厂。1963年11月,常压蒸馏热裂化联合装置建成投产。

1974年,黑龙江省革命委员会生产指挥部同意黑龙江石油化工试验厂划归大庆管辖。1975年6月,大庆革命委员会将石油化工试验厂交由大庆石油化工总厂管辖,更名为大庆石油化工总厂喇嘛甸化工厂。1977年5月,中共黑龙江省委将喇嘛甸化工厂收归省属企业,并决定先收生产部分,破乳剂工程仍由大庆石油化工总厂组织建设。同年12月,氧化沥青装置投产,设计年生产能力1万吨。1978年6月,工厂再次划归大庆石油化工总厂管辖,仍称大庆石油化工总厂喇嘛甸化工厂。1979年5月,大庆革命委员会决定将工厂从大庆石油化工总厂划出,由大庆油田管辖,并更名为大庆油田化工厂。大庆石油管理局成立后,更名为大庆石油管理局油田化工厂。1980年,黑龙江省石油化学工业厅将油田化工厂再次收归省属,恢复黑龙江石油化工试验厂名称。

2. 大庆石油化工总厂

大庆石油化工总厂前身为黑龙江炼油厂,1960年3月筹建。1962年2月,划归石油工业部,3月由松辽会战指挥部接管。1963年10月,炼油厂第一期工程建成投产年加工原油100万吨的一套常减压装置、年加工30万吨原油的热裂化装置及其配套的辅助工程。

1964年3月,黑龙江炼油厂更名为大庆炼油厂。1966年,炼油厂第二期工程的13套炼油装置陆续建成投产,年加工原油能力由100万吨提高到250万吨。1970年,中型化肥厂项目建成投产,形成年产合成氨6万吨、硝酸铵11万吨的生产能力,并实现炼油能力的翻番改造。

1971年5月,大庆炼油厂更名为大庆石油化工总厂。1971年9月和1974年8月,所属化纤厂丙烯腈、腈纶抽丝项目先后建成投产。1976年,引进国外技术设备建成大型化肥厂。至此,大庆石油化工总厂发展成为集炼油、化肥与化纤生产为一体的石油化工联合企业。

1983年9月14日,大庆石油化工总厂整体划归中国石油化工总公司。

(三)大庆乙烯工程

1977年9月,国务院批准成套引进石油化工设备,筹建大庆30万吨乙烯工程。该工程是国家重点建设项目,坐落在龙凤区卧里屯,占地7.44平方千米,其中生产区2.28平方千米。9月15日至10月2日,中共黑龙江省委在大庆组织专人编制《大庆30万吨乙烯工程设计任务书》,经大庆党委讨论,批准上报。

1977年10月,大庆革命委员会决定成立乙烯工程会战领导小组。1978年1月,成立乙烯工程会战指挥部。从此,工程总体设计、征用土地和国外询价、设备考察、订货以及施工队伍的组织工作全面展开。

1978年4月,大庆乙烯工程开始土建施工。同年8月,国家计委批准设计任务书。1979年2月,国家建委批准大庆30万吨乙烯工程设总体设计。大庆乙烯工程由12套生产装置和71项辅助生产及公用工程组成,共计83项单项工程。其工艺技术达到20世纪70年代世界先进水平,自动化控制水平较高。

工程概算总投资 42 亿元。

1979 年，大庆乙烯工程国内配套项目的大部分初步设计工作完成。同年 8 月 5 日，大庆乙烯工程龙头项目——乙烯装置建设破土动工。到 1980 年初，工程进展到现场"三通一平"，有 31 项工程开工兴建，累计完成投资 1.88 亿元。完成的实物工程量包括：给排水复线 127 千米，铁路专用线 19 千米，道路 20 千米，工艺管线 71 千米，厂内外公路和铁路专用线已投入使用，地下给排水管线完成 70%，乙烯裂解装置地下工程基本完成，具备设备安装条件。

1981 年 1 月 14 日，国务院决定停缓建大庆乙烯工程。这时，大庆乙烯工程施工图设计也已完成，并对部分项目设计做了修改和调整。

1981 年 4 月 8 日，中央财经领导小组组织国家科委、国家计委等有关方面专家到现场调查，经过两次技术、经济论证，认为大庆乙烯工程建设条件好，应该优先复建。国家计委根据专家小组论证意见，于同年 8 月向国务院呈报《关于大庆 30 万吨乙烯工程建设问题的请示》。9 月 2 日，国务院批准大庆 30 万吨乙烯工程恢复建设，并将其列为国家重点项目。

1981 年 11 月，大庆乙烯工程指挥部重新编制《大庆乙烯联合化工厂工程总体部署》，并于 1982 年 3 月完成设计修改任务。同年 7 月，石油工业部组织预审《大庆乙烯联合化工厂工程总体部署》；乙烯工程乙醛装置建设破土动工。

1983 年 7 月，被誉为乙烯工程群塔之首的乙烯装置 2 号塔吊装就位。

1983 年 9 月，大庆石油化工总厂整体划归中国石油化工总公司。

1988 年，大庆 30 万吨乙烯工程竣工投产。至此，大庆石油化工总厂建成集炼油、化纤、化肥、乙烯于一体的大型石油化工企业。

（四）大庆油田化工总厂

早在油田开发初期，大庆油田就着手研发提高采收率技术，经过十几年研究和筛选，发现向地下油层注入高分子聚合物——聚丙烯酰胺是提高采收率的有效办法。20 世纪 80 年代，国内尚无聚合物批量生产商，进口价则每吨高达 3000 美元。自行组织生产，则需要依托相当规模的石化企业。为此，大庆油田决定筹建自己的石化基地，既生产三次采油所需原料，又作长远打算，发展油田大化工，完善产业链。

1983 年 9 月 25 日，大庆油田着手筹建以生产油田三次采油所需化学助剂的大庆油田化学助剂厂。

1988 年 3 月，油田化学助剂厂一期工程在油田西部马鞍山破土动工，主要工程项目包括年产 30 万吨/年常减压、15 万吨/年催化裂化、5 万吨/年铂重整和 2 万吨/年非临氢降凝装置。1989 年 11 月 13 日，一期工程全面投入生产，共生产出高标号汽油、柴油和液态烃等 8 种合格产品。1990 年，全年加工原油 47.6 万吨，创产值 2 亿多元。

1993 年，国家重点工程——油田化学助剂厂聚合物工程龙头装置——重油催化、气体分馏和常减压改造三项聚合物工程开工建设。同年 7 月 16 日、9 月 15 日和 8 月 1 日，重油催化、气体分馏和常减压改造三项工程试投一次成功。当年为助剂厂增创效益 3362 万元。

1994年，油田化学助剂厂建成催化重整、MTBE（甲基叔丁基醚）两套生产装置，主体建成加氢、丙烯腈、硫胺回收、乙腈精制、丙酮氰醇、催化裂解6套生产装置。11月14日，年产15万吨精制油的重整装置投产一次成功，生产出合格产品。

1995年11月15日，油田化学助剂厂聚合物工程11套主体装置全线开工生产，实现了石油天然气总公司三年建成聚合物工程的总体要求，形成年产5万吨聚丙烯酰胺的生产能力。聚合物工程65个设计单元、1475个分项工程，合格率100%，优良率91.8%。至此，油田聚合物驱油技术达到工业化推广条件。1996年，化学助剂厂生产的聚合物用于喇萨杏油田北部6个区块进行聚合物驱油，当年聚驱产油294.5万吨。同年3月，化学助剂厂20万吨/年润滑油工程开工兴建。

1997年5月，大庆油田将油田化学助剂厂、甲醇厂、精细化工厂和氯碱厂等油气加工企业进行整合，组建大庆油田化工总厂，形成油气初加工到深加工、炼油与精细化工合为一体的化工联合企业。

1999年，油田化工总厂投产国内规模最大的180万吨/年ARGG（重油催化裂化）装置，用于生产富含丙烯的液化气以及高辛烷值汽油。ARGG装置与60万吨/年气体分馏装置均实现开工投产一次成功，泄漏率控制在0.3‰以下，低于行业标准0.2‰。同年，20万吨/年润滑油工程建成投产，生产出市场需要的高、中档润滑油产品。1999年3月，甲醇厂与精细化工厂从油田化工总厂中分离出来，直属大庆石油管理局。

2000年10月，大庆油田化工总厂与大庆油田分离，同林源石化公司整合组建中国石油天然气股份有限公司大庆炼化公司。

（五）油气加工大事纪要

建成国内最大石油化工原料基地

大庆油田年产原油5000万吨，年产伴生气——油田气量可达22亿立方米以上；原油中易挥发的轻组分及油田气中易被气体带走的较重组分，即油气中的轻烃组分的潜含量据检测计算高达150万吨。20世纪70年代，我国大规模建设化肥装置及乙烯装置，回收轻烃后甲烷含量近90%的油田干气是合成氨化肥装置的优质原料；油气中回收的富含乙烷的轻烃是乙烯裂解装置收率最高的原料。相关部门及领导提出：发展石油化工，要把屁股坐在油田上。在全国最大原油生产基地基础上，把大庆油田建成全国最大石油化工原料基地，不仅为发展石油化工找到了新出路，也进一步提高油田开发效益。

大庆油田为石化装置提供原料是从1966年建成南区压气站，向龙凤炼厂6万吨/年合成氨装置及加氢装置提供30万米^3/日原料气开始的。1973年5月16日，国家计委批复燃化部建设大庆化肥厂30万吨/年合成氨装置，并要求所需油田气集输工程由大庆油田设计、施工和管理。1976年7月供气规模为140万米^3/日的大庆化肥厂供气工程建成投产。为可靠供气，油田建成240万米^3/日供气能力，包括120万米^3/日规模的喇二压气站，各为60万米^3/日规模的北区压气站及红岗压气站以及输气系统工程。南区、北区、喇二、红岗压气站均采用氨制冷工艺回收轻烃。

更大规模的石化原料工程是30万吨/年乙烯原料工程。

1977年9月，石油化学工业部转发经中共中央和国务院批准的国家计委《关于在大庆地区建设 30 万吨乙烯等装置的请示报告》的函。国家计委在请示报告中指出：大庆油田为大庆乙烯厂提供原料的工程建设，必须与油田老区调整改造、流程密闭、降低损耗统一规划，分期建设，达到"三脱三回收，出四种合格产品"的标准。1978 年下达的"大庆 30 万吨乙烯及其原料工程设计任务书"，要求油田向乙烯厂提供原料量为轻烃 47 万吨/年、油田气 6.6 亿米^3/年。1981 年 5 月国务院批转由大庆油田科学研究设计院编制的"大庆 30 万吨乙烯原料工程初步设计"。初步设计最终确定的向乙烯厂提供原料量为轻烃 32 万吨/年、油田气 6 亿米^3/年。1978 年大庆油田全面开展乙烯原料工程前期工作。

开展轻烃资源大调查。为了准确落实油田可为 30 万吨乙烯装置提供的原料量，从 1975 年开始，大庆油田设计院即展开对原油和油田气中可用作乙烯原料的组分潜含量的测试调查。为了确保轻烃资源量的准确性，建立油、气取样口的选择原则；创立油、气取样器具及取样方法；建立油、气样分析测量方法及技术标准，特别是创立了原油直接进色谱分析方法，为轻烃资源大调查奠定可靠的技术基础。随后从喇萨杏油田 63 座转油站、脱水站、油库取原油样 371 个；从海、陆不同运输方式运到大连、秦皇岛、南京、上海等地的石化总厂、码头的大庆原油取样 51 个，用原油直接进色谱法共取得分析数据 10922 个，取样控制油量达油田总产油量的 97.3%。1976—1977 年，又从 21 座转油站、脱水站采集油田气样，用气相色谱法分析组分数据。鉴于油气中轻烃潜含量受油田开发、采油方式及油气集输处理流程变化的影响较大，整个 20 世纪 70 年代，对油田轻烃潜含量进行反复取样分析测算核实，查清大庆油田原油及油田气中可用作乙烯原料的组分的潜含量。年产 5000 万吨原油中，C_2—C_5 轻质馏分潜含量为 77.03 万吨/年；年产 22 亿立方米油田气中，C_2—C_7 组分潜含量为 73.62 万吨/年。油气中乙烯原料组分潜含量总计为 150.65 万吨/年，可充分满足 30 万吨乙烯的原料需求。

开展油田气集输、原油稳定工艺试验。1979 年后，开展低压集气工艺试验，突破高寒地区冬季收集带液含水油田气管线冻堵难题。通过清管通球模拟试验及杏树岗油田大范围工业试验，利用油气分离压力，集油、集气管道同沟敷设，通球清管的低压集气技术取得成功，油田气全部收集处理有了技术保证；为了回收原油中易蒸发损耗的轻组分，必须进行原油稳定处理。1975 年在喇一联开展 300 万吨/年处理规模的负压脱气原油稳定工艺试验，1977 年在杏十三联开展 32 万吨/年处理规模的负压脱气及加热提馏工艺试验，积极准备利用国内技术建设原油稳定装置。

掌握国际矿场油气处理技术发展趋势，开展与世界知名石油及工程公司技术交流及技术引进。1978—1979 年，为适应乙烯原料工程技术需求，经石油工业部批准，大庆石油管理局组织油田相关部门及人员，与美国联合油、大陆、复陆、白克脱，英国壳牌，意大利克蒂浦等国际公司开展技术交流及技术谈判。随后组团进行技术考察。并与美国白克脱公司签订编制"大庆油田'A'区改造工程初步设计"合同；与美国复陆公司签订提供 3 套原油负压脱气装置、2 套油罐气回收装置合同；与意大利克蒂浦公司签订提供

3套油田气压缩制冷脱水脱轻烃装置、8套油田气甘醇脱水增压装置合同。通过技术交流，采用国际广泛使用的原油负压脱气、油田气化学脱水、油田气深度制冷等油气处理技术，进一步完善乙烯原料工程总体设计方案。引进的16套装置成为乙烯原料一期工程的主体工程。

在完成轻烃资源调查、开展油气集输处理技术攻关试验及国际技术交流、技术引进基础上，依据国家计委批准的"大庆30万吨乙烯及其原料工程设计任务书"，自主编制"大庆30万吨乙烯原料工程总体设计"，编制并上报"大庆30万吨乙烯原料工程初步设计"。完成乙烯原料工程全部前期工作。1981年5月，国务院批转原料工程初步设计，原料工程全面开工。

1986年4月，乙烯原料一期工程竣工。引进的16套装置除2套油罐气回收装置稍后投产外，3套负压脱气原油稳定装置、3套浅冷轻烃回收装置全部在杏树岗油田建成投产。引进的8套油田气甘醇脱水装置也在喇萨杏油田竣工投产。伴随乙烯原料一期工程竣工，杏树岗油田全面建成油气集输流程密闭，原油、油田气处理回收轻烃的地面油气生产系统。

在引进国外油气处理装置的同时，大庆油田加快国内技术及装置的开发建设速度。1985—1988年，通过研究攻关现场试验及对引进技术消化、吸收、创新，油田自行设计、制造、建设的负压脱气原油稳定装置相继在喇一、喇二、喇Ⅲ—1、北Ⅱ—1、北Ⅱ—2、东油库、萨南及南六联建成投产。除萨南处理规模为420万吨/年外，其余均为350万吨/年。国内设计、制造、建设的500万吨/年处理规模的加热分馏原油稳定装置也于1988年10月在萨中油气处理厂建成投产。1990年后通过对原油稳定装置技术改造，相继采用正压加热提馏、加热闪蒸等原油稳定工艺。大庆油田已全面掌握原油稳定技术。

1988年4月，萨中及萨南油气处理厂引进的60万米^3/日处理规模的油田气深冷装置建成投产。萨中、萨南油气处理厂油气处理装置全面投入运行。至此，乙烯原料二期工程全部建成投产。乙烯原料工程还配套建成油田轻烃储运系统，包括轻烃总库、萨南轻烃库、轻烃总外输计量站及北、中、南三条通往轻烃总外输计量站及轻烃总库的轻烃输送管道。乙烯原料工程建成，为乙烯装置提供6亿米^3/年油田气，32万吨/年轻烃的原料生产能力。油田轻烃实际年产量1988年为39万吨，1990年为41万吨，1995年后达到82万吨以上，为大庆石化发展乙烯工业提供优质、充足的原料条件。

从1988年乙烯原料工程全面投产，大庆油田由早期只生产原油，发展为同时大规模生产销售油田轻烃及油田干气（脱水、脱轻油后油田气）。2005年轻烃销售量达到117万吨；1990年油田气销售量达到8.2亿立方米，如包括气田气在内，油田销售天然气量2008年达到14亿立方米。实施油气处理回收轻烃，加大天然气集输处理力度，极大地提高油田开发效益。

发展石油化工　实现油气综合利用

大庆油田最早的石油化工企业是石油会战初期的葡萄花炼油厂。1960年，石油会战开始，因国内经济困难和国际经济封锁，燃料油奇缺，钻机和各种机动车辆开不起来，严重影响石油会战进行。1960年3月，石油工业部决定以最快的速度在葡萄花油田建起一座小型炼油厂,以解决石油会战缺油的燃眉之急。当年7月27日,葡萄花炼油厂年加工能力3.6万吨的蒸馏裂化装置建成投产,炼出汽油、柴油等成品油,满足石油会战急需。1963年后,随着大庆炼油厂的建成投产,1965年,葡萄花炼油厂关闭拆除。

1960年3月,开始筹建黑龙江炼油厂。1962年2月由黑龙江省划归石油部,3月由松辽石油会战指挥部接管。随着大庆油田开始大规模投入开发生产,1962年4月,黑龙江炼油厂在龙凤地区开工建设。1963年10月,从油田东油库至炼油厂输油管道建成。以后,从南七联至炼油厂的输油管道也相继建成,形成从萨中及萨南油田同时向炼油厂供油的500万吨管输能力。1963年11月6日,年加工原油100万吨的第一套常减压装置、年加工原油30万吨的热裂化装置及配套的辅助工程建成投产,生产出合格的汽油、煤油及柴油产品。1964年3月,黑龙江炼油厂更名大庆炼油厂。1964—1966年,炼油厂第二期工程的13套炼油装置陆续建成投产。生产装置由2套增加到15套,产品品种由5种增加到31种。同期,改造第一套常减压装置,原油年加工能力由100万吨提升到270万吨;1969年,改造第二套常减压装置,原油年加工能力由150万吨提升到230万吨。至此,大庆炼油厂的原油年加工能力达到500万吨。随后对二期工程投产的二次加工系统加工能力进行全面提升。1970年建成投产以天然气为原料的6万吨/年的合成氨装置及11万吨/年的硝酸铵装置。1971年5月,大庆炼油厂更名为大庆石油化工总厂。1971年9月,年生产能力5000吨的丙烯腈装置建成投产,1974年腈纶抽丝装置建成投产,经1981—1982年完善扩建并新建丙酮氰醇装置及毛条生产装置,化纤厂全面建成投产。1973年开始筹建大庆化肥厂。1976年年产48万吨尿素、30万吨合成氨的大庆化肥厂投产,为其提供原料气的油田供气工程配套建成投产,建成240万米^3/日的压气站供气能力,确保日供气量140万立方米。1977—1983年,大庆石油化工总厂建成润滑油生产系统9套装置,完成炼油生产系统全部工程建设。1977年9月,国务院批准建设大庆30万吨乙烯工程。1979年8月,乙烯装置破土动工。1981年1月至1981年9月,乙烯工程缓建。1981—1982年重新编制"大庆乙烯联合化工厂工程总体部署",1982年7月,乙烯工程恢复建设。

1983年9月,大庆石油化工总厂整体划归中国石油化工总公司。

1988年,大庆30万吨乙烯工程竣工投产。为其配套的原料工程,包括油气集输系统改密闭流程、实施原油稳定、油田气处理回收轻烃、建设轻烃储运系统等,于1984年、1988年分两期建成投产。至此,大庆石油化工总厂建成集炼油、化纤、化肥、乙烯于一体的大型石油化工企业。

1986年,大庆油田进入5000万吨第二个十年稳产阶段,为保持油田持续稳产,开始试验并准备实施三次采油。为了紧密结合三次采油开发试验,解决化学驱所需聚丙烯酰胺、石油磺酸盐等化学助剂及其原料,从而加快三次采油试验及工业化步伐;同时,解决油田成品油供应不足,特别是冬季低凝柴油紧缺的问题。1987年,大庆石油管理局呈报,经原石油工业部批准,开始建设大庆油田化学助剂厂。

1989年11月，大庆油田化学助剂厂50万吨/年常减压装置、20万吨/年催化裂化装置等一期工程建成投产。1992年2月，国家计委批准聚合物工程立项。建成规模为年产聚丙烯酰胺5万吨，主要装置11套（炼油装置5套，化工装置6套），其中常减压装置由50万吨/年扩建至200万吨/年，炼油装置有重油催化裂化、催化裂解、气体分馏、催化重整—柴油加氢精制；化工装置有丙烯腈、硫铵回收、乙腈精制、丙酮氰醇、丙烯酰胺、聚丙烯酰胺。1993—1994年，聚合物工程全面开工。1995年11月，聚合物工程11套主体装置全线竣工投产。1996年，萨尔图、喇嘛甸油田第一批聚合物驱6个区块实现聚合物驱采油。1996—2005年，聚驱油水井总数8604口，累计注入聚合物55.71万吨，累计增产原油3901.92万吨。

聚合物工程之后，为充分利用大庆油田石蜡基原油适合生产高黏度指数润滑油的资源优势，1996年开工建设20万吨/年润滑油工程，包括350万吨/年润滑油型常减压蒸馏装置、丙烷脱沥青装置、糠醛精制装置、酮苯脱蜡装置、催化脱蜡及加氢精制装置、白土精制装置及润滑油调合设施，并续建10万吨/年制蜡装置，建成年生产25万吨润滑油基础油，10万吨调合润滑油规模。润滑油工程于1999年建成投产。随着350万吨/年常减压蒸馏装置建成投产，由大庆油田化学助剂厂改组的大庆油田化工总厂原油加工能力达到550万吨/年。为提升原油二次加工能力，1999年建成投产国内规模最大的180万吨/年ARGG装置，生产丙烯原料及高辛烷值汽油；建成投产加氢改质、重整及酸性水气提装置扩建工程。为充分发挥聚合物工程中5万吨/年丙烯腈装置能力，将其改造提升至7万—8万吨/年，为其配套建成一套3万吨/年腈纶装置。至2000年，大庆油田化工总厂共建成石油化工各类装置30套。2000年10月，大庆油田化工总厂划归大庆炼化公司。

从建立和发展油田石油化工一开始，即从大庆油田特点出发，提出要充分利用油田油气资源，在发展石油化工的同时，逐步发展天然气化工及轻烃化工。

1989年9月，经中国石油天然气总公司批准，以天然气为原料的6万吨/年甲醇装置于1991年投产。由于产品优质，市场良好，1998年，10万吨/年规模的第二套甲醇装置建成投产。2001年，实施技术改造，原6万吨/年甲醇装置生产能力提升至10万吨/年。2006年，以天然气为原料，建成5万吨/年合成氨装置，生产液氨、氢气、二氧化碳，为油田聚合物装置及醋酸、丁二醇等其他下游产业链提供原料。早期为甲醇厂配套建设的乌洛托品、尿醛树酯、甲醛、6万吨/年合成氨（美国20世纪60年代技术）等装置相继停运。2007年，以甲醇、二氧化碳为原料，采用国内专利技术，建成投产20万吨/年醋酸装置。天然气化工产业链进一步完善。

随着油田油气处理，轻烃回收工程实施，轻烃回收规模扩大，除供大庆乙烯厂作乙烯原料外，油田轻烃化工也起步发展。最早的轻烃加工是1980年大庆乙烯工程缓建期间，为解决油田乙烯原料工程已投产装置所产轻烃的出路，专门铺设由杏树岗、喇嘛甸油田至黑龙江石油化工试验厂（喇嘛甸化工厂）的轻烃输送管道，由该厂代料加工生产液化气和石脑油。1993年，设计能力1万吨/年的轻烃分馏装置在宏伟化工区建成投产。

1996年，分馏能力提高到3万吨/年，生产液化气、石脑油、6号溶剂油、120号溶剂油等产品。2000年10月，经扩改建，分馏能力提升到20万吨/年，成为当时国内技术最先进，规模最大的轻烃分馏装置。产品发展为液化石油气、汽车用液化石油气、工业丁烷、工业戊烷、混合己烷、工业正己烷、工业庚烷、工业辛烷、庚辛烷残液、工业混合烷等。2003年10月，5万吨/年戊烷精细分馏装置建成投产，主要产品有正戊烷、异戊烷、环戊烷及复配后的发泡剂系列产品，进一步延长了轻烃产业链，提高了轻烃化工产品附加值。此外，南垣股份南天化工厂也建有轻烃精馏装置，生产溶剂油等产品。

国内第一套10万立方米天然气加工装置

1991年8月18日，由5个单体橇和操作控制室组成的国内第一套处理能力为10万立方米天然气的"可移动式"橇装天然气加工装置，从大庆火车站运往新疆，用于开发鄯善油田。

这套装置是中国石油天然气总公司和大庆石油管理局1990年新技术推广项目，由大庆能源技术开发公司承担。该项目于1990年初进行前期准备工作。1991年4月，大庆能源技术开发公司组织安装队伍进行加工制造。全体加工制造人员认真消化引进技术，大胆改进不合理工艺，使加工制造工作进度快、质量好，仅用100天时间就完成5个单体橇的组装。

该装置对原料和环境的适应能力强，全部露天摆放，非常适应新油田、小油田、边远油气田的天然气综合利用的要求。工艺流程设计合理，产品回收率在60%以上，可直接生产液化气、石脑油和天然气等产品。

石油系统第一套深冷装置

中国石油系统引进的第一套油田气加工深冷装置，于1987年5月12日在天然气公司萨南油气处理厂一次投料试运获得成功。这套装置于1985年9月破土动工，日处理油田气60万立方米，弹性工作负荷80%—120%，日产轻烃200多吨。它与油田的浅冷装置相比，在天然气日处理相同的情况下，轻烃日产量可增加1倍，使天然气尽可能得到充分利用。满负荷运转年产轻烃6万多吨，相当于当时天然气公司轻烃年产量的1/4。它的投产标志着大庆油田的天然气加工进入新阶段。

全国最大的聚合物生产厂

国家"八五"重点建设工程——大庆油田聚合物工程，1995年11月15日建成投产。这座年产5万吨聚丙烯酰胺的工厂，是全国最大的聚合物生产厂。总投资30多亿元，部分装置从美国、日本、法国引进。全部工程由65个设计单元组成，共有12套主要生产装备，其中，丙烯腈装置采用美国BP公司技术，丙烯酰胺装置成套从日本三菱公司引进，聚丙烯酰胺装置成套从法国SNF公司引进。这些装置除生产聚合物外，还生产汽油、柴油、乙烯料、液化石油气、苯、乙腈、硫胺、丙酮氰醇等各种重要化工产品。

"九五"期间，大庆油田将大面积开展注聚合物采油。5年间将注入地下20万吨聚合物，预计增油3000万吨。大庆油田聚合物工程将成为油田高产稳产的重要保证。

11月15日，石油管理局隆重召开投产总结大会。对在聚合物工程建设中做出突出贡献的设计、施工、管理等6项优秀设计项目，5项优秀施工项目，5个标杆单位，27个先进集体，27 名模范人物，1450 名荣获一、二、三等功的先进个人予以通报表彰，并向标杆单位与模范人物颁发锦旗与证书。

亚洲最大最重的化工炼塔

在大庆油田化工总厂的工地上，1996 年 9 月 21 日巍然耸立起一座被称为"亚洲第一塔"的钢铁巨人，这座塔是大庆石油管理局全年重点工程——350 万吨常减压装置的减压塔，塔高 73 米，直径 7.4 米，重 390 吨，是目前亚洲最大最重的化工炼塔。从 1996 年 8 月 7 日炼塔开始施工以来，油建公司化建工程公司职工付出艰辛的劳动，度过 45 个不平凡的日日夜夜。针对首次施工面临的种种困难，工程技术人员查阅大量的资料，反复论证，最终确立双桅杆倒装施工方案。工人们在高温炎热的夏季，靠着拼搏精神，打破三天焊一层塔板的常规施工进度，每天都工作到后半夜，创出两天焊完一层板，提前 35 天完成任务的施工高速度，从而为工程进入全面工艺安装施工铺平道路。常减压装置是油田加大炼化能力的"重头戏"，这套装置投产后，油田化工总厂年加工原油能力可由当时的 200 万吨提高到 550 万吨。

油田第一批投产的聚合物生产装置

1993 年，油田化学助剂厂的中心任务是早日建成和投产首批聚合物工程重油催化、气体分馏和常减压改造三套生产装置。年初全厂超前准备，加强领导，成立"三套装置开工指挥部"，各车间也相应成立了开工领导小组。工程质量实行三级控制网络，按照统一的控制点和停检点进行检查，处处从严，把好工程质量关，使三套生产装置分别于 7 月 16 日、8 月 1 日、9 月 15 日投产一次成功，比 PAM 工程承包协议工期分别提前 74、91、65 天。三套生产装置开工投产未着一把火，未伤一个人，未发生一起重大事故，创出国内同类装置开工的高水平，为助剂厂增创效益 3362 万元。

油田现代化甲醇厂

大庆油田甲醇厂是大庆第一个现代化中型化工企业，厂址在让胡路区马鞍山，生产能力为日产甲醇 200 吨。该厂 1989 年 3 月开始建设，10 月末土建工程基本完工。1990 年 12 月末，工程建设接近尾声，各项装置相继点火，并组织投料试车。甲醇厂是油田的一项替代产业，是利用油田伴生气，采用改良高压法生产甲醇。甲醇是一种重要的化工产品，它及其衍生物在工农业生产中均有重要作用，在国际、国内市场上也很紧俏。为了建好这个厂，他们尊重科学，严把工程质量关，提出"项项工程质量全优，人人做出事情过得硬，事事注意勤俭节约，处处做到规格化，台台设备完好"的奋斗目标。施工中，各方通力协作，为工程的顺利投产创造条件。继 1990 年 10 月 10 日转化炉一次试车成功，空分站、燃料气压缩装置相继在预定的试车运行时间达到投产条件，创造国内同类装置施工的高水平。

生产保障与社会服务

大庆油田生产保障与社会服务系统主要从事供（排）水、供（发）电、通信、公交运输、物资采购供应、专用设备（工具、器材）生产与维修、物业管理、教育培训等工作。

（一）供排水系统

大庆地区属安达闭流区，境内没有天然河流，大气降水均汇流到低洼处，按自然条件无法外排。受古地质和现代地貌的影响，大庆市区共有大小泡泊 156 个，容水面积达 2000 多平方千米。大庆地下水按其理化性质和工业利用情况，可分为现代沉积物中的浅层潜水和深层砂砾石与砂岩含水层中的承压水两种。由于表层地下潜水理化性质较差，且埋藏量有限，油田开发利用的水源，主要是分布于第四系、第三系和白垩系地层中的深层承压水。

大庆油田水务公司是大庆油田有限责任公司下属的生产保障专业化分公司。1960 年，大庆石油会战拉开序幕，油田第一座水源——西水源投产运行；1981 年，油田实行专业化管理，组建大庆石油管理局供水公司；2012 年，基于业务面的拓宽、业务链的延伸、业务实力的增强，更名为大庆油田水务公司。主要承担油田生产、企事业单位和居民生活用水供给，水源保护、干渠管理、防洪排涝、污水处理、水质检验监测、涉水工程施工与技术服务等生产保障职能。按照油田"固本强基、转型升级、实现水业振兴发展"要求，水务公司做好主责主业服务保障，积极培育相关业务，努力打造支柱产业，逐步构建了全国同行业为数不多的，集水文地质勘探、水井钻凿、制水生产、销售服务、防洪排涝、污水处理、水利工程施工与技术服务、水饮品生产与销售、水药剂生产与销售、再生水利用等业务链条较为完整的一体化发展格局。具有国家水利水电工程施工总承包二级资质、水文地质勘察国家甲级资质、岩土工程勘察国家乙级资质，是全国非省会城市唯一的国家级城市供水水质监测站、集团公司环境监测中心站、大庆市水质督察监测中心站。管理 3 座地表水厂、9 座地下水源、881 千米输配水管线，覆盖区域面积 3000 多平方千米，日综合供水能力 78 万立方米；管理 3 座污水处理厂，日处理能力 20 万立方米；管护 6 条引、排水干渠，总长 252 千米；管理 3 座大型排涝泵站，日排水能力 83 万立方米。

（二）电力系统

油田电力系统任务主要由中国石油集团电能有限公司负责。1998 年 4 月，大庆油田将电力系统进行整合，组建电力集团，实行集团化管理，专业化运营。2017 年 10 月 19 日，中国石油集团电能有限公司注册成立，注册资金 50 亿元，主要承担大庆石油石化生产和城市部分工业商业与居民用户的供电供热任务。下设热电一公司、热电二公司、供电公司、电力技术服务公司、气电公司、售电事业部、海外事业部、电力研究设计院、电力生产保障公司等 9 个成员单位。拥有全国最大的企业电网和中国石油天然气集团有限公司最大的企业自备电厂，具备发电、供电、售电、供热、电力工程设计与施工、电力营销生产技术服务一体化的完整产业链条，具有为国内 42 个地区和国外 7 个国家开展电力运维和技术服务的丰富经验，先后两次荣获全国"五一"劳动奖状。图 3-8 所示为油田开发初期的列车车站。

图 3-8 油田开发初期的列车电站

(三)通信系统

通信系统承担保障油田生产指挥和通信联络的职能。伴随着油田的不断开发建设，油田通信逐步由单一的电话通信系统发展成为综合信息通信服务系统。

从1959年初的一台50门磁石总机起步，油田通信网历经人工总机、模拟通信网、数字模拟叠加网和综合数字全业务网发展阶段，开始向智能网方向发展。电话交换方式由磁石式、供电式、步进纵横制发展到程控数字制；信号传输方式由明线、电缆、明载、模拟微波、数字微波发展到大容量、高速率的PDH、SDH、波分复用以及灵活机动的无线宽带、卫星通信等多种方式；业务功能由单一语音业务发展到集有线通信（市话、长话、公话、光纤接入）、无线通信（无线寻呼、SCDMA制式小灵通、VSAT卫星小站）、数据通信（ISDN、DDN、VPN、专线）、国际互联网、油田数字化、电话会议、视频会议、视频监控、软件开发、工程施工、工程设计、GPS车辆管理，以及短信、彩铃、声讯等多种增值信息服务的全业务。固话网、无线网、宽带网络覆盖整个大庆油田和大庆市区，无线网同时覆盖周边四县一市（林甸、杜尔伯特、肇源、肇州、安达市），并通过光纤电缆、卫星通信与海塔油田等外部勘探开发和油田生产作业区相连。

适应信息行业迅猛发展的新形势，油田通信业务逐步扩展为全方位信息业务，2013年5月，原大庆石油管理局通信公司组建成立大庆油田信息技术公司。伴随着油田的开发建设，信息技术公司已建成由18座核心主站、150个设备接入站、134个McWiLL无线宽带基站、301套载频、3座卫星小站、1.42万皮长千米光电缆组成的有线、无线、卫星构成的全数字、立体式、全覆盖的国内石油石化企业最大的信息化网络。

大庆油田信息技术公司主营业务包括：数字油田方案设计、施工和运维，提供数据的采集、传输与大数据分析服务等数字油田业务；数据安全、工控安全、信息设施监控产品和信息安全咨询服务等网络安全业务；油田生产、经营、管理、办公等应用软件与系统平台的PC端与移动端开发等信息化平台的开发建设与运维业务；集团公司IPv6生产专网、局域网、广域网、网管系统等信息化项目实施与运维，油田生产网和办公网、产能网络设备及其他电信运营商网络设施维护等网络建设与运维业务；宽带、固话、电视和4G小灵通等基础通信业务。具备国家电信工程总承包一级资质、建筑智能化工程承包二级和黑龙江省公共安全技术防范工程一级资质，国家电子通信广电行业乙级设计资质，民用无人驾驶航空器经营许可资质；华为CSP五钻服务资质，是东北三省第一家通过华为最高级别认证的数通及安全产品服务交付合作伙伴。通过ISO20000服务管理体系与ISO27001信息安全体系认证。

(四)交通运输

大庆油田通勤服务公司位于大庆市萨尔图区卡尔加里路11号，拥有通勤车辆1353台，为油田和政府79家结算单位提供960个通勤任务，日营运10.6万千米，日载运乘客8.1万人次，油田内部市场占有率约为60%。多种经营业务中汽车修理业务有二类以上维修资质企业3家，油田内部市场占有率约为15%；汽车检测业务拥有检测站4个，约占市内检测市场份额40%；驾驶员培训业务属国家 B 级三类驾校。

公司因油而生，伴油而兴。1961 年，为方便大庆油田会战总部与前线指挥部之间的联系，经会战工委批准，由 5 辆松花江牌客车、5 辆解放牌卡车和 10 多名会战司机组建当时的公务车队，这是公司通勤业务的前身。在"行车没有路、停车没有库"的艰苦岁月里，油田通勤人以"油井打到哪里，车就通到哪里"的豪迈，在茫茫荒原中用车轮开辟出一道道油田建设之路。随着油田和城市的快速发展，为方便油田职工和市民出行，公司开始逐步承担起城市公交任务。1981 年 5 月，公司业务从运输指挥部分离，正式成立大庆市公共汽车公司，当时受大庆石油管理局和大庆市双重领导。1984 年 1 月，大庆石油管理局与大庆市分开分立，大庆市公共汽车公司归属大庆石油管理局，更名为大庆石油管理局公共汽车公司。自此，公司各项业务伴随油田深入开发持续发展。

1991—2000 年的 10 年间，公司大力实施"提升服务、内部挖潜、精细管理"的发展战略，企业核心竞争力不断提升，稳步迈入全省同行业一流企业之列。这一阶段，形成"三人形象，五人标准"的服务理念，唱响以服务促发展的主旋律，形成车辆大中小、档次高中低的运力匹配。

2001—2010 年的 10 年间，公司在推进公交业务发展的同时，将通勤业务培育成为公司又一大核心产业支柱。随着原运输公司部分业务顺利整合，公司整建制纳入大庆油田矿区服务事业部管理，构建起以城市公共交通、油田职工通勤为主，以汽车修理、车辆检测、培训业务、公交广告、房屋租赁等多元经济为辅的产业发展格局。

2011—2020 年的 10 年间，公司坚持文化引领，狠抓安全服务，深入推进信息技术应用和智能化管理创新，在 GPS 应用、无人售票、IC 卡应用、清洁能源应用等方面不断取得新突破，向着现代公交、绿色公交、人文公交的发展目标不断迈进。公司发展规模最高峰时，拥有员工 6000 多人，车辆 2600 多台。

2020 年初，公司按照国企改革、油田"剥离企业办社会职能"相关要求，将公交业务移交政府，并随着矿区服务事业部整体改革，于 6 月 15 日正式成立大庆油田通勤服务公司，开启全新的发展篇章。

大庆钻探工程公司运输一公司。位于黑龙江省大庆市让胡路区，是有着 50 多年历史的国有大型专业化道路运输企业。2004 年 8 月，公司通过专业化重组，优势更明显，实力更雄厚，核心竞争能力更突出。拥有各类运输生产车辆 751 台，总吨位 15713.5 吨，年货运量近 1000 万吨，年货物周转量近 7 亿吨千米，为大庆油田、钻探生产及油田开发建设提供运输保障，同时面向社会提供专业道路运输服务。在为油田开发建设创造巨大物质财富的同时，运输一公司也形成宝贵的精神财富——硬骨头精神。作为大庆精神、铁人精神的重要组成部分，硬骨头精神影响一代又一代运输人，锤炼一支以硬骨头十三车队为代表的攻坚啃硬、勇闯市场、精干高效的员工队伍。

大庆钻探工程公司运输二公司。始建于 1962 年 5 月，2008 年 3 月，划归大庆钻探工程公司，更名为大庆钻探工程公司运输二公司。是新型"运输+"企业，主要承担大庆探区、吉林探区钻井设备、大宗材料的吊装运输，废弃泥浆无害化处理等业务，具有国家道路运输二级企业资质。拥有车辆总数380台,其中:生产车辆353台(吊车57台、拖车33台、板车166台、罐车92台、工程车5台),非生产车辆27台,生产车辆总吨位6971吨,年生产能力2.4亿综合吨千米。

(五)装备制造与维修

油田专用设备制造与维修业务主要由装备制造集团承担。2003年12月,大庆总机械厂与第二机械厂重组,成立原装备制造集团;2009年3月,原装备制造集团、力神泵业公司和射孔弹厂整合为新的装备制造集团。2012年1月,吉林油田装备制造业务整体划入,形成乘风庄工业园区、王家围子工业园区、打虎庄工业园区、力神泵业工业园区、射孔弹工业园区等五大主要园区,在外埠有吉林松原、长春、上海太仓、陕西西安等四大工业区。

经过持续重组整合,装备制造集团成为为油田提供人工举升装备、工程技术服务配套装备、地面工程油气处理集输装备等产品和服务保障的大型石油装备制造企业。

装备制造集团在太仓设立大庆油田力神泵业(太仓)有限集团,在西安设立射孔弹厂西北基地(分厂),在上海设立上海销售分公司,在渤海、新疆、南海、冀东、吉林、江苏、延长建立7个国内项目部;在苏丹、印度尼西亚、哈萨克斯坦、中东、俄罗斯、乍得、伊拉克、科威特建立了8个海外项目部及分公司。

资产设备。装备制造集团占地面积370.4万平方米,厂房占地面积50万平方米,拥有资产总额46.77亿元(吉林分公司4.48亿元),固定资产原值21.24亿元,净值11.63亿元,拥有设备7720台套,原值8.35亿元,净值3.32亿元,新度系数0.4。其中,运输设备643台,焊接切割设备1130台,机加设备2387台(数控机床169台,加工中心14台)。拥有抽油机、潜油电泵、射孔弹、导爆索、射孔枪、螺杆泵制造、减速器及抽油机涂装、真空加热炉、油管、套管、油气输送管等多条专业生产加工线。

生产能力。装备制造集团可年产抽油机减速器4000台、抽油泵8000台、抽油机节能电控产品4000台、抽油机整机6200台,是亚洲最大、世界前三的抽油机制造商;年产潜油电泵机组3000套、螺杆泵机组2000套;具备射孔弹年许可280万发、复合射孔器10万米、导爆索80万米的生产能力;潜油电泵、射孔器材是国内领先、世界知名的制造产品。具有年产油管35000吨、套管75000吨、抽油杆240万米、螺旋焊管20000吨、橡胶制品1500万元、塑料制品1000万元、气体产品2500万元的生产能力;年产真空加热炉500台;年产油田专用车800台;采油(采气)井口装置及管汇、阀门等压力管道元件的年生产能力可达4500套,是中石油内部实力较强的井口装置生产厂家,历史上产量曾占中石油井口产品的52%。

科技创新。装备制造集团坚持"生产一代,研究一代,储备一代,构想一代"的理念,以瞄准国际一流、满足市场需求、推动产业升级为方向,采取自主研发为主、产学研联合开发的模式,形成人工举升装备、工程技术装备、地面工程装备、油田专用车四大领域的技术创新能力,主导产品技术水平达到国内领先、国际先进;拥有国家专利总数148项,其中发明专利8项,实用新型139项,软件保护1项。井口产品包括采油井、采气井及注水井 3 系列 40 余个品种，压力范围 14—105 兆帕，公称通径 52—103 毫米。此外还研制开发了钻井过程中应用的压力为 70 兆帕的套管头、油管头、节流、压井管汇等产品。

企业资质。装备制造集团是大庆地区最早获得 ISO9000 质量管理体系认证证书的企业之一。为了满足国际、国内市场准入的要求，先后取得抽油机、抽油泵、抽油杆、采油井口、油管、套管、螺旋焊接钢管等 7 种产品的 API 产品会标许可证书、取得 22 种射孔器产品 API 产品设计认证证书；取得抽油机、抽油泵、抽油杆、车载罐体、溶解乙炔等 5 种产品的国家工业产品生产许可证，取得压力容器设计，压力容器制造、起重机械制造、起重机械安装、改造、维修，采油（气）井口、节流压井管汇制造，螺旋焊管制造，气体充装、气瓶检验，压力管道安装等国家特种设备许可证 8 个。取得测井车、洗井车等 51 种车型的 CCC（国家强制认证）证书。

经营业绩。装备制造集团坚持以市场为导向，在稳定大庆油田市场的同时，不断开拓国内外市场，产品在东北、西北、中原等区域和国内各大油田都占有一定的市场份额，年产值 30 亿元。潜油电泵、抽油机、抽油泵、抽油杆、射孔弹、采油井口、油田专用车等产品远销美国、加拿大、英国、法国、澳大利亚、阿尔及利亚、印度、哈萨克期坦、印度尼西亚、苏丹、阿曼、俄罗斯等 24 个国家和地区，已形成大庆油田、国内、国外三块市场同步发展的良好态势。

（六）物资供应

大庆油田物资公司是油田唯一的专业化物资服务保障单位，主要负责油田生产建设所需的一、二级物资集中采购、仓储、供应和物流服务。公司坚持发挥专业化、集中化采购优势，大力实施阳光采购，采购板块包括金属材料、机电设备等 13 家采购分公司，负责油田 60 个大类物资的集中采购工作。公司建立一整套集约化、规范化、电子化、超市化的现代物资采购保障模式，与 1800 余家供应商保持稳定合作关系，提高采购质量，控制成本支出，推动油田生产建设顺利进行。公司拥有国家认证 5A 级物流企业资质，承担全油田的物资集中仓储业务，积极开展物流服务、内陆港项目等，切实为服务油田"走出去"战略做好支撑。设有萨尔图仓储分公司、银浪仓储分公司、让胡路仓储分公司三大油田总库，库区总面积 426 万平方米，仓储总面积 170 万平方米，铁路专用线 27.9 千米，大型吊装、运输设备 150 余台套，年物资吞吐能力达 1600 万吨，年物资采购额近 300 亿元。同时，公司多元经济结构日趋完善，技术含量不断提升，包括再生资源利用、闲置资产租赁、职业服装、木业加工等综合业务，市场竞争力不断增强。

伴随着大庆油田 60 多年的风雨历程，油田物资系统形成"缝补厂精神""回收队精神"等大庆会战优良传统，总结"四号定位""五五化"等仓储管理办法，涌现出全国劳动模范"活账本"齐莉莉、"新时期好工人"朴凤元、"刘备战班组"等先进典型。"工匠精神"在这里发扬光大、薪火相传。

（七）矿区建设

会战初期，几万会战职工住的是活动板房、帐篷、牛棚马厩和"地窨子"。所谓"地窨子"就是地下窝棚，无门无窗，里面搭起土炕，铺上干草当床，十几个人挤在一起住，入口挂上麻袋片或其他遮挡物,以防风雨和蚊虫侵袭。当时的既定原则是"先生产、后生活",生产设施力求高标准,生活设施因陋就简,把有限的资金与物资无条件用于生产建设,矿区建设只能根据会战进程逐步进行。

1960年4月,会战领导小组根据大庆地区入冬早,且异常寒冷的实际情况,未雨绸缪,为解决冬防保温问题,确保石油会战顺利进行下去,决定效仿当地农民,抢在入冬前组织职工建造"干打垒"。因为,在经费物资极其匮乏的当时,省时省料省钱的"干打垒"建筑是几万会战职工赖以越冬的最佳选择。会战领导小组要求各战区必须做到:冬季会战队伍一支也不能撤,钻井一刻也不能停,输油管一寸也不能冻,人员不能冻伤一个。同时,责成油田基建指挥部提供"干打垒"施工方案,油田设计院拿出"干打垒"设计图,供应指挥部准备木房架、苇席、油毛毡及用来砌炕口的红砖;号召各级领导分工负责,在搞好油田生产的同时,动员一切力量自力更生建造"干打垒"。1960年6月,干打垒会战打响,会战职工不计报酬,不辞辛劳,业余时间全身心投身其中。到10月上旬,历时120多天的奋战,全战区实现当年"人进屋、机进房、菜进窖、车进库"的目标。

1978年之前,从领导机关到职工住宅清一色都住干打垒。

1978年,为进一步改善职工居住条件,在钻井生产基地——创业庄首次建设4栋五层混合结构住宅楼。同年9月,第三次来大庆视察的邓小平提出:"要把大庆油田建设成美丽的油田。"油田贯彻落实邓小平的指示,首先从改善职工居住条件入手,加大职工住宅建设力度,并开始大规模建设楼房住宅区。

1980年起,大庆油田按照"相对分散、适当集中"的矿建原则,住宅楼建设以每年交付8000户的规模推进。南起七厂庆葡村,北至六厂庆新村,东起卧里屯,西至让胡路,在南北近130千米,东西近60千米的范围内,职工住宅建设蓬勃展开,成群连片的住宅楼雨后春笋般拔地而起,矿区面貌日新月异。

此后,经过多年的发展建设,以龙岗为中心,功能日趋配套完善,具有独特经济与文化向心力和辐射力的现代化石油城拔地而起,并呈现勃勃生机。

油田中心城区住宅楼建设情况和部分公用设施建设情况如表3-13、表3-14所示。

表3-13 油田中心城区住宅楼建设情况一览表

园区	栋数	户数	建筑面积（万平方米）	建设年份	配套项目	奖项
景园	58	2330	16.8	1991	托儿所、中小学、活动中心、卫生所	国家级优质工程小区
怡园	31	1984	15.2	1992	托儿所、中小学、活动中心、卫生所	国家级优质工程小区
憩园		1892	13.3	1993	托儿所、活动中心、居委会	
明园		1850	15.2	1993	托儿所、小学、活动中心	鲁班奖
悦园	53	2426	20.3	1994	托儿所、中小学、活动中心、居委会	鲁班奖

续表

园区	栋数	户数	建筑面积（万平方米）	建设年份	配套项目	奖项
乘风一区	31	1498	11.2	1994	托儿所、小学、活动中心	
希望				1995	托儿所、中学、活动中心	国家级优质工程小区
长青	44		17.5	1995	托儿所、活动中心	
乘风二区				1995	综合设施配套齐全	
乐园	51	2679	24.2	1996	托儿所、小学、活动中心、居委会	鲁班奖
宏伟				1996	综合设施配套齐全	
乘新三	29		9.9	1996	小学、托儿所、活动中心、居委会	
远望	17	3512	32.8166	1995—1997	小学、托儿所、活动中心、居委会 住宅：30层4栋；28层4栋；26层6栋；24层1栋；22层2栋	
长青二	31	1484	11.7	1997	托儿所、活动中心、居委会	
科技	18	896	8.74	1998	活动室、托幼园所、房管点	
西宾	19		8.22	1998	商服、托幼园所、房管点	
东湖	42		15.81	1998	小学、托幼园所、居委会、活动中心	
乘新四	27	1204	8.44	1998	小学、托幼园所、居委会、活动中心	
西苑	49	2484	19.57	1998	小学、托幼园所、商服、通信站	
让胡路十	33	1692	14.11	1999	活动室、居委会	
东湖三区	47	2316	19.17	1999	中学、托幼园所、浴室、活动室、多层车库	
西宾（续建）	49		21.85	1999	托幼园所、活动室、居委会	
龙新	28	1200	9.92	1999	托幼园所、浴室、活动室	
东湖（续建）	133	7356	59.98	2000	中学、托幼园所、浴室、活动室、多层车库	
西宾	10	396	3.48	2000	托幼园所、活动室、居委会	
东湖（续建）	71	4080	39.26	2001		
智园	7	1220	11.45	2001	活动室、托幼园所、多层车库	
拥军	4				综合设施配套齐全	
庆新	3				综合设施配套齐全	
晨曦	6				综合设施配套齐全	
杏南	2				综合设施配套齐全	
高平	2				综合设施配套齐全	
八厂六区	1				综合设施配套齐全	

续表

园区	栋数	户数	建筑面积（万平方米）	建设年份	配套项目	奖项
广厦新城				2002	综合设施配套齐全	
龙翔庭院			22	2002	综合设施配套齐全	
东湖新苑					综合设施配套齐全	
广厦二期				2004	综合设施配套齐全	
彩虹家园				2005	综合设施配套齐全	
广厦三期				2006	综合设施配套齐全	
银亿A区				2007	综合设施配套齐全	
银浪新城	76	3788	37.79	2007	综合设施配套齐全	
登峰家园	57	3838	43	2007	医院、中小学、托幼园所、活动室、多功能车库、中心广场	
银浪B区	47		24.48	2008	综合设施配套齐全	
银亿C区				2009	综合设施配套齐全	
奥林国际三期				2009	综合设施配套齐全	
东湖城上城				2009	综合设施配套齐全	
汇景花园				2010—2012	综合设施配套齐全	
明湖花园					综合设施配套齐全	
创业城		476		2011—2013	托儿所、中小学、活动中心、居委会	
奥林国际					综合设施配套齐全	

表3-14　油田中心城区部分公用设施建设情况一览表

建筑项目	建筑面积（平方米）	配套项目	地理位置	建设年份
铁人中学	340000	教学楼、办公楼、宿舍楼、实验楼、图书馆、体育馆各1栋	乘风庄铁人大道与南三路交汇处	1988
生活服务中心	7680		昆仑大街北端	1990
石油高级中学	23000	教学楼、实验楼、实习工厂、宿舍、食堂、文体馆、车库等	龙岗西槐路与西柳街交汇处	1991.5—1992.7
局商贸中心	22500		西宾路与昆仑大街交汇处	1992
大庆第一中学	占地面积15万平方米；建筑面积6万平方米	教学楼2栋、科技图书楼1栋、艺术楼1栋、体育馆2栋、宿舍楼3栋、设施配套的标准运动场1处	世纪大道西部与新城北街交汇处	1995
科技信息大楼	15000	12层	西宾路与昆仑大街交汇处	1993
文化艺术中心	5500	3层	龙十路西部	1993
高级人才培训中心	10480	6层	龙十路中部	1993

续表

建筑项目	建筑面积（平方米）	配套项目	地理位置	建设年份
体育活动中心	总：21450 文体馆 7450 水娱馆 4000		龙十路与昆仑大街交汇处	1995
石油管理局办公楼	总：50000 主楼 24000	21层：地上20，地下1层（高 88.8 米）	远望转盘路东侧	1994.3—1995.7
油田图书馆			龙十路西部、龙庆小区	1995
龙南医院		门站楼、住院1部、住院二部	龙十路西部	1996（一期） 1997（二期）
昆仑购物广场	23400	营业面积 13600 平米；集购物、餐饮、娱乐、仓储、办公为一体	乐园小区	1996-1977
昆仑副食	3900	副食与日杂商商贸	乐园小区	1997
昆仑城	5580	集购物、美食、休闲娱乐为一体的综合商服	龙庆小区	1997
铁人广场	11.11	台地园、音乐喷泉、春华园、秋实园、主题雕塑	世纪大道与铁人大道交接处	2000
油田乐园	125	百草园、芳香园、野果园、玫瑰园、景观桥、水渠、恐龙城、海洋馆、4D 影院等	西湖街 76 号	2000
创业广场	12.9	集游乐、休闲、健身为一体的大型文化广场	八百坰中心区	2003
石油广场		集游乐、休闲、健身为一体的大型文化广场	东湖居住区中心	2004
铁人王进喜纪念馆	馆区面积 11.6 万平方米，主体建筑面积 2.15 万平方米	面积为 4790 平方米的展厅；馆区正面铁人王进喜雕像；馆区侧面"贝乌-40型钻机"模型	世纪大道与铁人大道交汇处	2003.10—2006.9
油田公司办公楼	主体建筑面积 4 万平方米	由主楼、后辅楼、东辅楼及西辅楼四个部分组成，通过连廊连成一体，主楼共21层，高99.3米，集办公、会议、就餐等于一体	世纪大道西部、石油技术博物馆北侧	2006
铁人大道	2.56 万米	双向 6 车道	北起远望环岛，南至杏二路	2006
创业大道	1.4 万米	双向 6 车道	北起大庆一中，南通南六路	2007
油田生态园	316	观景台、假山、凉亭、桥式廊道、音乐喷泉、水泡、绿化带等	龙十路南侧、世纪大道北侧	2008
石油技术博物馆	占地面积 7.8 万平方米，主题建筑面积 5.45 万平方米	建筑平面扇形展布 6 个花瓣式结构，与北测喷泉水池构成中石油"宝石花"徽标图形；展示空间三层共 3.5 万平方米，设有序厅、8个常设展厅、1个临时站厅	世纪大道西部、油田公司办公楼南侧（院址在勘探开发研究院，曾称地宫）	2009

（八）医疗卫生

油田开发初期，按照"生产打到哪里，生活基地建到哪里，医疗点就跟到哪里"的要求，医疗网点遍地开花。20世纪七八十年代，随着居民区由分散建设向集中建设转变，萨尔图、让胡路等中心区形成几所规模较大的医院，并配套建成一批二级单位卫生所，发挥起社区医院的辅助功能。20世纪90年代以后，矿区建设进一步向中心区集中，油田总医院作为中心医院的地位越来越突出，外围医院、卫生所渐趋萎缩，其作用逐步弱化。油田调整医疗网点布局，对功能接近、地理位置相邻、接诊量少、医疗水平低下的院所实行关、停、并、转，组建一批特色医院。整合调整后，一级医院和卫生所逐步定位在常见病、多发病的治疗上，以社区为立足点，靠服务拓展生存空间；二级医院立足于开发特色学科，发展优势项目，靠特色谋发展。历经半个多世纪的发展变迁，大庆油田医疗系统形成医疗服务、医学教育、社区卫生有机结合，功能完备，布局合理的运行态势。

1960年初，松辽石油勘探局在安达成立卫生处。4月，第三探区在萨尔图成立医务所，设有门诊和简易病房两个部分，共19名医务人员，简易病房设有6张病床。6月18日，医院大楼破土动工，设计面积为10924平方米。

1960年10月12日，中区六排20井发生火灾，抢险中有数十人受伤，被送到设在附近牛棚内的行政服务处办公室进行治疗，由此取得"牛棚"医院的别称。10月13日起，第三探区医务所对外称农垦场职工医院，职工增至70余人，多数为部队转业的卫生员。12月，为抢救危重病人，医务人员冒着严寒，到40千米以外的地方拉砖，自己动手修建一间简易病房。并于当月31日夜完成首例急性阑尾炎手术。

1961年2月，第三探区医务所（农垦场职工医院）更名为松辽石油勘探局萨尔图职工医院。7月23日，中共中央签发《关于建立松辽油田职工医院问题的通知》，并决定从辽宁、黑龙江省抽调医务人员，加强油田职工医院技术力量。8月7日，会战领导小组决定组建职工医院筹建办公室，并接受东北局调派的236名卫生技术干部。8月31日，石油工业部决定从玉门、青海油田抽调医务骨干充实医院力量。同日，松辽油田职工医院成立（对外仍称松辽石油勘探局萨尔图职工医院）。9月26日，职工医院开始实行全天候门诊制。11月27日，医院大楼建设一期工程竣工并投入使用，门诊部正式开诊。到1961年底，全院职工总数增至356人，其中医护人员217人。设床位94张。医院设住院处和门诊两部分，住院处设内儿科、外妇科、五官科；门诊设内科、外科、五官科、儿科、皮肤科以及针灸室、理疗室、注射室等。医技科室有化验室、供应室、药房、手术室、放射科。医院下设直属卫生所4个，即会战总部卫生所、二号院卫生所、地质卫生所和设计院卫生所。

1962年8月，职工医院大楼全面竣工，共4层：一楼为门诊，二楼为住院部，三楼为办公室兼单身职工宿舍，四楼为会议室兼招待所。同时，药库、食堂、车库、作坊、托儿所、家属住宅等配套建筑相继落成，总面积达1.2万平方米。

1963年8月12日，会战工委决定卫生处与职工医院合并。随后职工医院（卫生处）统管各单位卫生所（勘探、炼建、龙凤炼厂卫生所除外）。根据会战工委关于面向生产，方便病人，生产打到哪里，生活基地建到哪里，医疗点就跟到哪里的要求，按居民点分布情况，设立卫生所和保健站，逐步形成覆盖整个油田的医疗网点（见图 3-9）。

图 3-9 会战时期医护人员送医到现场

1965 年 2 月 21 日，职工医院实行医院、卫生局、卫生处、防疫站四位一体的管理体制，统管卫生所 22 个、保健站 42 个、卫生学校 1 所、传染病院（原泰康疗养院）1 所以及西区医院、南区医院（原图强卫生所）。

1968 年 5 月，职工医院改称大庆油田职工医院。截至年底，全院有职工 741 人（其中医护人员 481 人），设置床位 520 张；设有内科、外科、妇科、儿科、五官科、基础科（放射、检验科室）、中医科等。1980 年 6 月，大庆油田职工医院改名为大庆市第一医院。全院有职工 1203 人（其中卫生技术人员 755 人），设置床位 550 张。

1981 年，大庆市卫生局与石油管理局卫生处实行一套人马，两块牌子。1984 年 3 月，大庆政企分离，大庆市第一医院始挂"大庆市第一医院、大庆石油管理局第一医院"两块牌子，成为市、局双管单位。

到 1987 年底，石油管理局共有医疗卫生机构 225 个，其中，局直属综合医院 2 所（第一、四职工医院），专科医院 3 所（传染病院、精神病院、中医院），卫生防疫站、卫生学校各 1 所，局属二级单位医院 42 所，基层卫生所 172 所，还有职业病防治所、药品检验所、卫生宣传教育所和中心血站等，从业人员总计 8515 人。

1993 年，职工医院被黑龙江省卫生厅正式批准为三级甲等医院。同年 3 月 12 日，职工医院成为哈尔滨医科大学临床教学医院。5 月 15 日，职工医院新住院大楼竣工并交付使用，建筑面积 2.2 万平方米，共 6 层，设 4 部电梯，15 个病区和 CCU 监护、肾移植、骨髓移植、烧伤隔离等病房；手术室设有 14 个全空调和全净化间。

1995 年 5 月，职工医院更名为大庆油田总医院，并成立大庆油田总医院龙南分院。

1998 年，大庆油田医疗卫生中心成立，同时行使局卫生处、计划生育办公室职能，统管油田医疗卫生、防疫、工业卫生、计划生育工作，形成区域化布局、专业化管理、社会化服务的新型管理体制，建立起油田总医院为龙头的三级医疗服务网络和三级预防保健管理体系。

1999 年，油田医疗卫生系统调整整体布局，对功能接近、地理位置相邻、工作量不足、医疗水平较低的部分院所实行关、停、并、转，构建一批特色医院和特色专科。一级医院和卫生所定位在常见病、多发病的治疗上，立足全局，靠服务求发展。总医院已开设专病门诊17个，龙南分院开设4个专病门诊；建成普外、儿科、骨科、呼吸等4个市级重点优势专科。社区医疗一改过去"坐堂行医"的僵化模式，主动深入社区，进入家庭，送医上门，开展灵活周到的医疗服务。到2000年，全油田基本实现"人人享有初级卫生保健"的工作目标。

2003年6月25日，石油管理局决定撤销医疗卫生中心，实行集团化重组，将油田所属26家医疗院所与油田总医院合并，组建成油田总医院集团。7月26日，正式成立。所属院所中二级医院6家、一级医院12家、厂企卫生所8家；共设有病床2349张，在册职工4071人，其中卫生技术人员2771人，副主任医师以上高级技术人员195人，博士、硕士研究生等高资历人员159人，留学归国医护专家20人。

2004年以后，油田医疗卫生系统按照"走社区路、办特色院、创多元业"的发展思路，立足大庆，谋求做大做强，初步建成黑龙江省西部地区最大医疗中心。

2019年6月18日，大庆石油管理局有限公司与大庆市人民政府在九号院宾馆正式签订"关于医疗机构分离移交的协议"，油田医疗系统正式移交市政府。

油田总医院。1960年初成立，1993年晋升为三级甲等医院。2008年，总建筑面积达21万平方米，固定资产4.82亿元。2003年6月25日，石油管理局决定撤销医疗卫生中心，实行集团化重组，将油田所属26家医疗院（所）与油田总医院合并，组建成油田总医院集团。

龙南医院。1994年4月，龙南中心卫生所动工兴建。同年12月，正式建院运行，内设内科、外科、妇产科、儿科、五官科、检验科。1995年6月，内科、外科、儿科设床位79张。1996年1月，改称大庆石油管理局职工医院龙南分院。1997年4月，相继接收建材中心卫生所、油建职工医院、设计院卫生所、研究院卫生所等39家卫生所。同年11月，所接收医院（卫生所）部分归属医疗卫生中心，其余回归原所属单位。1997年12月，职工医院龙南分院改称大庆油田龙南医院。2000年11月，龙南医院脱离总医院独立。

第二医院。该院是一所市级综合性（包括传染病治疗及结核病防治）传染病医院，坐落在红岗区解放一街29号。占地面积为15.2万平方米，建筑面积3.09万平方米。1960年3月25日，石油工业部松辽石油勘探局机关卫生所在安达县成立。同年10月，松辽石油勘探局机关卫生所改称松辽石油勘探局安达职工医院。1963年7月1日，松辽石油勘探局安达职工医院改称松辽石油勘探局工人疗养所。1965年11月30日，工人疗养所迁至杜尔伯特蒙古族自治县境内，改称松辽石油勘探局泰康农垦工人疗养院。1969年12月，农垦工人疗养院由杜尔伯特县迁入大庆境内。1970年1月，农垦工人疗养院改称大庆传染病院。1971年3月19日，大庆传染病院改称大庆第二医院。1984年4月7日起，大庆第二医院受大庆市人民政府和大庆石油管理局双重领导。1985年3月14日，第二医院被正式批准成立大庆市结核病防治所，编制为事业单位。

第三医院。第三医院前身为黑龙江省松花江医院，位于黑龙江省宾县大顶山，为省精神病专科医院。建于1968年9月。1974年末移交给大庆油田，并改称大庆第三医院。1980年6月6日更名为大庆市第三医院。1984年4月14日，第三医院迁至让胡路区方晓村。自1984年8月12日起，第三医院受大庆市人民政府和大庆石油管理局双重领导。

第四医院。1966年3月20日，西区医院成立，位于让胡路区中央大街南端，占地25万平方米，隶属职工医院。1969年10月，西区医院划归油建指挥部，更名为大庆油田建设指挥部防治院。1973年11月，改为大庆西区医院，隶属大庆革命委员会政务办领导。1977年9月8日，西区医院改称大庆市第四医院。1984年6月15日起，第四医院受大庆市人民政府和大庆石油管理局双重领导。

第五医院。第五医院系市级综合性医院，坐落在大庆石油化工总厂厂西。其前身为黑龙江炼油厂筹建处保健站，1961年10月11日改称大庆炼油厂卫生所。1965年3月，改称大庆龙凤中心卫生所。1968年10月，改称大庆东区防治病院。1972年5月18日，改称大庆石油化工总厂职工医院。1980年8月15日，改称大庆市第五医院，受大庆市人民政府和石油化工总厂双重领导。1983年，大庆石油化工总厂划归中石化，第五医院脱离大庆油田。

中医院。1960年5月，松辽石油勘探局第三探区采油卫生所成立，所址位于大庆市萨尔图区友谊村，有2名医务人员。1961年2月，采油卫生所改称采油指挥部卫生所，医务人员增至12人。1971年2月，采油指挥部卫生所改称大庆北区防治病院（科级单位）。1972年3月2日，大庆北区防治病院改称大庆采油一部防治北区医院。1981年5月22日，大庆采油一部防治北区医院移交给萨尔图区政府，改称大庆市萨尔图区第二医院。1984年7月20日，大庆市萨尔图区第二医院改称大庆市中医院，受大庆市人民政府和大庆石油管理局双重领导。

（九）教育

1960年4月，会战领导小组在人事处设教育组。1962年6月，技术教育处成立。1963年5月，技术教育处改为教育处。1964年9月，教育处和劳动工资处合并为人事处。1969年8月，在政治部下设教育组。1970年5月，改为文教组。1973年9月，在政务办公室下设教育局。1975年6月，设立文教办公室。

1984年，政企分开，但油田教育处与市教育局仍合署办公。这个时期，油田教育进入崭新的发展阶段，基本形成幼儿教育、基础教育、职业教育、高等教育比较完备的教育体系。

1997年11月，油田教育培训中心成立。1998年10月，加挂教育培训处的牌子，负责油田大中专院校、技工学校、职业高中、中小学校的管理。这个时期，油田教育进入成熟期，开始进行结构性调整，部分学校撤并整合，实现资源优化配置，总体上形成规模化办学趋势。

2004年，油田基础教育整体划归大庆市政府。

2008年，大庆油田教育系统有托幼管理中心、大庆师范学院、大庆医学高等专科学校、大庆职业学院3所高校以及1所高级人才培训中心，教授71人，副教授267人，讲师236人；在校生20724人，其中本科生8748人，专科生11867人，中专生109人。

2017年12月，中共大庆油田委员会党校成立；2018年3月30日，铁人学院成立。铁人学院与油田党委党校、大庆油田人才开发院（1993年12月成立），实行"一个机构、三块牌子、一个领导班子、一套内设机构"的一体化管理运行模式。

2019年6月18日，大庆石油管理局有限公司与大庆市人民政府举行中国石油驻庆企业剥离办社会职能移交签约仪式，大庆医学高等专科学校正式分离移交。2019年9月22日，黑龙江省人民政府与大庆石油管理局有限公司签订《大庆师范学院转隶交接协议》，大庆师范学院正式移交黑龙江省人民政府管理。

2020年，铁人学院（大庆油田人才开发院、中共大庆油田委员会党校）和大庆职业学院重组整合。整合后，新的机构命名为铁人学院，作为油田二级单位，按二级特类单位管理，同时加挂大庆职业学院、大庆技师学院、中国石油大庆培训中心、大庆油田党委党校的牌子，坚持"资源共享、效率提升、优势互补、共同发展"的原则，科学设置机构编制，优化整合干部队伍，实行"一个机构、五块牌子、一个领导班子、一套机关职能部门"一体化运作的管理模式。

1. 幼儿教育

2001年，油田公共事业与物业管理中心成立，下设托幼管理中心，由物业管理一公司、二公司教育培训中心的幼教管理人员和托幼园所合并组成。2006年3月，托幼管理中心成为油田物业集团直属单位。2007年10月，托幼管理中心划归大庆油田矿区事业服务部，主要承担油田各家属区学龄前幼儿保育教育任务。2020年油田改革以后，在铁人学院设幼教管理部，负责幼教系统教育教学、师资管理、教育科研等工作，管理龙岗、让胡路、龙庆、东湖、乘风等5个幼教总园。

2. 基础教育

1960年10月，油田建设工程公司在职工家属住宅区一栋60平方米干打垒房间，办起萨尔图地区第一所石油职工子弟小学；1961年8月，"农垦场职工子弟中学"成立。这是大庆油田最早的两所学校。随后，会战领导小组动员职工家属自己动手，因地制宜，因陋就简，相继办起"帐篷小学""食堂小学""汽车厢小学""仓库小学"，坚持教育为石油会战服务，会战打到哪里，学校就办到哪里。到1965年，中小学初具规模。先后在76个人口比较集中的居民点和中心村，建起106所小学和16所中学。党的十一届三中全会以后，成立聋哑学校、工读学校，还兴办独立高级中学。1985年，油田普及九年义务教育。1986年，油田企业所属学校，实行中学和机关小学由厂（公司）管理，大队级小学由厂（矿）共管的办法。油田所属厂、公司、院、校都相应成立教育科、技术教育科或教育委员会等教育行政管理机构。1987年，筹建第一所重点高中——铁人中学。至此，局属中学达到41所，其中，初中19所，独立高中1所，完全中学21所。改革初、高中招生制度，初中招生取消全市统一考试，由各区命题判卷，学生就近入学；高中招生由全市统一考试，按分数高低择优录取。油田达到实施九年制义务教育的条件，大庆油田跻身黑龙江省改善办学条件先进行列。到1995年，全油田创建省级标准小学21所（其比例居全省首位）、省级示范初中27所、省级重点高中1所（铁人中学）、市重点高中1所（大庆一中）、市重点特长教育高中1所（石油高中）、全国计算机教育与研究实验校1所

（二十五中学）、国家级中小学计算机教学改革先进单位1个（设计院小学，为全国唯一获此殊荣的学校）。油田所属高中高考重点校进段率，石油高中居全市第一，大庆一中和铁人中学名列全市第二和第五。1997年，教育培训中心成立，主要承担对油田所属中小学（不含铁人中学、大庆一中）的管理以及教育培训、职工职业技能鉴定等职能。从此，油田教育步入专业化管理轨道。1998年，根据基础教育布局，按照成熟一块、调整一块的原则，成立9个基础教育学区，油田子女九年义务教育普及率达100%，高中阶段教育普及率达97.3%。1999年，重点中学、示范和标准小学及幼儿园的数量与质量居全省首位。2003年4月，石油管理局组建重点高中管理中心，挂靠大庆一中。截至2003年底，油田所属中小学82所，教职工8479人，在校生81881人，其中高中19959人、初中20598人、小学41324人；示范校比例达27.6%，办学水平居市内首位、省内一流水平。2004年，局属基础教育板块整体划归大庆市管理。

3. 中等职业教育

（1）技校。1960年石油会战初期，为培养操作技术工人，成立松辽石油勘探局技工学校，学制4年，首批招收高小毕业生500人。1961年，学校由大同区迁到安达10号院。

1965年，油田开办13所半工半读学校，在省内招收学生9800人。1968年6月，原半工半读学校的大部分学生都转为徒工，分配到各指挥部。1974年，再度兴办技工学校4所，学制2年，招生对象为高中毕业生。1977—1981年，陆续开办16所技校（其中15所由二级单位主办），设19个专业，校舍大部分是帐篷、板房和简易砖柱土坯房。其中，1981年开办石油管理局技工学校（简称大庆技校），校址在萨尔图区王家围子，校园占地30余万平方米，建筑面积14.4万平方米，学校设有钻井、采油、烹饪等12个专业，在校生3231人；教职工1321人，其中专任教师424人；设备资产总值5000万元。1982年，把20所技校调整为17所，其中16所仍由二级单位主办。开设的采油、钻井、测井、地震、井下作业、通讯、供电、供水、天然气集输、汽修、车工、电工、仪表、钳工、焊工、土建、公路、水暖、油品分析、铸造等34个专业。毕业生二级工和一级工资格审查评定，分别由局劳资部门和所在学校组织实施；毕业生分配由松辽石油勘探局劳资部门统筹安排。截至1985年，局属技校累计招收41934人，毕业29765人。1993年，大庆技校晋升为国家级重点技工学校；油建技校、供电技校、采油二厂技校被评为省部级重点技校。同年，全局技校调整到15所。这个时期，技工教育立足于培养应用型、技能型人才，学校所设理论课教学与实习教学比例为1：1，实行"双证"制度，实现学校教育与企业乃至社会需求的合理接轨。1994年以后，技校招生指标纳入油田劳动力使用计划，实行"按需培养、协议招生"和"供需见面，择优录用、自主择业"制度。技校毕业生实行三次分配，经考核鉴定为五级工的或三好学生的优先分配；其余的实行供需见面，双向选择；成绩不合格则经补课合格后，延期分配；补课成绩仍不达标，不予分配。1996年，经劳动部、国家计委批准，大庆技校改建为大庆石油高级技工学校。1997年，技工学校实行结构调整，有6所学校停止招生，专业设置调整为石油主体、社会通用、多元开发专业各占三分之一。1998年，大庆油田取消技工学校中级班学生包分配制度；大庆石油高级技工学校只招收钻井、采油、焊接等8个专业共219名高级班学员；其他技工学校一概停止招生。油田各技工学校按照规模办学、资源共享的原则，实施重新规划和调整，专业设置由面向油田向面向社会以第三产业为主转变，并将高中文化教育与中等专业技能教育结合起来，以适应技校生就业需要。1999年，职业技术教育由单纯学历教育开始向学历教育、职业教育、继续教育、培训教育并重的方向转变。同年，全局有7所技工学校达到省部级重点技校标准。2000年4月，技工学校改称大庆油田技术培训中心。2005年，大庆油田技术培训中心并入大庆职业学院。2006年11月，大庆油田技术培训中心列为集团公司重点扶持培训基地，命名为中国石油大庆培训中心。

（2）职业高中。1987年，石油管理局根据《中共中央关于教育体制改革的决定》精神，采取独立办学或在技校、职工中专和完全中学附属办学等多种形式，着手发展职业技术教育。年底，全局共有职业高级中学（班）27所，其中独立职业高中11所，附属性职高班16个，设有采油、汽修、电工、仪表、烹任等27个专业，在校生3363人，教职工776人。1994年，将原有职业学校调整为15所。专业设置兼顾油田二次创业需求和社会需求，将油田主体企业对口专业全部改为油田多元经济急需专业，形成以外事服务专业为主的物探职高、以美容美发专业为主的第一采油厂职高、以汽车修理专业为主的第三采油厂职高、以装潢专业为主的物资集团职高等一批特色职高。2000年以后，松辽石油勘探局属职业高中以市场为导向，按社会需要办学，以产促教，以教促产，走产教结合灵活办学的道路。2002年，油田职业高中推行职前教育、职后培训、职业技能鉴定、就业指导、校办产业"五位一体"的办学模式。有2所职业高中晋升为国家级重点职业学校，毕业生就业率达98%。2004年，局属职业高中随基础教育一并整体划归大庆市管理。

（3）职工中专。1983年，根据国务院（82）国发19号文件精神，着手筹建职工中等专业学校。同年9月20日，石油工业部正式批准大庆油田开办5所职工中专，开办规模要求控制在100—250人。大庆油田首批开办职工中专的单位有第四采油厂、油建公司、供电公司、通讯公司和汽修厂。1984年5月，石油工业部批准大庆油田再建5所职工中专，开办规模要求控制在150—300人。第二批开办职工中专的单位有采油一厂、采油三厂、建材公司、总机厂和供水公司。10所中专2年先后招收学员500人。到20世纪90年代中期，各单位职工中专逐步停办。

（4）普通中专。20世纪60年代起，根据油田开发建设需要，着手创办各类中等专业学校，如大庆石油学校（1953年建校，1962年划归石油部，2001年并入大庆职业学院）、师范学校（1965年建校，2002年1月并入大庆高等专科学校）、卫校（1965年建校，2006年升格为大庆医学高等专科学校）、农校（1978年建校，1995年更名为大庆经济学校）、警察学校（1981年建校；2001年并入大庆职业学院，晋升为大专）。到1986年，大庆有中专5所，除石油学校归石油管理局管辖外，卫生学校、师范学校、警察学校和农业学校归市政府管辖。1987年1月，5所中专全部划归大庆石油管理局。

4. 高等职业教育

（1）职工大学。1980年8月建校，与石油学校实行一套班子、两块校牌管理。有教职工479人，开设钻井工程、采油工程、矿场机械、石油工业会计和英语等5个专业，教职工与教学场所、设备两校合用。1982—1984年，三届共招生413人。1985年5月，职工大学与石油学校分离，单独办学。1989年、1997年，两次在省办学校水平评估中，获总分第一名。先后被黑龙江省和国家教委授予"重点甲级达标学校和成人高等教育优秀学校"。1999年，学校有教职工485人，设油田开发、机电、石化、企管等24个教研室，开设石油地质、采油、钻井、矿机、油气集输、化工等14个专业。2001年3月，大庆职工大学与大庆石油学校、大庆警察学校、大庆艺术学校合并组建大庆职业学院。

（2）设计院职工大学。1980年9月，在原设计院"七·二一"工人大学的基础上建立职工大学，学制3年。先后设立计算机、仪表、地质、油气集输等4个专业。到1982年，共招生367人。其教学主要由哈尔滨工业大学、长春地质学院和大庆石油学院承担。1983年，该大学转为设计院的内部培训机构。

（3）大庆职业学院。2001年3月8日，黑龙江省人民政府同意大庆市人民政府将大庆石油管理局职工大学、大庆石油学校、大庆警察学校、大庆艺术学校合并组建大庆职业学院。大庆职业学院系专科层次的高等职业学院。在实施专科层次高等职业教育的同时，撤销原4所学校的建制，保留原中等职业技术教育功能。学院将大庆石油学校定为A区，大庆警察学校定为B区，大庆职工大学定为C区，大庆艺术学校定为D区。学院成为以实施高职教育为主，集中职教育、联合办学和职工培训为一体的高等职业院校，培养面向生产、建设、管理、服务第一线需要的高技能人才和应用型人才。学院的主管部门为大庆市政府。

2005年5月，由大庆职工大学、大庆石油学校、大庆警察学校、大庆油田技术培训中心组成大庆职业学院，原大庆市艺术学校仍归大庆市政府管理。年底，大庆警察学校整体移交市政府。学院的隶属关系由大庆市变更为大庆石油管理局。改组后，职业学院首先对原职工大学和石油学校两个校区的教学、培训进行合并重组，在体制上划为高职、中职、科研产业、继续教育培训、后勤保障等5大系统。2007年7月，大庆职业学院被省教育厅评为省示范性高职院校，跻入省高职院校"十强"行列；同年10月，顺利通过教育部高职院校人才培养工作水平评估，被评为优秀。大庆职业学院开始全国示范性高职院校创建工作。2008年，学院被经教育部、财政部专家评审确定为国家示范性职业院校建设单位。

5. 普通高等教育

（1）大庆石油学院。1960年，东北石油学院着手筹建。1961年9月7日正式开学，校址在安达县。学院占地面积1100亩，建筑面积24万平方米。设有勘探、炼制、开发、机械4个系6个专业，学生778人，是国家重点高等院校之一。1962年，从抚顺石油学院并入本科二、三、四年级学生456名。专业发展到8个，成立16个教研室，开设29门课程。1975年，经石油工业部和黑龙江省政府批准，东北石油学院更名为大庆石油学院，隶属石油工业部。

（2）大庆师范学院。1980年，大庆师范学校升格为大庆师范专科学校，全校共有教职工360人，在校学生547人。开设中文、英语、数学、物理、化学、历史、地理7个专业。1983年增设生物科，1984年又设德育研究室。1985年，增设政治科、体育科。1993年7月29日，经国家教委批准，大庆师范专科学校改建为大庆高等专科学校。2002年1月，大庆高等专科学校和大庆师范学校合并，保留大庆高等专科学校名称。2004年5月，经国家教育部批准，在大庆高等专科学校的基础上建立大庆师范学院。2019年9月，大庆师范学院正式移交黑龙江省人民政府管理。

（3）大庆医学高等专科学校 2006年2月，经国家教育部批准，大庆卫生学校晋升为大庆医学高等专科学校。学校占地面积21万平方米，建筑面积6.4万平方米；固定资产总值8062万元，教学仪器设备总值2009万元；建有现代化尸体存放室、标本制作室、多媒体形态实验室和多媒体机能实验室等基础医学实验中心，护理、康复、临床、口腔等现代模拟实训室。学校附属医院有大庆过敏病医院（包括大庆特殊病原研究所、大庆优生与遗传研究所），非隶属性附属医院有大庆油田总医院（三级甲等）以及大庆地区其他教学医院15所，并在北京、上海、广州、大连等地设立30家实习医院。2019年6月，大庆医学高等专科学校正式移交大庆市人民政府管理。

（十）生产与社会服务大事纪要

建成国内最大企业电网

大庆油田供电系统，最早从依靠柴油发电机临时解决生产生活用电，生产试验区依靠列车电站及小型自备电源供电开始。随早期注水开发的实施，原油生产规模的迅速扩大，1962年即确定以地区电源为主、油田自备电源为辅的供电系统建设原则，开始依托东北地区特别是黑龙江省地区电网建设油田供电系统。

1960年3月，大庆石油会战开始。茫茫草原无任何供电设施，会战队伍从大同挥师北上萨尔图，会战指挥中心仅有一台250千瓦柴油发电机临时解决生产指挥及生活用电，后扩建为3台合计500千瓦柴油发电机。1960年5月开始筹建大庆油田第一座热电厂——喇嘛甸发电厂（后改名红星电厂），装机容量2×1500千瓦。由于建厂周期较长，直到1961年5月，才正式发电。1960年4月，萨尔图油田生产试验区开发建设。为解决注水开发生产试验用电急需，1960年6月，石油部向水电部租赁列车电站。6月25日第一台列车电站（34号列电）向油田供电。至1962年3月，先后有34、36、31、32号四台列车电站为油田供电，发电总容量达17400千瓦。其中34、36号列车电站为汽轮机发电，燃料为煤，1969年改为烧原油；31、32列车电站为燃气轮机发电，燃料为重柴油，后改为烧原油。1961年5月，列车电站与喇嘛甸电厂并网，通过油田第一批35千伏变电所——中四、中一、中三变电所向生产试验区及陆续投入开发的地区供电，确保生产试验区建成300万吨/年原油生产能力，确保注水开发试验的顺利开展。

1962年，大庆油田开始准备大规模产能建设。为给全面注水开发及大规模原油生产提供充足的电力保证，当年编制的"萨尔图油田160平方千米建设规划设计"依据黑龙江省地区电源及电网建设已具备向油田供电条件，确定大庆油田供电系统建设要以地区电源与油田自备电源相结合，以地区电源为主的原则，并部署由黑龙江西部电网向油田供电方案。

1962年7月，富拉尔基热电厂至让胡路110千伏变电所输变电系统建成，让一次变建成1×15000千伏安变电能力。地区电网开始向油田供电。1964年12月龙凤热电厂一期工程3×12000千瓦机组并网发电。会战初期由让一次变、喇嘛甸电厂及龙凤热电厂组成的环形电网形成，确保萨尔图油田160平方千米开发区建成投产及1000万吨原油生产能力的迅速形成。

随着地区电网及自备电源供电能力增长，作为临时供电措施的列车电站于1962年7、8月（34、36列电），1968年10月（32列电）及1972年8月（31列电）陆续撤离油田。喇嘛甸红星电厂一直运行到1982年，在油田自备电源能力显著增强后停止运行。

进入20世纪70年代，喇萨杏油田全面投入开发。原油生产能力正向5000万吨迈进。作为油田供电主力的地区电源及输变电系统有了更大发展。1966—1971年，龙凤热电厂扩建3×25000千瓦机组，1972—1978年新建新华电厂，建成50万千瓦发电能力，并配套建成110千伏葡一次变、杏一次变，向杏树岗油田及长垣南部油田供电。

20世纪80年代，大庆油田进入5000万吨高产稳产阶段，高含水采油及自喷井转机械采油，使用电负荷大幅增长。10年间用电负荷由40.5万千瓦增长到82.45万千瓦，增长1.04倍；用电量由28.32亿千瓦时增长到61.59亿千瓦时，增长1.17倍。地区电网扩大供电规模，调整供电方式，成为紧迫课题。省电业部门在萨北东部建成220千伏火炬变及萨南东部建成220千伏红旗变，由黑龙江东、西部地区电网向油田供电。包括西部让一次变升级220千伏系统，南部新建新华电厂，地区电网形成从东、西、南、北油田四周向油田供电的220千伏输变电系统框架。

长期以来，由地方110千伏变电所向油田35千伏变电所供电，由于110千伏系统新、扩建速度远远不能满足高速发展的油田电力需求；在油田边缘的地方110千伏变电所又远离油田采油、注水用电负荷中心，造成35千伏电力线路长、投资高、网损大。为此，1975年后，油田开始实施内部自建、自管110千伏输变电系统项目。1980年初，油田自建、自管的第一座110千伏变电所——南五一次变投入运行。此后，油田所需110千伏变电所全部由油田自建、自管。

为了缓解油田用电紧张局面，油田曾向国家（地区）电网带料（原油或渣油）加工（电力），购买用电指标和用电权，以弥补国家电力供应指标分配紧张，不能满足油田用电需求的状况。

20世纪80年代，油田电力供应紧张时期，不仅实施拉闸限电，而且油田注水也限泵运行，直接影响原油生产。为了缓解地区电源供电紧张局面，大庆石油管理局采取利用油田油气资源，大力发展燃气发电，实施热电联供措施，有效地确保油田注水开发原油生产系统的正常运行。自1983年11月朝阳沟1号电站（G399天然气发电机）投入运行起，随后投产运行的燃气电站有让胡路热电站、萨南深冷热电站、朝一联热电站、喇二热电站、北压热电站、萨中热电站、南压热电站、龙虎泡热电站。9座电站共25台机组，其中燃气轮机组19台、天然气发电机6台，总装机容量17.8万千瓦。1990年，燃气发电站发电量达7.24万千瓦时，为油田当年总用电量的11.7%。有效地缓解油田供电紧张的局面。随地区及油田自备电源供电能力的增强，油田注水、采油用电负荷的调整，以及燃气发电机组维护难度增大，上述电站除喇二电站仍在运行外，其余陆续停运。

20世纪90年代，大庆油田原油生产进入高峰期，10年间油井增加一倍以上，注水量增大近50%。用电负荷增加71万千瓦，增长86.5%。10年间三次采油聚合物驱从现场试验到工业化，3036口油水井进入聚驱注采系统，建成近700万吨/年原油生产能力。油田化工生产因聚合物工程而进一步扩大规模，化工用热用电矛盾突出。为了彻底扭转油田供电被动局面，大庆石油管理局决定扩大自备电源供电能力。1989年，国内油田最大的自备电厂——大庆热电厂开工建设，3台20万千瓦发电机组分别于1991年11月、1992年11月及1993年9月并网发电。为适应油田化工聚合物工程用热用电需要，建设宏伟动力站，总装机容量20万千瓦。2台5万千瓦机组分别于1997年9月和1999年8月投产；2004年9月，二期工程10万千瓦机组并网发电供热。两座自备电源的建成并网发电，扭转电力长期紧缺的局面，满足油田高产稳产及发展油田经济的需要。宏伟动力站还为让胡路、乘风庄地区大范围提供民用采暖用热，显著改善西城区居民用热条件。

大庆油田充分利用地区电网及自建自管自备电源，建成国内最大的企业供电系统。至2008年，建成110千伏变电所30座，35千伏变电所282座，建成各类电压等级输配电线路3876千米。供电系统覆盖大庆油田及周边地区5000多平方千米范围。进入5000万吨稳产的1976年，供电负荷26.9万千瓦；5000万吨稳产的最后一年——2002年，供电负荷为158.15万千瓦。至2008年，供电负荷达到167.91万千瓦。自发电量占总供电量比例1962年仅为0.2%，2002年增加到38%，地区电网仍然是大庆地区电力供应的主要来源。

建成现代通信系统　提高油田信息化水平

大庆油田通信系统与大庆油田的勘探开发建设同时起步发展。由早期的50门磁石总机起家，历经人工电话网、模拟自动电话网、数模叠加网及综合数字网的发展历程，开始向智能网演进。智能化、立体式、高速率通信网实现全程控交换、全数字传输、全业务提供，成为建设数字油田技术平台。固话网、无线网、宽带网覆盖大庆油气区及大庆市区，并通过光纤电缆、通信卫星与海塔等外围勘探、开发地区相连。至2008年，建成通信主站23座，分站14座，接入点75个，无线基站近600座，以及配套的通信管道、通信电缆、光缆、光纤工程。全网固话、宽带、小灵通总容量94万线。用户数由1959年的43户发展到2008年的60多万户。

1959年2月，设在大同镇的松辽石油勘探局在一间30平方米干打垒小屋内安装的50门磁石总机即是大庆油田最早的通信设施。随着石油会战队伍挥师北上，在安达一号院安装4台共350门磁石总机。1960年10月会战机关迁至萨尔图，总机随之迁入二号院。1960年开发建设大庆油田的大规模石油会战开始，指挥机关、钻井、施工、生产单位为适应指挥生产急需，均建立磁石或供电式总机。至1963年末，共建33个通信站点，52台总机，8台调度总机，总机总容量3130门，用户电话2088门。会战时期的人工电话网初步形成。

为适应石油大会战特点，人工电话网由生产（行政）管理电话网和生产指挥调度网组成。生产管理电话网主要通信站之间设直达中继线，人工接转次数不超过3次。为解决长途通信问题，国务院为大庆石油会战特批北京、哈尔滨两条长途专线。生产指挥调度采用三级调度网：总调度至各指挥部调度；指挥部至各大队、矿场调度；矿场至各小队、泵站等。人工电话网全部人工接转，全部为话音业务（电话、会议电话及调度电话业务），通信质量、网络容量及服务水平较低。

1963年，萨尔图油田投入开发建设，油田开发范围及建设规模不断扩大。无论生产、行政电话，还是生产调度电话，话务量都大幅增加。使用人工多次接转的人工电话网已很不适应油田生产需要。1964年开始建设大庆油田第一座自动电话站——萨尔图（中区）电话站。1965年投入运行，初装容量1000门，终局容量2000门。油田通信网开始过渡到模拟自动电话网。油田模拟自动电话经历步进制和纵横制两个阶段。萨尔图电话站采用步进制模拟自动电话网，主要岗位电话实现自动拨号；随后中继线路采用明线载波及模拟微波技术，提高通话质量。1979年，全油田建成5100门总容量的5座自动电话站（中区、让胡路、二、三、四采油指挥部），基本形成步进制自动电话网，通信质量和服务水平登上新台阶。但由于油田开发建设范围迅速扩大，仍然存在自动电话网与人工电话网并存、生产调度电话网与行政管理电话网并存、通话质量好与不好并存的局面。由于线路不足，长途电话接通难的问题仍然存在，而步进制电话网采用实线传输、实线中继方式已无法适应大规模扩容及提高通话质量的要求。

20世纪70年代后期，大庆油田进入5000万吨高产稳产阶段，长垣南部及外围油田逐步投入开发。通信系统面临扩大系统规模及提高通信水平的局面。为适应这一要求，1979年，开始对模拟自动电话网进行技术改造，采用纵横制交换机及明线载波、电缆载波及国内首次在市区电话采用的微波载波中继技术，适应大庆油区通信范围广、电话站数量较多、容量较小的特点，有利于在5000多平方千米范围内建成油区通信系统。交换机技术更新及采用微波载波等多种传输手段，长期困扰的装电话难、打电话难、电话听不清的局面明显改善。

1981年，纵横制模拟自动电话网一期工程建成，全网容量由5100门扩大至11000门，电话站由5座增加到7座，新建采油五部、采油六部电话站。通信业务也由电话扩展到工业电视、数据传输。电话号码由4位扩到5位。到1985年，又对纵横制模拟网进行扩容。新建了大同、葡萄花、八百垧、乘风庄电话站。11座电话站总容量达到19000门。

1986年，油田通信引进卫星通信技术，建成卫星地面接收站，实现4路语音、1路数据传输。1989年，卫星系统扩容改造，实现10路语音和1路数据传输，并与同年实现全国石油系统联网。2000年引进铱星卫星电话技术及卫星小站技术，随后为外部勘探开发的海拉尔、塔木察格及其他驻外工程技术服务单位提供通信保障。

20世纪80年代后期，油田进入第二个十年稳产阶段，井网加密调整及外围油田开发力度进一步加大，油田开发生产及地面生产系统计算机及数据传输技术开始大范围、多领域应用。油田模拟通信技术已不能适应进一步扩容及实现数字通信的要求。20世纪70年代，世界通信技术突飞猛进发展，从法国开始，美国、英国、加拿大等国相继开通程控数字交换机。1982年后，我国从福州开始，北京、广州、天津也相继开通引进的程控数字交换机，为油田通信技术发展指明方向。

为利用世界通信技术的新发展，解决对通信技术的新需求，1986年，大庆油田开始引进程控数字交换机及数字微波技术，开始了油田通信数字化的进程，逐步用数字网取代模拟网。

1986年，引进芬兰诺基亚的4000门程控数字交换机、数字微波及配套的数字终端系统，同批引进500门车载移动电话系统。中区及东风电话站分别安装2000门程控数字交换机。安装于中区电话站的500门移动通信交换机自成系统，通过数字终端与程控交换机相连进入油田通信网。引进的数字微波设备，构成东风—中区—大同—肇州—朝阳沟路由。由1个移动交换局、4个基站、35个无线信道及445台固定和车载移动用户台组成的移动通信系统与程控交换机、数字微波结合，1987年投入使用，立即在东部外围朝阳沟、宋芳屯、升平油田及三站（朝一、宋一、升一联合站）两线（朝—宋、宋—葡输油管线）一库（葡北油库）工程投产过程中有力地发挥作用。

1988年，重建北区和喇区电话站，安装从加拿大引进的程控交换机各2000门，采用国产数字微波。

1989年，在中区和东风电话站之间试验开通光纤通信。1990年相继建成了中区—西区的光纤通信系统。

从1991年开始，油田通信数字化进程加快。1993年，大庆油田通信网总容量67000门，其中程控交换机总容量61000门，占总量的90%以上。纵横制模拟交换机仅剩6000门。传输系统也建成以光纤和数字微波为主的数字传输网络。1994年，油田通信网从数模迭加网过渡到全数字网，全网总容量达到91000门，建成18个电话站、20个汇接局和端局。全网用户号码由5位升至6位。

1995年，龙南通信总站建成，该站集交换、传输、电源、特业、维护运行中心、无线寻呼、GSM移动通信、商服办公于一身，装机容量达10万线，成为油田通信枢纽站。

1995年以后，为了优化通信网络，调节汇接局布局，全网设置油田通信总站、中区、东风、乘风庄、红岗区5个汇接局。当年全网用户号码由6位升至7位。至2008年，油田电话交换网仍由5个汇接局、49个端局和65个接入点组成。总容量为51万线，具备来电显示、虚拟网、呼叫转移、呼叫等待等程控功能。

至20世纪90年代，长途电话不畅的问题，一直困扰油田各单位。后经局、市反复协商，于1995年达成联网协议。当年，油田通信总站建成通信长途局，容量为2000路端，实现长途自动拨号，长途不畅局面终于彻底改变。

1986年，大庆油田开始使用车载移动通信系统，高峰期用户超过1000台。但该系统为模拟设备，无法长期使用。1995年，大庆油田与中国联通公司合作建设 GSM 移动通信系统。该系统设立移动交换中心 1 个、基站 26 个、无线载波信道 85 个。初期容量 15000 门，终局容量 50000 门。该系统依托油田通信系统的基础设施及传输通道，传输方式采用卫星通信。随移动通信市场发展，该系统进行扩容改造。

20 世纪 80 年代后期，随着油田通信网数字化实施，开始采用数字信道进行数据信号传输，传输速率大大提高。1995 年，局信息中心利用通信网提供的数字信道，建成大庆油田广域网。对内以局机关为中心，联入二级单位 44 个；对上通过大—秦微波线路联入石油天然气总公司，构成总公司广域网，形成总公司、局、厂三级计算机网络系统，实现信息资源共享，同时实现与全国 40 多个油气田及企事业单位专用电话直拨。

为适应信息技术发展，尤其是互联网的迅速扩展，提升大庆石油管理局计算机局域网的技术、功能和传输水平，从 1996 年开始，重点建设油田数字数据网（DDN）、窄带 ISDN 网、ATM 局域网和 163 油田信息港。

1998 年初步建成基于 SDH 和 PDH 数字传输网的 DDN 骨干网，可满足各种中低数据速率用户的要求。窄带 ISDN 综合业务数字网用来支持包括话音、数据、文字和图像的综合业务，可提供各种数据速率业务，如电话、传真、可视电话、会议电视组网、计算机局域网组网、上英特网等。从 1997 年首次建成具有 1500 用户的 ISDN 网，现已覆盖大多数通信站；1997 年开始建设宽带 ATM 局企业计算机网。1999 年基本建成，各二级单位全部进入大庆石油管理局企业网，对集团公司及英特网的对外连接也通过大—秦微波干线分别进入北京开通；1998 年，建成并开通面向社会、面向公众的信息服务系统——油田 163 信息港。该系统可通过电话或 ISDN 用户线拨号上网。

油田通信网已建成由程控电话交换网、无线通信网、宽带数据网、光纤传输网构成的现代通信系统，使通信业务在话音、互联网、无线市话、卫星通信、油田数字化、视频会议、视频监控、数字数据网等各个领域繁荣发展，开创为大庆油田及大庆地区开展通信服务的广阔天地。

建设装备制造维修系统确保油田设施高效运行

1960 年，大庆油田投入开发，大量钻井、采油、施工机械进入油田。由于没有设备维修厂，为保证设备的正常运行，各生产单位都自己组织力量维修本单位设备。零配件供应及设备大修，均需依赖外地。1960 年，为保证大规模投入开发，大庆油田开始设计建设总机械修理厂。总机厂是大庆油田最大的装备制造维修厂，承担钻机、拖拉机、内燃机的大修及铸锻毛坯及紧缺加工件的供应。初期设计规模是：修理钻机 100 部，柴油机 620 部，拖拉机 150 部，制造部件 1890 件，生产非标设备 1000 吨/年。1962 年开始设计建设承担全油田运输车辆大修任务的汽车修理厂，设计规模是年大修解放牌汽车 1460 辆，汽车发动机 400 台。1960—1963 年，还设计建设钻井管子站、钻井机修厂、采油厂机修厂、钻井特车保养厂、各运输大队汽车保养厂等一批工厂，为石油会战时期主要机动设备的维修保养打好基础。

1963 年，大庆油田进入大规模产能建设阶段，生产单位相继组建。为组织好全油田各个单位机动设备的维修,当年编制的"大庆油田第一阶段油田建设规划"确定油田机修采用三级机修系统,一级机修单位为面向全油田的总机厂、汽修厂;二级机修单位为各生产指挥部(厂)的机修厂;三级机修单位为配属大队级的保养站。到进入5000万吨稳产的1976年,建成两个一级机修厂(总机厂、汽修厂)、15个指挥部(厂)级二级机修厂和126个大队级维修保养站。人员总数超过1万人。

1965年后,按照维修、制造和试制"三条龙"的要求,总机厂减少修理任务,逐步增加石油专用产品制造量,开始批量生产采油井口装置、液化气钢瓶及封隔器等。至1980年,总机厂已发展成为石油专用设备制造厂。到1985年。总机厂已为油田开发建设生产采油井口装置、封隔器、井下作业配件、工程配件、阀门、油水罐等144种主要产品。1991年,主要产品批量生产能力:采油井口装置3500套,抽油机整机1000台,减速箱600台;研制开发两个系列五种型号的集输泵200台套。

1995年,引进国外技术和装备,形成年产聚合物溶解装置10套和注入泵400台的聚合物配制、注入装置生产能力;从1996年开始,开发新产品,研制聚驱集输泵、提捞采油车、气动活动加药车、活动注水车、节能抽油机等新产品。

至2008年,大庆油田装备制造集团已拥有5000台抽油机生产能力,成为全国第一的抽油机生产厂家。形成11大类145个品种的"铁人"牌抽油机已先后进入美国、加拿大、英国、法国、澳大利亚、印度、泰国、印度尼西亚、阿尔及利亚、苏丹、土耳其、蒙古等国家。抽油机产品正向节能型、数字化、智能化方向发展。

1964年,首次自行生产40米^3/日潜油电泵。1988年,完成仿森垂5套机组和国产配件研制;年底,35套仿森垂机组全部下井使用。1989年形成批量生产能力。

1991年,进入完全自制电潜泵及开发新产品阶段。能够批量生产制造50—70米^3/日3个系列21个品种的潜油电泵产品。1992年开始,瞄准"立足大庆,面向全国,走向世界"的目标,开展118机组的研制。新型机组的研制成功,结束了电潜泵产品从引进到仿制的历史。1996年,为了创出大庆名牌,研制成功适用于7英寸及以上套管的562系列潜油电泵机组。大庆电潜泵产品已打入国内11个油田。

2003年12月,成立大庆油田力神电泵有限公司,承担潜油电泵和螺杆泵技术研发、制造、销售、检修、服务和对外培训等业务。2005—2007年,完成新式大功率螺杆泵驱动装置及多头大排量螺杆泵研制。进一步完善电潜泵产品系列,实现排量10—4700立方米的全面覆盖。具备年生产潜油电泵机组4000套、螺杆泵机组1000套的能力。

大庆油田勘探、开发、原油生产领域使用各种仪器仪表,从20世纪80年代开始,各科研、生产单位,在重视仪器仪表维修保养的同时,对于油田专业性强、数量少、技术要求高的一些专用仪器,着手自主研发制造,其中突出的是测井仪器的研发制造。1984年,组建测井公司仪器制造厂,在测井仪系列产品研发上取得突破,逐步形成具有自主知识产权的薄层测井系列产品。1987年成立生产测井研究所生产测井仪器制造厂,曾为新疆、玉门等油田生产测井及环空找水仪,开发生产测井仪器及工业自动化仪表等各类产品12种,并与俄罗斯、美国组建合资公司进行商业经营。2000年,油田公司组建测试技术服务分公司,下设仪器制造厂。2001年,该厂共生产仪器52种,其中新开发仪器32种。

20世纪60年代,钻井机械修理任务主要由钻井机修厂承担。1981年,大庆石油管理局成立钻井技术服务公司,下设钻井工具分公司、机修厂等单位,承担钻机修理及钻头制造等任务。进入2000年后,钻井技术服务公司不仅承担钻机大修、钻具修理任务,而且技术研发、加工制造能力更加雄厚,研制出大量关键的钻井设备及部件,形成自主研发制造钻头、井架及铆焊产品、钻井液固相控制系统、扶正器、浮箍浮鞋、钻井稳定器、钻杆及金钢石的能力,已成为国内石油行业最具实力的钻具制造与维修专业厂家。

1990年,大庆油田开始三次采油聚合物驱现场试验。1993年8月,三次采油装备成套公司成立,负责油田三次采油工程主要装备的研制、现场试验及成套服务。1995年,聚合物驱开始工业化,当年完成2座聚合物配制站及10座聚合物注入站的设备成套。1996年完成配制规模1万吨/年以上聚合物配置站2座、聚合物注入站14座,完成三元复合驱试验站2座。1997年,完成三次采油工程项目24项。2000年,完成"九五"国家重大装备聚合物驱成套设备国产化研制,并通过国家经贸委组织的技术鉴定及验收。

大庆石油会战初期,油田使用的射孔器材,均为军工厂仿制产品。1965年,在深井研究所组建射孔技术研究室。1966年,射孔技术研究室改组为隶属于钻井指挥部的射孔弹厂。1968年,首批无枪身射孔弹研制成功。1982年,隶属于试油试采公司的射孔弹厂,研制成功无枪身过油管射孔弹,采用清水过油管射孔工艺,射孔效果大为提高,成为油田上产关键技术。1990年以后,射孔弹厂开发深穿透低伤害射孔器,在全国各油田推广使用。"九五"期间,针对不同的储层条件、不同的完井工艺,开展射孔器材产品系列研究,先后开发大孔径系列、高孔密系列、耐高温高压系列射孔器,主要性能达到国际先进水平。2001年以后,加大超深穿透射孔器的攻关力度,成功研发超深穿透射孔器,成为国内首家API混凝土靶穿深超过1米的企业。2005年,特深穿透射孔器研制成功,API混凝土靶穿深达到1385毫米,达到国内领先、国际先进水平。2005年以来,射孔弹厂开展"三高"(高聚能、高深穿、高孔密)射孔器攻关,解决适用深层天然气开发的耐高温射孔技术;适用稠油层开发的高孔密、大孔径射孔技术;适用聚驱、三元复合驱的大孔径射孔技术。射孔技术及射孔器研制充分适应油田开发的发展需求。

1962年,成立汽车修理厂,负责汽车大修,中小修作业由使用单位承担。1976年后,汽修厂开始大修进口车辆。1979年后,扩大进口车修理及汽油、柴油车橡胶配件、油田机械橡胶配件制造。1992年,汽修厂更名为第二机械厂。1998年,根据市场发展需求,除承担国内外产汽车修理外,还开发生产采油机械、井下作业工具、橡胶制品、阀门产品和输电铁塔等产品。2001年,第二机械厂更名为特种汽车制造总厂,全面向汽车改装业发展,形成汽车改装、汽车修理和设备维修3个专业化体系。2004年又更名为特种汽车制造公司,成为国家定点汽车改装厂。到2008年,特种汽车制造公司主要产品有固井水泥车、测井车、试井车、洗井车、清蜡车、下灰车、采油车等系列油田专用车,还研发了智能测井车,形成国内领先势头。

实施引嫩工程造福全油城

大庆油田在大规模注水和居民生活用水逐年大幅度增加以后,地下水源相对紧张。为解决油田注水和大庆石油化工企业用水兼顾农田灌溉及居民用水,1971年国家水电部批复同意建设王花泡蓄水区以北地区的引嫩工程,并列入国家的基本建设项目。

北部引嫩工程是以嫩江为源头,采用无坝引水的大型引水工程。因属于嫩江引水工程之一,取水口位于嫩江北部,故称北部引嫩工程,简称"北引"。该工程1970年由黑龙江省水利勘测设计院编制规划设计,大庆油田设计院承担相关水源工程设计。1972年9月动工,1975年骨干工程完成。第一期工程即乌裕尔河以南于1974年开渠通水,乌裕尔河以北的第二期工程于1978年建成通水。工程总投资15900万元,全长245千米,其中总干渠205千米,分干渠40千米,引水渠沿线有各类构筑物140座。工程设计近期引流为30秒立方米,远景规划为50秒立方米。"北引"日供给大庆工业用水40万立方米,其中萨北油田10万立方米,龙凤、卧里屯化工区20万立方米,每年总供水量1.46亿立方米,基本满足油田和石油化工用水的需要,也为大庆地区农业、畜牧业、渔业发展提供水源。

1974—1977年兴建投产的大庆水库(原名黑鱼泡水库)工程,水源主要来自引嫩总渠,规模为10万立方米,主要担负采油一、三厂和喇嘛甸油田工业及民用供水,日供水量7万立方米,年供水2500万立方米。1985年进行扩建(二期工程),规模为17万米^3/日,投产后日供水能力可达到13万立方米。1993年大庆水库水厂扩建,日增供水能力5万吨。

1993年,在北部引嫩工程的基础上,兴建中部引嫩扩建工程暨龙虎泡水源工程。该工程包括河道及引渠整治工程、总干渠工程、新建八干渠工程、龙滤泡水源与水库工程、防洪排涝工程等八大部分,分两期建成。该工程引水于嫩江上游,设计流量为37米^3/秒,通过黑龙江省中部引嫩总渠道,最终蓄水于油田西部库容为4.68亿立方米的龙虎泡,经处理后再将水供向大庆油田和市区。引水八干渠完成渠道扩建97千米和47座构筑物。水源工程完成取水泵房1座,完成ϕ1620大口径输水管线2条42千米,完成净水厂1座以及锅炉房、变电所等。1995—1999年,中部引嫩工程的水处理一、二期工程先后竣工投产,日供水能力为50万立方米。该工程投产可改善黑龙江省西部地区生态环境,对大庆油田的三次采油、矿区建设和综合经济的发展,对居民生活饮用水水质的改善和保护地下水资源、缓解大庆市区和油田用水不足的局面均有重要意义。

根据"建设一流水源地,造福大庆人民"的思路,为提高大庆水库的蓄水和防洪能力,2001年7月,由大庆石油管理局和油田公司共同投资1.66亿元,建设大庆市城市供水应急工程。该工程是由新建北引干渠引水联合枢纽工程、引水渠改造和水库堤坝加高工程等三大部分组成。2003年7月竣工投产后,引水渠取水流量由原来的16米^3/秒,提高到20米^3/秒;水库水位由150.3米,提高到

151.3 米；库容由 1.3 亿立方米，提高到 1.75 亿立方米，实现防浪有墙、坝上有路、坡上有草、坡底拦护，达到国家大（Ⅱ）型水库标准。

大庆南部引嫩江水工程系自流引洪工程。整个工程跨越大庆、肇源、杜尔伯特蒙古族自治县，由 8 个自然泡沼合成，面积 270 平方千米，在大庆界内水面 109.6 平方千米，水库容量 6.54 亿立方米，平均水深 2.4 米，是大庆市南部地区的工农业生产和生活用水的主要水源之一。

大庆最早的职工业余学校

1959 年 5 月，负责松基三井施工的 32118 钻井队，贯彻黑龙江石油勘探大队"关于职工教育工作的初步规划"，举办职工业余学校，它就是大庆最早的一所职工业余学校。当时这个队有职工 218 名，设钻井、保养、地质、气测、汽车、警卫、食堂等班组，作息时间分"三班倒"、"两班倒"和"白班制"。该队根据工作情况和职工文化程度，办起初中甲、乙两个班，小学甲、乙两个班，一个扫盲班。星期一、三、五学文化；星期二，学技术；星期四，学政治；星期六，党团活动。没有专门教师，就采取"文化高的教低的，能者为师"，还成立语文和数学教研组。

大庆历史上最早的技工学校

1960 年，大庆石油会战打响后，针对职工技术力量薄弱的实际情况，为了培训一批既懂业务理论，又会实际操作的熟练技术工人，会战领导小组决定成立"松辽石油勘探局技工学校"，校址在现大同镇东门外。同年 9 月招收 500 名高小毕业生，学制 4 年，开设采油、钻井、内燃机、电工、车工、钳工 6 个专业。1961 年 8 月校址迁到安达 10 号院，在羊草建立生活基地。1962 年招收高小、初中毕业生 250 人，学制 2 年。1965 年 9 月与大庆石油学校合并，改名为"大庆钻采学校"。

油田最早的电站与自备电厂

1960 年 6 月到 1972 年，国家水利电力部先后派出 36、34、31、32 号四部列车电站为大庆油田发电。34 号列车电站于 1960 年 6 月 25 日正式供电，是大庆油田的第一台列车电站。它在油田上工作的时间最长，最初是汽轮机发电，以煤为燃料，1961 年改为燃料油。

喇嘛甸发电厂是大庆油田第一座自备发电厂，1960 年建设。1961 年 1 月 15 日第一台机组开始发电，装机容量 1500 千瓦。电厂以原油为燃料。1979 年其他发电厂基本满足油田用电后，该厂于 1982 年停产。

实施让乘集中供热工程

大庆市让、乘地区集中供热工程，是一项节能降耗的民用建筑供暖工程。在该工程实施前，该区域由 60 多座中小型燃油锅炉房分散供暖，年耗渣油 30 万—40 万吨。让胡路、乘风庄地区集中供热工程，热源为大庆宏伟热电厂，一期工程装机容量 100 兆瓦，向乘风庄、银浪地区供热；二期工程装机容量 100 兆瓦向让胡路地区供热。

乘风庄集中供热区 1999 年 2 月开始施工图设计，当年 10 月建成投产，供热面积为 350 万平方米；2002 年乘风庄集中供热区域扩至银浪地区，4 月开始施工图设计，当年 10 月建成投产，扩建后总供热面积为 520 万平方米；主干线直径为 DN1000 毫米，管网总长度约 70 千米，设 35 座热力站、1 座监控中心、3 座增压泵房，工程总投资约 3 亿元。

让胡路地区集中供热系统2003年4月开始施工图设计，2004年10月建成投产，供热面积为688万平方米；主干线直径为DN1200毫米，管网总长度约为80千米，设38座换热站、1座监控中心，工程总投资约4亿元。

该工程属超大型的城市集中供热系统，其中乘风庄区域采用直供混水方式供热，系统失水由电厂集中补充，是目前国内最大的直供混水集中供热系统之一；让胡路区域采用间供方式供热，总体方案按多热源环状供热管网设计，主干线管径DN1200毫米是国内供热最大的供热管道之一。所有热力站、换热站内一级网供热量，二级网供回水压力、温度，循环水泵、补水泵运行状态等监测信号上传至监控中心，系统运行人员根据各站运行数据，调整供热系统运行参数及各用户热量分配。该工程投产以来运行平稳，工程设计达到了国内先进水平。

"干打垒"——油田创业时期基本建筑形式

1960年会战初期，为确保勘探、开发资金，大庆油田按照"先生产、后生活"原则，生产设施建设坚持高标准，生活设施建设因陋就简，只能满足职工的基本生活需求。

按照"工农结合、亦工亦农"的方针，矿区不集中建设职工住宅，而是按战区分布情况，分散建设居民点，以便于组织生产与生活。会战职工学习当地农民用泥土垒筑简易房子的办法，建造"干打垒"房屋（见图3-10）。从6月开始，到10月上旬，奋战120多天，完成30万平方米的"干打垒"，实现当年"人进屋、机进房、菜进窖、车进库"的目标。在建造"干打垒"过程中，中共黑龙江省委组建5000人的建筑队伍，并从当地人民公社抽调一批有经验的老乡，协助和指导会战职工建"干打垒"。到了9月，由于木材短缺，打好墙的"干打垒"上不了盖，安不了门。当时国家计划调拨的木材只有实际需要的十分之一，虽补充一些"困山材"，仍满足不了需要。中共黑龙江省委决定从省计划外木材中拨给大庆3万立方米，还采取应急措施，责令在大庆"干打垒"用材问题没有得到解决之前，从小兴安岭林区发往全国各地的木材专列，在南岔编组站一律换牌发往大庆，从而解决油田燃眉之急。

图3-10 "干打垒"施工现场

1961年底，全油田共营建"干打垒"33.9万平方米，形成红卫星、创业庄等15个样板村——"干打垒"示范居住区。石油会战指挥中心——二号院，也是"干打垒"房屋。

1962年6月21日，周恩来总理首次视察大庆，肯定会战工委关于矿区建设基本思路，并将其归纳为"工农结合，城乡结合，有利生产，方便生活"的十六字方针。

到1964年，大庆油田按照"十六字"矿建方针初步形成居民较为集中的萨尔图、让胡路、龙凤三镇。这3个镇以及散建的18个中心村和70多个居民点，初步形成"油田村镇—中心村—居民点"的三级矿区建设格局。据统计，在会战头4年，用于油田生产建设的投资占总投资的92.5%，而非生产性的建设投资仅占总投资的7.1%，其中办公室、住宅仅占总投资的3.3%，为国家节约大笔投资。

1965年以后，油田住宅建设以砖木结构和砖柱土坯平房为主（见图3-11）。

图3-11 油田住宅建设样貌（1965年以后）

1970年，全矿区已形成萨尔图、让胡路、龙凤3个镇，43个中心村和168个居民村点，人口增至28.7万。这个时期，砖木结构取代"干打垒"，成为基础设施与矿区建设的主角。

1975年，在规划建设喇嘛甸、杏树岗、葡萄花油田时，发现过度分散建设居民点，对于组织生产和矿区城市功能配套具有较大局限性，尤其不利于资源优化配置和有效利用。于是，用活"十六字"方针，居民点建设开始相对集中。

到1978年底，全油田基本形成以萨尔图、让胡路、龙凤三镇为龙头，以34个中心村为支点，以150个居民点为基础的总体分散、相对集中的居民生活矿区。共建成各种平房住宅542.6万平方米，其中"干打垒"住宅161.8万平方米，砖木结构住宅301.7万平方米，砖柱土坯结构住宅79.1万平方米。

建设住宅楼——向现代化新型矿区转变的标志

1978年9月，邓小平第三次视察大庆时提出："要把大庆油田建设成美丽的油田。"油田贯彻落实邓小平的指示，首先从改善职工居住条件入手，加大住宅建设力度，建设楼房住宅区。1979年春，由数万人组成的江苏建筑队伍进入大庆，实现"当年开工、当年竣工、当年投入使用"的目标，建成40万平方米住宅楼，有7000多户油田老会战告别近20年的"干打垒"，搬进楼房。之后，按居住区规划，南到采油七厂的庆葡村，北到采油六厂的庆新村，东到卧里屯，西到让胡路，在南北近130千米、东西近60千米的范围内，建设了大批住宅楼。

1980年，大庆油田根据矿区特点，按照"相对分散、适当集中"的原则，建设一批楼房居住区。1983年楼房居住区达39个，1984年增加到57个。

1984年，根据油田进行井网加密的需要，进一步调整矿区建设总体规划，大庆出台实施《大庆市城镇建设总体规划》。从此根据"地上服从地下""让开大路（油区），建设两厢"的城建指导思想，停建纯油区内的23个职工居住区，开始重点扩建东风新村、让胡路、乘风庄、八百垧等油田外围居民区和庆新、庆葡、高平、创业庄等独立工矿区，天然气公司、物探公司、采油二厂等单位在乘风庄新建居住区。

到1985年底，全大庆共有住宅747.2万平方米，占各种房屋总面积的43.4%；住宅楼面积394.5万平方米，占总住宅面积的51.1%。

1988年，住房分配货币化改革启动实施，当年出售住宅楼6995套（建筑面积50万平方米），回笼资金6000万元。同年，油田居民人均居住面积达到7平方米，人居环境得到全面改善。然而，因早期住宅楼建设囿于"大而全、小而全"的封闭观念束缚，天女散花式地遍地散建，忽略了居民日益增长的物资文化需求，缺少城建整体规划性与中心城区主导意识，使城市功能配套面临一系列挑战。

1989年起，油田调整矿区建设总体规划布局，按照"分片组合，相对集中"的原则，中心城建设进一步加快，住宅区及其配套设施开始向龙岗（主要是龙南）、东风新村、让胡路、乘风庄地区集中。同年，油田首次建成4栋16—18层的高层住宅楼。

1990年以后，矿区建设以避开纯油区为基本原则，按照"统一规划，合理布局，综合开发，配套建设"的方针，在以龙岗地区为中心的大庆西城区全面展开。1991—1995年，在龙南地区集中建成景园、悦园、怡园、憩园、明园等12个住宅楼小区，住宅面积275万平方米。小区在规划设计上，借鉴南方试点小区经验，在单体设计上进一步提升舒适性、可选择性，增加多种住宅套型。在龙南地区，还建成高层住宅38栋，最高达到30层。同时，在建筑领域推广应用技术、材料、设备、工艺"四新"成果，优质工程率达到90%。

1995年开始，根据国家关于进一步增强城市综合服务功能，围绕"小康"目标进一步改善人们的居住条件的要求，按照统一规划、分片组合、集中建设、完善配套的方针，矿区建设以龙南地区为中心，逐步向周边辐射。石油管理局机关和一批二级单位机关陆续离开油区，整体迁至龙南。龙岗地区逐步取代萨尔图，成为油田中心城区。

1996年，龙南乐园小区破土动工，历时219天，小区内水、暖、电、讯、路和闭路电视等72个单位工程全部竣工并交付使用。小区占地面积31.67公顷，住宅楼51栋，可居住2679户，户平均建筑面积为80平方米。小区内设有托幼园所、小学校、活动中心、居委会、商饮服务等配套设施21个。小区采取庭院式组合，风格新颖，功能齐全，美观实用。远望小区17栋高层住宅楼，其中10栋当年竣工交付使用，7栋实现主体封顶。小区面积20.14万平方米，总建筑面积为32.81万平方米，可居住3512户。

1997年起，根据规划安排，外围停建住宅楼，职工住宅逐步向中心区集中。同年，远望小区7栋高层住宅楼竣工并交付使用；长青二小区31栋住宅楼，建筑面积11.7万平方米；乘新三小区29栋住宅楼，建筑面积9.9万平方米及配套工程全部竣工交付使用。

1998年，油田各单位居住在1599栋砖木结构平房的23394户职工，全部搬进新楼。同年，科技园小区18栋896户、建筑面积8.29万平方米和西宾小区一期工程19栋，建筑面积7.82万平方米竣工交付使用。东湖小区42栋楼、建筑面积14.70万平方米，乘新四小区27栋楼、建筑面积8.44万平方米，西苑小区49栋楼、建筑面积19.57万平方米，全部采用混凝土砌块节能墙体。

1999年，龙新小区28栋楼，建筑面积9.92万平方米；让胡路十小区33栋楼，建筑面积14.11万平方米；东湖三小区47栋楼，建筑面积19.17万平方米平；西宾小区49栋楼，建筑面积21.85万平方米，均采用节能墙体。景园、怡园、希望、乐园等居住小区被评为国家级优质工程小区；憩园、明园、悦园小区被评为黑龙江省优质工程小区；悦园、明园、乐园小区获全国建筑荣誉最高奖——鲁班奖。

2000年，全油田矿建工程有190项约790734平方米，其中住宅楼150项，建筑面积663779平方米，共7920户（其中两室一厅3948户、三室一厅3852户、四室一厅120户）。主要住宅工程有：东湖小区续建工程，包括东湖六、七、八、九、十小区共有住宅楼133栋、7356户，建筑面积59.98万平方米；西宾小区续建工程，包括新建住宅楼10栋、396户，建筑面积3.48万平方米。

2001年，油田矿建工程项目有：东湖十小区住宅楼34栋，建筑面积约15.51万平方米，159个单元、1908户；东湖十一小区住宅楼37栋，建筑面积17.70万平方米、181个单元、2172户；智园小区住宅楼7栋，拥军小区住宅楼4栋，庆新小区住宅楼3栋，晨曦小区住宅楼6栋，杏南小区住宅楼2栋，高平小区住宅楼2栋，采油八厂六小区住宅楼1栋，共计住宅楼25栋，建筑面积11.45万平方米、102个单元、1220户。

2002年，油田开发建设三个住宅小区，共计22万平方米；完成油田住宅楼平改坡、八百垧环境整治等两项"民心工程""信誉工程"。

2003年，油田房屋建设开发系统走向市场，独立进行房地产开发，并形成年开发100万平方米的能力和完成建安工程量3.5亿元的建设管理能力，可独立承揽住宅建设、系统工程。全年共实现主营业务收入5.02亿元，房屋销售达1.4亿元。当年，房建公司开发建设的广厦新城、东湖新范、龙翔庭院3个住宅楼盘全部售出。

2004—2005年，房建公司又成功开发广厦小区二期工程、彩虹家园等楼盘。其中，广厦小区成为安置采油六厂地震受灾户回迁的主要房源。

2006年，房建公司开发广厦小区三期工程，广厦新城楼盘获"2006年中国城市标志名盘奖"，房建公司跻身2006年中国房地产企业200强，并被评为"2006年度中国房地产行业黑龙江地区影响力十强综合开发实力企业"。

2007年，银浪新城一期投入开发建设，总建筑面积37.79万平方米，住宅76栋，其中多层住宅53栋，高层住宅23栋，共3788户。登峰家园住宅小区投入开发建设并于当年11月30日竣工，总占地面积48万平方米，总建筑面积约43万平方米，其中，住宅面积36万平方米，商业建筑面积1.4万平方米，社会公共设施建筑面积5.7万平方米。小区内有住宅单体57栋，住户3838户，户型有78平方米、90平方米、115平方米3种，容积率0.9，绿化面积60%，小区内社会公共设施齐全：有九年一贯制学校，大医院集团登峰分院、托幼所、老年活动中心、一站式收费大厅、物业服务管理处、登峰商业广场、自行车存放处、多功能车库、银行、邮电局、登峰家园移动通信、中心广场等社会公共设施。

2008年，房建公司继续开发银浪新城一期项目，包括B区住宅部分和E区中心广场。银浪新城B区总建筑面积24.48万平方米，总投资约6.2亿元，住宅楼47栋，其中高层住宅20栋（18层共4栋、14层共2栋、11层共14栋），多层住宅27栋；小区多层车库1.3万平方米，投资0.52亿元，按BOT模式管理。银浪新城E区总建筑面积约6.111万平方米，其中，地下人防工程2.39万平方米，地上商业服务公建面积共计3.72万平方米。

2011年5月1日，油田面向会战老职工开发建设的住房改善性工程——创业城项目启动。该项目规划总占地面积441.8平方千米，建筑面积439万平方米，建设住宅单体549栋，住宅23365套，规划入住8万人；公建、地下车库及商业配套设施103.1万平方米；学校及幼儿园9所，商业面积22.88万平方米，其他配套设施72.51万平方米。2012年9月3日，大庆创业城住宅建设项目通过国家住建部和省住建厅专家组评审，被列为国家康居示范工程。该项目于2013年全面竣工。

公用设施建设——优化城市资源配置、美化矿容

会战初期，大庆油田本着"建设小城镇"和"工农结合，城乡结合，有利生产，方便生活"的方针，逐步建成镇、中心村、居民点三级布局为基本架构的村镇型矿区。由于矿区布局过于分散，各中心村、居民点规模过小，公共福利设施和公用工程难以配套完善，落后的城镇公共资源与不断增长的职工物资文化生活需求之间的矛盾日渐凸显。

1979年，大庆油田开始重新调整矿区建设布局，加强总体规划，加快住宅楼和公用设施的建设步伐。市政建设依托企业生产系统规划设计，城镇水、电、气、路、讯、热力系统等与石油、化工产业合为一体，成为不可分割的系统工程，城市建设实行规划、布局、建设、分配、管理"五统一"。

1981年，矿区建设布局按照相对分散、适当集中的方针，建设一批楼房居住区，逐步形成以萨尔图、让胡路、龙凤3个镇以及23个楼房居住区和一批公共建筑——图书馆、青少年宫、邮政局、新华书店、百货大楼、游泳馆、儿童公园和菜市场为标志的小城镇集群式的建设格局，石油矿区建设迈出向城市化转变的第一步。但公共设施仍不完备，城镇基础保障系统如水、电、讯等尚未形成独立运行体系，基本依赖工业系统，住房室内配有下水设施的仅占35%，室内自来水普及率也只有60%左右；主城区路政建设全面铺开，公路基本成网，但多数中心村、居民点内道路基本处于原始状态。

1984年，经省政府批准，大庆编制完成首个具有全局性指导意义和法律效力的城市规划——《大庆市城镇建设总体规划》。该规划除了明确坚持"十六字"方针外，根据油田生产形势及其特点，强调城市建设要"地上服从地下"，划定油田开发需要为红线，停止在油区内建设居住区，解决好油田开发和城市建设用地矛盾。照此规划，油田与市政系统协调，进一步提出"让开大路（油区），建设两厢"的矿区建设总体思路，钻井一公司、试油试采公司、测井公司等油田生产和辅助生产单位迁到乘风庄。实施"让开大路（油区），建设两厢"城建方针，民用设施建设各归其所，但萨中地区中心城地位依旧未变，大庆东西部城镇功能布局远未配套完善。

1989年8月，油田配合市政系统出台《大庆市城市总体规划调整方案》以及《大庆市城市总体规划（1991—2010）》，其总的原则是：（1）继续执行"工农结合，城乡结合，有利生产，方便生活"的规划建设方针，并在新的历史条件下赋予其新的内涵;(2)坚持"让开油区,建设两厢",妥善解决油田开发与城市建设之间的矛盾;(3)坚持"分片组合,相对集中",强化中心城市建设,尽快形成具有一定辐射力的中心城。从此,城建重心向东风新村和龙岗、乘风地区转移,人口向大庆东西两侧分流。同时,将非油气生产单位迁出油区,合理布局油田生产单位和矿区中心城建设。

1992年,位于龙南地区的景园公园建成并向游人开放。景园公园总面积22万平方米,作为风景园林,内设仿古长城、中心湖、假山、四季馆、十二生肖雕像等。景园公园一经开园,便成为让区居民休闲游乐中心。

1995年,石油管理局机关迁至让区龙南,自此龙南地区取代萨中地区成为油田中心城区。

1996年起,为了落实国家关于增强城市综合服务功能的要求,推进矿区城市化步伐,促进油田经济多元发展,满足油城居民日益增长的物资文化需求,在龙岗地区集中实施大规模城市功能配套建设,除了既有的石油管理局12万平方米多层生产办公设施及其配套的建筑外,建成大庆商厦、商贸中心等商业服务设施5万平方米,体育活动中心、文化艺术中心、少儿活动中心等文化娱乐设施6万平方米;以科技大厦、石油技术博物馆为代表的科教设施8万平方米;以龙南中心卫生所为代表的医疗设施44万平方米;以供电调度中心为代表的工业队点项目75万平方米。根据油田生产和城建需要,5年中动迁出油区的市局机关和7个局属二级单位机关及部分大队单位约23.1万平方米设施,动迁平房住宅60万平方米。在城市主干道两侧,采用多

功能、多样化公共建筑设计,建设油田书店、图书馆、昆仑购物中心、龙南医院以及大庆一中、铁人中学、石油高中等10多所中小学。尤其是2003年8月破土动工、2009年9月竣工开馆的铁人王进喜纪念馆(占地11.6万平方米,主体建筑面积2.15万平方米,高度47米,展厅面积4790平方米),集中展示王铁人生平业绩及其所体现的大庆精神、铁人精神以及极具传奇色彩的石油文化内涵,成为大庆地区集教育、观光、文化示范功能于一身的特色城市景点,并当之无愧地入选国家一级博物馆、全国爱国主义教育示范基地、中国十大红色旅游景区之列。

随着油城建设重心西移,由油田主导的大庆西城区休闲文化游乐场所建设也紧锣密鼓地展开,到2008年,油田建设了铁人广场、石油广场、乘风广场、创业广场、登峰广场、油田广场等供居民休闲健身的场所。各大石油矿区板块也陆续配套建成极具石油文化特色的公园、园林、广场,成为油田一道道亮丽风景。同时,油田绿化美化环境与治污工作成效显著,果午泡、乘风湖等星罗棋布的大小泡沼经过生态改造或综合整治,构成油城优质生态系统;公共空间园林绿化面积与日俱增,昔日分布在荒芜的盐碱滩、污水塘边上的石油矿区,破茧成蝶,演变成高楼林立、交通发达、树木成林、清水环绕、绿草如茵的新兴宜居城市。

物业管理专业化分工、规范化管理

1980年以前,大庆油田的职工住房是各单位自建、自住、自管的福利性分配产物,油田内没有统一的管理部门。1979年,政企合一的房产管理局成立,各二级单位成立房产科,初步形成房产管理系统。1980年,矿

区建设公司成立，1981年改称房产公司，成为专业负责房产维修、管理的二级单位，下设8个房管所（均为不同单位职工混居地区，包括东风、团结、红旗、让胡路、解放、乘风、龙岗、东风新村）。在非混居地区，由该区的二级单位房产科负责房产管理和维护。各房管所和房管科都设有维修队、清洁队、服务队，开展日常工作。1983年11月，房产管理局和房产公司合并，统称房产公司，但挂两块牌子，行使管理和服务两项职能。此后，逐步建立起《房产管理办法》《房屋维修收费办法和楼区管理罚款条例》等一系列统一的管理规范，居住小区内始建绿地、凉亭和儿童、老人娱乐健身设施，完善区内道路，居住环境逐步得以改善。1989年，房产管理实行政企分离，油田成立独立的房产管理处。1993年，油田房产管理处改称房地产经营开发公司，成为相对独立的经济实体，实行独立核算、自主经营、自负盈亏的经营模式，逐步向"以收抵支，以费养房"的目标迈进。随着住房管理工作量的迅速加大，1997年11月，房地产经营公司改组为第一、第二物业管理公司，分别负责油田北部和南部物业管理。1999年底，大庆石油管理局分立为油田公司和石油管理局两个单位，物业部门划归石油管理局。

此后，物业管理部门又几历专业化、集团化重组，其职能也不断得以完善、配套、强化。（1）物业工作内容包括小区建设、房屋维修服务、环境保护等多方面。在小区建设中，重点是园林式美化工作，各小区逐步建起草地、花坪、绿篱，配备运动器材；各大居住区建设较大的花园广场，如龙南地区的铁人广场、东湖地区的石油广场、八百垧、龙岗、乘风、创业庄等地广场，每个广场都设置喷泉、林木、亭台，为居民提供休闲、会友、打拳、溜鸟、放飞风筝、扭大秧歌、文艺演出场地，成为居民晚饭后、假日最喜欢去的场所。小区建设的另一大项是系统改造，包括上下水管网改造，楼顶防漏保温的平改坡改造，路灯、庭院灯、单元灯完善，小区道路、围栏、防盗保安电视监控设施的建设，都在逐步完善起来。在社区服务方面，以"四供一排"、环境卫生为主，确保平稳供水、供电、供热、供液化气、顺畅排污。物业部门设立客户服务中心，推行"标准化服务""一站式服务"和"零投诉服务"，经过考核，各项服务指标（房屋完好率、系统工程完好率、故障处理及时率、维修质量合格率、路面卫生合格率、路灯照明率、住户满意率等）普遍超过标准要求。经国家建设部调查审核，怡园、景园、悦园等6个小区被评选为全国物业管理优秀示范小区，更多的小区成为国家级、省级、市级优秀小区，为石油职工创造出清洁、优美、安全、舒适的生活环境。（2）供热管理。油田内住宅及办公室供热由热力公司负责。热力公司现有锅炉房25座，热力站123座，供热服务区109个，供热面积1801万平方米。为了保证平稳供热，建立热网巡检制、供热质量监督中心和客户服务中心，建立用户温度监测系统，发现问题及时处理，特别是对成片低温区，及时分析原因，对热网进行改造；对客户提出的问题实行首问负责制、限时办结制、责任追究制，使用户达到满意。在确保温度达标的前提下，努力降低热耗。通过优化热源结构和供热方式，推广应用锅炉交流变频给水技术、锅炉燃烧自动配风技术，使用新型防腐除垢剂等新技术、新产品，加强自动控制系统建设，使能源消耗和补水量明显下降，公司实现"安全生产，文明生产"。（3）绿化管理。早期油田造林绿化，主要靠全民义务劳动。后来实行全民义务劳动与专业化造林相结合。2000年7月，大庆油田成立园林绿化公司，配备各种造林机具如装载机、打孔机、翻斗车、剪草机等30多个品种200台套；建起一批花草苗木基地，其中马鞍山苗木基地存量苗木50种400万株；苗圃生产乔灌木20多个品种；乘风花卉基地存苗400万株，成品草花30多种300万株，盆花2000多盆，满足油田绿化需要。为改善绿化造林效果，推广使用草坪黄化处理技术，使草坪生长期由3年提高到8年；使用高效营养保水剂和树木泥浆栽植法，使栽植树木成活率达到95%以上；积极研究沙地造林技术取得成果，在油田西部敖古拉油田沙地造林2750亩，成活率达85%以上。几十年来，在油田各地，特别是大路两侧、各广场绿地、各居民小区，草木繁茂，鲜花争艳，绿树成荫，使油田景色越来越美。

油田环保预防得力治理得当

1974年2月，大庆油田在市建设局内设环境保护办公室和环境监测站。1977年底，环保办公室划归油田规划室，环境监测站划归油田设计院。1983年底，大庆政企分开，环保办公室划归大庆市建设局，仍实行政企合一体制。1990年1月，大庆环保局正式成立（油田环保处），实行政企合一体制，各二级单位安全科内设立环保岗。为加强环保管理，油田还成立以主管副局长挂帅的环保委员会。1999年底，油田分立重组，油田公司和石油管理局各自设置安全环保部，环保工作不断得以强化。

2000年，油田公司出台《环境保护管理暂行办法》《环境保护考核办法》《井下作业无污染验收标准》《废弃钻井液处理验收管理办法》，当年投入资金2.8亿元，2001年又投入1.8亿元，进行6类环保工程建设，包括含油污水站改造扩建、污水管网调整、含油污泥治理、排污口规范化、改造油井作业污水进站装置、污油回收装置等。落实新区产能建设、老区改造项目与环保建设"三同时"的要求，把环保项目建设纳入计划，列出资金，"三同时"率达100%。

制订并组织落实环境污染事故应急预案，按照施工工序风险分析结果，确定重点风险因素，制订出输油注水联合站、污水处理站、天然气站库、钻井、试油、井下作业、环境敏感区域等7类污染事故应急预案，组织职工进行演练和改进；在采油六厂和天然气分公司进行清洁生产审计试点，取得效果后全面推广。油田环境监测评价中心每月对150座污水站和75个废水固定排污口进行取样，发现问题，及时责成相关单位限期治理，并逐个跟踪复查，直至达标。

严防野外施工对环境造成污染，钻井完工后必须对废弃钻井液进行处理，根据情况外运清理、深埋回填或做无害化处理，恢复原来地貌。环监部门还要进行取样分析，以保证处理合格。地震施工后，必须把爆炸坑回填，清理垃圾；井下作业队在施工中，现场铺垫防油垫布，设置污油污水回收罐，把产生的污油污水清理回收；钻井队、地震队、井下作业队如达不到环保要求，甲方有权拒绝签字付款。2003年，大庆试油试采分公司获得黑龙江省首批"绿色企业标兵"称号。

大庆培养师资的最高学府

大庆师范专科学校是一所专业设置较为齐全的普通高等师范学校,也是大庆师资培养的最高学府。学校前身为大庆师范学校,1971年2月建校;1980年5月,经国务院批准升格为师范专科学校;1993年7月29日,经国家教委批准,又改建为大庆高等专科学校,主要为大庆油田和全国各油田培养师资及应用型人才。大庆师范专科学校由大庆石油管理局主管。校址在让胡路区中央大街,占地36.7万平方米,建筑面积8.7万平方米,有教学楼、实验楼5栋,学生宿舍楼3栋,有38个实验室,1座全光温室。固定资产总值3400万元,图书馆藏书20万册。1995年末,全校有教职工617人,专任教师154人,其中高级职称63人,在校学生1088人。学校设11个系,15个教研室,开设汉语言文学、英语、数学、物理、政治、历史、生物、化学、地理、体育、美术11个教育专业,并开设计算机应用、电力系统、精细化工、工艺美术、经贸、法律、俄语、文秘8个专科非师范性专业。除体育和美术专业为二年制,其余均为三年制。为了提高教学质量,学校科研工作发展较快,对外学术交流活动日益频繁,办有《大庆高等专科学校学报》《百家作文指导》两种刊物。专业建设按照"调整师范、发展应用、优化结构、上水平、创名牌"的总体设想正在健康发展,致力于培养思想品德高尚、立志献身四化、专业基础扎实、教学能力较强、身体素质较好的师资及其他应用型人才。

大庆第一条高等级公路

东风路,亦称卡尔加里路,起自团结路口,终至龙凤路,是大庆修筑的第一条砂石和土路面公路,由黑龙江省交通厅设计,省驻大庆公路工程公司和运输指挥部工程队施工。公路总长8.6千米,路面宽5.5米。始建于1960年,当时采用人工方式,锹挖、镐刨、肩担,就地取材修筑。1979年,大庆公路建设重点转移到修筑一级城市公路上来。当年,对东风路进行改建,建成为全宽32米,其中机动车道宽18米,分上下行道的国家一级路面4.5千米。1982年,又对东段进行同样改建。该路每千米造价平均192万元,是大庆市区修筑质量最好、标准最高的公路。

油田最早建成的职工医院

1960年10月13日,石油工业部松辽石油勘探局第三探区卫生所改名为职工医院。当时全院职工70余人,医院设备简陋,技术力量薄弱,只能应付抢救、治疗一般性疾病。1961年7月23日,中共中央签发关于"建立松辽油田职工医院问题的通知",并决定从辽宁、黑龙江两省抽调医务人员,加强油田医院的技术力量。同年8月,石油工业部又从玉门、青海油田抽调医务骨干充实医院力量。1963年8月12日,油田会战指挥部卫生处与医院合并,由医院统一领导大庆的22个卫生所、42个保健站和1个卫生学校。1980年6月6日,改名为大庆市第一医院,即油田总医院。

全国石油系统最大的技工学校

大庆石油管理局技工学校是全国石油系统最大的技工学校。该校创办于1981年,是培养和训练中级石油工人的职业技术学校。校址在萨尔图区王家围子。占地面积30万平方米,建筑面积12.1万平方米。有教学楼3栋,宿舍楼5栋,实验楼和图书馆楼各1栋,以及其他生产文化设施。是一所设有钻井、采油、测井、机修、化工、烹饪等12个工种（专业）的大型石油技工学校。1995年有教职工1156人，其中文化技术理论教师276人，生产实习指导教师129人，有高级职称的21人。当年招收新生1039人，在校生3159人。该校以"三个面向"为指导思想，以培养思想上、作风上、技术上过得硬，为石油而献身的"四有"石油工人为中心任务，以创建一流技工学校为目标，不断改进教学和学生管理，充分发挥教育群体对学生思想教育的作用，初步形成"文明、勤奋、严谨、活泼"的良好校风。理论教学狠抓教学内容和教学方法的改革。在实习教学上强调以生产实习教学为主，在生产实习教师指导下，运用文化技术理论知识，有目的、有组织、有计划地学习生产知识、技能、技巧的实际操作过程。为加强学生实际操作技能的训练，学校盖起2100平方米的金工厂，完善打钳练兵厂、采油流程和油田动态分析室，建立了采油仪表、井下工具等17个专业室和800平方米的实习饭店，成立两个钻井生产实习队。基本实现钻井、机修、烹饪等工种（专业）实习不出校，不仅促进培训质量的提高，还为国家创造财富，办学条件和教学设施不断改善。学校还建立农场，组建农工商分公司，广开经营门路，教职工生活不断得以改善，连年被评为大庆的先进单位。1987年被评为省技工学校实习教学标兵。1988年在全国石油系统创建一流技工学校活动联合检查中，被评为先进技工学校，现在居全国重点技工学校榜首。

全国石油系统唯一的农业学校

大庆农业学校是全国石油天然气系统唯一的农科中等专业学校，校址在让胡路区乘风庄。校园占地5万平方米，建筑面积1.5万平方米。设置农学、果树、园艺、园林绿化、农副产品加工、多种经营管理、餐旅管理等专业。有化学、物理、植物、植保、微机、土肥6个实验室。图书馆藏书6万余册。1994年，有教职工178人，专业教师69人，其中高级讲师4人。在校生430人，毕业生134人，招收新生121人。学校创建于1978年10月，原校址在油田外的红色草原牧场。1980年8月迁到现址。建校初期，条件艰苦，环境很差。师生员工发扬大庆石油会战精神，积极参加建校治校。为了主动适应油田经济和社会发展的需要，在改革中求生存、求发展，首先，在调整专业结构和学制上下功夫。从1981年开始停招牧医、水利、农机3个专业，保留园艺、农学2个专业，学制为2年；1983年暑期开始，增设果树、蔬菜2个专业和不包分配班，招收应届初中毕业生，学制为2年；1985年开始，将新招收的园艺、农学专业改为4年制，园艺专业不包分配，学制为3年。其次，他们在狠抓教学质量上下功夫。在抓好基础理论教学的同时，把实践教学作为主要教学环节来抓，下力抓好专业基本技能训练，注意实验及实习基地的建设和选择，加强实验课和实习指导，先后建起1000平方米温室、2400平方米塑料大棚和40亩地的实验、科研基地，1986年还在喇嘛甸农村建立校外联系点，开展育种、育苗、草莓种植、南菜北引和校外扶贫工作，从而把教学、科研、生产和社会实践有机结合起来，提高教学质量。他们注意挖掘教学潜力，广开办学门路。先后举办3期军队转业干部培训班、园林专业职业高中班、农业干部培训班、农业工人岗前培训班。自1987年以来，学校突出企业办学特点，努力为油田农业和替代产业发展服务，在深化教改上下功夫。根据社会对毕业生的需求，停招农学、园林绿化专业，逐步增设农副产品加工、农业经济贸易、食物菌等专业。按这个方向发展，学校开始新的生机。1995年，根据形势发展的需要，学校更名为大庆经济学校。建校以来，学校为大庆和社会输送农业中专毕业生1400多人。

大庆最早创建的中等专业学校

石油学校是大庆创建最早的一所多科性的中等专业学校，校址在萨尔图区团结二村。校园占地33万平方米，建筑面积11.2万平方米，专业有钻井、采油、地质、工企电气化、矿机、电力及电力网、热能动力、会计、统计、物资管理、文秘、劳动工资、计算机等13个。图书馆藏书18万余册，报刊杂志600余种，与全国426家中、高等院校和杂志社有资料交换关系，图书馆连续多年被评为市和省的先进图书馆。1995年，全校有教职工726人，专任教师35人。设18个专业，学生班级44个，普通中专生1592人。前身是1953年5月由原松江省（黑龙江省旧称）人事厅筹建的松江省财经干部学校，校址在双城县。1955年划归石油工业部，改名为"石油工业部双城工业计划经济学校"。1958年归属黑龙江省，改名为"哈尔滨石油学校"。1962年又重新划归石油工业部，于1964年由哈尔滨迁至安达县，改名"大庆石油学校"。1965年工科类专业迁入油田与松辽石油勘探局技工学校合并，定名为"大庆石油钻采学校"，学制4年。1975年改名为"大庆油田'七·二一'工人大学"。1978年恢复中专办学，1979年正式定名为"大庆石油学校"。建校以来，几经变革，现已发展成为一所规模较大的现代化石油中专、省和国家重点中专学校。

学校从培养中级应用型人才的目标出发，注重提高学生动手能力，改善实验实习条件。已有普通地质、油层物理、采油工程、水利学、水利、泥浆、渗流力学、拉压、矿机、金相、热处理、动平衡、电测应力、电工、电子、各种微、数字电路等27个实验室；地质、采油工程、钻井工程、内燃机5个陈列室；会计、钻井、采油3个模拟室。为提高仪器设备利用率，在课余时间定期开放实验室，学生实验率达100%。坚持"三个面向"积极慎重地进行教学改革。明确提出"从严治校，深化改革，拓宽专业，打好基础，加强实践，培养能力，办出特色"的办学指导思想，狠抓教师素质的培养和提高，重视学科带头人的培养。强调备好、讲好每一堂课，保证课堂教学质量。突出中专特点，制订《学生技能培养目标》，将其纳入教学计划和授课计划。从中专生必须具备的专业技术、组织管理、计算机使用、外语和语言文字5个方面的能力出发，进行教学内容和教学方法的改革。提倡和支持教师开展科研，加强教材建设。机电科帮助生产单位完成了部、局级的"地下动态分析""抽油机节能装置"项目；计算机科的教师与生产单位协作完成电泵厂的"动态管理系统"等科研项目。已编写出版教材《石油工业企业经济活动分析》《工业企业财务》《采油地质》《水力学》等教材20余部。

大庆最早实施九年义务教育的时间

大庆市城镇最早实施九年制义务教育的时间是1990年。当年10月27日，大庆市第四届人民代表大会常务委员会召开第18次会议，听取和审议市政府关于贯彻执行《中华人民共和国义务教育法》实施九年制义务教育的报告和关于提请人大常委会依法宣布全市城镇正式实施九年制义务教育的报告。会议认为，全市贯彻执行《中华人民共和国义务教育法》做了大量工作。现在城镇正式实施九年制义务教育的条件已经具备，决定依法向全市宣布，从1990年11月1日起，在大庆市城镇正式实施九年制义务教育。

实施油田历史上规模最大的饮用水深度处理工程

1999年，供水系统在水处理技术与供水规模上取得历史性突破。（1）根据新的净水反应理论，采用微涡旋混凝网络反应和小间距斜板专利技术、自动控制等技术，使生活用水的生产效率与水质得以同步提高；进一步完善水源深井遥控系统和自动化反冲洗系统，结合推广DSM用电管理新技术，应用现代化水源运行和管网压力监测调度系统，优化生产运行，保证了用户的水质水压，降低了能耗。（2）饮用水深度处理工程，历时两年半竣工并投入运行（1997年7月启动，1999年12月竣工）。该项目投资5亿多元，引进国外先进设备，按照欧美发达国家饮用水处理工艺及水质标准，先后建成乐园、怡园、科技园、长青、乘新、龙三、龙七、龙八、乘二、采六、采一、采二12座饮用水深度处理站。经对照国家一类水质88项标准检测，新投产的乐园、怡园、科技园、长青、乘新水站的水质全部达标，有的还优于美国和欧共体饮用水质标准。饮用水深度处理工程竣工投产后，形成日供水能力1080立方米，使30万居民喝上优质饮用水。1999年，大庆油田供水系统日供水能力达到133万立方米，居全国同行业第7位。

大庆油田遭遇的两次大洪灾

1988年，大庆油田遭受20年一遇的洪水侵袭。同年7月1—25日，大庆地区累计降雨258.4毫米，是会战以来油田月降雨量之最，致使安达市境内的王花泡副坝两处决口，失控的洪水大量涌入大庆，大庆滞洪区、水库、泡泊水位持续上升。8月，大庆水库水位达到149.45米，黑鱼泡滞洪区水位达到149.84米，中内泡水位达到141.52米，库里泡水位达到130.95米，北二十里泡水位达到143.36米，红旗泡水位达到147.40米，另外的104处洼地平均水位达到144.69米。洪涝灾害导致全油田300多口井被迫停产，影响原油产量15.6万吨。大庆油田先后出动20万名职工投入抗洪救灾，动用各种车辆6600多台次，完成筑坝土方57.9万立方米，打泄洪苇道80多万平方米；油田所有排涝泵站开足马力，全力排水，仅陈家大院泡、东干渠、杏二、让胡路泡、王连科泡5个泵站就开动17台水泵，日排水量逾67万立方米，外加排水干渠导流，日排水近100万立方米，使得油田安全排涝度汛。其间，胜利油田曾派抢险救灾小组，前来协助排涝救灾工作。

1998年8月，大庆油田遭受百年一遇的特大洪水侵袭。大雨持续半个多月，全油田平均降水164.5毫米，油区45个水泡、4条排涝干渠水位全部超过警戒线，淹井1504口，关井569口，造成原油减产25万吨，直接经济损失15.8亿元。党中央、国务院十分关心大庆抗洪抢险工作，国务院副总理、国家防汛抗旱总指挥部总指挥温家宝，中共中央政治局常委、中央书记处书记、国家副主席胡锦涛先后来到大庆察看灾情，慰问抗洪军民和受灾群众。胡锦涛在视察时强调，大庆油田是我国最大的石油工业基地，在我国经济发展中有着十分重要的地位和作用。他希望大庆全体干部群众克服困难，努力完成全年计划指标，为国家的改革开放和现代化建设做出更大的贡献。面对党和国家的嘱托，面对前所未有的严峻挑战，大庆油田作出郑重承诺：保持原油稳产5000万吨到2001年不变；完成5570万吨原油生产任务不变；实现利润87亿元不变。全油田先后出动32万多人次，投入编制袋425万条、石料2万多立方米，动用推土机、挖沟机、翻斗车等机械设备1.5万台，在3万多名人民解放军、武警官兵和预备役部队支援下，奋力抗灾自救，取得抗洪抢险斗争的胜利，成功地兑现向党中央、国务院和全国人民作出的承诺。

实施引嫩工程根治水源短缺

1976年8月，大庆油田实施北部引嫩工程。1977年11月，建成投产北部引嫩工程及大庆水库及水处理厂5万米^3/日供水规模一期工程。1984年，二期工程建成，水处理能力增至17万米^3/日，总供水能力扩至27万米^3/日。北引工程以大庆油田北部的嫩江为源头，开挖引渠245千米，采用无坝引水的方式，将嫩江水以30—50米^3/秒流速引至蓄水能力达1亿立方米的大庆水库和红旗泡水库，从此终结大庆地区生产、生活用水主要依赖地下水资源的历史。

1994年，根据油田三次采油用水（年注聚合物5万吨计，需低矿化度水5000万立方米）以及不断增长的油田工业与居民生活用水需要，从根本上解决大庆地区地表水资源短缺的局面，集团公司和黑龙江省政府决定，实施黑龙江省中部引嫩扩建工程，计划引水于嫩江上游，以37米^3/秒的流速，经过黑龙江中部引嫩总渠道和新开挖的97.6千米引渠，途经齐齐哈尔扎龙自然保护区和杜尔伯特县，蓄水于库容达4.68亿立方米的龙虎泡，并配套建设龙虎泡取水泵房、中引水厂和输水管道。1997年7月，中部引嫩扩建二期工程建成投产，日处理能力增至50万立方米。到1998年，所有配套的供水干线建成并与油田供水管网连通后，开始向第一、二、三、六采油厂聚驱地区以及宏伟化工园区输水。

最早的接待服务机构

1964年初，毛泽东主席发出"工业学大庆"的号召以后，来大庆学习、参观的人数逐年增多，在大庆召开的各种会议也逐年增加。为适应接待工作需要，大庆在火车站以东10千米处组建最早的接待服务机构——东风接待站。建成初期接待站设备简陋，大多为干打垒住房，另有一部分帐篷。客人睡木板房，吃定餐，洗公用大浴池。后来，干打垒房屋日久老化，陆续改建为砖木结构平房，并新建一批楼房。平房有四号院、六号院、七号院、八号院、九号院；楼房有4栋，除总调度室楼外，另有主楼、东楼、西楼3栋客房楼，形成楼房四合院，平房和楼房共有529个房间1500多张床位，室内设施较为齐全，有大小30个会议室，6个食堂，还有商店、小卖部、卫生所等服务设施。1988年改名为"东风宾馆"。

全国第一套航机陆用型发电机组

国家引进的第一套航机陆用型发电机组，1987年末在天然气公司萨中油气处理厂试投成功，并网发电。这套装置是从英国引进的成套设备和技术，两台燃气轮机发电机组以天然气为原料进行发电。年工作约8070小时，可发电2亿千瓦时。它不仅可以满足萨中油气处理厂的全部用电，而且还有相当一部分电力向外输送，有利于缓解油田部分地区电力不足的局面。这套发电机组在工作过程中所产生的尾气，直接进入余热锅炉，俗称热电联合，从而解决生产过程中的工业供热、民用采暖等问题。与1996年国内采用的地面重型热电联供装置相比，有便于安装、启动快、自动化程度高等优点。装置的总热效益可达83%左右，4年即可收回全部投资。

大庆第一个修旧队和"修旧大院"

松辽会战初期，大庆人坚持勤俭建国、勤俭办企业的原则，注意搞好废旧器材的修复工作。随着油田生产规模的日益扩大，器材和设备的消耗量逐年增加，每年都有很多的废旧器材要报废处理。为了挖掘企业内部潜力，做到物尽其用，1963年，供应指挥部成立大庆第一个修旧队，利用废旧材料修建简易厂棚，修复台钳、焊机等工具，承揽修复那些生产急需而供应又短缺的物料，满足生产建设的需要。1970年以后，各生产单位普遍建立修旧利废车间、修旧小组等，大搞清仓查库、修旧利废，力求做到小材大用、短材长用、优材精用、缺材代用、一物多用、"吃干榨尽"。例如，汽车修理厂的"修旧大院"就是从一个修复组逐步发展起来的，自制各种土设备20多台，建立以焊、补、喷、镀、铆、镶、配、改、校、粘为主体的修复作业线，担负起各种汽车配件修复工作，仅1970—1976年，就修复汽车配件94种、23万多件，节约价值520多万元，其中汽缸体、水箱、工字梁、方向盘、瓦片等二十几种配件，实现10年不领新料，满足了生产需要。

大庆最早的电站与自备电厂

1960年6月到1972年，国家水利电力部先后派出36、34、31、32号四部列车电站为大庆油田发电。34号列车电站于1960年6月25日正式供电，是大庆油田的第一台列车电站。它在油田上工作的时间最长，最初是汽轮机发电，以煤为燃料，1961年改为燃料油。

喇嘛甸发电厂是大庆油田第一座自备发电厂，1960年建设。1961年1月15日第一台机组开始发电，装机容量1500千瓦。电厂以原油为燃料。1979年其他发电厂基本满足油田用电后，该厂于1982年停产。

油田最大的自备电厂

大庆热电厂是油田最大的自备电厂，筹建于1989年1月，一期工程共3台20万千瓦燃煤供热机组。自开工以来，经过电厂工程建设指挥部和各施工单位广大工程建设者夜以继日的紧张施工，一号机组于1991年11月投产发电；二号机组于1992年11月投产发电；三号机组于1993年9月23日投产发电。几年来，全厂开展爱国、敬业教育和安全、文明生产双达标活动，争创"无泄漏"电厂，保证3台20万千瓦机组长周期安全运行，取得以发电生产为中心的各项工作的全面胜利。截至1995年末，3台机组累计发电30.77亿千瓦时，完成大庆石油管理局下达的年发电计划的102.57%，比上年增长7.9%，实现供电销售收入5.5亿元，创出建厂以来的最好水平。

石油系统唯一的潜油电泵技术服务中心

大庆油田力神泵业公司是中国石油天然气集团公司唯一的潜油电泵技术服务中心和中国石油系统潜油电泵集团。同时，大庆油田也是全国最早应用电泵技术的油田。这个公司可生产多种规格潜油电泵和螺杆泵产品。潜油电泵有86系列、101系列、130系列、172系列，分别适用于4 1/2英寸、5 1/2英寸、7英寸、9 5/8英寸及以上套管。排量从10米^3/日到4700米^3/日，耐温90—180摄氏度，扬程为3500米，可满足陆地和海上各种条件下采油的需要，已形成年生产电泵机组2000套、螺杆泵1000台的生产能力。

1996年通过ISO9001质量体系认证，2003年通过HSE管理体系、OSH职业安全健康管理体系和EMS环境管理体系认证。电泵机组获"省优""部优"产品称号，除了全面保证大庆油田这一中国最大的电泵市场以外，还销往国内吉林、渤海、塔里木等11个油田，并打入苏丹、印度尼西亚等7个国家和地区。公司曾荣获黑龙江省"文明单位标兵"、中国石油天然气集团公司质量管理奖和"最佳服务中心"、中国质量管理协会颁发的全国88家"用户满意"单位之一等称号。

全国最大的射孔器材专业厂

大庆石油管理局射孔弹厂是目前全国最大的射孔器材专业定点生产厂。这个厂集射孔器材研制、生产、销售和服务于一体，主导产品有射孔弹、射孔枪和导爆索，能够实现射孔器材的全配套服务。具有年生产射孔弹200万发、导爆索80万米、射孔枪5万米及相关配套器材能力，具有国内唯一从事射孔器材研究的射孔器材研究所，该厂先后通过了ISO9002质量体系认证和OHSE体系认证，产品已销往国内外二十几个油气田。

1991年，该厂生产的YD89型射孔弹，射穿混凝土靶平均深度达440毫米，创全国之最。YD89型射孔弹被中国质量协会评为全国百家用户满意产品，深穿透系列射孔器技术研究成果被石油天然气总公司评为十大科技成果。"九五"期间，该厂针对不同的储层条件、不同的射孔完井工艺，开展射孔器材产品系列配套研究，先后开发大孔径系列射孔器、高孔密系列射孔器、耐高温高压系列射孔器等系列产品，射孔器材的主要性能达到国际先进水平。1999年，射孔弹厂研制成功振动式压机，提高大弹药型罩生产能力；研发出10孔/米、12孔/米、13孔/米等6种型号的射孔枪，分别配10种不同类型的弹架，满足用户对枪架的特定需要。2000年，该厂研发的"1米弹"平均穿深1053毫米。同时，研发出新型无枪身射孔器、102型深穿透射孔器以及特种弹和油气井无枪身导爆索。

2001年以后，该厂成功研发1MD系列超深穿透射孔器，成为国内首家射孔器材API混凝土靶穿深超过1米的企业。2003年，1MD3型射孔器在大庆油田1688口井推广应用，与常规射孔器射孔相比，单井平均有效采液强度提高30%以上。2005年成功研发的140型射孔器API混凝土靶平均穿深1385毫米，达到国际先进水平。射孔弹厂形成以SDP89型、SDP102、SDP127、1MD型、复合增效射孔器等为主的拳头产品；复合增效射孔器完成5种系列产品的研制；深穿透射孔器、大孔径射孔器、无枪身射孔器、高孔密射孔器以及特种射孔器形成系列化、配套化。2006年，"1300毫米特深穿透射孔器研制"项目获石油天然气集团公司科技进步二等奖。

近年来，射孔弹厂开展"三高"（高聚能、高穿深、高孔密）射孔器攻关，所研发的耐温163℃/2h、191℃/2h、230℃/2h的系列产品，适用深层天然气开发时的高温环境。该厂产127型高孔密大孔径射孔器，在孔密为 40 孔 / 米的装枪条件下，在套管孔径 20 毫米内，穿深可达 200 毫米以上，适用于稠油层开发。该厂还通过研发适用聚合物驱和三元复合驱射孔需求的大孔径射孔器以及用于提高三低储层采收率的超深穿透射孔器技术，为油田提供全方位射孔技术服务。同时，该厂生产的"庆矛"射孔器材业已打造成蜚声油田内外的名牌产品。

油田最早建成的职工医院

1960 年 10 月 13 日，石油工业部松辽石油勘探局第三探区卫生所改名为职工医院。当时全院职工 70 余人，医院设备简陋，技术力量薄弱，只能应付抢救、治疗一般性疾病。1961 年 7 月 23 日，中共中央签发关于"建立松辽油田职工医院问题的通知"，并决定从辽宁、黑龙江两省抽调医务人员，加强油田医院的技术力量。同年 8 月，石油工业部又从玉门、青海油田抽调医务骨干充实医院力量。1963 年 8 月 12 日，油田会战指挥部卫生处与医院合并，由医院统一领导大庆的 22 个卫生所、42 个保健站和 1 个卫生学校。1980 年 6 月 6 日，改名为大庆市第一医院，即油田总医院。

全国最大的企业公安消防队

消防支队是 1960 年伴随着大庆油田的开发建设而组建的。当时有消防队员 146 人，执勤消防车 4 辆。建设面积为几间干打垒和一些旧帐篷，固定资产 52 万元。先后经历公安、现役、企业公安、企业专职等多种体制演变历程。2006 年 3 月，中油集团公司为深化改革，理顺消防管理体制，发挥消防资源效能，提高消防队伍整体战斗力，对区域消防业务进行整合，将大庆炼化公司林源消防队和东北销售大庆分公司消防队划归到消防支队后，整体划归大庆油田有限责任公司管理。该支队主要担负着大庆油田公司、大庆石油管理局、炼化公司、东北销售大庆分公司等企业内部的消防安全管理、火灾扑救及社会抢险救援任务。截至 2007 年底，在册员工 2272 人。支队机关设 15 个科室，下辖 4 个消防大队（含 1 个防毒抢险特勤大队）、22 个消防中队、8 个大队级后勤辅助单位。拥有各种消防战备车辆 125 台，固定资产原值 3.18 亿元，净值 1.82 亿元。

矿区建设从贯彻"十六字"方针到建设美丽的油田

会战初期，油田贯彻实施边勘探、边开发、边建设的方针及先生产，后生活的建设原则。1960 年，4 万多会战职工一时间齐聚茫茫萨尔图草原，只能在帐篷、简易板房或临时挖掘的地窖中安身。能否顺利度过即将来临的第一个寒冬，直接关系到会战队伍能否站住脚，会战能否继续打下去，成为会战领导和职工非常关心的问题。

由于建设资金、建筑材料紧缺，又无民用建筑施工队伍，要在入冬前解决数万职工住房问题，必须找到能自力更生见效快的建房途径。通过对就近地区调查，决定建投资少、工序简单且可就地取材的"干打垒"。随后，战区掀起职工自己动手，建造"干打垒"的热潮。

建"干打垒"可就地取土，分层夯打成墙体，木檩条、草泥作屋顶，碱土抹面作防水层。后经设计人员改进，泥土掺白灰夯打成墙体，增加强度；纵横墙体间增加柳条或草，提高拉结力；泥土拌原油作屋顶防水层，增大防水效果。改进后的"科学干打垒"，在全油田推广。1960 年当年建成 30 万平方米干打垒，保证会战职工安全过冬和石油会战的正常进行。1960年，随着勘探形势发展，大庆长垣含油构造带轮廓渐见清晰。喇萨杏油田开发逐步进入日程。随着油田开发建设的加快，矿区建设也随即展开。针对油田大，油田设施点多、面广、线长特点，以及当时急需发展农副业改善职工生活的要求，开始采取分散与集中相结合的矿区建设模式，在布置油田设施的同时，布置居民点并结合居民点就近安排农副业生产基地。到1961年底，建成群英村、铁人村、标杆村、胜利村、红卫星、创业庄等15个干打垒居民点。同时，用干打垒建成石油会战指挥中心——二号院。

1962年6月21日，周恩来总理首次视察大庆，肯定了会战工委关于矿区建设的思路，并总结提出"工农结合，城乡结合，有利生产，方便生活"十六字矿区建设方针。按照这一方针，经统一规划，开始建设工人镇—中心村—居民点三级矿区建设体系。到1964年，初步建成萨尔图、让胡路、龙凤三个镇，18个中心村及70多个居民点。油田二级单位及大型生产设施附近建有中心村。中心村均配套建设托幼、学校、卫生所、商店、粮店等辅助设施。到1970年，除了萨尔图、让胡路、龙凤3个镇外，中心村达到43个，居民点达到168个。由于干打垒建筑墙体易脱落，屋顶漏雨，维修频繁，墙体又无基础，遇雨水极易倒塌。1964年后，逐步被砖木结构或砖柱土坯平房代替。

1978年9月14日，邓小平视察大庆油田，作出"要把大庆油田建设成为美丽的油田"的指示。为改善职工生活居住条件及油田面貌，从1979年开始，大规模建设多层砖混结构住宅楼及配套设施。1979年，当年开工，当年竣工，当年投入使用40万平方米住宅楼，7000多户老会战职工告别饱经风雨的干打垒，住进配套完善的楼房。此后，按适当集中原则，大规模建设楼房居住区。1998年当年，楼房建筑面积达95万平方米，住在1599栋砖木结构平房的23394户职工家属全部搬进新楼房。油田原有平房全部灭籍。

1984年，报经省政府批准《大庆市城镇建设总体规划》，确立"避开油田，建设两厢"，既确保油田高产稳产，又发展城市建设的大庆市建设方针。随后将位于油田内的非采油、采气单位逐步迁出油田。1993年，大庆市政府迁至东风新村；1995年，大庆石油管理局机关迁至龙南，逐步改变矿区建设的分散布局，重点建设东、西城区。油田机构所在地的西城区，重点发展龙南及乘风庄地区。由过去只注重生活设施配套，发展为以建设现代化宜居城市，增强城市综合化服务功能为目标，全面提高城市建设的文化、环境、商贸服务及生活水平。建起文化艺术中心、体育活动中心、油田书店、大庆师范学院、石油科技博物馆、龙南医院、商贸中心、景园公园、油田乐园等设施，并建起铁人广场、创业广场、石油广场、乘风广场、登峰广场等职工休闲娱乐场所。矿区建起四通八达的公交系统及全数字化的自动电话网，闭路电视及互联网进入油区千家万户。矿区建设面貌发生历史性变化。

多种经营

1960年，适逢国民经济困难时期，参加石油会战的几万名职工，生活面临严峻考验。

为了克服困难，把会战打下去，会战职工自力更生、艰苦奋斗，利用业余时间开荒种地，搞养殖业，缓解粮油副食紧张局面，由此拉开油田农副业发展的序幕；职工劳动强度大，劳保用品十分紧缺，油田供应指挥部组建缝补组（后发展成缝补厂），为前线职工洗涤、缝补工服，并回收废弃的旧工服，拆洗加工后二次利用，制作工服、手套、工鞋等；为了物尽其用、节省开资，各单位开展修旧利废活动，全油田逐步形成修复阀门、灯泡、仪表、帐篷、汽车与拖拉机配件、井下作业手动工具和电子原器材的作业厂点，构成油田综合经济的雏形。

1961年，大庆油田在北安建立生活基地——北安农场。随后，以"五把铁锹闹革命"为标志，在油区内部陆续开辟许多农、副业生产基地。农副业的发展，为职工家属提供广泛的就业机会，满足职工基本生活需要。

20世纪七八十年代，油田农副业、服务业和综合经济企业依托主体单位迅速发展起来。各类综合经济实体安排大批职工家属、子女就业，规模得以壮大，服务领域得以拓展。农副业从满足职工基本生活需要发展到提高职工生活质量的层面上；服务业和其他综合经济实体，从单纯的福利型逐步向规范化、产业化的方向转变。1979年4月，农工商联合公司成立。1982年，油田将农副业与主体行业分离，在经济上划清渠道，管理上自成体系，实行独立核算、自主经营、自负盈亏。全系统67个分公司从业人员4.8万人，其中家属占64%。到1987年，农工商系统粮豆产量达到3331.25万千克，蔬菜产量达到7200万千克，产肉533.65万千克，产蛋382.55万千克；实现工业总产值10454万元，三产和收旧营业额5931.36万元。

1987年5月，多种经营办公室成立，负责依托油田人才、技术、地缘优势，开辟新的生产领域，兴办综合经济骨干企业，探寻以油为主、综合发展的新路子。

1989年，对多种经营经济实体实施整顿、改组，以主打产品为龙头，进行跨单位、跨地区的行业改组改造，解决项目重复、管理粗放、生产效率与产品质量低下的问题；规范系统管理，对违反产业政策以及高耗能、产品滞销且重复建设的企业和挂靠的"三无"企业实施整顿、撤并、取缔。

1990年以后，多种经营系统实施经营机制改革，下放经营自主权，广泛推行承包经营责任制、租赁经营制，并着手实施股份制改造。

1999年，大庆油田重组改制，原依附于油田公司所属单位的多种经营企业一律划归石油管理局。

2000年，石油管理局取消对农工商系统的补贴政策，减少经费与投资，并组织实施带资分流、整体改制试点。

2001—2004年，石油管理局先后成立创业集团、发展集团、昆仑集团，多种经营系统实行集团化管理、专业化运营模式。2008年初，大庆油田上市与非上市部分重组整合，多种经营系统仍保持三足鼎立的局面，继续实行集团化管理、专业化运营模式。

2018年7月，根据庆油编发〔2018〕5号文件，昆仑集团和发展集团重组整合，成立大庆油田昆仑集团有限公司。2021年3月，昆仑集团和创业集团重组整合为昆仑集团，昆仑集团发展进入新的历史阶段。

（一）农副业

1960年，会战大军在生活上遇到的最大困难，就是粮油副食极度匮乏。外加运输车辆少，交通不便，会战主战场萨尔图与供应点安达县相距较远，有限的粮油副食供应也时常不能及时到位。同年10月，黑龙江省粮食告急，会战职工粮食定量减少，最低时人均日供应0.25千克粮食。加上大批没户口的家属拥入油田，加剧食物紧张局面。繁重的体力劳动和日渐稀少的食品供应，导致会战职工体质普遍下降。到1961年1月，有6000多名职工患上浮肿病，个别人经不住考验而离开油田。黑龙江省在十分困难的情况下，每月为大庆计划外加拨粮食75000千克，为会战职工人均月增供1.5千克黄豆，用以解决会战职工因营养不良导致的浮肿问题，但仍无法弥补巨大的粮食缺口。

1961年1月，会战领导小组下达《关于安排好当前职工生活的紧急通知》，要求干部进食堂，书记下伙房，加强伙食管理，保证每个职工一日三餐，两稀一干，时称"五两保三餐"。还组织打鱼队、打猎队、打草籽队，下松花江和嫩江捕鱼，上兴安岭打野兔、黄羊，到农民收获后的地里拾荒（冻土豆、萝卜等）、打草籽，想方设法渡过难关。与此同时，会战领导小组决定：(1) 企业建立农副业生产基地，组织相应的专业队伍，集中领导，统一规划，分级经营，独立核算，统一分配，等价交换；(2) 机关科室、厂矿、井队的班组，根据条件就近开荒种地，集体经营，收获实行人均分配；(3) 居民区房前屋后开垦的耕地，谁种谁收，不准平调。优惠的政策，调动集体和个人开荒种地的积极性。1961年入春伊始，各单位组建垦荒队，在没有耕畜、犁耙等生产工具的情况下，靠人工拉犁开荒。在建立东油库生活基地时，石油工业部部长余秋里挥舞着单臂，和职工一起拉犁杖，用实际行动鼓舞会战职工自力更生、战胜困难，在全战区传为佳话。各单位在组织开荒种地的同时，着手兴办养殖业。1961年，战区职工自产粮食149万千克、蔬菜700多万千克，生猪存栏4465头，养羊1760只、牛448头、马211匹、家禽2863只，初步摆脱生活困境。

1961年3月，经国家计委、石油工业部和黑龙江省委批准，着手在距油田400千米的北安县境内建立生活基地——北安农场。1962年3月，会战工委配齐农场领导班子，并陆续从油田抽调农业技术干部、转业战士和懂农业的工人，充实农场建设队伍。

1962年4月，钻井指挥部职工家属薛桂芳响应会战工委关于开荒种地、生产自救的号召，带领王秀敏、杨学春、丛桂荣、吕以莲等4人扛着铁锹，带上行李和小孩，到离住地15千米以外的草原上垦荒，晚上住在冰冷的帐篷里，靠自己的双手三天开垦5亩地。随后又有23名家属陆续加入垦荒队伍，靠人拉犁翻地，共开垦23亩地，秋后收获900多千克黄豆。会战工委及时总结推广这个家属垦荒队的典型经验，号召职工家属"组织起来，走生产自给的道路"。在"五把铁锹闹革命"的精神鼓舞下，1962年，全油田有3800多名家属组成182个生产队，种地4000多亩，产粮食33万千克，产菜37.5万千克。

1963年，职工家属增至14000多人，其中有劳动能力的占92.5%。为了组织职工家属搞好农副业生产，各单位成立家属管理站，组建398个生产队，开垦1.8万多亩土地，当年收获粮菜100多万千克，饲养牲畜数千头，职工每月得到补助的自产粮、油、菜、肉、蛋、豆腐等14.5千克。随着油田开发建设的发展,家属管理站组建起拖拉机站和机耕队,农业生产实现机械化和半机械化,职工家属逐步成为油田农副业生产的主力军。

1964年以后,凡居民点、中心村所在地,都有配套的农副业生产基地。到1976年,全油田共有4万多名职工家属参加农副业生产,累计垦荒种地32万亩,产粮3000多万千克,产菜7500万千克;畜禽养殖业发展迅速,生猪存栏11万头,养牛、马、羊4.5万只(匹、头),养鱼400多万尾。

1978年,北安农场耕地达10万多亩,粮食产量达1400万千克。农业的发展,从根本上缓解油田城市化带来的就业压力和农副产品供应紧张局面,也减轻国家的经济负担。截至年底,农副业领域安置1万多名待业的职工子女(知青)、4万多名职工家属,解决7万多名非城市户口家属及其子女的口粮。

1979年4月,大庆农工商联合公司成立,与农林办公室合署办公。1980年6月,大庆农工商联合公司改称大庆市农工商联合公司。1981年1月,农工商联合公司与农林办公室分开,主管石油企业农副业生产。1981年12月,油田农副业开始与主体工业分离,自成系统,独立核算,自主经营,自负盈亏。1982年2月,大庆市农工商联合公司改称大庆石油管理局农工商联合公司。同年,全油田农业耕地总计达24万多亩(北安农场10.6万亩),其中大田22万亩,菜地1.5万亩,水利设施齐全的有效灌溉面积达5.1万亩;有农机设备2796台(套),农机总动力7万千瓦,综合机械化程度达94%。这个时期,农副业系统完善以联产承包为主体的生产责任制,一改延续20多年的农副产品自给、半自给供给制,实行统一管理、内部调剂分配的办法。同时,以粮食生产带动养殖业的发展,建成投产一座规模为3000万千克/年的饲料加工厂,养殖业规模空前壮大。

1984年,全系统产猪肉381.9万千克、牛羊肉29.95万千克,比1981年增长1倍;产禽蛋136.75万千克,比1981年增长4倍多;产鱼71.65万千克,比1981年增长2倍。

1989年以后,油田农副业系统实行土地大面积测土施肥、化学灭草实验,走大马力、大机械、高技术集约经营的路子,合理配置资源,粮食持续高产。到1991年,油田农副业系统共有耕地25万亩,其中农场10万多亩,古城子、马鞍山、创业庄、三角区、红一站、建新站等6个较大的粮食生产基地,耕地面积2万亩;有蔬菜温室大棚5700亩;全油田产粮6170万千克、蔬菜7090.3万千克。

这个时期,油田农副业系统实行以经济效益为中心的承包机制、优胜劣汰的竞争机制、自负盈亏的风险机制、多劳多得的分配机制、干部能上能下和工人能进能出的用人机制、内部审计监督的约束机制,进一步搞活经营方式。在此基础上,种植业和养殖业普遍实行家庭农场式的经营模式,共建立家庭农场436个,家庭菜园32个、家庭牧场85个、家庭渔场20个、家庭果园28个。1995年,在遭受特大旱灾的情况下,粮食产量达到5077万千克,其中北安农场产粮2250万千克。

2000年,油田农副业系统引进市场旺销的经济作物食葵、甘草、高蛋白硬粒型玉米等;开辟绿色蔬菜基地,种植芽菜、油桃等特种果菜,在马鞍山、大庆水库和老虎山果园等地建立苗圃,种植各种树苗、花草和草坪，农业生产由种植粮食作物为主，向粮食与经济作物并重方向转变。

2002—2003年，油田农副业系统开展退耕还林工作，在6个主干路两侧、51块耕地上，完成4000亩退耕还林任务，植树56.5万株；完成11697亩主城区退耕还林工程，栽种生态林、经济林、育苗林13种345万株。2005年以后，油田多种经营系统在退耕还林、耕地减少、队伍缩小的情况下，农副业以市场为导向，强化土地经营管理，调整种植结构，改进种植技术，开展农产品深加工，寻求提高农业生产效益的突破口。

2008年，全系统拥有土地24.6万亩，其中耕地面积为15.2万亩，其余为林地、草原和水面，实际种植耕地9万余亩，生产大豆4929吨，生产小麦1263吨；大棚和温室504栋，面积483.99亩，圈舍121320平方米；拥有标准化养鸡舍34栋，现代化孵化器56台、出雏器20台（可年产鸡雏1500万只），生鸡屠宰生产线1条（年可屠宰生鸡300万只），现存栏鸡10万只；PIC种猪场7栋，面积约20000平方米，年可出栏商品猪8000头；全年产种蛋860万枚，鸡雏208万只，商品猪2573头、酸菜207吨。

到2020年底，昆仑集团油田农场拥有前线土地10.98万亩，其中耕地10.68万亩；大庆市区土地8.21万亩，其中耕地5.94万亩。主体业务以农作物种植为主，以畜牧养殖业为辅，主要业务包括绿色有机大豆、小麦、玉米、杂粮和果蔬种植，以及农产品加工销售、修理、自驾游和矿泉水加工销售等。

（二）服务业

1960年4月，黑龙江省财贸系统在安达建立综合性二级批发站，并着手组建油区商业服务网点，选派1000多名职工到油田服务。

1961年7月，中共中央总书记邓小平来大庆视察工作时作出指示，一定要把油田职工生活工作抓好。1961年8月，会战领导小组在物资缺乏、战区生活服务网点尚未健全的情况下，为远离生活区的职工举办一次文化庙会。各单位抽出专人，为赶庙会的职工提供日用百货以及理发、修鞋、洗衣和邮政、储蓄服务，还组织游艺活动，让职工欣赏到自编自演的文艺节目。在筹建居民点过程中，统筹兼顾每个居民点的生产、生活和社会环境，按照城乡结合、工农结合、有利生产、方便生活的原则进行布局，做到工、农、商、学四位一体，照顾到方方面面。每个居民区相应地规划布局托儿所、小学校、卫生所、照相馆、邮电局（站）、银行（储蓄）网点等生活服务设施。职工入住居民区的同时，所属单位家属管理站或辅助生产单位（后来统由农工商系统负责）组织后勤人员、职工家属、待业青年，开办粮店、菜站、日用品店、副食加工作坊、理发馆、浴池、缝纫店、小型饮食店、修理部等，职工日常生活需要均可在居住区得到基本满足。

1982年，农工商公司统管油田生活服务网点建设，并始终坚持油田开发建设到哪里，生活服务就跟进到哪里。生活服务网点把方便职工生活放在首位，一般实行自给自足式微利经营。随着油田职工居住条件的改善，矿区公用设施的服务功能也日渐完善。油田农工商系统先后兴建84座冷库、29座粮库，新增几十辆冷藏车。1989年，从波兰引进先进技术和设备，建成一座容量为3500吨的现代化气调物资贮藏保鲜库，既可冷冻贮藏肉食品，又能做到水果、蔬菜保鲜。

1990年，油田职工生活服务标准化管理全面推行，实行职工食堂餐馆化、职工宿舍公寓化、生活服务社会化，职工公寓、宿舍均配有专职服务员，设有图书室、游艺室、电视机和更衣室。开展特设服务，职工居住稠密区增设服务网点，还提供快餐、套餐和电话订餐、送餐服务。1995年，全油田已有生活服务网点300多个，职工居住区生活服务无死角。

2008年，油田所属商服企业有大庆商厦、油田商贸中心、昆仑购物中心、昆仑家电、昆仑副食等5个各具特色的大中型现代化商场，总营业面积8万平方米，经营品种10万余种，年营业额8.2亿元；成基大厦、昆仑商务酒店两个四星级宾馆和一个二星级——昆仑宾馆，拥有高中低档客房523套，床位1027张；图书音像城一座（大庆油田书店），营业面积4600平方米。

到2020年底，油田昆仑集团所属成员企业商贸有限公司、北京太阳岛工贸有限公司、上海大庆石油实业发展有限公司、成都大庆石油大厦有限公司、威海分公司、环保分公司、综合服务分公司等，主要业务包括成品油销售和化工产品贸易、后勤物业综合服务、旅游疗养、差旅机票、宾馆酒店资产租赁管理和餐饮配送、绿化工程、土地复垦、含油污泥和废弃泥浆处理等综合服务业。

（三）加工制造业

20世纪60年代，大庆油田以勤俭节约、修旧利废、安置职工家属、方便职工生活、服务油田生产为宗旨，开办小型食品加工厂（店）、畜牧养殖场、农机修配厂、缝补厂以及从事生产工具、配件、物资修旧利废、翻新改造的综合经济厂点。这些综合经济厂点，绝大多数不具有主体法人资格，是自给自足的福利型挂靠单位。

20世纪70年代以后，油田所属各单位利用闲置的干打垒厂房、仓库、食堂等场所，开办名目繁多的综合经济厂点。这些综合经济厂点，其注册资金、技术、厂房、管理由主体单位负责，产品也由主体单位包销，是自给自足的福利型企业。一般由主体单位选派在职或返聘退休的、有一定管理能力的技术干部和技术工人担任企业负责人兼技术顾问，招收一定数量的职工家属、待业的职工子女组织生产经营。其办厂宗旨主要是安置职工家属与子女（知识青年）就业。

1978年以后，油田所属各单位利用国家优惠的产业政策，开办大量综合经济实体，安置待业的职工子女和富余劳动力。到20世纪80年代中期，各种综合经济厂点遍布油田各个角落，其经营模式出现两极分化：一部分仍只经营规模小、产品单一的"短平快"项目，靠母体企业"输血"或包销其产品生存，企业自给自足之外的盈余，一般用于为主体企业职工谋福利，很少用于扩大再生产；一部分逐步形成技术优势和产品优势，在竞争中占有较为稳定的市场，逐步脱离母体，踏上规模化、产业化的轨道。

1987年，成立多种经营办公室，对全油田综合经济实行宏观指导和协调管理；各二级单位也相应成立管理机构，综合经济开始走上规范管理的轨道。从此，大庆油田着手统筹规划综合经济发展战略，并将其列入油田经济发展的整体规划，启动实施"以油为主、多元开发、多种经营、全面发展"战略。

1989年，对综合经济实体实施"整顿、联合、改组、改造"，以主打产品为龙头，进行跨单位、跨地区的行业改组改造，在油田内部陆续组建钢窗生产联合体、抽油机生产联合体、测井仪器仪表联合体以及刺绣、服装、鞋帽、化学制剂联合体。本着优势互补、合作双赢的原则，与外省市和其他石油企业联办企业60个。同时，对各二级单位自发兴建的小化工、小炼油厂予以关停，对不符合产业政策和产品结构调整方向的企业实行并转。全油田撤并134个企业，其中工业企业110个。1990年，根据国务院和石油天然气总公司的要求，撤销不符合开办条件的厂点136个，撤并高耗能、产品滞销且重复建设的厂点310个。截至1990年底，全油田经过整顿、改组、撤并，留下的综合经济实体1042个，从业人员36711人（全民职工9732人、集体所有制职工9537人、知青就业6933人、家属及其他用工10509人），实现生产经营总值10.56亿元；"七五"期间，全油田综合经济总产值年均增幅达32%。

1991年以后，大庆油田综合经济逐步脱离"母体"，跨入自我积累、自主经营、自我发展的新阶段。（1）全面推行承包责任制。明确承包经营的原则，合理确定承包目标；公开招标，选聘承包法人；做好中标法人进厂衔接工作，清理原有债权债务，明确责任，随时审计和不定期审计，保证承包合同正常履行。大庆油田通过庆局发〔1992〕54号文件，把14项经营自主权下放给法人企业，给企业创造宽松的经营环境。（2）进行股份制改造。1993年，在采油七厂进行股份制试点。1994年下半年，大庆南垣实业集团股份有限公司完成股份制改造，共发行总值为2000万元的社会法人股；1995年，南垣公司形成石油化工、机械电子、纺织服装、轻工建材、建筑安装、商贸服务为一体的综合性企业集团，创产值2.06亿元、利税总额2450万元。（3）实施产权制度改革。1995年，在第二采油厂79个多种经营企业进行租赁经营和国有企业民营化试点，投资在30万元以下的51个企业实行租赁经营。租赁者按固定资产原值的20%一次交付风险抵押金和租金。利润按固定资产原值的10%—15%每半年上交一次，需要流动资金的按银行同期利率计息；上半年这项工作基本进行完毕，年底进行兑现和审计工作。投资在30万元以上的28个企业实行集体承包经营。

"八五"期间，多种经营系统遵循"发展规模经济、实施名牌产品战略、技工贸一体化"的发展思路，构建以油为主、多元开发、全面发展的经营格局，陆续上一批高技术含量、高附加值项目，形成以油气化工、建材建筑、机械电子、轻工、运输、农业及商饮服务业为支柱的多种经营产业格局。到1996年底，全系统有各类企业1210个，其中工业企业648个（含年生产经营总值超1000万元的企业有129个），生产48类1500余种产品；从业人员76075人，其中全民职工21354人，集体所有制职工15102人，家属劳务工16735人，其他用工22874人；实现生产经营总值53.2亿元、利润7900万元，上缴税金1.35亿元。

1997年，多种经营系统清理整顿局属综合经济企业，共落实在市、区工商局登记的局属企业4302个，将其中长期歇业、"三无"和挂靠的415个企业予以注销。随后，清理整顿工作继续展开，并有上千个企业被注销。

1998年以后，多种经营系统继续实施改组改制，以资本为纽带，本着优势互补、优化资源配置、不增加就业压力的原则，陆续组建一大批由石油管理局控股、各二级单位参股、企业职工入股的股份制企业。到1999年，完成水泥、电缆、化工、机电、油漆涂料等9个行业的重组改制，全系统拥有各类企业1016个，其中生产经营总值逾1000万元的企业162个，主导产品达千余种，社会产品销售率达25%；从业人员79123人，实现经营销售收入65.06亿元，在非完全成本核算的情况下，实现净利润5462万元。

2000年，大庆油田实行分开分立重组，多种经营系统包括管理局直属二级单位7家，从油田公司分离出来的实业公司22家，局属二级单位多种经营实业公司（科、办）35个，行业重组改制企业10个，局属驻外办事机构8个，在册从业人员67428人；实现经营销售收入75.02亿元，占全局总收入的35%，同比增长15.31%；实现利润2758万元，占全局总利润的45%。

2001年7月，创业集团有限公司成立，多种经营系统驶入集团化管理、专业化运作的轨道。当时，创业集团成员单位有实业公司22个、专业公司11个，从业人员包括家属劳务工、待业青年、再就业的有偿解除劳动合同人员等共23010人，生产经营范围包括建筑材料、普通机械、化工产品、轻工产品开发、生产和销售，以及油田技术服务、机械加工、种植与养殖业（农场）。

2002年4月，发展集团成立，其成员单位包括旅行社1个、宾馆10座、事业部3个，所属单位分布于全国10余个省市，主营旅游服务、石化贸易、房地产开发；从业员工1857人，资产总值14.29亿元。

2004年9月，多种经营系统的昆仑实业公司、农工商联合公司、创业集团所属专业公司经重组整合，成立昆仑集团，主营商饮服务、包装制品、新型建材和种植与养殖业，拥有11个成员单位，从业人员6879人，资产总值22.9亿元。至此，大庆油田多种经营系统形成创业集团、昆仑集团、发展集团三足鼎立的局面。

2005年以后，多种经营系统继续推进企业专业化整合重组和公司制改造，推行扁平化管理以及总分账户、收支两条线管理和全面预算管理，系统整体运营水平稳步提高。清理法人实体，注销一批不符合产业调整方向的法人。发挥集团化管理整体优势，推进新项目开发，新建投产陶粒支撑剂、胍尔胶、屏蔽暂堵剂、BOPA塑料薄膜项目和5000立方米储罐、HDPE双壁波纹项目，并取得良好的运营效益；奥林国际公寓一期工程、皇冠庆威花园、皇冠花园项目开发销售经济效益显著。

2007年，根据集团公司总体部署，向华油集团移交在南京、西安、北戴河、桂林、海南开办的5家宾馆，划转资产总值2.604亿元，移交职工134人；向中国石油华东销售分公司移交嘉兴油库管理权，向陕西销售公司移交西安华清路加油站、华清东路加气站管理权。同年，全系统年经营销售收入达到94.19亿元，创历史新高。

2008年，大庆油田多种经营的三驾马车——创业集团、昆仑集团、发展集团的年收入分别实现68.55亿元、30.86亿元、6.75亿元，实现利润分别为1.53亿元、3939万元、325.8万元，与集团创建初期相比，全部实现扭亏为盈。

2018年7月，昆仑集团和发展集团重组整合，成立大庆油田昆仑集团有限公司。

2020年，油田多种经营单位创业集团全年实现经营收入82.74亿元，利润3.46亿元；昆仑集团实现总收入22.51亿元，利润总额1933万元。

（四）多种经营大事纪要

自力更生　丰衣足食

大庆石油会战初期，正值国家遭受严重自然灾害，市场上副食品供应紧张，会战职工的粮食定量减少，体质下降。1961年1月初，患浮肿病的职工有1300多人，到月底上升到6000多人。针对这种情况，会战领导小组决定，组织职工自己动手，开荒种地。同时，制定搞农副业生产的几种办法。一是企业建立农副业生产基地，组建相应的专业队伍，集中领导，统一规划，分级管理，独立核算，统一分配，等价交换。二是机关的科室、厂矿、井队的班组可根据条件，就地开荒种地，集体经营，收获按集体人均分配，在食堂就餐的交伙食单位调剂生活；不在食堂吃饭的可分回家。三是家属在"干打垒"房子前后，可根据实际条件，自己种植，谁种谁收。

当时，除有荒地可开外，一无种子，二无农具，三无肥料。康世恩决定：化冻前，各单位要抓好开荒种地的规划，选择土质好的荒地，迅速分配落实，并规划好井边、管沟边、井站边及房前屋后空地的种植计划，落实到户到人。迅速开展积肥活动，在春耕前每个职工要积肥500公斤。派专人去省政府和省农垦局联系，解决种子问题。要求各单位发动职工自制简易家具。对抓农副业生产的各级领导干部，强调要努力学习农业生产知识，虚心向当地农民请教，做到不误农时。1961年4月，大地开始化冻后，各单位积极组织职工开荒。余秋里像当年在延安葫芦河搞生产大运动时那样，身先士卒，虽然只有一只胳膊，也和大家一起拉犁杖。在地头，大家看着翻出来的黑油油的土地，感慨地说："守着这么好的地还挨饿，那准是个懒汉。"到了晚上，大家都不回家，拢起篝火，顶一片席子、一片苇棚，互相靠着打个盹，天亮接着干。有的一连干了七天七夜，没有放倒身子睡过觉。

开完荒，康世恩像抓勘探一样，马上组织播种，并决定种2万亩黄豆。他在电话会议上像算原油产量样给大家算细账。他说2万亩豆子，大概平均每亩能收60公斤，总共就能收到100多万公斤豆子。留下25万公斤当种子，还有90万公斤可以吃。100公斤豆子可以榨6斤豆油。豆子榨油之后豆饼还可以做豆腐。1斤豆子大约能出4斤豆腐。这样，一年一人有50斤豆腐，1.5斤豆油。

1961年，经过广大会战职工的辛勤劳动，共收获粮食152万公斤，蔬菜总产量达到658万公斤。副业也获得丰收。到年底，全油田有存栏猪4465头、羊1760头、牛448头、马221匹、家禽2863只；当年采野菜171万斤，打芦苇40万斤……还打了24万斤鱼。秋后举办庙会，各单位把丰收的作物拿到庙会来展览。扭秧歌，敲锣打鼓，放鞭炮，整个油田洋溢着丰收的喜悦。1962年，开荒种地10万亩，共收粮食800多万公斤，产菜1150多万公斤。这一年，还在中共黑龙江省委支持下，在北安县开始兴办大型农场。1963年，在矿区内播种大田10.5万亩，粮食总产达1350多万公斤；种菜1.4万亩，产菜1200多万公斤；生猪存栏达6500多头。由于兴办农副业，从1962年起，石油会战职工每人每年可分得75公斤自产粮和一定数量的猪肉、豆油、黄豆和豆腐，克服主副食品供应不足的困难，保证石油会战的顺利进行。

职工家属组织起来参加农副业生产

1961年春天，随着参加石油会战职工的增多，来矿的石油会战职工家属已有9600多人，其中1500户是从重灾区来的，吃粮、住房都成为严重的问题。有的钻工不得不节省出自己的口粮给家属和孩子，工人的身体受到影响。开始，采用动员回去的办法，但有些家属的确无处可回。"铁人"王进喜急得来找康世恩说："时间长了，不让带家属不行啊！"康世恩也感到，有职工必然就有家属，这是必须解决的实际问题。有的家属来大庆后，就自己动手开荒种地，养鸡、养猪，解决自己的口粮问题。采油指挥部有个家属叫林淑花，自己开荒种地，秋后收粮150多公斤，不仅解决她和小孩吃粮的问题，还支援别人，被评为大庆第一个家属标兵。这样的事例启发会战领导，如果是男做工、女种田，那么不就解决了问题吗？同时，中央领导视察大庆时，对矿区建设也作了重要指示。1961年7月23日，邓小平视察大庆，就职工生活和矿区规划，作了许多重要指示。他对康世恩说："这个地方靠着铁路，有火车站；草原很平，汽车到处可以跑；土地肥，到处能种地。这个地方太好了。青海、玉门、新疆没有这个条件，四川也没有。在四川，你们要跟老百姓争地，还要毁稻田。"邓小平还对康世恩说："你们要好好种地，成立专业队，实行单独核算。开头要补贴点，以后就要自负盈亏。农副业生产的东西，也要实行等价交换。专业队是集体所有制，不要和企业混在一起。你们要争取做到蔬菜、副食品自给。"

1961年8月7日，国家主席刘少奇视察大庆。他视察钻井队、采油队后指出："职工工作和生活条件越艰苦，越要搞好职工生活"。当他看见草原上有放牧的牛群，高兴地说："这里地下有油，地上有牛，确实是个好地方。"在座谈时，刘少奇说："大庆到处热气腾腾，是一片兴旺景象。这个油田搞得蛮像个样子，希望很大。"刘少奇对油田的长远规划很关心，他说："大庆这个地方最近几年要增加到几十万人，怎么建设啊！要很好地规划。几十万人，不能长期没有家啊！暂时没有可以，长期没有不行。所以要盖房子，职工宿舍、家属宿舍要分期搞，不要集中到一块。炼油厂、化工厂、机修厂、电厂可以增加一批劳力。可以组织成合作社或生产队，又盖房子，又种地，又种菜，否则这么多人吃饭全靠从外调入，问题很大。"刘少奇还再三叮嘱："要在工业发展的时候，就要把农业组织起来。要关心职工的生活，要好好组织家属种地，企业先用拖拉机把地开好，再交给他们去种，这样工业和农业结合起来，事情就好办了。"

对于刘少奇、邓小平对大庆的关心和指示，会战领导小组进行了认真的研究。认为这些指示，为大庆的矿区建设，大搞农副业生产，进一步指明了方向。于是议定，实行一家一户一间房子两亩地，男做工，女务农，养一头猪，养几只鸡。1961年12月，康世恩主持会战工委会议，正式做出决定，号召各单位把家属组织起来，参加集体生产劳动。

钻井指挥部机关，首先响应会战工委号召，把家属组织起来。1962年4月16日，45岁的家属薛桂芳，带领王秀敏、杨晓春、丛桂荣、吕玉莲4人，扛着铁锹，带着行李和3个小孩到离住地15千米以外的草原上安营扎寨，白天开荒，晚上住在冰冷的帐篷里。她们克服重重困难，靠自己的双手和镐、锹，开出5亩荒地。消息一传开，又上来18名家属。但困难的不仅是开荒的艰苦和辛苦，而是一些旧的习惯势力的阻挠。当队伍扩大到近30人的时候，有几个年轻的来自城市的家属，吃不了那个苦，先打了退堂鼓。说自己是投奔丈夫来的，不是开荒种地来的。要修理地球，就在老家修好了。有的职工也拖家属的后腿，说什么"我买得起马，就配得起鞍，娶得起媳妇，就管得起饭"，生拉硬拽，把自己的媳妇从生产队拉走了。但薛桂芳耐心地做家属们的思想工作。后来，她们又借来一副犁杖，用人拉犁开荒，赶在春耕前开了32亩荒地，全部种上了黄豆，当年收获1750多公斤粮食，还有上万斤蔬菜。她们以实际行动支援了大会战，点燃油田家属走出家门闹革命的一把火。后来，这里就变成钻井指挥部开荒种地的基地，起名叫创业庄。会战工委派人及时总结这个典型事例，并在全战区大力宣传提倡这种精神。从此，"五把铁锹闹革命"的精神在大庆广为流传，后来这种精神成为大庆光荣传统之一。

1962年6月21日，周恩来总理到大庆视察时，职工每人每年已可以得到75公斤自产补助粮，每月可以吃到两斤自产猪肉、半斤豆油，蔬菜基本上实现自给，还库存粮食50多万公斤。周总理高兴地说："重灾之后，你们有这么多粮食不容易。"在视察过程中，周总理发现200多米外一位家属从地窖出来倒垃圾，便执意要进地窖看看，家属劝总理："里面太暗，首长就别进去了。"总说："你们能住，我就能进。"说着，周总理就和余秋里弯腰走进地窖，一面问家属生活情况，一面深情地端详躺在炕上刚满月的孩子说："现在生活确实很苦，但将来一定会好起来。"周总理还对余秋里说："像大庆这样的矿区，不搞集中的城市，分散建立居民点，把家属组织起来，参加农副业生产，可以做到工农结合、城乡结合，对生产、生活都有好处。"

1962年8月19日，在大庆首次职工家属代表大会上，会战工委进一步动员家属："组织起来，参加集体生产劳动，走生产自给的道路。"当年就有3800多名家属组成182个生产队，开荒种地4000亩，收粮食33万公斤，产菜37.5万公斤。到1963年，来油田的职工家属达到1.4万人，参加劳动的占有劳动能力家属的92.5%。他们组成398个家属生产队，种地1.8万多亩，粮、菜产量均达100多万公斤，还饲养了猪、牛、羊等大牲畜各上千头，初步解决职工家属的口粮和副食供应问题。开始出现吃自产粮的家庭。即职工吃国家供应粮，家属吃自产粮，各有各的粮本，到粮店一样买粮。为适应新形势，油田在家属生产队的基础上成立家属管理站，从家属中挑选出政治思想好、文化素质高的人担任站长、指导员，自己管理自己，既负责组织农业生产，又组织政治文化学习和其他社会活动。随着油田开发建设的发展，家属生产队的生产水平也得到不断改善，由原来的铁锹、锄头和畜力开荒发展到半机械耕作，各家属管理站都有自己的拖拉机和机耕队，培养出200多名家属农机驾驶员。大庆油田家属开始顶起农副业生产的半边天。

与此同时，各单位依靠家属的力量和优势，在中心村和工农村、居民点办起一大批托儿所、缝纫组、理发室、洗澡堂、照相馆、修鞋店等服务行业；组织家属逐步顶替原来从生产岗位上抽下来的职工从事粮油加工经销，如榨油、磨面、做面包、做豆腐、压面条、生产酱油和醋等副食品加工的作坊工作；有的单位还把家属组织起来，参加公路的维护保养，建筑"干打垒"房子、烧制红砖、做油毡纸、打水泥预制板、缝制劳保用品等工业辅助性劳动，直接从事或支援油田建设。

家属参加集体生产劳动，实行生产自给的同时，也逐渐改变着自己的面貌。普遍认识到了"劳动光荣""生产自给光荣""家庭妇女可以而且应该为社会主义建设出力，为革命效劳。"她们说："过去吃饱饭，没事干，抱上孩子到处转，东家长，西家短，心里装着小算盘；现在是心里明，眼睛亮，浑身上下是力量，一心建设大油田。""过去是嫁汉嫁汉，穿衣吃饭，生儿育女，责任就完。爱的是劳动，想的是集体，干的是革命。"家属参加集体生产劳动，也改变了职工过去那种上班刮东风、下班刮西风的情形，使许多家庭发生了深刻的变化，夫妻间讲的是石油，想的是贡献，形成共同的语言。

广大职工家属参加油田各项生产劳动，为石油会战的胜利开展做出重要贡献。尤其可贵的是，她们在生产劳动实践中逐步成为一支有觉悟、有本领、有潜力的劳动大军。1964年7月17日，中共中央总书记邓小平第二次到大庆油田视察，高度赞扬职工家属参加生产劳动的作法，并一再嘱咐说，要好好种地，争取做到蔬菜、副食品自给。1966年2月，大庆油田职工家属业余演出队在北京成功地演出了由孙维世编导、反映她们生活的话剧《初升的太阳》受到广大观众的好评。

周恩来、叶剑英等中央领导曾接见过剧组演员，并合影留念。

油田上第一支流动服务队

松辽会战初期，零售商品供销系统尚未建立。刚刚组建的小型商业企业仅靠18辆马车送货，保证石油职工日用品供应。1962年，大庆石油会战领导拨给商业战线两台解放卡车，用于前线运送货物，但由于道路泥泞，仍无法满足需要。商业战线职工响应会战工委提出的"生产到哪里，供应服务工作到哪里，一切为了前线打胜仗"的号召，掀起支援服务热潮，在第一百货商店岳广德等带领下，成立第一支10余人的流动服务队。他们提出"井架立在哪里，服务工作就跟到哪里"。紧跟会战队伍，当时叫"随军作战"。会战昼夜不停，他们就24小时服务。工人买货时，他们是营业员；没人买货时，他们就到食堂帮厨，到宿舍里帮石油工人缝洗衣服。商店营业员马淑琴和高敬贤等人在缺少运输车辆的条件下，冒着风雪严寒和酷暑雨淋，每人背着近50斤重的商品，坚持在工地上流动服务，被誉为"铁脚板精神"。1963年12月，在北京召开的全国财贸战线劳动模范、先进单位、先进工作者代表大会上，岳广德介绍了该商店为石油会战生产生活服务的经验，并在中南海受到刘少奇主席、周恩来总理等党和国家领导人的接见。

最早成立的家属生产队

创业庄家属一队是大庆最早成立的家属生产队。1962年组建，被誉为"五把铁锹闹革命"的家属生产队。当年产粮1500多公斤，闯出家属闹革命的新路子，为油田开发建设做出贡献。1964年，该队发展到64人，并集体迁到创业庄。按照周恩来总理肯定的"工农结合，城乡结合，有利生产，方便生活"的矿区建设方针，建起第一个工农新村。几十年来，该队发生巨大变化，耕地面积已达1320多亩，除种植以外，还搞起养殖业和小副食加工。到1989年，年产值达50多万元，比1978年翻了3番，人均年收入提高5倍，固定资产达70多万元。

油田唯一入选《中华之最》的产品

1995年4月，大庆石油管理局昆仑生物工程技术开发有限公司研制生产的昆仑牌五鲜高级酱油荣获北京国际食品及加工技术博览会金奖。同年12月，被国务院发展研究中心入选《中华之最》，载入中华人民共和国（1949—1995）《中华之最荣誉大典》。由国内贸易部技术开发中心对该产品实行监制，向全国推荐。该公司是以生物制品为主的技术开发型企业，设备先进，技术力量雄厚。生产的五鲜酱油是以玉米蛋白、黑米、黑豆、芝麻、黄豆为原料，采用水鲜工艺生产的营养型调味品，营养价值高，含有人体必需的多种氨基酸和微量元素；高鲜味纯，在水解生产中，生成复合氨基酸和肌苷酸，味鲜可口；卫生无菌，不含黄曲霉素。经检测化验，各项理化指标和卫生指标均达到或超过世界同类产品。

管理与思想政治工作

大庆油田管理体制大致经历高度集权管理时期、分权分级管理时期、构建现代企业制度时期三个阶段。

高度集权管理时期（1960—1979年）

企业运行管理以生产调度为中心，其基本宗旨是合理组织生产，完成国家下达的原油生产指标。1978年，油田所属井下作业指挥部结合企业整顿，试行定岗、定员、定额制。1979年进一步推行经济责任制，被《人民日报》誉为"第一个吃螃蟹的"壮举。同年7月，石油工业部推广井下作业指挥部实行的"三定"、以经济手段管理经济的经验，大庆油田冲锋在前，高度集权管理体制开始有所松动。

分权分级管理时期（1980—1989年）

1980年，油田开始推广井下作业指挥部经济责任制经验。1981年，改革权力过于集中的管理体制，扩大二级单位经营自主权，由单一计划调节为主向计划指导下的计划调节与市场调节相结合转变，由靠上级指令、行政手段管理经济，向以经济手段管理经济转变。1982年，全面推行经济责任制，逐级分解落实勘探开发和生产建设指标；剥离农业与集体所有制企业，划清资金渠道，分级分系统核算；各生产单位相对自主经营，自负盈亏。1984年，改革集中统一的计划、财务、劳资、物资等管理体制，变管理局一级统管为局与二级单位两级管理。1986年，油田以完善原油产量包干为重点，油气生产单位实行目标承包责任制，并进一步推进标准化管理，全油田建立起局、厂、矿、小队四级标准化管理系统，截至1986年底，产品标准化覆盖率达到99%。钻井、油建等施工单位开始实行企业承包责任制。1987年，企业由党委领导下的局（厂）长负责制向局（厂）长负责制的转变，实行党政分开。1988年初，油田引入竞争机制，公聘部分单位承包人，实行风险抵押承包和绩效挂钩分配机制。随后，实施投资、科研、住房、分配制度、经济核算、职工教育、开展横向经济联合等方面的内部配套改革，以减少新旧体制交替中的摩擦；划小企业内部经营单位，给予100多个三级单位和一批基层单位相对独立的生产经营自主权，面向油田、面向社会开放经营。油田初步形成以油气勘探开发为中心，以经济合同为纽带，各单位特别是辅助生产单位在很大程度上自主经营、自负盈亏、自主管理的生产经营运行机制。

构建现代企业制度时期（1990—2005年）

油田以建立油公司为核心的石油企业集团为目标，解体"大而全""小而全"，非油气生产单位逐步走向市场，企业几经内部产业结构重组、整合、优化，油公司管理体制下的法人治理结构逐步完善、现代企业制度基本成形。

1990年起，贯彻《全民所有制工业企业转换经营机制条例》，按照发展社会主义市场经济的要求，构建与市场经济相适应的"油公司"管理体制和经营机制。对14个油气生产主体单位实行投入产出大包干，进一步下放生产经营自主权，促使主体单位转换经营机制；对钻井、基建等24个非油气生产单位，按子公司体制实行法人委托经营，逐步将其推向市场，使其自主经营、自负盈亏、自谋发展；多元经济企业完全推向市场，使之成为真正意义上的经济实体。

1993年5月至12月，大庆油田实施劳动、工资、人事"三项制度"改革，优化劳动组织，推进油气生产主体单位与专业施工作业单位、辅助生产单位的分离，分流职工37500人，精干主体队伍；加快解体"大而全""小而全"的步伐，解决机构重叠、职能交叉等问题；用工总量得到有效控制，清退计划外用工10333人，办理职工提前退休8128人；

精简两级机关布局，局机关由35个处室、1311人减少到29个处室896人，二级单位机关由1535个科室、8871人减少到991个科室、6196人；优化劳动组合，实行职工聘任上岗、试岗、待岗"三岗制"；实行以岗位技能工资为主的新工资制度，做到以岗定薪、易岗易薪。1994年，大庆油田首次采用股份制形式开发头台油田，并将公路公司和安装公司改造为独资公司后推向市场。到"八五"期末，逐步建立起以"油公司"为核心层，以勘探、钻井、采油、井下作业、油田精细化工等为紧密层，以工程施工、生产保障、多种经营等为半紧密层和松散层的石油集团公司基本框架。

1996年，根据中央关于加快两个根本性转变、建立现代企业制度的要求以及中国石油天然气总公司改革会议精神，按照"做好三篇文章，实现三个目标"的指导方针，重建企业内部结构、管理体系和运行机制，按照石油企业集团模式，形成油田总部、专业总公司（事业部、总厂、两院）、专业公司三层基本框架，将原来交织在一起的决策和管理职能分开，谋求向决策、管理、执行三个层次的大公司通用管理模式过渡，并配套出台投资、财务、劳动人事、物资供应、销售等一系列改革方案。到1997年，大庆油田经过近1年的试运作，取消勘探事业部和两个开发事业部等中间层，恢复两级管理体制。

1999年上半年，根据集团公司统一部署，着手实施主业与辅业重组分离。7月22日，石油天然气集团公司批准大庆油田重组方案：从事油气生产、技术服务和石油炼化的主体产业，按子公司体制重组分立为大庆油田有限责任公司；从事工程技术服务、生产保障、多种经营、公共事业的存续企业,仍称大庆石油管理局。8月18日,油田重组改制方案经职代会讨论、修订通过。8月19日,大庆油田分开分立工作正式启动。11月1日,大庆油田有限责任公司与大庆石油管理局正式分立。

分立后,油田公司根据《中华人民共和国公司法》要求,组建公司董事会、监事会和经理层。2000年1月5日,股份公司批准大庆油田公司董事会、监事会人选。随后,油田公司陆续出台"董事会议事规则""监事会议事规则""总经理办公会议事规则"。同年,油田公司为从事经营性活动的所属勘探分公司、试油试采分公司、录井分公司、天然气分公司、储运销售分公司、井下作业分公司、修井分公司、采油工艺研究所、生产测井分公司、研究院等单位办理注册登记。2001年,在呼伦贝尔盟注册成立大庆油田公司呼伦贝尔分公司。2002年,对油田建设设计研究院进行改制,油田公司出资控股90%,石油管理局参股10%,组建大庆油田工程设计技术有限责任公司(对内仍称油田建设设计研究院)。2005年5月,组建采气分公司,天然气产业化取得实质性进展。与此同时,推进公司制改造,着力构建规范的法人治理结构和油公司管理体制及其运行机制,建立符合国际标准的内控体系,经营管理趋于规范。

石油管理局着眼于建立现代企业制度,以产权制度改革为龙头,构建集团化管理、专业化运行模式,并以此带动产业结构调整,实现资源配置的进一步优化。先后组建创业集团有限公司、建设集团有限责任公司、发展集团、化工集团、装备制造集团、力神泵业有限公司(力神泵业由石油管理局控股85%、大庆高新技术产业开发区参股15%)、物业集团、昆仑集团、物资集团。通过调整产业结构布局,石油管理局步入统筹规划、优化配置、协调发展的轨道。

2008年2月28日,根据集团公司党组的决定,按照"一个领导班子、一套机关机构、一体化管理、分账核算、两本账运行"的原则,油田公司与石油管理局重组整合,授权大庆油田公司,对未上市企业业务、资产、人员实行全面管理。整合后,大庆石油管理局企业名称仍予保留。同时以大庆油田、吉林油田钻探队伍为基础,组建大庆钻探工程公司(副局级),行政隶属油田公司管理,主营钻井、测井、地质录井、物探等石油工程技术服务业务。

2017年11月3日,中国石油天然气集团有限公司下发《关于大庆石油管理局实施改制有关事宜的批复》(中油企管〔2017〕426号),同意大庆石油管理局改制为有限责任公司,名称为大庆石油管理局有限公司,中国石油天然气集团公司持股100%。

(一)机构沿革

大庆油田的组织机构,先后经历石油工业部松辽会战领导小组时期(1960年2月—1961年11月)、石油工业部松辽会战指挥部时期(1961年11月—1964年8月)、石油工业部大庆会战指挥部时期(1964年8月—1967年3月)、军事管制委员会时期(1967年3月—1968年5月)、大庆革命委员会时期(1968年5月—1980年4月)、大庆石油管理局时期(1980年4月—1999年11月)、上市与非上市企业分立时期(1999年11月—2008年2月)、重组整合时期(2008年2月至今)

8个阶段。

1. 石油工业部松辽会战领导小组（1960年2月—1961年11月）

1960年2月20日，中共中央批准石油工业部《关于东北松辽地区石油勘探情况和今后工作部署问题的报告》，同意石油工业部集中力量，开展松辽石油大会战。2月21日—3月3日，中共石油工业部党组在哈尔滨召开松辽会战第一次筹备会议，成立松辽会战领导小组。组长康世恩，副组长唐克、吴星峰、张文彬。

（1）工作机构。

1958年6月，石油工业部为实施勘探战略东移，决定成立松辽石油勘探局。7月10日，松辽石油勘探局正式成立。

1960年3月，由石油工业部机关各司、局参加会战的干部和松辽石油勘探局机关，组成松辽会战机关及生产职能部门，设有工程组、油田组、研究组、办公室、群众工作组。后从工程组独立出来的会战指挥部总调度室，负责油田日常生产的全面指挥和生产协调。

1960年4月1日，会战机关驻地从吉林省长春市迁至安达县天泉区。同年10月21日，迁至萨尔图区二号院办公。

1961年5月，会战领导小组成立生产办公室，下设总调度室、计划、财务、劳资、教育、安全、工程技术、后勤供应等处（室）。在生产办公室设置主管规划、钻井、采油、水、机、电、基建、地质工作的8名总工程师，分别负责各专业业务技术领导。

到1961年11月，会战领导小组工作机构逐步完善，共设有办公室、行政处、生产办公室、计划处、财务处、劳动工资处、机动处、总调度室、工程技术室、地质室、技术安全处、生产准备室、生活办公室、农副业处、卫生处、基建处以及接待处、食堂处、劳保处、生活服务处等。

（2）所属单位。

1960年2月，会战领导小组成立葡萄花、太平屯、高台子、杏树岗、萨尔图5个探区，责成松辽局、玉门局、青海局、四川局和新疆局负责勘探，另设地质调查处、机修厂和油田建设、科研设计部门。随后的1个多月时间，萨1井（后改为萨66井，3月11日喷油）、杏1井（后改为杏66井，4月9日喷油）、喇72井（4月25日喷油）陆续喷出高产油流，会战领导小组决定挥师北上，3月，对各探区进行相应调整：由松辽石油勘探局组成葡萄花探区指挥部，由青海石油管理局组成高台子探区指挥部，由四川石油管理局组成南萨尔图探区指挥部，由玉门石油管理局组成中萨尔图探区指挥部，由新疆石油管理局组成北萨尔图探区指挥部；设基建指挥部、供应运输指挥部、地质调查处、总机械修理厂等单位。

1960年4月，5个探区指挥部调整为3个：由松辽石油勘探局组成一探区（对外称松辽石油勘探局大庆办事处），负责葡萄花、太平屯、高台子地区勘探；由四川石油管理局和青海石油管理局组成二探区（对外称松辽石油勘探局第二探区），主要负责杏树岗、龙虎泡地区勘探；由新疆石油管理局和玉门石油管理局组成三探区（对外称松辽石油勘探局第三探区），负责萨尔图以北地区勘探。

1960年6月，石油工业部松辽会战领导小组机关及其所属单位为保密而启用代号，总部机关（包括松辽石油勘探局）称安达市农垦场场部，第一、二、三探区及地质调查处代号分别为安达农垦场第一、二、三、四分场。

1960年10月，会战领导小组撤销第三探区及基建指挥部等中层领导机构，成立钻井、采油、油建、建筑、工程、水机电、器材供应、运输8个指挥部和运销处，由松辽会战领导小组直接领导。

1961年11月，松辽会战领导小组所属单位有采油指挥部、勘探指挥部、钻井指挥部、油建指挥部、建筑指挥部、工程指挥部、机电安装指挥部、水电指挥部、供应指挥部、运输指挥部、运销处、总机械修理厂、职工医院、石油工业部第五设计院、地质指挥所、北安农场、东北石油学院、干打垒指挥部共18个。

2. 石油工业部松辽会战指挥部（1961年11月—1964年8月）

1961年11月，撤销松辽会战领导小组，成立松辽会战指挥部。

（1）工作机构。

1964年8月，松辽会战指挥部工作机构有行政办公室、接待处、行政处、生产办公室（内设总调度室、计划处、基建处、技术安全处、工程技术室、规划室、机动处、资产管理处、财务处、人事处）、生活办公室（内设农副业处、食堂、劳保处、生活供应处、生活基地处）。

（2）所属单位。

截至1964年8月，松辽会战指挥部所属单位有钻井指挥部、采油指挥部、油建指挥部、工程指挥部、炼建指挥部、机电安装指挥部、大庆炼油厂、运销处、运输指挥部、供应指挥部、总机械修理厂、职工医院、油田开发研究院、油田建设设计研究院、水电指挥部、东北石油学院、北安农场17个。

3. 石油工业部大庆会战指挥部（1964年8月—1967年3月）

会战初期至1964年初，大庆油田的体制尚未确定，形成地方政权和企业领导机关并存局面。1964年6月23日，中共中央、国务院对石油工业部党组、黑龙江省委关于大庆油田成立特区政府的报告予以批复，撤销安达市，恢复安达县，设立安达特区（安达特区人民委员会；为保密起见，对外仍称安达市人民委员会）。特区党的工作和政治工作，实行以石油工业部党组领导为主、省委领导为辅的双重领导制度；政府工作中有关企业工作以石油工业部领导为主，有关地方工作以黑龙江省委领导为主。

1964年8月15日，石油工业部松辽会战指挥部改称石油工业部大庆会战指挥部。

1965年1月，安达特区政府正式成立，由大庆会战工委副书记李荆和兼任市长，由3名副指挥兼任副市长，另外任命5名专职副市长。大庆会战指挥部即是安达特区政府，从此形成政企合一的领导体制。在企业管理层面，由会战状态逐步转向常规状态，管理更加规范有序。

（1）工作机构。

会战指挥部下设行政办公室、行政处、接待处、生活办公室、生产办公室。其中，生活办公室下设农副业处、食堂处、劳保处、生活供应处、生活基地处等处（室）；生产办公室下设总调度室、计划处、基建处、技安处、工程技术室（科技办公室）、规划室、机动处、资产管理处、财务处、人事处、油田地下参谋部等处（室）。

安达特区（市）人民委员会下设市人委办公室、民政局、财政局、商业局、经委（计委和统计局）、税务局、劳动局、文教局、卫生局、物资局、公安局、人民检察院、中级人民法院、粮食局等政府机构。

（2）所属单位。

截至1967年3月，大庆会战指挥部所属单位有钻井指挥部、第一采油指挥部、第二采油指挥部、第三采油指挥部、第四采油指挥部、油田建设指挥部、供应指挥部、水电指挥部、井下作业指挥部、大庆炼油厂、运输指挥部、油田开发研究院、油田建设设计院、总机械修理厂、运销处、东北石油学院、师范学校、职工医院、北安农场19个单位。安达特区政府下辖3个镇和12个人民公社。

4. 大庆油田军事管制委员会（1967年3月—1968年5月）

1967年3月23日，中共中央、国务院、中央军委决定对大庆油田实行军事管制。3月27日，中国人民解放军沈阳军区派出部队，对大庆油田实行军事管制，向油田各生产指挥部、各重点单位、各重要居民区派出军代表。军管会接管大庆油田的党政权力，统一领导和生产工作，着手建立健全和改组各部门及单位领导班子。大庆军管会接受石油工业部和沈阳军区双重领导。黑龙江省军区副司令员安怀任军管会主任，陆军第十六军副军长褚传禹、政治部副主任周的民任副主任。1969年10月，沈阳军区党委决定将大庆军管会的领导权移交给黑龙江省军区；11月23日，免去褚传禹大庆革委会主任职务。1970年4月，黑龙江省军区副司令员丁继先任军管会主任。

军管会下设"抓革命、促生产"第一线指挥部，负责指挥油田生产建设。

大庆革命委员会成立后，军管会不再单独行使党政权力，而是与革委会同时行使大庆油田党政权力。1973年2月23日，根据中共中央精神，中共黑龙江省委、省军区（中央授权）批准撤销大庆油田军事管制委员会。部队干部相继撤出各级革委会，返回部队。

5. 大庆革命委员会（1968年5月—1980年4月）

（1）领导机构。

1968年5月30日，黑龙江省革命委员会批准成立大庆革命委员会，行使党政领导权力。大庆军管会大部分领导结合到各级革委会担任主要领导。

1968年6月22日，大庆革命委员会公章正式启用，原"中国共产党安达特区委员会""黑龙江省安达市人民委员会""安达特区人民委员会""中国共产党石油工业部大庆会战工作委员会""中国共产党石油工业部大庆石油会战政治部""石油工业部松辽石油勘探局""中国人民解放军大庆油田军事管制委员会生产指挥部"的印章同时废止。"大庆油田"称谓正式对外公开，原冠以"松辽石油勘探局"的单位，均改用大庆油田，如"松辽石油勘探局井下作业指挥部"改称"大庆油田井下作业指挥部"。

1970年7月，国务院批准将大庆油田下放给黑龙江省领导，实行石油工业部与黑龙江省双重领导，以省为主。

大庆革委会实行政企合一体制，隶属石油工业部和黑龙江省革委会双重领导，机关驻地位于大庆红旗镇（现萨尔图区）。

（2）工作机构。

大庆革委会起初下设政治组、生产组、

人民保卫组、办事组等4个机构。后经几次调整，到1980年4月，所设机构有办公室、接待办公室、机关行政管理处、公安局、中级人民法院、检察院、人民防空办公室、生产办公室、财贸办公室、农林办公室、文教办公室。各办公室下设相关处室。

（3）所属单位。

截至1980年4月，大庆革委会下辖萨尔图区、龙凤区、让胡路区、大同区、红岗区等5个区；下辖钻探指挥部、第一采油指挥部、第二采油指挥部、第三采油指挥部、第四采油指挥部、第五采油指挥部、第六采油指挥部、第七采油指挥部、输气管理处、井下作业指挥部、第一油田建设指挥部、第二油田建设指挥部、运输指挥部、物资供应指挥部、建设材料指挥部、水电指挥部、总机械修理厂、汽车修理厂、建筑公司、科学研究设计院、"五七"农场、大庆油田化工厂、大庆石油化工总厂、矿区建设公司、农工商联合公司、职工医院、第二医院、第三医院、第四医院、大庆石油学校、大庆师范学校、大庆石油学院、大庆卫生学校、大庆党校等34个单位。

6. 大庆石油管理局（1980年4月—1999年11月）

1980年4月，大庆市政府成立，与同时批准成立的大庆石油管理局实行一套班子、两块牌子的政企合一管理体制，石油工业部副部长（党组副书记）陈烈民兼中共大庆石油管理局党委书记和中共大庆市委书记。1981年1月，大庆市市长王苏民兼大庆石油管理局局长。1984年1月，大庆政企分离，为便于协调，实行"三位一体"管理体制，即大庆石油管理局（中共大庆石油管理局委员会）、大庆市政府（中共大庆市委员会）、大庆石化总厂（中共大庆石化总厂委员会）主要领导交叉任职。

1986年，大庆仍实行"三位一体"领导体制。时任中共大庆石油管理局党委书记陈烈民仍兼中共大庆市委书记，大庆石油管理局局长王志武兼大庆市副市长。局机关设勘探部、开发部、钻井部、基建工程部、生产协调部、经营管理部、计划规划部、劳动人事培训部、科技发展部、局办公室、审计处和工农事务管理办公室。局属二级单位有物探公司、钻井一公司、钻井二公司、钻井三公司、试油试采公司、钻井生产技术服务公司、测井公司、地质录井公司、第一采油厂、第二采油厂、第三采油厂、第四采油厂、第五采油厂、第六采油厂、第七采油厂、第八采油厂、第九采油厂、第十采油厂、井下作业公司、采油技术服务公司、天然气公司、油田建设公司、公路工程公司、建筑公司（后改称油田安装工程公司）、建设材料公司、房产公司（后改称房地产开发经营公司）、供水公司、供电公司、通讯公司（后改称通信公司）、物资供应处、运输公司、客运公司、总机械修理厂（后改称总机械厂）、汽车修理厂（后改称第二机械厂、特种汽车制造总厂）、勘探开发研究院、油田建设设计研究院、大庆石油学校、大庆师范专科学校（后改称大庆高等专科学校）、大庆石油技术学校、大庆农业学校、北安农场、大庆职工医院、大庆公安消防支队、驻江苏办事处，共计44个，员工（全民所有制职工）18.27万人。

1987年以后，石油管理局推行局（厂长）负责制，局机关增设干部处、天然气综合利用办公室（后改称化工处）、监察处、法律顾问处、房产管理处,并简化管理层次,有些部属处室相继独立行使职能。到1989年,局机关部、处、室达到30个,所属单位新增油田化学助剂厂、生产测井研究所、采油工艺研究所、潜油电泵技术服务公司、输油管理处、钻井研究所、油田热电厂、技术开发实业公司、龙凤热电厂、射孔弹厂、标准计量处(与市标准计量局合署办公)、驻成都办事处、驻上海联络处、驻西安办事处、铁人中学、大庆职工疗养员(北戴河),员工(全民所有制职工)总数增至21.89万人。

1989年3月,张轰任中共大庆石油管理局党委书记。

1993年1月,李智廉任中共大庆石油管理局党委书记兼大庆市委书记。同年9月,石油管理局着手健全并理顺职能,精简机构,裁减冗员,剥离直属经济实体、具有经营性职能的机构和事业性部门。局机关撤销运销处,组建销售公司;撤销节能处、行管处,其职能合并到相应处室;局机关直属劳动服务公司、经济研究所、信息中心脱离机关建制;增设武装部。至1993年底,局属单位新增能源利用技术开发公司(1997年解体)、射孔器材质量监督检验测试中心、房屋建设开发公司、头台油田开发有限责任公司、低温和供热示范工程领导小组(2000年8月并入房屋建设开发公司)、驻北京联络处、大庆第一中学,员工(全民所有制职工)总数增至24.50万人。

1996年,丁贵明任大庆石油管理局局长,张轰任中共大庆石油管理局党委书记。同年,大庆政企"三位一体"领导体制解体,大庆石油管理局、大庆市、大庆石化总厂主要领导不再交叉任职。

1997年,石油天然气总公司副总经理马富才兼大庆石油管理局局长,张树平任中共大庆石油管理局党委书记。同年,根据国务院要求(1996年6月有关会议决定),大庆市局31个合署办公的职能交叉部门、事业单位和群众团体,大多分离分设。

1999年,石油管理局根据专业化管理和生产经营需要,不断调整、改组产业布局和生产组织形式,到1999年10月,所属二级单位达到75个,员工总计28.69万人(含集体所有制职工2.45万人)。其中:

钻探系统10个:钻井一公司、钻井二公司、物探公司、钻井技术服务公司、试油试采公司、测井公司、地质录井公司、射孔弹厂、油气田射孔器材质量监督检验测试中心、塔里木公司。

开发系统16个:第一采油厂、第二采油厂、第三采油厂、第四采油厂、第五采油厂、第六采油厂、第七采油厂、第八采油厂、第九采油厂、第十采油厂、头台油田开发有限责任公司、榆树林油田开发有限责任公司、修井分公司、井下作业公司、天然气公司、潜油电泵技术服务公司。

化工及其产品销售系统4个:销售总公司、油田化工总厂、甲醇厂、精细化工厂。

油田建设系统7个:油田建设公司、油建二公司、建设材料公司、安装工程公司、公路工程公司、房屋建设开发公司、油田道路管理公司。

生产服务保障系统11个:供水公司、通信公司、运输公司、公共汽车公司、电力总公司、物资装备总公司、消防支队、物业管理一公司、物业管理二公司、低温核供热示范工程领导小组、标准计量处(市技术监督局,承担双重职能)。

科研系统5个:勘探开发研究院、油田建设设计研究院、钻井研究所、采油工艺研究所、生产测井研究所。

多种经营系统4个:农工商联合公司、大庆农场、技术开发实业公司、昆仑实业总公司。

文教卫生系统11个:大庆高等专科学校、大庆职工大学、大庆师范学校、大庆石油学校、大庆警察学校、大庆经济学校、大庆卫生学校、大庆石油高级技工学校、大庆第一中学、铁人中学、油田总医院。

驻外机构7个:驻北京联络处、驻上海办事处、驻西安办事处、驻成都办事处、驻江苏办事处、威海办事处和北戴河大庆疗养院。

7.上市与非上市企业分立时期(1999年11月—2008年2月)

1999年11月,油田核心业务与非核心业务分离重组,主营业务脱离石油管理局。

(1)大庆油田有限责任公司。

1999年11月,原大庆石油管理局核心产业——油气勘探开发及其技术服务、炼油化工、油气储运销售企业以及相关科研设计单位分离出来,组建大庆油田有限责任公司(以下简称油田公司)。油田公司机关设总经理办公室、勘探部、开发部、生产运行部、计划规划部、财务资产部、人事部(党委组织部)、企管法规部、质量安全环保部、技术发展部、公共关系部(党委宣传部)、审计监察部(纪检)和工会(团委);机关直属单位设勘探项目经理部、价格定额中心、信息中心、工程造价所(隶属计划规划部)、审计中心、财务结算中心(隶属财务资产部)、锅炉压力容器检验所(隶属质量安全环保部)、档案馆(隶属总经理办公室);公司所属二级单位包括采油一厂至十厂、榆树林油田开发有限责任公司、头台油田开发有限责任公司、天然气公司(后改称天然气分公司)、销售总公司(后改称储运销售分公司)、油田化工总厂(2000年10月分离独立,改称大庆炼化分公司)、试油试采公司(后改称试油试采分公司)、地质录井公司(后改称地质录井分公司)、井下作业公司(后改称井下作业分公司)、修井公司(后并入井下作业分公司)、勘探开发研究院、油田建设设计研究院、采油工艺研究所(后改称采油工艺研究院)、生产测井研究所(后接收各采油厂的测试大队,改称测试技术服务分公司)、油气田射孔器材质量监督检验测试中心共24个,所属全民职工10.62万人。

2000年1月1日,油田公司作为中国石油天然气股份有限公司全资子公司,正式注册成立。按照构建现代企业管理模式和运行机制的需要,调整并规范机构设置。同年,油田公司全民职工有偿解除劳动合同10000余人,在册职工实现负增长,控制在9.04万人。

2000—2005年,油田公司机关先后增设市场开发部、监察部(纪检)[①]、油藏评价部、外事管理部以及物资管理中心、环境评价中心、合资合作办公室(挂靠企管法规部)、新闻文化中心(隶属公共关系部)、稳定工作协调服务中心、油田保卫指挥中心、州13合作区块管理部、生产指挥中心工程项目经理部、

---

① 审计监察部(纪检)审计与监察(纪检)职能分离,分别组建审计部(中心)和监察部(纪检)。

石油天然气大庆油田工程质量监督站、DPS印尼有限责任公司（挂靠市场开发部）、DPS哈萨克斯坦有限责任公司（挂靠市场开发部）、中国石油大庆塔木察格有限责任公司等机关直属单位。调整部分二级单位结构布局，修井公司并入井下作业分公司；油气田射孔器材质量监督检验测试中心并入采油工艺研究所（院）；组建呼伦贝尔分公司、采气分公司。到2005年底，油田公司机关设19个处室及14个直属单位，下辖23个二级单位，在册职工9.04万人。

（2）分立后的石油管理局。

分立后，大庆石油管理局保留工程技术服务、生产保障、公共事业、多种经营等业务，员工总数18.62万人（含集体所有制职工24566人、市政指标职工2397人）。2000年，员工（全民职工）有偿解除劳动合同43961人。同年底，局在册职工14.56万人（含集体所有制职工2.43万人）。

机关处室：设办公室、钻井工程处、基建工程处、审计处、企业管理处（后更名为经营管理处）、国有资产管理处、安全监察处、纪检监察处、生产协调处、科技处、人事处、经济法规处、劳动工资处、规划计划处、财务处、多种经营处、土地征用管理处（工农事务办公室）、对外经济开发处、房产物业管理处和离退休职工管理处等20个处室。

机关直属：有教育培训中心、医疗卫生中心（卫生处）、钻探事业部（钻探总公司）、基建工程事业部（基建工程总公司）、闲置设备调剂利用中心、职业病防治所、重点高中管理中心、稳定工作协调服务中心、人才交流中心、劳动力市场、人才劳动力交流市场、资金结算中心、工程造价物资管理中心、定额造价中心、基建管理中心、审计中心（审计所）、发展研究中心、租赁公司（中心）、住房资金管理中心、工程质量监督站（石油天然气大庆工程质量监督站、工程质量安全监督站）、机关汽车服务公司、信息中心、房产物业监督管理中心、法律咨询服务中心、技术经济评价中心、综治办（经保支队、保卫办、武装部、610办公室）、监察中心、工程公司、土地城建监察大队、大庆油田报社、离退休管理中心、技术监督中心、文化艺术中心、有线电视管理中心、高级人才培训中心、保险中心等36个。

局属单位：钻探系统8个、油田建设系统7个、生产保障系统11个、科研系统2个、多种经营系统6个、文教卫生系统11个和7个驻外机构，共52个。

2000—2005年，大庆石油管理局推行集团化管理、专业化运作模式，组建钻探集团、建设集团、化工集团、物业集团、装备制造集团、创业集团、昆仑集团、发展集团、文化集团、矿区服务部、总医院集团、大庆职业学院（由大庆警察学校、大庆石油学校、大庆职工大学、大庆艺术学校合并而成）等。2005年底，局机关设计划规划与投资管理、财务资产、经营管理与法律事务、人力资源、科技发展、安全质量环保、对外市场开发、企业文化、资本运营、综合协调、土地资源管理等14个职能机构，下辖钻探、建设、电力、物资、装备、化工、创业、文化、昆仑、发展、矿区服务、总医院等12个集团化企业，力神泵业有限责任公司、射孔弹厂、通信公司、供水公司、公共汽车公司、油城燃气有限责任公司、青岛大庆塑料有限责任公司、消防支队、技术监督中心、石油工程监理有限责任公司等10个专业公司和公共服务单位，大庆师范学院、大庆职业学院、高级人才培训中心等3个教育单位，员工总计10.49万人（其中全民职工9.93万人）。

到2008年2月，大庆石油管理局所属单位有钻探集团、建设集团、电力集团、化工集团、物资集团、装备制造集团、创业集团、昆仑集团、总医院集团、发展集团、文化集团、矿区服务事业部、师范学院、职业学院、供水公司、通信公司、力神泵业有限公司、射孔弹厂、公共汽车公司、国际工程公司、工程监理有限公司、青岛庆昕塑料股份有限公司、油城燃气有限公司、中庆燃气有限责任公司、高级人才培训中心、保险中心、技术监督中心、离退休职工管理中心等28个。

8. 大庆油田有限责任公司（大庆石油管理局）（2008年2月至今）

2008年2月28日，大庆油田召开干部大会，宣布集团公司党组关于对大庆油田有限责任公司、大庆石油管理局实施重组整合的决定及整合后大庆油田领导班子成员任免决定。按照"一个领导班子、一套机关机构、一体化管理、分账核算、两本账运行"的原则，对大庆油田上市与未上市企业进行重组整合，自即日起，未上市企业整体委托股份公司授权大庆油田有限责任公司对其业务、资产、人员实行全面管理，从而实现油田上市与未上市业务的统一规范和一体化管理。重组后，保留"大庆石油管理局"企业名称，组建大庆钻探工程公司。大庆钻探工程公司（副局级），是以钻井、测井、地质录井、物探等石油工程技术服务为主要业务，钻井相关业务、国内外一体化的专业化技术服务公司，主要以大庆油田、吉林油田钻探力量为基础，在大庆油田一个整体内组建，行政上由重组后的大庆油田有限责任公司全面管理，党政主要领导由油田领导班子副职兼任。

经与黑龙江省委协商，大庆油田重组整合后，党组织隶属关系保持不变，党委名称由原"中共大庆石油管理局委员会"变更为"中共大庆油田有限责任公司委员会"；干部协管关系由原大庆石油管理局班子成员变更为大庆油田有限责任公司新班子全体成员，由黑龙江省委协管。这次业务整合和专业化重组是根据集约化、专业化、一体化整体协调发展的体制改革总体思路做出的重大决策，是建设综合性国际能源公司的重要战略部署。

（二）党组织沿革

1. 中共松辽会战党的临时工作委员会与中共石油工业部松辽会战工作委员会

1960年3月25日，石油工业部党组决定，将石油工业部机关党委作为松辽会战期间党的临时办事机构，余秋里任党委书记，吴星峰、雷震、宋惠任副书记。4月8日起，松辽会战临时工委在安达正式办公。10月21日，石油工业部机关党委由安达迁至萨尔图。1961年6月10日，会战临时工委成立政治部，下设办公室、组织部、宣传部、监察委员会。政治部受工委委托，领导工会、共青团和保卫处的工作。1961年11月，中共石油工业部松辽会战工作委员会正式成立（取代松辽会战临时工委），余秋里任书记，康世恩、吴星峰、张文彬任副书记。会战工委工作与会战临时工委下设机构序列一致。

2. 中共石油工业部大庆会战工作委员会

1964年8月15日，中共石油工业部松辽会战工作委员会更名为中共石油工业部大庆会战工作委员会。1965年5月，徐今强任大庆会战工委书记，李荆和、季铁中、宋振明任副书记。大庆会战工委工作机构仍为政治部，下设办公室、组织部、干部部、宣传部、监察委员会。

3. 中共大庆革命委员会核心小组

1967年3月23日，中共中央、国务院、中央军委联合发出《关于大庆油田实行军事管制的决定》。从3月27日起，沈阳军区派出部队，对大庆油田实行军事管制，党政权力统由军管会行使。军管会主任由黑龙江省军区副司令员安怀担任，副主任由沈阳军区陆军第十六军副军长褚传禹担任。1969年2月，经中共黑龙江省核心小组批准，中共大庆革命委员会核心小组成立，褚传禹任核心小组组长，周的民、王进喜、李荆和任副组长。核心小组工作机构是政治部，范文斌、高清廉先后任主任。1970年4月，黑龙江省军区副司令员丁继先任军管会主任。5月，军管会核心小组始设办公室。

4. 中共大庆委员会

1971年6月，中共大庆第一次代表大会选举产生中共大庆第一届委员会。丁继先任大庆党委书记，任云峰、齐建敏、李荆和、宋振明任副书记。1973年9月，大庆党委下设政治部，主任先后由陈烈民、韩荣华担任。

1976年6月，中共大庆第二次代表大会选举产生中共大庆第二届委员会，宋振明任书记，陈烈民任第一副书记，郑耀舜、韩荣华、喻新盛、周占鳌、李虞庚、黄伟任副书记；党委政治部主任先后由韩荣华、李惠新担任。

5. 中共大庆石油管理局（市）委员会

1979年12月14日，国务院批准安达市改为大庆市。1980年2月26日，中共石油工业部党组和黑龙江省委批准成立大庆石油管理局党委，陈烈民任书记。4月，中共大庆委员会改为大庆市委。中共大庆石油管理局党委和大庆市委实行一套班子、两个牌子的政企合一体制，隶属石油工业部党组和黑龙江省委双重领导：有关企业工作以石油工业部领导为主；有关地方工作以省委领导为主。陈烈民任局（市）党委书记，王苏民、郑耀舜、李虞庚、薛国邦、张德国、张云中、王瑞藩、刘国良任副书记。

1980年12月27日，局（市）党委决定撤销各级政治部，思想政治工作由局（市）党委统一领导。1981年7月1日，成立政法办公室（1983年1月改称政法委员会）。1981年5月，成立市委老干部工作委员会。1983年3月30日，成立老干部办公室。同年9月30日，老干部办公室改称大庆市委老干部局，与大庆石油管理局党委老干部处合署办公。1980年2月至1983年7月，局（市）党委下设办公室、组织部、宣传部、政策研究室、纪律检查委员会、统战部、政法委员会、老干部局。

1983年7月，中共大庆石油管理局（市）第三次代表大会选举产生中共大庆石油管理局（市）第三届委员会。陈烈民任书记，郑耀舜、李惠新任副书记。局（市）委所属机构在原有的基础上，增设保密委员会、党史工作委员会、农村工作部。

6. 中共大庆石油管理局委员会

1983年12月，大庆政企分开。为便于统筹兼顾，平稳过渡，实行大庆石油管理局、大庆石化总厂和大庆市主要领导交叉任职的"三位一体"领导体制。

1984年8月，中共大庆石油管理局第三

次代表大会选举产生中共大庆石油管理局第三届委员会，陈烈民任书记，李虞庚、杨万里、张轰任副书记。局党委下设办公室、组织部、宣传部、纪检委。

1991年11月，中共大庆石油管理局第四次代表大会选举产生中共大庆石油管理局第四届委员会，张轰兼任书记，王志武、徐绍铭、李凤岐任副书记。

1999年1月，中共大庆石油管理局第五次代表大会选举产生中共大庆石油管理局第五届委员会，张树平任书记。局党委工作机构在原有基础上增设老干部处。

7. 上市企业与存续企业分立时期

（1）中共大庆油田有限责任公司委员会。

1999年，大庆石油管理局实施重组改制。同年9月，中国石油天然气集团公司党组任命孙淑光为大庆油田有限责任公司（以下简称油田公司）党委副书记、纪委书记。2001年3月，孙淑光接任油田公司党委书记。

2005年7月，油田公司第一次代表大会选举产生公司新一届党委、纪委领导班子，孙淑光任党委书记兼纪委书记。油田公司党委下设办公室（总经理办公室）、组织部（人事部）、宣传部（公共关系部）、纪检委（审计监察部）和机关党委。

（2）分立后的中共大庆石油管理局委员会。

2000年—2008年2月，重组后的大庆石油管理局党委书记先后由张树平、徐绍铭、苏玉添、曾玉康担任。工作机构有党委办公室（局办公室）、组织部（人力资源部）、纪检监察部、宣传部（企业文化部）、局机关党委、离退休职工管理处、社会治安综合治理办公室。2003年，成立稳定工作协调服务中心。

8. 中共大庆油田有限责任公司（大庆石油管理局）委员会

2008年2月26日，集团公司党组做出大庆油田有限责任公司、大庆石油管理局实施重组整合的决定。大庆油田重组整合后，党组织隶属关系保持不变，党委名称由原"中共大庆石油管理局委员会"变更为"中共大庆油田有限责任公司委员会"。党委的工作机构有党委办公室（总经理办公室）、组织部（人事部）、宣传部（企业文化部）、政策研究室、纪检监察部和直属机关党委。

（三）管理与思想政治工作大事纪要

石油工业部党组成立会战领导机关

1960年2月20日，中央批准石油工业部开展松辽石油会战。2月21日—3月3日，石油工业部在黑龙江省哈尔滨市召开松辽会战第一次筹备会议，会议对松辽会战的任务进行部署，同时宣布成立松辽会战领导小组，由石油工业部副部长康世恩任组长，石油工业部地质勘探司司长唐克、石油工业部机关党委副书记吴星峰任副组长，成员来自全国各石油系统的企业、院校、科研等部门的领导。3月25—27日，石油工业部在哈尔滨召开第二次筹备会议，在这次会议上，宣布石油工业部的决定：在部党组的领导下，由部机关党委组成会战期间党的临时办事机构，石油工业部部长、党组书记余秋里兼任书记，吴星峰、雷震任副书记，后又增补宋惠为副书记。在会战领导小组的领导下，由石油工业部机关参加会战的干部和原松辽石油勘探局机关干部，组成石油大会战的领导机关，办公地点设在安达。4月1日，会战机关和松辽石油勘探局机关由吉林省长春市搬到黑龙江省安达县。4月8日，部机关党委开始在安达办公。同年10月21日，会战机关迁至萨尔图二号院（现为大庆油田历史陈列馆）内办公。

为了加强松辽地区的油田开发和勘探工作，进一步组织石油系统参加会战各有关单位的工作，石油工业部于1961年6月30日向薄一波副总理提交成立中共石油工业部松辽会战工作委员会（简称会战工委）的报告。1961年11月7日，会战工委召开第一次会议，传达黑龙江省委和石油工业部党组关于成立会战工委（11月1日）的决定。在成立会战工委的同时，撤销石油会战领导小组。会战工委下设会战指挥部和会战政治部。与此同时，撤销中共松辽石油勘探局委员会，但仍然保留松辽石油勘探局名称，以便保密和对外联系。会战工委成立后，受黑龙江省委和石油工业部党组双重领导，以石油工业部党组领导为主。办公地址设在萨尔图。新组建的会战工委，由余秋里任书记，康世恩、吴星峰、张文彬任副书记。会战工委的工作机构为政治部。主任李荆和，副主任先后由许士杰、陈烈民、季铁中、李欣吾担任。1964年9月1日，石油工业部党组将中共石油工业部松辽会战工作委员会更名为中共石油工业部大庆会战工作委员会（仍简称会战工委）。1965年5月14日，石油工业部党组批准由17人组成中共大庆石油会战工委，书记徐今强，副书记李荆和、季铁中、宋振明，并由徐今强、李荆和、季铁中、宋振明、王新坡、王云午、宋世宽、只金耀、陈烈民9人组成常委会。会战工委工作机构仍为大庆政治部，陈烈民兼主任。下设办公室、组织部、干部部、宣传部、监察委员会。

松辽会战指挥部指挥由石油工业部副部长康世恩担任，吴星峰、唐克、张文彬、焦力人、陈李中、杨文彬、王新坡、范元绥、刘少男、宋世宽、只金耀、宋振明为副指挥。1962年1月任命王云午为副指挥。1963年底，徐今强任指挥。领导机关下设生产办公室、行政办公室、接待处、行政处和生活办公室等机构。1964年9月1日，石油工业部党组将松辽会战指挥部更名为大庆会战指挥部。徐今强任指挥。同时，石油工业部新任命邢子陶、李敬、欧阳义、李虞庚为副指挥。

"文化大革命"开始后，大庆会战工委和会战指挥部基本处于瘫痪状态，油田生产受到影响。为解决当时大庆油田的混乱局面，1967年3月23日，中共中央、国务院、中央军委决定，大庆油田实行军事管制，行使党政权力。

石油工业部党组做一、二线业务分工全力以赴保会战

1960年，适应石油大会战的需要，石油工业部党组领导做出一二线分工。余秋里部长，孙敬文、康世恩副部长亲临一线直接指挥会战，组成石油工业部领导工作的第一线；李人俊、周文龙、刘放等副部长留在北京，主持石油工业部的工作和做好大庆石油会战的后方支援，组成领导工作的二线。在大庆直接指挥会战的领导成员，也实行一、二线分工，统一领导，各负其责。一线主要由各参战石油管理局的局长，如新疆石油管理局的张文彬、玉门石油管理局的焦力人、松辽石油勘探局的李荆和、第一工程局的陈李中担任。对于生产、生活、政治等各方面的工作，以及钻井、采油、油建等各系统工作，会战工委做出决定后，由一线领导具体组织贯彻执行。二线由余秋里、康世恩、唐克等组成，不直接指挥日常生产工作，主要抓方针政策、计划部署，搞调研、总结经验以及组织协调，检查帮助一线工作，"找岔子，出点子"，总的说来是抓大事，管全局。这样，实现领导班子内部的"冷""热"结合，忙而不乱。

在实际工作中，不管是分工一线，还是二线，都强调下基层、跑现场，同各级干部、技术人员和工人当面交谈调研，了解情况，检查指导工作；重大问题，带回来研究解决。晚上组织碰头会，就白天发现的问题进行交流、分析研讨。另外，除了重要的"五级三结合"、技术座谈会以外，不开长时间的大型会议，也很少发文件，主要是一竿子插到底，实行面对面的领导。

石油工业部党组要求参加会战的各级党委，必须贯彻执行党的集体领导和分工负责的原则，坚持实行民主集中制。对中央的方针政策，省委、部党组的决定和指示，本单位每个时期的形势和任务，以及生产、生活、技术、思想政治工作上的重大问题，都要在党委会上进行充分的讨论。在党委会上，少数服从多数，不由个人做决定，不以个人名义上报下发文件。在党委的统一领导下，党委成员对各项工作既共同负责，不分你我，既抓生产，又抓生活，在执行中又有明确分工。并按照分工，定期向党委汇报，接受监督。规定不准夸大个人作用，主要领导的名字、照片不登报纸，个人活动不上展览、不上电影。要求干部之间经常开展批评与自我批评，有问题摆到桌面上来，不背后鬼鬼祟祟，做到意见当面提，背后不说人，心里不存话，全班一条心。还规定，党委成员在班子内部必须做到"四个公开"。一是思想公开，有话在会上讲，不隐瞒观点，不搞阳谋，不搞阴谋；二是缺点公开，严于解剖自己，不护短，不怕丑；三是工作公开，及时向党委汇报工作，经常互通情况，交换意见，有事共同商量，把工作搞好；四是生活公开，严格要求自己，不搞特殊化，不干见不得人的事，要经得起检查。还要求各级党委会成员都要参加党小组活动，以一个普通党员的身份过党的组织生活。

石油工业部成立会战工作委员会

1961年6月，为了加强松辽地区的油田开发和勘探工作，进一步组织石油系统参加会战各有关单位的工作，经国务院副总理薄一波和经济委员会同意，石油工业部组建中共石油工业部松辽会战委员会，并于6月30日将工委组成情况报告薄一波副总理。1961年11月7日，中共石油工业部松辽会战工作委员会（简称会战工委）召开第一次会议，传达黑龙江省委和石油工业部党组关于成立会战工委的决定。在成立会战工委的同时，撤销石油会战领导小组。会战工委下设会战指挥部和会战政治部。与此同时，撤销前中共松辽石油勘探局委员会。会战工委成立后，受黑龙江省委和石油工业部党委双重领导，以石油工业部党委领导为主。办公地址设在萨尔图。新组建的会战工委由余秋里任书记，康世恩、吴星峰、张文彬任副书记，李荆和任秘书长。会战工委的工作机构仍为会战政治部。主任李荆和，副主任先后有许士杰、陈烈民、季铁中、李欣吾。会战政治部下设办公室（主任宋侃）、组织部和干部部（部长均由陈烈民兼）、宣传部（部长徐文野）、监察委员会（书记李荆和兼）。1964年9月1日，中共石油工业部松辽会战工作委员会改为中共大庆会战工作委员会（仍简称会战工委）。1969年2月，成立大庆党的核心小组。

会战工委成立的同时，撤销会战领导小组，成立石油工业部松辽会战指挥部（简称会战指挥部），对外保留松辽石油勘探局名称，以便保密。康世恩任会战指挥部指挥，1963年底，徐今强任指挥。1964年9月，石油工业部党组决定，松辽会战指挥部更名为大庆会战指挥部。1965年1月1日，安达特区（市）人民委员会，与大庆会战指挥部为政企合一体制。1967年3月，大庆油田实行军事管制。1968年5月30日，黑龙江革命委员会批准成立大庆革命委员会。5月31日，大庆召开了大庆革命委员会成立庆祝大会。褚传禹任大庆革委会主任。1980年4月，大庆革命委员会撤销。1980年4月25日，大庆市人民政府成立。1981年2月26日，中共大庆市委转发中共黑龙江省委1981年1月17日下发的黑发干字〔1981〕25号文件："省委同意大庆石油会战指挥部改称大庆石油管理局，改称后，与大庆市人民政府实行政企合一的领导体制。"

实行政企合一管理体制

1960年3月，大庆石油会战开始，当年4月29日，国务院批准把会战地区所在的安达县升格为安达市。会战领导机关设在安达市萨尔图镇。形成两个党委（市镇党委、会战工委）、两个行政班子（市镇政府、会战指挥部）并存的领导格局。为了对大庆石油会战实行统一有效的领导，1964年6月23日，国务院批准撤销安达市，在大庆油田设立安达特区，恢复安达县。特区党的工作和政治工作，是由部党组织领导为主、省委领导为辅的双重领导制度；政府工作中有关企业领导工作以部领导为主，有关地方工作以省人民委员会领导为主。大庆油田的政企合一体制由此开始。1965年1月成立安达特区政府（对外称安达市）。为便于工作，不再设立完整、单独的政府机构，只设立必要机构，如商业、粮食、民政、税务、检察院、人民法院等；其他机构如计委、经委、统计局，则与石油会战机构的计划处合署办公；市劳动局、物资局、公安局则与石油会战机构的劳资处、供应指挥部、油田保卫处合署办公，一套机构，两块牌子。市长由中共大庆会战工作委员会副书记李荆和兼任，副指挥王新坡、宋世宽、只金耀兼副市长，另外设郑前辉等5名专职副市长，由此形成大庆特有的政企合一体制。1975—1980年，市政机构逐步形成和完善，工商、物价、轻工、农林、卫生、文化、教育、体育、广播等职能部门也陆续成立。

大庆政企合一的领导体制在大庆石油会战的特殊环境、特定历史条件下，有助于加强集中统一领导、统一规划、精简机构、精干队伍、提高工作效率。几十年来，这种体制曾为大庆油田的开发建设和地区经济的发展发挥重要作用。但是由于政企不分，一方面，因企业办社会，包袱过重，制约自身的建设和发展；另一方面，因大庆市政府职能不完整，事权与财权不统一，难以对区域经济和社会发展进行统筹规划和客观调控，不利于地方经济的发展。

1979年12月14日，国务院批准设立大庆市。1980年2月，大庆市人民政府成立。1980年底前，油田各二级单位把商店、粮店、轻工等部门陆续移交给政府。同时，成立大庆石油管理局。在城市功能尚不完善、体制转换的必要条件尚不成熟的情况下，市局仍实行两块牌子、一套人马：陈烈民既是局党委书记，又是市委书记；王苏民既是局长，又是市长；石油管理局机关就是市政府机关。而其他市政办事机构大部分已经分离。

随着矿区扩大、人口增加，对社会服务的要求越来越高，企业已经无力包揽社会责任，急需有个能全面组织和管理社会的地方政府。1983年9月30日，大庆市（局）党委提出实行政企分开和市局机构改革方案。石油工业部、黑龙江省委经多次协商，于当年12月20日批准大庆实行政企分开。大庆市人民政府和大庆石油管理局，中共大庆市委员会和中共大庆石油管理局委员会分设机构。市政府负责市政工作，隶属黑龙江省政府领导；石油管理局负责石油天然气的生产建设和经营管理，隶属石油工业部领导；大庆石油化工总厂则早在1983年9月14日划归中国石油化工总公司。

把油田生产确定为一切工作的中心

大庆石油会战一开始，石油工业部党组就强调要树立"一切工作为了生产"的观点。余秋里提出："全体会战职工的共同任务，就是探明大油田，开发建设好大油田，为祖国多生产石油，各个部门、各个单位、各级干部，都要围绕这个中心进行工作。各项工作，包括党的工作、政治工作、工会工作、团的工作、妇女工作、生产管理、生活工作，都要为这个中心服务。离开这个中心，各项工作就没有了目标，就失去了意义。"

1960年5月25日，会战领导机关召开石油会战第一次政工会议。会上，1205钻井队孙永臣介绍围绕钻井生产做好思想政治工作的经验。还有两个钻井队介绍以"两论"指导生产的经验和体会。大会通过解剖典型，对会战思想政治工作的根本任务进行讨论。强调思想政治工作必须与解决油田勘探开发中的实际问题相结合，根据会战总任务以及各个阶段的具体要求，确定思想政治工作的任务，力求以毛泽东思想为指针，以解决会战中的关键问题为宗旨，以技术革新和技术革命为中心，激发广大职工深入开展竞赛与评比、技术表演、检查、总结、技术革新与技术革命和学习毛主席著作等六项活动，把政治工作做实、做细、做深、做透。

1961年2月，第一次冬季整训即将结束时，会战工委组织召开油田党支部书记工作经验交流会。会上，采油二矿党支部介绍"领导好生产必须从思想工作入手，思想工作必须从实际出发"的体会；油建二大队二中队党支部介绍"运用抓生产从思想入手，抓思想从生产出发，树立以搞油为业、以油田为家的长期会战的思想"的经验。这两个支部结合生产做思想工作的经验都是从实践中总结出来的，使与会人员受到很大启发。1960—1961年的严寒季节中，遇到气温下降、油井和管线的管理及施工容易出事故；而油井保温、管线焊接又离不开火，井场上易燃物又多，芦苇干草触火就着；职工又都是第一次在高寒地区过冬，对零下30摄氏度的严寒畏惧，开始人心浮动，事故不断。这两个党支部经过分析讨论，认为职工的思想问题，主要是能不能战胜严寒，坚持会战的问题，决定首先解决和生产有着直接关系的问题。组织大家讨论："是把大会战进行到底，还是半途而废？""是回家猫冬，关井停产，还是摸索冬季生产的经验，战胜严寒？"通过学习和讨论，大家的思想认识逐步趋于一致，并制定具体措施，从而保证冬季生产任务的圆满完成。在会上，1203 钻井队党支部还介绍他们运用"钻前会、班前会、班后会"的制度使思想政治工作和日常生产工作紧密结合起来的做法和经验。他们得出的结论是：要想完成全年、全月、每天的生产任务，必须按期完成每个班、每口井的任务，必须以每个人、每个岗位完成各项任务为基础。

1964 年 12 月，中共中央东北局第一书记宋任穷率领东北经委来大庆油田调查研究，就会战中的思想政治工作与经济工作的关系进行研究和总结，编辑出版《大庆油田政治工作经验》一书。书中强调："企业的政治工作必须在加深人的革命化的基础上，从各个时期的生产出发，为保证完成国家生产任务服务。企业经常的基本任务就是要完成国家的生产计划。因此，做好企业的政治工作，就必须重视在做好经常政治工作和集中的政治思想教育的基础上，结合生产的特点，加强生产过程中的思想工作。""如果离开生产，就会脱离实际，就会脱离群众，就一定做不好政治工作。"

在具体进行生产过程中的思想工作时，由于各工种生产特点和生产周期不同，会战工委多次强调，做法上应有所区别，不能搞一个模子、一个套子，必须从实际出发，防止千篇一律。尽管有不同工种、不同任务、不同生产条件和生产周期，还是有其共同的规律。基本上是三个环节，即生产准备阶段、生产过程中和生产任务完成或告一段落。全年连续生产的单位，如采油队、供水队、供电车间和机修车间工段等，大都按月或设备检修周期划分生产周期，在一个周期里大致也有生产准备、进行中和完成后三个阶段。生产准备阶段的思想政治工作，主要是讲清当前会战的形势，使职工明确完成生产的目的和意义、有利条件和不利条件，做好思想、组织、物资和技术准备，以及克服困难的办法，并且提出鲜明有力的战斗口号。生产过程中的思想政治工作，集中来说，就是要连续不断地进行现场宣传鼓动工作；组织各种形式的比学赶帮超劳动竞赛；及时发现和解决在生产中遇到的各种现实思想问题；教育干部重视质量、安全和节约；严格执行岗位责任制；发扬技术民主，开展技术革新活动和岗位练兵；搞好劳逸结合，开展多种形式的文体活动，保证职工始终保持旺盛的劳动热情。生产完成以后的思想政治工作，主要是以"两分法"为武器，总结经验教训，表扬先进，帮助后进，克服缺点，及时维修机具设备，让职工休息好，为接受和完成下一个任务做准备。

开展冬季整训　整顿队伍作风

1960 年，随着石油大会战的深入开展、石油开发建设规模的逐渐扩大，参加会战的职工达到四五万人，其中新职工已占到职工总数的 90% 左右。从总体上看，广大职工中为国分忧、艰苦创业的风气已然形成，会战队伍干劲十足。但是他们白天为油苦干，晚上搞"干打垒"夜战，特别是到了施工旺季，一个会战接着一个会战，况且因全国性灾荒，会战队伍还要勒紧腰带忍饥挨饿，有的人渐渐感到吃不消，他们的承受力已临近极限。不但新来的职工中有这个问题，一些老职工甚至个别干部也有些动摇。特别是一些青年工人反应较为强烈，如油建指挥部三中队有个青年工人，就曾经写过这样一首打油诗：

"自从到油建，白天黑夜干；盖房来过冬，加班又加点；管铆电焊钳，一件不给干；铁镐是机器，荒原是车间；不是几个月，而是无期限；离家五六年，亲人看不见；年纪不算小，还是光棍汉……技术不能学，土方干不完；要求回家去，档案交给咱；要是真不给，不要也吃饭……"几个青年职工还把这首打油诗贴在指挥部领导的办公室门口，要书记亲自给他们答话。消息不胫而走，其他单位的一些青年职工闻讯后也表示"说出了自己要说的话"。在这种消极因素影响下，个别人不想再没日没夜地熬下去，学习不努力，工作没动力。干部和老工人对他们进行传统教育，忆苦思甜，进行新旧社会对比。他们反倒振振有词："现在是毛主席共产党领导，生活就是应该比过去好才像话。"他们认为："新旧社会不能比，战争环境与和平环境不能比，革命前辈与现在的人不能比。"据调查，当时在职工队伍中，怕苦怕累的人占30%以上。

对于职工队伍中存在的这些问题，有些基层干部认为，这一批刚参加工作的青年工人事多、调皮、不好领导。有的干部不去说服教育，而是简单粗暴地训斥，甚至扣工资，以罚代管，结果适得其反，激化矛盾，导致干群关系紧张。

对于这些问题，部党组进行认真调查分析，认为要解决这些问题，除尽可能改善职工物质生活外，关键是提高职工的阶级觉悟，使之正确对待个人、集体和国家三者的关系，树立建设社会主义必须艰苦奋斗的思想。于是决定从1960年冬到1961年春进行一次为期四个月的冬季整训：总结一年来的工作，并从宣传"铁人"王进喜的先进事迹入手，开展阶级教育，树立艰苦奋斗的思想。

王进喜虚心好学，在油田开展的比学赶帮劳动竞赛中，以高尚的共产主义风格，支持、帮助兄弟钻井队赶上和超过自己。在当时钻机配件不足的情况下，他把自己从玉门带来的钻头和急用的方钻杆、方补心、柴油机飞轮等支援给别的井队。自己却把旧的修修继续用。在油田开发建设最紧张的日子里，经常利用倒班休息的时间，带人到兄弟队学习先进经验，传授快速钻井技术。1960年7月初，会战领导小组晋升王进喜为钻井工程师。

1961年2月，王进喜担任钻井指挥部钻井二大队大队长，负责管理十几个钻井队后，他经常身背干粮袋，骑着自己在玉门时买的摩托车深入到各个井队，调查研究，检查指导工作，为基层解决生产、技术、生活和工人思想上的各种实际问题。为打出井斜不超过3度的直井，他住在井队，同技术人员和工人们一起研究试验，终于摸索出一套打直井的方法，钻成最大井斜只有0.5度的笔直井。钻井二大队远离油田中心，职工生活不方便，他就起早贪黑，带领工人开荒种地，烧砖盖房，办起商店、粮店、邮局和卫生所，盖起职工宿舍和家属住房，建起生活服务基地。为使孩子们就近入学，还亲自当校长，办起一所"地窨子"小学。王进喜的事迹深深感动了广大干部和工人，在冬季整训中，纷纷对照王进喜找差距。

在冬季整训中，会战领导小组还发动广大职工对一年来会战的各项工作进行总结、提意见，号召职工有什么谈什么。对上、对下、对个人、对单位，从生产到生活，有啥讲啥。十几天时间，就提出40多万条意见，把职工思想上、工作上的问题都摆出来，这就为解决思想问题打下一个好的基础。当时会战职工的意见，主要集中在基层干部身上，约占全部意见的30%。这里既有干部的问题，也有职工本身的觉悟问题。于是，余秋里、康世恩决定抓住主要矛盾，从整改干部身上存在的问题入手，密切干群关系，进一步调动职工的积极性。

当时，会战中的广大基层干部，大多数都是从全国各油田厂矿来参加会战的老职工，他们干劲十足，责任心强，坚持同工人同吃同住同劳动。但任务一紧，就容易产生急躁情绪，工作不讲方式方法，伤了一些职工的感情。例如，采油三矿一队队长刘安全带领全队职工日夜奋战在井场上，很少休息和按时睡觉吃饭。他自己这样拼命干，也要求刚参加工作不久、未经磨炼的青年工人也同他一样拼命工作。有的青年工人不理解，觉得他不近人情。队里的油井经常发生掉刮蜡片的事故，影响原油生产。在生产会议上，指挥部管生产的干部批评刘安全："你刘安全管的井怎么这么不安全"？这时，刘安全变得更加急躁和火爆，回头训斥队里的工人：你们是来破坏的，不是来建设的！你们不好好干，我就降你们级，撤你们职。果真，在不到十个月时间，他就撤换了九任班长，还给三个工人降了级。刘安全的这种做法，激起工人的强烈反对，造成干群关系十分紧张。

康世恩闻讯后，感到刘安全其人其事很有典型性，便决定以这个典型事例为突破口，扎扎实实地推进冬季整训活动。

在一次战区基层干部大会上，康世恩专门对有些单位不注意质量的问题提出严肃批评，并就改进工作方法、提高工作质量提出具体要求。会议结束时，康世恩突然大声问："刘安全同志来了没有？也请上台来……"刘安全突然听到康部长点自己的名字，不知道发生了什么事，一下子愣住了。后经身边的人提醒，他走上了主席台。这时，康世恩对他说："你这个刘安全呀，为了早出油、多出油，干工作不要命，这一点是好的，可是作为采油队长，作为党的基层干部，你的作风坏透了！"他把"坏透了"这三个字说得特别重，刘安全只觉得浑身发热、冒冷汗。

散会后，康世恩叫住采油指挥部指挥宋振明嘱咐说："老宋，晚上你找刘安全谈一谈。他是个优点突出、缺点也突出的队长，可能今天我敲得他重了，怕他吃不消。"接着又说："后天上午八点半，你们派个车，把他送到我的办公室。"第三天，刘安全一进康世恩办公室，康世恩就和他握手，让他坐下，并让秘书端来一杯热茶，然后随便唠起家常。康世恩离开时，又嘱咐秘书几句话。快到中午时，刘安全跟秘书走进旁边的一个帐篷，里边摆着几张简易饭桌，炊事员端着一碗红烧肉、一碗米饭放在桌上，招呼刘安全："快坐下，趁热吃了它！这红烧肉是照康部长的嘱咐特意给你做的。"秘书拉着刘安全坐下说："这是康部长安排给你的任务，快吃吧"！此时，这条本来倔强、刚直的汉子，竟控制不住自己的感情，热泪一下涌出眼眶，失声痛哭起来。随后，这顿饭他连碰都没有碰，擦把眼泪，冲出食堂，穿过草地，径直跑回采油队。他找到指导员，要求开支部大会，他要做检讨……接下来，他主动拜访30个工人，当面赔礼道歉，检讨错误。有一个工人对他意见很深，不理他，他就一连找了11次，终于得到这位工人的谅解。

刘安全的事迹在战区传为佳话。当时全

战区共有基层干部1357人，他们纷纷效仿刘安全，走访职工家庭7687人人次，与群众交流思想，开展自我批评，化解了矛盾，密切了干群关系，大家的工作干劲也更足了。

干群关系问题解决以后，各级党组织根据会战领导小组关于冬季整训的统一安排，在广大职工中普遍开展"如何对待会战中的艰苦和困难"等问题的专题讨论，并引导大家学习"铁人"王进喜的"宁肯少活二十年，拼命也要拿下大油田"的革命精神，做艰苦奋斗的模范。在讨论中，引导职工联系自己家庭或个人生活经历，忆苦思甜，饮水思源，普遍就政治地位、经济收入、文化生活等方面进行算账对比，使大家认识到：过去受苦是为地主资本家卖命，今天受点苦完全是为了创造将来的美好生活。通过冬季整训，油建三中队曾写过那首打油诗的青年职工与同队的队友又编写了一首打油诗，贴在了队部："身在福中不知福，翻身忘本是我们；艰苦工作不愿干，总为个人打算盘；只想个人生活好，党的利益不挂心；今天想起这些事，真恨自己没良心；现在向党表决心，艰苦奋斗重做人。"

经过冬季整训，干部克服简单粗暴的官僚主义作风，解决部分职工怕苦怕累、好逸恶劳的思想问题，职工队伍中以苦为荣、甘于奉献的思想意识蔚然成风，队伍面貌焕然一新。

坚持"三个面向、五到现场"

1960年，大庆石油会战一上手，石油工业部党组便强调"机关工作要面向生产"。在1962年5月10日召开的全油田党员干部大会上，针对当时基层建设工作还不够巩固，机关工作还不深入、不细致，缺乏扎扎实实的作风等问题，会战工委提出："各级领导干部必须深入生产第一线，扎扎实实领导生产。对基层工作，要实行面对面的领导。各级领导机关应当明确主要的任务是把基层建设好，把基层建设好了，就完成了领导工作的基本任务。"接着，《战报》发表《大力改进作风是加强基层工作的关键》的社论，提出"领导机关要面向基层，一切工作要从基层工作出发，把生产全面管好。"经过不断实践，不断总结，到1964年就形成"面向生产、面向基层、面向群众"的机关工作指导思想。

这一工作指导思想，要求各级领导干部亲临前线，实行靠前指挥，面对面的领导。为此，在会战中逐渐形成一种习惯的做法：凡是由一个二级指挥部几个队联合施工的工程，包括钻井队、作业队等，就由这个二级指挥部组建前线指挥所；如果由几个二级指挥部许多队联合施工的工程或地区，包括钻井、井下作业、油田建设、水、电、路、讯等，就由会战指挥部设立前线指挥所，实行统一指挥。由于指挥靠前，领导能够亲自组织队伍，配备力量，选择重点，突破难关，正确地使用人力物力，避免来回折腾；由于领导吃住在工地，便于调查研究，容易发现典型，便于总结经验，帮助后进的单位赶上去，加强薄弱环节，做到点面结合，推动全盘工作。更重要的是，领导者或决策人生活在群众中间，能够从群众从事的生产过程中，比较真实地倾听到群众的呼声，知道群众在干什么、想什么、担心什么、要求什么，能更直接地汲取群众中的营养、智慧，改进自己的工作，提高领导的指挥才能和艺术。

在石油会战中，为了实现指挥靠前、面对面领导，会战领导小组十分重视机关建设，明确提出机关要协助会战领导指挥生产，处理日常生产工作，又要坚持为基层服务，为基层搞好生产创造条件。1960年夏天，余秋里曾对负责会战生产调度的副指挥、调度长们说："你们要学习解放军司令部的工作作风，建立起强有力的生产指挥系统，做到指挥灵、行动快、制度严、办事准、抓得狠。"会战总调度室派人到部队学习考察回来后，结合实际，建立一套生产指挥调度系统和工作方法。坚持面向生产，面向基层，面向群众，一切工作都围绕生产运行。实行一年365天办公，一天24小时管生产，不论白天黑夜，都对安排的事情准时检查落实，发现问题及时汇报、立即处理。

当时，会战机关分为生产、政工、生活三路，领导会战一线，负责处理职权分工的事情。对于重点生产单位和重点工程施工现场，由会战主管领导带队，机关各路人员参加，进行巡回办公，当场听取情况，发现问题及时解决。平时机关干部下基层，对于了解到或者基层反映的问题，只要是涉及机关，就带回来交有关部门研究，及时处理和答复。当时把这种做法叫"下去一把抓，中心带其他，各记一本账，回来再分家"，既减少基层单位往返请示汇报，也加强了机关内部的联系与合作。会战初期，机关为基层服务，还提出"把方便送下去，把麻烦揽上来"的口号。做到"五到现场"，即生产指挥到现场，政治工作到现场，材料供应到现场，科研设计到现场，生活服务到现场。例如：供应部门组织"货郎担"，搞了几部卡车，一天到晚在前线工地来回转，既送材料上门，又回收废损材料；供应部门还根据基层单位用料的需要，配备"针线笸箩"，里面是零星工具和易损材料，施工人员随用随取；机修部门像"小炉匠"一样，身背工具袋、配件袋、干粮袋，到前线工地修理设备；劳动工资部门送人员到现场，送工资到手；后勤部门则送饭送水到工地。机关需要了解情况，派人下去收集，总结工作由领导和机关干部自己动手，不准向基层队索要书面材料。在机关内部设立"三三制"，即三分之一的人员在家办公，三分之一人员跑面，三分之一人员在基层蹲点。各级机关和部门都设有常年蹲点的单位，把这些点作为"站在基层看机关的观察站"，把基层当成一面镜子，看机关的作风。

这一整套机关为基层服务的措施和实践，使领导干部和机关干部逐渐明确基层和机关的关系、机关业务和油田生产的关系、严格与灵活的关系、约束和促进的关系、抓指标与抓工作的关系等，并正确处理这些关系，做到业务工作要服从生产，有利生产，为生产服务。

建立岗位责任制

1960年4月29日，大庆石油会战打响。油田上下一门心思大干快上，力求"以最快的速度、最高的水平拿下大油田"。会战将士凭着"为国争光，为民族争气"的一腔热血，为甩掉国家石油落后的帽子，争先恐后，夜以继日，奋发大干。到1962年，大庆长垣勘探基本完成，开发试验区面积达到近百平方千米，建成油水井500多口、油水气管线700多千米，转油站、注水站、变电所等配套设施如雨后春笋般建设起来。油田建设日新月异，捷报频传，生产指标不断刷新，到处呈现勃勃生机。

与此同时，油田生产建设迅猛发展与管理工作相对薄弱之间的矛盾开始显现出来。

1961年1—3月，共钻井23口，其中有4口误射孔，5口固井质量不合格，4口井井底冲洗不干净，5口井油层浸泡时间过长。在石油会战如火如荼之际，这些问题没能引起相关方面足够的重视，前线生产单位更珍视职工在极端困苦的条件下迸发出来的冲天干劲，想方设法激励大家甩开膀子大干，"超指标""创纪录"自然成为激情澎湃的会战将士追求的首选目标。

然而，由于管理方面的疏漏所导致的工程质量、施工安全等问题，引起会战指挥部的高度重视。1962年4月，会战总指挥康世恩在一次生产例会上严肃指出："生产管理上出现的矛盾越来越尖锐，一方面是职工干劲很大，积极性很高，都想把事情办好，但有劲使不到点子上；另一方面是大量具体的事情需要严格地管起来，但有些事情就是没人管，生产上显得忙乱。"他告诫大家"如果不注意，就要出大乱子！"

粗放的管理，使大庆油田付出惨痛的代价。

1962年5月8日凌晨1时15分，中一注水站因柴油机冒出的火花引燃屋顶油毡纸和木屑，酿成火灾。危急时刻，值班人员操起备用灭火器就登上屋顶，却忘记操作要领，面对火情无法施救；打开设在墙壁上的消防栓，发现水龙带过短，水枪头又不知去向。原来，平时水龙带截下来用于排污水，破损不堪；水枪头用来冲洗地板或设备，关键时刻难觅所踪。没有灭火工具，只能眼睁睁地看着火势蔓延，历时两个多小时，中一注水站全部烧毁，损失160多万元。5月10日，会战工委召开油田党员干部大会，对中一注水站火灾教训进行总结。会上，康世恩指出："严格要求，要从常见的、大量的、细小的问题抓起；真本领、硬功夫，要在日常工作中不断地勤学苦练。"康世恩还强调，大庆油田经过两年勘探开发，已进入全面管好生产的新阶段，一定要加强基层建设、基础工作和基本功训练，建立一套完善的生产管理制度。

会后，会战工委在全战区组织开展群众性大讨论，围绕"一把火烧出的问题"举一反三，广泛查摆工作中存在的问题。经过深挖细摆，管理方面存在的问题归纳起来有：一是岗位分工不明确，交接不清；二是工艺操作规程不清楚；三是质量不过硬；四是设备管理制度不健全；五是技术水平低；六是作风不过硬。1962年6—7月，会战指挥部和各二级单位派工作组深入基层，发动群众总结生产管理经验，着手制定切实可行的岗位责任制度。会战指挥部以生产办公室为主，抽调生产管理和技术干部167人，分组深入10个基层单位蹲点调研，开展管理制度建设。会战指挥部副指挥、生产办公室主任宋振明亲自到北二注水站蹲点，组织群众对照中一注水站事故起因，查找管理漏洞，集思广益，寻求对策，先后制定6项制度：一是弄清家底，划清职责，制定岗位专责制；二是根据老工人在交接班时认真询问上一班工作和设备运行情况，以及仔细检查要害部位的经验，制定交接班制度；三是根据老工人在值班时定时、定点、按一定线路检查设备运行情况的经验，制定巡回检查制度；四是吸取站内二号高压注水泵因未能定期保养，导致连杆折断的教训，制定设备维修保养制度；五是针对注水分析化验没有明确质量标准的问题，制定质量负责制度；六是学习老企业做法，制定班组经济核算制度。北二注水站从查物点数做起，将站内所有工作分别落实到每个岗位和人头，做到事事有人管，人人有专责，工作有标准、有检查、有记录。这个时期，钻井、采油、油建施工和机修等试点单位也根据各自专业特点，纷纷出台相应的管理制度。在此基础上，会战工委组织现场观摩，召开经验交流会，重点总结推广北二注水站的经验，在全战区推行岗位责任制，内容以北二注水站的岗位专责制度、巡回检查制度、交接班制度、设备维修保养制度、质量负责制度、班组经济核算制度为基础。

岗位专责制度，既包含对岗位人员的业务要求（按生产过程的客观需要，定岗位、定工作、定责任、定要求），也包含对岗位人员的思想、作风要求。

巡回检查制度，确定科学的巡检流程，包括巡查路线、关键节点以及具体时间、项目、要求，防止巡检形式化。

交接班制度，明确交接内容，旨在确保上下班之间互检互查、交流经验、划清责任，使得工作衔接运行。

设备维修保养制度，旨在按照设备使用规程，实行定机、定期维修保养，确保设备使用寿命与效率。

质量负责制度，旨在确定每项工作（工程）、每种产品的质量标准及其相关的技术与组织措施，确保工作（工程）与产品质量。

班组经济核算制度，旨在规定岗位人员经济核算内容与方法，要求全员参与当家理财，力求勤俭办企业。

会战工委在全战区推行岗位责任制的同时，还配套组织实施每月一次的岗位责任制大检查。除了月查，班组、小队、大队和二级单位内部还组织经常性自查。定期检查由一级指挥部组织实施，一般结合形势，围绕中心工作和存在的问题，分组织动员、自查整改、岗检团检验收、收尾总结4个阶段进行，具体采用示范检查、专题解剖、参观现场、典型引路、跟班写实、"解剖麻雀"、蹲点调查、对口检查、明暗结合、点面相顾等办法，通过看（看制度、图表、记录台账）、问（岗位职责、基础数据、安全生产情况等）、帮（帮助岗位人员熟记岗位职责、应知数据、安全知识等）、改（整改问题、隐患）、谈（座谈交流、总结经验教训），做到突出重点、上下结合，全面促进。从1963年7月起，岗检与基层单位"争先创优"结合起来，增加树样板、对照先进找差距等内容，使油田"三基"（以党支部建设为核心的基层建设、以岗位责任制为中心的基础工作和以岗位练兵为主要内容的基本功训练）工作得到不断加强。

1964年，大庆油田岗位责任制又增补安全生产制度和岗位练兵制度。后补的安全生产制度，明确各岗位的安全操作规程与技术要求，以维护职工的生命与健康，确保生产运行安全以及国家财产免受损失；岗位练兵制度，明确职工岗位练兵的内容、方法、目标以及具体要求，以确保职工岗位操作与技术水平得以普遍提高。1964年1月25日，毛泽东主席向全国人民发出"工业学大庆"的号召。在骤然掀起的工业学大庆浪潮中，大庆建立以岗位责任制为中心的管理制度和运行机制的做法，成为全国工交系统纷纷效仿的大庆基本经验之一。随后的几十年中，大庆岗位责任制在国内企业管理领域产生积极而深远的影响。甚至日本的著名企业，还曾在其管理系统引入大庆岗位责任制运行模式。

到1965年，岗位责任制在经济管理方面

扩展为4大类制度：一是生产指挥制度，包括生产指挥要点、基层建设八点要求等；二是专项业务管理制度，包括计划、劳动、物资、财务等管理机制、内容、方法与要求；三是技术标准和操作规程；四是各级各类人员岗位责任制。至此，岗位责任制普及大庆油田所有企事业单位、科研院校和专业团体，成为各行各业赖以规范运行的基本管理制度。办公室、会议室、厂房、车间随处可见制度上墙，随时随地警示从业人员遵章行事，成为企业员工基本行为准则。

1970年3月18日，周恩来总理做出"大庆要恢复两论起家基本功"的批示。在石油工业部工作组的指导下，大庆油田迅速行动起来，讲传统，讲作风，奋力扭转被动局面。1971年2月，大庆油田恢复岗检工作，改以往每月一查为每季一查。1975年，岗检由每季一查改为每半年一查。1977年1月，以迎接全国工业学大庆会议为契机，大庆油田修订出台新的《岗位责任制度》，仍包括先前的8项内容。同年2月17日，《人民日报》全文刊登大庆《岗位责任制度》，并配发表编者按，指出：大庆工人阶级以"两论"为武器，不断总结群众生产实践的经验，坚持把高度的革命精神同严格的科学态度结合起来建立了以岗位责任制为主要内容的一整套比较完善的规章制度，全国各企业应当认真学习大庆经验，加强社会主义的企业管理，把国民经济搞上去。

党的十一届三中全会以后，企业管理体制和运行机制改革不断深化，但岗位责任制作为大庆油田的基本制度，仍得以坚持，并在新的形势下被不断赋予新的内涵。1986年，岗检开始一年进行一次，并在突出"三基"工作的同时，每个年份有所侧重。

20世纪90年代，大庆油田按照发展社会主义市场经济的要求，着手构建与市场经济相适应的油公司管理体制和运行机制。1999年，大庆油田实行主辅分离，重组改制，随后逐步建立起符合国际标准的内控体系，各单位"三基工作"落实得力，企业管理更趋规范。2004年，岗位责任制大检查进行到第106次，那种周期性大规模岗位责任制大检查便告终止。

2019年7月，为全面践行中共中央关于"不忘初心、牢记使命"主题教育部署要求，深入开展大庆精神大庆传统再学习再教育再实践，弘扬岗位责任制优良传统，当好标杆旗帜，推进新时代油田振兴新发展，油田党委、油田公司以新发展理念为指导，做出"新时代岗位责任制检查"的工作部署，制定下发《大庆油田关于新时代弘扬优良传统加强岗位责任制检查的实施方案》，在全油田组织开展较大规模、集中性岗检，进一步落实岗位责任制，夯实基础工作。

总结评功树正气

1961年，全国性食品供应严重短缺仍不见明显好转，处于攻坚阶段的石油大会战却搞得如火如荼，会战队伍没日没夜地在打拼，还得忍饥挨饿。而农村的一些地方，搞较为灵活的"三自一包"（自留地、自由市场、自由雇工和包产到户）经济政策，生活开始好转。在这种情况下，部分职工要求退职回村务农。工程指挥部的183名职工中，就有82人思想动摇，其中18人向组织提出退职申请，还有20人在徘徊观望。一时间，队伍中弃工务农、弃工经商的意识蔓延开来。有的职工私下议论："回家种自留地，可以搞点小买卖，一家人能过上好日子，比当石油工人强多了。"目睹社会上粮食紧缺、市场供应紧张、农副产品价格大幅上涨，有的老工人感叹："八级工不如一捆葱。"这时，农村老家的亲人也不断来信，鼓动在大庆参加石油会战的丈夫、儿子离职回乡。有个100多人的施工队，一天就接到家信十多封，都是父母或妻子劝亲人回家的，搞得大家心神不定。有的职工抵不住诱惑，不辞而别；有的互相串连，结伴离去；有的探亲回乡，干脆一去不回。

会战工委对这种形势进行认真分析，认为其影响不可低估，任其蔓延，很可能把队伍搞垮。困难是客观存在的，关键在于教育职工提高觉悟，摆正国家利益与个人利益、长远利益与眼前利益的关系，稳定军心，顶住压力共渡难关。于是决定，从1961年冬到1962年冬，进行第二次大规模的冬季整训，总结会战两年来的成绩，表彰先进，鞭策后进，通过群众性总结评功和自我教育，明确其肩负的使命，调动积极因素，弘扬正气，克服消极因素，战胜邪气。

1961年11月24日，会战工委和会战指挥部在采油指挥部驻地召开五级三结合会议。会议宣布：从11月26日起，在会战区开展一个总结评功活动。这次总结评功活动，大体上分为三个阶段：第一阶段，由下而上地进行"五摆"，即摆形势，认清主流；摆成绩，人人有份；摆经验，提高水平；摆进行，增强信心；摆前途，无限光明。第二阶段，"四提"，即提问题，提意见，提困难，提办法，目的是启发人们既要把困难和问题讲透，又要把成绩和经验讲足，通过回忆对比、饮水思源，提高职工思想觉悟。第三阶段，针对总结评功中暴露出来的弱点，开展技术练兵，制订创"五好"（思想好、生产好、学习好、纪律好、风格好）规划。同时强调，这次活动要讲民主，人人参加，人人有份，通过正面教育手段，全面提振队伍士气。

总结评功的核心是大讲大摆。在这个阶段，职工自己摆，相互摆，群众摆，领导摆，家属也来摆。摆得仔细，摆得具体，摆得热火朝天，每个人都摆出了十几条甚至几十条成绩。如1202钻井队摆出21个第一，采油一矿摆出10个方面大好形势，建筑二大队三中队摆出110个好成绩，并细化落实到每个班组和职工身上。在讲摆中，不仅先进人物的成绩漏不掉，后进人物的点滴成绩和微小进步也都挖了出来。在讲摆结果方面，大家通过活生生的事实，看到了自己创造的成绩和成长进步，认清了形势，明确了方向，增强了信心，鼓起了干劲，使先进更先进，后进急起直追赶先进。通过总结评功，战区呈现人人心情舒畅、个个力争上游的良好局面。

老工人李子正，是个制作汽车轴瓦的能手，大家都叫他"瓦片李"。人们给他摆功：第一，三年做了5万件轴瓦；第二，轴瓦质良优良，汽车司机都喜欢用；第三，在技术上有9项革新；第四，这几年培养了10个徒弟，现在还带着几个新徒弟；第五，政治上进步，加入了党组织。群众的摆功使李子正十分感动，他说："一年一度的总结评功实在好，即便你是个泥人，是个木头人，也能够被感动。我的成绩是党培养的结果，就是我把骨头埋在大庆，也报答不了党的恩情。我决心要为人民做一辈子老黄牛，宁愿死在为人民服务的岗位上，也不愿死在家庭小病床上。"

油建土方施工队有个工人，平时爱讲怪话，大家叫他"怪话大王"。轮到他评功时，自我评价说："年年评功，我年年落后，领导上把那些好的捧得像个洋柿子一样红，总是把咱抛在一边。你们都讲我落后，说我是'怪话大王'，我也有一条成绩：这几年在这里参加会战，没有功劳，还有苦劳，起码没有开小差。"接着，大家你一言他一语，给他摆了四条成绩，他高兴极了。他说："我也有那么几条，好家伙！"在这个会上，他问指导员还有什么意见，指导员说："我送你一本书，就是毛主席的《反对自由主义》。"他就说："我这个人，这几年忘了本啦，好说风凉话，今后我坚决按照《反对自由主义》这一本书去做，请大家监督。"

总结评功还着重讲评技术干部，而且是从技术成就评起，讲得实在，评得人人心服口服。地质研究室一开始就摆出他们在石油大会战中起到的参谋部、尖刀连、研究室、情报网、气象站、资料队、宣讲队等十大作用。特别是地质理论和技术上的重大成就堪比国内外任何同行，比出了自己的水平。他们说，外国人靠三块岩样写出两千多字的报告，就被称为权威。我们用了1800多块岩样，写出的报告材料，不管从哪一方面都超过了他们。关键是在实践中占有的第一性资料多。评功评出重视第一性资料的重要性，增强了知识和真理来源于实践的认识，总结出科研成功的经验。仅在3个多月的时间里，全战区就有1700多名技术干部写出1416篇学术论文和报告。

总结评功不仅在职工中评得热火朝天，在家属中也评得十分热烈，许多家属通过总结评功变了样子，表示要争取当个"模范家属"。

经过"五摆""四提"两个阶段，有力地调动广大职工的积极性，解决了职工队伍在思想、生产、生活等方面存在的不少问题。

在"五摆""四提"的基础上，战区各单位按照会战工委的统一安排和部署，以思想好、生产好、学习好、纪律好、风格好为标准，全战区评出"五好"标兵118人，一级"五好"红旗手2752人，二级"五好"红旗手5861人，先进生产者6117人，合计约占职工总数的30%；全战区评出"五好"标兵队12人，一级"五好"红旗队97个，二级"五好"红旗队122个。

1962年1月19—21日，会战工委召开庆功大会，宣布《关于授予1961年"五好"标兵队、一级"五好"红旗队与"五好"标兵荣誉称号的决定》。至此，这次以总结会战两年来的成绩为主要内容的"五摆""四提"评功活动告一段落。

这种围绕当年的中心工作，以职工思想中的难点、热点为切入点而展开的群众性总结评功活动，具有很强的群众基础，它大大激发了会战职工克服各种困难，争上游、站排头的进取心，密切了干群关系和新老职工之间的关系，提高了队伍的凝聚力、向心力和战斗力。

抓生产从思想入手抓思想从生产出发

松辽石油会战一开始，石油工业部党组就强调要树立"一切工作为了生产"的观点。党组书记余秋里提出："全体会战职工的共同任务，就是探明大油田，开发建设好大油田，为祖国多生产石油，各个部门、各个单位、各级干部，都要围绕这个中心进行工作。各项工作，包括党的工作、政治工作、工会工作、团的工作、妇女工作、生产管理、生活工作，都要为这个中心服务。离开这个中心，各项工作就没有了目标,就失去了意义。""思想政治工作要防止运动化、平常化、一般化。强调思想政治工作从根本上讲,是对人们进行教育工作、说服工作、劝慰工作,当然不能采取强制的、压服的方法,更不能采取命令、批判斗争的方法。"

1960年5月25日,石油工业部机关党委组织召开松辽石油会战以来的第一次思想政治工作会议。在会议上,1262钻井队(后改为1205钻井队)党支部书记孙永臣介绍他们围绕钻井生产做好思想政治工作的经验。还有两个钻井队介绍了学习"两论"联系实际,取得生产不断发展的情况和体会。大会通过解剖典型,对会战思想政治工作的根本任务进行讨论,强调思想政治工作必须是抓油田勘探开发中的问题;根据会战的总任务和各个阶段的具体要求,确定思想政治工作的任务,就是以毛泽东思想为指针,以解决会战中的生产关键为目的,以技术革新和技术革命为中心,进一步深入开展竞赛及评比、技术表演、检查、总结、技术革新与技术革命、学习毛主席著作等六项活动,把政治工作做实、做细、做深透。

1961年1月30日—2月2日,石油工业部机关党委召开油田党支部书记工作经验交流会。会上,采油二矿二队党支部书记杨洪儒介绍经验时,提出"领导好生产必须从思想工作入手,思想工作必须从实际出发"的观点;油建二大队二中队党支部介绍"运用抓生产从思想入手,抓思想从生产出发,树立以搞油为业、以油田为家的长期会战的思想"的经验。这两个支部结合生产做思想工作的经验都是从实践中总结出来的,使与会的党支部书记等人员受到很大启发。1964年,石油工业部政治部在《关于加强基层建设,健全经常性政治工作的12条基本经验》中把这一提法概括为"抓生产从思想入手,抓思想从生产出发"。

1961年6月10日,松辽会战领导小组决定成立会战政治部,各级政治部也相继成立,负责会战职工的思想政治工作。政治部的任务是从政治思想上和组织上保证上级党委和上级行政领导机关决议的贯彻执行,并结合本单位的情况,调动全体党员、团员和职工的积极性,保证完成生产任务。

1961年,松辽会战工委在《松辽石油会战政治工作总结》中指出,思想政治工作要坚持以表扬为主的方针,坚决相信群众大多数;要学会严格要求和耐心说服教育相结合的领导方法;主要是进行教育,弄清思想,提高认识,惩前毖后,治病救人。

1963年3月,在总结整理和审定《关于松辽政治工作汇报提纲》时,又进一步归纳会战头几年开展思想政治工作的几条原则,即必须坚持以表扬为主、以正面说服教育为主、以提高思想为主的方针,主要依靠群众自我教育和相互教育,用摆事实、讲道理、以理服人的办法。到了1964年,总结四年多来的实践,形成"四个为主、三个观点"的原则:提高职工的思想觉悟与解决实际问题相结合,以提高思想为主;表扬与批评相结合,以表扬为主;耐心的正面说服教育与执行必要的纪律相结合,以正面的说服教育为主;自上而下地进行教育与群众性的自我教育相结合,以群众性的自我教育和相互教育为主。坚持"四个为主",就能使企业的思想政治工作真正树立起生产观点、群众观点、革命化观点,使思想政治工作具有实践性、群众性、革命性的鲜明特征。

热心培养放手使用年轻技术干部

松辽石油会战初期,会战领导小组和会战工委多次强调,队伍建设中的一个重要问题是干部队伍的建设。对现代企业来说,重要的是建设一支又红又专的技术干部队伍,因为现代企业没有一支好的技术干部队伍,技术水平就不能提高,不能发展。

会战伊始,石油工业部党组就提出,要调集各路精兵强将参加会战,特别是要有一批各类技术人员。当时到大庆参加会战的技术干部有2300人。其中,总工程师、教授级专家20多人,工程师、讲师、技术员990人,大专学生1372人。石油工业部党组认为,大庆会战是广大技术人员施展才能的大舞台,是经受锻炼和考验的大熔炉,是在实践中培养人才的大学校。在会战中,一定要充分发挥技术人员的作用,在实践中建立一支又红又专的科技队伍,形成中国自己的石油勘探开发理论体系。

首先,充分发挥老一代工程技术人员的作用。当年来大庆参加会战的有新中国成立前就在石油行业工作的工程技术人员100多人,他们有的是解放前在国外学成回国到西北的玉门等地搞石油的爱国知识分子,有多年从事石油勘探开发的技术和经验,会战前大都担任石油厂、矿的总工程师、总地质师等技术领导职务。来大庆以后,会战领导小组安排他们担任钻井、采油等各路的总工程师、总地质师等职务,以及地质工程技术研究项目、试验项目等领导工作。会战领导在精神上对他们充分尊重;在工作上听取他们意见,请教技术问题,予以大力支持;在生活上给予细致的关心照顾。对于一些过去受过错误处理的,予以公开纠正。在1962年7月10日召开的技术干部会议上,根据党的政策,会战工委正式向他们宣布:"所有受过批评、戴上右派及白旗帽子的一律取消。当时有档案存档的,一律取出销毁。"还指出,参加会战的技术干部,是拥护党和社会主义的,是爱国的,是劳动人民的知识分子。这些专家学者卸掉包袱以后,精神振奋,轻装上阵,同青年科技人员一道,住板房,下现场,搞试验,在油层分析、油田开发、注水试验、原油集输方面取得不少成果,解决许多技术难题。同时,指导和帮助青年科技人员提高了技术,培养了新人,在会战中做出重大贡献。

其次,会战中打破"唯资格论"、"唯学历论"的框框,大胆提拔一批政治思想过硬、革命意志旺盛、业务能力强的年轻干部。仅会战三年的时间,就从建国后参加工作的2000多名科技人员中,提拔1000多人,其中包括会战指挥部总工程师、总地质师8人,各二级指挥部主任工程师63人、工程师和地质师307人。这些人大多数30岁左右,到任后不负重托,倾尽才智拼搏奉献,立下卓越功勋。当时被提拔为采油总工程师的李虞庚,后来走上大庆石油管理局局长岗位;被提拔为总地质师的闵豫,后来升任石油工业部副部长和石油工业部总地质师职务。

再次,对大专院校的师生和应届毕业生,则明确规定,不允许当作一般劳动力使用,通常安排他们结合所教所学专业从事科技攻关试验。从1962年起,对国家分配来大庆的大、中专毕业生,先使其到专业对口的基层顶岗劳动实习2—3年,然后再量才任用,从事技术工作或者管理工作。这一批青年学子,后来大多数成为既有理论知识又有实践经验的中坚力量。

最后，对待科技干部的工作，会战领导小组和各级党政负责人都严格执行部党组规定："充分信任，放手使用，严格要求，热情帮助。"政治上关心他们的进步，在条件具备时，吸收他们加入党组织。党委讨论重大生产问题时，邀请他们列席参加；放手使用，就是给他们压担子。1962年8月，会战工委专门为此作出《关于更好地贯彻党对技术干部的政策，进一步加强对技术工作领导的决定》，明确规定："保证技术干部有职有权""各单位负责技术工作的技术干部同党政领导干部同为该单位领导干部，享有同等的权力和待遇。"在放手使用的同时，严格要求，热情帮助。他们应该办到的事情没有办到，应该办好的事情没有办好，就直率地批评，帮助他们总结经验，接受教训。在生活上，优先照顾技术干部。会战领导小组多次提出，不管会战多苦、条件多差，对工程技术人员，一定要叫他们吃饱吃好，让他们住好，不要让他们为生活担心，为他们做好工作创造条件。

在知识分子备受诟病的年代，石油工业部党组推行对科技人员"充分信任，放手使用，严格要求，热情帮助"的方针，极大地激发起科技人员为国增光、为油奉献的热情，这也是会战能够取得决定性胜利的关键因素之一。

倡导"三老四严、四个一样"作风

"三老四严、四个一样"是大庆石油职工在会战实践中形成的优良作风。"三老四严"的提法，最早出现于1962年，到1963年形成完整的表述。在油田开发建设中，尤其是在油田生产建设中，钻机遍布油田，分散钻井；采油工人在油井单人顶岗，昼夜值班；施工作业的点多、面广、门类多，只有广大职工自觉从严，才能一丝不苟地执行岗位责任制。为此，会战期间，会战工委十分重视培养队伍的优良作风，多次强调要把取全取准资料、搞好机器维修保养、狠抓工程质量、大搞岗位练兵、建立健全岗位责任制这五个方面基础工作抓好，打得扎扎实实、牢固可靠。1960年5月，在油田第一次政治工作会议上就提出："要以党的三大作风、三大纪律、八项注意，同会战实际相结合，培养队伍革命作风。"以后，年年强调，严格要求，狠抓老毛病、坏作风。在建立岗位责任制中，强调好作风要从大量的、细小的、常见的小事抓起；要在实际工作中磨炼，磨掉坏的，炼出好的；要思想领先，严字当头，把做好耐心思想工作和严格要求相结合；关键是干部带头，以身作则。到1963年，正式提出培养队伍"三老四严"的优良作风，即"当老实人、说老实话、办老实事；严密的组织、严格的要求、严肃的态度、严明的纪律。"在培养"三老四严"优良作风中，余秋里强调要突出一个"严"字，要严格按规章制度办事，对生产管理要严，对干部要求要严，对工人管理也要严，办一切事情都要严。这些要求深入人心，付诸实践，在职工队伍中逐步形成"三老四严"的作风，并涌现出一批"三老四严"的先进典型，李天照井组就是其中的一个突出代表。

这个井组管的三口油井是1961年7月投产、地处油田边缘的油井。投产两年半来，这里从未发生过一次事故，井场上的各种管线和设备共有863个焊口、153个闸门，没有一个漏油、漏气；所使用的大小工具无一损坏丢失；所记录的上万个生产数据，经反复检查无一差错；油井安全生产近千天，月月超额完成原油生产任务。他们对油井生产管理得好，关键是执行制度"三老四严"，做到"四个一样"，即夜班和白班执行制度一个样，坏天气和好天气执行制度一个样，领导不在场和领导在场执行制度一个样，没人检查和有人检查执行制度一个样。

李天照井组坚持"三老四严""四个一样"的经验，会战工委及时进行总结、推广，使"三老四严""四个一样"的作风，成为油田管好生产，搞好工作的巨大力量。之后，又相继树立"高度觉悟、严细成风"的三矿四队，"好字当头、自觉从严"的油建十一中队，思想作风、技术全面过硬的32139钻井队和永不卷刃的钢刀1202钻井队等一大批典型。在典型的带动下，全油田几百个钻井队、采油队和施工队等基层单位，严格按规章制度办事，广大职工坚持从日常的、细小的事情做起，坚持自觉遵守，涌现出许多执行制度自觉从严的先进个人典型。1965年的一天，第一采油指挥部采油工人王淑芬正在井上值班清蜡。她父亲从外地来看她，父女已有三年没见面了，她一见很激动，但按制度规定清蜡时不准说话。她父亲见她没答话，等急了，就走了。王淑芳下班后，她父亲还在生气，说："你喊我干什么，你都不认识我啦。"当她父亲了解到真情以后，笑着说："你们大庆真严啊！"实践证明，有了好的作风，工作就能做到扎扎实实，各项制度就能切实贯彻执行，各项任务也就能够很好完成。到1963年底，全油田实现井场无油污、井下无落物、设备器材摆放规格化。年底检查考核，设备完好率达100%，五好设备率达84.8%，基本功合格的职工达96.5%，先进党支部和五好基层单位达30%，油田管理出现一个崭新的面貌。

思想政治工作"四个为主、三个观点"

1960年，大庆石油会战队伍开展第一次冬季整训的时候，余秋里明确提出：思想政治工作要防止运动化、平常化、一般化。强调思想政治工作从根本上讲，是对人们进行教育工作、说服工作、劝慰工作，当然不能采取强制的、压服的方法，更不能采取命令、批判斗争的方法。会战工委在1961年的《松辽石油会战政治工作总结》中指出，思想政治工作要坚持以表扬为主的方针，坚决相信群众大多数；要学会严格要求和耐心说服教育相结合的领导方法；主要是进行教育，弄清思想，提高认识，惩前毖后，治病救人。1963年3月，在总结整理和审定《关于松辽政治工作汇报提纲》时，又进一步归纳会战头几年开展思想政治工作的几条原则，即必须坚持以表扬为主、以正面说服教育为主、以提高思想觉悟为主的方针，主要依靠群众自我教育和相互教育，用摆事实、讲道理、以理服人的办法。到了1964年，通过总结4年多来的实践，形成的"四个为主、三个观点"和以身作则、身教重于言教的原则。

提高职工的思想觉悟与解决实际问题相结合，以提高思想觉悟为主。职工的思想问题往往与实际存在着的困难有关，如不去解决职工确实存在的应当解决而又能够解决的实际问题，就不能有效地解决思想问题。只注意解决实际问题，忽视解决思想问题，甚至把物质鼓励作为提高劳动热情的主要或唯一手段，不仅达不到激发职工积极性的目的，相反，在一定程度上还会助长职工中的不良倾向，乃至造成恶性循环。只有坚持以提高思想为主，同时认真解决职工中存在的那些应当解决而又可能解决的问题，才能使职工的积极性、创造性持续有效地发挥出来。

表扬与批评相结合，以表扬为主。在对职工进行教育的过程中，有表扬和批评两手，要以表扬为主、批评为辅。表扬是对先进的激励，也是对后进的鞭策。以表扬为主，不但要表扬先进，也要善于发现中间和后进中的积极因素，并及时给予表扬和鼓励；不但领导要给予表扬，还要发动群众互相表扬；不但要抓住具体事例进行表扬，更要从思想的高度加以认识，从而激励其上进心和荣誉感，调动其积极性，把消极因素转化为积极因素。正确的批评是弄清是非、提高思想、团结同志的有效教育形式。坚持表扬和批评相结合，以表扬为主，就是要扶正祛邪、扬善抑恶、鼓励先进、带动中间、促进落后。

耐心的正面说服教育与执行必要的纪律相结合，以正面的说服教育为主。解决思想认识问题，必须坚持团结—批评—团结的方针。主要是调查研究、摆事实、讲道理，以理服人，热心诚恳地帮助同志，以情感人，不能用压服的方法对待同志。在坚持耐心说服教育的同时，要严格要求，对个别错误性质严重的，还要进行严肃批评，乃至必要的纪律处分，做到惩前毖后，治病救人。

自上而下地进行教育与群众性的自我教育相结合，以群众性的自我教育和相互教育为主。在对职工进行思想教育中，对于一些重大的全面性问题，由各级领导干部负责，原原本本地传达党中央的方针政策和指示，结合本单位的具体情况和职工中普遍性的思想问题，适当地进行集中教育和系统教育，以澄清思想、统一认识和行动，是完全必要的。对于职工中存在的日常的、大量的、具体的思想问题，应发动广大职工群众做思想工作，主要依靠党团员、班组长、先进分子，通过班组座谈讨论和个别谈心的形式，做好一人一事的思想工作。这样做针对性强，能够及时地、具体地解决大量问题。依靠群众进行自我教育和相互教育，是思想教育工作最主要的形式和最基本的形式。

坚持"四个为主"，就能使企业的思想政治工作真正树立起"三个观点"（生产观点、群众观点、革命化观点），使思想政治工作具有实践性、群众性、革命性的鲜明特征。

实行职工代表大会制度

该制度是在企业党委的领导下，确立职工群众主人翁地位，保障职工群众当家做主、管理企业的一种制度，是企业实行民主管理的基本形式。大庆油田从1962年实行职工代表大会（或职工大会）制度以来，遵照党的方针、政策和国家的法律、指令，在党委领导下行使职权，正确处理国家、企业和职工个人三者之间的利益关系，协调企业内部关系，保证石油和石油化工等国家计划及各项任务的完成。大庆油田首届职工代表大会于1962年4月中旬召开，以后每年至少举行一次。大庆石油管理局成立后，进一步健全职工代表大会制度。在1981年4月召开的职工代表大会上，讨论通过《大庆石油管理局职工代表大会条例（试行草案）》，讨论并通过管理局工作报告，听取和审议管理局职工代表大会提案解答报告等。1981年以后，每年召开一次职工代表大会，所属单位每年召开两次职工代表大会。1987年后，贯彻《全民所有制工业企业职工代表大会条例》和《中华人民共和国全民所有制工业企业法》，结合油田企业实际，制定职工代表大会实施细则，形成局、厂（公司）、矿（大队）、车间（小队）、班组五级民主管理网。各级工会和职工代表按照法律程序，一方面发挥在审议企业重大决策、监督各级领导、维护职工合法权益等方面的权力和作用，认真行使民主权利；另一方面，积极支持局（厂）长行使生产经营管理决策和统一指挥生产活动的职权。

始终坚持党对企业的政治领导

党的十一届三中全会以后，按照党政分开的原则和企业法的要求，油田企业实行局（厂）长负责制，企业党委发挥政治核心作用。随着改革开放的不断深入，大庆石油管理局和局党委认真贯彻中央4号文件和"三句话"的指导方针，充分发挥党委的政治核心作用，党对企业的政治领导坚强有力。一是积极参与企业重大问题决策并落到实处。大庆石油管理局在1995年印发局属二级单位党政领导班子有关制度，包括党委（扩大）会议制度、党政领导班子联席会议制度、厂长（经理）办公会议制度等，对党委参与重大问题决策做出明确具体的规定。例如：党政领导班子联席会议的主要内容包括讨论决定企业经营方针、生产建设长远规划和年度计划、企业改革方案、财务预决算、企业机构设置和人员编制、聘任及解聘中层行政领导干部等15项；参加党政联席会议人员为党政领导班子成员和工会主席，根据会议内容分别由书记或厂长（经理）主持，书记与厂长（经理）意见不一致时不上会；等等。在党委会议制度中，还规定党委要讨论研究企业重大问题，提出意见和建议；每半年听取一次厂长（经理）工作报告，针对存在的问题，提出解决的意见和建议。在厂长（经理）办公会议制度中，规定参加人员除正副厂长（经理）、总师外，还包括党委正副书记及党委有关部门负责人。各单位党政领导对这些制度贯彻都比较认真，因而党组织参与重大问题的决策能够落到实处。二是坚持党管干部原则，加强对干部特别是领导干部的教育、培养、考察和监督。1997年以来，局党委突出实施以搞好"一把手"教育管理工程为核心内容的领导班子建设，加强对一把手的选配、教育培养和管理监督，全面提高领导素质和领导水平。三是狠抓基层党支部建设，建立党员责任区，党建工作实行目标化、标准化、制度化管理，开展民主评议党员和创先争优活动，充分发挥党支部的战斗堡垒作用和党员的先锋模范作用。四是坚持从严治党，建立一系列党风廉政建设规章制度，保证和促进领导干部遵纪守法、勤政从业，密切了党群、干群关系。五是思想政治工作在改进中进一步加强，精神文明建设水平得到全面提高。对在市场经济条件下，如何进一步加强和改进思想政治工作，局党委进行有益的探索，并在继承大庆优良传统的基础上有所创新和发展。提出建立和完善"四进四到四出"的思想政治工作体系，开展"学算做""学塑创"主题活动，使思想政治工作全方位、多层次地渗透到各个领域，同生产经营、企业改革和精神文明建设紧密结合在一起，工作的任务、目标、方法都更清晰，在实践中，收到较好的效果。六是加强对职工代表大会和工会、共青团等群众组织的领导，全心全意依靠油田广大职工办企业，支持这些组织依照法律和各自的章程独立负责地开展工作，并协调好厂长与职代会及群众组织的关系。在日常工作中，党委书记与局（厂）长之间，经常通气，交换意见，建立起相互尊重、相互理解、相互信任、相互支持的关系，做到分工不分家，共同为实现企业的工作目标而努力奋斗。

住房制度改革与市场接轨

大庆会战初期，职工住房因陋就简，住的是"干打垒"、土坯房，甚至是"地窨子"，费用全免。盖楼以后也只收很低的租金。1978年，油田开始兴建住宅楼，但盖楼速度跟不上职工人数增长的速度。油田每年建楼30万—50万平方米，使近万户家庭进楼，但总有大批职工等待分楼。然而，他们大多算不上准无房户，因为他们有房住，只不过是水、电、取暖等设施一应俱全却无室内卫生间的单层住宅，等待分房结婚青年职工只占很少一部分。20世纪80年代前后，外地人调入大庆，很重要的诱因之一就是落户即可有房住。

1988年，大庆启动住房制度改革，当年向职工出售住宅楼6995套，回收的资金再用于建住宅楼。1993年，大庆开始提高公有住宅租金，每平方米由0.21元提高到1.3—2.6元，实行租售并举，建立住房公积金。随着时间的推移，由于住宅只建楼而停建平房，早期那种楼房紧缺、单层住宅尚可满足住房需求的状况已不复存在。每年都有相当一部分青年职工等待分房。日趋尖锐的住房供需矛盾，促成住房制度改革的不断深化。

1995年，住宅楼出售开始实行市场价、成本价、标准价三种价格。以市场价购买的住房，职工个人具有完全产权，可以进入市场交易；以成本价购买的住房，五年之内不得进入市场交易；以标准价购买的住房，个人只享有部分产权。

1997年，油田出台优惠政策，鼓励职工以全产权购房，并得到广大职工的积极响应。

1998年10月，石油管理局成立房产交易中心，负责住房出售和二手房交易，全面实现住房商品化和社会化，达到住房改革预期的目标。

1999年，房价涨到每平方米1080元，达到成本价，实现住房资金投入的良性循环。

推行企业经济责任制

1978年4月20日，中共中央做出《关于加快工业发展若干问题的决定（草案）》，提出企业整顿六条标准。大庆党委根据文件要求和全国工业学大庆会议精神，专门召开二届四次全委会议，组成学习团，专程赴鞍钢进行学习。联系实际，分析形势，找出差距，决心继续全面整顿企业。接着，根据国务院对1979—1980年两年经济计划的安排，决定实行"三个转变"，即从上到下都要把主要注意力转移到生产建设和技术革命上来；从不讲经济效益和生产效率的官僚主义管理制度和管理方法，转移到按经济规律办事上来；从那种不同资本主义国家进行技术交流的闭关自守状态，转移到积极地引进外国技术，利用国外资金上来，大胆地进入国际市场。同时，坚决贯彻"调整、改革、整顿、提高"的八字方针，从各个方面探索改革路子，并在井下作业指挥部等单位进行改革试点。

1978年7月，井下作业指挥部结合企业整顿，率先开展定岗、定员、定额调查，组织专人对95个工种、62项535个劳动工时定额和56种类型的设备利用工时定额进行测定。到12月结束"三定"调查，确定全部岗位定员。1979年1月，将所承担的生产建设指标分解为238项，落实到17个大队、101个小队、2824个岗位。同年2月5日，《人民日报》头版头条刊登关于大庆油田井下作业指挥部解放思想、大胆实践、用经济方法管理经济的专题报道，并配发题为《要有"第一个吃螃蟹"的勇气》的评论。

1979年7月7日，石油工业部在整个石油系统转发了大庆油田井下作业指挥部用经济办法改进经营管理的经验。1980年，实行《大庆经济管理体制改革试行方案》，扩大所属厂（公司）的管理权限，赋予其相对独立的经营自主权，并相应在钻井、采油、基建、机修系统试行不同形式的"联劳联责，记分计奖"法，初步将生产经营效益同职工报酬挂起钩来。1981年9月，国家对石油系统实行全行业包干政策，大庆油田向石油工业部"五包"：包原油产量、包原油统配商品量、包炼油综合商品率、包新增石油地质储量、包弥补产量递减的接替产能。石油工业部对大庆实行"五定三保"，即定包干时间、包干区域、包资金、包干分成比例和包干分成资金的使用，保统管物资和部管物资的及时供应，保原油及炼油产品的外运和销售，保用电指标。包干期限为5年，在完成包干统配商品原油量及炼油产品商品率以外，超过部分由石油工业部按国家规定组织出口，所得收入，石油工业部与大庆二八分成，用于包干超产奖励和集体福利，以及积累生产资金。"产量包干办法"以提高经济效益为中心，按照责、权、利相结合的原则，把企业对国家承担的经济责任加以分解，层层落实到企业各个部门、各个环节以及各基层单位，直到职工个人的一种管理制度。这种制度一般由"包、保、核"三个环节组成。大庆油田在实行产量包干办法的同时，进一步将企业管理工作的重点转移到加强经营管理、提高经济效益的轨道上来。在原来岗位责任制的基础上，着手建立起企业经济责任制。

1981年12月，大庆市政府、大庆石油管理局颁布《推行经济责任制实施办法》，规定采油厂实行"六包"，即包原油产量和商品量、包新增接替生产能力、包天然气外供量、包质量、包能耗、包成本；钻井公司实行"四包"，即包任务、包质量、包工期、包成本；基本建设单位实行"五包"，即包任务、包工程质量、包预算、包工程材料定额消耗、包工期配套竣工。为适应包干需要，全局实行统一领导，分级管理与核算；在统一计划指导下，各厂（公司）在经济上实行内部独立核算，"分灶吃饭"。把农业同工业分开，把集体所有制同全民所有制分开，严格划清资金渠道，实行分级、分系统核算。1985年，大庆石油管理局实行固定资产和流动资金有偿占用制度，对固定资产除按规定提取折旧和大修理基金外，每月按固定价值的5‰缴纳占用费。对流动资金实行核定定额的贷款办法，定额以内的流动资金，每月按1.5‰收取利息，超额部分则按3‰收取利息。为保证各厂（公司）能够相对独立地自主经营，下放部分计划编制、物资与资金使用、资产管理、机构设置、人事劳动管理、薪酬分配的自主权，使经济责任制逐步发展和完善为5项制度和4个体系，即纵向分层包干制、横向内部合同制、岗位责任制、逐级考核奖惩制、全面经济核算制和指标分解体系、指标考核体系、内部合同管理体系、全面经济核算体系。

经济责任制把责任放在首位，以责定权，以责定利，把企业职工对企业和国家应尽的责任、企业实现的经济效益与个人的物质利益联系起来，打破大锅饭，调动各个方面的积极性，促进油田生产不断发展，经济效益不断提高。1985年，油田生产原油5528.88万吨，比开始"实行产量包干办法"的1981年增产353.61万吨。随着企业改革的不断深化，企业经济责任制又逐步向经营承包责任制方向发展。

实行党委领导下的局（厂）长负责制

党委领导下的局（厂）长负责制，是大庆石油管理局等企业曾经实行过的由局（厂）党委对油田工作的全面领导和局（厂）长对生产行政工作的个人负责相结合的领导体制。它规定油田党、政、工会三种组织的领导分工及其相互关系。大庆油田从开发初期就建立会战工委，实行集中的领导体制，其基本格局是：①会战党委根据党和国家的方针、政策，研究确定油田的各项重大问题，会战指挥部组织实施；②会战指挥部根据党委决定，按领导成员的工作分工，组成生产指挥、后勤保障、生活服务等系统，独立负责地进行工作，党委进行监督检查；③每个系统在工作中按党委部署，注意发扬民主，发挥集体智慧，听取群众意见，形成具体的方案措施，并组织落实；④在组织落实的工作中，实行严格的责任制度，个人对集体负责，下级对上级负责，围绕一个共同的目标进行工作；⑤各单位之间互相支持，互相协作，做到你中有我，我中有你，形成"一盘棋"。这种领导体制的基本格局一直延续到实行局（厂）长负责制。局党委是党在大庆油田的基层组织，是团结、动员和带领油田职工贯彻党的方针、政策，进行石油开发建设的领导核心，对油田工作的领导体现在：坚持社会主义方向，保证全面完成国家计划，履行合同任务；讨论和决定油田内各方面工作中的重大问题；检查和监督各级行政领导人员对党和国家方针、政策、法令、计划和局党委决定的执行情况。职工代表大会在局党委领导下行使管理油田的民主权利，正确处理国家、油田和个人三者利益关系，协调内部矛盾，保证各项任务的完成。局长是油田生产行政总负责人，在局党委的领导下，在职工民主管理的基础上，对油田生产经营活动实行统一指挥和全面负责。副局长、总工程师、总地质师、总经济师、总会计师是局长的助手，在局长领导下，负责一个方面的工作。党委领导下的局（厂）长负责制，在当时的历史条件下，对油田开发建设起到积极作用。1987年，大庆石油管理局按照中共中央、国务院关于实行厂长负责制的两个"通知"和三个"条例"的精神及具体要求，实行局（厂）长负责制。

逐步实行内部资产经营责任制

为加强国有资产管理，建立权责明确的国有资产管理、监督和运营体系，落实资产经营责任，提高资产运营效益，实现国有资产保值增值，大庆石油管理局于1988年对总机厂、汽修厂、运输公司、公路公司实行内部资产经营责任制，1989年又扩大到基建、技术服务等13个单位，1998年在外围油田、施工作业和生产服务单位全面推行内部承包经营责任制。其主要内容是：管理局是局国有资产的产权运营主体，对各单位占有、使用、经营的国有资产行使监督管理职能；对投入各单位的资产享有资产收益、进行重大经营决策和选择经营者的权力。各资产经营单位自主经营，负有向管理局上交资产收益的义务，承担资产保值、增值的责任。双方通过签订内部承包合同，保证内部资产经营责任制的落实和各种经营指标的完成，进一步理顺与二级单位的产权关系，逐步形成以产权关系为纽带、以经济手段为主的管理模式，建立起以投资回报为中心、确保国有资产保值增值的新机制。1990年7月28日，在全国第三届设备管理优秀单位表彰大会上，大庆石油管理局荣获"全国设备管理优秀单位"称号。2000年以来，大庆油田有限责任公司连续获得第五届（2000年）、第六届（2003年）、第七届（2006年）"全国设备管理优秀单位"称号。

实行党政干部"十不准"制度

党政干部"十不准"制度是大庆企业党委针对改革开放新形势下党风廉政建设面临的新情况，于1988年制定的一项廉政制度。内容是：①不准经商、办企业，不准插手重要原材料和紧俏商品的倒卖活动；②不准借职权和工作之便对所管单位和服务对象"卡脖子"，不准以回扣、好处费和佣金等名义索要和接受钱物；③不准凭借职权和工作之便，接受单位用公款、公物送的礼物，不准接受基层单位的奖金、补贴和"小红包"，下基层不准接受超标准招待；④不准借职务升迁、工作调动、婚丧嫁娶之机大吃大喝，收受礼物；⑤不准用公款请客送礼，不准以参观学习为名或借外出开会、工作、疗养、看病之机，用公款旅游；⑥不准违反规定购置禁控商品，办公室和办公用具不得追求高档化，不得用公款超标准装修住宅和配置高档家具；⑦不准违反政策规定安排子女或亲属参军、升学、转干、提职、晋级，领导干部不得指使或暗示组织人事部门提拔任用自己的子女、配偶、亲属；⑧不准凭借工作条件和职权之便私分或变相私分国家财物，不准以试看、试穿、试用为名将公物占为己有；⑨不准违反有关外事规定借机谋取私利，不准在国外、境外淫秽下流场所寻欢作乐；⑩不准利用职权干扰违法违纪案件的查处，不准包庇、袒护违法违纪者，不准对揭发、举报违法违纪行为的人实施打击报复。

实行"小油公司"模式开发偏远难采低效油田

大庆油田与油田周边的各级地方政府合资合作，共同开发油田生产区块，一般采用有限责任公司的组织形式，具有独立法人资格。这种组织形式被称为"小油公司"模式。20世纪90年代，在中国石油天然气总公司和黑龙江省的共同努力下，大庆石油管理局与地方合资、合作，先后组建头台油田开发有限责任公司和榆树林油田开发有限责任公司，开启"小油公司"模式的运作。2000年以来，大庆油田有限责任公司不断扩大合资、合作规模和范围，又先后成立新肇、龙虎泡、庆新、模范屯等多个小油公司。小油公司严格按照《中华人民共和国公司法》和现代企业管理制度的有关规定要求，规范运作，发挥体制优势，深化内部改革，加强内部管理，降低企业成本，并逐步完善相应的管理办法，使合资、合作开发质量不断提高。小油公司模式充分利用企业和地方政府各自的有利资源，有效地解决外围油田开发中的土地征用、土地纠纷、环保处理、劳动力雇用、油区治安保卫等诸多问题，进而达到有效规避各类经营风险和法律风险的目的，使油田公司能够集中精力搞好生产经营工作，同时也通过上缴各种企业税费，有力拉动地方经济的快速发展，提高地方群众的生活水平，实现企地共建、企地共赢。

实施三项制度改革

1992年5月，大庆石油管理局采油三厂被中国石油天然气总公司确定为劳动、人事、工资三项制度改革（简称"三项制度改革"）试点单位。1993年，管理局推广采油三厂改革经验，从5月到12月，全面开展三项制度改革，成立改革领导小组和改革办公室，抽调业务骨干具体指导各二级单位的改革工作。到12月18日，参加改革的局属59个二级单位全部通过检查验收，并从1993年7月1日起兑现岗位（职务）工资。全局在三项制度改革中取得明显成效。一是劳动组织得到改善和调整。全局从主体队伍中分离职工19500人，累计分离达37500人，主体队伍比改革前减少9783人。一、二级生产人员所占比例比改革前增加20985人。二是初步解决各单位内部"小而全"问题，撤销基层小队物资"笸箩库"，撤销三个（大队）器材分库及在同一区域内重复设立的基层托儿所、幼儿园、食堂、卫生所等。三是用工总量得到有效控制。全局清退计划外用工10333人，办理职工提前退休8128人。四是两级机关机构有了大幅度精简。局机关处室由原来的35个减少到29个，人员由1311人减少到896人；厂（公司）机关由原来的1535个减少到991个，人员由8871人减少到6196人。五是优化劳动组合，建立"三岗"管理机制。全局有210864名职工参加优化劳动组合，组合面达到了95.5%；199744名职工经考试考核后竞争上岗，并全部签订上岗合同或聘任合同；有9234名职工试岗，5397名职工待岗。六是建立以岗位技能工资制为主的新工资制度。在建立岗位劳动评价指标体系和评价标准的基础上，全局对2731个岗位全部进行岗位测评和划岗归级，并实行岗位（职务）工资，做到以岗定薪、岗变薪变，试岗与上岗人员的工资有所差别，待岗人员不执行岗位（职务）工资。

实行党政领导班子民主生活会制度

为健全党内政治生活，有效地进行党内监督，进一步加强领导班子思想、作风建设，依据《中国共产党章程》《关于党内政治生活的若干准则》和中共中央《关于县以上党和国家机关党员领导干部民主生活会的若干规定》，结合油田实际，1995年修订党政领导班子民主生活会制度。该制度对会议内容，召开时间及参加人员、会前准备、会议组织、会后落实、具体要求等进行规定。党政领导班子民主生活会的基本内容主要是对贯彻执行党的路线、方针、政策和上级有关指示、决定、决议的情况，坚持以经济建设为中心，努力完成各项生产工作任务的情况，坚持民主集中制原则，团结协调，发挥整体功能的情况和领导班子中存在比较突出的问题等六方面问题进行检查、总结，开展批评和自我批评，统一思想认识。党政领导班子民主生活会半年召开一次，根据实际需要也可随时召开。民主生活会参加人员为党政领导。民主生活会由党委书记召集和主持。该制度规定：民主生活会应遵循团结—批评和自我批评—团结的方针，围绕议题交流思想认识，总结经验教训，以与人为善的态度开展批评，达到统一思想、增强团结、互相监督、共同提高的目的。民主生活会要在解决实际问题

上下功夫，集中解决领导班子思想作风建设和群众反映比较突出的问题

实行民主评议领导干部制度

为加强对领导干部的管理、监督，促进领导班子建设，根据中央和上级部门有关要求，结合油田实际，1995年大庆石油管理局党委修订民主评议领导干部制度。该制度对评议对象及参评人员、评议内容、评议步骤以及评议工作的具体要求，都进行了明确的规定。规定："党委书记、副书记、纪委书记、工会主席、组织部长、宣传部长和其他担任党委委员的党群部门负责人，通过召开党委扩大会议进行评议。由同级党政领导、机关部门负责人及下级党政主要领导、工会主席、基层党支部书记、工人党员代表参加。党支部书记和工人党员代表应占参加评议人员总数的10%—15%。""厂长（经理）和副厂长（副经理）及总师，通过召开职工代表大会进行评议。""要按照对干部德、能、勤、绩的要求，从政治立场、思想品质、领导才能、工作态度、工作实绩、廉洁自律、群众威信等方面进行评议。"

实行党政领导班子联席会议制度

为了加强集体领导，保证企业重大问题决策的民主化、科学化，促进两个文明建设的健康发展，依据《中华人民共和国全民所有制工业企业法》《中国共产党全民所有制工业企业基层组织工作条例》《全民所有制工业企业厂长工作条例》和《全民所有制工业企业职工代表大会条例》，结合油田实际，1995年大庆石油管理局党委制定党政领导班子联席会议制度。该制度规定会议的主要内容是：讨论决定贯彻上级重要指示、决定的实施意见；讨论决定企业经营方针、生产建设长远规划和年度计划；讨论决定企业改革的总体方案和配套方案等15个方面。制度规定"议题由党政领导提出，经党委书记和厂长（经理）协商后确定"，"党政领导班子联席会议根据工作需要召开"。该制度还对参加会议的人员、议题讨论实施与反馈等进行了明确规定。

实行干部竞争上岗制

实行干部竞争上岗制是大庆油田深化干部制度改革，强化竞争激励机制的一个具体做法。1998年初，大庆石油管理局党委和管理局下发《局属二级单位行政班子副职（总师）干部聘任工作实施意见》，对局属二级单位行政班子副职（总师）实行差额聘任。主要程序是：公布聘任岗位、工作（经营）目标和任职资格条件；个人报名自荐应聘，准备应聘发言；组织部门对报名自荐、经行政正职提名的人员进行资格审查及考核；局党政领导班子研究同意后，由单位行政正职按超出规定职数1人提名拟聘人选；召开竞聘大会，先由被提名人作应聘发言，然后对被提名人进行信任投票；根据投票结果和考核情况，经局党政领导班子研究批准后，由局长授权所在单位行政正职聘任。在这次聘任工作中，全局共有331名干部参加二级单位行政副职（总师）的竞聘，273名干部通过竞聘上岗，58名干部落聘，58名40岁以下的年轻干部通过竞聘进入二级单位领导班子。1999年11月，大庆油田分开分立后，大庆石油管理局和大庆油田有限责任公司大力推行领导干部竞争上岗，并逐步由全员竞争向理性竞争、适度竞争过渡。在2001年、2004年两次领导班子换届调整中，所属单位班子副职岗位实行差额竞争推荐，全面推行竞争上

岗。实行单位"80%"直任政策，即原班子副职民主测评优秀率或民主推荐得票率在80%以上、经组织考核为优秀的，直接聘（选）任进入下一届领导班子。有三分之一的原班子副职直接进入新一届班子，其他人员通过竞争进入下一届班子，形成良好的用人导向和激励效应。领导班子的年龄结构、文化结构都得到明显改善。2008年，油田重组整合后，进一步调整适度竞争政策，通过任期考核和民主测评，对领导班子副职民主测评优秀称职率在90%以上、经组织考核优秀的，直接聘（选）任进入下一届领导班子；民主测评优秀称职率低于90%的，其岗位要通过竞争产生下一届人选。油田公司上市部分所属单位换届调整中，对所属17个单位的34个领导班子副职岗位，组织实施竞争推荐工作，共有43人报名参加34个岗位的竞争，差额比例为79.06%。通过竞争，产生34个岗位的考察人选。通过推行领导人员竞争上岗，选拔使用一批综合素质好、业务能力强的优秀年轻干部，发现一批后备人才，进一步促进广大干部员工在干部选拔任用上思想观念的更新和解放，有力促进优秀人才脱颖而出。

实行多种经营企业改制

党的十五大对经济发达地区的企业改革的成功经验进行总结，就涉及所有制、公有制实现形式等重大问题进行重新界定，进一步解放思想，推动新一轮企业改革，特别是以产权制度为核心的改革深入发展。

重组改制是多种经营企业改制过程中创造的一种形式，即把行业、产品相同的若干个企业组合在一起，同时进行改制，变成一个新的企业。进行行业重组是解决多种经营企业重复项目多、厂点分散、规模小、效益差的一条有效途径，不仅可以规范市场，而且可以促进多种经营企业加速发展。

1998年2月15日，中国石油天然气总公司印发《中国石油天然气总公司关于在非油气产业发展股份合作制企业的意见》（98中油经字第56号文件）。4月13日，在中原油田举办一期股份合作制培训班。为了推动大庆石油管理局多种经营改制工作的深入发展，1998年初，管理局多种经营处组织起草《大庆石油管理局多种经营系统企业改制试行办法》，提交局四届七次职代会讨论通过，以庆局发〔1998〕37号文件下发。1998年2月，在全局多种经营工作会议上对改制工作进行部署。3月19日，召开全局改制动员大会。4月，组织编辑一本40多万字的《企业产权制度改革学习参考资料》，印发1200册。5月，改制办开始制定各种配套办法及范本，并举办首期改制培训班，培训业务骨干180人，同时批准了6家企业的股份合作制试点、1个行业重组试点。1998年6月27—28日，再次举办改制高级培训班，培训各单位行政一把手、主管多种经营领导和宣传部长共计180余人。在此次培训班上，对改制工作再一次提出要求，接着又陆续批准20家企业的股份合作制试点、6个行业重组试点。

大庆油田第一家试点的重组改制企业——雪马涂料有限公司于1998年9月29日挂牌运营，第一家股份合作制企业——宏大电器灯饰股份合作公司于1998年11月18日揭牌，接着又陆续完成采油助剂、电缆等行业的重组改制。

实行全员劳动合同制

大庆油田在深化企业改革中推行全员劳动合同制。用人单位与劳动者通过订立劳动合同，确定劳动关系，明确双方权利义务。实行全员劳动合同制具有重要意义：①实行劳动合同制不仅是贯彻国家法律的需要，也是劳动体制改革的需要，为劳动领域其他方面改革奠定基础；②有利于培育和发展劳动力市场体系，促进社会主义市场经济体制的建立和完善；③有利于建立现代企业制度，有利于企业劳动管理工作走上法制化轨道；④有利于保护企业与职工双方合法权益，调动职工的积极性和创造性，增强职工危机感和市场择业意识。截至1998年，大庆石油管理局职工签订合同率达99.65%。

实行财务管理"一个全面、三个集中"

多年来，大庆油田的财务管理从体制、机制等多方面不断改革。会战初期是高度集中的管理体制，全油田"一个金库、一把钥匙、一本总账"；20世纪80年代，建立起统一核算下的分级管理、分灶吃饭的体制；20世纪90年代，推行资金预算制，实行成本一票否决制，强化宏观调控能力；2000年以后，财务管理"以利润为中心，以回报为目标，追求利益最大化"，规范运作，科学理财，把过去一些行之有效的运行机制和制度传承下来，并加以发展，形成全面预算管理、资金集中使用、会计集中核算、资产信息集中管理，即"一个全面、三个集中"的财务工作运行机制。

（1）实行全面预算管理。油田运营中的收支行为全部纳入预算，把油田预算指标向下层层分解，纵向到底，横向到边，机制到岗，责任到人。各单位按照生产消耗的季节规律，把年度预算分解为月度预算，油田公司财务部门按照月度预算指标每周拨款。预算定额按照不同单位区别对待。一是对采油单位实行"级差定额"预算管理办法，即对不同区块按其油层特点确定开采难度系数、石油储量丰度系数、设备新度系数，制定不同的预算定额；实行投资运营一体化，在老区改造投资完成后，要减少消耗，降低成本。二是对技术服务单位下达成本占收入比例的考核指标，鼓励其降低成本，提高资产创效收益的积极性。三是对成本实行刚性约束，成本超支一票否决；各单位必须在完成成本指标和上缴内部利润指标后，才能实现增产节约奖励提成。四是提高奖励提成比例，对水、电、聚合物等大宗消耗，成本节余奖励50%，增产收入节余奖励40%，形成"两奖一挂一留用"，即成本节余奖励、超额利润奖励，油价与成本挂钩，成本节余留用，建立起以激励为主的政策导向型预算管理机制。

为了不突破预算指标，油田公司大力推行低成本战略，通过精细管理、精细核算，有效地控制成本。成本管理实现一系列转变：一是核算对象下移，由厂、矿（大队）转向区块、井站甚至单井，例如修井作业，实现单井设计、单井预算、单井核算、单井考核、单井兑现，大大提高修井人员的积极性，大幅度降低修井费用。二是控制关口前移，由事后核销转变为事前控制，如对材料采购、水电消耗、井下作业等大额成本支出，采用合同化定额管理，严格控制。三是成本管理与新技术应用结合，如进一步发展和完善不加热输油技术，使集输耗气量减少三分之一。油田内有一万多口油井实现常温不加热输油，年节气1.45亿立方米，节约资金4000多万元；对电泵井推广防偏磨技术，使检泵周期延长100天，降低聚驱油井检泵费用；外围新区产能建设实行优化设计，对低产油井，不建集油泵站，不铺设输油管线，采用单井提捞采油、汽车集油方式，使操作成本下降20%；在老区改造中，针对产量下调后出现的"大马拉小车"现象，把大泵换成小泵，节约电耗。四是通过管理创新降低成本。不少单位突破大队、采油队体制，推行作业区管理，精简机构和人员，使吨油操作成本和管理成本都比预算有较大下降。

（2）实行资金集中管理。这是旨在保证资金合理使用、提高资金运营效益、防范资金风险的重要措施。对各二级单位银行存款账户设计"零存款"模式，把各单位暂时闲置的资金全部存到油田公司财务结算中心，在保证可以随时调用的前提下，集中上存到中油股份公司，利用其利率高于银行10%的利差，获取最大的资金效益，并减少资金沉淀。同时，利用集中起来的货币资金提前偿还贷款，可规避汇率变动带来的资金风险。另外，油气销售实行款到付货，杜绝新增欠款；对以往欠款，按照"清欠就是经营"的理念，将清欠指标分解落实到单位，并配套实施奖惩，力求清欠效率最大化；健全资金内控机制，加强资金计划管理与监督考核，资金周转速度进一步加快；探索"网上银行"新模式，实现异地资金在线划拨和动态监督。

为确保资金安全，从2004年12月起，实行资金收支两条线管理。在计算机自动结算系统中，开发银行票据实时跟踪功能，并建立银行签订大额付款确认制度，以确保资金运行安全；清理长期投资，摸清家底，规范股权管理；清理账外法人实体，在决算中完成入账处理，完善对外投资管理制度，经常性地开展全油田资金安全大检查，发现问题，限期整改纠正；结合内控体系建设，出台多项资金管理办法，完善管理流程，提高抗风险能力，使资金管理得到进一步规范。

（3）实行会计集中核算。2003年上半年，油田公司在中油股份公司的统一组织下，实现二级会计集中核算。公司所属各单位全面甩掉旧系统，采用新系统，减少核算层次，独立核算账套由261个减少到33个；各二级单位不再汇总三级单位的财务报表，而在月末自动生成报表，工作效率大为提高；优化业务流程，使基层财会人员有更多时间做好成本控制和财务分析工作；建立异地远程处理、查询、审核的网络系统。2004年，会计集中核算完成一级集中核算系统的研发工作。该系统是把油田公司所属各二级单位和控股子公司同油田公司财务结算中心全部纳入一个账套之中，实行油田公司报表一次生成。会计核算实体由二级集中核算后的33个集中成为1个。一级会计核算系统建成后，所有内部交易一次性抵销，流程进一步简化，核算工作进一步规范，核算质量进一步提高，特别是通过穿透查询功能，加强会计监督职能。这是财务会计工作的重大发展和进步。

（4）实行资产信息集中管理。资产管理以效益为中心，以回报为目标，以"优化增量、盘活存量、提高质量、控制总量"为原则，实行"全员、全方位、全过程"资产管理，逐步建立起效益型资产管理模式。具体体现在8个方面：①按照国际水平、国内水平、油田水平三个层次，对公司装备进行优化配置，以适应开拓国内外市场需要。②组织专家评审委员会，对新购置的重大设备，从技术、经济、生产、安全、环保等方面进行综合论证，保证决策的科学性；对一些特殊用途设备，采取先试点，再总结分析，最后推广；在使用中，实行效益跟踪责任制，保证决策责任落实。③装备采购实行集中采购和生产厂家资质、价格网上公示制，以便招标选购质优价廉的装备。④对在用主要装备实行运营成本写实工作，确保设备始终保持最佳状态。推广设备状况监测工作，建立设备修理档案和设备维修数据库。⑤对装置检修队伍和设备修理厂的专业资质进行评审，并规范检修行为。对获得修理资质的厂家，公布其质量、价格、能力、信誉、服务态度，供各单位择优送修。⑥积极盘活闲置低效设备，加大资产调剂力度，提高资产利用率。⑦细化基建工程转资工作，实行全程参与，从基建投资计划到现场施工、工程验收，直到查物点数、转资进账，实施全过程管理，保证增量资产质量。⑧完善资产设备使用、保养、维修管理制度，健全资产、设备管理技术标准、技术经济指标系统，确立考核内容、范围和考核办法。

实行厂务公开制度

从 2002 年起，油田公司制定出台《职工代表大会实施办法》，明确公司各级职代会的组织制度、职工代表的权利和义务。建立落实优秀职工代表提案表彰奖励制度，开展职工代表巡视等活动。贯彻中央、国务院"两办"《关于在国有企业、集体企业及其控股企业深入实行厂务公开制度的通知》，厂务公开工作全面推开（见图 3-12）。建立厂务公开情况向职代会报告制度；二级单位试行厂务公开督办、责任追究、厂务公开责任区等制度；规范基层小队职工大会内容，由原来一月一次改为半年一次。建立职代会提案评审、落实、奖励机制，在涉及职工切身利益政策的制定和违纪职工的处理中，发挥职工代表团（组）长和专门小组的作用。

图 3-12 全面开展厂务公开工作

2004 年，油田公司出台《职工代表大会提案工作办法》，对职工代表提案的处理程序、各部门在提案工作中的职责以及优秀提案的表彰办法做出明确规定，把厂务公开纳入公司职代会议题。公司各级工会组织以《大庆油田厂务公开监督检查办法（试行）》出台为契机，参加与组织厂务公开专项检查。

2005 年，油田公司继续贯彻落实中共中央办公厅、国务院办公厅《关于在国有企业、集体企业及其控股企业深入实行厂务公开制度的通知》精神，逐级成立厂务公开组织机构，形成"党委统一领导，党政正职负总责，主管副职分工主管，工会组织协调，监察部（纪委）监督检查，业务部门具体负责，相关部门密切配合，分级公开全面公开"的领导体制和工作格局；公开财务预决算、基建工程招投标、物资（设备）采购等重点经营项目内容和与员工切身利益相关的各项规定，并纳入职代会权限范围。12 月，由监察部（纪委）、工会、人事部等 10 个部门组成公司厂务公开工作督察组，对所属单位厂务公开工作进行为期一周的检查。

2006 年，油田公司工会探索实践职工代表提案"三提前一汇报"模式,做到在职工代表大会召开前提前部署、提前征集、提前汇总,在职工代表大会召开期间,向大会主席团和管理层汇报提案征集情况;充分发挥职工代表团(组)长会议在职工代表大会闭会期间,对劳模推荐评选、房改货币化政策、完善基本工资制度实施方案等涉及职工切身利益的重要事项进行审议;针对基层民主管理工作比较薄弱的实际,重点加强基层小队职工代表大会制度建设。当年,油田公司获"黑龙江省厂务公开、民主管理先进单位"称号。

2007年,油田公司工会以提升基层民主管理工作质量和实效性为重点,有针对性地进行民主管理工作调研,开展职代会制度建设和厂务公开民主管理工作检查,总结基层民主管理先进作法,并以《工会信息》形式广泛宣传。各单位工会也通过印发企业民主管理手册、专题讲座、经验交流会等形式,促进基层民主管理工作水平的提升,使职工代表巡视、民主联系人、民主恳谈会(议事会)等有效日常民主管理载体进一步畅通,职工的呼声建议能够得到及时解答。油田公司被评为"全国厂务公开民主管理先进单位"。

实行岗位技能工资制

大庆石油管理局的基本工资制度模式主要是岗位技能工资制。它是以按劳分配为原则,以加强工资宏观调控为前提,以劳动技能、劳动责任、劳动强度和劳动条件等基本劳动要素评价为基础,以岗位、技能工资为主要内容,按职工实际劳动贡献(劳动质量和数量)确定劳动报酬的企业基本工资制度。它是企业内部分配制度的主体和基础。岗位工资制是一个系统工程,主要包括劳动评价体系、岗位技能工资标准体系两大部分,还涉及运行机制的建立以及加强宏观调控和配套改革措施。2003年,为建立与现代企业制度相适应的工资分配制度,进一步发挥工资分配的激励职能,大庆油田有限责任公司根据中国石油天然气集团公司有关精神,对基本工资制度进行改革,建立以岗位工资为主的基本工资制度,包括岗位等级工资制和岗位技能工资制。岗位工资以岗定薪、岗变薪变,进一步体现岗位责任、履岗能力、岗位业绩与收入的相对统一。

开展"四好"领导班子创建活动

根据中共中央组织部、国务院国资委党委关于在国有企业开展"四好"领导班子创建活动的有关精神,按照中国石油天然气集团公司《关于开展"四好"领导班子创建活动的实施方案》的总体部署,大庆油田组织各级领导班子,深入开展以"政治素质好、经营业绩好、团结协作好、作风形象好"为主要内容和目标的"四好"领导班子创建活动,围绕提升领导班子和领导干部引领发展、驾驭全局、创新成事、培育文化、拒腐防变的"五种能力",充分利用开放式学术报告厅、网络培训学院等企业内外部资源,通过专题讲座、脱产轮训、挂职锻炼等多种有效途径,实施个性化培养锻炼,切实加强各级领导班子的能力建设。2006年,大庆油田领导班子被中央组织部和国资委党委评为全国国有企业创建"四好"领导班子先进集体。

双建成果

(一)松辽会战改变石油工业布局

1959年9月26日,决定中国石油工业未来走向的松基三井喷出石油,发现大庆油田。

1959年10月26日至12月初，石油工业部党组在北京华侨大厦组织召开厂矿领导干部会议（又称华侨大厦会议），分析形势，总结经验，统一思想，完成开展大庆石油会战的思想准备。

1960年2月13日，石油工业部党组将有关组织松辽石油大会战的报告呈报中央；2月20日，中央批准开展松辽石油大会战。2月21日至3月3日，石油工业部在哈尔滨市召开松辽石油大会战第一次筹备会议，宣布37个石油系统的厂矿、院校由其主要领导干部带队，组织精兵强将，并自带设备，于3月15日前到达大庆，参加松辽石油大会战的决定。

1960年3—4月，各路会战将士相继抵达大庆，当年退伍的3万名解放军战士和3000名转业军官也陆续到达会战前线。从全国许多省市及500多家工厂、企业运来的支援物资、设备达2300车皮。全国200多个科研、设计单位和高等院校在技术上积极支援。特别是黑龙江省人民政府，对于石油会战对土地、木材、煤炭、粮食、电力、基建、商贸以及劳保用品等方面的需求，给予特惠政策，一路绿灯，最大限度地给予满足。

石油工业部部长余秋里、副部长康世恩等亲临现场指挥。1960年4月29日，在萨尔图地区（现大庆第一采油厂厂部南侧）召开石油会战誓师大会，标志着一场声势浩大的石油会战正式打响。事实上，松辽勘探局的二十几部钻机、5000多人，早于当年年初就在原地摆开阵势，对高台子、葡萄花、太平屯构造展开勘探。而来自新疆、玉门、四川石油局的会战队伍，大约从3月初起一踏上大庆这片土地，也争先恐后地投入夺油大会战。

会战是在困难的时候、困难的地区、困难的条件下展开的。国民经济困难时期，几万人拥到茫茫草原上，既无房屋，又缺少运输工具，还面临着夏季的阴雨和冬季的严寒，生产、生活极度困难。会战领导坚持以马列主义、毛泽东思想指导会战的全部工作、会战初期党的临时办事机构——石油工业部机关党委做出的第一个决定，就是组织会战职工联系实际学习毛泽东同志所著《实践论》和《矛盾论》，运用毛泽东思想的立场、观点、方法，统一思想认识。通过分析困难和矛盾，大家一致认识到，眼前的各种困难和矛盾都是暂时的、局部的，而国家缺石油才是全局性的困难，国家需要石油才是主要矛盾，为了国家和人民的根本利益，只能迎着困难上。以铁人王进喜为代表的大庆石油工人，以强烈的爱国主义精神和民族自豪感，发出"宁肯少活20年，拚命也要拿下大油田""甩掉石油落后帽子，为中国人民争气"的誓言，以高度的主人翁责任感和"有条件要上，没有条件创造条件也要上"的革命精神，攻克生产、生活上的重重难关。会战历时3年有余，至1963年底全线告捷。

一场震古烁今的石油大会战，一举甩掉中国贫油的帽子，迅速建成全国最大的石油石化基地，改变石油工业布局，实现国内石油产品基本自给，为优化产业布局、建立崭新的现代石油工业体系做出无与伦比的巨大贡献。（1）高速度、高水平地探明一个大油田，形成一定生产规模。从1959年9月第一口探井见油，到1960年底基本探明865平方千米的含油面积。到1963年底已累计打井1178口，形成年产600万吨原油的生产能力。3年多累计生产原油1166.2万吨，占同期全国原油产量的51.3%，对国内实现石油产品基本自给起到决定性作用。3年多完成的财政上缴，相当于同期国家对大庆油田投资的149%，开始为国家积累资金。（2）完成大庆炼油厂第一期工程建设，并投入生产，开始为国家提供石油加工产品。（3）推动中国石油地质理论和勘探开发技术的进步，促进石油教育事业。大庆石油会战丰富中国陆相生油理论，使人们的认识从陆相贫油论的束缚中解放出来，改变对中国石油资源的评价与看法，解决了勘探开发中的一些重要的科学技术课题，在油藏研究、开发方案、采油工艺技术以及油层动态分析等方面，均达到较高的水平。会战中还创办一所石油工科高等学校——东北石油学院（现东北石油大学）。（4）创建符合油田实际、具有行业特点的管理模式，不仅为兄弟油田的开发建设提供成功经验，而且探索出一条独立自主地实现中国特色新型工业化的发展道路，促成全国工矿企业管理体系的深刻变革。（5）造就一支以铁人王进喜为代表的政治觉悟高、有一定技术素养、干劲大、作风好、纪律严明、能吃苦耐劳、善打硬仗的石油职工队伍，积累起丰富的队伍建设经验。（6）铸就以"爱国、创业、求实、奉献"为主要内涵的大庆精神和铁人精神，集中展现中国工人阶级的崇高品质和精神风貌，成为中华民族伟大精神的重要组成部分。

会战成果集中证明，中国人民完全有能力依靠自力更生、艰苦奋斗改变落后的状况，实现民族复兴的伟大使命。

（二）大庆基本经验

1964年2月5日，中共中央发出关于传达石油工业部关于大庆石油会战情况的报告的《通知》，转发《石油工业部关于大庆石油会战情况的报告》。《通知》指出："大庆油田的经验虽然有其特殊性，但是具有普遍意义。"《报告》中总结大庆会战的9条基本经验，即社会主义的现代化企业必须革命化；高度的革命精神与严格的科学精神相结合；现代化企业要认真搞群众运动；认真做好基础工作，狠抓基层建设；领导干部亲临前线，一切为了生产；积极培养和大胆提拔年轻干部；培养一个好作风；全面关心职工生活；认真学习人民解放军的政治工作。

1964年12月，周恩来总理在第三届全国人民代表大会第一次会议的《政府工作报告》中，概括大庆基本经验时指出："这个油田的建设，是学习运用毛泽东思想的典范。用他们自己的话说，是'两论'起家，就是通过大学《实践论》和《矛盾论》，用辩证唯物主义的观点，去分析、研究、解决建设工作中的一系列问题。这个油田的建设，也是大学解放军、具体运用解放军的政治工作经验的典范。这个油田的建设，自始至终地坚持了集中领导同群众运动相结合的原则，坚持了高度革命精神同严谨科学态度相结合的原则，坚持了技术革命和勤俭建国的原则，全面体现了社会主义建设总路线多快好省的要求。"

1981年12月18日，中共中央以47号文件转发国家经委党组《关于工业学大庆问题的报告》，肯定《报告》对大庆基本经验的分析和看法。《报告》中指出："大庆油田在生产建设实践中，创造了许多好的经验，其中最可贵的，是他们从油田的实际出发，认真学习和运用毛泽东思想，在实际斗争中培育出来的大庆精神。""过去我们靠这种精神，甩掉了石油工业的落后帽子；今后还要靠这种精神，推进社会主义现代化建设。""大庆油田还在其他许多方面，为我国工业生产建设提了丰富的经验。他们坚持思想领先的原则，深入细致地做思想政治工作，不断加强领导班子和职工队伍建设的经验；他们坚持学习铁人王进喜，年年进行总结评比，选模范，树标兵，以一批先进个人和先进集体带动整个队伍革命化的经验；他们坚持科学态度，掌握第一性资料，加强基层建设、基础工作、基本功训练，建立以岗位责任制为中心的各项管理制度的经验；他们依靠职工管理企业，重视发挥工程技术人员的作用，发扬政治民主、技术民主、经济民主，坚持'两参一改三结合'的经验；他们提倡领导机关和后勤部门面向基层，为生产第一线服务的经验；他们在发展生产的基础上逐步改善职工生活，组织职工家属因地制宜地发展农副业生产和创办集体福利事业的经验，都是十分可贵的。这是大庆油田广大干部、工人和职工家属在毛泽东思想指引下艰苦奋斗、辛勤劳动的结晶，应该加以肯定。"

1989年9月24日，大庆石油管理局局长王志武受油田党委委托在全国石油企事业单位领导干部会议上，在总结大庆油田30年经验中谈了六条体会。第一，坚持党对企业的领导，保证油田沿着社会主义方向前进；第二，坚持"两论"起家基本功，指导油田勘探开发和生产建设不断发展；第三，坚持全心全意依靠工人阶级，办好社会主义企业；第四，坚持加强思想政治工作，下功夫抓好员工队伍建设；第五，坚持从大庆油田生产建设实际出发，坚定不移地推进科学技术进步；第六，坚持艰苦奋斗精神，不断向新的目标攀登。原石油工业部领导余秋里、康世恩及总公司领导充分肯定大庆这六条基本经验，认为这是新形势下发展石油工业的宝贵财富。

进入新时代，油田领导班子和广大干部员工坚持以习近平新时代中国特色社会主义思想为指导，进一步开创油田高质量振兴发展新局面。一是坚持用马克思主义中国化的最新成果武装头脑；二是坚持把发展作为第一要务；三是坚持科技创新；四是坚持立足基层，抓实"三基"工作；五是坚持全心全意依靠工人阶级；六是坚持弘扬大庆精神、铁人精神。在大庆基本经验的指导下，油田干部职工艰苦创业、锐意进取，走过不平凡的历程，创造世人瞩目的辉煌业绩。

（三）大庆精神的形成与发展创新

大庆精神是大庆企业职工共同的价值观念以及工作作风道德准则的体现，是大庆企业文化的核心。其主要内容有：发愤图强，自力更生，以实际行动为中国人民争气的爱国主义精神和民族自豪感；无所畏惧，勇挑重担，靠自己的双手艰苦创业的革命精神；一丝不苟，认真负责，讲究科学，"三老四严"，脚踏实地做好本职工作的求实精神；胸怀全局，忘我劳动，为国家分担困难，不计较个人得失的献身精神。概括地说，就是"爱国、创业、求实、奉献"精神。这一精神形成于大庆石油会战时期，是大庆石油职工在极其困难的时候、困难的地方、困难的条件下，学习和运用毛泽东思想，继承和发扬中国共产党、中国工人阶级和中国人民解放军的优良传统，振奋民族精神，开发和建设大油田的产物，是铁人王进喜等一大批企业英雄人物的理想、信念、情感和意志在广大职工中扩展而形成的群体意识，是大庆企业领导积极倡导和精心培育的结晶。这一精神具有鲜明的民族特色、社会主义特色和大庆企业特点。它蕴含着中华民族自强不息的刚健精神，勇敢、勤劳、俭朴的品格，融汇着中国工人阶级和人民解放军艰苦奋斗、无私奉献的精神，包含着中国共产党和毛泽东同志反复倡导的实事求是的科学态度，反映社会主义公有制经济的客观要求，体现石油工业特别是大庆企业生产和管理的特点。它是革命战争年代的井冈山精神、长征精神、延安精神在大庆的坚持和发展。这一精神是大庆职工群体的精神支柱。在它的引导、凝聚、激励下，20世纪60年代，大庆职工面对国际上的经济封锁，不畏生产和生活上的重重困难，艰苦奋战，建成具有世界先进水平的大油田，结束中国使用洋油的时代。改革开放以来，在大庆油田进入中高含水期的艰难情况下，大庆职工千方百计，苦干巧干，克服各种难关，实现长期高产稳产。在以大庆精神为核心的企业文化氛围中，大庆职工队伍的素质不断提高，为大庆发展奠定坚实的基础。

大庆精神形成于大庆石油会战的特定历史年代，其思想内涵体现社会主义条件下中华民族主流价值观和意识形态，具有强大的生命力和影响力。随着我国社会主义市场经济体制的逐步建立，大庆人以提高经济效益为中心，以可持续发展为目标，进行发展战略的重大调整；以调整完善所有制结构、建立现代企业运行机制为重点，实施全面的综合配套改革，经历脱胎换骨般的分离重组的历史性巨变，迎来一系列新的机遇；以人才兴企、科技兴业为助推器，优化资源配置，企业综合实力稳步提升。在此过程中，以维护国家利益为最高准则、以发展生产力为主旋律的大庆精神，被逐步摆脱传统计划经济影响的新时期大庆人赋予新的时代内涵。这个时候的大庆精神，体现在继续坚持科学发展观，勇于赶超世界先进水平，抓住机遇，抢占21世纪企业发展的制高点；体现在继续承担新时代所赋予的政治责任、经济责任和社会责任，勇于探索和开拓创新，致力于二次创业；体现在继续坚持"三老四严""四个一样"，脚踏实地地做好本职工作，续创一流业绩；体现在继续坚持胸怀全局、为国分忧，促成人企共荣、企地共赢，为社会发展做出新贡献。

1999年11月1日，大庆石油管理局与大庆油田有限责任公司分开分立。大庆石油管理局作为存续企业，主营业务包括物探、钻井、供水、供电、文教卫生、物业管理、消防、客运等，都是经济效益不高或不直接产生经济效益的产业，却留有原企业2/3以上的职工，外加5万名离退休职工、5万名劳动家属、2万名待业子女，总计30万人之多。分开分立后的前三个月，就有1.8万名职工拿不到足额工资。在这种情况下，"爱国"就是相信党和政府，支持改革，维护社会稳定，重整旗鼓，变压力为动力，稳中求进；"创业"就是尽可能发挥自身优势，坚持管理与科技创新，抢抓机遇谋出路、求发展；"求实"就是坚持实事求是，诚信务实，以质量求生存，关注民生，凝聚力量，戮力同心攻坚克难；"奉献"就是把企业做强做大，创效增收，惠及四方，促进社会经济发展。油田公司实施"高水平、高效益、可持续发展"发展战略，着手构建现代企业制度，一厂二矿率先提出

"四个不一样"管理理念。"四个不一样"是大庆精神所体现的基本价值取向在新时期的具体表现形式。

2003年,油田开始实施"创建百年油田"发展战略,要求广大员工把爱国转化为追求可持续发展的不竭动力;把创业精神演变为锐意改革的生动实践;把求真务实作风凝练为开拓创新的更高标准;把无私奉献品格升格为实现效益最大化的力量源泉;把团结协作态度发展为现代管理的具体手段。于是,大庆精神的内涵得到新的诠释,并成为中国石油的企业精神。这就是:爱国——爱岗敬业,产业报国,持续发展,为增强综合国力做贡献;创业——艰苦奋斗,锐意进取,创业永恒,始终不渝地追求一流;求实——讲究科学,实事求是,"三老四严",不断提高管理水平和科技水平;奉献——职工奉献企业,企业回报社会、回报客户、回报职工、回报投资者。

(四)铁人精神

铁人精神是对王进喜同志崇高思想、优秀品德的高度概括,是我国石油工人精神风貌的集中体现,是大庆精神的具体化、人格化。铁人精神内涵丰富,主要是:"为国分忧,为民争气"的爱国主义精神;为"早日把中国石油落后的帽子甩到太平洋里去""宁肯少活二十年,拼命也要拿下大油田"的忘我拼搏精神;为革命"有条件要上,没有条件创造条件也要上"的艰苦奋斗精神;"要为油田负责一辈子""干工作要经得起子孙万代检查",对技术精益求精,为革命"练一身硬功夫、真本事"的科学求实精神;"甘愿为党和人民当一辈子老黄牛",不计名利,不计报酬,埋头苦干的无私奉献精神。这一精神是铁人王进喜自身的品格与许许多多石油战线先进人物精神境界的融合。

图3-13所示为铁人王进喜纪念馆及馆前的王进喜雕像。

图3-13 铁人王进喜纪念馆及王进喜雕像

(五)大庆油田艰苦创业的"六个传家宝"

在大庆石油会战以及后来的油田开发建设中,大庆石油职工发扬爱国主义精神,以"有条件要上,没有条件创造条件也要上"的英雄气概,艰苦奋斗,逐步形成"人拉肩扛精神""干打垒精神""五把铁锹闹革命精神""缝补厂精神""回收队精神"和"修旧利废精神"。这些精神构成大庆会战传统的基本内涵,被誉为艰苦创业的"六个传家宝"。

1. 人拉肩扛精神

人拉肩扛精神指在生产和工作缺乏常规保证的条件下,充分发挥人的主观能动性,用非常规的办法克服困难的艰苦创业精神。它来自王进喜带领的钻井队。1960年3月,王进喜带着30多名钻井工人从玉门来到大庆参加石油会战。一下火车,他们就盼着早日开钻。他一边派人到火车站打听钻机什么时候到,一边组织人马平整井场,做好开钻准备工作,自己则到处探访看守探井的工人,了解地层情况。不久，钻机运到了，但托运钻机所必需的吊车、拖拉机不够用，轮到他们队，还需等上一段时间。为了不再延误开钻时间，王进喜在队党支部会议上说："没有吊车咱们有个'宝贝'照样干！"有人问："啥宝贝？"王进喜说："大活人，天大的困难也要上，退下来算个啥呀！"在王进喜的带动下，大家认为人是活的，抬也好，搬也好，总之要上，决不能让钻机在车站闲着。说干就干，30多人用绳子拉、木块垫、撬杠撬，人拉肩扛把60多吨重的钻机、柴油机卸下火车，弄到井场，把变速箱、滚筒等设备，一件件拉上钻台。奋战三天三夜，终于把井架立在井位上。接下来开钻需要水，而当时井场附近尚无输水设施又不具备运水罐车。于是，他们就用洗脸盆、水桶等用具，硬是从几百米外运来几十吨水，打出大庆油田上的第一口生产井。会战党委及时总结宣传王进喜及其井队的先进事迹，使"人拉肩扛"精神成为广大会战职工因地制宜、土洋结合、靠主观能动性克服各种困难、把会战打上去的精神力量，并一直激励着一代又一代大庆人，顽强地克服生产建设中不断遇到的困难，不断创造新的业绩。

2. 干打垒精神

干打垒精神指大庆石油会战初期，广大职工因陋就简，解决住房困难的创业精神。1960年3—5月，4万多人的石油会战队伍，一下子汇集到荒无人烟的草原上，居住条件十分困难。大庆地处北温带，9月就受西伯利亚寒流的影响，气温开始转凉。由于打井、铺设输油管、筑路、建油库、修厂房等工作十分紧张，广大职工仍住在帐蓬或活动板房里。如果寒冬来临之前，解决不了住房问题，冬季生产就难以为继，会战队伍只能被迫撤下来。为此，会战指挥部果断决定：会战的队伍一个也不许撤走，钻井一刻也不能停，输油管线一寸也不能冻，人一个也不能冻伤。油田建设指挥部马上派人学习本地居民建"干打垒"的施工方法，油田设计院拿出干打垒设计方案，供应指挥部准备木房架、苇席、油毛毡及少量砌炕口的红砖；各级领导干部分工负责，在抓好生产的同时，开展"人人打干打垒"的群众活动。各单位迅速成立干打垒专业小分队，建造"干打垒"；广大职工白天参加夺油会战，下班后托土坯、打夯，通宵达旦地展开"干打垒"会战。终于在上大冻之前，建成30万平方米的"干打垒"房屋，实现"人进屋、菜进窖、粮进仓、设备进库、牲畜进圈"，保证会战队伍安全过冬、坚持生产。以后，条件有所好转，但大庆人仍坚持现生产后生活，保持艰苦奋斗的优良传统，继续动手建"干打垒"住房，创建工农村，一直持续近20年，为国家节省巨额建设资金。老会战们感慨地说："看到'干打垒'，就像看到了当年的延安窑洞；来到了大庆，就好像回到了革命战争年代的延安。"党的十一届三中全会以后，大庆根据邓小平"要把大庆油田建成美丽的油田"的指示，逐步建起高楼林立的现代化石油矿区，职工的生产和生活条件得到根本改善。如今，油田上的"干打垒"已难觅踪迹，但当年老会战留下来的"干打垒"精神，仍激励着新一代大庆人克服各种艰难险阻，致力于二次创业。

3. 五把铁锹闹革命精神

五把铁锹闹革命精神指大庆家属组织起来，大搞农副业生产，支援会战的艰苦创业精神。会战是在国民经济遭受严重困难时期打响的,职工生活十分艰苦,由于主副食供应不足,浮肿病开始在队伍中蔓延。到了1961年,职工家属一批接一批地拥入油田,粮食供应更是雪上加霜。为了渡过难关,会战工委号召家属组织起来,发扬南泥湾精神,自己动手,丰衣足食,得到一些职工家属的积极响应。1962年4月16日,钻井指挥部机关职工的家属王秀敏、杨学春、丛桂兰、吕玉莲,在45岁的家属薛桂芳带领下,扛着铁锹,背上行李,抱着孩子,到远离住地15千米外开荒种地。他们住着利用废弃的破活动房架搭起的帐篷,靠自己的双手挥锹垦荒,三天开出5亩地。在她们的带动下,陆续又上来一些家属。为了提高劳动效率,她们靠人拉犁,终于当年播种32亩黄豆,当年收获1800多公斤。会战工委领导及时总结这个典型,大力倡导"半边天"创业精神。在薛桂芳等人的事迹感召下,广大家属纷纷走出家门,组织起来开荒种地,办副食作坊,自谋生路,为矿区职工提供各种后勤服务。这样既减轻国家和企业的负担,增加职工家庭收入,又解决了职工、家属两地分居问题,稳定职工队伍,推动油田各项事业的发展。

4. 缝补厂精神

缝补厂精神指大庆职工和家属勤俭办企业,服务于会战职工的艰苦创业精神。会战初期,国家财力物力十分紧张,职工的劳保用品一时供应不上,再加上会战艰辛,工人们白天黑夜干,衣服坏得快,换新的又有困难。会战指挥部领导看到许多工人在严寒中戴着露着手指头的手套在野外作业,便责成供应指挥部着手筹建缝补厂,为前线职工制作和修补劳保用品。1960年冬,供应指挥部安排后勤保管员鄢长松带领3名转业战士和5名家属,白手起家,在两栋干打垒牛棚里办起缝补组。没有设备,就找来两口大锅,一口烧热水,一口煮油污的工服。没有洗衣盆,就用喂牛的木槽子代替;没有针线剪刀,就从家里拿;缺少补丁布,就背着麻袋去拣破烂……寒冬腊月,大家的手被冻得裂出一道道血口子,浸入洗衣用的碱水中,钻心地疼,可是没有一人叫苦叫累。就是凭着这股子劲,缝补组1961年为战区职工拆洗缝补一万多件劳保用品,并由此得到前线职工的广泛认可。1962年,缝补组陆续增加人员,还添置几十台缝纫机,缝补组变成缝补厂。厂里的业务由原来简单的收旧利废、缝补洗涤,增加加工"两旧一新"棉工服的项目。所谓"两旧一新"棉工服,是把实在不能穿的旧工服收回来,拆洗干净,用旧布拼里子,把旧棉花弹好续上,再配上新外罩。照这个办法,原来加工一套棉工服的新布料能做出两套,把民间"新三年、旧三年,缝缝补补又三年"的节俭传统体现在工业化生产上。1962年,缝补厂制出近2万件"两旧一新"工服和大批手套,保证钻井和作业工冬季有2套工服换穿。缝补厂逐步成为油田内部劳保用品生产基地,从原来的缝缝补补发展到翻新补旧、制作新工服、鞋帽等17种劳保用品,还能为高空作业职工制作皮质衣裤、背心、护膝等,使油田劳保用品基本达到自给。缝补厂被石油工业部誉为"勤俭办厂模范"。1966年5月4日,周恩来总理来缝补厂视察时,肯定了这种"缝补精神",并对职工说:"你们做得好,要继续艰苦奋斗。"即使如此,缝补厂仍坚持勤俭办企业,为国家节约一寸布、一团棉花、一个纽扣。他们做的棉衣里子,一般要用40多块碎布拼成,拆100套旧工服,最多时能拼出90套工服里子，实在派不上用场的布条，则攒起来送给工人用来擦机器。缝补厂建厂历程是油田艰苦创业的一个缩影，"缝补厂精神"成为激励油田职工吃苦耐劳、艰苦奋斗的典范。

5. 回收队精神

回收队精神指大搞废旧物资回收利用、提倡节约、反对浪费的艰苦创业精神。自会战初期起，广大职工就坚持"艰苦奋斗、勤俭建国"的方针，利用业余时间回收散落在油田各处的废旧物资。1969年，铁人王进喜建议并组织起油田第一个废旧材料回收队——钻探指挥部"铁人回收队"。王进喜带领回收队职工，到各个施工场地回收废旧器材，连一颗螺丝灯、一块废钢铁都不放过，足迹遍布油田。有些人对此不理解，有人说"搞回收没出息，不光彩"。王进喜对大家说："艰苦奋斗的传统不能丢，把散失的材料拣回来，重新用来建设社会主义，意义大得很！"在"铁人回收队"的带动下，油田许多单位相继建立起回收队，开展废旧物资回收利用活动。自1961年到1983年，平均每年回收废旧物资550吨。"铁人回收队"10年回收上缴钢铁1.73万吨、管材19万多米。用回收来的旧料装配大型钻机井架5部，自制和修复大量的设备和零件。回收队不仅为国家节约大量的物资，而且解决生产建设中的急需。后来，回收修旧成为油田物资管理工作的一项重要任务。

6. 修旧利废精神

修旧利废精神指修旧利废、物尽其用、勤俭办企业的创业精神。自会战初期起，大庆人就坚持勤俭办企业，注重废旧器材的修复利用。随着油田生产规模的日益扩大，器材和设备的消耗量逐步增加，每年都有大量废旧器材要报废处理。为了挖掘企业内部潜力，做到物尽其用，1963年供应指挥部率先成立修旧队，利用废旧材料修建简易厂棚，修复台钳、手钳、焊机等工具，承揽修复那些生产急需而供应又短缺的物资，满足生产建设的需要。1970年以后，各生产单位普遍建立修旧利废车间、修旧小组等，大搞清仓查库、修旧利废，力求做到小材大用、短材长用、缺材代用、一物多用，力求"吃干榨尽"。如汽车修理厂的"修旧大院"，就是由一个修复组逐步发展起来的，他们自制各种土设备20多台，建立以焊、补、喷、镀、铆、镶、配、改、校、粘等工艺配套的修复作业线，担负起各种汽车配件修复工作。仅1970—1976年，就修复汽车配件94种、23万多件，节约价值520万元，其中汽缸体、水箱、工字梁、方向盘、瓦片等二十几种配件，实现10年不领新料，满足生产需要，成为全油田修旧利废的典范。

（六）大庆油田优良传统和作风

大庆的优良传统和作风，是大庆油田企业文化的重要组成部分，是中华民族传统美德、社会主义主流价值观和党的优良传统与20世纪中叶大庆油田创业实践相结合的产物。它产生于20世纪60年代初，改革开放的洗礼，其内涵得到进一步丰富和发展，显示出强大的生命力。

1. "两论"起家

"两论"起家是大庆油田的基本功，就是通过学习《实践论》和《矛盾论》，用辩证唯物主义的立场、观点、方法，去分析、研究、解决油田开发建设中的一系列问题。石油工业部机关党委（大庆会战初期党的临时办事机构）在石油会战一开始，就旗帜鲜明地将"两论"作为指导油田开发建设的思想武器、理论指南。石油工业部机关党委于1960年4月10日做出的关于学习毛泽东同志所著《实践论》和《矛盾论》的决定中指出："在会战中，把别人的经验都学到手，但又不迷信别人的经验，不迷信书本，我们要勇于实践，发扬敢想、敢说、敢干的风格，创出自己的经验。同时，我们在实践中要不迷失方向，就要掌握马列主义的理论武器，把实践经验上升到理论，包括正确认识油田规律，使我们的实践具有更大的自觉性。""部机关党委决定立即组织全体共产党员、共青团员和干部学习毛泽东同志的《实践论》和《矛盾论》，并号召非党职工都来学习这两个文件，用这两个文件的立场、观点、方法来组织我们大会战的全部工作。""掌握武器，勇于实践，认识油田规律，这是我们学习的目的。"根据这一决定精神，广大会战职工认真学习"两论"，努力掌握马克思主义哲学这一认识世界、改造世界的强大思想武器，努力清除唯心论和形而上学的思想影响，逐步认识到大庆油田的具体实际和油田开发建设的规律，比较好地解决会战工作中的一系列问题。后来，用辩证唯物主义的立场、观点、方法，去分析、研究、解决油田开发建设中的一系列问题，成为油田干部职工传统。

2. "两分法"前进

坚持"两分法"前进，也是大庆油田的基本功。"两分法"指的是，要做到形势好的时候要看到不足，保持清醒的头脑，增强忧患意识；形势严峻的时候更要一分为二，看到希望，增强发展的信心。"两分法"是大庆人进取精神的具体体现。1964年初，会战工委提出"两分法"，其主要内容是：①在任何时候，对任何事情，都要用"两分法"。成绩越大，形势越好，越要一分为二，只看成绩，只看好的一面，思想上骄傲自满，成绩就会变成包袱，大好形势也会向反面转化。②对待干劲也要用"两分法"。干劲一来，引导不好，就会只图速度，不顾质量，结果好心出不来好效果，反而会挫伤职工的积极性。③领导要及时提出新的、鲜明的、经过努力能够达到的高标准，引导职工始终向前看。④以"两分法"为武器，坚持抓好工作总结。走上步看下步，走一步总结一步，步步有提高，方向始终明确。"两分法"使大庆人在油田开发建设中，不断经受成绩和挫折、顺境和逆境的考验，胜不骄、败不馁，锐意进取，促进新工艺和新技术的发展，使大庆油田在前进的道路上用不用听步。

3. "三老四严、四个一样"

"三老四严"是石油职工过硬作风的集中体现：对待革命事业，要当老实人，说老实话，办老实事；对待工作，要有严格的要求，严密的组织，严肃的态度，严明的纪律。"三老四严"是大庆石油职工在会战实践中形成的优良作风。"三老四严"的提法，最早出现于1962年，并于1963年形成完整的表述。这一好作风，来自实践，是在会战工委反复倡导和精心培养下，通过实际工作的磨炼，逐渐在职工队伍中形成的。搞石油工业，地下作业多、隐蔽工程多、间接获取资料多；同时，大会战是几万人、150多个工种，分散在上千平方千米的草原上，班组作战，单兵顶岗，昼夜施工，四季不断，又要协同配合，必须有高度的集中统一和对各方面的严格要求。当时会战队伍来自四面八方，虽然有革命干劲，但也带来一些旧习惯和坏毛病，不适应大规模的石油会战。因此，会战一开始，大庆领导就提出培养革命作风，强调严格要求，首先从领导严起。在平时的工作中，事事讲作风，时时讲作风，处处讲作风，人人讲作风。凡是好作风，就大力表扬和提倡，对常见的、大量的、具体的低标准、老毛病，如"一粗、二松、三不狠""马虎、凑合、不在乎"，则反复进行批评教育，加以纠正。经过会战时期的培养和实际工作中的磨炼，"三老四严"在几万人的职工队伍中形成风气。这一作风是大庆人高度主人翁责任感和科学求实精神的具体表现。它强调员工的组织性和纪律性、生产中的主动性和科学性、执行制度的自觉性和严肃性，起到单靠领导工作和生产管理制度不能完全起到的作用。

"四个一样"体现了大庆人高度主人翁责任感和过硬的作风。对待革命工作要做到黑天和白天一个样，坏天气和好天气一个样，领导不在场和领导在场一个样，没有人检查和有人检查一个样，这是大庆石油职工在会战实践中形成的优良作风。"四个一样"是大庆职工把党的优良作风和解放军的"三大纪律八项注意"同油田会战具体实践结合起来的产物。1962年3月，大庆油田建立和推行岗位责任制后，会战工委结合生产实际，开展树立岗位责任心的思想教育，增强广大职工的主人翁责任心和执行制度的自觉性，涌现出以李天照井组为代表的一大批先进单位和个人。李天照井组负责的是一口1961年7月投产、地处油田边缘的油井。自投产以来，未发生过一次事故；井场设备863个焊口和170多个阀门，没有一个漏油漏气；使用的大小工具无一损坏丢失；记录的上万个产量和压力等数据，经反复检查无一差错；油井长期安全生产，月月超额完成原油生产任务。其基本经验是能自觉从严，做到"四个一样"。大庆会战工委大力总结推广他们的先进经验，使"四个一样"逐步成为大庆职工队伍的优良作风。这一优良作风建立二在广大职工的主人翁思想基础之上，其实质是一种高度的自律精神。职工队伍有了这种好作风，各项制度就能扎实贯彻，各项工作就能扎实开展，一个小队、一个班组、一个人即使单独执行任务，也能信得过，干出来的事情也能过得硬。

4."三个面向、五到现场"

"三个面向、五到现场"是领导机关工作的基本指导思想，是领导干部和机关工作人员的基本行为准则，就是面向生产、面向基层、面向群众，做到生产指挥到现场、政治思想工作到现场、材料供应到现场、科研设计到现场、生活服务到现场，并由此促成项项工程质量全优，事事做到规格化，人人做出事情过得硬，有利于质量全优，有利于提高效率，有利于安全生产，有利于增产节约，有利于文明生产和施工。这也成为油田生产建设的基本则。1964年5月15日，由油田"五级三结合"会议提出这个"三条要求，五个原则"。接着，广泛发动群众，在全油田开展怎样才能做到"三条要求，五个原则"的大讨论，并先后总结和树立了"自觉从严，好字当头"的油建十一中队、"五过硬"的井下作业指挥部作业三队、"硬骨头"运输十三车队等一批先进典型。同时，坚持在每年战役开始时组织"样板月"活动，即每个单位、每个职工把开始打的第一口井、砌的第一堵墙都做出样板。这样有了工作标准，提倡什么反对什么就十分清楚，从而使"三条要求，五个原则"落到实处。此外，大庆还陆续建立各种质量标准和检查制度，加强钻井、基建施工等生产管理工作，使油田各项工程质量显著提高。1965年，全油田钻井400口，射孔质量全部合格；油田建设竣工投产的工程达到质量全优。作为大庆企业生产和管理的优良传统，"三条要求，五个原则"将质量、效率、效益、安全以及文明生产作为追求的目标，符合油田生产建设发展的客观要求。

5. "三基"工作

"三基"工作是大庆油田加强基层建设的基本经验。"三基"就是加强以党支部建设为核心的基层建设，加强以岗位责任制为中心的基础工作，加强以岗位练兵为主要内容的基本功训练。会战工委通过总结会战初期加强基层建设的基本经验后，于1964年提出基层工作全面发展、全面提高的方针。加强基层建设，核心是加强党支部建设。大庆石油会战以来，始终坚持"支部建在连上"，在钻井队、采油队、基建队以及管理站设立党支部。党支部最根本的任务是发挥党员的先锋模范作用，围绕教育广大职工，坚决完成生产建设任务，保证党的路线、方针、政策的贯彻落实，成为本单位的战斗堡垒。加强基础工作，中心是建立健全严格的岗位责任制度。会战初期总结生产实践而建立的岗位责任制，就是企业生产管理中的一项根本制度。它把日常管理上的千万件事同千万个岗位工人的积极性、责任心联系起来，做到人人有专责，事事有人管。党的十一届三中全会后，企业学习现代管理经验，在过去岗位责任制的基础上，全面实行岗位经济责任制，把企业的经济效益、个人的经济利益与执行责任制挂起来，增强职工执行制度的自觉性。加强基本功训练，主要是坚持岗位练兵。干什么、学什么，缺什么、补什么。经常组织技术"赛巧"和开展技术能手竞赛活动，促进职工技术素质不断提高。党的十一届三中全会后，为适应现代化建设的要求，在坚持岗位练兵的同时，又采取脱产轮训、外出进修、委托招生等方法，多层次、多渠道、多形式地对职工进行以岗位培训为主的全员培训，有效地提高企业职工的群体素质和岗位工作能力，增强企业的活力，提高经济效益。

6. "岗位责任制"

大庆的岗位责任制，是大庆油田的基本制度，就是把全部生产任务和管理工作，具体落实到每个岗位和每个人身上，做到事事有人管、人人有专责、办事有标准、工作有检查，保证广大职工的积极性和创造性得到充分发挥。大庆的岗位责任制，是大庆职工从油田生产与管理的实际出发，认真总结正反两方面的经验，逐步建立和完善起来的。油田开发初期，会战工委抓住"一把火烧出的问题"，发动群众展开大讨论的过程中，总结北2注水站从查物点数做起，把全站每样东西、每件事情，由谁管、怎么管、负什么责任，都落实到岗位和每个人身上，做到事事有人管、人人有专责、办事有标准、工作有检查的实践经验，在全油田建立岗位专责制、巡回检查制、交接班制、设备维修保养制、质量负责制、班组经济核算制六大制度。后来，随着生产的发展，又增建岗位练兵制和安全生产制，成为八大制度。大庆的岗位责任制，不仅适应油田社会化大生产的客观要求，也符合社会主义生产关系的基本要求，保障企业职工当家做主的权利，是企业内部人与人之间，特别是领导与群众之间平等的、同志式的分工协作关系的反映。大庆油田一贯重视岗位责任制的贯彻执行，一抓思想，强化职工的岗位责任心；二抓作风，提高职工严格执行岗位责任制的自觉性；三抓检查、评比，表扬先进，鞭策后进。大庆由于坚持岗位责任制，增强广大职工的主人翁意识和组织纪律观念，提高生产条件的合理利用水平，保证生产持续不断地向前发展。

7. "新时期铁人"精神

1996年8月27日，大庆石油管理局党委在《关于向"新时期铁人"王启民学习的决定》中，对"新时期铁人"精神做出高度概括：一是国家利益高于一切的爱国主义精神。王启民具有崇高的爱国热情，国家利益是他心目中的最高原则，国家需要就是他的最高志愿，为了国家利益他愿舍弃自己的一切。他把爱国主义精神同热爱大庆、热爱工作紧紧连在一起，致力于油田的高产稳产。二是艰苦奋斗、顽强拼搏的创业精神。王启民处处以铁人王进喜为榜样，一门心思全用在他所热爱的地质事业上，夜以继日地苦干，他所取得的每一个科研成果都付出超常的艰辛与劳苦。三是锲而不舍、敢于攻关的求实精神。王启民干工作像铁人那样经得起子孙万代的检查，他恨不得钻到地底下去把油层搞清楚。他针对高产稳产的难点刻苦学习，精心研究，和其他科研人员一道，解决油田分层开采接替稳产和低渗透层接替稳产配套方法等一系列高科技难题。四是兢兢业业、克己奉公的奉献精神。王启民既是科技工作者，又是一位领导干部。他对事业、对工作几十年如一日兢兢业业，克己奉公，置自己的病弱身体而不顾，誓将毕生精力献油田。五是尊重群众、讲究民主的团结协作精神。王启民所担负的科研项目都是油田较为重大的科研课题，参加者少则几个人，多则几十人，上至专家学者，下至岗位工人。在工作中，他注重发扬民主，坚持集思广益，与大家一道完成好各项工作任务。他把自己受到的表扬和奖励归功于党组织的培养教育，归功于群众的帮助与支持。新时期铁人精神，不仅是油田广大科研人员为油拼搏奉献精神风貌的真实写照，更是油田职工推进发展的精神动力。

8. "好工人"精神

2009年3月，大庆油田有限责任公司党委、大庆油田有限责任公司在《关于命名表彰"新时期好工人"朴凤元及"刘备战班组"的决定》中，对物资集团让胡路仓储公司修理工朴凤元和刘备战班组成员身上所体现的"好工人"精神进行阐释。一是感恩企业、忠于职守的优秀品质，即心系岗位、爱企如家，以"油田给了我岗位给了我本事，我就要为油田发展做贡献"的感恩情怀和"当工人就把工人当好"的信念追求，几十年如一日，矢志不渝，埋头苦干，项项工作质量全优，处处厉行勤俭节约，表现出强烈的主人翁责任感，为推进企业发展做出积极贡献。二是坦然淡定、内心和谐的思想境界，即找准定位，不抱怨、不攀比、不浮躁、不盲从，既积极进取，又不好高骛远；既安心本职，又不自甘平庸，把信念化为行动，对工作充满激情，用奉献书写忠诚，体现出积极向上的精神风貌和价值追求。三是勤奋学习、技术精湛的进取精神，即钻研业务，追求卓越，以"当工人不丢人，不胜任本职工作才丢人"的朴素思想，奋发向上，超越自我，练就一身过硬的技术本领，树立了有信念、有责任、有技术、有文化的新时期知识型员工的良好形象。四是发扬传统、传承精神的优良作风，即把传承大庆精神、铁人精神作为一种责任、一种追求，以"不仅自己要当'好工人'，还要带出更多的'好工人'"的责任感和使命感，自觉弘扬"传帮带"优良传统，传思想、带作风、教技术，甘当铺路石，使大庆精神、铁人精神代代相传。朴凤元及"刘备战班组"所体现出的"好工人"精神，是新时期继承发扬大庆精神、铁人精神和会战优良传统的生动实践，是践行社会主义核心价值体系的具体体现。

9."三超"精神

"三超"精神是大庆油田科技人员挑战三次采油禁区、勇攀高峰的生动写照，其具体内容是："超越权威，超越前人，超越自我"。20世纪80年代，正值国外三次采油纷纷下马之时，大庆油田科技人员顶住压力，坚持进行聚合物驱油技术研究，最终打破外国专家长期以来认为聚合物驱只能比水驱提高采收率2到5个百分点、油田特高含水期不能注聚合物的传统说法，实现聚合物驱比水驱提高采收率10个百分点以上，取得理论上的突破和实践上的飞跃。20世纪90年代，面对三次采油主要配方之一表面活性剂需要进口、费用昂贵的实际，科研人员立下"外国人能够做到的我们也能够做到，而且一定要做得更好"的誓言。经过5600多次反复实验，终于成功研制出国产化表面活性剂，彻底摆脱大庆油田三次采油技术发展对国外的依赖。随后，又针对强碱表面活性剂在二类油层无法发挥威力这一难题，戮力攻关，成功研发出弱碱化表面活性剂。"三超"精神，成为激励油田广大科研人员在三次采油领域中持续不断地取得新突破和进展的精神动力。2009年6月26日，胡锦涛总书记在大庆油田勘探开发研究院采收率实验楼考察过程中，高兴地说：你们提出的超越权威、超越前人、超越自我的口号很有气魄，要继续弘扬这种精神，瞄准更高目标，攻克更多难关，使大庆油田不断焕发新的生机，为确保我国能源安全发挥更大作用。

（七）兴油报国　服务社会

大庆油田的开发建设是集中全国人民力量办大事的充分体现，兴油报国、服务社会、造福于民也是大庆石油人不变的追求。

大庆油田开发建设以来，按照"工农结合、城乡结合，有利生产、方便生活"的方针，历经半个世纪的不懈努力，在建成国内最大原油生产基地的同时，打造一个中石油规模最大、功能基本配套、油田特色鲜明的新型石油矿区。大庆油田认真贯彻落实中国石油天然气集团公司确立的发展共谋、责任共担、稳定共抓、环境共建的方针，坚持把"以人为本、构建和谐"的理念融入创建百年油田的实践之中，融入企业整体协调发展之中，与地方政府一道，共建和谐矿区、共创文明城市。

1. 支持城市基础设施建设

积极履行企业经济责任、政治责任和社会责任，加强企地合作，参与市政基础设施建设，努力构建企地和谐。2003年以来，大庆油田承担并参与世纪大道二期工程、新中八路工程、东环路工程、西宾路和西苑街扩建工程、龙南地区亮化工程、城市森林公园、东湖石油广场等建设项目，总投资上亿元；配合市政建设，承担铁西动迁、利民苑动迁、铁路平改立、萨大路动迁、中三路动迁等工程；承担西宾路龙岗沿街、世纪大道、大庆路二期、东环路、会战西街、远望环岛、奔腾环岛、一中校园、龙十路等绿化建设项目及项目建成后的养护管理工作。通过加强企地合作，大庆油田与大庆市委、市政府一道，共同打造"魅力大庆"。

2. 支持地方经济发展

大庆油田注重发挥大企业的辐射和拉动作用，积极支持地方经济发展，每年给社会提供的市场容量都在 300 亿元以上，不仅带动地方 GDP 及税收的增长，带动地方劳动力资源的开发，还带动城乡交通、通信、电力等基础设施建设，为周边市县加快工业化、城市化、现代化进程创造有利条件。多年来，油田为石化炼化企业提供充足的加工原料，为建成百万吨乙烯、百万吨甲醇、百万吨聚丙烯、百万吨复合肥、千万吨炼油的生产能力，形成橡胶、树脂、纤维三大复合材料生产基地，全国最大的油田化学助剂生产基地和油气加工能力全国第一的炼油化工生产基地，奠定坚实的资源基础。尤其是近年来，油田加大勘探力度，扩大油气经济辐射面，形成以大庆为中心、从哈尔滨到齐齐哈尔、覆盖龙江中西部地区的油气经济圈。同时，油田与地方政府合资、合作开发 21 个外围小油田，注册成立 10 多个属地纳税的分公司，极大地推动周边市县财政收入的快速增长，为肇东、双城、安达、肇源、肇州、杜蒙等成为"财政强县"提供强力支撑。庆深气田发现后，油田大力发展天然气经济，已经建成大庆至哈尔滨输气管线，成功向哈尔滨供气。随着天然气生产规模的不断扩大，大庆油田的天然气将输向哈尔滨、齐齐哈尔、沈阳等东北部分大中城市，有力地助推"哈尔滨—大庆—齐齐哈尔工业走廊"的快速发展和东北老工业基地的振兴。

3. 助推新农村建设

大庆油田认真落实党中央提出的"要全力关心、支持和参与社会主义新农村建设"的要求，积极支援新农村建设，承担齐齐哈尔市克山县发展乡民胜村和大庆市让胡路区喇嘛甸镇两个省级帮建试点村镇的帮建任务。在民胜村完成桥涵建设、公共卫生设施建设、学校设施配套建设以及组建农机合作社，建成农村闭路数字电视网、建设多功能活动室、改建民房、新建学校校舍等帮建项目；在大庆市四区四县 8 个示范村完成道路建设、水质改造、抗旱工程、新建沼气池、文化活动广场等 8 个帮建项目。先后两次投入资金，支援大庆市农村抢打抗旱井。第一次打抗旱井是在 1998—1999 年，两年共打农灌井 100 口，总进尺 16858.88 米，优质率、合格率均为 100%。第二次打抗旱井从 2006 年开始，在星火牧场、新华村、三胜村等处打抗旱井 300 口，基本上实现取水有井、提水有泵、输水有管，大大缓解了旱情。

4. 援建希望小学

油田各级团组织一直坚持在青年中大力弘扬团结互助的中华民族传统美德，广泛开展"爱心助学"活动，组织团员青年为上不起学的孩子、生活困难的大学生等送去温暖和爱心，送去关心和希望。1999 年，大庆油田管理局团委利用希望工程捐款，在肇源县援建了一所希望小学，并命名为"铁人希望小学"。2003 年，共青团黑龙江省委围绕省委开展的"爱心助学"行动部署，在全省开展以"助学促发展，托起新希望"为主题的希望工程活动。大庆油田电力总公司（现大庆油田电力集团）团委积极响应团省委的号召，在广大团员青年中开展捐资助学、援建希望小学活动，经过实地考察，把相对落后、师资条件较差的林甸县和平小学作为援建对象。广大团员青年捐赠资金40万元，援建24间校舍，面积720平方米。新学校更名为"保护明天"油田电力希望小学。该校是林甸县历史上捐方投资数额最多、建设标准最高和规模最大的一所希望小学，同时也是黑龙江省实施希望工程以来，由一家企业单校捐资最多的一所希望小学。

5. 实施育才共建工程

1996年，大庆油田第八采油厂党委从当年"七一"开始，组织全厂党员干部开展"资助贫困大学生，为石油工业培养杰出人才"活动。2001年，该厂继续对大庆石油学院的特困大学生给予资助，并与大庆石油学院联合开展"育才共建工程"，即油田员工帮助特困大学生完成学业，大庆石油学院为该厂培训油田建设人才。几年来，该厂党员干部与特困学生结成助学对子，每学年资助每名特困学生500元的生活费，还为他们购买必备的学习、生活用品。

6. 承担社会公共服务

在企业办社会职能剥离移交以前，油田承担的社会公共服务事业点多面广，发挥不可替代的作用。医疗卫生服务网点覆盖整个市区，患者收治率在全市医疗系统占绝对优势。作为黑龙江西部地区的医疗卫生中心，拥有PET-CT、64排CT等大中型设备2200余台（套），为全油田员工群众、大庆市及周边地区百姓提供各项医疗服务。油田总医院是国家综合性三甲医院，龙南医院是综合性国家三级医院，医学高等专科学校是大庆市全科医师培训基地，9个成员医院下辖75个社区卫生服务中心（站），三级医院领办社区卫生服务"大庆模式"是全国医疗行业先进典型。"阳光院务""临床路径""医疗大篷车"等服务方式，深受员工群众及社会各界欢迎。担负着油城公共交通及部分企事业单位职工通勤服务，有营运线路58条，营运车辆2000余台，全市人口出行分担率达到24.1%。维护矿区公共区域硬铺装面积89公顷、绿地面积2088公顷、水域面积330公顷，道路清扫面积2300万平方米；管理5个大型广场、2个生态园、2座公园；管理矿区道路总长度162千米，维修养护干路路灯3万余盏、雨排检查井23000余口；管理垃圾处理厂5座；管理托幼园所88座。

7. 加强民生工程与文化设施建设

2000年以来，先后对八百垧、方晓等30余个生活小区进行综合整治；对乘风湖、果午泡进行环境改造；对3600余栋住宅楼进行平改坡；建设中心绿地8个，修建生态园和休闲娱乐广场30余个。2008年，对涉及员工居民生活的八大类上百个项目进行综合治理，重点对乘风九区、乘风十一区、团结小区、会战小区进行整治和完善，对南一路、南二路进行拓宽改造，对46个老年活动室进行维修改造，对杏五井、测井、红卫星等5个小区的清水管线进行更新改造，对部分采暖锅炉和管线进行改造。基本实现二级单位有公园、居民小区有广场、员工家属享有健身设施的目标。根据企业文化建设需要，创建特色文化场馆，不仅丰富了企业文化内涵，使员工得到其滋养与熏陶，还使得油田文化场馆成为大庆地区地标性建筑，成为城市特色鲜明的人文景观。另外，油田每年有计划地投入一定资金,新建、改造油田矿区基础设施;大面积植树造林,围塘蓄水,修建立交桥,建设景观大道,在员工居住区统一规划建设中心绿地等,大大提升城市建设水平。

大庆油田历史陈列馆。位于大庆石油会战指挥部旧址——"二号院",是黑龙江省文物保护单位。陈列馆2005年3月开始筹建,2006年9月26日落成开馆,大庆油田老领导张轰题写"大庆石油会战指挥部旧址"。该馆是我国第一个工业题材原址性纪念馆。馆内展览全面回顾大庆油田发展历程,系统展示大庆油田各类英雄群体、宝贵经验、巨大贡献以及党和国家领导人的亲切关怀,突出表现共产党领导建设社会主义工业企业成功典范的深刻主题。展馆占地面积1.59万平方米,陈展面积4200平方米。展馆采用立体空间交叉展示手法,利用声光电等现代技术,通过大量照片、文献、实物、音像资料以及绘画、雕塑、场景复原、沙盘等艺术表现形式,融教育功能、展示功能、研究功能、旅游功能为一体,成为展示大庆油田文化、石油员工风采和爱国主义教育的重要基地。2007年,荣获全国博物馆十大陈列展览精品奖。2006年6月,被命名为中国石油天然气集团公司企业精神教育基地。该馆是全国工业旅游示范点和国家4A级旅游景区。2008年7月12日,北京奥运会圣火来到大庆,火炬传递起跑仪式就在该馆门前进行。2009年,被评为全国爱国主义教育示范基地。

铁人王进喜纪念馆。坐落在大庆市让胡路区世纪大道与铁人大道交汇处。该馆于2003年10月8日铁人王进喜诞辰80周年之际奠基;2006年8月10日,温家宝总理题写馆名。2006年9月26日,该馆于大庆油田发现47周年纪念日正式开馆。馆区占地面积11.6万平方米,主体建筑面积2.15万平方米,高度47米,展厅总面积4790平方米。纪念馆建筑外形为"工人"二字组合,象征这是一座工人纪念馆;顶部为钻头造型,正门台阶共47级,寓意铁人47年不平凡的人生历程。展览以"爱国、创业、求实、奉献——石油魂"为主题,集中展示铁人王进喜生平业绩及用终生实践所体现出的大庆精神、铁人精神。纪念馆主题突出,史料翔实,构思巧妙,亮点迭起。宽阔辽远、恢宏大气的展厅,通透开放、引人入胜的场景,富有感染力和震撼力的陈列内容,体现铁人纪念馆与众不同的特色。馆区互动景观"贝乌-40型钻机",是1960年铁人王进喜带领1205钻井队来大庆会战时使用的相同型号钻机,参加过大型纪录片《大庆战歌》和电视连续剧《铁人》拍摄。观众可以登上钻台,手扶刹把感受铁人王进喜当年钻井风采。铁人王进喜纪念馆是国家一级博物馆,被命名为全国青少年教育基地、全国爱国主义教育示范基地、中国石油天然气集团公司企业精神教育基地和中国旅游文化示范基地,被评为中国十大红色旅游景区、国家4A级旅游景点、中国最具特色旅游目的地。

大庆油田石油科技馆。大庆油田石油科技馆位于让胡路区创业大道东侧、世纪大道南侧500米处,与大庆油田有限责任公司东区办公楼遥相呼应。主体建筑面积5.4万平方米,展示面积3.5万平方米,平面设计与广场水池成中国石油徽标造型,是一座反映石油科技题材的大型现代化专业科技馆。馆内设有11个专题展厅,其中:历程厅,重点展示大庆油田发现60多年来科技创新发展历程；科普厅，将石油行业上下游产业链条融为一体，在介绍地球科学知识的基础上，围绕生物进化及生油、寻油、采油、石油加工、产品应用为主线，采用声、光、电技术加以展示，具有科学性、知识性、趣味性和通俗性；勘探厅，展示在陆相生油和构造聚油论的指导下，松辽平原油气勘探发展过程，并发现大庆油田；油藏厅，主要展示大庆油田通过科技攻关和开发实践，创立和发展一套陆相非均质多油层砂岩油藏开发理论和方法，形成储层描述、剩余油研究、水驱开发调整、三次采油、天然气开发、油藏数值模拟等系列技术；信息厅，主要展示大庆油田的信息化建设伴随着油田勘探开发建设而发展的具体实践；钻采厅，主要展示钻井完井、采油采气、测井和试井等专业技术；地面厅，主要展示大庆油田的油气田地面工程，包括油（气）井采出液的分离、计量、集输、处理、储运的全过程，油田水驱和聚驱开发系统配套的地面工程设施，油田生产中的节能降耗、环境保护设施等；炼化厅，主要展示大庆炼化产业的发展历程、主要装置技术水平和节能环保技术。大庆油田石油科技馆的前身是1960年始建的大庆油田开发实验陈列馆（又名地宫），随着大庆油田的开发建设而逐步完善和发展起来。1995年9月16日，大庆油田开发实验陈列馆改建为大庆油田技术博物馆并正式对外开放。2009年9月24日，大庆油田科技博物馆更名为大庆油田石油科技馆，并在新址上重新开馆、对外开放。

铁人广场。位于大庆龙南地区的中心地带，占地11.11万平方米，整个广场由台地园、音乐喷泉、春华园、秋实园和主体雕塑5部分组成，2000年9月20竣工。铁人广场作为居民游人休憩的场所，广植树木，绿化面积5.365万平方米，4盏25米高的广场照射灯，在夜晚把整个广场照得亮如白昼，加上音响音乐，更加营造一个美妙轻松的氛围。铁人广场自建成以来，一直是大型集会的主要场所，各类歌会、舞会、表彰会、庆祝会、诗歌朗诵会等都在这里举行。铁人广场不但成为大庆油田高度文明的现代化城市的又一标志性建筑，也日益成为人们健身、休闲、欣赏演出、交流信息的最佳去处。它的落成是继世纪大道、油田乐园后，为大庆市争创全国优秀旅游城市增添的又一道美丽的风景。它蕴含着以大庆精神、铁人精神为底蕴的具有石油行业特色的企业文化，象征着油城人民和广大石油员工努力拼搏、开拓创新、永不停息的进取精神，是留给油城子孙后代的宝贵文化遗产，对推动油田社会主义精神文明建设的发展，发挥着极其重要的促进作用。

创业广场。位于八百垧小区中心地带，是一座占地面积12.9万平方米、绿化面积5.9万平方米的大型综合性文化休闲广场，于2003年8月9日竣工。广场主要由主体广场区、休闲娱乐区和健身活动区组成。主体广场包括纪念广场和下沉广场两部分。纪念广场由彩色广场砖铺装地面，两侧设有碧绿的草坪、五颜六色的花坛和随时可小憩的石凳，广场西侧高达6米的《创业年代》群雕和《创业者之歌》浮雕栩栩如生。广场南侧设有休闲娱乐区，有老年活动室一座；广场西南侧是健身活动区，主要设有篮球场、溜冰场、健身器材，是居民健身的好场所。整个广场以广场灯、庭院灯、花坛、花架、凉亭和石桌、石凳为点缀装饰，自然大方，浑然天成，将自然景观和人文景观有机地结合起来，具备旅游、参观、传统教育和休闲等多种功能，是大庆一道亮丽的风景线。

石油广场。石油广场位于东湖居住区中心，是一座集休闲、娱乐、健身于一体的大型文化广场，2004年9月落成。它秉承石油文化主脉，借助富有时代感的设计风格和现代化手段，以40米高的"天外来客"为主灯光雕塑，采用68个大型灯雕和5件浮雕作品为主要表现形式，突显油城文化底蕴和现代气息。石油广场的落成结束东湖小区没有大型健身、娱乐场所的历史，成为大庆环境建设项目中又一个高品位工程，不仅改善东湖居民的生活环境，增强了城市和企业的凝聚力，而且在推动精神文明建设和社会繁荣稳定方面起到积极作用。

（八）构建人企和谐

大庆油田自开发建设以来，始终坚持全心全意依靠工人阶级的方针不动摇。改革开放特别是十六大以来，大庆油田把以人为本、构建和谐的理念，融入到创建百年油田的伟大实践之中，融入到企业整体协调发展之中，通过严格实行职代会、厂务公开制度等一系列有力措施，做到谋划发展思路向职工群众问计，查找问题倾听职工群众意见，改进发展措施向职工群众请教，落实发展任务依靠职工群众奋斗，衡量发展成效由职工群众评判，最大限度地把全体职工的积极性引导到油田实现科学发展上来。同时，把维护好、实现好、发展好广大职工群众的根本利益，作为贯彻落实科学发展观的根本出发点和落脚点，作为全面贯彻以人为本的根本要求，确定激励在职职工，照顾离退休老同志，关爱下岗人员，关心困难群众，关注低收入家庭，消除绝对贫困的利益共享原则，努力兴办职工群众希望而企业又有能力办到的实事好事，着力维护职工群众的政治权益、经济权益和发展权益，让企业发展成果惠及广大职工群众。

1. 依靠职工群众办企业

大庆油田坚持贯彻"依靠职工群众办企业"的指导方针，实行民主管理和厂务公开。先后制定《职工代表大会条例》《厂务公开实施细则》等20多项规章制度，每年定期召开职工代表大会，领导干部向职工代表述职，报告企业改革发展稳定和关系职工切身利益的重大事项，以及职工代表提案落实情况。干部公开选拔竞聘，职工代表按一定比例参加信任投票。建立健全党委统一领导、行政为主公开、工会负责协调和纪检监察部门监督的厂务公开运行机制，要求做到"四个必须"，即关系企业改革发展的重大问题必须公开，经营管理的重点问题必须公开，涉及职工利益的热点问题必须公开，党风廉政建设的关键问题必须公开；实现"两个延伸"，即从一般性问题公开向特殊性问题公开延伸，从结果公开向全过程公开延伸。2006年，大庆油田被中组部、国资委评为"四好班子"，被评为全国厂务公开民主管理先进单位。

2. 实施能力关怀

大庆油田着眼于满足员工的价值追求，积极为员工成长成才搭建平台，不断增强员工在企业发展中建功立业的本领。2004年以来，油田公司大力实施"能力关怀"战略，努力打造学习型团队，培育知识型员工，先后建立从普通技术人员到技术专家、资深专家的科技人员六级成长通道，从技术能手、助理技师到技师、高级技师的操作人员四级成长通道。同时，按照不同类别的人才评价标准，制定符合实际的人才评价办法，完善学术技术带头人和技师、高级技师的选拔评聘办法。重奖有突出贡献的员工和科技人员。只要为油田做出突出贡献，就给荣誉、给待遇，奖车子、奖房子、奖票子。例如：油田新时期"五大标兵"之一、勇攀高峰的钻井专家张书瑞，他潜心钻井研究，解决深井钻井提速的一系列难题，获奖30万元；科技人员赵国忠和任延广完成的科研项目对油田发展产生巨大推动作用，项目组得到50万元奖金，他俩各获奖一台轿车。

3. 实施人本关怀

大庆油田坚持以人为本，贯彻落实《全民健身计划纲要》，"关注健康从健康开始"，通过开办健康、心理健康、安全讲座，下发《石油职工健康手册》《安全随身行》等教育读本，普及健康安全知识，引导员工关爱自身健康，养成良好的健康习惯；坚持把劳动保护贯穿到劳动的全过程，发放安全帽、护目镜、防护口罩、防静电工作服、保护足趾安全鞋等劳保用品；坚持把工作重心放在改善员工生活条件上，实行一线员工免费工作餐、免费健康体检、带薪休假和定期疗养，并为一线小队配备空调、电视、电冰箱和消毒柜等设备，开辟浴室、图书室、健身室，配备健身器材，组织员工运动会等文体活动，较好地满足员工的物质文化需求，提高员工队伍的整体健康水平。针对科技人员任务重、强度高、压力大、熬心血的实际情况，在科技人员中倡导"健康工作40年"，为他们制订"天天健康方案"。通过一系列行之有效的办法，增强员工的归属感、荣誉感和使命感，促进员工积极性、主动性、创造性，实现员工与企业共同发展，不断开创油田和谐发展的新局面。

（九）创建绿色油田

1. 坚持安全环保，企业长盛不衰

大庆油田针对资源采掘型企业具有高投入、高风险、高危害的特点，将安全与环保视为企业兴盛之本，从开发建设时起，就一直坚持把安全环保、质量节能作为油田生产建设的重要保证。进入21世纪以来，大庆油田坚持从保障人民生命财产安全出发，忠实践行"奉献能源、创造和谐"的企业宗旨，把安全环保作为硬任务、硬指标，把节能减排作为转变发展方式的切入点和突破口，树立"环保优先、安全第一、质量至上、以人为本"的安全环保理念，层层落实责任，进一步巩固安全发展、清洁发展、节约发展的良好局面。安全管理突出抓好规章制度和《反违章禁令》的贯彻执行，查处"三违"行为，查找事故隐患，落实整改措施；构建监管体系、安全文化体系，杜绝工业生产责任事故。实施环境治理工程，对主要产能区域进行生态环境的统一规划，集中治理；优化长垣含油污水生物化学处理站的运行参数，杜绝普通含油污水处理站外排污水；在采油六厂工业固废处置场和环境监测评价中心分别建立视频管理系统、污染源在线监测系统，对送达处理场的危险废物分类统计和监管，对重点排污口排污水量和水质指标实时监测；改造加热装置燃烧器和供气工艺，改造锅炉的燃料供给系统、排烟系统，工业锅炉和加热炉全部使用清洁燃料；在主城区建设让胡路区、乘风地区以煤代油热电联产集中供热工程和区域集中供热工程；对龙凤热电厂6台机组的冷却水塔爆破拆除，有效控制小锅炉的面源污染，年减少二氧化硫排放量1416

吨，烟气达标排放率100%；建设完善的工业固废综合利用和治理设施，对油田产生的固体废物集中存放和处理，对废弃钻井液采取无害化、资源化处理，年处理50万立方米；对43个环境保护重点单位开展调研，组织修订环境保护管理办法、排污收费办法和环境保护考核办法等制度，从根本上巩固和发展油田安全、环保的良好形势。

安全生产管理"五个"体系。2000年以来，大庆油田为了夯实安全工作基础，加强安全生产管理，从规范安全管理基础资料、台账入手，建立健全各种档案、报表，制定完善各项安全生产制度，逐步建立起以安全生产责任体系、规章制度体系、监管体系、事故应急救援体系、HSE管理体系为内容的安全生产管理体系；形成第一责任人负全责、主管领导负主管责任、分管领导负分管责任、监管人员负监督责任、岗位人员负直接责任的责任体系；完善涵盖工业生产、职业健康、特种设备和交通四方面的制度体系，先后制定实施工业动火、责任追究等25个管理规定，建立460多项规章制度、1033个操作规程标准，为基层岗位配备安全技术标准16603册；完善从油田公司到基层小队的四级安全监督网，油田公司设专职安全副总监；重要的二级单位设专职安全副总监、配备专职管理人员162人，设立安全监督机构，配备专职安全监督管理人员，在矿（大队）级重点生产经营单位设安全组，在一线小队设专职安全管理人员，提高现场监督检查频率和隐患整改效率；开展大型突发事故实战演练，提高员工应对突发性事故的能力，积累各方联动协同作战经验；建立实施HSE管理作业指南和以HSE作业计划书、作业指导书和现场检查表为内容的"两书一表"等文本15类、67种。安全生产管理体系不断健全完善，为加强油田安全生产管理提供有力保证。

安全生产责任制。安全生产责任制的内容包括：企业主要领导作为安全生产第一责任者的职责以及主管领导、分管领导、各级工程技术人员、职能部门、生产人员的安全生产责任制。20世纪70年代起，大庆油田就将安全生产责任制作为劳动安全管理制度的核心，并按照"管生产必须管安全"和"谁主管谁负责"的原则，全面落实从主要领导到管理人员、岗位员工的安全生产责任。油田各级领导干部层层签订安全生产责任书，并与关键要害岗位员工签订安全生产合同，与承包方签订安全生产合同，与所有机关兼职驾驶员签订驾车合同，明确安全生产责任。所属各单位行政正职作为安全生产的第一责任人，对本单位安全生产负总责，始终树立安全工作无小事的思想，认真履行检查指导、完善预案、强化监控等责任，特别是在重要节假日和特殊时期，各级领导对安全承包点加强检查督促。生产一线广大干部每天都有值班干部检查监督安全工作情况，岗位员工按照岗位责任制要求履行工作职责，认真执行安全生产操作规程，为生产经营创造良好的安全环境，促进安全生产责任的落实。油田安全工作实现事事有人管、层层有专职，保证了安全生产。

突发事件应急管理。大庆油田在安全工作中加强应急管理，开展实战演练，提高处理突发事件的能力。通过不断丰富和完善预案，加强预案培训和演练的针对性，加强地方与企业联动，下大力气充实和整合应急救援队伍和资源。大庆石油管理局、油田公司以及所属各单位每年坚持组织进行有针对性的实战演练活动,先后组织配电柜电气火灾、原油加热炉泄漏火灾、轻烃泵房泄漏火灾、商厦火灾等大型实战演练。还在所有生产一线岗位建立完善应急预案卡,形成横向到边、纵向到底的预案体系。2008年重组整合后,油田公司对原有应急救援体系进行重新梳理,统一归口管理部门和程序,合理配置应急救援资源,设立应急工作领导小组和应急管理办公室,建立应急指挥中心,成立应急工作组、编制应急预案,建立各级各类应急救援队伍,形成上至油田公司、下至基层班组,覆盖全油田的应急组织网络。

实施含油污水生化处理。建设长垣含油污水生化处理站,探索应用生化处理新工艺,治理油田高含聚合物含油污水。该站于2006年8月开工建设,2007年11月16日正式投产,占地面积3.71平方千米,日处理污水能力3万立方米,主要采用生物化学方法为主、以物理化学方法为辅的处理工艺,通过气浮选、厌氧水解池和接触氧化池,提高污水可生化性,在生物菌的作用下,将污水中油及长链聚合物等有机物断链、降解,污水处理后达到国家标准。整个生产系统采用PLC远程自动控制,实现计算机自动化管理,是一座自动化程度较高、全国处理能力最大的含油污水生化处理站。该站的建成投产克服高寒地区含油含聚合物污水生化处理的难题,对区域污水进行综合调配,实现化学需氧量大幅度削减的目标,发挥明显的减排作用,在保护松花江水环境、构建魅力大庆、创建"绿色生态"油田方面迈出重要一步,为构建和谐企业起到积极的推动作用。该处理站自投产以来,已累计处理含油污水752万立方米。

2008年荣获中国石油天然气集团公司"绿色环保站库"称号。

实施生态环境治理工程。2007年起,全面启动实施生态环境治理工程,按照建设绿色油田的总体思路,油田对南起第五采油厂、北至第六采油厂、东起东干线、西至西干线的7.92亿平方米的长垣主要产能区域进行生态环境统一规划,并将铁路沿线、萨大路两侧和中三路两侧的环境治理纳入绿色油田建设规划,实行点、线、面"三结合"的集中治理。"点"就是以厂、矿、部分站队所在地和生活居住区为主建设一些中心绿地;"线"就是沿规划区域内的主要交通干道建立绿化带;"面"就是按照"高处植树,低处蓄水,过渡带培植草苇"的思路,分期、分批地治理环境。努力营造一个绿树、草苇、碧水连接成片,交相辉映,自然优美的绿色长廊,实现油田生产、生活、生态和谐。近年来,油田承担大庆西城区等数十项城市重点生态绿化建设及养护管理,种植各类树木910万株、花卉82万平方米、绿篱8.2万延长米,铺设草坪83万平方米,新增各类绿地1435公顷;建成20余座生态园,种植各类树木80.4万株、花卉4万平方米,铺设草坪13.5万平方米,不断绿化美化城市环境。

安全环保工作成绩斐然。作为产能与耗能大户,大庆油田每年水、电、聚合物等主要物耗巨大。多年来,大庆油田努力构建安全管理长效机制,逐步建立起更加规范的管理体系,ISO14001环境管理体系普遍实施,体系监督审核与环境保护日常管理相结合,充分发挥体系的科学性和可追溯性,企业防治环境污染事故能力不断增强。落实建设项目环境保护"三同时"得力,大庆油田《大型油气田立体化节能减排管理》成果，获中国石油企业协会管理现代化成果一等奖。根据"绿色油田"建设规划，"十五"期间，油田投入资金8亿多元，完成废水、废气、固体废弃物、噪声等污染控制环保工程260余项；投入20多亿元，集中整治高压、易燃易爆场所和商业区、人口密集地区的安全隐患，共拆除违章建筑5万多户约240多万平方米。实施化工污水治理改造和污水深度处理回用工程，对医疗污水、养殖污水和机加废水处理设施进行改造。实施绿色无污染施工，石油工程技术服务单位加大污染防治设施配备，钻井作业按标准配全泥浆循环系统，钻井废弃液全部实现无害化处理。井下作业队伍因地制宜配齐配全污水处理设施，作业现场全部取消土油池。建成国内最大的工业污水处理系统和世界最大的污水处理示范区，大庆油田工业废物无害化处理达到100%。实施城市集中供热工程，油田大气环境得到改善。建设八百垧等9个集中供热锅炉房和让胡路地区以煤代油热电联产集中供热工程，在控制污染物排放总量的同时，有效控制小锅炉的面源污染，矿区大气环境得到改善。油田荣获黑龙江省绿色企业标兵称号，为大庆市荣获全国内陆唯一一家"环保模范城市"和全国魅力城市做出突出贡献。

2. 依托质量信誉，拓展企业发展空间

大庆油田自投入开发之日起，就把质量视为企业的生命，坚持践行"要为油田负责一辈子""宁要一个过得硬，不要九十九个过得去"的理念，不断加强质量管理与监督工作。通过构建质量监督管理体系，加强过程控制，实施系统管理，强化业绩考核，油田质量管理工作逐步向专业化、规范化发展，为油田管理和产品、工程、服务质量水平提供保障。进入21世纪，大庆油田确立"用大庆精神保证质量，以'三老四严'取信用户"的质量方针，把发扬大庆精神、铁人精神和会战传统，落实到提升产品和服务品质上来，致力于创一流产品、打造一流品质，力求做到人人出手过硬，件件产品合格，项项服务一流。大庆油田坚持对内保证质量，对外取信用户，围绕用户需求，不断调整服务视野、服务领域、服务质量、服务承诺，按照市场经济规律，品牌化经营，个性化服务，进而用品质保证塑造企业的市场形象。建立健全质量保证体系，完善标准工作体系，加大计量检定力度，强化质量监督，全方位提高服务、工程、产品、文化及后勤保障等领域的质量管理水平，实现国内外市场开发新突破，拓展企业发展空间。

完善标准工作体系，提高标准执行力度。标准化作为油田公司的一项技术和管理基础工作，是提高石油企业产品和服务质量、保证生产安全、保护环境、保障员工健康的重要手段，是市场经济条件下联结国内外市场，促进石油工业贸易和技术交流的纽带。2000年以来，油田标准化在发展战略、组织建设、运行机制、体系优化以及出版发行和信息化建设等方面取得显著成绩，组建17个专业标准化技术委员会，陆续发布1747项油田公司企业标准。实施规范不断完善。在借鉴国际先进标准体系、充分结合油田勘探开发特点的基础上，建立大庆油田标准体系框架，配备、宣贯和实施1315项国家标准、1792项行业标准和2130项企业标准，提高了标准的执行力度和实施效果，对油田的持续发展起到重要的促进和保障作用。采标有所突破。大庆油田在执行国内标准的同时，积极采用国际先进标准，从石油机械类产品"三抽"设备、钻井钻具等产品的采标入手，引进和采用美国石油学会的 API 标准。在装备制造集团、钻技公司等单位，开展采标工作，并相继获得 API 的产品认证或会标使用权。通过采标，大庆油田生产的射孔弹、抽油机、潜油电泵远销国外，成功地开辟国际市场。新技术配套发展。在新技术推广上，围绕油田三次采油新工艺，完成聚合物驱开发规划编制导则、聚合物驱开发方案编制要求等 50 多项系列技术标准的制定工作，为新技术、新工艺的推广建立配套标准。

加强计量监管，保证数据准确。为了维护油田公司油、气、烃、水、电贸易交接计量工作的正常秩序，建立计量纠纷调解和仲裁机制，避免和减少计量纠纷，明确计量管理机构和职责，依法配齐、管好、用好计量器具，确保计量数据准确可靠。一是建立完善计量管理体系。在计量工作中认真贯彻落实国家和集团公司有关计量工作的方针政策、法律法规及相关制度，建立 408 项计量标准、13 个油田公司级计量检定机构、4 个计量与自动化维修维护机构、74 个计量检定和维护的仪表室，成立两个计量仪表维修维护中心，负责全油田计量仪表的检定维修工作。二是加强能源计量器具配备。按照集团公司能源计量器具配备的具体要求，全面推进油田能源计量管理体系建设。结合节能节水型企业考核工作，加大对能源计量器具配备工作的监督检查力度，使能源计量器具的配备和管理达到国家标准和企业规范的要求。三是完善自动化系统。为了提高油田井站库生产过程自动化水平，确保生产安全平稳有效运行，制定油田公司生产自控系统设计规范和检测办法。

健全管理体系，搭建管理平台。自 1997 年开展 ISO9000 质量体系标准贯标认证以来，经过多年不懈努力，油田从机关到各集团企业、专业公司都基本建立起紧密结合油田实际，适应企业特点和市场要求的质量管理体系。质量管理体系的有效实施成为推动油田管理水平全面提高的有力保障措施，为企业更好地走向国内外市场搭建与国际接轨的平台。一是围绕质量目标，建立全油田质量管理体系。油田紧紧围绕"勘探开发高水平，输出产品高质量"这一质量目标，实施运行质量管理体系，贯彻实施 ISO9000 标准，提高整体管理水平，夯实管理基础工作。多年来，油田坚持开展体系内审、管理评审和日常监督检查，有针对性地实施纠正和预防措施，使质量体系自我发现、自我完善机制在油田管理中发挥重要作用，持续改进理念，深入油田生产管理各个环节。二是以体系运行为基础，开展用户满意和创优工作，提高企业形象。油田在围绕质量目标组织油气生产的同时，始终重视开展用户满意活动，结合质量管理体系用户满意工作，建立用户满意工作的模式和推进机制，创新用户满意工作的方式和内容，深入开展创建用户"七满意"活动，推动用户满意工程向纵深发展。井下作业分公司被中国质量管理协会授予"全国用户满意服务企业"。钻探工程公司、建设集团、试油试采分公司等多家企业和多名个人荣获中国石油天然气集团公司用户"七满意"称号。在品牌创优方面，大庆油田实施质量制胜战略，全力打造具有市场竞争力的质量诚信品牌，推进企业产品创优工程。

经过多年培植，油田产品质量和知名度不断提高，竞争力不断增强，市场占有份额不断扩大，力神、庆矛、铁人等品牌成为具有较强国际影响力的知名品牌；油田施工企业国内知名度不断提高，以建设集团为代表的施工企业施工领域遍布国内23个省、自治区，先后进入巴基斯坦、孟加拉国、哈萨克斯坦、蒙古等国家和地区。普及QC小组工作，全员参与质量活动。坚持围绕油田开发组织群众性质量管理小组攻关活动，始终把QC小组作为解决技术质量关键、促进企业发展的有效途径，注重在实效上下功夫。群众质量小组活动取得明显效果，为企业质量管理的发展奠定了全员基础。

强化质量监督，保障安全生产。日常监督是质量管理提高的重要保证，为此大庆油田不断强化质量监督工作，逐步实现规范化、制度化和科学化，为保障油田安全生产、实现科学管理和提高经济效益起到重要的保证作用。一是强化生产过程监督，实现全过程管理。勘探开发——健全标准体系，构建勘探工作规范化运作平台。近年，随着勘探开发的推进，勘探开发专业不断修订完善相关专业标准，形成以各相关专业技术为支撑的标准体系，为加强工程质量监督，严格质量评定提供依据，使地震采集优级品率、试油优良率、探井压裂施工优良率、录井及测井解释判准率等各项工程质量指标得以保持较高水平。油气生产——实施过程管理，为生产调整提供精确参数。通过加大计量配备力度、强制计量器具检定，促进岗位员工规范录取岗位资料，从而为油气生产工艺的调整提供精确计量参数。工程技术——开展质量关键点控制，突破制约质量瓶颈。油田各工程施工队伍在施工中加大对影响施工质量的关键点和关键工序的控制，通过提高各控制点质量进而实现整体施工质量的提高，使施工质量明显提高。此外各企业通过强化队伍人员、设备管理，从源头上提高工程施工质量，实现本质安全。二是开展重点物资质量监督和产品质量认可，把好油田产品准入关。随着油田产能建设的不断扩大，采购产品的品种和数量不断增加，大庆油田以重点物资为核心，合理制订监督抽查计划。重点加强对涉及健康、安全、环境、节能产品、重要项目和质量问题突出产品的采购质量控制，不断扩大重点产品抽检范围和频次，把好油气生产物资准入关，为油气安全生产提供保证。在强化物资质量监督的同时，油田对油化剂等重点产品开展产品质量认可工作，促进产品供方企业稳定提供高质量产品。

3. 立体节能减排，企业提档升级

大庆油田面对生产规模逐年扩大、系统效率不断降低、注采总量大幅增长、高耗能产量比例逐步增大、环境保护要求日益提高等严峻挑战，按照科学发展观的要求，构建大型油气田立体化节能减排管理体系。该体系的建立起步于"九五"末期，深化于"十五"中期，成熟于"十五"后期。它以系统工程理论为指导，以科技创新为主线，以系统优化为重点，以精细管理为支撑，以动力机制为保障，保证实现清洁发展、节约发展、可持续发展的目标。油田制定一系列措施，积极开展节能减排工作，大力发展循环经济。推广实施了污水配制聚合物、不加热集油、综合调整控制无效注采循环、抽油机装变频器节电、加热炉应用高效燃烧器、燃气轮机直拖注水泵等清洁生产方案，能源利用效率不断提高；按照"减量化、再利用、可循环"的思路，扩大放空气、采出污水、采出液余热等再利用的规模，使生产模式由传统的"资源—生产—污染"型向"资源—生产—再生资源"型转变；加强天然气季节性调峰，扩建形成国内规模最大的地下储气库，实行夏注冬采，每年可注入、采出各1亿立方米天然气，相当于又为国家找到一个年产气1亿立方米规模的大气田，年创效益1.2亿元；有效利用余热，积极筹措资金，引入并推广热泵技术，年供热面积达20万平方米。2001—2006年，油田在注水量年均增长1.4%、产液量年均增长6.9%、总井数年均增长16.71%的情况下，能耗总量实现负增长，实际累计节能总量达461万吨标准煤，节水3.3亿吨，年均创造效益11.81亿元。进入"十一五"后，油田按照国家国有大中型企业GDP能耗降低20%左右这一约束性指标的要求，与黑龙江省政府签订节约115万吨标准煤的"十一五"节能目标。通过不断完善节能保障机制，加强组织领导，强化节能管理队伍建设，夯实基础工作，加大节能宣传教育和培训力度，积极开展技术进步节能、强化管理节能、深化改革节能、全民参与节能活动，着力抓好重点领域的节能工作，见到明显效果。《大型油气田立体化节能减排管理》在2007年获国家级企业管理现代化创新成果一等奖，在2008年全国企业管理创新大会上获第十四届国家级管理现代化创新成果一等奖。

（十）主要双建成果

企业荣誉

1979年大庆油田荣获"全国工业、交通、基本建设战线先进企业"称号

1981年大庆油田荣获中国企业管理协会"企业管理优秀奖"

1982年大庆油田发现过程中的地球科学工作荣获国家自然科学奖一等奖

1982年大庆油田被国家计量总局授予"计量先进单位"称号

1984年大庆油田荣获国家经济委员会"一九八三年度全国工业交通系统经济效益先进单位"称号

1984年大庆油田荣获中宣部、国家经委、中华全国总工会"八四年度思想政治工作优秀企业"称号

1985年大庆油田荣获国家经济委员会"中华人民共和国国家质量奖"

1985年大庆油田长期高产稳产的注水开发技术荣获国家科学技术进步特等奖

1985年大庆油田荣获石油工业部"二十五年贡献卓著、新时期高歌猛进"锦旗

1985年大庆油田荣获国家经济委员会"一九八四年度全国工业交通商业系统经济效益先进单位"称号

1985年大庆油田荣获中宣部、国家经委、中华全国总工会"八五年度全国思想政治工作优秀企业"称号

1985年大庆油田荣获黑龙江省计划委、省企业管理协会"企业管理现代化工作先进单位"称号

1986年大庆油田荣获全国石油工业局、厂领导干部会议全体代表"伟业惊天地、凯歌震长空"称号

1986年大庆油田荣获石油工业部和黑龙江省委省政府"五千万吨稳产十年立丰功、再稳十年创伟绩"称号

1986年大庆油田荣获国家经委"六五"

技术进步先进企业全优奖

1986年大庆油田荣获全国企业整顿领导小组、国家经委"全国企业整顿先进单位"称号

1986年大庆油田荣获国家经委"一九八五年度全国工业交通商业系统经济效益先进单位"称号

1986年大庆油田荣获黑龙江省委省政府"抗洪先进集体"称号

1986年大庆油田受到国家计委、经委、财政部"六五"国家科技攻关表彰奖励

1987年大庆油田荣获石油工业部"一九八六年度安全生产先进单位"称号

1987年大庆油田被中国质量管理协会、中国科办普及部、中央电视台授予全国全面质量管理基本知识电视讲座先进集体

1987年大庆油田荣获中华全国总工会"全国先进集体"称号和"五一劳动奖状"

1987年大庆油田荣获国家经委全国资源综合利用先进单位称号

1987年大庆油田荣获国家防汛总指挥部"抗洪先进集体"称号

1988年大庆油田荣获国务院企业管理指导委员会"国家二级企业"称号

1988年大庆油田荣获国家防汛总指挥部"全国抗洪先进集体"称号

1989年大庆油田被中宣部、司法部评为"全国普法先进集体"

1989年大庆油田荣获天然气总公司、共青团中央"全国石油系统青工技术比赛最佳组织奖"

1989年大庆油田荣获国防部"全国民兵预备役工作先进单位"称号

1990年大庆油田荣获国家"七五"企业技术进步奖

1990年大庆油田被国家计划委授予"全国设备管理优秀单位"称号

1990年大庆油田晋升国家一级计量合格单位,并获国家建设部、国家计划委、中华全国总工会"全国计量先进单位"称号

1990年大庆油田荣获"全国节水先进单位"称号

1991年大庆油田荣获国家"七五"企业技术进步奖

1991年大庆油田荣获"全国职工教育先进单位"称号

1991年大庆油田荣获国家计划委"全国节能先进企业"称号

1991年大庆油田荣获国家统计局"1991年度中国500家最大工业企业"称号

1991年大庆油田荣获黑龙江省总工会、经委、财政厅"黑龙江省效益杯达标企业"称号

1991年大庆油田荣获黑龙江省政府"第七届全国冬季运动会先进集体"称号

1991年大庆油田荣获中国经济研究会、中国企业管理协会、法制日报社"第一届全国依法治厂金帆奖"

1991年大庆油田晋升为国家一级企业

1992年大庆油田荣获"特大型企业"称号

1992年大庆油田荣获国家统计局、国家经贸委"中国工业技术开发实力百强企业"称号

1992年大庆油田被中国企业知名度调查结果评价委员会授予"中国知名企业"(企业百花奖)荣誉称号

1993年大庆油田被国家统计局评为"中

国500家最大工业企业"

1993年大庆油田荣获国家发展研究中心、国家统计局全国500家最佳经济效益工业企业行业第一名

1993年大庆油田荣获国家统计局、国家经贸委"中国工业技术开发实力百强企业"称号

1993年大庆油田荣获中国企业报社、《企业管理》杂志社、企业管理出版社"中国知名企业"（企业百花奖）

1993年大庆油田荣获国家体委"全国群众体育先进单位"称号

1993年大庆油田荣获国家审计署"全国内部审计工作先进单位"称号

1994年大庆油田荣获国家统计局"中国500家最大工业企业"称号

1994年大庆油田荣获中国质量管理协会"全国质量效益型先进企业"称号

1995年大庆油田被国家经贸委、国家税务总局、海关总署评为"国家认定的企业技术中心"

1995年大庆油田荣获中国质量管理协会"全国质量效益型先进企业"称号

1995年大庆油田荣获国家经贸委、国家计划委、国家科委、中华全国总工会"八五"全国节能先进企业

1996年大庆油田荣获中国质量管理协会"全国质量效益型先进企业特别奖"

1996年大庆油田高含水期"稳油控水"系统工程荣获国家科技进步特等奖

1996年大庆油田被评为"工业行业排头企业"

1996年大庆油田荣获全国绿化委员会、林业部、人事部"全国绿化先进单位"称号

1996年大庆油田荣获中国质量管理协会"全国质量效益型先进企业"称号

1997年大庆油田荣获质量管理协会、中华全国总工会、共青团中央"全国质量管理小组活动优秀企业"称号

1997年大庆油田荣获中国质量管理协会"全国质量效益型先进企业"特别奖

1998年大庆油田荣获"中国质量建设百佳企业"称号

1998年大庆油田被国家审计署授予"全国内部审计先进单位"称号

1998年大庆油田被中华人民共和国国家民族事务委员会、黑龙江省人民政府联合授予"民族团结进步模范单位"荣誉称号

1998年大庆油田被全国中大型企业五年质量建设回顾暨质量形象展示活动指导委员会授予"中国质量建设百佳企业"荣誉称号

1999年大庆油田荣获中国企业管理协会、中国企业家协会"中国企业管理杰出贡献奖"

1999年大庆油田荣获中国质量管理协会"九八年度全国质量效益型先进企业"称号

2000年大庆油田荣获中国质量管理协会"九九年度全国质量效益型先进企业"称号

2000年大庆油田荣获中国企业管理协会、中国企业家协会"中国企业管理杰出贡献奖"

2001年大庆油田荣获中国质量管理协会"全国质量效益型先进企业特别奖"

2001年大庆油田被中组部授予"全国先进基层党组织"称号

2002年大庆油田荣获中华全国总工会、国家安全生产监督管理总局全国"安康杯"竞赛优胜企业称号

2002年大庆油田荣获国家知识产权局"全国专利工作先进单位"称号

2003年大庆油田荣获黑龙江省政府、安委会"2000—2003年度安全生产先进单位"称号

2003年大庆油田荣获中国质量协会、中华全国总工会、共青团中央、中国科学技术协会"全国质量管理小组活动优秀企业"称号

2003年大庆油田档案馆荣获国家档案局、中央档案馆"全国档案工作优秀集体"称号

2003年大庆油田荣获中国企业文化研究会"中国企业文化建设20年建设实践奖"

2004年大庆油田被国资委、人事部授予"中央企业先进集体"称号

2004年大庆油田被中国企业文化促进会授予"中国企业文化建设十大杰出贡献单位"称号

2004年大庆油田荣获中华全国总工会、国家安全生产监督管理总局全国"安康杯"竞赛优胜企业称号

2004年大庆油田荣登首届全国天然原油和天然气开采行业"效益十佳"企业榜首

2004年大庆油田荣获中国企业文化研究会企业文化建设"实践创新奖"和"组织推动奖"

2005年大庆油田在中外企业文化成都峰会上,被授予"全国企业文化建设先进单位"

2005年大庆油田在全国企业文化建设工作年会上,被授予"全国企业文化建设工作贡献奖"

2006年大庆油田荣登"最具影响力企业"榜首

2006年大庆油田被评为中国十大影响力企业

2006年大庆油田荣获"全国设备管理优秀单位"称号

2006年大庆油田再次位居全国天然原油和天然气开采行业"效益十佳"企业榜首

2006年大庆油田被国务院国资委授予"2001—2005年中央企业法制宣传教育先进单位"荣誉称号

2006年大庆油田被中国石油和化学协会、中国化工节能技术协会联合授予"石油和化学工业节能先进单位"荣誉称号

2006年大庆油田荣获年度"全国企业文化理论成果奖"

2006年大庆油田被中国企业联合会、中国企业家协会评为"全国和谐劳动关系优秀企业"

2006年大庆油田荣获"中国企业管理杰出贡献奖"

2006年大庆油田荣获中组部、国资委"全国国有企业创建'四好'领导班子先进集体"称号

2006年大庆油田荣获SPE亚太地区最佳合作与支持奖

2007年大庆油田荣获"全国五一劳动奖状"

2007年大庆油田荣获"全国矿产资源合理开发利用先进矿山企业"称号

2007年大庆油田荣获首批"中国工业大奖"

2008年大庆油田荣获国资委、国家质检总局、中华全国总工会、共青团中央全国质量管理活动优秀企业特别奖

2008年大庆油田被评为中国最具创新力企业

2008年大庆油田荣获"爱国拥军模范单位"称号

2008年大庆油田荣获第四届世界维修大会"特殊贡献奖"

2009年大庆油田被《企业管理》杂志社授予"第三届全国十佳企业管理案例奖"荣誉称号

2009年大庆油田荣获"中国设备管理卓越贡献奖"

2009年大庆油田被中国职工教育和职业培训协会评为"全国企业职工教育培训先进单位"

2010年大庆油田荣获中华慈善总会"中华慈善突出贡献单位（企业）奖"

2010年大庆油田被中国企业文化建设促进会授予"全国企业文化建设特殊贡献单位"荣誉称号

2011年大庆油田高含水后期4000万吨以上持续稳产高效勘探开发技术荣获国家科技进步特等奖

2011年大庆油田荣获"中央企业参与2010年上海世博会先进集体"荣誉称号

2011年大庆油田被中组部授予"全国先进基层党组织"称号

2011年大庆油田被中共中央组织部、人力资源部和社会保障部授予"全国老干部工作先进集体"

2011年大庆油田被中共中央宣传部、国家安全生产监督管理总局、公安部、国家广播电影电视总局、中华全国总工会、共青团中央、中华全国妇女联合会联合授予"全国安全生产月活动优秀单位"荣誉称号

2011年大庆油田荣获"全国质量工作先进单位标兵"荣誉称号

2012年大庆油田被国务院国资委授予"中央企业信访工作先进集体"荣誉称号

2012年大庆油田被中共中央宣传部、国家安全生产监督管理总局、公安部等联合授予"全国安全生产月活动优秀单位"荣誉称号

2012年大庆油田被中国文化管理协会授予"中国企业文化影响力十强"荣誉称号

2013年大庆油田被民政部授予第八届中华慈善奖"最具爱心捐赠企业"荣誉称号

2013年大庆油田被中国企业联合会、中国企业家协会联合授予"2013年度企业信用评价AAA级信用企业"荣誉称号

2013年大庆油田被国务院国资委授予首批"中央企业企业文化示范单位"

2013年大庆油田被中国设备管理协会授予第九届"全国设备管理优秀单位"荣誉称号

2015年大庆油田被国务院国资委授予"中央企业信访工作先进集体"荣誉称号

2015年大庆油田被中国关工委授予"全国关心下一代工作先进单位"荣誉称号

2016年大庆油田被中国企业联合会、中国企业家协会联合授予"2016年度企业信用评价AAA级信用企业"荣誉称号

2016年大庆油田荣获"爱国拥军模范单位"荣誉称号

2017年在中华全国总工会、中央网信办联合举办的全国工会新媒体推进会上，大庆油田微信平台（工会）荣获"全国最具影响力百家工会新媒体"荣誉称号

2017年大庆油田被中国内部审计协议授予"2014—2016年全国内部审计先进集体"荣誉称号

2018年大庆油田被中华全国总工会、国家应急管理部评为全国"安康杯"竞赛优秀

组织单位

2018 年大庆油田被中国企业文化研究会授予"改革开放 40 年中国企业文化之四十典范组织"荣誉称号

2018 年大庆油田荣获集团公司 2018 年"技能西部行"活动特别贡献奖

2020 年大庆油田荣获全国"爱国拥军模范单位"

人民楷模

2019 年

王启民

改革先锋

2018 年

王启民

新中国最美奋斗者

2019 年

王进喜

王启民

李新民

全国劳动模范

1979 年

吴全清　钻井指挥部 1202 钻井队队长

耿玉亭　石油化工总厂热电车间技术员

齐莉莉　物资供应指挥部萨尔图仓库保管员

1989 年

王志武　大庆石油管理局局长

申　冠　钻井三公司钻井一大队 1205 队队长

陈全友　采油二厂 45 队铁人井组井长

王德民　大庆石油管理局总工程师

1995 年

马　军　钻井三公司钻井一大队 1202 钻井队队长

黄玉良　采油一厂五矿 501 队队长

2000 年

陈　宏　钻井二公司 1202 钻井队队长

焦集群　第二采油厂井下作业公司副经理

陈玉华　教育培训中心十三中学教师

冀宝发　勘探开发研究院院长

2005 年

王玉普　大庆油田有限责任公司董事长、总经理、党委副书记

李新民　钻探集团钻井二公司 1205 钻井队队长

2010 年

王凤兰　勘探开发研究院总工程师

何登龙　中国石油大庆油田第四采油厂第二油矿五区五队工人

胡志强　大庆钻探工程公司钻井二公司 1205 钻井队队长

2015 年

杨海波（女）　第四采油厂第一油矿北六队采油工（高级技师）

伍晓林　勘探开发研究院总工程师

2020 年

刘　丽　第二采油厂第六作业区采油 48 队采油工

张永平　采油工程研究院技术专家

全国先进工作者

1959 年全国群英会先进生产（工作）者

王进喜　玉门石油管理局贝乌五队（1205 队前身）队长

薛国邦　玉门石油管理局采油队长

1977 年全国工业学大庆会议先进生产（工作）者

吴全清　钻井指挥部 1202 钻井队队长

刘宝海	第五采油指挥部作业二队指导员	郑传亮	钻井三公司1284钻井队党支部书记
蒋成龙	第六采油指挥部采油七队队长	王成敏	采油二厂工会主席
李景荣	化工总厂党委副书记	1986年	

1978年全国科技大会科技先进工作者

闵 豫	大庆革命委员会副主任	高瑞琪	勘探开发研究院副院长
李学成	化工总厂研究所车间主任	韩秀山	物探公司地震队队长
徐文倬	井下作业指挥部采油工艺研究所主任	张新兰	采油二厂第五作业区采油43队工人
王志武	勘探开发研究院院长	刘永胜	大庆石化总厂炼油厂工人
钟其权	大庆革命委员会地质处主任地质师	申 冠	钻井三公司钻井一大队1205队队长
		1987年	
郭其安	油建指挥部施工技术研究所工程师	潘时景	采油技术服务公司工程师
		于晓红	油建公司二大队电焊工
郭福民	油田科学研究设计院总机械师	魏兴柱	大庆市人事局调配科科长
曾慕蠡	石油学院教研室副教授	李秀元	大庆石化总厂动力车间工段长
王德民	大庆石油管理局副总工程师	1988年	
安圣究	钻井指挥部钻井研究所工程师	王兴才	大庆市乳品厂长
蔡复里	石油化工总厂研究所工程师	李 军	大庆石化总厂炼油厂硝铵车间工人

1989年全国先进工作者

孟庆芬	大庆石油管理局职工大学教师	吴训东	钻井二公司1513钻井队队长

1995年全国先进工作者

		刘 刚	采油一厂三矿中一队队长
王启民	勘探开发研究院高级工程师	1990年	
乔淑芳	大庆师范学校校长	王思钧	油田建设设计院副总工程师

全国创先争优优秀共产党员

		戴淑华	大庆实验中学副校长
2012年		袁福生	物探公司地震二大队2160队队长
李新民	钻探工程公司鲁迈拉项目部副经理兼哈法亚项目负责人、DQ1205钻井队队长	1991年	
		王雪英	采油四厂三矿七区四队采油工
		李万仁	公路工程公司经理

全国五一劳动奖章

1985年		1992年	
贾身乾	建设设计院设计所给排水室主任工程师	马 军	钻井三公司钻井一大队1202钻井队队长
袁凤林	大庆石化总厂化肥厂副总动力师	毛金泉	井下作业公司一分公司103队队长

1993 年
徐作明　运输公司经理
范云龙　房产公司工程大队司炉工
1996 年
吴桂举　钻井二公司 1583 钻井队队长
李瑞民　采油八厂纪委书记
1997 年
谭秀新　采油五厂采油三矿杏 13-1 联合站站长
孟宪吉　钻探一公司二分公司长城二队队长兼支部书记
王启民　勘探开发研究院院长
1998 年
苏　龙　油建一公司化建工程公司一中队电焊工
焦集群　采油二厂井下作业公司副经理
1999 年
王瑞泉　大庆石油管理局副总设计师
张学民　物业管理一公司远望所副所长
2001 年
安胜利　电力公司车间工人
2002 年
计秉玉　大庆油田有限责任公司副总地质师兼勘探开发研究院总工程师
王建民　测井公司地球物理测井研究所套管井室高级工程师
吴　颖　吉林石油集团有限责任公司第二钻井工程公司 30567 钻井队队长
2003 年
盛文革　钻井二公司三分公司副经理
2004 年
曾玉康　大庆石油管理局局长

冯志强　勘探开发研究院总地质师
2006 年
孙淑光　大庆油田有限责任公司党委书记
刘忠波　建设集团安装公司培训中心焊接教师
2007 年
王亚伟　大庆石油管理局工会主席
何登龙　第四采油厂第二油矿五区五队高级技师
赵传利　井下作业分公司修井一大队副大队长、修井 107 队队长
2008 年
王凤兰　勘探开发研究院总工程师
张书瑞　钻探工程公司钻井一公司总工程师
2009 年
王雪莹　第一采油厂第三油矿中十六联合站党支部书记
王召军　建设集团安装公司第四工程部电焊工
2010 年
闫　宏　大庆油田有限责任公司（大庆石油管理局）总会计师
2011 年
齐振林　大庆油田有限责任公司副总经理
伍晓林　大庆油田有限责任公司勘探开发研究院副总工程师
李道远　工程建设有限公司副总经理
何天经　工程建设有限公司油建公司漠大外电项目部项目经理
刘永刚　工程建设有限公司管道公司作业处处长

张庆龙	工程建设有限公司管道公司第七作业处副处长、漠大线PC项目部塔河分部经理	2019年	
		赵海涛	第二采油厂第六作业区采油48队采油工
杨春明	工程建设有限公司油田设计院总设计师	2020年	
		张　晶	大庆油田有限责任公司钻探工程公司钻井二公司1205钻井队队长
杨　靖	工程建设有限公司管道公司作业处机组长		
刘　洋	工程建设有限公司管道公司作业处电焊工	**全国三八红旗手**	
		1980年	
2012年		齐莉莉	物资供应指挥部萨尔图仓库保管员
徐洪霞	矿区服务事业部物业二公司八百垧三处环卫班班长		
		1982年	
张晓友	大庆油田总医院院长	李长荣	创业庄管理站家属一队队长
2013年		1983年	
李世庆	大庆钻探工程公司钻井二公司15152钻井队队长	赵素英	建设设计研究院开发二室副主任
林向军	大庆油田工程建设公司路桥公司副经理	1989年	
		康文荣	建设设计研究院总体规划室主任工程师
杨海波	第四采油厂第一油矿北六队采油工		
		1992年	
2014年		张春英	勘探开发研究院
段福海	第四采油厂第二油矿工艺队测试工程师	1999年	
		徐淑英	第四采油厂工会主席
赵　勇	工程建设有限公司路桥公司漠大伴行路L7标段施工一组组长	2003年	
		王　芳	电力总公司供电公司马鞍山一次变电所副所长
康金元	工程建设有限公司路桥公司漠大伴行路L2标段施工二组组长		
		2005年	
张　超	工程建设有限公司路桥公司漠大伴行路EPC项目部实验室实验工	孙淑光	大庆油田有限责任公司党委书记、纪委书记、工会主席、监事会主席
2016年			
刘　丽	第二采油厂第六作业区采油48队采油工	2008年	
		徐洪霞	矿区服务事业部物业二公司八百垧物业管理三处环卫班班长
2018年			
刘海波	消防支队敖南消防队队长		

中国青年五四奖章

2007 年

孙长玉　大庆油田物业集团总经理、党委副书记

2012 年

胡志强　钻探工程公司钻井二公司 1205 钻井队队长

2015 年

孙　刚　勘探开发研究院采收率研究一室副主任

中国十大杰出青年

2004 年

王新纯　井下作业分公司经理

中国质量工匠

2019 年

刘　丽　第二采油厂第六作业区采油 48 队采油工

全国最美青工

2015 年

包香文　钻探工程公司钻技一公司南苏丹固井项目部 3/7 区项目经理

共和国重点建设青年功臣

1988 年

闫桂花　大庆油建第六分公司电焊工

全国新长征突击手标兵

1979 年

齐莉莉　大庆油田供应指挥部萨尔图配件库保管员

全国新长征突击手

1986 年

燕德芹　第一采油厂第五油矿党办组织干事

1989 年

李文英　第一采油厂第三油矿中四队党支部书记

1990 年

苏　龙　油建公司化建工程公司电焊工

1991 年

吴训东　钻井二公司 1513 钻井队队长

闫桂花　大庆油建第六分公司电焊工

中央企业劳动模范

2004 年

李新民　钻井二公司 1205 钻井队队长

刘忠波　建设集团工人

韩维友　呼伦贝尔分公司经理

王玉华　勘探分公司经理

2009 年

王　文　第二采油厂第三作业区南五联合站队长

方艳君　勘探开发研究院开发规划研究室主任

朴凤元　物资集团让胡路仓储公司机械一队刘备战班组修理工

武海玉　电力集团油田热电厂电气分厂电机班班长

2013 年

程杰成　大庆油田有限责任公司副总工程师

王晓燕　第二采油厂第六作业区采油 49 队党支部书记

刁雅儒　装备制造集团销售公司哈萨克斯坦项目部经理、党支部书记

中央企业优秀党务工作者

2016 年

张　超　第四采油厂党委书记

中央企业青年五四奖章

2011 年

胡志强　钻探工程公司钻井二公司 1205

钻井队队长

中央企业十大杰出青年

2002 年

计秉玉　大庆油田有限责任公司副总地质师兼勘探开发研究院总工程师

全国先进基层党组织

2016 年

井下作业分公司修井一大队修井 107 队党支部

全国创先争优先进基层党组织

2012 年

第一采油厂第三油矿中十六联合站党支部

矿区服务事业部总医院集团油田总医院党委

全国文明单位

2009 年

第一采油厂

2015 年

第一采油厂第三油矿中十六联合站

2017 年

钻探工程公司钻井二公司 1205 钻井队

全国五一劳动奖状

1985 年

钻探指挥部 1205 钻井队

1986 年

大庆石油管理局

1990 年

第二采油厂 43 队

1991 年

建设集团油建公司十一中队

1995 年

第四采油厂杏六联合站

1998 年

钻井三公司 1202 钻井队

2002 年

第一采油厂第三油矿中十六联合站

2004 年

建设集团管道公司

2007 年

大庆油田有限责任公司

2008 年

建设集团化建公司冯东波攻坚班

2009 年

建设集团

电力集团

2010 年

第一采油厂

2011 年

第三采油厂第五油矿北十五联合站

电力集团

油田设计院

工程建设有限公司管道公司

油田总医院

油田公司工会

2012 年

第三采油厂

2013 年

水务公司

钻探工程公司钻井二公司

2014 年

天然气分公司

油田公司基建管理中心

工程建设有限公司路桥公司

2017 年

钻探工程公司

2020 年

装备制造集团

全国模范职工之家
1988 年
第四采油厂工会
1993 年
第一采油厂工会
1995 年
钻井二公司工会
1998 年
第四采油厂工会
第五采油厂工会
安装公司工会
2000 年
油建公司工会
建材公司工会
2003 年
钻探工程公司物探一公司工会
2005 年
油田公司工会
2008 年
第二采油厂工会
第三采油厂工会
供水公司工会
建设集团工会
2010 年
第七采油厂工会
天然气分公司工会
2011 年
油田公司工会
电力集团工会
2013 年
第十采油厂工会
2015 年
第八采油厂工会

创业集团工会
2018 年
井下作业分公司工会

全国工人先锋号
2008 年
建设集团化建公司冯东波攻坚班
2009 年
钻探工程公司钻井三公司 30502 钻井队二班
建设集团化建公司女子大罐预制队
2011 年
工程建设有限公司管道公司作业处杨靖机组
2012 年
"石油魂"——大庆精神铁人精神宣讲团
第一采油厂第三油矿中四采油队
2013 年
第二采油厂第六作业区采油 49 队
第七采油厂生产准备大队维修队
2014 年
第一采油厂任相财劳模创新工作室
工程建设有限公司路桥公司第一项目漠大线 L7 标施工一组
工程建设有限公司路桥公司第六工程处漠大线 L5 标施工组
工程建设有限公司路桥公司第七项目部漠大线 L3 标施工组
2017 年
海拉尔石油勘探开发指挥部塔 21 作业区
第四采油厂第三油矿杏三联合站
2019 年
文化集团报捷公司

第四篇

要闻撷萃

党和国家领导人关怀视察大庆纪实

（一）毛泽东主席接见、宴请"铁人"王进喜

1969年4月24日，毛泽东主席在中国共产党第九次代表大会上接见"铁人"王进喜。

1969年4月1日至24日，中国共产党第九次全国代表大会在北京召开。王进喜以工人代表身份出席大会，并作为黑龙江省三名中央委员候选人之一，最终当选为中央委员。

1969年4月24日，中国共产党第九次代表大会举行投票选举，当"铁人"王进喜投完票返回座位时，正好经过主席台，周恩来总理把他拦住，向毛主席介绍："这是大庆的'铁人'王进喜。"毛主席高兴地站起来伸出手说："王进喜我知道，是工人阶级的代表。"毛主席紧紧握住王进喜的手，幽默地说："你长得很结实，像个铁人嘛！"

1969年4月28日，在九届一中全会上，周恩来总理向毛主席介绍新当选的中央委员时，来到"铁人"面前对毛主席说："这是王铁人。"主席点点头："不用介绍，我认识、认识，请坐吧。"

1964年12月26日是毛泽东的71岁诞辰。是日，毛主席在人民大会堂宴会厅里安排3桌酒席，用他自己的话说，是用稿费请大家吃饭。他很重视这次生日酒会，就连哪位客人坐在哪个座位上，他都亲自列单子，交给汪东兴等人去办。那些天王进喜正在北京参加三届人大一次会议。散会后，王进喜被通知留下来，同时接到通知的还有陈永贵、董加耕、邢燕子等人。朱德委员长接见后，周恩来总理把他们请到小宴会厅，那里已经摆好几张桌子，多位党和国家领导人也在那里。他们这才知道是毛主席过生日，特意宴请他们。过了一会儿，毛主席来了，全场起立，热烈鼓掌。王进喜等人被安排在主桌，挨着主席依次落座。董加耕坐在主席左边，王进喜挨着董加耕；邢燕子在毛泽东右边，她身边是陈永贵。王进喜左边是余秋里，依次是曾志、钱学森、彭真、罗瑞卿等。落座完毕，毛主席作开场白："今天既不是做生日，也不是祝寿，而是实行'三同'，我用自己的稿费请大家吃顿饭。我的孩子没让来，他们不够资格。这里有工人、农民、解放军，不光吃饭，还要谈话嘛！"席间，毛主席逐一询问客人的身体、工作情况。谈到大庆时，毛主席说："余秋里和石油工人们一起搞出个大庆来，很不错嘛！石油工人干得很凶，打得好！"又说："铁人是工业带头人，要工业学大庆。"这顿饭吃得很简朴，桌上摆着红、白、黄3种酒，12道菜以蔬菜为主。王进喜没喝酒，吃得也不多，很少说话，只是坐在那里看主席，听他讲话。席间，毛主席给4位劳模都夹了菜，还不断地吩咐服务员给他们添饭添菜，让他们一定要吃好，并语重心长地说："你们不要翘尾巴，一辈子不要翘尾巴。有些人不好，尾巴翘得太高了，要夹着尾巴做人！"

（二）邓小平三次视察大庆油田

1961年7月23日，中共中央总书记、国务院副总理邓小平首次视察大庆油田。随同前来的有黑龙江省委书记李剑白等。

康世恩专程到哈尔滨迎接邓小平。在回大庆的火车上，康世恩向邓小平汇报在泰康地区钻的6号井发现了天然气。邓小平高兴地说："这是一件新闻。你们要快点，找到气，

能解决大问题。"接着，康世恩汇报了大庆油田已探明的面积和储量。邓小平说："现在7亿吨是肯定了，你们要搞到10亿吨。有了10亿吨储量，一年就可以生产3000万吨。"邓小平对"10亿吨"特别关心，在谈话中4次强调要搞"10亿吨"。邓小平还详细询问职工每月伙食费、冬季服装落实情况、办职工食堂和日用品供应等问题。

当天上午8时30分，邓小平一行到达大庆，先后视察1203钻井队、北2-6-36井钻井施工现场、北1-3-58井、北1-2转油站、干打垒房子、3-1注水站、西油库等。视察北1-3-58井时，邓小平看到工人们正在建干打垒房子，问干打垒搞了多少。康世恩回答："去年搞了30万平方米，原打算今年干30万平方米，现在看来只能干20万平方米。"邓小平说："30万加20万，就是50万，平均每人10平方米。"邓小平又问每平方米多少钱。康世恩回答："不算人工，只需十二三元。"邓小平说："这就能多搞"。邓小平对李剑白说："你们哈尔滨一人才1.8平方米，这个地方一人平均10平方米。"邓小平发现大庆地区靠铁路，草原平坦，不但便于行车，而且地肥且广，随处都可开垦，就说："这个地方太好了！青海、玉门、新疆没有这个条件，四川也没有。在四川，你们要跟老百姓争地，还要毁稻田。"邓小平对康世恩说："你们要好好种地，成立专业队，实行单独核算。开头两年要补贴点，以后就要自给自足，农副业队生产的东西，也要实行等价交换。专业队是集体所有制，不要和企业混在一起。你们要争取做到蔬菜、副食品自给。"看到油建公司养的猪，邓小平说："这里养猪的条件也很好，要好好养猪。"看到农民养的牛，邓小平又说：

"这里条件太好了，遍地是草，你们也要办个牧场，养点奶牛、菜牛，养点羊。"邓小平还要求井边要多栽些树，最好种核桃，可以榨油。树能吸收水分，每棵树就等于一个小水库。视察完油田，邓小平指出："这里的速度是快的。"邓小平对康世恩说："龙凤炼油厂的建设要抓紧，争取明年搞好。"

1964年7月17日，中共中央总书记、国务院副总理邓小平第二次视察大庆油田。一同前来的有国务院副总理李富春、薄一波，中共中央书记处候补书记、中共中央办公厅主任杨尚昆等。

邓小平一行在中共中央东北局书记宋任穷、石油工业部副部长徐今强等陪同下，视察了1205钻井队、中3转油站、中3注水站、李天照井组、西油库、大庆炼油厂等。在1205钻井队，邓小平亲切地握着"铁人"王进喜的手，鼓励他要多打井，多出油，为国家做出更大的贡献。在钻井现场，邓小平目不转睛地观看正在运转的钻机，并不时询问钻井工人的工作和生活情况。邓小平还在采油指挥部二矿亲切接见劳动模范、标兵代表。在油井旁，邓小平鼓励采油工人要为社会主义出大力气，为国争光。在注水站，邓小平认真观看注水新技术表演。在西油库，邓小平听了工作情况汇报后，感慨地说："西油库变化很大，大庆油田也变了。"邓小平关注大庆的石油化工建设，看到炼油厂初具规模，兴奋不已。当听到在1963年就已建成年处理100万吨的第一套常减压及其配套工程，并做到施工质量、投产、产品质量、油品收率4个一次成功时，邓小平连连称赞说"好、好！"并多次强调要安全生产。视察期间，邓小平听取了大庆有关负责人的汇报后，指示：

"大庆要好好总结经验,发扬成绩,继续前进。越有成绩,越要谦虚谨慎。大会战,要抓20年。"

1978年9月14日,中共中央副主席、全国政协主席、国务院副总理邓小平第三次视察大庆油田。随同前来的有中共中央政治局委员李德生、彭冲,邓小平夫人卓琳,黑龙江省委书记李力安等。

邓小平一行在大庆党委书记陈烈民等陪同下,视察了地宫、喇二联合站、大庆展览馆、中6-17井、大庆机关、萨尔图仓库、图强管理站、大庆化肥厂、乙烯工程会战指挥部等。邓小平目睹大庆的发展变化,高兴地说:"10多年没来了,变化很大。"在视察过程中,邓小平对大庆油田高产稳产尤为关心。当听说大庆油田年产5000万吨,要稳产到1985年时,他非常高兴,特别是了解到中区西部试验区开发18年持续高产稳产时,连连称赞:"好,好,很好。"站在中6-17井前,邓小平高兴地说:"噢,这是最早的油井,我来过。"再次看老井喷油,并得知这口井开发了18年,采出程度达到36%,含水达到53%,产量不但没减,日产量还由原来的37吨上升到80多吨,邓小平更是兴奋异常,他拉过工人们一起合影留念。

视察地宫时,邓小平听了汇报后反复问:"现在井打多深?下面有没有油?"他还多次伏在东北地区地质图上仔细察看,他说:"要打7000米深井。"当了解到从罗马尼亚进口的6000米钻机还有一些缺点时,邓小平直截了当地说:"买美国的,还是它厉害。要快!"在随后的视察途中,邓小平又3次提到买美国钻机之事,并直接问:"买不买?"他希望大庆加快找油,加快找气,找到更多的油气田,他说:"我们有了5亿吨油就好了。"随后又理解地说:"搞10来个'大庆油田'还是不容易的。"

邓小平对大庆的企业管理表示赞赏。当他得知大庆化肥厂已经实行了专业化管理时,便追问同样的企业:"国外用多少人,我们是多少人?"经过对比,邓小平高兴地说:"好,好,要逐步减下去。"邓小平指示:"引进来设备,就要掌握,就要生产,要快。"同时指出:"我们的化学工业三废问题都没解决好。上海金山工程污水处理不好,放到海里,鱼都没有了。你们一定把三废处理好。"当得知引进了污水处理装置时,邓小平满意地说:"这样上得就快了,很好嘛!"邓小平希望工程快点搞起来,产品出口创汇,为社会主义建设做出应有的贡献。在了解到大庆有着完备的教育体制,有15万学生就学,另有15万职工组织起来学习文化科技时,邓小平说:"这个好。"

在萨尔图仓库,邓小平饶有兴趣地观看了3名工人的摸料和查账表演后,握着"活账本"齐莉莉的徒弟曹淑云的手说:"好,学得好。"

视察中,邓小平把方方面面的事都挂在心上。在展览馆,邓小平观看了独臂英雄耿玉亭的事迹。后来,在两号院遇见耿玉亭,邓小平便走到他面前,关切地说:"不容易啊!你的身体怎么样?"视察喇二联变电主控室时,邓小平说:"这个岗位整天站着,不轻呀。"在化肥厂造粒塔,他惦记着职工的安全,询问道:"工人上造粒塔安全吗?"一路上,邓小平甚至对职工的生活也给予深深的关切,他询问:"大庆蔬菜、肉食供应怎么样?工人级别和工资收入怎么样?"并深情地说:"大庆贡献大,房子要盖得好一点,要盖楼房!大庆工资太低了,贡献大,应该高。"对大庆组织家属参加农业生产劳动、解决职工两地生活、增加家庭收入等问题，邓小平予以充分肯定。

午餐时，餐桌上摆的都是地地道道的本地产豆腐、苞米、炖小鸡、烤羊肉、鱼汤、酿皮子等。邓小平吃得很香，他举起酒杯动情地说："为大庆干杯！"

临别大庆，邓小平对大庆的主要负责人再三嘱托："要把大庆油田建成美丽的油田。"

（三）江泽民两次视察大庆油田

1990年2月25日至27日，中共中央总书记、中央军委主席江泽民，在国务委员邹家华，黑龙江省委书记孙维本、省长邵奇惠，中国石油天然气总公司总经理王涛，解放军总政治部副主任周文元，沈阳军区司令员刘精松，中共中央办公厅副主任曾庆红等陪同下，首次视察大庆油田。

江泽民总书记先后视察星火一次变电站等23个基层点，接见400多名群众，并作重要讲话。

25日上午10时，江泽民总书记在大庆站一走下火车，就驱车30多千米，去看望"铁人"王进喜的家属。王进喜的夫人王兰英和子女们在家门前迎接总书记，感谢中央领导同志对他们的慰问和关怀。江泽民拉着王兰英的手，深情地说："王进喜同志为中国石油工业的发展立下了汗马功劳，人民永远不会忘记他。"接着，江泽民详细地询问王兰英的健康状况和子女们的工作、生活情况。江泽民勉励"铁人"的子女要继承和发扬铁人精神，做"铁人"的好后代。他说："'铁人'艰苦奋斗、自力更生、奋发图强的精神，不仅石油战线要学习，全国的工人都应该学习，知识分子应该学习，各行各业都应该学习，有了这种精神，任何人想压垮我们，都是不可能的事情。"

随后，江泽民总书记到石油化工总厂，视察了化工一厂乙烯裂解、化工二厂丙烯腈和塑料厂低压聚乙烯装置主控室、包装生产线和腈纶厂毛条车间、化肥厂合成操作室，并登上造粒塔，观看造粒情况。在丙烯腈装置操作室，江泽民同志在与操作工谈到处理生产问题报警时说："报警时要沉着处理。操作经验丰富就会大事化小，小事化了，技术不熟练就会小事变大。养兵千日，用兵一时啊。"

26日上午，江泽民总书记在研究院地宫，听大庆石油管理局局长王志武介绍射孔工艺时说："用激光行不行？"王志武说："正在研究。"听说大庆正在搞表外储层几项技术攻关时，总书记说："相信大庆人一定能够做到。"

在设计院天宫东厅与设计院和研究院的部分科技人员代表座谈时，江泽民总书记说："我们这次来，给我一个印象是，大庆30年起了翻天覆地的变化。我来之前，看了铁人事迹的电视片。我现在改了行，主要做政治工作。我们这次来是向大庆学习，全国的工业部门，也不仅是工业部门，我看全国各部门都得要学习大庆这种艰苦创业的精神。我们要号召全国都学习这种精神，特别是在当前比较困难的情况下。所以，我一下火车，就去王进喜家里慰问。咱们不能忘了当年大庆苦干功臣。不止他一个，他不过是一个代表。这次来，一是向你们学习；二是向你们慰问。"江泽民指出："我们知识分子还要结合实际。毛主席在延安文艺座谈会上的论断，知识分子必须同工农结合，不结合实际，书本知识是没有用的。大庆是靠'两论'起家的。大庆这种创业精神始终是一个宝贵财富。我想还得很好跟你们学习。请你们向没有来的知识分子，向所有同志，转达我们的问候！并预祝你们！因为我看大庆未来的历程，任务还是很艰巨的。我原来不是很了解。现在注水量越来越高，而且那个曲线每年会往上升，能够保持5000万吨左右的高产，与我们的辛勤劳动是分不开的，这对国民经济起着巨大作用。"

26日中午11时15分，江泽民总书记一行乘车来到齐一联合站视察。总书记首先走进齐一联脱水岗值班室，随后来到输油岗泵房、输油岗值班室、丛式井组，紧接着又来到齐家综合采油队队部。在会议室，齐家综合采油队队长翟贺祥向总书记一行汇报了该队工作情况。听完汇报，总书记一行到齐家综合采油队察看地宫、图书室、职工宿舍，每到一处都与岗位工人一一握手，并询问其工作情况。中午，总书记来到职工食堂，与工人们一起排队就餐。餐后，总书记同食堂炊事员一一握手表示慰问，并与迎候在食堂外的市局以及采油九厂负责人一一握手后，到宿舍午休。13时57分，总书记一行与齐家采油队全体职工合影留念，握手告别。临行前，总书记探出身子，与梁光文、赵振明等九厂负责人握手道别。14时零5分，总书记一行乘坐面包车离开齐家综合采油队。

江泽民总书记在视察井下作业公司102队时，关心地问："作业工人在井上吃饭问题是怎样解决的？"随后详细察看了作业工人的野餐房、值班房，称赞野餐房搞得好，解决了工人在野外施工现场的就餐问题。

江泽民总书记视察采油六厂231号中转站时，看了单井微机油、气、水三相自动计量装置，对自动输入数据的技术很感兴趣，高兴地对邹家华同志说："他们这个好，是直接输进去的。"

26日下午16时许，江泽民总书记来到星火一次变电站，听取了该站党支部书记陈志华作的工作汇报。当陈志华讲到干部要在群众中树立"实干、廉洁、公正、奉献"的形象时，总书记连连称赞说："你讲得好！很好啊！"并亲自做了记录。参观成果室时，陈志华指着墙上挂的展览图片，向总书记汇报星火一次变电站职工的"四种精神"，即"吃苦耐劳的奉献精神、严细认真的主人翁精神、团结友爱的互助精神、奋发进取的竞争精神"。总书记说："这四种精神好啊！"并让身边的秘书记下来。临别时，总书记拍着陈志华的肩膀说："你刚才讲的党员干部廉洁形象非常重要，全党都要重视这个问题。"接着，江泽民又对陈志华、王伟（星火一次变电站站长）说："你们两个人做得好了，下面的工作就做得好。中国有句俗话：上梁不正下梁歪，中梁不正倒下来。不能正己，焉能正人？"（在1990年3月召开的党的十三届六中全会上，江泽民专门讲到这件事，要求全党所有领导干部都要树立良好形象。）总书记在问到操作时是否还实行唱票制度时说："工作票制度、唱票制度一定要坚持，停电时一定要打地线。"

江泽民总书记在视察石油管理局农工商联合公司全光温室时，看到温室的加温、通风、喷药等6套自控装置，赞叹地说："这真棒！"并指出："现代化温室还要精耕细作。"

27日上午，江泽民总书记先后视察了采油一厂中6-17井、采油四厂杏一联合站、大庆毛毯厂。

江泽民总书记在视察采油一厂中6-17井时，听了厂领导关于1990年要实现"五无"厂目标的汇报，说："这个目标很好，很有雄心壮志，你们厂能实现，整个大庆就有希望实现。"总书记观看了中6-17井喷油后，询问了这口井的含水和产油情况，说："这口井还是很有潜力的，希望你们克服困难，继续挖潜，保持开采的高水平。"在听了全厂青年开展"五小"活动情况的汇报后，江泽民连连称赞："好！好！好！"并鼓励说："你们把这些青年都发动起来搞这项活动，作用是很大的。"总书记在井上还接见了506队大学毕业生黄丽娟，说"看了你的演讲录像，讲得不错"，并问："你将来打算做什么？"黄丽娟回答说："我继续坚持到工人中间去，向他们学习，用我的笔反映他们的心声。"总书记说："你将来还要写喽，你是大庆人的后代，对大庆比较了解，应该真实地反映他们的生活、他们的精神。"

在采油四厂视察时，江泽民总书记对女大学毕业生黄秋霞说："你是大学生，我也是大学生。知识分子要与工农相结合，大学毕业应该到基层去锻炼。"接着江泽民又对黄秋霞说："你不仅专业对口，你来大庆工作也应该感到幸福，全国就这么一个大庆。大学毕业到基层工作好，你要到机关就错了。"

视察大庆毛毯厂，江泽民总书记听了建厂情况汇报时说："在东北这个地方，投产这么快，很不容易。"听了这个厂在发展替代产业和安排青年就业上所起作用的汇报时，总书记说："这个方向很对。"讲到外销情况时，总书记说："中东地区一次性消费，16美元一条，这样的销售还是不错的。"

在大庆期间，江泽民总书记一行还视察了研究院地宫、计算中心站、岩心资料库、采油六厂计算机室、供电公司喇二热电站、天然气公司萨南深冷车间、钻井三公司1275钻井队等地。接见正在参加大庆市人大四届四次会议和市政协全体代表三届四次会议的全体委员，并讲了话（全文另附）。听取大庆市委书记张轰的汇报并讲了话。与大庆市委、市政府以及市局机关、二级单位主要负责人，市人大、政协会议代表900多人合影留念，并为大庆题词："发扬大庆精神，自力更生，艰苦奋斗，为建设有中国特色的社会主义而努力。"

江泽民总书记在听取大庆汇报后说，这里到处洋溢着体现中国工人阶级风貌的大庆精神，这就是为国争光、为民族争气的爱国主义精神，独立自主、自力更生的艰苦创业精神，讲求科学、"三老四严"的求实精神，胸怀全局、为国分忧的奉献精神。讲大庆的贡献时，江泽民说："大庆在创造物质财富的同时，给我们党，给我们国家，给我们工人阶级创造了这笔宝贵的精神财富。正是因为有了大庆精神，才甩掉了中国贫油论的帽子，在60年代经济困难时期开发了第一流的大油田；在十年内乱中，顶住了'四人帮'的干扰和破坏，把原油产量提高到5000万吨；在改革开放的10年中，实现连续稳产高产，始终坚持社会主义方向，坚持思想政治工作，坚持党对企业的领导。大庆创造的精神财富，我们应当十分珍惜。"江泽民指出，在实现四化的过程中，还会有这样那样的困难，特别需要发扬大庆精神，有大庆人这样的昂扬斗志，就不怕困难，迎着困难上，最后战胜困难。

2000年8月24—25日，中共中央总书记江泽民第二次到大庆油田考察工作。陪同江泽民总书记考察的中央领导有中共中央政治局委员、书记处书记、国务院副总理温家宝，中共中央政治局候补委员、书记处书记、中央组织部部长曾庆红，中央和国务院有关部门负责同志王刚、华建敏、盛华仁、傅志寰、由喜贵、虞云耀、王沪宁、万宝瑞、贾廷安；中国石油天然气集团公司总经理马富才，中国石油化工集团公司总经理李毅中、中国海洋石油集团公司总经理卫留成；黑龙江省委书记徐有芳、省长宋法棠，省委、省政府有关部门负责同志等22人。

在大庆期间，江泽民总书记分别听取关于大庆市、大庆石油管理局、大庆油田有限责任公司的工作汇报；视察大庆油田中十六联合站、萨中Ⅱ聚合物配制站、1205钻井队以及高新技术产业开发区大庆仲景医药生物工程股份有限公司。

24日上午9时10分，江泽民总书记乘坐的汽车驶进大庆油田有限责任公司采油一厂中十六联合站。总书记一下车，与站在队部门口列队欢迎的大庆油田有限责任公司各级领导、劳模代表及中十六联党支部书记孙桂兰、站长李文革一一握手。然后，在引导下走进会议室。首先映入总书记眼帘的是迎面墙上他关于"三个代表"的重要论述要点。总书记等领导同志入座后，听取大庆油田工作情况汇报。汇报完毕，总书记边起身离座边说："你们现在都用新技术了，资料、信息都在计算机里了。大庆这10年变化很大，技术发展很快。"接着，中十六联党支部书记孙桂兰迎上前去。总书记边走边问："你是哪个学校毕业的？"孙桂兰回答："是石油大学毕业的。"总书记又问："哪个石油大学？"孙桂兰回答："是山东胜利油田的石油大学。"总书记问："是在大学入党的吗？"孙桂兰说："是的，在大学1996年入的党。"总书记说"好，好。"在走廊里，孙桂兰对总书记说："江总书记，您今天来到我们身边，我们感到特别荣耀、自豪，您能给我们题个词吗？"总书记微笑着说："我不是题过了吗？"走进食堂时，中十六联党支部书记孙桂兰向总书记介绍说："江总书记，这就是我们的职工食堂。"总书记说："噢，这就是职工食堂啊，很干净。"走到食堂门口时，总书记向列队欢送他的3名食堂职工热情挥手致意。从食堂出来，就到了站区。总书记边走边向站在污水岗、增压岗门口鼓掌欢迎的职工挥手致意，并说："同志们好！"职工们大声说："首长好！首长好！"走到站区流程图前，孙桂兰向总书记汇报了全站的生产工艺流程。在脱水转油岗，总书记与岗位值班工人任秀山、郭华亲切握手。进入主控室后，孙桂兰给总书记介绍了主控室的自动化情况。总书记说："你们油田的自动化程度很高嘛！"到了脱水转油操作间，站在机泵警戒线旁的值班工人金春花、赵荣华对总书记说："首长好！"总书记与她们亲切握手。孙桂兰向总书记介绍说："您现在所在的位置是实现油气水三相分离的地方，后面的压力容器就是处理油气水混合物的。它们依次排开，既节省了占地面积，又节省了往返管道的投资，还便于职工操作管理。"总书记连连点头说："好，好。"总书记回忆说："我大学毕业以后一参加工作就倒班。我们那时是三班倒，你们是怎么倒的？"孙桂兰回答："从下午4时到第二天上午8时，一共16小时。"总书记说："我们那时上夜班最难熬的时候就是凌晨3点多。"这时，总书记已走到了中门，他微笑着向前来欢迎的油田公司劳模、标兵、基层干部和工人代表们招手致意。孙桂兰问:"江总书记,您能和我们合个影吗?"总书记高兴地说:"合影?好啊!"走在总书记身旁的中央组织部部长曾庆红说:"这个小书记,敢想敢干!"这时,欢送队伍迅速排成半圆形。总书记对照相的记者们笑着说:"就看你们记者的水平了!"照完相后,总书记与在场的干部职工握手告别,并在车门边向大家挥手致意。

24日上午9时35分至45分,在从中十六联去萨中Ⅱ聚合物配制站的车上,当油田有关负责人汇报到大庆油田的自动化技术已经可以达到国外水平,但是考虑我们人多,既要考虑提高效率,又要考虑就业,所以没有大量上自动化时,总书记说:"这好!这个问题全国都一样,都要考虑就业问题,人多是我们的国情。"在了解大庆油田重组改制后队伍的稳定情况时,江泽民总书记说:"一定要考虑解决好职工的问题,保持稳定。"

当了解到大庆从1998年开始调整产量、并正在研究解决可持续发展问题时,总书记说:"人无远虑,必有近忧。一定要解决好可持续发展问题。"说到这里,总书记对中央财经领导小组副秘书长兼办公室主任华建敏说:"老华,大庆在研究可持续发展问题,非常好。我以前安排你们研究资源型企业可持续发展的政策和办法,怎么样了?"华建敏说:"我们研究了,下一步准备汇报。考虑一是国家从上缴资金中给返还一些;二是搞好保险;三是搞一些替代产业项目。"总书记接着说:"要抓紧,要与企业、地方结合。"

24日上午9时45分,江泽民总书记一行来到大庆油田有限责任公司采油一厂萨中Ⅱ聚合物配制站考察。这时,大庆油田有限责任公司的各级领导干部、劳模代表和萨中Ⅱ聚合物配制站的干部职工列队迎候在那里,热烈欢迎总书记一行。

总书记一下车,就面带微笑地与欢迎的人群频频招手,并健步走到介绍萨中Ⅱ聚合物配制站基本情况的图板前,饶有兴趣地听取"新时期铁人"王启民的汇报。王启民详细向总书记介绍了萨中Ⅱ聚合物配制站的基本概况、注聚合物的工艺流程和聚合物驱油的效果。总书记听得仔细、看得认真,并不时询问一些问题。

随后,总书记一行进入厂房到生产岗位考察。首先参观聚合物料场,之后来到主控室。在主控室,油田公司副总地质师兼采油一厂总地质师郭万奎向总书记介绍了聚合物配制工艺流程和自动化控制情况,并在微机上做了演示。王启民在一旁对外输泵流量等情况进行补充介绍。总书记不时地点点头,表示满意。

总书记走到外输泵前停了下来,微笑着向岗位工人点头示意,并把设备从上到下看了一遍。之后,来到配电室,驻足环顾室内,查看设备管理情况。然后,总书记走出配电室来到院子里。总书记热情地向王启民打着招呼:"启民同志,我们和大家合个影。"陪同的油田公司领导和欢迎队伍一下子围拢过来,高兴地与总书记及其他领导同志合影留念。临上车时,总书记还问:"王启民呢?"听到问声,王启民快步跑过来。总书记与王启民亲切握手道别。上车时,总书记回过头来,向鼓掌欢送的人们挥手致意。

24日上午10时5分,江泽民总书记前往大庆石油管理局1205钻井队考察。在去1205钻井队的车上,总书记请大庆石油管理局党委书记、局长张树平坐在自己身边。

总书记首先关切地问起"铁人"家的情况。张树平把王进喜爱人在1993年去世的情况和王进喜5个子女的情况一一向总书记作了汇报。总书记表示放心。

江泽民总书记到1205钻井队中360-28井施工现场看望干部员工。

随后，张树平向总书记汇报1205钻井队的情况，当听说1205队自1953年组建以来已经打井1448口，总进尺185万米，相当于钻透200多座珠穆朗玛峰时，总书记高兴地大声说："好！"然后，总书记向张树平了解大庆油田重组改制以来大庆石油管理局的情况。在了解到目前管理局还有18.3万职工、4.7万离退休职工、4.8万职工家属等情况后，总书记说："一般上市企业均要重组、剥离，你们大庆油田剥离出来的这一块很大，有18万多职工，这确实是一副很重的担子。我昨天晚上还在想，应该好好地研究剥离出的这一块的可持续发展问题。听了你的汇报，我感到你们做了不少工作。重组分立刚开始，大家有些想法是正常的，现在你们职工队伍的思想、情绪稳定，这很好。"总书记对张树平说："要继续发扬大庆精神、铁人精神，把这一块的发展搞上去。"

24日上午10时15分，雨过天晴，空气清新。江泽民总书记来到1205钻井队中360-28井施工现场。总书记走下车时，早已等候在井场上的46名1205队的职工，同大庆石油管理局和钻井二公司有关负责同志一起热烈鼓掌。大庆石油管理局党委书记、局长张树平将迎上前来欢迎总书记考察的局党委副书记于宝祥、常务副局长曾玉康等介绍给总书记。在喜悦的气氛中，张树平声音宏亮地对在场的干部工人说："同志们，江总书记来看望我们大庆石油工人来了！"话音刚落，两行排列整齐的欢迎队伍立即发出热情而响亮的回应："江总书记好，江总书记辛苦啦！"这时，总书记发出亲切的问候："同志们好，同志们辛苦啦！"欢迎队伍再一次回应："江总书记好，江总书记辛苦啦！"

江泽民总书记拍手微笑，从钻工的队列前走过，来到钻台下，并与随行的温家宝、曾庆红等领导同志戴上橘红色的安全帽，在张树平及1205钻井队党支部书记李新民、队长盛文革等陪同下稳健地登上钻台。总书记一边仔细听取张树平对钻井发展情况的介绍，一边饶有兴致地询问，当听说铁人王进喜曾经用过的那种刹把已经淘汰而被现代化的操作间取代时，总书记又特意转身来到操作间看个究竟。听到操作间安装了空调，冬夏打井操作比较舒适时，总书记非常高兴。总书记轻抚着操作台上的气控手柄，询问身边的李新民："这种装置你们公司其他井队普及了吗？"李新民回答，现在各井队都已配备齐了。总书记满意地说："现在，钻工的工作条件很好啊！"来到电机旁时，张树平介绍说："现在钻井已实现电动化，技术水平提高了。"站在一旁的1205队队长盛文革补充说："这样既节约能源，又不污染环境。"总书记边听边点头，表示满意。当总书记观看泥浆密闭循环时，盛文革解释说："这种处理方法，对环境不产生污染。"总书记听到这里连声称赞："你们能这样做，很了不起。"

总书记一行走下钻台，张树平向总书记一一介绍在钻台下列队的马德仁、薛国邦等22名劳模、老会战代表及铁人王进喜的亲属，总书记高兴地同大家一一握手。这时，李新民对总书记说:"总书记,我们为您唱一首歌好吗?"总书记说:"好,好。"于是,钻工歌手宋保开始领唱并指挥,高亢激扬的歌声《踏着铁人脚步走》顿时在井场上响起。总书记也情不自禁地和大家唱了起来并不时地打着节拍。歌声刚停,总书记连称:"好,很好。"黑龙江省委书记徐有芳对总书记说:"总书记,钻工们想与您留个影"。总书记非常高兴,并亲切地拉过1205钻井队的党支部书记李新民和队长盛文革。随后,标兵模范以及钻工们将总书记和中央首长簇拥在中央,留下了令人难忘的镜头。在照相时,站在总书记身边的盛文革向总书记汇报:"我们队建队47年,共打了1448口井,相当于全油田总井数的三十分之一。"总书记称赞:"了不起,很了不起。你们要继续努力,铁人精神要很好地继承发扬。"紧接着,总书记同中国石油天然气集团公司、中国石油化工总公司、中国海洋石油总公司3位总经理马富才、李毅忠、卫留成合影留念。照完相,总书记说:"我以前到过井队,现在的钻井条件好多了,味儿没有了,而且噪音也小了。我不懂石油,但在机械方面我还可以。"在谈到如何发扬铁人精神时,总书记对身边的马富才说:"刚才他们态度表现好极了,人是有思想的,认识是有过程的,要继续发扬大庆精神、铁人精神。"马富才表示一定按总书记的要求做。10时45分,总书记与张树平及1205钻井队党支部书记李新民、队长盛文革一一握手道别,在大家欢送下离开了井场。

在考察高新技术产业开发区大庆仲景医药生物工程股份有限公司时,了解到该公司利用高科技手段已开发研制中药上千个品种,特别是巧借"医圣"张仲景的形象制成药瓶的创意,总书记饶有兴趣,他称赞这个制药厂很精明,看了中药的研究,感受很深,给人留下了很深的印象。

视察期间,江泽民总书记还接见了大庆油田劳动模范、老会战及各界代表,对大庆城市建设、油田生产和科技进步给予肯定,对大庆高科技现代化城市建设给予高度评价。他说:"大庆发展很快,你们在石油稳产期就开始建设高科技现代化城市,这很好。要搞好综合经济,保持大庆长远发展。"

24日下午16时,江泽民总书记在大庆宾馆会展中心主持召开青年党员、干部座谈会(会前与全体人员合影留念),听取大庆市委《解放思想,大胆创新,加快培养选拔优秀年轻干部》的专题汇报,并作重要讲话。

8月25日早餐后,江泽民总书记在九号院宾馆分别接见大庆市党、政、军及大企业负责同志,并与他们合影留念。

8月25日上午9时,总书记一行乘专列离开大庆。

(四)胡锦涛三次视察大庆油田

1984年8月16日至19日,时任共青团中央书记处第一书记的胡锦涛,首次视察大庆油田。在大庆期间,胡锦涛看望了在龙虎泡试验区打开发井的1205、1202钻井队的青年工人,检查了第二采油厂、第三采油厂、第四采油厂、钻井二公司、油建公司、井下作业公司和萨尔图区等单位基层共青团和少先队工作,并同油田团干部就如何在改革中做好共青团工作进行座谈。胡锦涛指出:"大庆的精神,体现了我们中华民族的优良品质和我们中国工人阶级的英雄气概,是我们宝贵的精神财富,是我们大庆的新一代成长的丰富营养。大庆精神不仅仅是我们60年代建设大庆的时候所需要的，也是我们今天建设现代化的大庆油田所需要的。"

1996年3月21日，中共中央政治局常委、书记处书记胡锦涛在中南海接见大庆油田负责同志时指出："大庆的历史功绩不仅在于为国家生产了大量的石油资源，而且，还在于为国家造就了一支英雄的工人阶级队伍，培养输送了一批领导骨干和科技骨干；不仅在于创造了巨大的物质财富，而且在别人卡我们脖子、国家十分困难的时候，用石油支撑了共和国的经济大厦。还有很重要的一条，就是在大庆油田的开发建设中培育了大庆精神、铁人精神这一宝贵的精神财富。"胡锦涛殷切希望大庆油田要"珍惜大庆光荣史，再创大庆新辉煌"。

1998年8月26日，中共中央政治局常委、书记处书记、国家副主席胡锦涛在沈阳军区参谋长葛振峰中将、黑龙江省委书记徐有芳、中国石油天然气总公司总经理马富才等陪同下，来到大庆抗洪前线和受灾地区，慰问奋战在一线的抗洪军民，看望灾区群众。鼓励广大军民与洪水斗争到底，夺取最后胜利。勉励灾区群众坚定信心，建设更加美好家园。

胡锦涛先后赶赴大庆抗洪抢险最前沿——库里泡泄洪干渠的仁合堡桥、大同区太阳升镇米太营子附近构筑的大坝，视察汛情，向奋战在抗洪一线并取得阶段性胜利的数万军民表示亲切慰问。

胡锦涛说："同志们，你们辛苦了。党中央、国务院和江泽民主席十分关注大庆油田的抗洪抢险斗争，江主席委托我来看望大家，向大家表示亲切的慰问。"

胡锦涛说："大庆油田是我国最大的石油工业基地，在我国经济发展的全局中有着十分重要的地位和作用。今年，嫩江发生历史罕见的特大洪水，给大庆油田和人民的生命财产造成了严重威胁。在这紧要关头，黑龙江省委、省政府做出了'宁可牺牲农田，也要确保大庆油田'的决策。广大解放军指战员、武警官兵、预备役战士和广大人民群众，万众一心，团结奋斗，顽强拼搏，连续作战，与洪水进行了殊死的搏斗。特别是我们的解放军官兵，哪里有危险，哪里最困难，哪里最艰苦，就出现在哪里，战斗在哪里，为我们的大庆油田保卫战做出了突出贡献。大庆油田的广大干部职工也在搞好抗洪抢险的同时，坚持生产，把洪灾的损失降低到最小的限度，为全国经济的发展做出了积极的贡献。我代表党中央、国务院，代表江泽民总书记，向在抗洪抢险斗争中做出突出贡献的解放军指战员、武警官兵、预备役战士和广大干部群众，向为保证大庆油田正常生产做出了贡献的油田干部职工表示崇高的敬意。"

胡锦涛说："现在虽然嫩江的水位在逐步地回落，大庆油田生产形势也是好的，但是今后的任务还很重。希望大家牢记江泽民主席的指示精神，要发扬不怕疲劳、连续作战的作风，顽强拼搏，再接再厉，坚持、坚持、再坚持，夺取抗洪抢险的最后胜利；也希望大庆油田的全体干部职工克服困难，继续努力，完成全年的生产指标，为国家的改革开放和现代化建设做出更大的贡献。"

杜尔伯特县巴彦查干乡乌古墩村，是这次嫩江洪水的重灾区，全村几乎被洪水淹没。在特大洪水面前，杜尔伯特县一手抓抗洪，一手抓抗灾。全村蒙、汉、鄂伦春三个民族的1300多口人全部转移到高岗上，建起了临时住所。村里还开办了"帐篷小学"，100多名小学生在帐篷搭成的教室里上课。县医院在这里专门设置了临时卫生所,为灾民看病送药。胡锦涛代表党中央、国务院来这里看望受灾群众。92岁的蒙古族老人色楞·那达木1942年起定居在乌古墩村,历经了半个多世纪以来的多次洪水。他对胡锦涛说:"伪满那时候,发大水没人管,只好出去讨饭。今年这么大的水,有这么多人来看望我们,有饭吃,有衣穿,有地方住,还是共产党好。"胡锦涛握着老人的手与老人攀谈,详细询问灾区群众的生活情况。当得知老人一家四代同堂时,胡锦涛说:"你老人家好福气啊!"色楞·那达木说:"托共产党的福。"

在"帐篷小学"的课堂里,胡锦涛认真了解学生的学习情况,鼓励学生们克服困难,努力学习。他还要求先把学校恢复起来,让孩子们有个好的学习环境。在临时卫生所,胡锦涛嘱咐那里的医护人员要特别注意防治疫病,大灾之后防大疫。胡锦涛对围到跟前的村民说:"党中央、国务院非常牵挂大家,江泽民总书记派我来看望你们。这次嫩江发生历史罕见的特大洪水,造成了严重的灾害,使大家受到了很大损失。虽然暂时面临一些困难,但是有各级党委、政府的关怀,有全国人民的大力支持,我们所有的困难都一定能够克服。大家的吃、穿、住以及过冬等有关问题,我们都在积极筹划,都会得到妥善解决。我相信,只要我们在党的领导下,大家团结一致,齐心协力,自力更生,艰苦奋斗,一定能够克服困难,建设更加美好的家园,创造更加美好的生活。"

黑龙江省委书记徐有芳说:"党中央、国务院非常关心灾区群众,在我们抗洪救灾的关键时刻,胡锦涛同志代表党中央、国务院到灾区来看望大家,这是对受灾群众的最大关心、最大鼓舞。我代表省委、省政府,代表全省受灾群众,表示衷心的感谢。有党和政府的领导,有全国人民的支援,我们要坚定信心,下定决心,搞好抗灾自救,重建家园,建好家园。"

2009年6月26日,中共中央总书记、国家主席、中央军委主席胡锦涛在中共中央书记处书记、中央办公厅主任令计划,中共中央书记处书记、中央政策研究室主任王沪宁,黑龙江省委书记、省人大常委会主任吉炳轩,中国石油天然气集团公司副总经理、中国石油天然气股份有限公司总裁周吉平等陪同下来大庆油田考察工作,看望慰问一线干部员工、科研人员和劳模代表,并发表重要讲话。

15时10分,胡锦涛总书记来到1205钻井队施工现场,与在场人员握手。1205队队长胡志强说:"总书记好,我是1205队队长胡志强,欢迎您视察我们1205钻井队!"总书记说:"你这是我们一家子呀!"胡志强说:"和总书记一个姓,感到非常荣幸!"胡志强接着说:"胡总书记,在进入井场前请戴好安全帽!"总书记说:"好!"

胡志强首先向胡锦涛总书记汇报1205钻井队建队、钻机及当前的钻井情况。当汇报到当前使用的是30DB钻机时,总书记问:"这个钻机是哪生产的?"胡志强说:"是宝鸡石油机械厂。"当汇报到当前打的是一组10口井的丛式井组时,总书记问道:"这个地方一共有几口井?"胡志强回答说:"一共10口井,这样可以节约井场占地。"总书记接着问:"这个范围一共有多大?"胡志强回答说:"这10口井占地面积总共7000平方米。"

当胡志强汇报到节约土地资源、降低搬

家成本情况时,总书记问:"打这 10 口井井位要不要动?"中国石油天然气股份有限公司总裁周吉平说:"可以不动,就在一个平台上。"总书记接着问:"我上一次听你们的介绍,就是说这个油层啊,不但现在打井的时候可以水平打,而且采油的时候也可以水平采。"周吉平说:"现在水平井可以打台阶式的,打完这一层再往下打,再打台阶式的水平井。"

胡志强接着汇报说:"这项技术已经非常成熟了,我们打水平段最长能达 2000 米。"总书记问:"现在已经打了 3 口井了吧?现在这 3 口井井深打了多少?"胡志强回答说:"这口井井深是 1250 米,第 1 口井深是 1025 米,第 2 口井深是 1018 米。采的油层都不相同,第 3 口井采的是高台子油层,第 1 口、第 2 口采的是萨尔图、葡萄花油层。"总书记问道:"这两个是一个油层?"胡志强说:"不是一个油层,方向不同。"总书记又接着问:"现在打一口井 1000 米大概需要多长时间?"胡志强回答说:"5 到 6 天就能打一口井。"总书记说:"那你们两三个月就得搬迁了。"胡志强回答说:"这 10 口井两个月就能打完,预计建井周期是 50 天。"

这时,周吉平汇报说:"钻井提速是节约成本很重要的一个方面,它打得很快,每米进尺的成本比较低。"听到这儿,总书记对身边一位随行人员说:"志新啊,你看看他们现在打的井,这口井是斜的,在这个地方安排了 10 口井,一口井按刚才他讲如果 6 天的话,两个月的时间就可以把 10 口井打完。过去一口井的搬迁就得好几天。"这位随行人员说:"总书记,他们现在可以横着打 8 公里,在海上打出 8 公里。"总书记说:"上次我看到了。"

接着,胡志强又汇报了打分支井的有关情况。当听到萨尔图油层具体情况时,总书记说:"现在打到下面了,进到了葡萄花油层。"当周吉平汇报水平井还能打分支井时,总书记问:"你们现在打的定向井,将来是不是用来采油的?"胡志强回答说:"是采油的。"总书记又问:"它不是叫定向井吗?"周吉平说:"定向井是指这个方向,目标在什么地方,就可以打到目标。"接着胡志强说:"指哪打哪,像卫星定位一样。"总书记笑了笑说:"好啊,走看看。"

15 时 17 分,胡锦涛总书记走上了钻台。胡志强汇报说:"我们使用的钻机已经有了很大的进步,您 1984 年来 1205 队的时候,我们用的钻机还是刹把呢。"听到这儿,总书记问:"现在不用了吧?"胡志强说:"对,已经不用了。"

随后,总书记进入司钻操作房。操作人员见总书记走进来,立即问候说:"总书记好!"总书记对一名员工说:"你叫什么?"这名同志回答道:"我叫赵明涛!"总书记笑着说:"赵明涛,咱们还有一个字一样呀!"当胡志强汇报到钻井速度时,总书记问道:"正常的钻速能达到多少转?"胡志强回答:"300 转。"总书记说:"300 转,现在呢?"胡志强说:"六七十转。"

在司钻操作房参观完后,总书记来到了钻台,了解有关井口自动化控制情况。当胡志强汇报以前钻井用的 B 型大钳、猫头都取消,原来钻台上需要 5 个人操作时,总书记说:"原先下钻起钻的时候,需要 5 个人操作,现在不需要人了,都靠里边操作吧?这一边主要是看着它吧?"胡志强回答说:"现在 3 个人就可以完成操作了。"

在胡志强汇报后面的设备时,总书记问:

"那你现在打的第一口井、第二口井都已经固住了？将来什么时候开始采油？产量多少？"胡志强说："产量都非常高，这是主力油田，每口井产量在10吨左右。"总书记说："多少？那一年要3000多吨。"在胡志强汇报泥浆泵循环系统时，总书记问："那你们要不要加东西？"胡志强说："对呀，需要加东西。"

15时22分，总书记来到大班驻井房，走进了大班宿舍，和员工交流起来。总书记问职工周占学："到1205钻井队多长时间了？"当听周占学汇报自己1992年参加工作，工作17年时，总书记高兴地说："那你是这个队老职工啦，是骨干呀！"胡志强说："他是我们队的地质员。"总书记问周占学："你是学地质的吗？"周占学回答说："我是学工程的，也开地质课。"总书记接着问："这是你们打的第3口井吧，地下油层的地形构造完整不完整？"周占学做了详细的解答。总书记又接着问："选井位的时候都已经根据地形情况，过渡带都避开了吧？"周占学回答说："对对对，一般是避开地下的压力、地上的建筑物。"

听完地质的有关情况后，总书记又了解了职工生活情况。当胡志强汇报到职工住宿情况时，总书记问："你们值班多少天才能回去休息？"胡志强说："工人是四班三倒，干部就是轮流值班了。"看到屋内布局时，总书记说："一个屋住四个人，如果不赶上当班的话，可以回家休息。是不是住在大庆、家都在大庆？"胡志强说："在册的职工都在大庆，还有一些考学过来的，这两位就是外地分配过来的大学生。"总书记问两位大学生："分来多长时间了？"两位大学生分别作了回答。总书记接着问："怎么样，工作都适应了吧，对1205钻井队有感情了吧？"这两位大学生齐声回答说："有感情，特别有感情！"总书记笑了笑说："好！"

在去值班房的路上，胡志强汇报了1205钻井队在国外打井的情况。当谈到目前正在苏丹打井时，总书记说："我去苏丹的时候听他们说过。"胡志强说："我上任队长叫李新民，他在那边带队伍，我在这边带队伍。"总书记问："现在还有一部分人在国外？"胡志强说："还有一部分。"总书记说："上一次我见过他们。"

15时26分，总书记来到值班房，了解生产值班情况。走进值班房，值班员工齐声说："首长好！"胡志强介绍说："这是值班副队长！"总书记说："你是副队长！"接着问道："一个队长几个副队长？"胡志强回答说："两个副队长。"总书记又问："队里的几个领导能够值班？每一班有一个领导？"副队长说："对，每一个班轮流值。"总书记看到放在桌子上的报表，问道："这是什么？"胡志强说："这是工程报表。"接着把工程报表的详细情况进行了汇报。看到技术人员认真地记录好每一个工程参数时，总书记说："这是继承了大庆油田当年会战三老四严的作风啊！"

15时27分，总书记来到室外和全队员工见面。当胡志强介绍到1205队党支部书记时，总书记说："要把基层党的建设搞好呀！"随后，总书记为1205钻井队全队员工讲话："同志们辛苦了，很高兴来到1205钻井队。1205钻井队是铁人王进喜同志带过的队伍，也是我国石油战线上的一面旗帜。多年来，同志们继承铁人事业，战胜了种种困难，不断刷新钻井纪录，为我国石油工业的发展做出了显著成绩。同志们，与50年前相比，现在的时代条件已经有了很大的变化，但是大庆精神永远是激励我们不畏艰难、勇往直前的宝贵精神财富。希望同志们要高扬大庆钢铁1205钻井队的旗帜，发扬优良传统，继续艰苦创业，为我国石油工业的发展做出更大的贡献！"

总书记讲话结束后，胡志强代表1205钻井队全体员工作了表态。紧接着，全队员工齐声说："打好井、快打井，为祖国建设加油！"总书记高兴地说："为1205钻井队鼓掌、加油！"

当听到1205钻井队全体员工高唱《踏着铁人脚步走》的歌曲时，总书记高兴地与大家一同唱了起来。

15时33分，总书记准备上车离开时，对胡志强说："志强，今年多大呀？"胡志强回答："36岁。"总书记又问："结婚有孩子了吗？爱人是干什么的？"胡志强一一作了回答。总书记又说："回去问你爱人好，对孩子也说一说，胡爷爷来看你们了。"

最后，总书记向大家道别："好，再见同志们，1205钻井队的同志们！"

15时55分，胡锦涛总书记来到研究院采收率实验楼视察。

在大庆油田有限责任公司总经理王玉普的引导下，总书记观看了大庆油田50年来的勘探开发、技术进步、科技创新等工作的发展历程展板。王玉普在汇报大庆油田地质储量时，总书记追问道："你们现在一共发现了63亿吨，到目前已经开发了多少？"王玉普说："我们还有接近8个亿没有开发。"总书记又问："还有多少可采的储量？"王玉普说："可采储量还有4.4亿吨。"总书记说："4.4亿，那就是说还可以产10年。"

当王玉普汇报到注水采油技术时，总书记说："这就是说渗透力强的先出油。"

当王玉普汇报到大庆油田三次采油技术已经达到世界最高水平时，总书记说："知不知道别的国家，采油大国，他们是用的什么技术？"王玉普回答说："咱们用的是化学驱，他们主要是气驱、二氧化碳驱。"

当王玉普汇报到四次采油泡沫复合驱技术时，总书记问："现在我们也还没有开始用吧？"王玉普回答："我们已经进行完小型试验，正在进行中试。"

当王玉普汇报完四次采油技术时，总书记说："那就是原来已经采光了，在那种技术条件下已经采光了的油田，将来还要回来利用新的技术再继续采。"

16时15分，总书记乘电梯来到了三楼驱油剂研制实验室。王玉普向总书记介绍说："这是伍晓林同志，研究表面活性剂的专家！"伍晓林向总书记问候："总书记您好！"伍晓林向总书记汇报了表面活性剂的研制过程，然后说："一旦三元复合驱在大庆油田投入工业化应用，采收率将会比水驱提高20个百分点。在大庆油田老区，采收率每提高一个百分点，就相当于找到一个玉门油田；采收率每提高5个百分点，就相当于找到一个克拉玛依油田。"总书记听后十分高兴。伍晓林又说："开展表面活性剂研制之初，国内全部依赖从美国进口，外国专家到大庆油田考察后，让我们忘记三元复合驱、忘记表面活性剂。提高采收率20%，我们怎能忘记！经过10年的科技创新、刻苦攻关，研制出了拥有自主知识产权的表面活性剂系列产品，现在每年能生产6万吨。"这时总书记问："6万吨能相应增加采出多少吨油？"伍晓林回答说："1吨能采200到300吨原油。"总书记听后连声说好。

驱油剂研制实验室参观结束时，总书记说："刚才我一进大门口，就看到你们挂着一个横幅，上面写的是'超越权威、超越前人、超越自我'，这是我们的精神，你们的研究过程也正是体现了这三个超越。"

16时22分，总书记走楼梯来到了二楼，参观微生物实验室。伍晓林汇报说："微生物采油技术属于第4代油田开发技术，这项技术投入应用后，大庆油田还能再提高5个百分点。"当伍晓林汇报到通过微生物将剩余油变成天然气的设想时，总书记说："就是说能够找到这样一种生物，能够把剩余油变成天然气。"总书记还饶有兴致地在显微镜下，观看了微生物的形状和特征。"形状像蝌蚪，还在游动呢。"总书记说，然后问道，"我们现在看的这些微生物是什么尺寸的？"伍晓林回答："它的尺寸是纳米级的。"总书记又问："问题是你们怎么能够从原来混在一起的那么多微生物中分离出来？"伍晓林作了详细的回答。总书记说："我们不但要从油的角度看采收率，还要考虑到成本问题，这项技术的投入产出比能达到多少？"伍晓林回答说："目前我们微生物驱油的投入产出比大约1∶10。"总书记赞叹道："很好，很有效益。"

在参观完微生物实验室时，总书记高兴地说："从你们的实践可以想象到，当年大庆油田的辉煌离不开科技工作者的努力，如果没有科研，当年就找不到大庆油田。现在，大庆油田下一步的可持续发展同样离不开科研，就像我刚才说的'三个超越'精神，瞄准更高目标，为大庆的发展发挥更大的作用！谢谢你们！"听到总书记的嘱托，王玉普说："我们一定落实好胡总书记的指示精神！"

16点30分，总书记来到一楼大厅，在一片热烈的掌声中，与在这里等候的科技人员挥手致意，并与前排人员一一握手。在这里，总书记发表了热情洋溢的讲话：

很高兴来到大庆油田研究院，首先我向研究院的全体同志致以诚挚的问候！刚才听了油田领导同志的介绍，也参观了两个实验室，因为时间比较紧，如果不是时间的原因，我实在不想走。通过同志们的介绍，我深切地感受到，大庆油田以往的辉煌，离不开自主创新；大庆油田今后的可持续发展，同样离不开自主创新。刚才我们上楼时，看到你们提出的口号"超越权威、超越前人、超越自我"，这也是我们的精神，提得非常好，希望同志们继续弘扬这"三个超越精神"，树立更高的目标，攻克更多的技术难关！希望大庆油田焕发新的生机，为我们国家石油工业的发展做出更大的贡献！谢谢大家！

王玉普说："胡总书记对我们的重要指示，对我们寄予了厚望，所以我们一定要以实际行动，把胡总书记的重要指示精神落到每一项具体工作当中去，以实际行动回报胡总书记对我们的关怀，大家有没有这个信心！"大家齐声回答："有！"

16时42分，在一片欢送的掌声中，总书记离开了研究院采收率实验楼。

16时58分，总书记来到大庆油田历史陈列馆。在讲解员引导下，总书记一行走进院内，听取大庆油田会战指挥部旧址"二号院"的变迁情况。

17时，总书记进入油田历史陈列馆一栋，详细听取大庆油田各个发展阶段的情况汇报。

17时17分，总书记进入油田历史陈列馆三栋，详细听取劳动模范等各类人物、大庆精神的形成与发展、思想政治工作、大庆油田的贡献等部分的汇报。

17时27分,总书记进入油田历史陈列馆二栋,听取大庆油田开发国内外市场、党和国家领导的亲切关怀和创建百年油田的情况汇报。

参观结束后,胡锦涛总书记与黑龙江省委书记吉炳轩、中国石油天然气股份有限公司总裁周吉平、中国石油天然气集团公司总经理助理李润生以及展馆员工合影留念。

17时31分,胡锦涛总书记来到陈列馆会议室,接见油田劳模、优秀党员代表。在会见油田劳模代表的时候,大庆五面红旗之一的马德仁握着总书记的手激动地说:"总书记对大庆油田非常关心,也非常热爱大庆,对我们老同志也非常关怀。"总书记说:"要感谢你们老同志对大庆所做的贡献。"马德仁说:"这是党交给我们的光荣任务,我们这一代人完成得不怎么样好,现在新上来的人一代比一代强。"总书记说:"这是你对年轻人的鼓励,他们也有信心把老一辈开拓的事业继续进行下去!"接见完毕后,总书记与大家合影留念,并发表重要讲话:

同志们,在"七一"党的生日前夕,很高兴在这里和大家见面。首先,我代表党中央,向大庆石油系统的优秀党员、劳模代表致以崇高的敬意!向铁人王进喜同志的亲属表示诚挚的问候!今年,是大庆油田发现50周年。50年来,以铁人王进喜同志为代表的一代又一代大庆创业者,怀着为国争光、为民族争气的远大胸怀,克服了重重困难,创造了极不平凡的业绩。第一,大庆生产了国家经济发展所需要的大量的宝贵的石油产品;第二,培育了"爱国、创业、求实、奉献"的大庆精神;第三,锤炼了敢打硬仗、永创一流的英雄队伍,在我国石油工业发展史上,谱写了光辉的篇章!大庆为国家、为人民所做的历史贡献,党和人民永远不会忘记!同志们,当前,我们正在积极地应对国际金融危机的冲击,努力保持我国经济平稳较快发展。在这样的形势和任务面前,我们更需要弘扬大庆精神,坚定信心,顽强拼搏,努力做好保增长、保民生、保稳定的各项工作,把我国改革开放和现代化建设事业继续推向前进。最后,我祝愿大家身体健康、工作顺利、家庭幸福。谢谢你们!

总书记讲话后,黑龙江省委书记吉炳轩说:"总书记在百忙中到大庆来视察,专门来看望大家,这是总书记、党中央对大庆的厚爱,对大庆石油工人的厚爱,对大庆广大干部员工和科技工作者的厚爱,也是对整个工人阶级的厚爱,让我们向总书记表示衷心的感谢!希望大家牢记总书记的教导,发扬大庆精神,发扬铁人精神,把大庆办得更好,为国家做出更大的贡献!"

17时45分,胡锦涛总书记走出油田历史陈列馆二栋,与展馆员工亲切握手,并与展馆员工合影留念。

17时48分,胡锦涛总书记乘车离开了大庆油田历史陈列馆。

(五)习近平对大庆油田的关怀

2009年9月21—22日,中共中央政治局常委、中央书记处书记、国家副主席习近平专程来到大庆油田,深入到大庆油田1205钻井队、勘探开发研究院三次采油实验室考察,慰问一线干部员工、看望部分大庆石油会战老领导和铁人王进喜同志的家属,出席大庆油田发现50周年庆典活动。陪同考察的有中共中央组织部副部长、中央党史研究室主任欧阳淞，中共中央政策研究室常务副主任何毅亭，中央党校常务副校长李景田，中央财经领导小组办公室副主任刘鹤，工业和信息化部副部长苗圩等。

21日16时，习近平一到大庆，就风尘仆仆直接来到铁人王进喜工作过的1205钻井队，与在现场迎候的国务院国有资产监督管理委员会主任、党委书记李荣融，黑龙江省委书记、省人大常委会主任吉炳轩以及中国石油天然气集团公司和大庆油田有限责任公司负责人一一握手。1205钻井队全体员工精神饱满地列队欢迎，习近平微笑着走到他们中间握手问候。

1205队队长胡志强介绍了队伍结构、施工井情况，着重介绍节约土地资源的丛式定向井、水平井等技术优势以及使用宝鸡石油机械厂生产的国产钻机情况，习近平饶有兴致地询问并表示赞许。他健步走上钻台，走进司钻房，了解到司钻手里有"三条命"，即人命、井命、钻机的命，便叮嘱有关人员说："过去靠刹把是完全手工操作，现在设施和仪器都很先进，这个关键岗位一定要保障安全。"

1205队荣誉室是大庆油田的企业精神教育基地。他们把建队以来获得的各种奖牌和各个历史时期的图片收集在一起，作为传统教育的资料。在展板前，习近平仔细观看每幅照片。在铁人跳进泥浆池等画面前，他驻足良久，关切地询问会战时期"五面红旗"的情况。胡志强介绍，大庆油田始终重视"三基"工作，学习解放军"支部建在连上"经验，充分发挥党支部的战斗堡垒作用。习近平听后赞许地说："基层有专职党支部书记，工作很有示范作用。"习近平还详细询问了员工的生活情况。

离开井场前，习近平与钻工一一握手并合影，他对大家说："大庆精神、铁人精神已经成为我们中华民族伟大精神的重要组成部分。不止你们，很多同志也是在铁人精神的影响下为党和国家工作。'井无压力不出油，人无压力轻飘飘''有条件要上，没有条件创造条件也要上'，这些话我们也经常讲，今天来到1205队，更加深了理解。希望1205队把这个标杆、这面红旗一直传承下去，在岗位上弘扬铁人精神，艰苦奋斗，锐意进取，真正把工人阶级的崇高品质和伟大精神代代相传，不断弘扬。"

习近平一行驱车来到大庆油田勘探开发研究院采收率研究室。在大庆油田勘探开发历程展板前，听取关于油田自喷开采、注水开采到三次采油不同开发阶段的主导技术发展情况，特别是有关聚合物驱配套技术研发应用情况的介绍。习近平走到摆放岩心的展台前，三次俯身拿起岩心，用放大镜仔细观看，询问含油情况。他先后参观了三元复合驱实验室和微生物实验室，不时与科研人员交流。离开实验楼前，习近平与聚拢来的科研人员亲切握手并合影。

习近平说："我在这里得到一个启示，大庆精神的丰富内涵，不仅仅是艰苦创业、艰苦奋斗，还有锐意进取的精神、讲求科学的精神、敢为人先的探索精神。大庆油田之所以能够创造骄人的业绩，与科学上的探索是密不可分的。大庆油田现在一直保持4000万吨稳产高产，还在不断延续这种生产的潜力，靠的就是科研，靠的就是探索精神，大庆科研成果中相当部分是自主创新。大庆已经站到了技术前沿，前景非常光明。"

习近平强调："我们要科技兴国，建设科

技强国，就要靠工人阶级、靠科技人员的创新精神。这种精神在大庆有生动的展示，也是大庆精神很重要的内涵。要继续发扬这种精神，锐意进取，脚踏实地做出科技创新的业绩，为石油工业进一步做强做大做出新的更大贡献。当前，应对国际金融危机，一定要发挥科技的支撑引领作用，攻克技术瓶颈，占领科技制高点，使我国真正成为一个科技强国。"

18时许，习近平、张德江在大庆宾馆九号院亲切接见"五面红旗"中健在的马德仁、薛国邦、朱洪昌和5位大庆油田发现者邱中建、王懋基、胡朝元、赵声振、李德生，新时期铁人王启民等劳模代表及铁人王进喜的亲属，王涛、马富才、赵宗鼐、张轰等油田老领导。习近平叮嘱大家保重身体，健康愉快。习近平代表党中央、国务院，对参加大庆会战的老同志表示崇高敬意，向铁人王进喜的亲属表示亲切问候。习近平说："50年前，我国石油地质工作者响应党中央号召，怀着为国争光、为民族争气的理想和抱负，经过艰苦的勘探工作，终于发现了大庆油田，掀开了中国石油工业历史性转折的一页。老一代石油人积极投身到石油会战中，铁人以一种英雄气概，发出了'宁可少活二十年，拼命也要拿下大油田'的豪言壮语，为大庆油田做出了奠基性的贡献，为大庆油田的开发建设立下了不朽的功勋。这些历史性的贡献和功勋，党和人民永远不会忘记。"

习近平指出："大庆油田产生了大庆精神、铁人精神，这些精神是中华民族伟大精神的重要组成部分；产生了铁人王进喜和新时期铁人王启民这样的先进典型，体现了中国工人阶级的崇高品质和精神风貌，他们是全国人民崇尚和学习的楷模。大庆油田的开发建设取得举世瞩目的成绩，是弘扬大庆精神、铁人精神，坚持不懈地高举这面旗帜努力奋斗的结果，是一种艰苦奋斗、锐意进取的精神。来到大庆参加庆祝大会，就是一次学习的过程。我们要身体力行，把这种精神在全中国特别是在新中国成立60周年之际、党的十七届四中全会精神传达之际，更好地加以弘扬。"

21日晚，在大庆歌剧院，习近平和大庆油田干部员工一起，观看由大庆市委、市政府、大庆油田有限责任公司共同主办的《辉煌大庆》文艺演出。在庆祝新中国成立60周年、大庆油田发现50周年、大庆市建市30周年的喜庆日子里，大庆人以歌曲、朗诵、舞蹈、交响乐等形式，感谢党中央、国务院的亲切关怀，感谢国家各部委的大力支持，感谢中石化、中海油的鼎力相助，感谢兄弟油田的支援，感恩老领导、老石油、老会战所创造的物质财富和精神财富。舞台上的大屏幕再现了石油会战大军进军荒原的历史镜头，与演员们表演的"人拉肩扛运钻机""破冰取水保开钻"相互映衬，将观众带回那段激情燃烧的岁月。情景表演《与历史雕像对话》，更将大庆石油人为油田开发建设鞠躬尽瘁、无私奉献的精神表达得淋漓尽致；当"别再让国家为石油发愁啊"的吼声响起时，现场响起了热烈的掌声。大庆油田员工合唱团登台演唱了《满怀深情望北京》和《我为祖国献石油》，将石油工人的大气与豪迈演绎得深刻而鲜活。一曲节奏欢快的歌舞《磕头机》过后，孩子们将一束束鲜花献给了为大庆油田建设奉献青春和心血的老领导、老石油、老会战，观众再次报以热烈的掌声。精美的舞台设计,声、光、电等手段的完美结合,让整场演出美轮美奂,令良好的油田生态环境、美丽和谐的城市风光彰显,抒发了大庆人对祖国、对家乡的热爱之情。晚会在全场合唱《歌唱祖国》中圆满结束。习近平、张德江等领导同志走上舞台,与演员亲切握手并合影留念。

9月22日,习近平出席大庆油田发现50周年庆祝大会并作重要讲话。

(六)周恩来三次视察大庆油田

1962年6月21日,国务院总理周恩来首次视察大庆油田。随同视察的有邓颖超和童小鹏等。

总理一下火车,便与迎接他的会战指挥部领导和群众亲切握手,深情地说:"同志们辛苦了,你们工作做得很好!"随后,在余秋里、康世恩的陪同下,总理一行驱车先后来到1202站和1203钻井队施工井场,健步登上钻台与工人们亲切握手、问候、攀谈。谈话中,总理发现一位柴油机司机正坚守岗位不能近前时,便从司钻操作台狭窄通道挤过去,一把握住司机布满油污老茧的手,使那位司机激动得久久不肯松手。在北2注水站,总理看到几个工人正在抢修水泵,便抢步过去同他们亲切握手。一个工人手上沾满油污,想往身上擦,不好意思地说:"我手有油。"总理却一把握住那双油手,和蔼地说:"没关系,我也当过工人。"接着,总理又详细地观看贴在墙上的各种岗位制度,称赞道:"好,你们这样做很好。"总理走出泵房,见前面有个地窖子,就问身边的同志:"这里住人吗?"同志们回答:"住人。"总理要进去看看,家属杨德群说:"地窖子太矮,又黑又暗,请不要进去了。"总理说:"你们能住,我就能进。"说着俯身走进地窖子。总理看到土坑上刚刚满月的孩子时,深情地说:"同志们现在生活确实很辛苦,但将来一定会好起来!"这体贴之语,使在场的人无不为之感动。视察中,周总理对大庆的矿区建设极为关心,他说:"像大庆这样的矿区,不搞集中大城市,分散建设居民点,把家属组织起来参加农副业生产,可以做到工农结合、城乡结合,对生产、生活都有好处。"后来总理把它概括为"工农结合,城乡结合,有利生产,方便生活"的"十六字方针",成为大庆油田矿区建设的基本方针。此次大庆之行,周总理还视察了北一区3-63井、西油库、新三站等。

1963年6月19日,国务院总理周恩来、副总理陈毅以及随同前来的黑龙江省党政领导,陪同朝鲜民主主义人民共和国最高人民会议常任委员会委员长崔庸健一行第二次视察大庆油田。

清早,会战工委副书记张文彬带着主任地质师闵豫等,乘吉普车前往哈尔滨,迎接朝鲜贵宾,9时许到达哈尔滨火车站。当贵宾专列驶进站台后,卫士长把张文彬和省长李范五引进总理车厢。张文彬向总理行军礼致敬,总理走过来与其握手,就坐。张文彬扼要地向总理汇报大庆迎宾工作落实情况和所要介绍的内容。总理得知张文彬从未接待过外国元首,便嘱咐道:"是朝鲜贵宾,崔庸健委员长,国家元首。你进去后不管里面有多少人,首先要和元首握手,报告你的职务和姓名,然后再和其他客人一一握手表示欢迎。随后你可介绍大庆情况,要简明扼要,他感兴趣的要讲详细一些。"接下来的一个多小时,张文彬遵照周总理的指示,向崔庸健一行介绍了大庆的情况。

11时10分,贵宾专列到达萨尔图车站。在张文彬的引导下,周总理、陈毅副总理陪同外宾参观了1203钻井队和萨427井钻井现场,总理热情地与钻井工人握手。在人群中,总理一眼认出一年前见过面的小李,便大步走过去,握住小李的手说:"你是李……"小李回答:"我叫李清明"。总理高兴地大声说:"李清明同志你好!"随后,总理健步登上钻台,与当班的工人一一握手。柴油司机见总理走过来,正要找东西擦手,总理大声说:"不用擦,你们很辛苦,整天和油、泥打交道,这是你们的光荣啊!"当工人说要用3年时间打10万米时,总理兴致勃勃地鼓励道:"好!要有雄心壮志,要敢于创指标!"在西油库,总理亲切地问一位湖南籍工人:"湖南吃大米,在东北要吃粗粮,你能习惯吗?"那位工人回答说:"总理,粗粮细粮我都能吃,只要能为国家多出油,吃什么都行!"总理听了高兴地带头为他鼓掌。视察过程中,总理详细地询问有关生产、生活和职工家属的情况。尤其是职工的生活,总理问得最多最细。他问工人们今年种了多少地,苗长得怎样,家属接来了没有。接着,总理登上4米多高的装油栈桥,观看罐车装油表演,见栈桥上没有一点油污,赞赏地点点头,并关切地问当班工人:"冬天和雨天怎么办?"工人回答说:"坏天气和好天气一个样,坚守岗位,一丝不苟。"总理听了极为高兴:"这是你们大庆人自己创造的严细作风,'四个一样'好,我要向全国宣传!"在中3转油站,总理听说在场的李英只要两个孩子,她的爱人孙燕文(采油指挥部副指挥)已经做了绝育手术。总理高兴地称赞他们是计划生育的模范夫妇,并主动与他们合影留念。一再说"宣传晚婚与计划生育,这是件大事情!"此次大庆之行,周总理还视察了中6-17井和中2注水站。

1966年5月3日至4日,国务院总理周恩来、副总理李富春等陪同阿尔巴尼亚部长会议主席谢胡一行第三次视察大庆油田。

中午12时半,总理直升机抵达大庆临时机场,接着乘敞篷车到驻地,沿途16000多人热情欢迎,总理向群众频频招手致意。总理不顾旅途疲劳,下车后便急于听汇报。陪同的同志见总理一身风尘,请总理先盥洗一下。于是总理一边听汇报,一边打开了用旧了的牙具袋,拿出掉了瓷的刷牙缸,看上去已经脱绒的小毛巾,市场上到处可见的白玉牙膏和刷毛已经倒伏的牙刷。在总理洗脸时,陪同的同志发现总理的衬衣上打着补丁,领口袖头都已磨破了,再看看他那磨得露出底纹的制服和那双很旧的皮鞋,感动不已。总理高龄,日夜操劳,陪同的同志想,虽然我们的条件很差,但一定要想办法让总理吃好一点。可是总理却指示,顿顿要有粗粮,餐餐不上酒,菜要吃大庆油田自产的。这天午饭,主食是高粱米芸豆饭,副食是白菜、土豆、萝卜加粉条的大盆烩菜。总理吃了一碗后,高兴地说:"我最爱吃你们这种高粱米饭,请再给来一碗。"同志们望着总理和大家吃一样的饭、一样的大锅菜,不禁感动得流下了泪水。

下午,总理和外宾一行在康世恩、徐今强等陪同下,先后参观了南2区6-32井、1202钻井队和1205钻井队等。在视察1202钻井队时,当宋振明汇报1202队和1205队超苏联功勋钻井队的一些情况时,总理高兴地说:"他们队要打了5万米,国务院要鼓励他们,给政治鼓励。"走上钻台时,总理又第二次对宋振明说:"今年两个队要上了5万米,国务院要鼓励他们,给政治鼓励,你要给职工讲。"临上车前,总理又握着张文清和王"铁人"的手说:"你们这两个队,今年要打上5万米,要告诉我。"

5月4日,在视察油建管道施工现场,总理看到板报上有一首工人作的诗,就让记者抄下来,还说:"这么好的工人诗不记,记什么?"一边说一边问身边的同志:"你们记住了吗?我背给你们听:没有专家靠大家,没有经验靠实践;遇到问题学'毛选',排山倒海力量大。"在场的同志无不惊叹总理的记忆力,感佩总理对工人的感情。

在去丰收村视察的路上,总理看见十几名家属正在田间播种,马上让车停下,快步走过去和家属一一握手,并询问身边的一位家属:"你这地一埯几株,株距多少,预计亩产多少?"总理一边问,一边蹲下身去伸手扒开泥土,仔细查看播种的深度和株距,边看边和身边的家属攀谈。当得知家属们分别来自山东、河北、山西等地时,总理高兴地说:"我们都是来自五湖四海,为了一个共同的革命目标走到一起来的。"之后,总理与家属同车来到丰收村,看了家属住房和生活设施。在作坊,看到摊煎饼机正在摊煎饼,总理拿了一大张煎饼吃了起来,说:"你们搞得好,开动了脑筋,比昨天晚上吃的煎饼好。"之后,总理和外宾一行走进家属李春云的"干打垒"屋内,坐在土坑上与李春云唠开了家常,详细询问家庭收入及生活等情况,并与李春云家合影留念。从屋里出来,看见家属情绪非常高,总理很高兴。总理又和家属们一起高唱《大庆家属闹革命》和《为女民兵题照》歌,并向孙维世要大庆歌篇。总理说:"来大庆不学会两个歌还行呀!"

接着,总理不顾疲劳来到缝补厂,看了展览室、收回的破烂工服、工鞋、被服加工车间等,在被服加工厂拿起一件用160多块旧布拼成里子的棉工服,看了又看,摸了又摸,感慨地说:"好,好,你们要永远保持这种艰苦奋斗的精神。"

中午时分,在出席欢迎外宾的大会上,总理看到13000多人的会场秩序井然,高兴地说:"工人也要有严格的纪律。"视察结束前,总理还谆谆告诫陪同的同志们:"大庆是成功的,你们可不要忘了一分为二呀!"下午4时30分,总理一行乘直升飞机离开大庆。

(七)刘少奇视察大庆油田

1961年8月7日,中共中央副主席、国家主席刘少奇视察大庆油田。

8月7日下午2时30分,国家主席刘少奇乘坐的专列准时进入让胡路车站,刘少奇笑容满面,健步走下车厢,挥手向欢迎队伍问好。陪同刘少奇的有黑龙江省委书记李剑白和石油工业部的领导,随同刘少奇来大庆的还有其夫人王光美及小女儿。

刘少奇先后视察了西油库、中1转油站、中1注水站、北1区3-52井、1202钻井队中1-8井钻井施工现场等。

下午2时30分许,刘少奇首先到刚投产的西油库视察。一下车,他就同迎候的干部、工人一一握手,并连连说:"同志们辛苦了!"刘少奇深入库区和工地,时而举目眺望平地矗立的高大油罐,时而凝视附近热火朝天的建设工地,还不时向陪同人员询问有关油库建设的情况,并向附近工地的工人频频招手致意。工人们激动地说:"刘主席好!"刘少奇参观了油泵房、压缩机室,还察看了5000立方米的金属罐,详细地询问建设工期、工程质量和装油能力。得知油库全部建成后,半小时就可装满一列火车原油,原油外运能力将提高一倍,他十分高兴,连连点头称赞。看到压风机室墙上写着"建设单位:机电安装指挥部"字样时,刘少奇饶有兴趣地问:"这是什么意思?"指挥部负责人汇报,这是工人们为了对工程质量负责到底,自己创造的一种"刻字留名"工作法。刘少奇赞许地说:"好,好!"当他看到竣工的工程质量优良,整个工地井然有序时,高兴地说:"油库建设得蛮像个样子嘛!"

下午3时30分,刘少奇来到油田中部的开发试验区,视察第一批投产的转油站和三排1号注水站。在去中1注水站视察途中,刘少奇乘坐的吉普车由于道路泥泞,被陷受阻,无法前行。这时,附近十几名工人主动跑过来,帮着把车推了出来。这时笑声、掌声、欢呼声响成一片,刘少奇微笑着向工人招手致谢。来到注水站配水间值班房,刘少奇边看地面流程图和油层地图,边听取采油指挥部负责人的汇报。当听到大庆油田为了确保长期高产稳产,实行"早期内部注水、保持压力采油",并经7个月的注水试验,已取得可喜成果时,刘少奇非常高兴。当汇报到油田最担心的问题是油井过早地出现水淹时,刘少奇同志关切地询问:"有什么办法没有?"当汇报到油田要开展"十大试验"和采取选择性注水、选择性堵水、选择性压裂为主要内容的技术措施时,刘少奇详细地询问起试验的内容、进度和存在的困难等,并指示:"一定要把十大试验搞好。"随后,他来到装有4台大泵和8部柴油机的注水泵房,边观看工人操作,边详尽地了解有关注水泵把水注入地下油层的情况,并赞许道:"好!先注水,后采油,保持压力开采,这个办法好!"刘少奇还关切地问,搞石油需要大量钢管、泵和罐,这些东西国内能制造吗?得到肯定的答复后,他微笑着点了点头。接着,刘少奇又视察了北1区3-52井(一口注水前的排液井)。在油池旁,目睹采油工打开阀门,乌黑的原油带着压力喷射而出,刘少奇面带笑容鼓起掌来,并对大家说:"这个油田很有希望!"

下午4时30分,刘少奇兴致勃勃地来到1202钻井队施工现场,同迎候在那里的钻井指挥部负责人和井队干部一一握手。然后,他走过泥浆池,登上机声隆隆的3738钻台,观看钻杆快速钻入地下,十分高兴。特别是得知1202钻井队正计划赶超苏联格林尼亚功勋钻井队,要年进尺超过31300米,并通过苦干、巧干、拼命干,已累计进尺近2万米时,他再次握着井队干部的手,高兴地说:"祝你们成功!"接着,刘少奇嘱咐陪同参观的油田负责人:"工作和生活条件越艰苦,越要搞好职工生活,越要注意劳逸结合。"离开井场前,刘少奇眼望附近的牛群,说:"这里地下有油,地上有牛,确实是个好地方啊!"

结束野外视察,刘少奇来到油田机关二号院,同会战工委和会战指挥部负责人进行座谈。他兴致勃勃地说:"大庆到处热气腾腾,是一片兴旺景象!这个油田搞得蛮像个样,希望很大。"座谈中,刘少奇详细地询问了当年国家投资、现有生产规模和炼油厂筹建情况以及油田开发的远景规划,并指出:"在暂时困难时期,一定要关心职工和家属的生活和福利。"他反复询问:这里的工人生活好不好?粮食、副食供应怎么样?商业和服务行业能不能跟得上?开荒种地有没有拖拉机？职工家属来矿的有多少？当了解到大庆油田的发展远景时，刘少奇关切地说："大庆这个地方最近几年要增到几十万人，怎么建设？要很好地规划。几十万人，不能长期没有家呀！暂时没有可以，长期没有不行，所以要盖房子。职工宿舍、家属宿舍，要分期搞，不要集中到一块；炼油厂、化工厂、机修厂、电厂可以增加一批劳动力。可以组织成合作社或生产队，又盖房子，又开地，又种菜。否则，这么多人吃饭全部依靠从外调入，问题很大。"座谈结束时，刘少奇还再三叮嘱油田负责人："要在工业发展的时候，就要把农业组织起来，要关心职工生活，要好好组织家属种地，企业先用拖拉机把地开好，再交给他们去种，这样工业和农业结合起来了，事情就好办了。"随后，刘少奇与参加座谈的人员合影留念。

下午7时30分，刘少奇离开大庆。

（八）朱德、董必武视察大庆油田

1964年8月1日，中共中央副主席、全国人大常委会委员长朱德和国家副主席董必武视察大庆油田。

1964年8月1日上午10时53分，朱德委员长和董必武副主席以及王维舟等中央领导乘火车抵达萨尔图。大庆会战指挥部总指挥康世恩、副总指挥徐今强以及油田职工家属代表列队迎接朱德、董必武一行。一下火车，朱德、董必武一行不顾旅途劳顿，在康世恩、徐今强陪同下直奔大庆炼油厂。

大庆炼油厂于1961年4月动工兴建，1963年12月6日运出第一列车成品油，1964年相继建成投产第二期13套炼油装置。朱德委员长和董必武副主席对大庆油田的开发建设给予了高度评价。

在视察中，朱德委员长、董必武副主席向陪同人员询问炼油厂建设的规模以及所产成品油的种类、品质等。听了相关情况的汇报，朱德委员长满意地点点头，勉励大庆："大庆油田是搞出了一个建设社会主义企业的道路了，你们要继续前进。"康世恩说："这是靠中央的方针政策，刘少奇主席、周恩来总理、邓小平总书记到这里做的具体指导，黑龙江省委的具体帮助。"

当康世恩汇报石油工人、干部中有很多同志是从部队转业来的，1952年转业的石油师已成为骨干时，朱德委员长高兴地说："部队转业的也有两种情况，一种是把革命传统坚持下来了，一种是跟着人家走。1952年转业40多个师到各个部门搞建设，你们石油工业部门把革命传统坚持下来了，新疆农垦兵团也把革命传统坚持下来了。"康世恩接着又汇报，油田组织家属搞农副业生产，家属生产队有政治指导员，各单位设有家属政治部（处）。朱德委员长强调："全国各方面都要设政治部，我们解放军就是靠政治工作建设起来的，大家都要学习解放军。你们把家属组织起来，要做好思想工作。这里种地时间短，季节性很强，农忙时要集中力量搞农业，工业忙时，家属也可以搞工业。"

中午12时许，朱德、董必武一行离开炼油厂，回到驻地，用餐并做短暂休息。

14时30分，朱德、董必武一行乘车到松基6井、中6-17井、中3转油站和西油库视察。行车途中，康世恩指着路两边的干打垒平房说："这就是1960年职工、家属自己搞的土房子。现在也是分散建居民点。这样既便利于工业生产，又便利于农业生产。"朱德对此表示赞赏，他说："你们是树立了一个艰苦朴素的样板,要坚持下去,把家属组织起来搞农副业生产,还可以搞点放牧。人人都劳动,给国家创造的财富就多了。我们这么大的国家,人口这么多,只是一部分人劳动,我们就富不起来。"

在松基6井和中6-17井视察时,朱德详细询问油井深度及地下油藏情况,康世恩一一予以汇报。接下来,朱德、董必武一行视察中3转油站和西油库,最后到会战指挥部机关——二号院观看油田自行设计制造的水力皮球式多级封隔器。

视察结束,朱德、董必武一行到一栋会议室听取康世恩关于油田开发建设情况的简要汇报。其间,朱德、董必武不时插话,就有关问题作了重要指示。

朱德指出:"国家整个形势,各方面工作都好,外贸也好,就是要有硬东西才有力量。你们还有那么多面积,可否多搞些油。现在是石油时代,石油太需要了,以后需要的还多。你们要继续前进,要永远保持艰苦奋斗,这是革命的传统,生活上不能和资本主义比。要艰苦一点,要把生产搞好。"

董必武指出:"你们要搞一个建设规划。社会主义建设时期,你们是个工业上的标兵,你们也要做一个将来建设共产主义的标兵。现在,你们已经创造出一条路,沿着这条道路,根据中央精神,继续前进,就会创造出一条更广阔的路。"他还说:"你们要好好种树,要多栽成材的树,多少年后就可以用,也可以种些果树。"

王维舟说:"你们的工作搞得很好,现在全国都向你们学习。你们的办法好,先把生产搞上去,再逐步解决其他问题。要把路修好,把天然气利用起来。草原这么大,要很好地发展畜牧业。"

17时,听完汇报的朱德、董必武一行,在二号院内接见油田各二级指挥部的书记、指挥以及政治部(处)主任和会战指挥部处以上干部,并与其合影留念。

朱德还挥毫为大庆题词:"大庆是革命精神和科学态度相结合的新型社会主义企业的标兵,戒骄、戒燥、永远前进。"同时,朱德赋诗鼓舞并勉励大庆石油人:"八一参观大庆田,采油部队建功全;围攻四载荒丘灭,创造百年企业坚;政治恰符群众意,指挥亦并士兵肩;大军十万开天地,结合工农典范编。"

18时50分,朱德、董必武一行乘火车离开大庆油田。

(九)陈云视察大庆油田

1975年8月6日至13日,全国人大常委会副委员长陈云(1956年当选第八届中共中央政治局常委,1978年当选第十一届中共中央政治局常委,1982年当选第十二届中共中央政治局常委)视察大庆油田,先后视察采油一厂中六排十七井、西油库、勘探开发研究院"地宫"陈列馆等。

(十)李富春两次视察大庆油田

1964年7月17日,中共中央政治局委员、书记处书记、国务院副总理李富春(1966年八届十一中全会当选中共中央政治局常委)随同邓小平首次视察大庆油田,参观了1205钻井队、中3转油站、中2注水站、李天照井组、西油库、大庆炼油厂等。

1966年5月3—4日,中共中央政治局委员、书记处书记、国务院副总理李富春随同周恩来总理再次视察大庆油田。

1968年4月,李富春副总理在石油工业部《关于大庆北安农场的函》上批示:北安农场的方向是对的，已经办起来，要继续办下去，而且要办得更好。

（十一）叶剑英视察大庆油田

1962年8月20日至22日，国防委员会副主席叶剑英（1973年当选第十届中共中央政治局常委）视察大庆，先后视察采油指挥部北二注水站、钻井指挥部钻井队等，并为大庆油田亲笔题诗："大地沉沉睡万年，人民科学变油田；一场会战十三路，预祝高歌唱凯旋。"

（十二）李德生三次视察大庆油田

1973年12月28日，中共中央政治局常委、中共中央副主席李德生首次视察大庆油田。

1977年4月14日至21日，中共中央政治局委员、沈阳军区司令员李德生来大庆参加全国工业学大庆会议，并第二次视察大庆。李德生一行在石油化学工业部部长康世恩、副部长兼大庆党委书记宋振明等陪同下，视察了大庆石油化工总厂、中6-17井、萨尔图仓库、第六采油厂35号计量站、喇二联合站、油建先锋五队、杏十三联工地、女子采油队、大庆缝补厂等。

1977年4月19日上午8时20分到10时，李德生在喻新盛（中共大庆委员会副书记）陪同下，瞻仰了周总理住过的房间，视察了一栋办公室、领导干部家属区、作战室、四栋会议室、总调度值班室、机关党委、政治部办公室。

在周总理住过的房间，李德生察看了周总理拿过的岩心和锅铲、周总理吃过的高粱米饭和睡过的床铺，并握着王瑞藩（大庆政治部直属机关工委书记）的手说："向你们学习，机关搞得好啊，机关革命化搞得不错嘛。"李德生还仔细观看了周总理与进京演出的《初升的太阳》剧组合影的照片和周总理视察大庆时的照片。

在党委常委会议室，李德生观看华国锋和中央领导在1976年12月17日接见大庆代表的照片，并向喻新盛了解中共大庆党委委员及常委人数等。

在宋振明（中共大庆党委书记）办公室，李德生向喻新盛询问油田机关部室设置及其职能以及生产会、革委会办公会、领导业务会议内容与组织形式、领导干部值班情况和油田生产运行情况综合汇总方法等。李德生还了解了"四类分子"及其分布情况，察看了油田早晨电话会议记录等。随后，李德生就近察看宋振明、陈烈民的住房，并细心了解他们的家庭状况。从家属区到作战室的路上，李德生还向王瑞藩、喻新盛了解其籍贯、转业到大庆的时间等。视察完作战室，在去四栋会议室的路上，李德生决定参加第二天早晨的油田电话会议。在四栋会议室，李德生听取韩谭贻（生产办主任兼总调度室总调度长）关于18日油田生产动态及总值班人员情况的汇报，并详细询问值班人员日常工作和生产办人数与评优情况，察看生产运行及机械设备维修图表，并对设备管理状况表示满意。

随后，李德生先后到总调度室值班室、机关党委办公室、政治部值班室了解人员配备情况、工作流程及其日常业务等。

4月20日上午7时50分，李德生到四栋会议室参加大庆电话会议，具体了解了电话会议制度何时建立、参加会议的范围、会议内容等情况。当宋振明把唐恩来介绍给李德生时，李德生笑着说："神经中枢每天都掌握真不简单啊！"宋振明说："实际上应当这样，但还没有真正做到。"陈烈民说:"这是向解放军学习的。"李德生强调:"铁人精神对全国影响很大,这次通过工业学大庆会议,能有7000多人参观铁人事迹展览,对全国也是促动。大庆会议结束后,沈阳军区也打算召开四级干部会议,贯彻全国工业学大庆会议精神。"电话会结束后,宋振明向李德生介绍了周占鳌(副书记)、徐修玲(主任)等。李德生笑着对周占鳌说:"你是油田的标兵,又是全国的标兵。"李德生又握着徐修玲的手说:"你是油田的半边天。"离开了二号院,临上车时,李德生高兴地说:"这是现场向你们学习,向你们党委学习。这是你们党委的工作方法。"

4月20日上午10时30分,李德生到人防办检查工作,察看人防办办公室、地下指挥所、作战室,检查有关设施设备,了解存在的问题。李德生指出:"搞人防战备很重要,特别是炼厂、大化目标很大,不防不行。"临别时,李德生进一步强调:"大庆油田、炼厂、大化这是战略重点。敌人要打,先打这个重点。"10时50分,李德生一行离开了人防办。

1978年9月14日,中共中央政治局委员、沈阳军区司令员李德生陪同邓小平视察大庆油田。

(十三)华国锋视察大庆油田

1977年4月16日至20日,中共中央主席、中央军委主席、中华人民共和国国务院总理华国锋视察大庆油田并主持召开全国工业学大庆会议。

在大庆期间,华国锋在石油化学工业部部长康世恩、副部长兼大庆党委书记宋振明等陪同下,先后视察大庆化肥厂、石油化工总厂化纤厂腈纶抽丝车间、石油管理局第一采油厂中6-17井、供应指挥部萨尔图仓库、第六采油厂35号计量站、喇2联合站、油建指挥部红卫星家属管理站先锋五队、杏十三区会战前线1205钻井队与1202钻井队施工现场、13联合站建设工地、第四采油厂女子采油队和缝补厂等,观看了油田建设机械设备操作表演,主持召开中央、国务院各部门、各代表团团长负责人会议,同党和国家其他领导人接见大庆油田和所属各指挥部负责人以及来自160多个基层单位的先进模范人物代表,并和大家合影留念。

4月20日下午15时,华国锋主持全国工业学大庆会议。在会议开始前,华国锋为大庆题词:"我们一定要高举毛主席树立的大庆红旗。"华国锋还为《大庆战报》书写了报头。

(十四)李先念两次视察大庆油田

1964年10月5日,国务院副总理李先念(1977年当选第十一届中共中央政治局常委)陪同以部长会议主席杨·格·毛雷尔为首的罗马尼亚人民共和国党政代表团参观访问大庆。

李先念一行先后参观了松基6井、中6-17井、中3转油站、中2注水站、西油库、大庆炼油厂等。毛雷尔在参观过程中,对大庆油田打破洋框框,发扬独立自主、自力更生的革命精神,高速度拿下大油田表示赞赏,对大庆油田建设、管理以及领导作风和工人严明的纪律表示钦佩。

1977年4月20日,李先念出席在大庆举行的全国工业学大庆会议开幕式,并致开幕词。来自全国各地的7000多名代表参加此次会议,大庆党委书记、革命委员会主任宋振明在会上介绍大庆基本经验。大会于5月13日在北京闭幕。

(十五)汪东兴视察大庆油田

1977年4月16日至21日,中共中央政治局委员汪东兴随同华国锋视察大庆油田,出席在大庆召开的全国工业学大庆会议开幕式。

(十六)胡耀邦视察大庆油田

1982年8月18日,中共中央主席胡耀邦在黑龙江省委书记杨易辰、省长陈雷等陪同下视察大庆油田。

胡耀邦一行视察了地宫、喇2联合站、1245钻井队、中2-8井压裂现场、中6-17井、乙烯工程等。

随后,胡耀邦在大庆科级以上党员干部大会上作重要讲话。

胡耀邦指出,大庆工人阶级,面对国际上帝国主义的欺压,以"两论"为指导,依靠艰苦奇斗、"三老四严"的革命精神,冲破了重重困难,为中国人民争了气。20多年来,大庆的干部和工人为国家生产了6.1亿吨原油,创造了570多亿元的财富,是全国贡献最大的企业。对此,党和人民是不会忘记的,我们的子孙后代也不应该忘记。更重要的是,大庆是一个榜样,证明中国人民有志气、有智慧、有能力把自己的祖国建设成为强大的社会主义现代化国家。为建设大庆献出生命的王"铁人"等同志,党和人民将永远记住他们、怀念他们;为建设大庆出过力、做过贡献的同志,不论已经退休还是仍在工作岗位上的,党和人民也同样记住他们、尊敬他们。大庆工人用自己的行动,不但结束了我们用"洋油"的时代,而且粉碎了那种认为中国人民这也不行、那也不行的悲观论调,带头鼓舞起中国亿万各族人民,奋发图强,一往无前地向社会主义现代化前进!胡耀邦赞扬大庆是我们祖国社会主义现代化建设的一颗光焰夺目的明珠,是中国人民有志气、有本领建设强大社会主义国家的一个象征。

胡耀邦要求大庆要在新的历史时期发扬优良传统,做出新的贡献,同时期望大庆职工今后要出色地完成三大战斗任务:第一,要继续向国家做高水平的贡献,保证原油持续稳定高产,同时努力扩大二次勘探范围,增加后备储量,并且搞好原油深度加工,建设好三十万吨乙烯联合化工厂,建设好以石油化工为主,农业、轻工业综合发展的工矿区;第二,要发扬大庆的优良传统,要比六七十年代有更高的觉悟,更高的科学技术水平,更好的组织纪律性,长更大的志气;第三,要使整个大庆变成一个环境清洁优美、生活安定方便的工业基地,使职工收入在发展生产、自己动手开辟多种生产门路的条件下,有较快的增长。

(十七)李鹏视察大庆油田

1996年7月2日至3日,中共中央政治局党委、国务院总理李鹏视察大庆油田。陪同视察的有国务院副总理姜春云、国务院副秘书长何椿霖、国家计委副主任郭树信、中国石油天然气总公司总经理王涛、农业部部长刘江、机械部部长包叙定、煤炭部部长王森浩、林业部部长徐有芳、国务院研究室主任王梦奎、经贸委副主任陈清泰、铁道部副部长孙永福、黑龙江省委书记岳岐峰等。

7月2日8时40分左右,李鹏总理一行乘坐的专列驶入大庆火车站。在省委书记岳岐峰的陪同下,李鹏总理健步走下火车,同迎上前来的黑龙江省委常委、大庆市委书记王先民,中国石油天然气总公司副总经理、大庆石油管理局党委书记张矗,大庆市市长钱棣华,中国石油天然气总公司总经理助理、大庆石油管理局局长丁贵明,大庆石油化工总厂党委书记关绍明、厂长王昱等一一握手,然后乘坐面包车直奔油田钻井施工现场。

李鹏总理一行首先来到"铁人"王进喜生前带领过的1205钻井队的施工现场,受到正在井场紧张施工的干部工人的热烈欢迎。石油管理局副局长严世才简要汇报了1205钻井队的历史功勋和目前情况。李鹏总理与这支英雄队伍的每位成员一一亲切握手,随后登上两米多高的钻台,用手紧紧握住刹把。周围的同志报以热烈掌声。钻台的右侧,是油田钻探技术系列展览。李鹏总理边走边看。在射孔弹展台前,李鹏总理详细询问了射孔弹工作原理。当听到严世才介绍说,大庆的射孔弹产量已占全国产量的一半以上,可生产4个系列30多种射孔弹时,李鹏总理频频点头,表示称赞。在钻探技术展览的另一侧,钢铁1202钻井队的钻工们早已列队迎候李鹏总理一行。看到他们,李鹏总理快步走过去,和钻工们一一握手,合合影留念。

同两支英雄队伍的钻工们挥手告别后,李鹏总理一行来到了"铁人"王进喜同志纪念馆。在"铁人"的雕像下,李鹏总理亲切接见了"铁人"王进喜的长子王月平,然后走进展室,对每幅照片、每件实物都驻足观看。当讲解员介绍到王进喜在病中把组织发给他的生活补助费又如数交还组织时,李鹏总理发出由衷的赞叹。走到"铁人"读书的塑像前,李鹏总理再次与王月平紧紧握手,并邀请姜春云副总理和朱琳同他们两人一起合影留念。走出纪念馆,在"铁人"雕像下,李鹏总理亲切接见了李智廉、马德仁、薛国邦等离退休老干部和油田新老标兵。李鹏总理激动地说:"向为大庆油田做出贡献的老同志、老模范致以崇高的敬意!大庆油田是祖国最大的油田,为国家经济发展做出了巨大贡献。希望大庆油田永葆青春,出更多的油,为社会主义建设做出更大的贡献。"

离开铁人纪念馆,李鹏总理一行又乘车视察了油田化学助剂厂,然后来到油田科技博物馆。在大庆石油管理局局长丁贵明的引导介绍下,李鹏总理、姜春云副总理从第一个展厅开始,一直参观到三楼最后一个展厅,详细观看了大庆油气勘探史、油田开发历程及油气勘探开发配套技术。

当天下午,李鹏总理一行在岳岐峰、王先民、钱棣华等省市领导陪同下,前往大庆高新技术产业开发区和石化总厂视察。在开发区模型前,李鹏总理听取了市委常委、副市长、开发区管委会主任王强关于大庆高新技术产业开发区发展情况的汇报。李鹏总理对开发区的发展非常重视。在听取汇报过程中,李鹏总理详细询问了市政府在开发区投资有多少、整个大庆投资有多少、个人投资占多大比例、以什么融资方式进行投资等问题。大庆市副市长王强一一作了回答。当李鹏总理听王强谈到开发区正与摩托罗拉公司联合开发码分多址移动通信设备项目时,询问了这种设备的优势及市场前景。听取汇报后,李鹏总理称赞大庆开发区"很有气魄""大有希望"。在开发区,李鹏总理一行还参观了新产品展览。对展厅里陈列的精细化工、电子信息、光机电一体化和新材料4个领域的高新技术产品,表现出浓厚的兴趣。李鹏总理拿起一段用可交联聚乙烯电力电缆料制成的电缆说:如果能生产光缆料,那可不简单。王强表示,要朝这个方向努力。

接着,李鹏总理一行又深入开发区企业视察。他们来到斯滨现代技术公司,这个公司采用自己研究成功的数控封头一步法无胎冷旋压技术生产的封头，是国内唯一通过国家技术鉴定的产品，属国内首创，已达到国际水平。李鹏总理、姜春云副总理一行走进宽敞的车间，站在巨大的旋压机前观看，向工程技术人员和值班工人详细了解机器性能和产品质量。在泰科电气有限公司总裁董恩沛把李鹏总理一行引领到产品陈列柜台前。这家企业开发生产的敏感元件、传感器、变速器及测量仪表技术先进，其超大容量电容器技术是国内首创，达到国际先进水平，当时只有中国和日本拥有这项技术。这个项目还是国家57项重点火炬项目之一。李鹏总理从柜台里拿出一个约有半截姆指大小的电容器问，使用时发不发热，销路怎样。董恩沛告诉李鹏总理，使用时不发热，销路还可以。看到这家企业生产的可燃性气体报警装置，李鹏总理对董恩沛说，还要向民用方向发展。石油化工总厂是李鹏总理一行当天视察的最后一站。在总厂模型室，李鹏总理观看了讲解员演示各类装置的工艺流程。石化总厂厂长王昱汇报了近几年来生产经营取得的成绩、1996年上半年各项生产任务完成情况和"九五"期间的计划安排。汇报结束后，王昱请李鹏总理一行参观了生产装置。在乙烯装置中心控制室，王昱详细介绍了乙烯装置的工艺流程和生产管理情况。李鹏总理听后语气坚定地说："就该这样严格管理"。

当晚，李鹏总理一行在大庆艺术宫，同大庆市委、市政府、石油管理局、石化总厂、林源炼油厂的党政负责人、机关干部约1000人，共同观看大庆歌舞团的演出。演出结束后，李鹏总理走上舞台，同全体演职员一一握手，合影留念。

7月3日早晨，李鹏总理应大庆干部群众的请求，挥毫题词。他为高新技术产业开发区的题词是"发扬大庆创业精神，办好高新技术开发区"，为石油管理局的题词是"科技研究领先，保持原油稳产"，为石化总厂的题词是"实现两个转变，发展大庆石化"，为石油学院的题词是"用大庆精神育人，培养跨世纪人才"，为"铁人"王进喜同志纪念馆的题词是"铁人精神代代传"。李鹏总理还为《大庆油田报》题写了报名，为油田科技博物馆题写了馆名。

然后，李鹏总理、姜春云副总理及随行的国务院有关部委的负责人，听取了大庆市委、市政府和石油管理局的工作汇报。

（十八）乔石视察大庆油田

1986年8月24日，中共中央政治局委员、书记处书记、国务院副总理乔石（1987年当选第十三届中共中央政治局常委）视察大庆，随同前来的有黑龙江省委副书记周文华等。乔石在大庆市、大庆石油管理局领导陈烈民等陪同下，视察了地宫、高B6-39井、中6-17井、乙烯工程、大庆化肥厂等。乔石充分肯定大庆油田对第一性资料的重视，对大庆乙烯一期工程的建成投产表示祝贺，对乙烯厂区和生活区的建设布局表示赞赏。

（十九）胡启立视察大庆油田

1988年7月6日，中共中央政治局常委、书记处书记胡启立来大庆出席中宣部召开的宣传思想工作座谈会，并视察大庆油田。随同前来的有中宣部部长王忍之、中央办公厅副主任周杰、黑龙江省委书记孙维本等。胡启立在大庆视察了地宫、32491钻井队和大庆石油化工总厂等。

胡启立在大庆有关领导参加的座谈会上

指出:"大庆变化大,旧貌变新颜,城市现代化了,但大庆的好传统、大庆的革命精神发扬了。'铁人'精神、大庆精神哺育了一代人,不仅是石油战线,对全国人民都是具有影响的,体现了民族精神。在改革新时期,更要发扬大庆精神,并使其完善,就能克服改革遇到的难点。""如果能实现大庆提出的持续稳产的奋斗目标,将是对我们国家经济的极大支持。"在宣传思想工作座谈会上,胡启立进一步指出:"大庆全体职工奋战28年,给国家贡献了9亿多吨石油,使我们摘掉了贫油国的帽子,大长了中国人民的志气,大振了我们民族的精神。大庆工人阶级发愤图强、自力更生、艰苦创业的革命精神,忘我劳动、为国家分担困难、不计个人得失的奉献精神,曾经激励和鼓舞了全国人民。大庆工人阶级在会战中所显示出来的奋斗精神和奉献精神,正是我们民族精神的生动体现。今天,在我们改革进入攻坚的关键时刻,尤其需要极大地振奋起这种民族精神。"

(二十)宋平两次视察大庆油田

1986年7月6日,国务委员兼国家计委主任宋平(1989年增选为第十三届中共中央政治局常委)在黑龙江省长侯捷以及大庆市、管理局领导陈烈民、郑耀舜等陪同下视察大庆油田,听取关于大庆油田勘探开发情况的汇报。7月7日,宋平视察裂解炉的生产情况和高压聚乙烯、低压聚乙烯、丁辛醇等装置,以及电厂、污水处理厂以及职工住宅区,走访了职工家庭。

2003年8月31日至9月3日,原中共中央政治局常委宋平第二次视察大庆。9月2日,在黑龙江省委副书记刘东辉等陪同下参观铁人纪念馆,并题词:"铁人精神永放光芒。"

(二十一)李瑞环两次视察大庆

1990年8月12日至13日,中共中央政治局常委、书记处书记李瑞环在黑龙江省委书记孙维本、省长邵奇惠,省委常委、宣传部长戚贵元等陪同下首次视察大庆油田。

8月12日下午16时20分,李瑞环到钻井三公司1205钻井队视察。走下汽车,李瑞环就向迎候在那里的干部职工招手致意,并大声说:"你们好!"大庆石油管理局党委书记张蓥向李瑞环介绍了钻井三公司经理李世固、1205钻井队队长申冠、1202钻井队队长马军以及在场的钻探系统负责人。李瑞环边和大家握手边说:"你们好,你们辛苦了!"随后,李瑞环向欢迎队伍拱手致意,并说:"就不和同志们一一握手了,来看望大家,大家也都知道我是干什么'行当'的。咱们把大庆精神如何在现在的基础上推广一下,我是来找'招'的,向大庆学习,来取经的。"随后,李瑞环戴上安全帽,登上钻台就问:"现在井深多少?生产情况怎么样?"申冠回答:"现在井深180米。"当李世固介绍1205队与1202队同样是钻井进尺突破百万米的井队时,李瑞环说:"不错、不错,听说过。打井很复杂,人均一口井,了不起、了不起。"接着李瑞环问:"职工待遇和过去比有没有什么改变?"马军回答:"现在条件很好,住的是空调房,有烘干室、更衣室,冬暖夏凉。"李瑞环又问:"劳保待遇怎么样?"马军回答:"有很大改进,劳保服能吸汗,能防水。"李瑞环非常高兴,走下钻台,再一次和申冠热烈握手后,对大家说:"劳动者到任何时候都是英雄!"随后,李瑞环和1205队、1202队的全体职工合影留念。李瑞环还与井队职工亲切交谈,他说:"我过去也当过工人,你们是了不起的,是为国家做过贡献的人，应该受到人们的尊重，像王进喜同志在全国的影响非常大。宋振明同志去世的时候，在北京开追悼会，所去的人都是自己主动去的，去了很多人，大家都很尊重他。为人民实实在在办点事是最大的光荣。王'铁人'是我的老朋友，我和他作过几次报告，留下了很深的印象。薛国邦我们都很熟悉，只要是为人民做出贡献的人，都会受到人们的尊重。感谢你们，向你们的家属表示问候。"即将乘车离开1205钻井队之前，李瑞环又说："大庆的精神面貌很好！'铁人'老伴在天津治病，不在大庆，我不去看了，回来后请转达我对她的问候！"

16时50分，李瑞环来到第二采油厂南五联合站视察。站长刘树珊陪同李瑞环一行走进控制室介绍相关情况。当得知该站原油进站与输出全部通过密闭流程时，李瑞环问："你们联合站的目的就是把原油中的水脱出去，是不是？"刘树珊回答："是这样的。"来到控制屏前，当刘树珊介绍如果发生故障，控制屏会自动报警，南五联合站已安全生产8739天，全站每月节能1000吨标煤时，李瑞环连声说好！视察接近尾声，南五联干部工人请李瑞环题词，李瑞环回答说："我签个到吧。"然后挥笔写下"李瑞环，1990年8月12日"。临别前，李瑞环又把站长刘树珊叫到跟前，握着他的手说："很好、很好！"

17时20分，李瑞环到供电公司南五一次变电所视察。在主控楼二楼写有"藐视一千天，重视一伸手"的标语牌前，供电公司党委书记苏玉添向李瑞环介绍，这就是职工安全生产的座右铭。李瑞环说："只要精心进行每一次操作，安全运行一千天就能够做到。"来到三楼主控室门口，李瑞环见墙上挂着"东北地区红旗变电所""标准化变电所"奖牌和石油管理局金牌变电所奖牌，便兴致勃勃地询问变电所运行情况。所党支部书记闫鹏柱向李瑞环汇报："这是油田自行设计、自行建设、自行管理的第一座110千伏变电所，投产10年多，累计操作4万多次，次次准确无误，安全运行达3807天。"李瑞环连声说："好，好！"进入主控室，李瑞环听苏玉添介绍南五一次变电所实现标准化管理的情况，赞不绝口，并随手翻看三本值班记录，说："确实写得很标准，很好。"走到主控楼阳台上，李瑞环俯视变电所户外开关场的一次变电设备时，苏玉添介绍该所在1989年东北地区标准化变电所评比中名列全省第一。李瑞环说："不错，管得不错。"此时，大庆石油管理局局长王志武插话："这个所职工生活搞得也不错。"李瑞环说："好，好！生活搞好了，职工队伍也就稳定了。"回到主控室，李瑞环观看完控制盘、继电保护屏等设备后又说："你们的工作处处体现了大庆的优良传统。"走出主控楼，李瑞环看到门口上方"服务于油田，服从于油田"的标语，说："这口号不错，油田的稳产高产离不开你们供电。"

13日上午8时30分，李瑞环到油田勘探开发研究院，视察地宫、计算中心站、岩心库资料室。在地宫展览大厅，李瑞环边参观边听取油田勘探开发研究院院长刘丁曾有关大庆油田勘探开发情况的介绍。在休息厅，李瑞环接见油田新老知识分子代表，并听取大庆石油管理局团委书记关晓红有关上年新分配来的大中专毕业生在生产一线锻炼成长情况的汇报。李瑞环鼓励油田知识分子走与工人群众相结合的道路，在实践中不断丰富自己的知识；强调大庆、石油战线的经验对我国的建设事业有着普遍的意义和重大的作用。

上午10时，李瑞环来到三厂三〇六队视察。听了该队党支部书记张去非的汇报和4名工人、学生的演讲后，李瑞环说："听了这个党支部书记汇报和几位同志讲的故事，很有感触，从一个基层单位，看到了整个大庆现在的局面和大庆职工的精神状态。"李瑞环指出，大庆经验中曾有"评功摆好"的做法，将正面教育作为带好队伍的主要形式，通过树立正面形象来影响教育那些相对消极的方面，这应成为我们社会的最基本的方法。因为只有这样，才能长人的志气；只有这样，才能形成一种积极的风气。

在视察途中，李瑞环对张轰说："你们要利用你们现在的好条件，趁着现在经济情况好，要把公路、铁路、交通运输搞好，为今后城市的发展创造条件。"张轰深有感触地说："现在外面来油田的人很多，很不方便。"李瑞环说："搞大飞机场不行，弄个小飞机场还可以"。

午餐时，李瑞环对张轰说："这次来，我就给你们提一条意见，就是如何把这个城市规划好。将来你们是个很大的城市，再带上几个县，就和哈尔滨、齐齐哈尔一样，都是大城市。"

下午乘车去火车站的路上，张轰对李瑞环说："这次您来的时间很短，您再来时要多待几天。"李瑞环说："我肯定还要来，但要找个机会，在你们这儿开个会吧！下次来，我给你们规划规划城市。"

在大庆期间，李瑞环还视察了石油化工总厂，听取了厂长兼党委书记杨久礼的工作汇报，询问了石化产品质量、销售情况和企业利税、生产成本等方面的情况，并察看了乙烯厂区、生活区和炼油厂铂重整车间。

1999年7月3日，中共中央政治局常委、全国政协主席李瑞环，全国政协常委、香港中华全国总商会副会长张永珍女士，专程到大庆视察，并出席由全国政协援建的杜尔伯特县巴彦查干乡永珍王府新村落成仪式，看望在1998年特大洪水中受灾的农牧民。省、市领导徐有芳、周文华、杨水茂、马国良等陪同视察。

牧民们以隆重热烈的蒙古族礼仪欢迎李瑞环一行，他们为客人敬上美酒，献上洁白的哈达。村委会主任白连生代表全体村民授予张永珍女士为荣誉村民称号。黑龙江省委书记徐有芳和张永珍女士为永珍王府新村纪念碑揭幕。纪念碑正面碑文记载着1998年特大洪水给王府人民造成的重大灾害，记载着在党和国家及社会各界的关怀支援下，王府人民勇斗洪魔、恢复生产、重建家园的历史。纪念碑背面镌刻着在全国政协的倡导下，社会各界捐献者的名字。其中，张永珍女士捐献人民币1065万元。经大庆市委、市政府批准，永珍王府新村由此得名。李瑞环来到牧民包福利家，楼上楼下认真看了一遍，看到电灯、电话和闭路电视线"三电"进屋时，感到很满意。李瑞环还高兴地招呼包福利一家三口合影留念。永珍王府新村希望小学是新建的一幢三层楼房，微机室、实验室一应俱全。在学校教学楼的阳台上，凭栏远眺，全村尽收眼底，微风起处，在绿树碧草中的喇嘛寺湖漾起涟漪。在希望小学，张永珍女士欣然命笔，为学校题词："科教育人，发展经济。"在大庆，李瑞环还亲切接见市委、市人大、市政府、市政协、市纪委和石油管理局、石化总厂的领导干部。

（二十二）朱镕基视察大庆油田

1994年4月12日至14日，中共中央政治局常委、国务院副总理朱镕基视察大庆油田。陪同朱镕基副总理视察的有国务院副秘书长席德华，国家计委副主任郭树信，国家体改委副主任马凯，铁道部部长韩杼滨，中国石油天然气总公司总经理王涛，石化总公司总经理盛华仁，航天工业总公司总经理朱育理，国家税务总局副局长卢仁法，国家开发银行党组书记、副行长屠由瑞，工商银行行长张肖，中国银行副行长杨惠求等国家有关部委、公司的领导同志以及黑龙江省委、省人大、省政府的领导同志。

朱镕基先后到大庆油田开发科学实验陈列馆、大庆石油化工总厂炼油厂和化工一厂的生产车间进行考察，还到大庆石油管理局钻井二公司1263钻井队看望正在施工的一线职工。

13日下午，朱镕基一行听取了大庆市、大庆石油管理局和石化总厂的工作汇报，与市、局、石化总厂及其有关部门负责人进行座谈，并作重要讲话。

（二十三）李岚清视察大庆

1998年9月11日，中共中央政治局常委、国务院副总理李岚清来大庆察看灾情，看望灾民，指导抗灾自救工作。财政部、教育部、卫生部及国务院有关部门负责人随同李岚清看望受灾群众。

在省、市领导徐有芳、王佐书等陪同下，李岚清先后来到杜尔伯特县胡吉吐莫镇聚宝山村灾民临时居住点和巴彦查干乡正在建设中的王府新村，了解受灾情况，代表党中央、国务院问候受灾群众。

聚宝山村在嫩江特大洪水中遭受严重灾害，全村87户居民房屋全部倒塌。其中52户受灾后投亲靠友或得到政府对接帮扶，其余35户都安置在新建的地窨子里准备过冬。村里新打2口水井，井水消毒后供灾民饮用。还有帐篷小学、医疗点、社会治安联防队，并配有发电机组，为村民提供照明电源。李岚清走进聚宝山村灾民朱厚来家的地窨子，同朱厚来唠起家常。李岚清说："党中央、国务院、江泽民总书记非常牵挂灾区的群众。我到灾区来，代表党中央、国务院，代表江泽民总书记看望大家。"李岚清向朱厚来了解其家庭人口、责任田面积、灾后生活、孩子上学、治病就医等情况。李岚清问："住在地窨子里，冬天怎么取暖？"朱厚来说："搭了火炕，冬天可以烧炕取暖。"看到用塑料编织袋装土垒起的地窨子外墙，李岚清问："为什么用这个？"在场的市委领导回答说："这是抗洪垒坝剩余的沙袋，是群众的发明创造。"

在帐篷小学，李岚清勉励灾区孩子要克服困难，认真学习，不能因为受了灾而荒废学业。李岚清对一位教师说："希望你在这里扎根，好好培养灾区的孩子。"在临时医疗点，卫生防疫人员向李岚清汇报了灾区的防疫工作。卫生防疫人员说："群众的房子、庄稼都被洪水淹没了，不能再让他们受疾病的折磨。至今，这里还没有发现一例传染病。"李岚清非常满意地说："你们的做法很好，大灾之后一定要防大疫。"

在村委会的帐篷里，李岚清看着挂在墙上的受灾群众救灾物资发放公示板，认真询问身边的灾民，口粮够不够吃，有没有衣服。受灾群众回答说："政府都给送来了。我们现在真正体会到了共产党好，社会主义好。"李岚清说："还有人民好。在以江泽民同志为核心的党中央领导下，有全国12亿人民的支援，我们发扬抗洪精神,万众一心,众志成城,再大的困难也能战胜,一定能够建设更加美好的家园。"

巴彦查干乡王府村受灾后,正在筹建的王府新村,规划设计住户620户(总人口2300多人),还有学校、商业街、农贸市场、卫生所等公共设施。李岚清听完汇报,来到施工工地,鼓励建筑工人,坚持百年大计,质量第一,一定要建设好灾民新村,尤其要建设好学校。

在杜尔伯特县,李岚清简要听取大庆的受灾情况和抗灾自救工作。当听到重建家园坚持"撤并自然屯,建设中心村,发展小城镇"的原则时,李岚清非常满意地说:"这是我们经济发展的一个理想目标。过去群众居住分散,各方面都不方便。集中起来,各种公共设施都可以配套建设。学生上学方便,群众就医方便。总之,好处很多。水灾虽然造成很大损失,但我们要把坏事变成好事。大灾之后,借重建家园之机,建设一批小城镇。这样,群众一定会拥护,一定会满意。"李岚清还强调注意生态平衡问题,他说:"嫩江上游生态平衡遭到破坏,下游遭到了特大灾害,教训很深刻。杜尔伯特县地广人稀,可以考虑退耕还草问题。"李岚清对大庆的未来发展寄予厚望,指出:"大庆应该走建设高科技现代化发展的路子。"

(二十四)吴邦国视察大庆油田

1998年8月3日至4日,中共中央政治局委员、国务院副总理吴邦国(2002年当选第十六届中共中央政治局常委)在国家经贸委、财政部、劳动和社会保障部、国家煤炭局、国务院办公厅、国务院研究室负责人陪同下视察大庆。吴邦国同志指出,我国的石油工业主要立足国内,大庆油田5000万吨稳产对全国的石油、石化工业乃至国民经济发展,都具有举足轻重的意义。

在大庆期间,吴邦国先后视察了大庆高新技术产业开发区、石化总厂炼油厂重油催化车间、采油一厂萨中2号聚合物配制站、石油科技博物馆和钻井二公司32491钻井队。每到一处,吴邦国都和干部、工人亲切交谈,认真了解生产、经营和市场开发情况。在开发区,听取管委会负责人关于开发区情况介绍时,吴邦国不时插话,询问开发区的基础设施建设、产业结构、投资、利税等情况。当得知大庆开发区在全国同类开发区中财政收入居首位时,吴邦国非常满意。参观开发区产品展览室后,吴邦国签名留念。在石化总厂炼油厂重油催化车间,吴邦国认真了解生产成本,并与国外同类装置比较。听取总厂领导介绍重油催化生产工艺后,吴邦国高兴地说,这样好,是"吃干榨净"。在石油科技博物馆,勘探开发研究院院长、"新时期铁人"王启民向吴邦国详细介绍大庆油田的勘探开发历程及油田发展前景。吴邦国指着大庆长垣井位分布图中的萨尔图、喇嘛甸、杏树岗油田问:"搞三次采油,文章是不是做在这里?"王启民说:"这里是富油区,正是在这里。"在钻井二公司32491钻井队井场,吴邦国登上钻井平台,慰问钻井工人,并与其合影留念。

8月4日下午,吴邦国先后听取大庆市委和市政府、石油管理局以及石化总厂有关负责人的工作汇报,并作重要讲话。吴邦国在讲话中充分肯定大庆为国家做出的突出贡献。吴邦国说:"大庆油田年产原油5000万吨以上稳产已经22年,正在向第23年努力。特别是去年产量达到 5600 多万吨,是历史最高水平。累计原油产量占全国三分之一还多,是'半壁河山',在世界陆相油田开发方面走在了前列。特别是创造了油田开发地质理论,取得 3700 多项科技成果,获 300 多项专利,培养了大批科技人才,这都是很大的贡献。"吴邦国说:"大庆同时创造了巨大的精神财富。过去有王进喜,现在有王启民、大庆精神、'三老四严'等,对全国工业发展有很大的影响,大庆市、大庆石油管理局、大庆石化总厂都为国家做出了很大贡献。如果没有大庆油田,在国际石油领域中就没有中国的地位。"

吴邦国指出:"大庆面临着艰巨的任务,这是涉及全局的问题,是整个国民经济发展对大庆提出的客观要求。年产原油 5000 万吨稳产到 2010 年,这对全国的影响就大得不得了,正如李鹏同志说的'功德无量'。"吴邦国说:"我国石油工业的发展方针是'稳定东部,发展西部'。但西部油田要接替东部油田,还需要时间,目前还要靠东部油田。大庆能不能稳产到 2010 年,对国家的石油、石油化工工业,对国民经济的持续稳定发展,都具有举足轻重的意义。"

吴邦国指出:"石油和石油化工都面临国际竞争问题。在国际竞争中不但要站住脚,而且要取得好效益。目前国家已经采取措施,打击走私,控制进口,稳定成品油市场。但是,开放势在必行,原油、成品油、化工产品都面临市场竞争问题。我们办企业,一是赚钱,二是还贷,三是抗市场风险。能不能做到这三点,同样是艰巨任务。参与国际市场竞争,继续保持在 500 强之列,保持很大的企业集团,这是不可回避的问题。早一天意识这个问题,早一天采取措施,就可以立于不败之地。"

吴邦国强调:"要加快发展替代产业。我们希望油田永远高产稳产,但这不符合规律。现在油田计划稳产到 2010 年,2010 年以后还要过日子,确实有发展替代产业问题,而且是国民经济发展中的重要一环。石油及石化产品深加工是一种框架,还要发展其他产业。这既是对油田的要求,也是对大庆市的要求,最终是一个目标。石油和煤炭都是不可再生资源,大庆千万不能走一些煤矿的老路,到那时再抓替代产业为时过晚。要认真理解江泽民总书记对大庆'未雨绸缪,考虑长远发展'的指示精神。"

吴邦国说:"现在到年底还有 5 个月时间,上半年油田完成了计划指标,下半年的困难会更大。"吴邦国希望:"大庆的同志再加一把劲,确保全年计划指标的完成。这没有后退的余地,再大的困难也要完成,为全国实现改革和发展目标做贡献。现在'南、北公司'已经成立,在体制上为石油和石油化工发展创造了良好条件,还有销售环节、流通环节,这里潜力很大。潜力就是利润。"

吴邦国说:"大庆地方工业形势很好,增长速度达到 80% 多,很不简单。地方工业比例已经占 13.3%,发展很快。大庆城市建设很漂亮,空气、环境都很好。大庆高新技术产业开发区 1992 年辟建至今,发展很快,形成了电子、化工、建材等有特色的产业,有 40 亿元的销售额,可以收回投资,不断扩大规模,走上了良性循环的道路。李鹏同志讲,建设高科技现代化城市,高在哪里,高在有一支像王启民那样的高科技人才队伍。有了人才,是最有潜力的高科技现代化城市。"

吴邦国最后指出:"大庆市、大庆石油管

理局、大庆石油化工总厂是共存共荣的关系。没有油田，就没有大庆市；大庆市发展，将给油田发展创造良好的条件和环境。大企业职工也是大庆市的市民，大庆市的发展同样离不开大企业的支持。并且，石油化工深度发展、技术力量等，都是财富，对于大庆市乃至黑龙江的发展、全省的二次创业，都是重要依托力量。总之，相辅相成，目标一致，要相互协调、顾全大局。"

市、局、总厂、林源炼油厂领导班子成员听取了吴邦国同志的讲话。

（二十五）温家宝五次视察大庆油田

1998年8月19日，国务院副总理、国家防汛抗旱总指挥部总指挥温家宝在沈阳军区司令员梁光烈中将、黑龙江省委书记徐有芳等陪同下，来大庆察看汛情，慰问奋战在抗洪抢险第一线的军民。

温家宝总理乘直升机首先巡视了嫩江杜尔伯特段、肇源段的汛情。中午12时，温家宝乘坐的直升机降落在正在加固的胡吉吐莫大堤旁。在工地指挥部，温家宝先后听取了黑龙江省副省长王振川、中国石油天然气集团公司总经理马富才关于大庆地区汛情以及抗洪抢险、保卫油田和灾区人民生命财产的工作汇报。

随后，温家宝来到胡吉吐莫堤上，向正在加固堤坝的沈阳军区某部指战员们发表讲话。他说："同志们，你们辛苦了。江泽民总书记、朱镕基总理派我来看望大家，我代表党中央、国务院，代表江总书记、朱总理向战斗在松嫩抗洪抢险一线的广大干部群众、武警官兵、解放军指战员、公安干警表示衷心的感谢和亲切慰问。"温家宝说："今年，嫩江、松花江遭遇了百年不遇的特大洪水，东北地区遭受了严重的自然灾害，我们的人民、我们的军队经受住了一次又一次严峻的考验。党中央、国务院非常关心东北地区灾情。在昨天（18日）晚间，江总书记给我打了两次电话，又打电话给黑龙江省委书记徐有芳，询问灾情和抗洪抢险情况。我今天来到抗洪抢险现场向大家表示敬意。"温家宝指出："现在抗洪抢险形势严峻。这次嫩江、松花江来水大，退水慢，给沿岸地区防汛抗灾带来巨大压力。同志们，你们的背后是北方重要城市哈尔滨、齐齐哈尔，是中国最大的企业大庆油田。你们一定要坚决贯彻江泽民总书记的指示，咬紧牙关，坚持、坚持、再坚持，加固堤防，严防死守，确保哈尔滨、齐齐哈尔、大庆和佳木斯的安全，确保重要交通干线的安全，确保松嫩平原上广大人民群众的生命财产安全。只要坚定信心、努力奋斗，一定能够克服各种困难，夺取抗洪抢险的最后胜利。同志们，有没有信心？"

"有！"在场的部队官兵响亮地回答。

随后，温家宝一行驱车察看了正在加固的胡吉吐莫堤。在齐齐哈尔预备役某师炮兵团的施工工地上，温家宝下车，握着团长崔浩玉的手说："一定要把大庆守住，拜托你们了。"

在沈阳军区某部直属侦察连的施工现场，温家宝握着该连一班班长詹道跃的手问："你知道这道大堤的重要性吗？""知道。"詹道跃说，"这是保卫大庆油田西部的第三道防线。"温家宝说："部队指战员要坚守岗位，严把死守，人在堤在，坚决保卫大庆。"温家宝的讲话激起现场部队官兵的极大热情。官兵们纷纷表示，一定要严防死守，誓与大堤共存亡，誓死保卫大庆油田。

黑龙江省委书记徐有芳说，要以实际行

动贯彻落实党中央、国务院领导同志的指示，做到"三个确保"，把任务落实到每项工程上，每个险工弱段上，全面完成抗洪抢险的任务，夺取最后胜利，让党中央、国务院放心。某集团军政委张世显少将表示，要在以江泽民同志为核心的党中央、中央军委的领导下，遵照国务院领导同志的指示精神，发扬我军英勇顽强、连续作战的作风，为夺取抗洪抢险的最后胜利，做出人民军队最大的努力。大庆市、石油管理局、石化总厂领导陪同温家宝在杜尔伯特察看汛情。国务院副秘书长马凯和民政部、水利部、总参谋部作战部领导随同温家宝来大庆察看汛情。

2000年8月24日至25日，中共中央政治局委员、书记处书记、国务院副总理温家宝随同中共中央总书记江泽民视察大庆油田。

2003年8月1日，中共中央政治局常委、国务院总理温家宝视察大庆油田。

温家宝总理先后视察了大庆炼化公司炼油分厂中控室、润滑油分厂中控室、聚合物分厂聚丙烯车间、采油二厂一矿南二联合站、大庆石化公司化工一厂乙烯中控室、塑料厂低压中控室和包装车间。

8月1日14时30分，温家宝来到大庆石油管理局钻井二公司1205钻井队。

"同志们辛苦了，我来看看大家。"在钻塔下，温家宝与工人们一一握手问好，"今天到1205钻井队，我是主动要求来的。"听总理这么一说，工人们热烈鼓起掌来。原来，温家宝在大庆的考察行程中并没有到钻井队的安排。当天中午，温家宝向当地负责人提出一定要看看钻井队的工人们。为此，温家宝缩短了午休时间，赶到地处大庆市红岗区的1205钻井队工地。

温家宝紧紧握住钻井队队长李新民的手："你是1205钻井队第几任队长？""第18任。"李新民响亮地回答道。

当听到1205钻井队建队50年来打井1550多口，进尺195万多米时，温家宝赞许地说："这相当于200多座珠穆朗玛峰的高度，真了不起。"总理的比喻引起一阵笑声和掌声。

温家宝戴上安全帽，健步走上操作平台。他望着旋转的钻机，深有感触地说："我年轻时也在钻井队干过，不过那是在地质钻井队。我特别爱看钻机，对钻机刹把子很熟悉。操作钻机刹把子可是既辛苦又危险的工作。"

钻井二公司党委书记梅祥华接过话题说，目前公司35个钻井队的钻工不再像铁人王进喜那样站在钻台上手握刹把，而是坐在冬暖夏凉的操作间里，操作气控手柄进行施工，既减轻了司钻的劳动强度，又增加了安全性。温家宝听后十分高兴："1205钻井队的人换了一茬又一茬，钻井设备的科技含量也不断提升，工人们工作条件大大改善，真是太好了。"

随后，温家宝走进设在平台一角的操作间，仔细观看司钻高洪伟操作气控手柄，并不时向他询问操作技术要领。队长李新民对温家宝说："总理，今年是铁人王进喜诞辰80周年，也是我们1205钻井队建队50周年。"温家宝听后高兴地说："今天真是个有意义的日子，我们大家一起来纪念铁人王进喜，合影留念。"说着，温家宝便招呼工人们以钻塔和1205钻井队队旗为背景一起照相。"我想跟大家再说几句"。温家宝动情地说，"从铁人王进喜算起，1205钻井队队长已经是第十八任了。今后，我们还是要把铁人精神一代代传下去。把爱国、创业、求实、奉献的大庆精神发扬光大，把艰苦奋斗的优良传统一代代保持下去。"总理的讲话激起一阵阵热烈的掌声。

2006年8月10日至12日，中共中央政治局常委、国务院总理温家宝在黑龙江考察工作期间，着重研究了大庆油田可持续发展问题，了解经济发展和振兴东北老工业基地战略实施情况，并到大庆现场办公。

温家宝首先来到钻井二公司1202钻井队。温总理下了车，1202钻井队队长陈世明、党支部书记郑清武迎了上去。陈世明握着温总理的手，激动地说："总理，2003年您去05队时，曾经说过一句话，我们一直记忆犹新：'对大庆有感情，对铁人有感情，对石油工人有感情。'这句话一直激励着我们大庆石油人。"不知不觉间，陈世明与温总理就走上钻台："这套钻机与您2003年来时看到的钻机型号是一样的。去年经过我们改进，要比以前先进多了。"见温总理感兴趣，陈世明继续讲道："现在司钻扶刹把有操作房了，比铁人当年操作的刹把轻松多了。"总理也试着握了握刹把，高兴地说："还是这个好，比铁人握的刹把更方便了。"

总理对1202钻井队的生活、生产及钻工工作情况样样关心，他问陈世明："还是三班倒吗？"

陈世明回答："是四班三倒。1205钻井队出国了，我们1202钻井队也正准备出国呢。"

总理笑着说："这都是过去的英雄钻井队啊！"他接着说："到大庆，我一定要到钻井队，因为我对大庆有感情，对钻井有感情，对工人有感情。我看到钻井，就想起王铁人，还有你们的老队长马德仁，他们的艰苦创业的精神，将会代代传扬。你们1202钻井队和1205钻井队一样，都是英雄钻井队，你们的口号就是争创一流，你们几十年用自己的努力，在中国石油史上写下了不朽的篇章。你们干了一流的工作，创了一流的业绩。"

温总理还说："现在，我们国家的石油事业还处在蓬勃发展阶段，我们还要向地下、向海洋要油气，还要打很多油井，我们需要像1202、1205这样英雄的钻井队。我希望大家继续发扬艰苦创业的精神，像王进喜、马德仁老队长一样，在钻井这个事业上继续建立功勋。"

考察采油一厂聚合物配制站时，温总理不住地询问，注入聚合物后采收率能够提高多少，有多少国家采用聚合物驱油技术，我们的技术在世界上处于什么样的水平。当听说大庆主力油田采收率已突破50%，比世界同类油田高出10多个百分点时，温总理高兴地说："提高采收率就等于增加了可采储量，提高了产量。大庆不仅给国家贡献了石油，而且创造了先进的采油方法。希望你们继续加大科研力度，依靠工艺创新，充分挖掘老油田潜力。"

参观铁人王进喜纪念馆时，听着讲解员讲述铁人生前身后故事，看着当年珍贵遗物，温家宝神情肃穆。在音像资料台前，温家宝细细地听了一段王进喜当年讲话录音。在铁人纪念馆大厅的铁人雕像前，温家宝亲切会见劳动模范代表，并深情地说："在近半个世纪的风雨历程中，大庆人不仅创造了巨大的物质财富，还创造了宝贵的精神财富，这就是'爱国、创业、求实、奉献'的大庆精神、铁人精神。我们要把铁人精神代代相传，为国家的石油工业做出新贡献！"人群中响起了热烈的掌声。

在大庆油田现场办公期间，温家宝还考察了炼化公司聚丙烯厂、日月星大豆高新工业园区、佳昌科技有限公司，了解非油产业和接替产业的发展情况；深入到福利家园，看望在那里生活的孤儿和老人；为铁人王进喜纪念馆题写馆名。

10日晚，温家宝主持召开座谈会，专题研究大庆可持续发展问题。在听取有关部门、地方、企业负责人以及专家的意见后，温家宝总理作了重要讲话。

2009年3月25日，国务院总理温家宝对大庆油田累计生产原油突破20亿吨所取得的成绩予以充分肯定，并作出批示："这个数字凝聚了几代大庆人的心血、智慧和奋斗精神，是石油工人和技术人员对国家和人民的贡献。谨致衷心的祝贺。"

2010年1月1日至2日，中共中央政治局常委、国务院总理温家宝视察大庆油田，并代表党中央、国务院向油田干部群众致以新年问候。

1月1日12时45分，温总理一下飞机，就直接来到15152钻井队井场。温家宝总理刚走下车，人们就迎了上来。钻工们举起写有"温总理新年好"字样的红色条幅，表达大庆油田干部员工对总理的新年祝福。

"新年好！大家新年好！"总理与钻工们边握手边致以亲切的节日问候。了解在钻井的基本情况后，总理不顾严寒路滑，直奔井架，登上十几米高的钻台，与正在作业的钻工们一一握手，察看钻井进度、设备运行情况。总理关切地问："这部钻机是什么型号？进尺能打多少米？""是15钻机，能打1500米。"15152钻井队队长李世庆回答。

总理还询问了井深、钻速，并走进司钻房，在操控台前坐下，右手紧握控制手柄用力一推，说："钻井平台以前是'刹把子'，现在是机械化，比原来好多了。""总理对钻井很熟呀！"周围的人不禁略感惊讶。"总理以前在地质钻井队干过很多年。"一名陪同人员说。"现在的设备比原来好多了，我对钻井是有感情的。"温家宝总理再一次感慨地说。

走下钻台，总理与围上来的15152钻井队全队员工合影留念。迎着井场上凛冽的寒风，在热烈的掌声中，总理再次向大家致以新年的祝福，并语重心长地说："这是我第三次（指作为总理）来到大庆，心里非常高兴。新年期间来看望工人，和大家一起过年。在这片黑土地上，几代大庆人顽强拼搏，不仅给国家开采了20多亿吨的石油，创造了宝贵的财富，而且形成了一种战无不胜、攻无不克的精神，这就是大庆精神。今天，在应对国际金融危机和一切困难面前，我们这个民族仍然需要这种精神，需要创新，需要拼搏，需要奉献，需要奋斗。这块黑土地，这是祖国的土地，也孕育了我们的民族精神。大庆人了不起，就在于几十年一直坚守着这种精神。我们现在又面临新的任务，50年我们创造了辉煌，我们现在的目标是要创建百年油田，继续为国家做出贡献，继续发扬大庆精神。感谢同志们！感谢大庆人！"

午饭时分，温家宝总理来到15152钻井队员工板房"餐厅"，和大家共进新年午餐。温家宝端起盘子，盛了些土豆炖鸡、豆腐炖白菜、炒油菜和一小碗米饭，和钻工们挤坐在一张桌上，边吃边聊。

"总理，我俩是1205、1202钻井队的，就在附近施工，今天听说总理来，我们特意来看望总理。同时也代表1205、1202钻井队给总理拜年。"1205钻井队队长胡志强、1202钻井队队长郑清武说。

"替我向1205钻井队、1202钻井队的工人带个好，祝他们新年快乐！"总理亲切地说，并问大家谁的工龄长、最长多少年、有没有用过以前的刹把等问题。

温总理深情地对钻工们说："你们的父辈，大部分是从玉门油矿来的，很多的老骨干都是玉门油田的，包括铁人在内。铁人说的话，还是一口西北话。"

从工作生活到国际油价，从大庆创业史到钻井技术创新，总理和大家亲切交谈，餐厅内不时传出阵阵笑声。

饭后，温家宝总理来到井队厨房与厨师们亲切地握手，说："你们辛苦了！"并鼓励他们为钻工们做出更好的饭菜。

温总理来到15152钻井队二班宿舍，仔细询问钻工们的生活情况。"晚上凉不凉？"总理问。

"不凉，房间是地热的。"李世庆回答。

总理俯下身，把手掌贴向地板，感受一会儿温度，才笑着点头说："温度还可以。"

"生活条件怎么样？"总理接着问。

"挺好，一个班8个人，8个人住两个房间，卫生间、浴室都有。"李世庆回答。

看着整洁床铺，摸摸被褥薄厚，总理夸赞道："被子叠得蛮好的，还是'三老四严'啊！"

司钻周占坤高兴地说："总理来油田和我们一起过新年，这是我们石油工人最大的幸福和骄傲！"

13时40分，总理与钻工们道别，离开了15152钻井队。

16时51分，总理来到大庆油田历史陈列馆，向等候在门口的人群致意："大家新年好！"他径直走到迎候在院内的全体馆员面前，与大家亲切握手，并向每一个人致以新年祝福。

在讲解员的引领下，总理踏上象征时光隧道的青铜甬道，一步步追寻大庆油田发展轨迹。步入"岁月大庆"厅，伴随着《我为祖国献石油》的旋律，总理听取了大庆油田发现50年发展历程简介。一件件珍贵的文物、一处处再现的会战场景，吸引着总理的目光。当看到1959年9月26日松基三井喷出滚滚油流，人们欢呼雀跃的场景时，总理脸上充满了笑容。当讲解员介绍完几代党和国家领导人关怀大庆油田的往事，深情地讲道"大庆是党的大庆，是共和国的大庆"时，温家宝总理微笑着点头。

走到会战时期"五面红旗"的照片前，总理关切地问道："马德仁还在这里吧？也有80多岁了吧？"当得到肯定的回答后，总理非常高兴。

当讲解员讲到会战时期油田职工克服饥饿和粮荒的往事时，总理为会战职工战雨季、斗严寒、五两三餐保会战的奉献精神所动容，他深有感触地说："那个时候是国家最困难的时候。"

当介绍到大庆油田大力实施"走出去"战略的情况时，总理看着展板，频频点头，语气坚定地说："一定要走出去。"

在安全环保展板前，听到黑龙江省政府和大庆油田合作开展煤田瓦斯治理项目，利用油田技术优势，加强瓦斯治理的情况介绍，总理给予充分肯定。

参观完毕，温总理就在展厅内接见大庆油田劳模代表——"五面红旗"中的马德仁和薛国邦、"新时期铁人"王启民、"新时期好工人"朴凤元、1205钻井队队长胡志强、中十六联党支部书记王雪莹等。总理微笑着与劳模代表一一握手,并对每个人都道一声"新年好"!见到马德仁和薛国邦两位老劳模时,总理握着他们的手说:"大庆精神不能丢,不管今后怎么发展,还得靠艰苦创业的精神!"现场再次响起热烈的掌声。

当王启民上前与总理握手时,总理亲切地说:"启民啊,又握一次手。"

面对油田劳模,总理动情地说:"新年到了,我专程来看望大家,向大家问候新年好。今天来的一些劳模,是我们几代大庆人的代表,大庆精神是在你们手中传承下来的。今天的大庆,发生了这样大的变化,我们不应该忘记过去艰苦的历程,也不应该忘记优良的传统,也不应该忘记那些无私奉献、为大庆油田建设和发展做出贡献的人们。今天的大庆,已经成为我国重要的石油生产基地。我们还在勾画一个新的蓝图,那就是把大庆建成一个百年油田。同时,我们还在积极致力于研究和发展接续产业,比如石油化工、高新科技、服务外包、文化创意等。无论大庆怎么发展,我们都不应该忘记,大庆是从50年前头顶蓝天、脚踏荒原起家的,这种艰苦奋斗的精神什么时候都不能丢,没有这种精神就没有大庆,没有对国家做出的贡献,也没有大庆的未来。见到了这么多的老同志,我祝你们继续为大庆的事业做出贡献,希望你们晚年生活愉快!"

温家宝总理还分别与劳模代表、大庆油田在家的领导班子成员、陈列馆全体员工合影,并欣然签名留念。签名结束,总理走到余秋里、康世恩雕塑《奠基者》前停下脚步,仔细端详。

17时20分,温家宝总理乘车离开大庆。

2012年1月21日,新春佳节前夕,中共中央政治局常委、国务院总理温家宝通过视频连线,向节日期间坚守在工作一线的大庆石油人致以新春祝福。

农历腊月二十八,大寒节气,17时,夜幕降临,室外气温已经降至零下20多摄氏度。在钢铁1205钻井队高耸的井架下,来自钻探工程公司钻井二公司1205钻井队和1202钻井队、钻井三公司15153钻井队、采油一厂四矿等单位的100名一线员工代表组成的方阵,等候着激动人心时刻的到来,现场中"大庆油田为祖国加油!"红色条幅格外醒目。

当温家宝总理的影像出现在井场的大屏幕上时,激动之情洋溢在现场每个人的脸上。温家宝总理说:"石油战线的干部员工们,你们辛苦了。你们在十分艰苦的条件下,为保障国家能源安全做出了巨大贡献。你们艰苦奋斗,埋头苦干,保障了西气东输,保障了石油供应,保障了经济和社会发展。大庆精神、铁人精神已经成为全国工业战线的宝贵精神财富。在科学技术突飞猛进的今天,你们勇于攻关,敢于突破,发现了一个又一个大油田、大气田。这些成果是你们用智慧和科学技术取得的,是你们用心血和汗水换来的。你们的精神将会鼓舞整个石油战线、工业战线员工继续为国家努力奋斗,攀登新高峰,夺取新胜利!新春佳节到来之际,我代表党中央、国务院向石油战线的广大员工致以亲切的问候,祝你们新春愉快、新年进步。向你们及你们的家人问好,拜年了!"

油田有关负责人通过视频连线向温家宝总理汇报工作,并代表大庆油田30万名员工给温家宝总理拜年，祝温家宝总理新春快乐、身体健康！祝愿伟大的祖国风调雨顺、国泰民安、繁荣昌盛！

（二十六）贾庆林视察大庆油田

2003年5月30日至31日，中共中央政治局常委、全国政协主席贾庆林视察大庆油田。

贾庆林参观了大庆石油技术博物馆，视察了1205钻井队作业现场以及大庆高新技术产业开发区振富科技信息股份公司和大庆银螺乳业有限公司。贾庆林指出：大庆油田为国家做出了巨大贡献，大庆还要为国家的石油战略部署、石油安全多进行研究，多出点子，多提建议。大庆油田进入了依靠科技发展的时代，大庆精神、铁人精神有了新的发展。希望大庆人继续发扬大庆精神、铁人精神，为大庆石油稳产创造新的业绩。在视察1205钻井队时，贾庆林说："我们政协一行特地上大庆来学习，特别是学习大庆精神、铁人精神。"贾庆林殷切希望大家在英雄的钻井队再创出新的业绩。贾庆林在大庆油田视察时，还接见了大庆石化企业负责人。

2012年7月28日，中共中央政治局常委、全国政协主席贾庆林到大庆油田创业城工程施工现场考察。中共黑龙江省委书记吉炳轩、海协会会长陈云林、国务院侨办主任李海峰、中国石油天然气集团有限公司总经理、党组成员周吉平，大庆市委、市政府以及大庆油田有关负责同志陪同考察。这是继2003年后，贾庆林第二次大庆之行。

16时10分，贾庆林一行抵达创业城规划展示厅。刚一下车，贾庆林就对等候在规划展示厅门口的大庆油田房地产开发有限责任公司员工代表说"大庆的建设者们，你们好"，并与他们一一握手。

走进规划展示厅，贾庆林与15名老会战代表亲切握手，他说："一看到你们，我就想起'宁肯少活20年，拼命也要拿下大油田''把贫油帽子甩到太平洋里去'，一直到后来的'三老四严'都是你们创造的。"

贾庆林对老会战代表说："大庆油田有今天这样的发展，不能忘记你们的功绩，不能忘记你们做出的贡献。当年你们付出了辛苦和汗水，涌现出了一批优秀代表，从铁人王进喜、'新时期铁人'王启民到'大庆新铁人'李新民，为国家经济发展做出了贡献，党永远不会忘记大家，政府永远不会忘记大家。"

随后，贾庆林与老会战代表一同观看介绍创业城的短片。

短片着重展示：2011年，黑龙江省委省政府、中国石油天然气集团有限公司党组和中国石油天然气集团有限公司，从构建社会主义和谐社会的政治高度做出重大决策——建设创业城。创业城工程总占地面积达441.8万平方米，总建筑面积439.5万平方米。建成之后的创业城，将成为大庆一座地标之城。

"头上青天一顶，脚下荒原一片"早已成为遥远的过去，当时的大庆油田，无论是员工生活条件，还是矿区环境建设，都发生了翻天覆地的变化，随着以创业城为代表的一批重点民生工程的建设和投入使用，油城正在变得更加美丽。

看罢短片，贾庆林起身再次与老会战代表握手。老会战代表纷纷表示："当年住地窨子，后来住上了楼房，现在老了老了，还有机会住上这样的房子，简直像做梦一样！从中央到集团公司以及省市领导都这么关心，用最好的材料、最好的施工队伍，为我们建造优质安居房，我们真是感激不尽。"贾庆林握着一名老会战代表的手,对大庆油田的负责人说:"要让每一名老会战都能住进这样的房子!"

在创业城沙盘前,贾庆林了解了创业城工程的规划、设计、施工等方面情况。楼房高低错落,道路宽阔平坦,景观精致华美……经过一年多的建设,创业城优美气派的整体布局基本成型。贾庆林一行步行前往样板间参观。参观后,贾庆林对创业城的规划设计和建设质量都给予高度评价。

在小区绿地的喷泉旁,周吉平介绍说:"世界上没有任何一个石油公司给员工建这样的房子,两万多户都是给1964年以前到大庆油田工作的老同志住,我们就是要舍得给员工建房子,这是咱们的文化!"

贾庆林听后十分高兴,他说:"你们赋予了创业城更重要的政治意义。中石油、大庆油田、大庆市,要共同把好事办好,要着眼长远,把后续工作做好,把创业城建设好,做好后期的管理工作,管理是长期的事,一定要落到实处。"当得知大庆油田已经着手安排创业城的后续管理工作时,贾庆林连连点头,并对创业城工程的建设寄予了更高的期望。

考察期间,贾庆林还深入沃尔沃乘用车制造基地、新华(大庆)国际石油资讯中心、龙凤湿地和黎明湖畔等地调研。

陪同考察的还有全国政协经济委员会主任张左己、全国政协社会和法制委员会副主任王巨禄、全国政协副秘书长全广成以及省领导杜宇新、杨东奇、孙永波等。

(二十七)曾庆红三次视察大庆油田

1990年2月25日至27日,中央办公厅副主任曾庆红陪同中共中央总书记、中央军委主席江泽民视察大庆油田。

2000年8月24日至25日,中共中央政治局候补委员、书记处书记、中央组织部部长曾庆红随同江泽民视察大庆油田。

2005年3月21日,中共中央政治局常委、国家副主席曾庆红视察大庆油田。

曾庆红先后参观铁人王进喜纪念馆,视察大庆市福利家园。视察中,曾庆红得知大庆油田正在实施"持续有效发展,创建百年油田"战略时,高兴地说:"百年油田这个提法很好,百年那就是2060年,那个时候我们国家就全面建成小康社会了。在这个历史进程中,大庆还要继续做出大的贡献。"参观铁人纪念馆后,曾庆红在王进喜手握刹把的巨幅雕像前,接见了油田劳模代表。

与劳模代表合影后,曾庆红作重要讲话。

(二十八)黄菊视察大庆油田

2003年10月23日至24日,中共中央政治局常委、国务院副总理黄菊视察大庆油田。

黄菊视察了1205钻井队作业现场以及大庆石化公司展览中心、化工一厂乙烯装置中心主控室和塑料厂包装车间。在1205钻井队作业现场,黄菊亲切看望了一线的工人们。黄菊登上高高的钻塔,认真查看、询问工人们的作业情况,赞扬说:"大庆是我国工人阶级的一面旗帜,大庆精神是时代精神的体现,铁人王进喜、新时期铁人王启民和1205钻井队,是我们全国工人阶级学习的楷模,希望你们保持自力更生、艰苦奋斗精神,为大庆的二次创业、为中国的石油工业、为东北老工业基地的振兴,做出新的贡献。"

(二十九)吴官正视察大庆油田

2003年5月4日,中共中央政治局常委、中纪委书记吴官正视察大庆油田。

吴官正在黑龙江省委书记宋法棠、副书记杨光洪、秘书长张秋阳，油田公司党委书记孙淑光、常务副总经理王玉普等陪同下参观石油技术博物馆、铁人王进喜纪念馆，视察了1205钻井队。在1205钻井队，吴官正指出：要按照中央要求，全面贯彻"三个代表"重要思想，一手抓防治"非典"，一手抓经济建设这个中心不动摇，努力保持国民经济持续快速健康发展的好势头。纪检监察机关要在防治"非典"和经济建设中充分发挥作用，协助党委加强监督检查，确保中央的政令畅通。

在大庆期间，吴官正还看望了市纪委干部职工并作重要讲话。

（三十）李长春三次视察大庆油田

2001年8月9日，中共中央政治局委员李长春视察大庆油田，参观铁人纪念馆时题词："继承和发扬铁人精神，为社会主义现代化再造辉煌。"

2003年10月5日，正在黑龙江省考察的中共中央政治局常委李长春，受胡锦涛总书记的委托，在铁人王进喜诞辰80周年之际，专程到王进喜曾经工作过的大庆1205钻井队，代表党中央、国务院，亲切慰问国庆期间奋战在一线的石油工人，高度赞扬大庆石油工人为共和国建设发展做出的巨大贡献，鼓励大家继续发扬"铁人精神"，赋予"铁人精神"以新的时代内涵，在全面建设小康社会的征程中再立新功。

2008年7月22日，中共中央政治局常委李长春在黑龙江省委书记吉炳轩陪同下第二次视察大庆油田。

下午14时，李长春来到铁人王进喜纪念馆参观。在纪念馆前厅，李长春听取了讲解员对铁人王进喜的英雄事迹介绍。在铁人来大庆打的第一口油井——萨55井模型前，得知这是目前大庆油田唯一仍能自喷的油井，李长春连声说"好"。在观看铁人王进喜用身体搅拌泥浆的短片后，李长春对铁人王进喜为油拼搏、为国奉献的精神给予高度赞扬。在铁人"五讲"手迹实物展柜前，李长春俯下身子一字一句仔细阅读，然后说："铁人讲得非常好。"在展馆尾厅，李长春浏览了网上铁人纪念馆的有关内容，随后为铁人纪念馆题词："铁人精神，彪炳史册。"

参观过程中，李长春说："铁人精神充分体现了创业、创新、爱国、奉献的崇高精神，是大庆石油工人在社会主义建设时期创造的宝贵精神财富，是以爱国主义为核心的民族精神和以改革创新为核心的时代精神的重要组成部分，是社会主义核心价值体系的重要体现。在改革开放的新形势下，要大力弘扬铁人精神，并不断赋予新的时代内涵，使之成为促进经济社会发展的强大精神动力。"

15时50分，李长春来到大庆油田聚南Ⅰ配制站，并与员工一一握手。随后在化验室，李长春听取了大庆油田有限责任公司总经理王玉普以及有关人员关于聚合物配制、注入工艺及其提高采收率情况的汇报。李长春说："大庆油田经过注水、注聚后，面临的困难越来越大。但是，当前随着我国全面建设小康社会的进程加快，石油供需紧张的矛盾日益突出，能源安全已经成为制约经济社会发展的瓶颈问题。大庆油田作为目前我国最大的石油生产基地，必须勇挑重担，为国分忧。"在听到大庆油田即将推广表活剂——聚合物和碱的驱油技术后，李长春关切地问道："采取这些技术后，采收率能不能提高10个百分点？"得到肯定的回答后，李长春高兴地说："国家现在需要石油，与国外油田相比，大庆油田的情况更为复杂，无论是地下还是地上，大庆油田还要继续努力，用新技术、新方法多找油、多驱油，争取持续稳产。"来到配制站主控室，李长春听取当班员工介绍配制流程后，向其详细询问专业提升、岗位培训、技术训练等问题，鼓励他们继续立足岗位，勤奋进取，为油田发展建设多做贡献。聚南Ⅰ配制站的员工激动地说："在大庆油田全面推进原油4000万吨持续稳产的关键时刻，中央领导来看望我们，我们感到无比荣幸。我们有决心、有信心在今后的工作中立足本职岗位，继承和发扬大庆精神、铁人精神，用高科技打好新会战，为祖国加油。"李长春高兴地说："你们给祖国加油，我给你们加油。"随后李长春与全体员工合影留念。

此行，李长春还视察了让胡路区乘风街道东湖第五社区文化建设工作。

（三十一）罗干视察大庆油田

1988年3月27日，中共中央候补委员、中华全国总工会副主席罗干（2002年当选第十六届中共中央政治局常委）在黑龙江省总工会主席陈有义等陪同下视察大庆。罗干到石油化工总厂检查指导工作，听取了厂领导工作情况汇报，会见了总厂各单位工会干部，并与其合影留念。罗干说："工会组织的基层工作做好了，工会的影响和作用在企业管理中就会大，工会在工人心中威信就会越来越高，工作就会越做越活，希望大家一同努力，做好这件事。"罗干还参观了炼油厂、化肥厂、乙烯工程模型室、化工厂、塑料厂、生活住宅区。

（三十二）李克强视察大庆油田

2009年8月7日，中共中央政治局常委、国务院副总理李克强视察大庆油田。大庆油田有限责任公司总经理、大庆石油管理局局长王玉普，大庆油田有限责任公司副总经理、大庆石油管理局副局长、大庆钻探工程公司总经理钟启刚等陪同。

8月7日14时38分，李克强来到1205钻井队作业现场，听取队伍基本情况汇报后，进入井场与在场的1205钻井队员工一一握手。李克强健步登上钻塔操作台，仔细察看正在运转的钻机。在司钻操作房，李克强向有关人员详细了解井队设备状况及施工进展情况。当得知GW1205钻井队2008年在苏丹连续施工10口水平井，并被授予当地唯一一个"钻井杯"时，李克强十分高兴。王玉普说："现在打井像卫星定位一样，想打到哪里就能打到哪里。"李克强问："水平段打2000米怎么样？"王玉普回答："没有问题，目前陆上钻井我们的技术是最先进的。"李克强问："油田采收率是多少？"王玉普回答："现在是50%多，争取达到60%。"得知大庆油田力争实现原油4000万吨持续稳产到2017年时，李克强说："感谢你们为国家做出的贡献。"

走下钻台，参观完压风机房，李克强来到大班宿舍，与员工亲切交谈，询问钻工野外作业时的生活情况。王玉普向李克强简要介绍了员工的生活状况。看到被子叠得很整齐，李克强赞许地说："管理得像部队一样，大庆的管理还是有传统的，干干净净，整整齐齐。"随后，李克强在井场与1205钻井队全体员工合影留念，并讲了话。李克强指出："1205钻井队是铁人王进喜带过的队伍，不只是中石油的标杆，也是整个石油战线的标杆,多年来为国家做出了突出贡献。大庆油田产量全国第一,对国家的贡献也最大。现在油田的采收率突破50%,在全国乃至全世界的陆上油田中也是比较先进的。1205钻井队不仅在国内干得好,在国外也创出了好成绩,向你们表示祝贺!冬天你们抗严寒,夏天要顶酷暑,工作条件还是很艰苦的,但条件在不断改善。希望大家注意生产安全、人身安全。祝大家家庭幸福,身体健康!"李克强强调,大庆油田是我国石油工业的主力,累计生产原油突破20亿吨,上缴利税1.7万亿元,摘掉了中国贫油的帽子,创造了中国石油工业新的历史,为国家做出了巨大贡献。李克强希望,大庆油田广大干部员工继续弘扬"爱国、创业、求实、奉献"的大庆精神和铁人精神,在振兴老工业基地的实践中取得新成就,实现新跨越,做出新贡献。

1205钻井队队长胡志强代表全队员工表态:一定高扬旗帜,传承铁人精神,以实际行动为铁人队旗增光添彩,用一流业绩为祖国建设加油。

(1991年5月15日,时任团中央书记处书记李克强曾首次考察大庆石油管理局钻井二公司,并指导工作。)

(三十三)贺国强视察大庆油田

2006年9月5日至8日,中共中央政治局委员、中央书记处书记、中央组织部部长贺国强(2007年当选第十七届中共中央政治局常委)在黑龙江省就国有企业领导班子建设工作进行调研。

9月5日,贺国强考察了大庆油田,参观了铁人王进喜纪念馆,看望了劳动模范和石油工人。在大庆召开的国有企业"四好"班子建设工作座谈会上,贺国强指出:"要坚持用邓小平理论、'三个代表'重要思想和科学发展观武装国有企业领导人员的头脑,不断提高国有企业领导人员的思想政治素质。当前,尤其要组织广大干部职工认真学好《江泽民文选》,并与学习科学发展观等重大战略思想紧密结合起来。要进一步优化领导班子结构,发挥好领导班子的整体功能,不断提高领导班子决策的科学化、民主化水平。要大力加强领导班子的能力建设,切实提高坚持科学发展的能力、战略决策和经营管理的能力、带领企业自主创新和参与市场竞争的能力、应对复杂局面和处理各种矛盾的能力。要进一步加强和改进作风建设,树立国有企业领导班子和领导人员的良好形象。在创建'四好'班子活动中,要坚持注重实效,及时总结新鲜经验,建立完善相关制度,营造良好的舆论氛围,进一步推动创建活动的深入开展。"贺国强强调:"要毫不动摇地坚持党对国有企业的政治领导,坚持在党的领导下推进国有企业的改革发展,确保国有企业的社会主义方向,始终牢记国家利益至上,努力把国有企业做强做大,进一步增强党执政的阶级基础和物质基础。要充分发挥国有企业党组织的政治核心作用,无论企业投资主体、资产结构、经营方式发生什么变化,党组织的政治核心作用决不能改变。与此同时,积极探索发挥政治核心作用的途径和方式方法。要紧紧围绕企业的生产经营开展党的工作,继续推进'双向进入、交叉任职',发挥党组织参与重大问题决策的作用。要坚持党管干部的原则,认真做好制定用人标准、酝酿推荐人选、组织协调考察、规范任免程序、强化教育培养、加强监督管理等方面工作。要坚持全心全意依靠工人阶级的方针,充分保证职工群众的主人翁地位,尊重和维护职工民主管理、民主监督的权利,紧紧依靠职工群众搞好国有企业,切实做好关心职工尤其是困难职工生活的工作。要巩固和拓展先进性教育活动的好经验好做法,贯彻落实中央下发的《关于加强党员经常性教育的意见》等4个长效机制文件,建立健全国有企业党员'长期受教育,永葆先进性'的长效机制,使国有企业党的建设和领导班子建设再上新台阶。"贺国强还考察了大庆市的城市建设情况。

(三十四)张德江两次视察大庆油田

2007年12月29日,中共中央政治局委员张德江(2012年当选第十八届中共中央政治局常委)视察大庆,在黑龙江省委书记钱运录等陪同下参观铁人纪念馆。

在近40分钟的参观过程中,张德江认真听取讲解员的讲解,仔细观看印证历史的照片、文献、文物及场景,被以铁人王进喜为代表的会战队伍的冲天干劲和为油拼搏的精神所感动。在复原场景"牛棚指挥所"里,大庆石油管理局局长曾玉康向张德江介绍了会战时期的艰苦条件。看到铁人用带伤的身体搅拌泥浆制服井喷的场景,张德江不住地点头,发出感叹。在第七部分《精神永存》处,曾玉康向张德江详细介绍了大庆油田开发建设40多年来取得的成绩。参观结束后,张德江对大庆油田为国家经济建设所做出的贡献给予充分肯定。

2009年9月21日至22日,中共中央政治局委员、国务院副总理张德江第二次视察大庆。

9月21日,张德江出席大庆石油科技馆落成暨开馆仪式,并启动按钮,为大庆石油科技馆揭牌。仪式结束后,张德江等领导参观了大庆石油科技馆。21日晚,张德江观看了由大庆市委、市政府、大庆油田有限责任公司共同主办的《辉煌大庆》文艺晚会。

9月22日,张德江在大庆油田发现50周年庆祝大会上宣读国务院贺电。贺电充分肯定50年来大庆油田为保障国家能源安全、促进国民经济和社会发展做出的突出贡献。贺电指出,大庆油田开发建设的辉煌历程,谱写了我国产业工人和科技工作者自力更生、艰苦奋斗的壮丽诗篇,再次向世人证明,中国人民有志气、有信心、有能力不断创造非凡的业绩,不断铸就社会主义现代化建设的新丰碑。希望大庆油田全体干部职工,以邓小平理论和"三个代表"重要思想为指导,深入贯彻落实科学发展观,继续发扬大庆精神、铁人精神,着力转变发展方式,着力推进自主创新,深挖开采潜力,保持油田高产稳产,努力创建百年油田,为我国石油工业发展做出新的更大贡献!

(三十五)刘云山视察大庆油田

2009年6月8日,中共中央政治局委员、中央书记处书记、中宣部部长刘云山(2012年当选第十八届中共中央政治局常委)到大庆油田考察调研。刘云山强调:"今年是大庆油田发现50周年,也是建国60周年。从中央到地方要把对大庆油田的宣传报道作为庆祝建国60周年活动的重要组成部分,集中精力做好舆论宣传工作,向社会各界充分展示大庆油田和广大石油员工的时代风采和精神面貌。"

6月8日8时30分,刘云山在黑龙江省委书记吉炳轩,大庆市委、市政府及大庆油田有关负责同志的陪同下,来到大庆油田中十六联合站,听取中十六联合站党支部书记王雪莹关于基层建设情况的汇报。刘云山仔细询问大庆油田开发建设有关情况。在培训室内，看到岗位工人用仿宋字填写的报表和记录，刘云山由衷地说："员工的基本功太过硬了。"看到团支部自办的团报时，刘云山说："你们基层站队能把团报办成这样，工作做得真细。"在党员活动室，刘云山听取党支部建设、党员管理、思想政治工作等情况汇报，详细翻看党支部以照片形式留存的活动记录后，高兴地说："你们把员工的思想工作做得太到位了。"

9时20分，刘云山来到铁人王进喜纪念馆。当讲解员介绍到正门台阶共47级时，刘云山说："铁人是47岁时逝世的。"在会战诗抄处，刘云山认真看了诗抄内容，说："这些诗写得很好。"看到铁人学习的手迹，刘云山说："铁人很爱学习，一个工人学习'两论'，就能提出'这矛盾那矛盾国家缺油是最大的矛盾'，不容易。"听到讲解员介绍铁人王进喜纪念馆自2006年起一直免费开放，开馆至今观众流量已经超过100万人次，刘云山表示赞赏。

刘云山说："今年是大庆油田发现50周年，要加大对大庆的宣传力度，弘扬大庆精神、铁人精神。黑龙江省要超前开展对大庆油田的系列宣传报道，及早筹划，积极营造浓厚的舆论氛围。在大庆油田发现50周年纪念大会召开前夕，中央主要新闻媒体要组织最强阵容，集中对大庆油田进行大规模的深度宣传报道，尤其要做好中十六联等先进基层站队的典型宣传，在全国范围内进一步掀起弘扬大庆精神、铁人精神的新高潮，向社会各界充分展示大庆油田和广大石油员工的时代风采和精神风貌。"

（三十六）王岐山视察大庆油田

2009年5月18日上午11时，中共中央政治局委员、国务院副总理王岐山（2012年当选第十八届中共中央政治局常委）出席在黑龙江省漠河县兴安镇举行的中俄原油管道工程中国境内段开工仪式并致辞。

王岐山首先转达温家宝总理对中俄原油管道工程开工的祝贺和对广大建设者的亲切慰问。王岐山说："中俄原油管道工程的开工建设，是两国领导人亲自关心并直接推动的重大合作成果，是实施中俄关于修建中俄原油管道、长期原油贸易、贷款等一揽子合作项目协调的重要内容，标志着中俄能源全面长期合作迈出了实质性步伐。能源合作是中俄战略协作伙伴关系的重要内容。这一工程的如期建成，必将会成为连接中俄两国人民友好合作的桥梁和纽带，推动中俄两国关系迈上新台阶。"

王岐山强调："中俄原油管道工程施工难度大、安全环保要求高，工期紧、任务重。各有关部门和全体参建干部员工要高度重视，科学组织，密切合作，精心施工，努力实现安全、质量、功能、工期、成本五统一。同时，要统筹中俄双方工程建设进度，加强相互协调，保证工程项目有序快速推进，确保2010年底建成投产。"

中俄原油管道起自俄罗斯远东管道斯科沃罗季诺分输站，穿越中俄边境，途经黑龙江省和内蒙古自治区13个县、市、区，止于大庆油田南三油库，全长1030千米，设计年输油量1500万吨。开工仪式由国家发展改革委副主任、国家能源局局长张国宝主持。在开工仪式上，大庆油田有限责任公司总经理、大庆石油管理局局长王玉普代表工程设计、施工单位发言。最后，王岐山宣布工程开工，施工现场打火开焊。

（三十七）栗战书多次视察大庆油田

2007年7月至2010年1月，黑龙江省委副书记、常委副省长、省长栗战书，曾五次来大庆考察、调研、慰问或参加会议。

2009年9月21日至22日，栗战书来大庆接待出席油田发现50周年庆典的习近平等党和国家领导人，出席并主持大庆油田发现50周年庆祝大会。

2017年栗战书当选第十九届中共中央政治局常委，2018年担任第十三届全国人大常委会委员长。

（三十八）汪洋视察大庆油田

2001年6月21日，国家发展计划委员会副主任汪洋来大庆油田视察，参观大庆石油技术博物馆和第一采油厂中十六联合站，对大庆油田为国家做出贡献表示肯定，并称赞大庆油田无愧于"共和国功臣"称号。

汪洋后任中共中央政治局委员、国务院副总理，2017年当选第十九届中央政治局常委，2018年担任第十三届全国政协主席。

（三十九）王沪宁两次视察大庆油田

2000年8月24至25日，中央政策研究室副主任王沪宁，随同江泽民总书记到大庆油田视察工作。

2009年6月26日，中共中央书记处书记、中央政策研究室主任王沪宁，随同胡锦涛总书记来大庆油田视察。

2017年，王沪宁当选第十九届中共中央政治局常委。

（四十）赵乐际视察大庆油田

2018年7月24日至27日，中共中央政治局常委、中央纪委书记赵乐际到黑龙江省调研时，专程到大庆油田考察。

赵乐际参观了铁人王进喜纪念馆，深入大庆油田1205钻井队、大庆石化炼油厂、哈电动装公司生产班组一线调研企业党建和纪检工作情况，勉励干部职工适应新时代要求，继承弘扬大庆精神、铁人精神、"三老四严"精神，为党分忧、为国争光，拼搏奉献、崇廉拒腐，不断创造新的业绩，为推动老工业基地振兴发展做出贡献。

赵乐际强调，要深入贯彻习近平新时代中国特色社会主义思想和党的十九大精神，贯彻落实习近平总书记关于巡视工作重要思想，深化政治巡视，抓实巡视整改，认真做好巡视"后半篇文章"，充分彰显巡视监督严肃性和公信力，为统筹推进"五位一体"总体布局、协调推进"四个全面"战略布局提供坚强保障。

在抚远市团结村，赵乐际走进村民家中，详细询问他们脱贫致富、看病、社保、子女上学就业等情况。村民普遍反映，党的扶贫政策好，各级党员干部帮扶有力，大家日子一年比一年红火。在黑龙江省纪委监委和大庆市、抚远市纪委监委机关，赵乐际亲切看望纪检监察干部，他说："我们党的根本宗旨是全心全意为人民服务，纪检监察、巡视巡察工作总的原则就是人民群众反对什么、痛恨什么，我们就坚决防范和纠正什么。"赵乐际强调，要把精准发现解决群众身边腐败和作风问题，作为市县巡察和纪委监委日常监督的聚焦点，特别是对扶贫领域腐败问题，教育、医疗、食品药品安全等民生领域腐败问题，以及涉黑"保护伞"问题，依规依纪依法严肃查处，让老百姓有更多获得感。

赵乐际主持召开巡视整改落实工作座谈会，他指出："抓好巡视整改，是对"四个意识"的直接检验，巡视整改不落实，就是对党不忠诚。要学懂弄通做实习近平总书记关于巡视工作重要思想，提高政治站位，强化政治担当，把巡视工作作为坚决维护习近平总书记核心地位、坚决维护党中央权威和集中统一领导的重大举措，把巡视整改作为贯彻党中央部署要求、推动整体工作的有力抓手。要认真落实党委（党组）巡视整改主体责任，制订整改方案，明确整改要求。要抓住主要矛盾，创新思路举措，发扬钉钉子精神，一个问题一个问题整改解决。要深化成果运用，推动改革、完善制度，发挥巡视标本兼治战略作用。"

重要会议

（一）大庆区成立大会

1959年11月8日，召开大庆区成立大会。11月7日，黑龙江省委第一书记欧阳钦和李范五、强晓初、李剑白、陈剑飞等省党政领导，以及省直物资、商业、交通有关厅、局领导30多人，从哈尔滨出发，到松基三井视察并参加大庆地区成立大会。途中，欧阳钦对李剑白说："松基三井喷油为国庆十周年大庆献了厚礼，建国十周年是全国的大庆，我们就把大同的同字，改成个庆字，就叫大庆！这个油田也不能叫大同油田啊，因为，现山西省已有个煤城大同市，现在大同是镇，将来改为大庆区，对支援松辽石油建设更有利。"李剑白对欧阳钦书记的提议非常赞同。在大庆区成立大会上，欧阳钦向参加会议的省直机关、松辽石油勘探局的领导和机关干部，以及32118钻井队的职工讲了话。经黑龙江省委组织部批准，中共大庆区委由肇州县委书记魏忠才兼任第一书记，何英华任第二书记，孙茂山任副书记兼区长，张广权任副书记。区委、区政府的干部由肇州县委选派。大庆区管辖10个公社。大庆区委、区政府建立前后，遵照省委指示，为石油勘探做了一些服务性的工作。扩建了从大同镇至安达县的一条60千米长的公路，路宽由8米扩建为10米，路面由土石改为沙石面，对当时石油勘探起了积极的作用；组织民工在大同镇的西门外，为石油工人建筑了几十栋土坯房和砖房，使石油工人住上了暖房；在大同镇西街路北抢建两栋砖瓦结构的招待所。

（二）华侨大厦会议

建国初期，石油产品产量只能满足国家需要的25%。到1957年，全国天然石油产量仅为147万吨，几乎与人造油平分秋色。为此，甚至出现主张放弃劳民伤财的石油天然气勘探开发，集中注意力发展人造油的舆论。石油工业部作为国家一五期间唯一未完成指标的部门，面临巨大的压力和挑战。

1958年2月，主管石油工业的中共中央总书记、国务院副总理邓小平在听取石油工业部关于石油勘探开发情况的回报后，指出："中国这样大的国家，当然要靠天然油。"这从战略上为中国石油工业的发展指明了方向。接着，邓小平进一步指出，石油勘探工作应当从战略上考虑问题。在第二个五年计划期间，东北地区能够找出油来就很好。首要的问题是选准突破方向，不要十个指头一样平。邓小平的指示，促成石油勘探战略东移。

1959年9月26日，松基三井喷出工业油流，东北松辽平原发现具有巨大勘探开发潜力的大庆油田，石油工业迎来绝处逢生的绝佳契机。然而，适逢大跃进年代，工业"以钢为纲"，全民炼钢正如火如荼，石油工业何去何从,牵动着无数敏感的神经。

1959年11月26日,石油工业部党组在北京华侨大厦召开厂矿领导干部会议(又称华侨大厦会议)。会议的主要议题是,总结石油工业发展中正反两个方面的经验教训,全面分析石油工业面临的新形势,统一思想,统一认识,确定1960年的工作部署。

当时正值党的八届八中全会(庐山会议)之后,国内开始对大跃进、大炼钢铁、大办人民公社持不同意见的人展开批判,反对右倾机会主义的政治运动已波及石油系统新疆、玉门、兰州炼油厂等单位,部分局(厂)长受到牵连,背负着巨大压力。

会议第一阶段,主要讨论石油工业面临的形势和任务,特别是1958年四川石油会战以来的经验教训。会议气氛十分热烈,大家从不同方面总结了一些新经验。余秋里(石油工业部部长、党组书记)代表部党组总结了观大局、看主流、辨方向、依靠群众、走群众路线,组织全面有效的大协作等五个方面的经验。随着讨论的深入,有的局、厂长对石油工业部在举国大炼钢铁的形势下提出"又让又上"和集中力量保重点等方针表示质疑,一些人言辞比较激烈,甚至指名道姓地提出批评,气氛十分紧张,有些问题甚至反映到中央工委。讨论焦点是,大敌当前石油工业要不要上和怎样上?一种是"只让不上"论,即工业"以钢为纲",石油工业理应为钢让路,能干多少算多少,无须强增投资、大干快上。另一种是"又让又上"论,即在国家统一计划下,摆正石油工业在国民经济中的地位,自觉为国民经济重点项目让路,但同时发挥主观能动性,合理使用国家按计划拨付的财物,努力挖掘潜力发展自己,完成或超额完成国家计划指标,尽量多找油气储量,增加油气产量。两种观点集中反映在如何对待大炼钢铁的问题上,前者主张与其他系统一样兴师动众,宁废主业也要参与大炼钢铁,不惜代价讲政治;后者主张既拥护大炼钢铁,并力争炼出好钢好铁的同时,又主张分清主次,突出主业。此前,大炼钢铁最积极的是新疆石油管理局,该局兴师动众,荒废主业,甚至将进口钢管回炉炼钢,造成很大浪费,被石油工业部及时发现并制止。为此,石油工业部党组还专门做出决定,石油厂矿炼钢铁要坚持两条原则:一要保证质量,一定要炼出能用的好钢好铁;二是炼钢铁不能影响主业,主要任务是搞油。但新疆石油管理局及其有关部门负责人固执己见,认为石油工业部领导消极应对大炼钢铁,只知抓油,思想"右倾"。

通过整整40天的讨论,与会者最终统一了认识:向钢铁厂等企业提供足够的油气资源,就是对大炼钢铁的直接支持;把石油工业搞上去,就是对国民经济建设的最大贡献。同时,通过会上会下不同形式的交流沟通,以及大力宣传既顾全大局又坚持发展自己的"玉门风格",就集中力量保重点的问题也取得共识。大家逐步认识到,石油工业落后,底子薄弱,为尽快把石油工业搞上去,就必须在国家计划指导下,充分发掘自身优势,集中分散而有限的资源,用于保重点,实现跨越式发展。

最后,余秋里对会议进行总结。他指出,实践证明,集中使用力量绝不是一个暂时性的措施或一时之见,这是石油工业的行业特点和现实情况所决定的。第一,得承认石油工业落后,一穷二白,产量还少,很不适应国民经济发展的需要,必须争取高速度发展,尽快找到石油资源。第二，石油勘探工作的特点是，有的地方有油，有的地方没油，总得集中些力量在有可能有油的地方搞，选择有可能突破的方向。第三，石油工业底子薄、人员少、队伍小、技术力量薄弱，财力物力也少，如果不分轻重、主次，不抓住主要突击方向，平均使用这有限的人力、物力、财力，即使在次要的方面取得进展，甚至超额完成任务，也仍旧不能获得全局的、决定性的胜利；不可能较快解决我国石油资源情况不明、油品供应不足的被动局面。而只有在重点方面取得突破，取得决定性的胜利，即使在其他方面存在一些缺陷，就全局来说，仍然具有决定性意义。

这次会议的召开，为石油系统下一步集中优势力量，用打歼灭战的办法，在松辽平原开展一场声势浩大的石油大会战奠定坚实的思想基础。

（三）石油大会战筹备会议

1960年2月20日，党中央批准石油工业部党组《关于东北松辽地区石油勘探情况和今后工作部署问题的报告》，一场声势浩大的石油大会战即将在松辽地区展开。为了搞好这次石油大会战，2月下旬到3月下旬，石油工业部先后两次在哈尔滨召开筹备会议，对大会战的各项工作进行安排部署。

第一次筹备会议于2月21日至3月3日召开，石油工业部部长余秋里因出席中央召开的会议未能出席，会议由石油工业部副部长康世恩主持。

在此次筹备会议召开前，已于2月13日在哈尔滨召开石油系统电话会议，向各石油局、厂、院、校通报松辽石油勘探的大好形势，表达石油工业部党组进行松辽石油大会战的决心，宣传石油大会战的意义，要求各单位对广大石油职工做好参加会战的思想动员等工作。

2月21日，石油大会战的第一次筹备会议在哈尔滨召开。全国石油系统37个厂矿、院、校的主要领导干部全部到会，石油工业部各司局领导出席会议。

会议首先传达党中央批准松辽石油大会战的文件精神。康世恩在会上宣布大会战的指导思想、工作方法和主要任务，以及37个石油系统的厂矿、院、校由其主要领导干部带队，组织精兵强将，并自带设备，按规定时间到达大庆，参加松辽石油大会战的决定，还对石油大会战的各项具体工作进行安排和部署。特别是对队伍组织、人员集结提出具体要求。一是"拔萝卜"，点名抽调一些标杆钻井队；二是"割韭菜"，把原来的队伍成建制调来；三是"切西瓜"，把原来的队伍一分为二，调来一半留下一半。所有队伍3月15日前赶赴现场。

会议决定，石油会战期间的组织领导工作，由石油工业部部长余秋里到一线主持，不再组织二级领导机构。宣布成立松辽石油会战领导小组，由康世恩担任组长，石油工业部地质勘探司司长唐克、部机关党委副书记吴星峰任副组长。成员有新疆石油管理局局长张文彬、玉门石油管理局局长焦力人、松辽石油勘探局局长李荆和、石油工业部科学研究院院长张俊、北京石油学院院长阎子元、石油工业部基建司司长张仁、石油工业部供应局副局长宗世鉴、石油工业部第一工程局局长陈李中、川中矿务局副局长李镇靖等。

在会议开幕式上，康世恩向与会人员介绍松辽平原大庆地区的勘探情况。他指出：

"从 1959 年 4 月到现在不过 10 个月的时间，就找到了 400 平方千米的储油面积，从上年 9 月第一口井出油算起，到现在仅仅 4 个月时间，这样的发展速度在世界上也是最快的。这次会战，就要做到处处革命、人人革命、事事革命、技术革命，这是这次大会战的灵魂，没有这条红线，这个会战就会冷冷清清、凄凄惨惨。要树雄心、立大志，做到用最快的速度，达到最高的水平。在速度上要搞几个世界第一，而且创出一个高水平。"

根据石油工业部党组给中央的报告中提出的工作部署，会议确定会战的三项任务。一是在 26 万平方千米的面积上甩开勘探，争取打 200 口左右的探井，迅速探明油田面积，找到 10 亿吨的可采储量。二是选择已经探明的有利地区打出 200 口左右的生产试验井，进行油田开采试验，实行先注水、后采油，采收率要达到 60%，全部油井要求前 3 年不递减，后 5 年递减率不超过 5%—6%，当年生产原油 50 万吨，年底达到日产 4000 吨的水平和年产 150 万吨的生产能力。三是在大庆长垣以外的附近地区，进一步开展地震勘探，完成地震测线 4 万千米，选择有利构造进行钻探，争取再找到一些新的油田。

为了高速度、高水平探明大庆长垣地下情况，早日拿下大油田，会议决定划分 5 个战区：葡萄花地区，由松辽石油勘探局包打；太平屯地区，由玉门石油管理局包打；杏树岗地区，由四川石油管理局包打；萨尔图地区，由新疆石油管理局包打；高台子地区，由青海石油管理局包打。会战重点在大庆长垣南部的大同镇地区。3 月 3 日，会议结束时，康世恩号召大家，掀起一个声势浩大的技术革新和技术革命运动，迎接大会战的到来。

黑龙江省委、省政府领导陈剑飞和陈雷参加此次会议。会议结束后，他们向省委作了汇报。为了支援松辽石油会战，加快全省石油勘探开发工作，省委立即作出关于加强开发石油资源，发展石油工业的决议，确立"全力以赴，全力支援"的方针。要求全省各地区、各部门都要以积极的态度，主动从各个方面大力支援油田开发工作。黑龙江省委专门成立支援石油开发工作领导小组，具体领导支援油田开发工作。省委常务书记强晓初担任领导小组组长，陈雷任副组长。当时，国家正处于经济困难时期，财力、物力都很紧张，但是全省人民千方百计地克服一切困难，从各个方面积极支援油田的勘探和开发。

石油大会战的第二次筹备会议于 1960 年 3 月 25 日至 27 日在哈尔滨市召开，石油工业部党组书记、部长余秋里，副部长康世恩以及石油会战领导小组成员和石油企业相关单位负责人出席会议。会上，唐克作了关于 4 月份工作安排的报告。工作方针是：全面完成会战准备工作，集中力量拿下萨尔图油田，打响第一炮，迎接大会战。主要任务是：继续调动队伍，调整就位，大抓钻机安装和探井开钻。为此，根据勘探工作发展形势，会议决定重新调整勘探队伍，把原来的 5 个探区合并为 3 个探区。第一探区，由松辽石油勘探局人员组成，负责长垣南部葡萄花、太平屯和敖包塔油田以及大庆长垣外围升平等地区的勘探。第二探区，由四川、青海石油管理局参加会战的人员组成，负责杏树岗油田及龙虎泡构造的勘探。第三探区，由新疆、玉门石油管理局参加会战的人员组成，负责萨尔图、喇嘛甸油田及林甸等地区的勘探。以上 3 个探区 4 月 1 日正式成立。

在此次筹备会上，宣布了石油工业部党组的决定：在部党组领导下，由石油工业部机关党委组成会战期间党的办事机构，余秋里兼任书记，吴星峰、雷震（后又增补宋惠）任副书记。在会战领导小组领导下，由石油工业部机关参加会战的干部和松辽石油勘探局机关干部，组成石油大会战领导机关，办公地点在安达。

会议结束时，康世恩讲话，他指出："对这个油田，党中央和毛主席都很重视，希望我们用最短的时间、最快的速度把它拿下来，生产大量的石油，满足国家的需要。搞大会战，就是要集中精兵强将，在几个月的时间内，探明这块油田。毛主席很关心我们这次大会战，所以全国都支援我们，现在已经成了一件国家大事。我们每个同志都是建设社会主义的积极分子，都是听党和毛主席话的，对党的号召，是不遗余力、全力以赴的。现在我们肩负着党和毛主席亲手交给的重大任务，这是多么光荣、多么高兴！每个同志都要鼓足冲天干劲，完成这个庄严的、伟大的光荣任务。把这个仗打漂亮，用我们的实际成绩，来回答毛主席对我们的关怀。"康世恩还勉励大家："这一仗打胜了，石油工业的落后帽子就甩到松花江，远远流到太平洋里去了，这将是石油工业的大翻身。余部长指示我们，这个仗只准上，不准下，只准前进，不准后退。所以大家要咬紧牙关，就是天大的困难也要挺上去。"

会后，余秋里和康世恩于当月底来到会战指挥机关临时驻地安达县城，在财政局的一栋二层楼办公。到4月上旬，石油工业部机关党委、各司局参加会战的干部和原驻吉林省长春市的松辽石油勘探局机关先后搬到安达。4月8日，会战领导机关正式办公。4月10日，石油工业部机关党委发出通知，通报机关党委组织机构负责人：组织部长雷震，宣传部长薛仁宗，机关团委负责人卢振刚，机关工会主席张兆美，具体负责人徐洛德。当年10月21日，石油会战领导机关由安达迁到萨尔图"二号院"。

（四）万人誓师大会

1960年4月29日，石油大会战誓师大会召开（见图4-1），后人因此理所当然地把这一天视为会战揭幕日。其实，石油会战并非始于这一天。早在一个多月前的3月中旬，来自各石油局的会战队伍陆续抵达大庆指定区域，马不停蹄地找到事先设计好的井位，支起井架就轰轰烈烈地干起来。因为党中央批准松辽会战之后，石油工业部党组连续召开会议，就会战地点、规模以及指导思想等，向各局、厂、矿负责人交代得清清楚楚。况且，经过反复动员，大家在松辽平原大干一场的心情也十分迫切。于是，各路人马在各种装备尚未到位的情况下，土洋结合，各自为战，大张旗鼓地展开劳动竞赛。大庆地区南起敖包塔、太平屯，北至喇嘛甸，到处钻塔高耸，马达轰鸣，人声鼎沸，石油大会战的雄壮序曲已然奏响。

图4-1 石油大会战誓师大会召开现场

此时召开誓师大会，旨在检阅队伍，总结阶段性成果，进一步统一思想，激发队伍干劲，确保几万会战大军在高度集中统一指挥下，有计划、有步骤地向既定目标迈进。

誓师大会原定于5月1日举行，由张文彬（原新疆石油管理局局长、党委第二书记，时任会战领导小组成员）主持，第三探区负责筹备工作。第三探区书记李云和指挥宋振明亲自奔走选会址。综合考虑交通、饮食、用电、卫生方面的需要，会场定在萨尔图火车站附近当地人民公社晒谷场。后经拆除周边临时建筑、扩边、铲平、压实，最终形成南北长200米、东西宽100多米，足以容纳2万人的大广场。会议主席台就搭在操场北端，正中悬挂毛主席像，两边布置五星红旗，下方两侧依次分列数面红旗，主席台前檐上方是醒目的会标，左右两侧悬挂着条幅，分别是"高举毛泽东思想红旗，敢想敢说敢做，高速度高水平拿下大油田""沿着总路线的光辉道路，苦干实干巧干，多快好省地建设我国的石油工业"。主席台布置得庄严、朴素而大气。会场四周及通往会场的路两旁彩旗招展，与其相间的标语牌在阳光下交相辉映。三探区很快完成会议筹备工作，康世恩十分满意，他说："你们提前把会议筹备完，是不是让我也把会期提前啊？为了迎接'五一'劳动节，那就4月29日开会吧。"就这样，开会时间比原计划提前两天。

4月29日，天气晴朗，风和日丽，石油大会战誓师大会如期举行。远离萨尔图的太平屯、葡萄花和杏树岗探区的会议代表凌晨就动身，或乘火车，或坐汽车、拖拉机，提前赶赴会场。萨尔图附近的井队，则举着红旗徒步走到会场。与会人员除了各厂、矿、院、校的领导和代表之外，大多为各油田先进班组、模范人物，以及在前期会战中涌现出来的先进集体和个人，还有地方政府部门和人民解放军代表以及身着节日盛装，手持鲜花、彩旗的当地工人、民兵、商业职员、社员代表、学校教师与学生以及文艺工作者，总数12000多人。是时春寒料峭，到会的会战将士仍然身着冬装。

上午8时许，会场内已经群英汇集，彩旗飞舞，锣鼓喧天。

8时30分左右，石油工业部部长余秋里、副部长康世恩、部机关党委副书记吴星峰以及唐克、张文彬、李荆和等会战指挥部领导和中共黑龙江省委组织部副部长曲常川等分乘吉普车进入会场，并在主席台就座。8时40分左右，主持会议的张文彬点名请各路代表到主席台就座。此时，台上摆满了各探区的大红喜报、生产图片和挑战书、决心书等，台下歌声、口号声此起彼伏。会场四周，彩旗环绕，闻讯而来的当地百姓云集会场周围，喜笑颜开，气氛十分热烈。

9时整，张文彬举手示意，使会场静下来之后，高声宣布："同志们，现在，石油大会战誓师大会开始！鸣炮！奏乐！"霎时间，锣鼓轰鸣，扩音器里传来《社会主义好》的乐曲声，礼炮（油建队伍以乙炔气为原料制作而成）声更是响彻云霄，仿佛大地都在颤抖。

会议第一项，康世恩代表会战领导小组作动员报告。他传达党中央、毛主席对大会战的关怀，谈到黑龙江省委、省政府和安达市委、市政府的热情支持和援助，阐述会战的意义，具体部署会战的任务。康世恩说："经过9个月的油田勘探和试生产，我们现在可以说，油田已经拿到手，而且有充足的根据说明，这是一个大油田，是一个特大的高产油田！"话音刚落，会场顿时爆发出雷鸣般的掌声和口号声。接着，康世恩谈到今后开发大油田可能遇到的种种困难，要求大家学习科学，开展科技攻关，解决科技难题。康世恩最后强调，要开发好这个大油田："一要学，二要闯，尊重科学，发扬艰苦奋斗、自力更生的精神，敢于走前人没有走过的道路，高速度、高水平地拿下大油田，实现同志们提出的把我国石油工业落后的帽子甩到太平洋去的伟大理想，实现我国石油完全自给自足的伟大理想！这就是我们这次誓师大会所要表示的决心。同志们，能不能做到？"

与会代表以排山倒海的气势齐声回答："能做到！"接着又是一阵春雷般的掌声和欢呼声。

接着，石油工业部部长余秋里讲话。他再一次强调党中央、毛主席对大会战的关怀和重视，进一步阐述石油大会战的目的和意义，号召大家要用"革命加拼命"的精神开发、建设好大油田。余秋里特别强调："第一，要继续发扬不怕苦、不怕死的精神，开展向铁人学习的运动；第二，要尊重科学，学习技术，把斗争的对象对准油层，尽快掌握油田的客观规律，把革命精神和科学态度结合起来；第三，要缩短战线，把会战的主力集中到紧挨着铁路的萨尔图探区，边钻探、边建设、边生产，尽快输出原油，为国分忧，为国家建设做出贡献！"

余秋里的讲话，又引来一阵阵经久不息的掌声、口号声和欢呼声。

随后，曲常川讲话。他要求附近地区工农商学兵、农林牧副渔等各行各业，要全力以赴，提高工作效率，增加生产，为早日拿下大油田铺路架桥，做好后勤保障工作。第三探区驻地人民公社党委书记刘仁江在发言中表露出当地群众共同的心声：这里地上是绿色的海洋，地下是褐色油海，原油丰产，六畜兴旺，工农并肩定会建好油田和家乡。刘仁江还诙谐地说："去年当地出现一只细毛羊一胎产五羔、一匹马一胎产双驹、一只母鸡日产三枚蛋的奇迹，这些都预示着工人老大哥在大会战中多创奇迹，早日拿下大油田。"

地方党政领导讲话之后，到了午餐时间。参加会议的大多自带馒头、咸菜、饮用水，少数未带午饭的，就由临时建起的千人食堂供应食品。一个小时的午饭和休息时间之后，大会继续进行。

下午，大会主要安排比武打擂和检阅队伍，这是余秋里等石油工业部领导十分重视的项目。比武打擂一开始，早已准备好的各路代表纷纷登上主席台，争先恐后地挤到那唯一的麦克风前，声嘶力竭地表决心、立誓言，互相挑战、应战。1205钻井队的代表发出豪言壮语：冰封万里红旗飘，钢铁井队战松辽，准学准赶不准超，标杆林里逞英豪。别的钻井队马上回敬：鸿图大业今朝立，学习铁人超铁人！台下各路将士以口号和呐喊声做呼应，为上台打擂者助威鼓劲。在这即将改写中国石油工业史的千载难逢的关键时刻，大家激情澎湃，热血沸腾，人人不甘落伍，情愿用汗水乃至生命成就宏图大业。

大会进入检阅队伍程序，伴随着轰然作响的锣鼓声和几十个唢呐奏出的高亢的乐曲声，披红带花的王进喜、马德仁、段兴枝、薛国邦、朱洪昌"五面红旗"骑着高头大马，由所在单位负责人牵着缰绳，各引本部人马，从松枝搭成的"英雄门"进入会场，缓缓经过主席台。会场上再次涌起狂潮巨浪。

五条硬汉就是五面帅旗，分别代表会战初期钻井、采油、工程三大主业，清一色来自第三探区。他们都是抱着不惜任何代价拿下大油田，尽快甩掉石油落后的帽子，为国争光、为民族争气的一腔热血，靠死拼硬干从数万石油大军中脱颖而出的。

英雄们在鼓乐队簇拥下绕场一周，又回到主席台前。余秋里、康世恩把铁人王进喜请到主席台上，并让他讲话。这时，天突然阴下来，天边响起20世纪60年代第一声春雷，并淅淅沥沥下起了春雨。秘书李晔急忙找来一把伞，要为余秋里遮雨，余秋里却轻轻把他推开。王铁人代表井队发言："盼了多少年了，大油田终于找到了。石油工人一声吼，地球也要抖三抖！我们要把地球钻穿，让大油海翻个儿，把大金娃娃抱出来！人活一口气，拼死干到底，为了把贫油落后的帽子摘掉，宁可少活二十年，拼命也要拿下大油田！"话音刚落，余秋里突然挥起独臂高呼："向铁人学习！人人争做铁人！"霎时间，会场内山呼海啸般的口号声伴着隆隆的雷声久久回响。

誓师大会在激昂热烈、令人欢欣鼓舞的气氛中结束。从此，会战大军个个鼓足干劲，一发而不可收，在大庆长垣龙腾虎跃，创造一个又一个人间奇迹，谱写了民族工业发展史上最壮丽的篇章。

（五）第一次"五级三结合"会议

1960年6月21—25日，松辽会战领导小组召开第一次"五级三结合"会议。"五级三结合"即由小队、中队、大队、二级指挥部、会战指挥部五级，干部、工人、技术人员三结合的一种会议制度，是企业实行民主制度的一种形式，在当时起到职工代表大会的作用。参加会议的有各级领导干部、工人、教授、工程技术人员共500余人。

会上，三探区1245钻井队就全队办地质，为解决地质与钻井之间的矛盾，介绍了经验。铁人王进喜发言说："人是活的，抬也好，搬也好，挖也好，总是要上。"1202钻井队介绍了他们深、透、细、实地做好思想政治工作、完成生产任务的经验。张文彬对7月份工作做了具体安排。他指出，7月份的方针是：勘探与开发并举，集中力量，猛攻生产试验区，把产量建立在可靠的基础上，加重探井工作以增加储量。具体生产任务是：（1）试油试采方面，必须做到保证质量，健全资料，突破注水关。（2）钻井方面，必须坚决贯彻高产、优质、安全的方针。做到五快（搬家快、安装快、打井快、完井快、交井快）、五好（井眼好、取心好、电测好、固井好、射孔好）、三净（井底净、井口净、井场净）、一不留（搬家交井不留尾巴）、四安全（人身安全、机械安全、工程安全、无火灾）。（3）基本建设方面，要突电抓水，保证原油贮运工作，狠抓过冬准备，要做到"三边"（边设计、边施工、边生产）、四结合（设计、施工、使用、供应单位相结合）、三保（保质、保量、保安全）、三要（基础要稳、焊接要牢、防腐保温要好）、五不漏（不漏雨、不漏油、不漏水、不漏气、不漏电）、一不留（施工不留尾巴）。（4）在供应、运输方面，应继续做到开工前把设备、材料运到工地，机修提倡总成互换。（5）油田管理实现四定型、四成套、一突破、一下现场。四定型是组织定型、生产管理定型、冬季保温定型、清蜡工作定型；四成套是组织成套、经验成套、设备成套、工种成套；一突破是突破注水关；一下现场是科学研究下现场。

吴星峰作政治形势报告。在总结前段形势时指出，领导干部贯彻了"五同"（与工人同吃、同住、同劳动、同解决生产问题、同娱乐）。许多领导干部，都是条件越艰苦，越是在前线和工人一起劳动，以普通劳动者的身份出现在群众中。吴星峰强调，会战领导小组已经决定，各级领导干部要学习《关于领导方法的若干问题》，做到领导干部和广大群众的要求密切相结合，一般号召和个别指导密切地相结合。反对工作的浮、浅、粗、松，提倡深、细、实、透。在一切工作中，都要彻底贯彻群众路线。

康世恩在会上作总结报告。他说，根据当前大会战的形势来看，主流非常好，群众干劲很大，成绩十分显著。但也存在一些不容忽视的问题，所以要用整风的精神，通过大总结、大表扬，带动各方面工作进一步提高。通过大揭露、大改进，克服形形色色的资产阶级个人主义，保证大会战获得全胜。康世恩进一步阐释说，所谓大总结、大表扬，就是要系统地、全面地总结大会战以来的工作，树立旗帜、树立标兵，每个单位都要有自己的红旗手、自己的标兵，进一步开展"学、赶、超、帮"的群众运动。所谓大揭露，就是要开展三查（查思想、查质量、查作风）活动。查思想主要是查干劲，查政治挂帅。对于干劲不足的人，要分析其思想根源；查质量就是查各种工程质量、各种资料的全准；查作风就是事事要彻底走群众路线。方法仍然是发动群众，要搞深搞透。注意的问题是，表扬要系统、全面，分析要透彻，声势要大，推广要有效；揭露缺点要广泛，分析要深刻，但要有重点，不要形成人人过关。

康世恩在总结报告中还特别强调地传达余秋里在电话会议上指出的"要注意纠正工作中的一粗、二松"现象。针对这些缺点采取成龙配套和组织大协作的方法，非常有效，必须坚持。康世恩提出，要大搞"游地宫"，要把油层的情况搞清楚。要求钻井、采油、地质等方面的同志动员起来，保证"四全、四准"，取得20项资料。要全党抓地质、全党办地质，一切工作都要为解决地下问题出力。康世恩还鲜明地提出："我们搞石油的工作岗位在地下，一切工作都需要做到1000米以下，都是为了解决油层问题，这是我们大会战的根本任务。"后来将这句话完善成"石油工作者岗位在地下，斗争对象是油层"，目的是一切工作都要立足于油田地下，下功夫认识油层、研究油层、改造油层，使油层多出油。

（六）首届先进生产者代表大会

1960年9月26日至29日，会战领导小组召开首届先进生产者代表大会。参加大会的有钻井、采油、基建、供应、机关、军垦等各条战线的代表923名，列席代表318名。会上，17位代表介绍经验，命名了标杆队，为受表彰单位授旗。市委第一书记曲常川代表市委、市人委向大会赠送书有"高举毛泽东思想红旗，奋发图强，为实现油田的开发建设高速度、高水平而奋斗"的锦旗。

康世恩作了《乘胜前进，开展冬季攻势，为大会战的全面胜利而奋斗》的报告。他首先对当前形势作了全面分析。康世恩说，形势越来越好，职工的干劲越来越大，工作越做越好，干部的领导水平也有所提高。康世恩在详述了各条战线取得的具体成绩之后，强调取得这些成绩的原因时说，在省委和部党组的领导下，坚决贯彻了以下五条：第一，始终不渝地贯彻了大搞群众运动的方针。第二，在各种工作中认真贯彻了高速度、高水平的方针。第三，很好地运用了集中优势兵力打歼灭战的工作方法。第四，部党组亲临前线，直接指挥。第五，大会战以来始终强调了大学毛主席著作，力求以毛主席思想为指针，搞好大会战的一切工作。除此之外，就是得到了人民解放军、全国有关厂矿和省委、市委和当地人民的全力支援。

康世恩在讲话中，还讲到关于反对骄傲自满和畏难松劲情绪的问题，他说："由于大会战一个胜利接着一个胜利，发展也极为迅速，加之冬季的到来，在少数干部的思想上，自觉或不自觉地出现了程度不同的骄傲自满情绪，觉得大会战差不多了；少数职工也产生了一种畏难松劲情绪，怕冷、怕苦、怕累、想家等等。虽然这只是刚刚露头，但我们必须及时加以克服，如果任其发展下去，就会松懈我们的队伍，必然不能完成第四季度以及今后更大、更艰巨的任务。为此，必须引起各级党组织的高度重视，要通过教育，使我们广大职工满怀信心地、干劲冲天地把大会战搞好。"

石油工业部副部长孙敬文在闭幕式上讲话，他说："这次先进生产者代表大会，是庆祝胜利，向国庆献大礼的会议。五个多月来，取得了抓住大油田的胜利；取得了提前完成预计原油产量向国庆献礼的胜利；取得了'大游地宫'的胜利；取得了战胜困难，战胜雨季，'有条件要上，没有条件创造条件也要上'的胜利；取得了自力更生、奋发图强的胜利。这次会议又是检阅队伍的会议，是大会战的群英聚会，也是石油队伍的缩影。由于参加大会战的人们，具有个个当英雄、人人当好汉的雄心壮志，大会战才打得这样好、胜利这样大、英雄这么多。这次大会又是交流经验的大会。在大会战中，紧张的斗争，不仅广大群众表现了非常的勇敢，而且发挥了高度的智慧，创造了大量的丰富多彩的经验。这些先进经验总结起来，推广下去，再总结再推广，就一定能够出现许多更加有声有色的革新创造，促进大会战的发展。这次会议又是一个迎接新战斗的动员大会。我们的大会战已经取得了重大的胜利，但是还没有取得全部胜利。我们必须乘胜前进，发展大会战，夺取大会战的全部胜利。"

在这次会议上，还宣布了赴北京和哈尔滨参加国庆观礼的英雄代表名单。赴京参加国庆观礼的代表团团长为三探区总工程师王炳诚，团员有刘金明、马德仁、陈茂汉、徐金荣、姜荣福、栾恒昌、董思宰、戴光善、姜岱冬、蔡宝安、罗道桐；出席省国庆观礼的代表团团长为会战领导小组成员李荆和，团员有马振华、郭爱邦、雷桂芳（女）、陆福元、潘素英（女）、王进喜、薛国邦、蔡富贵、詹树明（女）、孙德福、蔡凤启、安万修、王金玉、刘德金、殷月娟（女）、朱洪昌、李永久、施广仁、涂秀森、李生福、杨吉发、李洪俊、黄乾胜。

（七）大庆石油会战情况报告会

1963年12月28日，中共中央政治局委员，中央书记处书记、北京市委书记、市长彭真主持召开中央机关17级以上干部大会。石油工业部部长、松辽会战工委书记余秋里在大会上作《关于大庆石油会战情况的报告》。报告共分两大部分。第一部分，介绍了大庆石油会战的情况和取得的成果。余秋里说，经过三年的艰苦奋斗，大庆石油会战取得了对石油工业发展具有深远意义的成果，概括起来有六条。(1) 拿下了一个大油田。从1959年9月第一口探井见油，到1960年底，只用了一年多的时间，就基本探明了油田面积并且大体上计算出了储量。(2) 建成了年产原油几百万吨的生产规模和大庆炼油厂第一期工程，质量良好。(3) 三年多累计生产原油1000多万吨，油田管理水平不断提高。(4) 进行了大量的科学研究工作，解决了油田开发上的几个重大难题。(5) 经济效果好，国家投资已经全部收回，并开始为国家积累资金。(6) 锻炼和培养了一支政治觉悟高、有一定技术素养、干劲大、作风好、有组织、有纪律，能吃苦耐劳、能打硬仗的石油职工队伍，并且取得了比较丰富的经验。第二部分，介绍了9条大庆会战的基本经验：(1) 社会主义的现代化企业，必须革命化。(2) 高度的革命精神与严格的科学精神相结合。(3) 现代化企业要认真搞群众运动。(4) 认真做好基础工作，狠抓基层建设。(5) 领导干部亲临前线，一切为了生产。(6) 积极培养和大胆提拔年轻干部。(7) 培养一个好作风。(8) 全面关心职工生活。(9) 认真地学习人民解放军政治工作。余秋里在报告中特别指出，大庆石油会战能够取得这样大的胜利，是有数不尽的因素的，最重要的是中央的亲切关怀和直接领导，解放军、中央各部委和各省、市、自治区的支援，特别是油田所在地中央局和省委的大力支持。还应当指出，大庆油田的发现，是在地质部做了大量普查工作的基础上进行的。地质战线上的工作人员做出了贡献。

余秋里说，大庆石油会战的三年，是艰苦奋斗、紧张战斗的三年，是锻炼成长的三年，是大学毛主席著作的三年。大庆石油会战的胜利，归根结底，是毛泽东思想的胜利。

1964年初，毛泽东主席发出"工业学大庆"的号召。2月5日，中央决定在全国工交、财贸、文教系统和各级机关、团体、部队中普遍传达石油工业部给中央的报告，要求一直传达到基层单位，由此在全国掀起"工业学大庆"的高潮。同日，中共中央发出《关于传达石油工业部关于大庆石油会战情况的报告的通知》。中央通知指出："石油工业部关于大庆石油会战情况的报告很好。中央一级机关和北京市的干部以及一些工厂企业的职工同志们听了这个报告后，反应很好、很强烈，极大地推动了各方面的工作。现在，中央决定在全国工交、财贸、文教系统和各机关、团体、部队中，普遍传达这个报告，一直传达到基层单位。大庆油田的经验虽然有其特殊性，但是具有普遍意义。他们贯彻执行了党的社会主义建设总路线，把政治思想、革命干劲和科学管理紧密结合起来，把工作做活了，把事情做活了。它是一个多快好省的典型。它的一些主要经验，不仅在工业部门适用，在交通、财贸、文教各部门，在党、政、军、群众团体的各级机关中也都适用，或者可做参考。"

（八）战区首次政工会倡导"三要十不"作风

战役打响之前，已有4万多人的队伍挺进荒原。各项工作千头万绪，组织工作和政治思想工作亟待加强。

石油工业部机关党委作为会战期间党的办事机构，于1960年4月8日在安达开始办公。工作一上手，就紧紧围绕部党组和会战领导小组的中心任务,密切配合会战的生产建设和各项工作,加强政治思想工作。

根据大会战面临的困难和矛盾,石油工业部机关党委遵照部领导的指示,于4月10日,做出关于学习毛泽东同志所著《实践论》和《矛盾论》的决定。要求全体党员、团员和非党职工认真学习,用"两论"的立场、观点和方法来解决大会战的困难和矛盾。在掀起学习"两论"高潮的同时,部机关党委又组织力量,深入基层调查研究,发现倾向性问题,总结正反两个方面的典型经验,特别是通过对铁人王进喜的先进模范事迹的调查总结,在全战区广泛地开展"学铁人、做铁人"的活动。通过学习"两论""学铁人、做铁人"活动和思想动员、形势教育等强大的宣传攻势,使会战区政治思想工作伴随大会战的大好形势,得到了深入的发展。

1960年5月25日至27日,石油工业部机关党委根据部党组扩大会议指示,在安达召开大庆会战首届政治思想工作会议。会议的中心议题是:以毛主席的《实践论》《矛盾论》为指导思想,以大搞群众运动为主要内容,以进一步提高生产发展为目的,检查前一段工作的重大成就,并总结交流和推广政治工作经验,确保大会战的全面胜利。参加会议的有各探区和总指挥部机关各部门的党委书记以及各井队、车间、科室的指导员和支部书记。

会议首先由会战总部领导小组成员李荆和致开幕词。接着,在大会典型发言中,铁人钻井队指导员孙永臣介绍了围绕当前生产做政治思想工作的经验。装卸大队一小队、孙玉庭钻井队等单位分别介绍所在单位学习毛主席著作,做好政治工作的经验。

领导小组副组长唐克、党委组织部长雷震分别作了关于月份技术革新和技术革命的任务布置及关于党的组织工作的报告。

石油工业部机关党委副书记吴星峰在题为《关于战区政治工作的体会和今后政治工作的任务》的报告中提出了六个问题。(1)这次大会战的根本任务,就是要高速度、高水平、迅速地发展石油工业。(2)这次大会战是以贯彻毛主席"集中优势兵力打歼灭战"为指导思想进行的。(3)这次大会战是在党的领导下,坚持政治挂帅,彻底放手发动群众进行的。通过形势任务的宣传和学习铁人运动,群众精神面貌集中体现了"三要十不":要甩掉我国石油落后帽子,要高速度、高水平拿下大油田,要赶超世界先进水平,为国争光;不怕苦,不怕死,不为名,不为利,不讲工作条件好坏,不讲工作时间长短,不计报酬多少,不分职务高低,不分分内分外,不分前线后方,一心为会战的胜利。(4)彻底放手大搞群众运动是这次大会战的很重要的特点。(5)新阶段、新形势、新任务,要求干部的思想作风和工作方法必须有新的提高。(6)从中央到省、地方的大范围大协作是我们取得胜利最重要的因素。吴星峰同时指出:在完成艰巨任务时,注意劳逸结合,抓好生活,包括保证职工睡够八小时,抓农副业生产和"干打垒",管好食堂,粗粮细作,防病、防蝇、防蚊,搞好职工文娱生活等。

根据石油工业部党组提出的和总指挥部领导小组所确定的具体任务,吴星锋在报告中还就6月份政治工作的总任务指出,继续以毛泽东思想为指针,以解决当前生产关键为目标,以技术革新和技术革命的"八化"

为中心，进一步深入开展"六大"运动，把政治工作做得更实、更细、更深、更透。

5月27日，在分组座谈中，大家一致认为，做好当前的政治思想工作的关键是"大"和"细"的结合问题。"大"就是大胆放手发动群众，大规模地持久地搞群众运动，才能充分发挥群众的积极性和创造性，冲击一切事物的落后面。"细"就是政治思想工作要深入细致，做到人心坎上，做到每个事情的关键上，不放过一件新事物，不漏掉一个时机，人人做，事事做，政治工作才能有力量。"大"和"细"很好地结合起来，就能使群众运动既轰轰烈烈，又扎扎实实；既有声势，又有效果。

此次会议，全面总结广大会战职工发扬艰苦奋斗和"三要十不"的革命精神，同时批评了有的单位领导干部怕困难，贪图安逸的精神状态和不深入调查研究的脱离实际的思想作风。战区第一次政治思想工作会议，为石油大会战确立坚定的政治方向，打下坚实的思想基础。同时，对大庆后来一整套政治思想工作方法的形成，迈出坚实的一步。

（九）石油工业部政治工作会议

1964年5月24日至6月7日，石油工业部在大庆召开第一次政治工作会议。参加这次会议的有各油田厂矿、院校党委和政治部的负责同志，以及他们在大庆干校的学员。大庆油田各基层单位的指导员也参加了会议。会议的任务是：贯彻中央有关加强政治工作的指示和全国工业交通政治工作会议精神；学习解放军政治工作经验以及大庆政治工作经验；讨论1964年石油工业政治工作任务和措施。会上，先后有24名同志发言，交流了开展社会主义教育和加强基层建设，做好经常性思想政治工作的经验。在6月7日的大会上，石油工业部政治部做出向大庆采油六厂南一转油站、三矿四队，钻井机关妇女（家属）生产队学习的决定，并向这3个单位各发奖旗一面，号召全国石油系统各单位认真学习他们的经验，掀起比学赶帮的运动。

石油工业部政治部做出的《关于开展向大庆采油六矿南一转油站学习的决定》认为，大庆采油指挥部六矿南一转油站，善于以毛泽东思想为指针，从现实思想问题入手，抓住思想本质问题；善于依靠群众，党团员为骨干，发动群众人人做思想工作；善于从大多数出发，从积极方面入手，依靠职工自觉性；善于把阶级教育经常化，把思想政治工作落到实处。特奖给该转油站"坚持四个第一，活的思想抓得好"奖旗一面。《关于奖励大庆采油三矿四队的决定》认为，三矿四队大抓活的思想，干部以身作则，严格要求，自上而下严细成风，很好地贯彻了岗位责任制，有力地促进了生产，为石油工业的五好单位运动树立了一个好榜样。特奖给"高度觉悟，严细成风"锦旗一面。《关于开展向大庆钻井机关模范妇女生产队学习的决定》认为，大庆钻井机关妇女生产队，是1962年最困难时候建立的。开始只有5名队员，由5把铁锹起家的，发扬"穷棒子"精神，没有向国家上级伸手要钱和物，完全靠自力更生，使队伍不断巩固壮大。两年来，她们共收粮食3.3786万斤、蔬菜4.8963万斤，并向国家交售节余粮6940斤。今春全队已发展到126人，成为石油工业各单位妇女生产队的一面旗帜。特奖给她们"发扬'穷棒子'精神，走自力更生道路"锦旗一面。南一转油站原指导员郭典贵在会上作了《我们是怎样抓活思想教育的》的经验。

（十）向科学技术进军誓师大会

1965年1月19日，大庆会战工委隆重召开1965年向科学技术进军誓师大会，来自战区各个单位的领导干部、工程技术人员、工人共6000多人参加大会，正在战区召开的国家科委石油地质组扩大会议及石油工业部勘探与开发技术座谈会的与会代表也应邀参加大会。会上，油田开发研究院、油田建设设计研究院等11个单位汇报在1964年大搞技术革命取得的丰硕成果。各单位汇报1965年向科学技术进军的规划。

会战工委提出"高度机械化、高度自动化、大搞科学研究、大搞技术革命，发展新技术，发展新工艺"的号召，向科学技术进军的主要任务是：继续完善一整套以井下作业为中心的采油工艺，能够得心应手地掌握小层动态，控制地下水线的活动，向中低渗透层和过渡带进军，做到不丢失一个连通层，不积压一口生产井，最大限度地提高油田采收率。在钻井方面，猛攻钻头关，实现"三一优质井"（一个钻头，一天时间，打一口优质油井）；打成五千米超深井；并根据"三高一硬""三简一轻"的要求，大力改造设备工具；钻前工程和完井作业实现高度机械化，使综合劳动生产率提高一倍以上。在工艺流程方面，大力进行技术改造，实现油田生产管理的高度自动化，基本实现油气集输、储运、注水、供水、供电及供气等油田生产六大系统的自动化管理，全面提高劳动生产率，把现有生产及管理人员减少一半以上；以油气混输泵为中心，攻下双相计量技术，从根本上改造现有的油气集输流程，使之成为无泵站的集输流程。在炼油方面，全面掌握新装置工艺，提高收率，增加品种，提高产品质量。在地球物理方面，发展新方法，掌握新技术。在油田建设施工方面，实现施工作业四个一条龙（井口装置、管道预制、土方工程、防腐绝缘），进一步提高机构化、预制化、装配化的水平；并自制一整套能在冬季、雨季高效率施工的机具，以适应野外施工的要求。在机修、电修、仪修方面，要大力采用新技术、新工艺，把加工能力提高两倍以上，完成以上各个方面所需要的新设备、新工具，保证全油田新工艺的实现，不断完善修复工艺，实现修理作业线，保证设备台台五好。

会战工委向油田开发、采油、钻井、油田建设、炼油等九路大军下达向科学技术进军的战斗令，各指挥部领导上台接令，并表示坚决完成会战工委交给的任务。应邀参加大会的国家科委石油地质组扩大会议及石油工业部勘探与开发技术座谈会的3位代表也在会上讲了话。大会有力地调动干部技术人员和工人攀登科技高峰的积极性。

（十一）职工家属代表晋京事迹报告会

1965年3月17日，大庆油田5位职工家属代表在人民大会堂向首都厂矿企业和机关的1万多名干部及职工家属积极分子，介绍大庆油田职工家属高举毛泽东思想伟大红旗，在革命化的道路上迈步前进的动人事迹。报告会是由全国总工会、共青团中央、全国妇联、北京市总工会、共青团北京市委、北京市妇联6个单位联合举办的，这些单位的负责人邓颖超、许广平、史良、刘清扬、康克清、李淑铮、张晓梅、王瑛璞、韩凯以及石油工业部副部长康世恩等参加报告会。报告会由全国妇联主席蔡畅和全国总工会书记处书记张维桢主持。蔡畅在报告会开始时说，做好职工家属工作，是促进企业革命化和职工革命化的一个重要方面，大庆油田职工家属们所走的革命化道路，是大家学习的榜样。

在此次报告会上，共有5位大庆油田职工家属代表作了报告，她们从不同方面讲述大庆如何促进家属革命化的情况和体会。钻井职工家属生产队副队长呙冬英，着重讲了她所在生产队的职工家属虽然大部分出身于劳动人民家庭，但有些人由于过惯了多年的城市生活，就不大愿意再参加艰苦的劳动了。但当生产队组织大家忆苦思甜时，有的人说她七岁就给人家当童养媳，天天挨打受骂，有的人说她从小就给地主干活，好几岁了还穿不上裤子等诉苦以后，家属思想发生了深深变化，纷纷表示：咱们如今是生活在蜜糖罐子里，决不能身在福中不知福，不能忘本，一定要好好参加生产劳动。她们当中许多人在以后的生产中成了劳动能手。钻井职工家属生产队指导员苑柏琴，在大会上介绍说，她们队结合不同时期的生产任务和家属们的思想情况，认真学习毛主席的《为人民服务》《纪念白求恩》《愚公移山》《组织起来》等文章，还学习了《矛盾论》和《实践论》，家属思想觉悟不断提高，生产中干劲很大，1964年被评为全矿区的五好家属生产队。劳动保护用品修补厂职工家属代表宋玉平说，这个厂的干部和工人绝大部分是油田职工家属，会战几年来她们利用旧料、废屑为油田职工修补了几万套工作服，翻新了大量的工作鞋，被誉为油田上一面发扬艰苦奋斗革命精神、坚持勤俭建国方针的红旗。宋玉平当场拿出一件由家属们拆洗缝补干净的棉工作服给大家看，这件棉衣的里子是用三四十块碎布缝补起来的，但缝得很平整，远看一点也看不出拼凑的痕迹。她们为职工们拆洗棉工服手套时，手套每一个指头里的棉花都要拆出来，能用的尽量再用，实在不能用的也要送给井场去擦机器；她们一年要拆旧翻新大量工作服，能做到一个纽扣也不丢掉。油田家属生产队的指导员李庆阁，着重介绍了她们生产队队员参加集体农业劳动后，精神面貌发生的巨大变化。李庆阁说，她们那里有些职工家属原来眼睛里看到的只是自己的一间房子，心里想的只是自己的孩子和爱人；现在她们眼睛里看到的是全中国，心里想的是全世界。采油家属生产队队长于文兰说，她这个过去没有学过一点文化的家庭妇女，走出家庭的小天地以后，努力把一个由49个职工家属组成的生产队团结得像一家人一样，领导得很好。她们的报告，向人们生动地展示大庆油田职工家属的崭新姿态。

（十二）大庆革命委员会成立庆祝大会

1968年5月30日，经黑龙江省革命委员会批准，大庆革命委员会（以下简称革委会）成立，革委会成员由军管会负责人、油田领导干部和群众代表组成。军管会负责人褚传禹担任革委会主任，李荆和、周的民、王进喜、刘淑瑷、宋世宽、陈俊等任副主任。

5月31日，10万群众举行大庆革委会成立庆祝大会。会上，革委会主任褚传禹讲话。褚传禹指出，革委会要坚决依靠群众、密切联系群众，严格要求自己，正确对待群众的意见，虚心接受群众的批评和监督，使革委会真正成为革命化的、有无产阶级权威、密切联系群众的、朝气蓬勃的权力机构，为无产阶级掌好权，用好权。一切革命同志，应该满腔热情地爱护革委会，坚定不移地支持革命工作。革委会副主任李荆和讲了话，副主任王进喜发了言。黑龙江省革委会负责同志代表省革委会和省军区致贺词，石油工业部领导机关负责人讲了话，沈阳军区发来贺电。

同日，大庆革委会发布第一号通告指出，从即日起，大庆地区党、政、财、文大权，全部归大庆革委会。各级革委会要把活学活用毛泽东思想放在高于一切的地位；要牢牢掌握革命斗争大方向，深入开展革命大批判；严格区分两类不同性质的矛盾，巩固和壮大阶级队伍；整顿党的组织，加强党的建设，坚决响应毛主席"拥军爱民"的伟大号召，更大规模开展拥军爱民活动；坚决执行毛主席"抓革命、促生产、促工作、促备战"和"节约闹革命"的伟大方针；依靠广大革命群众，大力加强无产阶级专政，真正把革委会建设成为坚强的革命指挥部。

（十三）庆祝大庆石油会战 10 周年大会

1970 年 5 月 7 日，来自油田各条战线的几万名职工、贫下中农、家属、红卫兵和解放军指战员，隆重集会，庆祝大庆石油会战 10 周年，石油工业部副部长孙晓风和黑龙江省革委会代表出席大会。

大庆革委会主任丁继先在会上讲话中指出，大庆会战的 10 年，是高举毛泽东思想伟大红旗，活学运用毛泽东思想的 10 年；是大学人民解放军，不断加深队伍思想革命化的 10 年；是贯彻执行毛主席"独立自主、自力更生""艰苦奋斗""勤俭建国"的伟大方针和社会主义建设总路线的 10 年。在 10 年会战中，大庆工人阶级在党中央、毛主席的亲切关怀下，在省和石油工业部领导人和全国人民的大力支持下，靠"两论"起家，"老三篇"开路，以革命加拼命的英雄气概，与天斗、与地斗，高速度、高水平地开发建设大庆油田，创出一条多快好省发展我国石油工业的道路，为实现中国石油自给做出贡献。大庆工人一定要继承发扬大庆会战的优良传统，为祖国为人民不断创出新的业绩。

黑龙江省革委会代表向大会致了贺词，贺词中说，大庆工人阶级坚持"自力更生、艰苦奋斗"，发扬"一不怕苦、二不怕死"的革命精神，与天斗、与地斗，依靠自己勤劳的双手，高速度、高水平地建设起一个具有世界先进技术水平的油田，闯出一条独立自主发展我国石油工业的道路。

石油工业部、煤炭工业部、化工部领导机关给大庆石油会战 10 周年发来贺电，贺电中说，大庆石油会战职工，在极端艰苦的条件下，头顶青天，脚踏草原，发扬"两论"起家基本功，发扬革命加拼命的精神，以"有条件要上，没有条件创造条件也要上"的英雄气概，仅用三年时间，就高速度、高水平地建成世界一流大油田，宣告"中国人民使用洋油的时代，一去不复返了"，为我国社会主义建设创造丰富的经验。

黑龙江省军区也发来了贺电。大会还收到东方红炼油厂、吉林扶余油田、玉门石油管理局、新疆石油管理局等发来的贺电。大庆工代会、贫代会和红代会代表在大会上发言。老标兵薛国邦、硬骨头十三车队、驻军指战员和民兵代表等也分别在大会上发了言。会后，举行盛大庆祝游行。

（十四）"抓革命、促生产"先进单位模范人物代表大会

1974 年 8 月 23 日至 9 月 3 日，大庆召开"抓革命、促生产"先进单位、模范人物代表大会。参加这次大会的有战区218个先进单位代表、436名模范人物代表、老红军和铁人王进喜的家属等1000余人。大庆党委、革委会，各指挥部党委、革委会及大庆机关各部办领导出席大会；出席大会的还有省委、省革委、国家计委、燃化部领导，团省委、省工交办，省、各地（盟），市领导、"八三"工程指挥部、大庆驻军、黑龙江生产建设兵团等单位领导。

会上，首次提出"大干社会主义有理，大干社会主义有功，大干社会主义光荣，大干了还要大干"的口号。

会议讨论研究根据黑龙江省委指示精神起草的《大庆油田工作情况汇报（征求意见稿）》，听了铁人王进喜生前的讲话录音，总结大庆14年来的基本经验，发出《关于兴建铁人王进喜同志英雄事迹陈列馆的倡议》和致伤病员的《慰问信》。

会议期间，收到"八三"工程指挥部、驻军部队、黑龙江生产建设兵团、兵团石油化工厂等单位的贺电、贺信和锦旗；各指挥部送了贺信，1205钻井队向大会报捷。代表们还参加了铁人王进喜英雄事迹陈列馆奠基典礼。

9月3日，大会举行闭幕式，下设200多个分会场、10万军民收听实况转播。会上，宣读了大庆党委、革委会《关于授予周占鳌等八名同志光荣称号的决定》《关于表扬抓革命促生产先进单位和模范人物的通报》，对战区涌现出的169个先进单位、334名模范人物、51个标杆单位、97名模范标兵予以表彰奖励；标兵代表周占鳌、张洪池、段兴枝及省委领导陈剑飞、燃化部代表朱洪昌等在会上讲话；大庆党委领导作了总结讲话。

9月4日，先进单位代表和模范人物披红戴花，分乘百辆彩车，绕油田一周，与群众见面。

（十五）中共大庆第一次代表大会

1971年6月28—30日，中国共产党大庆第一次代表大会隆重召开（见图4-2），出席会议代表773名。会上，中共大庆革委会核心小组组长丁继先作了《高举毛泽东思想伟大红旗，沿着毛主席革命路线建设大庆发展大庆》的工作报告。与会代表审议通过工作报告。有12名代表在会上发言。大会按照党章规定，经过反复酝酿，选举出47名委员、12名候补委员，组成中共大庆第一届委员会。经第一次全体委员会选举和上级党组织批准，由12人组成常委会，丁继先为书记，任云峰、齐健敏、李荆和、宋振明为副书记。会后，代表们到大庆第一口油井参观学习，并在现场召开常委会第一次全体会议，做出《关于加强学习的决定》。

图4-2 中国共产党大庆第一次代表大会会场

（十六）中共大庆第二次代表大会

1976年6月5—7日，中共大庆第二次代表大会在采油一部礼堂召开。参加大会代表955名，其中产业工人党员代表占55.4%，妇女党员代表占 15.4%，先进模范人物党员代表占 18.7%。会议首先听取宋振明代表中共大庆委员会作的题为《坚持党的基本路线，把大庆建设成无产阶级专政的坚强阵地》的工作报告。报告回顾总结了自 1971 年 6 月中共大庆第一次代表大会 5 年来的主要工作和油田大好形势，提出了今后的工作任务。5 年来，油田各级党组织带领广大党员和群众，坚持党的基本路线，坚持"两论"起家基本功，坚持大搞群众运动，坚持"五七"道路，抓革命促生产，走自力更生发展自己工业的道路，培养造就了一支铁人式的队伍，使企业管理不断加强，工农业生产蒸蒸日上，原油产量由原来一个大庆变成六个大庆。报告中正式提出"努力争取原油高产年上五千万吨，稳产十年，搞好石油化工综合利用，为国家做出更大贡献"的目标。大会最后以无记名投票方式，选举出由 81 名委员组成的中共大庆第二届委员会。在二届一次全委会议上，选举出由 18 人组成的常委会。宋振明为书记，陈烈民为第一副书记，韩荣华、郑耀舜、喻新盛、周占鳌、李虞庚、黄伟为副书记。

（十七）粉碎"四人帮"后的首次"先代会"

1977 年 3 月 26—31 日，大庆油田 1976 年度抓革命、促生产先进单位、模范人物代表大会召开，出席会议的代表 3113 人。国务院副总理余秋里出席开幕式并作重要讲话，大庆油田党委书记宋振明致开幕词。会上，宣读了石油化工部给大庆的贺电；一致通过给党中央的致敬信；通过向雷锋和硬骨头六连学习的倡议书。表彰在抓革命、促生产中做出杰出贡献的模范标兵 155 人，标杆单位 138 个；讨论大庆油田 1977 年到 1978 年的发展规划。大庆油田党委第一副书记陈烈民作总结报告。总结大庆与"四人帮"斗争的经验，以及在党委的领导下，开展大总结、大评比活动的情况。报告指出，大庆揭批"四人帮"抓住了六个关键：（1）高举毛泽东思想的伟大红旗，保证了揭批"四人帮"的斗争始终沿着毛泽东思想的轨道前进。（2）运动一开始就抓住了"四人帮"的要害，深揭狠批"四人帮"搞修正主义、搞分裂、搞阴谋诡计，妄图篡夺党和国家最高领导权的罪行。（3）牢牢掌握斗争大方向，把斗争的矛头始终指向"四人帮"及其一小撮死党。（4）坚定地相信群众，直接依靠群众，不断提高对这项斗争性质和意义的认识，通过"三大讲"的方式，大打揭批"四人帮"的人民战争。（5）整个运动在党委一元化领导下进行，坚决粉碎"四人帮"及其余党那一套资产阶级帮派体系，排除资产阶级派性干扰。（6）认真注意政策，扩大教育面，缩小打击面。

会议号召，大庆人要向铁人王进喜学习，鼓起更大的革命干劲，把大庆红旗举得更高，夺取新的更大的胜利。

（十八）全国工业学大庆会议

粉碎"四人帮"以后，党中央在部署开展揭、批、查"四人帮"罪行的工作，肃清其流毒和影响的同时，为使国民经济从瘫痪、半瘫痪状态走出来，在全国第二次农业学大寨会议召开后，决定召开全国工业学大庆会议。1977 年 1 月 19 日，中共中央发出《关于召开全国工业学大庆会议的通知》（中发〔1977〕1 号文件，以下简称《通知》）。《通知》指出，中央决定在 1977 年"五一"前后召开全国工业学大庆会议，动员全党、全国工人阶级，把工业学大庆的革命群众运动推向一个新的阶段，为普及大庆式企业而奋斗。

《通知》充分肯定大庆这个典型，对其贡献、经验、革命精神、意义予以高度评价。同时，批判"四人帮"对大庆的诬蔑和干扰破坏工业学大庆的罪行。要求各地区、各部门党委，必须加强领导，全面规划，各省、市、自治区的主要负责同志，要一手抓农业，一手抓工业，把工业学大庆运动像农业学大寨那样切实抓紧抓好。

1977年4月20日至5月13日，全国工业学大庆会议召开。大会分为两个阶段，先后在大庆和北京举行。4月20日，全国工业学大庆会议在大庆新建成的大庆体育馆开幕（见图4-3）。党和国家领导人华国锋、李先念、纪登奎、汪东兴、李德生、陈永贵、吴桂贤、苏振华、王震、余秋里、谷牧等和来自全国各地的7000多名代表参加会议。

图4-3 全国工业学大庆会议会场

会议的主要任务是：动员全党、全国工人阶级，更高地举起毛主席的伟大旗帜，掀起学习毛泽东思想的新高潮，进一步深入揭批"四人帮"，把工业学大庆的群众运动推向新阶段，普及大庆式企业为尽快地把我国建设成为社会主义的现代化强国而奋斗。

大会提出，要加快工业发展，必须狠抓企业整顿，要求1977年首先把那些关系国民经济全局的重点企业领导班子整顿好。各个企业要以大庆为榜样，认真学习解放军的经验，建立健全政治工作机构和政治工作制度，切实加强企业的政治思想工作，同时要像大庆那样抓好社会企业管理。要广泛开展劳动竞赛，掀起增产节约新高潮，使各项技术指标在最短的时间达到本企业的历史最高水平，在两三年内达到本行业的目前国内先进水平。已经达到的要向更高的目标进军，努力赶超世界先进水平。会议认为，大庆从理论和实践的结合上，解决了怎样按照无产阶级的面貌和社会主义原则改造和建设企业的问题。因此，学不学大庆，是走不走自己工业发展道路的问题。会议要求，在第五个五年计划期间，按评比大庆式企业的六条标准，把全国三分之一的企业建成大庆式企业。要求中央各有关部门和地方各级党委，都要做出把所属企业建成大庆式企业的具体规划，定出有效措施，并组织落实。

4月23日，《人民日报》为全国工业学大庆会议的开幕发表社论。社论指出，这个大会不同寻常。大会开得空前盛大，劲头十足，开得喜气洋洋、热气腾腾。社论满怀激情地说："大会的同志们已经立下誓愿，要把这次大会作为新的起点，走向新的境界，夺取新的胜利，创造新的水平。全国工业战线的同志们，特别是各省、市和大企业的同志们，让我们听听、看看、比比、算算、想想、谈谈，自己应该怎么办？不学大庆行不行？不行。假学大庆行不行？也不行。是下定决心，认真大学的时候了！对于大庆的革命精神和一整套经验，学四分之一行不行？不行。学一半行不行？也不行。一定要力争百分之百地学到手。磨磨蹭蹭地学行不行？不行。马马虎虎地学行不行？也不行。一定要只争朝夕，迎头赶上，并且像大庆人那样高标准、严要求。学了就干，要大干，拼命地干。"

在大会上，大庆油田党委书记宋振明作了《高举毛主席的伟大旗帜，走我国自己工业发展道路》的报告。这个报告总结石油会战以来17年间大庆取得的主要成就，总结大庆的基本经验。

关于大庆取得的主要成就，报告概括为三个方面：第一，独立自主、自力更生，高速度、高质量地建设了一个大油田。第二，大搞综合利用，初步建成一个现代化的石油化工联合企业。第三，打破旧传统，建设起"工农结合，城乡结合，有利生产，方便生活"的社会主义新型矿区。报告对大庆油田17年来所取得的基本经验，概括为六条：（1）学习马克思主义，批判修正主义，坚持毛主席的革命路线；（2）学习解放军的政治工作经验，建设一支铁人式的革命化队伍；（3）坚持独立自主、自力更生、艰苦奋斗、勤俭建国的方针，多快好省地发展生产；（4）全心全意依靠工人阶级，建立一套严格的科学的社会主义企业管理制度；（5）坚持"五七"道路，建设工农结合、城乡结合的社会主义新型矿区；（6）加强党对企业的一元化领导，搞好领导班子革命化。

与会代表在大庆期间，还参观了大庆油田的1205钻井队、石油化工总厂化纤厂等许多标杆单位，访问了各条战线的英雄模范人物。白天参观访问，晚上回到驻地，就认真地找差距、订规划。河北、山西、甘肃等省的许多代表还深入到钻井队、采油队、井下作业队和后勤部门，和大庆工人实行"三同"，在生产现场学习大庆人的好思想、好作风、好经验。代表中的许多领导干部，参观了大庆党委领导机关、大庆领导干部的办公室和宿舍后，受到很大触动。他们说，大庆的领导干部，至今还住在60年代盖的"干打垒"土房里，经常深入基层，参加集体生产劳动，这反映了他们保持了党的艰苦奋斗的优良传统。我们回去后，一定要像大庆的领导干部那样，保持过去革命战争时期的那么一股劲，那么一股革命热情，那么一种拼命精神，带领本地区、本单位的群众，把大庆经验真正学到手，把大庆红旗扛到底。

4月27日至5月13日，全国工业学大庆会议在北京人民大会堂继续举行，交流各地深入揭批"四人帮"、开展工业学大庆运动、普及大庆式企业的经验。5月4日，国务院副总理余秋里受党中央委托，作了题为《全党全国工人阶级动员起来，为普及大庆式企业而奋斗》的报告。报告共分六个部分：（1）发展大好形势，夺取新的胜利；（2）把揭批"四人帮"的伟大斗争进行到底；（3）坚持走我国自己工业发展的道路；（4）加快我国工业发展速度，努力赶超世界先进水平；（5）关于整顿企业的若干问题；（6）普及大庆式企业，关键在省、市委。5月9日，中共中央主席华国锋、副主席叶剑英在大会上作了重要讲话，深刻地阐明学大庆对于我国工业发展所具有的根本性的重要意义，论述加速我国建设速度，把我国建成伟大的社会主义现代化强国的深远意义。此次会议还提出大庆式企业当时的六条标准：（1）认真学习马列主义、毛泽东思想，坚持党的基本路线，坚持企业的社会主义方向。（2）有一个坚决执行党的路线和政策、密切联系群众、团结战斗、老中青三结合的党的领导核心。（3）有一支能在三大革命运动中打硬仗，具有"三老四严"革命作风的职工队伍。（4）坚持"两参一改三结合"的原则，有一套依靠群众、符合生产发展要求的科学的管理制度。（5）在技术革新和技术革命方面不断有新的成果，全面完成国家计划，主要经济技术指标达到国内先进水平。（6）坚持"五七"道路，以工为主，兼搞别样，在有条件的地方，像大庆油田那样，搞好农林牧副渔生产；在搞好生产的同时，安排好职工生活。会议要求，在第五个五年计划期间，要把全国三分之一的企业建成大庆式企业。从1977年到1980年，在全国大中型工业企业中，平均每年要建成400个大庆式企业。会议号召全党、全军、全国工人阶级和各族人民，一定要高举毛主席的伟大旗帜，把我国建设成为社会主义强国。

5月13日，在北京人民大会堂举行闭幕式。闭幕式由中共中央政治局委员汪东兴主持，中共中央政治局委员、国务院副总理纪登奎致闭幕词。在闭幕式上，王震副总理、谷牧副总理向出席全国工业学大庆会议的大庆油田，各省、市、自治区和中国人民解放军的大庆式企业、先进企业、先进集体和先进生产者、先进工作者颁发了"光荣册"。当大庆油田"钢铁钻工"吴全青代表大庆油田领受光荣册时，全场掌声雷动，表达了对毛主席亲自树立的大庆红旗的致意。

（十九）大庆科学大会

1978年1月11日至15日，大庆科学大会在采油一部礼堂举行。参加这次大会的有领导干部、科学技术人员和基层工人，在科学实验中做出成绩的先进单位代表和先进个人，从事科研和教学工作多年的老专家、老教授、老工程师共1200余人。会议认真总结交流开展科学实验的经验，讨论制订今后3年、8年、23年科学技术发展规划。会上，宣布了大庆党委、大庆革委会《关于表扬先进科技单位、先进科技工作者的通报》，并对井下采油工艺研究所等107个先进科技单位和科学研究设计院王启民等311名先进科技工作者给予通报表扬。发布了大庆党委《关于全面恢复和建立技术职称的决定》，并宣布118名正副总工程师、正副主任工程师等技术干部的任命。大庆科委负责人在会上作了题为《坚持两论起家基本功，加快速度攀登石油科学技术新高峰》的报告，回顾总结了油田开发建设18年来的科技工作，提出了油田今后科学技术发展规划：高产稳产再十年；大力加强油田勘探，实现大庆底下找大庆，大庆外围找大庆；大力发展石油化工；努力建设大寨田；大力发展科技教育事业。确定今后3年、8年主要科研任务和今后23年奋斗目标。大庆党委领导在会上讲话，着重阐述科技队伍的建设问题，并强调要加强党对科技工作的领导。此次大会推动了大庆科学实验的蓬勃发展和加快向石油科学技术进军的速度。石油化学工业部向大会发来贺电。

（二十）全国石油化学工业第二次学大庆会议

1978年5月23日至6月11日，全国石油化学工业第二次工业学大庆会议在大庆召开。来自全国石油化学工业战线先进集体和劳动模范代表，各省、市、自治区部门领导共4300多人参加大会。国务院副总理康世恩出席会议并讲话。会议期间，与会人员认真学习中共中央关于加快工业发展的文件，总结1977年以来开展工业学大庆的经验；讨论石油工业十年发展规划纲要和化学工业1980年前的学大庆规划，安排近两年的工作；表彰学大庆的先进单位、先进集体以及英雄模范人物。大会由石油工业部部长宋振明主持，化学工业部部长孙敬文致开幕词。大庆党委书记、革委会主任陈烈民作了题为《不停顿地揭批"四人帮"，向更高的目标进军》的工作汇报。14个单位和个人在会上介绍揭批"四人帮"，深入学大庆以及三大革命一起抓的经验。宋振明、孙敬文分别代表石油工业部、化学工业部党组作报告。这两个报告，总结了发展石油化学工业的经验，提出今后的任务，阐述了创建十来个"大庆油田"和高速度发展化学工业的蓝图，明确了实现这些任务的具体工作路线、方针和措施。石油和化工的全体代表在讨论两个报告的基础上，研究制订本部门、本单位的工作任务和规划。在此次会议上，石油工业部、化学工业部向各单位下达了创建十来个"大庆油田"和高速度发展化学工业的进军令，各石油、化工企业提出自己的奋斗目标，进行打擂比武，开展竞赛。大会还宣读了《石油工业部化学工业部关于授予石油化工战线先进集体先进个人以荣誉称号的决定》，并向石油化工战线63名劳动英雄、447名学铁人标兵、57个命名的荣誉单位和262个红旗单位授奖。

（二十一）石油战线向现代化进军大会

1980年5月13—15日，大庆党委在大庆体育馆召开庆祝大庆石油会战20周年暨石油战线向现代化进军大会。出席大会的有黑龙江省委书记、省长陈雷，石油工业部部长宋振明，全国总工会副主席韩荣华，共青团中央青工部部长勾德元和新华社、中央人民广播电台、中央电视台、《工人日报》社等中央和黑龙江省新闻、摄影、文艺团体的负责人，以及大庆各界代表共5000多人。大会由石油工业部副部长焦力人主持。大庆市委书记陈烈民作了题为《坚持两论起家基本功，为加快大庆油田现代化建设而奋斗》的工作报告，报告总结大庆20年来，所取得的成果，以及在石油会战中积累的一些经验，并号召油田干部、群众同心同德，向油田现代化进军。报告强调指出，大庆经验的基本点是，坚持四项基本原则，"两论"起家，艰苦创业，革命精神同科学态度相结合，走我国自己石油工业发展道路。会上，颁发了大庆石油会战奖章、纪念章和英雄集体奖状；李虞庚等10人就大庆学先进、找差距、订规划问题分别发了言。中共黑龙江省委、省人民政府向中共大庆赠送了锦旗。

（二十二）推行经济责任制座谈会

1981年10月中下旬，大庆市（局）召开推行经济责任制座谈会，确定1982年的包干任务，研究推行经济责任制和包干的实施方法，具体落实1982年包干任务的实施方案。12月5日，颁布《推行经济责任制实施办法》。包干内容：采油各厂实行包原油产量和商品量、包新增接替生产能力、包天然气外供量、包质量、包能耗、包成本；钻井各公司实行包任务、包质量、包工期、包成本；基建各单位实行包任务、包工程质量、包预算、包工程材料定额消耗、包工期配套竣工；石油化工总厂对炼油、化肥、化纤实行产量、能耗和利税包干；商业系统逐步独立核算，自负盈亏。

为适应包干的需要，确定在提高经济效益的基础上，实行统一领导、分级管理、分级核算的体制。在统一计划指导下，各厂、公司在经济上实行内部独立核算，分灶吃饭。把农业和工业分开，把集体所有制和全民所有制分开,严格划清资金渠道,实行分级分系统核算。各厂、公司作为内部相对独立的经济核算单位,在统一计划下,编制各单位的财务成本计划和预决算,管理本单位的综合成本,按照大庆内部结算价格进行核算,自负盈亏。各厂、公司担负不同的生产建设任务,实行不同的核算办法和结算形式。对各厂、公司还实行固定资产和流动资金有偿占用制度。

为了保证各厂、公司实行相对独立的自主生产经营,在经营计划、物资采购、资金使用、资金管理、机构设置、人事劳动管理、工资奖金等方面,都给予不同程度的自主权。各厂、公司还可以自主地对外开展生产协作和经济联系,并以签订合同的方式明确甲乙双方的经济责任,减少纵向上的调度和调拨,加强横向联系等。

(二十三)国际油田开发技术会议

1982年9月7日至11日,由中国石油天然气勘探开发公司与联合国技术合作促进发展部共同举办的"国际油田开发技术会议"在大庆市青少年宫召开(见图4-4)。

图4-4 国际油田开发技术会议会场外围

会议主要围绕开发地质、油藏数值模拟、油田注水开发和提高采收率研究等问题进行学术讨论和合作。参加会议的有来自20多个国家和阿拉伯石油输出国组织以及联合国技术合作促进发展部的70多位学者和专家,中国油田开发技术人员300多人列席会议。会议主席由中国石油工业部顾问、中国石油天然气勘探开发公司总经理张文彬和联合国副秘书长毕季龙担任。技术主席由石油工业部科技委副主任、石油地质专家闵豫和美国塔尔萨大学名誉教授迪基博士担任。会议期间,共宣读33篇论文,举行了11次圆桌讨论会和4次大会讨论。大庆油田总地质师王志武宣读的《大庆油田提高注水开发效果的途径》的学术论文引起与会专家们的普遍重视。

(二十四)大庆油田5000万吨稳产10年庆祝大会

1986年1月26日,石油工业部在大庆召开大会,庆祝大庆油田5000万吨稳产10年。参加全国石油工业局、厂领导干部会议的代表和参加大庆市1985年度双文明建设先进单位和劳动模范的代表等5000多人参加大会。

大会宣读了国务院,黑龙江委、省政府以及中华全国总工会和全国石油工业局、厂领导干部会议全体代表的贺电、贺信;黑龙江省委、省政府和石油工业部分别向大庆石油管理局授予锦旗。

国务院在致大庆全体职工的贺电中说,欣悉大庆油田在年产5000万吨的水平上,胜利地实现了连续稳产10年的目标,国务院向为我国社会主义现代化建设做出重大贡献的大庆市人民政府,大庆石油管理局各级干部、工程技术人员和工人同志们,表示热烈的祝贺和亲切的慰问!大庆油田实现连续稳产10年的目标,是在油田进入高含水采油阶段,地下情况发生重大变化,开采难度逐年增大的情况下取得的,你们在生产建设上做了大量艰苦扎实的工作,在科学技术上发扬勇攀高峰的精神，而且使油田高含水期采油技术已经达到了世界先进水平，这是我国社会主义经济建设的一项重大成就，也是我国科学技术发展的一项重大成就。大庆油田是我国社会主义现代化建设中一个久负盛名的先进企业。在油田创业年代，你们艰苦奋斗、奋发图强，为全国人民树立了辉煌榜样。在油田建成以后，你们又不断地创造新的业绩，成为国家贡献最多的大型工业企业之一，继续走在社会主义现代化建设的前列。希望你们戒骄戒躁、再接再厉，继续发扬优良传统，不断改革创新，抓好社会主义物质文明和精神文明建设，进一步掌握和开拓油田开发的先进技术，加强企业的现代化管理，不断地提高经济效益，为国家做出更大的贡献。

黑龙江省委、省政府在致大庆石油管理局的贺信中说："大庆油田从60年代初开发建设以来，一直是全国工业战线上的学习榜样，是敢于斗争、敢于胜利的楷模。"希望大庆油田的广大干部、技术人员和工人，在党的全国代表会议精神指引下，坚持两个文明一起抓，戒骄戒躁、再接再厉，继承和发扬大庆思想政治工作光荣传统，在实现党风和社会风气的根本好转方面，做全省、全国工业战线的表率；大力加强石油勘探，加快再找一个大庆的步伐；继续抓好老油田的稳产增产，坚持依靠科技进步，抓好经营管理，为四化建设创造更多的财富；同时要继续支持地方经济建设，广泛发展与地方横向经济联系。在大庆油田发展前进中，全省各级党委和政府，将一如既往地积极做好各项服务工作。

中华全国总工会致大庆总工会转全体石油职工的贺电中说：大庆油田是我国第一大油田，原油年产量占全国近一半，在国民经济建设中起着重要作用。大庆油田职工从全局出发，自觉加压，在已经稳产10年的基础上，又提出从今年起继续稳产10年的新目标，充分体现了大庆石油职工的高度觉悟。我们衷心希望大庆各级工会组织和全体职工，在党的路线、方针、政策指引下，进一步发扬创业精神，坚持两个文明建设一起抓，深入开展社会主义劳动竞赛，为实现"七五"计划，为我国的四化建设，做出更大贡献。

会上，石油工业部党组书记、部长王涛，黑龙江省委书记孙维本、黑龙江省委顾问委员会主任陈雷先后在会上讲了话。

王涛在讲话中说，大庆油田夺得连续10上稳产的胜利，确实来之不易。这是在党的十一届三中全会以来的路线、方针、政策指引下，大庆广大职工继续发扬"两论"起家、两分法前进、"三老四严"、艰苦奋斗等优良传统，坚持把高度的革命精神和严格的科学态度结合起来，进行大量的、扎扎实实的、艰苦细致的工作的结果。王涛说，大庆油田连续稳产的10年，是与地下复杂的油水变化情况，坚持不懈地打进攻仗的10年。10年来，大庆油田在开发上经历了四大变化：油田开采由中含水采油阶段，进入高含水采油阶段；主力油层从水驱油阶段，逐步过渡到以水驱油为主的阶段；油田挖潜的重点，由渗透率比较高的主力油层转移到渗透率比较低的差油层；油层开采方式，由自喷采油为主转入机械采油为主。在这些转变过程中，大庆油田的同志们，积极进取，知难而进，始终以科学的进攻的姿态，卓有成效地斗争，这是大庆石油职工极为可贵的品质。王涛说，大庆油田连续稳产的10年，是坚持从地下实际情况出发，正确制定和有效实施油田开发技术政策的10年，是积极推进科学技术进步，不断完善和发展采油工艺技术的10上，也是努力提高经济效益，连续向国家提供高水平积累的10年。10年间，大庆油田累计生产原油相当于前16年原油总产量的1.89倍；累计完成财政上缴相当于同期国家投资总额的27.2倍；累计出口原油为国家创造外汇222亿美元。特别是平均年财政上缴占到年总产值的75%以上。现在全国还没有哪一个石油企业，能够达到大庆这样高的积累水平，保持像大庆这样向国家做出高水平的贡献。总之，大庆油田连续稳产的10年，是坚持"两论"起家的基本功，不断开拓、不断发展、不断向更高水平攀登的10年。这个事实告诉我们，中国石油工人、科技工作者和管理干部，有志气、有能力开发好世界上特大型油田，管好世界上特大型石油企业，攀登世界石油科学技术的高峰。

王涛指出，现在全国石油工业已进入一个新的发展时期，第七个五年计划已开始执行。我们设想，在做好"七五"期间工作的基础上，经过后10年的继续努力，到本世纪末实现三个战略性目标，这就是：改变石油工业发展赶不上国民经济需要的状况，做到石油工业生产总值与全国工农业总产值同步增长，使我国原油产量居于世界主要产油国家的前列；改变天然气生产的落后状况，做到原油、天然气生产协调发展，使我国天然气成为发展国民经济的一种重要能源；改变石油科学技术发展与生产建设需要不相适应的状况，争取勘探、开发和生产建设的主要工艺技术，达到当时的世界先进水平，并培养出一大批具有国际第一流水平的石油专家。王涛希望，大庆油田的职工，在"七五"期间和以后的年代里，继续认真贯彻党中央、国务院的一系列方针、政策，认真贯彻中央领导对大庆油田的重要指示，保持和发扬大庆会战以来的优良传统，团结一致，艰苦奋斗，开拓前进，再创新的更大的业绩。

孙维本在讲话中说，石油是社会主义现代化建设的重要物质。党的十二大把包括石油在内的能源生产作为实现到本世纪末经济发展总目标的战略重点之一。要求大庆油田加强勘探，延长油田稳产期，再找一个大庆油田，保持长期向国家做高度贡献的水平。这是党中央和国务院对大庆油田、大庆职工提出的新的更高的要求。为了完成这一艰巨而光荣的任务，就要继续坚持认真学习；就要继续发扬自力更生、艰苦奋斗的优良传统；就要继续抓好技术进步；就要继续坚持科学管理；还要加强职工队伍建设。孙维本最后指出，大庆油田的开发建设进入新的历史时期，党中央、国务院和全国人民对大庆工人阶级给予殷切希望，再找一个大庆和保持油田长期稳产的任务历史地落到大庆工人阶级的身上，应当以豪迈的气魄、顽强的精神、无畏的行动，实现这一光荣的使命。陈雷在讲话中说，大庆取得稳产10年的成就，是贯彻执行党中央路线、方针、政策的结果，也是与全国各族人民、全国各省市大力支持分不开的。大庆油田地处黑龙江省，从它出油那天起，就与黑龙江省经济的发展密切地联系起来了。黑龙江省经济50年的腾飞，直到现在的水平，应当说大庆石油的开发是一个重要因素，它已经与黑龙江经济发展交织在一起，相互促进，相辅相成，我们支援大庆义不容辞，更有其特殊的意义。陈雷说展望80年代，黑龙江省经济的腾飞，还离不开大庆油田的发展。支援大庆，是要一如既往，不可松懈。

大庆市（局）党委书记陈烈民在大会上发言，他说，大庆油田提出 5000 万吨稳产 10 年的目标，是 1975 年根据邓小平主持中央工作提出整顿的指示精神和石油工业部党组的要求，在发动群众进行大量调查论证的基础上，从油田实际出发提出来的。在这 10 年间，原油产量从 1976 年的 5030 万吨上升到 1985 年的 5528 万吨，累计生产原油 5.18 亿吨，比国家计划多生产 1800 万吨；财政上缴 365 亿元，是国家对油田同期投资的 27.2 倍。1986 年是"七五"计划的第一年，也是大庆油田 5000 万吨稳产再 10 年的头一年，大庆各级党组织和全体干部、群众决心深入学习和贯彻大会精神，总结经验，坚持改革，为国家做出新的贡献。

（二十五）知识分子会议

1987 年 8 月 10—13 日，石油管理局召开知识分子会议，传达贯彻石油工业部知识分子工作会议精神，总结党的十一届三中全会以来的知识分子工作，表彰先进，研究确定今后知识分子工作任务，全面贯彻落实党的知识分子政策，充分发挥广大知识分子的聪明才智。石油管理局党委副书记王福印在会议上宣读石油管理局党委和石油管理局《关于表彰矢志不渝、献身油田建设的优秀知识分子的决定》。决定指出，管理局知识分子队伍是一支热爱党、热爱社会主义祖国、热爱石油事业的队伍。他们努力学习，忘我工作，为油田年产上五千万吨，稳产再十年做出了较大贡献。对以下 16 名矢志不渝、献身油田建设的优秀知识分子给予表扬。他们是，石油管理局总工程师王德民、油田建设设计研究院给排水主任工程师贾身乾、石油管理局总地质师唐曾熊、勘探开发研究院副总地质师王启民、勘探开发研究院副院长高瑞琪、钻井技术服务公司副总工程师王允良、勘探开发研究院总地质师杨继良、油田建设设计研究院副总工程师王思钧、局财务处副主任会计师柏宗峰、局基建工程部主任工程师侯贤忠、采油技术服务公司助理工程师潘时景、采油四厂工程师王佐才、职工大学教师孟庆芬、地球物理勘探公司研究所工程师王裕玲、勘探开发研究院计算机软件室主任工程师赵士发、采油三厂助理工程师韩修庭。

（二十六）全国石油企业深化改革座谈会

1987 年 9 月 10—16 日，全国石油企业深化改革座谈会在大庆举行。会议主题为：通过总结交流经验，研究探讨进一步完善企业经营机制，认真实行多种形式的承包经营责任制；贯彻全国推行厂长负责制会议精神，加快石油企业内部领导体制改革的步伐。石油工业部部长王涛、副部长李天相，中纪委委员黄凯，石油工业部咨询委员会主任焦力人，原国家经委副主任薛仁宗等出席会议。大庆石油管理局（市）党委书记陈烈民、副书记张矗，大庆石油管理局局长王志武参加会议。参加这次会议的有全国各石油企业负责经营管理的副局长、总经济师和经营管理、计划、财务、干部、经营法规等方面的负责同志 246 人。

李天相在开幕式上讲话指出，这次会议的任务就是结合石油工业的实际，认真贯彻执行六届全国人大五次会议政府工作报告提出的以增强全民所有制大中型企业的活力为中心，着重改革企业经营机制和内部领导体制的指示精神；进一步增强各级领导的改革意识，加快改革的紧迫感，明确深化改革的方向、措施和方法以加快企业内部改革的步伐，增强企业活力，促进石油工业长期持续稳定发展。开幕式后，大庆石油管理局副局长周家俊、局党委副书记王福印先后作了《改革内部机制，搞活油田开发》《认真贯彻"三个条例"，全面实行局长负责制》的发言。采油一厂、总机厂、油建公司、钻井二公司、采油四厂、建筑公司、物资供应处、采油一厂友谊管理站分别汇报深化企业改革的做法。

（二十七）黑龙江省委常委大庆现场办公会

1987年10月9—11日，中共黑龙江省委常委现场办公会在大庆召开。此次会议重点是检查大庆基层单位的工作。与会领导深入基层，先后检查杏5丁-224井井下压裂现场、采油四厂农工商龙庆实业发展公司、采油四厂杏一联合站、天然气公司萨南油气处理厂、钻井二公司1274钻井队打调整井现场、石化总厂化工二厂醋酸车间、石化总厂乙烯二期工程施工现场、石化总厂炼油厂一套常减压蒸馏装置、大庆毛毯厂、大庆塑料地板材厂10个单位；听取市委、市政府、石油管理局、石化总厂的工作汇报；讨论市委、市政府、石油管理局、石化总厂的工作。

10月11日，黑龙江省委书记孙维本在大庆处以上干部大会上发表重要讲话。他盛赞党的十一届三中全会以来，大庆为国家和人民做出的巨大新贡献，继承发扬大庆光荣传统，完整、准确、忠实、积极地执行党的十一届三中全会所确定的路线。坚定不移地以经济建设为中心，正确处理十一届三中全会的两个基本点的关系，是大庆各项工作一直坚持的指导思想；坚持两个文明一起抓，实现两个文明一起上，是大庆各项工作的总体思想；把科技进步作为统揽经济全局的关键，是大庆经济建设的突出特点；在科学继承和勇敢创新中形成自己独有的企业精神，是大庆所以能不断排除"左"的和右的干扰，坚持大干社会主义的强大思想动力；始终不渝地坚持党要管党的原则，是大庆工作每年都有新进步的根本保证。孙维本指出，要解放思想，深化改革，创造有利于社会主义商品经济充分发展的新机制。一要继续解放思想；二要积极发展多种经济成分；三要大力推进横向经济联合；四是改革要从大庆的实际出发，充分考虑管理体制上"三位一体"的特点；五要对经济体制改革和政治体制改革，以及科技、教育体制改革，统筹安排，结合进行。孙维本希望，大庆要发挥优势，谋划方略，为子孙后代开辟更美好的未来。"人无远虑，必有近忧"，要精心谋划长远发展大计。石油生产要在加速老油田改造的同时，突出油气后备储量的勘探和开发；石油化工要向综合利用和精深加工的方向发展，努力提高石油利用率；开发替代产业，使它成为未来大庆经济的第三个新支点。孙维本强调，充分发挥大庆在全省经济和社会发展中的作用。一是在发展石化工业中起带头作用；二是在农业上新台阶中起支持作用；三是在区域经济发展中起辐射作用；四是在共同富裕中起带头作用。孙维本说，发挥大庆在政治上对全省的推动作用，主要是学习大庆精神，传播大庆经验。最后，孙维本要求，全省要为大庆的开发建设服好务，必须反对和克服狭隘的地方观念和本位思想，必须帮助大庆解决实际问题。

1991年10月12日，黑龙江省委常委在大庆市召开现场办公会议，专门讨论大庆的工作。会议由省委书记孙维本主持,邵奇惠、周文华、马国良、谢勇等参加。会议听取大庆市委书记、石油管理局党委书记张蟒关于两年来社会主义教育情况、经济建设情况和向省请示的问题的汇报;大庆市委副书记、市长、石油管理局党委副书记、局长王志武关于大庆油田勘探开发情况和今后发展设想的汇报,并进行了认真讨论。会议认为,四年来,大庆市委、市政府以及石油管理局、石化总厂党委认真贯彻1987年省委常委现场办公会精神,在两个文明建设上取得令人瞩目的新成就,为促进全省经济和社会发展做出新的贡献。会议原则同意大庆的汇报意见。强调并确定:第一,辟建大庆高新技术产业开发区,是循着改革开放的思路,使经济焕发活力的重大战略选择,一定要下大力气积极办好;第二,要进一步发挥大庆的特有优势,促进区域经济的协调发展;第三,关于几个具体问题。会议就大庆地方企业上缴省财政利税、油田外围土炼油厂整顿、申请建设大化肥厂等8个问题做出明确规定。会议指出,已经讨论确定的事情,省政府要责成专人和有关部门认真组织落实。大庆市提出需要省解决的未定问题,由省政府办公厅抓紧督促协调,提出意见,尽快予以答复。

(二十八)大庆石油管理局双文明表彰大会

1989年2月23日,石油管理局召开1988年度双文明表彰大会,局党委书记陈烈民等领导,各二级单位领导和劳动模范、先进单位代表共1100多人参加大会。局党委副书记、局长王志武主持会议。局党委副书记王福印作总结评比工作报告;大庆市委书记、石油管理局党委副书记张蟒作了题为《认真贯彻党的十三届三中全会精神,夺取油田两个文明建设的新胜利》的讲话。王福印指出,1989年是全国继续进行调整的一年,也是大庆油田连续高产稳产的第十四个年头。全局工作的基本思路是:用十三届三中全会精神总揽全局,突出治理整顿,继续深入改革,坚持两个文明一起抓,加强勘探,实现5000万吨原油持续稳产,并带动多种经营等各项工作协调发展。他鼓励先进单位和劳动模范在治理整顿工作中发挥促进作用,在全面深化改革中发挥模范作用,在完成生产建设任务中发挥骨干作用,在提高队伍政治思想和科学文化技术素质中发挥带头作用,在加强各级党政组织与群众联系中发挥桥梁作用。副局长陆敬宣读表彰通报,有10人被授予荣誉称号,他们是"铁人式的好队长"申冠、"不畏艰难的找油人"袁福生、"无私奉献的采油工"陈全友、"扎根艰苦岗位的好青年"张家青、"勇攀高峰的技术能手"李祥俊、"锐意改革的开拓者"李万仁、"矢志不渝的科技工作者"王思钧、"热情待客的乘务员"关丽娜、"维护法纪的模范公民"樊尚莲、"以农为本勤劳致富的好家属"栾桂英。有301个单位荣获"双文明建设先进单位"称号,37人荣获"劳动模范标兵"称号,380人荣获"劳动模范"称号。

(二十九)首届新技术交流交易会

1989年7月20日,大庆油田首届新技术交流交易会在大庆勘探开发研究院培训中心开幕。会上共有50多个单位参展,展厅面积600多平方米,展出500多个项目,展品400多台件。此次参展项目和展品都是大庆近期取得的科技成果、专利技术、重大科技改革新成果和科研生产联合体生产的新产品。其中，NP-4型C/O能谱测井仪是一项核测井新技术，主要用于区分油水层、判断水淹层和水淹等级。它的特点是可以在套管井中应用，可以实现对地层动态的跟踪监测，掌握地下的油水动态。ϕ215自卡式密闭取心工具为双筒双动式，配有多种类型密闭取心钻头以及密闭液，适用于中深井和深井密闭取心，还能适应不同地层取心要求和提高岩心密闭率。该工具技术指标达到或超过国内同类工具最高水平，每口井可节约费用25万元。

来自北京、西安、无锡、大连、承德、哈尔滨、齐齐哈尔、牡丹江等地共15个单位的50多名代表参加此次交易会。大庆内外共有1.4万多人次参观。签订技术交易合同37份，成交额达540多万元。

（三十）庆祝大庆油田发现30周年大会

1989年9月27日，经国务院批准，中国石油天然气总公司在大庆体育馆隆重召开庆祝大庆油田发现30周年大会。中顾委常委康世恩，黑龙江省委书记、省人大常委会主任孙维本，省委副书记、省长召奇惠，黑龙江省老领导赵德尊、李剑白、陈剑飞，省人大常委会副主任王军，省军区副司令员王贵勘，原石油工业部老领导唐克、张文彬、焦力人、黄凯、陈烈民、侯祥、孙兆美、李敬，中国石油天然气总公司总经理王涛等出席大会。出席大会的还有沈阳军区，国家计委、能源部、人事部，中国海洋石油总公司的领导，黑龙江省有关市县、东北三省相关部门负责人，大庆市领导，石油会战时期的老领导、老标兵、老专家，出席全国石油企事业单位领导干部会议的全体代表，大庆油田的干部、工程技术人员、工人和家属代表，共计5000多人。

上午9时，大会开始。

中国石油天然气总公司副总经理金钟超宣读了国务院贺电。贺电说，大庆油田的发现和开发建设，为我国进入世界主要产油国家行列做出了决定性的贡献，是我国社会主义建设事业的一项巨大成就，是独立自主、自力更生、艰苦奋斗建设社会主义方针的重大胜利。它说明在中国共产党领导下，我国工人阶级有志气、有能力，用自己的智慧和双手，勘探、开发和建设特大型油田，这是我国社会主义制度无比优越的生动例证。30年来，大庆油田以马列主义、毛泽东思想为指针，继承和发扬我们党和人民解放军的优良传统，在社会主义工业建设的实践中，形成了以高度的爱国主义、艰苦创业和求实、献身精神为主要特征的大庆精神，以及加强党的领导，加强思想政治工作，推进科学进步，实行科学管理，充分发扬民主，全心全意依靠工人阶级，办好社会主义企业的成功经验。大庆精神和大庆经验，过去曾激励我国工业战线职工奋发前进，今后仍将继续发挥榜样和鼓舞作用。大庆精神和大庆经验是我们的宝贵精神财富，需要进一步继承和发扬。希望大庆油田的同志们，在党的十三届四中全会精神指引下，进一步坚持以经济建设为中心，坚持四项基本原则、坚持改革开放的基本路线，认真总结经验，发扬优良传统，克服前进道路上的一切困难，不断攀登新的高峰，继续为国家做出新的贡献。

为祝贺大庆油田发现30周年，能源部部长黄毅诚、沈阳军区、中华全国总工会、共青团中央、全国妇女联合会，中国石油化工总公司，中国人民解放军某集团军、黑龙江省军区、某部队，黑龙江省有关部门，有关地、市、县和企业，铁路、建筑、海洋石油等有关单位，各油气田和其他石油企事业单位，陕西省委常委、西安市委书记安启元和石油战线的老同志等，也发来贺电、贺信、贺词或赠送锦旗。

会上，王涛和大庆石油管理局局长王志武、大庆市委书记张轰先后讲了话。

王涛以《大庆精神永放光芒》为题讲话，指出，30年来，在党中央、国务院领导下，大庆油田各级干部、工程技术人员、广大工人和家属，通过坚韧不拔的艰苦努力，累计为国家生产原油10亿吨，占建国以来全国原油生产产量的一半以上；累计为国家上缴财政积累779亿元，相当于国家同期投资总额的11.8倍；累计提供出口原油2亿多吨，为国家创汇280多亿美元。同时在工业实践中，逐步摸索和积累了一套勘探、开发大型砂岩油田，保持长期稳产高产的地质理论和工艺技术系列；逐步摸索和积累了一套全心全意依靠工人阶级，办好社会主义企业的管理体系和管理办法；逐步摸索和积累了一套以马列主义、毛泽东思想武装干部和群众，建设职工队伍的成功经验，并为全国石油工业发展输送了一大批干部和技术骨干。大庆油田为我国社会主义建设事业做出的贡献，为我国石油工业发展建立的功勋，是我们整个石油战线的光荣和骄傲。王涛说，30年来，大庆油田在马克思列宁主义、毛泽东思想指引下，继承和发扬我们党的优良传统，学习人民解放军的建国经验，把它运用到社会主义工业建设的实践中来，形成了具有时代特征的、反映石油工业特点的大庆精神。这就是：党中央多次肯定的为国争光、为民族争气的爱国主义精神；独立自主、自力更生的艰苦创业精神；讲求科学、"三老四严"的求实精神；胸怀全局、为国分忧的献身精神。大庆精神，是我们党战争年代的井冈山精神、长征精神、延安精神在社会主义建设时期石油战线上的继承和发扬，是我们党建设社会主义的基本理论和基本路线同石油工业实践相结合的产物。它集中体现了整个石油队伍的先进思想、优良作风和高尚品德，已成为全体石油职工的宝贵精神财富和强大精神力量。王涛说，大庆油田30年来积累的丰富经验，我们在新形势下发展石油工业一定要很好地继承和发扬光大。一要学习大庆顾全大局、多做贡献的爱国主义思想，坚持发扬自力更生、艰苦创业精神。二要学习大庆全心全意依靠工人阶级，坚持企业管理中的群众路线。三是学习大庆坚持革命精神同科学态度相结合的原则，不断推进科学技术进步。四是学习大庆加强思想政治工作的经验，坚持用"铁人"精神培育和建设符合"四化"要求的职工队伍。五是学习大庆加强党的建设的经验，坚持党对企业的政治领导。我们石油战线要在党的十三届四中全会精神指引下，进一步发扬自力更生、艰苦创业、顾全大局、多做贡献的优良传统，多找油气，多产油气，为国家做出更大的贡献。

王志武在讲话中总结30年来取得的主要成就：第一，在大庆长垣外围地区开发建设了14个不同规模的油气田，逐步建成了一个以石油、天然气和石油化工为主的大型生产基地，累计生产原油10亿吨，累计生产商品天然气146亿立方米。第二，在油田勘探、开发过程中，通过对地层的认识、老油区调整挖潜和扩大外围地区勘探，石油地质储量由会战初期的26亿吨增加到48亿吨，其中长垣地区43亿吨。第三，科学技术不断进步，逐步形成一套勘探开发大型砂岩油田、保持长期稳产高产的地质理论和工艺技术系列，在年产原油5000万吨的水平上，已连续稳产了14个年头。第四，不断深化企业改革，注意改善经营管理，取得了比较好的经济效益。第五，按照"工农结合，城乡结合，有利生产，方便生活"的方针，基本上建成了一个以油气生产为主体的、工农业发展比较协调的、功能比较齐全的社会主义新型矿区。大庆油田在努力发展生产建设的同时，坚持用马克思列宁主义、毛泽东思想武装群众，以党的路线、方针、政策教育群众，建设了一支能够坚持社会主义方向的、以铁人精神为代表的、符合"四有"要求的石油职工队伍，并先后调出88000多名干部、工人参加兄弟油田会战。王志武说，今后一个时期，大庆油田一是坚持党对企业的政治领导，保证油田沿着社会主义方向前进；二是坚持"两论"起家基本功，指导油田勘探、开发和生产建设不断发展；三是坚持全心全意依靠工人阶级，办好社会主义企业；四是坚持加强思想政治工作，下功夫抓好职工队伍建设；五是坚持从大庆油田生产建设实际出发，坚定不移的推进科学技术进步；六是坚持艰苦奋斗精神，不断向新的目标攀登。

张轰在讲话中说，大庆油田的前进和发展，一直得到党中央、国务院和老一辈无产阶级革命家的亲切关怀；始终得到全国人民和人民解放军的大力支援。我们不会忘记老一辈领导、老一代职工在油田开发建设中的奠基作用和不朽功勋。今天，我们国家在前进和发展中又遇到一些困难，并面临国际上的压力，油田广大职工一定会像当年那样，大力发扬艰苦奋斗精神，多找油，多出油，为国分忧，多做贡献。

接着，孙维本和康世恩在会上讲了话。

孙维本在讲话中说，大庆的历史，是在党的领导下艰苦创业的历史。党的十一届三中全会以后，大庆人又提出"高产上五千（万吨），稳产再十年"的奋斗目标，并连续14年稳产5000万吨，创造了世界大油田开发史上的奇迹。这是大庆人继承和发扬了会战时期的光荣传统，前赴后继，艰苦奋斗，完整、准确、积极地执行党的十一届三中全会的路线的结果。孙维本说，大庆油田开发建设的30年，也是为黑龙江省的两个文明建设不断做出新贡献的30年。希望大庆能够认真总结经验，继承会战传统，发扬大庆精神，争取为祖国的社会主义建设和龙江的振兴做出新的更大贡献。

康世恩在讲话中说，这些年来，多次到大庆，每次都看到油田有许多可喜的变化，令人兴奋不已！特别是党的十一届三中全会以来，大庆在改革开放的过程中，各项工作都有新的发展。感触最深的是"五变一不变"。第一大变化是生产上不断有新的发展，年产原油5000万吨已稳产14年，油田外围勘探也不断有新的发现。第二个大变化是科学技术水平有了很大提高，电子化、数字化已在油田主要生产领域普遍应用。第三个大变化是企业的经营管理经过这几年的改革进一步完善。第四个大变化是油田各级领导班子和广大职工中新的一代成长起来了。第五个大变化是当年的"干打垒"变成了石油城，一个新型矿区建设起来了，职工生活有了显著改善。但是，最突出的，也是最根本的没有变，这就是党的优良传统没有变，坚持四项原则没有变,会战期的艰苦创业精神和干劲没有变,"三老四严"的作风没有变。康世恩指出,油田已经取得的成绩,只能说明过去,今后的担子会越来越重,油田勘探开发的难度将会越来越大,对各项工作的要求也将越来越高。你们在做到"年产五千万吨,稳产十年"之后,还要做到更长时期的稳产,怎么办?这就必须用一分为二的观点,看待大庆取得的成就,永不骄傲,永不停步,沿着你们已经走出的道路坚定不移地走下去。祝同志们今后取得新的更大的胜利!

大会在《社会主义好》《我为祖国献石油》雄壮嘹亮的歌声中结束。

(三十一)大庆油田"35·20"总结表彰大会

1995年是大庆油田开发建设35周年暨5000万吨稳产20周年的大喜大庆之年。35年来,大庆油田累计生产原油13.5亿吨,约占全国同期原油总产量的47.2%;累计向国家上缴利税和各种款项1439亿元,相当于国家同期投资总额的41倍。油田总体开发效果达到世界先进水平,创造了世界大型砂岩油田开发的奇迹。

1995年9月20日下午,大庆油田发现35周年暨5000万吨稳产20周年总结表彰大会在油田体育活动中心隆重举行。

江泽民总书记、李鹏总理专门为大庆题词。江泽民的题词是"发扬大庆精神,搞好二次创业",李鹏的题词是"继续发扬爱国、创业、求实、奉献的大庆精神"。

全国政协副主席洪学智出席大会,并以《石油事业兴旺发达,大庆红旗永放光辉》为题讲话,高度评价大庆油田开发建设35年来取得的巨大成就和丰富经验。一是坚决贯彻了党的基本路线。无论是当年会战的时候,还是在党的十一届三中全会以来的改革开放过程中,大庆油田始终坚持社会主义方向,坚持艰苦奋斗、自力更生,坚持全心全意依靠工人阶级,走出了一条有中国特色的社会主义企业发展道路。二是政治觉悟高。坚持用马克思列宁主义、毛泽东思想、邓小平同志建设有中国特色社会主义理论武装群众,以党的路线、方针、政策教育群众,建设了一支以王铁人为代表的、符合"四有"要求的职工队伍。三是作风建设硬。在油田开发建设的实践中,坚持严学当头,严格要求,严格管理,培养形成了一个"三老四严""四个一样"的好作风。四是重视科学技术。经过35周年的艰苦努力,培养了大批科技人才,逐步形成了一套处于世界领先水平的勘探开发大型砂岩油田、保持长期高产稳产的地质理论和工艺技术。五是对国家贡献大。35年来累计生产原油13亿多吨,上缴财政1439亿元,创汇440亿美元,为国民经济建设做出了巨大的贡献。

洪学智对大庆油田提出殷切的希望。他说,石油是国家重要的经济命脉,大庆油田在石油工业发展中,有着举足轻重的地位和作用。希望你们坚持"两论"起家的基本功,深入学习邓小平同志建设有中国特色社会主义理论,并努力用以指导实践,不断加快油田改革和经济建设发展;希望你们继续发扬革命加拼命的干劲和讲究科学的精神,艰苦奋斗,苦干巧干,努力保持油田高产稳产,实现原油5000万吨稳产到21世纪的奋斗目标;希望你们进一步深化改革,加强企业管理,提高油田整体经济效益,为国民经济持续、高速、健康的发展,继续发挥重要作用;

希望你们切实加强党的建设和各级领导班子建设，深入进行人生观、世界观教育，牢固树立全心全意为人民服务的思想，永远保持勤政、廉政的良好形象；希望你们要永远高举大庆这面红旗，紧密地团结在以江泽民为核心的党中央周围，坚决按照江泽民总书记和李鹏总理对你们提出的要求，继续发扬大庆精神，开拓创新，再造辉煌，继续为国家做出新的贡献。

国务院发来贺电。贺电指出，大庆油田开发建设的实践证明，无论过去和现在，大庆油田都是我国工业战线上的一面旗帜，大庆油田的职工队伍是一支爱国敬业、英勇善战、能打硬仗的队伍，大庆精神和大庆经验，过去曾激励我国工业战线广大职工奋勇前进，今后仍将继续发挥榜样和鼓舞作用。

贺电强调，石油工业是国民经济的基础产业，在国民经济发展中占有十分重要的地位，担负着十分重要的任务。希望大庆油田和石油战线广大职工继续坚持党的基本理论和基本路线，发扬光大以大庆精神和大庆经验为代表的优良传统和作风，不断深化内部改革，转变经济增长方式，进一步加快发展，担当起跨世纪的历史重任，为国民经济持续、快速、健康发展，夺取建设有中国特色社会主义的伟大胜利做出更大的贡献。会上，王涛、岳岐峰先后讲了话。大庆石油管理局局长王志武作了题为《继往开来，勇攀高峰，努力把油田稳产延伸到二十一世纪》的报告。王涛在讲话中，大庆油田的发现和开发建设是我国坚持独立自主、自力更生、艰苦奋斗方针的重大成果。35年来，大庆油田始终不渝地以生产建设为中心，以为国家多做贡献为己任，累计生产原油13.5亿吨，向国家上缴利税和各种款项1439亿元，出口原油3.08亿吨，创汇440亿美元，约占全国原油出口总量和创汇总额的76%和79%，成为增加国家石油供给和财政收入的重要支柱；大庆油田坚持用辩证唯物主义的观点指导油田开发，探索和闯出一条具有我国特色的油田发展路子，总体开发效果达到世界先进水平；大庆油田坚持以改革促发展，焕发了新的生机与活力；大庆油田坚持会战初期形成的办企业、建队伍的基本经验，整个职工队伍继续保持"爱国、创业、求实、奉献"的大庆精神、铁人精神。

黑龙江省委书记岳岐峰作题为《继续弘扬大庆精神铁人精神，努力建设长久繁荣的大庆》的讲话。他说，大庆人在第一次创业中，在亘古荒原上创造出举世瞩目的辉煌业绩。那么，我们坚信大庆人在二次创业中再现辉煌。省委、省政府和全省人民一如既往，会继续全力支持大庆二次创业。为此，岳岐峰讲了五点意见。一是要继续发扬大庆精神和铁人精神。二是加大发展替代产业的力度。三是要尽快实现由计划经济向社会主义市场经济的过渡。四是靠科技进步提高石油采收率、延长稳产期。五是依托大庆的资源和技术优势，带动所属四县加快经济发展。

会上，对大庆油田原油年产5000万吨以上稳产20年做出突出贡献的功勋集体和功勋个人进行表彰。授予55个单位"功勋杯"，授予14个单位"纪念杯"，授予406名职工"功勋员工"称号。

（三十二）大庆油田发现40周年庆祝大会

1999年9月26日，大庆油田发现40周年庆祝大会在九号院宾馆礼堂隆重举行。此次大会是与庆祝建国50周年、大庆建市20

周年合并举行的。

出席庆祝大会的领导有中共黑龙江省委常委、省政法委书记唐宪强，省人大常委会副主任赵吉成，省政协副主席曹亚范等；中国石油天然气集团公司党组成员、纪检组长张矗，原石油工业部副部长、原大庆市（局）党委书记陈烈民；省军区副政委萧玉国少将，某集团军政委张世显少将。出席大会的还有张文彬、黄凯、焦力人等会战时期在大庆工作的老领导；会战时期著名劳动模范马德仁、段兴枝、薛国邦、朱洪昌，"新时期铁人"王启民和劳模代表；曾担任过大庆市（局）主要领导职务的王苏民、王志武、李智廉、李惠新等。从大庆调到外单位工作的部分老同志，市、局、总厂部分离退休老干部，乌克兰卢甘斯克市执行委员会秘书瓦列里也出席庆祝大会。大庆市五大班子和大庆军分区领导，中省直企业领导，驻军和武警部队领导，各县区、各企事业单位和市直机关各部门领导、社会各界代表参加会议。

国务院致电中国石油天然气集团公司、黑龙江省人民政府，祝贺大庆油田发现40周年。贺电说，今年是大庆油田发现40周年。40年来，大庆油田广大干部、职工以马克思列宁主义、毛泽东思想、邓小平理论为指导，艰苦创业，拼搏进取，形成了以"爱国、创业、求实、奉献"为突出特征的大庆精神、铁人精神，并连续24年保持年产原油5000万吨以上水平，为我国石油工业的崛起和国民经济的发展做出了重大贡献，成为我国工业战线的一面红旗。国务院特向你们并通过你们向大庆油田各级干部、工程技术人员、工人和离退休干部、职工及家属同志们，表示热烈祝贺和亲切慰问！

大庆油田开发建设40年的成就，是我国社会主义现代化建设事业蓬勃发展的生动例证。它充分证明了社会主义制度充满了巨大的生机和活力，国有企业和工人阶级在我国社会主义建设事业中发挥着不可替代的主导作用。

当前是我国社会主义现代化建设实现第二步战略目标，并向第三步战略目标迈进的关键时期，大庆油田在国民经济发展中占有重要地位。希望你们在党的十五大精神指引下，发挥优良传统，坚定不移地深化企业改革，推进结构调整，加强技术创新，提高市场竞争能力，在新的历史发展时期再上新台阶，为我国社会主义现代化建设事业做出更大的贡献。

在大会上沈阳军区政治部副主任沈相峰致贺词；中华全国总工会党组副书记李奇生宣读中华全国总工会致大庆石油管理局并全体职工的贺信。大会还表彰在二次创业中做出重大贡献的有功人员。

大庆石油管理局党委书记张树平在报告中总结大庆油田40年来取得的主要成就：

一是成功地勘探开发了大庆油田，建成了我国最大的石油工业基地。40年来，累计探明含油面积3989.9平方千米，石油地质储量55.09亿吨，天然气（含伴生气）储量2703.05亿立方米，生产原油15.5亿吨，生产天然气705.9亿立方米，原油产量占全国同期陆上总产量的47%。大庆油田已成为我国国民经济重要的支柱企业之一。

二是科学技术不断进步，形成了一整套陆相石油地质理论和非均质大型砂岩油田地质开发理论及工程技术系列。形成了以沉积相精细地质研究和分阶段接替稳产为基础的、具有中国特色的油田开发地质理论；以"六分四清"、"稳油控水"及"三次采油"为主要内容的油藏、钻井、测井、采油工程等配套技术系列。共取得科研成果5357项，其中获国家级奖励85项。"大庆油田长期高产稳产的注水开发技术"、"高含水期稳油控水系统工程"先后获国家科技进步特等奖，"聚合物驱油技术"获国家科技进步一等奖。大庆勘探开发成果与"两弹一星"等重大项目共同载入了中国科技发展史册。

三是多种经营初具规模，为油田经济持续发展奠定了基础。40年来，多种经营从无到有，已逐步形成了为油田生产服务的辅助产业、种养殖业及农副产品加工业、石油精深加工业、商贸餐饮服务业、建筑建材业和机械电子业六大产业，有企业厂点1011个，从业人员66144人。1999年，年销售收入预计可达60亿元。

四是创造了巨大的经济效益，为共和国做出了突出的贡献。40年来，累计向国家和地方财政上缴各种资金2214亿元，是国家给油田总投资的44倍；累计为国家出口原油3.44亿吨，创汇482亿美元。

五是精神文明建设取得丰硕成果，创造出了宝贵的无形资产。

六是培养造就了一大批优秀人才，为发展我国石油工业做出了重要贡献。现有技术人员68414人，占职工总数的25%。其中，中国工程院院士1人，国家级、省部级和局级科技专家451人，博士、硕士生727人。40年来，有2万多名优秀干部、工人和知识分子陆续走上各级领导岗位，有93000多名干部、工人支援兄弟油田建设，为我国石油工业的发展提供了有力的人才支持。

七是初步建成了功能配套、环境优美的新型矿区，职工物质文明生活明显改善。

张树平把大庆油田40年来的基本做法归结为：坚持"两论"起家基本功，用毛泽东思想、邓小平理论武装职工头脑，探索有中国特色的石油工业发展之路；坚持独立自主、自力更生为主与学习借鉴国内外先进经验相结合，不断丰富油田开发建设的理论和实践；坚持科技领先，搞好超前试验，不断提高油田开发建设水平；坚持从油田实际出发，推进改革，加强管理，不断提高企业经营水平；坚持立足当前，规划长远，积极谋求企业的可持续发展；坚持全心全意依靠职工办企业方针，充分调动广大职工的主人翁责任感和积极性；坚持加强和改进企业思想政治工作，着力建设一支铁人式的"四有"职工队伍；坚持党对企业的政治领导，充分发挥党组织在企业中的政治核心作用。

张树平说，新的历史时期，大庆油田要高举邓小平理论伟大旗帜，深入学习贯彻党的十五大和十五届四中全会精神，以建立现代企业制度为目标，全面推进局第五次党代会提出的总体工作部署，坚持以经济效益为中心，坚持"高水平、高效益、可持续发展"的方针，充分利用国际国内"两个市场、两种资源"，努力构建石油主业、服务行业和多种经营共同发展的经济格局，保持整体经济效益继续处于全国500强企业的前列地位，实现大庆油田跨世纪的长期稳定、发展与繁荣。按照这一总体思路，当前重点要抓好以下五项工作：一是深入学习邓小平理论，认真贯彻十五届四中全会精神，全面推进企业重组改制；二是解放思想，转变观念，谋求企业可持续发展；三是以全国科技大会精神为动力，切实搞好技术创新，实现跨越式发展；四是进一步加强精神文明建设，为二次创业提供坚强有力的保证；五是抓好今后三个月的工作运行，确保全年各项生产经营目标的实现。总之，我们要继续发扬大庆精神，搞好二次创业，实现持续发展，再创大庆辉煌，把一个更加富有生机与活力的大庆油田推向21世纪。

黑龙江省政府领导在讲话中指出，大庆油田40年开发建设的历史经验是辉煌的，经验是宝贵的。面对新世纪，我们要进一步总结历史的经验，继续发扬以"爱国、创业、求实、奉献"为主要内容的大庆精神和铁人精神，并使其具有新的时代特征。要在坚持高产稳产的同时，谋划未来发展，积极推进二次创业，争取新的更大的胜利。为此，要发扬用先进思想武装头脑的"两论"起家精神，坚持用邓小平理论指导持续发展的实践；要发扬"宁可少活20年，拼命也要拿下大油田"的艰苦创业精神，继续建设特别能战斗的职工队伍；要发扬"有条件要上，没有条件创造条件也要上"的历史主动精神，增强克服困难、开拓前进的信心和勇气；要发扬"科技领先"的崇高科学精神，加快技术创新步伐。

黑龙江省政府领导强调，在为国家多做贡献的同时，大力促进区域经济发展，是大庆油田的重要职责，也是优势所在。一是充分发挥带动作用，加快全省石化吃配项目和产品的发展。二是与地方密切协作，加快发展后续产业和替代产业。三是充分利用大庆知名度的优势，在扩大开放和对外经贸方面发挥辐射作用。四是进一步加强对周边区县的支援，大力发展质量效益型农业。省领导强调，全省特别是大庆市各级党组织和部门要全力支持大庆油田的发展。要从促进自身发展出发，以支持大庆油田发展为己任，急大庆油田之所急，解大庆油田之所难，帮大庆油田之所需，为大庆油田的持续发展创造更好的生产生活环境。

中国石油天然气集团公司总经理、党组书记马富才在讲话中对大庆油田提出希望和要求。他说，当前我们正处在世纪之交的特殊时期，随着世界经济一体化和知识经济时代的到来，全球范围内的产业和经济结构调整正在加快进行，国内市场日趋国际化，竞争更加激烈。我国正在实施现代化建设的第三步战略目标，国有经济布局正在进行战略性的调整，各项改革措施将进一步的深化。在这种形势下，按照党中央和国务院的要求，我们集团公司正在进行重组改制，加速建立现代企业制度，实现跨世纪的持续稳定发展。大庆油田作为我国最大的国有企业，在国企改革中继续发挥骨干带头作用，搞好二次创业，再创新的辉煌，这是历史赋予大庆油田的使命，也是大庆油田本身改革和发展的需要。为此，提出以下几点希望和要求：第一，高水平、高效益地开发好大庆油田，实现跨世纪的持续稳定发展；第二，大力推进科技进步，搞好技术创新；第三，继续加强以降低成本为核心的企业管理工作；第四，按照建立现代企业制度的方向，稳步推进重组改制工作；第五，加强党的建设和思想政治工作，把油田精神文明建设提高到一个新的水平。

（三十三）大庆油田高科技新会战誓师大会

2008年7月9日，集团公司专门召开党组（扩大）会议，专题研究并原则通过《大庆油田原油4000万吨持续稳产规划研究》，拉开大庆油田高科技新会战的序幕。2008年7月16日15时，大庆油田高科技新会战誓师大会在龙南体育馆隆重召开。

会上，大庆油田公司总经理、管理局局长王玉普作题为《继承发扬大庆精神，打好高科技新会战，向原油4000万吨持续稳产目标进军》的重要讲话。王玉普指出，用高科技打好新会战，向原油4000万吨持续稳产目标进军，是党和国家寄予大庆油田的殷切期望，是历史赋予我们的神圣使命，是时代赋予我们的重大责任，也为我们创造新业绩、建立新功勋、续写新辉煌，提供了难得的历史机遇，搭建了广阔的实践舞台。

就如何用高科技打好新会战，王玉普提出三点要求：

一是要充分认清4000万吨稳产的形势任务，切实肩负起时代赋予的历史重任。油田广大干部员工要认清4000万吨稳产的重大意义，继续高唱"我为祖国献石油"的主旋律；要认清4000万吨稳产的主要任务，努力走出一条技术驱动型的发展道路；要认清4000万吨稳产的有利条件，坚定必胜的信心和决心。

二是要突出高科技在4000万吨稳产中的主导地位，全力打好新时期的新会战。王玉普强调，实现4000万吨持续稳产，必须紧紧依靠高科技，大力发展高科技。现阶段，油田科技发展的总体思路和要求是，要在战略上，坚持"四个同时"：在加快核心主导技术攻关的同时，加强重大基础理论研究；在加快成熟技术推广应用的同时，加强重大革命性技术措施研究；在加快解决持续稳产技术需求的同时，加强长远战略储备技术研究；在加快油田内部市场适用技术攻关的同时，加强外部高端市场主导技术研究。要在战术上，注重"三个结合"：自主创新与借脑引智相结合；重点突破与全面推进相结合；单项技术创新与集成创新相结合。要在实施上，打好"五大战役"：以实现储采基本平衡为目标，打好油气勘探攻坚战；以实现采收率达到60%为目标，打好老区精细挖潜攻坚战；以加快低效难采储量动用为目标，打好外围有效开发攻坚战；以形成重要产量接替区为目标，打好海塔盆地增储上产攻坚战；以打造一批名牌企业为目标，打好以技术进步推动产业升级的攻坚战。

三是要切实加强组织领导，为打好高科技新会战、实现4000万吨稳产提供有力保证。王玉普指出，这场高科技的新会战，既是一场大仗，也是一场硬仗；既是一场攻坚战，也是一场持久战。油田各系统、各单位要弘扬大庆精神、铁人精神，保持奋发有为的冲天干劲；要加强规划部署，保证各项工作的有序推进；要完善创新体系，营造科技攻关的良好环境；要全面组织动员，形成推进发展的强大合力。王玉普指出，纵然在前进的道路上，会有这样那样的矛盾和困难，但我们敢于擂响战鼓、发起冲锋，最后的胜利一定是属于我们的。

会上，大庆油田公司副总经理、管理局副局长隋军发布油田公司26项重大科研攻关项目，并宣布项目长及项目成员名单。这26项重大科研攻关项目是通过油田领导、科技专家及广大科技人员系统分析、总体论证而确立的。其中包括松辽盆地北部中浅层精细勘探配套技术等9项重大配套研究项目、松辽盆地北部扶杨油层勘探突破关键技术等11项重大专项攻关项目、大庆外围盆地优选区油气资源战略评价及突破研究等6项重大储备探索项目。

勘探开发研究院、大庆钻探工程公司、海拉尔石油勘探开发指挥部、采油一厂、采油八厂等5家单位代表在会上作表态发言。

大庆油田公司（管理局）领导及与会人员纷纷在写有"用高科技打好新时期的新会战，向原油4000万吨持续稳产目标进军"的长卷上签名留言，表达打好高科技新会战的坚定信心。

（三十四）大庆油田发现50周年庆祝大会

大庆油田发现50年来，生产原油20多亿吨，占全国同期陆上原油总产量的40%，累计上缴各种税费1.1万亿元，在国内连年位居原油产量第一、油田采收率第一、上缴税费第一，为保障国家能源战略安全、促进国民经济持续健康发展做出了卓越贡献。

2009年9月22日，大庆油田发现50周年庆祝大会召开。黑龙江省省长栗战书主诗会议。中共中央政治局常委、书记处书记、国家副主席习近平出席大会并发表重要讲话。习近平代表党中央、国务院，向中国石油天然气集团公司及大庆油田表示热烈祝贺！向为大庆油田开发建设做出贡献的老一代石油人表示崇高敬意！向大庆油田和石油战线的广大干部职工及其家属表示亲切慰问！

中共中央政治局委员、国务院副总理张德江在大会上宣读了国务院贺电。贺电指出，50年前，我国在松辽大地上发现了大庆油田，在极其艰苦的条件下，调动全国的石油队伍，展开了气势磅礴的大庆石油会战，彻底甩掉了中国"贫油"的帽子，开创了我国石油工业发展的新纪元。50年来，几代大庆人艰苦创业、拼搏奋进、无私奉献，大庆油田已发展成为我国最大的石油生产基地，为保障国家能源安全、促进国民经济和社会发展做出了突出贡献，不仅创造了巨大的物质财富，而且创造了以"爱国、创业、求实、奉献"为鲜明特征的大庆精神、铁人精神，成为激励中国人民不畏艰难、勇往直前的宝贵精神财富。大庆油田开发建设的辉煌历程，谱写了我国产业工人和科技工作者自力更生、艰苦奋斗的壮丽诗篇，再次向世人证明，中国人民有志气、有信心、有能力不断创造非凡的业绩，不断铸就社会主义现代化建设事业的新丰碑。

贺电最后指出，全面建设小康社会对我国能源供应和能源安全提出了新的更高要求。确保大庆油田实现可持续发展，是大庆油田全体干部职工肩负的重要使命。希望大庆油田全体干部职工，以邓小平理论和"三个代表"重要思想为指导，深入贯彻落实科学发展观，继续发扬大庆精神、铁人精神，着力转变发展方式，着力推进自主创新，深挖开采潜力，保持油田高产稳产，努力创建百年油田，为我国石油工业发展做出新的更大贡献！

会上，黑龙江省委书记、省人大常委会主任吉炳轩，中国石油天然气集团公司总和中国石油大庆油田公司负责人以及"新时期铁人"王启民先后发了言。

吉炳轩说，大庆油田坐落在龙江，大庆精神根植于龙江。大庆黑龙江加快发展的物质支撑，大庆黑龙江振兴腾飞的精神支柱。黑龙江人民热爱大庆，黑龙江人民学习大庆。我们要把大庆精神作为推动龙江经济社会又好又快，更好更快发展的强大动力，在以胡锦涛同志为总书记的党中央领导下，进一步解放思想，改革创新，艰苦奋斗，真抓实干，进一步加大石油勘探开发，加快石油开采技术创新，加速发展石油精深加工，加紧现代化石油之都建设，创建百年油田，打造百湖新城。让美丽的龙江、富饶的龙江更加美丽更加富饶，开创龙江建设的新局面，谱写更加美好的新篇章。

习近平在参加完大庆油田发现 50 周年庆祝大会后，在吉炳轩、刘国中等省市领导的陪同下，参观了大庆城市建设，考察了大庆服务外包园、纳奇网络公司等企业。在大庆服务外包园考察时，习近平对公司董事长徐岩说："你是大庆油田的子弟，从事非油产业工作，这很好。希望你充分利用所学，把企业发展得更好，为大庆的发展多做贡献。"在考察过程中，习近平对大庆的巨大变化感到十分欣慰，一再叮嘱大庆要加快城市转型，努力建设更具发展活力、更适宜人居的大庆。

来自党中央、国务院的亲切关怀、殷切期望，激励着大庆抢抓机遇，加快发展。

原油持续稳产，整体协调发展，构建和谐矿区，高举大庆红旗。大庆油田作为我国工业战线的一面旗帜，肩负着探索实践中国特色社会主义国有企业发展道路的重大责任与使命。油田发现 50 周年庆祝大会召开以来，油田上下认真贯彻落实习近平同志的重要指示，发扬大庆精神，继续艰苦创业，扎实推进原油持续稳产、整体协调发展、构建和谐矿区"三大战略任务"，油田步入了科学发展、和谐发展、可持续发展的新阶段。油田深刻认识到，原油持续稳产，作为油田的第一责任，始终是公司的首要任务和重中之重；整体协调发展，作为重组整合后的根本要求，始终是打造综合一体化优势的必由之路；构建和谐矿区，作为员工群众的根本利益所系，始终是发展成果惠及各方的应有之义。推进实施这"三大战略任务"，首要的前提是高举大庆红旗，动力也源于高举大庆红旗，这是油田独特的政治优势，是油田肩负的政治使命，必须同原油持续稳产、整体协调发展、构建和谐矿区一道，上升到政治高度来认识，放到战略层面来推进，构成"四位一体"的战略体系。

（三十五）大庆油田发现 60 周年庆祝大会

2019 年 9 月 26 日，大庆油田发现 60 周年庆祝大会在油田隆重举行（见图 4-5）。黑龙江省委书记、省人大常委会主任张庆伟宣读习近平总书记贺信，国务院国资委党委书记、主任郝鹏宣读国务院贺电，国家发展和改革委员会党组成员、国家能源局党组书记、局长章建华致辞，中国石油集团党组书记、董事长王宜林出席会议并讲话，黑龙江省委副书记、省长王文涛主持大会。"人民楷模""改革先锋"、大庆新时期铁人、石油会战代表王启民回顾油田 60 年艰苦奋斗路和产业报国史。大庆钻探 1205 钻井队队长张晶代表油田职工发言。中国石油天然气股份有限公司副总裁、油田党委书记、油田公司执行董事孙龙德作题为《高举习近平新时代中国特色社会主义思想伟大旗帜，牢记初心担使命，振兴发展向百年》报告。中央和国家部委有关领导，黑龙江省委、省人大常委会，省政府、省政协、省军区有关领导，中国石油有关领导及驻黑龙江地区石油企业、大庆市、中国石化、中国海油、陕西延长石油、中国石油大学（北京）等石油院校负责人，

图 4-5　大庆油田发现 60 周年庆祝大会会场

中央主流媒体记者，参加过大庆石油会战和在大庆油田工作过的老领导、各时期劳模代表，油田先进集体和职工代表，大庆市、大庆石化、大庆炼化职工代表等 3500 余人出席庆祝大会。庆祝大会结束后，与会人员进行现场参观，并观看油田迎"双庆"文艺演出。

附：习近平总书记的贺信和国务院贺电

贺　信

值此大庆油田发现 60 周年之际，我代表党中央，向大庆油田广大干部职工、离退休老同志及家属表示热烈的祝贺，并致以诚挚的慰问！

60 年前，党中央作出石油勘探战略东移的重大决策，广大石油、地质工作者历尽艰辛发现大庆油田，翻开了中国石油开发史上具有历史转折意义的一页。60 年来，几代大庆人艰苦创业、接力奋斗，在亘古荒原上建成我国最大的石油生产基地。大庆油田的卓越贡献已经镌刻在伟大祖国的历史丰碑上，大庆精神、铁人精神已经成为中华民族伟大精神的重要组成部分。

站在新的历史起点上，希望大庆油田全体干部职工不忘初心、牢记使命，大力弘扬大庆精神、铁人精神，不断改革创新，推动高质量发展，肩负起当好标杆旗帜、建设百年油田的重大责任，为实现"两个一百年"奋斗目标、实现中华民族伟大复兴的中国梦作出新的更大的贡献！

习近平
2019 年 9 月 26 日

贺　电

中国石油天然气集团有限公司、黑龙江省人民政府并转大庆油田有限责任公司：

在全国上下喜迎中华人民共和国成立 70 周年之际，大庆油田迎来发现 60 周年的重要时刻，国务院向大庆油田广大干部职工、离退休老同志及家属，表示热烈祝贺和亲切慰问！

大庆油田的发现和开发，在中国石油发

展史上具有历史转折意义，由此开始了我国石油工业的跨越式发展。六十年来，以王进喜、王启民为代表的几代大庆石油人艰苦创业、拼搏奋进，把大庆油田建成了我国最大的石油生产基地，取得了令世人瞩目的辉煌业绩，为保障国家能源安全、促进经济社会发展作出了重要贡献。大庆油田孕育形成的大庆精神、铁人精神，成为中华民族伟大精神的重要组成部分，激励着中国人民不畏艰难、勇往直前。六十年一甲子，筚路蓝缕、岁月峥嵘，大庆油田的光辉发展历程充分证明，中国人民有信心、有办法、有能力创造非凡成绩，不断夺取中国特色社会主义新胜利。

决胜全面建成小康社会、实现中华民族伟大复兴的中国梦对保障我国能源安全提出了新的更高要求。希望大庆油田全体干部职工以习近平新时代中国特色社会主义思想为指导，全面贯彻落实党的十九大精神，按照党中央、国务院决策部署，认真践行新发展理念，继承发扬大庆精神、铁人精神，持续深化改革、降本增效，坚持稳油增气、内外并举，积极培育新动能，着力推动高质量发展，奋力谱写新篇章，为保障我国油气安全稳定供应、推动东北全面振兴全方位振兴、实现"两个一百年"奋斗目标和中华民族伟大复兴的中国梦作出新的更大贡献！

国务院

2019年9月23日

逸闻

（一）中央、国务院各部门支援大庆会战

1960年2月20日，中共中央批转石油工业部党组《关于东北松辽地区石油勘探情况和今后工作部署问题的报告》后，3月9日下午，国务院副总理、经委主任薄一波，在中南海二楼72号会议室主持召开国务院有关部委和辽宁、吉林、黑龙江三省、东北协作区负责人参加的会议。听取余秋里、康世恩和黑龙江省副省长陈雷关于会战的工作部署、需要解决的问题以及黑龙江省支援油田开发建设的情况。薄一波副总理最后讲了话。会议同意石油工业部党组提出的对松辽油区勘探工作的规划和部署；关于支援松辽油区的工作，在中央书记处领导下，做具体督促、检查工作的是计委、经委和建委。凡是应当解决的问题，三个委一定积极帮助解决。前一段支援松辽油区的工作，黑龙江省委搞得很好，今后仍以黑龙江省为主，继续进行。在目前开发松辽油田大会战期间的组织领导，仍由石油工业部党组挂帅，亲临前线，统一指挥，不再组织二级领导机构。关于石油工业部提出的要求解决的具体问题，原则上同意一律解决。有关干部问题，除由中央负责解决一部分外，也要请地方调配一部分。

3月11日，国家经委再次召开会议，讨论解决支援石油会战所需的钢材、设备等问题。通过讨论，决定为大会战解决钢材、设备、房屋和各种配件以及油区筑路的问题。

1960年3月17日，国务院经委、计委、建委又发出电报通知，为石油大会战所需的8000吨石油专用设备所需的钢材等已拨给石油工业部，请东北三省企业妥善安排，可以组织各中央直属企业及军工，在保证原定国家计划的条件下，鼓足干劲，千方百计，为石油制造设备。

会战开始的时候，荒原上没有发电厂，没有东北电网的线路。水电部、黑龙江省电管局、齐齐哈尔电业局等电力部门尽责尽力，努力供电。水电部专门派来 34 号列车电站，只用两天时间就安装完毕，开始正常发电。随着油田开发规模的日益扩大，用电量逐日增加，水电部又派来 6 号、31 号、32 号三个列车电站，以最快的速度安装发电，其中 31 号列车电站在大庆工作了 12 年。到了 1961 年，机组列车电站难以满足日益扩大的用电需求，水电部决定从齐齐哈尔富拉尔基发电厂到大庆架设一条 110 千伏的高压输电线路。在让胡路地区建设一个大型变电站。这条线路长 136 千米，经过建设者们日夜不停、加班建设，仅用一年时间就架通投产。1962 年以后，又相继建成龙凤热电厂、新华热电厂，装机容量大幅度增加，供电的紧张局面得以缓和。

铁道部从会战一开始，就在哈尔滨成立支援会战指挥部，统筹解决会战物资的运输问题。油田开发前，油区只有萨尔图、卧里屯、喇嘛甸 3 个五等小站，龙凤和让湖路两个站仅供养路工区用。萨尔图车站只有三条半线路，每天都要超负荷运卸成千万吨的会战物资。针对这种情况，铁道部门克服种种困难，扩建了萨尔图、让湖路、龙凤三个车站。让湖路车站扩建为齐齐哈尔铁路局的运输枢纽。为了减轻滨洲线的压力，还加快建设一条从让湖路至通辽的全长 1380 千米的新路线，为原油列车南下增添一条通道。铁路部门还为运输石油会战急需的物资器材大开绿灯。大庆炼油厂的铁塔重达 300 吨以上，为了按时把设备运到现场，铁路沿线不惜拆移 128 座信号灯和 42 组道岔，保证超高、超宽、超重、超长的炼塔安全正点运达。

油田的开发和建设，离不开大量的钢材和各类运输车辆、机械设备。在石油会战中，冶金、机械部门大力支援和帮助。在物资供应十分紧张的情况下，他们把最好的材料和优质产品优先供应会战。常年定点供应的有鞍山钢铁公司、首都钢铁公司、包头钢铁公司等。其中鞍钢每年供应 2 万吨以上。本溪、抚顺、重庆、齐齐哈尔等地钢厂，为石油会战专门冶炼、轧制石油企业所需的特种特型钢材。

会战开始后，油田急需大宗木材，光靠国家按计划分配的指标，远远不能满足需要。经国家计委安排，林业部和有关林业局专门为大庆开辟拉"困山材"的渠道。这些困山材是因为出山道路艰险、雪厚林深，或因险崖峭壁，或困于湍流险滩后面的崎岖山地里，常年拉不出来（见图 4-6）。黑龙江沿河林业局、双子河林业局等单位派人与油田进山集材队一起进入深山老林，克服重重困难，每年为大庆石油会战集材 2.51 万—3.0 万立方米。

图 4-6 林业部支持木材

当时，全国还有200多个科学研究和设计部门、高等院校和有关企业相结合，为发展新中国的石油事业，打破国际反动势力的层层阻挠和封锁，填补国内生产的空白，以发展新技术、试制新产品、改造技术设备、传授技术和经验、培养技术和管理人才等为主要内容，对石油会战进行协作支援。中国科学院用电子计算机协助复核计算油田地质储量；上海电缆研究所等单位承担油田专用电缆的研究和试制；沈阳市科委组织沈阳水泵厂等28家工厂协作，帮助试制油田特用泵；天津市第二水泵厂帮助试制油气混输泵；等等。

会战还没正式开始，黑龙江邮电管理局就组成邮电工程队到油区架设通讯线路，安装通讯设备。邮电部从全国各地抽调骨干职工100多人到会战地区工作。他们深入井场、工地为职工服务，在施工现场办理各项邮电业务。1963年，经和邮电部领导协商，新建了邮电局机房1200平方米，增添了128组载波机，扩大了通信能力；增设了萨尔图直达哈尔滨、北京的长途通信线，方便了石油会战的联络和指挥。

中央特别重视对大庆油田的宣传。1964年4月19日，中央人民广播电台播送新华社记者袁木、范荣康采写的长篇通讯《大庆精神大庆人》，首次对外披露大庆油田。1965年11月，国家计委根据毛泽东主席工业学大庆的精神和余秋里、康世恩在中央国家机关干部大会和北京干部大会上汇报的大庆油田开发建设经验，在北京历史博物馆举办《大庆油田基本经验展览》，接待观众100多万人。1966年1月9日，《人民日报》开始连续登载《学大庆，从哪里学起》《大庆作风是怎样培养成的》等文章，大庆油田逐渐为人所熟知。

（二）支援大会战全国一盘棋

党中央、国务院做出松辽石油大会战的决定后，全国各地区、各部门、各企业及人民解放军从人力、物力、技术、设备、工程设计、施工等，进行全面支援和密切协作。铁道、水电、邮电、冶金、机械、化工、农机、林业等有关部门，从会战一开始，就主动向石油工业部领导提出支援。30多个大中城市，110多个工厂、企业、科研单位主动承担和部分承担大会战多种技术项目和工程项目。尤其是黑龙江省委、省政府和全省人民，为了尽地主之谊，"全力以赴，全面支援"，宁肯牺牲地方利益，确保大会战胜利完成。

铁道部从会战一开始，就在哈尔滨成立支援松辽会战指挥部。专门统筹、指挥和解决运输会战物资问题。铁道部和齐齐哈尔、哈尔滨两铁路局的领导，经常到大会战第一线，检查和解决站线扩建和物资抢运工作。油田开发前，这里只有萨尔图、卧里屯、喇嘛甸3个五等站。龙凤和让胡路两站仅供养路工区之用。萨尔图车站仅有三条半线路，每天要超负荷运卸成千上万吨会战物资。起初每年平均卸货量仅12万车皮，后来发展到33万多车皮，职工旅客运输量每年为70万人次，后来发展到约700万人次。这么大的工作量，和那么不相适应的站线设施，给铁路部门造成的困难是可想而知的。但铁路部门千方百计，克服各种困难，保证客货运输的畅通无阻。为了解决运输问题，把萨尔图、让胡路和龙凤三个站进行扩建。萨尔图车站由三条半线路发展到十三条线路，另设计十条专用线。线路长度由2.45千米延长到15.57千米。让胡路车站建成为齐齐哈尔铁路局的运输枢纽。为了减轻滨州线的压力,铁道部还建设了一条从让胡路至通辽的全长约138千米的新线路。在为大庆建设运输急需物资时,铁路部门总是大开绿灯,通力协作以不误工期。有的特殊重大部件,如炼油化工建设的重大部件,有的一件重达300吨以上。为了按时把设备运到施工现场,有一次,铁路沿线不惜拆移128座信号机和42组道岔设施,保证安全正点到达。为了解决大会战急需的大量用电,水电部、黑龙江省电管局、齐齐哈尔电业局等电力部门,尽责尽力,确保供电。抢建电厂,远水不解近渴,水电部专门派来34号列车流动电站,千里迢迢,运到大庆,只用两天时间就搞好安装正常发电。随着油田开发速度的规模日益扩大,用电量逐渐增加,水电部接着又派来36号、31号、32号三个列车电站,以最快的速度安装发电。随着油田开发建设发展,水电部决定从齐齐哈尔富拉尔基发电厂到大庆架设一条110千伏高压输电线路,全长136千米,在让胡路地区建设一个大型的变电站。建设者们冒着风沙、盛暑和严寒,日夜不停,加班赶架。仅用一年半时间就建成投产,纳入东北电网。强大的电流开始从富拉尔基输往油田。对加快油田建设起到重要作用。

会战还没有开始,黑龙江省邮电管理局就组成邮电工程队到会战前线架设通信线路,安装通信设备。邮电部从各地抽调干部、职工100多人,到会战地区,深入井场工地为职工服务。随着油田建设发展,邮电部决定新建邮电局1200多平方米,增加12组载波机,扩大了通信能力,添设萨尔图直达哈尔滨、萨尔图直达北京的长途电讯线路,方便大会战的联系和指挥。

大会战中,油田勘探开发和建设,急需大量的钢材、水泥、木材和各类机械设备,每当遇到困难,冶金部、机械部和林业部都及时伸出援助之手。当时,国内物资供应十分困难,特别是优质钢材、木材和各类建筑材料,运输车辆和机械设备都十分紧张。为了保证开发大庆油田的物资供应,他们把困难留给自己,把最好的材料、最优质的产品优先供给大庆。在极端困难的条件下,当年就支援钢材73190吨、木材50032立方米、水泥72713吨、机电设备50268吨、地方建筑材料64245吨。全国有18个省市自治区、30个大型钢材生产和加工企业为大庆会战提供钢材。常年定点供应的有鞍山钢铁公司、首都钢铁公司、包头钢铁公司等,其中鞍钢每年供应钢材2万吨以上。本溪、抚顺、重庆、贵阳、齐齐哈尔等钢厂,也在自己任务繁重的情况下,专门冶炼、轧制油田建设所需的特种、特型钢材。

大会战所需的大宗木材,光靠国家分配的指标,是不能满足生产建设需要的。为弥补不足,经国家计委安排,林业部和有关林业局专门为大庆会战开辟拉运困山材的渠道。黑龙江省、双子河林业局等单位派出人员与油田进山集材队一起进入深山老林拉运木材。这些困山材是因为出山道路艰险,雪厚林深,或困于悬崖峭壁,或困于湍流险滩之中,常年困在山里的。他们和油田的运输队伍,克服重重困难,在人迹罕至的深山和惊险崎岖的山路上,每年为石油会战计划外集材约2.5万—3万立方米。

大庆石油会战所需的大宗砖瓦沙石、水泥等建筑材料,来源于全国400多个厂家。会战初期所用的水泥全都是南京江南水泥厂生产的。油田建设的规模和矿区建设迅速发展，这些材料总是供不应求。黑龙江省有200多个厂家改产和转产，以满足大庆会战的需要。哈尔滨水泥厂为油田生产专门用于油井的水泥，每年约8万吨。山河屯沙场采掘的工程沙和吉新河、扎兰屯、平山、一面坡等采石场生产的石材，基本上专门供应大庆。东北三省其他的如抚顺水泥厂、本溪水泥厂、大连玻璃厂、沈阳玻璃厂、长春油毡纸厂、石棉制品厂等也都给予全力支援。

大庆会战所用的机电产品和各种设备，是由全国500多家企业生产制造的。油田使用的第一部中型钻机来自山西太原矿山机械厂。油田开发、生产所需要的机电产品和多种设备，专用性能强，质量要求高，许多是国内没有的，许多厂家为了保证会战的需要，组织技术力量，专门攻关，边设计边试验边生产。有的还专门建立生产车间。哈尔滨电控设备厂专门设计生产野外活动锅炉，沈阳水泵厂专门设计生产用于油井注水的大功率高效率节能水泵，上海自动化仪表公司专门生产制造用于钻井、采油、井下作业专门使用的各类仪表，哈尔滨电缆厂为油田专门设计生产专用电缆，哈尔滨变压器厂专门为大庆会战供电设立一个制造4万千伏安的电力变压器车间，每年为油田提供上千台变压器。哈尔滨北方橡胶厂、中国橡胶研究所等单位为配合独创采油工艺新装置水力皮球式封隔器，组织专门试验车间，试验生产各种皮球，经历上千次的反复试验，终于搞成功合乎设计要求的皮球，为油田开发付出辛勤的劳动，做出重大的贡献。

在大会战中，从新技术研究方面开展支援的，全国有28个部门和单位积极主动地承担和部分承担十几个科学技术研究课题。其中七三八厂、北京自动化厂、北京自动化研究所、西安仪表厂、中国科学院东北自动化研究所、沈阳市机电局等部门和单位承担油田自动化管理技术研究和试验；上海电缆研究所、上海电缆厂、昆明电缆厂、沈阳电缆厂、哈尔滨电缆厂承担油田特用电缆新技术研究和试制；沈阳市科委组织沈阳水泵厂、沈阳电机厂、沈阳变压器厂、沈阳重型机械厂、七二四厂、沈阳黑色金属伸拔厂、沈阳春兴开关厂等28个工厂大力协作，帮助研究试制成功油田特用泵；北京中国橡胶研究院、中国橡胶公司、上海橡胶制品一厂、上海橡胶工业制品研究所、沈阳橡胶四厂、青岛橡胶六厂、北方橡胶厂帮助研究试制成功新的采油工艺装置；哈尔滨工业大学帮助研究综合测试仪表、测井技术和原油含水自动分析；吉林工业大学、吉林化工研究所协助研究深井泥浆；东北计算机中心帮助研究油田集中控制专用电子计算机；此外，中国科学院、北京粉末冶金研究所、64-1厂和华中工学院等单位还承担多项尖端技术研究。

在新产品试制方面进行支援的有第一机械工业部、冶金工业部、化学工业部、农业机械部等部门所属工厂和北京、上海、天津、东北等地区的工厂，紧密结合油田生产需要帮助设计试制采油、钻井、油田机械化施工、仪表等方面的新产品。其中，第一机械工业部工程机构研究所帮助改制成功冻土挖掘机；上海石油机械配件厂帮助试制折叠式活动管线、井下扩大器、射孔机；上海电热电器厂帮助试制油井电炉；上海电焊机厂帮助试制二氧化碳气体保护自动焊管机；上海荣丰机器厂、良工阀门厂帮助试制新采油树；

上海汽轮机厂帮助试制高精度滑阀；上海锅炉厂、哈尔滨锅炉厂、富拉尔基重型机械厂帮助试制炼厂延迟焦化塔蒸馏塔等设备；沈阳热工仪表厂和沈阳水暖厂帮助试制电缆压力计；沈阳水泵厂帮助试制油井特用泵、高压离心注水泵、热水泵；沈阳电机厂帮助试制油田特用泵电机机组；天津市第二水泵厂帮助试制油气混输泵；天津市水表厂帮助试制高压水表；天津建筑机械厂帮助试制沼泽地推土机；哈尔滨汽轮机厂帮助试制新型采油树、油罐汽车；哈尔滨电表仪器厂帮助试制高内阻直流电压表；兰州通用机械厂帮助试制通井机、水泥车；无锡通用机械厂帮助试制中压压风机；蚌埠空气压缩机厂帮助试制压风机；杭州某机械厂帮助试制螺杆压缩机；杭州半山重型机械厂帮助试制冻土挖掘机；锦西化工机械厂帮助试制液体二氧化碳槽车；富拉尔基重型机械厂为超深井制造特用设备；此外，101厂、102厂及兰州石油化工机械厂、兰州石油机械研究所等单位协助试制其他新产品。

为了使油田新技术设备性能更加符合生产发展需要，全国26个单位帮助油田进行设备改造和技术改造，改装成功盼设备、工具、仪器、仪表有27种。帮助油田进行设备改造和技术改造的7个单位是：七三八厂帮助改装电子计算机；上海石油机械配件厂、天津电气传动研究所、哈尔滨电机厂帮助把中型钻机改装为电驱动钻机；北满钢厂帮助制造高压泥浆泵关键部件；哈尔滨工业大学、东北重型机械学院帮助设计新式钻机等设备。北京、天津有23个单位，上海及华东地区有38个单位，西北地区有9个单位，东北地区有45个单位，其他地区有15个单位，来

油田传经送宝及指导工作。帮助维修设备的单位主要有：中国科学院计算技术研究所帮助检修电子仪器、调试电子计算机，同时与中国科学院数学研究所一起帮助油田管理上运用运筹学问题；北京大学帮助进行压力理论方面的研究；沈阳第一机床厂帮助维修管子车床；锦州大陆仪表厂帮助校验、检修遥测压力表；哈尔滨汽轮机厂帮助修理采油树阀门；湘潭电机厂帮助指导电炉的安装工作；北京新华印刷厂派人来油圈传授经验、指导工作。同时，全国还有72个工厂、科学研究单位、高等院校为油田培训技术人才。

各部门、各单位在支援和协作过程中，表现了高度的政治热情和高尚的共产主义风格，把支援大庆会战当作自己的义务，把大庆会战的困难当成自己的困难，见困难就上，把困难留给自己，把方便送到大庆。昆明电线厂了解到油田需要特用电缆，主动要求试制，没有合适的材料，派技术员带着化验器具跑遍昆明市去找。哈尔滨工业大学了解到油田含水自动化验遇到困难，立即把自己的某些科研项目停下来，把自己正在进行的试验停下来，腾出试验室，派出最有经验的教师，帮助进行研究、试验；在试制油田特用泵电机时，沈阳电机厂找上门来主动支援，全力以赴，集中全厂的优秀设计人员搞设计歼灭战，只用10天就拿出图纸，他们宁可影响自己的生产计划，也坚持把试制任务排在第一位，不到两个月就试制出成品。

对会战的支援和协作，受到各级领导的重视和关怀，各部门、各地区的领导同志和许多厂矿领导干部亲自到油田来视察，亲自调查了解油田的需要，亲自组织安排支援协作项目。第一机械工业部的领导同志先后4

次来油田视察，亲自主持协作会议，亲自安排协作单位，派遣工作组常驻油田，经常组织所属厂矿进行支援、协作。各工厂、企业、研究单位的领导，亲自挂帅，参加支援、协作工作。沈阳水泵厂党委书记、厂长、总工程师深入车间、现场，参加试制油田特用泵的工作，党委书记到北京开会，还打电话给厂里布置试制任务。

各单位在支援和协作过程中，坚持从油田需要出发，为油田生产服务，他们提出油田需要什么就干什么，要怎么干就怎么干。油田在冬季井下作业会战中，需要大量新工具，生产这种工具的北方橡胶厂领导说："油田跑多快，我们跟多快，要多少我们供多少！"他们连续奋战一个多月，改装8种结构，试验60多次，提高了产品质量，增加了数量，满足了油田需要。上海的机器厂和阀门厂等许多单位，多次派人来油田征求产品意见，不断改进、提高产品质量。来油田传经送宝的劳动模范、专家、工程技术人员更是全心全意地帮助油田解决生产实际困难，有的亲自动手设计胎具，有的看到青年工人和徒工基本功差，硬是亲自示范，把着手教，不教会不走。沈阳蓄电池厂派技术服务队带着工具、配件来油田协助和指导修理蓄电池，在战区举行操作表演，开办训练班传授先进经验，为战区培养技术人才。兰州通用机械厂厂长和总工程师亲自带队来油田了解生产需要，征求产品意见，他们说："我们给大庆油田当后勤部，他们要什么设备，我们就给做什么设备。"

各单位在支援和协作过程中，极端热情，极端认真负责，把大会战的工作当成自己的工作。沈阳水泵厂为了帮助油田试制特用泵，自己派出很多人为大庆找协作单位、请专家、寻找原材料。哈尔滨电线厂为了帮助油田试制特用电缆，专门成立试制车间和实验室，集中全厂最优秀的技术干部和老工人猛攻质量关，不达目的不罢休。在帮助油田试制特用泵主轴时，沈阳黑色金属伸拔厂在模具方面有很大困难，为了支援大庆，他们毫不顾惜，毅然承受试制；鞍山钢铁公司了解到油田生产急需锰矿砂，就把自己生产需要的锰矿砂让给油田，沈阳矿业厂主动帮助加工。这个厂是加工硫酸的，为了给油田加工锰矿砂，他们不怕麻烦，不惜代价，改变了工艺流程和工艺设备，他们说："支援大庆是项政治任务，我们做一点牺牲是光荣的。"

支援大会战，全国一盘棋。为了把大庆会战打上去，解放军总是有求必应，给予支援。1960年找焊条像找金条一样困难，油田上又急需，哪儿也搞不到。石油工业部部长余秋里到总参向罗瑞卿总长求援，部队首长说：打开仓库，只要有，你就拿。在空军某部找到5吨电焊条，空军司令员刘亚楼专门派飞机送来。余秋里还和副部长周文龙向张爱萍副总长和军委通讯兵部王诤部长求援，要求支援100千米通信被复线，他们很快就答复，从部队调拨，解决会战的急需。会战以来，解放军累计派出部队2870多人，筑路363千米，挖油水管线沟778千米，修建油池、水池412个，焊接各种管线619千米，挖排水沟59千米，安装计量站、泵站46座，埋设电缆33千米，安装备种设备209台，打土坯605万块，打水井21口，架设桥梁14座，建变电所4座，建筑房屋14万平方米，植树造林21万株，装卸各种物资2万多吨。

大庆会战在全国人民和兄弟单位、兄弟

企业、解放军的全力支援,特别是黑龙江省全体人民宁肯牺牲自己的利益,全力以赴保会战,从而,使油田勘探、油田开发和油田建设等各个方面,取得大会战的全胜。

(三)黑龙江省全力以赴支援大庆

黑龙江省对大庆石油勘探的支援和帮助,早在1958年就开始了。当石油勘探部署战略东移,成立松辽石油勘探局,几支勘探队从大西北开赴东北,在松辽盆地进行石油普查和勘探时,省委、省政府就给予各方面的方便和关注。

松基三井喷油以后,黑龙江省委第一书记欧阳钦就指出必须继续加强工作,兢兢业业,做好石油勘探工作。随后,省委又召开常委会议,并做出决定,由省长李范五负责组织有关部门和地区政府,解决石油勘探工作中的道路修筑、动力设备的调配、党群干部的配备以及石油勘探队伍的生活福利问题。

1959年10月2日,黑龙江省委再次召开常委会议,讨论并通过省委《关于大力开发石油资源、发展石油工业的决议》。决议指出:第一,黑龙江省石油工业的开发和建设已进入边普查、边勘探、边建设、边生产的新阶段。因此,省委认为必须特别重视,加强领导,大力支援,以便更快地把黑龙江省建设成为一个新兴的石油工业基地。第二,全省各地区、各部门必须以积极的态度,主动地从各方面支援这一新兴工业的发展,使其迅速地成长壮大。第三,要求所有在黑龙江的石油地质普查队、勘探队,保证按期完成中央部、局交给的任务。第四,在国家总规划下,黑龙江省明年应积极建设部分中小炼油厂和一批简易炼油厂,并安排建设一些为石油工业所需要的配套工厂。为了便于领导,黑龙江省委决定,以肇州县大同镇为中心,包括周围有石油构造的地区在内,成立大庆区并组成人民公社联社,成立党的大庆区委和人委,同时正式将大同镇更名为大庆镇。

1960年1月,黑龙江省委常委会议决定,公安厅党组对大庆石油勘探的安全保卫工作进行一次专门的研究和部署,并建立相应的机构,加强现场安全保卫力量,防止器材和原油的流失。会议还做了分工,决定关于勘探职工的粮食、副食品、燃料、服装等物资供应的问题,由副省长杨易辰负责安排、检查。有关油田勘探的机修、医疗卫生机构、电力供应和筑路等问题,由副省长陈雷负责。

党中央批准石油工业部组织松辽石油会战的第二天,副省长陈雷、陈剑飞参加了石油工业部在哈尔滨市召开的第一次会战筹备会议。省委表示坚决拥护中央批准的松辽石油会战的决策,成立由省委常务书记强晓初为组长的支援松辽石油会战领导小组。

黑龙江省委考虑到松辽石油会战地处安达、肇州等地区,应尽快调整区划,以加强这个地区的统一领导。1960年4月7日,省委常委会议决定,成立安达市,将原来的安达县、肇州县的大同地区统一划归安达市管辖。

在参加东北协作区会议期间,黑龙江省副省长陈雷积极与石油工业部余秋里、康世恩进行协商,就支援会战的基建项目和投资问题、物资问题、运输问题等石油建设与其他方面相应发展的问题取得一致意见。黑龙江省委还和国家计委、铁道部一起进行协商,就以后原油铁路运输等问题做出具体的决定。一是萨尔图只有一条铁路线,远远不能承受将来的物资运输和原油外运任务,决定从让湖路至大赉的150千米铁路立即着手勘察设计，准备施工。还决定萨尔图、让湖路两个车站的扩建工作立即着手进行。二是发电厂和炼油厂、钢管厂等基本建设项目，列入三年计划。三是修公路所需运沙石的车皮，铁道部同意1960年3月开始，省里能装多少车皮，就拨多少车皮，并列入正式计划。

1960年4月，参加石油会战的各路队伍陆续到达，尽管事先做了大量的准备工作，但由于交通运输的限制，许多生产、生活物资一时无法筹措齐全，队伍又上得很快。特别是3万多退伍官兵，日夜兼程前来参战，车站附近一时难以解决如此众多人员的食宿，也没有那么多车辆和住处可以分散开进入驻地。黑龙江省委立即紧急动员，指示从齐齐哈尔、泰来、双城、巴彦、肇东等9个市县，协助临时接待。其中嫩江地区接待500名，松花江地区接待4000名，哈尔滨市接待3000名，仅用一个月时间，就使3万多名官兵得到妥善安置，并陆续走上萨尔图会战第一线，投入紧张的劳动和工作。

为了保证会战的需要，1959年10月，黑龙江省委、省政府就调集队伍组织施工，修筑从肇州县到大同（庆）镇的公路。1960年会战前夕，省委、省政府专门成立松辽会战公路建设指挥部，下设嫩江、松花江、哈尔滨三个指挥部。初步规划当年筑路1040千米。松辽平原没有沙石，且多沼泽，路基低了容易被积水淹没或浸泡。副省长陈雷亲自到附近市县搞调查研究，最后选定比较容易开发、运输便利的五常县杜家，尚志县马延、苇河，阿城县亚泉、亚沟等地为沙石定点场，并与铁路联系组成专列，每天往返大庆运送2—3列沙石，保证筑路的需要。

会战开始后，几万人汇集萨尔图，生活面临严峻的考验。粮食短缺问题最为突出。黑龙江省委认为宁可自己少吃，也要支援会战大军。并决定在定量之外，每月给会战职工调拨7.5万公斤粮食。同时指示粮食部门派出大批人员，远至长江以南，近至周边县市，组织外运成品粮支援会战。1960年10月份以后，粮食供应形势更加严峻，职工定量再一次下调，会战职工出现了浮肿病。得知这一情况，省委再次决定给会战职工每人每月增加1.5公斤黄豆。这对于防止浮肿病的蔓延起到重要的作用。为了解决几万人的越冬问题，余秋里决定建造"干打垒"过冬。省委支援领导小组就抽调省里约5000人的建筑力量，并从当地人民公社抽调一批有经验的老乡，协助和指导会战职工建"干打垒"。到了9月，由于木材短缺，打好墙的"干打垒"上不了盖，安不上门。当时国家计划调拨的木材只有需要的十分之一，虽拉了一些"困山材"，仍满足不了需要。省委经过反复衡量和研究，决定从省计划外木材中拨给会战职工3万立方米，以解燃眉之急。省委、省政府还采取一系列非常措施，下令在"干打垒"用材没有解决之前，从小兴安岭林区发往全国各地的木材专列，在南岔编组站一律换牌发往萨尔图，解决了当年用材的急需。省委还责成当地政府动员居民腾出部分民房安排会战中来矿的家属。在哈尔滨木器厂建立一条活动板房生产线，昼夜赶制出1000座活动板房。与此同时，动员各方面力量，为会战职工赶制过冬的被服。赶在寒流到来之前将这些物资源源不断地运到会战前线，保证会战职工在荒原上度过第一个严冬。

松辽平原一望无际的千里沃野上，盛

产优质牧草,是世界上少有的优良牧场。早在解放初期,这里就建立了"红色草原牧场"。随着会战的深入开展,油井、泵站、管线、干打垒等设施占用大部分草场,原始草原开始受到破坏,牛和油的矛盾逐渐尖锐起来,牧场和油田的争执不断发生,也不断升级,形势严峻。面对这些矛盾,黑龙江省委经过反复研究,认真调查和分析油田和牧场的矛盾,确立一条总原则:服从大局,牛给油让路。1963年5月3日,省委、省政府决定,红色草原牧场在油区的4个分场分别迁往九三、查哈阳、赵光农垦局和万宝、五大连池农场及巨浪牧场,到1965年迁场工作全部完成。1978年3月25日,为解决30万吨乙烯工程占地问题,省政府召开联席办公会,决定撤销红色草原牧场,牧地划归大庆。调出东北细毛羊、黑白花奶牛等部分优质种畜,迁往其他牧场。

大庆油田结束石油会战,进入全面开发阶段后,黑龙江省委、省政府继续对大庆油田开发建设给予大力支持和无私援助。黑龙江省承担"八三"工程216千米的管道敷设任务,共组织39个地、市、县和160个厂矿企业单位共6万多工人、农民,不到7天拿下167千米管线开挖等土方工程;奋战39天完成管道穿越任务,为管道全线贯通做出贡献。1972年9月,北部引嫩工程动工,全长245千米,引水渠线有各类建筑140座,总计土方量2600万立方米,动员80多个县、国营农场等单位,4万余人参加施工。1976年12月,全面验收投产,每天可供给大庆油田工业用水40万立方米,满足了油田和石化企业用水的需要。

黑龙江省委、省政府还一直关注着大庆油田的可持续发展、科学发展、和谐发展问题。历任省委、省政府主要领导多次到大庆调查研究,适时做出新的安排部署,指导大庆石油、石化企业在正确的轨道上不断前进,不断取得新的成绩。

(四)人民解放军支援大庆建设

大庆油田开发建设以来,中国人民解放军做出巨大贡献。

1960年5月6日,根据沈阳军区和黑龙江省委的决定,中国人民解放军9470部队的3015名官兵奉命抵达萨尔图地区。整个部队编为"八一"大队,下属各单位编为"红旗""红星""红色""红光""五星"5个中队。在大庆分别担任修筑公路、挖输油和输水管线沟,建筑油、水池等基本建设任务。这支在解放战争中曾参加过淮海战役的部队,到大庆后放下背包,立即投入施工。经过43天的艰苦奋斗,到6月18日,完成预定的施工任务,共修筑公路42千米,挖输油管线沟29千米,输水管线沟28千米,共计挖土46.4万立方米。9470部队的革命精神,受到广大石油工人的赞扬。为表彰他们参加石油会战的功绩,学习和发扬中国人民解放军英勇顽强、艰苦奋斗的光荣传统和优良作风,会战领导小组于1960年6月1日召开万人大会,授予这个部队的四个中队"一级红旗"单位,授予60名指战员"一级红旗手"光荣称号,并号召石油职工向他们学习。6月6日,会战领导小组将"八一"大队所承担的喇嘛甸到萨尔图的大型输水管线命名为"八一"输水管线。

1960年8月20日,中国人民解放军9044部队所属的9373等单位编成的"军垦大队"奉命到萨尔图、让胡路地区支援石油大会战，承担油田建设施工任务。他们顶风冒雪，克服困难，夜以继日战斗在泥水中，很快完成预定的施工任务。随后，会战领导小组又给他们追加11万立方米土方工程的任务。"军垦大队"进行战地动员，提出"奋战10昼夜，超额11万，向国庆节献礼，向会战指挥部报捷"的口号。全体官兵用8天时间完成19万立方米的工程任务。9月30日，会战领导小组召开欢送大会，向部队赠送锦旗。石油工业部副部长、会战领导小组组长康世恩写了贺信。

1965年2月，中国人民解放军3385部队进驻大庆，担负大庆重点目标的警卫任务。该部队编制4个连，其中3个连驻守大庆，担负着会战领导机关、东西油库、石油分站等处的警卫任务。该部队除了保卫油田生产安全，还积极支援油田建设。先后参加马鞍山输油管线、大庆炼油厂等工程的建设，共挖各种管沟5000多米，出土量1.8万立方米。

1969年3月，中苏边境发生武装冲突。4月2日，1336部队与3385部队换防进驻大庆。该部队在驻防期间，参加了支"左"和油田生产建设，并与军管会、人民武装部一起执行保卫大庆的任务。1976年10月，1336部队一部分赴佳木斯驻防。留下的部分改编为黑龙江省军区大庆独立营，担负石油化工总厂、物资供应处炸药库、龙凤热电厂、乙烯设备库等9个单位的警卫任务。

1969年11月15日，中国人民解放军81413部队进驻大庆，主要任务是保卫大庆。平时进行军事训练，参加大庆生产建设，协助人民武装部训练民兵等。1969—1985年，该部队共派出巡逻执勤人员1万余人次，派出校外辅导员40余人，为群众治病1万余人次，为群众做好事30多万件。

1978年8月1日，在大庆组建基建工程兵00829部队。干部战士除来自其他基建工程兵部队外，一部分来源于大庆油田的干部和工人，一部分是新征集的兵员。该部队主要担负大庆油田产能工程建设安装、修筑公路等任务。1982年11月，该部队被撤销，大部分官兵就地集体转业。部队组建期间，总计完成施工项目251项，土方1.2亿多立方米。

到1985年，自石油会战以来，在大庆驻防的30多支人民解放军部队，共派出38000人次，出勤1653万余劳动日，参加近300个工程项目的建设。日夜守卫10多个重点目标，多次参加抢险救灾。

抗洪抢险体现人民解放军中流砥柱的作用。1987年和1989年，81413部队先后两次来大庆进行抗洪抢险。特别是1998年的特大洪水，沈阳军区、武警部队、预备役3.89万将士支援大庆。8月11日凌晨，65456部队1800名官兵奉集团军命令，奔赴抗洪抢险一线。历时42个昼夜，转战1700千米，先后参加了6个抢险固堤保卫战。共计抢险加固堤坝、塌方20千米，新筑堤坝8.4千米，排除管涌、渗漏、滑坡、裂缝等重点险情176处，圆满地完成保卫大庆油田的抗洪抢险任务。

（五）大庆支援新油区开发

大庆油田会战初期，是石油工业系统的支援，是解放军的支援，是全国人民的支援。当国内发现新的油田时，大庆油田也全力以赴的支援新区的开发建设。

1966—1976年，大庆石油职工坚持"哪里有石油，哪里就是我的家"的好传统，立足油田，面向全国，支援新区，发展大庆，并响亮提出："要人给好样的，要设备给成套的"，大力支援其他油田的会战。

1967年3月，大庆组建"六七三厂"进行对辽河地区的勘探。4月13日，大庆"关于下辽河勘探任务和机构组成的初步意见"提出：下辽河勘探队伍单独在外，队伍适当调配强一些，相当于一个处的规模，具有相当的独立作战能力。政治思想工作和生产指挥，直属会战指挥部领导，财务资金不单独核算，由总会计室统一核销。下辽河的供应部门作为供应指挥部的基层库点，探区库存物资作为大庆供应指挥部的库存数。整个队伍共计710人。初步任务：为进一步勘探打好基础，工作重点在热河台等地一带，油气并举，全年钻井120口（平均井深2500米），上3部钻机；地震勘探，测线400千米，上5个地震队。到5月5日，已有2个钻井队，即32146队、32145队（原32139队、1804队），以及地震队、试油队等到达现场，共计职工452名。设备器材全部配套发运。人员到达现场后，发扬大庆精神，自己动手建房舍，修公路，加固桥梁，人拉肩扛装卸车辆，为下辽河油田勘探打下良好基础。

江汉油田，原称"五七"油田。1969年12月26日，石油工业部军管会通知大庆油田抽调1455名职工参加"五七"油田会战，后来根据形势任务变化又不断增加人员。1970年1月24日，大庆革委会研究决定，成立"五七"油田会战办公室；各有关指挥部也相应成立工作小组。1月27日，大庆革委会常委碰头会上正式宣布：抽调5362人，其中油建队伍2300人，试油试采队伍650人，机修队伍802人，汽车运输队伍80人，通信37人，大庆炼油厂365人，研究院700人，设计院212人。另外，1202钻井队成建制带设备一起上，还有特种车和司机一同去。2月1日，大庆革委会召开"关于五七油田会战动员大会"，提出要自觉挑起确保"五七"油田会战和进一步发展大庆油田两副重担。会战需要什么就送什么，需要多少就送多少，什么时候需要就什么时候送去。同时，大庆只能前进，不能停步，在当年投资减少、人员减少、设备减少的情况下，国家交给的原油和炼油生产任务一吨不能少，还要大力发展轻工业和农业。广大职工自觉服从组织分配，去者高兴，留者愉快。抽调人员分批于2月、3月、7月全部到齐。以后，大庆油田还组织人员去"五七"油田了解情况，听取意见，组织现场设备配套，为"五七"油田会战尽力服务。

1975年12月2日，根据石油化学工业部的指示精神，大庆为支援吉林新北、木头油田开发，成立新木油矿，由梁广文任矿长，仝立任书记，调一个成建制的油矿给新木油田。

1976年1月21日，大庆油田成立曙光油田会战指挥部，成建制的抽调钻井及油建、机运等配套力量，参加曙光油田会战，第二次支援辽河石油勘探开发。大庆组织包括1205钻井队在内的最好的施工队伍奔赴曙光油田，经过两年多的艰苦奋战，于1977年陆续返回大庆。

（六）上下一心开荒种地度饥荒

松辽石油会战一开始，正值国家遭受严重自然灾害，市场上副食品供应紧张，会战职工的粮食定量减少。有一段时间，每个职工一天只有5两粮食。会战领导小组要求各级领导要善于调动和保持职工的积极性，同时也要注意职工身体，保证职工睡够8小时，只有5两粮食也要想办法叫职工填饱肚子，当时叫"五两保三餐"。为了解决粮食不足，各单位发动就餐人员上下班时顺路采野菜，炊事人员想尽办法提高出饭率。早餐用一两玉米面熬野菜糊糊，午餐、晚餐用青菜或野菜攒团滚上玉米面蒸成菜团子，外加一锅野菜汤。因长期吃野菜，不见油水，职工体质不断下降，很多人因营养不良而出现浮肿。

1961年1月初，患浮肿病的职工有1300多人，到月底上升到6000多人。很多职工因挨饿而跑回家乡，生产和职工士气受到影响。针对这种情况，会战领导小组决定，组织职工自己动手，开荒种地。同时，制定了搞农副业生产的几种办法。一是企业建立农副业生产基地，组建相应的专业队伍，集中领导，统一规划，分级管理，独立核算，统一分配，等价交换。二是机关的科室、厂矿、井队的班组可根据条件，就地开荒种地，集体经营，收获按集体人均分配，在食堂就餐的交伙食单位调剂生活；不在食堂吃饭的可分回家。三是家属在"干打垒"房子前后，可根据实际条件，自己种植，谁种谁收。

当时，除了有荒地可开外，一无种子，二无农具，三无肥料。康世恩决定：化冻前，各单位要抓好开荒种地的规划，选择土质好的荒地，迅速分配落实，并规划好井边、管沟边、井站边及房前屋后空地的种植计划，落实到户到人。迅速开展积肥活动，在春耕前每个职工要积肥500公斤。派专人去省政府和省农垦局联系，解决种子问题。要求各单位发动职工自制简易家具。对抓农副业生产的各级领导干部，强调要努力学习农业生产知识，虚心向当地农民请教，做到不误农时。1961年4月，大地开始化冻后，各单位积极组织职工开荒。余秋里像当年在延安葫芦河搞生产大运动时那样，身先士卒，虽然只有一只胳膊，也和大家一起拉犁杖。在地头，大家看着翻出来的黑油油的土地，感慨地说："守着这么好的地还挨饿，那准是个懒汉。"到了晚上，大家都不回家，拢起篝火，顶一片席子、一片苇棚，互相靠着打个盹，天亮接着干。有的一连干了七天七夜，没有放倒身子睡过觉。

开完荒，康世恩像抓勘探一样，马上组织播种，并决定种2万亩黄豆。他在电话会议上像算原油产量那样给大家算细账。余秋里说，2万亩豆子，大概平均每亩能收60公斤，总共就能收到100多万公斤豆子。留下25万公斤当种子，还有90万公斤可以吃。100公斤豆子可以榨6斤豆油。豆子榨了油之后豆饼还可以做豆腐。1斤豆子大约能出4斤豆腐。这样，一年一人有50斤豆腐，1.5斤豆油。

1961年，经过广大会战职工的辛勤劳动，共收获粮食152万公斤，蔬菜总产量达到658万公斤。副业也获得丰收。到年底，全油田有存栏猪4465头、羊1760头、牛448头、马221匹、家禽2863只；当年采野菜85.5万公斤，打芦苇20万公斤，打了12万公斤鱼。秋后举办庙会，各单位把丰收的作物拿到庙会来展览。扭秧歌，敲锣打鼓，放鞭炮，整个油田洋溢着丰收的喜悦。1962年，开荒种地10万亩，共收粮食800多万公斤，产菜1150多万公斤。这一年，还在中共黑龙江省委支持下，在北安县开始兴办大型农场。1963年，在矿区内播种大田10.5万亩，粮食总产达1350多万公斤；种菜1.4万亩，产菜1200多万公斤；生猪存栏达6500多头。由于兴办了农副业，从1962年起，石油会战职工每人每年可分得75公斤自产粮和一定数量的猪肉、豆油、黄豆和豆腐，克服了主副食品供应不足的困难,保证了石油会战的顺利进行。

(七) 钢铁 1205 钻井队

(一)

早在 20 世纪 50 年代,1205 钻井队就誉满祁连山,成为全国石油战线上的英雄钻井队。

1960 年初,1205 钻井队队长王进喜、指导员孙永臣率领全队 33 名职工,怀着早日拿下大油田,甩掉石油落后帽子,为国争光、为民争气的雄心壮志,登上东进的列车。

3 月 16 日,火车开进会战大军的集散地——萨尔图站。没等火车停稳,年轻的钻工们都争先恐后地跳下火车,望着茫茫的大草原,踩着地面的残冰积雪,个个欣喜若狂、笑逐颜开。王进喜更是兴奋不已,他挥手撩开身上的破皮袄,大声喊道:"伙计们,这儿就是大庆油田,这回我们掉进油海里啦,快摆开战场,甩开膀子干吧!这下可真要把石油落后的帽子甩到太平洋里去了。"王进喜不顾旅途的疲劳,不问吃不问住,逢人便打听设备到了没有、井位在哪里、这里钻井最高纪录是多少。

到达萨尔图的当晚,全队人马就在萨尔图火车站的屋檐下露宿一晚。第二天,根据接待办的安排,1205 队暂时住到只有几户人家的小村庄——马家窑。几户人家容纳 30 多号人,谈何容易!指导员孙永臣对大家说,我们在玉门"井场靠人刨,修路靠炸药崩",眼下是一马平川的大草原,怎么也比在山沟里转着打井强。为了拿下大油田,这点困难算什么?接着,他找到一间四壁透风的马棚,组织大家拾掇干净就安顿了下来。夜里,三十几个人挤在里面,背靠背地度过了一个难忘的夜晚。

一连几天,王进喜带领部分队员到火车站等钻机,但钻机始终不见踪影。有的队员主张在钻机到来前先休息一段时间。王进喜说:"我们是前来会战的,不能一到战场先休息。"于是,大家一起到车站卸货,当起了义务装卸工。

1960 年 4 月 2 日,他们的钻机终于从玉门运到了萨尔图火车站。抢运钻机那天,天刚蒙蒙亮,全队职工早早地起了床,个个精神抖擞。可以一展身手的机会来了,大家有些沉不住气,戴子文、苑玉福等队里的大半队员从住地一口气跑 10 多里路赶到火车站。这个从前不起眼的铁路小站,一下子变得十分繁忙,汽笛、喊号、马鸣声响成一片,异常热闹。那时,各路会战队伍云集大庆,吊车、拖拉机等设备不够用。按照指挥部的计划安排,轮到 1205 钻井队使用吊装设备,还需等些日子。

队党支部召开了紧急会议,老队长王进喜说:"要早日拿下大油田,不能等,我们有也上,无也上。"(这便是那句大庆人家喻户晓的"有条件要上,没有条件创造条件也要上"的原版。)于是,大家兵分八路,卸的卸、抬的抬、扛的扛,从早上 7 点一直干到后半夜 1 点才撤下来休息。当时,车站附近没旅店,回住地又远,全体队员干脆就"蓝天当被地当床"熬到天明,又继续奋战,疲劳和饥饿感早已抛到九霄云外。大家奋战三天三夜,把几十吨重的钻机卸成几大块,硬是木板垫,撬杠撬,用绳子拉,一点一点地从火车上卸下来,装上汽车,运到井场,并用土办法就位安装起来,做好开钻准备。

钻机开钻需要水,但当时整个萨尔图都没有供水管网,又没有水罐车。大家心里又憋着一股劲,都想分秒必争早日开钻。于是,在王进喜的带领下,找来水桶、脸盆、铝盔、灭火机的空筒子,一起奔向离井场 200 多米的水泡子里破冰取水，附近的群众见此情景，也好奇地加入到运水行列，就这样形成一条人工运水线。有的人手脚冻得失去了知觉，不听使唤，但默默地承受着，仍然争先恐后，干得热火朝天。大家共运了50多吨水，由此保证了钻机开转。

正值"有钱买不到物，喝粥接不上流"的严重困难时期，到萨尔图以来，职工十天半个月也见不到油星，有一段时间连食盐也很难买到。没菜吃，队里组织大伙到老乡的地里拣白菜帮子，刨落地土豆。有一次，队里一名炊事员四处打听，跑了20多里路，买回两瓶酱油，有个职工抿上一口高兴地说，哎呀！真是赛过二两"老白干"啦。为了把仅有的一点粮食用在"刀刃"上，队里想出了一个好办法。就是"上班吃干的，下班喝稀的"。面对种种困难，大家没有退缩，有的人风趣地说，别看我们肚子是扁平的，精神却是饱满的，骨头是硬实的，表现出了钻井工人以苦为荣的乐观主义精神。

4月14日早晨，钻台上的一切准备工作就绪，王进喜穿上那件沾满油污的旧羊皮袄跨上钻台，手握刹把，一阵轰鸣，钻机启动了。这时他面带微笑，但双眼布满血丝。这一开钻，王进喜很少离开过井场。饿了，啃几口冻窝窝头；困了，裹着羊皮袄在钻杆上打个盹。有时凌晨两点回住地休息片刻，四点又赶到井场，他的心里只有工作。开钻后的第4天，指挥部送来了粮食、水泵、输水管线和活动板房等。井队干劲倍增，快马加鞭，仅用5天零4小时，就打出来大庆后的第一口油井——萨55井。

（二）

井队马不停蹄，很快投入第二口井的施工。可当钻至井深700来米时，出现异常，泥浆反流，还带着大量油花和气泡。当班工人很快意识到，这是井喷的预兆。如不及早处理，地下原油就会裹挟着泥沙、石块，像火山一样喷射出来，整个钻机将会被吞没。这时，井场上既无加重设备，又无压井用的重晶石粉。危急关头，队里决定用加大泥浆比重的办法压住井喷。大家顿时在泥浆池边忙碌起来，有的加黄土，有的倒水泥，但是没有搅拌器，怎么办？只见王进喜纵身跃入泥浆池，扭动身躯搅拌起泥浆。紧随其后，七八个钻工也跳进齐腰深的泥浆池里，手脚并用，快速搅拌泥浆。经过两个多小时的奋战，井喷终于被制住了，钻机恢复正常。

大家扶着王队长爬出了泥浆池，这时才发觉皮肤被泥浆中的火碱烧伤变红，出现一片片水泡。附近的老乡看到石油工人干活这么不要命，深受感动。房东赵大娘心疼地对工人说："你们的王队长，真是个铁人啊！""铁人"由此得名。

4月29日，在萨尔图召开的万人誓师大会上，会战工委领导充分肯定和高度赞扬了1205队的艰苦创业、人拉肩扛、敢打敢拼的革命精神，还让铁人披红戴花、骑着大马，并号召全战区向"铁人"王进喜学习。

1205队是第一次在高寒地区打井，冬季来临之前，还必须充分做好过冬的准备。为此，从夏季开始，一面拼命打井，一面又挤出时间挖地窨子。所谓地窨子，其原理类似于西北地区的窑洞。只是大庆地区鲜有高岗地，造出来的屋宇露在地面部分不多，导致排水不畅，外加材料短缺，顶棚横两根檩木，铺上玉米秸秆，抹上泥巴便了事，室内则搭建火炕。地窨子防寒倒还可以，防雨效果差，往往"外面大下,屋里小下;外面不下,屋里嘀答"。到了冬季,火炕排烟顺畅则已,否则室内乌烟瘴气,让人个个变成"黑包公"。即便如此,也比初来乍到时住的马厩牛棚好了许多。艰苦的会战生活没有拖垮这个来自祁连山的队伍,反而使他们练就了钢铁般坚强的意志。

这个时候,井队间的劳动竞赛达到白热化的程度,各种纪录不断被刷新。1205队闯过一个又一个难关,不断迈向新的高峰,被会战工委命名为"钢铁钻井队"。然而,到了1960年9月,由于全国性粮荒,职工的粮食定量减少,拼命地干活却要勒紧裤带忍饥挨饿。于是,会战队伍中流传着"一个八级工,不如一捆葱"的说法,钻工中还有人说:人家当工人是楼上楼下,电灯电话;钻工是地上地下,连滚带爬。队里刚出现负面情绪,王队长就鼓励大家,好日子是干出来的,在困难面前,要振作精神,挺起腰杆,豁出命来干,才会使国家富强,日子也会慢慢好起来。在老队长的带领下,这个队的士气保持长盛不衰。

(三)

1960年底,铁人王进喜因工作需要调离井队,到钻井二大队担任大队长,但这个队敢打敢拼、一往无前的队风队魂却依然保留了下来。1964年,1205队提出"以铁人为榜样继续攀登钻井新高峰"的奋斗目标,大力开展冬季整训,苦练基本功,以提高队伍素质。技术员李世固经过苦练,做到对一口井的各种数据、技术标准对答如流,并在实际工作中练就了过硬本领,名列各井队技术员之首,使得钻井指挥部指挥李敬多次竖起次拇指对他大加赞赏。直至1965年初,队里的岗位练兵搞得热火朝天。当时正值滴水成冰的数九寒天,大家却提出"地冻三尺雪成山,钻井工人无冬天"。队长贾兆礼和支部书记李继良带领职工在住地院内建起练兵场,把几百斤重的大钳吊上,组织操作训练。有个叫"小老虎"的职工,大雪天穿着单衣练,他一气能打几百次大钳,成功率达到全队第一。柴油司机操作员苏顺国,一段时间吃饭睡觉都在琢磨柴油机革新问题。当时队里使用的柴油机位于钻台附近,噪声震耳欲聋且浓烟呛人,特别是春季风大容易引发火灾。经过潜心研究,苏顺国同孙崇德一起研发出柴油机"消声器"和"防火器",被大家称为"土专家"。当时,队里还把钻头作为攻关项目,有的人半夜打着手电查资料、绘草图;有的用土豆、泥巴削作钻头模型;机械大班闻昆山则用萝卜削成钻头模型,反复研究论证,最后同有关技术人员一起研究出适合大庆地层特点的"三刮刀斜拉筋钻头"。试验中,单只钻头比原来的仿苏钻头提高进尺近3倍。

1966年初,1205钻井队同1202钻井队联手提出年上5万米的奋斗目标。为了打好这一仗,队里发动群众献计献策,大家经过分析认为,队里的优势在于士气高,作风过硬,基本功扎实,经验丰富,整体技术素质高,年进尺5万米不成问题。思想统一后,按照"干劲要大、步子要稳、标准要高、基础要牢"的工作思路,决定对人员进行科学组合,钻井施工实行"抓两头,抢中间"和一口井一总结;队伍进行周期性整训,实行半军事化管理,即上班集合排队,井场、宿舍和食堂一律规格化管理,物品摆放整齐划一。同时,强化岗位责任制,确定"日上千、月上万"的具体指标来保证年进尺5万米目标的实现。全队上下精神饱满,大家纷纷向队党支部递交决心书、保证书、请战书。1月28日，即农历腊月三十，外面热热闹闹地都忙着过节，而1205队却忙碌一整天，做好大战前的准备，草草吃过年夜饭，在临战状态中枕戈待旦。大年初一早晨8点，会战指挥部副指挥宋振明一声令下，1205队的钻机伴着震耳的礼炮声开钻，5万米攻坚战就此打响。

全队上下心往一处想，劲往一处使，形成"干部没想到的工人想到了，工作没安排的工人主动去做"的可喜局面，为了工作轻伤不下火线，连班加点都成了家常便饭。一天，4点班的队员正在紧张操作，突然近3吨重的滚筒坏了，需要用备用滚筒调换。为了省时间，大家没有调用吊车，完全靠人力生拉硬撬，卸下钻台上的坏滚筒，又把备用滚筒安装就位。前后只用半个小时工夫，就使钻机恢复正常钻进。

5月份，周恩来总理陪同外宾来到大庆，听会战工委领导汇报1205队和1202队正在向年进尺5万米冲刺时，高兴地说，你们打上5万米就向国务院报捷，我要向你们祝贺。总理还亲临1202队驻地，接见1205队、1202队的干部工人。周总理关怀化为井队拿下5万米的精神动力。全队争分夺秒，在夺得首季开门红的基础上，4月、5月、6月三个月连战连捷，创出月"10开10完"的新纪录。这时，他们得知美国"王牌"钻井队年进尺90325米的消息，便索性一不做二不休，再度把目标调高到10万米，发出"不上10万非好汉，不夺冠军心不甘"的誓言。

7月、8月正值雨季，草原一片泥泞，不但钻机搬迁困难重重，配件和用料运输车根本到不了井场，套管和水泥等往往靠人工搬运。队员们的肩膀压肿、磨破，起了血泡，还有的双脚在泥水里泡烂、发炎，但为了"上10万"，大家将这些置之度外。一天，零点班的队员正在快速钻进时，突如其来的雷雨导致电缆短路，井场顿时一片漆黑。刚下班回寝歇下的电工李如锦，闻讯来不及穿雨衣，拎着工具一溜小跑赶到现场，冒雨奋力抢修，10多分钟后井场恢复供电。

队里的张秀志，1958年高中毕业，人称"秀才"。刚入井队时，他在日记中写道："望草原唉声叹气，当钻工真没出息，论前途更成问题，理想不能实现到处扯皮。"情绪一度低落。后来，通过对领导一对一的思想工作，以及铁人和周围其他队员模范行动感召下，终于安下心来，全身心地投入工作，被评为五好红旗手，还当了司钻。为了赢得10万米攻坚战，张秀志带领全班冲锋陷阵，曾连续一个多月没有倒班回家。有一天，他爱人找到铁人"告状"，说孩子病了他也不回家看一眼。铁人听后很生气，坐上车就直奔1205队，把张秀志叫到跟前，以批评的口气问道"你为啥不倒班回家？"张秀志只是反问了一句："来大庆时打第一口井，你7天7夜没离开井场，那是为了啥？"铁人不容分说地把他拉上车送回家。当时，爱人和孩子都感冒发烧，尤其是孩子高烧40度。张秀志马上买来退烧药，让母子俩服上。第二天上午，孩子刚有所退烧，他又匆忙回到井队。

就在10万米攻坚战紧张进行的时候，共产党员马继瑞突然收到"父病故、速回"的电报。队领导一再劝他回去处理丧事，但他忍着悲痛，只给年迈的母亲写了一封长信，说明眼下的情况，便继续投入工作。8月17日中午，钻机顺利钻透5万米，甩掉了苏联"功勋"钻井队，铁人专程从大队部赶到钻台向新一代钻工祝贺，激动地对大家说，你们打得真漂亮！1966年9月2日，铁人王进喜带领1205队队长王作福等30多人赴京报捷，受到党和国家领导人的亲切接见。大庆石油工人创造的业绩，得到党和国家领导人的充分肯定！

1966年12月3日晚上7时15分，井队当班的杨天元班组，钻透90325米，超过美国的"王牌"钻井队，井队夺得世界钻井冠军。井场上，钻机轰响、锣鼓齐鸣，全队职工欢呼着向世人宣告：中国的钻井工人登上了世界钻井最高峰！至此，这场10万米攻坚进入尾声。以后的20多天，大家一鼓作气，奋发大干，向10万米冲刺，终于登上新的高峰。12月26日，1205队、1202钻井队双双实现年钻井进尺10万米的目标，在我国乃至世界石油钻井史上写下了光辉的一页。

（八）永不卷刃的尖刀——钢铁1202钻井队

1953年，1202钻井队在玉门油矿建队。莽莽戈壁荒滩，锤炼了这个队的筋骨；由部队转业来的新队员，为该队增添了新鲜血液，也带来了好作风。在队长张云清带领下，该队从落后的"豆腐队"变成先进的"快速钻井队"（其实每月只进尺五六百米）。该队曾转战新疆、四川、江汉、辽河，钻遍大半个中国，但最使他们魂牵梦绕的，还是大庆石油会战。在这里，他们同1205钻井队一道，超"功勋"、甩"王牌"，创造了一般钻井队难以企及的光辉业绩。

1. 超苏联"功勋"队

1960年最后的一个夜晚，队长王天琪、指导员杨春文从会战工委开会回来，连夜召开全队职工大会。会上，指导员杨春文传达了会战工委会议精神和领导的讲话，他说今天晚上会战工委在一个极其简陋的会议室里召开由各指挥部领导、先进单位的代表和标兵模范参加的迎新座谈会，余秋里部长在讲话中首先代表石油工业部和会战工委，向全体参加会战的职工、向全体到会的代表问好，并赠送一幅新年对联："保质量、重安全，永树全国标杆；创奇迹、超'功勋'，争夺世界冠军。"说到这儿，余秋里特意瞧了瞧1202队和1205队、1203队的代表，然后接着说："我们最近得到一个消息，苏联有一个格林尼亚钻井队，他们今年在依尔巴库油田上，用11个半月的时间钻井31341米，创造了全苏最高纪录，苏共中央和苏联部长会议授予这个钻井队'功勋钻井队'的称号。"余部长停了一下，提高嗓门坚定有力地说："为了粉碎当前的国际压力，甩掉我国石油落后的帽子，石油工业部、会战工委希望你们各个钻井队在1961年，继续高举毛泽东思想伟大旗帜，学好'两论'，革命加拼命，拼命干革命，争取超过苏联'功勋钻井队'、为国争光。"

会后，全队职工群情激奋，直至深夜难以入眠。大家趴在铺上写决心书、请战书，要求早日打响超"功勋"的战斗。原准备探家的队员，这时也都提出不超"功勋"决不回去；有的人连夜写信，将此事告诉回家探亲的队友。

正在老家辽宁探亲的井架工卢兴山，接到队友的信，激动得一夜没睡，天不亮就起床，用绳子把家里的一盘小石磨捆扎起来。家里人感到奇怪，就问"你捆它干什么？"他认真地回答："这个用途大着哩，把石磨带回队去，可以让大家吃上豆腐、喝上豆浆，改善生活，那打井就更有劲了。"当时，由于全国性灾荒,粮食定量减少,战区蔬菜又缺,会战将士吃不饱,大家经常就着盐水吃饭。后来为抵御浮肿病,黑龙江省增供点大豆,却因没有石磨,也只能将其煮着吃。小卢告别家人,背上石磨,费了九牛二虎之力,把这盘石磨扛到井队。"千里背石磨"的故事很快传遍了油田。余秋里赞扬卢兴山是有"高度觉悟,伟大理想"的工人。

春节那天,全队上下贴标语,挂对联,写诗作画、出板报,一派喜气洋洋的节日景象。大家把余部长赠送的那副对联贴在队部门口,又加了个横批:"奋发图强。"之后,由司钻召开班组会,学习"两论"找差距,制订超"功勋"的规划。队干部也都深入到各班组,听取意见。大家一致认为,1960 年之所以打了 22800 米,主要是刚来大庆,对地层不熟,被"两长一短"("两长",即完井时间长,搬运和安装时间长,一般要花上四五天;"一短",即打井时间相对短,一般只有三四天)拖了后腿。如果把这"两长"的时间缩短,打井的时间争取再缩短一点,这速度不是很快就赶上去了吗?"功勋"队没有什么了不起的,是可以甩到后边去的。于是,大家立下了誓言:"猛闯速度居首位,世界水平我为魁。"

但是,年进尺要超过 31341 米,毕竟是国内钻井史上没有过的事。旧中国从 1907 年到 1949 年的 42 年间,全国只不过钻井 7 万 1 千米。国民党政府炫耀一时的"甘肃油矿局"打一口 900 米深的井,却整整用了一年时间。即使解放以后,1202 队从 1953 年到 1957 年 5 年间,钻井总进尺还不到 3 万米。眼下如此艰苦的条件下,要用一年的时间突破它,其难度可想而知。

1202 队在会战工委的统一指挥下,与 1203 队展开对手赛,双方同时开钻,打响了超"功勋"攻坚战。开钻时,气温达到零下 30 多摄氏度,由于没有安装锅炉,柴油机发动不起来,就土法上马,用汽油桶烧开水把柴油机发动起来。钻鼠洞时,冻土像块铁板泥浆根本冲不动,就发扬愚公移山的精神,用双手推着钻杆钻过了一米多厚的冻土。大家越干越猛,打大钳的脱掉了棉衣,扶刹把的扔掉了棉手套,干得热火朝天。

为了打好超"功勋"战,会战工委派出了以政治部副主任陈烈民为首的工作组,进驻 1202 钻井队,还郑重强调,超"功勋"是一场政治仗,要把政治工作做到钻台、做到宿舍、做到食堂。在工作组指导下,队党支部除了组织正常学习毛主席著作外,又开展传统教育和集体荣誉教育,把调出的老队长、老指导员、老工人请回来,给全队工人特别是青年工人讲队史,教育大家继承传统,珍惜荣誉,鼓足干劲,再创新的业绩。

队里还发动大家做思想政治工作,不论是指导员、队长、技术员、班组长、老工人、学徒工,都要学会做思想政治工作。三班司机不遵守劳动纪律,除队干部个别帮助外,司钻也多次找他谈话,却仍不见效。于是,班里的人轮番找他谈心,特别是他的徒弟韩明远跟他说:"你是我的师傅,我应该处处向你学习,可是你上班睡大觉,叫我怎么学呀。"经过大家的帮助,三班司机终于转变了,后来成为班里的骨干。为了不断提高钻井进尺与质量,队里又开展了班与班、个人与个人之间的劳动竞赛。每月初,都召开打擂比武会,人人下保证、表决心;班与班提指标、讲措施。司钻对司钻、司机对司机、钻工对钻工、师傅对徒工，互相挑战应战。一次，一班司机陈德林和他的徒弟陈清良展开了对手赛。徒弟的目标是：学"两论"、鼓实劲，保证提油提水，擦洗机器，保养机器等工作都做到师傅满意。师傅的目标是："学两论"、高标准、严要求，确保机房和钻台工作配合好，机车出勤率高，使队领导满意。师徒俩干劲十足，互不相让，结果徒弟的助手作用起得好，师傅十分满意；师傅的机车出勤率高达99%，得到队里的表扬。月末评优时，师傅让徒弟，徒弟选师傅，结果两人都被评为队里的红旗手。

当时，1202队宣传工作搞得很活跃，黑板报形式多样。如《四勇士》，表示4个班都是火线上的勇士，专登各班竞赛的情况；《状元榜》专登个人的先进事迹；《火箭报》登载全队的钻进动态等，光宣传形式就有21种，诗画贴满墙。每当饭后，宿舍、队部、伙房墙报前总是站满了观看的人。用大家的话说，不了解自己当天的成绩和对手的指标，晚上做梦也觉得不安宁。

这个时期，由于主副食供应严重短缺，会战工委一方面号召广大职工为国家分担压力、分担困难，粮食不足，暂时多吃点野菜；另一方面号召全体会战职工和家属开荒种地，自己动手，丰衣足食，争取在比较短的时间内改善粮食紧张的局面。

由于吃野菜油水少，加上劳动强度大，人们越吃越能吃，却总觉得腹中空空。这时，队里出现了一个"无头案"，每到吃饭时，饭量大的人发现饭盒里窝窝头多出了几个，青年工人发现饭盒里的半盒高粱米饭变满了，可没人知道是谁做的好事。后来，有的议论是队长、指导员干的，有的说是老师傅干的……后来虽未得到证实，但大家心里明白，这体现了集体的温暖和同事间的友爱。

野菜可以充饥，但因为天天吃，一些人患上浮肿病。会战工委闻讯连夜带着医生赶来治疗，并向省委紧急报告，请求粮援。随后，黑龙江省决定为战区增供每人2斤黄豆、一斤白糖。指挥部领导到队里调研，经常大家同吃同劳动，而且每顿饭前，总是到食堂亲口尝尝野菜粥、野菜汤及野菜包子，看看苦不苦、涩不涩。上级的关心，使大家备感温暖，他们把这化作超"功勋"、创佳绩的力量。

要超过"功勋"，必须提高钻井速度。但是，地层是复杂的，有的时候，它硬得连钻头都啃不动；有时它又软硬交错、变化多端。如果你掌握不住它，老跟着它跑，那么一天换几次钻头，宝贵的时间就消磨过去了。于是，技术人员和工人们想方设法，让它服服贴贴。老队长马德仁虽已调到一大队当大队长，可是他对1202队超"功勋"非常关心，经常回到队里，跟大家一起研究如何认识地层，如何使用和改进钻头。

为了攻克这个难关，老队长和技术员贾兆礼，不论刮风下雨，总是站在井场上，时而看看压力表，时而看看飞转的方钻杆，一动不动地观察钻进的快慢，对比地质图，从中摸索规律。为了取得第一手资料，贾兆礼往往在井上一待就是十几个小时，每次钻头发生偏磨，他都要把偏磨的钻头洗净，扛回队上，召集老工人和技术人员在一起反复观察、研究，寻找问题的症结。有时一个月就连续召开8个这样的会，使大家对油田地质逐渐熟悉，了如指掌，在不同的地区不同的地层，选择什么型号的钻头都心中有数。

通过这样多次分析会，使大家认识到：

钻头没有使用好，主要是井浅时没有在保护钻头上下功夫，井深时就发挥不了钻头的威力。于是，制定出实施"你软我硬，猛冲猛打；你硬我软，减少钻压"的灵活加压法，钻头使用的寿命得以大大提高。此外在刀片上进行改革，让它适当薄一些，以提高机械钻速，这样，钻井的速度也就提高了。

攻克了钻头关，又针对钻井生产中的"两长一短"进行攻关。大家抓住两个关键性的问题：一是迅速做好搬家的准备工作，固井一结束，就组织一个班卸钻杆，要求在测井温前卸完，大班挖下一口井的泥浆池。在水泥候凝期间，做好柴油机、泥浆泵和传动设备的检修。二是井架拖到新井位后，集中3个班的优势力量突击做好开钻前的各项准备工作，让一个班充分休息，养精蓄锐。待一切准备就绪，待命的班再冲锋陷阵，快速钻进。这样，各环节衔接紧凑，时间果然缩短了好多。

完井作业是钻井生产最后一道工序，也是最重要的一个环节。因为完井工作质量不高就会严重地影响油井生产，甚至前功尽弃，造成油井报废。因此，在每一口井接近完钻时，从井队干部到各班司钻，通过各种形式，不厌其烦地向工人讲完井作业的意义，在完井工作中，集中优势兵力，重点突破，组织两个班快速下套管。固井时再补充一个班，以3个班的力量配合固井专业队组织水泥"小会战"，做到水泥数量足、比重大、注入快、固井质量好。通过改进工艺流程，1202队每月打井速度由"3开3完"跃进到六七月间的"5开5完"。

在超"功勋"战斗中，1202队和1203队展开竞赛，开始是大家心里较着劲，可到了7月份，正好赶上一排7口油井，两个队从两头往中间打，一场紧张的竞赛达到白热化。

7月下旬，两个队各自快打完3口井了，都想抢先占剩下的一口井。1202队进行试压时，1203队正在卸钻杆，前后只差8个多钟头，眼看着就要赶齐了。最后一天晚上，1202队上夜班的是张石琳带领的"红旗班"。"情报员"跑来报告：1203队已经卸完2排钻杆。7排钻杆共120多根，1202队还一根未卸，显然落后了。加上张石琳班有人休病假，人手缺。情急之下，张石琳决定天一亮就把电工和机房里的司机助手抽出来，增补卸钻杆的人手。第一根立柱卸得很慢，竟耗时30分钟。张石琳立即召集打家找原因。大家认为卸钻杆速度慢，原因有三：一是钻杆角度太大，卸下时不好扣钳；二是鼠洞管太低，导致卸钻杆既费力又费时；三是绳套有些短，操作不便。于是，立即提高鼠洞，加长绳套，尽量缩小钻杆的角度，其效果立竿见影。卸第二根立柱耗时13分钟，接着越卸越快，后来六七分钟卸一根，8点多钟的时候，钻台上还剩下3排零5根。

这时，"情报员"又来报告："1203队只剩两排零一根了。"关键时刻，电工高玉德按捺不住紧张心情，一次次数钻杆，还爬上井架瞭望1203队的情况。凌晨4点多钟，天刚蒙蒙亮，电工高玉德迅速地把电灯和发电机关掉，跑到井场帮助滚钻杆。司机助手陈德亮也从机房抽出身来帮助拉绳套，钻台上下增加了两个人手。这时，大家的衣服早被汗水湿透了，就顾不得蚊虫叮咬，索性光着膀子干。6点零7分，钻杆全部卸完。再从钻台上望过去，1203队还忙着卸钻杆呢！距下班时间还有一个多小时，张石琳立即把大家分成4组，开始卸泥浆管线，做搬家准备。7

点过几分,一切准备就绪——1202队超越了1203队!拖拉机在朝霞映衬下拖着1202队的钻机,驶向新的井场。

这口井位于水泡子边,几场暴雨过后,洪水淹没了井场。井架周围一片汪洋,混浊的泥达到没膝程度。大家顶着暴雨在水里奋战,快要完钻时,又碰上水龙头坏了。水龙头是泥浆循环的咽喉,要是一坏,就打不了钻,这口井完钻的时间就要拖延。在这关键时刻,只见铁人王进喜带着1205队几个人,送来一个崭新的水龙头。原来这一天,铁人到1205队参加劳动,得知1202队水龙头坏了,就吩咐1205队的人把刚领来准备用的水龙头送给1202队救急。其实1202队隶属一大队,1205隶属二大队,一直以来两队是互相较劲的竞争对手,但当对方遇到困难时,铁人想到的是工作,大家共同为之奋斗的事业。1202队望着崭新的水龙头,心里对铁人以及他所带出来的队伍由衷地敬佩。

在铁人精神感召下,1202队干劲倍增,不一会就钻完这口井。可深夜两点,突降大雨,眨眼间,泥浆池和钻机底座四周的最后一道防洪堤要被冲垮了。在这种危急的情况下,司钻屈清华一面组织人员保护防洪堤,一面带领大家冒雨下套管。在钻台上负责检查套管,穿"通径规"的队长王琪和吴全青,冒雨趟着没膝的积水,仔细地挑选出合格的套管,一根一根送上钻台,大家一口气下了100多根套管。然而,刚下完套管,还没等喘口气,发现井场水位越来越高,船形底座被水包围,井口十分危急。必须立即固井,可是6台固井水泥车开不进来,只能停在远离井场100多米的地方,只能远距离固井,而远距离固井,需要铺设5条管线,扛100多袋水泥。雨下个不停,井场现在的状况,空着手行走都很吃力,扛着沉重的铁管、水泥行走更是难上加难。但大家知道,眼下没有别的选择。于是,大家冒雨展开新一轮鏖战。就在这紧要关头,铁人王进喜又带领1205队队员赶来增援,紧随其后,钻井指挥部的领导和机关干部也上来参战……见此情景,炊事员还冒着雨给大家送来了热气腾腾的姜汤。

经过3个小时的激战,大家战胜水患,一口新井保住了。

一天,司钻屈清华来到井场接班,发现钻杆丝扣上有一粒沙子,就把大家叫过来。他边擦洗母扣,边和大家说:"丝扣是钻杆最娇气的地方,要洗不干净,丝扣容易磨损。工作中,我们万万不可粗心大意,更不能马虎凑合,要严细认真一丝不苟。咱们超'功勋'要做到重质量保安全,做的工作经得起子孙后代的检查。"班长的一席话,使大家受到了深刻的教育。于是,一起动手把井场上的钻杆公母丝扣全部清洗一遍。当这口新井钻到800米时,一号柴油机发生了故障,大家怎么也修不好。只好去请机械技术员李自新,可他因脚趾被机器砸伤,膝盖以下肿得像大腿一样粗,无法行走。只好派人把井上的情况告诉他,让他出个点子。李自新闻讯不容分说,套上一双大号水靴,忍痛拄着杖,一瘸一拐地来到井场,很快排除了柴油机故障。

隆冬季节,超"功勋"的最后一口井开钻了。这一天寒流突袭油田,风暴卷着雪片席卷钻台,钻工的脸冻得针扎一样痛。尤其是喷出的泥浆冻在棉工服上,如同穿了冰盔甲。面对严寒,大家默诵着那段"红心能溶千尺冰,壮志凿穿万丈岩,天大寒、人大干,钻井工人无冬天"的誓言,吊卡、大钳冻得拉不开，就用榔头敲打，保证钻机快速钻进。可是到了夜晚，气温降到零下40多度，水管线冻结，敲也敲不开。队长王天琪、指导员杨春文，围着管线焦急地想对策。最后，大家决定发扬铁人精神，到附近水泡子端水打井。冬夜，风大路滑，寒气逼人，运水的路面经过水淋结冰，行走十分困难。副队长李继良一连跌了几跤，最后跌入雪沟里，扭伤了脚，水泼了一身，瞬间变成一尊冰雕。但他忍着伤痛，仍坚持端水。其他队员也好不到哪儿，眉毛、胡子、帽檐挂满霜花，身上全都披上冰甲。经过全队拧成一股劲，顽强拼搏，终于战胜暴风雪，拿下了最后一口井。

这一年，1202队仅用9个月零15天，打井28口，进尺31746米（其中张石琳班就打了近万米），把苏联"功勋"钻井队甩在后边，大长了中国人民的志气。这一年，1202队荣膺"钢铁钻井队""永不卷刃的尖刀"等称号。

2. 创世界钻井纪录

1965年冬，1202队经过两个半月的冬季整训，队员们无论在思想上，还是在技术素质上，都有了很大的提高，钻工们立志为国家多打井、打好井，劲头越来越足。这时，钻井指挥部根据会战工委的指示，将年钻井进尺"5万米"的任务下达到1202队。全队上下群情激昂，大家纷纷写决心书和请战书，表示：上级领导将年钻井进尺5万米的任务交给我们，我们就是要干前人未曾干过的事业，闯前人未曾闯过的道路。一定钻出5万米，为石油工人争光，为中华民族争气。

12月末，1202队为了做好1966年开钻起步前的准备工作，提前搬到了井场去住。那时的井队，野外居住条件还相当差。数九寒天，全队60多号人全住地窨子，没有取暖设备，职工们用砖在室内搭上炉子，烧原油取暖。每天晚上入睡前，由于炉子过热，大家都盖不住被。可到下半夜，又冻得睡不着。第二天早晨起床，大家的脸让油烟熏得像黑人，只有一口牙是白的。吃饭时，从食堂打出的热饭，一会就变成了凉饭。但为了打好这一仗，大家心里燃着一团火，憋着一股不获全胜，誓不罢休的劲头。他们克服种种困难，硬是在皑皑的雪地上立起了井架，做好了起步开钻前的准备工作。

1966年1月5日上午，起步开钻典礼在井场进行。会战工委李荆和、宋振明、季铁中等领导和钻井指挥部指挥张云清、党委书记王英炯，以及钻井指挥部生产部、政治部、后勤生活等部门有关人员，也到井场为1202队加油助威。

年钻井进尺5万米战斗打响后，也正是一年打井最艰苦的时节。大庆的冬天冰封雪盖，到处都冻得硬梆梆。尤其是接钻杆用的大钳，溅上泥浆后，眨眼间就被冻得拉不开。但工人们脱掉棉衣排钻杆，甩掉手套洗丝扣。没有人怕冷、怕苦、怕累，也没有人进值班房取暖。大家埋头工作，不但干好本班的工作，还主动为下一班创造条件。

记得有个叫边梦坤的钻工，在接钻杆时，不慎被锅炉蒸汽刺了眼睛，两眼火辣辣地睁不开。大家劝他下去休息，可他却说："在这关键时刻，别说只刺伤了眼睛，就是伤得再重一点，我也不能离开这战斗岗位！"说完他两手紧握大钳，通过眼缝里露出的一线目光，对准钻杆使劲打去，就这样他一直坚持到下班。

那时，会战工委领导季铁中和会战工委、钻井指挥部的工作组张轰、王德印、麦峰、张铁生等同志，就蹲在1202和1205队，跟工人同吃、同住、同劳动。对队里取得一点成绩，及时进行总结上报；工作遇到困难，就设法帮助解决。

2月份，1202队正干得热火朝天，向5万米奋勇进军的时候，迎来了一年一度的春节。按着以往的惯例，凡家在外地的职工，都在这个时候请假回家探亲，与家人团聚，共度新春佳节，可这一年情况有所不同。实际上，全队63名职工，50%家在外地。冬训时，这些人听说队里要上5万米，都主动提前休了探亲假，就是家在矿区内的人，也都放弃与家人团聚，坚持在井队奋发大干。队部的几位干部除留下一两个人在家组织大家安排节日伙食和文娱活动外，其余的全部都跟班上井，在钻台上和工人一起干。尤其是队长张石琳，从除夕上井一直干到初三，工人换了几个班，他依然在井上，饿了就吃一点干粮，困了就在值班房里打个盹，眼睛布满了血丝，胡子又黑又长。他的身体非常强壮，在队上也是数得着的棒小伙，几天下来之后，他明显变了样，脸发黑了，身体也瘦了一圈。大家怕他累病了，劝他回去休息，他说："我是队长，应该多注意些井上的工作，只要井上不出任何问题，我的心里比什么都踏实。"那时候，全队工人心里想的是，如何高速度、高水平地打出5万米，于是对工作不讲条件、不计较时间长短、不计报酬、不分你我。在大家共同努力下，一口井比一口井打得好，一个月比一个月创的指标高。班与班比着干，这口井你进尺700米，下口井我班想方设法超过你。3月的一天，钻机刚开钻，六七级的西北风夹着雪，刮得钻台上的人睁不开眼，沉重的钻杆被风吹得乱晃，抱不住。四班司钻曾太明手扶刹把，冒着风雪指挥生产。大家的衣服被泥浆包裹，冻成了盔甲，但为了抢班组进尺纪录，大家干得汗流浃背。刘正魁和队长张石琳看到大家这样不要命地干，就劝他们到值班房休息一下，烤烤火暖暖身子。可他们没一个肯离开钻台半步。当时进尺速度非常快，一分多钟就钻进一根12米长的钻杆，接一根钻杆也只需一分钟多一点，劳动强度非常大。但在如此高度紧张的状态中，没有一个人叫苦叫累，还创班进尺700多米的好成绩。

当时，1202队和1205队，在工作中每创出一个高指标，会战工委和钻井指挥部的领导都来祝贺，全油田的兄弟单位随之也来贺喜。大庆战报还专门发"号外"，向全油田报道喜讯。另外，当时大庆会战工委书记兼指挥徐今强及宋振明副指挥、陈烈民主任等，每个月都要到队里看望几次。他们每来一次，都给全队的人以极大的鼓励，并在工作上给予具体指导。

1966年5月3日下午4点多，周总理、李富春副总理和阿尔巴尼亚客人，在东北局、黑龙江省委以及大庆会战工委领导陪同下来到井场参观，总理戴上早已准备好的安全帽，率先登上钻台和大家一一握手，然后周总理和所有的领导，走下钻台绕井场看了一周。在井场，总理握住青工赵厚信的手问："你今年多大了？"赵厚信回答说："今年17周岁。"周总理风趣地说："不像，看你现在的样子像有20多岁。"最后周总理一行在钻台前，听取了队长张石琳关于1202队几年来生产情况以及与1205队一同冲击年进尺5万米的决心。周总理听了高兴地对大家说："同志们！你们为了祖国的石油事业，立下了汗马功劳，我谢谢你们！全国人民也谢谢你们！年末你们打出5万米，给我打电报，我来给你们祝贺，给你们挂勋章。"总理的话引来大家的欢呼声和掌声。

6月中旬的一天，草原上的大风沙刮得人睁不开眼，二班接班以后，正赶上起下钻。钻工李佩秋负责打内钳，他的岗位正好迎着风，每起一根钻杆，泥浆就喷他一身，到后来，就连他的耳朵里也都灌进了泥浆。钻工们个个也都成了泥人，尤其是内钳工李佩秋，用棉花堵着耳朵，眯起眼睛坚持作业，终于在短时间内完成起下钻任务。

就这样，全队上下克服了种种困难，到1966年8月18日，仅用7个月零13天，创造钻井41口，总进尺5万米的世界先进水平。

当五班司钻汤锡贰手扶刹把，闯过5万米大关的最后一米时，全队职工欢呼雀跃，互相拥抱，有几位老工人还留下了激动的泪水。

5万米闯关成功后，会战工委在五星羊场前线，专门为1202队和1205队召开庆功会。会上，有关领导宣读了中共中央、国务院、国家基本建设委员会、石油工业部以及全国各大油田发来的贺电。《人民日报》《大庆战报》还发了专题报道。就在这次庆功大会上，钻井指挥部党委代表大庆会战工委，向1202队和1205队下达了"向年钻井'10万米'进军，再攀新高峰"的战斗动员令，号召两个队超过美国王牌钻井队年钻90325米的最新纪录。两个队分别在会上向大庆会战工委、钻井指挥部党委，以及全体与会代表表示了坚决拿下"10万米"的决心。

会后，有些人对冲击10米大关信心不足，他们认为，打前5万米用了6个多月的时间，现在离年底只剩4个多月，再打5万米，客观地讲，即便不出任何事故正常生产，恐怕时间上也来不及。

针对一些人的思想顾虑，刘正魁和新任队长屈清华（原队长张石琳提升为钻井三大队副大队长）在前5万米总结会上，向大家提出，要以毛主席的"两论"为武器，两分法前进。他们进一步分析，向10万米进军虽然在时间上可能有些不足，但队里有闯过前5万米的实践经验，每个人都有一颗赤诚的爱国心；有一股不怕苦、不怕死、不为名、不为利，敢拼敢闯的革命精神。所以，在前进的道路上就是有天大的困难，也一定能够战胜。时间紧，就要一天顶2天或3天用，困难再大，也要主动去克服、去战胜。从现在起在思想上，应当不是从5万米起步，而是从零开始。

再打5万米，对于1202队来说，确实是一件不容易的事，美国的一个自动化王牌钻井队一年钻井进尺90325米。而1202队从1960年4月到1963年10月，3年半累计总进尺才到10万米，可现在不到4个月时间再打5万米，这不能不说是一个严峻的考验，尤其是对1202队打硬仗功夫的一次重大考验。

提起硬功夫，1202队全体队员无论在工作中，还是在思想上，可以说个保个敢打敢拼，没有一个熊包、软蛋。一次，青年钻工张克政，在起下钻时，一口气打了100多下大钳，只有一下没打上，他就感到很不得劲。下班以后，他顾不得去吃饭，就让吃过饭的老工人给他反复讲打大钳的操作要领，然后他又接着练起来。经过勤学苦练，终于达到了打大钳一次成功，并能在一分钟内完成13个接钻杆动作。

1202队在钻后5万米过程中，从这口井

开钻到下一口井开钻，只需 2 天 10 小时。工人劳动强度大，倒一次班只能休息十几个小时，并且要从这十几个小时之中，挤出 2 小时安排政治学习和技术学习，还要抽时间安排挖圆井、挖泥浆槽等井架搬家前的辅助工作。算起来，工人每天最多只有 8 个小时的休息时间。尽管是这样，工人们没一个有怨言，特别是成家的队员，由于把精力都集中到抢时间打井上，一两个月也回不了一次家，时间长了有的家属只好到队里来看自己的丈夫。

家属来队看丈夫，这在 1202 队已是司空见惯的事。作为一个钻井工人的妻子，自己的丈夫长时间不回家，心里非常惦念，久而久之，队里就形成了不是丈夫回家看妻子、孩子，而是妻子、孩子到队里看自己的丈夫、爸爸的惯例。

有的家属来队以后，看到自己的丈夫和工人们热火朝天忘我工作的场面，早已忘掉了心中的怨气，主动为全队职工洗衣服、拆被子、缝补破衣服。有的家属也曾道出满心的怨气："早知道是这样，我当初就不应该嫁给一个钻井工人，一年四季见不到几次，他不但照顾不了家庭，还要我到队上来看他，跟你们钻工根本就体验不出一点爱情的幸福。"会战指挥部副指挥宋振明得知此事后，曾专门找队里的书记刘正魁说："我把你们队的职工，用车都给送回家了，让工人们休息两天，回家看看。等一会，你开完会业找个车回家看看，后天早上我用车去接你们，队上的事我都已经替你们安排好了，你就放心在家待两天吧。"由于上级领导的关心和照顾，全对职工自年初以来第一次放松休息了一下。

在当时，对 1202 队来说最宝贵的是时间。为了节省时间，大家从吃饭、睡觉到上井工作的每一个环节，都精打细算，功夫都下到家了。为了不误正常进尺的分分秒秒，就连工服口袋里都装着一些机器小配件和小螺丝，做到机械设备随检随修。职工患点伤风感冒、头痛脑热，能挺则挺，挺不了买药吃，照样上工，去医院看病都成了稀罕事。会战工委领导看到大家这样拼命工作，就从职工医院抽出几名优秀医生，成立前线医疗小分队吃住在井队，巡医送药到床头。有一次，宋振明得知队里的书记胃病很重，就亲自把石油工业部从日本进口的胃药送到他手中。领导的关心与理解，使大家很受鼓舞，干劲也就更足了。

有一次夜间零点开钻，班上的人员比较紧张，技术员尹建华和一名场地工，在井场边丈量边滚钻杆。开钻进尺速度快，一分钟左右就钻进一根钻杆，场地上的钻杆有些供不上，尹建华一着急，不慎被钻杆压伤了脚。但由于工作过度紧张，当时没感觉怎样，照常干完一个班。下班时他才感到走不动了，就靠同事扶持回到宿舍，脱掉鞋以后才发现，脚肿得像馒头。送到医院检查后的结论是：脚趾骨已从中间断裂！大家无论如何也想不到，刚刚还在井场上挥汗忙碌的小尹原来伤得这么重！

1966 年的夏秋两季，天热雨也多。工人们经常穿不到干衣服不说，一到落日以后，蚊虫漫天飞舞，被咬上一口就会起个包。夜班工人怕看到碗里的有"活物"吃不下饭，故意找暗处去用餐。尤其在井上工作，为了防止蚊虫叮咬，手和脸部都要涂上一层黄油或泥浆。于是，下班卸妆也成了一门功夫。

这一年，钻井指挥部在大年初一开始，就给 1202 队和 1205 队安排了一个安装小队、一个测井小队和一个固井小队，专门为两个队服务。队里在完钻前就做好一切下套管的准备工作，一完钻电测队就上来电测，井队则利用电测时间检修设备，电测完就下套管。固完井，井队边卸钻杆边做好搬家准备，卸完钻杆就搬家。搬家时先拖泥浆泵，上一个班的人接好管线，井架拖倒一对就妥。这样，从搬家到开钻，最快只需2个小时。

此外，1202队还和1205队结成比学赶帮超的竞赛对子。两部钻机摆在一起，共同起步、共同前进。在生产进度上，两个队经常较着劲，互不相让。在技术措施上，又互相关心，互相帮助，取长补短。1202队向1205队介绍快速钻井中打直井的经验；1205队向1202队介绍快速钻井中使用好钻头的经验。两个队不管谁出了事故，都赶快派人提醒对方注意事项；如果听到对方在生产中缺少什么材料，就主动派人送上门去。

1966年10月3日，1202队钻井进尺已经超过7万米。当时从时间上和钻井进尺的速度来看，1202队拿下10万米是已成定局。然而，"文革"内乱波及大庆，停工停产闹革命的风潮也吹到队里。会战工委想方设法稳住队伍思想情绪，尽量阻止红卫兵到队上来搞大串联，以确保"10万米"指标的实现。宋振明副指挥曾对队里的书记说："你是1202队的党支部书记，首先你要把握住方向，要一定做到心中有数，把你的党员骨干力量抓住，发动起来，做好他们的思想政治工作，让他们先把自己的思想稳住，起模范带头作用。再让他们去做每个人的思想工作，坚决拿下'10万米'，在现阶段，决不能有半点马虎的思想，否则就会前功尽弃。"按照会战工委领导的指示精神，队党支部不断加强思想政治工作，使全队职工的思想很快转变。"人争一口气，树活一张皮，继续拼命干，拿下10万米"成了全队职工的心声和决心。

进入11月份，气温骤降。一天，蓄水池突然漏水，如不马上堵住，就会影响开钻用水，拖延开钻时间。大家想尽办法堵，但怎么也堵不住。这时，只听扑通一声，青年钻工张泽雨跳进水池里，冰冷的水，刺骨的寒风，冻得他嘴唇发紫，牙齿打颤，但他硬是在冷水里浸泡20多分钟，直到把漏洞堵上后才上来。队长屈清华怕他冻坏，牵着他的手一直跑回离井场几千米远的宿舍，然后让食堂给烧碗姜汤，亲自端着让他喝完，还给他盖上被子让他发汗。但是，当屈清华回到井场启动钻机的时候，钻工张泽雨忙碌的身影早已出现在钻台上。

12月份，年钻井10万米已进入最后的决战时刻。全队职工为了尽快实现这个目标，当班的和不当班的抽空都上井，有的职工干脆连饭都不回食堂吃，使炊事人员不得不每天多送几次饭。井上的工作也不用领导分配，每个人都在主动地找活干，都能找到自己的位置和井场上最需要的地方。

天气越来越冷，打井也越来越艰苦。冰天雪地里，每钻一口井，付出的代价比夏季要多几十倍。有一名钻工检查钻机，为了干活方便，干脆脱下棉衣、皮帽，钻到绞车里检查、擦洗。当他全神贯注一个部件、一个部件地检查和擦洗时，忽然觉得自己的耳朵好像被什么咬住了似的，他用手一摸，才知道是被冻在铁皮护罩上，他没来得及多想便用力一扯，耳朵被扯掉一块皮，他一声没吭，捂着耳朵就接着干起来，直到完成当班作业。

1966年12月26日上午，大家为之奋斗的目标终于实现了，1202钻井队终于突破年进尺10万米大关。当时，全队职工守在井场欣喜若狂，钻具被当成胜利的锣鼓敲了起来，铝盔被当成气球抛向空中。井场上的电话响个不停，祝贺的话语从四面八方向这里汇集；一辆辆汽车满载着欢庆的人群涌进井场，与井队一起见证奇迹，分享胜利的喜悦。

创造年进尺"10万米"的世界纪录，是大庆人的骄傲，也是共和国的骄傲！它向世界宣告，中国人民有能力赶超世界先进水平，外国人能办到的事情，中国人也能办到；外国人办不到的事情，中国人也可以办到！

3. 继承传统，保持尖刀本色

新时期，该队首先保持着"三不变"。一是面临的形势任务变了，立足岗位，胸怀全局的主人翁责任感没有变，做到"有第一就争，见红旗就扛"。二是队伍人员变了，"三老四严、四个一样"的优良传统没有变，做到"上就上标准岗、干就干标准活"。队员岗位责任制落实率和操作技能达标率达100%，个个一岗精、两岗通、多岗能，还掌握了计算机的基本操作技能和简单的英语对话能力，在公司率先使用了英汉两套工程报表。三是生产条件变了，队伍的军事化作风没有变，做到"敢打硬仗、善打硬仗"。多年来，坚持排队上下井场，施工中纪律严明。2004年4月，公司在南二区、南三区遗留下几口高压疑难井。该区块易卡、易塌、易喷、易漏、易斜，被称为五毒俱全的"老虎口"，许多井队都不敢涉足。1202队却主动请战，根据地下不同层位制订具体施工方案，干部日夜盯守井场，发现井涌苗头，及时处理，仅用32天就顺利完成4口疑难井的施工任务，为其他井队顺利进入扫清了障碍，探索了经验。

1999年9月，由于形势发展需要，1202队重新回到钻井二公司，并与当时公司8支王牌钻井队同场竞技。由于特殊工艺井和疑难井施工技术还处于一片空白，大家感到前所未有的压力。他们组织干部职工到兄弟单位虚心求教，以弥补自身的不足。通过扎实的准备，该队实现冬季定向井6开6完，创油田最高纪录。同时创出水平井井深1870米，最大井斜角91.33度、水平位移900米、水平段长650米的高指标，并累计完成8口水平井的施工任务，实现了由单一井型向复合井型的历史新飞跃。

钻井是多工种、联合作战的高危行业，需要一流的管理作保证。多年来，1202队严格执行ISO9002质量体系和HSE管理标准，加强施工全过程控制。借鉴国际安全管理STOP卡的隐患识别体系，发动职工对施工过程安全隐患查找，随时记录在卡片上，提出相应预防措施，整理问题分析报告，及时有效进行整改，努力实现安全绿色钻井。2003年，1202队通过了HSE和IADC认证，拿到了进军国际钻井市场的"通行证"。2004年，还被评为大庆石油管理局"绿色作业示范队"。

以人文本、构建和谐是1202队多年来的传统。首先，该队讲究民主管理，使每个职工都成为队里的主人。凡是重大问题，都征求职工意见，倾听职工心声，坚持"任务公开大家干、成本公开大家管、奖金公开大家算、账目公开大家看、凭优公开大家选"，从而赢得大家的信任，调动大家的积极性。二是搭建成长平台，给每个职工都提供成才的环境。该队历来是英雄队伍，曾锻造出了大庆五面红旗之一马德仁、钢铁钻工吴全清、全国青年功臣马军等一批先进模范人物。队里一方面让大家向这些典型看齐，主观上奋力进取；一方面想方设法为大家发展成才创造条件。该队为大家制订详细的成才计划，建立其成长档案，并指定专人进行全面指导。采取半年鉴定、全年总评的办法进行考核，通过找个人谈话和书面交流的方式，把队里的意见及时反馈给本人，从而促进职工不断发展。技校生赵勇时刻以典型为榜样，刻苦钻研业务，综合素质不断提高，多次代表公司和管理局参加黑龙江省和中油集团公司的技术大赛，先后荣获黑龙江省青年岗位能手和中油集团公司技术能手称号，后来成为30629队队长。近4年来，1202队为兄弟单位输送各类人才近40人，相当于一支钻井队的总和。三是架起友爱的桥梁。让每个家庭都能成为队伍发展的后盾。钻井行业，24小时连续作战，只要钻盘一转，生产就不能停歇。一年中，职工有近200多天回不了家，亏欠亲人的太多太多。为帮助职工解决后顾之忧，里队先后为13名钻工家庭的子女联系了家教和补习班。钻工家里有事，队员们尽量到场；职工里有困难，大家争相伸出援手。钻工邓古权的妻子患肾衰竭长期住院透析，队里捐款5000元送到医院。同时，长期坚持开展"关爱"行动，设立关爱热线和"家庭互助网"，队与家、家与家、人与人之间及时沟通，使47个家庭连成一个整体。

在新的历史时期，该队继承传统，拼搏奋进，向更高的目标迈进。

（九）大庆油田第一列车原油外运

1960年4月29日，石油工业部暨松辽石油会战领导小组在萨尔图召开"石油大会战誓师大会"，会战全面打响。各路大军在会战指挥部统一指挥下，甩开膀子大干，不到一个月，各井队不断刷新生产纪录，大量采油工程以及水、电、路工程进展迅猛，还建造"干打垒"两万多平方米，大会战初战告捷。会战领导小组研究决定：6月1日首车原油外运，向党向全国人民献礼。

原油外运，是一项系统工程，它包括首先需要原油集输、储运系统配套，油库、泵房以及水、电等基础设施要一应俱全。承担这些工程施工的是石油工业部第一工程局三个分公司、玉门油田建设公司和来自抚顺等地的机电安装公司。这些参战人员首先配合铁路部门抢建萨尔图火车站东道口至东油库的运油铁路支线和至供应指挥部萨尔图仓库的沙石转运专线。水利电力部调配的第一列车电站，则承担起了电力供应问题。

来自甘肃武威和陕西宝鸡的石油工业部第一工程局，于4月下旬刚抵达大庆就投入如火如荼的石油会战。在首车原油外运项目中，所属一分公司负责井口、泵房和锅炉房施工安装任务；二分公司负责非金属油罐和临时栈桥及其相应工艺管线的施工任务；三分公司负责让胡路至萨尔图10余千米输水管线施工任务。距离原油启运时间不足40天，而且工期铁定不能延误，加上工作量大，施工工地大多处于沼泽或低洼地带，刚刚运抵大庆的施工机具、设备相当一部分还在铁路沿线，面临的困难与压力之大可想而知。在这种情况下，施工队伍坚持"有条件上，没有条件创造条件也要上"，下苇塘，清淤泥，刨冻土、挖基础；运沙石，扛水泥，抬钢管，运配件，并靠人拉肩扛把施工机具拖到工地，昼夜奋战，不到10天，提前完成在萨尔图南岗地区安装5口油井计划及其输油管线敷设任务；仅用15天时间，完成东油库100多米临时栈桥和装油"鹤管"的安装及其工艺配套任务；工人干部齐上阵，苦干21天，挖土方近6000立方米、建造4个2000立方米长方形非金属油罐，确保于5月21日开始进油。

油田第一条从中七排西部到东油库、全长约8.7千米的输油管线，是由玉门油建公司施工队承建的。4月28日，由99人组成的玉门油建公司先遣队到达萨尔图，29日就接到会战指挥部下达的输油管线敷设任务，截至5月21日，工期满打满算23天。工程开工后，没有重型设备，施工队只能两人一根扁担、一条麻绳，每12人一组，抬一根根厚皮钢管，沿设计线路一字铺开。他们奋战5天5夜，用断100多根扁担，磨坏上百双鞋子，进度仍不理想。玉门油建公司得知工期告急，立即增派由200人组成的油建大队，日夜兼程赶来增援。他们一下火车就赶往工地投入会战。经过夜以继日抢工期，终于5月20日提前一天建成油田第一条输油管线。

在原油外运系统工程中，从喇嘛甸到东油库列车电站的输水管线敷设工程，全长17.2千米，需要10天内挖沟动用土方8万立方米，一个月内管线焊接完毕。4月下旬乍暖还寒，地表刚化冻，外加工地沿线多为积水的苇塘和湿地。施工难度非常大。石油工业部部长余秋里和副部长康世恩曾多次强调，输水管线一定要按时建成通水。否则，列车机车锅炉只能靠脸盆端水灌满，以保证如期启程。应余秋里要求，沈阳军区16军的一支部队承担了土方施工任务。这支部队也不含糊，大有"当年淮海惊敌胆，今朝会战展雄风"的气魄，战士们脱掉鞋袜，甩掉雨衣，冒雨大干。先是跳进泥塘沼泽中，垒土筑起堤埂，用脸盆、铁锹往外掏水，再清淤泥、刨冻层，并每天人均挖黏土19.97立方米，原定10天完成的土方任务，仅用5天即告完成，为敷设管线赢得了时间。

输水管线的焊接任务，由第一工程局三分公司承担。300多名职工沿工地排开，打乱原有建制，各负其责，每天工作14个小时以上。多数职工连续20天没有脱衣服睡过觉，经过异常高强度的攻坚战，终于提前5天完成全线焊接任务。在通水试压时，发现管线有一裂缝漏水。为了抢工时，副大队长朱洪昌决定在不停泵放水的情况下带压施焊，他把两条手帕分别缠在左右指上，双手捂住裂缝，冒着灼伤的危险，让焊工贴近他的手指边施焊。在场的基建处领导拿起饭盒为他遮挡火花，只见饭盒被"刺"穿了一个个小孔，但朱洪昌始终不缩手，尽管双手已被灼伤，一直挺到焊好裂缝。5月31日，整个原油外运系统工程试运成功。朱洪昌后来被树为大庆"五面红旗"之一。

原油装车任务则由来自玉门油矿的油田第一支采油队承担。由于当时的油井都是"光屁股井"，生产设施不配套，还投不了产。只能用汽车将喷在土油池子里的落地原油从各个油井拉运到东油库的两个土油池，集中待运。采油队共有20多人。接到装车任务后，队长薛国邦带领大家在中七排37井一干就是七天七夜。5月的萨尔图，天气虽然渐暖，但大庆原油含蜡量高、黏度高、凝固点高，喷到地面就凝结。因此，集中到土油池里的原油，必须用蒸汽加温融化，再用油泵打入非金属油罐后，通过输油管道注入油罐车。人工蒸汽化油，稍不留神，喷得浑身油污。薛国邦他们一个个像个油猴，昼夜奋战一个星期，废寝忘食地进行紧张的装油作业。可到了5月27日晚，低气温导致原油变稠，油泵打不动。薛国邦纵身跳进齐胸深的油池里，双手握着蒸汽管喷化起稠油来。即使灼热的蒸汽管烫得手生疼，他全然不顾。在薛国邦的带领下，其他人也跳入油池，用铁锹、脸盆把原油送到蒸汽加热处加热。通过大家的努力，到5月31日下午4时许，为首列15节油罐车装载600吨原油的任务终告完成。

1960年6月1日早晨，成千上万石油工人，乘着汽车、火车，在蒙蒙的细雨中，敲锣打鼓，从各探区汇集到东油库，参加第一列车原油外运典礼。油库内红旗招展，锣鼓喧天，人们激情澎湃，歌声、口号声此起彼伏，响彻云霄。

东油库栈桥上临时搭起彩门，披着节日盛装的运油列车就停靠在彩门下。机车正面中央悬挂着毛泽东主席画像，上端镶嵌和平鸽和井架图案，机车的前端和左右两侧悬挂着大幅红布标语。8时许，大庆油田首列原油外运典礼隆重启幕。会战领导小组副组长唐克作简短讲话，指出：第一列车原油外运，是广大会战职工'两论'起家、艰苦创业的光辉成果，这仅仅是胜利的开始，我们还要夺取新的更大的胜利。

8时30分，康世恩为运油列车起运剪彩，并向机车挥手致意。随着一声长鸣，列车缓缓启动，会场顿时爆发出雷鸣般的掌声、锣鼓声、口号声。在雄壮的《社会主义好》乐曲声和人们的欢呼声中，运油列车满载着会战将士对党、对祖国无线热爱的赤诚之心，徐徐驶出东油库，驶向锦西石油五厂。

（十）会战初期党的办事机构——石油工业部机关党委

1960年3月25日，中共石油工业部党组在哈尔滨召开松辽石油会战第二次筹备会议。会议期间，为了加强党对松辽石油会战的领导，部党组决定成立中共松辽石油会战地区临时工作委员会（简称会战临时工委），由石油工业部机关党委作为会战初期党的临时办事机构，部党组书记、部长余秋里兼会战工委书记，吴星峰、宋惠、雷震任会战工委副书记。

1960年4月8日，石油工业部机关党委作为大庆石油会战初期党的办事机关，开始在安达县办公。

中央批准开展大庆石油会战后，石油工业部立即做出部署，决定组织全国石油系统37个厂矿、院校的主要领导干部和职工队伍参加会战。石油工业部机关一半以上的干部包括司局领导也要赴大庆参加会战。会战的组织领导工作，由石油工业部部长余秋里主持，各位副部长也到现场组织、指挥，并于1960年2月22日成立松辽石油会战领导小组，由石油工业部副部长康世恩任组长，唐克（石油工业部地质勘探司司长）、吴星峰（石油工业部机关党委副书记）任副组长。到1960年4月，由全国各地来油田参加石油会战的4万多人汇集萨尔图，从全国各地运到大庆的各种器材、设备也有几十万吨。由于会战上得猛，各项工作千头万绪，组织工作和思想政治工作极待加强。石油工业部党组征得黑龙江省委同意，由石油工业部机关党委作为会战期间党的办事机关，具体领导会战机关各部门和各探区的党的工作和思想政治工作。

石油工业部机关党委是部机关和在京直属单位的党组织。1958年2月，余秋里任石油工业部长后，兼任部机关党委书记，他提出部机关党委要面向油田，协助油田抓好思想政治工作，起到部党组办事机构的作用。在余秋里的号召和组织下，部机关党委的部分人员同业务司局的人员一起，曾到玉门、青海、四川、银川等油田和探区调查研究，蹲点协助工作。特别是1959年春，部里去玉门的同志组成工作组，协助各矿发动群众，开展三结合的油井会诊，大搞修井等增产措施，对保证当时原油生产起到较好作用。

接到赴大庆参加会战的通知后，部机关党委一分为二：8人留守机关；7人带着公章，随部机关党委副书记吴星峰奔赴安达。

部机关党委到达安达的当晚，召开会战机关党员大会，部署以下几项任务：整顿和健全组织，建立党、团支部；建立各项制度；开展有关大会战的宣传教育，制订会战规划，掀起群众性劳动竞赛高潮。

余秋里根据当时的国际国内形势，指出这场石油大会战不仅是一场油田勘探开发的生产仗，而且是一场为国争光、为民争气的志气仗，说到底是一场政治仗。不管遇到多大困难，花多大代价，也要打上去。部领导和会战领导小组分析会战的任务、面临的困难和矛盾后，指出：高速度、高水平开发和建设好这样的大油田，中国没有经验，国外经验又不可能照搬，我们要掌握马列主义的理论武器，认真总结以往在油田勘探开发的经验教训，反对浮夸，反对脱离实际的瞎指挥，要尊重科学，实事求是，调查研究，勇于实践，闯出自己的经验。部机关党委根据部领导讨论意见，于1960年4月10日，做出大庆石油会战的第一个决定——关于学习毛泽东同志所著《实践论》和《矛盾论》的决定，要求立即组织全体共产党员、共青团员以及非党职工，学习这两个文件，用两个

文件的立场、观点方法来指导会战的全部工作。学习的目的是，掌握武器，勇于实践，认识油田规律。会战职工很快掀起学习"两论"的热潮。

部机关党委从会战一开始就注意围绕部党组和会战领导小组的中心工作，紧密结合会战的生产建设和各项工作任务，加强思想政治工作，并组织主要力量，较长时间地深入基层，调查研究，发现倾向性问题，总结典型经验，及时向部党组和会战领导小组提供有关情况，保证各项会战任务和措施的落实，有力地推动会战的顺利进行。

当时，为了加强对会战队伍的宣传教育，几乎是在没有什么条件的情况下，抽调两三名同志，在一个集体活动板房里着手筹办会战报纸。1960年4月13日，石油工业部松辽会战临时工委机关报——《战报》正式创刊。

为了深入开展会战形势任务教育，部机关党委除留1人在安达负责日常事务外，其余分头深入8个探区基层队，蹲点调查研究，重点是通过学习，在职工中树立一个正确的指导思想。当时在职工队伍思想上遇到的第一个问题就是，以什么样的思想、认识和精神面貌对待这场会战。面对重重困难，是统观全局、知难而进，把会战搞上去，还是只顾局部和个人，被困难吓倒退下来？通过学习"两论"，绝大多数职工群众能正确面对形势任务、矛盾和困难，并积极寻求战胜困难，夺取会战胜利的方法和措施。客观地说，几万人一下拥到大草原，既无房屋，又缺食少穿，最起码的生活条件都不具备；生产设备不配套，器材不齐全，遍布沼泽的荒原既无水路也无陆路，几十吨的设备，有些要靠人拉肩扛装卸拖运。即使这样，大家还是从为

国分忧的主人翁责任感出发，认为困难和问题都是暂时的、局部的，只要咬紧牙关多吃些苦、多流点汗，就可以克服；而国家缺油，外国在石油上卡脖子，才是全局性的、第一位的困难。把会战打上去有困难，如果退下来，国家和人民就更困难。说到底，为了国家和人民的根本利益，会战只能上，不能下。大家认清了肩负的历史重任，振奋起精神，发出了"一定要甩掉石油落后帽子""宁肯少活20年，拼命也要拿下大油田"的豪迈誓言。

很快，部机关党委通过调查研究，总结了正反两个方面典型。特别是通过深入调研，形成反映"铁人"王进喜崇高思想品格的事迹材料，带动"学铁人，做铁人"的活动的蓬勃展开。接着又收集整理钻井队长马德仁、段兴枝、采油队长薛国邦、工程队长朱洪昌等的先进事迹，在全油田组织开展学习王、马、段、薛、朱"五面红旗"的活动，队伍正气得到弘扬，标兵队伍很快发展到上百人。比学赶帮超活动热火朝天，激励石油会战职工奋发向上，顽强拼搏，一往无前。部机关党委还经过调研，总结归纳了降凝试验站、萨66井设计组等单位领导不力、脱离实际、脱离群众、部分职工怕苦怕累等思想作风。在此基础上，于1960年5月下旬召开战区第一次思想政治工作会议，对个别单位领导干部害怕困难、贪图安逸的思想意识和不深入调研、脱离实际的工作作风提出批评；对广大会战职工艰苦奋斗，坚持"三要""十不"之举给予充分肯定，使之产生积极的影响，进而蔚然成风，传为佳话。

随着大庆油田的迅速探明，如何合理开发好这样的大油田，成为重要的议题。石油工业部党组提出，每个石油职工都要认清"石油工作者的工作岗位在地下，斗争对象是油层"；要坚持辩证正唯物主义认识论，开展科学实验，一切从实际出发，掌握大量第一性资料，通过实践、认识、再实践、再认识，努力探索和掌握油田开发规律，开辟合理开发油田的途径。1960年6月，会战领导小组决定在萨尔图油田中部，开辟面积为30平方千米的生产试验区，以不同的方式进行开发试验，为制订合理的开发方案寻求科学的依据。部机关党委的成员同机关其他部门人员一道，背上行李，走上生产第一线，到新开辟的生产试验区指挥机构兼职，把抓生产试验、科学实验同抓思想政治工作融为一体，教育职工积极投身油田开发实践，激发其创业热情，克服困难，战胜各种挑战；教育职工把高昂的革命热情同坚持"三老四严"、一丝不苟的科学态度结合起来，以"两论"为指针，掌握大量第一性资料与数据，努力探索油田开发规律性的东西。还总结地质指挥所、采油三矿四队、油建十一中队等基层单位，坚持严细作风，认真进行地层对比、分析化验，开展群众性的油井分析，严格质量检查等经验。在基层采油队开展群众性办"地宫"、游"地宫"活动，结合油田实际普及科学知识，使职工群众了解地下油水变化规律，提高油田管理水平。部机关党委大力倡导民主管理企业，调动职工群众参与油田各个层面的管理活动，具体组织每月一次的五级三结合会议和定期的技术座谈会，总结出发扬政治、生产技术、经济三大民主的经验。其中，政治民主赋予每个职工有向一切违反党和国家政策、法令的现象做斗争的权利，以及在一定的会议上有批评干部的权利。比如，在各种会议上或生活会上，工人都可以插话，对干部进行面对面的批评，正确的意见，干部就立即接受。生产技术民主主要是广泛地吸收工人参加生产技术管理，把群众管理和专业管理结合起来，发动群众讨论生产作业计划，参加技术革新，研究决定生产组织管理问题。经济民主主要指工人参与企业经济核算，既搞班组核算，还要管理食堂，要求食堂日清月结；每年发布生活规划，讨论农副业生产分配方案。

1960年6月，部分从部队转业到油田的干部被抽调到部机关党委工作，部机关党委的各部室相继健全。原班人马则仍坚持在基层调查研究。1960年10月21日，会战领导机关正式从安达迁至萨尔图办公。

严冬即将来临，为了攻克"三高"原油集输难关，部机关党委同志参加组织原油降凝试验站的工作，整理出设计院同志为确定原油外运的合理装油温度，以及内部管道输送的油温，冒着严寒测定了大量数据的事迹，进行广泛宣传，并组织开展群众性的油井保温活动。

1961年6月10日，会战政治部成立，内设办公室、组织部、宣传部、监委办公室、保卫处，并受会战工委委托领导工会、共青团等工作。会战政治部是在部机关党委机构基础上组建的，行使会战临时工委办事机构的职能。至此，会战时期党群工作机构基本完善。

1961年冬，由于自然灾害等影响，粮食定量减少，4000名职工得了浮肿病。广大职工克服体力上的困难，咬紧牙关坚持生产。部机关党委要求各级党组织关心群众生活，在搞好农副业生产的基础上，办好职工食堂，安排好职工生活，书记抓生活，政治工作到食堂，很快就度过了困难。由于少数职工对当时农村的一些农副产品价格昂贵等问题认识不清，说什么"八级工不如一捆葱""工不如农""农不如商"等，部机关党委经过试点，在全战区开展形势教育和回忆对比教育，提高了职工思想政治素质，稳定了队伍的士气。在这一基础上，经过以后几年的发展，形成了每年冬季进行一次队伍整训，总结一年的生产建设和队伍建设的经验和教训，进行思想教育，开展技术练兵活动的习惯。

1961年11月，黑龙江省委和石油工业部党组决定成立中共石油工业部松辽石油会战工作委员会（简称会战工委），部机关党委（会战临时工委）在大庆地区的工作即告结束。同时成立会战指挥部，取代会战领导小组。余秋里任会战工委书记，康世恩任副书记兼会战指挥部指挥。石油工业部机关党委作为大庆石油会战初期的党的办事机关，也完成了它的历史使命。部机关党委到大庆参加会战的部分人员，正式调入大庆会战政治部工作。会战政治部作为中共大庆石油会战工委的办事机关，继续行使原部机关党委的职能。

部机关党委在部党组和会战领导小组的直接领导下，在大庆石油会战初期做了大量的卓有成效的工作，特别是坚持思想领先；思想政治工作服务生产，保证生产建设任务的完成；思想政治工作与生产建设融为一体的指导思想；坚持实事求是的思想作风，深入实际，调查研究，总结典型，以点带面工作方法等，对以后大庆思想政治工作经验的形成，奠定了坚实的基础。

（十一）北安农场——大庆油田的"南泥湾"

20世纪50年代末至60年代初，由于天灾人祸，出现全国性饥荒。1960年9月，素有北大仓之称的黑龙江省粮食储备告急，会战大军的粮食定量也被迫削减，月人均由14.25公斤降至12.5公斤。此时，饥饿像瘟疫一样迅速从城市蔓延到乡村。入冬后，危机进一步加剧，各指挥部反映大批人员出现营养不良综合征，因饥饿导致职工患上浮肿病，有的钻工无力提起吊卡，心慌的汽车驾驶员握不稳方向盘；拿手表换土豆吃，到雪地里去拣农民丢弃的烂甜菜充饥，早已不是什么新鲜事。在饥饿难耐的情况下，偷吃附近生产队豆饼、马料的事也时有发生。更为严重的是，有些人请病假回老家一去不回，甚至开小差人数也呈上升之势。

面对危局，会战工委急切地向黑龙江省委提出关于解决粮食问题的特别报告。曾拍着胸脯表态要给余秋里当好后勤部长的黑龙江省委第一书记欧阳钦，此刻也为难了。捉襟见肘的粮食储备让他难以兑现诺言。省里每个月调拨给大庆探区的粮食至多不能超过150万斤，这意味着平均每个人月定量约30斤，从事重体力劳动的工人勉强可以吃上半干半稀的主食，机关和后勤管理人员还须勒紧裤腰支援前线。12月中旬，欧阳钦指派副省长陈剑飞到大庆探区了解情况，看到食不果腹、面目浮肿却仍在井场拼命鏖战的钻工，陈剑飞热泪盈眶，感慨万千，当即向省委提出增供粮食的报告。省委决定再一次压缩全省人民的口粮，计划外为会战职工每月增供3斤黄豆，以缓解浮肿病的蔓延。

临行前，陈剑飞向余秋里透露了省里的打算："从长计议，在五大连池地区划拨一块土地，作为油田自管粮食基地。"

余秋里听了喜出望外，马上追问："能给我多少亩荒地？我可是老和尚化斋，越多越好哇。"陈剑飞说回答，到底划拨多少，省里还没确定，但已经责成省农业厅在筹划此事。陈剑飞提醒余秋里尽快派人去考察一下，拿出具体方案呈报省政府。"好嘛！马上就办。"余秋里雷厉风行，立即责成会战指挥部农副处处长刘金炼落实此事。

1960年12月26日，刘金炼带两名农业技术员，驱车400千米，当天赶到北安市政府，与副市长常文彬接上头。此时，北安市已经接到省政府的通知，副市长常文彬拿出一份辖区地图，指着五大连池青山镇的位置，介绍其东北格球山周围有一大片可供开垦的荒地。建议刘金炼先到那里去实地考察，然后再商量具体的土地划拨事宜。

第二天一早，刘金炼一行来到德都县青石村，在村党支部书记陪同下乘着马爬犁，开始了连续数天的艰辛调查。目睹一望无际的荒野，丛生的蒿草间狍子、兔子、狐狸、野鸡留下的足迹，刘金炼惊感到这里的土地肥得能攥出油来，开垦几万亩地，建设一座大型农场绝对没有问题。

1961年元旦前，刘金炼返回大庆，向会战工委汇报了情况。1月29日，大庆会战工委召开农副业工作会议，决定采纳刘金炼处长提出的选址方案和筹建计划，向黑龙江省人民委员会提交在五大连池垦荒建农场的报告。会后，刘金炼马不停蹄，带领7人小组，分两路再次远赴五大连池格球山下，在距垦荒点10千米处的青石村一户农民家暂时落脚，为筹建农场做前期准备。刘金炼一行历经半个多月紧张工作，测量4万多亩可供开垦的荒地，找到4处水源，并在格球山的南端选定一片开阔的向阳坡，作为未来农场场址。

1961年3月初，大庆工委任命刘金炼为大庆农场场长。刘场长带领大家从青石村迁到选好的场址，砍掉毛柳，割除蒿草，清理积雪，支起一顶帐篷和一个马架子，升起第一缕炊烟，农场就算正式诞生。1961年3月18日，黑龙江省农业厅以黑农土字第（84）号文件批准划拨给油田2万亩荒地。

1961年的4月，农场第一任党委书记茹作斌到任，垦荒队伍扩大到40多人，但是农机具一件也没到位。刘场长从附近村子里借来一副犁杖，靠人力拉犁，开出十几亩荒地。这个进度与建大农场的设想相距甚远。1960年5月，从油田钻井指挥部调来5台拖拉机，并从附近农场借来4张旧犁，经过半个月的昼夜苦干，开垦荒地4000多亩。为抢农时，茹作斌带人到附近农场和村庄学种地、借种子，组织职工日夜抢播。农场当年见成效，收获小麦14225公斤、大豆8300公斤、谷子和玉米4486公斤、各种蔬菜合计15万公斤。

到1962年，划拨的2万亩荒地全部开垦完毕，大庆农场已初具规模。6月21日，周恩来总理首次大庆之行结束后，余秋里在火车上向周总理汇报了油田开展农副业生产情况，并提出想再多开垦10万亩荒地。周总理对大庆搞农副业生产十分赞赏。第二天在哈尔滨召开的石油会战协作会议上，周总理指示欧阳钦再为大庆划拨一些荒地。10月4日，黑龙江省人民委员会批准增拨土地75000亩，用于大庆油田扩建农场。这一年的秋天，格球山下的大庆农场喜获丰收，已经播种的2万亩耕地，产粮108万公斤。扣除种子和自用粮之外，首次向大庆油田输送自产粮食50多万公斤，相当于每个会战职工在国家定量外得到70公斤粮食。有了这批粮食，单身职工可以把家属接来住上三个月。指挥部还允许返乡探亲的职工每个人带上3斤自产黄豆。

1990年，大庆农场划界时核定，总占地总面积154599.7亩，其中耕地88054.3亩，宅基地1100.5亩，交通用地3030.1亩，业已形成农、林、牧、副、渔综合发展的产业格局。

大庆农场作为油田生活基地，在特定历史时期作出了不可替代的突出贡献。

1991年8月，在建场30周年庆祝大会上，时任大庆石油管理局局长王志武指出："农场这片土地，是大庆油田的一个重要组成部分。回顾大庆油田30多年来取得的巨大成就，都与农场的工作息息相关、密切相连，凝聚着农场全体职工、家属的辛勤劳动和汗水。"

1996年10月，在农场粮食产量突破2400万公斤祝捷大会上，时任大庆石油管理局局长丁贵明说："几代农场职工不畏困难，艰苦奋斗，在远离战区的农业战场，靠'两论'起家，战天斗地，在恶劣的自然环境下，用自己的双手和辛勤的劳动创造了丰硕成果，有力地支援了油田的开发建设。为顺利拿下大油田，为油田生产和职工队伍的稳定起到了历史性的重要作用。对此，局党委和管理局不会忘记，油田的广大职工家属也是不会忘记的！"

（十二）建帐篷小学育铁人后代

1960年12月，由玉门油矿陆续调到大庆近1.4万人，其中家属1000多户、4000多人。在会战党委和当地党政领导的精心组织下，家属和孩子都得到了妥善的安排。但是，有许多适龄儿童上不了学。1991年春天，孩子们在草原上采花玩。铁人王进喜看着那些刚刚来矿而又没有学校上学的孩子们，心如火燎，他想："旧社会，咱们上不了学；大会战条件再差，也不能耽误孩子们上学读书哇！"

在一次大队党总支扩大会议上，王进喜

提出了在大队办学校的建议，大多数同志热情支持，但也有个别的同志说："现在办学校没有条件，以后再说吧。"王进喜说："工作再忙，困难再大，也要把学校办起来！要说条件，都是创造出来的，不创造，哪有现成的条件？我们石油大会战，不就是有也要上，没有也要上吗？我们办学校也应该这样。"王进喜的话，坚定了人们办学校的决心。第二天，王进喜带领几个人，在离大队不远的地方，挖了一个五立方米的土窝窝，垒起三个土台子，支了一顶帐篷，请了一名职工当教师，有六个孩子来上学。王进喜亲自兼任校长。开学时，他亲自上第一课。走上讲台，王进喜对孩子们说："我小时候也想念书，可是在旧社会，家里穷得叮当响，学校门不朝咱们开。今天是新社会，毛主席领导咱们翻了身，你们都能上学，是托毛主席的福，可不能忘本哪！"

后来，由于学生人数迅速增加，一栋帐篷坐不下，就搭两栋、三栋。入冬前，王进喜组织师生，动手盖校舍，当年就建起了四栋干打垒教室。师生们都说：我们的"帐篷小学"变成"干打垒小学"了。

随着学生增多，教师缺乏，王进喜和大队其他领导商量，从井队有文化的工人中选拔出几名老师，保证了"干打垒小学"正常开课。教室光线不足，王进喜叫大队的木工在屋子顶上开天窗。为了加强学生的时事学习，钻井二大队把一台收音机送给学校；教师没有办公桌，王进喜就把自己的办公桌拉到学校给教师用；小学生横过马路上厕所有危险，大队又组织工人和师生一起盖厕所。

为了发扬艰苦奋斗、勤俭办学的光荣传统，师生们组织了理发组、修鞋组、木工组等。头发长了互相理，鞋子坏了自己修，衣服破了自己补，桌椅坏了自己修。他们发扬铁人那种人拉肩扛运钻机的革命精神，大家拉着王进喜当年拉过的犁，开荒种地。在一片杂树丛生的荒地上硬是用锹挖、用镐刨，清理出1万多棵死树根。手上磨起了血泡，汗水浸透了衣服，他们全然不顾，苦干了一星期，开出耕地40多亩。师生们自己脱坯烧砖20多万块。在铁人精神的鼓舞下，全校师生在天寒地冻的艰苦条件下，用自己的双手建成了一座小烘炉。师生们自豪地说：铁人亲手创建的这所学校，就是一座锻炼人才的革命熔炉。

不久，因工作需要，王进喜调离二大队。临走前，他建议让他的老战友，原1205钻井队指导员孙永臣到学校当校长。王进喜说："老孙出身在苦大仇深的贫农家庭，在朝鲜战场上同美国鬼子拼过刺刀，是参加石油大会战的老工人，是共产党员，是我们党的政治工作干部，他一定能把学校办好。"老孙到校后，一心扑在党的教育事业上，以铁人为榜样，与副校长杨心纯一起，团结师生，取得了很大成绩。

随着油田不断地发展，大庆逐步形成了"工农结合，城乡结合"的新型矿区。铁人创办的小学，在校内办了小农场、小工厂，还与两个工厂、八个车间（工段）的一些班组、家属管理站、龙凤公社的四个生产队、国营农场某连队建立了关系，学校越办越有特色。

在铁人精神鼓舞下，帐篷小学的孩子们，一批又一批地茁壮成长。他们热爱大庆，热爱集体，大会战作风、铁人精神在他们的心中深深扎下了根。

魏蒙纯同学以铁人"甘当人民的老黄牛"革命精神为榜样，不论是刮风下雨，还是严寒酷暑，坚持背着双腿瘫痪不能走路的同学杜兴华上下学。魏蒙纯得了急性阑尾炎，住院手术时还惦念着杜兴华。手术伤口还没有痊愈，就出了院，第二天就去接杜兴华上学。老师和同学们都赞扬说："魏蒙纯真是铁人式的好后代呀！"

丁淑英是班级的团干部，她把在解放南村住的同学组织起来，成立了业余学习小组，每天放学后，组织大家学文化，开展文体活动，利用假日参加各种公益劳动，如春节期间帮粮店卖粮，帮老幼病人送粮，给托儿所刷房子等。

尚勇同学发现一位残废老工人坐在手摇车上，生活很困难，他就每天放学后主动帮助这位工人打水、洗衣服、买东西，从不间断。

在校的学生学铁人、做铁人，毕业走上工作岗位的学生，更是踏着铁人的脚步走，争当铁人新一代。康德印是王进喜亲自送到"土窝窝学校"的学生，他临毕业时，王进喜特地赶到学校，勉励他要做工人阶级的好后代。康德印到工作岗位后，发扬铁人精神，在会战中带病坚持工作，接连几天不下火线，光荣地加入了中国共产党，连续几年被评为劳动模范，被提拔为钻井射孔弹厂的副教导员。

王进喜的大儿子王月平在帐篷小学毕业后，参了军，入了党。转业后，他来到铁人率领过的1205钻井队。打井时，头部负伤，坚持不下火线。

在石油会战的创业年代，帐篷小学仅是油田学校的其中一所。当时，会战条件艰苦，教学条件很差，但会战工委，乃至省委、国家教委都十分重视会战期间的教育工作。黑龙江省委在支持大庆的文件中，专项列出教育经费。1961年4月5日，国家教育部副部长率团50余人到大庆视察指导大会战的教育工作。

在大庆精神、铁人精神的熏陶下，一批又一批的石油娃在帐篷小学里一天天茁壮成长，他们从父辈的手中接过刹把，从母亲的手中接过管钳，把《我为祖国献石油》的战歌，一往情深地传唱。

（十三）大庆谓之"大庆"的由来

据《黑龙江省志第七十八卷地名录》记载，松基三井所在地肇州县大同镇，其名称始用于1913年，起初系地名而非行政建置称谓，隶属肇州县。1951年，肇州县始设大同镇，由县直辖。1958年9月，大同镇改称大同人民公社。

1959年9月26日，石油工业部松辽石油勘探局黑龙江勘探大队32118队在大同人民公社高台子屯中部（现高台子镇永胜村）钻探的松基三井喷出原油，就此龙江地界乃至整个松辽盆地首次发现油田。喜讯传来，从石油工业部到黑龙江省委，一片欢腾，黑龙江省经委迫不及待地电话通知松辽石油勘探局，赶快派人到省委汇报有关情况。9月27日下午，松辽石油勘探局派黑龙江勘探大队党委书记关耀家与松辽石油勘探局秘书李廷树带上松基三井油样和报捷书，由安达乘火车去哈尔滨向黑龙江省委领导报捷。到达哈尔滨后，省经委主任封仲斌告诉关耀家，报捷事宜安排在第二天上午。9月28日早晨，关耀家、李廷树二人在省经委主任封仲斌等陪同下，到省委107招待所二楼会议室，向黑龙江省第一书记欧阳钦等参加省委常委会的各位领导报喜，还应欧阳钦提议，关耀家现场将原油蘸在纸条上点着，以示原油的特性，并简要介绍石油勘探开发基本流程。欧阳钦对在座的常委们说："看到了吧？这是真正的原油啊！我们这里出石油了，这是件大好事啊！"他还说："日本人统治东北14年，他们掠夺我们的资源，还没有发现这里有油。如今，我们在党中央和毛主席的领导下，把埋藏这么深的地下宝藏——石油开发出来了，这是一件具有战略意义的大好事。"接着，欧阳钦问关家耀：此事可否见报？关家耀回答，正因为具有战略意义，石油工业部领导认为目前不宜公开登报。汇报完毕，根据欧阳钦要求，关家耀将原油样品留在省委作纪念。欧阳钦指出："由于我省工业发达，交通便利，生产的石油很快地用于工业、农业机械化的需要。这对于促进国家工业化、农业机械化都有极其重要的意义。必须继续加强工作，兢兢业业，做好石油勘探工作。"最后，欧阳钦指着油样瓶对关家耀说："把这瓶原油留下作为纪念。希望你们继续努力，取得更大的胜利！"

1959年9月30日上午，黑龙江副省长陈剑飞、经委主任封仲斌代表省委省人委到松基三井现场慰问石油工作者。据肇州县《大同区志·大事记》记载："1959年10月初，黑龙江省第一书记欧阳钦亲临松基三井祝贺，提议将大同人民公社改为大庆人民公社。"

1959年10月12日上午，省委在花园村一号会议室召开常委会，讨论通过《关于大力开发石油资源，发展石油工业的决议》。鉴于石油工业已进入边普查、边勘探、边生产的新阶段，新兴的石油基地很快形成，《决议》要求：勘探方面，要向大同镇长垣外围扩大战果，并加快发展省石油地质队伍，加强省内其他地区的石油普查；做好石油工业开发建设规划，建设部分中小炼油厂和一批简易炼油厂，并建设与石油工业配套的工厂，搞好配套的交通、水电、邮政等城市基础设施建设，尽快把龙江建成新的石油工业基地；党政各部门、各单位要全力以赴支援石油开发，并将其摆在日常工作的首位；成立省石油工业管理局，相关地县也要逐步成立石油局，并将大同镇改为天泉（或大庆）市，撤销中共大同镇委，成立中共天泉市委。至此，"大庆"作为拟议中的地名，首次见诸正式文件。

据肇州县《大同区志·大事记》记载，1959年"10月14日，根据地委（应为松花江地委）提议，肇州县委决定将大同人民公社改为大庆人民公社"。《肇州县志·大事记》也有完全相同的记载。

1959年10月15日，肇州县人民委员会以肇州办字第416号文件制发关于启用大庆乡人民委员会印章的通知。其内容如下：根据县委将大同乡（公社）改为大庆乡（公社）的决定，现启用"肇州县大庆乡人民委员会"木制印章一枚，并将原肇州县大同乡人民委员会印章同时作废。文末还附有启用印模。

另据肇州县《大同区志·大事记》记载，1959年10月，大同卫生院改为大庆人民医院；10月20日，肇州县委决定撤销大同派出所，成立大庆公安分局。与此同时，黑龙江省人民委员会也于10月20日直接行文松花江专员公署，下达《关于成立大庆区和将大同镇改为大庆镇的决定》（黑办秘王字第1868号）。其内容如下："为了加强领导和大力支援石油资源开发与石油工业的发展，特决定以肇州县大同镇为中心，将周围（包括肇州和肇源）有石油构造的各乡组成大庆区，并成立人民公社联社，仍属肇州县领导。同时决定将大同镇改为大庆镇，成立大庆区的具体组织工作由松花江专员公署负责进行。"

1959年11月4日,中共黑龙江省委、省人委对松花江地委、专署关于建立以石油工业为中心的大庆区的党政社等组织机构、工作任务的报告作出批复:"同意报告中所提出的大庆区组织机构、编制和区委的工作任务,以及石油勘探队党的组织交大庆区委领导,关于行政机构的设立,凡属应经过选举产生的,均应按民主程序办理。大庆区的组织,应立即建立起来,并迅速地开展工作。"

11月7日,黑龙江省委第一书记欧阳钦以及李范五、强晓初、李剑白、陈剑飞等黑龙江省党政领导,以及物资、商业、交通等省直有关厅、局负责人一行30多人,从哈尔滨出发,分乘两台嘎斯车和一辆大型客车,到松基三井视察并参加大庆区成立大会。车到大同镇,欧阳钦一行在松辽石油勘探局党委书记、局长李荆和等陪同下,迫不及待地赶到松基三井,亲眼目睹黑色的原油从井口喷射而出,喜不自禁,以至有人热泪盈眶,激动地同钻井工人们热烈握手,向他们表示深深的感谢。想到从此共和国将甩掉贫油帽子,一座崭新的石油之都即将出现在龙江版图上,大家无不心潮澎湃、热血沸腾。随后,在大同镇俱乐部里,欧阳钦一行听取李荆和以及肇州县县委书记魏忠才关于松辽石油勘探情况和肇州县支援勘探工作情况的汇报。欧阳钦在讲话中,向松辽石油勘探局的职工和地质技术人员表示亲切地慰问,赞扬了他们发愤图强、艰苦奋斗的忘我工作精神。

11月8日,欧阳钦一行参加大庆区成立暨当地发现石油庆祝大会。参加大会的有松辽石油管理局负责人、局机关全体工作人员、32118钻队职工和肇州县、乡有关负责人等。会上,欧阳钦作热情洋溢的讲话,他说:"此地出了油,是天大喜事。听到你们的介绍,感到石油事业在黑龙江大有希望。你们搞油的是野战军,找油、开发以及将来的建设是很复杂的,也是很困难的。你们的事业,是全党的事业,使我们社会主义建设事业的重要组成部分。石油大发展可以带动我们的机械化、现代化,使国家更富强。你们到这里搞石油,全国要支援。我们黑龙江省委、省政府、有关的县、乡和广大人民群众是这里的地主,要尽地主之谊。从省委起要讲大局,顾大局,要教育全省的干部群众,认识石油是关系全国大局的大事。我们要组织全省支援石油勘探,你们要在葡萄花、高台子构造甩开勘探,大战今冬明春。我们要继续组织力量修筑公路,同石油工人一起大干,尽快把这个油田的大小勘探清楚。总之,黑龙江支援石油开发是责无旁贷,全力以赴,全力支援。"

欧阳钦说:"我们为什么要把大同,改成大庆呢?因为庆字包括许多内容,庆祝此地出石油,中华人民共和国的十年大庆,庆祝总路线的胜利、人民公社的胜利,庆祝我们省的大丰收……多得很,讲不完。社会主义阵营强大,中国一天天地好起来,叫敌人一天天垮下台。所以叫大庆,这'庆'不是小庆,不是中庆,而是大庆。另外,山西有大同市,如果将来也叫大同市,那就重名了。"

"为什么(把大同镇)改成区?这也是上层建筑要适应于经济基础,如果经济基础改变了上层建筑不改变,就会妨碍生产力的发展。要有大的变化,睡了几万年的石油喷出来,就有可能很快实现机械化。过去安达到此没有公路,现在要修公路。干部和老百姓的思想觉悟也会提高。共产党员负有彻底解放生产力,达到最高的理想——共产主义的历史任务,要有远大的志向。"

这时,李荆和插话说:"地方的压力可不轻啊!"

欧阳钦书记笑着说:"请放心,我们黑龙江省是你们的大后方,我们的省委是你们的后勤部。"这时,李荆和激动地站了起来,带领大家高呼:"感谢省委领导的关怀,向黑龙江省人民致敬!"

欧阳钦指出,出油是关系到全区、全省、全国的大事情,它关系到工农业生产、农业现代化,关系到国防建设,关系到国家命运和社会主义建设总路线的贯彻执行。现在这里出油,而且产量很大。这样大的油田国内是少有的,超过玉门、四川、新疆等地。今年产油几万吨,明年几十万吨,以后有可能达到几千万吨,要保证勘探、钻井、采油、炼油等各项工作顺利进行,要让全国各地来支援这里,黑龙江省更是责无旁贷。

欧阳钦越讲越激动,会场不时响起一阵阵热烈的掌声。他说发展石油工业是大局,要向老百姓讲清道理,支援油田建设,维护好石油基地。眼下这里只有松基三井出油,将来会钻机林立,打出更多的油井,要组织各种力量把石油工业发展起来,要使群众懂得,为祖国献石油是光荣的事,要像热爱解放军一样把石油工人看成是最可爱的人。要教育工人不要怕困难,有困难也是暂时的。从中央到石油工业部、省、县、乡一起来克服困难,到来年的这个时候要有很大的变化,要使老百姓、干部了解这些,力争使油田更快地发展起来。

会议宣布,肇州县委书记魏忠才兼任大庆区委书记,区委班子由魏忠才请示省委组织部决定。大庆区辖区范围包括肇州县的大庆、中心、联合、群众、新主和肇源县的大官、兴隆7个人民公社。会上,还成立肇州、肇东、安达等县和黑龙江省石油局、交通局、松辽石油管理局等单位负责同志参加的临时指导委员会,由魏忠才牵头,共同商议支援石油勘探工作,并明确其工作原则,即可以协商解决的问题就地解决,不找省里。

1959年12月31日,石油工业部发出(59)办秘便字第162号公函称,鉴于黑龙江省委为纪念共和国十年大庆前夕位于肇州县大同镇的松基三井喷油,同时为避免与山西省大同市重名,决定将原大同镇改称大庆镇,今后有关大同镇的图幅和构造,统一以"大庆"命名,不再用"大同"名称。

(十四)岗位责任制的由来

大庆油田的岗位责任制,旨在把全部生产任务和管理工作具体落实到每个岗位、每个人身上,做到事事有人管,人人有专责,办事有标准,工作有检查,最大限度地消除企业管理盲点,建立全方位的从业规范和职场行为准则,充分发挥岗位人员职业技能的基本管理制度。它的建立,标志着大庆油田由早期靠对职工的思想教育、启发觉悟和粗放管理维持企业正常运行,走向稳固的制度化管理的根本性转变。大庆油田岗位责任制与思想政治工作的有机结合,形成社会主义工业企业特色鲜明的管理文化,得到以毛泽东为代表的几代党和国家领导人的充分肯定,成为国内工业战线上的一面旗帜,在19世纪后半叶的国内工业领域产生巨大影响,促成企业管理方式的深刻变革。

1962年4月1日,北二注水站胜利完工投产,管理一座注水站、13个配水间和整个北部试验区的注水井，可谓点多、线长、面广，生产管理难度大。

该站队长罗政钧，曾在玉门油矿工作，原为采油指挥部办公室主任；指导员秦时栋，曾任玉门油矿注水一队队长，来北二注水站前是会战指挥部副指挥、采油指挥部指挥宋振明的秘书。他俩到任前，宋振明找他们谈话，说："好干部要到基层去锻炼，希望你俩到基层任职后，把北二注水站管理成标杆站，不要管成猪圈。"他们牢记领导的重托，一上手就加强了管理。为了做到平稳操作、安全生产、合理注水，干部职工全身心地投入工作。

然而，全站140多个人中，只有十几个是从注水单位调来的，大多数人对注水是外行，更缺乏管理经验。刚开始管理泵站，尽管一天到晚忙得团团转，可注水生产却一直不够正常，庞大的机泵似乎故意跟大家作对，经常出现故障。的确，由于总体上的粗放管理，大家虽然不辞辛苦，夜以继日地工作，但对自己的岗位职责心中无数，面对过去不曾见过的机械设备，真是"老虎吃天无从下口"。尽管大家尽心竭力，管理上却漏洞频出。

5月8日凌晨，中一注水站由于管理不善，引发火灾，经济损失160多万元。尤其是起火时发现，7个灭火器2个失灵，消防水龙头水枪缺失，原本百米长的水龙带残损得只剩7.3米，况且消防栓已完全失效。会战工委号召战区职工围绕"一把火烧出来的问题"开展大讨论，揭摆存在的问题，并组织160多名生产管理和工程技术干部分别深入10个单位蹲点，帮助其整章建制。宋振明负责北二注水站蹲点工作。

5月8日晚上，北二注水站召开职工大会，围绕"一把火烧出来的问题"，结合本单位的实际，开展大讨论，力求总结经验，吸取教训，制定措施，以绝后患。宋振明也到会参加了讨论。指导员秦时栋首先启发大家说："中一注水站一把火烧出了什么问题呢？我们站有没有这种事故苗头？如果有，咱们怎么办？"经过一阵沉默，一班长田发林站起来说："我看有。一号泵断连杆，就是一个例子。"提起此事，大家还记忆犹新。

一天中午，该站一号泵因故停运。经过仔细检查，发现是由于平时不注意保养和检修，致使螺钉松动过头，连杆折断，触坏滑板，酿成停泵事故。一次停泵检修需七八天时间，起码少注水一万多立方米，直接影响采油生产。针对这次事故，当天晚上站里召开全站职工事故分析会，认真剖析事故原因，进一步弄清这种泵功率大、排量大、震动也大，固定连杆的12个螺钉会出现周期性震松动，必须定期保养。这个原理如果事先人人都懂，只需及时检查、保养，就可避免停运事故的发生。可是这台泵运转一个多月，没人发现这些问题，更没有人想到要保养。

田发林的发言，启发了大家的思路。关于一号泵停运，有的说是管理混乱造成的；有的说是制度缺失、职责不明所导致的。还有人形象地说："我们养个小孩也不能不分时间，想什么时候喂奶就什么时候喂，不管孩子饿不饿。"引起大家一阵哄笑。宋振明也笑着对大家说："大家甭笑，他说得对。我们就是要有一个机器维修保养制度，做到专机专人定期保养。这样才能避免事故的发生。"

通过进一步查摆，大家发现，站里许多工作没有落实到岗到人，如哪台设备谁保养，哪件工具归谁管，责任不清，致使全站设备、工具一大堆，究竟有多少家底，没人说不清。

大家认为，生产管理尽管千头万绪，但只要把站上的几十项工作与百十号人用严格而健全的制度联系在一起，按生产规律协调运行，就能保证生产安全及其效率。认识统一后，党支部就发动群众进行大调查，查物建账，把全站所有的设备、闸门、螺钉、工具、仪表、图纸、记录等摸得一清二楚。接下来研究如何管理，有人发现张洪洲班管理搞得头头是道，使每个岗位工人都明确自己该干什么、管什么、怎么管、达到什么标准，并清楚自己的职权以及如何行使职权。大家觉得这个办法好，就根据他们的做法，把全站各项工作按照生产工艺和工作量的大小，划分五个区、八个岗位，明确每个岗位责任，做到人人有专责、事事有人管、办事有标准、工作有检查，总结归纳出一整套规章制度，由此形成最初的岗位专责制。

泵站的工作全部落实到岗到人之后，又有一个如何监督运行的问题。这时有人提出，田发琳班巡回检查有一条合理的流程，先干啥、后干啥都一清二楚；工作重点则放在那些容易出问题的部位，又将其划分成若干节点，发现问题，及时解决。于是就安排田发琳现场示范，根据其经验创建"巡回检查制"，将全站划分为64个检查点，规定检查内容和要求，制定出一条比较科学的检查路线。

北二注水站是连续生产的单位，上下班之间必须无缝衔接。交接班制度的建立，则从苗安安的接班经验中得到了启示。苗安安每次接班，都提前半个小时上岗，这里看看，那里摸摸，非把所有生产情况都问清不可。苗安安常说："情况不明，心里不踏实。"他所在的班后来人人都这样，甚至有时上一班少了一件工具，找不回来就不接班。根据这一经验，站里制定了《八不交接的交接班制度》。

该站还吸取一号泵断连杆的教训，根据技术流程和实践经验制定《设备维修保养制度》，规定除各小班对设备进行正常检查外，设备连续运转到若干时间段，必须周期性停运检修和保养；针对以往注水水质化验分析数据时有不全不准的情况发生，还制定《质量负责制》。

在北二注水站五大制度初步形成之时，宋振明来站检查指导工作，在对该站建立的各项制度及其做法给予肯定的同时，指出存在的问题，要求做到"人人有专责、事事有人管，人人生活在制度之中"以及"要从大量的、常见的、细小的具体工作抓起，全面管好生产，事事达到规格化标准。"宋指挥还责成北二注水站把别的单位总结出来的《岗位练兵制》《安全生产制》《班组经济核算制》和该站制定的五大制度归纳在一起，统称"岗位责任制"。宋指挥强调："要执行好岗位责任制，必须提高大家的认识，把思想工作做到生产的各个环节和全过程中去，提高大家的岗位责任心，只要大家有了高度的岗位责任心，岗位责任制度才能落实到实处。"根据宋副指挥要求，北二注水站召开党支部大会，研究讨论3个晚上，又制定出《思想政治工作制度》《干部岗位责任制》和《干部跟班劳动制度》。

随后，该站根据宋副指挥要求，按照整套"岗位责任制"试运行1个月，就取得积极的成效：注水效率稳步提高，设备完好率达100%，生产管理也井然有序，全站面貌焕然一新。矿长薛仁邦亲自给站里送来"生产管理典范"的光荣匾。紧接着，宋振明在北二注水站主持召开有各二级单位生产负责人参加的现场会。会上，该站介绍岗位责任制度及其制定与执行情况。宋振明在会上要求全油田各单位普遍推行岗位责任制度，并强调在建立岗位责任制的过程中，要从本单位、本岗位的实际出发，从群众中来，到群众中去，要由下而上，不要由上边包办代替，让群众自己教育自己，这样岗位责任制才会有生命力，才会促进油田生产的发展而收到好的效果。

现场会使北二注水站职工受到极大的激励和鞭策，大家干劲倍增。在工作中，自觉严格贯彻执行设备强制保养制度，彻底改变以往"驴子不死不换套，机器不坏不检修"的状况。此时8号泵正在停运保养，2号泵偏巧也赶上保养期限，这要放在过去，生产任务紧，设备无大碍，就让它继续运行。但这回严格按规定停运检修，而且做到设备缺一个螺钉不启动，压力表不准不启动，缺一点黄油不启动。从此，泵站管理越来越好，设备完好率由25%提高到100%，保证了生产的顺利进行，4台机泵都一个调子，奏出了和谐悦耳的乐章……

岗位责任制将日常千头万绪的具体工作与科学的运行程序紧密结合，规范了企业管理，从根本上改变了会战初期"凭热情干，靠觉悟管"的粗放管理状态。1962年6月21日，周恩来总理来到北二注水站视察，周总理上前一把握住罗政钧沾满油污的手，亲切地望着他为难的面孔微笑着说："不怕，我也做过工。"周总理还让他介绍站里的生产情况。周总理看到墙上的"岗位责任制"，不时地点头，脸上挂满了笑容，问："这些制度是你们自己搞的吗？"罗政钧回答是他们搞的。周总理赞许道："好，这样做很好！"

周恩来总理仔细察看站里的各个岗位，还同大家一起擦起泵上的油污，并指着国产2号泵，嘱咐说："这是我们自己造的，你们要加倍爱护它。"当看到工人们一丝不苟地按规章制度认真操作时，周总理高兴地说："你们的岗位很重要啊！"周总理的视察以及对创建岗位责任制的首肯，使北二注水站职工感到无比光荣和自豪，全站职工从此执行岗位责任制更加自觉、主动、一丝不苟。1962年底，石油工业部授予北二注水站"标杆红旗单位"的荣誉称号。

岗位责任制在不同历史时期经过不断创新和完善，逐步发展成为后来的经济责任制、承包经营责任制等。大庆油田在推行岗位责任制过程中，坚持定期组织检查、评比、总结，使得岗位责任制大检查演变成为油田上下高度重视的企业管理制度。

大庆油田坚持整章建制与队伍思想、作风建设一起抓，不断强化其爱岗敬业的责任心，使得员工自觉地把岗位责任制视为从业规范和职场行为准则，进而培育出承载"爱国、创业、求实、奉献"的大庆精神和"三老四严""四个一样"等优良传统的企业文化。

（作者罗政钧，曾任北二注水站站长。本篇在编辑过程中依据有关史料有所删改。）

（十五）"三老四严"的由来

"三老四严"（对待革命事业，要当老实人，说老实话，办老实事；对待工作，要有严格的要求，严密的组织、严肃的态度、严明的纪律）体现了大庆人高度的主人翁责任感和科学求实精神，彰显了大庆人在会战中的组织性和纪律性、生产岗位上的主动性和严谨性，以及执行制度的自觉性和严肃性。正是这种作风与富有独创性的岗位责任制的结合，为石油大会战的胜利提供了保证，使得大庆这面旗帜在共和国的蓝天高高飘扬。

1962年8月，适应采油生产规模不断扩大到的需要，会战工委决定，把当时闻名全战区的采油钢铁四队分为3个采油队，并任命辛玉和为三矿四队的队长（见图4-7）。

图4-7　辛玉和用放大镜检查清蜡钢丝

第二天，辛玉和带领12名职工，带着分得的全部家当——两块床板和一把菜刀，来到新区。这时，井场上的钻机还没有全部撤走，采油树还没有刷漆，井场周围高低不平，杂草丛生，油污遍地。在几平方千米的草地上，分布着数十口"光屁股"井。说是搬迁到新址安家，可房无一间，一切靠白手起家。全队职工暂时挤住在老三矿的一个破烂不堪的库房里。晚上，辛玉和组织大家在煤油灯下学"两论"，交流体会，统一思想；白天怀揣野菜团子上井，闷头就干。由于大家来自钢铁四队，经历过各种磨炼，对新区恶劣的环境和艰苦的条件，早有心理准备。大家豪迈地说："天塌我们顶，地陷我们填，钢铁意志英雄胆，不创标杆非好汉。"即使这样，为了充分发挥党员先锋模范作用，带好队伍，辛玉和组织队里的3名党员成立临时党小组，进行业务分工：分别负责给采油树喷油漆、挖土油池、带新职工和领工具材料等。一个多月后，队伍基本配齐，投产准备工作也即告完成。

这时，会战工委组织推行规范化管理，要求井场管理实现规格化。辛玉和带领大家积极响应，投产一口井，规范一口井。经过60多天的日夜奋战，终于使12口油井全如期投产，每口井都达到规格化。

投产后的一天，辛玉和踩着厚厚的积雪到西六排2号井去检查。途中，发现新来的徒工小孙手里拎着一个崭新的刮蜡片急匆匆地上井，心里有点纳闷：原来小孙井上的那个刮蜡片刚领没几天，怎么又换新的呢？于是，辛玉和返身来到材料库，问材料员。材料员拿出一个变了形的刮蜡片说："小孙今早清完蜡，也没有注意检查刮蜡片是不是起到井口，就去关闭清蜡闸门，结果把刮蜡片挤扁了。还让我替他保密呢。"

辛玉和心想，问题虽然出在小孙身上，也怪自己这一段时间只顾新井投产，放松了队伍思想作风。于是，他来到小孙值班的西六排2号井。走进值班房，只见小孙刚换完刮蜡片，正在用破毛毡擦手。辛玉和开门见山地问："小孙，你刚才为啥又领个新刮蜡片？"小孙不由得脸上一红，吱吱唔唔地说："原来那个刮蜡片不好用，就换掉了。"辛玉和语重心长地劝导小孙，要干好工作，没有一个老实态度不行，在任何事情上，要分清是非，勇于承担责任。俗话说"小洞不补，大洞尺五"。这支队伍的中坚力量来自响当当的钢铁四队，现在的队伍结构有所变化，但钢铁四队严细认真的过硬作风不能丢。听了辛队长的一席话，小孙低下头，诚恳地说，当时自己以为反正刮蜡片没掉到井里，换一个算了，别人也不知道，以后在工作中注意一点就是了。为了通过这件事教育全队的职工，党支部决定第二天在小孙管的那口井上召开"事故分析现场会"。党支部书记李忠和重点讲了事故原因及对待事故的态度问题。他说："采油工人的工作特点是单兵作战，没有老老实实的态度、严格的要求，是管不好油井的。"小孙越听越坐不住了，便站起来眼含热泪要求把那个变了形的刮蜡片挂在自己管的油井上，要时刻牢记这个教训。这时，辛玉和站出来主动承担起了责任，他说："干部是带队伍的人，我们怎么带，队伍就怎么走。我们不能严格要求自己和别人，队伍就不可能具有高度的自觉性。事故出自小孙，可根子在我身上，我这个队长只埋头抓生产，放松了职工的思想工作。"大家纷纷发言，有的说应该把那只变形的刮蜡片挂在队上，让全队职工天天看到，时时想到；有的说小孙的教训也是大家的教训，要说老实话，办老实事，做老实人，严格要求自己，对每一件事都要抱有严肃的态度，这样才能管好油井。

会议结束后，党支部成员组织学习讨论，大家一致认为，要使队伍作风过硬，干部首先要以身作则。随后，党支部制定出干部行为准则，明确提出"干部上岗，工人监督；要求工人做到的事，干部首先要做到"，得到了全队职工的拥护。

几天后，轮到辛玉和上下午4点班。那天他正巧到矿上开会，赶到队部时，离接班时间只剩10分钟了。在正常情况下，从队里到油井要走15分钟，辛玉和二话没说，一口气跑到井上，一看表还提前2分钟。值班工人王化琪得知队长为了正点上井，冒着严寒气喘吁吁地跑步赶路，不以为然地说："由于开会上井迟到几分钟有什么关系？"辛玉和严肃地说："战场上晚一分钟就要付出血的代价，搞社会主义建设也要有战争年代那种铁的纪律啊！"

不久，队党支部带领职工开展"当老实人、办老实事、说老实话，严格要求、严明纪律"活动，队里逐步形成干部以身作则、工人自觉从严的良好风气。

1962年底，该队发动职工对所管的油水井、站组织一次认真细致的自查。随后，技术员傅孝余逐井逐站检查验收。除夕之夜，他检查到最后一口油井时，发现套管法兰缺一个螺钉。为了装上这个螺钉，他从晚上九点起，由各井排查找不成，又到材料库、维修队去找，等他找到合适的螺钉并把它上到套管法兰上时，已临近子夜时分。队里的5名干部和班井长，除夕之夜也都上井顶岗，整夜巡回在14口油井和泵站之间，没有一人回家吃上年夜饭。老工人李广志，在西七排3井检查闸门池的设备时，发现回压闸门下面有颗亮晶晶的油珠，便反复查看各个闸门，也没发现渗漏。于是，连夜向井长作了汇报。第二天一早，两人一起来到井场，顺着油痕把管线一段一段挖出，精查细找4个小时，终于确定管线渗漏点，并及时消除了事故的隐患。

这个队的职工，严格执行操作规程，不管在什么时间、什么情况下，发现问题穷追不舍，直至查出症结所在；在工作岗位上制度高于一切，即使是同事之间，对违反制度的行为也绝不姑息迁就。

一次，有名职工家里来了客人，喝了两盅酒，接班时被19岁的徒工小李闻出了酒味。

小李不准他接班，叫他在井场上铲草，等酒味没有了再来接班。这名职工无可奈何，只好拿起锄头铲了2个小时的草。

队里清蜡钢丝每盘长达1500米，每次使用前，大家都要用放大镜一寸一寸地检查，确认无隐患才投入使用；交接班时，发现刮蜡片直径差0.2毫米，生产报表涂改一个字，灭火器上有一点灰尘，开关闸门差半圈或工具摆得稍微不整齐，都要求交班人一一改正，否则不接班。一天夜里，一场特大风雪席卷油田。辛玉和有些放心不下，迎风冒雪出来巡井，当他来到离队最远的那口油井时，发现干线炉的火苗有被风雪吹灭的危险，便想找块毛毡挡住火口，可是找遍井场也没有找到。情急之下，他脱下棉衣遮挡在干线炉前面。正在这时，值班的小孙慌里慌张地跑到了井场，发现加热炉安然无恙，长舒了一口气。辛玉和看了一下手表，此时距离小孙正常巡井时间还差半小时。显然，小孙是担心加热炉被大风雪吹灭而提前上井的。再仔细一看，小孙没穿棉大衣，经询问得知，他发现有一口井分气包的放空阀门裸露在外面，便脱下棉大衣将其包裹起来了。辛玉和感到有股热浪直往心口涌，他连忙跑回队里，扛来一捆毛毡，按岗位分下去，组织大家连夜将每口井易冻部位包好。

上零点班的工人李纯忠，身背工具袋踏着没膝的积雪，走到西六排一号井时，发现蒸汽水快把阀门放空头淹没了，便马上用水桶去掏，鞋和裤角都湿透了。等他从井口房一出来时，鞋和裤子冻成冰块，走起路来哗哗乱响不说，还不停地摔跟头。当他穿过公路时，脚底一滑，跌入深沟里，手里的马蹄表也摔出老远。李纯忠艰难地朝马蹄表方向爬去，手脚都冻僵了。正巧这时有一辆汽车经过这里，好心的司机停下车把他扶起来，要把他送回家。李纯忠却认真地说："谢谢你，我是油井的值班工人，还有两口井没有检查呢。"说完，李纯忠摇摇晃晃地迎着风雪朝远处的一口油井走去。那位司机深受感动之余，心里有些放心不下，就径直开车到队部报告了此事。辛玉和听说此事，立即赶到井上，发现李纯忠已经检查完所有的油井，雪地上只留下两行歪歪斜斜的脚印。

由于大家坚持落实规章制度不走样，执行操作规程一丝不苟，练就过硬的工作作风，建队3年录取3万多个数据无一差错，油水井资料分别达到八全八准和六全六准，所有设备全部完好，所有井、站全部达到一类标准，连年被评为油田标杆单位。

1964年2月20日，该队在石油工业部组织召开的全国油田电话会议上介绍经验。会战工委作出《关于开展向采油三矿四队学习的决定》，全油田迅速掀起了"学三矿四队、赶三矿四队、超三矿四队"的群众运动。同年5月，全国石油系统第一次政治工作会议上，把三矿四队在实践中摸索并创造的一些经验，概括为"三老四严"的革命作风，即对待革命事业，要当老实人、说老实话、办老实事；干革命工作，要有严格的要求、严密的组织、严肃的态度、严明的纪律。石油工业部还将三矿四队命名为"高度觉悟，严细成风"的标杆单位。

（十六）"四个一样"的由来

油田采油队等一些工种，点多面广，岗位工人一般单独作业。工人如果不具备主人翁责任感和相应的职业素养，围绕业务流程建立起来的一整套岗位责任制就形同虚设，至少在执行过程中会大打折扣。"四个一样"（对待革命工作要做到：黑天和白天干工作一个样，坏天气和好天气干工作一个样，领导不在场和领导在场干工作一个样，没有人检查和有人检查干工作一个样）是石油会战中形成的优良作风，是党的优良作风与解放军铁的纪律同石油会战具体实践相结合的产物，体现了大庆人优秀品质和良好的职业素养。

1960年，大会战打响后，不到一年时间，油田建设已初具规模，开始投入试油生产的第二战役。

1961年7月，采油二矿五队成立了5-65井组。该井组共11名职工，管理5-64、5-65、5-67三口自喷井，值班中心岗设在5-65井。因为该井组只有李天照和杨正培两名党员，其中的李天照还有在油田工作的经历，组织上就任命李天照为井长（见图4-8），杨正培为副井长。

图4-8 李天照在检查流程

该井组人员来自五湖四海，李天照技校毕业，曾在玉门油田工作5年；其他成员，有毕业分配来的，从农村招工来的，也有复员军人，除了李天照，大家都没搞过石油。鉴于这种情况在全油田很普遍，会战工委号召各单位"从大量的、常见的、细小的工作入手，全面管好生产"，并要求全面推行健全岗位责任制。李天照认为推行健全岗位责任制是必要的，但制度是死的，人是活的，要想让职工认真、自觉地执行岗位责任制，关键是要树立起主人翁责任感。

1963年7月的一天，天气突变，大雨倾盆。顷刻间，井场周围积水没脚踝。一小时一次的上井巡检时间到了，雨还是下个不停。上4点班的学徒工刘玉智从值班房探头出来，望了望西边天上露出的一缕亮光，转身对李天照说："井长，这雨下不了多久，等它停下来，咱再去检查吧！"李天照望见窗外仍在风雨交加，担心水套炉会呛风倒烟灭火，犹豫了片刻，便斩钉截铁地说了一声"不行！"操起工具，三步并两步，冒雨冲出了值班房。李天照按巡检路线按部就班地检查起采油树、分离器，几经跌倒爬起，最后沿着干线堤来到加热炉跟前，发现炉底部已经进水，浓浓的黑烟裹挟着火苗从炉口往外喷，炉火眼看就要灭了。李天照拿起铁锹，挖开3条小沟，排掉积水，重新调好合封，站在雨水里一直等到加热炉回复正常燃烧才离开。当李天照回到值班室时，浑身湿透，雨水顺着头发、袖口和裤脚直往下淌。李天照一面脱下上衣拧干，一面对刘玉智说："小刘啊，越是坏天气，越是容易出问题，以后可得要注意。"刘玉智惭愧地低下了头，把井长的话一字一句地写在工作记录本上。

一天深夜，草原上一片漆黑，伸手不见五指。副井长杨正培陪着队长白荣岗来到5-65井组，检查夜班工人的交班情况。到井场时正是半夜零点交接班时间，只见交接班的两名工人遵照程序，逐项检查井口设备上的46个点。杨正培和白荣岗与其保持一段距离，不动声色地观察，只见交接班工人在分离器房停下来，接班的工人李润纪用手摸摸量油玻璃管，摇摇头说："不行，上边有油渍，你擦干净了我才能接班。"交班工人二话没说，拿起一片毛毡把玻璃管擦得亮晶晶的。这一幕，在白荣岗脑海中留下了深刻的印象。在第二天队里的安全讲话会上，白荣岗对5-65井组严格执行岗位责任制、认真交接班的做法大加赞赏。白天值班时，杨正培将昨晚白荣岗突击查岗以及安全讲话会上提出表扬的事告诉了李润纪。李润纪笑了笑，淡淡地说："查也不怕。咱干活，夜班和白班一个样，一点儿都不马虎。"杨正培欣慰地拍了一下他的肩膀，说："好，你们这样做真棒，把这一条也写到工作记录上，作为咱们井组的一条纪律吧。"

一天傍晚，蒙蒙细雨像雾一样遮天盖地，李天照和杨正培冒雨来到井场检查工作。快到井场时，时针正指着7点57分，距离8点巡检时间只差3分钟，值班的张加祥此时该出去巡检了，可井场上还一片漆黑。正在纳闷之时，井场上的照明灯突然亮了，值班房里走出一个熟悉的身影，那人拿一把管钳，大步地走进井口房，仔细地检查着采油树的闸门。"是他，真是跟钟表一样地准时。"李天照指着张加祥的身影，高兴地大声对杨正培说。两人暗地里观察张加祥按顺序检查完井口设备，又踏着泥泞，沿着管线向前检查去了。张加祥手里的电筒忽明忽暗，从那淡黄色的光柱里，还看得见雨丝在闪亮。查完岗回到值班房，李天照对张加祥说："老张，你今天检查得挺严呀。"张加祥没想到井长冒雨上井查岗，心里热乎乎地答道："井长，你不用操心了！干活嘛，领导在不在都一样。这也当作咱们井组的一条纪律吧。"

5-65井组的每一件设备，大凡启动，都严格地执行挂牌制度，开着的闸门都挂上"开"字牌；设备停运，关闭闸门就挂上"关"字牌，使任何人在任何情况下，通过挂着的牌子就能掌握设备是否在运行。

一天零点刚过，李天照悄悄地上井，故意把套管闸门上的"开"字牌换成"关"字牌。第二天一大早，李天照再上井查看，只见夜班工作记录本上写着："接班时，套管闸门开着，挂'开'字牌。夜一点检查时，套管闸门仍开着，却挂错了牌，不知何人把'开'字牌换成'关'字牌。"看罢，李天照就笑了，夜班工人于贵业一见此情景，心里就猜出八九分，问道："井长，可是你动了我们的牌子？"李天照笑了笑说："是的，我就是考验考验你们嘛！"于贵业严肃地说："那还有啥含糊的，查不查俺都是一样干工作。"李天照井长听完这句话，沉思了一会，就把"查不查都是一样干工作"这一条也记入井组的纪律中去。

"火车跑得快，全靠车头带。"李天照井组之所练就如此过硬的作风，这跟李天照本人能够与同事们以诚相待，而且以身作则，坚持榜样示范有着密切关系。

有一次，刘玉智的父亲又来信了，家中受灾颗粒未收，让他务必邮回几十元钱去。学徒工月薪才18元，自己勉强糊口，筹几十块钱可是件大事，愁得刘玉智寝食难安，上班魂不守舍，工作记录需填写90多个数据，他居然错漏11个。

这天夜晚，李天照趁大家入睡后，挨到刘玉智跟前，以兄长的口吻安慰小刘要学会安排生活，尽自己的能力照顾好家，并语重心长地说："全国都受灾，家家日子都不好过，国家也在勒紧裤腰带还外债。俗话说，锅里有了，碗里才有，要想自己过得好，首先要使国家富强起来。我们几万人到这荒凉的松辽草原，就是要给国家创造财富来了，给全国人民争气来了，咱们石油工人的担子可不轻啊。个人再有啥难事，总还是一个人的事，万万不能影响工作呀。"说完了，塞给小刘20元钱。"井长，你这是……？"小刘吃惊地说不出话。李天照深情地说："我是二级工，比你挣得多，家庭负担也比你轻，就算我给老人买点东西吧。"其实，几天前李天照也接到要求寄钱救急的家信，但眼下顾不得那么多啦。从此以后，刘玉智从个人的烦恼中解脱出来，重新振作起来了。一天下午，大雨一连下10多个小时，刘玉智值下午4点到夜里零点的班，他连续6次冒雨巡检油井，衣服淋湿了，就在水套炉上烤个半干，穿在身上继续巡井。在刘玉智悉心照料下，没有一口井的水套炉或干线加热炉被浇灭。

一个三九天夜晚，寒风卷着雪花不住地呼啸，气温降至零下30摄氏度。晚上9点多钟，出去开会回到井组的李天照，想到这么恶劣的天气，井上只有两个人值班，井场周围又荒无人烟，有些放心不下，就披上老羊皮袄上井查看。当他走到5-67井时，看见学徒工刘庆廉正焦急地用火柴点燃被大风吹灭的水套炉，但几经努力就是点不着。小刘虽说业务不熟练，但他懂得输油管线内的油温正在急剧下降，再拖延下去，就有可能全部凝固冻死，整个冬天都开不了井，损失可就大啦！小刘都快急哭了。见此情景，李天照一步跳进水套炉池槽里，打开炉口，掏出里面的油，脱下羊皮袄挡住炉口后，在小刘的配合下重新点着了炉火。为了使炉火稳定下来，李天照蹲到炉口边上举着皮袄挡风，冻得他浑身直打颤，但直到炉温恢复平稳状态，他才披上皮袄，又到别的油井继续巡查……

井组里谁有病，李天照亲手做好病号饭，端到床头，还替人家顶班，曾34小时连轴转，累得晕倒在井场上；看见钱德昌棉衣单薄，就把自己棉大衣送给他穿，自己只穿一件小棉袄；看到钟信亮的褥子破了，拿自己的褥子给他换上。无论白天黑夜，每逢恶劣天气，李天照必定上井查岗，千方百计地与值班人员一道消除各种事故隐患。

榜样的示范，往往产生潜移默化的作用。有一次，新工人张学玉操作失手，把千分尺上的一个小螺钉弄丢了，找了一下午，直到傍晚也没有找到。小张只好将此事报告李天照井长，还作了检讨。第二天天刚亮，小张又到井场上找，还是没找到。张学玉早就听说井组自成立以来，管理和使用的几十件工具、仪表及生产设备至今件件完好，没有丢过一个螺钉，觉得今天自己弄丢了一颗螺钉事小，破坏了老师傅们辛辛苦苦养成的好传统事大。想到这儿，张学玉找借口请了半天假，赶到萨尔图，询遍所有自行车修理部、钟表和收音机修理店，还是没有买到相同规格的螺钉。在万般无奈的情况下，张学玉给生产厂家写了一封信，还随信附上请技术员画的一张草图和一元钱寄了出去。厂家被张学玉对工作高度负责的态度所感动，回信免费送给一颗螺钉，扣除寄信用的两角钱邮费，把剩下的八角钱附在信封里一同寄了回来。

来信写道："你们自觉地爱护设备，在自己的岗位上严细认真、一丝不苟，这种精神值得我们学习。"

作为一名党员，李天照就是这样处处起模范带头作用，忘我工作；对待井组的同事，工作上严格要求、一丝不苟，生活上以诚相待、体贴入微，把大家凝聚成一个整体，逐步形成以井为家、"四个一样"的好作风。1961—1964年，李天照井组经过上级部门3000多次明察暗访和20多次大检查，没有发现一次脱岗、串岗、睡岗的；井上录取的20000多个地质数据无一差错；油井各种设备上的863道焊口、156个大小闸门、1860个部件不渗、不漏、不松、不锈，做到安全生产2045天无事故，3口油井始终保持标杆井水平，年年超额完成原油生产任务，被评为五好红旗井组、"标杆井组"，井长李天照连年被会战工委评为五好红旗标兵，受到上级部门的通报表彰。1964年初，新华社记者袁木、冯健来到李天照井组，边体验生活边采访，把该井组的做法总结归纳成"四个一样"，以长篇通讯形式发表在《人民日报》和大庆《战报》上。此后，会战工委也多次到该井组召开现场会、经验交流会，总结推广其经验，"四个一样"很快就传遍了全油田。5-65井组被石油工业部授予"首创'四个一样'的李天照井组"称号，并受到通令嘉奖。

（作者杨正培，李天照井组副组长。本篇在编辑过程中依据有关史料有所删改。）

（十七）"干打垒精神"的由来

"干打垒精神"是生产、生活物资极端匮乏的会战初期，广大职工坚持先搞油后生活，就地取材，因陋就简，忘我工作，自力更生建设低标准生活基地，解决几万会战队伍过冬问题的奋斗精神，体现了"老会战"为国分忧的爱国主义精神和艰苦创业、无私奉献的感人情怀。

干打垒，建筑学上称为版筑建筑（或夯土建筑），流传于我国北方，通常指用泥、草混合夯筑而成的简易房子或院墙。一般通过模板造型，生土掺适量毛草（灌木枝）夯筑而成，古时依此法建民宅以及城墙等防御工事。干打垒（夯土建筑）历史久远，早在春秋战国时代就已出现，至汉代被广泛采用，成为一门重要的建筑技术。干打垒（夯土建筑）技术之所以源远流长，关键在于虽然看似土气，但结构厚实，御寒防暑性能好，冬暖夏凉，适宜居住，且具有工序简单、取材便利、工期较短和牢固实用等特点。

在大庆油田，所谓干打垒，专指夯土建筑的简易房子。

1960年初，来自全国石油系统37个厂矿、院校的精兵强将以及复转军人组成的几万会战大军汇聚萨尔图，展开震古烁今的石油会战。会战大军住的却是极其简陋的帐篷、木板房、牛棚、马厩。用会战总指挥康世恩的话说："当时，找到一间被遗弃的牛棚是一等旅馆，有一顶帐篷是二等旅馆，能找到一个地窝子（地窖子）是三等旅馆。要是能找到一间民房，那还得了呀，就是特殊化喽！"好歹是冬末春初，若是数九寒天、冰天雪地，无论队伍还是设备，都难以抵挡寒流的袭击。会战如火如荼地展开时，会战指挥部却结合眼前的困苦现实，开始谋划几万大军如何安全度过第一个冬季。因为这将决定会战队伍能否站住脚，会战能否继续打下去。

时任石油工业部部长、会战工委书记余秋里曾问计于熟悉当地情况的王鹤寿（冶金部长)、王新三(东北协作区负责人)和顾卓新(东北局书记)等老同志,得到的答复不容置疑:没有能取暖的房子,绝对熬不过这里的冬天。他们建议,可以在入冬前,把队伍撤到哈尔滨、长春、沈阳、抚顺等地越冬,开春后再上来。他们甚至保证,可以动员地方腾出学校或民房,用于安置会战队伍。还有几位在高寒地带打过仗的老将军也关切地提醒余秋里:"在这儿若遇上零下40摄氏度的严寒和持续几天的'大烟炮'暴风雪,滴水成冰,钢铁都能冻裂。"会战领导小组为此专门召开紧急会议,从长计议,讨论如何解决过冬的房子问题。会上出现两种不同的意见:一种意见主张,接受老将军们的忠告,入冬时除少数人留守外,队伍分批撤到附近城市的石油厂矿和学校"猫冬",或干脆放假,职工回家休整,养精蓄锐,来年春天再重整队伍继续会战。另一种意见则认为,如果今年把队伍撤下去,明年再组织起来,至少损失半年时间,这不符合在国家急需石油时"高水平、高速度拿下大油田"的会战基本方针。

会议进行中,康世恩向回北京开会的余秋里汇报会上的不同意见,并明确表示,应想尽办法盖房子,战胜严寒,坚持会战。余秋里强调,会战只能进,不能退,他指出:"1960年全国煤油和柴油、汽油的储备比1959年分别下降了38%和23%。航空燃料,则全部依赖进口。苏联撕毁合同后,进口汽油濒于断绝,航空和其他油品更加紧缺,形势极其严峻。石油工业要为国分忧。"余秋里最后斩钉截铁地表示:"我坚持我一贯的主张。这次会战,只许上,不许下,只准前进,不准后退!无论遇到什么困难,也要硬着头皮顶住。这个决心不能有丝毫动摇!"

坚持会战的决心已定,但在当下一无资金;二无那么多建筑材料,即使有,仅凭一条铁路线、砖瓦沙石、水泥木材等也根本不可能在短时间内抢运进来;三无施工队伍和设备;四无基地以及配套条件,要想在短短几个月内,盖几十万平方米的房屋,让职工住进去,并做到设备入库、蔬菜进窖,似乎不太现实。

1960年5月4日,中共黑龙江省委第一书记欧阳钦视察萨尔图地区时,向余秋里建议搞东北老乡那种"干打垒"。盖这种房子,还可以就地取材,人人动手,省时省材,入住后冬暖夏凉。

会战指挥部立即派人到附近农村,找当地泥瓦匠学习"干打垒"的设计、用料和施工技术。了解到"干打垒"房子除了门窗和房檩需要少量木材外,几乎全部可以就地取材筑成。其建造方法是,先夯实地基,再按预定的墙体宽度立两块墙板,两侧竖起若干木桩,并绕过桩用绳将墙板缚牢后,填土夯实,浇水并撒上一层毛草或插入竹竿以及灌木枝之类(以确保墙体的抗拉强度),继续填土夯实。如此循环往复,直至一定高度,拆桩卸板,墙体即告夯筑完成。接下来上梁封顶,墙体上架起几根檩木,顶部用秸秆或芦苇作垫层,上覆泥巴抹成拱状,以免雨季屋顶积水渗漏。待墙体干透,用较锋利的铁锨将墙面削铲平整,再抹上泥巴,使墙体外观更加整洁利落。室内则搭建灶台、火墙或火炕,用以做饭、取暖和休息。其优点是墙体结实,防寒避暑性能好,工序简单,取材便利,人人可以动手,是短时间内大面积解决住房问题的有效途径。会战领导小组经讨论认为,造"干打垒"是能保证会战队伍度过严冬、站稳脚跟的唯一可行办法。随即成立"干打垒"指挥部，由石油工业部副部长孙敬文兼任总指挥。

会战领导小组还出台《打一个过冬突击战的决定》，要求：（1）不管西伯利亚的寒流如何凶猛，不管冬天何等严寒，会战的队伍一定要像解放军在战场一样坚守阵地，在大庆油田上一支队伍也不许撤走，钻井一刻也不能停，输油管线一寸也不能冻，人一个也不能冻伤。（2）由油建指挥部迅速调查总结当地老百姓打"干打垒"的施工方法；油田设计院提出"干打垒"的标准设计；供应指挥部准备木房架、门窗、苇席、油毛毡及少量防砌坑口的红砖。（3）各级领导干部分工负责，充分发动群众。在搞好当前生产的同时，抽出一切可以抽出的人员和时间，开展一个人人搞"干打垒"的群众运动。就这样，油田上下横下一条心，决心与老天爷争时间，为国家原油自给争速度。

"干打垒"指挥部成立后的第一项工作，孙敬文选择油田建设任务相对少一点的二探区（在杏树岗）搞试点。1960年4月，组建一支青年突击队，在当地"老把式"指导下，在杏树岗地区试建512平方米的"干打垒"房屋和2500平方米"干打垒"房屋主体，总结出一套干打垒施工操作规程和质量标准，设计出形状各异、用于建造各种墙体的打筑板、夹板，还试制出了电动打垒机，使建筑的工效从每人每天不足1立方米提高到2.4立方米，并在"五四"运动41周年之际，"干打垒"青年突击队向全油田共青团员和广大青年发出利用业余时间参加"共产主义义务劳动，突击建造'干打垒'，高效率建设新基地"的挑战书，得到青工热烈响应。会战指挥部因势利导，动员全油田各单位从6月1日起，迅速掀起建造"干打垒"的热潮。

在"干打垒"会战中，还组建一些专业队伍，脱产负责到大小兴安岭林区拉运"困山材"，加工门窗、房檩，制造施工工具、打羊草、割芦苇等。运输公司的车队跋山涉水，远赴原始森林，拉运"困山材"，保证木材的急需。采油、水电、机修、供应等单位，除坚持正常生产以外，抽出部分劳力日夜突击建造"干打垒"。劳动强度较大的钻井、油建、井下职工以及科研、设计、机关干部，则上班干本职工作，下了班轮流去建造"干打垒"。

根据黑龙江省委书记欧阳钦的指示，安达区委、区政府从当地农村中，挑选一批搞"干打垒"的行家能手，由领导干部带队，组成三个技术辅导团，到各"干打垒"工地进行具体的技术指导，使参展职工很快学会"干打垒"建造技艺，保证了施工质量。

很快，大庆油田首个"干打垒"村落建设规划也出设计完成。选址于现在的中三路附近，命名为"群英村"。油建指挥部立即组织起一场"干打垒"会战，根据65栋"干打垒"总体设计布局，全面开工兴建。其中包括职工宿舍、食堂、办公室、会议室、卫生所、澡堂和小卖部，这将是大庆石油会战中职工自己动手建的第一个功能配套的家园。

1960年8月10日，指挥部在油建的"干打垒"工地召开现场会议，提出"抢时间、争主动、打一栋、保一栋"的战斗口号，总结和推广油建公司建"干打垒"的经验。8月15日晚上，孙敬文再一次主持召开"干打垒"工作会议，决定成立"干打垒"促进检查团，对各单位突击"干打垒"的情况进行一次全面地检查，认真落实8月10日现场会议的精神和经验。总指挥孙敬文对行动迟缓、"干打雷不下雨"的单位提出了严肃批评。他大声疾呼："干打垒"要赶快升帐！没有"干打垒"就无法顺利过冬，石油会战也难以为继，时不我待，必须全力抢上。会后，"干打垒"建设迎来新一轮高潮，不仅专业队伍增加人手大干快上，钻井、采油、井下等单位也承担起相应的任务。上班是夺油会战，下班则"干打垒"会战，大会战套小会战，每天干十五六个小时以上。甚至那些部长、副部长、司局长、教授、专家也不例外，和工人一样卷起袖子挥锹、打夯造"干打垒"。余秋里部长只有一只胳膊，也要抡起木夯打墙。每到晚上，一处处的"干打垒"工地，灯火通明，歌声、号子声此起彼伏，彻夜人流涌动，整个油田成为昼夜连轴转的大工地。当时现场流传这样的歌谣："早起看测量，晌午正垒墙，隔了一夜看，平地起新房。"广大职工群众不怕苦、不怕累、不计较劳动时间、劳动强度、劳动报酬，为建设自己的家园，以便坚持会战，拿下大油田，改变国家石油落后的局面，情愿作出任何牺牲。

其间，"干打垒"促进检查团下设三个分团，历时半个多月检查督促，发现问题，限期整改。这一年，冬天来得特别早。国庆节刚过，就飘起了雪花，地面就开始结冰，"干打垒"大都盖起来了，但许多收尾配套工程还有待于完成。特别是住在帐篷里的职工，有的夜里被子冻在帐篷上，早晨起床后的第一件事，往往是把鞋从冰冻的地面敲下来……机动设备为防止冻坏，开始实行夜晚放水挂牌制。10月7日，会战指挥部再次召开干部大会，要求各单位突击"干打垒"，保证大冻来临之前职工有房住、车有暖库房。会议决定：破釜沉舟，放手一搏，机关干部停止办公，只留一人值班，其余一律投入"干打垒"会战；钻探系统暂停部分施工项目，成建制抽调十几个井队去突击"干打垒"；24小时连续生产的采油系统一律三抽一，组建"干打垒"突击队，限期完成"干打垒"任务；来不及建造"干打垒"的单位，立即托土坯，给帐篷和活动板房"穿衣服"，即垒起四面土墙以御寒。到10月中旬，全战区完成"干打垒"22万平方米，陆续出现"七一村""八一村""新市区"等设施相对配套的居民点，所建"干打垒"房屋，内有火墙或火炕、天然气管道等取暖设施，以及电灯照明和自来水，可满足起码的生活需要。据统计，全战区有1.5万人住进没有窗户的"干打垒"，1.5万人住进带顶棚的"干打垒"，1万人仍住在帐篷中。

为使所有职工入冬后都有房子住，11月份又组织了一场突击扫荡战。在会战指挥部强力督促下，苦战了20个日日夜夜，全面完成"干打垒"收尾工作，包括相应的取暖、供电、供水等配套设施。总共投资900万元，用半年左右的时间建造"干打垒"房屋30万平方米，如果建楼房，则需投资6000万元，在当时的条件下，工期更是遥遥无期。自己动手建造"干打垒"，节省投资5000多万元不说，在短时间内实现人进屋、菜进窖、机进房、车进库，解决了职工安全越冬问题，保证了石油会战的进行。

荒原上从此出现会战村、铁人村、标杆村、文化村、八一村、登峰村、打虎庄等一个又一个村落，再也不是"头上青天一顶，脚下荒原一片"了。后来，油田职工与家属继续发扬自力更生、艰苦奋斗的精神，大力建设"干打垒"，从住宅到办公室，从幼儿园、学校到医院、商业网点乃至副食品作坊，几乎都是"干打垒"。一时间，"干打垒"成为大庆油田标志性建筑。

1979年，邓小平目睹历经开发建设20年、支撑国内原油生产半壁江山的大庆油田，到处是"干打垒"，基础设施建设百废待兴，意味深长地指示："要把大庆油田建设成美丽的油田。"从此，大庆油田开启建设现代化石油城的壮丽篇章，职工生产、生活条件逐步得到根本性改善。如今，油田矿区"干打垒"建筑逐渐消失，难觅踪迹，但"干打垒精神"所体现的为国分忧、先生产后生活、只图贡献不求回报的深刻内涵，仍在鼓舞大庆人艰苦奋斗。

（十八）"五把铁锹闹革命"精神的由来

"五把铁锹闹革命"精神，是指大庆家属组织起来，舍小家，顾大局，自力更生，支援会战的艰苦创业精神，体现了大庆家属高度的社会责任感和奉献精神。

会战初期，正值国民经济困难时期，主副食供应严重不足，4万多职工生活十分艰难。1961年1月底，会战工委召开几天会议，安排部署后勤保障工作和农副业生产，决定除了建立农副业生产基地，从指挥部机关直至厂、矿、队、生产班组就近开荒种地，集体经营。在食堂就餐的，收获交单位食堂调剂生活；不在食堂就餐的，开垦房前屋后，收获归己。全战区迅速掀起业余时间开展农副业生产的热潮。然而，同年大批家属的拥入，又使食物供应雪上加霜。为了渡过难关，会战工委号召家属组织起来，发扬南泥湾精神，自己动手，开荒生产，丰衣足食，支援会战。

一些家属积极响应，但也有些家属宁愿蜗居家庭小天地，过紧日子，也不愿抛头露面，参加集体生产。

这一年的冬天，钻井指挥部首先响应会战工委的号召，一面把家属组织起来学习，一面组织家属大搞积肥活动。1962年春天，着手组建第一个家属生产队。当时，很多家属都报了名，但最后确定薛桂芳、吕玉莲、王秀敏、杨晓春、丛桂荣五人（见图4-9）第一批去"八一新村"开荒种地。

图4-9 "五把铁锹"

1962年4月16日，天气很冷，又刮大风。上午9点，5名家属背着行李、粮食，带着3个不满4岁的孩子，扛着铁锹，提着一盏油灯，搭上便车，驶向向目的地，踏上艰苦创业之路。

车缓缓地把她们带到30千米以外的地方，就无法继续前行。下了车，到目的地"八一新村"还有6里多路。由于茫茫草原草深无路，几个人只好背着行李、粮食，抱着孩子，扛着铁锹，深一脚浅一脚艰难地行进。大风卷着沙尘铺天盖地铺地刮过来，令人睁不开眼睛；孩子在妈妈的怀里还不时地哭叫。荒野到处是齐腰深的杂草，把坑坑洼洼的地形掩饰得像一马平川，大家一不小心就摔倒。有时这个刚爬起来，那个又摔倒……就是这样，几个拓荒者硬是咬紧牙关，互相提醒着、搀扶着，直至午后一点多，到达了"八一新村"。

到达目的地，要做的第一件事，就是动手修房子。原来钻井队留下的一幢破房，眼下既无房盖，也无墙体，只有四根柱子。大家心里清楚，踏上拓荒之路，本来就不是为了享受，遇到困难必须自己解决，但巧妇难为无米之炊。于是她们到附近的副业队首求援，对方不但借给她们帆布，还派人帮忙。首先，利用现有的四根柱子，搭起了帐篷；从副业队抱来些喂牛的干草，厚厚地铺在地上，权当床铺。薛桂芳和杨晓春，自己动手抬水和泥，还垒起了锅灶。在副业队的帮助下，一直忙到晚上，总算解决了住的问题。夜晚，大风继续呼啸，好像要把帐篷刮走似的，大家虽然又困又乏，但惊恐中难以入睡。况且，那时荒原上经常有野狼出没。为了能让大家安心睡觉，薛桂芳把4把铁锹插在门口，一把铁锹枕在头下，并说："你们就放心睡吧，我给你们放哨。"原来，几个人中她年龄最大，受到大家的尊重，自己也感到有责任呵护大家。第二天，天刚刚亮，吃完早饭，大家就扛着铁锹，领着孩子下地了。4月的早晨，天气很冷，地还没有完全化冻，草根交错，挖起来非常吃力，她们从早7点，一直干到晚上5点多钟，苦战10多个小时，才开垦一亩多地。

进入5月，天气虽然渐暖，但每逢雨天，外面大下，屋里小下；外边不下，屋里还在滴雨水，地铺又湿又潮，每天都要把草抱到外面去凉晒。外加蚊虫肆虐，咬得大家浑身是疙瘩，既痛且痒。每当大家干得又累又乏、情绪低落时，薛大姐就给大家忆苦思甜，鼓励大家振作精神朝前看，稳定情绪坚持开荒种地。

当时，她们几个在副业队搭伙食，天天吃的是高粱米、窝窝头、咸菜，喝的是水泡子里的碱水，外加劳动强度大，每天工时长，腰酸腿疼、苦不堪言。但没有一个人打退堂鼓，就这样，5个人用5把铁锹挖了3天，开了5亩荒地。

五名家属在"八一新村"落脚开荒种地的消息，很快传到指挥部，在上上下下引起不小的震动，特别是有一批家属主动请缨加入垦荒队。4月21日，迟翠英又带着第二批家属来到"八一新村"。紧接着，第三批又上来了，两批共计18人，迟翠英任队长，邵香荣任技术员。

有了组织，管理就好多了。为了能适时播种，在迟翠英带领下，从副业队借来犁杖，垦荒队员靠人力拉犁翻地。起初，大家不会用，横着挤、竖着撞，劲儿使不到一块去不说，大家累得死去活来，地翻得却深浅不匀。为了学会扶犁，提高效率，邵香荣等利用休息时间到附近村里向老乡请教，几天下来就学会了用木犁开荒，而且越干越熟练，十几个人靠肩拉木犁耕种16亩地。到了秋收时节，队伍扩大到32人，全年共收粮食3500斤。

以薛桂芳为代表的家属舍小家、顾大家，自愿组织起来自食其力、为企业分忧，支援会战壮举，得到会战工委充分肯定。1962年8月19日，会战工委召开大庆首次职工家属代表会议，进一步动员广大家属向薛桂芳学习"组织起来，走生产自给的道路"。石油工业部还为家属垦荒队颁发一面锦旗，上面书写"发扬穷棒子精神，走自力更生道路"几个大字。

在"五把铁锹闹革命精神"感召下，战区家属纷纷走出家门，各显其能，参加力所能及的工作。1963年，"八一新村"垦荒队伍进一步扩大到大到71人，耕种92亩地，收粮食3万多斤。每人分粮食400多斤、菜600多斤，不但改善了自己的生活，还支援职工食堂4000多斤蔬菜，卖给国家余粮6000多斤。到了年底，队伍再次扩大到142人。

1964年6月，第二次来大庆视察的周总理，对大庆油田家属的"五把铁锹闹革命"给予充分肯定，使家属垦荒队的姐妹们深受鼓舞，她们一发不可收拾，又规划起新的蓝图。这一年，从家属队中分离出65名年轻力壮且小孩少的家属组成一队，到离家70多里外的地方，开始建设新的农副业生产基地——创业庄。其余的为二队，继续留在第二线。

一队到了新的基地，不仅从事农业生产，还相继组建服务队，开办农副产品加工作坊、商店、粮店、照相馆、洗染店、幼儿园等23项生活福利项目，使钻井职工家属有了固定的生活基地，既有利于生产，又方便了生活。经过一年的奋斗，农副业生产也获得全面发展，取得更大丰收。为此，大庆会战工委、钻井指挥部党委多次对她们进行通报表彰和奖励。1964年8月，薛桂芳光荣地加入中国共产党，被授予"五把铁锹闹革命的带头人"荣誉称号。1965年，薛桂芳还代表大庆家属到北京参加劳动模范会议，受到周总理和邓颖超的亲切接见，并与其合影留念！后来，薛桂芳当选为大庆党委委员、安达市副市长、市妇联主任、市政协副主席。

（十九）"缝补厂精神"的由来

"缝补厂精神"是大庆艰苦创业的"六个传家宝之一"。其核心内涵是吃苦耐劳、厉行节约、勤俭办企业的创业精神，是大庆缝补厂职工在油田创业初期坚持奉行的企业精神。

1. 白手起家，牛棚里筹建缝补厂

1960年，由于天灾人祸，国民经济遭遇严重困难。这一年冬天，油田职工粮食定量减少，布匹供应也严重短缺。那时，每人每年7尺布票，做了裤子没有褂子，劳保用布也比原规定减少三分之二。石油工人在野外作业，夏天一身泥，冬天一身冰，没有可换的工服，一身油乎乎的脏工服一穿到底。而手套磨损更快，没有备用的，工人戴着漏手指头的手套在冰天雪地里作业，既冻手又不安全。为此，会战工委责成供应指挥部成立缝补厂，收旧换新，修旧利废，以解燃眉之急。

供应指挥部随即安排23岁的转业战士、共产党员鄢长松带领7名职工家属，在一栋"干打垒"牛棚里，组建缝补组。鄢长松从库房领来两口大锅（一口烧热水，一口煮脏工服），又将喂牛用的木槽改成洗衣池，就算备齐全部家当。没有剪刀，家属大嫂拿自家的；没有针锥，自己动手找废钢丝磨制；补丁布不够用，数九寒天，背着麻袋到工地去捡破烂代用。手被冻得裂开一道道血口子，又苦又累，但没有人退缩。就凭那么一股子劲，第一年就为战区职工拆洗缝补劳保用品一万多件。

缝补组的作用得到了前线职工的认可。经过相关部门多方努力，缝补组陆续增加了人员，还添置了几十台缝纫机。在新增的人员中，有刚脱下军装的小伙子，也有随夫而来的家属临时工、合同工，还有专门从哈尔滨的服装厂调来的技术工人，缝补组扩建为缝补厂。很快厂里的业务由原来简单的收旧利废、缝补洗涤，增加了加工"两旧一新"棉工服的服务项目。所谓"两旧一新"棉工服，是把实在不能穿的旧工服收回来，拆洗干净，用旧布拼里子，把旧棉花弹好絮上，再配上新外罩。照这个办法，原来只能加工一套棉工服的新布料做出两套，使有限的资源得到最大限度的利用。这个活看起来容易，做起来难。一件棉上衣，前线工人领取时才几斤重，穿过一冬，经油泥浸泡，收回时足有20多斤重。真是一摸一手油，一抖一阵灰，再加上一件棉衣缝了48道，浸过油泥就变硬，拆起来难，要洗净更难。拆下的"油浸"布料放在锅里用碱水煮，蒸汽中散发出油泥和汗臭混合的气味，令人头晕恶心；煮过的布料稍经冷却，放在洗衣池里揉搓，为提高效率，大家常常跳进池子里手脚并用，连踹带搓。时间久了，四肢经热碱水浸泡，皮肤脱落，甚至溃烂。为了会战的胜利，尽快还拿下大油田，大家默默承受着这一切。

1962年，缝补厂制作出"两旧一新"工服近2万件，还有大批手套。冬季施工时，钻井和作业工人有了2套棉衣可以替换着传，再也不用披湿衣服上井了。就这样，鄢长松等人立足牛棚，吃苦耐劳，艰苦创业，用简单而又特殊的方式为石油会战提供支持，在不起眼的岗位做出了不起的贡献。

2. 克勤克俭，一分钱掰两半花

缝补厂逐步成为油田内部劳保用品生产基地，但总体上仍是粗放管理，生产设施也不配套，拆旧、洗涤靠手工，烘干全凭自然晾晒，远远满足不了批量生产的需要。在这种情况下，1962年底，厂里组建党支部，王凤允担任书记，阎勇任厂长，鄢长松协助抓生产，各项工作开始步入正轨。党支部认真贯彻会战工委的指示精神，大张旗鼓地开展总结评功活动，进一步振奋起队伍士气。大家自发地托土坯，把东倒西歪的牛棚改建成流水作业的生产车间；又拣来废砖头，盖起简易的锅炉房和洗衣房，并用木板制作了土洗衣机和其他必需的生产工具。

创业伊始，厂里过的就是紧日子。勤俭办厂、厉行节约，成为缝补厂一贯坚守的传统。

从拆旧工作开始，大家不仅认真仔细地把布拆好、理好，还要把旧衣服上的纽扣和领（裤）钩收集起来。纽扣脏了，用碱水刷洗干净；领、裤钩生了锈，用砂纸打打再用。这些东西虽然不值几个钱，由于大家都是从苦日子里熬过来的，节俭惯了，有时拆衣不慎将纽扣或领（裤）钩掉落到地上，找不到还不肯罢休。全厂上下逐步形成"废材利用、缺材代用、小材大用、好材精用"以及把大块布用来拼袄里，小块用来补洞眼；剪裁时剪刀靠边走，剪下布条包袖口，"麻花布"做衣领芯，边角料送给生产单位擦机器等一整套节约用料理念。用旧布料拼成一套棉工服里子，少则用百来块，多则达200余块。为了把"两旧一新"棉工服做得既结实又美观大方，还尽力把大块、颜色相同的旧布料用在上衣的前襟后背，小块或颜色杂的用在袖子和棉裤里。裁剪车间为了节约费用，把画样子用的蜡笔加温搓细，以延长使用寿命，还将剩下的蜡笔头攒起来，熔化成新蜡笔继续用。仅这一项，每年节省支出四五十元。

加工车间主要是对半成品进行流水作业，乍一看节约潜力不大，但大家一留心，就找到了门路。机工们算了一笔账：棉工服每套上面要跑54道杠，需要出现52根连接线头。

如果每根线头少留一寸，每件棉服就能少用棉线1.7米。厂里每年加工两三万套棉工服，就可以省线4.5万米左右。按照这样从细微处着眼、积少成多的节约理念，作业时尽量避免留长线，即便偶然出长线，也主动扯下来收好，转交给订纽扣的工序组。为了节省机油，保养缝纫机时对准油嘴，防止跑冒；回收废弃油壶，收集壶底余油，做到用干榨尽。

修理工和几位老技工的节约点子，更是想到了家。他们除了坚持做到机器坏了自己修，配件断了自己焊，经常从"合理消耗"中，发现浪费的苗头。比如，在通常情况下，在加工服装的工厂里，换一个只值5厘钱的缝纫机皮带钩，谁也不会认为是一种浪费。可在从部队专业来的修理工陈维汉那里就通不过。他放弃午饭后休息时间，到处去拣废钢丝，先后做2000多个皮带钩。再比如，加工好的棉工服，每道线趟上都沾有一缕缕棉绒。打包出厂前，须用笤帚蘸水扫掉。这样，棉绒就变成水棉球，无法再利用。老工人陈志训和张祝三等认为："每一缕棉花都是国家的财产，用不到生产上就是一种浪费！"于是，他们到处找来废料，研制一台土扫棉机，一天就能扫下3两多棉花，工效也大大提高。陈志训还发现裁剪车间有不少废剪子，就采取以大改小，或者几把拼一把的办法，使这些废物又"起死回生"；他看到机工手里都有换下来的钝针，就收集起来一根根磨好送到技工手里继续使用，就连各车间丢掉的废扫帚头，他也要拆开重新拼凑扎起来再用，先后为厂里节约扫帚300多把。

也许有人会认为，缝补厂自找麻烦，没事找事，自讨苦吃。但职工们看到日渐积少成多的增收节支成效时，那种成就感一直激励着他们坚持下去，无怨无悔。

3. 油田有多大，厂子就办多大

"油田有多大厂子就办多大"，这是缝补厂一以贯之的服务理念。然而，说起来容易，做起来却难。为此，必须"三人工作两人干，抽出一人上前线"，不定期地组织人员抬上缝纫机，背上旧布和修鞋、洗衣工具，到附近的井队和施工现场，开展拆洗缝补服务。

后来，随着人员的增加和条件的好转，专门成立相对稳定的服务小分队，定人、定车、定期到边远生产单位去服务。

1963年入冬后的一天，党支部书记王凤允带领十多名女工和家属组成的服务小分队一清早就上了路。走着走着，天上飘起了雪花，北风像刀子一样刮得脸生疼。但经过长时间行走，等赶到井队驻地时，大家累得汗流浃背。王凤允向值班的队干部说明来意，那位负责人觉得钻井工人的衣服太脏太破，不好意思拿来。于是，大家主动到各个帐篷里翻出脏被褥和衣服等，洗的洗、缝的缝，忙活开了。为了不影响倒班工人休息，钉鞋和补衣服的把空着的一间帐篷让给洗衣服的，自己在外面摆开了摊子。大家在拆洗被褥时发现，不少转业战士的被褥棉絮很薄，就立即回厂背来弹好的旧棉花，给厚厚地加续一层。从那以后，每次上前线，总也忘不了背上几包棉花。随着油田开发面积的不断扩大，小分队的战线也不断向外延伸。有一次，小分队计划外多到一个井队，活没干完，补丁布和纽扣就用光了，看着有的工人棉衣裂着口子，有的棉服没纽扣而用麻绳扎腰防寒，大家不知如何是好。这时，家属胡文玉二话没说，拿起剪子剪下自己棉衣上的纽扣，身旁的何大嫂也撩起衣襟，把兜布扯下来当了补丁布……。对此，前线工人反映十分强烈，有人还写诗称赞道："天气变化微觉寒，党委派来缝补团。洗了被褥又添棉，修鞋补衣样样干。一心一意为会战，阶级情意暖心间。我们一定加油干，早日拿下大油田。"

大家工作得越上心，服务搞得越主动，也就越贴近前线需要。一次，小分队员在井队看见有个井架工，脱掉皮大衣登上二层平台。心想："平台有20多米高，上面的风更硬，为啥反倒不穿皮大衣呢？"经过了解，得知皮大衣又厚又重，蹬高作业穿着不得劲。回到厂里，大家集思广益，决定把回收的旧皮帽子二次利用，像加工"两旧一新"棉工服一样，拆下碎皮子一块块拼好，续上旧棉花，做成轻便暖和的皮背心，送给了井队。又有一次，小分队听到钻井工人反映，棉裤腰太短，弯腰打大钳时直往里灌风。于是，大家积极整改，把钻井工人的棉裤后腰加高30多厘米。同时，在前线工人的棉裤里加缝两块旧皮子做的护膝，以防关节着凉。就这样，不断开辟节约挖潜的新途径，满足前线职工各种需要。比如看到不少工人整天在布满油污的泥泞中趟来趟去，容易损坏工鞋，就成立专业修鞋组，修复旧工鞋送给他们替换着穿；收回来的旧雨布拆洗干净，拣大块的制成装卸工人和建筑工人的围裙及防尘帽，小块料则制成管道防腐工专用手套或电焊工护鞋罩，剩下的碎料还做成针线包，装上针线和纽扣后送给流动性大、工作场所远离生活服务网点的一线工人。

大家的努力，得到前线职工的广泛好评，也得到各级领导的肯定。

1963年8月，余秋里部长到缝补厂检查指导工作时，曾勉励工人们：有人说缝补厂是个破烂摊。依我看，这是个联系实际学习马列主义、毛泽东思想的大学校。余秋里还亲自组织油田会战领导机关和有关单位的工作人员到缝补厂参观。同年11月，在全战区总结庆功大会上，会战工委授予缝补厂一面锦旗，上面绣着"勤俭办厂模范单位"几个金色大字。1964年，缝补厂又被石油工业部授予"勤俭办厂的模范"称号。

1966年5月4日，周恩来总理莅临缝补厂视察。上午10时许。周恩来乘坐一辆蓝色的普通大客车来到缝补厂，走下车一眼看见只有两根木桩支着的简易厂门，脸上就露出了微笑。厂党支部书记王凤允将周总理迎走进"荣誉室"坐下，详细汇报了5年多来的发展历程。周总理高兴地听着，不时点头表示赞许。随后，周总理站起来，仔细观看陈列的图片和实物，特别对那些锦旗，一面一面都看了个遍，那认真严肃的神态，给大家留下了深刻的印象。接着，周总理在王凤允陪同下走进拆旧班，这里遍地是布满油污的旧衣，满屋飘浮着灰尘。正在紧张工作的家属工们，看见周总理激动得只知笑，谁都说不出话来。周总理仔细打量过屋里的一切，满意地点点头，一面同大家握手，一面亲切地鼓励道："你们这样做很好，要永远艰苦奋斗！"有个家属刚把手伸向周总理，猛然想起自己手上沾满了油污，就急忙要收回去擦，谁知手已被周总理紧紧握住了。刹那间，她激动得流出了热泪。厂里的弹棉房，又矮又窄，空气混浊，考虑到周总理的身体健康，王凤允陪周总理路过时有意没有多作介绍。可周总理听到了机器声，又见灰尘不断从敞开的门洞里涌出来，便不顾劝阻，大步走进弹棉房同当班工人一一握手。来到加工车间，周总理对正在加工的"两旧一新"棉工服格外感兴趣,他问身边的家属工都哪年来大庆,家乡在哪。当听说有个家属是邢台人时,又关切地询问她地震后家里损失大不大,有什么困难。这位家属激动地回答:"损失不大,有党和政府的关怀,也没啥困难。"周总理听后放心地笑了,并鼓励她:"要好好工作,你们的工作很光荣。"

此后,缝补厂不仅生产加工能力和技术水平迅速提高,成为名副其实的油田劳保用品生产基地。

（二十）"五毫米见精神"的由来

1964年4月19日晚8点30分,中央人民广播电台播发由新华社记者袁木、范荣康采写的长篇通讯《大庆精神大庆人》。正在收听广播的油建二大队干部职工无不激动,尤其是听到"好作风必须从小处培养起"那一段,大家更是兴奋异常,感慨万千。因为,这件事就曾发生在油建二大队。

1964年,春节后一上班,油建二大队以班组为单位召开收心会,学习元旦社论、毛泽东选集,贯彻落实会战工委1964年会战指导方针,即三条要求（人人出手过得硬,事事做到规格化,项项工程质量全优）和五项原则（有利于安全生产,有利于增产节约,有利于节约时间,有利于提高工作效率,有利于提高工程质量）。

2月18日,冰冻的地面还没融化,根据会战需要,油建二大队总机厂铸工车间建设项目就已投入施工。2月19日,墙体砌筑60%。2月20日,二大队五中队在铸工车间西山墙外一处宽阔场地,打造用于制作10根10米长混凝土大梁的模板,交给了负责下游施工的油建二大队六中队（半自动化混凝土预制厂）；六中队利用半自动搅拌机搅拌好混凝土,用手推车推到施工现场,倒入木质大梁模板内,再用电动震动器捣固成型。由于有的模板不够牢固,致使混凝土大梁捣固成型后个别地方比设计尺寸涨出几毫米,但肉眼几乎无法察觉。

2月27日,油建指挥部指挥崔海天出席会战指挥部在采油三矿四队（"三老四严"管理经验出自该队）召开的现场会,听到三矿四队书记、队长除夕之夜上井巡查和职工严细成风的事迹很受启发。为在新的一年起好步,开好头,他与党委书记郭生吉商量,打算抓典型、树样板,着力打造一支素质高、作风硬、能攻善战的油建施工队伍。

2月28日下午1时许,郭生吉和崔海天来到二大队总机厂工区铸工车间施工工地巡查,看到摆放那里的钢筋混凝土预制大梁,掏出随身携带的皮尺和卷尺,量起尺寸,发现有的大梁比规定标准宽出5毫米。很明显,这种现象有悖于会战工委提出的"三条要求"和"五项原则",以及采油三矿四队现场会精神。为及早杜绝油建施工中干马虎活现象,当机立断,就地召集所属八个大队的大队长、教导员、中队长、指导员、工程师、技术员和工人代表（共计604人）,召开现场会。会上,崔海天首先做自我批评,说:"我是抓生产的,由于我要求不严,检查不及时,出现了低标准产品,我首先要负责任⋯⋯"接着,二大队长王积荣抢先接过话茬检讨道:"这是我们总机厂工区施工的工程项目,是我责任心不强,检查不及时而出现的低标准产品,与指挥部领导没关系。"听罢,抓生产的副大队长王兴基坐不住了,他跑回50米开外的办公室,拿来一个方凳跳上去,大声说:"我是抓生产的副大队长，又是瓦工出身，预制混凝土构件是我的本行，出现质量问题，就是我的责任，我向领导和广大职工请罪，请求领导给我严厉处分。"说完，王兴基就低着头站在凳子上，以示诚恳接受大家的批评。崔海天和郭生吉几次劝他下来都未奏效，直至散会。

工程师倪盛福、游古训也在会上虚心检讨，说出现工程质量问题，责任在于技术人员把关不严。五中队、六中队的中队长武汉清、李德俊在发言中反省道，由于平时管理不到位、抓队伍作风不严细，导致出现施工质量问题，他们应付主要责任。两队的工人代表也争着做自我批评，说活是他们工人干的，与领导无关，责任应由他们来负，他们愿意返工……

最后，党委书记郭生吉作了"好作风必须从小事抓起"的总结讲话。散会前，闻讯赶来的会战指挥部副指挥兼生办公室主任宋振明讲话，他肯定油建领导的做法是正确的、积极的，应该从小事抓起，出现问题要敢于承担责任，而不是推卸责任，这有利于带出干部和工人严细认真的好作风。

会后，郭生吉、崔海天带头用扁铲和磨石铲磨大梁涨出的部位。见此情景，参加会议的大队、中队干部、工人、技术人员，纷纷从领导手里夺过扁铲、磨石，争先恐后地修整大梁。扁铲和磨石不断易手，不一会，几根局部超规格的大梁被打磨成合格产品。

油建二大队为汲取这次的教训，提高职工主人翁责任感，要求所属6个中队以班组为单位，利用当日晚上政治学习时间，深入讨论当天的事情，加深领会现场会精神。同时决定：2月29日，六中队停产一天，针对发生的问题，学"两论"，提高思想认识，进一步分析原因，自查整改，完善有关制度。随后，油建二大队为进一步完善岗位责任制，在组织下属6个中队干部和工人代表自查互检、取长补短的同时，建立起项目施工质量分段负责制，完善施工流程上下游质量管理责任制。

围绕这件事，新华社记者袁木、范荣康报道称："大梁表面光滑平整，根根长短粗细一致，即使最能挑剔的人，也找不出它们有什么毛病。但是，油田建设指挥部的负责人却代表全体干部在会上检讨说，由于他们工作不深入，检查不严，这些大梁的少数地方，比规定的质量标准宽出了五毫米。""五毫米，宽不过一个韭菜叶，值得为它兴师动众地开一次几百人的现场会吗？不，值得！大庆人性格的可贵之处正在这里。"会上，人们纷纷作了检讨。会后，干部、工程技术人员和工人们，抄起铁铲，拿起磨石，把大梁上宽出五毫米的地方，一一铲掉磨光。人们说："咱们要彻底铲掉磨掉的，不只是五毫米混凝土，而是马马虎虎、凑凑合合的坏作风！"

时任石油工业部部长余秋里，在听到这件事以后说："崔海天做得对，他要不去铲，我还要去铲呢。"余秋里称赞油田建设指挥部："领导班子是坚强的，职工队伍的基础是好的，工作作风是扎实的，能猛攻、能巧干、能集中、能分散，是一支打不垮、拖不烂的过硬队伍。"

此后，油建队伍不放过5毫米误差的严细认真作风，在全油田传为佳话，成为大庆会战传统的重要组成部分。同时，油建人为油田高度负责的主人翁精神、严谨务实的科学态度，成为日后举国"工业学大庆"的内容之一。

（二十一）萨尔图名称的由来

1897—1903 年，沙俄在我国东北修筑中东铁路（后称"中长铁路"），在哈尔滨至满洲里铁路段上的安达县城以西 30 千米设了火车站。以此地蒙语原名"萨尔图"称站名。后迁来的人们逐渐以火车站为中心定居，到 1930 年火车站的周围已有 30 多户人家。1931 年，"九一八事变"后，日本帝国主义侵占中国东北，在萨尔图草原上设立"日本关东军开拓团"饲养军马，抓中国穷苦百姓做劳工，牧民经常遭受到日本军队的掳掠，于是就不敢来此地放牧了。直至 1945 年 8 月 15 日，日本帝国主义无条件投降，牧民们才回到自己的草原上。关于萨尔图地名有两种说法：其一，是蒙语，月亮升起的地方。牧民们白天放牧，晚上还要看护牛羊群。有月亮就有光明，所以，蒙族牧民喜欢月亮，把月亮作为美好的象征。萨尔，指月亮；图，指一个区域或一个地方。其二，掺杂着满族人的看法：说它是多风沙的地方。因此地春季多风，常刮起五六级大风，能把碱沫细沙刮起来，给野外劳动和行路带来困难，故称此地为"多风沙的地方"。大庆油田开发后，对盐碱地、沙土地进行了改造，昔日的萨尔图火车站已改名为"大庆火车站"。萨尔图原地盘划归为大庆市的一个区，叫"萨尔图区"。

（二十二）让胡路名称的由来

相传修筑中东铁路时，要穿过此地一个长约两千米的大水泡子，铁路从"湖"中间修筑路基，敷设铁轨，把原来一个水泡子隔成两个水泡子，形状如倒写的"∞"字。民间把这种形状叫作"丫丫葫芦"，像是铁路从水泡子中间"压过去"，变成两个水泡子。当地人不喜欢这个"压"字，便把"压"改为"让"。意思是铁路为"湖"让路，绕着湖畔半周而过。火车站也就叫"让湖路火车站"。后来火车站用"湖"字，而市辖区则用"胡"字。1980 年设立大庆市让胡路区。

（二十三）龙凤区名称的由来

修筑中东铁路经过此地，当时只设立一个养路工区，担负东至安达车站、西至泰康车站百余里线路的保护和维修任务。养路工区有两个工头，一个叫李魁龙，一个叫张广凤，带领 30 余人的工区养路队。这个队以两个工头名字的最后一个字组合起来叫"龙凤养路工区"（养路段），取其吉祥之义。1960 年设立火车站，沿用养路工区的名字叫"龙凤火车站"。1961 年设镇。随着石油化学工业的兴起，镇区面积扩大，人口增多，1980 年改为市辖区——龙凤区。大庆石油化工总厂所属的炼油厂、化肥厂、塑料厂、腈纶厂、30 万吨 / 年乙烯联合化工厂等石油化工企业均建于此，已成为规模较大的石油化学工业区。

（二十四）卧里屯名称的由来

卧里屯原是一个小村庄名称，位于安达车站至萨尔图车站的中间。中东铁路修成之后，有一个名叫约瑟·卧里克夫斯基的俄国人留驻此地，担负护路任务。夫妇俩养着几头白花奶牛。他们很会管理，奶牛体壮奶丰，远近驰名。久而久之，约瑟·卧里克夫斯基就演化成村名，取前头的"卧里"两个字，再加一个"屯"字，叫"卧里屯"。现在的卧里屯火车站，已扩建成三级车站。车站的正南方两千米处是大庆化肥厂和 30 万吨 / 年乙烯联合化工厂。

（二十五）创业庄——"五把铁锹闹革命"的发源地

创业庄原本不是"庄"，只是一片荒郊野

地。大庆油田会战打响后，第 30 口探井打在这里，它才有了属于自己的最初的名字，也就是人们所说的"三十井"。之所以改叫创业庄，是因为家喻户晓的"五把铁锹闹革命"。

1962 年春天，正是国家困难时期，也是油田会战的艰苦岁月。当时已 45 岁的薛桂芳，带领吕以连、王秀敏、杨学春、丛桂荣，背上行李，带上锅碗瓢盆，到"八一新村"（现采油三厂附近），忍受着蚊虫的叮咬和夜晚野狼的威胁，在极其艰苦的条件下，靠自己的双手生产粮食支援会战，"五把铁锹"点燃了"大庆家属闹革命"的第一把火。

1964 年，在周恩来总理向大庆提出的"工农结合，城乡结合，有利生产，方便生活"矿区建设方针鼓舞下，薛桂芳又带领一批家属到"三十井"附近开荒，这里就成为大庆油田第一个职工家属生活基地，有了商店、托儿所、洗澡堂、理发店、豆腐坊……越来越热闹。为了发扬"五把铁锹闹革命"的创业精神，"三十井"被命名为创业庄。从此，在大庆这片遍布着创业者足迹的赤诚热土上，创业庄一直是璀璨耀眼的明珠，到处都闪烁着创业的光辉。

如今，"五把铁锹闹革命"精神发源地——创业庄家属基地依旧坐落在创业庄。

（二十六）大庆首部进京演出剧目

《初升的太阳》是在石油工业部和大庆油田党组织的领导下，由著名导演孙维世和大庆家属、工人共同编创的 6 场大型话剧，完成于 1965 年，由金山执导，大庆职工家属业余演出队演出。该剧反映的是在毛泽东思想哺育下的大庆职工家属，破除封建传统观念，从脱离集体生产劳动的消费者变为自觉参加集体生产劳动、走上革命化道路的劳动者的一段历史。着力描写了"工农结合，城乡结合，有利生产，方便生活"的社会主义新型矿区建设中，人们思想、生活的深刻变迁，讴歌大庆家属舍小家顾大家、走出家门融入火热社会活动的主题歌贯穿全剧始终。1966 年初，该剧首先进京演出，引起轰动。《人民日报》评论称，这是对"毛泽东文艺思想伟大胜利的颂歌"，开启了"工农兵群众登上革命文艺舞台，成为文化主人"的时代。担负该剧演出任务的"大庆职工家属业余演出队"组建于 1965 年 12 月，是根据会战工委决定，由各单位、各部门选送的一批思想好、生产好且擅长文艺的家属和工人组成。《初升的太阳》剧组三次进京汇报演出，曾得到周恩来、叶剑英等中央领导的接见，并合影留念。剧组还曾赴外油田做慰问演出，广受好评。

（二十七）第一篇公开报道大庆油田的长篇通讯

《大庆精神大庆人》，是由新华社记者袁木、范荣康采写的第一篇公开向全国报道大庆石油会战情况的长篇通讯。1964 年 4 月 19 日，中央人民广播电台首次向全国广播，《人民日报》全文发表。该文通过许多典型人物的生动事迹，客观地介绍了大庆人在困难的时候、困难的地方、困难的条件下，以"两论"为指导，发扬自力更生、艰苦奋斗的革命传统，用革命加拼命的精神展开夺油大会战的情况。赞扬了大庆人奋发图强的爱国主义精神，风餐露宿、人拉肩扛、战胜困难的艰苦创业精神；为了全国人民的远大理想甘愿吃大苦、耐大劳甚至不惜牺牲个人一切的献身精神；为油田建设负责一辈子的主人翁责任感，对工作一丝不苟、高标准、严要求的严细作风；取全取准 20 项资料 72 个数据,保证一个不少、一个不错的科学求实精神;关心别人胜过自己的团结友爱精神,在成绩面前还要"冷一冷",坚持"两分法"前进的可贵性格。高度评价大庆精神是延安精神的发扬光大,赞誉大庆人是贯注了革命精神、特殊材料制成的。该文的发表,适逢全国工业学大庆运动方兴未艾,其影响之强烈可想而知。它不仅使全国人民进一步认识大庆、了解大庆,也使大庆人受到鼓舞和鞭策。

(二十八)第一部以大庆油田为题材的彩色故事片

《创业》是第一部以大庆油田为题材反映我国石油工业历史的彩色故事片。大庆油田与长春电影制片厂联合创作,张天民执笔,长春电影制片厂1974年摄制。1972年冬,长春电影制片厂派于彦夫等与大庆有关人员组成创作组,由张天民执笔,在翻阅大量有关历史资料,又到玉门、克拉玛依、胜利、大港等油田和王进喜的故乡玉门赤金堡,采访王进喜的亲友和有关人员的基础上,于1973年冬写成《创业》剧本,并经文化部审查通过,于1974年2月开拍(于彦夫执导,华克、高天虹任副导演,曲伟任摄制组党支部书记),9个月零3天便拿出样片。1975年春节,该片在北京和全国各大城市放映,引起轰动,广受好评。1975年7月27日,中共中央发出第181号文件,全文传达了毛泽东对该片的批示:"此片无大错,建议通过发行。不要求全责备,而且罪名有十条之多,太过分了,不利调整党内的文艺政策。"该片以老一辈石油工人牵着骆驼跟随地质专家到祁连山下寻找油田为开端,以大庆石油会战为主要背景,展现了在中国共产党领导下,广大石油职工靠"两论"起家,破除迷信,自力更生,艰苦奋斗,为"油"拼搏献身的创业精神;塑造了周挺杉、华程等为国分忧、为民争气的英雄群像,热情地歌颂了大庆精神和铁人精神。

(二十九)油田第一部电视连续剧

《铁人》是油田制作的第一部电视连续剧。蔡沛霖、李国昌编剧,张笑天改编,王驰涛执导,巴树范任副导演,大庆石油管理局、中国电视剧制作中心、长春电影制片厂联合摄制。该剧以王进喜带领钻井队会同各路石油大军奔赴大庆参加石油大会战,到我国正式向全世界宣告"中国人民依靠'洋油'的时代一去不复返了"这段石油会战史为背景,展现了以铁人王进喜为代表的广大石油职工、家属为改变祖国石油工业落后面貌,"宁可少活20年,拼命也要拿下大油田"的英雄气概和艰苦创业精神。通过打第一口油井、打快速优质井、盖干打垒、开荒种地、拆旧翻新等一连串的真实事件和故事,歌颂了"两论"起家、"三老四严"、五把铁锹闹革命、"有条件要上,没有条件创造条件也要上"等大庆会战传统和革命精神。全剧以激荡的情感、浓重的色彩,塑造了一群活生生的有血有肉的"铁人",真实地再现了当年石油大会战的悲壮历史。故事生动,情节感人。剧作家张天民称这部连续剧所反映的内容是"残酷的真实"。该剧播出后,在社会上引起强烈反响,荣获"飞天奖"。

(三十)最早歌颂大庆工人的歌

《石油工人硬骨头》,大庆传统歌曲之一。徐志良作词,赵正林作曲。歌曲表现了大庆工人"哪里有困难就往哪里走""披荆斩棘创大业"的宽广胸怀和"战天斗地显身手"的大无畏英雄气概,进而发出"为社会主义多加油"的心愿。旋律雄浑优美，节奏激越有力。创作于1961年，1963年元月发表于《战报》。中国音协向全国推荐。先后在《工人日报》《人民日报》《歌曲》《解放军歌曲》上登载，其歌词还在《诗刊》《人民文学》上转载。歌曲深受会战职工喜爱，一时唱遍油田，起着鼓舞斗志的作用。

（三十一）第一部反映大庆业绩的纪录片

《大庆战歌》是第一部比较全面反映大庆会战英雄业绩和大庆精神的艺术性纪录片。徐文野、向守康、孙宝范、赵明勋等撰文，张骏祥导演，上海海燕电影制片厂摄制。该片是在周恩来总理的亲切关怀下，海燕厂与大庆密切合作的成果。1964年底，周总理找上海电影局局长、著名导演张骏祥商谈，希望他拍一部反映大庆生活的纪录片。张骏祥把周总理意见向石油工业部转达后，康世恩十分重视，要求大庆立即协助张骏祥做好筹备工作。主持大庆工作的徐今强副部长也很重视，专门召开了工委会议，决定由会战政治部和会战指挥部负责具体筹备工作，并由会战政治部副主任兼宣传部长徐文野负责组织撰稿。又成立了"电影调度"机构，负责拍摄的组织工作。海燕电影制片厂抽出精兵强将，组成了包括摄影、美工、灯光、服装、道具各部门在内的40余人的摄制组。

《大庆战歌》主要分三部分。第一部分反映革命精神，第二部分反映科学态度，第三部分反映"三基"工作。对大庆会战时期的基本经验和做法、重大事件以及有代表性的先进集体和个人都有所反映。在创作与拍摄中，有关人员作了大量调查研究，查阅了大量历史文献，采访了几乎所有的当事人。采取在保证历史真实的前提下，适当加以集中和典型化的手法，对一些重大历史事件作了补拍，同时与现实中抢拍相结合，力求达到全片的完美与和谐。一些历史场面，如篝火学"两论"、人拉肩扛、万人誓师大会、五把铁锹闹革命等，都比较准确地恢复了当年的场面。有些内容，如"日吊4塔"等，则是利用现实中正在发生的同类场景进行抢拍的。中央领导人视察大庆等珍贵镜头，有的是现场抢拍，如周总理第三次视察大庆，有的是利用历史资料。1966年国庆前夕，该片完成并送审。周总理看后，表示满意，意见是有些地方过细，稍长了些。修改后即定稿。由于该片中有些镜头系补拍而成，所以称为"艺术性纪录片"。

（三十二）大庆首届石油文化节

1992年6月20日至25日，大庆举办了首届石油文化节。举办此次文化节的宗旨是，文化搭台，经济唱戏，深化改革，扩大开放，促进大庆两个文明建设。参加文化节的嘉宾有黑龙江省副省长戴谟安，中国石油天然气总公司副总经理张轰，中国关心下一代委员会、老艺术家委员会副主任田华，新疆维吾尔自治区副主席李东辉，哈尔滨市市长李嘉庭等。来自加拿大、俄罗斯、美国、日本、泰国、澳大利亚、韩国及中国香港、台湾等13个国家和地区的101名客商，以及北京、天津、上海、沈阳、长春、哈尔滨、石家庄、保定、无锡、绍兴、南通等23个城市，省内16个地、市、县的全国107家企业、1000多名经济界人士参加产品展销和经贸洽谈，共展出2300多种名优产品，展销商品零售额达1200万元。有56个科研单位、高等院校和一些地、市、县的经济、科技界人士800多人参加综合信息发布会，发布经济、科技信息1200条。在精细加工、生物工程、包装技术、塑料制品、机电仪表、农副产品加工方面，提供了许多新产品、新工艺、新技术。洽谈会期间，签订合同147份，成交额2.3亿元，意向性协议258份，金额2.6亿元，交易额达5.02亿元。

文化节期间，著名影视艺术家田华、陈强、田成仁，著名作曲家刘炽，著名歌唱家耿莲凤、朱明瑛、杨洪基，著名京剧表演艺术家齐啸云等应邀为文化节助兴演出。大庆市的268名专业文艺工作者、3240名业余文艺骨干、120个单位的7390多名群众，参加了规模盛大的文艺活动，文艺演出32场次，观众达75800多人。

（三十三）大庆油田第一位中国工程院院士

王德民，1994年6月当选为中国工程院院士，大庆油田第一位中国工程院院士。1960年由北京石油学院毕业来大庆参加石油会战。1963年破格晋升为工程师。1978年任大庆石油管理局副总工程师，同年加入中国共产党。1983年晋升为高级工程师。历任大庆石油管理局党委常委、副局长、总工程师，兼任中国石油学会常务理事、黑龙江省石油学会副理事长、中国石油天然气总公司科学技术委员会委员、省经济技术顾问委员会副主任等职，是全国六届、七届人大代表。在大庆油田开发建设中，由王德民独立和主持研究完成的科研项目达30多项，其中获国家科技进步特等奖1项、一等奖1项、创造发明二等奖1项、全国科学大会奖3项。王德民还根据自己的科研实践，撰述了一些技术论著，在国内外石油杂志上发表，受到有关专家的关注和好评。王德民先后8次被评为大庆先进工作者，4次被评为模范标兵，2次被评为大庆油田科技标兵。1987年被党中央、国务院授予优秀中年知识分子称号，1989年被评为全国劳动模范，1994年和1995年分别获中国工程院院士和中国石油天然气总公司杰出科技工作者称号，2009年获何梁何利基金"科学与技术成就奖"，2016年4月，经何梁何利基金评选委员会推荐，中国科学院紫金山天文台申请，国际小行星中心命名委员会批准，国际编号为210231号的小行星正式命名为"王德民星"。

（三十四）大庆第一位设计大师

大庆石油管理局总设计师杨育之，在1990年12月13日至15日召开的全国勘察设计工作表彰大会上，获设计大师称号。杨育之是这次大会上获设计大师称号的百名设计大师之一，是大庆第一位获国家授予设计大师称号的人。杨育之长期从事勘察设计技术工作，多次主持重点工程设计，专业知识渊博，为国家能源事业的发展做出杰出的贡献。